La biblia de

AutoCAD 2009

LA BIBLIA DE

TÍTULO DE LA OBRA ORIGINAL:
Mastering AutoCAD® 2009 and AutoCAD LT® 2009

RESPONSABLE EDITORIAL:
Víctor Manuel Ruiz Calderón
Alicia Cózar Concejil

TRADUCTOR:
Beatriz Goyanes Arnedo

DISEÑO DE CUBIERTA:
Cecilia Poza Melero

La biblia de AutoCAD 2009

George Omura

ANAYA MULTIMEDIA

Edición española:

© EDICIONES ANAYA MULTIMEDIA (GRUPO ANAYA, S.A.), 2009
Juan Ignacio Luca de Tena, 15. 28027 Madrid
Depósito legal: M-52.266-2008
ISBN: 978-84-415-2526-9
Printed in Spain
Impreso en: Huertas Industrias Gráficas, S. A.

A mis queridos amigos Rick y Kathey Brown, que son unos auténticos supervivientes.

Agradecimientos

Muchos compañeros trabajadores y con talento se esforzaron al máximo para crear este libro. Ofrezco mi más sincera gratitud a la gente que me ayudó a elaborar este libro para ustedes.

Gracias de todo corazón a la editorial y al equipo de producción por sus esfuerzos. Willem Knibbe se encargó de que todo se pusiera en marcha y estuvo siempre allí para ofrecerme su apoyo. Pete Gaughan supervisó el progreso del libro. Paul Richardson llevó a cabo un trabajo excelente al garantizar que no cometiera ningún fallo evidente y me dio sugerencias basadas en su propia experiencia. Gary Schwartz hizo que todo se desarrollara sin sobresaltos y siempre tuvo una actitud positiva. En la producción, Eric Charbonneau mantuvo el ritmo de trabajo y Judy Flynn se aseguró de que las cosas fueran claras y legibles.

En Autodesk, quiero dar especialmente las gracias a Dough Cochran, por hacer hueco en su apretada agenda para escribir su halagador prólogo. Gracias por tus amables palabras, Dough. Me gustaría dar también las gracias a Denis Cadu, quien siempre ha aportado su apoyo a nuestros esfuerzos a lo largo de numerosos proyectos. Jim Quanci, como viene siendo habitual, aportó su generosa y juiciosa asistencia a nuestro trabajo, estaría perdido sin tu ayuda, Jim. Por último, como viene siendo habitual, un agradecimiento enorme a Shaan Hurley, por dejarnos echar un vistazo al software antes de su publicación.

Y un gran agradecimiento a mi familia y amigos, que siempre son mi fuente de inspiración y apoyo.

Sobre el autor

George Omura es un arquitecto licenciado, autor autorizado de Autodesk, y especialista de CAD, con más de 30 años de experiencia en arquitectura y más de 20 años en el uso de AutoCAD.

Ha trabajado en proyectos de diseño como complejos hoteleros, sistemas de tránsito metropolitanos o la biblioteca de San Francisco. Ha escrito varios libros de AutoCAD.

Índice

265
1980
750
900
2460 - дно
R250

Prólogo

¡Felicidades!

Como alguien interesado en AutoCAD, o como alguien que utiliza uno de estos productos para ganarse la vida igual que hacen muchos, ha hecho una inversión que verdaderamente vale la pena. Este libro es una valiosa adquisición para su librería que utilizará habitualmente como referencia y guía para el empleo de AutoCAD. Junto con cada versión de AutoCAD y su nuevo conjunto de herramientas, es un arma excelente para aprender y conseguir velocidad rápidamente en AutoCAD. Todo está cubierto, desde los fundamentos básicos de AutoCAD a la programación. Además, la información está bien organizada. El índice recopila la información que necesita fácilmente.

Verá ejemplos del mundo real que le ayudarán a entender y aprender los nuevos conceptos por medio de ejercicios. También aprenderá nuevos comandos mientras trabaja en un proyecto y progresa hacia su objetivo. Este libro es una excelente fuente de conocimientos de AutoCAD para principiantes y usuarios avanzados.

No deje que el tamaño del libro le intimide. El libro está escrito para ser exhaustivo, pero, simplemente, elija las herramientas sobre las que quiere aprender y siga adelante desde ahí, o si está interesado en aprender cosas nuevas, seleccione un tema diferente cada semana para aprender más sobre él. Sé que nuestros clientes sacarán provecho de la lectura de este libro, como yo lo he hecho.

Doug Cochran
Director de producto de AutoCAD
Autodesk. Inc.

265
1980
2460 - дно
R250

Introducción

Bienvenido a este libro. Como ya se habrán dado cuenta muchos de los lectores, esta obra es un manual práctico y un libro de referencia en el que encontrará todo lo necesario para dar los primeros pasos y avanzar en sus conocimientos de AutoCAD. Con esta edición, abarcará las funciones más recientes de AutoCAD 2009, además de la información más reciente sobre las nuevas funciones.

Cómo utilizar este libro

En lugar de mostrarle las funciones de cada comando, esta obra presenta a AutoCAD 2009 en el contexto de una actividad real. Aprenderá a utilizar los comandos aplicando su uso en la elaboración de un proyecto y en la consecución de una meta. Asimismo, este libro proporciona una base sobre la que erigir sus propios métodos de trabajo con AutoCAD y convertirse en un experto en la materia por sí mismo. En esta obra no se examinan todos y cada uno de los comandos o las permutaciones de la respuesta de un comando. Piense en este libro como una forma de obtener una visión detallada de AutoCAD en un proyecto real. Al realizar los ejercicios, es aconsejable que explore las distintas funciones de AutoCAD por sí mismo y que aplique sus propias técnicas.

Este libro resulta útil para los usuarios con o sin experiencia en AutoCAD. Si no ha trabajado nunca con AutoCAD, la forma de trabajar con este libro es similar a la de un tutorial, paso a paso siguiendo la estructura de los capítulos, al menos durante las dos primeras partes del libro. Como observará, cada capítulo utiliza las funciones y la información aprendidas en capítulos previos. Para ayudarle a realizar los ejercicios, se incluyen secuencias de pasos numeradas.

Tras completar la parte I y II, puede centrarse en la materia de su interés y explorar otras partes del libro en el orden que desee. La parte III le llevará a un nivel más avanzado. Aprenderá a almacenar y a compartir datos de dibujo y a crear dibujos más complejos. Si está interesado en dibujos 3D, consulte la parte IV. Si desea conocer las posibilidades de personalización de AutoCAD, diríjase directamente a la parte V.

Puede utilizar este libro como guía de consulta para solucionar los problemas diarios y resolver dudas sobre comandos. Al final de cada capítulo se incluyen ejercicios opcionales que le ayudarán a revisar el material aprendido y a ver formas diferentes de aplicar la información aprendida. Los usuarios experimentados también encontrarán este libro como una herramienta de referencia práctica.

Cómo obtener información rápidamente

En cada capítulo encontrará trucos y explicaciones en forma de recuadros separados del texto principal. Los trucos, las advertencias y los recuadros proporcionan una gran cantidad de información recogida durante años de uso de AutoCAD en una gran cantidad de proyectos en diferentes entornos laborales. Puede examinar el libro deteniéndose en estas notas para obtener una idea de su utilidad.

Qué esperar de este libro

Este libro se divide en cinco partes, cada una de las cuales representa un nuevo hito en su avance hacia la meta de convertirse en un usuario experto de AutoCAD 2009. A continuación se recoge una descripción de dichas partes y un resumen del contenido de cada una de ellas.

Parte I: Fundamentos básicos

Como en la mayoría de los trabajos, debería empezar por abordar tareas pequeñas y manejables. En esta primera parte, empezará a familiarizarse con el aspecto de AutoCAD. El capítulo 1 es una visión general de AutoCAD. En el capítulo 2 aprenderá a iniciar y salir del programa y a responder a los comandos de AutoCAD. El capítulo 3 le mostrará cómo configurar un área de trabajo, editar objetos y dar formato a sus dibujos. En el capítulo 4, exploraremos algunas herramientas únicas de AutoCAD: símbolos, bloques y capas.

A medida que se vaya introduciendo en AutoCAD, tendrá la oportunidad de confeccionar algunos dibujos que podrá utilizar más adelante en el libro y, quizás, en futuros proyectos propios. En el capítulo 5, aprenderá a utilizar capas para mantener la información similar agrupada y a manejar propiedades de objetos tales como tipos de líneas para organizar visualmente los elementos.

Parte II: Dominar habilidades intermedias

Después de dominar los fundamentos básicos, empezaremos a explorar algunas de las características más sutiles de AutoCAD. El capítulo 6 le mostrará cómo reutilizar la información de configuración de sus dibujos y partes de un dibujo existente. En el capítulo 7, aprenderá a utilizar las herramientas de vistas y los sombreados y a ensamblar y editar un archivo de dibujo grande. El capítulo 8 le mostrará cómo hacer copias de sus dibujos. El capítulo 9 estudia los métodos para controlar grosores de línea y sombreados en sus copias impresas. El capítulo 10 le enseñará a crear anotaciones en sus dibujos y a editarlas. El capítulo 11 le mostrará cómo añadir funcionalidades de hoja de cálculo a sus dibujos. El capítulo 12 le permitirá practicar utilizando las herramientas automáticas de acotación (otra de las características únicas de CAD).

Parte III: Dominar habilidades avanzadas

Llegados a este punto, estará cerca de convertirse en un verdadero experto en AutoCAD. La parte III está diseñada para pulir sus conocimientos y proporcionarle algunos nuevos. El capítulo 13 le enseñará a adjuntar información a los objetos de un dibujo y a exportar dicha información a archivos de bases de datos y hojas de cálculo. El capítulo 14 le enseñará técnicas para transferir dibujos en papel a AutoCAD. En el capítulo 15, completaremos el manual del edificio de apartamentos. Durante este proceso, aprenderá a integrar los conocimientos que ha aprendido hasta el momento y aprenderá algunos trucos para trabajar con grupos. El capítulo 16 le muestra las herramientas que le permiten presentar sus dibujos de forma ordenada. El capítulo 17 le muestra cómo crear bloques que se pueden editar con pinzamientos sin tener que redefinirlos. En el capítulo 18, profundizaremos en algunos objetos de dibujo especiales, tales como curvas *spline* y curvas integradas. En el capítulo 19, practicará obteniendo información sobre un dibujo y aprenderá cómo interactúa AutoCAD con otras aplicaciones tales como hojas de cálculo y programas de autoedición. También aprenderá a copiar y pegar datos.

Parte IV: Modelar e Imaginar en 3D

Aunque el diseño 2D es el caballo de batalla de AutoCAD, las capacidades 3D del programa nos ofrecen la posibilidad de expandir nuestras ideas y de plasmarlas con una nueva luz. El capítulo 20 cubre las características básicas de AutoCAD para crear dibujos en tres dimensiones. El capítulo 21 le introducirá en algunas de las capacidades más potentes del programa en el diseño 3D. El capítulo 22 le mostrará cómo utilizar AutoCAD para generar vistas realistas de sus dibujos en 3D. El capítulo 23 es una visita guiada por la herramienta de modelado de sólidos y cómo se pueden crear, editar y mostrar en AutoCAD 2009.

Parte V: Personalización e integración

Uno de los grandes poderes de AutoCAD es su carácter abierto a la personalización. El capítulo 24 es una primera aproximación al mundo de la personalización de AutoCAD. Aprenderá a cargar y utilizar herramientas Express que amplían la funcionalidad de AutoCAD, y aprenderá las nociones básicas de AutoLISP como herramienta para crear macros. El capítulo 25 es una introducción al popular lenguaje de macros AutoLISP. Aprenderá a crear comandos personalizados basados en los ya existentes y a recuperar y almacenar ubicaciones y otros tipos de datos. En el capítulo 26, le mostraremos cómo personalizar menús, barras de herramientas, tipos de líneas y sombreados.

Requisitos mínimos del sistema

En este libro, se asume que dispone de un equipo compatible con IBM con procesador Pentium IV o CPU equivalente. Además, debe integrar una unidad de CD-ROM y con al menos 2 GB de espacio libre en el disco duro para los archivos de programa de AutoCAD y aproximadamente 120 MB de espacio adicional para los archivos de ejemplo y espacio de trabajo. Adicionalmente, debería disponer de espacio suficiente para la página de memoria virtual de Windows que es aproximadamente 1,5 veces la cantidad de RAM instalada. Consulte su manual de Windows para obtener más información sobre memoria virtual.

AutoCAD 2009 funciona mejor en sistemas con al menos 2 GB de RAM, aunque si su equipo tiene 1 GB resultará suficiente. El equipo debe constar de un monitor de alta resolución y una tarjeta gráfica actualizada con una resolución de 1024 x 768 o superior para trabajar bien con AutoCAD, pero si desea obtener el máximo rendimiento de las nuevas funciones 3D deberá disponer de una tarjeta gráfica de 128 MB, de clase de estación de trabajo y OpenGL. Si tiene intención de utilizar una tableta digitalizadora, compruebe que tiene libre alguno de los puertos USB o en serie de su ordenador. Asumimos también que dispone de ratón y de una impresora o trazador. Necesitará una unidad de CD o un lector de DVD para poder instalar AutoCAD y el software que se adjunta a este libro. Por último, conviene disponer de una conexión a Internet para aprovechar los servicios de asistencia de Autodesk.

Versión de prueba

Si no tiene AutoCAD, puede descargar una versión de prueba de la página Web de Autodesk. Vaya a la página de inicio de Autodesk y siga los vínculos a AutoCAD. La versión de prueba es de aproximadamente 1,8 GB, así que prepárese para esperar un rato hasta que se complete la descarga. Tenga en cuenta que la versión de prueba caduca a los 30 días, no comience a utilizarla hasta que tenga bastante tiempo libre para practicar utilizando AutoCAD.

Formatos de estilo utilizados en el libro

A la hora de elaborar este libro se ha puesto una gran atención en las convenciones de estilo aplicadas (el uso de mayúsculas y minúsculas, cursiva, negrita, etc.) que le resultarán de gran ayuda para aprender AutoCAD. En general, su efecto será subliminal. Sin embargo, puede que le resulte útil ser consciente de las siguientes reglas:

- Las selecciones de comandos en forma de menús desplegables se indican mediante una serie de opciones de menú separadas por el símbolo > (por ejemplo, seleccione Archivo>Nuevo). Se suelen utilizar para la herramienta **Explorador de menús** que se describe en el capítulo 1.

- Los nombres de botones e iconos se muestran en negrita (por ejemplo, haga clic en el botón **Buscar**).
- Las entradas de teclado se indican en fuente `monoespacial` (por ejemplo, introduzca `Girar` y pulse **Intro**).
- Las líneas de comando aparecen en fuente `monoespacial`.

Para la mayor parte de las funciones, este libro describe cómo seleccionar opciones de dos herramientas de interfaz nuevas, la cinta de opciones y el Explorador de menús. Además, se incluyen los métodos abreviados de teclado o los nombres de comandos entre paréntesis cuando resulte pertinente. Estos nombres de comando brindan continuidad para los lectores acostumbrados a trabajar desde la línea de comandos.

Nuevas funciones de AutoCAD 2009

AutoCAD tiene un aspecto nuevo y novedosas funciones que le ayudarán a que su trabajo sea más fácil y rápido. Si ya ha utilizado AutoCAD antes, observará que ha cambiado el aspecto. Investigue un poco más a fondo y descubrirá que algunas de las nuevas funciones se han añadido para simplificar su trabajo, así no tiene que seguir la trayectoria de muchos detalles. A continuación enumeramos las nuevas funciones que se cubrirán en el libro:

- La nueva interfaz Cinta de opciones que coloca la mayoría de las herramientas que necesita en un grupo de paneles a lo largo de la parte superior de la ventana de AutoCAD.
- La grabadora de acciones que le permite crear macros al vuelo.
- La nueva herramienta **ViewCube** facilita conseguir la vista deseada en 3D.
- Nuevas herramientas que le ayudarán a encontrar archivos abiertos y vistas de presentación con rapidez.
- La herramienta **Exportar presentación** le permite guardar las vistas de la presentación en un archivo.

Para contactar con el autor

Espero que este libro le sea de ayuda ya que, una vez completados los tutoriales, continuará utilizando el libro como referencia. Si tiene algún comentario, crítica o ideas acerca de cómo se puede mejorar el libro, puede enviarme un correo electrónico a la siguiente dirección: `george.omura@gmail.com`.

Gracias por elegir este libro.

Parte I

Fundamentos básicos

265
1980
2460 - дно
520-укл
R250

1 Explorar la interfaz de AutoCAD

Antes de empezar a utilizar las nuevas capacidades de AutoCAD 2009, necesitará familiarizarse con los fundamentos básicos. Si no ha trabajado nunca con AutoCAD, en este capítulo se examinan muchas de las operaciones elementales tales como abrir y cerrar archivos, aumentar el tamaño de las diferentes secciones de un dibujo o técnicas de edición. Por el contrario, si ya está familiarizado con versiones anteriores, le aconsejamos que lea rápidamente este capítulo para profundizar en algunas de las funciones que menos utiliza.

Autodesk ha modificado recientemente su estrategia de actualizaciones de AutoCAD para sacar nuevas versiones anualmente. Parte de esta estrategia consiste en introducir nuevos elementos que se concentran en una categoría determinada de características. En esta última versión, AutoCAD 2009, se incluyen varias características nuevas centradas en la interfaz de usuario. AutoCAD lanza un nuevo panel de herramientas llamado Cinta de opciones que incluye las herramientas que se necesitan habitualmente para crear dibujos técnicos de todas clases. Hay más información disponible en cada herramienta, lo que hace que ésta sea una de las versiones de AutoCAD más fáciles de dominar. Todo lo que tiene que hacer es pasar el cursor sobre una herramienta u opción de menú para averiguar lo que puede hacer y cómo se utiliza. Tendrá la oportunidad de explorar estas nuevas funciones a lo largo del libro. Antes de comenzar el ejercicio de este capítulo, asegúrese de que ha copiado al disco duro de su ordenador los archivos de ejemplo para este libro. Consulte la introducción para conocer más detalles sobre este tema.

Empecemos con los fundamentos básicos. En este capítulo se abordan los siguientes aspectos:

- Utilizar la ventana de AutoCAD.
- Abrir un archivo existente.

- Obtener vistas más cercanas con el comando **Zoom**.
- Guardar un archivo mientras trabaja.
- Realizar cambios y abrir múltiples archivos.

Visita guiada

En esta sección, le brindaremos la oportunidad de familiarizarse con la ventana de AutoCAD y le indicaremos cómo comunicarse con esta aplicación. A medida que vaya realizando los ejercicios, entenderá la forma de trabajo utilizada en este libro. No se preocupe si no entiende o no logra recordar todo el material examinado en este capítulo, ya que le ofreceremos múltiples oportunidades para dominar los detalles en capítulos posteriores. Para ayudarle a recordar el material, encontrará algunas preguntas al final de cada capítulo. Por el momento, disfrute de su primer contacto con AutoCAD.

> **NOTA:** AutoCAD 2009 ha sido diseñado para trabajar con Windows XP y Windows Vista. Para escribir este libro, se ha utilizado AutoCAD 2009 en Windows Vista.

Si ha instalado AutoCAD, ya está en disposición para dar los primeros pasos. A continuación, le indicamos cómo iniciar el programa.

1. Seleccione Iniciar>Todos los programas>Autodesk>AutoCAD 2009-Español>AutoCAD 2009. También puede hacer doble clic sobre el icono de AutoCAD 2009 - Español, situado en el escritorio de Windows.
2. La pantalla de saludo indica la versión de AutoCAD que está utilizando, a nombre de quién está registrado el programa, el distribuidor de AutoCAD y un número de teléfono, por si necesitara ayuda. Si es la primera vez que abre el programa después de instalarlo, aparecerá además un cuadro de diálogo pidiéndole que registre el producto.
3. También puede ver la pantalla Taller de novedades, que ofrece una serie de tutoriales que le muestran las nuevas funciones de AutoCAD 2009. Haga clic en el botón de selección No volver a mostrar este mensaje o Más tarde y haga clic en **Aceptar**. Siempre puede volver a la pantalla Taller de novedades en el menú de ayuda de AutoCAD si selecciona ?>Taller de novedades en el explorador de menús.
4. La ventana de AutoCAD despliega un documento predeterminado en blanco llamado `Dibujo1.dgw`, tal como se muestra en la figura 1.1. Los usuarios de AutoCAD pueden establecer la paleta Administrador de conjuntos de planos a la izquierda de la ventana de AutoCAD, que no aparece en la figura 1.1, para mostrar una mayor área de dibujo.

Si es la primera vez que ejecuta AutoCAD después de instalarlo, el programa le pedirá que se registre y solicitará autorización de AutoCAD en el paso 2. Si instala la versión de prueba, introduzca el número de serie predeterminado **000-00000000**, que le permitirá probar el programa durante un mes. Una vez introducida la información de registro, verá la ventana Taller de novedades descrita en el paso 3.

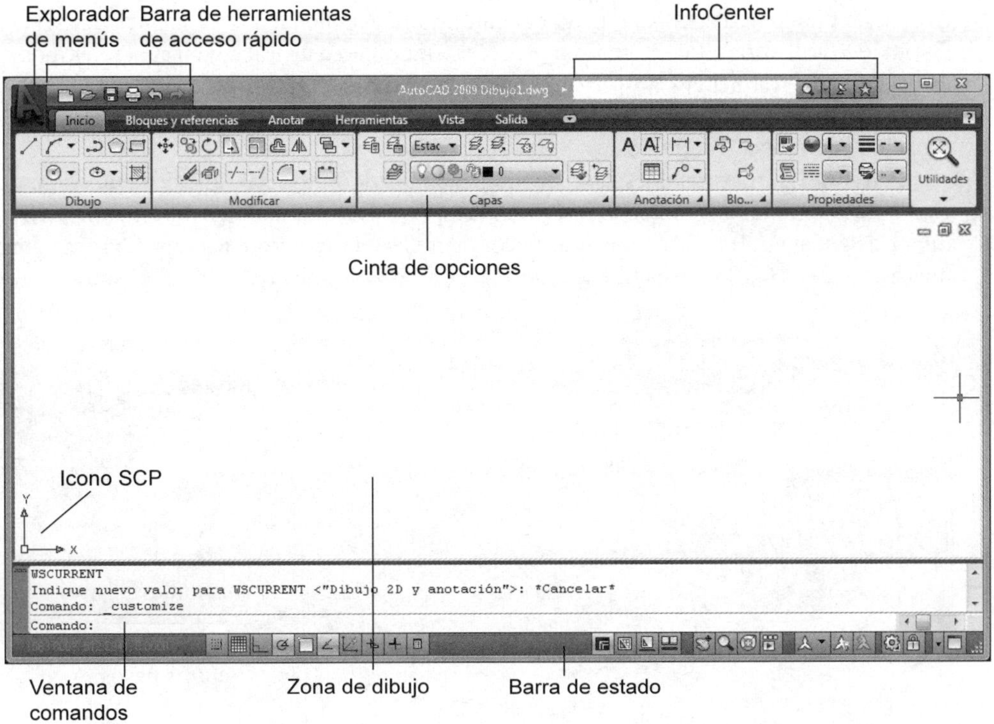

Figura 1.1. Disposición típica de elementos de la ventana de AutoCAD. La paleta Administrador de conjuntos de planos está cerrada para mayor claridad.

Analicemos con detenimiento, pues, la ventana de AutoCAD, pero no deje que le abrume por la gran cantidad de información ya desde el principio. No tiene que memorizar todos los datos: vaya parte por parte y verá cómo enseguida acaba formándose una idea general de todo lo que contiene.

La ventana de AutoCAD

La ventana de AutoCAD se divide en seis partes:

- El explorador de menús.
- La Barras de herramientas de acceso rápido.
- La Cinta de opciones.
- La zona de dibujo.
- La ventana de comandos.
- La barra de estado.

La figura 1.1 muestra el diseño típico de una ventana de programa de AutoCAD. En la parte superior se encuentra la Barra de herramientas de acceso rápido, y justo debajo está la Cinta de opciones. En la parte inferior están la ventana de comandos y la barra de estado.

El área de dibujo ocupa el resto de la pantalla. AutoCAD llama a la ventana de presentación Espacios de trabajo. Puede guardar y volver a un espacio de trabajo en cualquier momento utilizando la herramienta **Cambio de espacio de trabajo** de la barra de estado. El espacio de trabajo en la figura 1.1 se llama espacio de trabajo Dibujo 2D y anotación, uno de los dos espacios que ya están definidos en AutoCAD.

La figura 1.2 muestra un espacio de modelado 3D de AutoCAD, que tiene un conjunto de elementos de pantalla completamente diferentes. La figura 1.2 también muestra un archivo de dibujo estándar de AutoCAD con unos pocos cambios en la configuración para proporcionarle un aspecto 3D. Bajo estos cambios externos, el programa subyacente es el mismo.

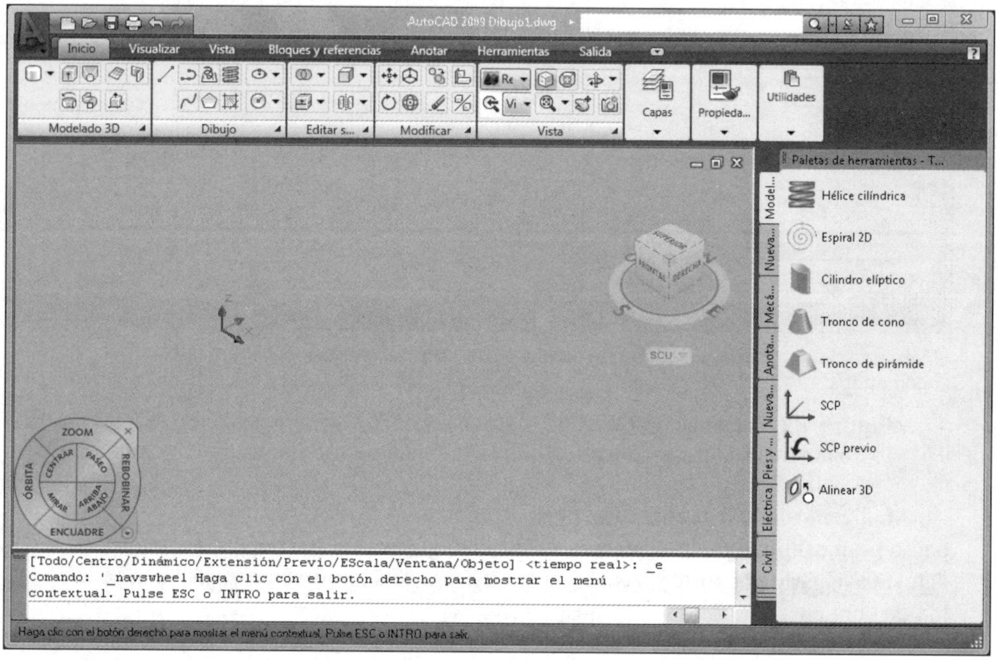

Figura 1.2. El espacio de trabajo Modelado 3D le proporciona una configuración alternativa de los elementos en la ventana de AutoCAD.

La Barra de herramientas de acceso rápido, situada en la parte superior del área de dibujo (véase la figura 1.3), incluye las funciones básicas de gestión de archivos que puede encontrar en casi todos los programas Windows. La Cinta de opciones le proporciona casi todos los comandos necesarios por medios de iconos. En la esquina superior izquierda, el icono rojo de AutoCAD ejecuta el explorador de menús, que es como un panel de navegación con gran parte de los mismos comandos que la Cinta de opciones.

El área de dibujo ocupa la mayor parte de la pantalla, ya que es el lugar destinado a dibujar. Al mover el ratón por este espacio, el puntero de flecha se convierte en un cursor en forma de cruz para permitirle seleccionar puntos del área de trabajo.

La ventana de comandos, situada por debajo del área de dibujo, recoge la información relativa a los comandos de AutoCAD que se estén utilizando. Puede mover y cambiar el tamaño de esta ventana como si se tratara de una barra de herramientas. De manera predeterminada, la ventana de comandos aparece anclada en la parte inferior de la pantalla, como muestra la figura 1.4.

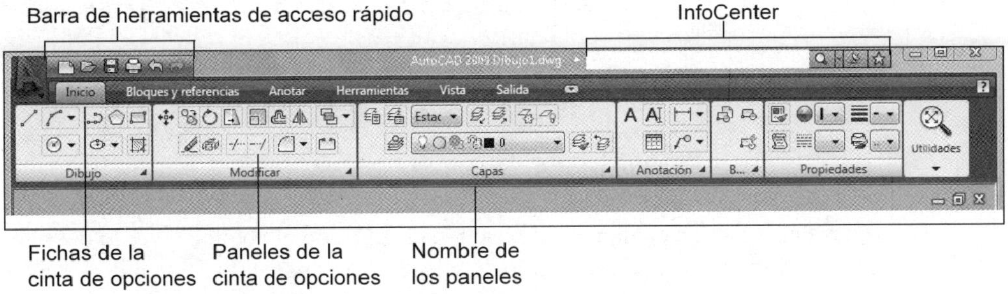

Figura 1.3. La Barra de herramientas de acceso rápido, con las funciones básicas de gestión de archivos de Windows, aparece sobre la Cinta de opciones, a la derecha del Explorador de menús.

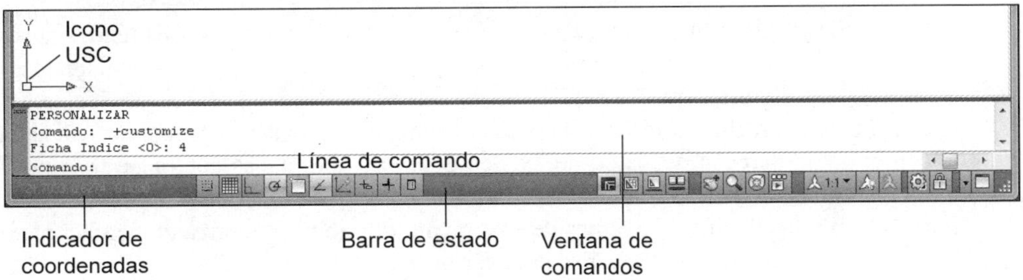

Figura 1.4. La ventana Comandos y la barra de estado.

Debajo de la ventana de comandos se sitúa la barra de estado (consulte la figura 1.4). Esta barra permite ver rápidamente información sobre el estado del dibujo. Por ejemplo, el indicador de coordenadas situado en el extremo izquierdo de la barra de estado señala la ubicación del cursor. Las herramientas de la barra de estado le ofrecen ayuda al dibujo.

Selección de puntos en el área de dibujo

Ahora que hemos visto el diseño general de AutoCAD, intente utilizar el indicador de coordenadas y el cursor de dibujo para entender cómo funcionan todas las partes de la pantalla juntas:

1. Mueva el cursor por el área de dibujo. Al hacerlo, observe cómo el indicador de coordenadas modifica sus valores para mostrar la ubicación del cursor. Este indicador recoge las coordenadas en formato X, Y, Z.
2. Coloque el cursor en medio del área de dibujo, y haga clic con el botón izquierdo del ratón. Mueva el cursor y verá cómo se abre un rectángulo. Ésta es la ventana de selección, que explicaremos en un capítulo posterior (consulte la figura 1.5). También verá un valor de coordenada siguiendo al cursor y un mensaje que le pedirá que especifique la esquina opuesta. Esta presentación del cursor se conoce con el nombre de entrada dinámica. Aprenderá más sobre esta característica más adelante en este capítulo.

TRUCO: Si no puede ver la entrada dinámica, haga clic en la herramienta **Entrada dinámica** (icono) en la barra de estado para activar esta característica.

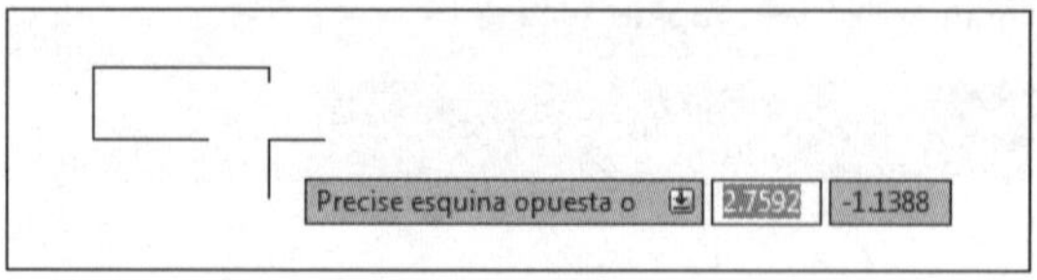

Figura 1.5. Ventana de selección.

3. Mueva el cursor en cualquier dirección, haga clic con el botón izquierdo del ratón de nuevo. Observará que el rectángulo de selección desaparece, así como la presentación de la entrada dinámica.

4. Pruebe a seleccionar otros puntos para practicar. Como observará, al hacer clic con el ratón iniciará y finalizará una selección de ventana de manera alternativa.

Si hace clic accidentalmente con el botón derecho del ratón, aparecerá un menú contextual. Un clic con el botón derecho del ratón suele abrir un menú con las opciones relacionadas con el contexto. Esto significa que los contenidos de este menú dependen del lugar en el que hace clic con el botón derecho del ratón, así como del comando activo en ese momento. Si al hacer clic con el botón derecho del ratón no existen opciones apropiadas que mostrar, AutoCAD considera esta acción como pulsar la tecla **Intro**. A medida que avance en la lectura de este libro irá aprendiendo las distintas opciones de este menú. Por ahora, si activa el menú contextual de forma accidental, pulse la tecla **Esc** para cerrarlo.

El icono SCP

En la esquina inferior izquierda del área de dibujo, observará una flecha en forma de L ( ). Se trata del icono Sistema de coordenadas personales (SCP), cuya función es mostrar la orientación del dibujo. Este icono es de gran ayuda cuando se trabaja con dibujos complicados en dos o tres dimensiones. Las flechas X e Y muestran los ejes X e Y de los dibujos. El pequeño recuadro situado en la base de la intersección de las flechas indica que se encuentra en el denominado Sistema mundial de coordenadas. En un capítulo posterior, se explican los pormenores de este icono. Por ahora, lo utilizaremos como referencia para conocer la dirección de los ejes.

Si no encuentra el icono SCP

El icono SCP se puede activar y desactivar. Por esta razón, si está trabajando en el equipo de otra persona y no ve el icono, no se asuste. Si no ve el icono o su aspecto es diferente al que le mostramos en este capítulo, veremos más adelante cómo solucionar este problema.

La ventana de comandos

En la parte inferior de la pantalla, inmediatamente por encima de la barra de estado, verá una pequeña ventana horizontal denominada ventana de comandos. Éste es el lugar en el que AutoCAD muestra las respuestas a las acciones del usuario. Por defecto, esta ventana muestra tres líneas de texto. En la línea inferior se recogen los mensajes actuales y en las dos líneas superiores los mensajes anteriores y, en algunos casos, componentes del mensaje actual que no entran en una sola línea. En la figura 1.4, la línea inferior muestra el mensaje `Comando:`. Esta línea indica que AutoCAD está a la espera de instrucciones. Si hace clic sobre un punto del área de dibujo, observará que aparece el mensaje `Precise esquina opuesta:`. Simultáneamente, el cursor comenzará a dibujar una ventana de selección que desaparecerá al hacer clic sobre otro punto. El mismo mensaje aparece en la entrada dinámica que se sitúa junto al cursor.

Si está empezando a utilizar AutoCAD, le aconsejamos que preste especial atención a los mensajes que aparecen en la ventana de comandos y en la entrada dinámica, porque éste es el lugar a través del que se comunica con AutoCAD. Además de mostrar mensajes, la ventana de comandos registra las acciones que realice en AutoCAD. Puede utilizar las barras de desplazamiento situadas en la parte derecha de la ventana de comandos si desea ver mensajes anteriores. Puede aumentar el tamaño de esta ventana si lo desea, como veremos en un capítulo posterior.

A continuación, examinaremos detalladamente los componentes de la ventana de AutoCAD.

> **TRUCO:** La ventana de comandos y la entrada dinámica permiten a AutoCAD proporcionar información textual sobre nuestras acciones. Puede pensar en estas características como en una ventana de chat de AutoCAD. A medida que el usuario vaya introduciendo comandos, el programa le responderá con mensajes. Cuando se vaya familiarizando con AutoCAD, puede que deje de necesitar la ayuda de la ventana de comandos y la entrada dinámica. Sin embargo, para nuevos usuarios o usuarios ocasionales, la ventana de comandos y la entrada dinámica pueden resultar de gran utilidad para comprender los pasos necesarios para un determinado trabajo.

El explorador de menús

El explorador de menús es como la vista Carpetas en la barra de Exploración del Explorador de Windows. Se pueden ver las categorías de comandos en una columna vertical. Al hacer clic sobre una de las categorías la lista se expande para mostrar más opciones. Intente ver cómo funciona de primera mano.

1. Haga clic en el icono del Explorador de menús y seleccione la opción Ver. En la lista de elementos que aparece están incluidos los comandos y opciones que permiten controlar la forma en la que AutoCAD muestra los dibujos (véase la figura 1.6). No se preocupe si no entiende su significado todavía. Se lo iremos explicando en capítulos posteriores.

2. Desplace el cursor lentamente hacia abajo por las opciones de Ver en la columna de la derecha. Al señalar algunas opciones, justo debajo, aparece una información de la herramienta. Estas opciones le ayudan a seleccionar la opción de menú que necesita. Otros elementos que tienen una flecha a la izquierda, se expanden cuando hace clic sobre ellos para mostrar más opciones (véase la figura 1.6).

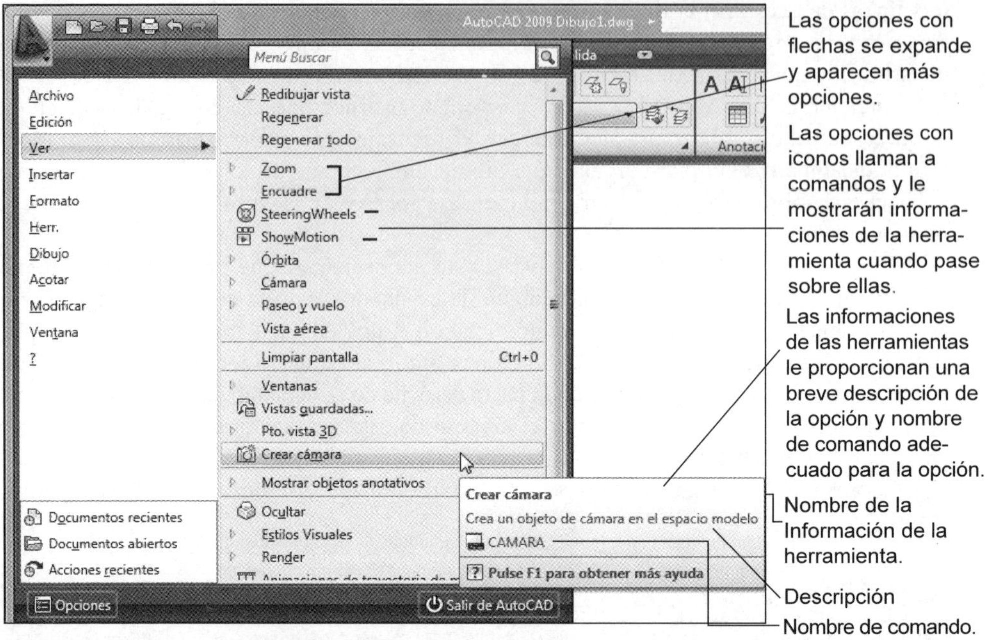

Figura 1.6. La opción Ver en el explorador de menús muestra una información de herramienta típica.

TRUCO: Si examina con atención las descripciones de los comandos en la información de la herramienta, observará una palabra extraña al final con un icono a la izquierda. Se trata del alias de comando equivalente a la opción resaltada en el menú. Puede escribir estos comandos para iniciar la herramienta o el elemento del menú al que está apuntando. No es necesario que memorice estos términos, pero su conocimiento le ayudará a personalizar AutoCAD.

3. Algunos elementos de menú vienen seguidos por una flecha a la izquierda. El objetivo de este símbolo es indicarnos que el comando consta de opciones adicionales. Por ejemplo, haga clic en la opción Zoom y se desplegará otra lista de opciones debajo. El segundo conjunto de opciones se denomina menú en cascada. Cuando vea un elemento de menú seguido de una flecha, sabrá que al seleccionar dicho elemento se desplegará un menú compuesto por un conjunto de opciones detalladas.

4. Habrá observado que algunas opciones de menús van seguidas de puntos suspensivos (...). Se trata de una convención utilizada para indicar que la opción abre un cuadro de diálogo. Por ejemplo, mueva el cursor hasta la opción Vistas guardadas en la opción Ver del explorador de menús. Aparecerá el cuadro de diálogo Administrador de vistas.

5. Haga clic en **Cancelar** para salir del cuadro de diálogo.

Además de proporcionarle la mayoría de los comandos de AutoCAD, el explorador de menús es una manera de acceder a los comandos y a los archivos utilizados recientemente. Si mira en la parte inferior del Explorador de menús, verá 3 iconos: Documentos recientes,

Documentos abiertos, y Acciones recientes (véase la figura 1.7). Si se coloca o hace clic sobre uno de ellos, el panel de la derecha cambia para mostrarle el listado correspondiente a esa opción. Por ejemplo, si señala Documentos recientes, el panel de la derecha muestra una lista de los archivos en los que ha trabajado últimamente.

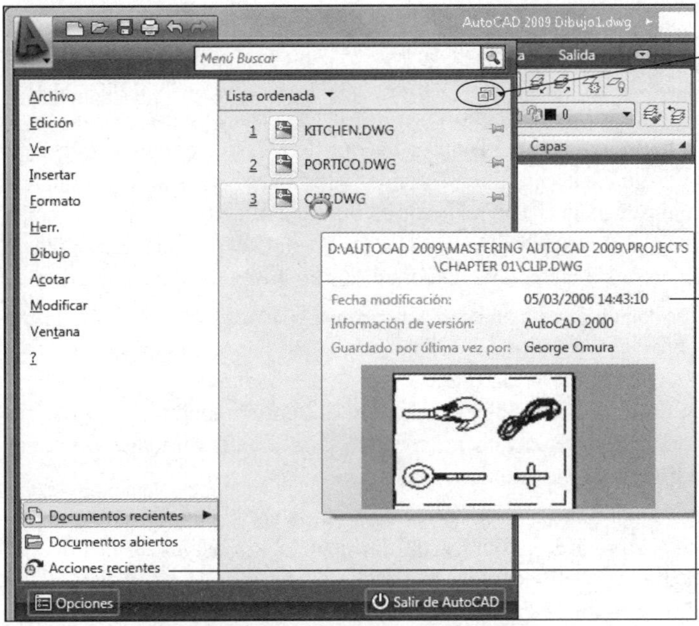

Figura 1.7. Las opciones en la parte inferior del Explorador de menús le dan acceso directo a los archivos recientes y a las acciones.

Puede utilizar la herramienta **Ver** situada en la esquina superior derecha del Explorador de menús para seleccionar la manera en la que se muestra la lista de archivos, de manera similar a las opciones de vista del explorador de Windows. Puede hacer clic en este icono y seleccionar Imágenes medianas para que la lista muestre los archivos con imágenes de su contenido en miniatura. Al pasar con el cursor sobre el nombre de un archivo, verá una información de herramienta que le muestra una vista en miniatura más grande del dibujo. La opción Documentos abiertos le permite cambiar rápidamente de un archivo abierto a otro cuando está viendo los archivos en pantalla completa. Por último, la opción Acciones recientes le ofrece un listado de las actividades más recientes en el explorador de menús. Puede repetir una acción que ha ejecutado por medio del explorador de menús, seleccionándola de la lista. Ésta es una práctica herramienta si está realizando tareas repetitivas, pero recuerde que tiene que iniciar la tarea desde el explorador de menús antes de que pueda estar disponible bajo la opción Acciones recientes.

Comunicarse con la ventana de comandos y la entrada dinámica

AutoCAD es el mayordomo perfecto. Hace todo lo que se le dice y nada más que lo que se le dice. Puede comunicarse con AutoCAD mediante los menús desplegables y las barras de herramientas. Estos dispositivos se encargan de invocar comandos de AutoCAD. Un comando es una orden que se le da a AutoCAD para que realice una acción, como trazar una línea (mediante la herramienta **Línea** en el panel Dibujo de la Cinta de opciones) o borrar un objeto (mediante la herramienta **Borrar** en el panel Modificar de la Cinta de opciones). Independientemente del método que utilice para ejecutar un comando (tecleándolo o seleccionándolo en un menú o barra de herramientas), AutoCAD responde presentando mensajes en la ventana de comandos y la entrada dinámica o mostrando un cuadro de diálogo.

Por lo general, los mensajes de la ventana de comandos o de la entrada dinámica, suelen indicarle qué es lo que tiene que hacer a continuación o le muestran una lista de opciones. Cada comando suele presentar varios mensajes, a los que debe responder para completar la acción. Estos mensajes tienen como función ayudar a los usuarios no experimentados. Si no sabe cómo utilizar un comando o no recuerda su funcionamiento, acuda a la ventana de comandos en busca de pistas. A medida que vaya conociendo el programa, descubrirá cómo recurre cada vez menos a la ventana de comandos en busca de ayuda.

Otra forma de obtener ayuda consiste en hacer clic con el botón derecho del ratón para desplegar el menú contextual. Mientras escribe un comando, este menú muestra una lista de opciones específicamente relacionadas con dicho comando. Por ejemplo, si hace clic con el botón derecho sobre el primer punto del comando **Rectángulo** visto en el ejercicio anterior, se desplegará un menú contextual con las mismas opciones listadas en la línea de comando, además de otras adicionales.

Finalmente, la entrada dinámica permite introducir datos sobre las dimensiones de los objetos que estamos dibujando. Además de duplicar los mensajes de la línea de comandos, la entrada dinámica muestra las dimensiones temporales, coordenadas y ángulos de los objetos que estamos dibujando y editando. Cuando introduzca un valor de coordenadas o ángulo a través del teclado, éste aparecerá también en la entrada dinámica. Si lo desea, puede desactivar o activar la entrada dinámica fácilmente haciendo clic en la herramienta **Entrada dinámica** de la barra de estado. Cuando se desactiva la entrada dinámica, las entradas del teclado se muestran en la ventana de comandos.

La Cinta de opciones

La característica más destacada de la ventana de AutoCAD, después del área de dibujo, es la Cinta de opciones (véase la figura 1.8). Es aquí donde seleccionará las herramientas para dibujar, modificar o ejecutar otras funciones. La Cinta de opciones contiene un conjunto de paneles que representan los grupos de herramientas y funciones. El nombre de cada panel de la Cinta de opciones está en su barra de título y en la parte inferior del panel. Los paneles de la Cinta de opciones están completamente organizados por las fichas que aparecen sobre ellos. Todas las herramientas de la Cinta de opciones muestran informaciones de las herramientas con una corta descripción para ayudarle a comprender lo que representa cada icono de la herramienta.

NOTA: Si sólo ve las fichas de la cinta de opciones, haga clic con el botón derecho del ratón sobre una de las fichas y seleccione Minimizar>Mostrar cinta de opciones completa. Si no puede ver las fichas, pulse la tecla **Esc** dos veces y escriba `cinta` y luego pulse **Intro**.

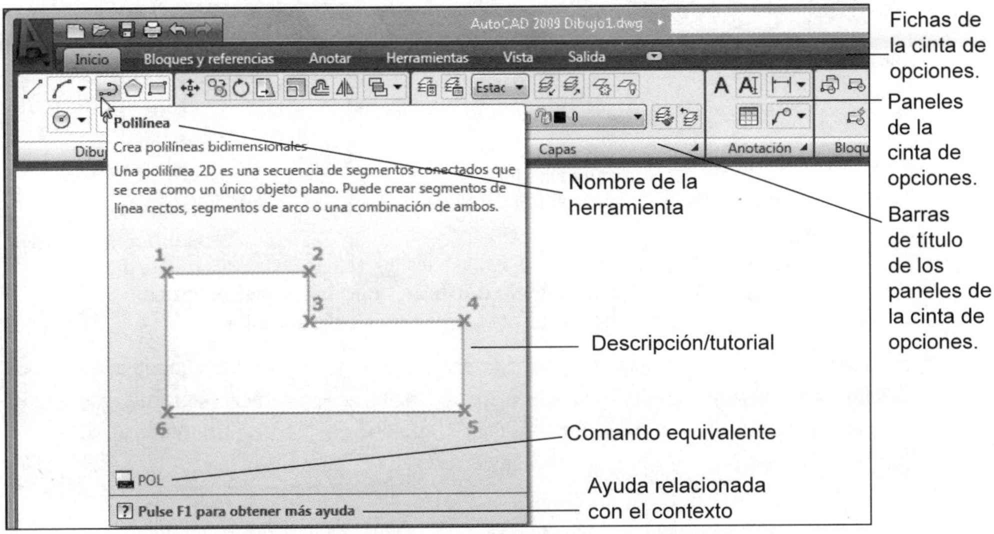

Figura 1.8. Una información de herramienta típica desde una herramienta de un panel de la cinta de opciones.

Si acerca la flecha del cursor a una de las herramientas de un panel de la cinta de opciones y la deja ahí un momento, verá un mensaje de ayuda debajo del cursor. Mantenga el cursor en esa posición un poco más y el mensaje de ayuda cambiará para mostrarle más información sobre la herramienta. Si es la primera vez que utiliza el programa, los encontrará muy útiles, porque le muestran el nombre de la herramienta y una breve descripción del modo de empleo. Además, cuando se le pida seleccionar una herramienta, utilizará el nombre que aparece en ese cuadro para ayudarle a identificar la herramienta. Por ejemplo, en el caso de una herramienta con desplegables, el nombre cambia en función de las condiciones. En este caso describiremos la herramienta de forma general. Más adelante aprenderá más sobre los menús desplegables.

NOTA: Al trabajar con este libro, se le pedirá que seleccione herramientas de las fichas de la Cinta de opciones. A menudo tendrá que cambiar entre diferentes fichas para seleccionar herramientas de otros conjuntos de paneles. Para simplificar la lectura del proceso, utilizaremos una descripción abreviada de la ubicación de las herramientas. Por ejemplo, para utilizar la herramienta **Línea**, leerá "Haga clic en la herramienta Línea del panel Dibujo de la ficha Inicio". Para utilizar la herramienta **Desplazar**, leerá "Haga clic en la herramienta **Desplazar** del panel Dibujo de la ficha Inicio", y así sucesivamente.

Expandir paneles

Además de las herramientas visibles, algunas herramientas están ocultas. Puede expandir muchos de los paneles de la Cinta de opciones para seleccionar más herramientas. Si ve una flecha a la derecha de la barra de título de un panel, puede hacer clic en la barra de título para expandir el panel (véase la figura 1.9). El conjunto de herramientas se expande para mostrarle más herramientas adicionales. Si hace clic en el área de dibujo, el panel expandido vuelve a su tamaño original. Como alternativa puede hacer clic en el icono del alfiler, situado en la barra de título del panel expandido, para bloquear el panel en su posición abierta.

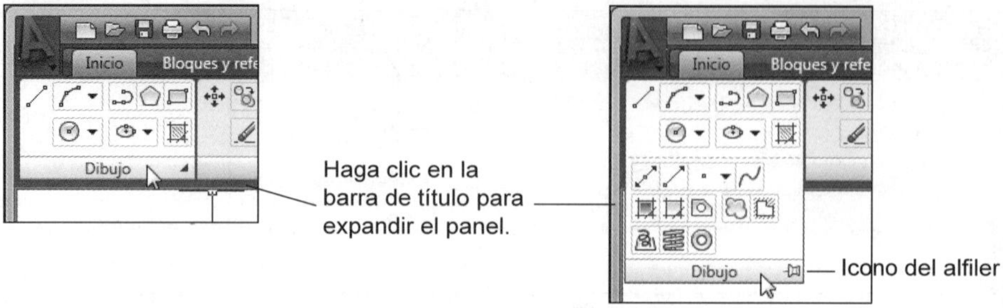

Figura 1.9. La flecha en la barra de título del panel le indica que hay herramientas adicionales disponibles.

NOTA: De ahora en adelante nos referiremos a la ubicación de herramientas adicionales como panel expandido. Por ejemplo, leerá, "Haga clic en la herramienta **Rayo** del panel Dibujo expandido", cuando desee seleccionar la herramienta **Rayo**.

Los desplegables

Otra herramienta sobre la que querrá tener información son los menús flotantes. Los menús flotantes son similares a los paneles expandidos porque puede hacer clic en la flecha para acceder a las herramientas adicionales. Sin embargo, en lugar del panel completo, los desplegables le dan acceso a métodos diferentes para utilizar una herramienta en particular. Por ejemplo, AutoCAD permite dibujar círculos de distintas maneras, por eso ofrece un desplegable para la herramienta **Círculo** en el panel Dibujo de la ficha Inicio. Si hace clic en la flecha al lado del icono del círculo en el panel Dibujo, podrá ver las herramientas adicionales para el dibujo de círculos (véase la figura 1.10).

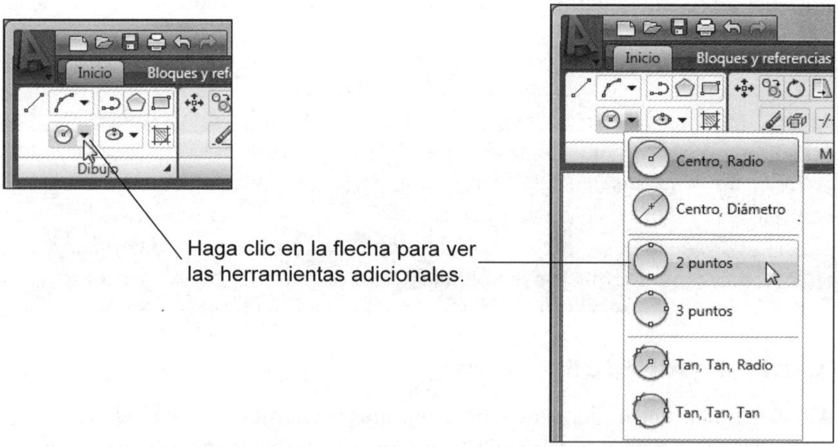

Figura 1.10. Menús flotantes.

Si selecciona una opción de una herramienta en un desplegable, esta opción se convierte en la herramienta por defecto para ese icono. Por ejemplo, si pasa el ratón sobre el icono del círculo en el panel Dibujo, verá que, en el mensaje de ayuda de la herramienta, en el nombre de la herramienta aparece Centro, Radio. Si hace clic en la flecha al lado de la herramienta

Centro, Radio y selecciona 2 puntos, ésta se convierte en la herramienta por defecto y, en el mensaje de ayuda de la herramienta, podrá ver que aparece 2 puntos como nombre de la herramienta (véase la figura 1.11).

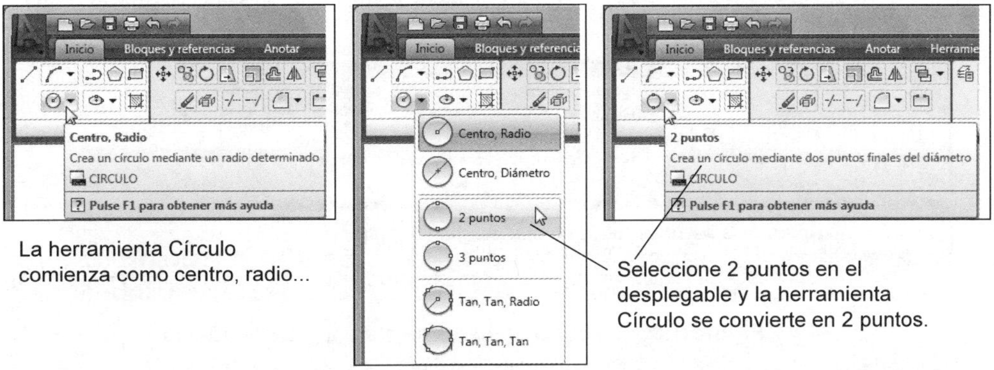

Figura 1.11. La herramienta con un desplegable cambiará a la última herramienta utilizada.

NOTA: Como los nombres de los mensajes de ayuda de las herramientas con desplegables pueden cambiar, describirlos por el nombre puede ser un poco problemático. El nombre puede cambiar según la última herramienta des desplegable que se haya utilizado. Por este motivo, si una herramienta tiene un desplegable, nos referiremos a ella por el nombre general relacionado con el conjunto de herramientas del desplegable, y no con el nombre del mensaje de ayuda. Por ejemplo, llamaremos **Círculo** a la herramienta con el icono del círculo y no Centro, Radio. De la misma manera, llamaremos **Zoom** al icono con la lupa en el panel Utilidades, en lugar de Extensión (véase la figura 1.12).

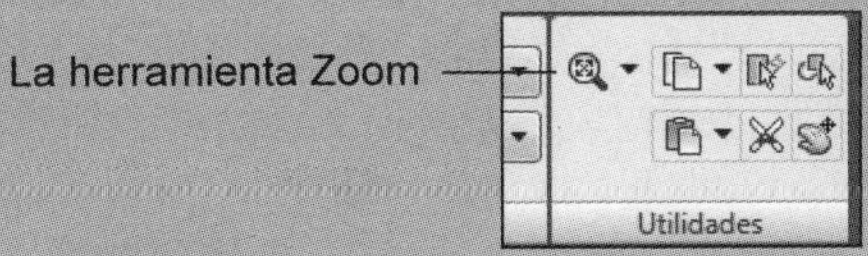

Figura 1.12. La herramienta Zoom.

Las barras de herramientas

Entre la Cinta de opciones y el Explorador de menús, podrá encontrar casi todas las herramientas que necesite. Sin embargo, algunas veces deseará que esté disponible en pantalla un conjunto de herramientas dirigidas a una tarea específica. AutoCAD ofrece numerosas barras de herramientas que contienen las herramientas para tipos específicos de funciones de dibujo. Por ejemplo, la barra de herramientas Vista ofrece un conjunto de herramientas que le dan rápidamente una vista en 3D. La barra de herramientas Consultar contiene herramientas que muestran información sobre el dibujo.

A medida que vaya avanzando con este libro, ocasionalmente, se le pedirá que abra otras barras de herramientas. Para familiarizarse con el proceso, intente abrir y cerrar una ahora.

1. Haga clic con el botón derecho del ratón en una zona en blanco de la barra de herramientas de acceso rápido y seleccione Barras de herramientas>AutoCAD>Acotar. La barra de herramientas Acotar aparecerá en el área de dibujo (véase la figura 1.13).

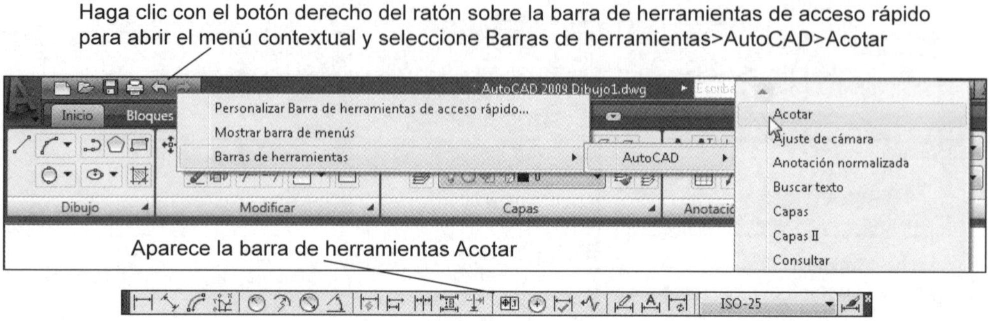

Figura 1.13. La barra de herramientas de acceso rápido.

2. No necesitará la barra de herramientas Acotar por ahora, así que siga adelante y ciérrela haciendo clic en la cruz de la esquina superior derecha de la barra de herramientas.

AutoCAD recuerda la organización de las barras de herramientas de una sesión a otra. Cuando sale y vuelve a entrar en el programa más tarde, la ventana de AutoCAD aparece igual que la dejó.

Los menús frente al teclado

A lo largo de este libro, le pediremos que seleccione herramientas de los paneles de la Cinta de opciones para llamar a los comandos. Todos los usuarios, con o sin experiencia, deben saber que los paneles de la Cinta de opciones ofrecen un método fácil de recordar para acceder a los comandos. Los usuarios experimentados en AutoCAD siguen disponiendo de la posibilidad de introducir comandos directamente desde el teclado. La mayor parte de los comandos que conoce y que tanto aprecia siguen estando a su disposición.

Otra forma de acceder a comandos consiste en utilizar las teclas aceleradoras. Se trata de teclas especiales que abren y activan opciones de menús desplegables. Es posible que ya se haya fijado en que todos los comandos de la barra de menú y sus elementos en los menús desplegables tienen una letra subrayada. Si pulsa la tecla **Alt** y la tecla correspondiente a la letra subrayada, se activará ese comando u opción sin tener que utilizar el ratón. Por ejemplo, para ejecutar el comando **Abrir** del menú Archivo, pulse la combinación de teclas **Alt-A-A**. Muchas de las herramientas y comandos de AutoCAD llevan asociados métodos abreviados de teclado. Un método abreviado de teclado se compone de una, dos o tres letras que abrevian el nombre de un comando. A medida que vaya familiarizándose con AutoCAD, descubrirá lo útil que resulta utilizar las combinaciones de teclas. En este libro le iremos mostrando los distintos métodos abreviados de teclado asociados a los comandos que se comenten.

Por último, AutoCAD le permite crear sus propias teclas aceleradoras o métodos abreviados de teclado para ejecutar comandos y agregarlos a los archivos de ayuda de AutoCAD, como veremos en un capítulo posterior.

Trabajar con AutoCAD

Tras presentarle la ventana de AutoCAD, vamos a practicar utilizando algunos comandos de esta aplicación. En primer lugar, abriremos un archivo de ejemplo y realizaremos algunas modificaciones. Durante este proceso, le enseñaremos a utilizar algunos métodos comunes de trabajo de AutoCAD.

Abrir un archivo existente

En este ejercicio le mostramos cómo abrir y utilizar el típico cuadro de diálogo Seleccionar archivo.

> **NOTA:** Antes de comenzar asegúrese de que ha copiado desde el CD-ROM a su disco duro los archivos de muestra para este libro.

Para comenzar vamos a abrir un archivo existente:

1. Haga clic en el icono **Cerrar** situado en la esquina superior derecha del área de dibujo. Se parece a una X (véase la figura 1.14). Aparecerá un mensaje preguntándole si desea guardar los cambios aplicados al dibujo actual. Haga clic en **No**.

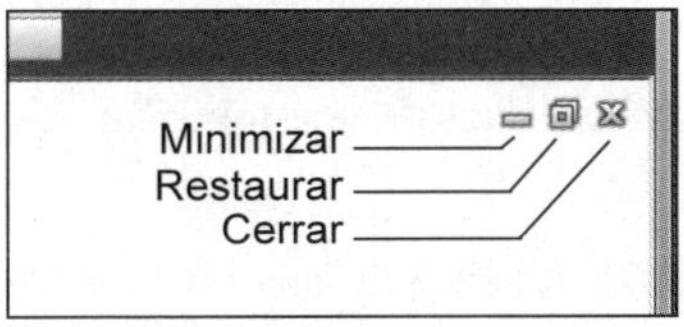

Figura 1.14. Los iconos situados en la esquina superior derecha del área de dibujo.

2. Haga clic en la herramienta **Abrir** ( ) de la barra de acceso rápido para abrir el cuadro de diálogo Seleccionar archivo. Se trata de uno de los típicos cuadros de diálogo de Windows al que se ha agregado una peculiaridad: el cuadro de vista preliminar de la derecha permite ver una imagen previa del dibujo antes de abrir su archivo, de esta manera ahorra tiempo cuando está buscando archivos. En la parte izquierda del cuadro de diálogo, aparece un panel conocido como Lista de lugares. Este panel permite buscar archivos en lugares frecuentemente utilizados dentro de su equipo o de Internet (véase la figura 1.15).

> **TRUCO:** Si no ve el recuadro Vista preliminar en el cuadro de diálogo Seleccionar archivo de AutoCAD, haga clic sobre la palabra Vistas, situado en la parte superior derecha del cuadro, y seleccione la opción Vista preliminar de la lista.

3. En el cuadro de diálogo Seleccionar archivos, abra el cuadro de lista Buscar en y busque la carpeta `Chapter 01` de los archivos de ejemplo (es posible que tenga que examinar la lista para encontrarlo).

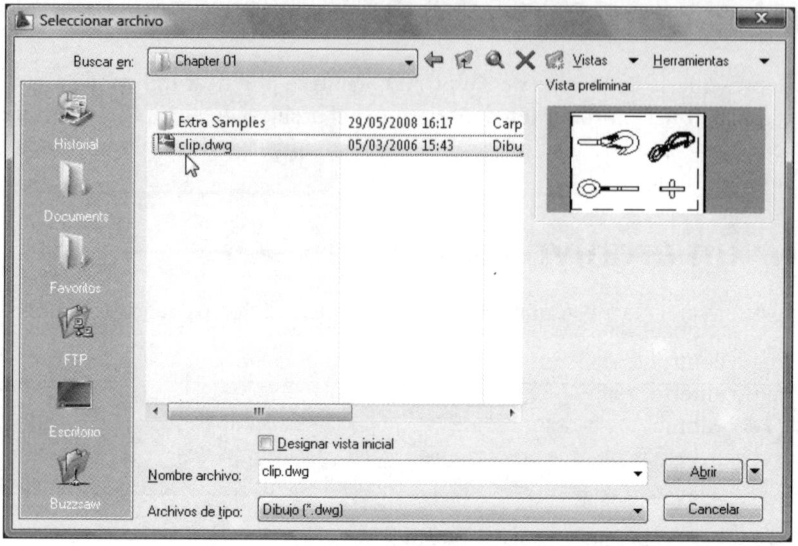

Figura 1.15. El cuadro de diálogo Seleccionar archivo.

4. Coloque el puntero del ratón sobre el archivo denominado `clip.dwg` y haga clic sobre él. Observe cómo el nombre del archivo (`clip.dwg`) aparece en el campo Nombre archivo situado debajo de la lista de archivos. Observe cómo el recuadro de vista preliminar muestra una miniatura de la imagen del archivo. Tenga en cuenta que es posible que los archivos de versiones anteriores de AutoCAD no muestren una imagen en miniatura.

5. Haga clic en el botón **Abrir** situado en la parte inferior del cuadro de diálogo Seleccionar archivo. A continuación, AutoCAD abrirá el archivo `clip.dwg`, como muestra la figura 1.16.

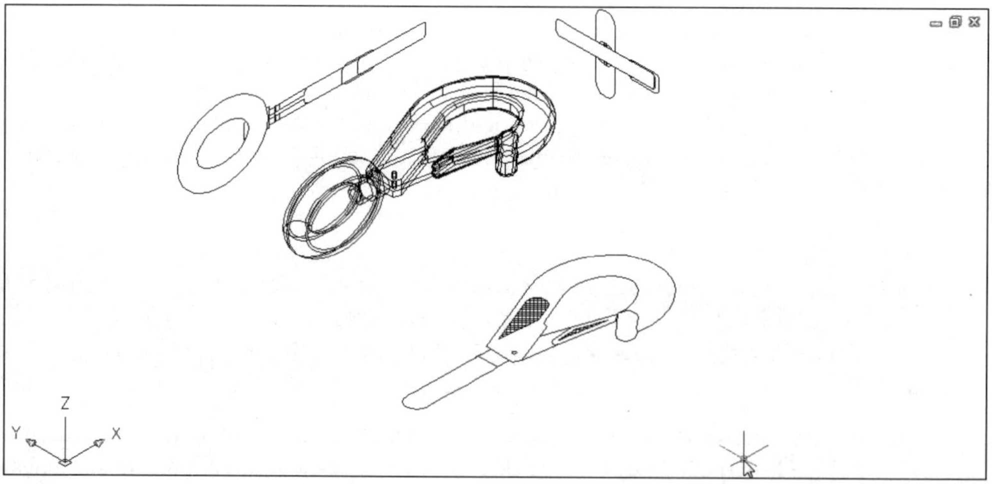

Figura 1.16. La vista Layout1 del archivo clip.dwg.

En la barra de título de la ventana de AutoCAD puede ver el nombre del dibujo. Así puede identificar el archivo fácilmente.

Este archivo en particular contiene dibujos tanto en dos dimensiones como en tres dimensiones de un mosquetón o arnés. La ficha de diseño muestra las vistas superior, frontal y derecha del objeto, así como una vista isométrica.

Planos más cortos

Uno de los controles más utilizados de AutoCAD es el comando **Zoom**. Este comando permite seleccionar planos más cortos de una parte del dibujo y dispone de una gran variedad de formas para controlar la vista de objetos. A continuación, ampliaremos una sección del dibujo del ejemplo anterior para obtener una mayor cantidad de detalles. Para indicarle a AutoCAD qué área del dibujo desea ampliar, utilizaremos el control Ventana de zoom.

En primer lugar seleccione la vista Modelo del dibujo. La ficha Modelo selecciona el espacio de trabajo en el que realizará la mayor parte de sus trabajos de creación y edición. Siga los siguientes pasos:

1. Haga clic en la herramienta **Modelo** situada en la barra de estado de la parte inferior de la ventana de AutoCAD (véase la figura 1.17).

Figura 1.17. La herramienta Modelo situada en la barra de estado.

La vista cambia para mostrar el modelo completo en tres dimensiones con representaciones en dos dimensiones del modelo (véase la figura 1.18).

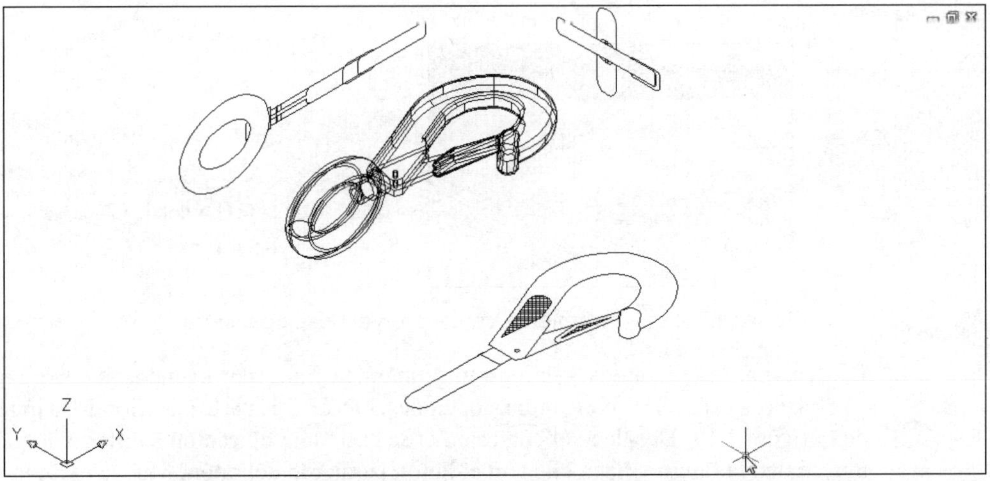

Figura 1.18. Modelo en tres dimensiones con representaciones en dos dimensiones del modelo.

2. En el explorador de menús, seleccione Ver>Pto. vista 3D>Vista en planta>SCP universal. También puede escribir `Planta` y pulsar **Intro**. La vista se modificará para mostrar una vista bidimensional proyectada sobre el dibujo, tal como se ilustra en la imagen superior de la figura 1.19.

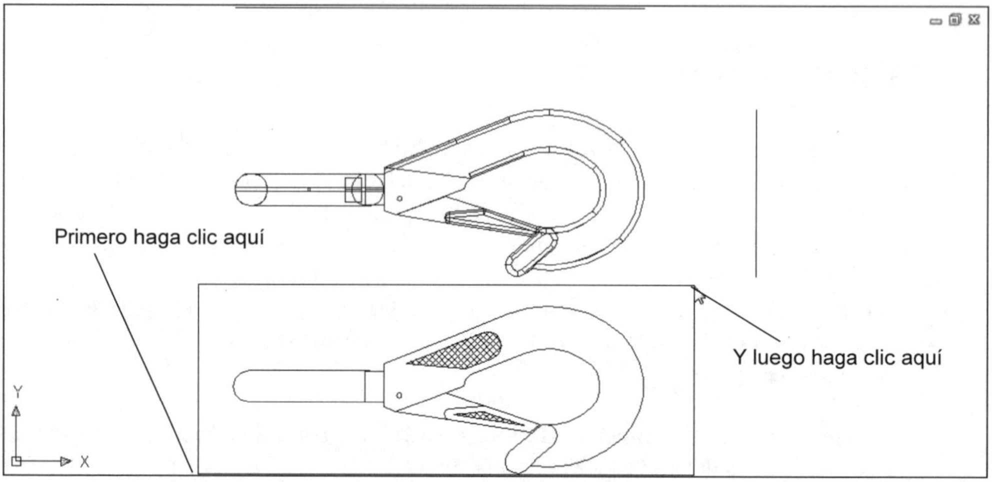

Figura 1.19. Colocar la ventana de zoom alrededor del clip.

3. Haga clic en la herramienta **Zoom** en la barra de estado (véase la figura 1.20).

Figura 1.20. La herramienta Zoom en la barra de estado.

También puede hacer clic en la herramienta **Ventana** en el desplegable de zoom en el panel Utilidades de la ficha Inicio o teclear el comando `Z` **Intro** (véase la figura 1.21).

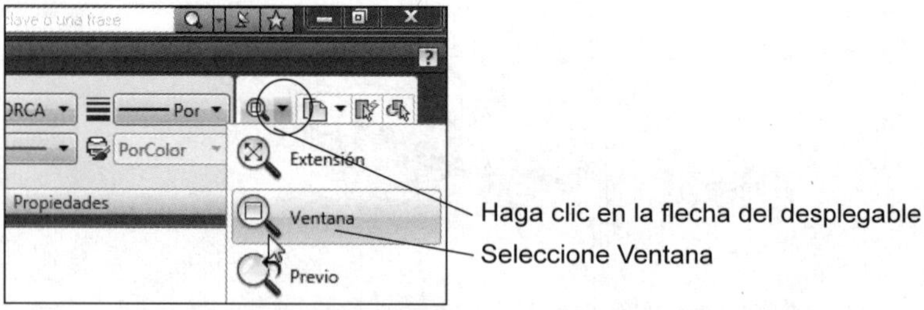

Figura 1.21. La herramienta ventana en el desplegable de zoom.

4. La ventana de comandos y la entrada dinámica muestran el mensaje `Designe primera esquina:` con algunas opciones. Observe la parte superior de la imagen de la figura 1.19. Desplace el cursor en cruz hasta una ubicación similar a la que se muestra en la figura y haga clic con el botón izquierdo del ratón. Mueva el ratón y el rectángulo aparecerá con una esquina fija en el punto seleccionado, mientras que la otra esquina seguirá el movimiento del cursor.

5. La ventana de comandos y la entrada dinámica muestran ahora el mensaje `Designe primera esquina:` y `Designe esquina opuesta:`. Seleccione la segunda esquina de la ventana de forma que quede incluida la imagen inferior del clip, como muestra la figura 1.19, y haga clic de nuevo con el botón izquierdo del ratón. El mosquetón se ampliará hasta ocupar toda la pantalla.

En este ejercicio, hemos utilizado la opción Ventana del comando **Zoom** para definir el área de la imagen que deseamos ampliar. Como ha podido comprobar, AutoCAD solicita que se indiquen las esquinas de la ventana de zoom en la línea de comandos, lo que resulta útil para los usuarios sin experiencia. Utilizará la opción Ventana con frecuencia, no sólo para definir vistas, sino también para seleccionar objetos y modificarlos.

Para trabajar con precisión, es importante poder ampliar los dibujos, pero también lo es disponer de la opción de volver a la vista completa. Para ello, seleccione Previo en el menú desplegable de zoom en el panel Utilidades de la ficha Inicio (véase la figura 1.22).

Figura 1.22. La herramienta Previo en el desplegable de Zoom.

Si lo hace, volverá a ver la imagen completa, la que muestra todo el mosquetón.

Puede aumentar o reducir rápidamente la vista mediante la opción **Tiempo real** del comando **Zoom**. Siga estos pasos para cambiar su vista con la opción **Tiempo real**.

1. Haga clic en la herramienta **Zoom** de la barra de estado, luego, haga clic con el botón derecho del ratón y seleccione Intro. También puede hacer clic en el botón derecho del ratón y seleccionar Zoom en el menú contextual. Al hacerlo, el puntero del ratón se convertirá en una lupa ().
2. Coloque el cursor en forma de lupa hacia el centro del área de dibujo, haga clic sobre la imagen y arrastre el ratón hacia abajo. La vista del dibujo se reducirá para mostrar un plano más lejano del dibujo.
3. Sin soltar el botón izquierdo del ratón, mueva el cursor hacia arriba. La vista del dibujo se ampliará. Cuando tenga una vista similar a la que le mostramos en la figura 1.23, suelte el botón del ratón. (No se preocupe si no es exactamente igual a la de la figura. El objetivo de este ejercicio es practicar.)
4. Todavía sigue en el modo Zoom en tiempo real. Haga clic con el ratón y arrástrelo de nuevo para comprobar cómo ajustar la vista. Para cancelar el modo Zoom en tiempo real, seleccione otro comando de **Zoom** o **Encuadre**, pulse la tecla **Esc** o haga clic con el botón derecho del ratón y seleccione **Salir** en el menú contextual.
5. Haga clic con el botón derecho del ratón y seleccione **Salir** en el menú contextual para salir del comando **Tiempo real**.

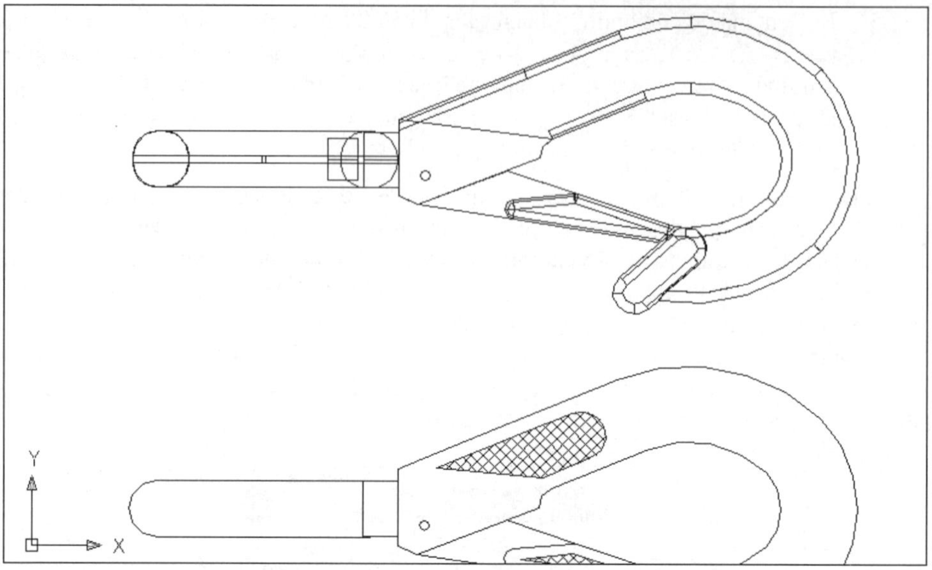

Figura 1.23. La vista final del paso 3 del ejercicio.

TRUCO: Si lo prefiere, puede utilizar la rueda de su ratón para el zoom o el encuadre sobre la vista. Utilícela para acercar o alejar el dibujo, y arrástrela rueda para el encuadre.

Como acaba de comprobar en este ejercicio, AutoCAD le ofrece una gran variedad de opciones para ver sus dibujos mediante el uso de unas pocas herramientas. De hecho, estas herramientas son todo lo que necesita para controlar la vista de sus dibujos 2D.

Guardar un archivo

Conviene que guarde periódicamente los archivos sobre los que está trabajando. Como en cualquier programa de Windows, puede guardarlos con su nombre original (mediante el comando **Guardar** de la barra de herramientas de acceso rápido) o con un nombre diferente (seleccione Archivo>Guardar como en el explorador de menús), con lo que creará un archivo nuevo. De manera predeterminada, AutoCAD guarda automáticamente los trabajos abiertos cada diez minutos con un nombre que es la combinación del nombre del archivo actual y un número, y acaba con la extensión de nombre de archivo `.sv$`, lo que se conoce como Guardar automáticamente. Puede utilizar las opciones del cuadro de diálogo Opciones o modificar las variables del sistema para cambiar el nombre del archivo predeterminado y controlar el tiempo entre las operaciones de almacenamiento.

TRUCO: En Windows Vista, el archivo del guardado automático se almacena en la carpeta `C:\Documents and Settings\Nombre_de_usuario\Configuración_local\Temp`. Para determinar el lugar exacto en su sistema escriba `Savefilepath` en la línea de comandos y pulse **Intro**. Esta ubicación de archivo suele establecerse como una carpeta oculta, por lo que tal vez tenga que configurar el Explorador de Windows para que muestre dichas carpetas y así llegar al archivo de guardado automático.

Realizar cambios

Con frecuencia, necesitamos modificar nuestros dibujos. Una de las ventajas principales de AutoCAD es la facilidad con la que nos permite modificar los trabajos. En el siguiente ejercicio, le mostramos una secuencia típica de operaciones utilizadas para modificar un dibujo:

1. Utilice la opción Archivo>Guardar como del explorador de menús para guardar el archivo `Clip.dwg` con el nombre Primero. Para su comodidad, puede guardar sus archivos en la carpeta `Mis documentos`.
2. En el panel Modificar de la ficha Inicio, haga clic en la herramienta **Borrar** ( ), representada por una goma sobre un papel. Al hacerlo, se activará el comando **Borrar**. Observe que el cursor se convierte en un pequeño cuadro, denominado cuadro de selección. En la ventana de comandos y en la entrada dinámica verá la secuencia `Designe objetos:`. Este mensaje indica a los nuevos usuarios qué es lo que tienen que hacer.
3. Mueva el cuadro de selección sobre el dibujo, colocándolo sobre distintos fragmentos del mosquetón. No haga clic todavía en ningún sitio. Observe que a medida que sitúa el cuadro de selección sobre los distintos objetos, éstos se iluminan. De esta forma, el programa le ayuda a ver los objetos que el cuadro de selección puede seleccionar haciendo clic con el botón izquierdo del ratón.
4. Sitúe el cuadro de selección sobre el patrón sombreado del mosquetón (véase figura 1.24) y haga clic sobre él. El patrón cambiará su forma de un sombreado oscuro a un sombreado claro. El cuadro de selección y el mensaje `Designe objetos` permanecerán en pantalla indicándole que puede continuar seleccionando objetos.

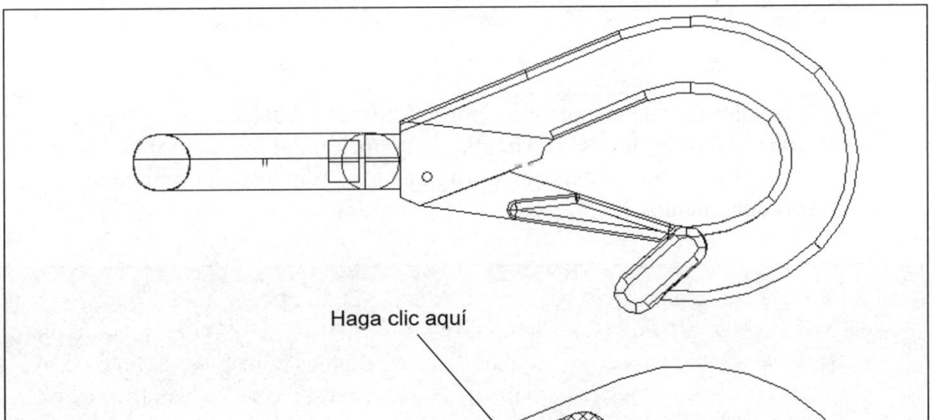

Figura 1.24. Borrar una parte del mosquetón.

5. Al pulsar **Intro**, desaparecerá el patrón sombreado. Acabamos de borrar una parte del dibujo.

En este ejercicio, hemos activado el comando **Borrar** y hemos seleccionado un objeto haciendo clic con el cuadro de selección. Este cuadro indica que debe seleccionar elementos de la pantalla y muestra cuál es el objeto actualmente seleccionado destacándolo cuando nos situamos sobre él. Una vez que haya hecho clic sobre un objeto o conjunto de objetos, pulse **Intro** para continuar con el ejercicio. Esta secuencia de pasos es la que utilizan muchos comandos con los que trabajará en AutoCAD (véase la figura 1.24).

TRUCO: Como alternativa, puede hacer clic en un objeto o conjunto de objetos y pulsar la tecla **Supr** sin necesidad de emplear la herramienta **Borrar**.

Trabajar con varios archivos

AutoCAD permite abrir varios documentos a la vez. Esta opción resulta especialmente útil para intercambiar partes de dibujos situados en archivos diferentes o cuando se desea tener abierto otro archivo para utilizarlo como referencia. En el siguiente ejercicio, le mostramos cómo trabajar con varios documentos en AutoCAD.

1. Seleccione la herramienta **Nuevo** (□) en la barra de herramientas de acceso rápido para abrir el cuadro de diálogo Seleccionar plantilla.

NOTA: Si en el paso 1 aparece el cuadro de diálogo Crear nuevo dibujo, haga clic en el botón **Valores por defecto**, seleccione Imperial y haga clic sobre **Aceptar** para que AutoCAD muestre el documento predeterminado. En un capítulo posterior examinaremos este cuadro de diálogo con mayor detenimiento.

2. Asegúrese de seleccionar `acad.dwt` y haga clic sobre **Abrir**.
3. En el explorador de menús, seleccione Ventana>Mosaico vertical para obtener una vista de ambos archivos en pantalla. Esta opción del explorador de menús funciona de la misma forma que en otros programas de Windows, permitiendo la edición de varios documentos.

TRUCO: Al crear un nuevo archivo en AutoCAD, lo que estamos haciendo es abrir una copia del archivo de plantilla como vimos en el paso 1. Un archivo de plantilla es un archivo en blanco preparado para tipos de dibujos concretos. El archivo `acad.dwt` es una plantilla genérica para medidas imperiales. Existe otro archivo de plantilla llamado `acadiso.dwt`, que resulta útil para el sistema métrico. Existen otras plantillas configuradas para distintos tamaños de dibujos y sistemas de medidas. Aprenderá más sobre plantillas en capítulos posteriores.

A continuación, intentaremos dibujar un rectángulo para ver cómo se comporta AutoCAD al dibujar objetos:

1. Haga clic en la herramienta **Rectángulo** en el panel Dibujo de la ficha Inicio (véase la figura 1.25).

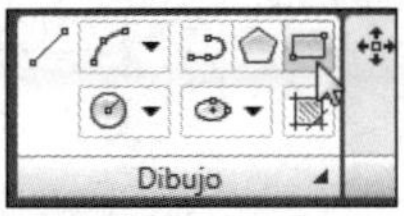

Figura 1.25. La herramienta Rectángulo en el panel Dibujo.

Observe que en la ventana de comando y en el mensaje del cursor aparece el siguiente texto:

```
Precise primer punto de esquina o
```

AutoCAD le pide que seleccione la primera esquina para el rectángulo, y, entre corchetes, le propone algunas opciones de las que puede beneficiarse en este punto del comando. No se preocupe por esas opciones ahora. Tendrá oportunidad de aprender sobre las opciones de los comandos en capítulos posteriores. También verá el mismo mensaje en la línea de comandos, sin las opciones entre corchetes, en la entrada dinámica del cursor.

2. Haga clic en un punto situado en la esquina inferior izquierda del área de dibujo, véase la figura 1.26. Ahora, mientras mueve su ratón, un rectángulo sigue al cursor, con una esquina fija en la posición que acaba de seleccionar. También verá el siguiente mensaje en la ventana de comandos, además de otro similar en la entrada dinámica:

```
Precise esquina opuesta o [áRea/Cotas/rOtación]:
```

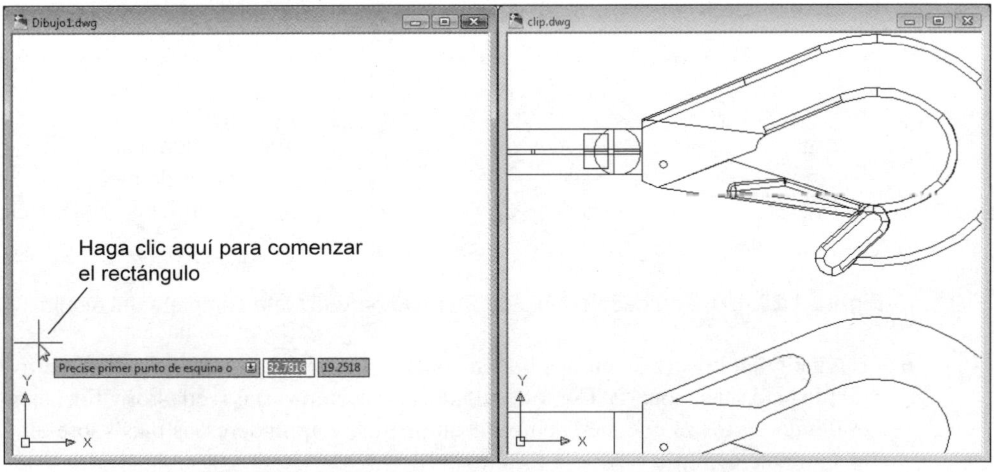

Figura 1.26. Seleccionar el primer punto del rectángulo.

3. Haga clic en otro punto en cualquier punto de la zona superior derecha del área de dibujo. Aparece un rectángulo (véase la figura 1.27). Las diferentes formas del cursor y su significado se explican en capítulos posteriores.

4. Intente copiar objetos entre estos dos archivos. Haga clic en la ventana con el dibujo del mosquetón para activarla.

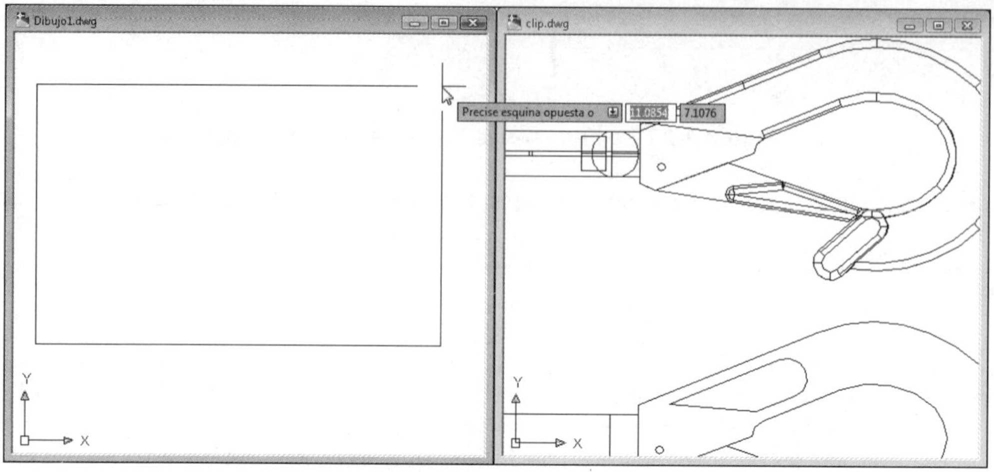

Figura 1.27. Después de seleccionar el primer punto del rectángulo, verá un rectángulo que sigue el movimiento del ratón.

5. Haga clic en Todo del menú desplegable de zoom en el panel Utilidades de la ficha Inicio para obtener una vista completa del dibujo. También puede hacer clic en la herramienta **Zoom** de la barra de estado, escribir A y pulsar **Intro** (véase la figura 1.28).

Figura 1.28. El menú desplegable de Zoom le da una vista completa del dibujo.

6. Haga clic en la versión en dos dimensiones del arnés situada en la parte inferior del dibujo para seleccionarla. Como resultado, aparecerán varios recuadros y flechas sobre el dibujo. Éstos se conocen como pinzamientos, y aprenderemos más sobre ellos en el siguiente capítulo (véase la figura 1.29).
7. Haga clic con el botón derecho del ratón y seleccione Copiar.
8. Haga clic dentro de la otra ventana de dibujo para activarla.
9. Haga clic con el botón derecho del ratón y seleccione Pegar. El mosquetón aparece con el cursor en el dibujo nuevo.
10. Coloque el mosquetón en medio del rectángulo que dibujó anteriormente y haga clic con el botón izquierdo del ratón. El mosquetón se copia dentro del segundo dibujo.

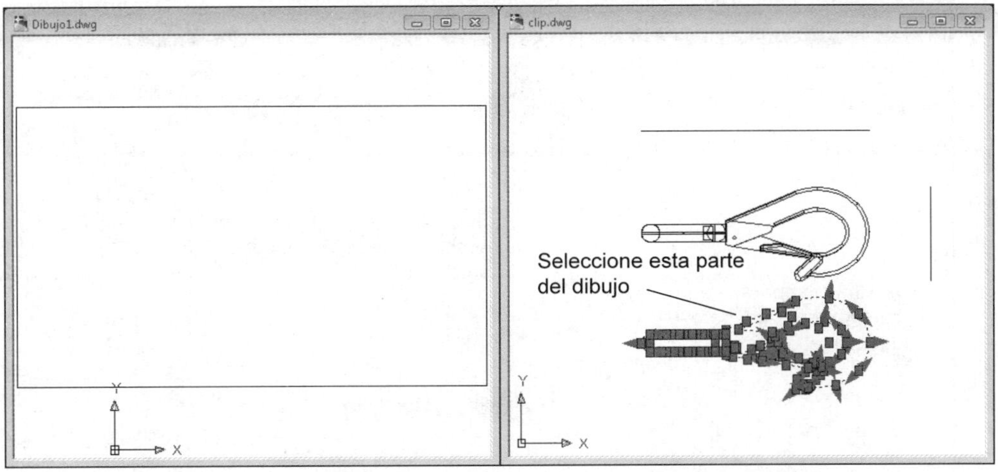

Figura 1.29. Los pinzamientos aparecen en el dibujo en dos dimensiones.

11. Con esto terminamos el ejercicio de este capítulo. Guarde el archivo y salga de AutoCAD.

Ahora tiene dos archivos abiertos simultáneamente. Puede abrir todos los archivos que desee. El único límite es la memoria de su equipo. Puede controlar cada una de las ventanas mediante los menús o los botones de control situados en la esquina superior derecha de la ventana de documento.

Agregar un símbolo predibujado con las paletas de herramientas

En el último ejercicio vimos cómo podemos copiar fácilmente un objeto desde un archivo a otro utilizando las herramientas estándar de Windows **Copiar** y **Pegar**. AutoCAD le ofrece una herramienta **Paletas de herramientas** que nos permite hacer clic con el ratón sobre objetos predibujados y arrastrarlos hasta el dibujo.

Puede abrir las **Paletas de herramientas** haciendo clic en la herramienta **Paletas de herramientas** en el panel Paletas de la ficha Vista (véase la figura 1.30).

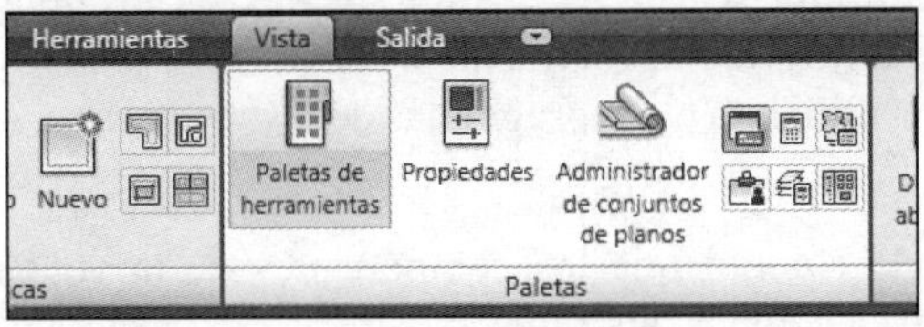

Figura 1.30. La herramienta Paletas de herramientas en el panel Paletas de la ficha Vista.

Una vez abierta, puede seleccionar una ficha en la ventana Paletas de herramientas que contenga los objetos predibujados que quiera utilizar y, después, haga clic en el objeto específico que desee añadir. El objeto aparece en el cursor preparado para que seleccione una ubicación (véase la figura 1.31).

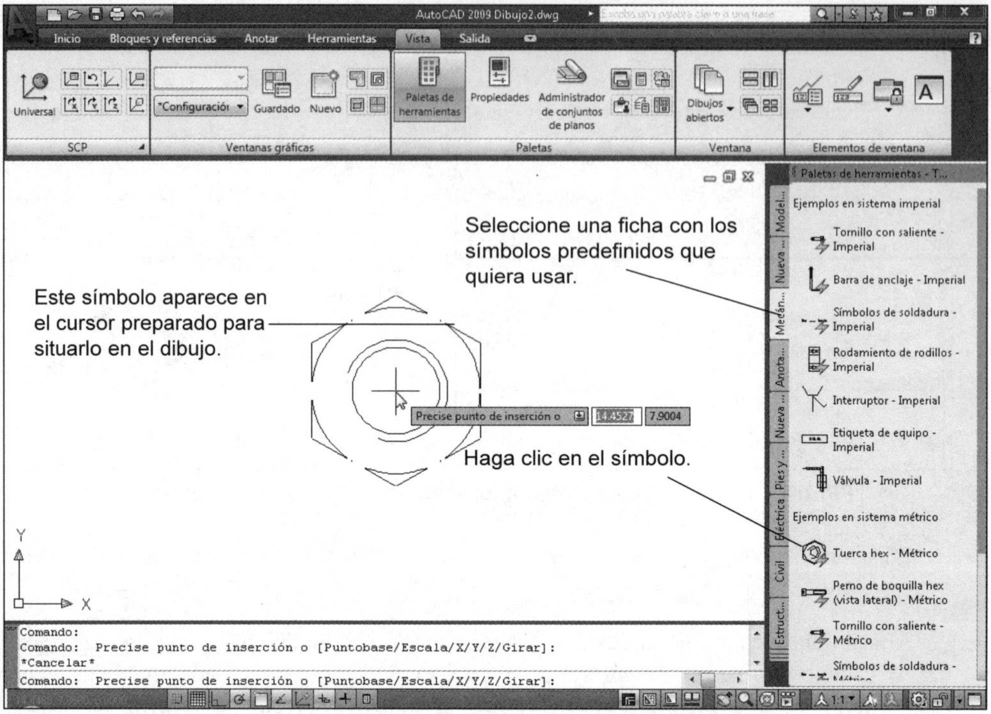

Figura 1.31. Las paletas de herramientas ofrecen símbolos predibujados que puede colocar fácilmente en sus dibujos.

Además de los objetos predibujados, las Paletas de herramientas ofrecen una forma rápida de agregar formas de relleno y otros componentes a sus dibujos. Hay grandes herramientas que le ayudan a mantener su biblioteca de símbolos personalizados y predibujados. Un capítulo posterior le mostrará cómo utilizar y personalizar las Paletas de herramientas.

En resumen

- **Utilizar la ventana AutoCAD:** AutoCAD es un programa de diseño gráfico de Windows que utiliza menús barras de herramientas, paneles de la Cinta de opciones y paletas. Si ha utilizado otros programas de diseño gráfico, se encontrará con algunas herramientas familiares.
  - **Dominarlo:** Identifique los componentes de la ventana de AutoCAD que le permiten seleccionar una función.
- **Planos más cortos con el comando Zoom:** Una de las primeras cosas que querrá aprender es cómo manejar las vistas. El comando **Zoom** es una herramienta muy común en los programas de diseño gráfico.
  - **Dominarlo:** Identifique dos formas de hacer **Zoom** en una vista.

- **Guardar un archivo mientras trabaja:** No hay nada más frustrante que un corte en el suministro eléctrico haga que pierda horas de trabajo. Es una buena idea guardar su trabajo con cierta frecuencia. AutoCAD le ofrece una función que guarda automáticamente y que puede ser su salvación si olvida guardar sus archivos.
  - **Dominarlo:** ¿Con cuánta frecuencia la función Guardar automáticamente guarda sus dibujos?
- **Hacer cambios y abrir varios archivos:** Igual que con otros programas de Windows, puede abrir varios archivos e intercambiar datos entre ellos.
  - **Dominarlo:** Con dos dibujos abiertos, ¿cómo puedo copiar partes de un dibujo a otro?

265
1980
750
900
520-укл.
2460 - дно
R250

2 Cómo crear el primer dibujo

En este capítulo analizaremos algunas de las funciones básicas de AutoCAD. Practicaremos con el editor de dibujo y crearemos sencillos ejemplos que se utilizarán en ejercicios posteriores. Aprenderemos a introducir datos, a interpretar preguntas y a obtener ayuda en los casos en que sea necesario. También nos detendremos en el uso de sistemas de coordenadas para que AutoCAD utilice medidas exactas en los objetos. Veremos cómo se seleccionan los objetos dibujados y cómo se definen los puntos base para desplazarlos y copiarlos.

Si ya tiene experiencia en el uso de AutoCAD, puede avanzar hasta capítulos posteriores, en los que se incluye material más complejo. Los archivos incluidos en el CD-ROM adjunto le permiten seguir los tutoriales a partir de otros puntos.

En este capítulo se abordan los siguientes temas:

- Los paneles Dibujo y Modificar de la ficha Inicio.
- El primer dibujo.
- Cómo determinar la distancia por medio de coordenadas.
- Interpretación de los modos de cursor y de las líneas de comando.
- Selección de objetos y edición con pinzamientos.
- Uso de entrada dinámica.
- Temas de ayuda.
- Visualización de datos en una ventana de texto.
- Visualización de las propiedades de un objeto.

Los paneles Dibujo y Modificar de la ficha Inicio

El primer paso para aprender a dibujar en AutoCAD consiste en trazar una simple línea. Como AutoCAD está diseñado como una herramienta de precisión, le mostraremos métodos que le permitan introducir distancias exactas. No obstante, antes de empezar debe familiarizarse con las herramientas que más utilizará para crear objetos en este programa. Éstas no son otras que los paneles Dibujo y Modificar. Los pasos a seguir se enumeran a continuación:

1. Inicie AutoCAD como aprendió en el capítulo anterior, utilizando los comandos Iniciar>Todos los programas>Autodesk>AutoCAD 2009 - Español>AutoCAD 2009. Si aparece el cuadro de diálogo Espacio de trabajo, haga clic en **Cancelar** para pasar directamente al documento `Dibujo1`. Si el archivo predeterminado `Dibujo1.dwg` muestra un espacio de trabajo gris en 3D, haga clic en la herramienta **Nuevo** de la Barra de herramientas de acceso rápido y, a continuación, seleccione `acad.dwt` en el cuadro de diálogo Seleccionar plantilla y haga clic en **Abrir** (véase la figura 2.1).

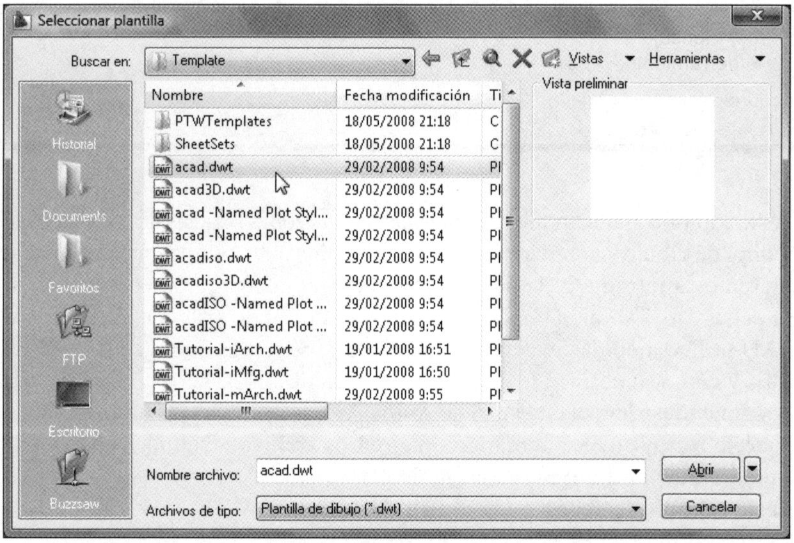

Figura 2.1. El cuadro de diálogo Seleccionar plantilla.

2. Asegúrese de que está en el espacio de trabajo Dibujo 2D y anotación haciendo clic en la herramienta **Cambio de espacio de trabajo** en la barra de estado. Debería ver una marca cerca de Dibujo 2D y anotación. En caso contrario, seleccione Dibujo 2D y anotación en la lista (véase la figura 2.2).

3. En la ventana de AutoCAD, desplace el cursor hacia la herramienta **Línea** en el panel Dibujo de la ficha Inicio, situada en la esquina superior izquierda. Déjelo allí hasta que aparezca el mensaje de ayuda. Mientras el cursor está situado sobre la herramienta, primero aparece un mensaje de información de la herramienta y, luego, otro (véase la figura 2.3).

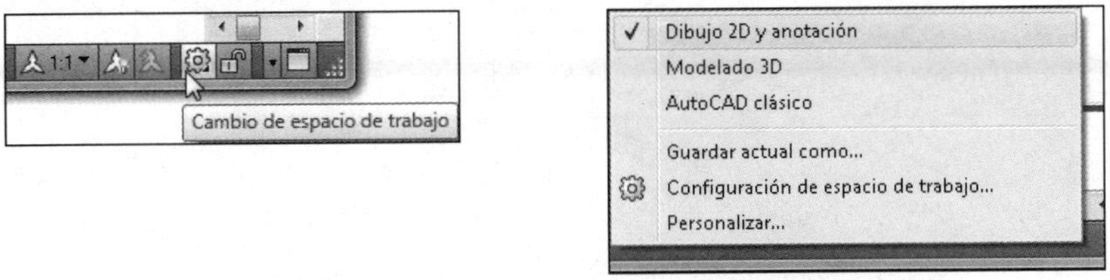

Figura 2.2. La herramienta Cambio de espacio de trabajo y su menú desplegable correspondiente.

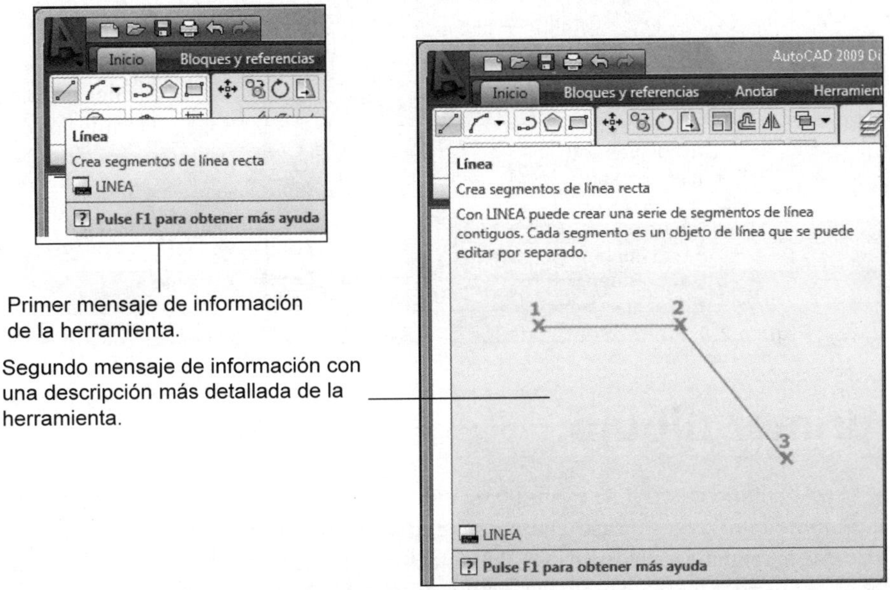

Figura 2.3. El panel Dibujo.

4. Mover despacio el cursor a la derecha, sobre el resto de herramientas del panel Dibujo de la ficha Inicio y lea los mensajes de información

En la mayor parte de los casos, se puede deducir lo que hace cada una de las herramientas con tan sólo mirar el icono correspondiente. El icono con un arco, por ejemplo, indica que esa determinada herramienta le permite trazar arcos; el botón que incluye una elipse sirve para dibujar elipses, etc. Si coloca el cursor sobre la herramienta verá el nombre de la información de la herramienta y el comando asociado. Si deja el cursor en esa posición un poco más, aparecerá un mensaje de información de la herramienta con una breve explicación del modo de empleo de la herramienta.

Verá dos filas de herramientas en los paneles Dibujo y Modificar de la ficha Inicio. En el capítulo anterior ya vimos que, si hace clic sobre la flecha de la barra de título de un panel, el panel se expande para mostrarle más herramientas (véase la figura 2.4).

Después de seleccionar una herramienta de los paneles expandidos Dibujo o Modificar, el panel expandido se cierra. Si desea mantener el panel expandido abierto, haga clic en el icono del alfiler situado a la derecha de la barra de título del panel expandido.

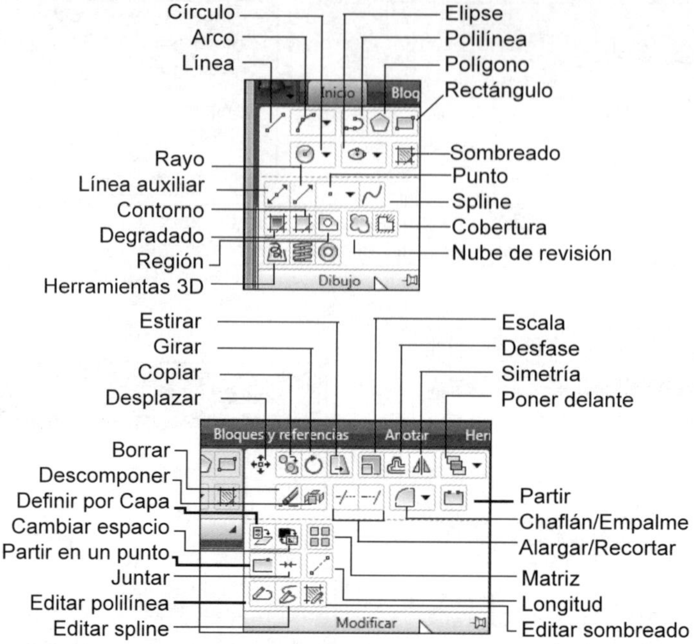

Figura 2.4. Herramientas de los paneles Dibujo y Modificar de la ficha Inicio.

El primer dibujo

En el capítulo anterior se examinó un ejemplo de dibujo ya existente. Es hora de que cree su propio dibujo, en este caso una puerta que utilizaremos posteriormente. En primer lugar, tiene que aprender a indicar a AutoCAD qué quiere hacer y, lo que es incluso más importante, debe comprender lo que AutoCAD quiere que haga.

En primer lugar abriremos un nuevo dibujo y estableceremos el tamaño del área de trabajo, conocido como límites del dibujo. Estos límites no son fijos y no está obligado a permanecer dentro de los límites del dibujo, pero pueden ayudarle a establecer una zona de inicio desde la que puede expandir su dibujo:

1. Haga clic en la herramienta **Cerrar** (☒), en la esquina superior derecha del área de dibujo, para cerrar el archivo que esté utilizando. Haga clic en **No** en el cuadro de diálogo Guardar los cambios. Notará que la Cinta de opciones desaparece y se abre la ventana de dibujo de AutoCAD sin ningún tipo de objeto.
2. Haga clic en **RNuevo**, en la Barra de herramientas de acceso rápido para abrir el cuadro de diálogo Seleccionar plantilla (véase la figura 2.5).

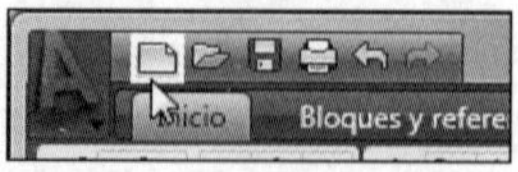

Figura 2.5. Herramienta RNuevo en la Barra de herramientas de acceso rápido.

3. Seleccione la plantilla `acad.dwt` y haga clic en **Abrir**.

Tiene un archivo en blanco nuevo, pero es un poco difícil decirle el tamaño de su área de dibujo. A continuación, estableceremos el área de trabajo para que tenga una mejor idea del espacio con el que cuenta para trabajar:

1. En el Explorador de menús, seleccione Formato>Límites del dibujo, o escriba `limites` y pulse **Intro**.
2. En el mensaje `Precise esquina inferior izquierda o [ACT/DES] <0.0000, 0.0000>:` pulse **Intro**.
3. En el mensaje `Precise esquina superior derecha <12.0000, 9.0000>:`, debería introducir `40,30` y pulsar **Intro**.
4. En la barra de estado, haga clic en la herramienta **Zoom** (véase la figura 2.6) y escriba `T` y pulse **Intro**, o escriba `Z`, pulse **Intro**, escriba `T` y pulse **Intro**. También puede seleccionar Todo en el menú desplegable Zoom del panel Utilidades de la ficha Inicio.

Figura 2.6. Herramienta Zoom en la Barra de estado.

En el último paso, la opción Todo del comando **Zoom** utiliza los límites que ha establecido en los pasos 2 y 3 para determinar el área especificada. En un dibujo con objetos, la opción Todo de la herramienta **Zoom** muestra los límites más la zona ocupada por los objetos dentro del dibujo si por casualidad se salen de los límites. Ahora asigne un nombre determinado al nuevo archivo.

1. Seleccione Archivo>Guardar en el Explorador de menús, o escriba `guardarcomo` y pulse **Intro** para abrir el cuadro de diálogo Guardar dibujo como.
2. En el cuadro de diálogo Guardar dibujo como, escriba **Puerta**. Según lo vaya introduciendo en el cuadro de texto, el nombre aparecerá dentro del cuadro Archivo nombre.
3. Guarde su archivo en la carpeta `Mis documentos` o, si lo prefiere, en cualquier otra carpeta de su elección. Sólo recuerde dónde ha almacenado el dibujo para utilizarlo más adelante.
4. Haga clic en el botón **Guardar**. El archivo `Puerta.dwg` se almacenará en la carpeta `Mis documentos` del sistema. Evidentemente el dibujo carece, por el momento, de contenido, algo que abordaremos más adelante.

> **ADVERTENCIA:** El nuevo archivo muestra una área de dibujo de aproximadamente 40 cm. de ancho por 30 cm. de alto. Se trata del espacio de trabajo, aunque de hecho el usuario no está en absoluto limitado a dicho espacio. No hay indicios visuales que indiquen el tamaño de esta área. Si quiere comprobar el tamaño del área de la que dispone, debe desplazar el cursor en forma de cruz hasta la esquina superior derecha del área de dibujo. Aparecerá un valor en la esquina inferior izquierda. El indicador de coordenadas no mostrará 40 por 30 cm. de manera exacta, ya que es probable que las proporciones de su área de dibujo no sean exactamente 40 x 30. AutoCAD intenta optimizar la pantalla para el área de dibujo al seleccionar la opción Todo del comando **Zoom**.

Ya está casi preparado para realizar dibujos. Antes de empezar, desactive la presentación de entrada dinámica. Se trata de una gran herramienta, pero mientras aprende cómo introducir coordenadas, puede ser una distracción:

1. Localice la herramienta **Entrada dinámica** (⊢) en la barra de estado.
2. Haga clic sobre la herramienta **Entrada dinámica** para desactivarla. Cuando está desactivada aparece en color gris claro como se muestra en la figura 2.7.

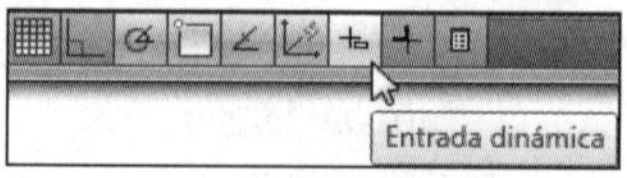

Figura 2.7. Herramienta Entrada dinámica.

Tendrá oportunidad de trabajar con la entrada dinámica más adelante en este capítulo.

A continuación, comenzaremos el proceso de dibujo. Para empezar a dibujar, siga los siguientes pasos:

1. Haga clic sobre la herramienta **Línea** (⁄) del panel Dibujo de la ficha Inicio o escriba `L` y pulse **Intro**. Acaba de llamar al comando **Línea**. AutoCAD responde de dos formas distintas. En primer lugar, aparece el mensaje

   `Precise primer punto:`

   en la línea de comandos, indicándole que debe seleccionar un punto de inicio para la línea. Al mismo tiempo, el cursor cambia de aspecto y deja de tener forma de cruz. Es el indicador de que debe escoger el punto inicial.

TRUCO: A lo largo de todo el libro podrá utilizar los métodos de teclado para definir comandos. Por ejemplo, en el paso 1, puede escribir directamente `L` y pulsar **Intro** en la ventana de comando para iniciar el comando **Línea**.

2. Con ayuda del botón izquierdo del ratón, seleccione un punto en la pantalla cercano al centro. Una vez seleccionado, AutoCAD cambiará la solicitud a

   `Precise punto siguiente o [Deshacer]:`

   Cuando desplace el ratón por la pantalla, observará una línea con un extremo fijado al punto que acaba de seleccionar y el otro extremo siguiendo al cursor, como se puede apreciar en la primera imagen de la figura 2.8. Esta línea se denomina banda elástica.

3. Si desplaza el cursor hasta una posición situada a la izquierda o a la derecha del punto sobre el que se ha hecho clic, aparecerá una línea de puntos horizontal junto con un mensaje sobre el cursor. Esta acción también se produce cuando se desplaza el puntero hacia arriba o hacia abajo. De hecho, da la impresión de que el cursor salta hasta una posición vertical u horizontal (véase figura 2.9). Esta función se denomina Rastreo polar, y permite restringir el trazado de la línea a una dirección horizontal o vertical exacta como puede ser un cuadrado en forma de T o un triángulo. El modo Rastreo polar se puede activar y desactivar por medio de la herramienta **Rastreo Polar** que se encuentra situada en la barra de estado. En capítulos posteriores se incluye más información sobre esta función.

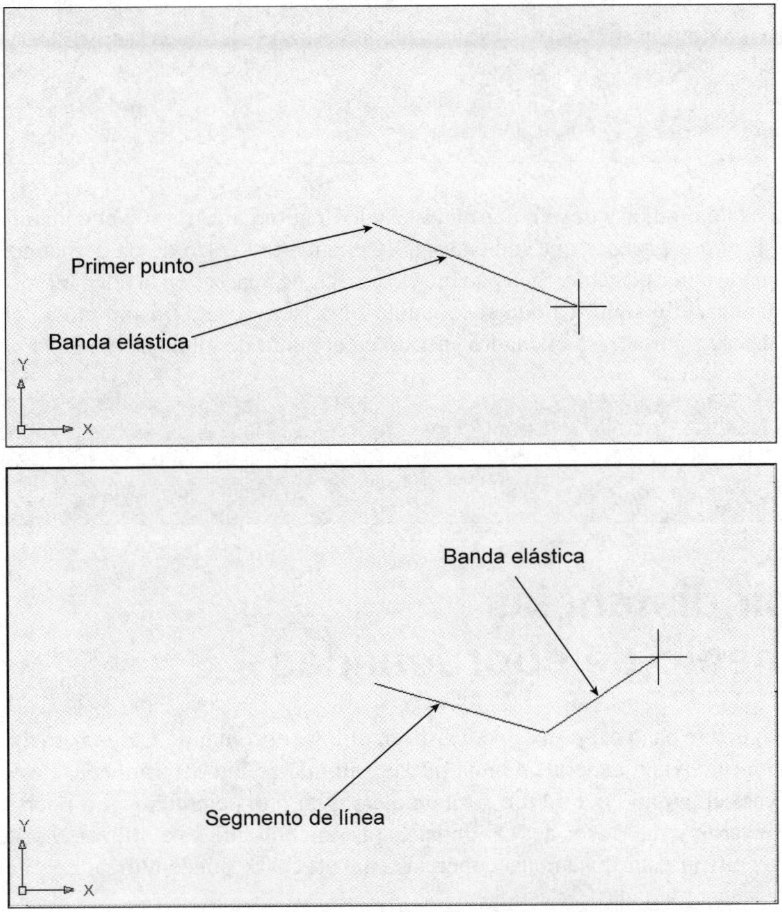

Figura 2.8. Una línea de banda elástica.

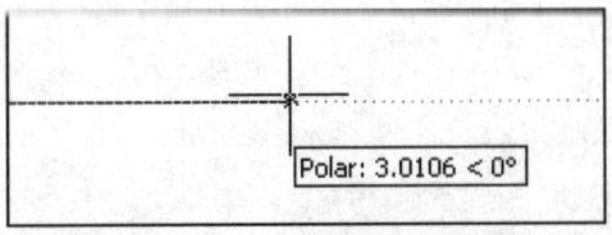

Figura 2.9. Rastreo polar.

4. Puede proseguir con el comando **Línea**: desplace el cursor hasta un punto situado por debajo y a la derecha del primer punto seleccionado y presione de nuevo el botón izquierdo del ratón. Acaba de dibujar una línea y aparecerá una segunda línea de banda elástica, como se puede observar en la segunda imagen de la figura 2.8.

5. Si la línea que acaba de trazar no tiene la longitud deseada, puede retroceder mientras se ejecuta el comando **Línea** y cambiarla. Para ello, introduzca `H` y pulse **Intro**. La línea trazada anteriormente se convierte en banda elástica del mismo modo que si no se hubiera seleccionado el segundo punto para fijar su longitud.

6. Haga clic con el botón derecho del ratón y seleccione Intro. Con esto termina el comando **Línea**.

TRUCO: La herramienta **Deshacer** de la barra de herramientas Anotación normalizada incluye una lista desplegable que permite seleccionar el comando exacto que desea deshacer o rehacer. Si desea obtener más información al respecto, consulte el epígrafe sobre resolución de problemas.

Acaba de dibujar y desdibujar una línea de longitud arbitraria y el comando **Línea** sigue activo. Hay dos pruebas que indican que se encuentra dentro de un comando, como hemos mencionado anteriormente. Si la palabra `Comando` no aparece en la línea inferior de la ventana de comandos, ello significa que el comando sigue activo. Del mismo modo, el cursor tendrá forma de cruz simple, sin el cuadro situado en el punto de intersección de la cruz.

TRUCO: A partir de este punto, nos referiremos al cursor sin el cuadro como el modo de selección de punto del cursor. En la figura 2.18 se pueden ver los distintos modos del cursor de dibujo.

Definir distancias por medio de coordenadas

El siguiente paso del proceso consiste en utilizar el comando **Línea** para dibujar una vista del plano (una vista general) de una puerta, sin una escala determinada. Posteriormente, se modificará el tamaño del dibujo para emplearlo en otros ejercicios. La puerta tendrá 9 unidades de largo y un grosor de 0,5 unidades (asumiendo que va a utilizar el sistema métrico). Para especificar estas distancias concretas en AutoCAD, puede utilizar coordenadas polares relativas o coordenadas cartesianas.

Resolución de errores

Todos los usuarios, principiantes y experimentados, están predestinados a cometer errores de algún tipo. Antes de sumergirse en los diferentes tutoriales del programa, aquí tiene algunas potentes herramientas de uso sencillo para intentar corregir los posibles errores que se produzcan.

- **Retroceso:** Si comete un error de escritura, puede utilizar la tecla **Retroceso** para corregir el error y seguidamente volver a escribir el comando o respuesta correspondiente. Esta tecla se encuentra en la esquina superior derecha del teclado.
- **Esc:** Se trata, probablemente, de la tecla más importante de todas las que se incluyen en su teclado. Cuando necesite salir con rapidez de un comando o de un cuadro de diálogo sin tener que efectuar ningún tipo de cambio, sólo tiene que pulsar la tecla **Esc**, situada en la esquina superior izquierda del teclado. En la mayoría de los casos sólo es necesario pulsarla una vez, aunque no pasa nada si lo hace dos veces. (Pulse **Esc** antes de realizar modificaciones con pinzamientos o de aplicar comandos a través del teclado.)

- **H:** Si modifica accidentalmente algún elemento de un dibujo y quiere anular dicho cambio, haga clic en la herramienta **Deshacer**, en la Barra de herramientas de acceso rápido (la flecha en forma de curva que apunta a la izquierda). También puede escribir `H` y pulsar **Intro** en la línea de comandos. Cada vez que lo escriba, AutoCAD deshará una operación, en orden inverso, por lo que primero se deshará el último comando utilizado, a continuación el penúltimo y así sucesivamente. En la línea de comandos aparecerá el nombre del comando que se está deshaciendo y el dibujo retomará el aspecto que tenía antes de aplicar dicho comando. En caso de que sea necesario, puede deshacer todos los pasos hasta llegar al punto inicial de una sesión. Si tiene abierta la barra de herramientas Anotación normalizada, también puede seleccionar el comando exacto que desea deshacer mediante la lista desplegable de la herramienta **Deshacer** (véase la figura 2.10).

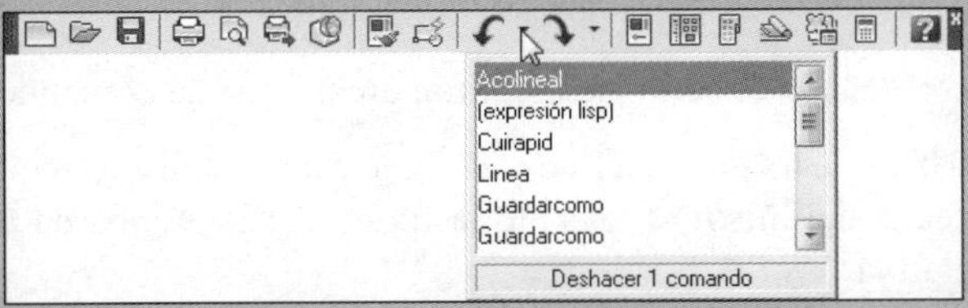

Figura 2.10. Herramienta Deshacer en la barra de herramientas Anotación normalizada.

El listado desplegable de la herramienta **Deshacer** se abre haciendo clic en la flecha situada al lado de dicha herramienta.

- **Deshacer:** Si desea tener mayor control sobre cómo funciona la herramienta **Deshacer**, puede utilizar el comando **Deshacer**, que le permite colocar "marcas" en algunos puntos hasta los que poder deshacer mientras hace las modificaciones. Escriba `Deshacer`, pulse **Intro** y verá la siguiente línea de comando

```
Indique el número de operaciones a deshacer o [Auto/Control/Inicio/Fin/
Marca/Retorno] <1>:
```

Puede introducir un número para indicar la cantidad de pasos que desea deshacer. Utilice la opción Marca para señalar una ubicación, luego utilice Retorno para deshacer su trabajo hasta esta marca. Inicio y Fin se pueden utilizar para marcar el comienzo y el final de un conjunto de operaciones que se desharán a la vez. Control le ofrece opciones para controlar el comportamiento del comando **Deshacer**. Auto es una opción que está activada por defecto y ordena a AutoCAD que deshaga la acción de todo el comando en vez de acciones individuales dentro del comando.

- **Rehacer:** Si ha utilizado el botón **Deshacer** en más comandos de la cuenta, puede rehacer el último comando que haya deshecho si hace clic sobre la herramienta **Rehacer** (la flecha en forma de curva que apunta a la derecha) de la Barra de herramientas de acceso rápido. También puede introducir directamente `Rehacer` y pulsar **Intro**. Puede rehacer varias operaciones que haya desecho con el comando **Deshacer**. Si tiene la barra de herramientas Anotación normalizada abierta, también puede seleccionar el comando exacto para rehacer utilizando la lista desplegable Rehacer. Para abrir la lista desplegable Rehacer, haga clic en la flecha hacia abajo a la derecha de la herramienta **Rehacer** (véase la figura 2.11).

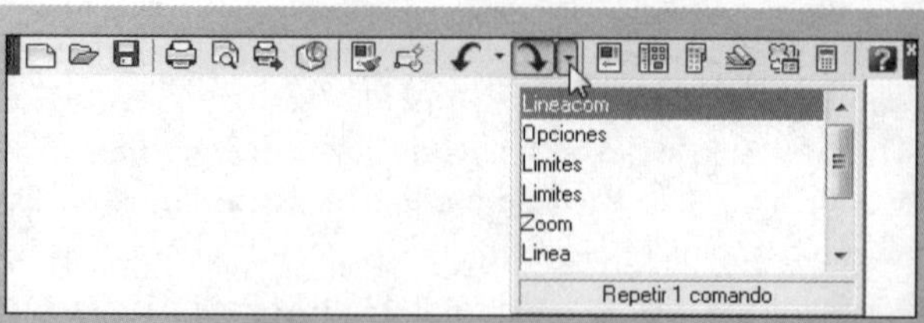

Figura 2.11. Herramienta Rehacer en la barra de herramientas Anotación normalizada.

Coordenadas polares

Para introducir una distancia exacta de 9 unidades a la derecha del último punto seleccionado, siga los pasos que se describen a continuación:

1. Escriba `@9<0`. Al hacerlo, se incluirán en la línea de comandos.
2. Pulse **Intro** y se trazará una línea desde el primer punto seleccionado hasta 9 unidades a la derecha del mismo (consulte la figura 2.12). Acaba de definir una coordenada polar relativa.

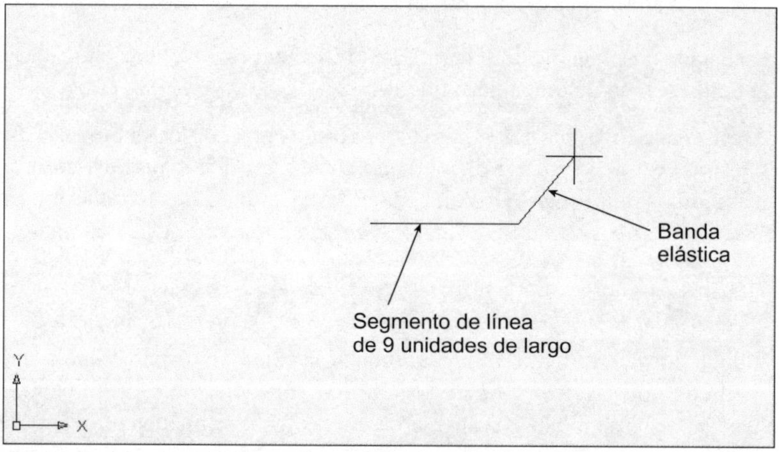

Figura 2.12. En la imagen se puede apreciar que la línea comienza en el último punto seleccionado, lo que significa que puede añadir segmentos de línea adicionales.

El signo `@` indica a AutoCAD que la coordenada que se va a definir parte del último punto seleccionado. La cifra, en este caso 9, es la distancia, y el símbolo menor que (<) determina el ángulo con el que se va a trazar la línea. La parte final corresponde al valor del ángulo, que en este caso es 0. Ésta es la forma de utilizar coordenadas polares para indicar distancias y direcciones en AutoCAD.

TRUCO: Si está acostumbrado a emplear un método distinto para definir direcciones, puede configurar AutoCAD para que utilice direcciones horizontales o verticales como 0º. Este aspecto se analizará en capítulos posteriores.

Los ángulos vienen dados en función del sistema que se puede ver en la figura 2.13, sistema en el que 0º es una dirección horizontal de izquierda a derecha, 90º es hacia arriba, 180º es horizontal de derecha a izquierda y así sucesivamente. Si quiere ser más preciso puede utilizar grados, minutos y segundos de arco. Los formatos de ángulo se describen en el siguiente capítulo.

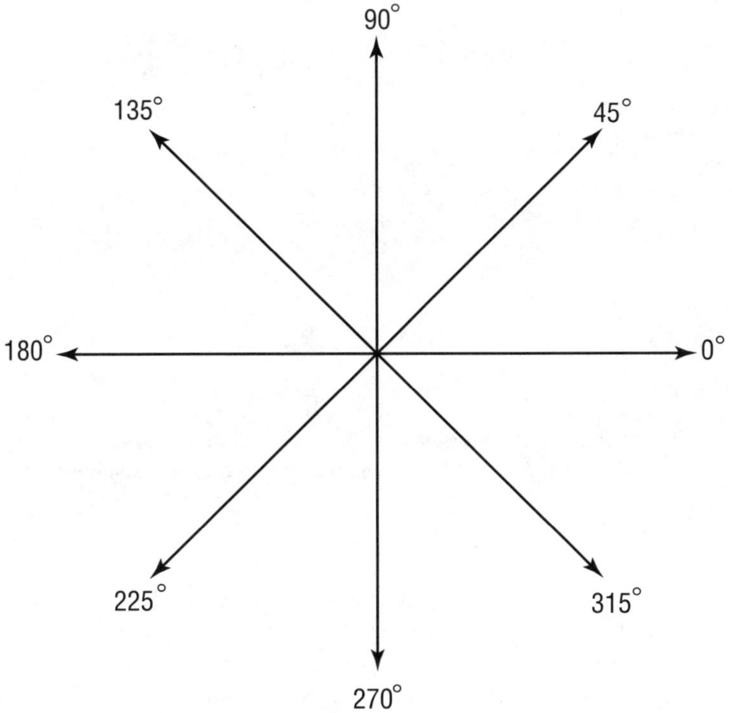

Figura 2.13. El sistema predeterminado de AutoCAD que le permite definir ángulos.

Coordenadas cartesianas relativas

Para trazar el siguiente segmento de línea utilizaremos otro método para definir distancias exactas, como se desprende del proceso explicado a continuación:

1. Introduzca `@0,0.5` y pulse **Intro**. Una línea corta aparecerá por encima del punto final de la línea anterior. De nuevo, el símbolo `@` indica que la coordenada especificada empieza a partir del último punto seleccionado. Sin embargo, en este ejemplo, la distancia se define en valores X e Y. La distancia X, 0, se pone en primer lugar, a continuación una coma y, por último, la distancia Y. Éste es el proceso para definir distancias en coordenadas cartesianas relativas.

TRUCO: Esta sección indica que debe utilizar `@0,0.5` para definir la distancia. También puede introducir `0,.5` (cero, coma, punto, cinco). El cero inicial se incluye para que la instrucción sea más clara. Los usuarios del sistema métrico deben saber que la coma funciona como separador entre los componentes X e Y de la coordenada. En AutoCAD, las comas no se utilizan como separadores de decimales, para ello debe utilizar un punto.

2. Escriba `@-9,0` y pulse **Intro**. El dibujo resultante se puede ver en la figura 2.14. La distancia definida aquí también se ha expresado en valores X e Y, pero se ha utilizado un valor negativo para determinar la distancia X.

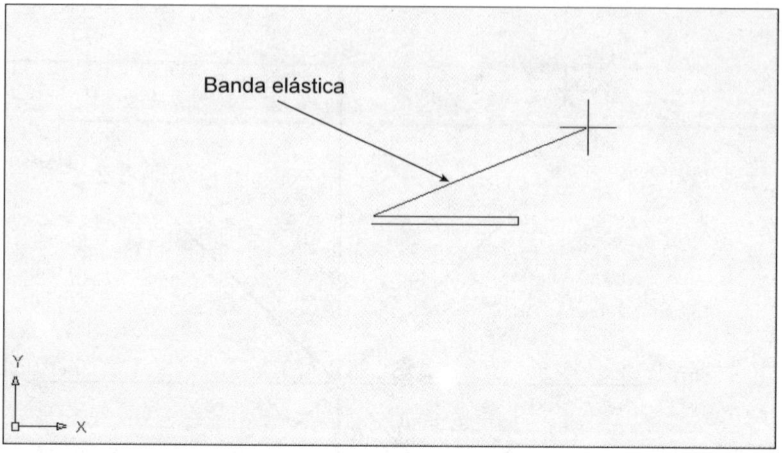

Figura 2.14. Las tres caras de la puerta se han diseñado con ayuda de la herramienta Línea. Los puntos se han especificado bien con coordenadas cartesianas relativas o con coordenadas polares.

Los valores positivos del sistema de coordenadas cartesianas se distribuyen de izquierda a derecha y de arriba hacia abajo (consulte la figura 2.15), algo que probablemente recordará de las clases de geometría. Si quiere trazar una línea de derecha a izquierda, tiene que utilizar un valor negativo. También sirve de ayuda conocer el origen del dibujo. En un dibujo nuevo, el origen o coordenada 0,0 se corresponde con la esquina inferior izquierda del dibujo.

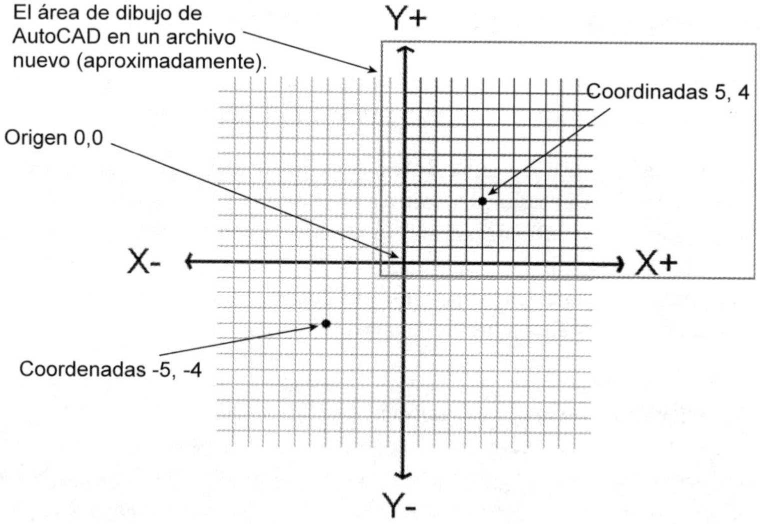

Figura 2.15. Direcciones de coordenadas cartesianas positivas y negativas.

3. A continuación, introduzca C y pulse **Intro**. La C hace referencia al comando **Cerrar** y permite cerrar una secuencia de segmentos de línea. Aparecerá una línea que conecta el primer y último punto de una secuencia de líneas (consulte la figura 2.16) y finaliza el comando **Línea**. También desaparece la banda elástica, lo que indica que AutoCAD ha completado el trazado de segmentos de línea. La banda elástica se puede utilizar para indicar la dirección mientras se introduce, de forma simultánea, la distancia con ayuda del teclado.

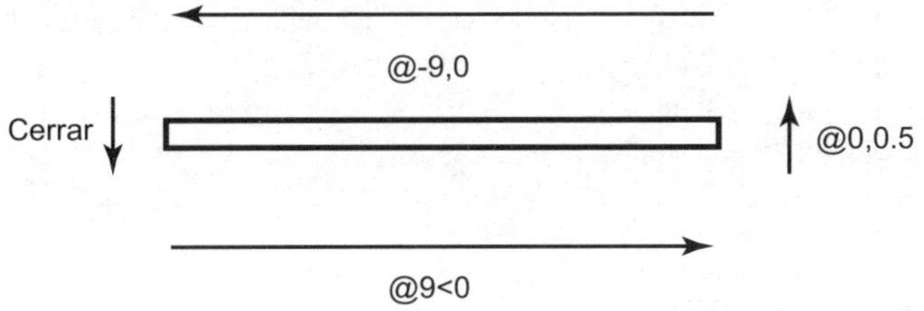

Figura 2.16. La entrada de distancia y dirección de la puerta.

> **TRUCO:** Si quiere finalizar el trazado de una serie de líneas sin cerrarlas, puede pulsar **Esc**, **Intro** o la **Barra espaciadora**.

Interpretación de los modos de cursor y de las líneas de comando

La clave para trabajar con AutoCAD reside en comprender la forma en la que se puede interactuar con el programa. En este apartado intentaremos que se familiarice con algunos de los métodos de AutoCAD para definir las líneas de comando de las entradas que se utilizan. Si comprende el formato de los mensajes que aparecen en la ventana de comandos y reconoce otros eventos que se produzcan en pantalla, le será más sencillo aprender a utilizar el programa.

Un método rápido para introducir distancias

Un tercer método que le permite introducir distancias consiste en apuntar en una dirección con una banda elástica y, seguidamente, determinar la distancia con ayuda del teclado. Por ejemplo, si quiere trazar una línea de 3 unidades de longitud de izquierda a derecha, seleccione la herramienta **Línea** del panel Dibujo de la ficha Inicio, indique un punto inicial y desplace el cursor para que la línea apunte a la derecha una determinada distancia. Mientras mantiene el cursor en la dirección deseada, escriba 3 y pulse **Intro**. La banda elástica se convertirá en una línea fija de 3 unidades de longitud.

Con este método, denominado método de Distancia directa, y con el modo Orto o Rastreo polar que analizaremos con posterioridad, se pueden dibujar líneas perpendiculares con longitudes específicas de forma rápida. Si activa la herramienta **Entrada dinámica**, también puede especificar un ángulo exacto junto con la distancia. Por ejemplo, inicie el comando línea y seleccione el primer punto. Escriba 3 para la longitud pero no pulse **Intro**, en su lugar, pulse la tecla **Tab**. El segmento de línea se fijará a 3 unidades, y, mientras mueve el cursor, el segmento girará libremente alrededor del primer punto. A continuación escriba un ángulo en grados, por ejemplo 30 y pulse **Intro**. La línea se dibujará a 30 grados. O, en lugar de escribir un ángulo, sólo tiene que ajustar el ángulo de la línea visualmente hasta que vea el ángulo deseado en la medida del ángulo de la entrada dinámica y hacer clic con el ratón. Si está mirando las dimensiones temporales cuando presiona la tecla **Tab**, verá que esta tecla le permite desplazarse entre las medidas de longitud y ángulo. Puede pulsar la tecla **Tab** en cualquier momento para cambiar entre las dos medidas. Aparecerá un candado al lado de la medida que haya introducido, para indicarle que está bloqueada hasta que vuelva a pulsar la tecla **Tab**. Más adelante explicaremos en profundidad cómo introducir valores con las medidas temporales de la entrada dinámica.

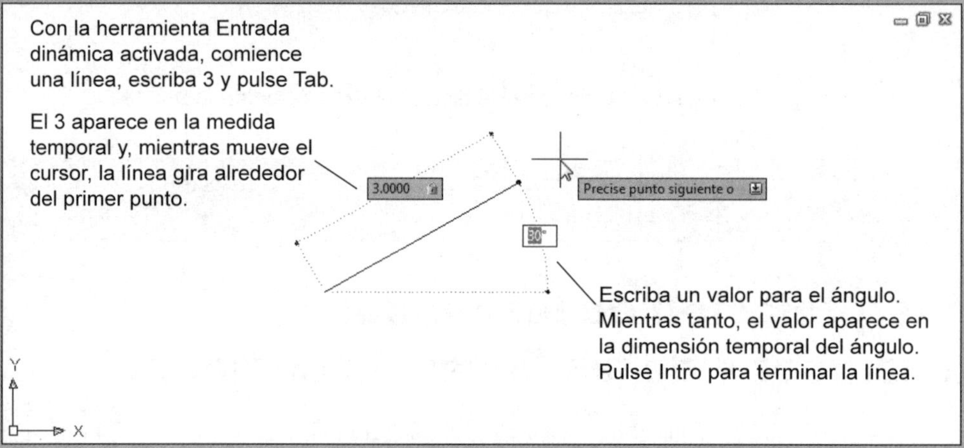

Figura 2.17. Un método rápido para introducir distancias.

Entender los modos del cursor

Al igual que la ventana de comandos nos ayuda por medio de mensajes, el cursor también ofrece pistas sobre lo que se debe hacer. En la figura 2.18 se pueden ver los distintos modos del cursor, así como una breve descripción de la función de cada uno de ellos. Estudie esta imagen detenidamente.

- El cursor estándar indica que AutoCAD está preparado para recibir instrucciones. Cuando aparezca este cursor se pueden modificar objetos utilizando pinzamientos. Los pinzamientos son cuadrados que aparecen en los puntos finales y puntos intermedios de los objetos al seleccionarlos. (En otros programas se denominan puntos de trabajo.)
- El cursor de selección de punto aparece cada vez que AutoCAD espera un punto de entrada. También puede aparecer junto a una banda elástica. Puede hacer clic sobre un punto o definir una coordenada por medio del teclado.
- El cursor de selección de objeto le indica que puede seleccionar cualquier objeto bien utilizando el ratón para hacer clic sobre ellos o aplicando alguna de las opciones de selección de objetos disponibles.

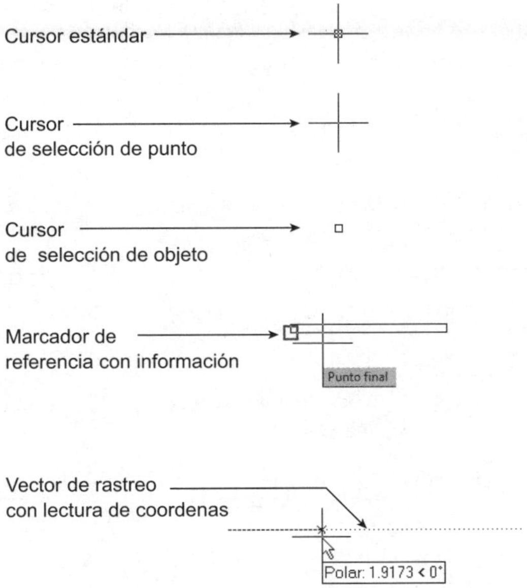

Figura 2.18. Modos del cursor de dibujo.

- El marcador de referencia a objetos aparece junto al cursor de selección de punto cuando se invoca el modo de referencia a objetos. Dicho modo le permite seleccionar puntos específicos de un objeto, como pueden ser puntos finales o puntos intermedios.
- El vector de rastreo aparece cuando se utiliza la opción Rastreo polar o Rastreo de referencia a objetos. El primer modo permite trazar líneas ortogonales y el segundo posibilita la alineación de un punto en el espacio con respecto a la geometría de otros objetos. El modo Rastreo de referencia a objetos funciona de manera conjunta con el modo de referencia a objetos. El vector de rastreo se analizará posteriormente.

TRUCO: Si ya tiene experiencia con AutoCAD y prefiere utilizar el cursor tradicional en forma de cruz, siga los siguientes pasos. Seleccione Herr.>Opciones en el Explorador de menús para abrir el cuadro de diálogo Opciones, y haga clic en la ficha Visual.. En la parte inferior derecha puede configurar el tamaño del cursor. Si utiliza el valor 100, el cursor aparecerá como en versiones anteriores del programa. Se puede utilizar cualquier porcentaje de pantalla, aunque el tamaño predeterminado del cursor es 5.

Opciones de comando

Muchos de los comandos de AutoCAD ofrecen varias opciones, que suelen aparecer incluidas en forma de líneas de comando en la ventana de comandos. En el siguiente apartado, utilizaremos el comando **Arco** para ilustrar el formato de dichas líneas. Por regla general, al dibujar un plano de planta se suele utilizar un arco para indicar la dirección de apertura de una puerta. En la figura 2.19 se ilustran algunos de los símbolos empleados en dibujos de estilos arquitectónicos.

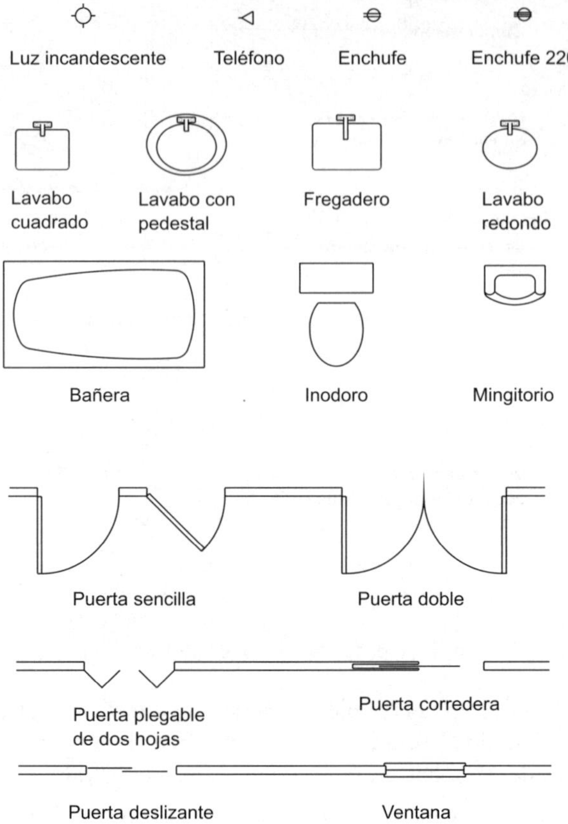

Figura 2.19. Muestras de los símbolos convencionales utilizados en dibujos arquitectónicos.

A continuación se incluyen los pasos necesarios para trazar el arco de la puerta que se ha utilizado en el ejercicio anterior:

1. Seleccione la herramienta **Arco** ( ) del panel Dibujo de la ficha Inicio. Aparecerá la línea de comando `Precise punto inicial del arco o [Centro]:`, y el cursor cambiará a modo de selección de punto.

   Examinemos detalladamente esta línea de comando. El punto inicial consta de dos opciones. La opción predeterminada es la que se indica en la parte principal de la línea de comando. En este caso, permite determinar el punto de inicio del arco. En caso de que haya otras opciones disponibles, aparecerán incluidas entre corchetes. En el comando **Arco**, la palabra `Centro` aparece entre corchetes para indicar que, si lo prefiere, puede iniciar el trazado del arco desde un punto central y no desde un punto inicial. Si hay varias opciones disponibles, aparecerán entre corchetes y separadas por barras invertidas (/). La opción predeterminada es la que AutoCAD supone que se va a utilizar, a menos que se indique lo contrario.

2. Introduzca `C` y pulse **Intro** para seleccionar la opción Centro. Aparecerá la línea de comando `Precise punto central del arco:`. Como habrá podido apreciar, solamente es necesario escribir la letra `C` y no toda la palabra `Centro`.

TRUCO: Cuando vea un grupo de opciones en el interior de la ventana de comandos, debe fijarse en las mayúsculas. Si opta por responder a las líneas de comando con ayuda del teclado, todo lo que tiene que utilizar para seleccionar una opción es la letra mayúscula correspondiente. En algunos casos, las dos primeras letras son mayúsculas para distinguir dos opciones que empiecen por la misma letra.

3. Seleccione un punto que represente el centro del arco y que se encuentre próximo a la esquina superior izquierda de la puerta, como se puede ver en la imagen superior de la figura 2.20. Aparecerá la línea de comando `Precise punto inicial del arco:`.
4. Introduzca `@9<0`. En la ventana de comando podrá ver la línea `Precise punto final del arco o [ángUlo/Longitud de cuerda]:`.
5. Desplace el ratón y podrá ver un arco provisional cuyo origen se encuentra a 9 unidades a la derecha del punto central, como se aprecia en la figura 2.20. Como se desprende de la línea de comandos, dispone de tres opciones. Puede determinar un ángulo, una longitud de cuerda o el punto final del arco. La línea predeterminada selecciona el punto final. De nuevo, el cursor se encuentra en modo de selección de punto, indicando que se puede llevar a cabo la selección de un punto. Para utilizar la opción predeterminada, solamente es necesario indicar un punto de la pantalla en el que quiera que aparezca el punto final.
6. Desplace el cursor hasta que apunte en dirección vertical con respecto al centro del arco. Verá el vector de rastreo polar en posición vertical, como se muestra en la figura 2.21.
7. Haga clic sobre cualquier punto con el vector de rastreo polar en la posición vertical. El arco quedará fijado, como se puede ver en la figura 2.20.

En este ejercicio hemos practicado con la ventana de comandos de AutoCAD y hemos visto cómo introducir comandos por medio del teclado cuando es necesario utilizar algunas de las funciones más avanzadas de este programa.

Como habrá podido comprobar, la estructura de los mensajes de las líneas de comando es particular y exclusiva de AutoCAD. En primer lugar se ejecuta un comando, que devuelve una serie de opciones en forma de línea de comandos. En función de la opción que seleccione, se accede a otro conjunto de opciones o se tiene que realizar una operación concreta, como puede ser seleccionar un determinado punto, un objeto o introducir un valor.

A medida que vaya trabajando en los diferentes ejercicios, llegará a sentirse íntimamente familiarizado con esta rutina. Después de comprender cómo funcionan los paneles de la Cinta de opciones, los mensajes de la ventana de comandos y los cuadros de diálogo prácticamente le servirán para aprender usted mismo el funcionamiento del programa.

Cómo seleccionar opciones con el menú del botón derecho

Una vez aprendida la técnica para seleccionar opciones de comando con ayuda del teclado, también puede utilizar el botón derecho del ratón para abrir un menú en el que se incluyen las mismas opciones. Por ejemplo, en el paso 2 del ejercicio anterior tuvo que escribir `C` y pulsar **Intro** para indicar al programa que su intención era seleccionar el centro del arco. En lugar de escribirlo directamente, puede hacer clic con el botón derecho del ratón para abrir un menú con las opciones que puede aplicar al comando **Arco** en ese preciso momento, como se muestra en la figura 2.22.

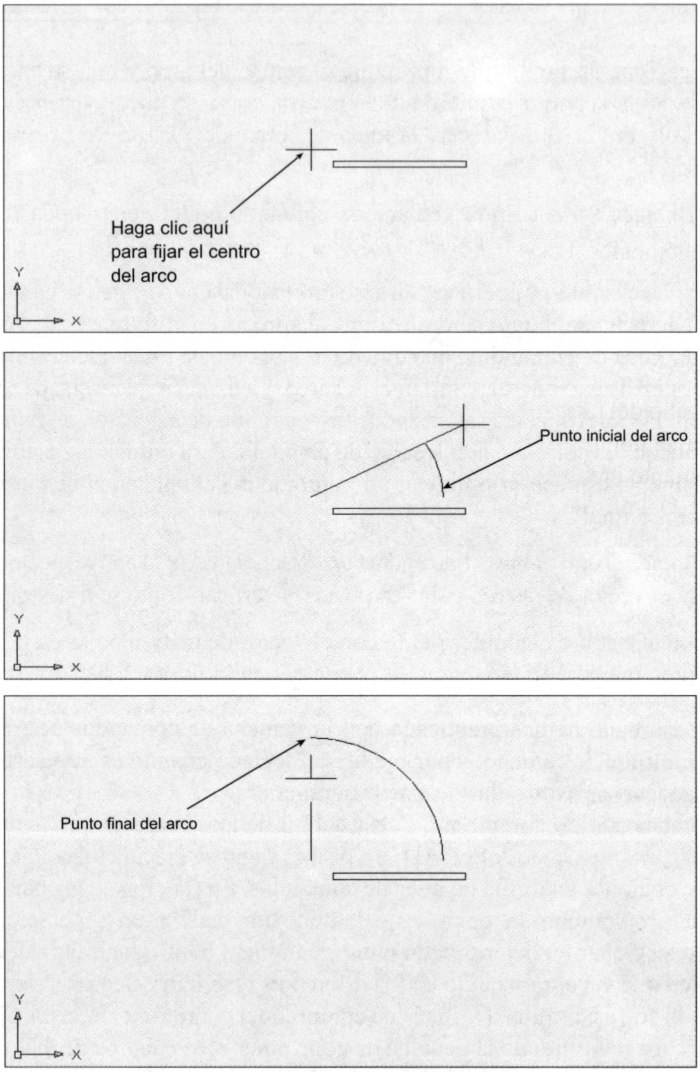

Figura 2.20. Uso del comando Arco.

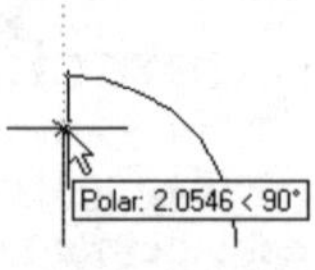

Figura 2.21. Vector de rastreo polar en posición vertical.

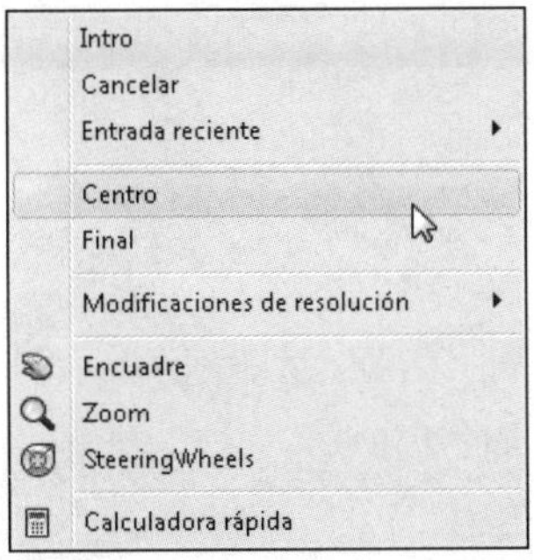

Figura 2.22. Opciones del comando Arco.

Aparte de las opciones que aparecen en la línea de comando, el menú desplegable incluye algunas adicionales, entre las que se encuentran Intro, Cancelar, Encuadre y Zoom. La opción Intro produce los mismos resultados que pulsar la tecla **Intro**. La opción Cancelar anula el comando activo. Encuadre y Zoom le permiten ajustar la vista de la pantalla mientras trabaja con el comando actual.

Según vaya avanzando en el manejo de AutoCAD, descubrirá que puede hacer clic con el botón derecho del ratón en cualquier momento para acceder a una lista de opciones, lo que se conoce con el nombre de menú contextual. La lista de opciones depende del contexto, por lo que únicamente incluye opciones pertenecientes al comando o a la actividad actualmente en desarrollo. Del mismo modo, cuando AutoCAD espera un punto, la selección de un objeto o la introducción de un valor numérico, al hacer clic con el botón derecho del ratón no se abre ningún menú contextual. En su lugar, se considera el hecho de hacer clic como si se hubiera utilizado la tecla **Intro**.

No debe olvidar que la posición del cursor al hacer clic con el botón derecho del ratón determina los contenidos de la lista contextual. Como ya habrá comprobado, al hacer clic sobre la Barra de herramientas de acceso rápido con el botón derecho del ratón se obtiene la lista del resto de barras de herramientas. Sin embargo, al utilizarlo en la ventana de Comando (consulte la figura 2.23) se accede a una lista de operaciones que se pueden aplicar en la línea de comandos, como puede ser la repetición de uno de los últimos cinco comandos utilizados o copiar el historial de comandos más recientes en el portapapeles.

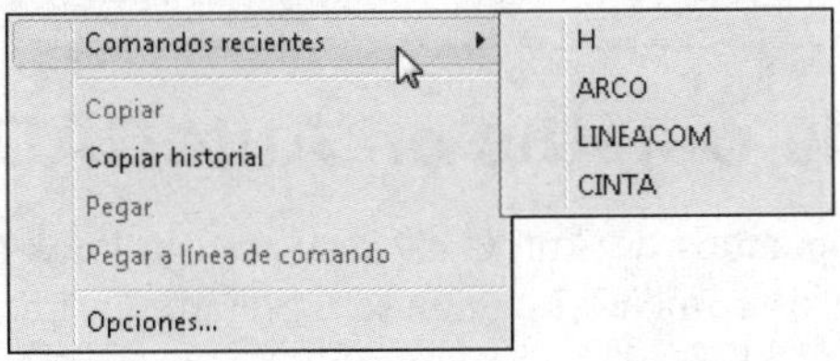

Figura 2.23. Opciones de la ventana Comando.

Al hacer clic con el botón derecho del ratón sobre la zona de dibujo cuando no hay ningún comando activo, se abre una lista de opciones básicas para modificar el archivo en uso, como pueden ser Cortar, Copiar, Pegar, Entrada reciente, Deshacer, Rehacer, Encuadre o Zoom, por mencionar algunas (véase la figura 2.24). Siempre que dude sobre el siguiente paso que debe tomar en AutoCAD, utilice el botón derecho del ratón para abrir el menú contextual y la lista de opciones, que analizaremos más adelante. Por ahora nos centraremos en la selección de objetos.

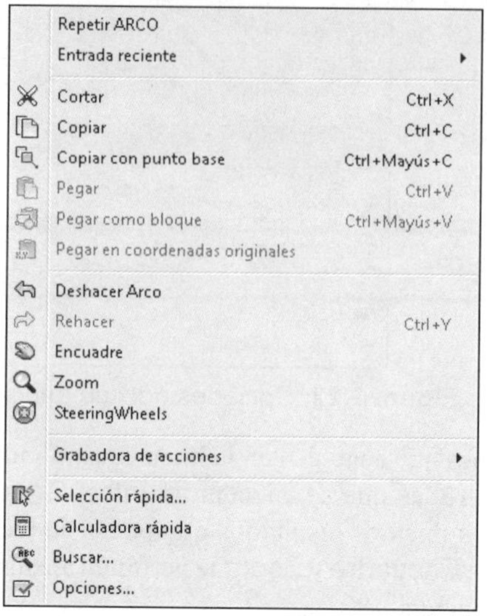

Figura 2.24. Opciones básicas del menú contextual del botón derecho.

Seleccionar un objeto

En AutoCAD podemos escoger entre distintas opciones para seleccionar un objeto. El siguiente apartado se divide en dos secciones. En la primera analizaremos los métodos de selección de objetos propios de AutoCAD, y en la segunda, la técnica más utilizada por otros programas gráficos, el método Nombre/Verbo. Dado que ambos métodos son de vital importancia en AutoCAD, es aconsejable que se acostumbre a su funcionamiento lo antes posible.

TRUCO: En caso de que tenga que seleccionar objetos en función de sus características y no de su ubicación, en capítulos posteriores le mostraremos cómo utilizar las herramientas de selección rápida y los filtros de selección de objetos. Estas herramientas permiten seleccionar un conjunto de objetos en función de sus propiedades, como pueden ser el tipo de objeto, el color, la asignación de capa, etc.

Selección de objetos en AutoCAD

Muchos de los comandos de AutoCAD muestran la línea de comando `Designe objetos:`. Además de esta línea, el cursor se convierte en un pequeño cuadrado, como se puede ver en la figura 2.18. Cada vez que vea dicha línea de comandos y el cursor en forma de cuadrado, dispondrá de distintas opciones de selección. Durante el proceso de selección de un objeto, puede que cambie de opinión o que escoja el objeto equivocado. A continuación, nos detendremos en las opciones de selección que incluye AutoCAD y aprenderemos lo que se debe hacer cuando se designa el objeto erróneo.

Antes de continuar debe desactivar dos opciones, que, aunque resultan muy útiles, pueden llegar a confundir a los usuarios poco experimentados. Dichas opciones son el modo Referencia a objetos en ejecución y el Rastreo de referencia a objetos, que analizaremos más detenidamente en capítulos posteriores. Siga los pasos que se incluyen a continuación:

1. En primer lugar, debe comprobar si las dos opciones están activadas en la barra de estado. Si están activadas aparecerán de color azul claro (véase figura 2.25).

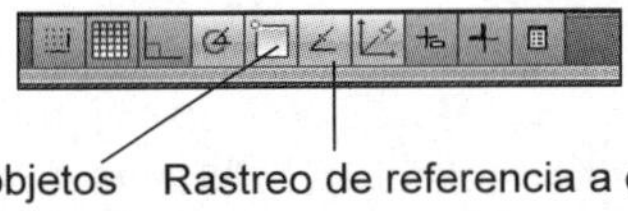

Figura 2.25. Herramientas Referencia a objetos y Rastreo de referencia a objetos.

2. Si quiere desactivar las dos opciones, haga clic sobre las herramientas correspondientes en la barra de estado. Cuando estén desactivadas aparecerán de color gris claro.

Continuemos con el proceso de selección de un objeto en AutoCAD.

1. Seleccione **Desplazar** ( ) del panel Modificar de la ficha Inicio o introduzca `M` y pulse **Intro**.
2. En la línea de comandos `Designe objetos:`, haga clic sobre cada una de las dos líneas horizontales que forman la puerta. Como ya vimos anteriormente, cada vez que AutoCAD desea seleccionar objetos, el cursor se convierte en un pequeño cuadrado, lo que indica que se encuentra en modo Selección de objetos. Cuando coloque el cursor sobre un objeto, el contorno aparecerá más grueso para que tenga una mejor idea de qué objeto se está seleccionando. Cuando haga clic sobre un objeto aparecerá destacado, tal como se ilustra en la figura 2.26.

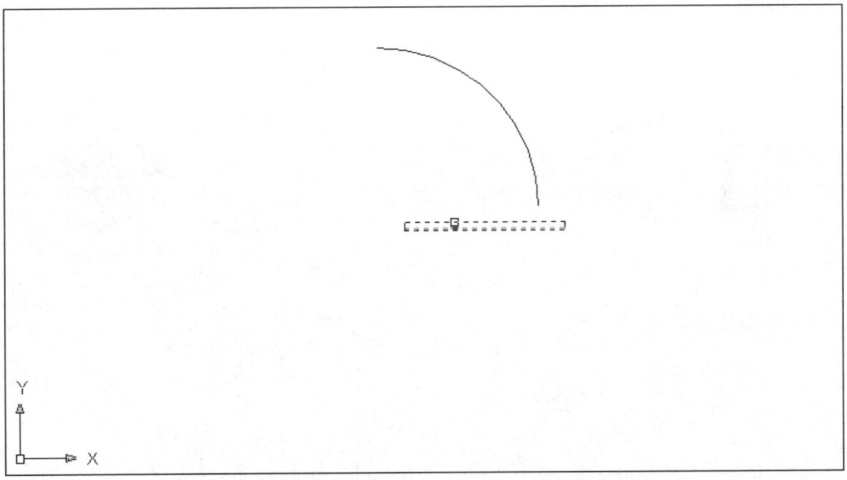

Figura 2.26. En la imagen, las líneas de la puerta se han seleccionado y aparecen resaltadas.

TRUCO: Si el contorno de los objetos no se hace más grueso cuando pasa sobre ellos el cursor de selección, puede que la variable de sistema vista preliminar de selección esté desactivada. Puede volver a activarla si escribe `selectionpreview`, pulsa **Intro**, `3` y vuelve a pulsar **Intro**. También puede acceder a esta configuración por medio de la pestaña Selección del cuadro de diálogo Opciones.

3. Una vez realizadas las selecciones, puede anular la selección de determinados elementos. Escriba `H` y pulse **Intro**. Podrá apreciar que la línea ya no está resaltada. Al escribir `H` y pulsar **Intro** los objetos se deseleccionan, de forma individual, en el orden inverso en el que se hayan seleccionado.
4. Otro método para anular la selección de un objeto consiste en hacer clic sobre la línea resaltada manteniendo pulsada la tecla **Mayús**. Como resultado, la línea de puntos se convertirá en una línea continua, lo que indica que ya no se encuentra seleccionada para su posterior modificación.
5. En este punto, ambas líneas no estarán seleccionadas. Utilizaremos otro método para seleccionar grupos de objetos. Otra de las opciones para seleccionar objetos es incluirlos en una ventana. Para ello, debe escribir `ventana` y pulsar **Intro**. Seguidamente, el cursor se convertirá en el cursor de selección de punto y la línea de comandos cambia a

```
Designe primera esquina:
```

6. Haga clic sobre un punto situado por debajo y a la izquierda del rectángulo que representa la puerta. Cuando desplace el cursor por la pantalla, la ventana se estirará por la zona de dibujo. También observará que la ventana muestra un color azul.
7. Una vez que la ventana encierre por completo a la puerta, pero no al arco, sólo tiene que hacer clic para que toda la puerta aparezca resaltada. La ventana selecciona únicamente los objetos a los que encierra por completo, como se puede apreciar en la figura 2.27.

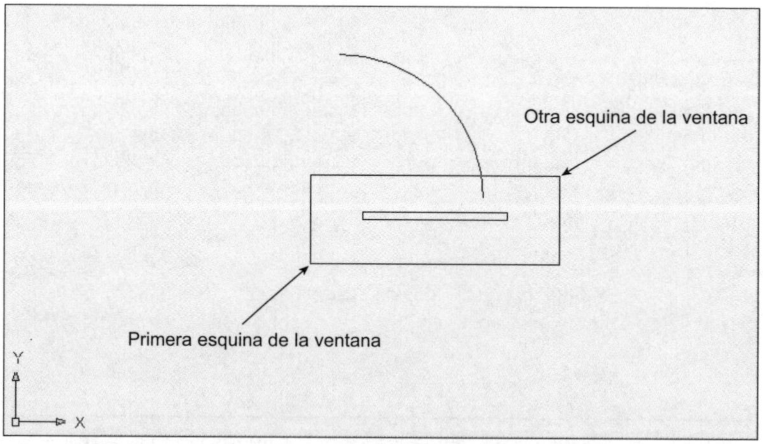

Figura 2.27. Selección de la puerta por medio de una ventana de selección.

NOTA: No debe confundir la ventana de selección con la ventana de zoom que se utilizó en el capítulo anterior, que únicamente definía el área del dibujo que se quería aumentar. La opción de ventana funciona de forma distinta con el comando **Zoom** que con otros comandos de edición.

8. Pulse **Intro**. De esta forma indicamos a AutoCAD que el proceso de selección de objetos ha concluido. No olvide pulsar **Intro** cuando haya terminado de seleccionar el objeto que quiera modificar. En la ventana de comandos aparecerá la línea de comando `Precise punto base o [Desplazamiento] <Desplazamiento>:`, y el cursor adoptará el modo Selección de punto.

Una vez analizado el proceso de selección en AutoCAD, procederemos a explicar el comando **Desplazar**. En el siguiente apartado nos centraremos en la línea de comando que está en la pantalla y describiremos cómo introducir puntos base y distancias de desplazamiento.

Definir puntos base

Cuando se mueve o se copia un objeto, AutoCAD le pide que defina un punto base, un concepto un tanto complicado de asimilar. El programa debe saber con exactitud de dónde y a dónde se va a desplazar el objeto. El punto base es la ubicación precisa desde la que se determina la distancia y la dirección del desplazamiento. Una vez definido, sólo tiene que indicar hacia dónde se va a mover el objeto con respecto a dicho punto. Siga los pasos que se incluyen a continuación:

1. Para seleccionar un punto base, debe mantener pulsada la tecla **Mayús** mientras utiliza el botón derecho del ratón. Seguidamente, se abrirá un menú con las distintas opciones de referencia a objetos como el que se muestra en la figura 2.28.

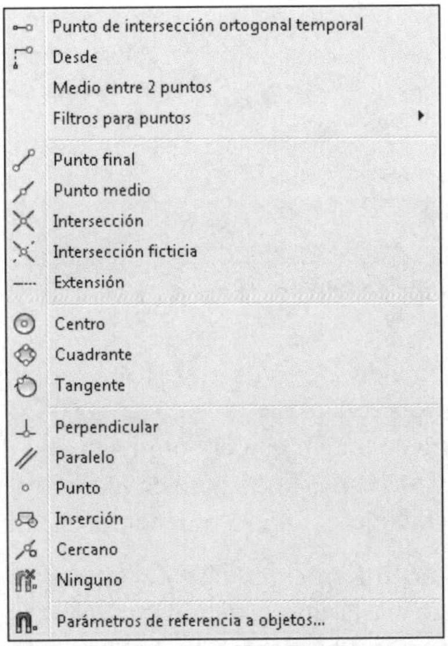

Figura 2.28. Las opciones de referencia a objetos.

> **ADVERTENCIA:** Cuando haga clic con el botón derecho del ratón, el cursor debe estar situado en la zona de dibujo de AutoCAD. En caso contrario, los resultados que obtenga no se parecerán a los descritos en el libro.

2. Escoja la opción Intersección. El menú se cerrará.

3. Desplace el cursor hasta la esquina inferior derecha de la puerta. Mientras se aproxima a este punto, podrá apreciar un gráfico en forma de X sobre la esquina. Es lo que se denomina un marcador de referencia a objetos.

4. Cuando aparezca el marcador en forma de X, no mueva el ratón. Se abrirá una casilla de información en la que se indica el punto de referencia a objetos que AutoCAD ha seleccionado.

5. A continuación, haga clic con el botón izquierdo del ratón para seleccionar la intersección que indica el marcador. No es necesario indicar exactamente con el cursor la ubicación correspondiente, cuando vea el marcador de referencia a objetos en el punto que desea seleccionar, basta con hacer clic con el ratón para seleccionar el punto de referencia a objetos exacto (véase la figura 2.29). En este caso, se trata de la intersección exacta de las dos líneas.

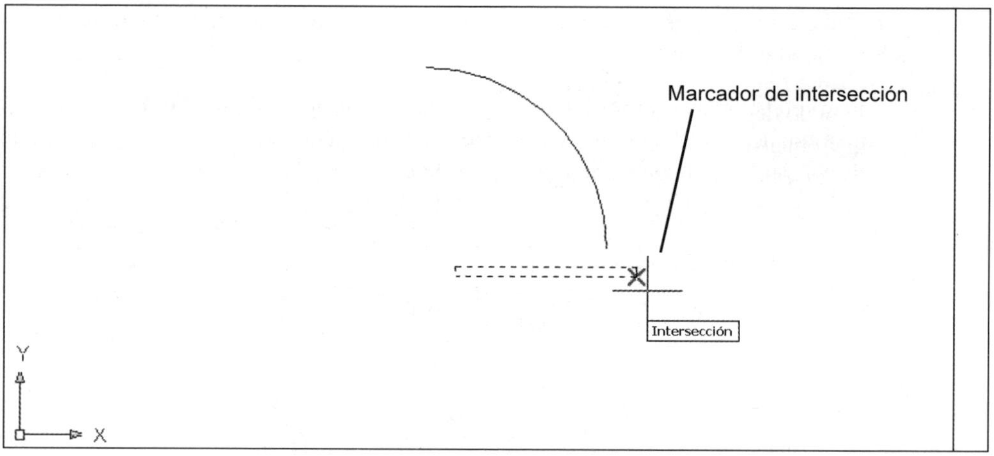

Figura 2.29. El cursor selección de punto y el marcador de referencia a objetos.

6. En la línea de comando `Precise segundo punto del desplazamiento o <usar primer punto como desplazamiento>:`, mantenga pulsada la tecla **Mayús** y haga clic de nuevo con el botón derecho del ratón. En esta ocasión, tendrá que utilizar la opción Punto final, pero en lugar de tener que seleccionarla en el menú contextual con ayuda del ratón, sólo tiene que escribir `F` y pulsar **Intro**.

7. Marque el extremo inferior derecho del arco (recuerde que solamente tiene que desplazar el cursor hasta una posición cercana al punto final para que aparezca el marcador). La puerta se desplazará, y la esquina se ensamblará de forma exacta con el punto final del arco (consulte la figura 2.30).

Las opciones de referencia a objetos le permiten seleccionar puntos específicos de un objeto. En este ejercicio sólo hemos utilizado los modos Intersección y Punto final, pero puede emplear el resto de opciones, que analizaremos en el siguiente capítulo. Como habrá observado, se utilizan diferentes marcadores de referencia a objetos para cada opción, que se analizarán en el capítulo siguiente. Por ahora continuaremos con la selección de puntos.

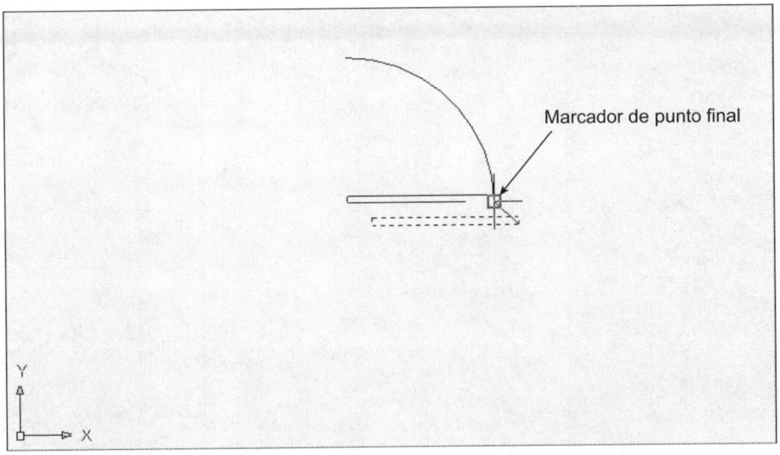

Figura 2.30. El rectángulo en su nueva ubicación después de haber utilizado la referencia a objetos Punto final.

NOTA: La instrucción `Usar primer punto como desplazamiento` de la línea de comando descrita en el paso 6 significa que si pulsa **Intro** en lugar de seleccionar un punto, el objeto se desplazará una determinada distancia en función de las coordenadas del punto que se hayan definido como punto base. Por ejemplo, si el punto base se encuentra en la coordenada 2,4, el objeto se desplazará 2 unidades en el eje X y 4 en el Y.

Si lo que quiere es especificar una distancia y una dirección exacta por medio de la introducción de un valor, debe seleccionar cualquier punto de la pantalla como punto base. También puede escribir `@` y pulsar **Intro** en la línea de comandos y, seguidamente, indicar la posición del segundo punto en coordenadas relativas. Recuerde que `@` hace referencia al último punto seleccionado. En el siguiente ejercicio trataremos de desplazar la puerta en su totalidad, tres unidades exactas en un ángulo de 45º. Los pasos necesarios se incluyen a continuación:

1. Seleccione la herramienta **Desplazar** (✥) del panel Modificar de la ficha Inicio.
2. Escriba `P` y pulse **Intro**. El grupo de objetos seleccionados con el comando anterior aparecerá resaltado. La opción `P` le permite seleccionar objetos previamente seleccionados.

Control de visualización de los modos de la barra de estado

En el extremo derecho de la barra de estado se incluye un control de flecha que abre un menú que permite controlar los elementos que se visualizan en la barra de estado (consulte la figura 2.31). Este menú se utiliza para activar o desactivar elementos de la barra de estado. Para indicar que están activados se utiliza una marca de verificación a la izquierda. Si su barra de estado no incluye todos los botones mencionados en el ejercicio anterior, utilice este menú para comprobar que están activadas todas las opciones de la barra de estado.

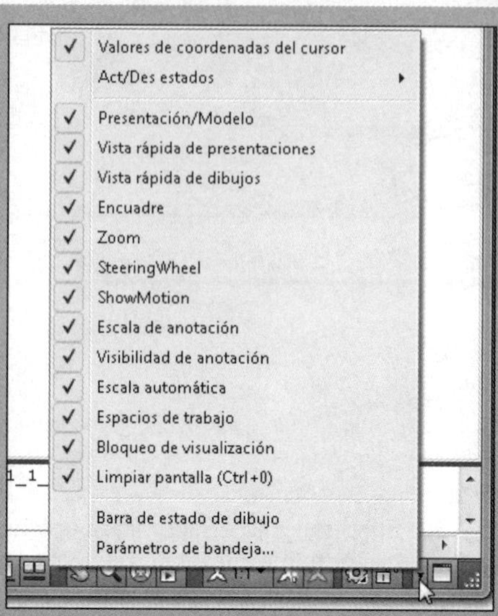

Figura 2.31. Menú de elementos de la barra de estado.

3. Como el modo Selección de objetos sigue activado, puede hacer clic sobre el arco para incluirlo en el grupo de objetos seleccionado. Esta vez aparecerá resaltada toda la puerta, incluido el arco.
4. Pulse **Intro** para confirmar que la selección ha concluido. El cursor cambiará a modo Selección de punto.
5. En la línea de comando `Punto base o [Desplazamiento] <Desplazamiento>:`, debe seleccionar un punto de la pantalla comprendido entre la puerta y el lateral izquierdo de la pantalla (consulte la figura 2.32).

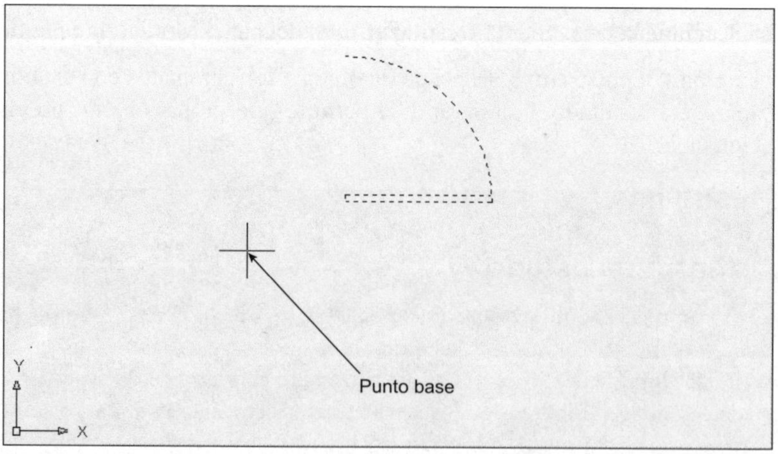

Figura 2.32. La puerta resaltada y el punto base que está situado a la izquierda de la misma. Como puede apreciar, no es necesario que el punto base se encuentre sobre el objeto que se va a desplazar.

6. Desplace el cursor suavemente. Comprobará que la puerta se mueve como si el punto base seleccionado estuviera unido a la puerta. Ésta se mueve a la par que el cursor, a una distancia fija, lo que demuestra la relación del punto base con los objetos seleccionados.

7. Escriba `@3<45` y pulse **Intro**. La puerta se desplazará a una nueva posición en pantalla, a una distancia de 3 unidades de su anterior ubicación, en un ángulo de 45º.

TRUCO: Si tiene que introducir un comando, puede utilizar el último que haya ejecutado pulsando la **Barra espaciadora** o la tecla **Intro**. También puede hacer clic con el botón derecho del ratón sobre el área de dibujo y escoger la opción que aparece en la parte superior de la lista. Si hace clic con este botón sobre la ventana de comandos, se abre un menú contextual en el que se incluyen los comandos que se han utilizado recientemente.

Este ejercicio nos sirve para demostrar que no es necesario que el punto base se encuentre sobre el objeto que se está manipulando, puede estar en cualquier parte del dibujo. También hemos aprendido a volver a seleccionar un grupo de objetos utilizados previamente sin repetir el proceso de selección.

El método Nombre/Verbo

La práctica totalidad de los programas gráficos actuales utilizan el método Nombre/Verbo para seleccionar objetos. Este método implica determinar el objeto antes de ejecutar el comando que va a permitir modificarlo, es decir, identificar el Nombre (u objeto sobre el que se quiere trabajar) antes del verbo (la acción que se quiere realizar). En los siguientes ejercicios aprenderemos a utilizarlo en AutoCAD.

Cuando AutoCAD espera a que se ejecute un comando, el cursor que aparece en pantalla tiene forma de cruz con un pequeño cuadrado. Como se ha mencionado, este cuadrado es, de hecho, una mira de designación de objetos superpuesta sobre el cursor, y le indica que puede seleccionar un objeto incluso cuando la línea de comandos aparece en la parte inferior de la pantalla y no hay ningún comando activo. El cuadrado desaparece momentáneamente cuando se ejecuta un comando que le pide que seleccione algún punto.

Otras opciones de selección

Existen otras opciones de selección que todavía no hemos utilizado, aunque comprobaremos su funcionamiento en ejercicios posteriores. Pero en caso de que tenga ánimos de investigar, sólo tiene que escribir sus métodos de teclado (se incluyen entre corchetes) en cualquier línea de comando `Designe objeto:`. Estas opciones son las siguientes:

- Añadir [añadir, **Intro**]: Cambia del modo Eliminar al modo Añadir. Consulte Eliminar más adelante en esta barra de herramientas.
- Todos [`todos`, **Intro**]: Selecciona todos los objetos del dibujo, a excepción de aquellos en capas inmovilizadas o bloqueadas.

- Borde [b, **Intro**]: Fuerza la ventana de selección estándar en la que una selección de izquierda a derecha utiliza una ventana estándar y una selección de derecha a izquierda utiliza una ventana punteada.
- Captura [captura, **Intro**]: Similar a la opción Designe ventana. Le permite seleccionar cualquier elemento que atraviese la ventana que se defina.
- Polígono de captura [OC, **Intro**]: Actúa exactamente igual que el polígono de ventana, pero selecciona cualquier elemento que cruce los límites de un polígono.
- Marco [MA, **Intro**]: Selecciona los objetos que cruzan una línea denominada provisionalmente "marco". La operación consiste en trazar una línea sobre los objetos que se quieren seleccionar. Con esta opción se pueden definir puntos como si se dibujara una serie de segmentos de línea. Una vez trazado el marco, pulse **Intro**, continúe seleccionando el resto de objetos o pulse **Intro** de nuevo para completar la selección.

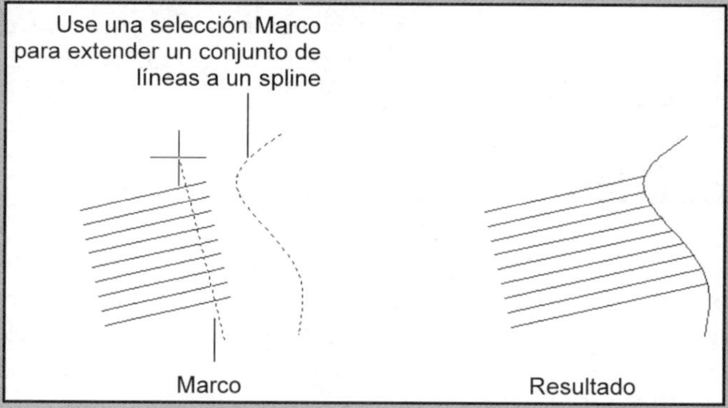

Figura 2.33. Opción Marco.

- Grupo [g, **Intro**]: Permite seleccionar un grupo por nombre.
- Último [L, **Intro**]: Selecciona el último objeto que se haya introducido.
- Múltiple [múltiple, **Intro**]: Le permite seleccionar varios objetos antes de que AutoCAD los resalte. En un archivo de gran tamaño, si se seleccionan objetos de forma individual puede que AutoCAD tenga que pararse a localizar cada uno de ellos y resaltarlos. La opción Múltiple sirve para acelerar el proceso, ya que le brinda la posibilidad de escoger todos los objetos y resaltarlos con ayuda de la tecla **Intro**. No existe ningún comando de menú que equivalga a esta opción.
- Previo [previo, **Intro**]: Selecciona el último objeto o conjunto de objetos que se haya modificado.
- Eliminar [e, **Intro**]: Cambia al modo de selección en el que los objetos en los que hace clic se eliminan del conjunto de selección.
- Ventana [ventana, **Intro**]: Fuerza una selección de ventana estándar. Se trata de una opción muy útil cuando el área de dibujo se encuentra demasiado poblada para poder utilizar la opción Autoselección y trazar una ventana alrededor de

un conjunto de objetos, como veremos al describir la opción Auto. Evita que se seleccione accidentalmente un objeto con un clic cuando se está emplazando la ventana en pantalla.

- Polígono de ventana [OV, **Intro**]: Le permite seleccionar objetos que se encuentran incluidos en el interior de una polígono de formas irregulares. Cuando se utilice esta opción verá la línea de comandos `Primer punto de polígono:`, tras la que debe indicar los puntos que lo conforman. Mientras se eligen dichos puntos, aparece la línea de comando `Precise punto final de línea o [desHacer]:`. Puede seleccionar tantos puntos como considere necesario para delimitar el contorno del polígono. Los segmentos de línea de dicho contorno se pueden eliminar pulsando la tecla **H** e **Intro** Una vez definido el contorno, pulse **Intro**. Los objetos vinculados aparecerán resaltados, y volverá a ver la línea de comando `Designe objetos:`, lo que le permite utilizar opciones de selección adicionales (véase la figura 2.34).

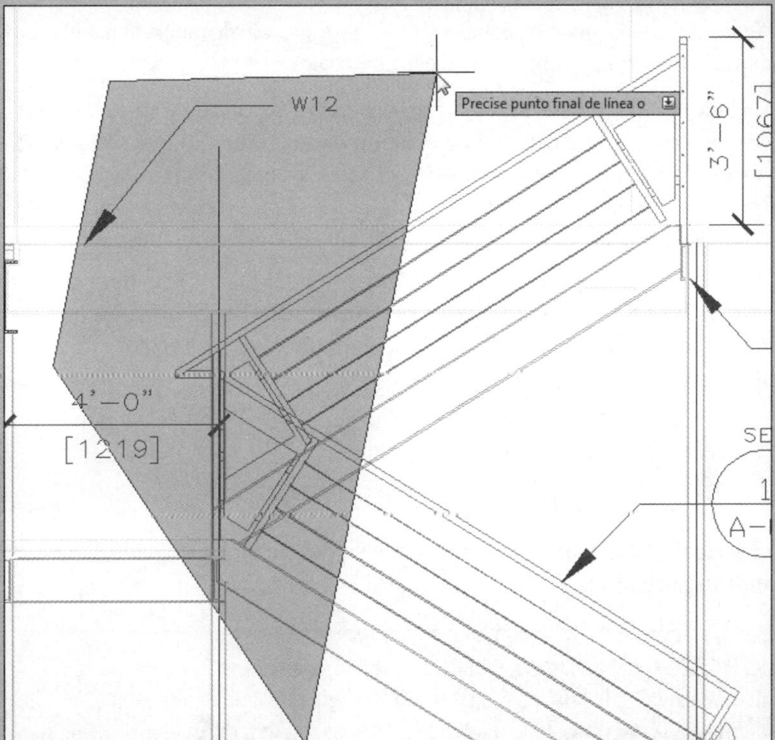

Figura 2.34. Selección de Polígono de ventana.

Las dos opciones que se describen a continuación también se encuentran disponibles en el programa, pero apenas se utilizan. Su finalidad es permitir crear opciones de menú y barras de herramientas personalizadas, como podemos ver.

- Auto [AU, **Intro**]: Hace que se produzca una designación por ventana automática estándar o una designación por captura cuando se selecciona un punto y no se encuentra ningún objeto. Al precisar las esquinas de una ventana de izquierda a derecha se crea una designación por ventana. Si, en cambio, se precisan las esquinas de derecha a izquierda, la designación es por captura. Una vez seleccionada la opción correspondiente, permanece activa el tiempo que dure el comando actual. Esta opción se debe utilizar en sistemas en los que la opción Selección automática se ha desactivado.

- Único [N, **Intro**]: Hace que el comando activo seleccione únicamente un objeto. Si se utiliza esta opción, se puede elegir un único objeto. Seguidamente, el comando actúa sobre el objeto como si se hubiera pulsado **Intro** justo después de haberlo seleccionado. Esta opción no tiene un comando de menú equivalente.

TRUCO: Además del método de selección Nombre/Verbo, AutoCAD ofrece otras opciones de selección que permiten poner en práctica técnicas más comunes.

El siguiente paso consiste en desplazar objetos, en primer lugar seleccionándolos, y a continuación utilizando el comando **Desplazar**.

1. Primero, debe pulsar la tecla **Esc** dos veces para asegurarse de que AutoCAD no se encuentra en el medio de la ejecución de un comando que se haya seleccionado por error. A continuación, haga clic sobre el arco. Éste aparecerá resaltado y mostrará pequeños cuadros en los puntos finales, en el punto central y en el punto medio. Estos cuadros se denominan pinzamientos, que se analizarán más adelante.
2. Seleccione la herramienta **Desplazar** () del panel Modificar de la ficha Inicio. El cursor cambiará a modo Selección de punto. Podrá apreciar que los pinzamientos del arco desaparecen, aunque el arco continúa seleccionado.
3. En la línea de comando `Precise punto base o [Desplazamiento] <Desplazamiento>:`, debe indicar cualquier punto de la pantalla. A continuación, aparecerá la siguiente línea de comandos:

   ```
   Precise segundo punto o <usar primer punto como desplazamiento>
   ```

4. Escriba `@3<0` y pulse **Intro**. El arco se desplazará 3 unidades a la derecha hasta una nueva posición.

ADVERTENCIA: Si este ejercicio no funciona como se describe en el proceso anterior, puede que el valor Nombre/Verbo se encuentre desactivado en su copia de AutoCAD. Para volverlo a activar seleccione Herr.>Opciones en el explorador de menús para abrir el cuadro de diálogo Opciones, y haga clic en la ficha Selección. En el grupo Modos de selección marque la opción Designación Nombre/Verbo. Haga clic en **Aceptar** cuando haya terminado.

En este ejercicio se ha seleccionado el arco antes de ejecutar el comando **Desplazar**. A continuación, cuando se utiliza la herramienta del mismo nombre, no aparece la línea de comando `Designe objeto`. En su lugar, AutoCAD asume que el usuario quiere desplazar el arco seleccionado y pasa directamente a la línea `Precise punto base o [Desplazamiento] <Desplazamiento>:`.

Cómo utilizar la función Autoselección

El siguiente paso consiste en desplazar el resto de la puerta en la misma dirección con ayuda de la función de Autoselección.

1. Escoja un punto situado justo por encima y a la izquierda del rectángulo que representa la puerta, pero sin seleccionar la puerta en sí. A continuación, se abrirá una ventana de selección que puede arrastrar por la pantalla acompañando al movimiento del cursor. Si desplaza el cursor a la izquierda del último punto seleccionado, la ventana muestra una línea punteada de color verde, como se puede apreciar en la imagen superior de la figura 2.35. Si desplaza el cursor hacia la derecha del punto, la línea será sólida y de color azul, como se ve en la imagen inferior de la figura 2.35.

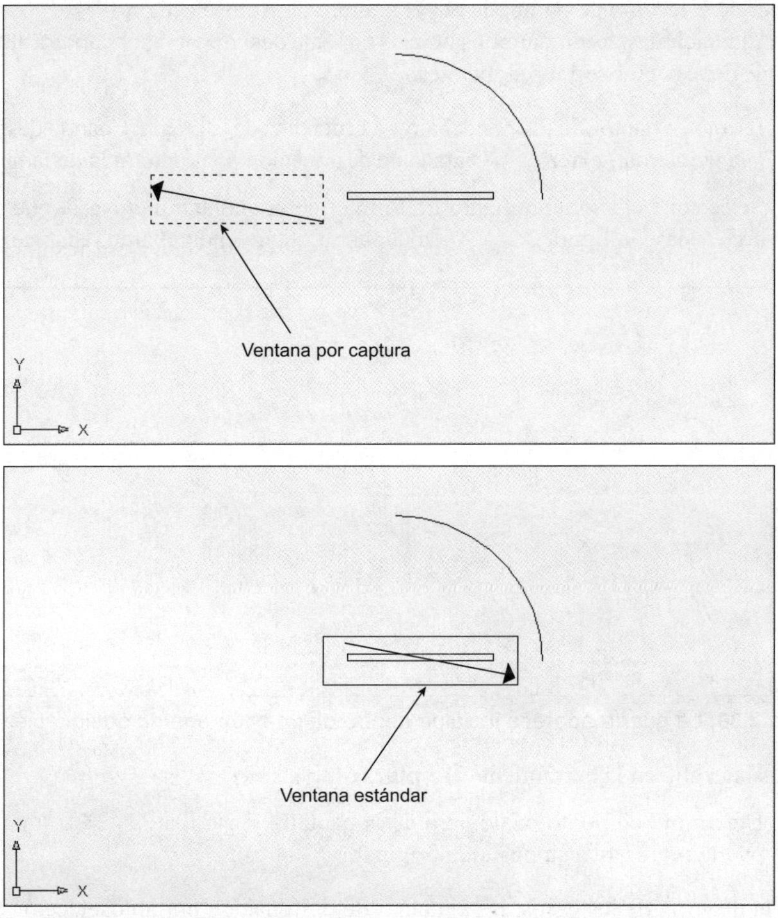

Figura 2.35. La ventana con línea de puntos indica una designación por captura. La ventana formada por una línea continua representa una designación por ventana.

2. A continuación, debe determinar un punto situado por debajo y a la derecha de la puerta para que la ventana pueda encerrarla por completo pero sin incluir el arco, como muestra la imagen inferior de la figura 2.35. La puerta aparecerá resaltada, y volverá a ver los pequeños cuadrados sobre los puntos finales y medios de la línea.

3. Haga clic de nuevo en la herramienta **Desplazar**. Como en el ejercicio anterior, aparecerá la línea de comando `Precise punto base o [Desplazamiento] <Desplazamiento>`.
4. Seleccione un punto de la pantalla, escriba `@3<0` y pulse **Intro**. La puerta se unirá al arco.

Las dos ventanas de selección que acaba de ver, la de línea continua azul y la de línea punteada de color verde, representan una designación por ventana y una designación por captura. Si se utiliza una designación por ventana, todo lo que aparezca dentro de la ventana se selecciona. Si se utiliza la designación por captura, cualquier elemento que cruce la ventana es lo que termina por ser seleccionado. Estas dos ventanas se abren de forma automática cuando se hace clic sobre cualquier zona en blanco del área de dibujo con un cursor estándar o con un cursor de selección de punto, de ahí el nombre de Autoselección.

A continuación, seleccionaremos objetos con una designación por captura automática. Los pasos que debe seguir son los siguientes:

1. Escoja un punto situado por debajo y a la derecha de la puerta. Cuando desplace el cursor a la izquierda, se abrirá la ventana de designación por captura, la de la línea de puntos.
2. Seleccione el siguiente punto de forma que la ventana incluya la puerta y parte del arco (véase la figura 2.36). Toda la puerta, incluyendo el arco, aparecerá resaltada.

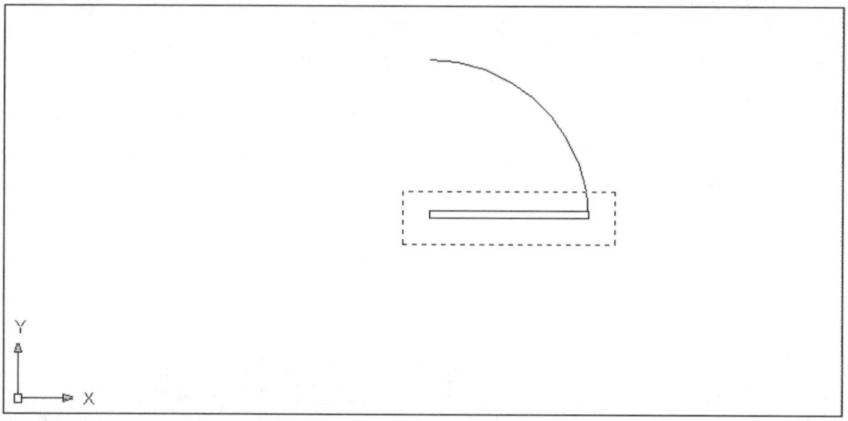

Figura 2.36. La puerta aparece incluida dentro de una ventana de designación por captura.

3. Haga clic en la herramienta **Desplazar** ( ).
4. Determine un punto cualquiera de la pantalla y escriba `@3<180` y pulse **Intro**. La puerta regresará a su posición original.

En la mayoría de los casos, las ventanas de designación por autoselección y por captura son todos los elementos que va a necesitar para seleccionar un objeto. Estas herramientas le permiten ahorrar tiempo, por lo que es aconsejable que se acostumbre a su funcionamiento.

Antes de proseguir, haga clic en la herramienta **Guardar** ( ) en la Barra de herramientas de acceso rápido para guardar el archivo `Puerta.dwg`. No va a ser necesario guardar los cambios que se realizarán en los siguientes apartados, por lo que al guardarlos ahora se asegura de conservar la condición actual del archivo en el disco duro, por motivos de seguridad.

Restricciones de la designación de objetos Nombre/Verbo

Para muchos comandos de modificación o de construcción no es aconsejable utilizar el método de selección Nombre/Verbo, ya que para dichos comandos es necesario seleccionar más de un conjunto de objetos. Es muy fácil saber si un comando acepta o no el método de designación Nombre/Verbo. Si el comando no lo acepta, la selección se borra y le pide seleccionar un objeto o conjunto de objetos. Si quiere hacer un breve descanso, es el momento oportuno. Si lo desea, puede salir de AutoCAD y volver a este punto del tutorial más adelante. Cuando quiera volver, sólo tiene que iniciar el programa y abrir el archivo `Puerta.dwg`.

Modificación con pinzamientos

Anteriormente, cuando se seleccionó la puerta, pudimos ver unos pequeños cuadros en los puntos finales, puntos centrales e intermedios de las líneas y del arco, cuadros que se denominan pinzamientos. Se pueden utilizar para realizar cambios directos en la forma de un objeto o para moverlo y copiarlo de forma rápida.

ADVERTENCIA: En caso de que dichos cuadros no aparezcan sobre la puerta en el ejercicio anterior, puede que la versión de AutoCAD que esté utilizando tenga esta opción desactivada.

Hasta ahora, todas las operaciones de AutoCAD que se han analizado tenían un principio y un final. Por ejemplo, para trazar un arco, en primer lugar había que ejecutar el comando **Arco** y seguir una serie de pasos, entre los que se incluía la utilización de líneas de comando y la selección de puntos. Una vez completado el proceso, el arco aparece en pantalla y AutoCAD está listo para poder ejecutar el siguiente comando. Por otra parte, la opción Pinzamientos se rige por un conjunto de normas completamente diferente. Conforman un conjunto de funciones de edición reducido, pero de gran potencial, que no se limita a la rutina comando/línea de comandos/entrada que hemos utilizado hasta ahora. Como comprobará en los siguientes ejercicios, le resultará muy útil pensar en los pinzamientos como en un subconjunto del método de operación estándar de AutoCAD. Para practicar con la opción Pinzamientos, tendrá que realizar algunos cambios al dibujo de la puerta.

Estiramiento de líneas por medio de pinzamientos

En este ejercicio aprenderemos a estirar una esquina de la puerta con ayuda de los puntos de pinzamiento de dos líneas, como se puede ver a continuación:

1. Pulse la tecla **Esc** para anular cualquier comando anterior activo. Seleccione un punto que se encuentre por debajo y a la izquierda de la puerta para iniciar una ventana de selección.
2. Utilice la herramienta **Zoom** de la barra de estado para ajustar la vista del dibujo de forma que el tamaño de la puerta sea similar al que se muestra en la figura 2.37.

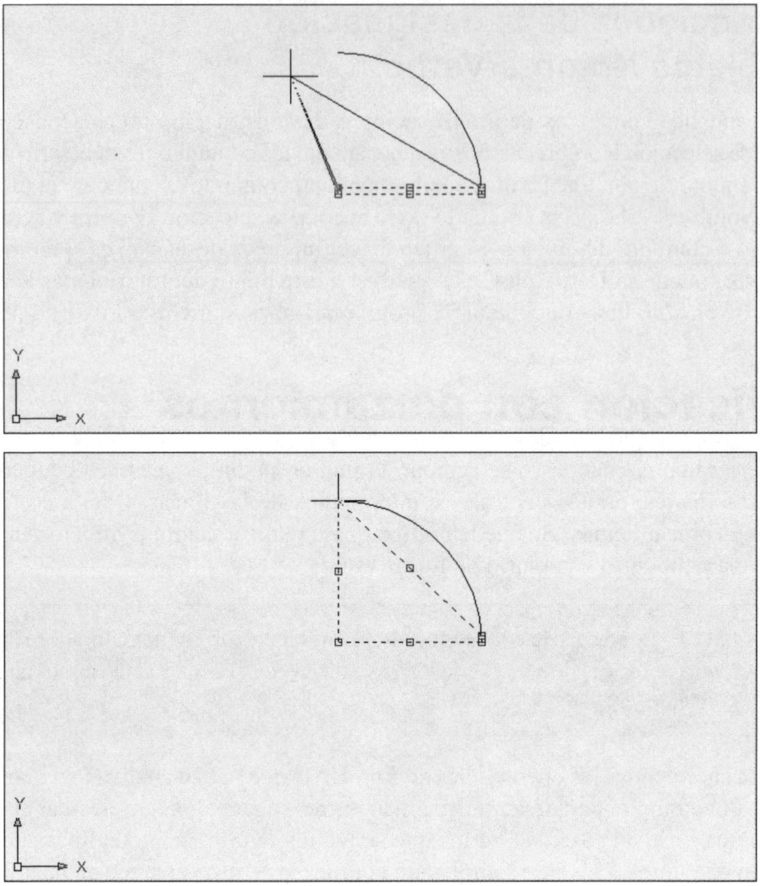

Figura 2.37. Estiramiento de líneas por medio de pinzamientos. En la imagen superior se puede ver cómo la esquina del rectángulo se estira hacia arriba. En la imagen inferior se muestra la nueva posición de la esquina de la parte superior del arco.

3. Determine un punto por encima y a la derecha de la parte rectangular de la puerta para seleccionarla.
4. Sitúe el cursor en el pinzamiento de la esquina inferior izquierda del rectángulo, pero no haga clic sobre ningún botón. Observará que el cursor se desplaza hasta el punto de pinzamiento y que cambia de color.
5. Desplace el cursor hasta otro punto de pinzamiento y vea cómo salta hasta dicho punto. Una vez situado sobre el pinzamiento, el cursor se sitúa en el centro exacto del mismo. Esto significa, por ejemplo, que si el cursor se ha situado sobre un punto final de pinzamiento, éste será el punto final exacto del objeto.
6. Desplace el cursor hasta la esquina superior izquierda del rectángulo y haga clic sobre él. El pinzamiento muestra un color sólido y se resalta. En el cuadro de línea de comando aparece el siguiente mensaje:

```
**ESTIRAR**
Precise punto de estiramiento o [Punto base/Copiar/desHacer/Salir]:
```

Esta línea de comandos le indica que el modo Estirar se ha activado, e incluye distintas opciones. Cuando mueve el cursor, la esquina sigue este movimiento y las líneas del rectángulo se estiran (véase la figura 2.37).

> **TRUCO:** Puede controlar el tamaño y el color de los pinzamientos utilizando la ficha Selección del cuadro de diálogo Opciones.

7. Desplace el cursor hasta el extremo superior del arco y haga clic sobre ese punto. El rectángulo se deformará y la esquina se situará sobre el punto que haya seleccionado (véase la figura 2.37).

En el ejemplo anterior hemos visto un comando denominado **Estirar**, que se ejecuta al hacer clic sobre un pinzamiento. También veremos, más adelante, una amplia variedad de comandos de pinzamiento que puede utilizar.

1. Como puede apreciar, los pinzamientos continúan activos. Si hace clic sobre el pinzamiento que ha desplazado anteriormente, éste quedará resaltado.
2. Haga clic con el botón derecho del ratón para abrir una lista de opciones de modificación de pinzamientos, que analizaremos más adelante (véase la figura 2.38).

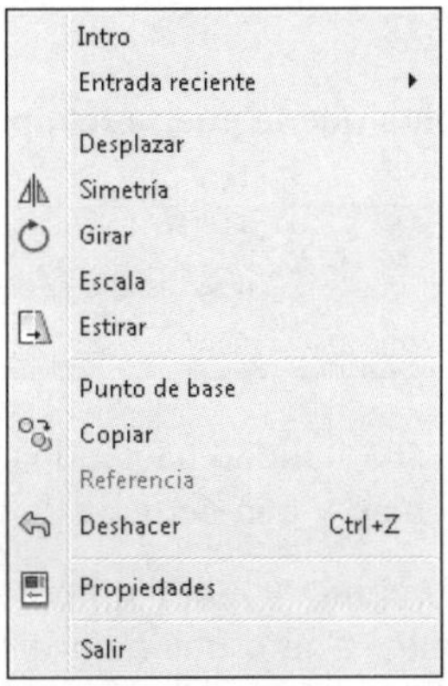

Figura 2.38. Opciones de modificación de pinzamientos.

> **TRUCO:** Cuando se hace clic sobre el punto de pinzamiento de unión de dos segmentos de línea contiguos, AutoCAD selecciona los pinzamientos que se superponen de las dos líneas. Si se estira la línea en dirección opuesta a su posición original, los puntos finales de ambas líneas seguirán este movimiento.

3. Seleccione la opción Punto de base en la lista y, seguidamente, haga clic sobre un punto situado a la derecha del pinzamiento resaltado. Mientras desplaza el cursor, el pinzamiento resaltado se moverá con relación al cursor.
4. Haga clic de nuevo con el botón derecho del ratón, y esta vez utilice la opción Copiar del menú contextual e introduzca `@3<-30` y pulse **Intro**. En vez de desplazar el pinzamiento resaltado y cambiar las líneas, se realizan dos copias de las líneas con sus puntos finales 3 unidades por debajo y a la derecha del primer grupo de puntos finales.

5. Seleccione otro punto situado justo debajo del último. De esta forma, conseguirá copias adicionales.

6. Pulse **Intro** o escriba `X` y pulse **Intro** para salir del modo Estirar. También puede utilizar el botón derecho del ratón y escoger el comando **Salir** del menú contextual.

En este ejercicio, hemos seleccionado un punto base distinto al punto de pinzamiento resaltado. También hemos aprendido a especificar coordenadas relativas para desplazar y copiar un pinzamiento resaltado. Por último, hemos descubierto que al seleccionar un pinzamiento de un objeto y hacer clic con el botón derecho del ratón se abre un menú contextual en el que se incluyen distintas opciones de modificación de pinzamientos.

Movimientos y giros con pinzamientos

Como acabamos de ver en el apartado anterior, la función de pinzamientos constituye un método alternativo para modificar un dibujo. Ya hemos practicado el estiramiento de puntos finales, pero el alcance de los pinzamientos es mucho más amplio. En el siguiente ejercicio describiremos otras opciones que se pueden aplicar. El primer paso consiste en anular los cambios efectuados en el último ejercicio, como puede ver a continuación:

1. Introduzca `H` y pulse **Intro**. Las copias de las líneas estiradas desaparecen de la pantalla.

2. Pulse **Intro** de nuevo para que la puerta recupere su forma original.

> **TRUCO:** Al pulsar **Intro** en la línea de comando, AutoCAD repite el último comando que se haya ejecutado, en este caso `H`.

3. Seleccione la puerta en su totalidad haciendo clic sobre una zona vacía de la pantalla que se encuentre por debajo y a la derecha de la puerta.

4. Desplace el cursor por encima y a la izquierda de la parte rectangular de la puerta y haga clic sobre ese punto. Como nos hemos desplazado de derecha a izquierda, se generará una designación por captura. Recuerde que este tipo de designación selecciona cualquier elemento que se encuentre dentro de la ventana o que la cruce.

5. Haga clic sobre el pinzamiento inferior izquierdo del rectángulo para resaltarlo. Como vimos anteriormente, al mover el cursor se estira la esquina correspondiente.

6. Haga clic con el botón derecho del ratón y seleccione la opción Desplazar del menú contextual que se abre. En la ventana de comando aparecerá la siguiente línea:

   ```
   **DESPLAZAR**
   Precise punto de traslado o [Punto base/Copiar/desHacer/Salir):
   ```

   Cuando mueva el cursor, se desplazará toda la puerta.

7. Sitúe la puerta aproximadamente en el centro de la pantalla y haga clic sobre ese punto. La puerta se desplazará hasta el centro. Podrá apreciar que vuelve a aparecer la línea de comando, aunque la puerta sigue seleccionada, indicando que la selección continuará en la siguiente operación.

8. Haga clic de nuevo sobre el pinzamiento inferior izquierdo y utilice el botón derecho del ratón para abrir el menú contextual de opciones, en el que, en esta ocasión, debe escoger Girar. En la ventana de comandos aparecerá la siguiente línea:

```
**GIRAR**
Precise ángulo de rotación o [Punto base/Copiar/desHacer/Referencia/Salir]:
```

Al desplazar el cursor la puerta girará sobre el pinzamiento.

9. Sitúe el cursor para que la puerta gire aproximadamente 180 º (consulte la figura 2.39). A continuación, manteniendo pulsada la tecla **Control**, haga clic con el botón izquierdo del ratón. Una copia de la puerta aparecerá en la nueva posición de giro. La puerta original continúa en su lugar.

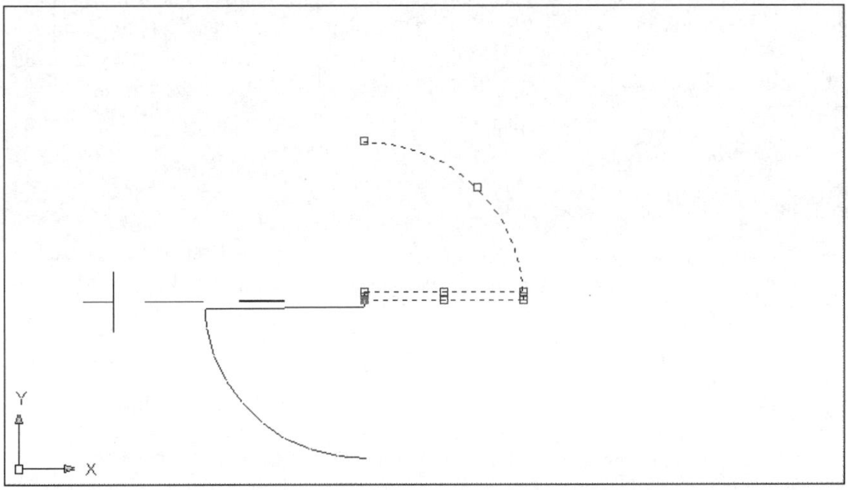

Figura 2.39. La puerta se gira y se copia con ayuda de pinzamientos. Como puede apreciar, hay más de un objeto afectado por la modificación de pinzamiento, aunque solamente uno de los pinzamientos está resaltado.

10. Pulse **Intro** para salir del modo de edición de pinzamientos.

NOTA: Hasta ahora hemos visto cómo el comando **Desplazar** se duplica de forma modificada como si se tratara de un pinzamiento resaltado. Existen otros comandos de pinzamientos, como pueden ser **Estirar**, **Simetría**, **Girar** y **Factor escala**, con opciones homólogas en el conjunto estándar de comandos de AutoCAD (se analizarán en capítulos posteriores).

Una vez concluida cualquier operación que involucre el uso de pinzamientos, los objetos continúan resaltados y los pinzamientos activos. Para eliminar la selección de pinzamientos, debe pulsar la tecla **Esc**.

En este ejercicio, hemos visto que las opciones de pinzamientos resaltados aparecen dentro de un menú contextual junto a otra serie de opciones, entre las que podemos encontrar Salir, Punto de base, Copiar y Deshacer. También se pueden modificar las propiedades de un objeto con ayuda de la opción Propiedades.

Para acceder a muchas de estas opciones de edición de pinzamiento, puede pulsar la **Barra espaciadora** o **Intro** mientras se encuentre seleccionado un pinzamiento. Siempre que pulse una de estas teclas se activa la siguiente opción de la lista. Las opciones se repiten si sigue pulsando la tecla **Intro**. La tecla **Control** actúa como método abreviado de la opción Copiar. Sólo tiene que utilizarla una vez, ya que con cada punto seleccionado después de aplicarla se obtiene una copia del objeto en cuestión.

Hacer escalas con pinzamientos

Los pinzamientos se pueden utilizar para hacer a escala gráficamente un objeto y colocarlo entre otros dos objetos. Por ejemplo, se puede hacer a escala una puerta para que se ajuste dentro del marco de una puerta. Coloque la puerta para que el lado de la bisagra quede en la parte del marco y la puerta quede orientada adecuadamente. Con la puerta seleccionada, haga clic en el pinzamiento en la parte de la bisagra. Haga clic en el botón derecho del ratón y seleccione Escala. Escriba `D` y pulse **Intro**, y después haga clic en el pinzamiento en la parte de la bisagra otra vez. Haga clic en el pinzamiento en la parte del extremo del arco que representa el giro de la puerta. Finalmente, haga clic en el lado contrario del marco de la puerta.

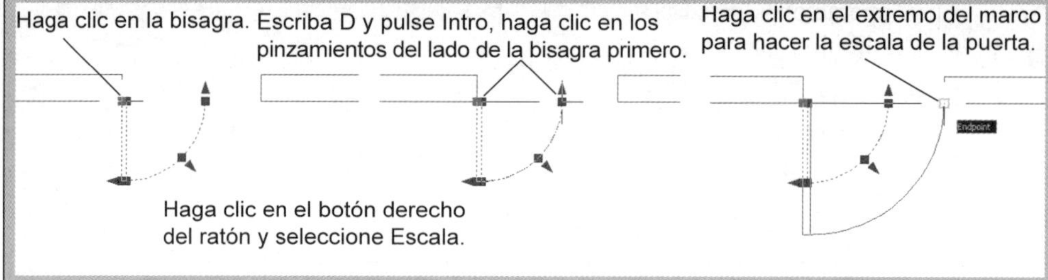

Figura 2.40. Diseño de una puerta.

Resumen de las opciones de pinzamiento

En los ejercicios de este capítulo que hacen referencia al uso de pinzamientos resaltados se incluyen solamente algunas de las opciones de estos elementos, el resto se describe en capítulos posteriores. Mientras tanto, le ofrecemos un breve resumen del funcionamiento de un pinzamiento:

- Al hacer clic sobre los pinzamientos de punto final, dichos puntos finales se estiran.
- Al hacer clic sobre los pinzamientos de punto medio de una línea, se desplaza toda la línea.
- Si dos objetos están unidos por sus extremos, al hacer clic sobre los pinzamientos superpuestos de ambos se seleccionan de forma simultánea.
- Se pueden seleccionar varios pinzamientos a la vez si se mantiene pulsada la tecla **Mayús** mientras se designan los pinzamientos correspondientes.

- Al seleccionar un pinzamiento resaltado, puede aplicar las opciones Estirar, Desplazar, Girar, Simetría o Factor escala con tan sólo hacer clic sobre el botón derecho del ratón.
- También puede cambiar entre dichas opciones si pulsa la tecla **Intro** mientras un pinzamiento se encuentra seleccionado.
- Todas las opciones de pinzamientos resaltados le permiten generar copias de los objetos seleccionados con tan sólo utilizar la opción Copiar o mantener pulsada la tecla **Control** mientras se definen los puntos adecuados.
- Todas las opciones de pinzamientos resaltados le permiten seleccionar un punto base que no sea el pinzamiento resaltado que se haya seleccionado en un principio.

Utilizar la entrada dinámica

Anteriormente en este capítulo, hemos desactivado la presentación de la entrada dinámica para que no entorpeciera nuestra visión mientras trabajábamos con la interfaz de AutoCAD. En esta sección, tendrá la oportunidad de explorar el funcionamiento de la entrada dinámica realizando operaciones de edición por pinzamientos. Empezaremos por recuperar la versión original del dibujo `Puerta.dwg` que hemos guardado anteriormente.

1. Haga clic sobre el icono **Cerrar** (☒) situado en la esquina superior derecha de la ventana de dibujo.
2. Cuando el programa le pregunte si quiere guardar los cambios, haga clic sobre el botón **No**.
3. Haga clic sobre la herramienta **Abrir** de la Barra de herramientas de acceso rápido, y localice y seleccione el archivo `Puerta.dwg` que guardó anteriormente. También puede abrir el archivo `doorsample.dwg` de los archivos de muestra que se encuentran en el CD-ROM que acompaña a este libro.
4. La puerta aparecerá en el estado en que la dejara cuando guardó anteriormente el archivo.
5. Haga clic sobre la herramienta **Entrada dinámica** en la barra de estado para activarla. Debería estar de color azul claro, como se muestra en la figura 2.41.

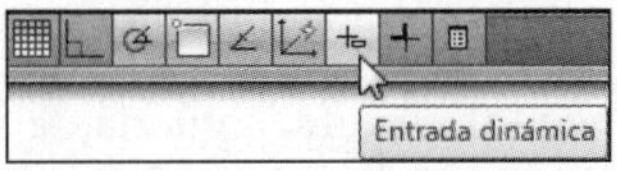

Figura 2.41. Herramienta Entrada dinámica en la barra de estado.

6. Haga clic sobre el arco para mostrar sus pinzamientos.
7. Coloque el cursor sobre la punta de flecha exterior en el punto medio del arco, pero no haga clic sobre ella. (Esta operación se conoce con el nombre de "atravesar" un pinzamiento.) Aparecerán las dimensiones del arco, como se muestra en la figura 2.42. Esta característica es muy útil cuando necesitamos comprobar el tamaño de los objetos que hemos dibujado.

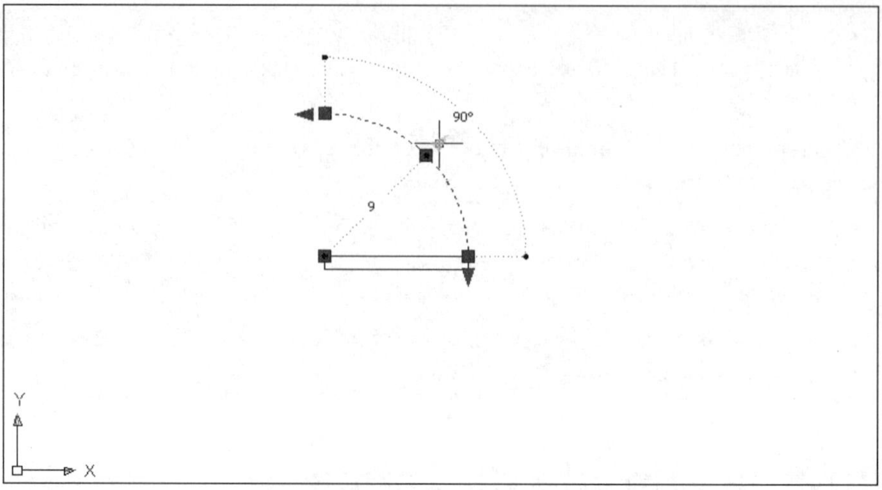

Figura 2.42. Atravesar un pinzamiento.

8. Ahora, haga clic sobre la flecha sobre la que se encuentra situado. Aparecerá un indicador de comandos junto al cursor que nos permitirá modificar las dimensiones del radio mediante un cuadro de texto.

9. Mueva el cursor hacia la esquina superior derecha del área de dibujo. Las dimensiones del radio cambiarán a medida que vaya desplazando el cursor.

10. Escriba `130` y pulse la tecla **Intro**. Mientras escribe, el nuevo valor aparecerá en el cuadro de texto correspondiente a las dimensiones del radio. Cuando pulse la tecla **Intro**, el arco cambiará para adaptarse al nuevo valor de radio.

11. Haga clic sobre el botón **Deshacer** para volver al tamaño original del arco.

Éste es el método básico para utilizar la entrada dinámica de AutoCAD. Puede colocarse sobre cualquier pinzamiento para mostrar sus dimensiones. Haga clic sobre el pinzamiento y, si están disponibles, sus dimensiones podrán editarse directamente desde el teclado. En este ejemplo, hemos cambiado el radio del arco a un valor exacto. Dependiendo del pinzamiento sobre el que hagamos clic, podremos cambiar una dimensión u otra directamente desde el teclado. Por ejemplo, si queremos cambiar el rango de grados que cubre el arco en lugar de su radio, podemos hacer clic sobre los pinzamientos en forma de flecha de cualquiera de los extremos del arco.

Ahora, veamos el aspecto de la entrada dinámica en una línea:

1. Haga clic sobre la línea inferior de la puerta, tal como se ilustra en la figura 2.43. A continuación, sitúe el cursor sobre el pinzamiento situado más a la derecha en la línea seleccionada. Al igual que sucede con el arco, se mostrarán las dimensiones de la línea, incluyendo su longitud y su ángulo de inclinación.

2. Haga clic sobre el pinzamiento sobre el que se encuentra situado y mueva el cursor hacia arriba y hacia la derecha. Podrá ver dos dimensiones: una indica la longitud total y la otra muestra el cambio en la longitud de la línea (consulte la figura 2.44). También puede ver un indicador de comandos junto al cursor. Observe que la dimensión que indica el cambio en la longitud está seleccionada.

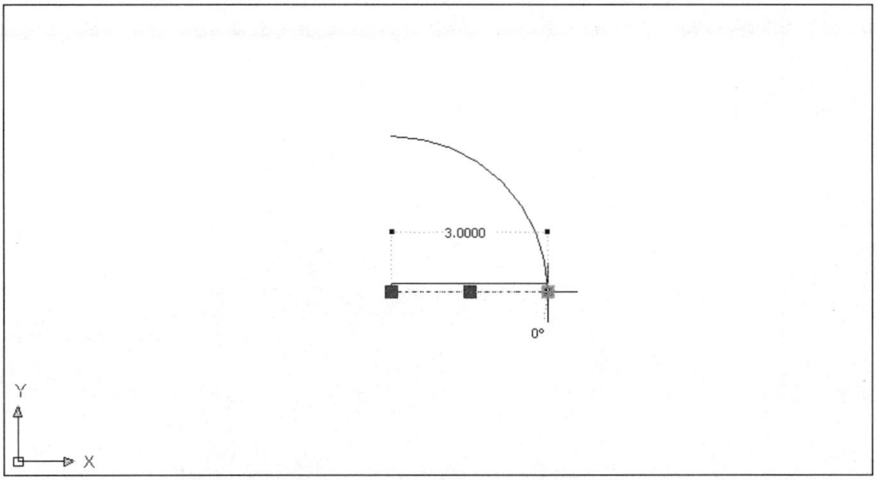

Figura 2.43. Selección de una línea de la puerta.

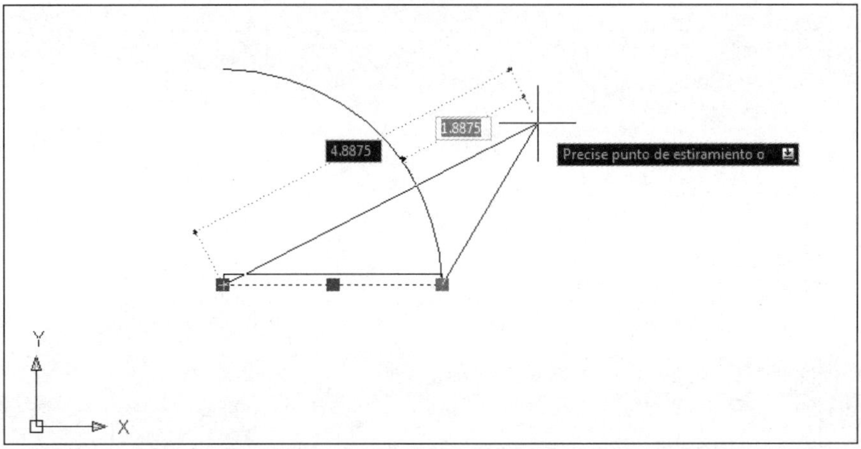

Figura 2.44. Dimensión total y el cambio en la longitud.

3. Escriba `30` y pulse **Tab** para incrementar la longitud de la línea en treinta unidades. Ahora, cuando mueva el cursor, la línea quedará bloqueada con la nueva longitud (30 unidades mayor que la longitud inicial). Observe también que ahora se ha seleccionado la dimensión total. Verá un icono en forma de candado sobre el valor de la dimensión, como el que se muestra en la figura 2.45.
4. Vuelva a pulsar **Tab**. Ahora, se selecciona el valor del ángulo.
5. Escriba `45` y pulse **Tab** para fijar el ángulo de la línea en 45 grados.
6. Asegúrese de que el cursor no está demasiado cerca del punto final bloqueado de la línea y haga clic con el botón izquierdo del ratón. Ahora, la línea tiene una nueva orientación, con una longitud de 130 unidades y un ángulo de 45 grados, tal como se muestra en la figura 2.46.

Como puede ver, la entrada dinámica nos permite escribir dimensiones específicas para el objeto seleccionado, haciendo posible realizar cambios precisos en el tamaño de un objeto.

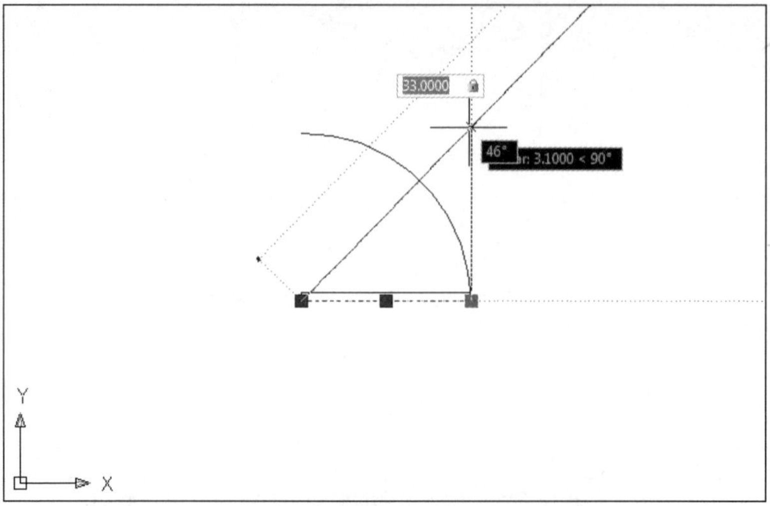

Figura 2.45. La línea bloqueada en la nueva dimensión.

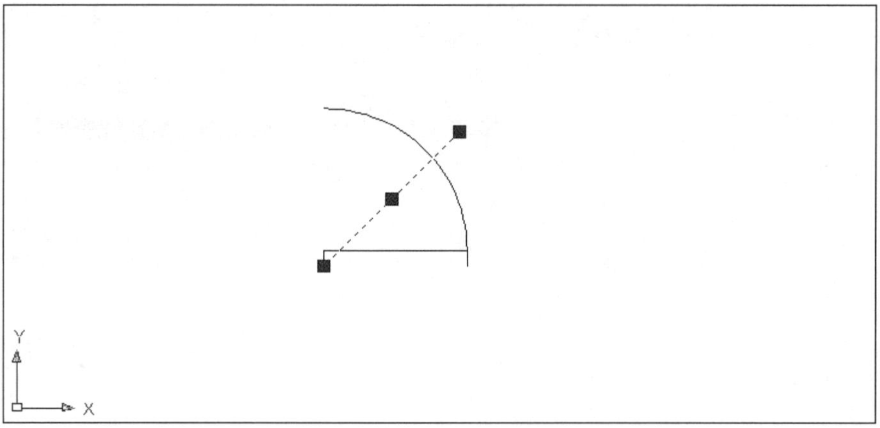

Figura 2.46. La nueva longitud y orientación de la línea.

También puede emplear la entrada dinámica mientras utiliza otras características de edición por pinzamientos. Intente el siguiente ejercicio para ver cómo trabaja la entrada dinámica cuando se mueven objetos.

1. Haga clic en un punto situado por encima y a la derecha del dibujo de la puerta para iniciar una selección por ventana.
2. Haga clic en un punto situado por debajo y a la izquierda del dibujo para seleccionar la totalidad del dibujo de la puerta.
3. Haga clic sobre el pinzamiento medio del arco.
4. Haga clic con el botón derecho del ratón y ejecute el comando **Desplazar**. Podrá ver el indicador de comandos junto al cursor, con el valor de distancia seleccionado. A medida que desplace el cursor, podrá ver cómo cambian los valores de distancia y ángulo en la entrada dinámica (consulte la figura 2.47).

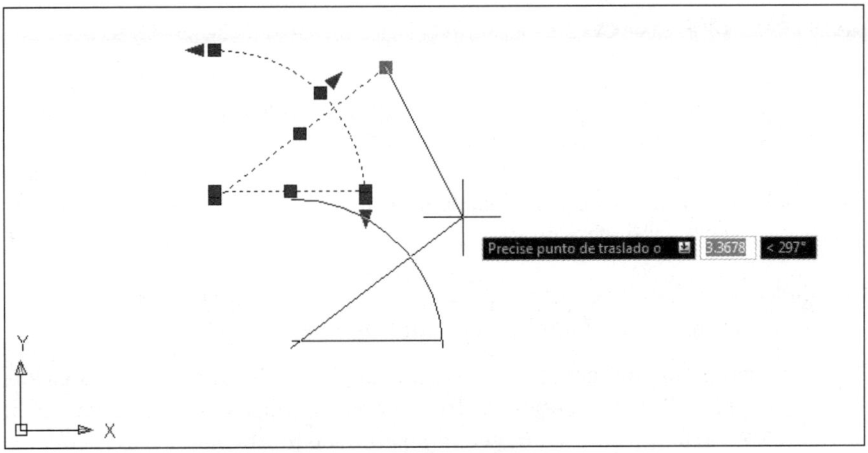

Figura 2.47. La vista de entrada dinámica.

5. Escriba `10` y pulse **Tab**. Ahora, cuando mueva el cursor, la distancia respecto a la ubicación original del punto medio del arco, quedará bloqueada en 10 unidades. El valor de ángulo quedará seleccionado y disponible para su edición.
6. Escriba `225` y pulse **Tab** para bloquear el ángulo en 225 grados.
7. Haga clic en cualquier punto lejos del dibujo de la puerta. La puerta se moverá a su nueva ubicación, exactamente a 10 unidades de distancia de su ubicación original.

Como ha podido ver en estos ejercicios, la entrada dinámica le ofrece algunos métodos de gran utilidad para editar objetos. Para resumir, aquí tiene una lista de las características básicas de la entrada dinámica:

- Puede activar o desactivar fácilmente la entrada dinámica haciendo clic sobre la herramienta **Entrada dinámica** en la barra de estado.
- Puede comprobar rápidamente las dimensiones de un objeto seleccionándolo y situando el cursor sobre cualquiera de sus pinzamientos.
- Puede modificar las dimensiones de un objeto introduciendo valores en las dimensiones seleccionadas en la entrada dinámica.
- Para seleccionar una dimensión diferente, pulse **Tab**.
- Para aceptar cualquier cambio que haya realizado utilizando la entrada dinámica, haga clic con el ratón en una posición alejada del pinzamiento que se encuentre editando. También puede pulsar la tecla **Intro** o la **Barra espaciadora**.

No todos los pinzamientos ofrecen dimensiones que puedan editarse. Por ejemplo, si hace clic sobre el pinzamiento punto medio de la línea, no verá las dimensiones de la línea, aunque aparecerá el indicador de comandos que le permitirá escribir una nueva coordenada para el punto medio. Como ha podido ver en los ejemplos anteriores, cada objeto ofrece un conjunto diferente de dimensiones. Si le gusta la forma en que trabaja la entrada dinámica, puede experimentar con otros tipos de objetos. AutoCAD ofrece varias configuraciones que le permitirán controlar el comportamiento de la entrada dinámica.

Obtener ayuda

En ocasiones se encontrará inmerso en alguna operación de la que no pueda obtener información y le surgirán dudas sobre una determinada opción o elemento de AutoCAD. El programa le ofrece un sistema de ayuda *on-line* que le permite encontrar información prácticamente sobre cualquier tema relacionado con AutoCAD. El método para obtener ayuda es el que se describe a continuación:

1. Seleccione Ayuda>Ayuda en el Explorador de menús para abrir la ventana de ayuda de AutoCAD 2009. También puede utilizar la tecla de función **F1**.
2. En caso de que no aparezca seleccionada, haga clic sobre la ficha Contenido, en la que se incluye una tabla de contenidos. Las dos fichas restantes, denominadas Índice y Búsqueda, le ofrecen la posibilidad de encontrar temas concretos (véase la figura 2.48).

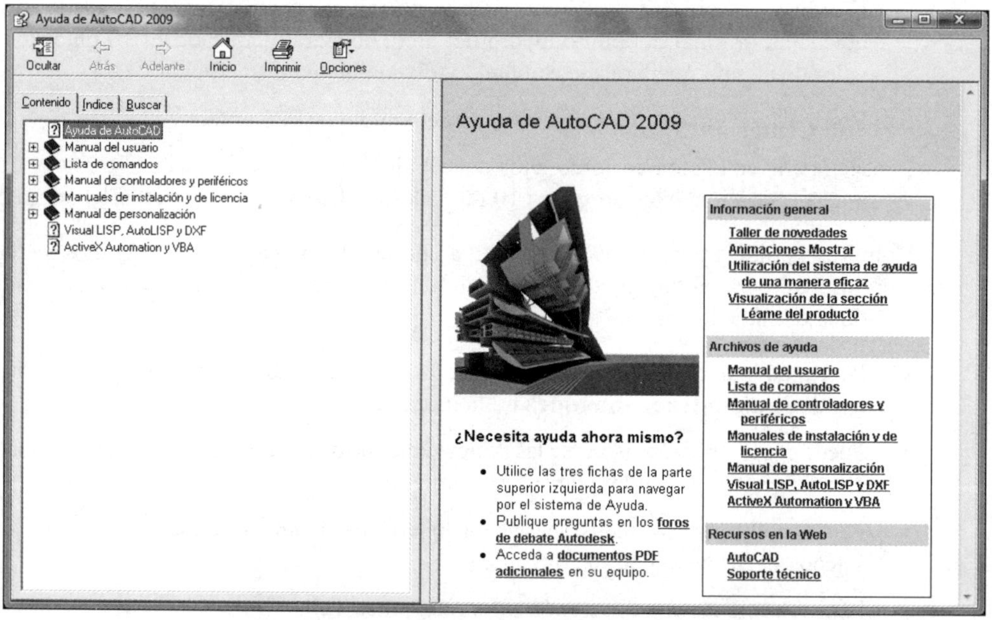

Figura 2.48. La ventana de ayuda de AutoCAD 2009.

3. Recorra la pantalla hasta encontrar el tema Lista de comandos, y haga clic dos veces sobre la entrada. Los dos paneles de la ventana de ayuda cambian para ofrecerle más temas.
4. En el panel de la derecha, haga clic sobre el elemento etiquetado con la letra C. El panel se expandirá mostrando una lista de los comandos cuyos nombres empiezan por la letra C.
5. Desplácese por la lista y haga clic sobre la palabra "Copia". En el panel de la derecha aparecerá una descripción del comando **Copia**.

En la parte superior del panel de la derecha se encuentran las fichas Conceptos y Procedimientos, en las que se incluye información más específica sobre el uso del elemento que se haya seleccionado. Si desea volver sobre sus pasos, haga clic sobre el botón **Atrás** situado en la barra de herramientas.

InfoCenter

Si quiere encontrar información sobre un tema tomando como base una palabra clave, puede utilizar para ello **InfoCenter** en la esquina superior derecha de la ventana de AutoCAD. Los pasos que debe seguir se incluyen a continuación:

1. Escriba **Cambio** en el cuadro de texto InfoCenter situado en la parte superior derecha de la ventana de AutoCAD y, seguidamente, haga clic en la herramienta **InfoCenter** a la derecha del cuadro de entrada (véase la figura 2.49).

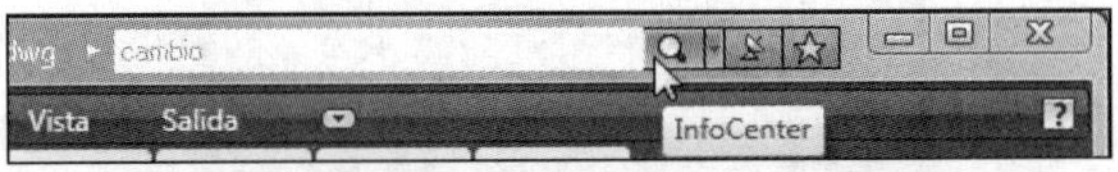

Figura 2.49. Cuadro de texto InfoCenter.

2. **InfoCenter** se expande para mostrar una lista de recursos para la palabra Cambio (véase la figura 2.50).

La lista puede llegar a ser un poco desbordante. Los operadores booleanos Y, O, CERCA y NO junto con otras palabras clave, le permiten filtrar las búsquedas como si se tratara de un motor de búsqueda convencional de un navegador. Una vez localizado el tema que le interesa, selecciónelo en la lista Seleccionar tema y haga clic sobre el botón **Mostrar tema** para poder ver la información relativa a dicho tema en el panel de la derecha. Además de utilizar una palabra clave para realizar búsquedas, también puede utilizar frases o preguntas. Realice los siguientes pasos para ver cómo se puede utilizar la función de pregunta:

1. En el cuadro de texto InfoCenter, introduzca la pregunta `Cómo hago zoom en mi vista` y pulse **Intro**. La lista situada bajo el cuadro de texto mostrará varios elementos relacionados con el ajuste de vistas en AutoCAD.
2. Haga clic sobre la opción Encuadre o zoom de una vista. La ventana Ayuda mostrará una descripción de los comandos relacionados con el zoom (véase la figura 2.51).

Observará que hay tres fichas en el panel de la derecha: Concepto, Procedimiento y Referencia rápida. Concepto nos ofrece una descripción general del tema seleccionado. Procedimiento muestra los diferentes métodos para utilizar el comando y Referencia rápida nos ofrece información más detallada sobre el comando y sus opciones.

Ayuda sensible al contexto

AutoCAD también incluye una ayuda sensible al contexto que le ofrece información relacionada con el comando que esté utilizando en ese momento. Para comprobar su funcionamiento, puede seguir las indicaciones que se ofrecen a continuación:

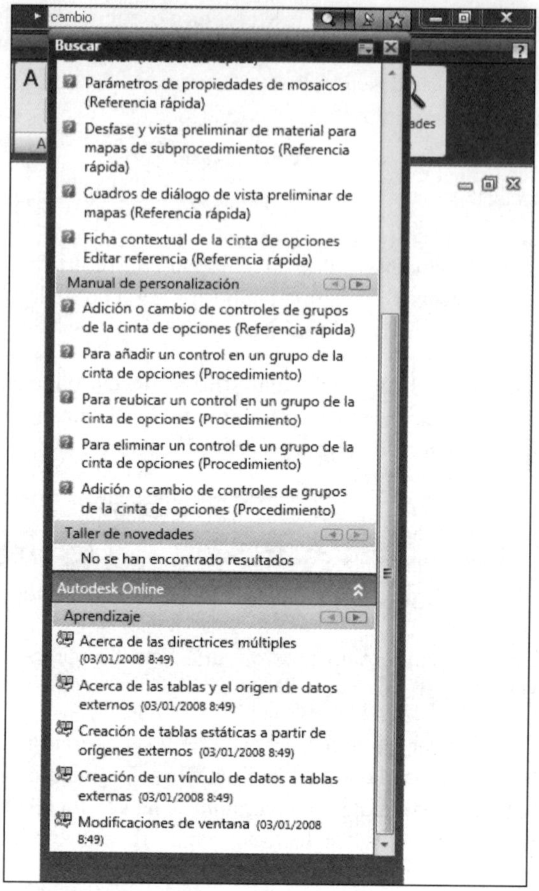

Figura 2.50. La lista de recursos para la palabra Cambio.

1. Cierre o minimice la ventana de ayuda y vuelva a la ventana de AutoCAD.
2. Seleccione la herramienta **Desplazar** del panel Modificar de la ficha Inicio para iniciar el comando `DESPLAZA`.
3. Pulse la tecla **F1**, o seleccione ?>? en el Explorador de menús para abrir la ventana Ayuda. En el panel de la derecha aparecerá una descripción del comando `DESPLAZA`.
4. Haga clic en el botón **Cerrar** de la ventana de ayuda o minimícela.
5. Pulse de nuevo **Esc** para salir del comando `DESPLAZA`.

Fuentes complementarias de ayuda

InfoCenter es la principal fuente de material de referencia *on-line*. Sin embargo, el resto de opciones del menú Ayuda del Explorador de menús también le permiten encontrar respuestas a las preguntas que se haya formulado. A continuación, se incluye una breve descripción de las otras opciones:

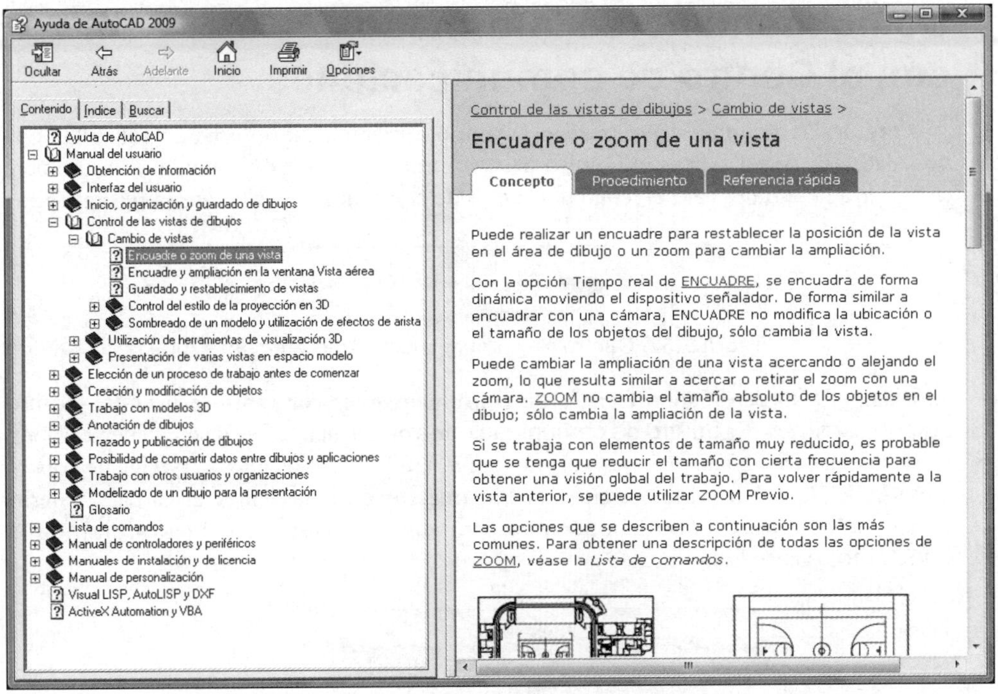

Figura 2.51. Los resultados de la búsqueda de InfoCenter.

- Taller de novedades: El nuevo Taller de novedades le ofrece descripciones y cursos prácticos centrados en las nuevas funciones de AutoCAD 2009. Puede actualizar esta herramienta única de ayuda a través del sitio Web de Autodesk.

- Recursos adicionales: Aquí encontrará varias opciones para elegir. La Base de información de soporte abre su navegador en la página Web de Autodesk. Es una fuente excelente para encontrar respuestas a problemas con los que se puede encontrar utilizando AutoCAD. Recursos de formación en línea le lleva a la página de Training de Autodesk, donde encontrará más información sobre dónde conseguir información sobre capacitación y manuales. Si es programador, le interesará el Centro de desarrolladores en línea. Esta opción le lleva al sitio Web Centro de desarrolladores de Autodesk, donde encontrará más información sobre cómo comenzar su propia aplicación relacionada con AutoCAD. Si ya ha personalizado AutoCAD, la opción Ayuda al desarrollador le lleva a la sección de la ventana Ayuda de AutoCAD. Aquí, encontrará información específica sobre cómo utilizar las herramientas de personalización integradas en AutoCAD. Por último, si quiere unirse a una comunidad oficial de usuarios de AutoCAD, la opción Grupo de usuarios internacionales de AutoCAD le lleva a la página Web AUGI. AUGI ofrece una gran variedad de recursos para usuarios de productos de Autodesk. Puede unirse a un foro para discutir problemas con otros usuarios de AutoCAD. AUGI también le ofrece su propia base de información.

- Acerca de: Esta opción le proporciona información sobre la versión de AutoCAD que está utilizando.

Cómo mantenerse informado con el Centro de comunicaciones

Otra de las funciones que pueden ayudarle a mantenerse informado sobre las últimas novedades de AutoCAD es el Centro de comunicaciones. Si mira en el extremo derecho de la barra de estado, verá el icono del centro de comunicaciones (véase la figura 2.52).

Figura 2.52. Centro de comunicaciones de AutoCAD 2009.

Haga clic sobre el icono **Centro de comunicaciones** para abrir la lista del Centro de comunicaciones. El Centro de comunicaciones ofrece una forma de mantenerse informado sobre las últimas actualizaciones de software y temas relativos a los servicios de soporte de AutoCAD. Haga clic en la herramienta **Parámetros de InfoCenter** en la parte inferior de la lista del Centro de comunicaciones para abrir el cuadro de diálogo Parámetros de InfoCenter (véase la figura 2.53).

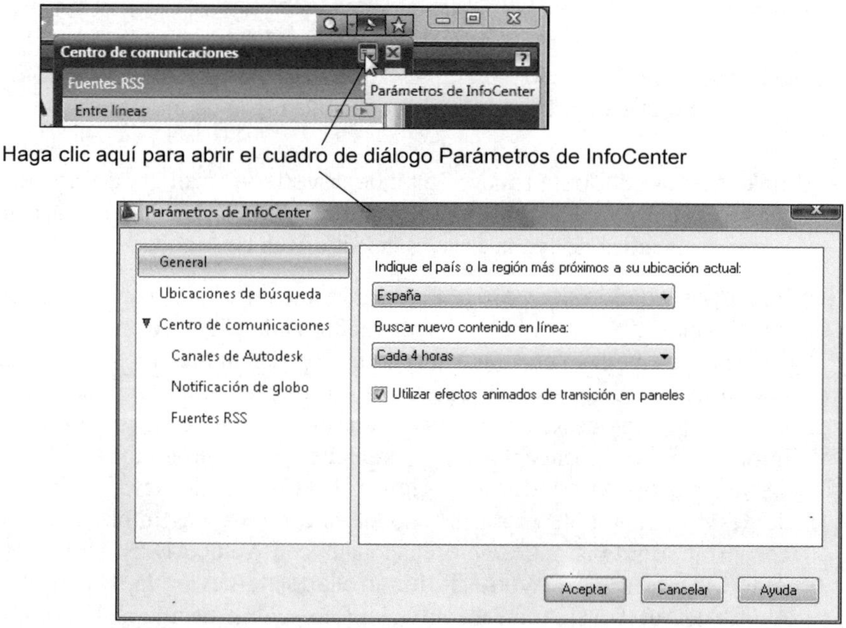

Figura 2.53. Cuadro de diálogo Parámetros de InfoCenter de AutoCAD 2009.

Puede que tenga que minimizar el tamaño de algunos paneles para llegar al botón **Parámetros**. Aquí, puede seleccionar su país en la lista desplegable País/Región para asegurarse de que recibe la información correspondiente al suyo. La función Buscar nuevo contenido en línea permite seleccionar la frecuencia con la que el centro de comunicaciones busca nueva información. Las opciones disponibles son Cada hora, Cada 4 horas, Diaria, Semanal, o Nunca. Si desea deshabilitar la notificación en pantalla del centro de comunicaciones, desactive el cuadro de verificación Activar notif. de globo para:, situado en la parte superior del cuadro de diálogo. El centro de comunicaciones ofrece un mejor rendimiento si el usuario dispone de una conexión constante de tipo ADSL o una conexión por cable de alta velocidad. Si no dispone de este tipo de conexiones, puede seleccionar la opción Nunca de la opción Buscar nuevo contenido en línea. A continuación, puede buscar actualizaciones al establecer una conexión a Internet.

Mostrar datos en una ventana de texto

Como habrá podido observar, la actividad que aparece reflejada en la ventana de comandos va ascendiendo según se avanza en un proceso. En ocasiones puede resultar muy útil ver datos anteriores de esta ventana. Por ejemplo, se pueden revisar los distintos comandos que se hayan ejecutado en una sesión para comprobar los valores de las entradas o recuperar otro tipo de información. En el siguiente ejercicio aprenderemos cómo funciona esta ventana:

1. En el panel Consultar de la ficha Herramientas, haga clic sobre la herramienta **Lista** (véase la figura 2.54).

Figura 2.54. La herramienta Lista en el panel Consultar de la ficha Herramientas.

2. En la línea de comando `Designe objetos:`, seleccione uno de los arcos y pulse **Intro**. Los datos relativos al arco aparecerán en la Ventana de texto de AutoCAD (véase la figura 2.55). En la parte inferior de la lista se encuentran las propiedades del arco. No debe preocuparse si no entiende el significado de alguna de ellas, ya que las analizaremos a lo largo del libro.

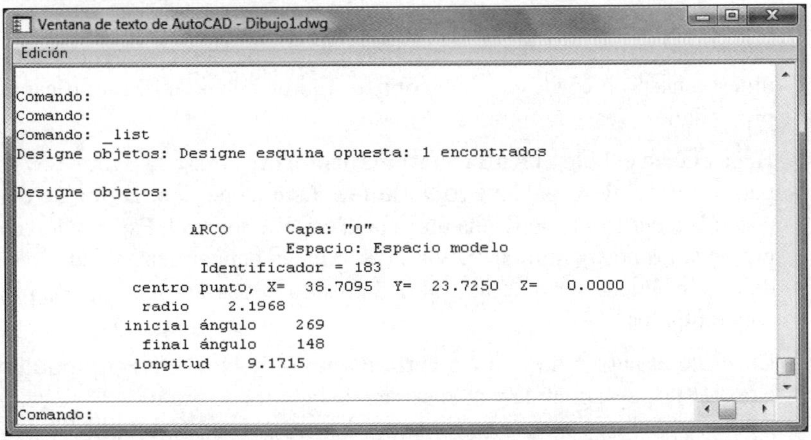

Figura 2.55. La ventana de texto de AutoCAD que muestra los datos generados por la herramienta Lista.

3. Pulse **F2** para cerrar la ventana de texto de AutoCAD.

TRUCO: La tecla **F2** le permite cambiar del editor de dibujo a la ventana de texto de AutoCAD de forma sencilla y rápida.

Con la barra de desplazamiento situada en la parte derecha de la ventana de texto de AutoCAD se puede acceder a eventos anteriores. Incluso se pueden definir el número de líneas que AutoCAD debe conservar en la ventana de texto de AutoCAD con ayuda del cuadro de diálogo Opciones. También se puede guardar la información de esta ventana en un archivo de texto.

Cuando hay más de un documento abierto, la ventana de texto de AutoCAD muestra la lista del dibujo que se encuentre activo en ese momento.

Propiedades de un objeto

La paleta Propiedades es una de las herramientas fundamentales a la hora de mostrar información. En el ejercicio anterior vimos cómo el comando **Lista** incluía cierta información relativa a las propiedades de un objeto, como puede ser la posición del centro de un arco o sus puntos finales. Se puede hacer doble clic sobre un objeto para abrir la paleta Propiedades, en la que se ofrece información similar. De hecho, puede que en ocasiones se abra sin que se dé cuenta.

TRUCO: Ya que la paleta Propiedades es tan útil, puede que quiera mantenerla abierta todo el tiempo.

Para ver el funcionamiento de esta paleta, realice el ejercicio que se describe a continuación:

1. Seleccione el arco del dibujo, haga clic con el botón derecho del ratón sobre él, y seleccione Propiedades para abrir la paleta Propiedades, que muestra una lista de las propiedades del arco. No se preocupe si muchos de los elementos del cuadro le parecen indescifrables, ya que los analizaremos más adelante. Por ahora, sólo debe saber que esta paleta se abre cuando se hace clic dos veces sobre un objeto y que muestra las propiedades de dicho objeto. También le permite modificar muchas de las propiedades (véase la figura 2.56).
2. Haga clic en el botón **Ocultar automáticamente** (véase la figura 2.57) situado en la parte superior de la paleta Propiedades. Este icono tiene forma de doble flecha, y pasará a tener forma de flecha única al hacer clic sobre él. Esta opción de la paleta de propiedades nos permite mantenerla abierta sin ocupar demasiado espacio en el área de dibujo. Puede ser de gran utilidad cuando necesitamos editar las propiedades de varios objetos.
3. Desplace el cursor fuera de la barra de título de la paleta Propiedades. La paleta Propiedades se contrae y sólo es visible la barra de título.
4. Coloque el cursor en la barra de título de la paleta Propiedades para que vuelva a mostrar todas las propiedades.
5. Vuelva a hacer clic en el botón **Ocultar automáticamente** para devolver la paleta al modo "siempre abierto".

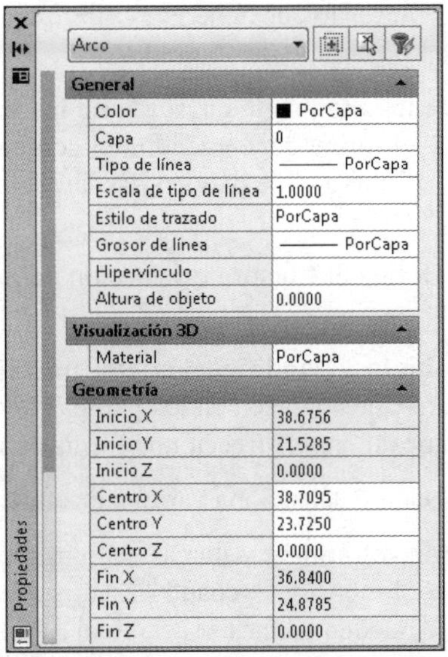

Figura 2.56. Paleta Propiedades.

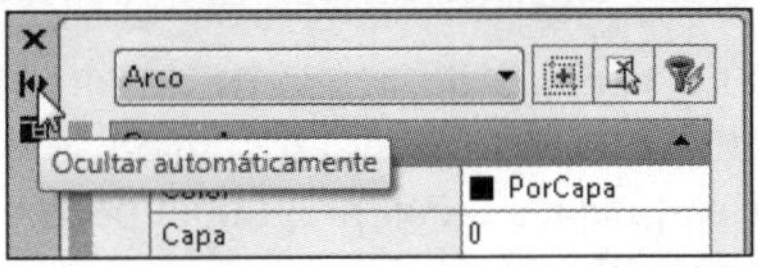

Figura 2.57. Botón Ocultar automáticamente.

6. Cierre la paleta Propiedades haciendo clic en el símbolo de la X de la esquina superior (dependiendo de la colocación de la paleta dentro de la ventana de AutoCAD, la X aparecerá a la izquierda o a la derecha). Si quiere, también puede hacer clic con el botón derecho del ratón encima de la barra de título y a la izquierda de la paleta y elegir la opción Cerrar en el menú emergente.
7. Ya ha terminado de dibujar la puerta, así que seleccione Archivo>Cerrar.
8. En el cuadro de diálogo que aparece y que nos pregunta si queremos guardar los cambios, elija **No** (pues ya guardamos anteriormente la versión que queríamos y no es necesario hacerlo otra vez).

> **TRUCO:** En muchos casos, la paleta Propiedades se puede abrir si se hace doble clic sobre un objeto. Sin embargo, algunos objetos muestran un cuadro de diálogo que le permite editar el objeto.

En resumen

- **Definir distancias por medio de coordenadas:** Una de las técnicas básicas que tiene que aprender es cómo indicar las distancias exactas por medio del teclado. AutoCAD utiliza un sencillo sistema de anotación para indicar la distancia y la dirección.

- **Dominarlo:** ¿Qué es lo que debería escribir para indicar una distancia relativa de 14 unidades en un ángulo de 45 grados?

- **Interpretación de los modos de cursor y de las líneas de comando:** El cursor de AutoCAD cambia su forma dependiendo del comando activo en ese momento. Los diferentes modos de cursores le pueden dar la clave respecto a lo que debería estar haciendo.
  - **Dominarlo:** Defina el Cursor de selección de punto y el Cursor de selección de objeto.

- **Seleccionar un objeto y Modificación con pinzamientos:** Los pinzamientos son pequeños cuadrados que aparecen en los puntos clave del objeto cuando están seleccionados. Estos pinzamientos ofrecen una forma convincente de editar objetos.
  - **Dominarlo:** ¿Cómo selecciona varios pinzamientos?

- **Utilizar la entrada dinámica:** Además de pinzamientos, los objetos muestran las propiedades de sus dimensiones cuando están seleccionados. Estas propiedades de sus dimensiones se pueden editar para cambiar la forma del objeto.
  - **Dominarlo:** ¿Cómo activa la Entrada dinámica? Una vez está activa, ¿qué tecla le permite cambiar entre las diferentes dimensiones de un objeto?

- **Obtener ayuda:** La ventana de ayuda de AutoCAD es minuciosa en su cobertura de las funciones de AutoCAD. Tanto los nuevos usuarios como los experimentados pueden encontrar respuestas a sus preguntas por medio de la ventana de ayuda, así que familiarícese con ella.
  - **Dominarlo:** ¿Qué tecla tiene que pulsar para conseguir ayuda sensible al contexto?

- **Mostrar datos en una ventana de texto:** AutoCAD ofrece una ventana de texto que va actualizando el número de los comandos que utiliza. Esto puede ser útil para recuperar las entradas que está introduciendo cuando hace su dibujo.
  - **Dominarlo:** Identifique el comando que muestra sus resultados en la ventana de texto de AutoCAD.

- **Propiedades de un objeto:** La paleta Propiedades es una de las fuentes más útiles para la información de los dibujos. No sólo enumera las propiedades de un objeto, sino que le permite cambiar la forma el color u otras propiedades de los objetos.
  - **Dominarlo:** ¿Cómo se abre la paleta Propiedades para un objeto en concreto?

265
1980
2460 - дно
520-укл
R250

3 Configurar y utilizar las herramientas de dibujo de AutoCAD

En los capítulos anteriores le hemos mostrado los fundamentos en los que se asienta AutoCAD, por lo que ha llegado el momento de poner en práctica los conocimientos adquiridos. En este curso práctico de arquitectura, que empezamos en este capítulo y desarrollamos en varios posteriores, diseñaremos un edificio de apartamentos. Le enseñaremos a utilizar los comandos de AutoCAD y le proporcionaremos una sólida comprensión del paquete básico de AutoCAD. Estos conocimientos le permitirán aprovechar al máximo el potencial de AutoCAD, independientemente del tipo de dibujo que desee crear o de los productos de mejora que tenga que utilizar en el futuro.

En este capítulo, comenzaremos dibujando los distintos elementos de un cuarto de baño. Durante su creación, aprenderá a utilizar las herramientas básicas de AutoCAD. También le presentaremos el concepto de escala de dibujo y cómo se traduce el tamaño de sus dibujos a papel.

Los temas abordados son los siguientes:

- Configuración del área de trabajo.
- El proceso de dibujo.
- Planificar y diseñar un dibujo.
- Utilizar los modos de AutoCAD como herramientas de dibujo.

Configuración del área de trabajo

Antes de comenzar a dibujar, conviene configurar el área de dibujo. Para ello, debe determinar el sistema de medidas, el tamaño de la hoja de dibujo y la escala que desea utilizar. El tamaño predeterminado del área de trabajo es aproximadamente de 420 x 297 unidades, en el que cada unidad equivale a un milímetro. Si estas medidas se ajustan a sus necesidades, no tendrá que modificarlas. Sin embargo, es probable que tenga que realizar dibujos con varios tamaños y escalas. Por ejemplo, puede que tenga que crear un dibujo en un sistema de medida concreto en el que deba especificar metros, centímetros y milímetros en una escala determinada e imprimir el dibujo en hojas de un tamaño dado.

En esta sección, le enseñaremos a preparar un dibujo de forma que se ajuste exactamente a sus necesidades.

Los usuarios del sistema métrico deberían tener en cuenta que AutoCAD utiliza un punto en lugar de una coma para indicar los decimales, como ocurre en la mayor parte de los países europeos, Sudáfrica y otros países. AutoCAD utiliza las comas para separar los componentes de las coordenadas X, Y y Z.

Especificación de unidades

En esta sección, lo primero es crear un nuevo archivo llamado `Baño` y fijar el estilo de unidad. Siga los pasos siguientes:

1. Si no lo ha hecho ya, inicie AutoCAD. Si ya tiene abierto el programa, haga clic en la herramienta **RNuevo** () de la Barra de herramientas de acceso rápido.
2. En el cuadro de diálogo Seleccionar plantilla, seleccione `acadiso.dwt` y después haga clic en **Abrir**.
3. Haga clic en Todo del menú desplegable de la herramienta **Zoom** en el panel Utilidades de la ficha Inicio, o escriba `Z` y pulse **Intro**, `T` y pulse **Intro**.
4. En el Explorador de menús seleccione Archivo>Guardar como.
5. En el cuadro de diálogo Guardar como, escriba **Baño** como nombre de archivo.
6. Compruebe si está guardando el dibujo en la carpeta `Mis documentos` o en la carpeta que haya seleccionado para almacenar sus archivos de ejercicios. A continuación, haga clic en **Guardar**.

Lo siguiente es indicar a AutoCAD el estilo de unidad que tiene la intención de utilizar en el cuadro de diálogo Unidades de dibujo, que le mostramos en la figura 3.1.

Siga los pasos que se detallan a continuación para fijar el estilo de unidad:

1. Haga clic en **Unidades** () en el panel Ayudas al dibujo de la ficha Herramientas, o escriba `Uns` y pulse **Intro** en la línea de comandos para abrir el cuadro de diálogo Unidades de dibujo.
2. A continuación, examinaremos algunas de las opciones disponibles. Haga clic en la lista desplegable Tipo del grupo Longitud. Observe el estilo de las unidades que muestra la lista.
3. Seleccione la opción Decimales. Tras seleccionar esta opción, el grupo Muestra de salida presenta el resultado de este estilo en AutoCAD.

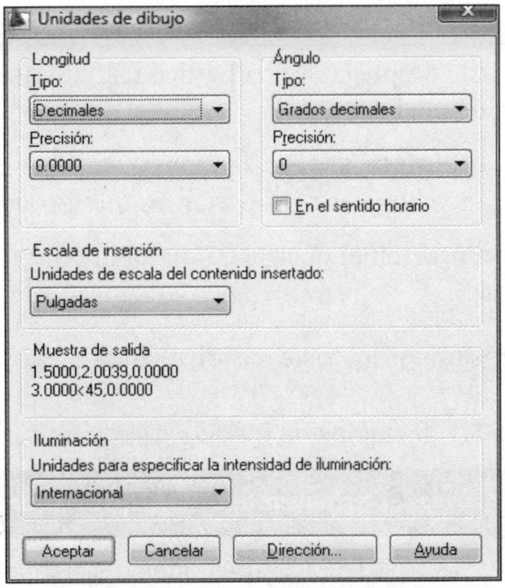

Figura 3.1. El cuadro de diálogo Unidades de dibujo.

NOTA: También puede controlar las opciones de Unidades de dibujo mediante el uso de varias variables de sistema. Para establecer el estilo de unidad, puede introducir `'lunits` y pulsar **Intro** en la línea de comandos (el apóstrofo le permite introducir este comando cuando se encuentre dentro de otros comandos). En la línea `Indique nuevo valor para LUNITS <2>:`, introduzca `4`.

4. Haga clic en la lista desplegable Precisión situada por debajo de la lista Tipo. Observe las opciones disponibles. Debe seleccionar la unidad más pequeña que AutoCAD mostrará en el dibujo. Los usuarios del sistema métrico deben mantener el valor 0.00000.
5. Cierre la lista desplegable pulsando la tecla **Esc** y haga clic en el botón **Dirección**, situado en la parte inferior del cuadro de diálogo Unidades de dibujo. A continuación, aparecerá el cuadro de diálogo Control de dirección (véase la figura 3.2). Este cuadro de diálogo le permite establecer la dirección para el ángulo base. Por ahora, mantendremos las opciones predeterminadas.

Figura 3.2. Cuadro de diálogo Control de dirección.

6. Haga clic en **Cancelar**.
7. Haga clic en la lista desplegable en el grupo Escala de inserción. Esta lista contiene varias unidades de medida.
8. Haga clic en Centímetros. Esta opción le permite controlar la forma en la que AutoCAD escala los bloques al importar los dibujos desde fuera del dibujo actual.
9. Haga clic en **Aceptar** en el cuadro de diálogo Unidades de dibujo para volver al dibujo.

En la tabla 3.1 le mostramos los sistemas de medida utilizados en AutoCAD.

Tabla 3.1. Sistemas de medida disponibles en AutoCAD.

Sistema de medidas	Forma en la que AutoCAD muestra la medida
Científicas	1.55E+01 (pulgadas o sistema métrico)
Decimales	15.5000 (pulgadas o sistema métrico)
Pies y Pulgadas I	1'-3.5" (introducidas como 1'3.5")
Pies y Pulgadas II	1'-3 ½" (introducidas como 1'3-½")
Fraccionarias	15 ½" (introducidas como 15-½")

En el ejemplo anterior, sólo debe cambiar dos parámetros. A continuación, se analizan el resto de las opciones del cuadro de diálogo Unidades de dibujo. A medida que vaya leyendo puede que necesite volver a revisar la figura 3.1.

Cómo ajustar el sistema de medidas

En la mayoría de las ocasiones, bastará con fijar las unidades y los ángulos en el cuadro de diálogo Unidades de dibujo. Pero, como ha podido apreciar en el último ejercicio, puede controlar otros parámetros relacionados con la entrada de unidades y su visualización.

> **TRUCO:** Para medir la distancia entre dos puntos, haga clic en **Distancia** en el panel Consultar de la ficha Herramientas o escriba `DI` en la línea de comandos, pulse **Intro** y seleccione dos puntos (`DI` es la forma abreviada de `DIST`). Si no le gusta la precisión de las mediciones que realiza este comando, examine la opción Precisión del cuadro de diálogo Unidades de dibujo. Si el valor es demasiado alto, es posible que el comando `DIST` esté devolviendo valores redondeados superiores a los deseados a pesar de que la distancia esté correctamente medida.

La lista desplegable Precisión del grupo Longitud permite especificar el valor unitario más pequeño que desee mostrar en la línea de estado y en la línea de comando. Si selecciona un sistema de medidas que utilice fracciones, la lista Precisión incluirá unidades fraccionarias. Estas funciones se pueden controlar también mediante la variable del sistema `LUPREC`.

El grupo Ángulo le permite establecer el estilo de presentación de los ángulos. Dispone de cinco opciones: Grados decimales, Grados/minutos/segundos, Grados, Radianes y Unidades topográficas. En la lista desplegable Precisión del grupo Ángulo, puede seleccionar el grado de precisión que desea que muestren los ángulos. Estas funciones se pueden controlar también mediante las variables de sistema `AUNITS` y `AUPREC`.

TRUCO: Puede encontrar más información sobre las variables del sistema en la ventana Ayuda. Seleccione la ficha Contenidos de la ventana Ayuda y, después, expanda la Lista de comandos. Localice y expanda Variables del sistema en Lista de comandos.

También podemos indicar a AutoCAD qué dirección es la positiva, la seguida por las agujas del reloj o la contraria. En este libro, utilizamos la dirección predeterminada: la contraria a las agujas del reloj. Estas funciones se pueden controlar también mediante las variables del sistema `ANGBASE` y `ANGDIR`. El cuadro de diálogo Control de dirección permite controlar la dirección del ángulo base. El ángulo base predeterminado (y el utilizado a lo largo de este libro) se traza de izquierda a derecha. Sin embargo, pueden surgir ocasiones en las que queramos asignar otra dirección al ángulo de base.

El parámetro Escala de inserción del cuadro de diálogo Unidades de dibujo permite controlar el factor de escala aplicado al importar bloques de las paletas de herramientas o del DesignCenter a nuestro dibujo. Un bloque es un conjunto de objetos de dibujo que a su vez forman una unidad de dibujo. Los bloques se suelen utilizar para crear símbolos estándar, como veremos en un capítulo posterior. La función Escala de inserción permite compensar dibujos con diferentes factores de escala mediante la traducción automática de dichos factores al importar los bloques de un archivo externo. Esta función se controla también mediante la variable `INSUNITS`.

NOTA: Si acaba de empezar a trabajar con AutoCAD, no se preocupe demasiado por esta función por el momento. Basta con que recuerde su existencia, porque puede resultarle práctica en el futuro.

Cómo establecer los límites de los dibujos

Una de las grandes ventajas de utilizar AutoCAD es que puede dibujar a escala completa; es decir, no está limitado por el tamaño del papel, como ocurre al dibujar de forma manual. Pero le puede resultar difícil comenzar un dibujo sin saber dónde están los límites del dibujo. Puede establecer algunos límites arbitrarios utilizando la función Límites. Vimos esta función en el primer capítulo. Aquí la utilizará de nuevo para establecer el área de trabajo para su siguiente dibujo.

Dibujará un baño que ocupará aproximadamente 230 x 150 cm. Deseará tener algo de espacio libre alrededor del baño, así que los límites del dibujo deberán ser un poco más grandes que el tamaño real del baño. Utilizará un área de 297 x 210 cm. Estos tamaños albergarán su baño con algo de espacio libre.

Una vez determinada el área que necesita, puede utilizar el comando **Límites** para definirla.

1. Seleccione Formato>Límite de dibujo en el Explorador de menús, o escriba `Limits` y pulse **Intro**.

2. En la línea de comando `Precise esquina inferior izquierda o [ACT/DES] <0.0000,0.0000>:`, especifique la línea inferior izquierda de su área de trabajo. Pulse **Intro** para aceptar el valor predeterminado.

3. En la línea de comando `Precise esquina superior derecha <420,210>:` especifique la esquina superior derecha de su área de trabajo. (El valor predeterminado aparece entre paréntesis.) O si lo prefiere, escriba `297,210`.

4. A continuación, haga clic en la herramienta **Zoom** ( ) en la barra de estado y escriba `T` y pulse **Intro**, o escriba `Z` **y** pulse **Intro**, escriba `T` y pulse **Intro**. Aunque a simple vista parezca que no ha cambiado nada, su área de trabajo ha quedado definida según las medidas establecidas para dibujar el cuarto de baño a escala completa.

> **TRUCO:** Puede alternar varios modos de lectura de coordenadas pulsando **Control-I** o haciendo clic en las coordenadas de la barra de estado. Si desea obtener más información sobre los modos de lectura de las coordenadas, consulte un capítulo anterior.

5. Mueva el cursor hasta la esquina superior derecha del área de dibujo y examine las coordenadas. Observe que la coordenada Y de la esquina superior derecha es aproximadamente 210. La coordenada X varía según el tamaño de la ventana AutoCAD.

En el paso 5, el indicador de coordenadas muestra que el área de dibujo es más grande que antes, pero no existen señales visuales de este hecho que indiquen la posición y las distancias con las que tiene que trabajar. Para orientarse, puede activar el modo Rejilla, sobre el que hablaremos hacia el final del capítulo. Este modo muestra una matriz de puntos que le ayudarán a controlar las distancias y los límites de su dibujo.

Aspectos a tener en cuenta en la introducción de distancias

Aquí tiene algunos trucos para introducir ángulos y distancias en situaciones inusuales:

- Puede introducir distancias fraccionales y ángulos en cualquier formato, sin tener en cuenta el estilo actual de las unidades. Por ejemplo, puede introducir una distancia como `@1/2<1.5708r`, incluso si su sistema de unidades actual está configurado para unidades y grados decimales (1.5708r es el equivalente a 90º).
- Si tiene las unidades angulares configuradas como grados, grados decimales o radianes, no tiene que especificar g, r, o d después del ángulo. Sólo tiene que hacerlo si utiliza estas unidades cuando no son el sistema actual definido para los ángulos.
- Si su sistema de unidades angulares actual está configurado para otras unidades diferentes a los grados, pero quiere introducir los ángulos con esta unidad, puede utilizar el símbolo << en lugar de < para evitar el actual sistema de medida de los ángulos. Con el símbolo << también se considera que el ángulo inicial está en dirección de izquierda a derecha y en la dirección de la agujas del reloj.

- Si su sistema de unidades angulares actual utiliza un ángulo inicial y dirección diferente, y desea especificar un ángulo en la dirección de la base estándar, utilice el símbolo <<< para indicar ángulos.

  Todo esto sólo funciona si la **Entrada dinámica** está desactivada.

- Puede especificar cualquier tamaño de denominador cuando utilice fracciones. Sin embargo, tenga en cuenta el valor configurado para el número máximo de dígitos a la derecha de los puntos decimales (en el parámetro Precisión del grupo Ángulo en el cuadro de diálogo Unidades de dibujo) restringe el valor fraccionario que considera AutoCAD. Por ejemplo, si sus unidades están configuradas con un máximo de dos dígitos para los decimales, e introduce la fracción `5/32`, AutoCAD redondea este valor a 3/16 ó 0.1875. Esto no afecta a la precisión de las medidas actuales del dibujo.

Una alternativa a los límites

Como alternativa para configurar los límites del dibujo, puede dibujar un rectángulo que encierre la misma área que desea definir. Por ejemplo, en el ejercicio anterior, podíamos utilizar la herramienta **Rectángulo** para dibujar un rectángulo cuya esquina inferior izquierda se situase en la coordenada 0,0 y la esquina superior derecha se ubicase en el punto 297,210. Puede hacer que un rectángulo sea visible sin imprimirlo utilizando la función Capa.

Combinar con tamaños de papeles

En este punto, puede preguntarse cómo su dibujo a escala natural se ajustará en los tamaños estándar de papel. AutoCAD ofrece varias funciones que le dan un control exacto sobre la escala de su dibujo. Estas funciones ofrecen escalas típicas de la industria para que su dibujo se corresponda con el tamaño de papel que necesita. Aprenderá más sobre estas funciones mientras trabaja a lo largo de los capítulos del libro.

Factores de escala

Cuando realizamos un diseño a mano, utilizamos tinta o un lápiz para dibujar directamente. Con AutoCAD, el producto final no es tan inmediato. Por ello, debe entender correctamente el concepto de escala de un dibujo y cómo deducirlo. En concreto, debe tener clara la mecánica que rige los factores de escala. Por ejemplo, los factores de escala que se utilizan habitualmente para traducir el tamaño de los símbolos gráficos que se incluyen en los dibujos arquitectónicos de AutoCAD al tamaño final de trazado del texto. Cuando dibujamos manualmente, lo que hacemos es escoger el tamaño de símbolo deseado. En los dibujos de AutoCAD, necesita traducir el tamaño final deseado en función de la escala del dibujo.

Al agregar símbolos gráficos a sus dibujos, deberá especificar su altura. Este factor de escala le ayudará a determinar la altura del símbolo apropiada para una escala de dibujo concreta. Por ejemplo, suponga que quiere que su símbolo tenga una altura final de `1/2"`. Si escribe el símbolo con una altura de `1/2"`, el resultado en papel será un pequeño punto. Tiene que escalar el símbolo hasta un tamaño que, cuando se escale el símbolo en el momento de la impresión, tenga `1/2"` de alto. Por ello, para un dibujo a escala `1/4"` debe multiplicar la altura asignada al texto, `1/2"`, por un factor de escala `48` para obtener una altura de salida de `24"`. Es decir, la altura del símbolo en AutoCAD debe ser de `24"` para que el resultado en papel sea de `1/2"`. Es probable que se esté preguntando cómo hemos obtenido el factor de escala 48.

El factor de escala para pulgadas fraccionarias se obtiene multiplicando el denominador por 12 y, a continuación, dividiendo el resultado por el numerador. Por ejemplo, para la escala `1/4"=1"-0"` sería `(4x12)/1`, ó `48/1`. Las escalas métricas tan sólo requieren conversiones decimales simples.

También puede utilizar factores de escala para determinar los límites de su dibujo.

La tabla 3.2 muestra áreas de trabajo basadas en la escala y medidas de papel seleccionadas. Si está utilizando el sistema métrico, la escala de dibujo se obtiene directamente como factor de escala. Por ejemplo, un dibujo a escala 1:10 tiene un factor de escala 10, un dibujo a escala 1:50 tiene un factor de escala de 50, etc. Los usuarios que utilicen el sistema métrico deben tener especial cuidado con la unidad base seleccionada. En los ejemplos de este libro se utilizan los centímetros como unidad base, lo que significa que si introduce una distancia de 1, debe asumir que la distancia es de 1 cm.

Las medidas de papel se muestran en la parte superior de la tabla y las escalas en la columna situada en el extremo izquierdo.

Tabla 3.2. Área de trabajo en unidades métricas (centímetros) por escala y tamaño de hoja impresa. Multiplique el tamaño del área de trabajo por diez para obtener el equivalente en milímetros.

Escala	A0 o F 841mm x 1189MM	A1 o D 594mm x 841MM	A2 o C 420mm x 594MM	A3 o B 297mm x 420MM	A4 o A 210mm x 297MM
1:5	420 x 594 cm	297 x 420 cm	210 x 297 cm	148 x 210 cm	105 x 148 cm
1:10	841 x 1189 cm	594 x 841 cm	420 x 594 cm	297 x 420 cm	210 x 297 cm
1:20	1682 x 2378 cm	1188 x 1682 cm	840 x 1188 cm	594 x 840 cm	420 x 594 cm
1:25	2102,5 x 2972,5 cm	1485 x 2102,5 cm	1050 x1485 cm	742,5 x 1050 cm	525 x 742,5 cm
1:33	2803 x 3962 cm	1980 x 2803 cm	1399 x 1980 cm	990 x 1399 cm	700 x 990 cm
1:40	3360 x 4756 cm	2376 x 3360 cm	1680 x 2376 cm	1188 x 1680 cm	840 x 1188 cm
1:50	4200 x 5940 cm	2970 x 4200 cm	2100 x 2970 cm	1480 x 2100 cm	1050 x 1480 cm
1:75	6307 x 8917 cm	4455 x 6307 cm	3150 x 4455 cm	2227 x 3150 cm	1575 x 2227 cm
1:100	8140 x 11890 cm	5940 x 8410 cm	4200 x 5490 cm	2970 x 4200 cm	2100 x 2970 cm
1:125	10512 x 14862 cm	7425 x 10512 cm	5250 x 7425 cm	3712 x 5250 cm	2625 x 3712 cm

Si está trabajando en un dibujo procedente de una versión antigua de AutoCAD, verá que los factores de escala se utilizan para especificar la altura del texto y los valores de cota. Por ello, le aconsejamos que procure entenderlos ahora para que le resulte sencillo aplicarlos después. Imprimir con una escala determinada también es más fácil si comprende los factores de escala.

Cómo utilizar los modos Rastreo polar

A continuación, vamos a dibujar el primer elemento del cuarto de baño: el inodoro. Ese elemento se compone de un rectángulo que representa la cisterna y una elipse truncada para recrear el asiento. Para dibujar el inodoro, utilizaremos la herramienta **Rastreo polar**, que es una de las herramientas de diseño más versátil. El **Rastreo polar** nos ayuda a alinear el cursor con los ángulos horizontales y verticales exactos, como si se tratara de una escuadra y un cartabón.

En este ejercicio, verá el modo de utilizar **Rastreo polar** para dibujar una caja rectangular.

1. Inicie su línea ( ) en la coordenada 171,189 escribiendo `l` y pulsando **Intro**, escribiendo `171,189` y pulsando la tecla **Intro**. El punto inicial es algo arbitrario, pero introduciendo una ubicación específica podrá seguir las instrucciones de este libro.

> **TRUCO:** También puede utilizar la herramienta **Línea** del panel Dibujo para iniciar la línea.

2. Compruebe que está activado el modo de rastreo polar ( ) (el botón **POLAR** de la barra de estado debería estar de color azul claro) y mueva el cursor directamente hacia la derecha del último punto. Seguidamente, aparecerá el cursor de **Rastreo polar**, así como el indicador de **Rastreo polar** (véase la figura 3.3).

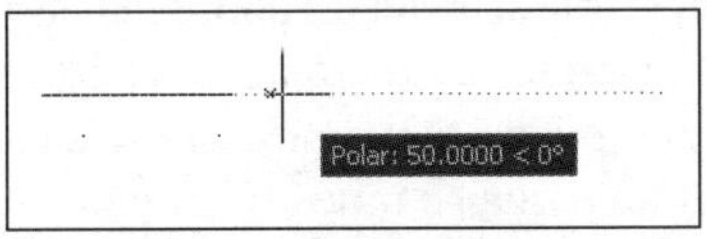

Figura 3.3. Cursor de Rastreo polar.

3. Con el cursor señalando directamente hacia la derecha, introduzca `56` y pulse **Intro**.

> **NOTA:** Puede utilizar la barra espaciadora en lugar de la tecla **Intro** para introducir las distancias de esta manera.

4. Mueva el cursor hacia abajo, escriba `23` y pulse **Intro**.
5. Siga dibujando los otros dos lados del rectángulo con el rastreo polar. Cuando haya terminado de trazar el rectángulo, pulse **Intro** o **Esc** para salir de la herramienta **Línea**. Su dibujo debería parecerse al de la figura 3.4.

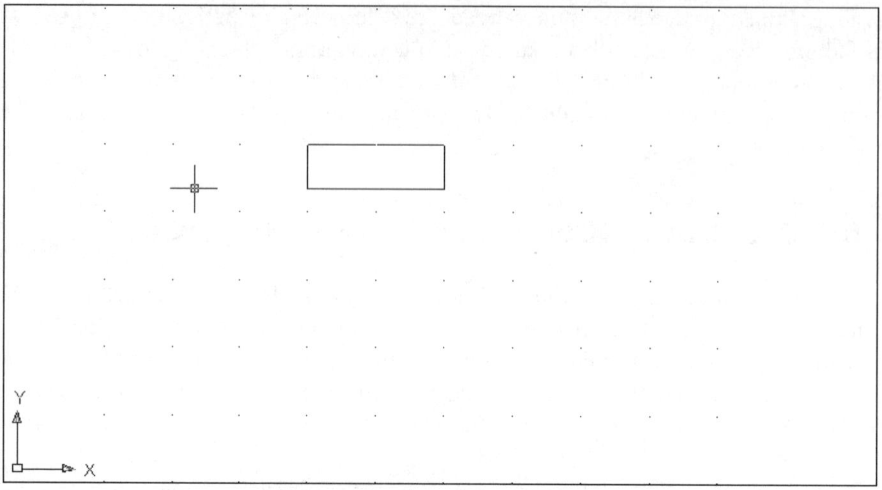

Figura 3.4. Una vista de planta de la cisterna.

Como ha podido comprobar en este ejercicio, puede utilizar la función de **Rastreo polar** para limitar el movimiento del cursor hacia posiciones verticales y horizontales, al igual que haría utilizando una escuadra y un cartabón. Más adelante, le enseñaremos a configurar **Rastreo polar** para elegir el ángulo que desee, como si se tratase de una escuadra ajustable.

En algunas situaciones, la función de rastreo polar no resulta adecuada. En estos casos, puede desactivarla pulsando el botón **POLAR** de la barra de estado. También puede utilizar la tecla función **F10** para activar y desactivar el rastreo polar.

Aunque en el ejercicio hemos utilizado la herramienta **Línea** para dibujar la cisterna, también podríamos haber recurrido a la herramienta **Rectángulo**. Esta herramienta crea lo que se conoce como polilíneas, que se definen como un conjunto de segmentos lineales o arcos que actúan como un único objeto.

El uso de los modos de resolución en conjunción con el indicador de coordenadas y la herramienta **Rastreo polar** permiten localizar coordenadas y medir distancias al dibujar líneas. Se trata de la misma mecánica que se utiliza al dibujar con una escala. Tenga en cuenta que la distancia más pequeña que puede registrar el indicador de coordenadas y la herramienta **Rastreo polar** depende del área que se muestre en pantalla. Por ejemplo, si el área que está representando en pantalla tiene las dimensiones de un campo de fútbol, la distancia más pequeña que puede indicar mediante el cursor será 15 cm. Por el contrario, si la vista está ampliada para mostrar un área de un centímetro cuadrado, puede indicar distancias tan pequeñas como una milésima parte de un centímetro mediante el cursor.

Configuración del ángulo de rastreo polar

La herramienta **Rastreo polar** le permite dibujar líneas verticales y horizontales exactas. Pero también puede configurar esta herramienta para dibujar líneas con otro ángulo (por ejemplo, de 30 ó 45 grados). El ángulo que utiliza la herramienta **Rastreo polar** se modifica en la ficha Rastreo polar del cuadro de diálogo Parámetros de dibujo, que se muestra en la figura 3.5.

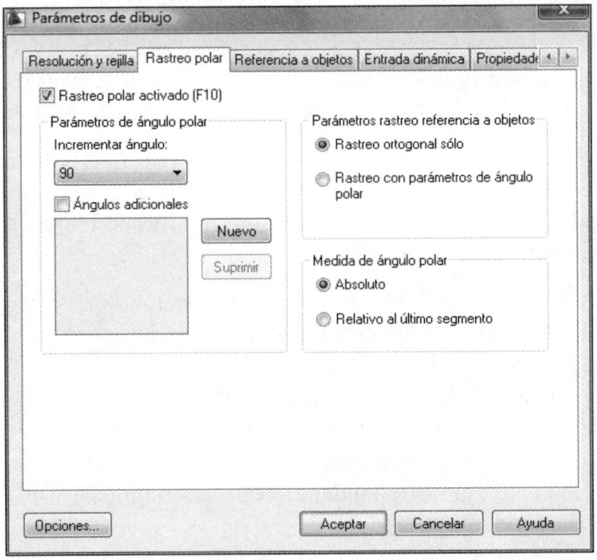

Figura 3.5. La ficha Rastreo polar en el cuadro de diálogo Parámetros de dibujo.

Para abrir este cuadro, haga clic con el botón derecho del ratón sobre el botón **POLAR** de la barra de estado y seleccione la opción Parámetros del menú contextual. También puede seleccionar Herr.>Parámetros de dibujo en el Explorador de menús y hacer clic en la ficha Rastreo polar.

Modo Orto

Además del modo de rastreo polar, puede limitar aún más el movimiento del cursor horizontal y verticalmente mediante el modo Orto. Para utilizar este modo, mantenga presionada la tecla **Mayús** mientras dibuja. También puede pulsar **F8** o hacer clic en la herramienta **Modo Orto** en la barra de estado. Si mueve el cursor al dibujar, la línea sólo se moverá horizontal o verticalmente. Al activar el modo Orto se desactiva automáticamente el modo Rastreo polar.

Para modificar el ángulo del **Rastreo polar**, escriba un ángulo en el cuadro de texto Incrementar ángulo o seleccione un ángulo predefinido en la lista desplegable. Esta operación se puede realizar mientras se está dibujando para definir los ángulos al instante.

La ficha Rastreo polar dispone de otros parámetros. A continuación, le mostramos una lista con sus funciones:

- Ángulos adicionales: Este parámetro le permite introducir un ángulo específico para el modo Rastreo polar. Por ejemplo, si desea que el rastreo polar se ajuste a 12 grados, haga clic en el botón **Nuevo** situado junto al cuadro de lista Ángulos adicionales y escriba **12**. El valor que introduzca aparecerá en el cuadro de lista y, al habilitar la casilla de verificación Ángulos adicionales, el modo Rastreo polar se ajustará a 12 grados. Para eliminar un valor de la lista, selecciónelo y haga clic en el botón **Eliminar**.

La opción Ángulos adicionales se diferencia del parámetro Incrementar ángulo en que éste obliga al modo Rastreo polar a ajustarse cada vez que se incrementa el parámetro, mientras que la opción Ángulos adicionales sólo ajusta el rastreo al ángulo especificado. Puede introducir todos los ángulos que desee en la lista Ángulos adicionales.

- Parámetros rastreo referencia a objetos: Estos parámetros permiten controlar si el rastreo de referencia a objetos utiliza únicamente rutas ortogonales (0, 90, 180 y 270 grados) o los ángulos configurados en el grupo Parámetros de ángulo polar de este cuadro de diálogo.
- Medida de ángulo polar: Los botones de opción de este grupo permiten establecer el ángulo cero que tomará como base el modo Rastreo polar para incrementar sus ángulos. La opción Absoluto utiliza el parámetro actual de AutoCAD como ángulo base. La opción Relativo al último segmento utiliza el último segmento dibujado como ángulo base. Por ejemplo, si dibuja una línea con un ángulo de 10° y tiene seleccionada la opción Relativo al último segmento con un incremento de ángulo establecido a 90°, el rastreo polar alineará los ángulos a 10, 100, 190 y 280 grados.

El proceso de dibujo

En esta sección analizaremos algunos de los comandos de uso más común de AutoCAD y le mostraremos cómo utilizarlos para realizar un sencillo dibujo. Al dibujar, observe la línea de comandos y cómo reacciona a sus acciones. Observe también cómo utilizar los elementos de dibujo existentes como puntos de referencia.

El proceso de dibujo en AutoCAD se inicia creando objetos geométricos sencillos para determinar sus formas elementales. El siguiente paso consiste en definir los detalles y, a continuación, puede modificar las formas para otorgar más detalle.

AutoCAD dispone de 14 tipos de objetos de dibujos 2D básicos: líneas, arcos, círculos, texto, dimensiones, trazos, polilíneas, puntos, elipses, arcos de elipse, curvas *spline*, regiones, sombreados y texto de líneas múltiples. Todos los dibujos se elaboran con estos objetos. Asimismo, existen cinco tipos de tramas 3D, que se definen como superficies tridimensionales compuestas de caras 3D. Esté familiarizado con las líneas y los arcos. Las líneas, los arcos y los círculos son los objetos de uso más habitual. A medida que vaya avanzando en la lectura de este libro, le iremos mostrando otros objetos y cómo utilizarlos. También aprenderá nociones sobre los objetos 3D en la sección de AutoCAD 3D.

Ubicar un objeto utilizando otros como referencia

Para definir el asiento del inodoro, utilizaremos una elipse.

1. Haga clic en la herramienta **Elipse** () situada en el panel Dibujo de la ficha Inicio o escriba `EL` y pulse **Intro**.
2. En la línea de comandos `Precise punto final de eje de elipse o [Arco/Centro]:`, seleccione el punto medio de la línea horizontal inferior del rectángulo. Para ello, pulse la tecla **Mayús** mientras hace clic con el botón derecho del ratón para

abrir el menú contextual del modo de referencia a objetos y seleccione Punto medio. Cuando vea aparecer en la línea el marcador Punto medio del modo de referencia a objetos, haga clic con el botón izquierdo del ratón (véase la figura 3.6).

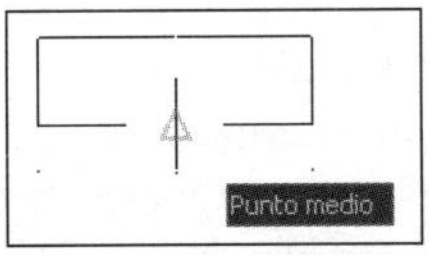

Figura 3.6. Marcador Punto medio.

3. En la línea de comando `Precise punto final de eje:`, mueva el cursor hacia abajo y escriba `55` y pulse **Intro**.
4. Seleccione este punto como segundo extremo del eje.
5. En la línea de comandos `Precise distancia de otro eje o [Rotación]:`, mueva el cursor horizontalmente desde el centro de la elipse y escriba `20` y pulse **Intro**. El resultado se debería parecer a la figura 3.7.

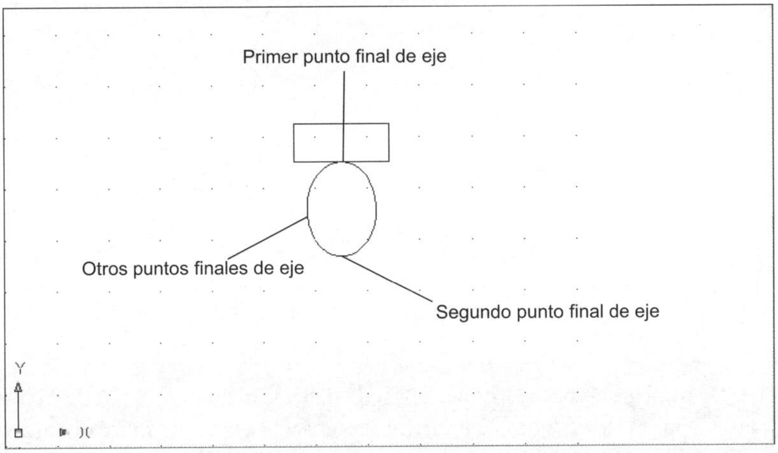

Figura 3.7. La elipse agregada a la cisterna.

TRUCO: Al trabajar con AutoCAD, terminará encontrándose con las denominadas curvas B-spline racionales no uniformes (NURBS). Este término se utiliza para designar objetos curvados en función de modelos matemáticos exactos. Al recortar una elipse, ésta se convierte en una curva NURBS conocida como *spline* en AutoCAD.

Obtener un plano más corto

Al dibujar, necesitamos ampliar ciertas zonas del dibujo para modificar objetos. En un capítulo anterior, le mostramos cómo utilizar la función Zoom con este propósito. Siga los pasos que se detallan a continuación para ampliar la vista del baño:

1. Haga clic en la herramienta **Zoom** (🔍) en la barra de estado, o escriba `Z` y pulse **Intro**, `V` y pulse **Intro**.

2. En la línea de comando `Designe primera esquina:`, seleccione un punto situado por debajo y hacia la izquierda de su dibujo o las coordenadas 150.0000,102.0000 o un punto cercano a ellas.

3. En la línea de comando `Designe esquina opuesta:`, seleccione un punto situado por encima y a la derecha del dibujo o las coordenadas 246.0000,195.0000 o un punto cercano a ellas. La ventana de zoom debería abarcar completamente al inodoro. Para obtener esta vista, utilice la herramienta **Ventana**. También puede utilizar la función Zoom en tiempo real junto a la herramienta **Encuadre en tiempo real**. Tras ello, el inodoro se ampliará para ocupar una parte mayor de la pantalla. El aspecto debería ser similar al de la figura 3.8.

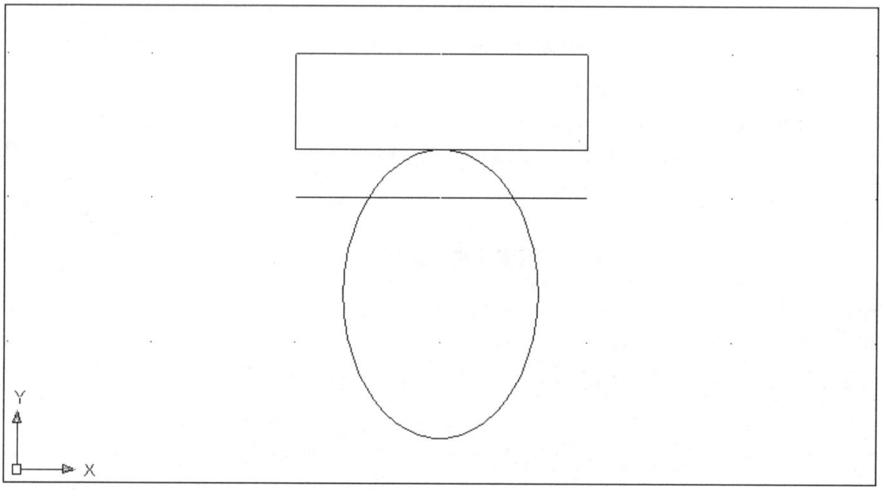

Figura 3.8. La línea copiada.

TRUCO: Si dispone de un ratón con rueda de desplazamiento, puede evitar tener que utilizar el comando de zoom. Sólo tiene que colocar el cursor sobre el inodoro y mover la rueda para ampliar o reducir el tamaño de la imagen.

Modificar un objeto

A continuación pasaremos a examinar los comandos de edición que se utilizan para elaborar un objeto. Para definir el borde posterior del asiento del inodoro, desplazaremos una copia de la línea frontal de la cisterna hacia el centro de la elipse.

1. Haga clic en la herramienta **Copiar** () en el panel Modificar de la ficha Inicio, escriba `CO` en la línea de comandos y pulse **Intro**.

TRUCO: También puede utilizar las herramientas **Editar pinzamientos** para realizar una copia, como se indicó en un capítulo anterior.

2. En la línea de comandos Designe objetos:, seleccione la línea horizontal que está en contacto con la parte superior de la esfera. Tras ello, la línea quedará resaltada. Pulse **Intro** para confirmar la selección.
3. En la línea de comandos Precise punto base o [Desplazamiento] <Desplazamiento>:, seleccione un punto base próximo a la línea. A continuación, mueva el cursor hacia abajo y escriba 7 y pulse **Intro**.
4. Pulse **Intro** para salir del comando **Copiar**. El resultado debería parecerse al ilustrado en la figura 3.8.

Observe que el comando **Copiar** funciona de la misma manera que el comando **Desplazar** utilizado en un capítulo anterior, con la diferencia de que el comando **Copiar** no altera la posición de los objetos seleccionados y de que debe pulsar la tecla **Intro** para salir del modo de copia.

Recortar un objeto

Ahora debemos eliminar las partes de la elipse que no resultan necesarias. Para ello, utilizaremos el comando **Recortar**.

1. En primer lugar, desactive el modo Forzcursor pulsando **F9** o haciendo clic sobre la herramienta **Forzcursor** en la barra de estado. El modo Forzcursor se convierte en un estorbo durante el proceso de edición, porque impide seleccionar los puntos deseados. Este modo obliga al cursor a moverse a intervalos dados, lo que dificulta la tarea de seleccionar aquellos puntos que no coincidan con los intervalos definidos.
2. Haga clic en la herramienta **Recortar** (-/-) del panel Modificar de la ficha Inicio. Al hacerlo, se mostrará la siguiente línea de comando:

```
Parámetros actuales: Proyección=SCP, Arista=Ninguna
Designe aristas de corte ...
Designe objetos o <seleccionar todo>:
```

3. Haga clic en la línea que acaba de crear (la que corta la elipse) y pulse **Intro** para dar por finalizada la selección.
4. En la línea de comando Designe objeto a recortar o use la tecla Mayús para alargar o [Borde/Captura/Proyección/Arista/bOrrar/desHacer]:, seleccione la porción que sobresale de la elipse por encima de la línea que la corta. Esta acción recorta la elipse hasta la altura de la línea.
5. Pulse **Intro** para anular la selección del comando **Recortar**.

> **TRUCO:** En el paso 4 del ejercicio anterior, podemos pulsar la tecla **Mayús** para ampliar un objeto en lugar de recortarlo.

En el paso número 2 del ejercicio anterior, el comando **Recortar** genera dos mensajes en la línea de comandos. El primer mensaje, Designe aristas de corte..., nos indica que en primer lugar debemos seleccionar los objetos para definir las aristas del objeto que se desea recortar. En el paso 4, AutoCAD vuelve a solicitarnos que designemos objetos, pero esta vez se refiere a los objetos que queremos recortar. El comando **Recortar** forma parte de un grupo de comandos que solicita al usuario dos conjuntos de objetos: el primero define un límite y el segundo los objetos que se desean modificar. Estos dos conjuntos de objetos no son mutuamente excluyentes. Por ejemplo, puede seleccionar los objetos de aristas de corte como los objetos que se recortarán. En el siguiente ejercicio le mostramos cómo funciona esta operación. En primer lugar, desharemos los pasos del ejercicio anterior y, a continuación, utilizaremos de nuevo el comando **Recortar**, pero de una forma diferente, para terminar de dibujar el inodoro.

1. Haga clic en el botón **Deshacer** ( ) de la Barra de herramientas de acceso rápido, o escriba `H` y pulse **Intro** en la línea de comandos. Tras ello, reaparecerá la parte superior de la elipse.
2. Active la herramienta **Recortar** ( ) de nuevo haciendo clic en ella en el panel Modificar.
3. En la línea de comandos `Designe objetos o <seleccionar todo>:`, haga clic en la elipse y sobre la línea que la corta (imagen superior de la figura 3.9).

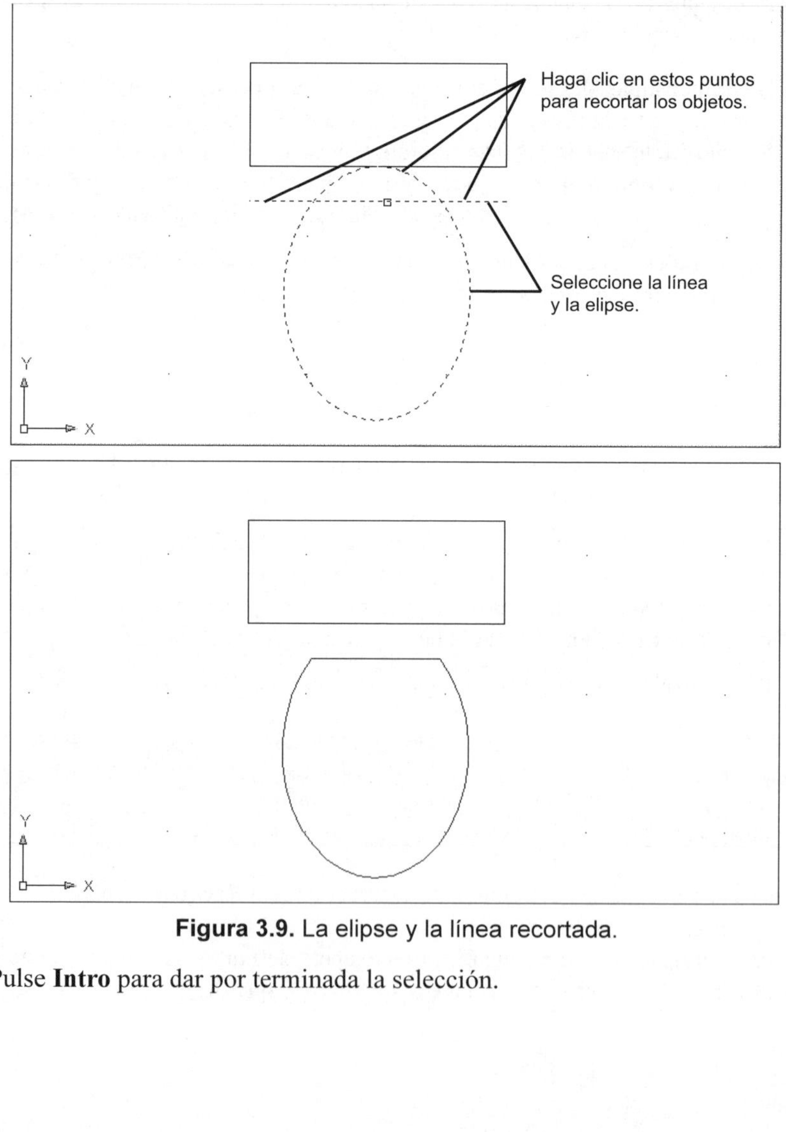

Figura 3.9. La elipse y la línea recortada.

4. Pulse **Intro** para dar por terminada la selección.

TRUCO: Las opciones Borde, Captura, Proyección, Arista, bOrrar y desHacer de la función Recortar se describen más adelante en este mismo capítulo.

5. En la línea de comando `Designe objeto a recortar o use la tecla Mayús para alargar o [Borde/Captura/Proyección/Arista/bOrrar/desHacer]:`, haga clic en la porción superior de la elipse como en el ejercicio anterior. A continuación, la elipse se recortará.
6. Haga clic en un punto cercano al extremo izquierdo de la línea de corte, más allá del punto de contacto con la elipse, para recortar la línea.
7. Haga clic en el otro extremo de la línea para recortar la parte que sobresale de la elipse. El resultado debería parecerse al ilustrado en la imagen inferior de la figura 3.9.
8. Pulse **Intro** para salir del comando **Recortar**.
9. Haga clic en **Guardar** (🖫) en la Barra de herramientas de acceso rápido para guardar el archivo con las modificaciones aplicadas pero no salga del archivo. Es aconsejable que se acostumbre a guardar su trabajo cada 20 minutos.

En este ejercicio le hemos mostrado cómo utilizar la elipse y la línea como objetos de aristas de corte y como objetos que se recortan.

Opciones de recorte

AutoCAD dispone de seis opciones para el comando **Recortar**: Borde, Captura, Proyección, Arista, bOrrar y Deshacer. Como se describe a continuación, estas opciones le brindan un mayor control sobre los objetos que se desea recortar:

- Arista [A]: Permite recortar un objeto hasta una intersección aparente, aunque el objeto seleccionado como arista de corte no toque el objeto que se desea recortar (imagen superior de la figura 3.10). El modo Arista de recorte dispone de dos opciones: Alargar y No Alargar. Estas acciones también se pueden aplicar mediante la variable del sistema `Edgesmode`.
- Proyección [P]: Esta opción resulta útil cuando se trabaja en dibujos 3D, ya que permite controlar la forma de recortar objetos que no sean coplanares. Las proyecciones disponen de tres modos: Ninguna, SCP, Vista. La opción Ninguna omite los objetos que se encuentran en planos diferentes de forma que tan sólo se recortan objetos coplanares. Si selecciona la opción SCP, el comando **Recortar** recorta los objetos en función de una vista del plano del sistema SCP actual sin tener en cuenta si se trata de objetos coplanares o no (imagen central de la figura 3.10). La opción Vista es similar a la opción SCP, pero utiliza la "línea de visión" de la vista para determinar la forma de recortar objetos no coplanares (imagen inferior de la figura 3.10).
- bOrrar [O]: Permite eliminar un objeto mientras permanece en el comando **Recortar**.

- Borde/Captura [B o C]: Permite utilizar una ventana Borde o Captura para seleccionar objetos.
- Deshacer [H]: Devuelve el objeto recortado a su longitud original.

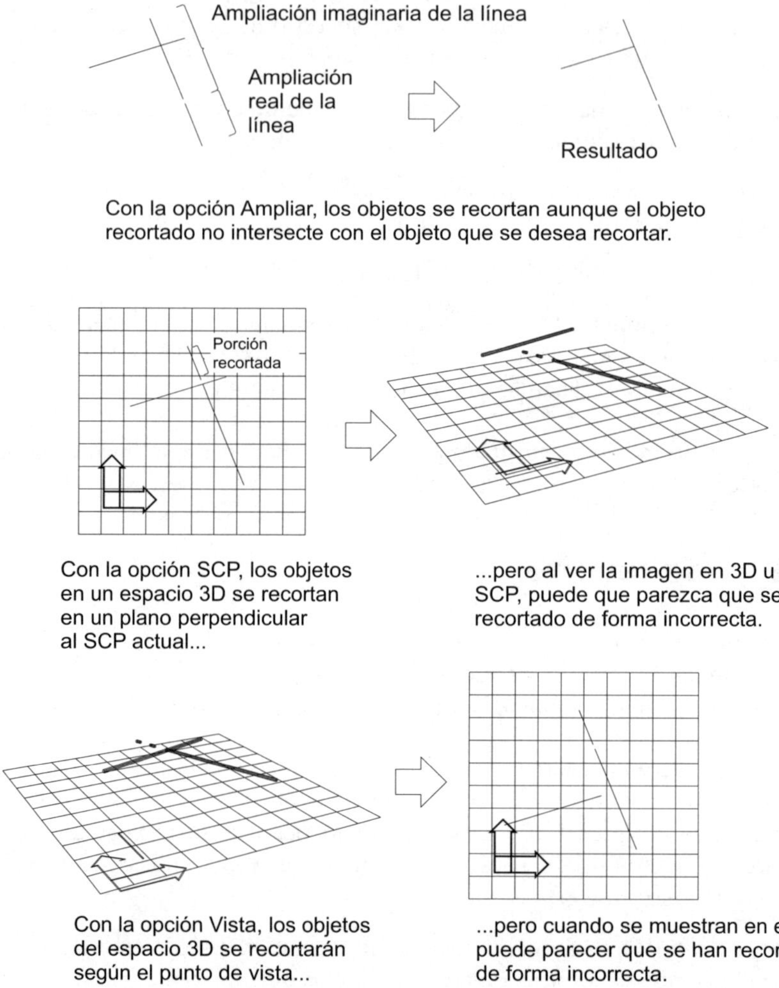

Figura 3.10. Las opciones de la herramienta Recortar.

Acabamos de mostrarle cómo dibujar un inodoro. Sin embargo, los objetos se pueden dibujar de muchas formas. Por ejemplo, podemos recortar la parte superior de la elipse (como hicimos en el primer ejercicio) y, a continuación, utilizar la función pinzamientos para mover los puntos finales de la línea y unirlos a los puntos finales de la elipse. A medida que vaya trabajando con AutoCAD, empezará a desarrollar sus propias técnicas de trabajo utilizando las herramientas que más se ajusten a su estilo. Si desea tomarse un descanso, éste es un buen momento. Puede salir de AutoCAD y volver al archivo de dibujo del baño cuando esté preparado para seguir adelante.

Planear y trazar las líneas de referencia de un dibujo

En el diseño del siguiente objeto, la bañera, utilizaremos varios comandos nuevos. Este ejercicio le dará una idea sobre el proceso de diseño que debe seguir para trabajar con AutoCAD de forma efectiva. Para diseñar la bañera, comenzaremos por utilizar el comando **Línea** para dibujar un rectángulo de 81 x 152 cm en la parte izquierda del área de trabajo. En esta ocasión nos serviremos de dos métodos abreviados: el método abreviado de teclado del comando **Línea** y el método abreviado del comando **Distancia directa** para especificar la distancia y la dirección.

En primer lugar, volveremos a la vista previa de nuestro dibujo para ampliar el área de trabajo. Éstos son los pasos:

1. Vuelva a la vista anterior (véase la figura 3.11). Una forma rápida de hacerlo consiste en escribir `Z`, pulsar **Intro**, escribir `P`, y pulsar **Intro**. Como resultado se activará la vista anterior a la aplicación del último zoom (véase la figura 3.11).

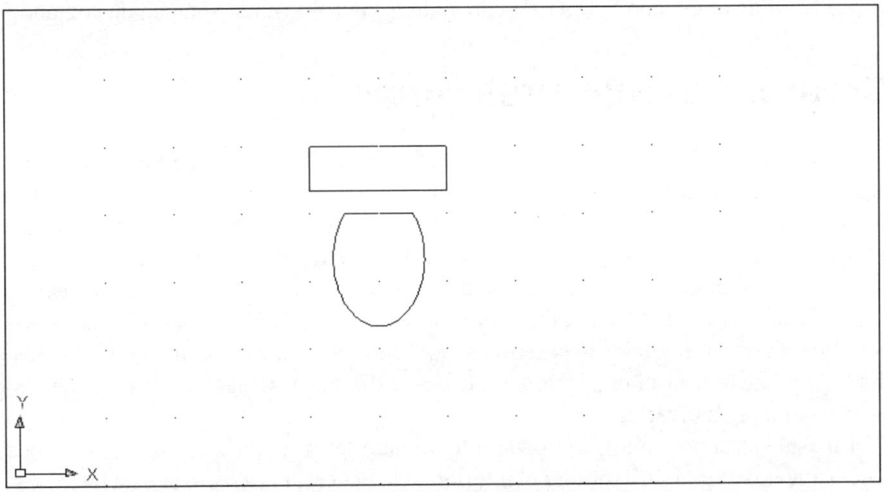

Figura 3.11. La vista del inodoro terminado tras utilizar la herramienta de zoom Previo. Otra forma de obtener esta vista consiste en utilizar la herramienta Todo del icono desplegable Ventana.

2. Escriba `L`, pulse **Intro** y, en la línea de comando `Precise primer punto:` introduzca `24,27` y pulse **Intro** para comenzar la línea en la coordenada 24.0000, 27.0000.

3. Sitúe el cursor hacia la derecha del último punto seleccionado para que la línea de trazado apunte hacia la derecha y escriba `81` en la línea de comandos. A continuación, pulse **Intro** para crear el primer lado de la bañera. Observe que la línea de trazado está fijada a la longitud introducida.

4. Dirija la línea de trazado hacia la parte superior de la pantalla y escriba `152` en la línea de comandos. Pulse **Intro** para crear el siguiente lado.

5. Dirija la línea de trazado hacia la izquierda del último punto y vuelva a escribir `81` en la línea de comandos. Pulse **Intro** para generar el siguiente lado.
6. Escriba `C` y pulse **Intro** para cerrar el rectángulo y salga del comando **Línea**.

TRUCO: En lugar de pulsar **Intro** al aplicar el método Distancia directa, puede presionar la barra espaciadora o hacer clic con el botón derecho del ratón y seleccionar Intro en el menú contextual que se desplegará.

Ya tenemos el esquema de la bañera. Observe que no tuvimos que utilizar el signo `@` ni especificar el ángulo del dibujo, ya que nos hemos servido del método Distancia directa para establecer la dirección y la distancia. Puede utilizar este método para dibujar líneas, así como para mover y copiar objetos con ángulos rectos. Este método es menos efectivo si desea especificar ángulos exactos en lugar de ángulos rectos. Éstos son los métodos de teclado que hemos utilizado hasta ahora en este capítulo para seleccionar herramientas o comandos: **CP** (**Copiar**), **B** (**Borrar**), **EL** (**Elipse**), DF (**Desfase**), **D** (**Desplazar**), **EQ** (**Equidistancia**) y **RR** (**Recorta**). Recuerde que estos métodos abreviados de comando, al igual que los comandos de teclado, sólo se pueden utilizar cuando la línea de comando está visible en la ventana de comandos.

Crear un dibujo preliminar

En este ejercicio le mostraremos cómo las labores de diseño preliminar le ayudarán a utilizar AutoCAD de forma más eficaz. Al dibujar un objeto complejo, solemos realizar bocetos previos de los elementos que constituirán el dibujo final. Se trata de un proceso similar al de dibujar líneas de referencia precisas a lápiz utilizando líneas auxiliares que se marcarán después para generar el dibujo final. La ventaja de realizar esta tarea en AutoCAD consiste en que no se pierde la exactitud entre el dibujo preliminar y el resultado final. Asimismo, AutoCAD le permite utilizar los modelos geométricos diseñados en el dibujo preliminar para crear el dibujo final. Al planear el diseño, piense en qué desea dibujar y seleccione los elementos de dibujo que le ayudarán a crear el objeto.

En este ejercicio, vamos a utilizar el comando **Desfase** para establecer las líneas de referencia que nos ayudarán a dibujar el interior de la bañera. Para realizar esta tarea, las funciones de referencia a objetos resultan de gran utilidad.

La herramienta **Desfase** del panel Modificar de la ficha Inicio permite crear copias paralelas de un conjunto de objetos, como las líneas que componen el exterior de la bañera. El comando **Desfase** es distinto al comando **Copiar**. El comando **Desfase** sólo permite copiar un objeto por vez, pero puede recordar la distancia especificada. Este comando no funciona con todos los objetos. Sólo se puede utilizar con líneas, arcos, círculos, elipses, curvas *spline* y polilíneas de dos dimensiones.

En este ejercicio vamos a utilizar líneas estándar para determinar el diseño preliminar del dibujo, ya que son las más adecuadas para realizar el dibujo del baño. En un capítulo posterior le enseñaremos a utilizar otros dos objetos, las líneas auxiliares (LíneasX) y los rayos, cuya función es la de ayudar al usuario a trazar los objetos de un dibujo.

1. Seleccione la herramienta **Desfase** () en el panel Modificar de la ficha Inicio o escriba `DF` en la línea de comandos y pulse **Intro**.

2. En la línea de comando `Precise distancia de desfase o [Punto a atravesar/Borrar/Capa] :`, escriba 7 (equivalente a 7 cm.) y pulse **Intro**.

3. En la línea de comandos `Designe objeto a desplazar o [Salir/Deshacer] <Salir>:`, haga clic en la línea inferior del rectángulo que acaba de dibujar.

4. En la línea de comandos `Precise punto en lado de desplazamiento o [Salir/Múltiple/Deshacer] :`, seleccione un punto situado en el interior del rectángulo. Tras ello, aparecerá una copia de la línea. El punto de destino del lado de desplazamiento no tiene que ser exacto. AutoCAD sólo necesita saber en qué lado de la línea desea realizar la copia de desplazamiento.

5. A continuación, aparecerá de nuevo la línea de comando `Designe objeto a desplazar o [Salir/Deshacer] <Salir>:`. Haga clic en otra línea de desplazamiento y seleccione otro punto dentro del rectángulo.

6. Proceda a desplazar el resto de los lados dentro del rectángulo. A continuación, repita la operación con las nuevas líneas creadas desplazándolas hacia el centro. El resultado final debe parecerse al ilustrado en la figura 3.12.

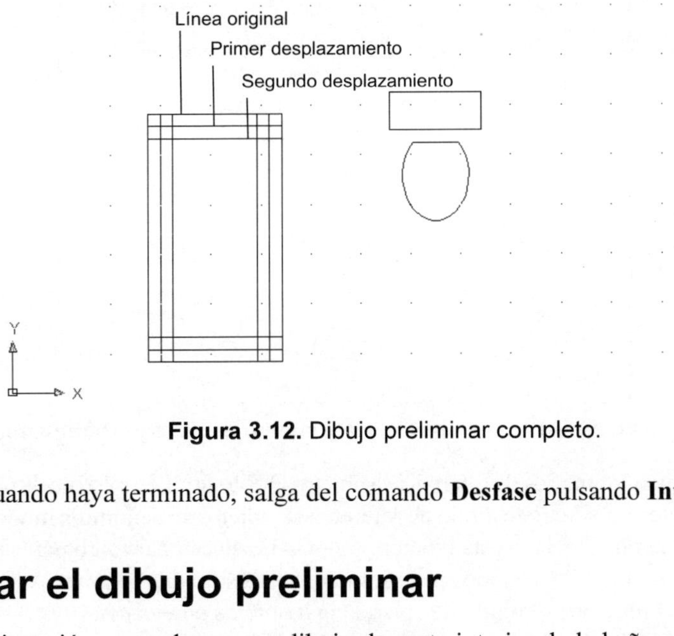

Figura 3.12. Dibujo preliminar completo.

7. Cuando haya terminado, salga del comando **Desfase** pulsando **Intro**.

Utilizar el dibujo preliminar

A continuación, procederemos a dibujar la parte interior de la bañera, empezando por la cabecera. Para ello, utilizaremos las líneas de equidistancia como referencias para trazar los arcos que componen la bañera. En este ejercicio, además, definiremos algunas herramientas de referencia a objetos para que estén disponibles automáticamente cuando AutoCAD solicite un punto de selección. Éstos son los pasos:

1. Haga clic con el botón derecho del ratón sobre la herramienta **Referencia a objetos** (icono) en la barra de estado y seleccione Parámetros en el menú contextual. También puede escribir `REF` y pulsar **Intro**.

2. Pulse el botón **Deseleccionar** situado en la parte derecha del cuadro de diálogo. Este control desactiva todas las opciones que pudieran estar seleccionadas en el cuadro de diálogo.

> **TRUCO:** Observe los símbolos gráficos situados junto a cada una de las opciones del modo Referencia a objetos en la ficha Referencia a objetos. Se trata de los marcadores que aparecerán en los dibujos al seleccionar las referencias a objetos. Cada una de las opciones tiene su propio símbolo. Se irá acostumbrando a su funcionamiento a medida que vaya trabajando con la función Referencia a objetos.

3. Seleccione las casillas Punto final, Punto medio e Intersección y compruebe que la opción Referencia a objetos activada está habilitada. A continuación, haga clic en **Aceptar** (véase la figura 3.13).

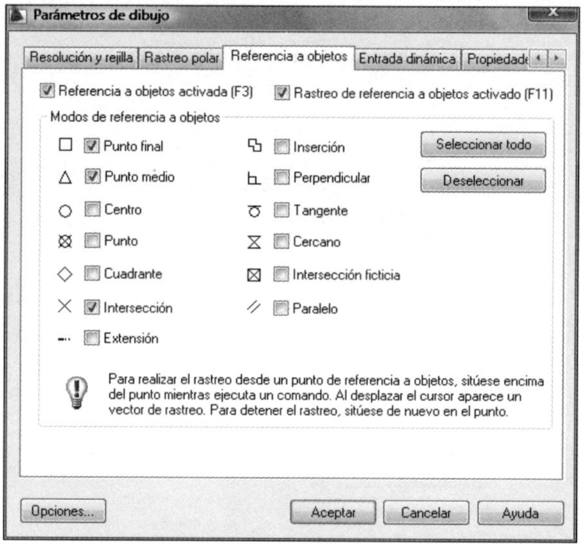

Figura 3.13. Ficha Referencia a objetos en el cuadro de diálogo Parámetros de dibujo.

Acaba de activar los modos de referencia a objetos Punto final, Punto medio e Intersección de manera predeterminada. Este modo de referencia a objetos se denomina modo de referencia a objetos en ejecución. Gracias a esta función, AutoCAD seleccionará automáticamente el punto de referencia a objetos más cercano sin necesidad de nuestra intervención. A continuación, le mostramos cómo funciona el modo de referencia a objetos en ejecución:

1. Haga clic en la herramienta **Arco** ( ) en el panel Dibujo de la ficha Inicio, o escriba `a` en la línea de comandos y pulse **Intro**. Consulte la figura 3.14 para conocer otras opciones de Arco disponibles cuando seleccione Dibujo>Arco en el explorador de menús o el desplegable **Arco** del panel Dibujo.
2. Para seleccionar el primer punto del arco, mueva el cursor hasta colocarlo sobre la intersección de las dos líneas como se indica en la imagen superior de la figura 3.15. En dicho punto, se visualizará el marcador de referencia a objetos Intersección (véase la figura 3.16).

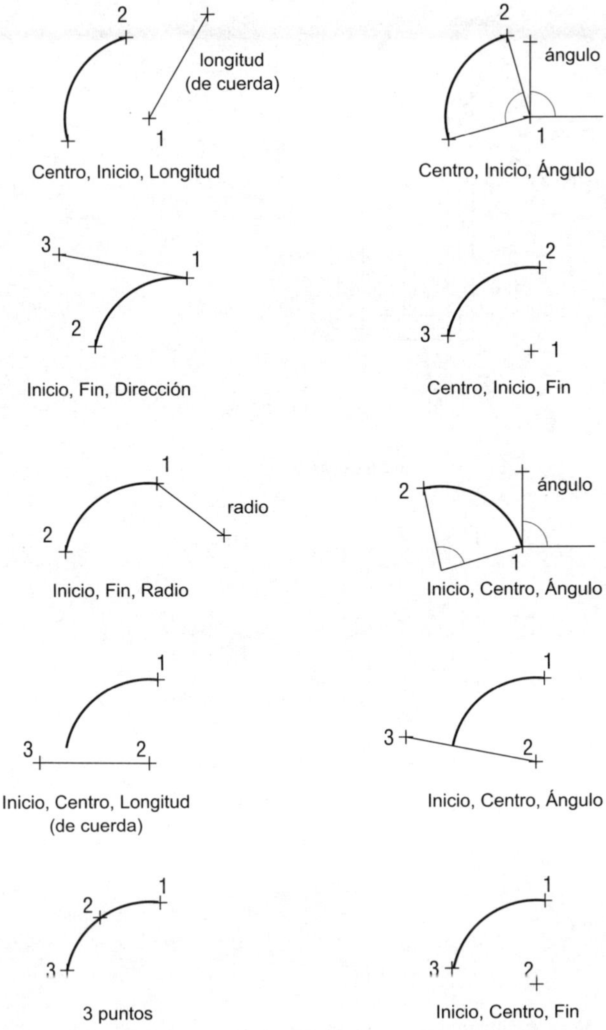

Figura 3.14. Si consulta la opción Arco en el Explorador de menús, verá algunas opciones adicionales para dibujar arcos. Esas opciones proporcionan respuestas ya asociadas al comando Arco para que sólo tenga que seleccionar los puntos adecuados como se indica en el nombre de opción del menú.

3. Cuando tenga situado el marcador de referencia a objetos Intersección en el punto de intersección deseado, haga clic con el botón izquierdo del ratón.
4. A continuación, desplace el cursor hasta el punto medio de la segunda línea horizontal superior. Cuando aparezca el marcador de referencia a objetos Punto medio en la mitad de la línea, haga clic con el botón izquierdo del ratón (consulte la figura 3.17).
5. Utilice el marcador de referencia a objetos Intersección para buscar y seleccionar el punto de intersección de las dos líneas situadas en la parte superior izquierda de la bañera (consulte la figura 3.18). La imagen superior de la figura 3.15 ilustra la secuencia de pasos que acabamos de enumerar.

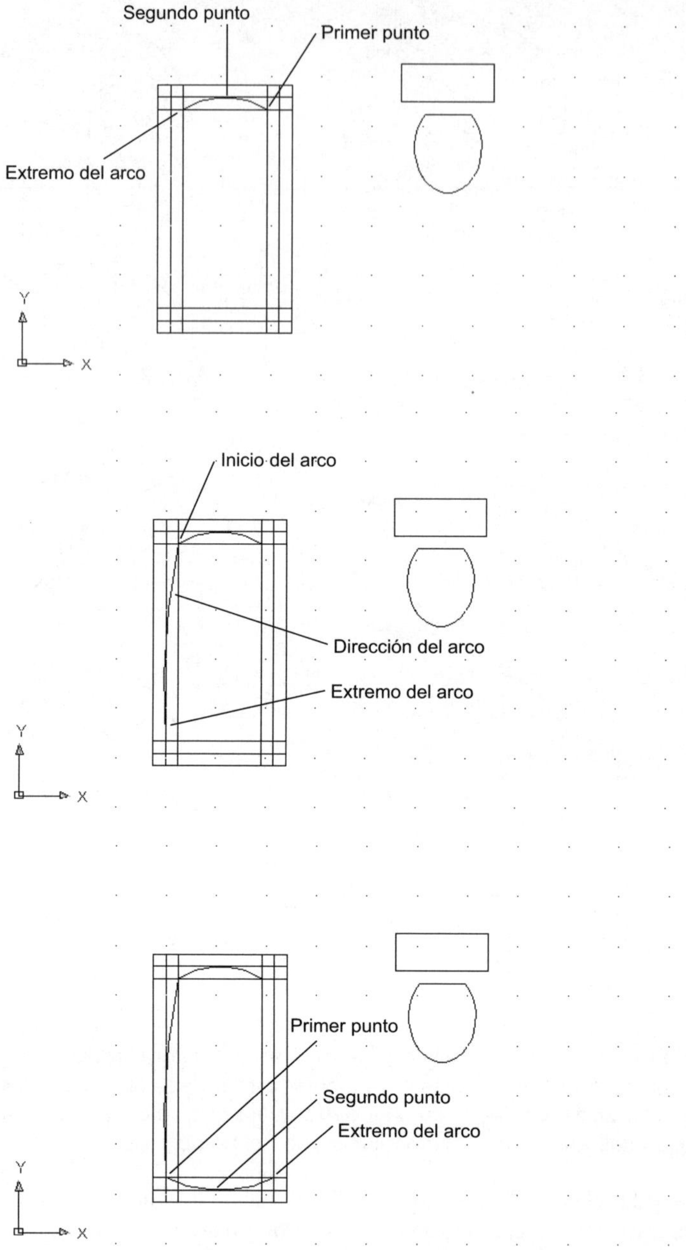

Figura 3.15. La parte superior, la parte izquierda y la parte inferior de la bañera.

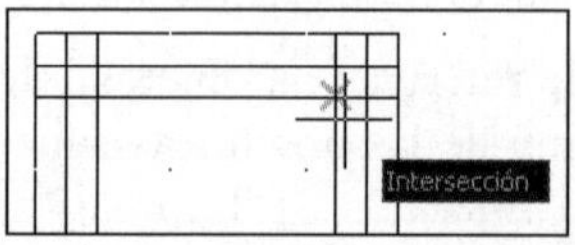

Figura 3.16. Marcador Intersección.

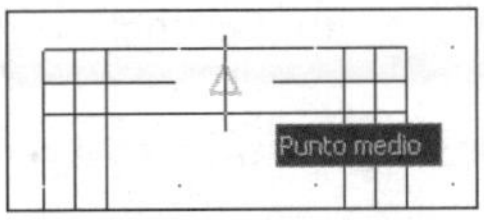

Figura 3.17. Marcador Punto medio.

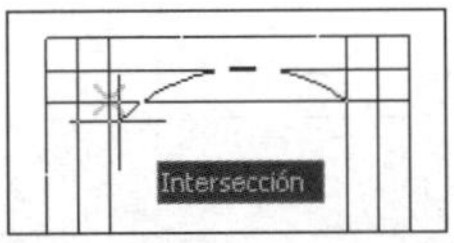

Figura 3.18. Marcador Intersección.

TRUCO: Cuando compruebe que un marcador de referencia está situado sobre un objeto, puede utilizar la tecla **Tab** para seleccionar el siguiente punto de referencia a objetos. Si ha activado varios modos de referencia a objetos en ejecución (por ejemplo, Punto final, Punto medio e Intersección), dichos modos se seleccionarán de forma cíclica al pulsar la tecla **Tab** sobre el objeto. Esta función resulta especialmente útil cuando el área de dibujo contiene una gran cantidad de elementos.

Ajustar la función AutoSnap

Al hacer clic en el botón **Opciones** de la ficha Referencia a objetos del cuadro de diálogo Parámetros de dibujo, verá la ficha Dibujo del cuadro de diálogo Opciones. Esta ficha consta de una serie de opciones asociadas a la función AutoSnap. Esta función rastrea el emplazamiento del cursor durante las operaciones de selección de referencia a objetos y localiza el punto de referencia a objetos más cercano al cursor. Seguidamente, AutoSnap muestra un gráfico denominado marcador para mostrarle el punto de referencia a objetos hallado. Si se trata del deseado, basta con hacer clic con el botón izquierdo del ratón para seleccionarlo.

Los parámetros de la función AutoSnap le permiten controlar las siguientes herramientas de referencia a objetos:

- Marcador: Activa y desactiva el marcador gráfico.
- Atracción: Atrae y asegura el cursor en los puntos de referencia a objetos detectados.
- Mostrar información de herramienta AutoSnap: Activa y desactiva la información de herramienta de referencia a objetos.
- Mostrar mira para referencia AutoSnap: Activa y desactiva el antiguo recuadro de referencia a objetos.
- Tamaño del marcador AutoSnap: Controla el tamaño del marcador gráfico.
- Colores: Controla el color del marcador de AutoSnap. Esta opción abre el cuadro de diálogo Colores de ventana de dibujo que le permite elegir un color.

A continuación, procederemos a dibujar un arco para el lateral izquierdo de la bañera.

1. Vuelva a hacer clic sobre la herramienta **Arco** ( ) en el panel Dibujo.
2. Escriba `@` y pulse **Intro** para seleccionar el último punto tomado como inicio del arco siguiente.

ADVERTENCIA: Resulta muy sencillo seleccionar puntos de forma accidental. Si eso es lo que le ha ocurrido entre el último ejercicio y el que nos ocupa, es probable que no obtenga los resultados de los pasos que estamos describiendo. Para solucionar este problema, vuelva a ejecutar el comando **Arco** y utilice el modo de referencia de objetos Punto final y seleccione el punto final del último arco.

3. Escriba `E` y pulse **Intro** para indicarle a AutoCAD que desea seleccionar el punto final del arco, en lugar del punto siguiente. También puede hacer clic con el botón derecho del ratón en cualquier punto del área de dibujo y seleccionar Fin en el menú contextual.
4. En la línea de comandos `Punto final:`, utilice el modo de referencia a objetos Intersección para seleccionar el punto en el que se cruzan las dos líneas en el vértice inferior izquierdo de la bañera (véase la figura 3.19). Para determinar el punto de intersección, observe la figura 3.15.

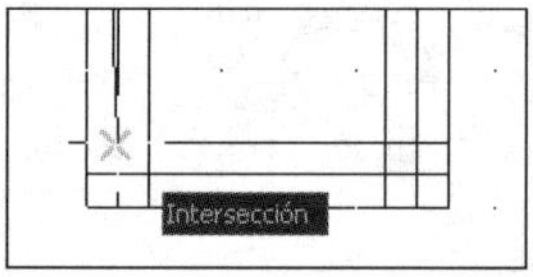

Figura 3.19. Marcador Intersección.

5. Escriba `D` y pulse **Intro** para seleccionar la opción Dirección. También puede hacer clic con el botón derecho del ratón en cualquier punto del área de dibujo y seleccionar la opción Dirección en el menú contextual. El arco se arrastrará por la pantalla al mover el cursor a partir del punto inicial del arco.
6. Mueva el cursor hacia la izquierda del arco hasta que toque la línea central del lateral izquierdo de la bañera. A continuación, seleccione dicho punto como muestra la imagen central de la figura 3.15.

TRUCO: En el paso 5, la banda elástica indica la dirección del arco. Asegúrese de que el modo Orto está desactivado, ya que este modo mueve la banda elástica y el arco en una dirección que no deseamos. Examine la barra de estado, si el botón **Orto** parece activado, pulse **F8** o haga clic en él para desactivarlo.

A continuación, dibujaremos la parte inferior de la bañera.

1. Vuelva a seleccionar la herramienta **Arco** ( ) en el panel Dibujo. También puede pulsar la tecla **Intro** para ejecutar el último comando utilizado.
2. Utilice el marcador de referencia a objetos Punto final y seleccione el punto final de la parte inferior del arco dibujado en el ejercicio anterior.
3. Utilice el marcador de referencia a objetos Punto medio para seleccionar la línea horizontal media situada en la parte inferior de la bañera.
4. Seleccione la intersección (véase la figura 3.20) de las dos líneas situadas en el vértice inferior derecho de la bañera (véase la imagen inferior de la figura 3.15).

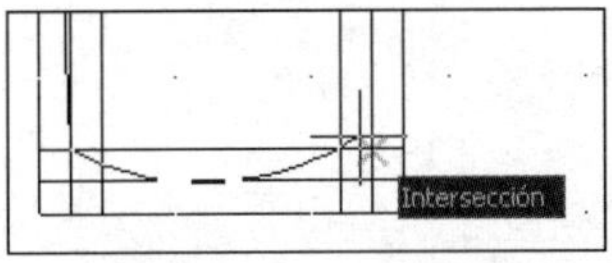

Figura 3.20. Marcador Intersección.

A continuación, crearemos el lateral derecho de la bañera duplicando la mitad izquierda.

1. Haga clic en la herramienta **Simetría** ( ) del panel Modificar de la ficha Inicio. También puede escribir simetría y pulsar la tecla **Intro** en la línea de comandos.
2. En la línea de comandos Designe objetos:, escoja el arco de la parte izquierda de la bañera. El arco aparecerá resaltado. Pulse **Intro** para indicar que ha terminado de realizar la selección.
3. En la línea de comandos Precise primer punto de simetría:, seleccione el punto medio de la línea horizontal superior. Ya debería saber utilizar los modos de referencia automáticos configurados anteriormente.
4. En la línea de comandos Precise primer punto de simetría:, utilice el modo Rastreo polar ( ) para seleccionar otro punto directamente por debajo del último punto seleccionado.
5. En la línea de comandos ¿Suprimir objetos de origen? [Sí/No] <No>:, pulse **Intro** para aceptar la opción predeterminada, No. A continuación, aparecerá una imagen duplicada del arco seleccionado en la parte derecha de la bañera. El resultado de este ejercicio debería parecerse al ilustrado en la figura 3.21.

En este ejercicio, hemos utilizado el modo de referencia a objetos en ejecución. Esta función se utiliza constantemente al dibujar. Por ello, le aconsejamos seleccionarla siempre. Sin embargo, existen ocasiones en las que no resulta oportuno tener este modo activado. Por ejemplo, esta función resulta molesta cuando el área de dibujo contiene una gran cantidad de elementos y desea utilizar una ventana de Zoom. En estas circunstancias, la función de referencia a objetos puede hacernos seleccionar una zona de la ventana no deseada debido a su control de selección automática de puntos de referencias a objetos.

Afortunadamente, AutoCAD nos permite activar y desactivar el modo referencia a objetos en ejecución de forma sencilla mediante el botón **Referencia a objetos** de la barra de estado. Si no tiene ningún modo de referencia a objetos en ejecución establecido, haga clic en el botón **Referencia a objetos** para abrir el cuadro de diálogo de la ficha Referencia a objetos del cuadro de diálogo Parámetros de dibujo y seleccione los modos de referencia a objetos deseados.

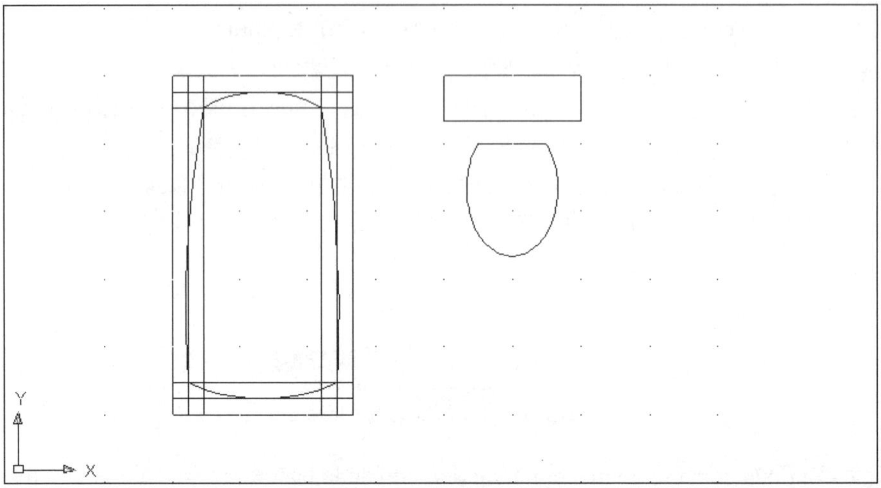

Figura 3.21. El interior de la bañera terminado con las líneas de diseño sin eliminar.

Eliminar las líneas de los dibujos preliminares

El siguiente paso consiste en eliminar las líneas de referencia creadas con el comando **Equidistancia**. Pero esta vez, lo haremos seleccionando las líneas antes de utilizar el comando **Borrar**.

> **TRUCO:** Si al aplicar los pasos de este ejercicio no se obtienen los resultados propuestos, compruebe que tiene activado el parámetro de selección Designación Nombre/Verbo.

Éstos son los pasos:

1. Seleccione cada una de las líneas de referencia por separado. Si tiene problemas al seleccionar las líneas, pruebe a utilizar una ventana para seleccionar líneas individuales (recuerde que una ventana selecciona únicamente objetos que se encuentran completamente incluidos en ella).
2. Tras resaltar todas las líneas, escriba `B` y pulse **Intro** en la línea de comandos o haga clic con el botón derecho del ratón para mostrar el menú contextual y seleccione la opción Borrar. El resultado debe parecerse al ilustrado en la figura 3.22.

Si ha hecho clic con el botón derecho del ratón para utilizar el menú contextual, observará que dispone de otras opciones además de la de borrar. Este menú nos permite desplazar, copiar, aplicar un factor de escala, y girar objetos seleccionados. Estas opciones actúan de igual forma que las herramientas del panel Modificar de la ficha Inicio. Pero no olvide que funcionan de forma ligeramente diferente a las opciones de pinzamiento descritas en el capítulo anterior.

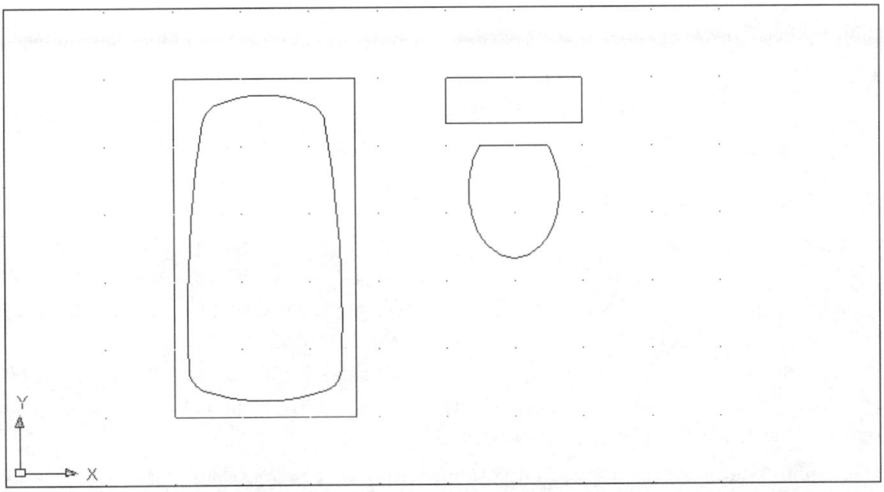

Figura 3.22. El dibujo después de borrar las líneas de referencia.

TRUCO: Si necesita disponer de mayor control sobre la selección de objetos, descubrirá que el parámetro Modo Añadir/suprimir selección resulta útil. Este parámetro le permite desactivar la selección de un conjunto de objetos situado dentro de otro conjunto de objetos ya seleccionados. En el modo Selección de objetos, escriba `S` en la línea de comandos y pulse **Intro**. A continuación, utilice una ventana u otra herramienta de selección para eliminar objetos del conjunto de selección. Escriba `A` en la línea de comandos y pulse **Intro** para agregar más opciones al conjunto de selección. Si tan sólo necesita desactivar la selección de un solo objeto, haga clic en él mientras mantiene pulsada la tecla **Mayús**.

TRUCO: Cuando se prepara para borrar un objeto cercano a otros objetos, puede que desee seleccionarlo primero utilizando el método de selección Designación Nombre/Verbo. De esta forma, podrá seleccionar cuidadosamente los objetos que quiere borrar realmente, antes de ejecutar el comando **Borrar**.

Opciones del modo Referencia a objetos

Hemos automatizado la aplicación de varios parámetros de referencia a objetos para que no nos resultara necesario seleccionarlos en el menú desplegable Referencia a objetos. Otra forma de invocar las opciones de referencia a objetos consiste en escribir sus equivalentes de teclado al seleccionar puntos o mantener pulsada la tecla **Mayús** mientras hace clic con el botón derecho del ratón cuando está seleccionando puntos para abrir el menú contextual Referencia a objetos.

A continuación, le mostramos un resumen de todas las opciones de referencia a objetos, incluyendo los alias de teclado. Preste especial atención a aquellas opciones que no se hayan utilizado en los ejercicios anteriores y que pueden resultarle útiles para su estilo de trabajo. Incluimos su nombre completo seguido de su alias de teclado entre corchetes. Para utilizar estas opciones, puede escribir su nombre completo o su abreviatura en la línea de comandos. También puede seleccionar estas opciones en el menú desplegable que se obtiene haciendo clic con el botón derecho del ratón mientras mantiene pulsada la tecla **Mayús**.

TRUCO: En ocasiones resulta oportuno disponer de una o varias opciones de referencia a objetos como selección predeterminada. Recuerde que puede activar el modo de referencia a objetos en ejecución en cualquier momento. Escriba `Refent` en la línea de comandos y pulse **Intro**, luego haga clic en la ficha Referencia a objetos. También puede hacer clic con el botón derecho del ratón en la barra de estado y seleccionar la opción Parámetros en el menú contextual.

Las opciones de referencia a objetos disponibles son las siguientes:

- Intersección ficticia [FIC]: Selecciona la intersección figurada de dos objetos. Se trata de una opción útil cuando se desea seleccionar la intersección de dos objetos que no se cruzan. AutoCAD le pedirá que seleccione dos objetos.
- Centro [CEN]: Selecciona el centro de un ángulo o círculo. Debe hacer clic en el arco o círculo, no sobre su centro aparente.
- Punto final [FIN]: Selecciona todos los puntos finales de las líneas, polilíneas, arcos, curvas o vértices de Cara 3D.
- Extensión [EXT]: Selecciona un punto alineado con una extensión imaginaría de una línea. Por ejemplo, puede seleccionar un punto en el espacio que esté alineado con una línea existente pero que no se encuentre en dicha línea. Para utilizar dicho punto, escriba `EXT` en la línea de comandos y pulse **Intro** al realizar la selección, o seleccione Extensión en el menú desplegable Referencia de objetos. A continuación, mueva el cursor hasta la línea cuya extensión desea utilizar y manténgalo en dicho punto hasta que vea un pequeño marcador en forma de cruz sobre la línea. El cursor también muestra un mensaje de información en pantalla con la expresión "extensión" con la intención de hacerle saber que el modo Extensión de la función Referencia de objetos está activado.
- Desde: Selecciona un punto relativo a un punto seleccionado. Por ejemplo, puede seleccionar un punto que se encuentra 2 unidades a la izquierda y 4 por encima del centro de un círculo. Generalmente, esta opción se utiliza en conjunción con otras opciones de referencia tales como Punto final o Punto medio.
- Inserción [INS]: Selecciona el punto de inserción del atributo, bloque, referencia externa, o superposición.
- Intersección [INT]: Selecciona la intersección de los objetos.
- Medio entre dos puntos: Selecciona un punto que está situado en el medio de otros dos puntos.
- Punto medio [MED]: Selecciona el punto medio de una línea o arco. En caso de polilíneas, selecciona el punto medio del segmento de polilíneas.

- Cercano [CER]: Selecciona un punto situado en el objeto más cercano al punto de selección.
- Punto [PUN]: Selecciona un objeto de punto.
- Ninguno: Desactiva temporalmente las referencias a objetos.
- Paralelo [PAR]: Le permite dibujar un segmento de línea que sea paralelo a otro segmento de línea existente. Para utilizar esta opción, escriba `PAR` en la línea de comandos y pulse **Intro** al seleccionar el punto o escoja Paralelo en el menú Referencia de objetos, mueva el cursor hasta la línea a partir de la que desea crear una paralela y mantenga el cursor sobre dicha línea hasta que se convierta en un marcador en forma de cruz. El cursor mostrará un mensaje de información en pantalla con la palabra "paralelo" para indicarle que el modo Paralelo de la función Referencia a objetos está activo.
- Perpendicular [PER]: Selecciona una ubicación de un objeto perpendicular al último punto seleccionado.
- Filtros para puntos: No se trata realmente de un modo de referencia de objetos, sino de opciones de selección que nos permiten filtrar valores de coordenadas X, Y o Z respecto al punto seleccionado.
- Cuadrante [CUA]: Selecciona el punto cardinal más cercano (norte, sur, este y oeste) dentro de un arco o círculo.
- Tangente [TAN]: Selecciona un punto en un arco o círculo que representa la tangente con respecto al último punto seleccionado.
- Punto de inserción ortogonal temporal: Proporciona un método alternativo para utilizar la característica de seguimiento de referencia a objetos que describiremos más adelante en este capítulo.

Últimos retoques

El interior de la bañera sigue teniendo algunas esquinas angulosas. Para redondearlas, podemos utilizar la herramienta **Empalme** del panel Modificar de la ficha Inicio (véase la figura 3.23). Esta herramienta nos permite unir extremos de líneas y arcos, y puede agregar un radio en el punto de unión para suavizar la transición entre los arcos y las líneas. Puede unir dos líneas que no se crucen y recortar dos líneas que se crucen hasta el punto de intersección.

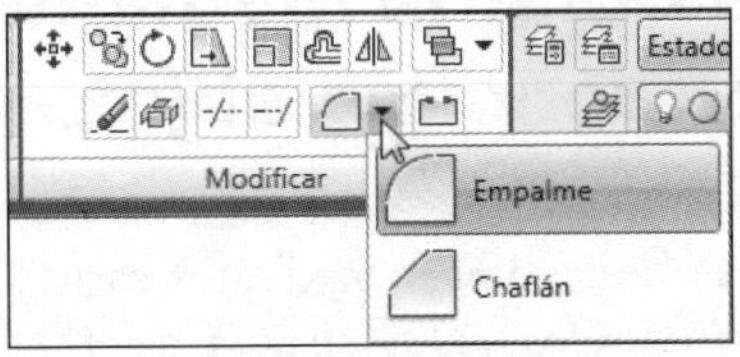

Figura 3.23. La herramienta Empalme en el panel Modificar.

Otra herramienta, **Chaflán**, realiza una función similar, pero en lugar de unir líneas con un arco, une líneas entre sí mediante un corto segmento de línea. Como realizan funciones similares tiene la misma ubicación en el panel Modificar. Si no ve la herramienta **Empalme**, haga clic en el desplegable de Chaflán y seleccione Empalme.

Continúe con el tutorial siguiendo estos pasos:

1. Haga clic en la herramienta **Empalme** ( ) en el panel Modificar de la ficha Inicio o escriba `MP` en la línea de comandos y pulse **Intro**.
2. En la línea de comando

```
Parámetros actuales: Modo = Recortar, Radio = 0
Designe el primer objeto o [Deshacer/Polilínea/RAdio/Recortar/múLtiple]:
```

escriba `R` y pulse **Intro** o haga clic con el botón derecho de ratón y seleccione Radio en el menú contextual.

3. En la línea de comando `Precise radio de empalme <10>:`, escriba `10`.
4. Seleccione los arcos contiguos. El arco de empalme une los dos arcos más grandes.
5. Pulse **Intro** de nuevo y proceda a empalmar la otra esquina. Repita el proceso hasta haber empalmado el resto de las esquinas. El resultado final ha de parecerse al que muestra la figura 3.24.

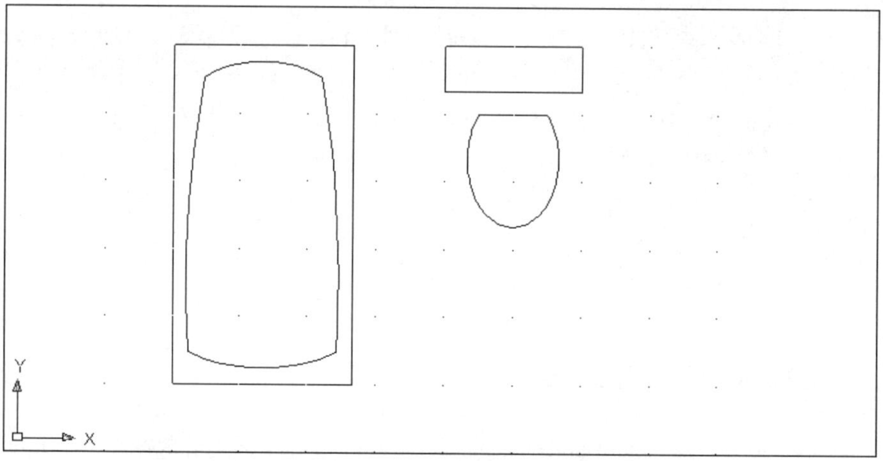

Figura 3.24. Una vista del inodoro y de la bañera terminados con las esquinas de la bañera rematadas.

6. Guarde y cierre el archivo.

Alineación de objetos mediante la función Rastreo de referencia a objetos

Ya hemos visto cómo utilizar líneas para crear un objeto en el ejemplo de la bañera. En muchas situaciones, el uso de las líneas auxiliares es la forma más eficaz de dibujar, pero pueden resultar molestas. AutoCAD 2009 dispone de otra herramienta que le ayuda a alinear puntos de su dibujo con respecto a objetos existentes sin necesidad de utilizar líneas auxiliares.

Esta herramienta se denomina Rastreo de referencia a objetos o Rastreo de objetos. La función Rastreo de objetos es como una extensión del modo Referencia a objetos que le permite alinear un punto con respecto a la forma geométrica de un objeto en lugar de seleccionar simplemente un punto en un objeto. Por ejemplo, la función Rastreo de objetos nos permite seleccionar un punto que se encuentre situado justo en el centro de un rectángulo.

En el siguiente conjunto de ejercicios, dibujaremos una vista de planta del lavabo de un cuarto de baño para introducir el uso de la función Rastreo de referencia de objetos. El dibujo que creemos aquí se utilizará como símbolo para capítulos posteriores.

Configuración rápida

En primer lugar, y como ejercicio de repaso, vamos a abrir un nuevo archivo utilizando el Asistente para crear nuevo dibujo. Como utilizaremos este dibujo como símbolo para la inserción en otros dibujos de AutoCAD, no tenemos que preocuparnos de configurarlo de forma que se ajuste a un tamaño de página. Es muy probable que no tenga que imprimir símbolos individuales.

1. Escriba `startup` y pulse **Intro**, escriba `1` y pulse **Intro**. Esto activa el asistente Configuración rápida para los nuevos dibujos.
2. Haga clic en la herramienta **RNuevo** de la Barra de herramientas de acceso rápido para crear un nuevo dibujo para el lavabo del baño.
3. Haga clic en el botón **Utilizar un asistente** del cuadro de diálogo Crear nuevo dibujo, seleccione la opción Configuración rápida en la lista Seleccionar asistente que aparece debajo de los botones, y haga clic en **Aceptar** (consulte la figura 3.25).

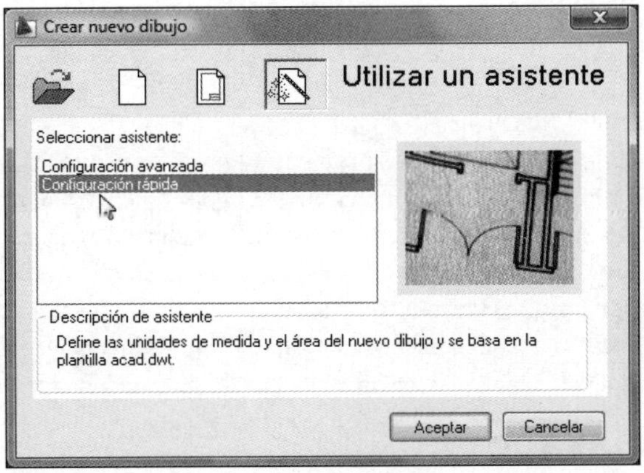

Figura 3.25. Cuadro de diálogo Crear nuevo dibujo.

4. En la pantalla Unidades seleccione Decimales y haga clic en **Siguiente**. Esta opción realiza la misma función que el cuadro de diálogo Unidades de dibujo visto anteriormente.
5. En la pantalla Área, escriba **122** en el campo Anchura y **92** en el campo Longitud. Haga clic en **Finalizar** cuando haya introducido la anchura y la longitud. Esta opción realiza la misma operación que la selección Formato>Límites del dibujo en el Explorador de menús.

6. Haga clic en el botón **Rejilla** () de la barra de estado para activar la rejilla, luego escriba `Z`, pulse **Intro**, `T` y pulse **Intro** para ver toda el área de trabajo. La rejilla le ayuda a verla con mayor claridad.
7. Seleccione Archivo>Guardar como en el Explorador de menús para guardar el archivo con el nombre de `Lavabo`.
8. Escriba `startup` y pulse **Intro,** escriba `0` y pulse **Intro** para desactivar el asistente Configuración rápida. Puede dejarlo activado, pero tenga en cuenta que en futuros ejercicios se supondrá que está desactivado.

Como ha visto en los pasos 4 y 5, el Asistente para nuevo dibujo simplifica el proceso de configurar el dibujo al limitar las opciones que necesitamos para trabajar.

TRUCO: Si descubre que utiliza una y otra vez la misma configuración de dibujo, puede crear archivos de plantilla ya configurados y personalizados. Comentaremos este tema en profundidad en capítulos posteriores.

Alineación con pinzamientos

Las referencias, junto con los pinzamientos ofrecen una característica similar a la opción Rastreo de referencia a objetos que nos permite alinear un pinzamiento con la dirección de una línea o un arco. Así es cómo funciona: seleccione la línea respecto a la que desea alinear haciendo que se muestren sus pinzamientos. Seleccione el pinzamiento de otro objeto de los que quiera editar y sitúese sobre el pinzamiento del punto final de la primera línea que ha seleccionado. Cuando aleje el cursor del pinzamiento, aparecerá un vector de alineación que está alineado con la primera línea. Su cursor se ajustará a la línea y al vector que describe. Cuando desplace el cursor, éste se moverá siguiendo el vector que describe la línea.

También puede colocarse sobre los pinzamientos de los puntos finales de dos líneas o de una línea y un arco para buscar su intersección. O podría extender rápidamente la longitud de una línea o un arco utilizando este método. Por ejemplo, haga clic en el pinzamiento del punto final de una línea, coloque el cursor sobre él hasta que aparezca el icono en forma de pequeña cruz y arrástrelo hasta el punto final en la dirección de la línea para alargarlo o acortarlo. Esto también funciona con los pinzamientos de una polilínea.

Dibujo del lavabo

Ya estamos listos para dibujar el lavabo. Empezaremos por delinear la forma del lavabo. Luego, comprobará que el modo Referencia a objetos en ejecución está activado, así como el modo Rastreo de referencia a objetos.

Éstos son los pasos:

1. Haga clic en el botón **Rejilla** () en la barra de estado para desactivar la rejilla. Resulta útil ver el área de trabajo, pero en estos momentos no la necesitamos.
2. Haga clic en la herramienta **Rectángulo** () del panel Dibujo o escriba `REC` y pulse **Intro**.

3. En la línea de comandos `Precise primer punto de esquina o [Chaflán/Elevación/eMpalme/Alt-objeto/Grosor]:`, escriba `0,0` y pulse **Intro**. Estos valores emplazan el origen del rectángulo en el origen del dibujo.
4. En la línea de comandos `Precise esquina opuesta o [áRea/Cotas/rOtación]:`, escriba `@71,46` y pulse **Intro**. Como resultado obtendremos un rectángulo de 71 x 46 cm. El rectángulo aparecerá en la mitad inferior del área de dibujo.
5. Haga clic en Extensión del menú desplegable Zoom en el panel Utilidades de la ficha Inicio, o escriba `Z`, pulse **Intro**, escriba `E` y pulse **Intro**. De esta manera se amplía la vista del contorno del lavabo para que quepa en la zona de dibujo.
6. A continuación, utilice la herramienta **Tiempo real** del desplegable Zoom para ajustar la vista de forma que presente un aspecto parecido a la de la figura 3.26. También puede escribir `Z` y pulsar **Intro** dos veces para iniciar la herramienta **Tiempo real**, o simplemente utilizar la rueda del ratón.

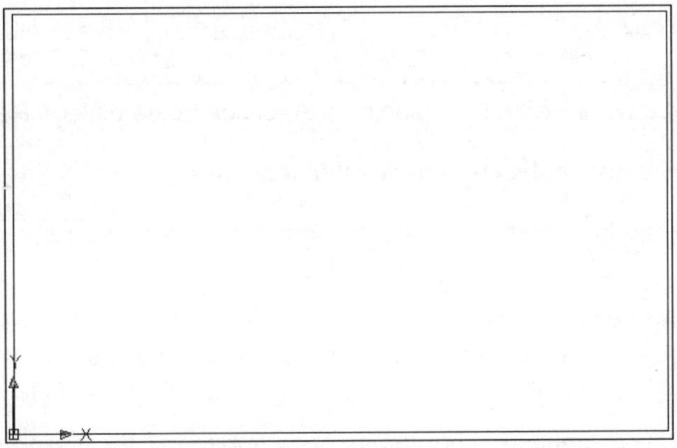

Figura 3.26. Vista del lavabo después de hacer algunos ajustes.

A continuación, dibujaremos la pila del lavabo. Para representarlo utilizaremos una elipse. El objetivo es dibujar la elipse en el centro del rectángulo que acabamos de dibujar. Para ello, utilizaremos el punto medio de los dos lados más próximos del rectángulo como emplazamientos de alineación. Para esta tarea, resulta útil la función Rastreo de referencia a objetos. En primer lugar, comprobaremos que el modo Referencia a objetos en ejecución está activado, así como la opción Punto medio. A continuación, nos aseguraremos de que el modo Rastreo de referencia a objetos está igualmente habilitado.

1. Haga clic con el botón derecho del ratón sobre el botón **Rastreo de referencia a objetos** ( ) en la barra de estado y seleccione Parámetros en el menú contextual para abrir el cuadro de diálogo Parámetros de dibujo con la ficha Referencia a objetos seleccionada (consulte la figura 3.27).
2. Asegúrese de activar la opción Punto medio en el grupo Modos de referencia a objetos.
3. Asimismo, asegúrese de habilitar las casillas Referencia a objetos activada y Rastreo de referencia a objetos activado. Haga clic en **Aceptar**. Observará que ahora los botones **Referencia a objetos** y **Rastreo de referencia a objetos** de la barra de estados están activados.

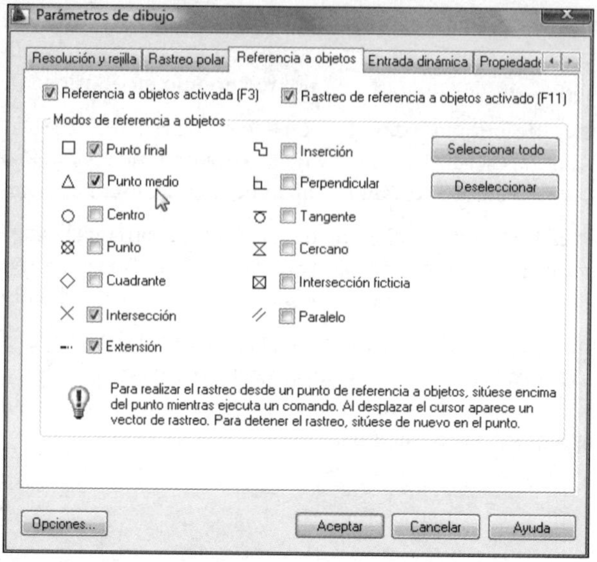

Figura 3.27. La ficha Referencia a objetos en el cuadro de diálogo Parámetros de dibujo.

Con esto, estamos en disposición de dibujar la elipse.

1. Seleccione la herramienta **Elipse** ( ) en el panel Dibujo o introduzca `El` y pulse **Intro**.
2. En la línea de comando `Precise punto final de eje de elipse o [Arco/Centro]:`, escriba `C` o haga clic con el botón derecho del ratón y seleccione Centro en el menú contextual. Esto le permite seleccionar el centro de la elipse para empezar.
3. Mueva el cursor hacia el borde superior y horizontal del rectángulo hasta que aparezca el mensaje de información en pantalla indicando el punto medio.
4. A continuación, mueva el cursor directamente sobre el marcador de referencia a objetos Punto medio. Sin hacer clic con el ratón, mantenga el cursor durante un segundo en dicha posición hasta que aparezca una pequeña cruz. Observe atentamente, porque el tamaño de la cruz es muy pequeño. Éste es el marcador Rastreo de referencia a objetos (véase la figura 3.28).

TRUCO: Puede alternar la inserción y eliminación del marcador de rastreo de referencia a objetos pasando el cursor sobre el marcador de referencia a objetos.

5. Al mover el cursor hacia abajo, aparecerá una línea de puntos cuyo origen es el punto medio de la línea horizontal. El cursor muestra también una pequeña cruz (X) que sigue a la línea de puntos al moverlo (véase la figura 3.29).
6. Mueva el cursor hasta el punto medio del lado izquierdo del rectángulo. No haga clic con el ratón. Manténgalo un segundo sobre dicha línea hasta que aparezca una cruz. Tras ello, al mover el cursor de posición, aparecerá una línea de puntos horizontal con una X siguiendo al cursor (véase la figura 3.30).

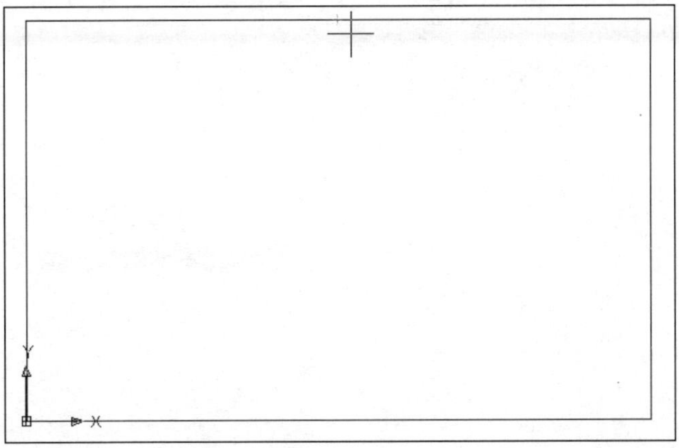

Figura 3.28. Marcador Rastreo de referencia a objetos.

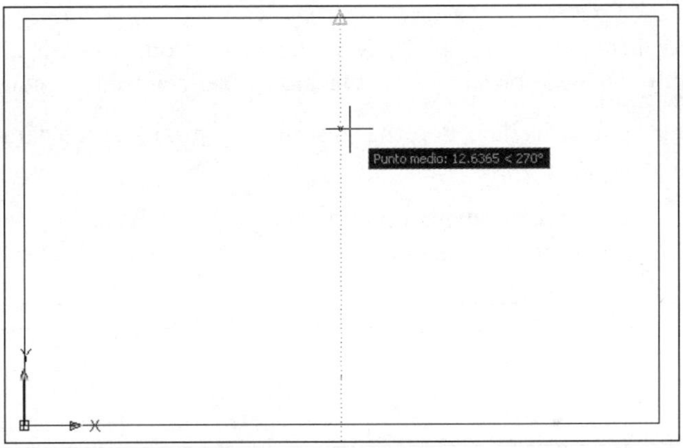

Figura 3.29. Aparece una línea de puntos vertical.

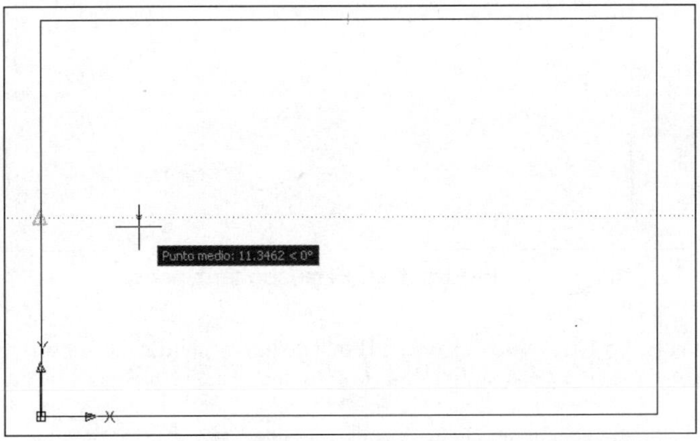

Figura 3.30. Aparece una línea de puntos horizontal.

7. Mueva el cursor hasta el centro del rectángulo. Las dos líneas de puntos aparecerán simultáneamente con una X en su intersección (véase la figura 3.31).

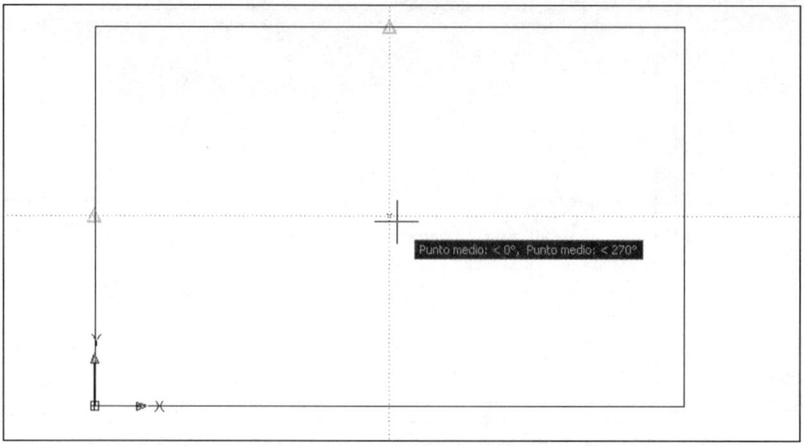

Figura 3.31. Las líneas de puntos vertical y horizontal aparecen simultáneamente.

8. Con las dos líneas cruzadas y la X en su intersección, haga clic con el botón izquierdo del ratón. De esta forma, queda seleccionado el centro del rectángulo.
9. Mueva el cursor hacia la derecha y escriba `20` y pulse **Intro** para asignar un ancho de 40 cm. a la pila.
10. Mueva el cursor hacia abajo, escriba `15` y pulse **Intro** para asignar una longitud de 30 cm. a la pila. El símbolo elemental del lavabo está terminado (véase la figura 3.32).

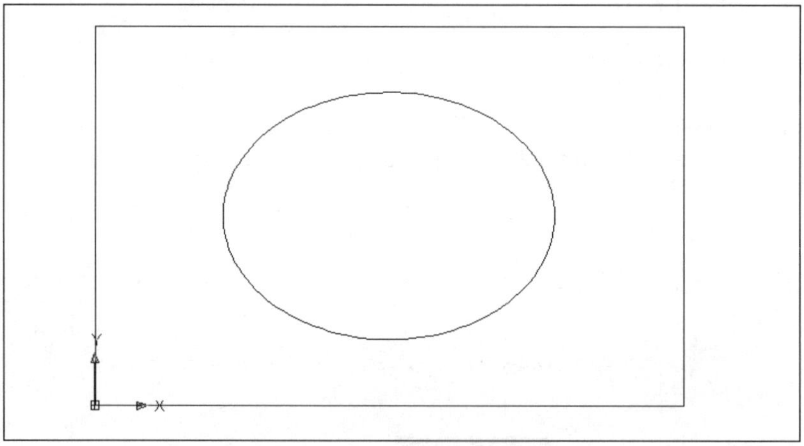

Figura 3.32. El lavabo terminado.

11. Haga clic en **Guardar** ( ) en la Barra de herramientas de acceso rápido. Ahora puede salir de AutoCAD y tomarse un descanso.

En este ejercicio hemos comprobado cómo la función de rastreo de referencia a objetos nos permite alinear dos ubicaciones para seleccionar un punto en el espacio. Hemos utilizado únicamente el modo de referencia a objetos Punto medio, pero eso no significa que no podamos utilizar todos los que deseemos para designar las formas geométricas adecuadas. Tampoco hay límite en cuanto a los puntos de alineación que desee seleccionar, aunque en este ejercicio sólo hayamos utilizado dos. Si lo desea, puede borrar la elipse creada en este ejercicio y repetir los pasos para familiarizarse con la función Rastreo de referencia a objetos.

> **TRUCO:** Al igual que con otros botones de la barra de estado, basta con hacer clic en el botón **Rastreo de referencia a objetos** alternativamente para activar y desactivar la función de rastreo de referencia a objetos.

Utilizar los modos de AutoCAD como herramientas de dibujo

Antes de completar el capítulo, veremos otras herramientas de diseño que son típicas en los programas de dibujo. Estas herramientas se pueden comparar con una rejilla de fondo (modo Rejilla), una escala (modo indicador de coordenadas) y una escuadra y un cartabón (modos Rastreo de referencia a objetos y Rastreo polar). Los modos de dibujo pueden convertirse en herramientas indispensables en determinadas condiciones. No las utilizaremos en ningún ejercicio, pero su uso es bastante sencillo. Puede experimentar con ellas utilizando la información de esta sección.

Utilizar el modo Rejilla como plantilla de fondo

Utilizar el modo de rejilla es como disponer de una plantilla de dibujo para que resulte más sencillo realizar el trabajo de diseño. En AutoCAD, el modo Rejilla permite apreciar los límites del dibujo porque se puede ajustar para que muestre sólo el área de trabajo definida. Este modo permite determinar visualmente las distancias en las que está trabajando en cualquier vista seleccionada. En esta sección, aprenderá a controlar la apariencia de la rejilla. La tecla F7 se utiliza para activar y desactivar el modo Rejilla; también puede hacer clic en el botón **Rejilla** situado en la barra de estado.

> ### Uso conjunto de rastreo polar y rastreo de referencia a objetos
>
> Además de seleccionar tantos puntos de rastreo como sean necesarios, también puede utilizar distintos ángulos junto a los ángulos ortogonales básicos de 0°, 90°, 180° y 270°. Por ejemplo, puede hacer que AutoCAD ubique un punto que se alinea verticalmente con el borde superior del lavabo y a un ángulo de 45° de una esquina (consulte la figura 3.33).
>
> Para ello, utilice los parámetros en la ficha Rastreo polar del cuadro de diálogo Parámetros de dibujo. Si establece el ángulo de incremento en 45° y activa la opción Rastreo con parámetros de ángulo polar, podrá utilizar 45° además de las direcciones ortogonales.

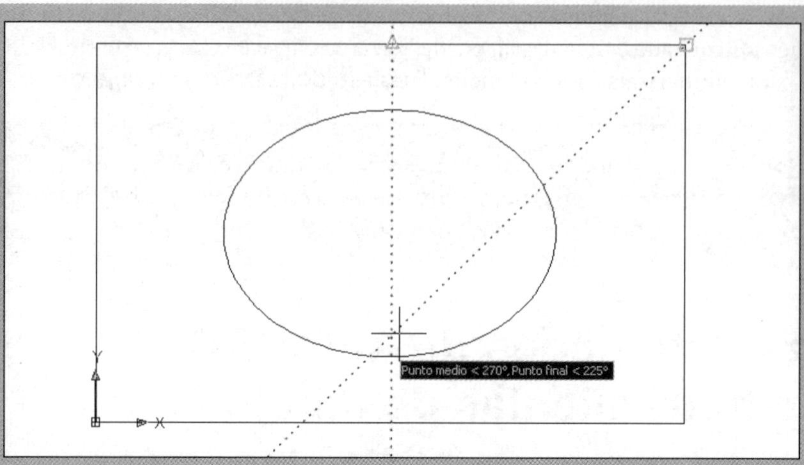

Figura 3.33. Conjunto de rastreo polar y rastreo de referencia a objetos.

En este ejercicio, primero debemos establecer el intervalo de la rejilla y activarla.

1. Haga clic con el botón derecho del ratón en la herramienta **Rejilla** ( ) en la barra de estado y seleccione Parámetros, o escriba `D` y pulse **Intro** para abrir el cuadro de diálogo Parámetros de dibujo con todos los parámetros del modo.

2. Seleccione la ficha Resolución y rejilla situada en la parte superior del cuadro de diálogo. Esta ficha consta de cinco grupos de botones: Distancia resolución, Intervalo de rejilla, Intervalo polar, Comportamiento de rejilla y Tipo de referencia (consulte la figura 3.34). Observe que el cuadro de texto Intervalo X de la rejilla contiene el valor `10`.

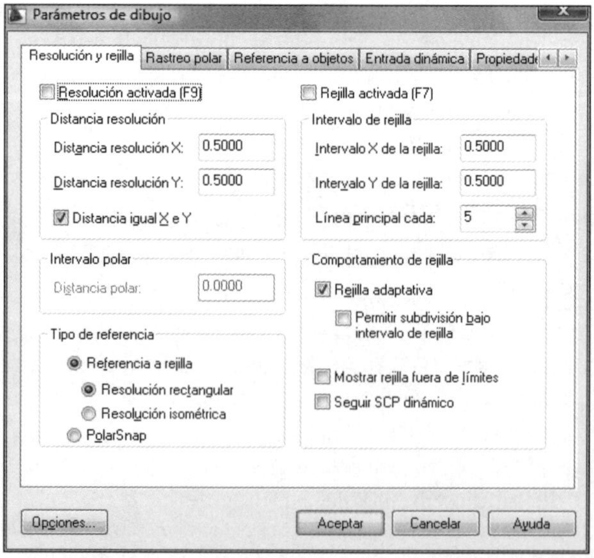

Figura 3.34. Ficha Resolución y rejilla del cuadro de diálogo Parámetros de dibujo.

NOTA: Puede utilizar la variable del sistema `Gridunit` para configurar el intervalo de rejilla. Escriba `Gridunit` y pulse **Intro**. En la línea de comando `Indique nuevo valor para GRIDUNIT <30.000,30.000>:` escriba `30,30`. Observe que el valor `Gridunit` debe introducirse como una coordenada X e Y.

Puede configurar el intervalo de rejilla introduciendo valores para los cuadros de texto Intervalo X de la rejilla e Intervalo Y de la rejilla. En el grupo Comportamiento de rejilla, asegúrese de que la opción Mostrar rejilla fuera de límites le permite determinar si la rejilla aparecerá fuera de los límites del dibujo. Haga clic en la casilla de verificación Rejilla activada para hacerla visible. Observe la tecla de función **F7** situada entre paréntesis. Puede utilizar esta tecla para activar y desactivar la rejilla. Haga clic en **Aceptar** para cerrar el cuadro de diálogo y guardar su configuración. Una vez haya configurado su rejilla, puede pulsar **F7** o hacer clic en el botón **Rejilla** en la barra de estado (también puede mantener pulsada la tecla **Control** y pulsar **G**) para hacer aparecer y desaparecer la rejilla de la pantalla.

Modos de referencia

El modo Referencia limita el movimiento del cursor a intervalos determinados. Este modo resulta útil para seleccionar puntos equidistantes en la pantalla. Existen dos modos de referencia disponibles en AutoCAD: Referencia rejilla y Referencia polar. La tecla de función **F9** se utiliza para activar y desactivar el modo Forzcursor. También dispone del botón **Forzcursor** en la barra de estado con la misma función. Siga estos pasos para acceder al modo Forzcursor:

1. Haga clic con el botón derecho del ratón sobre la herramienta **Rejilla** ( ) en la barra de estado y seleccione Parámetros o escriba `paramsdib` y pulse **Intro** para mostrar el cuadro de diálogo Parámetros de dibujo.
2. En el grupo Distancia resolución del cuadro de diálogo, haga doble clic en el cuadro de texto Distancia resolución X e introduzca un valor para la distancia de resolución. A continuación, pulse la tecla **Tab** para pasar a la siguiente opción. AutoCAD asume que desea utilizar el mismo intervalo en ambas coordenadas si no especifica un valor distinto en el parámetro Y.
3. Haga clic en la casilla de verificación Resolución activada para activar el modo Forzcursor desde este cuadro de diálogo.
4. Haga clic en **Aceptar** para guardar su configuración y cerrar el cuadro de diálogo.

Con el modo Forzcursor activado, el cursor parece desplazarse a intervalos en lugar de hacerlo de forma continua. El botón **Forzcursor** de la barra de estado aparece pulsado, lo que indica que el modo Forzcursor está activado. Pulse **F9** o haga clic en la herramienta **Forzcursor** en la barra de estado (también puede pulsar la tecla **Control** y la tecla **F** simultáneamente) para activar y desactivar el modo Forzcursor.

NOTA: Puede utilizar la variable de sistema `Snapunit` para establecer el espaciado de ajuste. Para ello, escriba `Snapunit` y pulse **Intro**. A continuación, en la línea de comando `Indique nuevo valor para SNAPUNIT <10.000,10.000>:`, introduzca un valor en forma de coordenadas X e Y.

Observe un instante el cuadro de diálogo Parámetros de dibujo. La otra opción del grupo Distancia resolución le permiten definir que el espaciado de X e Y sea igual (Distancia igual X e Y).

En el grupo Tipo de referencia, puede cambiar la configuración de la resolución y de la rejilla para facilitar la creación de dibujos isométricos 2D mediante el botón de opción Resolución isométrica. La opción PolarSnap permite establecer una distancia de resolución para el modo de resolución polar. Al seleccionar el botón de opción PolarSnap, la opción Distancia polar situada en la parte central izquierda se activará para permitir la introducción de un intervalo de resolución polar.

TRUCO: Puede configurar la rejilla para que siga automáticamente la distancia de resolución. Para hacerlo, establezca el intervalo de la rejilla X e Y en 0.

En resumen

- **Configuración del área de trabajo:** Un dibujo en blanco en AutoCAD ofrece pocas pistas sobre el tamaño del área con la que trabaja, pero se puede hacer una idea del área en la ventana de AutoCAD.
    - **Dominarlo:** Identifique dos maneras de configurar el área de su trabajo.
- **El proceso de dibujo:** Para utilizar AutoCAD con eficacia, deberá saber cómo funcionan las diferentes herramientas para conseguir un efecto. El proceso de dibujo a menudo implica varios círculos de adición de objetos y su edición.
    - **Dominarlo:** Identifique las herramientas que hacen que el cursor señale en una dirección horizontal o vertical exacta.
- **Planear y trazar las líneas de referencia de un dibujo:** Si alguna vez tuvo que dibujar un boceto preciso con sólo lápiz y papel, probablemente utilizaría una serie de directrices para diseñar su dibujo en primer lugar. En AutoCAD se hace lo mismo, pero en lugar de utilizar una serie de directrices puede utilizar cualquier objeto que desee. En AutoCAD, los objetos se modifican o eliminan con facilidad así que no tiene que tener tanto cuidado como cuando establece las directrices.
    - **Dominarlo:** ¿Cuál es el nombre de la función que le permite seleccionar ubicaciones exactas en los objetos?
- **Utilizar los modos de AutoCAD como herramientas de dibujo:** La principal razón para utilizar AutoCAD es crear dibujos con precisión técnica. AutoCAD ofrece varias herramientas que le ayudan a crear un dibujo con la precisión necesaria.
    - **Dominarlo:** ¿Qué cuadro de diálogo le permite configurar tanto el intervalo de rejilla como la distancia de resolución?

265
1980
2460 - дно
520-укл
R250

4 Organizar objetos con bloques y grupos

El proceso de diseño del inodoro, el lavabo y la bañera del capítulo anterior le habrá parecido excesivamente largo. No obstante, según vaya avanzando en el uso de AutoCAD, aprenderá a dibujar objetos de forma más rápida. También tendrá que dibujar un menor número de objetos, ya que dispondrá de otros dibujos o símbolos para utilizarlos como calcos para duplicar objetos de forma instantánea cuando lo considere oportuno. De esta forma ahorrará mucho tiempo.

Para que el manejo de AutoCAD sea realmente eficaz, el primer paso debe ser elaborar una biblioteca de símbolos de los dibujos que utilice con mayor frecuencia. Un diseñador de piezas mecánicas incluirá en su biblioteca símbolos de válvulas, cierres y levas. En la biblioteca de un ingeniero eléctrico pueden aparecer símbolos de condensadores, resistencias o interruptores, y la de un diseñador de circuitos estará compuesta de un conjunto característico de los símbolos que más utilice.

En el capítulo anterior se dibujaron tres objetos, una bañera, un lavabo y un inodoro, que los arquitectos suelen utilizar frecuentemente. En el capítulo que nos ocupa, aprenderemos a crear símbolos para esos dibujos.

Este capítulo incluye los siguientes temas:

- Creación e inserción de un símbolo.
- Cómo modificar un bloque.
- Entender la Escala de anotación.
- Agrupación de objetos.

Crear un símbolo

Para guardar un dibujo en forma de símbolo, debe utilizar la herramienta **Bloque**. En un procesador de textos, el término bloque hace referencia a un grupo de palabras o de frases que se han seleccionado para desplazarlas, guardarlas o eliminarlas. Un bloque de texto se puede copiar en cualquier punto dentro del mismo archivo, en otros archivos o en una ubicación independendiente (un servidor o un dispositivo de almacenamiento USB) para su posterior utilización. En AutoCAD, los bloques se comportan del mismo modo. Dentro de un archivo, se pueden convertir partes de un dibujo en bloques para guardarlas y recuperarlas en cualquier momento. También se pueden utilizar archivos enteros como bloques.

Para empezar, abra el archivo con el que estuvo trabajando en el capítulo anterior para seleccionar los objetos que queremos que formen parte del bloque.

1. Inicie AutoCAD y abra el archivo `Baño` creado en el capítulo anterior o el archivo `04-bath-metric.dwg` que se incluye en el CD-ROM adjunto. Aparecerá tal y como lo haya guardado en la última sesión.
2. En el panel Bloque de la Cinta de opciones, haga clic sobre la herramienta **Crear** ( ) o escriba `bloque` y pulse **Intro**, el método abreviado de teclado para dicha herramienta, para abrir el cuadro de diálogo Definición de bloque. También puede seleccionar Dibujo>Bloque>Crear en el Explorador de menús (véase la figura 4.1).

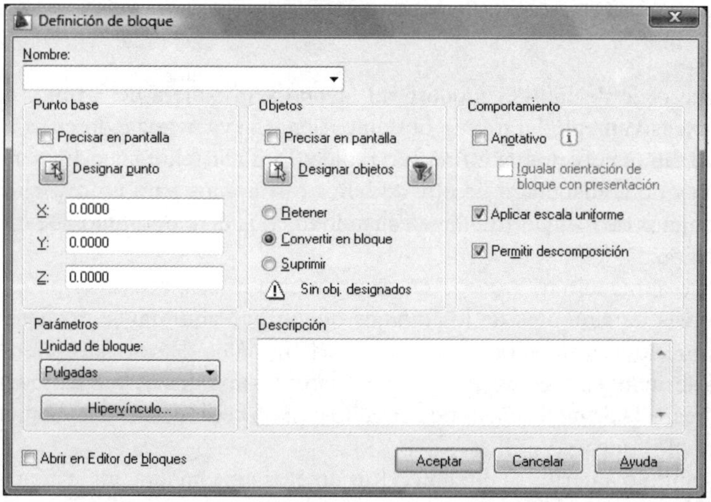

Figura 4.1. Cuadro de diálogo Definición de bloque.

3. Escriba **Inodoro** en el cuadro de texto Nombre.
4. En la sección Punto base debe hacer clic sobre el botón **Designar punto**. Esta opción le permite seleccionar un punto base para el bloque con ayuda del cursor. (El punto base de inserción de un bloque es el punto de referencia de un bloque utilizado como pinzamiento.) Una vez seleccionada la opción, el cuadro de diálogo desaparecerá provisionalmente.

TRUCO: El cuadro de diálogo Definición de bloque permite determinar las coordenadas X, Y o Z de un punto base, en lugar de tener que seleccionarlo.

5. Con ayuda del modo de referencia a objetos Punto medio puede designar el punto medio de la parte posterior del inodoro como punto base. En el capítulo anterior aprendimos a configurar la referencia a objetos en ejecución. Todo lo que tiene que hacer es indicar el punto medio de una línea para que aparezca el marcador de referencia de objetos Punto medio y, a continuación, hacer clic con el botón izquierdo del ratón (véase la figura 4.2).

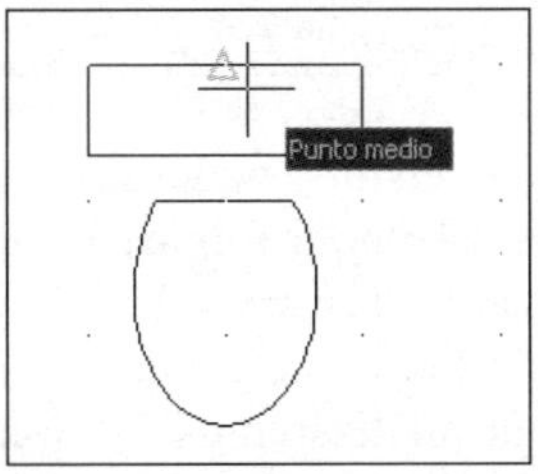

Figura 4.2. Marcador Punto medio.

Una vez seleccionado un punto, volverá a abrirse el cuadro de diálogo Definición de bloque. Podrá apreciar que en los valores X, Y y Z del grupo Punto base se incluyen las coordenadas del punto que acaba de designar. En dibujos de dos dimensiones, la coordenada Z debe ser 0. A continuación, tenemos que seleccionar los objetos que queremos que formen parte del bloque.

6. Para ello, haga clic sobre el botón **Designar objetos** ( ) del grupo Objetos. De nuevo, el cuadro de diálogo desaparecerá. En la ventana de comandos podrá ver la línea de comandos de designación de objetos habitual y el cursor, que ha pasado a ser un cursor de selección de objetos. Haga clic sobre un punto situado debajo y a la izquierda del inodoro y enciérrelo en una ventana. El objeto aparecerá resaltado.

ADVERTENCIA: Debe utilizar la opción Designar objetos del cuadro de diálogo Definición de bloque para seleccionar los objetos que quiera incluir en un bloque. AutoCAD le permite crear bloques que no contengan ningún objeto. Por ello, si intenta seguir adelante sin haber seleccionado ningún objeto, le aparecerá un mensaje de alerta. A veces, esto puede resultar confuso y frustrante, incluso para los usuarios con más experiencia.

7. Pulse **Intro** para confirmar la selección. El cuadro de diálogo Definición de bloque volverá a aparecer en pantalla.
8. Seleccione la opción Centímetros en la lista desplegable Unidad de bloque.
9. Haga clic sobre el cuadro de lista Descripción y utilice un nombre como puede ser **Inodoro estándar**.

10. Compruebe que el botón de opción Retener del grupo Objetos está marcado y haga clic sobre **Aceptar** para continuar. El dibujo del inodoro será un bloque con el nombre `Inodoro`.

11. Repita el proceso anterior con la bañera, pero en esta ocasión utilice la esquina superior izquierda de la misma como punto base de inserción. El nombre que debe asignar al bloque es **Bañera**. Puede utilizar **Bañera estándar** como descripción.

> **TRUCO:** Puede pulsar **Intro** o utilizar el botón derecho del ratón y seleccionar la opción Repetir Crear bloque en el menú contextual para iniciar de nuevo la herramienta **Crear bloque**.

Cuando se convierte un objeto en un bloque, se guarda en el archivo de dibujo y se puede recuperar en cualquier momento. El bloque forma parte del archivo de dibujo incluso cuando se termina la sesión de edición. Al abrir de nuevo el archivo, podrá utilizar el bloque. Además, se puede acceder a bloques de otros dibujos con ayuda de la opción DesignCenter de AutoCAD y las paletas de herramientas que analizaremos en capítulos posteriores.

Un bloque actúa como un único objeto, aunque esté formado por más de uno. Una de las peculiaridades de un bloque es que, cuando se modifica, todas las instancias de ese bloque se actualizan para reflejar los cambios. Por ejemplo, podemos añadir varias copias del inodoro en el dibujo y, posteriormente, si decidimos modificar su forma, sólo tendremos que cambiar el bloque Inodoro para que el resto de las copias se actualice automáticamente.

Los bloques se pueden modificar de varias formas tras crearlos. En este capítulo veremos cómo aplicar pequeños cambios a bloques individuales modificando sus propiedades. Para aplicar cambios más importantes, aprenderemos a redefinir un bloque tras su creación. En un capítulo posterior aprenderemos a utilizar el Editor de bloques para hacer cambios a los bloques.

El cuadro de diálogo Definición de bloque

El cuadro de diálogo Definición de bloque incluye varias opciones que facilitan el uso de bloques en un proyecto. Si le interesan estas opciones, revise el cuadro al leer las descripciones de las distintas funciones. O si lo prefiere, puede seguir adelante con el ejercicio de este capítulo y volver a esta sección más adelante.

Como hemos visto anteriormente, la opción Nombre permite definir un nombre para el bloque. AutoCAD no le dejará concluir la creación de un bloque hasta que no le asigne un nombre.

También hemos aprendido a seleccionar un punto base para un bloque. Este punto es como el pinzamiento del bloque: es el punto de referencia que se utiliza cuando se añade el bloque a un dibujo, pero también tiene la opción de introducir las coordenadas X, Y y Z justo debajo del botón **Designar punto**. No obstante, en la mayoría de los casos es aconsejable utilizar dicho botón para designar el punto base que se encuentra sobre el grupo de objetos que se quiere transformar en bloque.

En el grupo Objetos puede seleccionar los objetos que se van a incluir en el bloque. El botón **Designar objetos** permite escoger, de forma visual, los objetos que desee incluir. El botón que se encuentra a la derecha de éste, **Selección rápida**, permite filtrar los objetos en función de sus propiedades. La herramienta **Selección rápida** se analizará con más detalle en capítulos posteriores. Una vez que seleccione un conjunto de objetos de su bloque, verá una vista previa en miniatura de los contenidos del bloque en la esquina superior derecha del cuadro de diálogo Definición de bloque.

El resto de opciones de los grupos Objetos y Parámetros permiten determinar el tipo de acción que se va a llevar a cabo con los objetos que componen un bloque. La tabla 4.1 muestra una lista de dichas opciones y lo que significan:

Tabla 4.1. Opciones del cuadro de diálogo Definición de bloque.

Opción	Propósito
Grupo Objetos	
Retener	Mantiene los objetos seleccionados para formar un bloque sin cambios.
Convertir en bloque	Transforma los objetos seleccionados en el bloque que se está diseñando. Una vez completado el comando **BLOQUE**, actúa como un único objeto.
Suprimir	Elimina los objetos seleccionados para un bloque. Puede que se abra un mensaje de advertencia en la parte inferior del grupo Objetos. Este mensaje aparece si no ha seleccionado objetos para el bloque. Una vez seleccionados, el mensaje cambia e indica el número de objetos que se han escogido.
Grupo Comportamiento	
Anotativo	Activa la función de escala Anotativo para los bloques. Esta función le permite utilizar un único bloque para diferentes vistas de escala de un dibujo. Con esta función activada, se puede configurar AutoCAD para ajustar el tamaño del bloque a una escala adecuada para el dibujo.
Igualar orientación de bloque	Con la opción Anotativo activada, esta opción está disponible y hace que el bloque aparezca siempre en una orientación sin tener en cuenta la orientación de la vista de la presentación.
Aplicar escala uniforme	De forma predeterminada, los bloques pueden tener una escala X, Y o Z diferente. Esto significa que pueden deformarse respecto a cualquiera de los ejes. Podemos bloquear las escalas X, Y y Z del bloque activando la casilla de verificación de esta opción. De esta forma, el bloque se escalará siempre de forma uniforme y no podrá deformarse arbitrariamente respecto a uno de sus ejes.
Permitir descomposición	De forma predeterminada, los bloques pueden descomponerse o reducirse a los objetos que lo componen. Podemos inmovilizar un bloque para que no se pueda descomponer desactivando la casilla de verificación de esta opción. También podemos activar esta opción más adelante si decidimos que necesitamos descomponer un bloque.

Opción	Propósito
Grupo Parámetros	
Unidad de bloque	Le permite determinar la escala del objeto cuando se inserta en el dibujo utilizando la función DesignCenter que veremos en capítulos posteriores. Por defecto, este valor es el mismo que el valor de inserción del dibujo actual.
Hipervínculo	Nos permite asignar un hipervínculo a un bloque. Esta opción abre el cuadro de diálogo Insertar hipervínculo que nos permite seleccionar una ubicación o un archivo para el hipervínculo.
Descripción y Abrir en Editor de bloques	
Descripción	Permite incluir una breve descripción o palabra clave para el bloque. Es una opción muy útil cuando se quiere localizar un determinado bloque dentro de un conjunto de dibujos. Más adelante haremos referencia a la búsqueda de bloques.
Abrir en Editor de bloques	Si activa esta opción, el bloque se creará y, a continuación, se abrirá en el editor de bloques.

Insertar un símbolo

Los bloques Bañera e Inodoro se pueden recuperar en cualquier momento, y tantas veces como consideremos necesario. En el siguiente ejercicio, primero dibujaremos las paredes interiores del aseo y, a continuación, añadiremos la bañera y el inodoro. Para ello, siga estos pasos:

1. Elimine los dibujos originales del inodoro y de la bañera. Utilice para ello la herramienta **Borrar** ( ) del panel Modificar de la Cinta de opciones, escriba `Todo` y pulse **Intro** dos veces. De esta forma eliminará la totalidad de los contenidos visibles del dibujo. Esta acción no afecta a los bloques que se hayan creado anteriormente.

2. Dibuje un rectángulo de 228x152 cm. Debe orientarlo de forma que los lados horizontales discurran de izquierda a derecha y la esquina inferior izquierda se encuentre en las coordenadas 56.0000, 56.0000.

   Si va a trazarlos con ayuda de la herramienta **Rectángulo**, debe descomponerlos con la herramienta **Descomponer**. Le será de utilidad para ejercicios posteriores. (Consulte la sección sobre cómo deshacer y volver a definir un bloque, de este mismo capítulo, si tiene dudas sobre cómo utilizar la herramienta **Descomponer**.) El dibujo debe parecerse al ilustrado en la figura 4.3.

> **TRUCO:** La herramienta **Insertar bloque** también se incluye en la barra de herramientas Insertar que se puede mostrar en pantalla al hacer clic con el botón derecho del ratón sobre la barra de herramientas Acceso rápido y seleccionar Barras de herramientas>AutoCAD>Insertar.

Figura 4.3. Interior del aseo.

Ya podemos proceder a colocar los bloques. En primer lugar, situaremos la bañera en el dibujo:

1. En el panel Bloque de la Cinta de opciones, haga clic en la herramienta **Insertar** ( ) o escriba `IN` y pulse **Intro** para abrir el cuadro de diálogo Insertar (véase la figura 4.4).

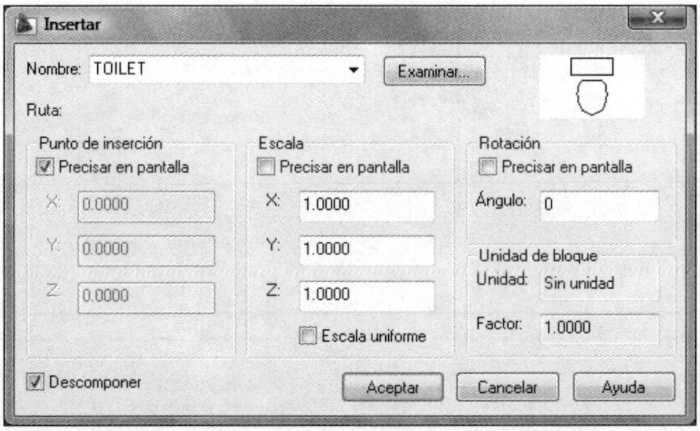

Figura 4.4. Cuadro de diálogo Insertar.

2. Haga clic sobre la lista desplegable Nombre que se encuentra en la parte superior del cuadro para acceder a la relación de los bloques disponibles en el dibujo actual (consulte la figura 4.5).

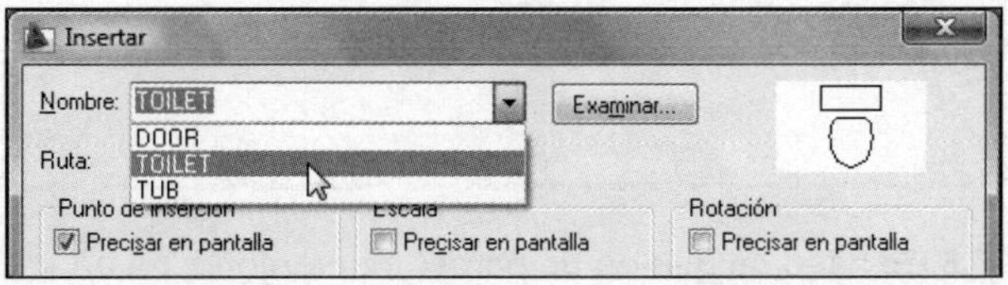

Figura 4.5. Lista desplegable Nombre del cuadro de diálogo Insertar.

3. Seleccione el nombre de bloque Bañera. En los grupos Punto de inserción y Rotación, marque la casilla Precisar en pantalla. Con esta opción activada en el grupo Punto de inserción, se le pedirá que especifique un punto de inserción utilizando el cursor. La opción Precisar en pantalla del grupo Rotación le permite definir gráficamente el ángulo de rotación del bloque.
4. Haga clic sobre **Aceptar** para ver una imagen previa de la bañera enlazada al cursor. La esquina superior izquierda que se designó como punto base de la bañera se encuentra ahora sobre la intersección del cursor.
5. En la línea de comando `Designe punto de inserción o [Puntobase/Escala/X/Y/Z/Girar]:`, debe indicar la intersección superior izquierda de la habitación como punto de inserción.
6. En la línea de comando `Precise ángulo de rotación <0>:`, observará que puede girar el bloque, lo que le permite definir visualmente el ángulo de rotación del mismo. No utilizaremos esta opción por el momento, por lo que puede pulsar **Intro** para aceptar el valor predeterminado (0). El dibujo debería parecerse al que se ilustra en la imagen superior de la figura 4.6.

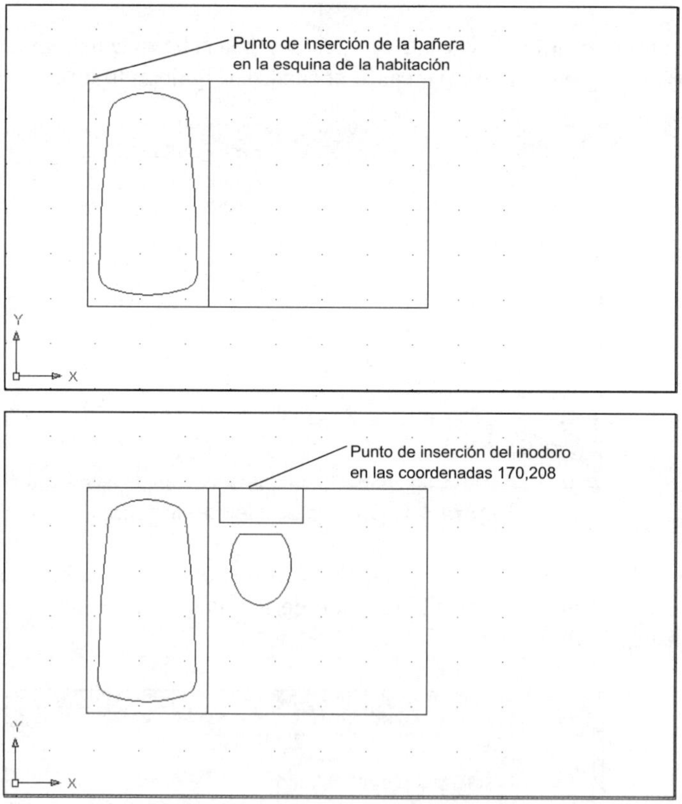

Figura 4.6. El aseo, al que en un primer momento se ha añadido la bañera y, posteriormente, el inodoro.

Ya hemos colocado la bañera. A continuación colocaremos el inodoro.

1. Abra el cuadro de diálogo Insertar, pero esta vez seleccione Inodoro en la lista desplegable Nombre.
2. Desactive la casilla de verificación Precisar en pantalla que se encuentra en el grupo de opciones Rotación.
3. Sitúe el inodoro en el punto medio de la línea superior del rectángulo que forma la pared del aseo, como se puede apreciar en la imagen inferior de la figura 4.6. Una vez seleccionado el punto de inserción, el inodoro aparece sobre el dibujo; no es necesario indicar el ángulo de rotación del bloque.

Escala y rotación de bloques

En el paso 7, la bañera giraba cuando se movía el cursor. Se puede designar un punto para fijar el bloque en pantalla o se puede definir un valor de rotación. Se trata del resultado de marcar la casilla de verificación Precisar en pantalla mencionada anteriormente en el cuadro de diálogo Insertar. Es probable que desee mantener activada esta casilla continuamente si necesita ajustar el ángulo de rotación del bloque al colocarlo en el dibujo.

El resto de opciones que no hemos utilizado del cuadro de diálogo Insertar son las del grupo Escala. Estas opciones permiten escalar un bloque a diferentes tamaños: uniformemente o modificando individualmente el factor de escala X, Y o Z. Si la casilla de verificación Precisar en pantalla no se encuentra marcada, puede introducir directamente valores específicos en los cuadros de texto X, Y o Z para estirar el bloque en cualquier dirección. Si marca dicha casilla, podrá ajustar visualmente los factores de escala X, Y y Z en tiempo real. Aunque estas opciones no se utilizan habitualmente, resultan muy útiles cuando es necesario ajustar un bloque en un dibujo. Las opciones de escala y de rotación de un bloque no se limitan al momento en el que se va a añadir a un dibujo. Estas herramientas se pueden utilizar cuando sea necesario, y se pueden modificar las propiedades de un bloque ya insertado para estirarlo en una u otra dirección. En el siguiente ejercicio le mostramos cómo hacerlo.

1. Haga clic en el bloque Inodoro para seleccionarlo.
2. Haga clic con el botón derecho del ratón y seleccione Propiedades del menú contextual para abrir la paleta Propiedades. Deténgase un momento a examinar la paleta Propiedades. En la parte inferior de la paleta, bajo el encabezado Geometría, aparecen una serie de entradas para indicar la posición y la escala. Los títulos de estas entradas pueden aparecer abreviados en función de la anchura de la paleta. Recuerde que puede hacer clic sobre los bordes de la paleta y arrastrarlos para cambiar su tamaño. También puede hacer clic y arrastrar el borde entre las columnas en la paleta.
3. Si no consigue ver el primer campo que está debajo de la palabra Geometría, coloque el cursor sobre la entrada Posición. Como resultado aparecerá un mensaje de información en pantalla indicando el título completo: Posición X.
4. Desplace el cursor una línea hacia abajo para mostrar el siguiente mensaje de información en pantalla: Posición Y. Así podrá leer la entrada aunque no esté totalmente visible.
5. Siga bajando con el cursor hasta el primer elemento de escala para mostrar el mensaje de información en pantalla Escala X.

6. A continuación, probaremos a realizar algunos cambios en las propiedades del inodoro. Haga doble clic sobre el valor de escala X en la columna situada justo a la derecha de la entrada Escala X.

7. Introduzca `1.5` y pulse **Intro**. Al hacerlo, podrá apreciar cómo varía el ancho del inodoro (véase la figura 4.7).

8. Como no necesitamos cambiar el ancho del inodoro, haga clic en la herramienta **Deshacer** de la barra de herramientas Acceso rápido o introduzca `H` y pulse **Intro**.

9. Cierre la paleta Propiedades haciendo clic en la X de la esquina superior izquierda.

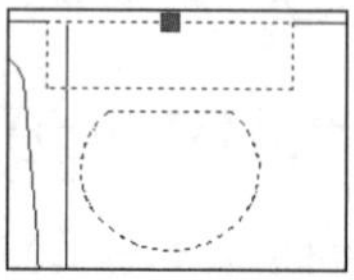

Figura 4.7. Ampliar ancho del inodoro.

> **ADVERTENCIA:** Si el bloque se ha creado con la opción Aplicar escala uniforme activada en el cuadro de diálogo Definición de bloque, no podremos cambiar la escala solamente en un eje tal como hemos ilustrado en el ejercicio anterior. Sólo podremos modificar la escala del bloque de uniformemente en todo sus ejes.

Acabamos de ver cómo modificar las propiedades de un bloque utilizando la paleta Propiedades. En este ejercicio hemos cambiado la escala X del bloque Inodoro, pero podemos hacer otro tanto con el valor Y. Hemos visto cómo podemos convertir un dibujo en símbolos, conocidos en AutoCAD como bloques. A continuación veremos cómo podemos utilizar un archivo de dibujo existente como bloque.

Utilizar un dibujo existente como símbolo

Necesitamos una puerta para nuestro cuarto de baño. Como ya hemos dibujado una puerta y la hemos guardado en forma de archivo, solamente tenemos que recuperarla y utilizarla como si fuera un bloque. Siga los pasos que se incluyen a continuación:

1. En el panel Bloque () de la Cinta de opciones, haga clic sobre el botón **Insertar bloque** o escriba `IN` y pulse **Intro**.

2. En el cuadro de diálogo Insertar, si hace clic en el botón **Examinar**, situado en la parte superior, se abrirá el cuadro de diálogo Seleccionar archivo de dibujo.

3. Se trata de un cuadro de diálogo de localización de archivos convencional de Windows. Busque el archivo `Puerta` y haga doble clic en él. Si no ha creado un archivo `Puerta`, puede utilizar el que se incluye en el CD-ROM adjunto.

4. Al regresar al cuadro de diálogo Insertar, debe marcar las casillas Precisar en pantalla, tanto del grupo Punto de inserción como de los grupos Escala y Rotación, antes de hacer clic sobre el botón **Aceptar**. Cuando mueva el cursor, verá cómo la puerta aparece por encima y a la derecha de la intersección del cursor, como en la figura 4.8.

5. La puerta parece demasiado pequeña para el aseo que estamos dibujando. La longitud con la que se ha trazado es de 9 cm. Debe designar un punto cercano a las coordenadas 210, 70 para que la puerta se sitúe en la esquina inferior derecha de la habitación.

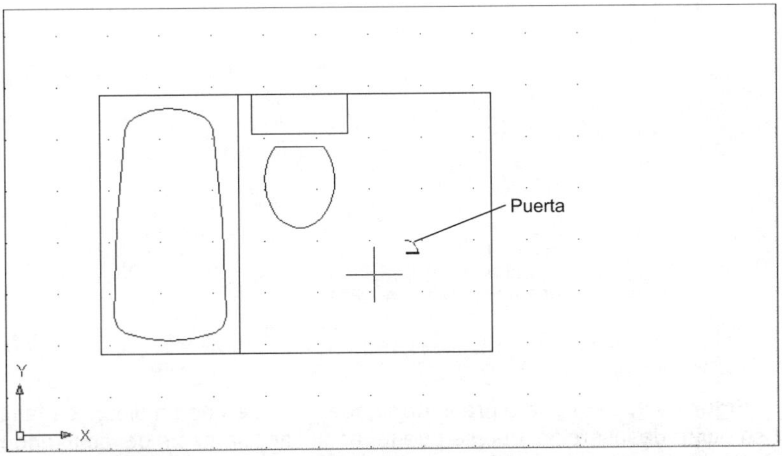

Figura 4.8. La puerta añadida al archivo del baño.

6. Si acepta el valor predeterminado de la escala X del bloque insertado, la longitud de la puerta seguirá siendo de 9 cm. Sin embargo, como hemos mencionado anteriormente, se puede modificar el tamaño (aumentándolo o reduciéndolo) de un objeto insertado. En este caso, la puerta pasará a tener 90 cm. Para obtener estas proporciones, el factor de escala X debe ser 10, por lo que debe introducir `10` en la línea de comando `Indique factor de escala X, precise esquina opuesta, o [Esquina/XYZ] <1>:` y pulsar **Intro**.
7. Pulse **Intro** dos veces para aceptar el valor X=Y y el ángulo de rotación de 0º.

Podrá ver la línea de comandos, pero parece como si nada sucediera en el dibujo. Esto se debe a que al aumentar el tamaño de la puerta también ha aumentado la distancia entre el punto base y el objeto, lo que pone de manifiesto otro aspecto que debemos tener en cuenta a la hora de utilizar dibujos como símbolos: todos los dibujos tienen puntos base. El punto base predeterminado es la coordenada absoluta 0,0, que se conoce como el origen y se encuentra en la esquina inferior izquierda de cualquier dibujo nuevo. Cuando dibujamos la puerta en capítulos anteriores, no especificamos ningún punto base. Por esta razón, AutoCAD utiliza el origen del dibujo de la puerta como punto base (véase la figura 4.9).

Como la puerta se encuentra fuera del aseo, primero debemos utilizar la opción Todo del menú desplegable Zoom en el panel Utilidades de la ficha Inicio para ampliar el dibujo y, seguidamente, debemos aplicar el comando **Desplazar** del panel Modificar para mover la puerta hacia el lateral derecho de la habitación. El proceso se describe a continuación:

1. Haga clic en Todo del menú desplegable Zoom en el panel Utilidades de la ficha Inicio para mostrar el área definida por los límites del dibujo (Formato>Límites del dibujo) junto con el resto de objetos que no aparezcan incluidos en dichos límites. La vista de la habitación se reduce y la puerta aparece en pantalla. Podrá comprobar que el tamaño se ajusta a su dibujo (véase la figura 4.10).

2. Utilice la herramienta **Desplazar** (✥) del panel Modificar de la Cinta de opciones, o introduzca `M` y pulse **Intro**.

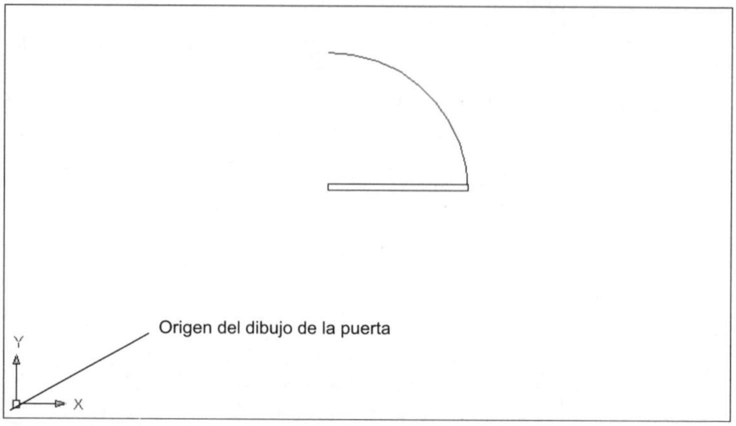

Figura 4.9. De manera predeterminada, el origen de un dibujo es también su punto de inserción, que se puede modificar por medio del comando Base.

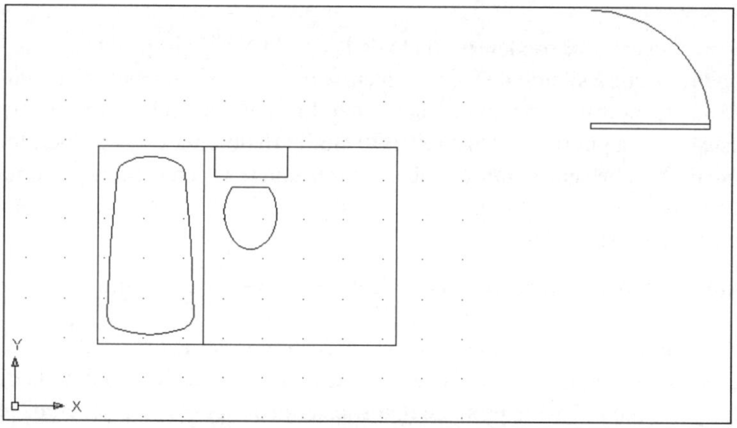

Figura 4.10. La puerta agrandada.

3. Para designar la puerta que se acaba de añadir al dibujo, en la línea de comando `Designe objetos:` haga clic en un punto cualquiera de la puerta y pulse **Intro**. Toda la puerta aparecerá resaltada, ya que el bloque se considera un único objeto aunque esté formado por distintas líneas, arcos y otros elementos.
4. En la línea de comandos `Precise punto base o [Desplazamiento] <Desplazamiento>:`, debe activar el modo Referencia a objetos en ejecución y seleccionar la esquina inferior izquierda de la puerta. No olvide que al pulsar **F3** o hacer clic con el ratón en el botón **Referencia a objetos** de la barra de estado, se activa o desactiva la referencia a objetos en ejecución.
5. En la línea `Precise segundo punto del desplazamiento o <usar primer punto como desplazamiento>:`, debe emplear el modo de referencia a objetos Cercano y colocar la puerta en la misma posición que se ilustra en la figura 4.11.

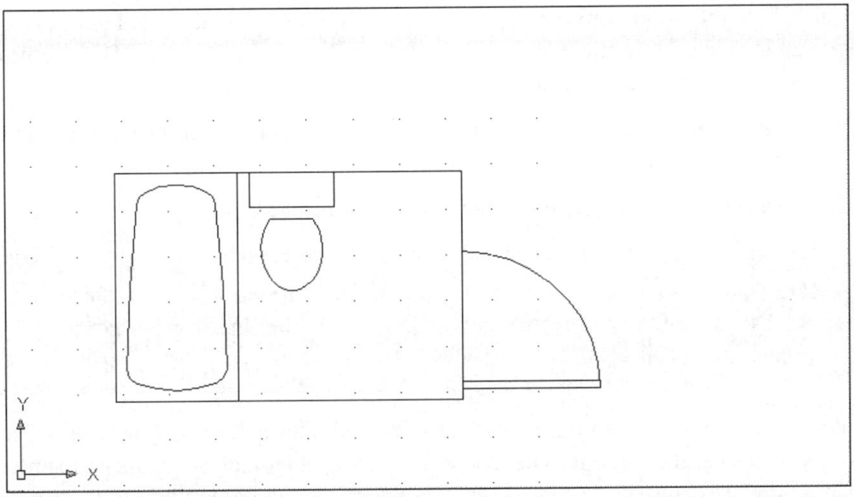

Figura 4.11. La puerta se ha situado en la pared derecha del cuarto de baño.

Como la puerta es un objeto que se va a utilizar a menudo, es aconsejable que tenga siempre el mismo tamaño para no tener que especificar un valor cada vez que tengamos que insertarla. También es conveniente que el punto de inserción de la puerta se encuentre en una posición adecuada, esto es, una posición que nos permita colocar la puerta con precisión dentro de una pared. A continuación, modificaremos el bloque **Puerta** para ajustarlo a nuestras necesidades.

Modificar un bloque

Hay tres formas de modificar un bloque. Por un lado, podemos volver a definirlo. En versiones anteriores de AutoCAD, ésta era la única forma de realizar los cambios. El segundo método consiste en utilizar la herramienta **Edición de bloque**. Un tercero es utilizar la herramienta **Editar in situ** en el panel Referencia de la ficha Bloques y referencias. La herramienta **Editar in situ** también se conoce como el comando **Refedit**.

En este capítulo aprenderemos a redefinir un bloque y a aplicar distintos cambios al símbolo de la puerta. En capítulos posteriores utilizaremos la herramienta **Edición de bloque** para modificar un bloque y comentaremos la herramienta **Editar in situ**.

> **TRUCO:** En la mayoría de los objetos, al hacer doble clic sobre ellos se abre la paleta Propiedades. Al hacer doble clic sobre un bloque se abre el cuadro de diálogo Editar definición de bloque que nos ofrece otro método para editar bloques. Aprenderá más sobre él en capítulos posteriores.

Cómo deshacer y volver a definir un bloque

Un método que nos permite modificar un bloque consiste en dividirlo en los elementos que lo componen, cambiar dichos elementos y volverlos a convertir en bloque. Este proceso se denomina redefinición de un bloque. Si se redefine un bloque incluido en un dibujo, cada instancia del bloque incluida en el archivo actual cambia para reflejar la nueva definición aplicada. Este método permite efectuar cambios rápidos en un diseño. Para descomponer un bloque en los elementos que lo componen, debe utilizar la herramienta **Descomponer**, como se indica en el siguiente proceso:

1. Seleccione la herramienta **Descomponer** ( ) en el panel Modificar de la ficha Inicio. También puede escribir `DP` y pulsar **Intro**.
2. Seleccione la puerta y pulse **Intro** para confirmar la selección.

TRUCO: Se puede insertar y descomponer un bloque de forma simultánea si se marca la casilla Descomponer, situada en la esquina inferior izquierda, del cuadro de diálogo Insertar.

Ahora ya podemos modificar los objetos individuales que forman la puerta. En este caso, sólo queremos cambiar el punto de inserción, ya que el tamaño se ha ajustado anteriormente. El siguiente paso consiste en transformar la puerta de nuevo en un bloque, aunque esta vez designaremos como punto base de inserción la esquina inferior izquierda.

1. En el panel Bloque de la Cinta de opciones, seleccione **Crear** ( ), o escriba `BQ` y pulse **Intro**. También puede seleccionar Dibujo>Bloque>Crear en el Explorador de menús.
2. En el cuadro de diálogo Definición de bloque debe seleccionar el nombre Puerta en la lista desplegable Nombre.
3. Haga clic sobre el botón **Precisar punto base de inserción** y escoja la esquina inferior izquierda de la puerta.
4. Haga clic sobre el botón **Designar objetos** y seleccione los distintos componentes de la puerta. Pulse **Intro** cuando haya terminado de definir la selección.
5. Marque la opción Convertir en bloque del grupo Objetos. Esta operación transforma, de forma automática, los objetos seleccionados en bloque.
6. En la lista desplegable Unidad de bloque, seleccione Centímetros e introduzca **Puerta estándar** en el cuadro de lista Descripción.
7. Haga clic sobre el botón **Aceptar**. A continuación se generará el mensaje de error `"Puerta ya está definido. ¿Desea volver a definirlo?"`. Habitualmente no es aconsejable volver a definir un bloque ya existente, pero en este caso utilizaremos el botón **Sí** para redefinir la puerta y continuar con el proceso.

TRUCO: Los botones **Designar objetos** y **Designar punto** aparecen en otros cuadros de diálogo. Recuerde que, al seleccionarlos, el cuadro de diálogo desaparecerá temporalmente con el fin de permitirnos seleccionar los puntos y objetos deseados y de realizar aquellas operaciones que requieran una vista despejada del área de dibujo.

En el paso 7, AutoCAD muestra un mensaje indicando que estamos a punto de volver a definir un bloque de puerta ya existente. Ahora bien, originalmente insertamos la puerta como archivo, no como bloque. Al insertar un archivo de dibujo con ayuda de la herramienta

Insertar bloque, el dibujo insertado se convierte automáticamente en un bloque dentro del dibujo actual. Sin embargo, al redefinir un bloque, el archivo importado no se ve afectado. AutoCAD sólo cambia el bloque dentro del archivo actual.

Acabamos de redefinir el bloque de la puerta. A continuación, colocaremos la puerta en la pared de la habitación.

1. Seleccione **Borrar** en el panel Modificar de la Cinta de opciones y haga clic sobre la puerta. Como podrá apreciar, toda la puerta es un único objeto y no un conjunto formado por líneas individuales y un arco. Si no hubiéramos marcado la opción Convertir en bloque (paso 5 del ejercicio anterior), los componentes del bloque seguirían siendo objetos individuales.
2. A continuación, debe insertar el bloque Puerta de nuevo con la herramienta **Insertar** ( ), en el panel Bloque de la ficha Inicio. Sin embargo, en esta ocasión es necesario aplicar el modo de referencia a objetos Cercano y seleccionar un punto de la pared derecha del aseo en torno a la coordenada 284,63.4.
3. Por medio de pinzamientos, debe colocar simétricamente la puerta, utilizando la pared como eje de simetría, para que quede dentro del perímetro de la habitación. El dibujo resultante debería parecerse al ilustrado en la figura 4.12.

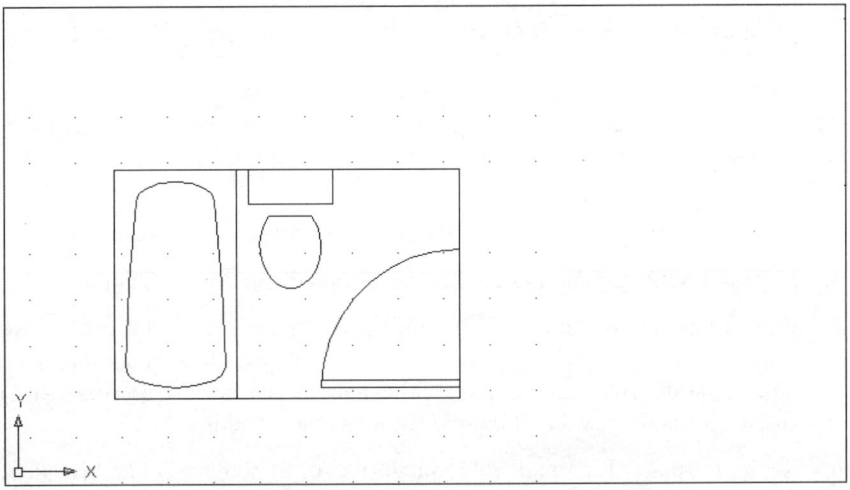

Figura 4.12. El plano de planta del aseo.

TRUCO: Para colocar un objeto simétricamente por medio de pinzamientos, en primer lugar debe activar dicha opción (suele estar activada por defecto). A continuación, seleccione el objeto correspondiente, haga clic sobre un pinzamiento y utilice el botón derecho del ratón. En el menú contextual que se abre, debe escoger la opción Simetría y, a continuación, designar un eje de simetría con ayuda del cursor.

A continuación veremos cómo podemos actualizar un archivo externo con ayuda de un bloque redefinido.

Guardar un bloque como archivo de dibujo

Hemos visto lo sencillo que resulta crear un símbolo que se puede incluir en cualquier punto de un archivo. Pero suponga que queremos utilizar el mismo símbolo en distintos archivos. Cuando se crea un bloque por medio del comando **Bloque**, éste se conserva en el archivo activo hasta que se guarda como archivo de dibujo en el disco. En caso de archivos ya existentes que se han abierto y se han transformado, como es el caso del archivo `Puerta`, el archivo de dibujo asociado con la puerta no se actualiza de forma automática. Si quiere actualizar este archivo, debe utilizar el comando **Exportar** que se incluye en el menú Archivo, como podemos ver a continuación:

> **TRUCO:** Puede recuperar bloques incrustados en otros dibujos por medio de la opción DesignCenter.

En primer lugar, tendremos que convertir los bloques Bañera e Inodoro en archivos individuales.

1. En el Explorador de menús, seleccione Archivo>Exportar para abrir el cuadro de diálogo Exportar datos.
2. En la lista desplegable Archivos de tipo, escoja la opción Bloque (*.dwg).

> **TRUCO:** Si lo prefiere, puede saltarse el paso 2 y, en el paso 3, introducir el nombre completo del archivo con la extensión `.dwg` (por ejemplo, `Bañera.dwg`).

3. Haga doble clic sobre el cuadro de texto Nombre y escriba **Bañera**.
4. Haga clic sobre el botón **Guardar**. Se cerrará el cuadro de diálogo.
5. En la línea de comando `[= (bloque=archivo de salida)/* (todo el dibujo)] <definir nuevo dibujo>:`, debe indicar el nombre del bloque que quiere guardar en el disco como archivo bañera, en este caso escriba `Bañera` y pulse **Intro**. Acaba de guardar el bloque Bañera como archivo.
6. Repita los pasos 1 a 5 para el bloque Inodoro. El nombre del archivo debe coincidir con el del bloque.

> **TRUCO:** AutoCAD le ofrece la posibilidad de guardar un archivo de bloque con el mismo nombre del bloque original o con un nombre distinto. Por regla general, se suele utilizar el mismo nombre, por lo que tan sólo es necesario añadir un signo igual (=) después de la línea de comando.

Por lo general, AutoCAD guarda una imagen preliminar junto al archivo, lo que permite examinar el dibujo antes de abrir su archivo correspondiente. Las imágenes preliminares no se incluyen en los archivos que se exportan con la opción Archivo>Exportar o con el comando `BLOQUEDISC` que analizaremos en la siguiente sección.

Sustitución de archivos existentes por bloques

Con el comando BLOQUEDISC se puede realizar la misma operación que con la opción Archivo>Exportar, aunque los resultados se limitan a archivos *.dwg de AutoCAD. A continuación, utilizaremos el comando BLOQUEDISC para guardar el bloque Puerta que se acaba de modificar:

1. Para ejecutar el comando, escriba BLOQUEDISC y pulse **Intro** o utilice la tecla de acceso rápido introduciendo BD y pulsando **Intro**. A continuación, se abrirá el cuadro de diálogo Escribir bloque (véase la figura 4.13).

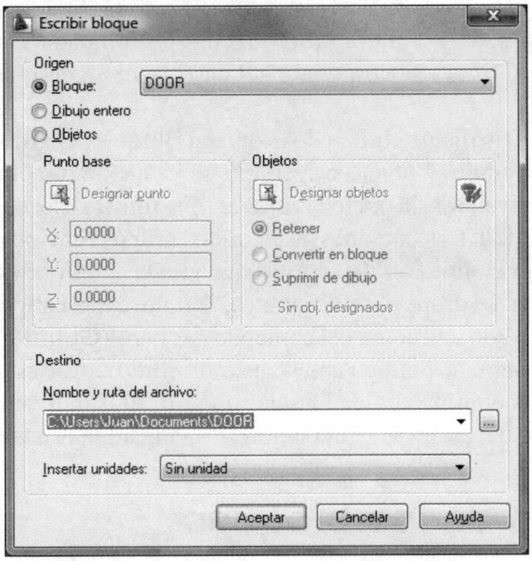

Figura 4.13. Cuadro de diálogo Escribir bloque.

2. Dentro del grupo Origen, marque la opción Bloque.
3. A continuación, seleccione el nombre Puerta en la lista desplegable. Puede conservar el nombre anterior o introducir uno nuevo.
4. En este caso, el objetivo es actualizar la puerta que dibujamos en capítulos anteriores, por lo que debe hacer clic sobre **Aceptar**. Haga clic en el botón de navegación en el grupo Destino (véase la figura 4.14).

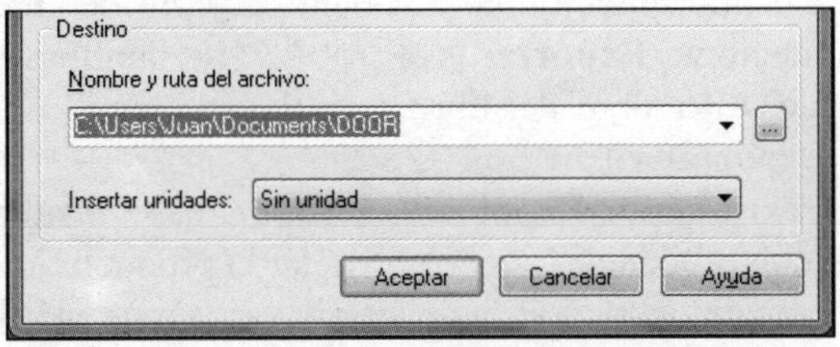

Figura 4.14. Cuadro de diálogo Escribir bloque.

5. Localice y seleccione el archivo original Puerta.dwg que insertó anteriormente.

6. Haga clic en **Aceptar**. Aparecerá un mensaje de advertencia en el que se indica que ya existe el mismo archivo. Continúe con el proceso y haga clic sobre **Sí** para confirmar la sustitución del dibujo de la puerta por la nueva versión actualizada.

En este ejercicio, hemos utilizado el comando `BLOQUEDISC` en la línea de comandos en lugar de la opción Archivo>Exportar. Los resultados han sido los mismos, independientemente del método empleado. El comando **Exportar** es más rápido y permite guardar parte de su dibujo en forma de archivo. La opción BLOQUEDISC puede resultar más sencilla para los nuevos usuarios, ya que las opciones se incluyen en un cuadro de diálogo.

Opciones del cuadro de diálogo Escribir bloque

El cuadro de diálogo Escribir bloque ofrece la posibilidad de guardar partes de un dibujo en forma de archivo. Como se desprende del paso 1 del proceso anterior, puede elegir entre diferentes opciones.

En nuestro ejercicio, hemos utilizado la opción Bloque del grupo Origen para seleccionar un bloque existente como el objeto origen que se va a exportar. También se pueden escoger grupos de objetos si se marca la opción Objetos. Si se utiliza esta opción, se activan los grupos Punto base y Objetos. Las opciones de estos dos grupos funcionan del mismo modo que en el cuadro de diálogo Definición de bloque que vimos anteriormente.

La tercera opción del grupo, Dibujo entero, permite exportar todo el dibujo hasta su propio archivo. Puede parecerle una copia del comando Archivo>Guardar como, pero al guardar un dibujo desde este cuadro de diálogo con la opción Dibujo entero se llevan a cabo operaciones adicionales, como la eliminación de bloques no utilizados o de otros componentes. También se reduce el tamaño del archivo. Esta opción se analizará más adelante.

Otros usos de los bloques

Hasta ahora hemos utilizado la herramienta **Crear bloque** para crear símbolos y hemos utilizado la función Exportar y el comando `BLOQUEDISC` para guardar dichos símbolos en el disco. Por lo tanto, podemos crear símbolos y guardarlos en cualquier momento mientras dibujamos. Hemos convertido los símbolos de la bañera y del inodoro en archivos de dibujo que podemos ver al examinar los contenidos de la carpeta actual.

Sin embargo, la creación de símbolos no es el único uso de los comandos **Crear bloque**, **Bloque**, **Exportar** y `BLOQUEDISC`. También podemos utilizarlas en cualquier situación que requiera la agrupación de objetos (aunque puede que prefiere utilizar el comando **Agrupar objetos**, que resulta más flexible y que se comenta en la siguiente sección). También puede utilizar bloques para estirar un conjunto de objetos a partir de un eje por medio de la paleta Propiedades. Las funciones **Exportar** y `BLOQUEDISC` también permiten guardar una parte del dibujo en el disco. A lo largo del libro se incluyen ejemplos de estos otros usos de las funciones **Bloque**, **Exportar** y `BLOQUEDISC`.

Las funciones **Crear bloque**, **Exportar** y `BLOQUEDISC` resultan extremadamente versátiles y, si se utilizan con prudencia, puede potenciar la productividad y simplificar el trabajo. No obstante, si no tiene cuidado, podría dejarse llevar y crear más bloques de los que resulte posible controlar. La planificación de los dibujos le ayudará a determinar qué elementos funcionan mejor en forma de bloques y a reconocer las situaciones en las que resulta más adecuado utilizar otros métodos de organización.

Otra forma de utilizar símbolos consiste en usar las funciones de referencia externa de AutoCAD. Los archivos de referencia externa, conocidos como RefX, son archivos que se insertan dentro de un dibujo de forma similar a los bloques. La diferencia está en que los archivos de referencia externa no pasan a formar parte de la base de datos del dibujo. En su lugar, se cargan con el archivo actual al abrirlo. Es como si AutoCAD abriera varios dibujos a la vez: el archivo principal que se especifica al abrir AutoCAD y los archivos de referencia externa asociados al archivo principal.

Al mantener los archivos de referencia externa separados del archivo actual, nos aseguramos de que los cambios que se apliquen a los archivos de referencia externa aparezcan automáticamente en el archivo actual. No es necesario actualizar cada copia insertada de un archivo de referencia externa, como ocurre con los bloques. Por ejemplo, si utiliza la herramienta **Referencias externas** del panel Referencia de la ficha Bloques y referencias para insertar el dibujo Bañera y posteriormente realiza cambios sobre la bañera, cuando vuelva a abrir el archivo `Bañera` verá la nueva versión de la bañera. O, si tiene el dibujo de la bañera y el de referencia abiertos, y cambia la bañera, AutoCAD le informará de que se ha realizado un cambio en una referencia externa. A continuación, puede actualizar el archivo de referencia externa de la bañera utilizando la paleta Referencia externa.

Los archivos de referencia externa resultan especialmente útiles para entornos de trabajo en equipo en los que varias personas tengan que trabajar sobre un mismo proyecto. Una persona podría actualizar varios archivos insertados en otros archivos. Antes de la creación de los archivos de referencia externa era necesario notificar a todos los miembros del grupo sobre los cambios, y todos los bloques afectados debían actualizarse en los dibujos que los contuvieran. Gracias a los archivos de referencia externa, la actualización se realiza de forma automática. Estos archivos incorporan muchas otras características únicas, que se comentarán en capítulos posteriores.

Entender la Escala de anotación

Uno de los usos más habituales de la función de bloques de AutoCAD es crear símbolos de referencia. Son símbolos que hacen referencia a otros dibujos o vistas en un conjunto de dibujos. Un ejemplo de ellos sería un símbolo de sección de un edificio en un plano de planta que indica a la persona que está mirando una ubicación en otro plano para ver una vista de referencia cruzada de un edificio. Generalmente, el símbolo es un círculo con dos números: uno para el número del plano del dibujo y el otro para el número de la vista del plano (veremos un ejemplo en la figura 4.19).

En ediciones anteriores, los usuarios de AutoCAD tenían que insertar un bloque con símbolo de referencia varias veces para dar cabida a diferentes escalas de una misma vista. Por ejemplo, el mismo plano de planta se podía utilizar para una vista de escala 1/4 "=1'1" y para una vista 1/8"=1'0". Un bloque con símbolo de elevación que funciona para la vista de escala 1/4 "=1'1" sería demasiado pequeño para la vista 1/8"=1'0", así que se insertaban dos copias del mismo bloque, una para cada escala. A continuación, el usuario tenía que reemplazar los dos bloques en capas diferentes para controlar su visibilidad. Además, si los números de las páginas cambiaban, el usuario tenía que asegurarse de que cada bloque con símbolo de elevación se actualizaba para reflejar el cambio. La función de Escala de anotación elimina esta necesidad para evitar redundancia. Ahora puede utilizar una única instancia de un bloque aunque se tenga que mostrar en vistas de diferentes escalas. Para hacerlo, debe seguir unos pasos adicionales cuando crea e inserta el bloque. Veremos cómo hacerlo:

1. Dibuje el símbolo con el tamaño que debería aparecer cuando se trace. Por ejemplo, si se supone que el símbolo debería ser un círculo de ¼" en una hoja impresa, dibuje el símbolo como un círculo ¼".
2. Abra el cuadro de diálogo Definición de bloque seleccionando la herramienta **Crear** en el panel Bloque de la Cinta de opciones.
3. Active la opción Anotativo de la sección Comportamiento del cuadro de diálogo Definición de bloque. También puede activar la opción Igualar orientación de bloque con presentación si quiere que el símbolo aparezca siempre en orientación vertical (véase la figura 4.15).

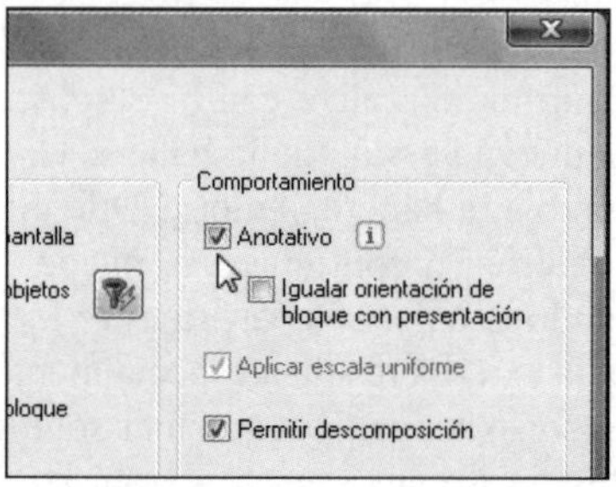

Figura 4.15. Opción Anotativo activada en el cuadro de diálogo Definición de bloque.

4. Seleccione los objetos que crean el bloque, e indique el punto de inserción como siempre.
5. Haga clic en **Aceptar**.

Después de llevar a cabo estos pasos, necesita aplicar una escala de anotación al bloque recién creado:

1. Haga clic en el nuevo bloque para seleccionarlo.
2. Haga clic en el botón derecho del ratón y seleccione Escala de objeto anotativo>Añadir o suprimir escalas. Aparece el cuadro de diálogo Escala del objeto de anotación (véase la figura 4.16).

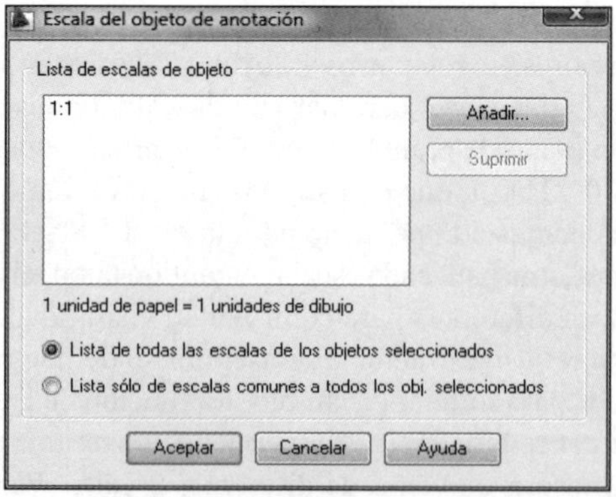

Figura 4.16. Cuadro de diálogo Escala del objeto de anotación.

3. Haga clic en el botón **Añadir**. Aparece el cuadro de diálogo Añadir escalas al objeto (véase la figura 4.17).

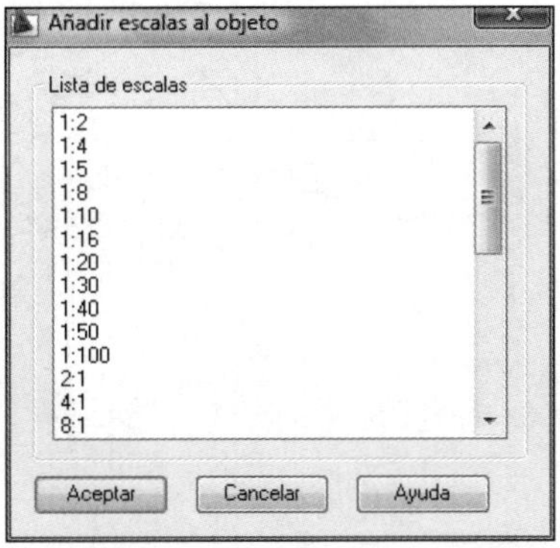

Figura 4.17. Cuadro de diálogo Añadir escalas al objeto.

4. Seleccione de la lista la escala que utilizará con el bloque. Si mantiene pulsada la tecla **Control** puede hacer clic en varias escalas para seleccionarlas. Cuando haya terminado de seleccionar las escalas, haga clic en **Aceptar**. Aparecerán esas escalas en el cuadro de diálogo Escala del objeto de anotación.
5. Haga clic en **Aceptar** para cerrar el cuadro de diálogo Escala del objeto de anotación.

En este punto, el bloque está preparado para ser utilizado en vistas de varias escalas. Sólo tiene que seleccionar una escala de la lista desplegable Escala de anotación en la vista Modelo o de la lista desplegable Visibilidad de anotación de la vista Presentación, que se encuentran en la esquina inferior derecha de la ventana de AutoCAD (véase la figura 4.18).

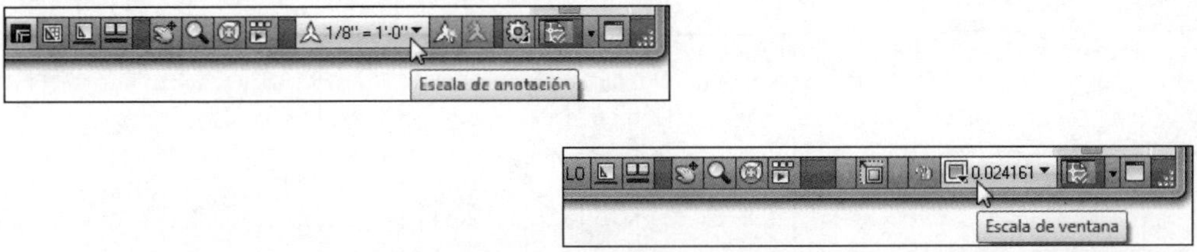

Figura 4.18. Las listas desplegables Escala de anotación y Escala de ventana.

La lista desplegable Escala de anotación aparece en la vista Modelo, y la lista desplegable Visibilidad de anotación en la vista Presentación y cuando está seleccionada una vista. En la vista Presentación puede configurar el valor para Escala de ventana para cada una de las vistas individuales. Así el mismo bloque puede aparecer con el tamaño adecuado en distintas vistas (véase la figura 4.19).

Observe que si quiere utilizar varias copias de un bloque que está utilizando varias escalas de anotación, debería insertar el bloque y asignarle escalas de anotación adicionales y, después, hacer copias del bloque. Si inserta una nueva instancia del bloque, éste adquirirá sólo la escala de anotación que está vigente para el dibujo. Tendrá que asignar escalas de anotación adicionales a cada nueva inserción de un bloque.

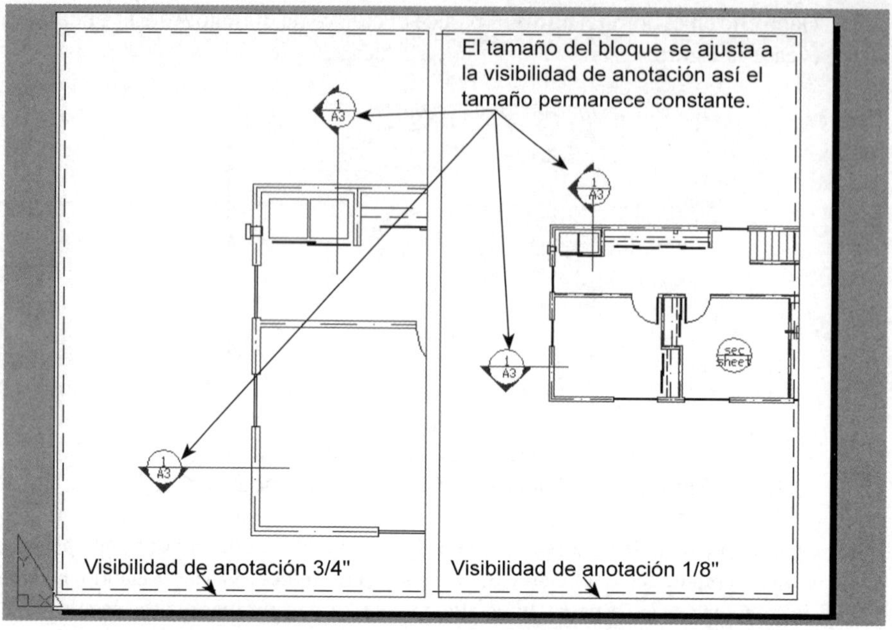

Figura 4.19. Se utiliza un solo bloque para crear símbolos de sección de un edificio de diferentes tamaños en la vista Presentación. Ambas vistas muestran el mismo plano a diferentes escalas.

Si no está seguro de si se ha asignado una escala de anotación a un bloque, puede hacer clic en el bloque, verá que se han asignado diferentes versiones de escala a un bloque, puede hacer clic en el bloque, y verá las diferentes versiones de escala como imágenes esbozadas. Asimismo, si pasa por encima de un bloque, aparecerá un símbolo triangular al lado del cursor para los bloques a los que se les han asignado escalas de anotación (véase la figura 4.20).

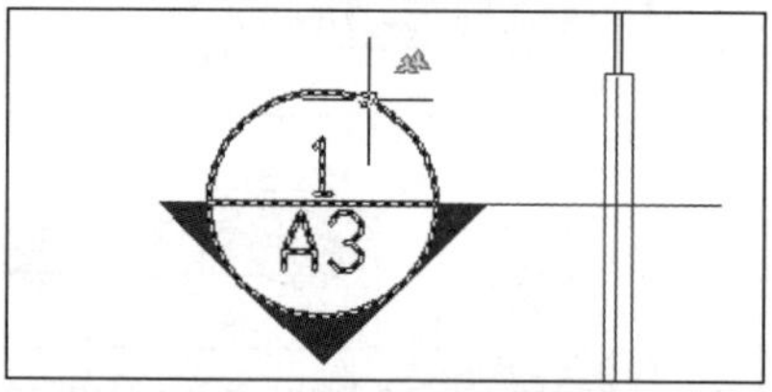

Figura 4.20. Símbolo de Escala de anotación.

Si tiene que cambiar la posición de un bloque para una escala de vista de una presentación en particular, vaya a vista Modelo, seleccione la escala adecuada de la lista desplegable Escala de anotación y, después, ajuste la posición del bloque.

Agrupar objetos

Los bloques son una herramienta tremendamente útil, pero en determinadas ocasiones resultan demasiado restrictivos. En ocasiones, deseará agrupar objetos que, aun estando conectados, se puedan modificar de forma individual.

Por ejemplo, supongamos que tenemos que incluir dos estaciones de trabajo en un plano de planta. Aunque cada estación es prácticamente idéntica, puede que incorporen ligeras variaciones que nos obliguen a utilizar bloques. Puede que en una estación sea necesario incluir un equipamiento especial mientras que en la otra el equipamiento tenga que ser de tamaño mayor al convencional. Si se utiliza un bloque, habría que crear un bloque para una estación, y para cada variante, descomponer el bloque, modificarlo y crear uno nuevo. Una posible solución sería dibujar un prototipo de la estación y convertirlo en grupo. El grupo se puede copiar en una determinada posición y, posteriormente, modificarlo en función de cada situación sin que por ello pierda su identidad como grupo.

Los pasos que debe seguir se incluyen a continuación.

1. Guarde el archivo `Baño` y, a continuación, abra el dibujo `office1-metric.dwg` que se incluye en el CD-ROM de este libro.
2. Utilice el comando **Zoom** para ampliar la vista de la zona de la estación de trabajo como se ilustra en la imagen superior de la figura 4.21.

Figura 4.21. Una estación de trabajo en el plano de una oficina.

3. Escriba `GRU` o `GRUPO` y pulse **Intro** para abrir el cuadro de diálogo Agrupar objetos (véase la figura 4.22).

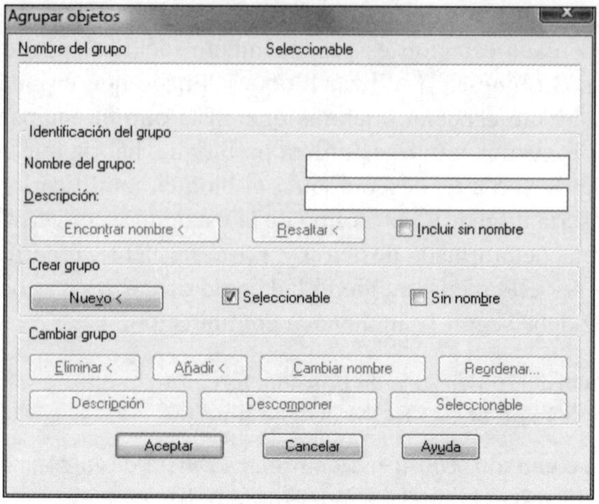

Figura 4.22. Cuadro de diálogo Agrupar objetos.

4. Escriba **Estación1**. Al hacerlo irá apareciendo en el cuadro de texto Nombre del grupo.

5. Haga clic sobre el botón **Nuevo**, en la sección Crear grupo, en la parte central del cuadro de diálogo, que desaparecerá provisionalmente de la pantalla para permitirnos seleccionar los objetos que deseemos incluir en el nuevo grupo.

6. En la línea de comando `Designe objetos:`, debe enmarcar la estación completa y pulsar **Intro**. A continuación volverá a abrirse el cuadro de diálogo, pero en esta ocasión el nombre `Estación1` aparece en el cuadro Nombre del grupo, situado en la parte superior.

7. Haga clic sobre **Aceptar**. Acaba de crear un grupo.

A partir de este momento, cada vez que quiera seleccionar la estación sólo tiene que hacer clic sobre cualquier punto de la misma para designar todo el grupo. Al mismo tiempo, puede modificar las partes individuales del grupo, como puede ser la mesa, la línea divisoria, etc., sin perder el agrupamiento de los objetos.

Cómo modificar los integrantes de un grupo

El siguiente paso consiste en crear copias del grupo original y modificarlas. En la figura 4.23 se puede ver un boceto del diseño propuesto para las nuevas estaciones de trabajo. Si observa detenidamente la imagen, podrá apreciar que algunos de los componentes que aparecían en el grupo Estación1 no se ven en el boceto. Algunos han desaparecido y en otro falta la mesa.

En el siguiente ejercicio aprenderá cómo completar el dibujo de forma que refleje los requisitos de diseño del boceto. Empiece por hacer una copia de la estación de trabajo:

1. Haga clic sobre el botón **Copiar** (), del panel Modificar de la Cinta de opciones, o escriba `CP` y pulse **Intro**, y seleccione el grupo Estación1 que acabamos de crear. Apreciará que al hacer clic sobre cualquier parte de la estación ésta queda seleccionada en su totalidad. Si solamente se selecciona un objeto, pulse **Mayús-Control-A** e intente escoger otra zona del grupo.

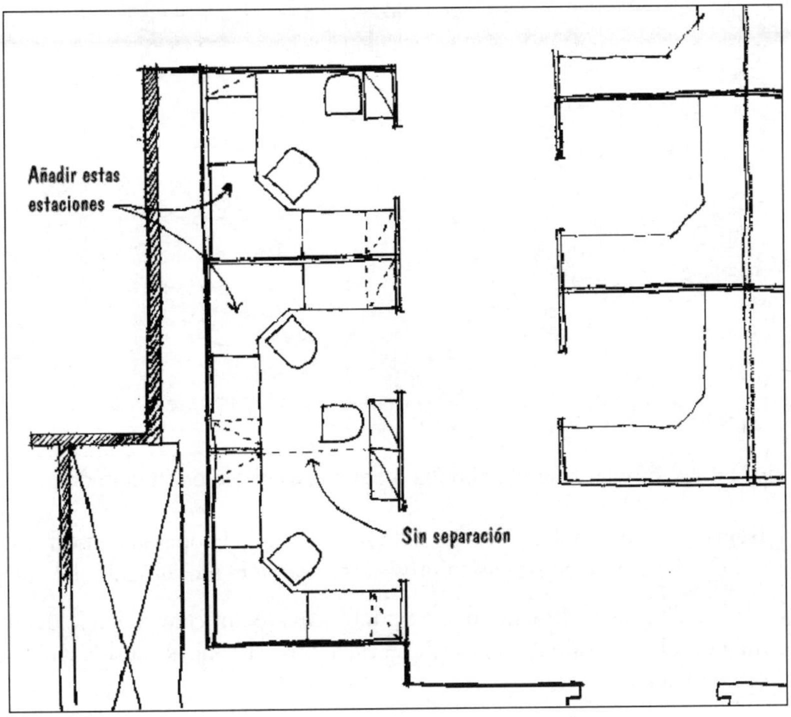

Figura 4.23. Boceto del nuevo diseño de la oficina.

2. Pulse **Intro** para finalizar la selección.
3. En la línea de comando `Precise punto base [Desplazamiento] <Desplazamiento>:` debe escribir `@` y pulsar **Intro**. A continuación, utilice `@249<90` para copiar la estación. Pulse **Intro** para salir del comando **Copia**.

> **TRUCO:** En el paso 3, también puede utilizar el método de distancia directa. Para ello, escriba `@` y pulse **Intro**. A continuación, apunte la banda elástica a 90º, escriba `249` y pulse **Intro**.

4. Ejecute de nuevo el comando **Copiar**, pero en esta ocasión, haga clic sobre la copia que acaba de realizar, que también es un grupo.
5. Copie esta estación 249 cm. verticalmente, tal y como hizo con la estación original. Pulse **Intro** para salir del comando **Copia**.

A continuación, utilizaremos pinzamientos para situar simétricamente la primera copia de la estación.

1. Haga clic sobre la estación que se encuentra en la parte central para resaltarla. Verá cómo aparecen pinzamientos en todos los elementos del grupo.
2. Seleccione el pinzamiento central de la parte izquierda, como en la figura 4.24.

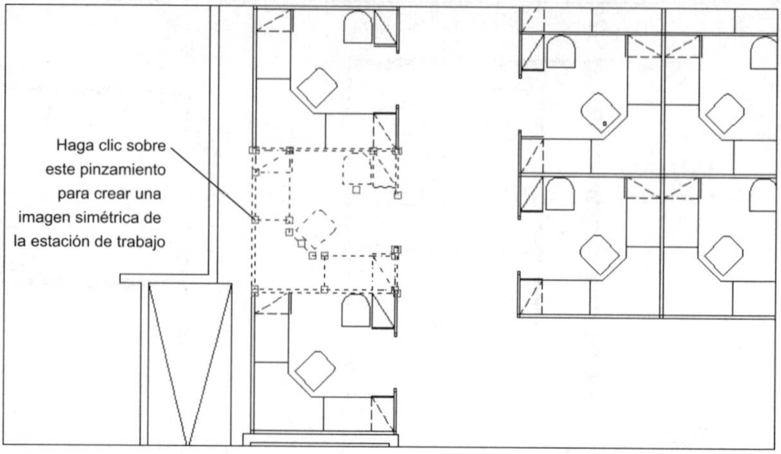

Figura 4.24. Emplazamiento simétrico del nuevo grupo por medio de pinzamientos.

3. Haga clic con el botón derecho del ratón y escoja la opción Simetría del menú contextual. Una imagen simétrica provisional sigue el movimiento del cursor.
4. Active el modo Orto e indique un punto situado directamente a la derecha del pinzamiento seleccionado en el paso 2. La estación de trabajo se desplazará hasta una nueva orientación.
5. Pulse dos veces la tecla **Esc** para desactivar el pinzamiento y, al mismo tiempo, el modo Orto.

Una vez dispuestas las estaciones sobre el dibujo, es necesario eliminar las líneas que dividen las estaciones. Si ha utilizado bloques para las estaciones de trabajo, primero debe descomponerlos en aquellas estaciones en las que pretenda eliminar las líneas. Los grupos, por su parte, le permiten efectuar cambios sin tener que deshacer el agrupamiento.

Siga los pasos que se detallan a continuación para eliminar las separaciones:

1. En la línea de comando, pulse **Mayús-Control-A** y aparecerá el mensaje `<Grupo desactivado>`. Si en su lugar aparece el mensaje `<Grupo activado>`, vuelva a utilizar la combinación de teclas anterior hasta que no se vea. De esta forma se desactivan los grupos para que pueda seleccionar y modificar los objetos individuales dentro de un grupo.
2. Con ayuda de una ventana, elimine la línea que divide las dos copias de las estaciones de trabajo (véase la figura 4.25).
3. Vuelva a aplicar la combinación **Mayús-Control-A** para activar el grupo de nuevo.
4. Para comprobar el aspecto de las estaciones solamente tiene que hacer clic sobre una de ellas y ver si todos sus elementos se resaltan conjuntamente.

TRUCO: `Pickstyle` es una variable de sistema que controla cómo se seleccionan los grupos.

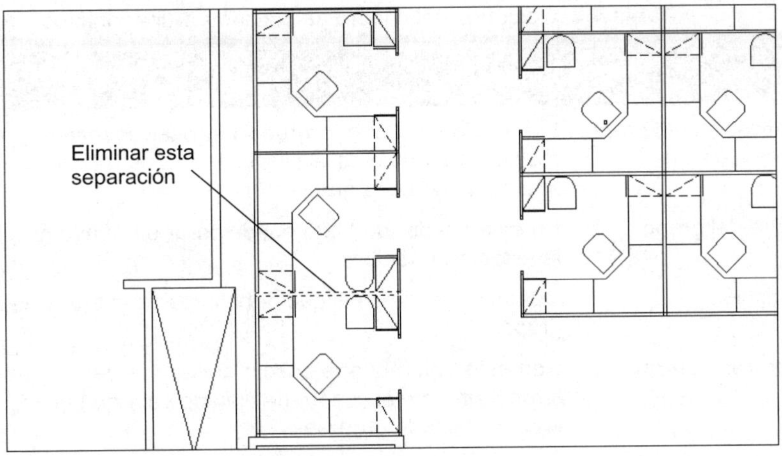

Figura 4.25. Elimine las líneas entre las dos estaciones.

El cuadro de diálogo Agrupar objetos

Cada grupo posee un nombre exclusivo y, en el cuadro de diálogo Agrupar objetos, se le puede adjuntar una breve descripción. Cuando se copia un grupo, AutoCAD le asigna un nombre arbitrario. Las copias de grupos no tienen nombre, aunque se pueden mostrar en el cuadro de diálogo si se marca la casilla de verificación Incluir sin nombre. También puede hacer clic sobre el botón **Cambiar nombre** para asignar un nombre adecuado a los grupos que no lo tengan (véase la figura 4.26).

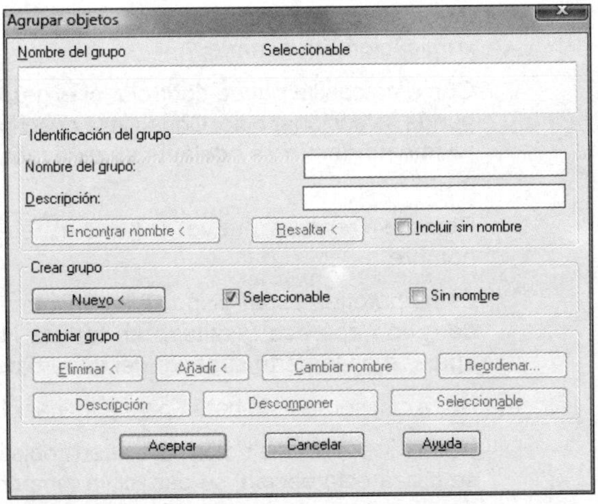

Figura 4.26. Cuadro de diálogo Agrupar objetos.

Los objetos incluidos dentro un grupo no están vinculados únicamente a ese grupo. Un objeto puede formar parte de varios grupos, e incluso se pueden tener grupos anidados.

La tabla 4.2 incluye un resumen de las distintas opciones que se encuentran en el cuadro de diálogo Agrupar objetos.

Tabla 4.2. Opciones del cuadro de diálogo Agrupar objetos.

Opción	Propósito
Identificación del grupo	Las opciones de este grupo permiten identificar un grupo por medio de elementos exclusivos con los que pueda recordar lo que contiene cada grupo.
Nombre del grupo	En este cuadro de texto puede crear un nuevo grupo si primero le asigna un nombre.
Descripción	Cuadro de texto en el que debe incluir una breve descripción del grupo.
Encontrar nombre	Con este botón puede buscar el nombre de un grupo ocultando temporalmente el cuadro de diálogo para que pueda seleccionar un determinado grupo.
Resaltar	Resalta el grupo que se haya seleccionado de la lista. Se trata de una opción muy útil para localizar un grupo dentro de un dibujo muy poblado.
Incluir sin nombre	Al marcar esta casilla de verificación se determina si los grupos sin nombre se incluyen en la lista Nombre del grupo. Si se marca, podrá ver los nombres de las copias de los grupos que se van a procesar en el cuadro de diálogo.
Crear grupo	Para controlar la forma en la que se crea un grupo, puede utilizar las siguientes opciones.
Nuevo	Permite crear un nuevo grupo. Cierra provisionalmente el cuadro de diálogo para que pueda seleccionar los objetos que se van a incluir en el grupo. Para utilizar este botón, tiene que haber introducido un nombre de grupo o haber marcado la casilla de verificación Sin nombre.
Seleccionable	Con esta casilla puede controlar si el grupo que se va a crear se puede seleccionar o no. Consulte la descripción del botón con este mismo nombre más adelante en esta tabla, en el grupo Cambiar grupo.
Sin nombre	Permite crear un nuevo grupo sin necesidad de asignar un nombre.
Cambiar grupo	Estos botones están disponibles únicamente cuando el nombre de grupo aparece resaltado en la lista Nombre del grupo, que aparece en la parte superior del cuadro de diálogo.
Eliminar	Haga clic sobre este botón para eliminar objetos de un grupo.
Añadir	Haga clic sobre este botón para añadir objetos a un grupo. Mientras se utiliza esta opción, se desactiva temporalmente la agrupación para permitir seleccionar objetos de otros grupos.
Cambiar nombre	Haga clic sobre este botón para renombrar un grupo.
Reordenar	Haga clic sobre este botón para cambiar el orden de los objetos de un grupo. El orden hace referencia al orden en el que seleccionó los objetos a incluir en el grupo. Este orden de selección se puede cambiar por necesidades especiales.

Opción	Propósito
Descripción	Haga clic sobre este botón para modificar la descripción de un grupo.
Descomponer	Haga clic sobre este botón para separar un grupo en sus componentes individuales.
Seleccionable	Haga clic sobre este botón para activar o desactivar grupos. Cuando un grupo es seleccionable, solamente se puede seleccionar como grupo. Cuando no lo es, se pueden seleccionar los objetos que forman el grupo, pero no el grupo.

TRUCO: Si un grupo se selecciona, se pueden eliminar elementos individuales de la selección con la combinación **Mayús-clic**. De esta forma puede aislar objetos dentro de un grupo para modificarlos o eliminarlos sin tener que desactivar el grupo.

En resumen

- **Crear e insertar un símbolo:** Si tiene un símbolo que utiliza habitualmente en un dibujo, puede dibujarlo una vez y después convertirlo en un bloque de AutoCAD. Se puede colocar un bloque en un dibujo varias veces en cualquier ubicación, como un sello. Los bloques se almacenan en un dibujo como definición de bloque, que puede utilizar en cualquier momento.
  - **Dominarlo:** Identifique el cuadro de diálogo utilizado para crear bloques a partir de objetos en un dibujo, y también la herramienta para abrir ese cuadro de diálogo.
- **Modificar un bloque:** Un vez que ha creado el bloque, éste no está grabado en piedra. Una de las funciones de un bloque es que puede cambiar la definición de ese bloque y todas sus copias se actualizan con la nueva definición.
  - **Dominarlo:** ¿Cuál es el nombre de la herramienta utilizada para "desbloquear" un bloque?
- **Entender la Escala de anotación:** En algunos casos, deseará crear un bloque que dependa de la escala de un dibujo. Puede crear un bloque que se ajuste a la escala de su dibujo por medio de la función de la escala de anotación. Cuando esta función está activada para un bloque, el bloque se puede configurar para que aparezca con el tamaño correcto dependiendo de la escala del dibujo.
  - **Dominarlo:** ¿Qué ajustes se activan en el cuadro de diálogo Definición de bloque en la función de escala de anotación?, y ¿cómo establece la escala de anotación de un bloque?
- **Agrupar objetos:** Los bloques se pueden utilizar como herramienta para agrupar objetos, pero los bloques también pueden ser rígidos para algunas aplicaciones de agrupación. AutoCAD ofrece grupos que son recopilaciones de objetos similares a los bloques pero no que no están definidos rígidamente.
  - **Dominarlo:** ¿En qué son diferentes los grupos de los bloques?

265
1980
R250

5 Seguimiento de capas y bloques

Imagine un sistema de archivos donde sólo existe una categoría bajo la que se incluyen todos los registros disponibles. Si sólo se trata de un puñado de archivos, el sistema podría funcionar pero, tan pronto como empecemos a acumular más documentos, tendríamos que empezar a separarlos por categorías con algún sentido determinado, quizás, por orden alfabético o en función de su uso, de forma que podamos encontrar cada documento con mayor facilidad.

Lo mismo sucede con los dibujos. Si tenemos un dibujo sencillo con solamente unos cuantos objetos, podemos pasar sin utilizar capas. Pero cuando nuestro dibujo empiece a complicarse un poco, empezaremos a necesitar organizar nuestros objetos en capas para poder saber dónde se encuentra cada cosa. Las capas no limitan nuestra capacidad de editar objetos tales como bloques o grupos y nos permiten identificar fácilmente qué objeto pertenece a qué capa.

En este capítulo, aprenderá a crear y utilizar capas para mantener organizados sus dibujos. Aprenderá en qué medida la asignación de colores desempeña un papel importante en el trabajo con capas y también cómo incluir tipos de líneas tales como líneas discontinuas y líneas de centro en las distintas capas.

En este capítulo se incluyen los siguientes temas:

- Organización de la información mediante capas.
- Seguimiento de bloques y capas.

Organizar información mediante capas

Puede pensar en las capas como en una especie de niveles en los que se almacenan distintos tipos de información (véase la figura 5.1). Por ejemplo, en el plano de planta de un edificio, quizás le interese separar los muros, el techo, las tuberías, la instalación eléctrica y el mobiliario para mostrarlos o representarlos de forma individual o combinarlos. Es una buena idea tomar notas o símbolos de referencia sobre cada uno de los elementos de un dibujo, así como señalar las dimensiones del mismo, en sus propias capas. Según aumente la complejidad del dibujo, las distintas capas se pueden activar y desactivar para facilitar su representación en pantalla y su modificación.

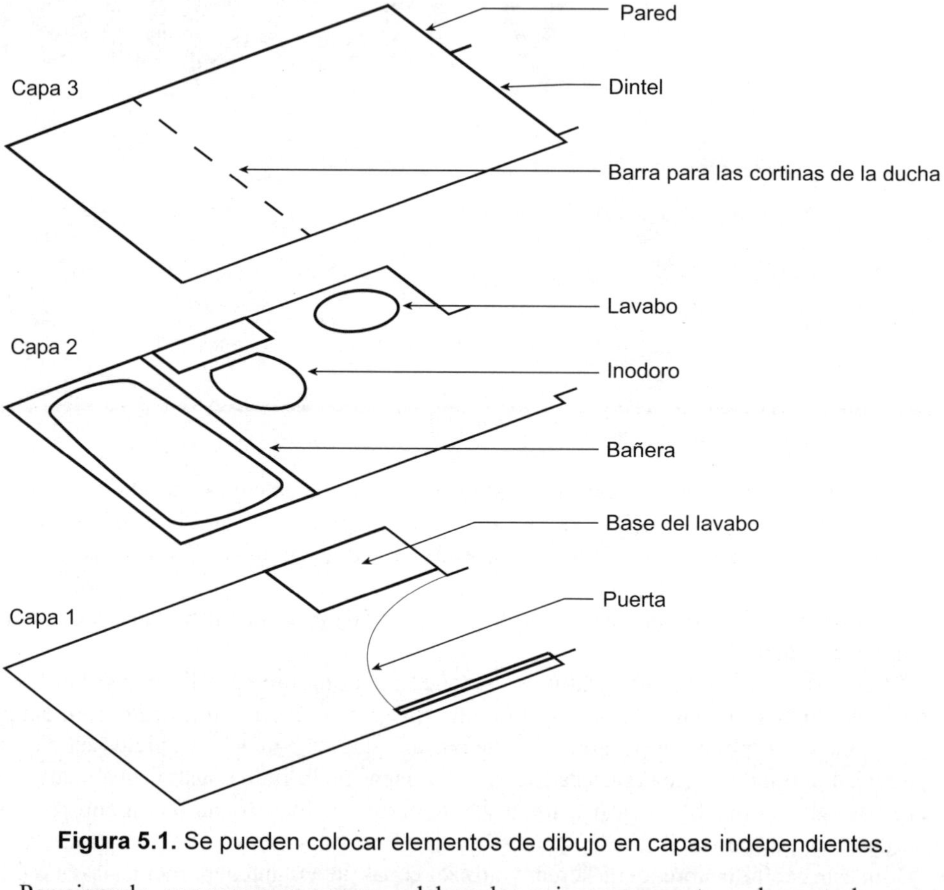

Figura 5.1. Se pueden colocar elementos de dibujo en capas independientes.

Por ejemplo, supongamos que un colaborador quiere representar solamente las cotas y los muros sin el resto de la información, y otro desea representar únicamente el diseño del mobiliario. Si el proyecto se dibujara manualmente, tendríamos que volver a trazar el plano para cada colaborador o utilizar técnicas de dibujo superpuesto, lo que puede ser pesado. Con AutoCAD se pueden desactivar las capas que no se necesiten y representar un dibujo en el que se incluya la información adecuada. Un esquema de capas cuidadosamente planificado nos permite diseñar un documento en el que se combinen los distintos tipos de información que necesitemos.

El uso de capas hace que la modificación de un dibujo sea más sencilla. Por ejemplo, supongamos que dispone de un dibujo arquitectónico con capas independientes para las paredes y en el plano de planta. Si se efectúa algún cambio en la ubicación de las paredes, se puede activar la capa del plano de planta para revisar el efecto que dichos cambios tienen sobre la planta y, a continuación, realizar los ajustes necesarios. AutoCAD permite utilizar un número ilimitado de capas a las que se les puede asignar cualquier tipo de nombre.

Los paneles Propiedades y Utilidades

En muchos de los ejercicios de este capítulo, tendrá que utilizar herramientas de los paneles Propiedades y Utilidades de la ficha Inicio. Si tiene un monitor de baja resolución, estos paneles aparecerán como simples iconos con el nombre del panel. Puede abrirlos haciendo clic en la flecha inferior para acceder a sus herramientas. Una vez abiertos, podrá seleccionar las herramientas descritas en los tutoriales (véase la figura 5.2).

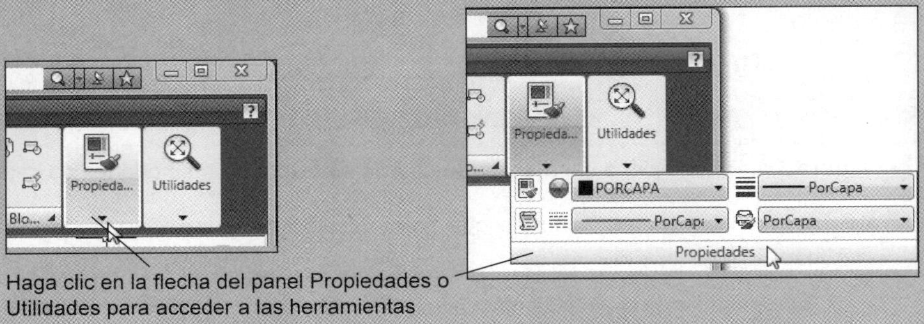

Figura 5.2. Los paneles Propiedades y Utilidades como simples iconos y el panel Propiedades desplegado.

Creación y asignación de capas

Empezaremos a explorar las capas mediante una paleta que nos permite crear capas, darles nombre y asignarles un color. Luego, veremos los diferentes comandos que crean capas y asignaremos nuevas capas a los objetos de nuestro dibujo. Familiaricémonos, pues, con el Administrador de propiedades de capas.

1. Abra el archivo `Baño` que hemos creado anteriormente. En caso de que no lo haya creado, puede utilizar el archivo `04b-bath-metric.dwg`.
2. Para abrir el Administrador de propiedades de capas, debe hacer clic sobre la herramienta **Propiedades de Capa** en el panel Capas de la ficha Inicio, o seleccione Formato>Capa en el explorador de menús. También puede escribir `CA` y pulsar la tecla **Intro** en la ventana de comandos (consulte la figura 5.3).

TRUCO: En el Administrador de propiedades de capas se puede distinguir, a simple vista, el estado de todas las capas. En este momento disponemos únicamente de una, pero, según vayamos avanzando en el proyecto, el número aumentará y esta paleta le parecerá indispensable.

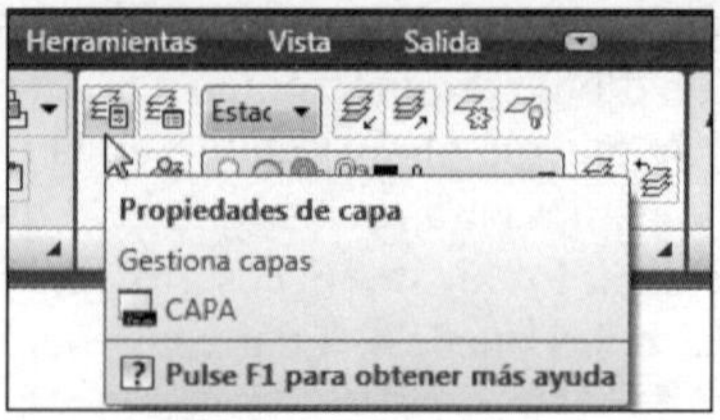

Figura 5.3. Herramienta Propiedades de capas.

3. Haga clic sobre el botón **Nueva capa** que se encuentra en la parte superior de la paleta. El icono del botón se parece a una estrella al lado de una hoja. Aparecerá una nueva capa, con el nombre Capa1, dentro de un cuadro de texto. Podrá comprobar que el nombre está resaltado, lo que indica que si escribe un nuevo nombre más descriptivo sustituirá al predeterminado (véase la figura 5.4).

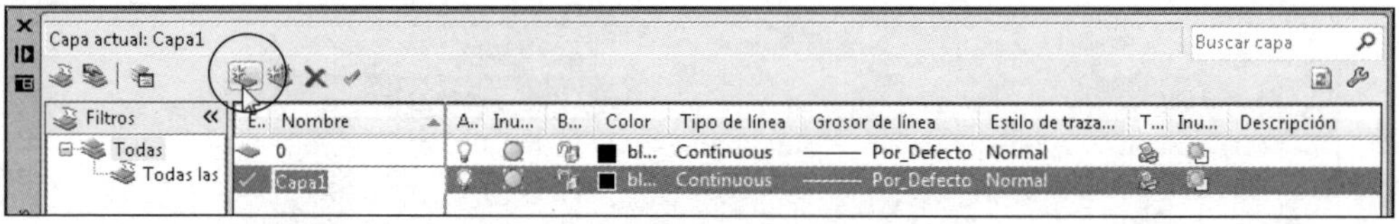

Figura 5.4. Botón Nueva capa en la paleta Administrador de propiedades de capas.

4. Escriba **Wall** (pared), entrada que reemplazará al nombre Capa1 del cuadro de texto.

5. Con el nombre de capa Wall resaltado, haga clic sobre el icono **Color** en el listado de la capa Wall para que aparezca un cuadro de diálogo donde podrá aplicar un color a la capa. El icono **Color** se encuentra en la columna Color y actualmente muestra el valor Blanco. El icono aparece justo a la izquierda de la palabra "Blanco" (véase la figura 5.5).

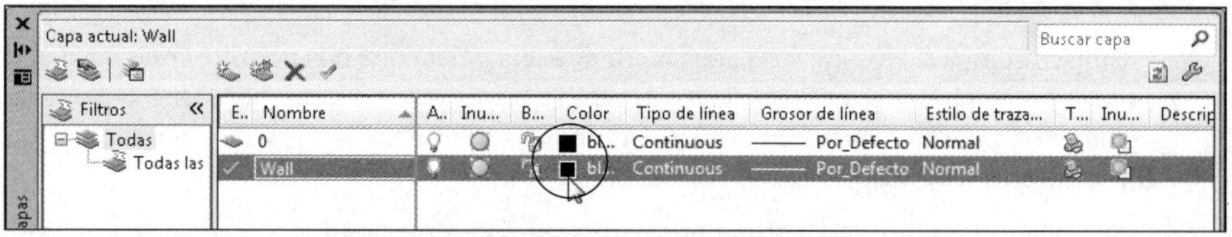

Figura 5.5. Icono Color de la capa Wall.

Seguidamente aparecerá el cuadro de diálogo Seleccionar color (véase la figura 5.6).

6. En la fila de Colores estándar cerca del botón **PorCapa**, haga clic sobre el cuadrado de color verde y, seguidamente, haga clic sobre el botón **Aceptar**. Podrá comprobar que la muestra de color de la capa Wall es ahora verde.

7. Haga clic sobre la **X** situada en la parte superior de la barra de título del Administrador de propiedades de capas para cerrarlo.

A partir de ahora, cualquier objeto asignado a la capa Wall aparecerá de color verde, a menos que se le haya asignado específicamente otro color.

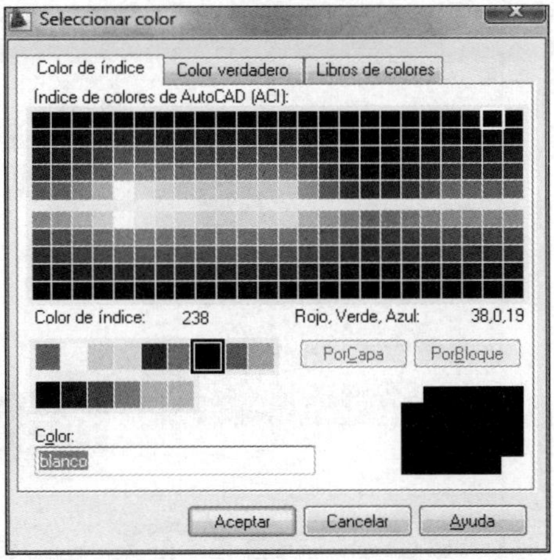

Figura 5.6. Cuadro de diálogo Seleccionar color.

Ocultar automáticamente el administrador de propiedades de capa

En AutoCAD 2009, el Administrador de propiedades de capa es una paleta no modal, lo que significa que cualquier cambio que haga sobre ella tendrá un efecto inmediato sobre el dibujo. También significa que la paleta puede quedarse abierta mientras ejecuta otras operaciones no relacionadas con las capas. A lo largo de este capítulo, se le pedirá que abra o cierra la paleta Administrador de propiedades de capas, pero si lo prefiere, puede tenerla siempre abierta. Si decide dejarla abierta, puede ser que desee utilizar la herramienta **Ocultar automáticamente**. Haga clic en el icono **Ocultar automáticamente** en la parte superior de la barra de título de la paleta para que cambie a una sola flecha (véase la figura 5.7).

Figura 5.7. Paleta Administrador de propiedades de capas.

Si **Ocultar automáticamente** está activado, la paleta se minimizará para mostrarle únicamente la barra de título. Para abrir la paleta, haga clic en la barra de título. Para minimizarla, coloque el cursor en cualquier lugar fuera de la paleta durante un momento.

Uso de colores verdaderos o colores PANTONE

En el último ejercicio, seleccionamos un color en la ficha Color de índice del cuadro de diálogo Seleccionar color. En la mayor parte de las ocasiones, los colores de esta ficha resultarán suficientes para colmar nuestras necesidades. Pero si está creando un dibujo de presentación en el que la selección de colores resulta importante, puede seleccionar otros colores en la fichas Color verdadero o Libros de colores del cuadro de diálogo Seleccionar color. La ficha Color verdadero ofrece una amplia gama de colores mediante una paleta de colores similar a la que tienen Photoshop y otras aplicaciones de edición de imágenes (véase la figura 5.8).

Figura 5.8. Ficha Color verdadero en el cuadro de diálogo Seleccionar color.

Puede utilizar los controles de tonalidad, saturación y luminancia del modelo de color HSL o utilizar el modelo RGB (rojo, verde, azul). Para seleccionar uno u otro modelo, utilice la lista desplegable Modelo de color situada en la parte superior derecha del cuadro de diálogo que se muestra en la figura 5.9.

Figura 5.9. Lista desplegable Modelo de color en el cuadro de diálogo Seleccionar color.

También podrá utilizar el "libro de color" PANTONE de la ficha Libros de colores. La opción Libro de color que se muestra en la figura 5.10 permite establecer equivalencias de colores para impresión offset.

> **TRUCO:** La ficha Archivos del cuadro de diálogo Opciones (seleccione Herr.>Opciones en el Explorador de menús) incluye la opción Ubicación de libros de colores, que indica a AutoCAD dónde buscar los parámetros de los libros de colores.

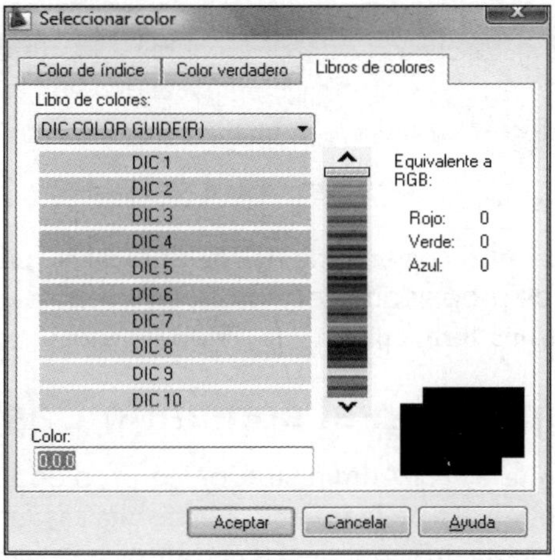

Figura 5.10. La ficha Libros de colores en el cuadro de diálogo Seleccionar color.

Continuemos pues nuestro recorrido por las capas de AutoCAD.

La paleta Administrador de propiedades de capas

El Administrador de propiedades de capas se ajusta al estándar de la interfaz de Windows, y su elemento más destacable es la lista de capas, como pudo comprobar en el ejercicio anterior. En la barra superior de la lista de capas se incluye una serie de botones que representan las distintas propiedades de capa. Al igual que en el Explorador de Windows, puede ajustar el ancho de cada columna en la lista de capas haciendo clic y arrastrando cualquiera de los laterales de los botones de encabezado. También puede ordenar la lista de capas en función de una propiedad con tan sólo hacer clic sobre un nombre de propiedad de los que aparecen en la parte superior de la lista. Y, como ocurre con el resto de cuadros de lista de Windows, puede utilizar la combinación **Mayús-clic** para seleccionar un conjunto de nombres de capa o la combinación **Control-clic** sobre nombres individuales para seleccionarlos simultáneamente en caso de que no aparezcan juntos. Estas opciones resultan muy útiles con listas de capas extensas.

Encima de la lista de capas, puede ver cuatro botones (véase la figura 5.11).

Figura 5.11. Botones en el Administrador de propiedades de capas.

Ya ha visto cómo funciona la herramienta **Nueva capa**. La herramienta que está al lado, se llama **Nueva ventana de capa inutilizada en todas las ventanas**, es parecida a la herramienta anterior y realiza una función parecida. La principal diferencia es que la **Nueva ventana de capa inutilizada en todas las ventanas** inutiliza la capa recién creada. Para eliminar capas, seleccione una capa o grupo de capas y después, haga clic en la herramienta **Suprimir capa**. Tenga en cuenta que le permite eliminar las capas que tengamos seleccionadas en cualquier momento, todas menos la capa 0, las capas bloqueadas y las que contengan objetos. La herramienta **Definir actual** le permite fijar como actual la capa en la que queramos trabajar. Una forma de saber qué capa tenemos activa en un momento determinado es mirando la marca verde debajo de la columna Estado de la lista de capas.

TRUCO: Otra forma de crear o eliminar capas es seleccionar una capa o conjunto de capas del cuadro de lista y, a continuación hacer clic con el botón derecho del ratón. Aparecerá un menú con las mismas funciones que las herramientas situadas sobre la lista de capas.

También visualizará otro conjunto de tres herramientas situado más a la izquierda de la paleta Administrador de propiedades de capas. Esas herramientas le ofrecen funciones para organizar sus capas de una forma pertinente. Profundizaremos en este tema más adelante.

Control de capas con el comando Capa

Hemos visto cómo la paleta Administrador de propiedades de capas facilita la representación y la modificación de la información de una capa y cómo se pueden seleccionar colores de capa en una barra de herramientas que aparece en pantalla. Sin embargo, las capas también se pueden controlar desde la línea de comandos.

ADVERTENCIA: No verá la opción Pstyle en el comando capa o las opciones Truecolor/COlor Books en el comando de la opción color si no está utilizando estilos de ploteado nombrados. Los estilos de ploteado se tratan en profundidad más adelante.

Siga los pasos descritos para controlar las capas desde la línea de comandos:

1. En primer lugar, pulse la tecla **Esc** para cancelar cualquier posible comando activo.
2. En la línea de comandos, escriba `-capa` y pulse **Intro**. No olvide incluir el signo menos (`-`). Al hacerlo, aparecerá la siguiente línea:

   ```
   [?/Establ/Def/CRear/RENombrar/ACT/DES/COlor/Tlínea/Grosorl/MATerial/TRazar/
   ETrazado/Inut/Reut/Bloq/desbLoq/eStado/DESCr/REConciliar]:
   ```

   Las opciones de esta línea de comando se analizarán posteriormente.
3. Escriba `CR` y pulse **Intro** para seleccionar la opción Crear.
4. En la línea `Indique lista de nombres para la nueva capa:`, introduzca `Wall2` (pared2) y pulse **Intro**. Aparecerá de nuevo la línea

```
[?/Establ/Def/CRear/RENombrar/ACT/DES/COlor/Tlínea/Grosorl/MATerial/TRazar/
ETrazado/Inut/Reut/Bloq/desbLoq/eStado/DESCr/REConciliar]:
```

5. Escriba `CO` y pulse **Intro**.
6. En la línea `Nuevo color [COlorverdadero/LIbrocolores]:`, escriba `Amarillo` y pulse **Intro**. También puede indicar `2` y pulsar **Intro**, el equivalente numérico del color amarillo en AutoCAD.
7. En la línea de comando `Indique lista de nombres de capa para el color 2 (amarillo) <0>:`, escriba `Wall2` y pulse **Intro**. A continuación, volverá a ver la línea [?/Establ/Def/CRear/RENombrar/ACT/DES/COlor/Tlínea/Grosorl/MATerial/TRazar/ETrazado/Inut/Reut/Bloq/desbLoq/eStado/DESCr/REConciliar]:
8. Pulse **Intro** para salir del comando **CAPA**.

Cada uno de los métodos de control de capas tiene sus ventajas. El Administrador de propiedades de capas ofrece más información sobre las capas de forma visual. Por otra parte, el comando **CAPA** es una opción más rápida para el proceso de control y creación de capas. Además, si pretende diseñar macros personalizadas, le será muy útil conocer el funcionamiento de dicho comando, ya que las paletas no se pueden controlar por medio de botones de barras de herramientas personalizadas o secuencias de comandos.

Asignación de capas a objetos

Cuando se crea un objeto, se asigna a la capa activa. Hasta ahora, solamente disponíamos de una capa, la capa 0, en la que se incluían los objetos que habíamos dibujado. Una vez creadas las nuevas capas, los objetos se pueden asignar a dichas capas con ayuda de la paleta Propiedades.

1. Seleccione las cuatro líneas que representan las paredes del aseo. Si tiene problemas con la pared de la izquierda, puede utilizar una ventana para encuadrar la línea que representa dicho muro.
2. Con el cursor dentro del área de dibujo, haga clic con el botón derecho del ratón y seleccione la opción Propiedades del menú contextual para abrir la paleta Propiedades. Esta paleta permite modificar las propiedades de un objeto o de un grupo de objetos, como veremos más adelante. (En una sección posterior se ampliará el tema de las propiedades de los objetos.)
3. Haga clic sobre la opción Capa que aparece en la lista de la paleta Propiedades. Comprobará que aparece un control de flecha en el nombre de la capa, a la derecha de la opción Capa (véase la figura 5.12).

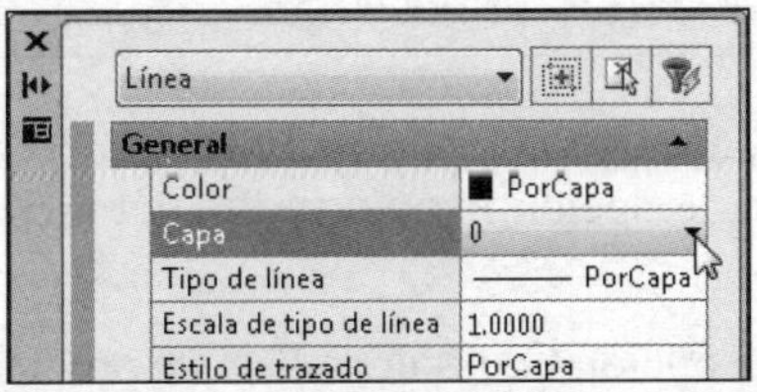

Figura 5.12. Opción Capa en la paleta Propiedades.

4. Haga clic en el control de flecha situado a la derecha de la opción Capa para abrir una lista de las capas disponibles.
5. Seleccione la capa Wall de la lista. Las líneas que representan las paredes del dibujo se volverán de color verde, lo que indica que los objetos se han asignado a la capa Wall. (Recuerde que anteriormente asignamos el color verde a dicha capa.)
6. Cierre la paleta Propiedades haciendo clic sobre el botón **X** que se encuentra en la parte superior de su barra de título mismo.

Las paredes del aseo ya forman parte de la nueva capa, Wall, y son de color verde. Si se utilizan varios colores para cada capa, resultará más sencillo distinguirlas.

El panel Propiedades rápidas

Este capítulo se centra en las herramientas de la Cinta de opciones y la paleta Propiedades para configurar las propiedades de un objeto. También puede utilizar el panel Propiedades rápidas para cambiar el color, la capa, y el tipo de línea de los objetos. Cuando el panel Propiedades rápidas está activado, aparece automáticamente al seleccionar un objeto. Puede desactivarlo haciendo clic sobre la herramienta **Propiedades rápidas** de la barra de estado (véase la figura 5.13).

Figura 5.13. Herramienta Propiedades rápidas en la barra de estado.

El siguiente paso consiste en practicar con los comandos que hemos aprendido en este apartado, así como con otros nuevos, en la creación de capas y la modificación de las asignaciones de capas del resto de los objetos del aseo. El proceso es el que se describe a continuación:

1. Haga clic en la herramienta **Propiedades de capa** ( ) en el panel Capas de la ficha Inicio para abrir el Administrador de propiedades de capas. Defina una nueva capa con el nombre Fixture (instalación) y utilice el color azul para identificarla.

TRUCO: Puede modificar el nombre de una capa si hace clic sobre él en el Administrador de propiedades de capas. Una vez seleccionado el cuadro de texto que contiene el nombre haga clic nuevamente de manera que un cuadro rodee el nombre o pulse la tecla de función **F2**. Se trata de la misma operación que se aplica para cambiar el nombre de un archivo o de una carpeta en Windows.

2. Seleccione los bloques Tub (bañera) y Toilet (Inodoro), haga clic con el botón derecho del ratón y escoja la opción Propiedades del menú contextual para abrir la paleta Propiedades.
3. Haga clic sobre la opción Capa de la lista de propiedades y seleccione Fixture en la lista desplegable de dicha opción.
4. Haga clic en la **X** situada en la esquina superior izquierda de la paleta Propiedades para cerrar el cuadro de diálogo y pulse la tecla **Esc** para eliminar la selección.
5. A continuación, cree una nueva capa para la puerta, con el nombre Door (puerta), que debe tener el color rojo.

TRUCO: Dentro de un bloque, solamente se puede modificar el color y el tipo de línea de los objetos que se encuentren en la capa 0, como veremos más adelante.

6. Al igual que hemos hecho con las paredes y con la instalación, asigne la puerta a la capa Door en la paleta Propiedades.

7. Utilice el Administrador de propiedades de capas para crear tres capas adicionales para el techo, las jambas de las puertas y el suelo, como se aprecia en la tabla 5.1. Recuerde que el cuadro de diálogo Seleccionar color se puede abrir haciendo clic sobre la muestra de color de la lista de capas.

Tabla 5.1. Capas y colores que debe utilizar.

Nombre de capa	Color de capa (número)
Ceiling (techo)	Magenta (6)
Jamb (jamba)	Verde (3)
Floor (suelo)	Cian (4)

Propiedades de objetos

Es muy útil pensar que los componentes de AutoCAD tienen propiedades. Por ejemplo, una línea dispone de propiedades geométricas, como pueden ser la longitud o las coordenadas que definen sus puntos finales. Un arco tiene un radio, un centro y coordenadas iniciales y finales. E incluso si una capa no es un objeto que se puede manipular y modificar, también tiene propiedades como el color o el tipo y el grosor de la línea.

De manera predeterminada, los objetos pueden adoptar el color, el tipo de línea y el grosor de la capa a la que se han asignado, aunque dichas propiedades también se pueden asignar de forma particular a un determinado objeto. La paleta Propiedades y la barra de herramientas del mismo nombre permiten manipular estas propiedades generales.

Aunque algunas de las opciones de la paleta Propiedades puedan parecer indescifrables, no debe preocuparse por el momento de ellas. Las iremos comentando a medida que avancemos en el análisis de AutoCAD. Por ejemplo, descubrirá que no tiene que preocuparse demasiado de las propiedades geométricas, ya que se manejan con ayuda de las herramientas de edición convencionales de la barra de herramientas Modificar. El resto de las propiedades se analizarán en éste y en otros capítulos.

En el paso 3, la paleta Propiedades incluía varias opciones que permiten modificar un bloque. Las opciones varían en función del objeto que se haya seleccionado. Si solamente se selecciona un objeto, AutoCAD ofrece una serie de opciones que se aplican específicamente a ese determinado objeto. En cambio, si los objetos seleccionados son varios, las opciones son más limitadas, ya que AutoCAD solamente puede cambiar las propiedades comunes en todos ellos.

Controlar el color y el tipo de líneas de los objetos de un bloque

La capa 0 es de vital importancia en lo que respecta a los bloques. Cuando los objetos asignados a esta capa se utilizan como parte de un bloque y ese bloque se incluye en otra capa, los objetos adoptan las características de la nueva capa. Por otra parte, si los objetos se encuentran en una capa que no es la 0, conservan sus características originales, aunque se incluya el bloque en otra capa o se modifique de alguna forma. Por ejemplo, supongamos que la bañera se ha dibujado en la capa Door en lugar de en la capa 0. Si se convierte la bañera en bloque y se agrega a la capa Fixture, los objetos que componen la bañera conservarán su asignación a la capa Door aunque el bloque Tub se haya asignado a la capa Fixture.

Puede resultarle útil imaginar un bloque como una bolsa de plástico transparente que contiene los objetos que componen la bañera. Los objetos que se encuentran dentro de la bolsa conservan su asignación a la capa Door, aunque la propia bolsa se asigne a la capa Fixture. En un principio puede parecerle confuso, pero se acostumbrará con la práctica en el manejo de bloques.

AutoCAD también permite utilizar más de un color o tipo de línea en una capa. Por ejemplo, puede recurrir a los botones **Color** y **Tipo de línea** de la paleta Propiedades (el botón **Propiedades** de la barra de herramientas Estándar) para cambiar el color o el tipo de línea de cualquier objeto de la capa 0. El objeto conservará su color y tipo de línea asignado, independientemente de la capa a la que se haya asignado. Del mismo modo, los objetos a los que se les ha asignado un determinado color o tipo de línea no varían al incluirlos en un bloque.

Trabajar con capas

Hasta el momento, nos hemos limitado a crear capas y a asignar objetos a dichas capas. En esta sección, aprenderá a manejar la lista desplegable Capa de la barra de herramientas Propiedades para asignar capas a los objetos, proceso durante el cual aplicaremos algunos elementos nuevos a nuestro dibujo.

La capa actual sigue siendo la capa 0, y todos los objetos que dibujemos se incluirán en esta capa. Si quiere cambiar la capa actual, siga los pasos que se incluyen a continuación:

1. Haga clic sobre la lista Control de capas en el panel Capas de la ficha Inicio. Se abre una lista desplegable en la que se incluyen todas las capas del dibujo (véase la figura 5.14).

Figura 5.14. Lista Control de capas en el panel Capas.

Los iconos que aparecen junto al nombre de las capas controlan el estado de la capa. Estos iconos se analizarán posteriormente. En el cuadro situado justo a la izquierda de cada nombre se puede ver el color de cada capa (véase la figura 5.15).

TRUCO: Si sitúa el cursor sobre cualquiera de los iconos de la lista desplegable, podrá ver una breve descripción del funcionamiento de ese icono en particular.

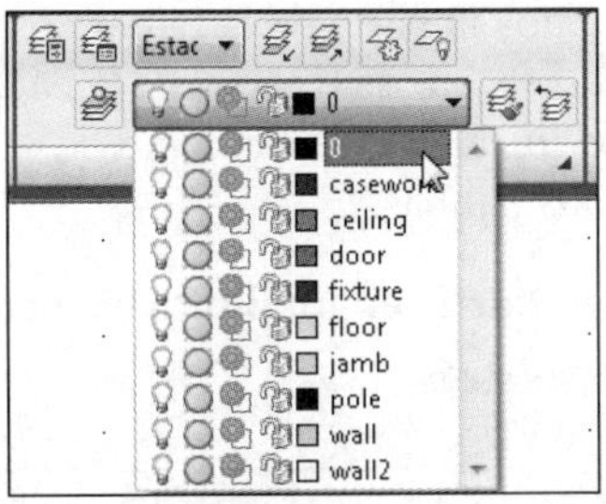

Figura 5.15. Lista Control de capas desplegada.

2. Seleccione el nombre de capa Jamb (jamba). La lista desplegable se cierra y el nombre Jamb aparece en el interior del cuadro de texto con el nombre de la capa en la barra de herramientas: es la nueva capa activa.

TRUCO: También puede utilizar el comando **CAPA** para restablecer la capa activa. Para ello, debe escribir `-capa` (sin olvidar el guión inicial) en la línea de comandos, pulsar **Intro**, escribir `Def`, pulsar **Intro** y, luego, introducir `Jamb` y pulsar **Intro** dos veces para salir del comando **CAPA**.

3. Aumente el zoom de la puerta y trace una línea de 13 cm. desde la esquina inferior derecha de la puerta y hacia la derecha.
4. Trace una línea similar desde el extremo superior derecho del arco. El dibujo debería parecerse al de la figura 5.16.

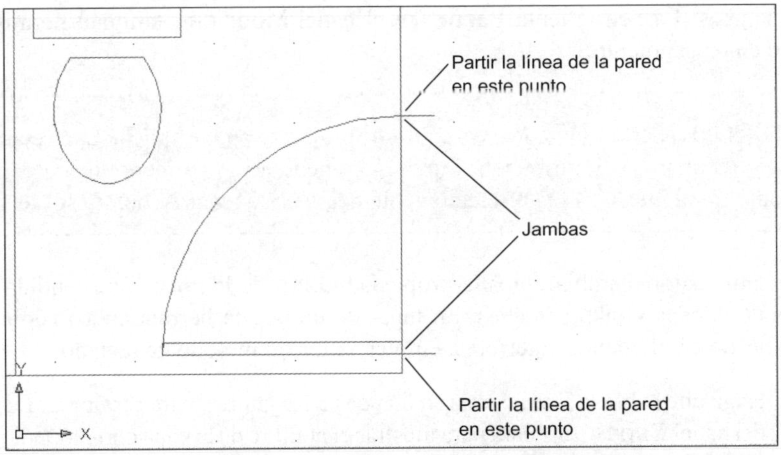

Figura 5.16. La puerta en la pared a la que se le ha añadido una jamba.

Como hemos asignado el color verde a la capa Jamb, las dos líneas que acabamos de dibujar para representar la puerta son de este mismo color. De esta forma puede saber en qué capa se encuentra mientras dibuja.

A continuación, utilizaremos la parte de la pared comprendida entre las jambas como la línea que representa el dintel de la puerta (la zona de la pared situada encima de la puerta). Para ello, tendremos que cortar la línea en tres segmentos y, seguidamente, cambiar la asignación de capa del segmento entre las jambas.

1. Utilice la herramienta **Partir en un punto** del panel expandido Modificar de la ficha Inicio (véase la figura 5.17).

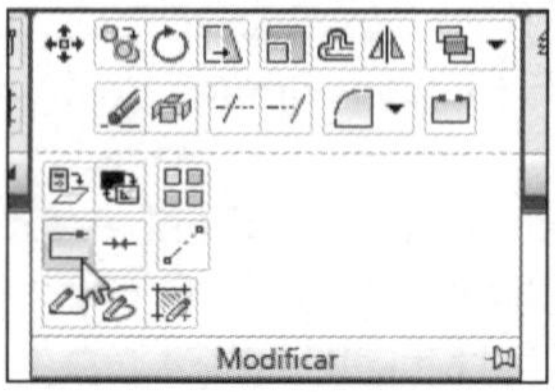

Figura 5.17. La herramienta Partir en un punto en el panel Modificar.

2. En la línea de comando `Designe objeto:`, haga clic sobre la pared comprendida entre las dos jambas.
3. En la línea `Designe primer punto:`, puede utilizar la referencia a objetos Punto final para seleccionar el punto final del arco de la puerta que está en contacto con la pared, como vimos previamente en la figura 5.16.
4. Haga clic sobre la herramienta **Partir en un punto** del panel Modificar y repita los dos últimos pasos, esta vez utilizando la jamba situada junto a la bisagra de la puerta para localizar el punto de división (véase la figura 5.16).

Aunque no lo parezca a simple vista, acabamos de dividir la línea de la pared derecha en tres segmentos de línea; uno en la apertura de la puerta y dos más a cada uno de los laterales de las jambas. La herramienta **Partir**, en el panel Modificar, también permite generar un espacio en un segmento.

> **TRUCO:** La herramienta **Partir en un punto** no se puede aplicar en círculos, aunque puede recurrir a la herramienta **Partir** para generar un pequeño hueco dentro de un círculo. Si el hueco es lo suficientemente pequeño, apenas se notará sobre el círculo.

A continuación, cambiaremos la propiedad Capa de la línea comprendida entre las dos jambas de la capa Ceiling (techo). En lugar de utilizar la herramienta **Propiedades**, como hemos hecho en ejercicios anteriores, emplearemos un método de teclado:

1. Haga clic sobre la línea comprendida entre las jambas para resaltarla. La lista de capas del panel Capas cambiará para mostrar el nombre de la capa correspondiente a la pared, Wall. Cada vez que se selecciona un objeto y aparecen sus pinzamientos, las opciones Color, Tipo de línea, Grosor de línea y Estilo de trazado de la barra de herramientas Propiedades cambian para reflejar las características del objeto seleccionado.
2. Seleccione el nombre de la capa en el panel de control Capas para abrir la lista desplegable Capa.

3. Marque la capa Ceiling. La lista se cierra y la línea seleccionada cambia a un color magenta, lo que indica que ahora se encuentra en dicha capa. En la lista de colores de la barra de herramientas Propiedades también se puede ver el nuevo color de la línea.

4. Pulse la tecla **Esc** dos veces para eliminar la selección de pinzamientos. La capa volverá a la capa de la jamba, Jamb, la capa actual.

5. Utilice la herramienta **Previo** del menú desplegable Zoom en el panel Utilidades de la ficha Inicio, o seleccione Ver>Zoom>Previo en el Explorador de menús para recuperar la vista anterior. También puede escribir en la línea de comandos `Z`, pulsar **Intro**, `P` y pulsar **Intro**.

En este ejercicio hemos comprobado que al seleccionar un objeto sin que haya un comando activo las propiedades del objeto aparecen inmediatamente sobre la barra de herramientas Propiedades, por debajo de los cuadros Control del color, Control del tipo de línea, Control del grosor de línea y Control del estilo de trazado. Con este método también se puede modificar el color, tipo de línea, grosor de línea y estilo de trazado de un objeto, independientemente de la capa en la que se encuentre. Al igual que ocurre con la paleta Propiedades, se pueden seleccionar varios objetos y cambiar sus capas por medio de la lista desplegable Capa. Las opciones de la barra de herramientas Propiedades le permiten modificar de forma rápida algunas de las propiedades de los objetos.

El último paso consiste en completar el aseo añadiendo un lavabo a la capa Casework (complemento), como podemos ver a continuación:

1. Abra el Administrador de propiedades de capas () y cree una nueva capa con el nombre Casework (complemento).

2. Cuando el nombre de la nueva capa aparezca en la lista desplegable Capa, haga clic sobre el botón **Definir actual** situado en la parte superior de la paleta.

3. Marque la muestra de color de la capa Casework y escoja el azul en el cuadro de diálogo Seleccionar color. Haga clic sobre **Aceptar** para salir de este cuadro.

4. Haga clic en la **X** de la paleta Administrador de propiedades de capas. Podrá comprobar que en la lista desplegable Capas del panel Capas, la capa Casework es la capa actual. Seguidamente añadiremos el lavabo. Mientras dibuja, los objetos aparecerán en azul, el color de la capa Casework.

5. Seleccione Todo en el menú desplegable Zoom del panel Utilidades o escriba `Z`, pulse **Intro**, `P` y pulse **Intro**.

6. Haga clic sobre la herramienta **Insertar** en el panel Bloque de la ficha Inicio y, después, haga clic sobre el botón **Examinar** del cuadro de diálogo Insertar para abrir el cuadro de diálogo Insertar (véase la figura 5.18).

Figura 5.18. La herramienta Insertar en el panel Bloque.

7. Localice el archivo `Sink` y haga clic dos veces sobre él.

8. En el cuadro de diálogo Insertar, compruebe que la casilla de verificación Precisar en pantalla, en los grupos de botones Escala y Rotación, no está marcada. Haga clic sobre **Aceptar** cuando haya terminado.

9. Coloque el lavabo en la esquina superior derecha del plano del aseo y utilice el comando **Desplazar** para emplazarlo correctamente en esa esquina, como se aprecia en la figura 5.19.

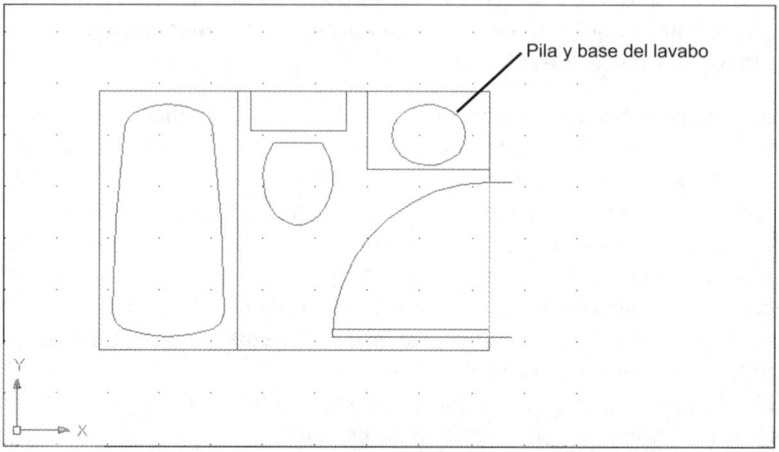

Figura 5.19. El aseo tras agregar el lavabo y su base.

Controlar la visibilidad de una capa

Hemos mencionado anteriormente que en ocasiones puede ser necesario mostrar únicamente determinadas capas con las que vamos a trabajar en un dibujo. En nuestro aseo, podemos ver un dintel que normalmente sólo aparecería reflejado en un plano de alzado. Si quiere desactivar una capa para hacerla invisible, basta con hacer clic sobre el botón **Desactivar** en el Administrador de propiedades de capas, como podemos ver a continuación:

1. Abra el Administrador de propiedades de capas haciendo clic en la herramienta **Propiedades de capa** () del panel Capas.

2. Seleccione la capa Ceiling (Techo) de la lista de capas.

3. Haga clic sobre el icono en forma de bombilla de la lista de capas, situado junto al nombre de la capa Ceiling. El icono en forma de bombilla cambiará de color amarillo a color gris para indicar que la capa se ha desactivado.

4. Haga clic sobre la **X** situada en la parte superior de la barra de título del Administrador de propiedades de capas para cerrarlo. Cuando vuelva al dibujo, el dintel habrá desaparecido, ya que hemos ocultado la capa en la que se encontraba (la línea que atraviesa la apertura de la puerta).

También se puede controlar la visibilidad de las capas utilizando para ello la lista desplegable Control de capa del panel Capas. Los pasos que debe seguir son éstos:

1. En el panel Capas de la ficha inicio, abra la lista desplegable Control de capa.
2. Localice la capa Ceiling. Observará que la bombilla es de color gris, lo que indica que se ha desactivado y que no se puede ver.
3. Haga clic sobre el icono en forma de bombilla para que vuelva a ser amarillo.
4. Marque un punto en el área de dibujo para cerrar la lista desplegable Capa y volverá a aparecer el dintel de la puerta.

En la figura 5.20 se puede ver la función del resto de iconos de la lista desplegable Capa.

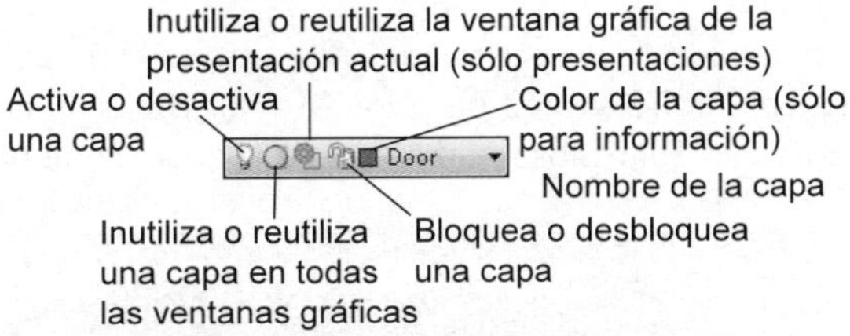

Figura 5.20. Iconos de la lista desplegable Capa.

NOTA: Cuando empiece a trabajar con presentaciones en capítulos posteriores, aprenderá más sobre las ventanas gráficas. Una ventana gráfica es como una vista personalizada de su dibujo. Puede tener varias ventanas gráficas en una presentación, cada una mostrando una parte diferente del dibujo. Se pueden controlar las propiedades de capa para cada una de las ventanas gráficas independientemente, así puede configurar tipos de línea, colores y visibilidad de capa diferentes para cada una de las ventanas gráficas.

Buscar capas

Si únicamente disponemos de un número reducido de capas, resulta bastante fácil localizar la que queremos desactivar. Sin embargo, la operación se complica cuando hay más de 20 ó 30 capas. El Administrador de propiedades de capas incluye algunas herramientas que nos pueden ayudar a encontrar una determinada capa de forma rápida.

Supongamos que tenemos varias capas con nombres que empiezan por la letra T, como por ejemplo T-luces, T-dintel y T-diseño, y que las queremos localizar de forma rápida. Puede hacer clic sobre el botón **Nombre** situado en la parte superior de la lista de capas para ordenar los distintos nombres alfabéticamente (si vuelve a hacer clic, el orden se invertirá). Para seleccionar dichas capas, debe escoger la primera que empiece por la letra T y, seguidamente, desplazarse por la lista hasta que encuentre la última capa del grupo y utilizar la combinación **Mayús-clic**. Todas las capas comprendidas entre las dos anteriores quedarán seleccionadas. Si quiere anular la selección de alguna de ellas, mantenga pulsada la tecla **Control** mientras hace clic sobre los nombres que no quiera incluir. También puede hacer clic sobre los nombres que quiere seleccionar mientras presiona **Control**.

Los botones **Color** y **Tipo de línea**, situados en la parte superior de la lista, permiten determinar las capas que aparecen en la lista en virtud del color o el tipo de línea que se les haya asignado. Otros botones sirven para ordenar la lista en función del estado, como son **Activar/Desactivar**, **Inutilizar/Reutilizar**, **Bloquear/Desbloquear**, etc. El resto de opciones de capas se analizarán más adelante.

A continuación, intentaremos modificar de nuevo la configuración de las capas y las desactivaremos todas menos las capas Wall y Ceiling, conservando un simple rectángulo. En este ejercicio, podrá practicar con las opciones Activar/Desactivar del Administrador de propiedades de capas. Los pasos que debe seguir son éstos:

1. Haga clic sobre la herramienta **Propiedades de capa** () en el panel Capas.
2. Seleccione el nombre de la capa que se encuentre en la parte superior del cuadro Lista y, a continuación, utilice la combinación **Mayús-clic** en el nombre de la capa situada en la parte inferior. Todos los nombres de capa aparecerán resaltados.

TRUCO: Otra forma de seleccionar de una sola vez todas las capas del Administrador de propiedades de capas, es hacer clic con el botón derecho del ratón sobre la lista de capas y, en el menú contextual que se abre, escoger la opción Seleccionar todo. Para eliminar la selección, escoja la opción Borrar todo.

3. Haga clic sobre las capas Wall y Ceiling mientras mantiene pulsada la tecla **Control** para eliminarlas de la selección y excluirlas de la siguiente acción.
4. Haga clic sobre el icono en forma de bombilla de cualquiera de las capas seleccionadas.
5. Aparecerá un mensaje de advertencia en el que se indica que la capa actual está desactivada. Haga clic sobre el botón **NO**. El icono en forma de bombilla se vuelve de color gris para indicar que las capas seleccionadas se han desactivado.
6. Cierre la paleta haciendo clic sobre la **X**. En el dibujo solamente se verán las capas Wall y Ceiling. El resultado será un rectángulo sencillo que representa el esquema de la habitación.
7. Abra nuevamente el Administrador de propiedades de capas, seleccione todas las capas, como hizo en el paso 2 y, a continuación, haga clic en cualquiera de los iconos en forma de bombilla de color gris para activar todas las capas simultáneamente.
8. Haga clic sobre la **X** situada en la barra de título del Administrador de propiedades de capas para volver al dibujo.

En este ejercicio, hemos desactivado un grupo de capas con un solo clic directamente sobre el icono de la bombilla. Del mismo modo se puede inutilizar/reutilizar, bloquear/desbloquear o cambiar el color de un grupo de capas haciendo clic sobre el botón correspondiente de la propiedad adecuada. Por ejemplo, si hace clic sobre la muestra de color de una de las capas seleccionadas, se abrirá el cuadro de diálogo Seleccionar color, en el que puede determinar el color de todas las capas seleccionadas.

Listas de capas difíciles de manejar

Es muy probable que acabe utilizando extensas listas de capas cuyo manejo puede resultar una auténtica pesadilla. Sin embargo, AutoCAD incorpora algunas herramientas que le permitirán organizar sus capas y trabajar con ellas sin dificultad.

A la izquierda del Administrador de propiedades de capas que se muestra en la figura 5.21 verá un conjunto de herramientas y una lista que le permite gestionar sus capas.

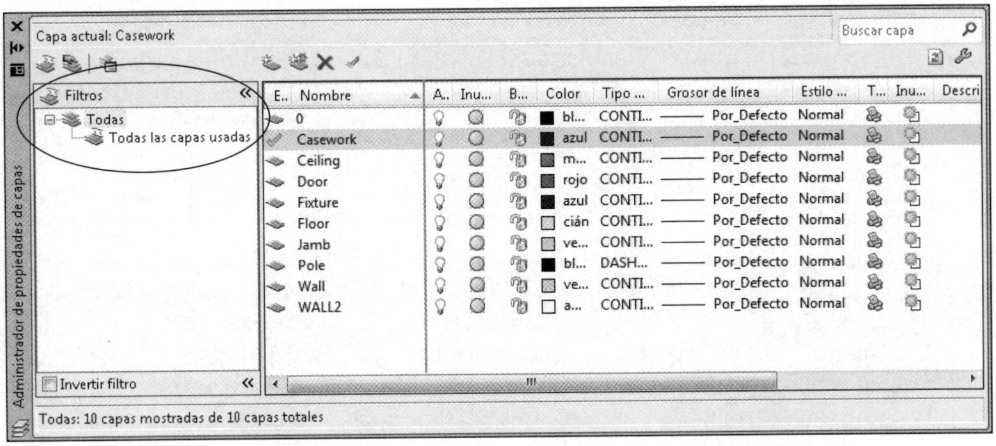

Figura 5.21. Herramientas en el Administrador de propiedades de capas para ayudarle a gestionar sus capas.

En la esquina superior izquierda de la paleta hay una barra de herramientas con tres herramientas:

- La herramienta **Nuevo filtro de propiedades** permite filtrar la lista de capas de forma que sólo se muestren las capas que cumplan determinadas propiedades, ya sea referidas al color o a la denominación.
- La herramienta **Nuevo filtro de grupo** permite crear grupos de capas y asignar nombres a éstos para poderlos activar rápidamente en cualquier momento. Esta herramienta resulta muy útil cuando uno tiene que trabajar con frecuencia con conjuntos específicos de capas. Un ejemplo claro sería el conjunto de capas perteneciente a la instalación eléctrica de un área dentro de un plano arquitectónico.

  En este caso, lo idóneo sería crear un filtro de grupo llamado Eléctrico que filtrara todas las capas menos las que pertenecieran a la instalación eléctrica. Los filtros no afectan a las capas de ningún modo y se limitan a especificar exactamente qué capas deben visualizarse en la lista principal de capas.

- La herramienta **Administrador de estado de capas** permite crear conjuntos de estados de capa. Por ejemplo, imagine que quiere guardar los ajustes de capa que afecten sólo a la pared y a la puerta. Pues ésta es la herramienta que ofrece esta opción.

Otras opciones de capa

Es probable que haya observado las opciones Inutilizar y Reutilizar en el Administrador de propiedades de capas. La función de estos botones es similar a la de los botones **Activar** y **Desactivar**. Sin embargo, el botón **Inutilizar** no sólo hace que las capas resulten invisibles, sino que además indica a AutoCAD que ignore los contenidos de dichas capas al utilizar la opción Todo en la línea de comandos `Precisar objetos:`. La inutilización de capas permite ahorrar tiempo cuando ejecuta un comando que regenera un dibujo complejo, ya que AutoCAD ignora los objetos situados en capas inutilizadas durante dicho proceso. Más adelante hará ejercicios con las opciones Inutilizar y Reutilizar.

Las opciones Bloquear y Desbloquear del Administrador de propiedades de capas ofrecen una función similar a Inutilizar y Reutilizar. Si bloquea una capa, podrá verla y utilizarla como referencia para otros objetos, pero no podrá editarla. Esta función resulta útil cuando se trabaja sobre un dibujo con muchos elementos y se quiere evitar la edición accidental de ciertas partes. Puede bloquear todas las capas, a excepción de aquellas que tenga pensado modificar, y continuar con el trabajo sin temor a cambios accidentales.

Las opciones Grosor de línea, Estilo de trazado y Trazado permiten controlar la salida de los dibujos en una impresora o en un trazador. La opción Grosor de línea determina el grosor de las líneas de una capa. La opción Estilo de trazado asigna configuraciones de trazador a capas específicas. Y la opción Trazado permite determinar si una capa se imprimirá. Estas funciones resultan útiles para configurar capas con fines de presentación únicamente. La opción Tipo de línea le permite controlar los patrones de línea tales como las líneas rayadas o centrales.

Por último, puede guardar los ajustes de capa para utilizarlos posteriormente mediante la herramienta **Administrador de estado de capas**, situado en la esquina superior izquierda del Administrador de propiedades de capas. Estas funciones resultan extremadamente útiles cuado se desea guardar diferentes combinaciones de capa. Esta herramienta se explica en profundidad más adelante. También se puede acceder a ella a través de la opción Estado en la versión de línea de comando del comando **Capa**.

Filtrar capas según sus propiedades

Debajo de las tres herramientas mencionadas anteriormente, aparece una lista jerárquica que muestra los diferentes conjuntos de propiedades de capa y filtros de grupo. En este momento, no hay ningún filtro todavía, por lo que sólo vemos Todas y Todas las capas usadas.

En esta sección aprenderemos cómo funcionan tanto las herramientas como las listas de filtros, y empezaremos por la herramienta **Nuevo filtro de propiedades**.

1. Abra el Administrador de propiedades de capas haciendo clic en la herramienta **Propiedades de capa** () del panel Capas.
2. Haga clic en la herramienta **Nuevo filtro de propiedades** (), que está en la esquina superior izquierda de la paleta de herramientas, para abrir el cuadro de diálogo Filtro de propiedades de capa, en el que verá dos listas en campos independientes. El campo de arriba, correspondiente a Definición de filtro, es donde se introduce el criterio que queremos utilizar para filtrar las capas, mientras que el campo de abajo, llamado Vista

preliminar de filtro, muestra una previsualización de la lista de capas según las opciones de filtro que hayamos especificado arriba. En este momento no se han establecido aún criterios de filtro, por lo que la lista de abajo muestra todas las capas.

3. En el campo Definición de filtro, haga clic en la celda vacía que está justo debajo del título Color y verá que aparece un botón (consulte la figura 5.22).

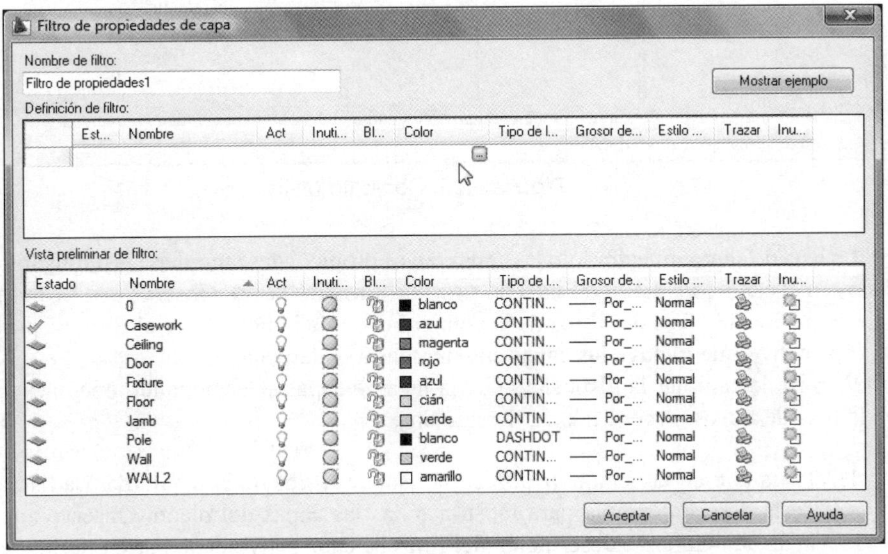

Figura 5.22. Cuadro de diálogo Filtro de propiedades de capa.

4. Haga clic en la misma celda otra vez, escriba la palabra `rojo` y pulse **Intro**. En este momento, la sección de abajo cambia, y muestra solamente las capas que son rojas (que en nuestro ejemplo es sólo una).

5. Haga doble clic en la celda vacía que está debajo de la columna que acaba de editar y verá que vuelve a aparecer un botón.

6. Ahora, escriba la palabra `verde` y pulse **Intro** para que aparezcan en la vista preliminar de filtro todas las capas a las que asignamos el color verde.

TRUCO: Si quiere, también puede seleccionar un color del cuadro de diálogo Seleccionar color haciendo clic en el botón que aparece en la celda.

7. En la lista Definición de filtro, haga clic en la columna Nombre de la tercera fila, y verá que aparece un cursor seguido de un asterisco.

8. Escriba `F` y pulse **Intro**. Ahora, la vista preliminar de filtro muestra capas cuyo nombre empiezan con F.

9. En el campo Nombre de filtro que está en la parte superior izquierda del cuadro de diálogo, elimine el nombre que aparece por defecto (Filtro de propiedades1) y escriba **Mi lista**. Haga clic en **Aceptar** y verá que el conjunto Mi lista aparece en la sección izquierda del Administrador de propiedades de capas que se muestra en la figura 5.23.

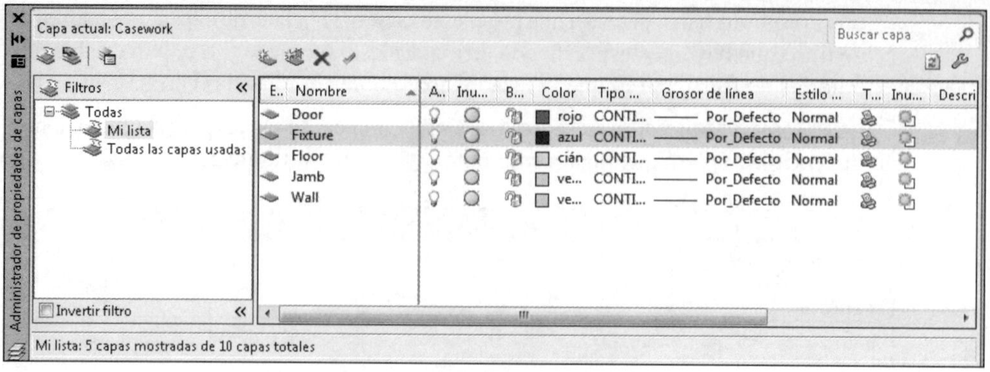

Figura 5.23. Conjunto Mi lista.

La lista de capas muestra sólo las capas cuyas propiedades cumplen los requisitos especificados en el cuadro de diálogo Filtro de propiedades de capa. Observe que Mi lista aparece seleccionado en la lista de filtros de la izquierda, lo que indica que es el filtro de propiedades de capa activo que incluye las capas enumeradas a la derecha.

Es posible cambiar la disposición de la lista de capas seleccionando opciones diferentes en la lista de filtros. Pruebe a hacer lo siguiente:

1. Haga clic en la opción Todas en la lista de filtros de la izquierda. La lista de capas de la derecha cambia para mostrar todas las capas del plano. Observe además que aparece una breve descripción del filtro de capa activo en la parte inferior del cuadro de diálogo que se muestra en la figura 5.24.

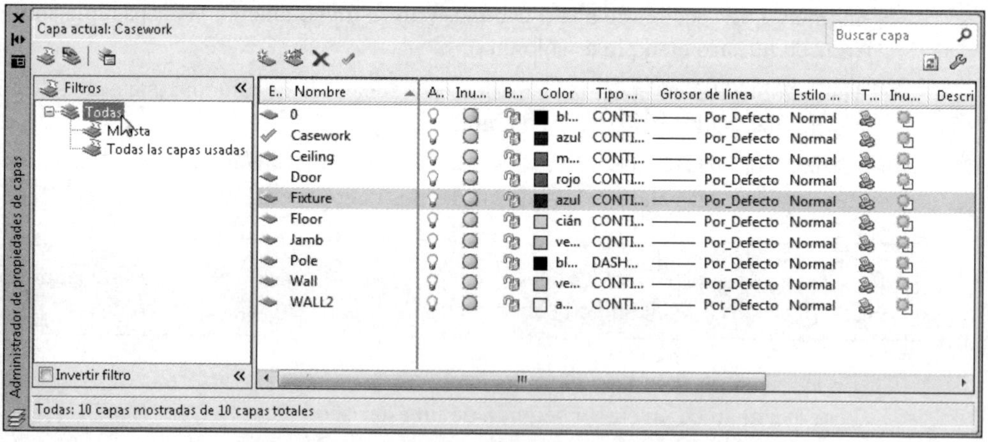

Figura 5.24. Opción Todas de la lista de filtros.

2. Haga clic en la opción Todas las capas usadas de la lista de filtros y verá que ahora sólo se muestran las capas que contienen objetos.

3. Haga clic en Mi lista. La lista de capas vuelve a cambiar al conjunto de capas limitado por el filtro.

4. Haga doble clic en Mi lista para abrir el cuadro de diálogo Filtro de propiedades de capa y ver las propiedades de capa establecidas anteriormente como filtro. Desde aquí es posible editar los criterios de filtro y aplicar cuantas modificaciones estimemos convenientes.

5. Haga clic en el botón **Cancelar** para salir del cuadro de diálogo Filtro de propiedades de capa.

Crear grupos de capas

En el ejercicio anterior hemos visto cómo se pueden filtrar los nombres de capa según unas propiedades que hemos especificado en el cuadro de diálogo Filtro de propiedades de capa. Pero imagine que quiere crear una lista de capas determinadas y establecer el filtro seleccionando gráficamente objetos en la pantalla. Para ello, tenemos la herramienta **Nuevo filtro de grupo**.

1. Haga clic en la herramienta **Nuevo filtro de grupo** ( ), que está en la esquina superior izquierda del Administrador de propiedades de capas y pulse la tecla **Intro** para aceptar el nombre de grupo predeterminado. Verá que aparece un nuevo elemento en la lista de la izquierda llamado Filtro de grupo1.

2. Haga clic con el botón derecho del ratón en el panel de la lista Filtro de grupo1 situado a la izquierda, y seleccione Seleccionar capas>Añadir en el menú contextual. Verá que el cuadro de diálogo se oculta temporalmente para permitirle seleccionar los objetos directamente en el plano. Observe que ahora el cursor es un cursor de selección de objeto.

3. Haga clic en una de las líneas de la pared del cuarto de baño, luego clic en la puerta y pulse **Intro** cuando termine de hacer la selección. Las capas de los dos objetos que ha seleccionado aparecen en la lista de capas. En la lista de filtros, Filtro de grupo1 aparece resaltado, como se muestra en la figura 5.25.

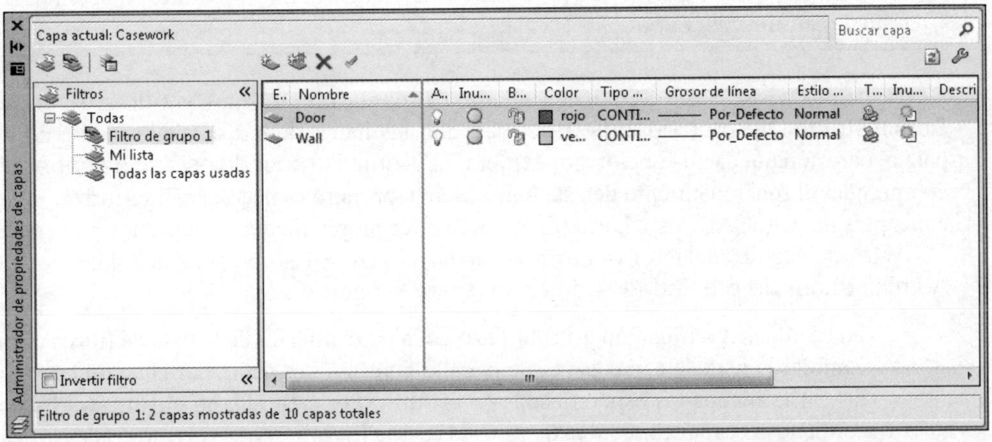

Figura 5.25. El filtro Filtro de grupo1 en el Administrador de propiedades de capas.

NOTA: Quizás haya observado que el menú emergente del paso 2 también ofrece la opción Seleccionar capas>Reemplazar. Ésta permite reemplazar completamente un filtro de grupo existente con una nueva selección, y funciona exactamente igual que la opción Seleccionar capas>Añadir.

Antes vimos que al hacer doble clic en el filtro de propiedades podíamos editar la lista del filtro de propiedades. En el caso de los grupos de filtros, el proceso varía un poco. Cuando quiera añadir una capa a un filtro de grupo, lo que tiene que hacer es hacer clic en la capa y arrastrarla desde la lista de capas al nombre del filtro de grupo. Éstos son los pasos:

1. En el Administrador de propiedades de capas, seleccione la opción Todas en la lista de filtros de la izquierda.
2. Haga clic en la capa Fixture de la lista de la derecha y pulse **Control-clic** sobre la capa Jamb para seleccionarlas y añadirlas luego al grupo de capas Filtro de grupo1.
3. Haga clic en la capa Fixture y arrástrela hacia el nombre Filtro de grupo1 de la lista de filtros.
4. Para comprobar que se han añadido correctamente, haga clic en el nombre Filtro de grupo1 y verá que las capas Fixture y Jamb están dentro. Si lo que quiere es eliminar una capa de un filtro de grupo, utilice el menú emergente y haga lo siguiente:

1. Con la lista Filtro de grupo1 activada, seleccione la capa Jamb de la lista de capas y haga clic sobre ella con el botón derecho del ratón.
2. Seleccione la opción Eliminar del filtro de grupo del menú emergente (asegúrese de que no selecciona la opción Suprimir capa). La capa Jamb se elimina de la lista Filtro de grupo1.

TRUCO: También se puede convertir un filtro de propiedades de capa en un filtro de grupo. Para ello, seleccione el filtro de propiedades de capa en la lista de filtros, haga clic con el botón derecho del ratón sobre él y seleccione la opción Convertir en filtro de grupo. El icono del filtro de propiedades de capa cambia para indicar que ahora se trata de un filtro de grupo.

Ya hemos visto cómo se pueden añadir filtros de propiedades y filtros de grupo al Administrador de propiedades de capas con las herramientas del lado izquierdo de la paleta, pero aún queda una opción por explorar: el Administrador de estado de capas. Para comprender el funcionamiento de esta herramienta, primero es necesario interiorizar algunos conceptos de AutoCAD. Esta herramienta se explica ampliamente en capítulos posteriores.

Antes de seguir adelante, vamos a echar un vistazo a las opciones que aparecen en el Administrador de propiedades de capa (véase la figura 5.26).

- La casilla de verificación Invertir filtro en la parte inferior de la lista de filtros permite cambiar la lista de capas para que haga lo contrario, es decir, para que muestre todas las capas menos las especificadas en el filtro. Por ejemplo, en el filtro Mi lista que contiene las capas rojas, si activamos la casilla Invertir filtro, veremos todas las capas menos las que tengan asignado el color rojo.

- La herramienta **Actualizar** situada en la esquina superior derecha actualiza la información de la capa en el Administrador de propiedades de capa.
- El botón **Parámetros** ubicado en la esquina superior derecha abre el cuadro de diálogo Parámetros de capa. Este cuadro de diálogo controla la forma en la que se le notifica cuando se añaden nuevas capas al dibujo (véase la figura 5.27).

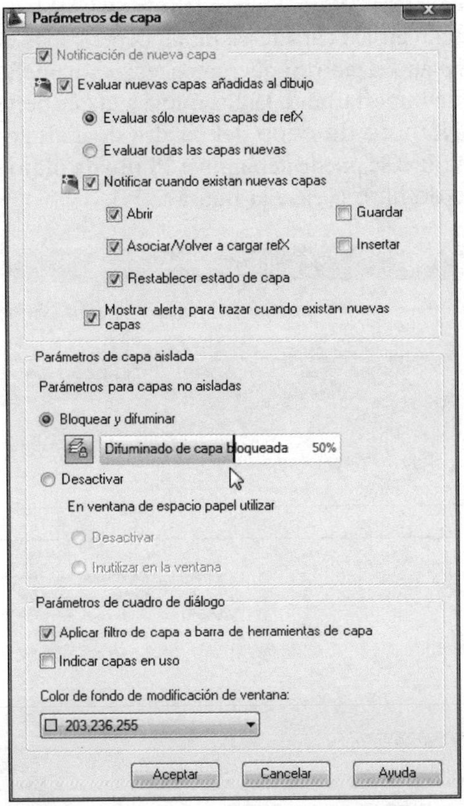

Figura 5.27. Cuadro de diálogo Parámetros de capa.

En la siguiente sección aprenderemos algunos trucos para utilizar nombres de capas que nos permitirán gestionar los filtros de texto de forma más efectiva.

Nombrar capas como método de organización

En la sección anterior vimos cómo crear filtros de propiedades de capa a partir del nombre de una capa. Lo más idóneo es aplicar nombres claros a las capas para poder utilizarlas como herramienta efectiva de gestión. Por ejemplo, supongamos que tenemos un dibujo en el que hemos utilizado nombres de capa de tal forma que se pueda distinguir fácilmente entre el plano de planta (PP) y el de alzado (PA), como en la lista que se muestra a continuación:

- A-PP-PARED-JAMBA.
- A-PP-VENT-JAMBA.
- A-PA-VENT-DINTEL.

- A-PA-PUERTA-DINTEL.
- E-PP-CURVA.
- C-PP-ASCEN.

La primera letra del nombre de la capa hace referencia a la disciplina relacionada con esa determinada capa: A de Arquitectura, E de Exteriores y C de Civil. En este ejemplo, las capas en cuyo nombre se incluyen los caracteres PP aluden a capas del plano de planta, y las que contienen PA a las del plano alzado. Si queremos aislar solamente las capas relacionadas con los planos de planta, sin importarnos a la disciplina a la que pertenezcan, debemos introducir **??PP*** en el campo Nombre de capa del cuadro de diálogo Filtro de propiedades de capa. Este criterio de filtro se puede denominar **Plano de planta** si se introduce este nombre en el cuadro Nombre de filtro (véase la figura 5.28).

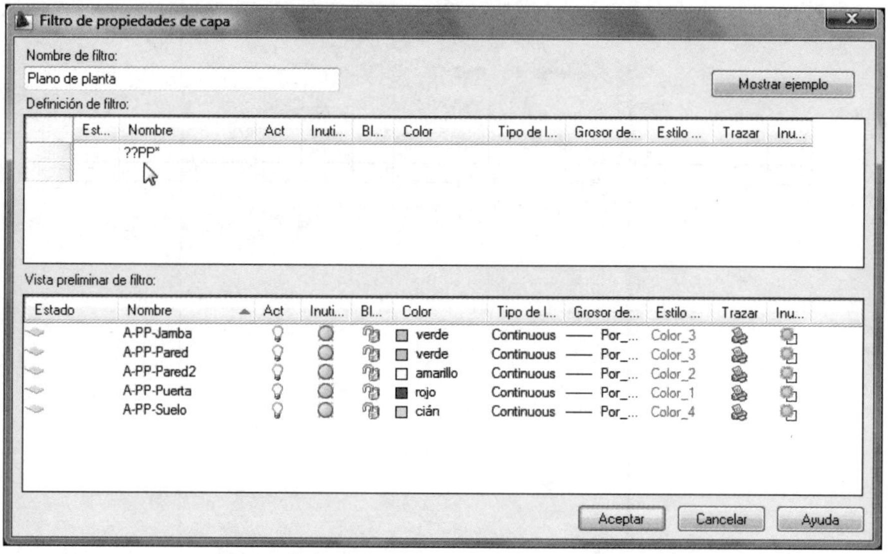

Figura 5.28. Escriba ??PP* en el campo Nombre de capa, y Plano de planta en el cuadro Nombre de filtro.

Una vez creada la lista de propiedades de capa Plano de planta, ya puede seleccionarla en la lista de filtros de la derecha del Administrador de propiedades de capa, apareciendo solamente las capas cuyos nombres contengan los caracteres PP. Estas capas se pueden desactivar, cambiar su color asignado o cualquiera de sus valores sin necesidad de manipular el resto de capas. Puede definir todos los filtros que considere necesario. AutoCAD los guarda hasta que se eliminen con el comando **Eliminar** del menú contextual (haga clic con el botón derecho del ratón sobre las propiedades del filtro y elija el comando **Eliminar**).

En el ejemplo anterior, `??PP*`, los signos de interrogación (`??`) indican que los dos primeros caracteres del nombre de capa pueden ser cualesquiera. El segmento PP indica que el nombre debe incluir P y P en esa determinada posición, y el asterisco situado en la parte final significa que se puede utilizar cualquier tipo de caracteres a partir de ese punto. Los signos de interrogación y el asterisco se conocen como caracteres comodín, y se suelen utilizar como herramientas de filtro en sistemas operativos como Unix y Windows.

Según vaya aumentando el número de capas de un dibujo, los filtros se convertirán en una herramienta indispensable, aunque no debe olvidar que la aplicación eficaz de estos filtros depende de los nombres que se hayan asignado a las capas.

Asignar tipos de línea

A menudo querrá utilizar diferentes tipos de líneas para mostrar líneas ocultas, líneas de centro, líneas de cierre u otros tipos de líneas no continuas. Puede asignar un color y un tipo de línea a cada capa. Puede recurrir a los estándares ISO (*International Organization for Standarization*) para emplear tipos de líneas complejos, incluyendo las que se utilizan para representar canalizaciones de gas y agua en obras civiles o aislamientos interiores de un muro.

AutoCAD incluye varios tipos de líneas, tal como se ilustra en la figura 5.29. Los tipos de líneas ISO están diseñados para utilizarse en un dibujo con escalas y anchuras específicas de línea. Por ejemplo, si utiliza una pluma de 0,5 mm, también tendrá que configurar la escala del tipo de línea del dibujo a 0,5 (ampliaremos esta información más adelante). También puede crear sus propios tipos de líneas como veremos en un capítulo posterior.

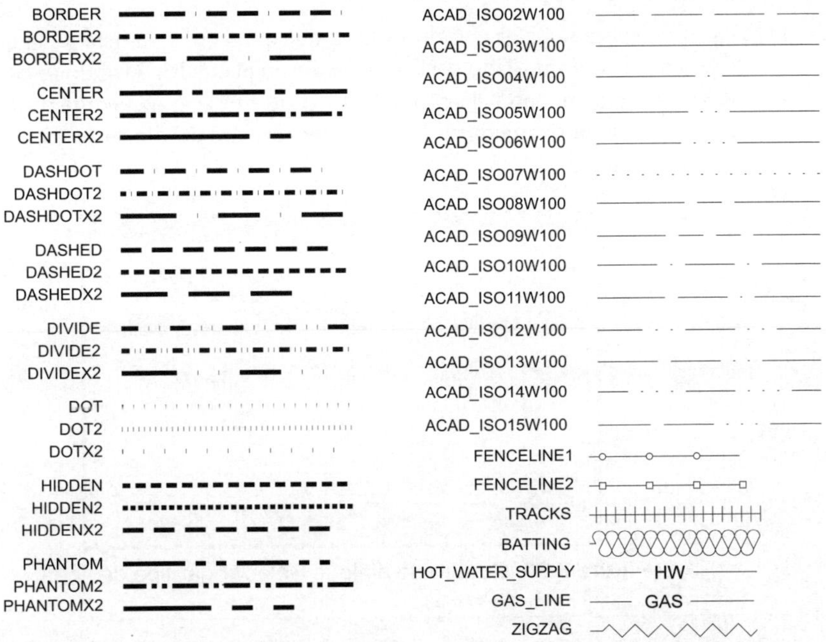

Figura 5.29. Tipos de líneas Standard, ISO y complejos de AutoCAD.

Los tipos de líneas que contienen texto, tales como el ejemplo de una línea de gas al final de la figura 5.29, utilizan el tamaño y tipo de letra actuales para determinar el tamaño y aspecto del texto que se muestra en la línea. Un texto de altura cero generalmente permite mostrar el texto adecuadamente en la mayoría de los casos.

AutoCAD almacena las descripciones de tipos de líneas en un archivo externo llamado `Acad.lin` o `Acadiso.lin` en el caso de utilizar unidades decimales. Puede modificar estos archivos en un procesador de texto para crear nuevas líneas o cambiar las que ya existen.

Añadir un tipo de línea a un dibujo

Para comprobar el funcionamiento de los tipos de línea, en el siguiente ejercicio añadiremos una línea de trazo y puntos al plano del aseo para representar la barra de la cortina de la ducha. Los pasos que debe seguir se incluyen a continuación:

1. Abra el Administrador de propiedades de capas ( ), y seleccione la opción Todas de la lista de filtros.
2. Haga clic sobre el botón **Nueva capa** y escriba la palabra **Pole** (Barra) para crear una nueva capa con este nombre.

TRUCO: Si quiere utilizar un método más directo, puede cargar un tipo de línea y asignarlo simultáneamente a una capa por medio del comando **CAPA**. Para este ejercicio, debe escribir `-capa` en la línea de comando, pulsar **Intro** y, seguidamente, introducir `T`, **Intro**, `TRAZO_Y_PUNTO`, **Intro**, `Pole`, **Intro** y de nuevo **Intro** para salir del comando **CAPA**.

3. Haga clic sobre la palabra Continuous que aparece en la lista de la capa Pole, justo debajo de la columna Tipo de línea. Se abrirá el cuadro de diálogo Seleccionar tipo de línea. Para encontrar la columna Tipo de línea, quizá tenga que utilizar la barra de desplazamiento situada en la parte inferior para desplazar la lista hacia la derecha (véase la figura 5.30).

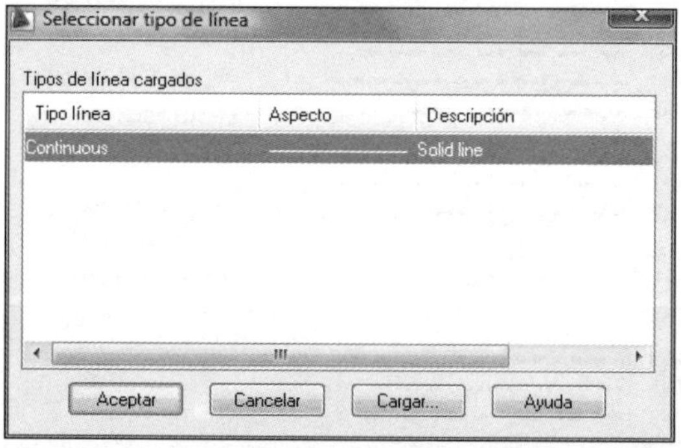

Figura 5.30. Cuadro de diálogo Seleccionar tipo de línea.

ADVERTENCIA: El término *Continuous* se corta y aparece como "Cont" cuando el ancho de la columna Tipo de línea está establecido por defecto y está seleccionada esta opción.

4. En este cuadro de diálogo se incluye la lista de los tipos de línea entre los que puede escoger. En un archivo nuevo, de manera predeterminada solamente hay un tipo de línea disponible, aunque puede cargar los modelos adicionales que quiera emplear. Haga clic sobre el botón **Cargar** situado en la parte inferior. Se abrirá el cuadro de diálogo Cargar o volver a cargar tipos de línea. Como podrá apreciar, la lista de nombres de tipos de

línea es similar a lista desplegable Capa. Los nombres se pueden ordenar alfabéticamente o por descripción; basta con hacer clic sobre los encabezados Tipo línea o Descripción que se encuentran en la parte superior de la lista (véase la figura 5.31).

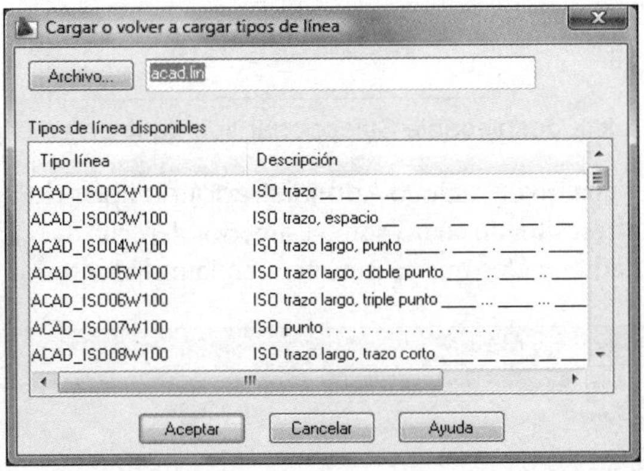

Figura 5.31. Cuadro de diálogo Cargar o volver a cargar tipos de línea.

5. Dentro de la lista Tipos de línea disponibles, localice el tipo de línea ISO trazo, punto, márquelo y haga clic sobre **Aceptar**.
6. El tipo de línea ISO trazo, punto se habrá añadido a la relación de tipos de línea disponibles en el cuadro de diálogo Seleccionar tipo de línea.
7. Seleccione el nuevo tipo para resaltarlo y, a continuación, haga clic sobre **Aceptar**. El tipo de línea ISO trazo, punto aparecerá en la lista de la capa Pole, debajo del tipo línea.
8. Mantenga seleccionada la capa Pole y haga clic sobre el botón **Definir actual** para convertirla en la capa actual.
9. Haga clic sobre la **X** para salir del Administrador de propiedades de capas.
10. Desactive el modo Referencia a objetos en ejecución. A continuación, trace una línea a través del hueco de la zona de la bañera, aproximadamente desde la coordenada 133,56 hasta la coordenada 133,208.

Control de la escala de un tipo de línea

Aunque la línea que hemos seleccionado es del tipo ISO trazo, punto, su aspecto es sólido. Sin embargo, si aumenta el zoom en una pequeña sección de la línea, podrá comprobar que se trata de la que ha escogido.

Como estamos trabajando con una escala 1:1, será necesario modificar la escala de la línea adecuadamente, operación que también se puede llevar a cabo en el cuadro de diálogo Administrador de tipos de línea, como podemos ver a continuación:

1. Seleccione Formato>Tipo de línea en el Explorador de menús. También puede hacer clic en la lista desplegable Seleccionar tipo de línea en la ficha Inicio del panel Propiedades y seleccione Otro (véase la figura 5.32).

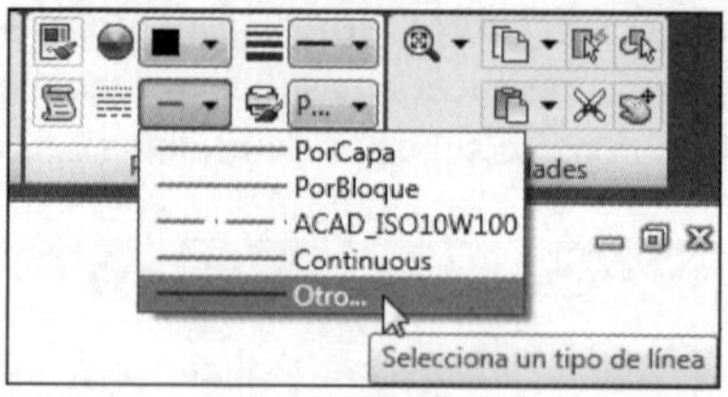

Figura 5.32. Lista desplegable Seleccionar tipo de línea en el panel Propiedades.

2. Se abrirá el cuadro de diálogo Administrador de tipos de línea. Si hace clic sobre el botón **Detalles**, situado en la esquina superior derecha del cuadro de diálogo, accederá a opciones adicionales que se muestran en la mitad inferior (véase la figura 5.33).

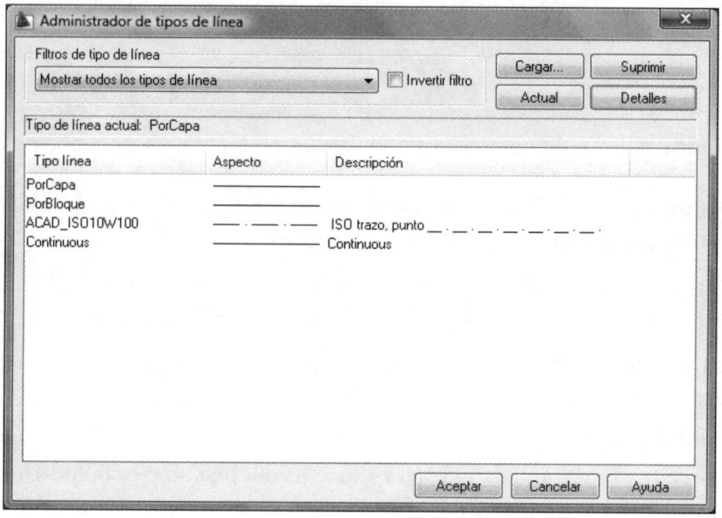

Figura 5.33. Cuadro de diálogo Administrador de tipos de línea.

TRUCO: En el cuadro de diálogo Administrador de tipos de línea también se incluyen los botones de opción **Cargar** y **Suprimir**. Con ellos, puede cargar o eliminar directamente un tipo de línea sin tener que utilizar procesos adicionales.

3. Haga doble clic sobre el cuadro de texto Factor de escala global y escriba **30**. Éste es el factor de conversión para una escala 1:1.
4. Haga clic sobre **Aceptar**. El dibujo se regenerará, y la barra de la cortina de la ducha adoptará el tipo de línea y la escala que hemos definido anteriormente.
5. Utilice la herramienta de zoom **Previo** para que el dibujo se parezca al de la figura 5.34.

TRUCO: Puede utilizar la variable de sistema `LTSCALE` para definir la escala del tipo de línea. Escriba `LTSCALE` y pulse **Intro**. En la línea de comando `Indique nuevo valor para LTSCALE <1.0000>:`, introduzca `30` y pulse **Intro**.

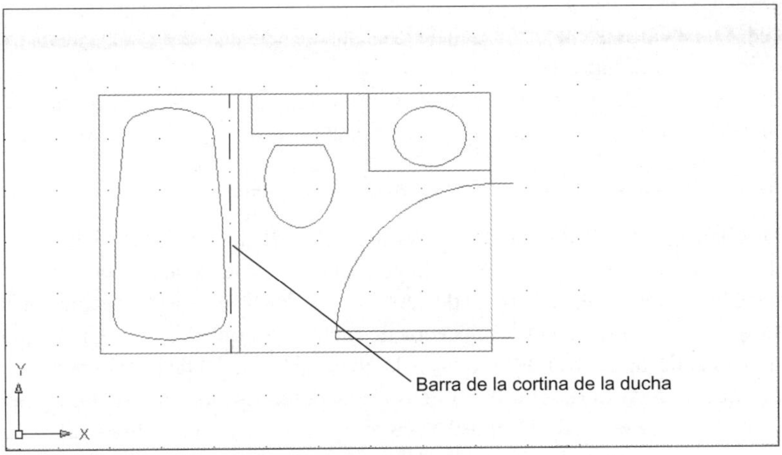

Figura 5.34. El baño completo.

> **TRUCO:** Si cambia el tipo de línea de una capa o de un objeto, pero el objeto conserva una línea continua, revise la variable de sistema `LTSCALE`, ya que debería estar definida con respecto al factor de escala del dibujo. Si no funciona, aumente el valor de la variable `VIEWRES`. (`VIEWRES` también se puede configurar con la opción Suavidad de arcos y círculos en la ficha Visual. del cuadro de diálogo Opciones.) Las escalas de tipos de línea se comportan de forma diferente en función de si está en el espacio modelo o en la presentación del dibujo, como veremos en capítulos posteriores. Si los esfuerzos para controlar la escala del tipo de línea no se ven reflejados en la visibilidad del tipo que estamos utilizando, puede que se encuentre en una presentación del dibujo.

No debe olvidar que al asignar un tipo de línea a una capa todo lo que dibuje en esa capa tendrá el mismo tipo de línea. Esto es aplicable a círculos, arcos, polilíneas y rastreos. Como explicaremos más adelante en este capítulo, también se pueden asignar diferentes colores y tipos de línea a determinados objetos, en lugar de tener que depender de las propiedades que se hayan asignado a la capa en la que se encuentran. Sin embargo, no es aconsejable que asigne colores y tipos de línea directamente hasta que no tenga más experiencia en el manejo de AutoCAD y un conocimiento básico de la organización de su dibujo.

En el ejercicio anterior cambiamos el valor global de la escala de un tipo de línea, lo que afecta a todos los tipos de línea no continua del dibujo activo. También se puede modificar la escala del tipo de línea de objetos individualmente por medio del botón **Propiedades** de la barra de herramientas Propiedades. Otra de las posibilidades es definir la escala de tipo de línea predeterminada para todos los objetos que se creen nuevos con la opción Escala del objeto actual, que se encuentra en el cuadro de diálogo Administrador de tipos de línea.

Cuando se asigna una escala de tipo de línea a objetos individuales, éstos siguen bajo el valor de la escala del tipo de línea global definida por la variable de sistema `LTSCALE`. Por ejemplo, se puede asignar una escala de tipo de línea 2 a la barra de la cortina que hemos dibujado anteriormente. Esta escala se multiplica por la escala global del tipo de línea que es 30, con lo que al final se obtiene una escala total de 60.

TRUCO: El valor predeterminado de la escala de tipo de línea para objetos individuales también se puede definir con la variable de sistema `CELTSCALE`. Una vez definida, solamente afectará a los objetos nuevos que se creen. Será necesario utilizar la paleta Propiedades para modificar la escala del tipo de línea para los objetos individuales que ya existan.

Si los objetos que está dibujando muestran un tipo de línea distinto al de la capa en la que se encuentran, puede comprobar el tipo de línea predeterminado con ayuda de la lista desplegable Control de tipos de línea, en la barra de herramientas Propiedades. También puede seleccionar Formato>Tipo de línea en el Explorador de menús. A continuación, en el cuadro de diálogo Administrador de tipos de línea, marque la opción Por capa de la columna Tipo línea y haga clic sobre el botón **Actual**. Al mismo tiempo puede comprobar la escala del tipo de línea del objeto con ayuda de la paleta Propiedades. Una escala de tipo de línea diferente puede hacer que la línea parezca tener un determinado tipo de línea que no es el que le hemos asignado.

NOTA: La variable del sistema `Psltscale` afecta a la forma en la que las ventanas gráficas de la presentación muestran los tipos de línea. Cuando la variable del sistema `PSLTSCALE` se establece en 1, las ventanas gráficas de la presentación muestran los tipos de línea en la configuración `LTSCALE`, lo que es normalmente incorrecto para la escala 1:1 de su presentación. Cuando la variable del sistema `PSLTSCALE` se establece en 0, los tipos de línea aparecen en las ventanas gráficas de la presentación de la misma forma que aparecen en la ficha MODELO.

Retoques finales

Su objetivo final será definir un punto de inserción para el dibujo actual para que resulte más sencillo incluirlo en otros dibujos en el futuro. Siga los pasos que se describen a continuación:

1. Escriba `Base` y pulse **Intro**.
2. En la línea de comando `Indique punto base <0.0000,0.0000,0.0000>:`, haga clic sobre la esquina superior izquierda del aseo. El dibujo se habrá completado.
3. Utilice la herramienta **Guardar** en la Barra de herramientas de acceso rápido para almacenar todo el trabajo.

Control del grosor de línea

Probablemente habrá reparado en la columna Grosor de línea del Administrador de propiedades de capas. Si hace clic en esta opción para una capa determinada, se abre el cuadro de diálogo Grosor de línea, donde puede controlar el grosor de trazado de las líneas. Los grosores de trazado también se pueden establecer directamente mediante asignaciones de propiedades de los objetos. Este parámetro permite ver el grosor de las líneas tal y como aparecerán en la impresión final haciendo cambios en la configuración del cuadro de diálogo Configuración de grosor de línea.

Con la opción Grosor de línea y el cuadro de diálogo Configuración de grosor de línea, el control sobre el aspecto de los dibujos es mucho mayor. Le permite ahorrar tiempo, ya que no hace falta imprimir los proyectos solamente para revisar el grosor de las líneas. Lo podrá comprobar directamente según las vaya trazando, como veremos en capítulos posteriores.

Seguimiento de bloques y capas

Los cuadros de diálogo Insertar y Administrador de propiedades de capas permiten comprobar los bloques y las capas de las que consta un dibujo, ya que los incluyen en una ventana específica. En el administrador también se ofrece información sobre el estado de las capas. No obstante, puede que se le olvide la capa en la que ha almacenado un determinado objeto. Antes hemos visto que la opción Propiedades del menú contextual permitía acceder a las propiedades de un objeto. La opción Lista en el menú Herr.>Consultar también sirve para obtener información de objetos concretos. Siga los pasos que se detallan a continuación para descubrir otra manera de ver las propiedades de un bloque:

1. Haga clic en la herramienta **Lista** en el panel Propiedades de la ficha Inicio (véase la figura 5.35).

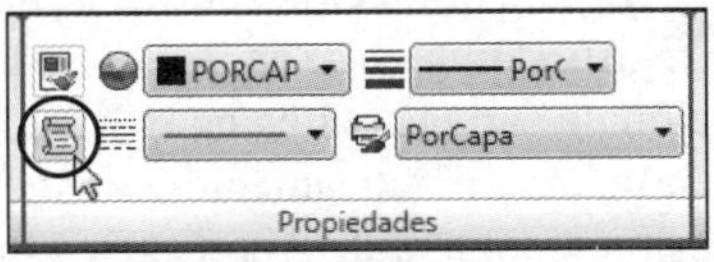

Figura 5.35. La herramienta Lista en el panel Propiedades.

> **TRUCO:** Si solamente quiere comprobar superficialmente la capa en la que se encuentra un objeto, haga clic sobre ella. Aparecerá incluida en la lista desplegable Control de Capas del panel Capas.

2. En la línea de comando `Designe objetos:`, seleccione el bloque Tub y pulse **Intro**. Se abrirá la ventana de texto de AutoCAD.
3. En esta ventana de texto de AutoCAD se incluye una lista que muestra no solamente la capa en la que se encuentra la bañera, sino también el espacio, el punto de inserción, el nombre, el color, el tipo de línea, el ángulo de rotación y la escala.

La información de la ventana de texto, excepto el punto de inserción, también aparece en la paleta Propiedades que se abre al hacer clic con el botón derecho del ratón y escoge la opción Propiedades. Sin embargo, al disponer de los datos en la ventana de texto de AutoCAD, resulta mucho más sencillo grabarlos en un archivo de texto, en caso de que necesitemos almacenar información sobre determinadas partes de un dibujo. También puede utilizar esta ventana de texto de AutoCAD para acceder y guardar otros tipos de datos referentes al dibujo.

> **TRUCO:** La propiedad Espacio del bloque Tub designa si el objeto se encuentra en el Espacio Modelo o en el Espacio Papel, dos conceptos que analizaremos en capítulos posteriores.

Conseguir una lista de archivos de texto de capas y bloques

Con dibujos complejos, puede resultar útil tener un archivo de texto que enumere la lista de capas y bloques de su dibujo. Puede hacerlo utilizando la función archivo de registro de AutoCAD. En la línea de comando escriba `LOGFILEMODE`, pulse **Intro** y, seguidamente, escriba `1` y pulse la tecla **Intro**. Escriba `-ca`**-Intro-**`?`**-Intro-Intro** (no olvide el signo menos delante del comando). Si su lista de capas es muy extensa, puede que se le pida que pulse **Intro** para continuar. Hágalo. Su lista de capas aparece en la ventana Comando. Pulse la tecla **F2** para ver la versión extendida de esa ventana. Para una lista de bloques, introduzca `-insertar`**-Intro-**`?`**-Intro-Intro**. Cuando tenga su lista, cierre el archivo de registro escribiendo `LOGFILEMODE` y pulsando **Intro-0-Intro**.

Una vez esté cerrada la función de archivo de registro, puede utilizar el Bloc de notas de Windows para abrir el archivo de registro de AutoCAD, que se encuentra en la carpeta `C:\Users\Juan\AppData\Local\Autodesk\AutoCAD 2009\R17.2\esp`. El nombre del archivo de registro comenzará con el nombre del dibujo actual seguido de una serie de números y de la extensión `.log`, por ejemplo, `04b-bath-metric_1_1_6500.log`.

Si no encuentra el archivo de registro, puede escribir `(getvar "logfilepath")` en la línea de comandos de AutoCAD para obtener la entrada de la ubicación del archivo de registro. Es posible que el archivo de registro también se encuentre en una carpeta oculta por lo que tendrá que desactivar la configuración de carpeta oculta en el Explorador de Windows. Con la opción Archivo de registro, se puede guardar prácticamente cualquier elemento que aparezca en la línea de comando, incluso una sesión completa de AutoCAD. El archivo de registro puede resultar muy útil para diseñar archivos de secuencia de comandos que automaticen determinadas tareas, como veremos más adelante. Si quiere obtener una copia del archivo, sólo tiene que imprimirlo desde el Bloc de notas de Windows o desde cualquier otro procesador de texto.

Asignar colores, tipos de línea y escalas a objetos individuales

Si lo prefiere, puede configurar AutoCAD para que asigne colores y tipos de línea específicos a sus objetos, en lugar de que éstos adopten los de la capa en la que están incluidos. Por regla general, se asigna a los objetos un color y un tipo de línea predeterminados que se conoce como PorCapa, lo que significa que los objetos toman el color y el tipo de línea de la capa que se les ha asignado. Probablemente habrá visto esta palabra en la barra de herramientas Propiedades de objetos y en distintos cuadros de diálogo y paletas de herramientas.

La barra de herramienta Propiedades permite modificar el color y el tipo de línea de los objetos ya existentes. Esta barra de herramientas le permite configurar las propiedades de objetos de forma individual. Para los objetos nuevos, debe emplear la lista desplegable de control Color de la barra de herramientas Propiedades si quiere cambiar el color predeterminado a rojo, por ejemplo, en lugar del propuesto en PorCapa. Después de designarlo, todo lo que dibuje será rojo, independientemente del color de la capa actual. La lista desplegable de control Color también le ofrece la opción Seleccionar color que abre el cuadro de diálogo Seleccionar color.

Para tipos de línea, puede utilizar la lista desplegable Control de Tipo línea en la barra de herramientas Propiedades para seleccionar el tipo de línea predeterminado que quiere añadir a los objetos nuevos que se creen. En la lista solamente se incluyen los tipos de línea que se hayan cargado hasta el momento en el dibujo, por lo que antes de seleccionar un determinado tipo es necesario cargarlo.

Otra forma de asignar un color y un tipo de línea es por medio de la opción PorBloque, que también se puede configurar con la barra de herramientas Propiedades. Esta opción plasma todo lo que se dibuje en color blanco, hasta que el dibujo se convierta en bloque y se incluya en una capa a la que se ha asignado un determinado color. Los objetos adoptarán el color que tenga la capa. Es un comportamiento similar al de los objetos que se dibujan en la capa 0. El tipo de línea PorBloque funciona del mismo modo que el color PorBloque.

Por último, si quiere determinar individualmente la escala del tipo de línea de cada objeto en lugar de utilizar la escala de tipo de línea global (la variable de sistema `LTSCALE`), puede recurrir a la paleta Propiedades para modificar la escala del tipo de línea de los objetos individuales. En lugar de utilizar el botón **Propiedades**, puede configurar la variable de sistema `Celtscale` con el valor de la escala del tipo de línea que desea para los objetos nuevos.

Como mencionamos anteriormente, debe evitar asignar colores y tipos de línea a objetos individuales hasta que descubra el funcionamiento de AutoCAD, e incluso cuando lo sepa manejar debe realizarlo con cuidado. Puede que a otros usuarios que trabajen con sus dibujos les resulte complicado entender la organización del dibujo si los colores y los tipos de línea se han asignado indiscriminadamente.

En resumen

- **Organizar información mediante capas:** Las capas son quizá la característica más poderosa de AutoCAD. Ayudan a tener organizados los dibujos y le dan el control sobre la visibilidad de los objetos. También le permiten controlar la apariencia de su dibujo configurando los colores, grosor de las líneas y los tipos de las líneas.
    - **Dominarlo:** Describa el proceso de creación de una capa.
- **Control de la visibilidad de una capa:** Cuando un dibujo tiene demasiada información, puede resultar complicado editarlo. Si ha organizado el dibujo utilizando capas, puede simplificar la complejidad del dibujo desactivando capas que no son importantes para la sesión en curso.
    - **Dominarlo:** Describa dos métodos para ocultar una capa.
- **Seguimiento de bloques y capas:** Alguna vez puede necesitar un registro de las capas o bloques de su dibujo. Puede crear una lista de capas utilizando la función Archivo de registro de AutoCAD.
    - **Dominarlo:** ¿Dónde podemos activar la función de Archivo de registro?

Parte II

Dominar habilidades intermedias

6 Edición y reutilización de datos para trabajar de forma eficiente

AutoCAD dispone de al menos cinco comandos dedicados a la duplicación de objetos, diez si incluimos las opciones de pinzamiento. Cabe preguntarse por qué tantos. Si tiene experiencia dibujando, sabrá que con frecuencia se debe incluir el mismo elemento en muchos dibujos diferentes. Por esta razón, AutoCAD dispone de una gran variedad de funciones que permiten volver a utilizar los elementos dibujados para automatizar gran parte del trabajo repetitivo asociado al dibujo manual.

En este capítulo, terminaremos de dibujar el apartamento y exploraremos algunas de las formas de aprovechar archivos y objetos existentes en nuestro trabajo. Por ejemplo, utilizaremos archivos existentes como prototipos para crear otros archivos, con lo que eliminaremos la necesidad de configurar capas, escalas y tamaños de papel en dibujos similares. Con AutoCAD puede duplicar objetos en matrices múltiples. Ya le hemos enseñado a utilizar los controles de referencia a objetos para seleccionar puntos en dibujos con formas complejas. En este capítulo se describen otras formas de utilizar líneas para ayudarnos a crear dibujos.

En los ejercicios de este capítulo se utiliza profusamente el comando **Zoom**. Por ello, aprovecharemos para repasar sus funciones. Además, descubrirá el comando **Encuadre**, otra herramienta de ayuda para desplazarnos en nuestros dibujos.

Ya se han explicado muchos de los comandos que se utilizarán para dibujar la estancia principal del apartamento. Por ello, en lugar de elaborar cada uno de los pasos del proceso de dibujo, le pediremos en los ejercicios que copie el dibujo de una figura, utilizando notas y cotas como guías y colocando los objetos en capas que se indicarán. Si ha olvidado algún comando ya explicado, vuelva atrás y revise la sección correspondiente del libro.

En este capítulo se abordan los siguientes aspectos:

- Crear y utilizar plantillas.
- Copiar un objeto varias veces.
- Desarrollar un dibujo.
- Buscar una distancia exacta en una curva.
- Cambiar la longitud de los objetos.
- Crear un nuevo dibujo utilizando partes de otro dibujo.

Crear y utilizar plantillas

En la actualidad, la mayoría de los programas disponen de una herramienta denominada plantillas. Se trata de archivos ya elaborados para un determinado fin. Por ejemplo, podemos crear una plantilla de una carta en nuestro procesador de texto que incluya un logotipo, un remite y la fecha, de forma que no tengamos que agregar estos elementos al redactar nuestra correspondencia. O podemos crear un modelo de factura con un formato predeterminado. En general, podemos crear plantillas para distintos tipos de documentos de manera que se ajusten a las necesidades concretas de cada uno de ellos. De esta forma, nos evitaremos la necesidad de perder tiempo dando formato a cada nuevo documento que creemos.

AutoCAD también dispone de plantillas. Se trata de archivos de dibujo que contienen parámetros personalizados que cumplen una función concreta. AutoCAD integra plantillas para formatos estándar ISO, ANSI, DIN, GB y JIS con bloques genéricos de título. Pero la elección no se limita a estas plantillas. Puede crear sus propios archivos de plantillas utilizando estilos y métodos de dibujo personales.

Si descubre que utiliza una determinada estructura de dibujo con frecuencia, puede convertir uno o varios de sus dibujos habituales en una plantilla. Por ejemplo, puede crear un conjunto de dibujos que tengan la misma escala y que utilicen el mismo tamaño de hoja como un dibujo existente. Convertir un dibujo muy utilizado en una plantilla permite ahorrar mucho tiempo al configurar otros dibujos.

Crear una plantilla

En el siguiente ejercicio, aprenderá a crear y utilizar un dibujo de plantilla para la cocina del estudio. El dibujo de la cocina utiliza las mismas capas, parámetros, escala y tamaño de hoja que el dibujo del baño. Este hecho nos permite utilizar el archivo creado para el cuarto de baño como prototipo.

Éstos son los pasos:

1. Inicie AutoCAD de la manera habitual.
2. Seleccione Abrir () en la Barra de herramientas de acceso rápido para abrir el cuadro de diálogo Seleccionar archivo.

3. En el cuadro de diálogo Seleccionar archivo, busque el archivo del cuarto de baño `06-bath.dwg`. También puede utilizar el archivo `Baño` que creamos en un capítulo anterior.

4. Haga clic en el botón **Borrar** ( ) en el panel Modificar de la ficha Inicio o escriba `borra` seguido de la tecla **Intro** y a continuación `todos` y dos veces más la tecla **Intro**. Como resultado, se borrarán todos los objetos que componen el cuarto de baño, pero se mantendrán otros, tales como capas, tipos de línea y bloques almacenados.

5. Seleccione Archivo>Guardar como en el Explorador de menús para abrir el cuadro de diálogo Guardar dibujo como, abra el cuadro de lista Archivos de tipo y seleccione Plantilla de dibujo AutoCAD (*.dwt). A continuación, la ventana de archivos mostrará los contenidos de la carpeta `Templates`.

NOTA: Al seleccionar la opción Plantilla de dibujo AutoCAD en el cuadro de diálogo Guardar dibujo como, AutoCAD abre automáticamente la carpeta destinada a almacenar las plantillas. La instalación estándar de AutoCAD crea una carpeta denominada `Templates` en la que se almacenan los archivos de plantillas. Si desea almacenar sus plantillas en otra carpeta, seleccione otro destino en el cuadro de diálogo Opciones (seleccione Herr.>Opciones en el Explorador de menús). En este cuadro de diálogo, seleccione la ficha Archivos, haga doble clic para expandir Parámetros de plantilla y haga clic en la entrada Ubicación del archivo de plantilla de dibujo. A continuación, haga doble clic en el nombre de la carpeta que aparece debajo de la entrada Ubicación del archivo de plantilla de dibujo y seleccione una nueva ubicación en el cuadro de diálogo Buscar carpeta.

6. En el cuadro de texto Nombre archivo, escriba **PlanoA4**.

7. Haga clic en el botón **Guardar**. A continuación, surgirá el cuadro de diálogo Opciones de plantilla (véase la figura 6.1).

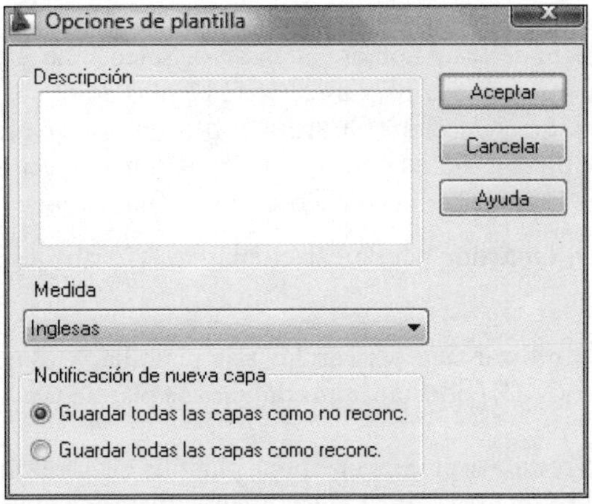

Figura 6.1. Cuadro de diálogo Opciones de plantilla.

8. Escriba una descripción para la plantilla. Por ejemplo, **A4, escala 1:10, Decimal**.
9. Seleccione Inglesas o Métricas en la lista desplegable Medida, según el sistema de unidades que esté utilizando.
10. Seleccione la opción Guardar todas las capas como reconc..
11. Haga clic en **Aceptar** para guardar el nuevo archivo y crear una plantilla. Observe que la plantilla que acaba de guardar pasa a ser el archivo activo. Como en otros programas para Windows, la opción Guardar como del menú Archivo activa el archivo guardado. Por lo tanto, los archivos de plantillas se pueden editar como si se tratara de archivos de dibujos comunes.
12. Cierre la plantilla.

Utilizar una plantilla

A continuación le mostraremos cómo utilizar una plantilla. Lo que le proponemos es usar la plantilla elaborada en el ejercicio anterior como base para crear un nuevo dibujo sobre el que trabajaremos en este capítulo.

1. Haga clic en **Nuevo** (▢) en la Barra de herramientas de acceso rápido para abrir el cuadro de diálogo Seleccionar plantilla. Es un cuadro de diálogo típico que ya debería serle familiar. Si no lo ve, pulse la tecla **Esc** y después, introduzca **Inicio-Intro-**`1`**-Intro**. Vuelva a hacer clic sobre la herramienta **Nuevo**.
2. En el cuadro de lista Seleccionar plantilla, haga clic en `PlanoA4.dwt` de la lista. Como se trata de un archivo en blanco, la ventana de vista previa no mostrará ningún elemento. Observe que la descripción introducida en el ejercicio anterior aparece en el área Opciones de plantilla situada debajo de la lista.
3. Haga clic en **Aceptar**. Puede que no resulte obvio, pero el nuevo archivo utiliza las mismas unidades de medida y los mismos límites de dibujo aplicados al dibujo del cuarto de baño. También consta de los bloques Door (Puerta), Toilet (Inodoro) y Tub (Bañera).
4. Necesitamos ponerle un nombre al archivo. Seleccione Archivo>Guardar como en el Explorador de menús para mostrar el cuadro de diálogo Guardar dibujo como (asegúrese de que selecciona Guardar como, en caso contrario no aparecerá el cuadro de diálogo Guardar dibujo como). Escriba **Kitchen** (Cocina) como nombre de archivo y seleccione la carpeta en la que desea almacenar el nuevo archivo.
5. Haga clic en **Guardar** para crear el archivo `Kitchen.dwg` y cierre el cuadro de diálogo.

Acaba de crear y utilizar su propio archivo de plantilla. Más adelante, cuando tenga más experiencia con AutoCAD, podrá crear un conjunto de plantillas personalizadas que se ajusten a sus necesidades.

Sin embargo, no resulta necesario crear una plantilla cada vez que quiera utilizar de nuevo los parámetros de otro archivo. En su lugar, puede utilizar un archivo existente como base o prototipo para la creación de nuevos archivo sin necesidad de recurrir a una plantilla. Para ello, abra el archivo prototipo y seleccione Archivo>Guardar como en el Explorador de menús para crear una nueva versión del archivo con otro nombre. A continuación, puede modificar la nueva versión sin que afecte al archivo prototipo original.

Copiar un objeto varias veces

Examinaremos herramientas que permiten duplicar objetos rápidamente. En el siguiente ejercicio, empezaremos por dibujar diferentes partes de una pequeña cocina. En primer lugar, le presentaremos el comando **Matriz**, que nos ayudará a dibujar los quemadores de una cocina de gas.

Como verá, las matrices pueden componerse de patrones circulares, matrices polares, o patrones de filas y columnas, lo cual se conoce como matriz rectangular.

Copias circulares

Para crear el rango superior, en primer lugar necesitamos seleccionar la capa en la que queremos dibujar y, después, trazar un círculo para representar los bordes de uno de los quemadores.

1. Configure la capa Fixture como capa actual seleccionándola en la lista desplegable Control de capas del panel capas de la ficha Inicio.

> **TRUCO:** Como estamos utilizando el archivo del cuarto de baño como plantilla, el nuevo archivo dispone de los modos de referencia a objetos en ejecución Punto final, Punto medio e Intersección.

2. Seleccione la herramienta **Círculo** ( ) en el panel Dibujo de la ficha Inicio o escriba `C` en la línea de comandos y pulse **Intro**.
3. En la línea de comandos `Precise punto central para círculo o [3P/2P/Ttr (Tangente, tangente, radio)]:`, escriba `120,120`.
4. En la línea de comandos `Precise punto para círculo [Diámetro]`, escriba `7.6` y pulse **Intro**. A continuación, aparecerá el círculo en pantalla.

Tras crear un círculo podemos proceder a utilizar el comando **Matriz** y dibujar la salida de gas de los quemadores. En primer lugar, dibujaremos una línea para representar una de las salidas del gas y, a continuación, utilizaremos el comando **Matriz** para crear las copias.

1. Haga zoom en el círculo que acaba de dibujar y luego, desactive el modo Forzcursor haciendo clic en la herramienta **Modo Forzcursor** ( ) en la barra de estado.
2. Dibuje una línea de 9 cm que comience en la coordenada 122,120 y termine a la derecha de ese punto.
3. Amplíe la vista del círculo y la línea mediante el zoom para obtener una vista de estos objetos parecida a la ilustrada en la figura 6.2.

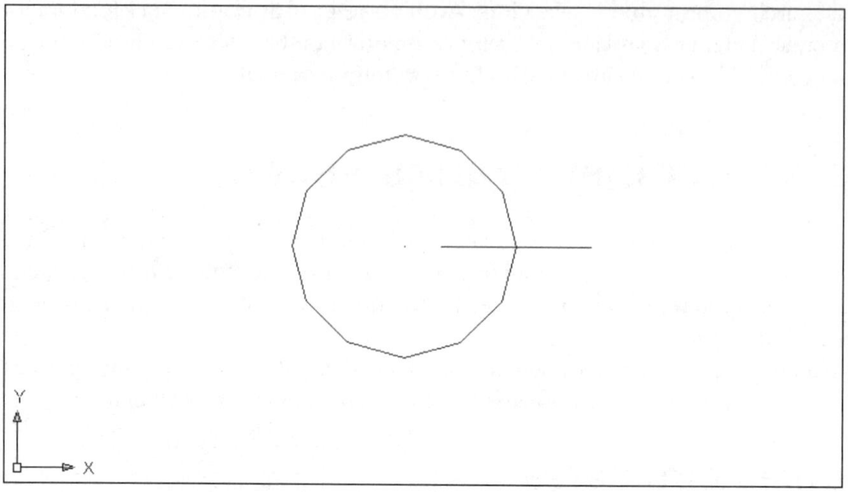

Figura 6.2. Un primer plano del círculo y la línea.

Éstos son los elementos básicos que necesitamos para crear las salidas del quemador. A continuación, realizaremos varias copias de la línea trazada. Para esta parte, utilizaremos el cuadro de diálogo Matriz.

1. Seleccione la herramienta **Matriz** (icono) en el panel Modificar expandido, o escriba `MA` en la línea de comandos y pulse **Intro** para abrir el cuadro de diálogo Matriz que muestra la figura 6.3.

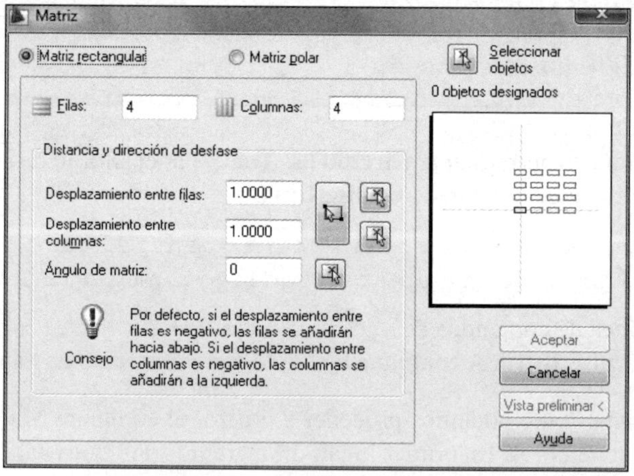

Figura 6.3. Cuadro de diálogo Matriz.

2. Haga clic en el botón **Seleccionar objetos**. Al hacerlo, desaparecerá temporalmente el cuadro de diálogo para permitirnos seleccionar objetos.

3. Escriba `LT` en la línea de comandos y pulse **Intro** para seleccionar el último objeto dibujado, o haga clic en el objeto que quiere utilizar para la matriz.

4. A continuación, pulse **Intro** para confirmar la selección y volver a activar el cuadro de diálogo Matriz.

5. Seleccione la opción Matriz polar situada en la parte superior del cuadro de diálogo, como ilustra la figura 6.4, para indicarle a AutoCAD que deseamos una matriz circular. El cuadro de diálogo Matriz mostrará las opciones de matriz polar.

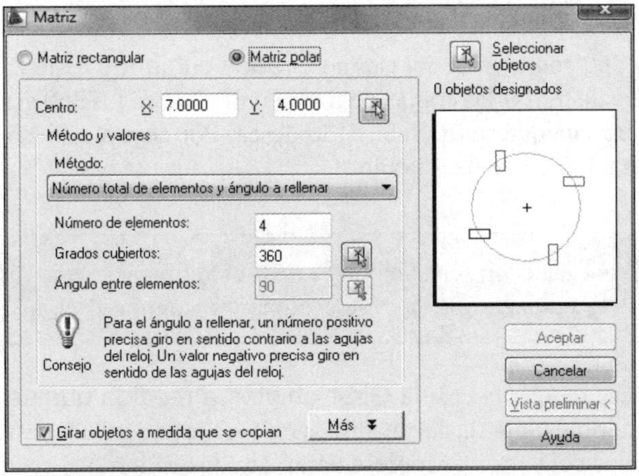

Figura 6.4. Opciones para Matriz polar.

6. Haga clic en el botón **Precise punto central** para cerrar temporalmente el cuadro de diálogo Matriz (véase la figura 6.5).

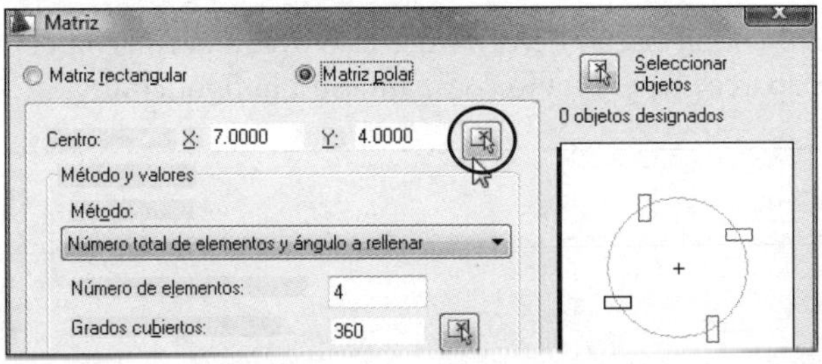

Figura 6.5. El botón Precise punto central en el cuadro de diálogo Matriz.

7. Manteniendo pulsada la tecla **Mayús**, haga clic con el botón derecho del ratón y seleccione Centro, luego, coloque el cursor en el círculo. Cuando vea que el marcador para referencia a objetos se coloca en el centro del círculo, haga clic con el ratón. De esta manera selecciona el centro del círculo para que sea el centro de la matriz polar. El cuadro de diálogo Matriz vuelve a aparecer.

NOTA: Recuerde que para acceder a los modos de referencia a objetos no configurados como modos de referencia a objetos en ejecución debe mantener pulsada la tecla **Mayús** y hacer clic con el botón derecho del ratón. A continuación, puede elegir los modos de referencia a objetos que desee utilizar en el menú que se desplegará.

Ya hemos seleccionado un objeto y le hemos indicado a AutoCAD la ubicación central de la matriz. Si ha seleccionado un objeto o un punto incorrecto, puede volver a atrás y especificar estas opciones de nuevo.

A continuación y para completar el proceso, le indicaremos a AutoCAD el número de copias que debe incluir en el patrón de la matriz y la extensión de la matriz en el círculo.

1. En el cuadro de diálogo Matriz, escriba **8** en el campo Número de elementos del cuadro de diálogo para indicarle a AutoCAD que cree ocho copias, incluida la original.
2. Acepte 360 como valor del campo Grados cubiertos. Este valor indica a AutoCAD que debe distribuir las copias de forma uniforme en los 360 grados del círculo. Puede introducir cualquier otro valor si lo desea. Por ejemplo, si selecciona 180, la matriz completará la mitad del círculo.

TRUCO: Puede hacer clic en el botón **Precise el ángulo a rellenar**, situado a la derecha del cuadro Ángulo cubierto, para seleccionar un ángulo en el dibujo.

3. Asegúrese de que la casilla Girar objetos a medida que se copian, situada en la parte inferior izquierda del cuadro de diálogo, está activada. Este control garantiza que los objetos del patrón se representarán girados en torno al centro de la matriz. Si esta casilla está deshabilitada, todas las copias se orientarán en la misma dirección que el objeto original.
4. Haga clic en el botón **Vista preliminar** para ver los resultados de los parámetros aplicados.
5. Haga clic con el botón derecho del ratón para aceptar la configuración. La matriz circular aparece en el dibujo como muestra la figura 6.6.

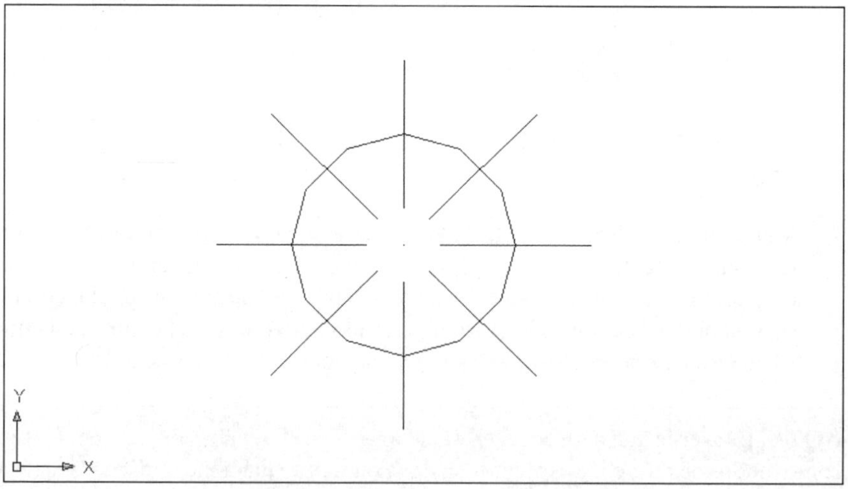

Figura 6.6. El quemador de gas terminado.

En el paso 5, podría haber hecho clic con el botón izquierdo del ratón para regresar al cuadro de diálogo Matriz y cambiar los parámetros antes de aceptar el patrón final. También podríamos haber pulsado **Esc** para cancelar todo el proceso. El cuadro de diálogo Matriz brinda una gran cantidad de posibilidades para crear copias en forma de matriz.

TRUCO: Si es un usuario veterano de AutoCAD y prefiere utilizar la versión de línea de comandos de la función Matriz, puede escribir `-MATRIZ` o `-MA` y pulsar **Intro**. Luego, puede responder a las solicitudes de comandos de AutoCAD como lo hacía en versiones anteriores de esta aplicación.

Copias de filas y columnas

A continuación, dibujaremos los otros tres quemadores de gas mediante una matriz rectangular creada a partir del quemador ya diseñado. En primer lugar, reduciremos la vista mediante el zoom para visualizar un área de mayor tamaño. A continuación, procederemos a aplicar el comando **Matriz**.

Éstos son los pasos:

1. Haga clic en Escala (

) en el menú desplegable de la herramienta **Zoom** en el panel Utilidades de la ficha Inicio, o escriba `zoom`, **Intro**, `es`, **Intro**.
2. Escriba `.5x` y pulse **Intro** para obtener un resultado parecido al ilustrado en la figura 6.7

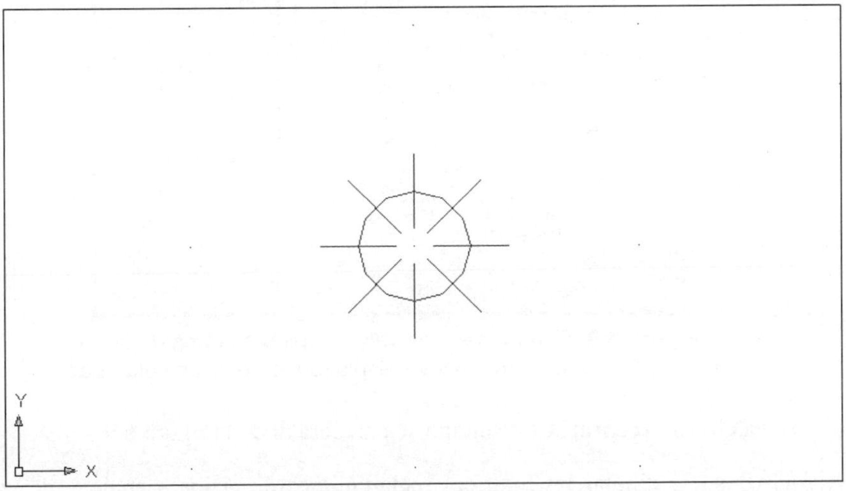

Figura 6.7. La vista anterior reducida en un factor de 0,5.

TRUCO: Si no es muy meticuloso en cuanto a la cantidad de zoom que quiere alejarse, haga clic en Reducir en el menú desplegable de la herramienta **Zoom** en la ficha Inicio del panel Utilidades para alejar la vista con rapidez.

Al introducir `.5x` como factor de escala de zoom, le está diciendo a AutoCAD que desea una vista que reduzca la anchura de la vista actual hasta ocupar la mitad del área de visualización, lo que le permite aumentar el área de trabajo. Si especifica un factor de zoom superior a 1 (5 por ejemplo) se ampliará la vista actual. Si no incluye la x en la expresión, la nueva vista se modificará con relación a los límites del dibujo en lugar de hacerlo con respecto a la vista actual.

A continuación, terminaremos de dibujar la parrilla de quemadores de la cocina. En este ejercicio utilizaremos la opción Matriz rectangular para crear tres quemadores más.

1. Vuelva a hacer clic sobre la herramienta **Matriz** ( ) en el panel Modificar, o escriba `MA` y pulse **Intro** para abrir el cuadro de diálogo Matriz.
2. Haga clic en el botón **Seleccionar objetos** para cerrar el cuadro de diálogo Matriz temporalmente.
3. Seleccione todo el quemador, incluidas las líneas y el círculo. Cuando haya seleccionado todo, pulse **Intro** para confirmar la selección.
4. En el cuadro de diálogo Matriz, seleccione la opción Matriz rectangular.
5. Escriba **2** como valor del campo Fila y del campo Columna.
6. En el campo Desplazamiento entre filas escriba **35.5**, y en el campo Desplazamiento entre columnas escriba **40.6** (véase la figura 6.8).

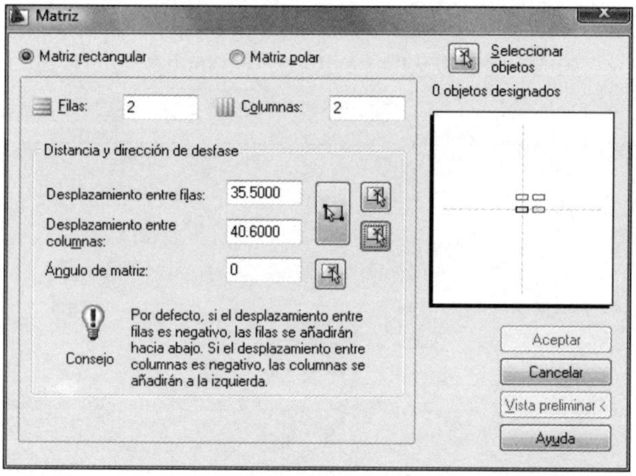

Figura 6.8. Cambios en los valore de los cuadros de texto Desplazamiento entre filas y Desplazamiento entre columnas.

7. Haga clic en **Aceptar**. El resultado se parecerá al de la figura 6.9.

AutoCAD suele dibujar las matrices rectangulares de arriba a abajo y de izquierda a derecha. Puede invertir la dirección de la matriz aplicando valores negativos a la distancia entre columnas y filas.

> **TRUCO:** AutoCAD permite realizar matrices rectangulares en un ángulo. Para ello, debe seleccionar el ángulo deseado en el cuadro de texto Ángulo de matriz en el cuadro de diálogo Matriz. También puede seleccionar el ángulo gráficamente haciendo clic en el botón **Precise ángulo de matriz**, a la derecha del cuadro de texto Ángulo de matriz.

Si necesita indicar gráficamente una celda de la matriz, utilice las opciones del grupo Distancia y dirección de desfase del cuadro de diálogo Matriz (imagen superior de la figura 6.10). Una celda es un rectángulo que define la distancia entre filas y columnas (imagen inferior de la figura 6.10). Esta opción se utiliza cuando los objetos disponibles se pueden usar como referencia para determinar las distancias entre filas y columnas. Por ejemplo, puede dibujar un patrón cuadriculado, como un calendario, dentro del cual se incluirá el objeto. Para definir la celda de la matriz deseada (un recuadro del patrón), se utilizan las intersecciones de las líneas de la trama como referencia.

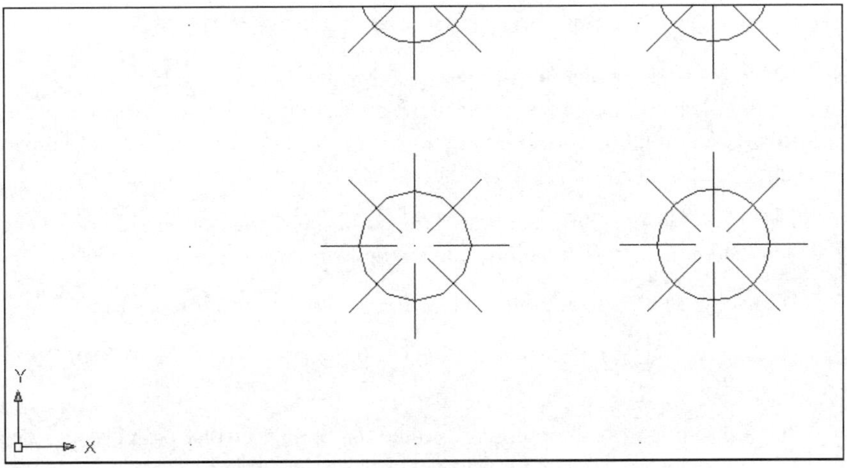

Figura 6.9. La matriz de los quemadores.

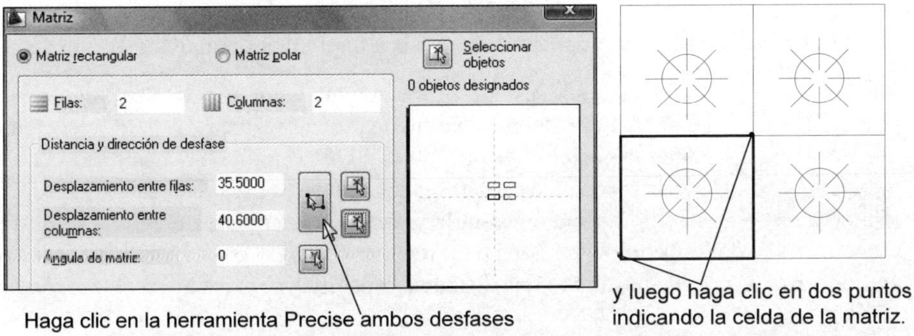

Figura 6.10. Una celda de matriz y las opciones del cuadro de diálogo Matriz, que permiten indicar gráficamente las celdas de la matriz.

En el grupo Distancia y dirección de desfase, el botón **Precise ambos desfases** permite indicar la distancia de la fila y la columna colocando la celda de la matriz gráficamente en el dibujo como muestra la imagen inferior de la figura 6.10. También puede indicar la distancia de una fila o columna gráficamente mediante los botones **Precise desfase de fila** y **Precise desfase de columna** situados en la parte derecha del botón **Precise ambos desfases**.

Ajustar la vista

Al examinar la figura 6.9, es posible que haya observado que determinadas partes de los quemadores no se ven. Para desplazar la vista de forma que todos los quemadores resulten visibles, utilice el comando **Encuadre**. Esta herramienta es similar a la herramienta **Zoom** en cuanto a que ambas modifican la vista del dibujo. Sin embargo, la herramienta **Encuadre** no modifica el tamaño de la vista de la forma en que lo hace la herramienta **Zoom**. La herramienta **Encuadre** mantiene la escala de ampliación y desplaza la vista sobre el dibujo como si se tratara de una cámara.

Copias rápidas de matrices con pinzamientos

En ocasiones, la herramienta **Matriz** puede resultar excesiva si lo único que queremos hacer es realizar unas cuantas copias desplazadas de un objeto. Afortunadamente, las técnicas de edición con pinzamientos nos ofrecen una característica que nos permite realizar rápidamente copias espaciadas entre sí. Así es cómo se hace:

1. Pulse la tecla **Esc** para asegurarse de anular cualquier comando que se encuentre en ejecución. A continuación, seleccione los objetos que desea copiar.
2. Haga clic en un pinzamiento que utilizará como punto inicial.
3. Haga clic con el botón derecho del ratón y seleccione Desplazar en el menú contextual.
4. Haga clic mientras mantiene presionada la tecla **Control** para colocar una copia del objeto seleccionado. La primera copia determinará el intervalo de distancias para las copias adicionales.
5. Continúe manteniendo presionada la tecla **Control** y vaya seleccionando los puntos adicionales donde desee realizar sus copias a intervalos regulares.

Las copias se irán colocando a la distancia indicada mediante el punto definido con la primera operación **Control-clic** del paso 4. Puede utilizar referencias para seleccionar una distancia basada en la posición de otro objeto. Una vez que haya realizado la primera copia con **Control-clic**, puede soltar la tecla **Control** para realizar varias copias a intervalos aleatorios. Otra opción es utilizar referencias polares mientras se utiliza el método de edición de pinzamientos para realizar copias. Como ya hemos visto con anterioridad, es posible introducir una distancia específica para los intervalos mediante referencias polares.

Siga los pasos que se enumeran a continuación para activar la herramienta **Encuadre**:

1. Seleccione la herramienta **Encuadre** ( ) en el panel Utilidades de la ficha Inicio, o escriba E y pulse **Intro**. También puede hacer clic con el botón derecho del ratón y seleccionar Encuadre en el menú contextual. El cursor de AutoCAD se sustituirá por un cursor en forma de mano.
2. Coloque el cursor de mano en el centro del área de dibujo, haga clic con el botón izquierdo del ratón y arrástrelo hacia abajo y hacia la izquierda. La vista sigue el movimiento del ratón.
3. Siga arrastrando la vista hasta que presente una apariencia similar a la ilustrada en la figura 6.11. A continuación, suelte el ratón.

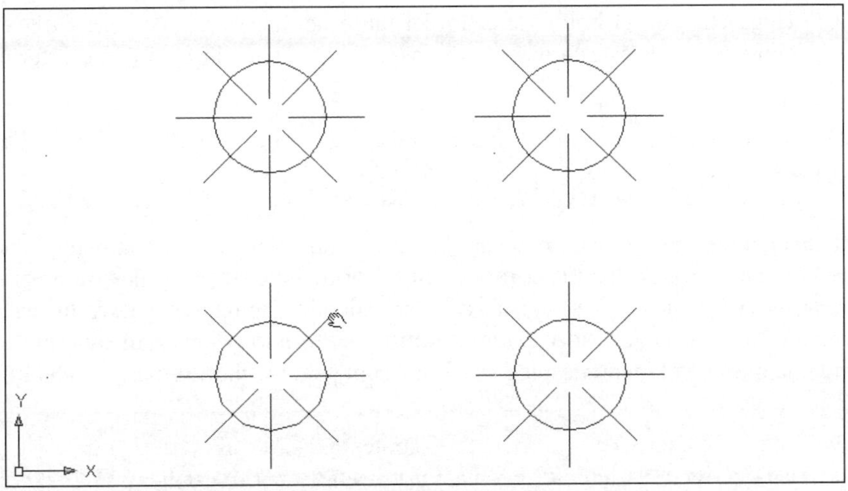

Figura 6.11. La vista encuadrada de los quemadores de la cocina.

4. Para terminar la cocina, modificaremos la vista para ampliar el área de dibujo. Haga clic con el botón derecho del ratón para mostrar el menú contextual Zoom/Encuadre y seleccione Zoom. El cursor cambia al cursor Zoom en tiempo real ( ). El menú contextual Zoom/Encuadre se muestra también al hacer clic con el botón derecho del ratón con el comando **Zoom** en tiempo real activado.

5. Coloque el cursor cerca de la parte superior de la pantalla, haga clic con el botón izquierdo y arrastre el cursor hacia abajo para reducir la vista hasta que se asemeje al panel superior de la figura 6.12. Para conseguir el resultado ilustrado, es posible que tenga que hacer clic de nuevo y arrastrar el cursor de zoom en tiempo real otra vez.

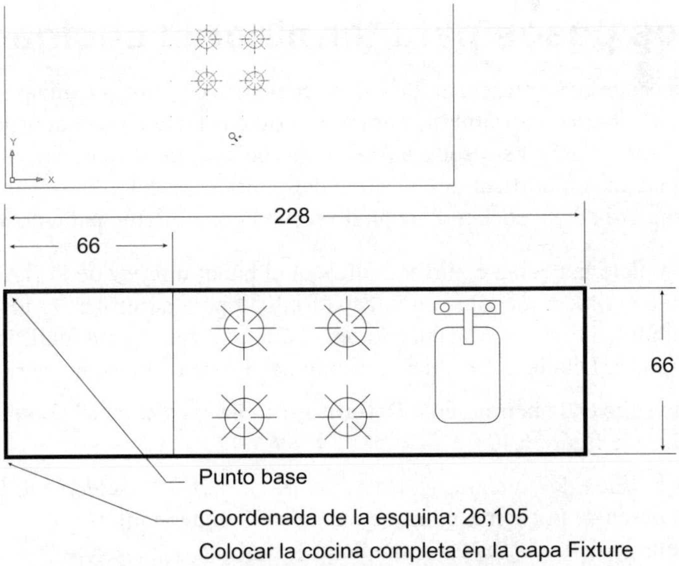

Figura 6.12. La vista final de los quemadores de la cocina (arriba) y la vista de la cocina terminada (abajo).

6. Haga clic con el botón derecho del ratón de nuevo y seleccione Salir en el menú contextual. De esta forma, el dibujo queda listo para agregarle más información.

TRUCO: Para salir del comando **Encuadre** o **Zoom** en tiempo real sin abrir el menú contextual, pulse la tecla **Esc**.

Este ejercicio muestra cómo ajustar la vista de nuestros dibujos cambiando con facilidad entre el control Encuadre en tiempo real y Zoom en tiempo real. Con práctica, logrará generar las vistas que mejor se ajusten a sus necesidades rápidamente. El resto de las opciones del menú contextual (Ventana, Zoom original y Extensión) son las mismas que se incluyen como opciones en el menú desplegable Zoom del panel Utilidades de la ficha Inicio.

NOTA: La opción Ventana del menú contextual Zoom/Encuadre funciona de una forma ligeramente diferente al control Ventana de zoom estándar. En lugar de hacer clic en dos puntos, debe hacer clic y arrastrar una ventana por la vista.

Dentro de las herramientas de visualización, no olvide las barras de desplazamiento que se encuentran en la parte derecha e inferior del área de dibujo de AutoCAD. Funcionan igual que el resto de las barras de herramientas de Windows y ofrecen una forma sencilla de desplazarse hacia arriba, abajo, izquierda y derecha de la vista actual. También resultan prácticas para encuadrar rápidamente la vista en una u otra dirección. Por defecto, las barras de desplazamiento están desactivadas. Si prefiere activarlas, abra el cuadro de diálogo Opciones (seleccione Herr.>Opciones en el Explorador de menús), seleccione la ficha Visual. y asegúrese de que la opción Mostrar barras de desplazam. en la ventana de dibujo está seleccionada para habilitarlas o deseleccionada para deshabilitarlas.

Últimos pasos para terminar la cocina

Antes de guardar y cerrar el archivo de la cocina, necesitamos realizar un paso más. Vamos a utilizar este dibujo como símbolo para insertarlo en el plano general de la estancia principal del apartamento. Para que resulte más sencillo colocar de forma exacta la cocina en dicho plano, necesitamos modificar la ubicación del punto base del dibujo y situarlo en la esquina superior izquierda de la cocina. Este punto servirá como pivote para mover el dibujo.

1. Complete la cocina como se indica en el panel inferior de la figura 6.12. Asegúrese de que coloca la cocina en la capa Fixture para controlar de forma más sencilla la visibilidad de la misma cuando tenga que realizar alguna modificación adicional en el futuro. Dibuje el fregadero aproximadamente como se muestra en la figura.
2. Haga clic en la herramienta **Definir punto base** en el panel Bloque de la ficha Inicio (véase la figura 6.13).
3. En la línea de comandos `Indique punto base`, seleccione la esquina superior izquierda de la cocina, como se indica en la imagen inferior de la figura 6.12. Ahora, el dibujo de la cocina está completo.
4. Haga clic en **Guardar** en la Barra de herramientas de acceso rápido y salga del archivo.

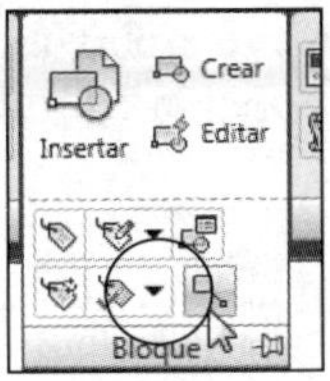

Figura 6.13. La herramienta Definir punto base en el panel Bloque.

Desarrollar un dibujo

Como se mencionó en un capítulo anterior, al utilizar AutoCAD, la primera parte del proceso de dibujo consiste en crear formas geométricas básicas para, a continuación, retocarlas. En esta sección, vamos a crear dos dibujos (la estancia principal del apartamento y la entrada) que nos servirán para demostrar este proceso en más detalle.

En primer lugar, vamos a elaborar la habitación principal típica de un apartamento utilizando los dibujos creados hasta el momento. En este proceso, se utilizarán las líneas como objetos de referencia.

Además, examinaremos cómo utilizar archivos existentes como bloques. En un capítulo anterior, insertamos un archivo dentro de otro. No hay límite en cuanto al tamaño o al número de archivos que se pueden insertar. Como habrá imaginado, AutoCAD también nos permite anidar archivos y bloques, es decir, insertar bloques o archivos dentro de otros bloques o archivos. Esta función contribuye a reducir el tiempo dedicado a dibujar, ya que nos permite componer un bloque con bloques de menor tamaño. Por ejemplo, puede insertar el dibujo de la puerta dentro del plano del cuarto de baño. A su vez, podemos insertar el plano del baño dentro de la estancia principal del apartamento, que también consta de puertas. Por último, el plano unitario del apartamento se puede insertar dentro del plano general del edificio de apartamentos.

Importar parámetros

En este ejercicio, vamos a utilizar el archivo `Bath` como prototipo para el plano del apartamento. Sin embargo, debemos realizar algunos cambios previamente. Tras hacerlo, importaremos el cuarto de baño, así como las capas y bloques que lo componen. A medida que vayamos realizando el ejercicio, observe cómo los dibujos comienzan a evolucionar desde sencillas formas a objetos complejos e integrados. Siga estos pasos para modificar el archivo `Bath` (Baño):

1. Abra el archivo `Bath`, puede utilizar el archivo `05c-bath-metric.dwg`.
2. Haga clic en la herramienta **Definir punto base** () en el panel Bloque expandido de la ficha Inicio, y seleccione la esquina superior izquierda del cuarto de baño como nuevo punto base de este dibujo. De esta forma, le resultará más sencillo colocar con exactitud el archivo.
3. Guarde el archivo `Bath`. Si utiliza el archivo suministrado con el CD-ROM adjunto, seleccione Archivo>Guardar como y guárdelo como `Bath` (Aseo).
4. Haga clic en el icono **Cerrar** () de la esquina superior derecha del área de dibujo, o seleccione Archivo>Cerrar en el Explorador de menús para cerrar el dibujo del cuarto de baño.

A continuación, crearemos un nuevo archivo. Pero esta vez, en lugar de utilizar la opción Empezar desde el principio o la opción Plantilla del cuadro de diálogo Crear dibujos, utilizaremos la opción Asistentes.

1. Haga clic en **Nuevo** () en la Barra de herramientas de acceso rápido para abrir el cuadro de diálogo Seleccionar plantilla.
2. Localice y seleccione el archivo de plantilla `acadiso.dwt`.
3. Haga clic en **Abrir** para abrir el nuevo archivo.
4. Utilice el tipo de longitud estándar.
5. Seleccione Formato>Límites del dibujo en el Explorador de menús. En el mensaje `Precise esquina inferior izquierda o [ACT/DES] <0.0000, 0.0000>:`, pulse **Intro** para aceptar el origen del dibujo predeterminado para la esquina inferior izquierda.
6. Escriba `1485,1050` en el campo. Ésta es el área de trabajo para un dibujo de escala 1:50 en una hoja en formato A4.
7. Haga clic en Todo (Todo) en el menú desplegable Zoom del panel Utilidades de la ficha Inicio.

A continuación, dibujaremos la estancia principal del apartamento. Descubrirá que al importar un archivo también se importa toda una variedad de elementos de dibujo tales como capas y tipos de líneas.

1. Comencemos por dibujar dos rectángulos: el primero de 426 cm de ancho por 731 cm de largo y el segundo de 426 cm de ancho x 122 cm de largo. Dispóngalos como se ilustra en la figura 6.14. El rectángulo de mayor tamaño representa el interior del apartamento, y el rectángulo pequeño el balcón. El tamaño y la posición de los rectángulos se indican en la figura.

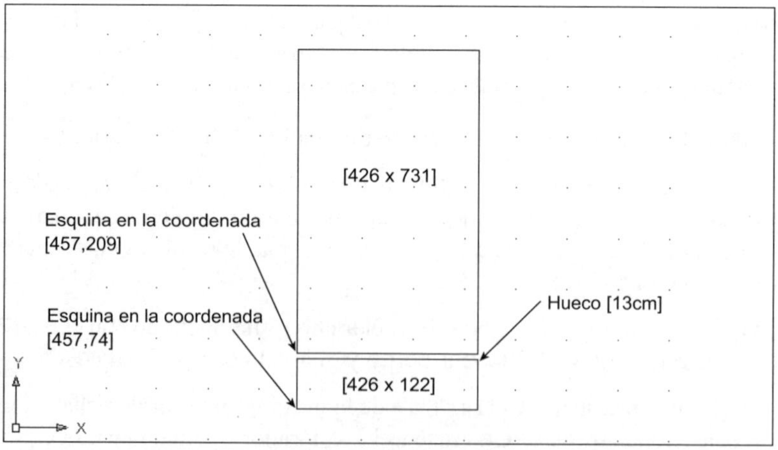

Figura 6.14. El interior del apartamento y el balcón.

TRUCO: Si utilizó la herramienta **Rectángulo** para dibujar la estancia interior y el balcón del apartamento, asegúrese de utilizar la herramienta **Descomponer** del panel Modificar para descomponer los rectángulos. La herramienta **Rectángulo** dibuja rectángulos de polilíneas, en lugar de segmentos de línea simples, de forma que necesitamos descomponerlos para reducirlos a las líneas que lo integran.

2. Haga clic en la herramienta **Insertar** () del panel Bloque de la ficha Inicio para abrir el cuadro de diálogo Insertar.
3. Haga clic en el botón **Examinar** y busque el dibujo del cuarto de baño en el cuadro de diálogo Seleccionar archivo de dibujo. Cuando lo haya encontrado, haga clic en **Abrir**. Si no ha guardado un dibujo del aseo de anteriores ejercicios, puede utilizar el archivo `05c-bath-metric.dwg`.

TRUCO: Si está utilizando el archivo `05c-bath-metric.dwg`, siga estos pasos: tras el paso 3, cambie el nombre que aparece en el cuadro de texto Bloque por `Bath` en lugar de `05c-bath-metric` antes de hacer clic en **Aceptar** en el paso 4. De esta forma el bloque insertado pasará a denominarse `Bath`, aunque su nombre original sea `05c-bath-metric`.

4. Haga clic en **Aceptar** en el cuadro de diálogo Insertar y haga clic en la esquina superior izquierda del rectángulo que representará el interior del apartamento para asignarle el punto de inserción (véase la figura 6.15). Puede utilizar el modo de referencia a objetos Punto final para emplazar el cuarto de baño con mayor precisión. Utilice un factor de escala 1.0 y un ángulo de giro de 0º.

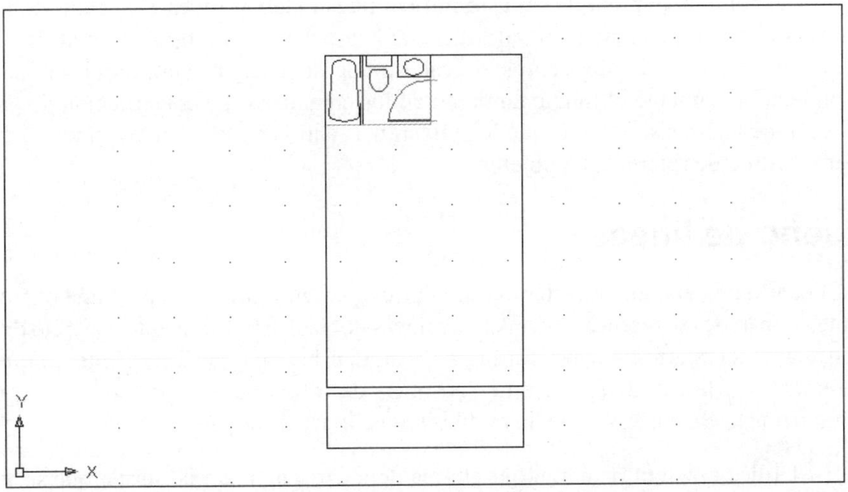

Figura 6.15. Imagen del conjunto tras insertar el cuarto de baño.

NOTA: Si en este archivo no hemos configurado el sistema de referencia a objetos en ejecución, necesitaremos utilizar el menú contextual (pulse la tecla **Mayús** y haga clic con el botón derecho del ratón) para acceder al modo de referencia a objetos Punto final. Puede utilizar el sistema de referencia a objetos en ejecución para beneficiarse de las funciones de ajuste automático de AutoCAD haciendo clic con el botón derecho en el botón **Referencia a objetos** de la barra de estado.

5. Coloque los dos rectángulos que dibujó antes en la capa Wall. Para ello, resalte ambos objetos y abra la lista desplegable Capas en el panel Capas y seleccione Wall. Pulse **Esc** dos veces para desactivar la selección.

TRUCO: También puede utilizar la herramienta **Igualar Propiedades** en el panel Propiedades de la ficha Inicio para cambiar las configuraciones de capa de un objeto del dibujo a las de otros objetos existentes en el dibujo, como se comentará en otro capítulo.

Al insertar el cuarto de baño, se importaron las capas y los bloques incluidos en el archivo `Bath`. De esta forma, podemos desplazar los objetos dibujados previamente hasta las capas importadas. En situaciones en las que el tiempo apremia, ésta es una forma rápida de duplicar capas que ya sabe que existen en otro dibujo. Se trata de un método similar al de utilizar un dibujo como plantilla, con la diferencia de que nos permite empezar a trabajar sobre un dibujo antes de decidir qué plantilla utilizar.

Utilizar el rastreo de referencia a objetos para colocar objetos

En la mayor parte de nuestros trabajos, debemos dibujar líneas. De ahí que resulte importante saber cómo manipularlas para simplificar nuestra labor. En esta sección, examinaremos algunas de las formas más habituales de usar y modificar este tipo esencial de objetos. En el siguiente ejercicio le mostramos el proceso que debe seguir para dibujar líneas en lugar de explicar únicamente el funcionamiento de los comandos. La construcción de paredes y la inclusión de puertas son tareas que le ayudarán a familiarizarse con las funciones de rastreo polar y rastreo de referencia a objetos.

Diseño de líneas

El cuarto de baño que insertamos en la última sección sólo consta de una pared (generalmente, las paredes se representan mediante líneas dobles). En el siguiente ejercicio dibujaremos el otro lado del cuarto de baño. En lugar de dibujar la pared perfectamente, lo que haremos será trazar una línea que retocaremos después, de forma parecida al proceso seguido en el dibujo manual. Siga estos pasos para dibujar las líneas de la pared:

1. Utilice el zoom para ampliar el área del cuarto de baño de forma que se vea todo el cuarto de baño y una parte del espacio circundante, como muestra la figura 6.16.

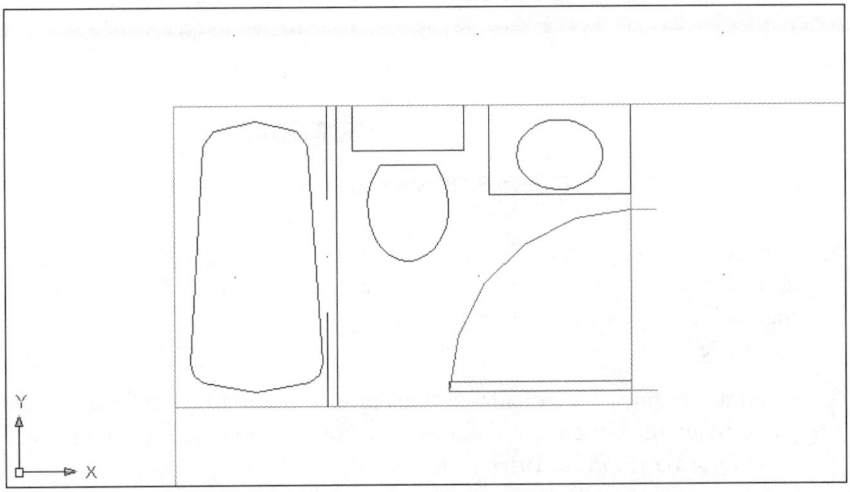

Figura 6.16. La vista ampliada del cuarto de baño.

> **TRUCO:** Es posible que alguno de los arcos de su cuarto de baño no estén suavizados. No se preocupe, porque ésta es la forma en la que AutoCAD muestra los arcos y los círculos al ampliar las vistas. Los arcos aparecerán suavizados al trazarlos en papel. Si desea verlos tal y como están almacenados en el archivo, puede regenerar el dibujo escribiendo `REGEN` en la línea de comando y pulsando **Intro**. Más adelante veremos este proceso de forma más detallada.

2. Seleccione Wall en la lista desplegable Capa del panel Capas para que Wall sea la capa actual.
3. Asegúrese de que las herramientas **Rastreo de referencia a objetos** y **Referencia a objetos** de la barra de estado está activadas (véase la figura 6.17).

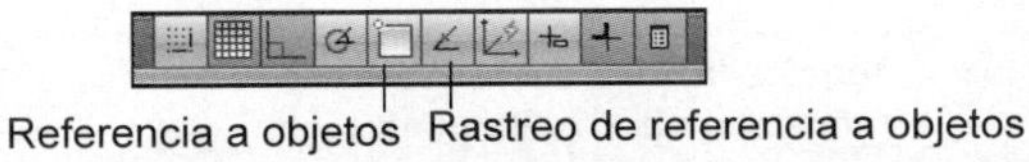

Figura 6.17. Herramientas Rastreo de referencia a objetos y Referencia a objetos.

4. Haga clic en **Línea** () en el panel Dibujo o escriba `L` en la línea de comandos y pulse **Intro**.
5. En la línea de comandos `Precise primer punto:`, desplace el cursor hasta la esquina inferior derecha del cuarto de baño para que aparezca el marcador de referencia a objetos Punto final pero no haga clic en él. Al desplazar el cursor hacia abajo, aparecerá el vector de rastreo. Si el vector de rastreo no apareciera en un primer momento, vuelva a desplazar el cursor hacia la esquina hasta que lo haga (véase la figura 6.18).

> **TRUCO:** Recuerde que la pequeña cruz que aparece en el punto de referencia a objetos indica que el modo Rastreo de referencia a objetos ha bloqueado dicho punto.

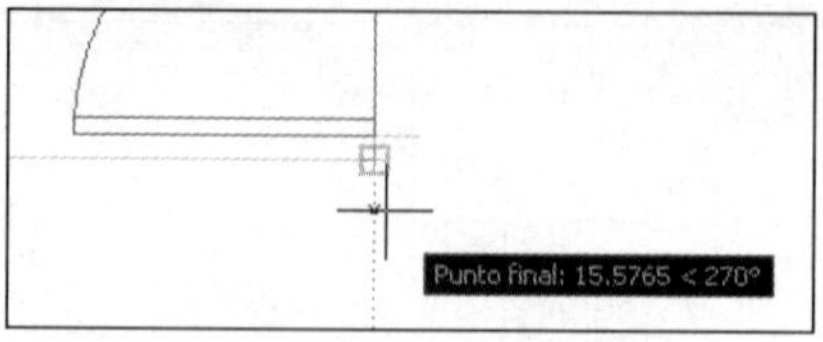

Figura 6.18. Marcador Punto final.

6. Con el vector de rastreo visible, dirija el cursor hacia abajo a partir de la esquina. A continuación, escriba `13` en la línea de comandos y pulse **Intro**. Como resultado, se marcará el origen de una línea 13 centímetros por debajo de la esquina derecha del cuarto de baño.

7. Continúe la línea horizontalmente hacia la izquierda ligeramente por encima de la pared izquierda del contorno del apartamento, como se ilustra en la imagen superior de la figura 6.19. Pulse **Intro**.

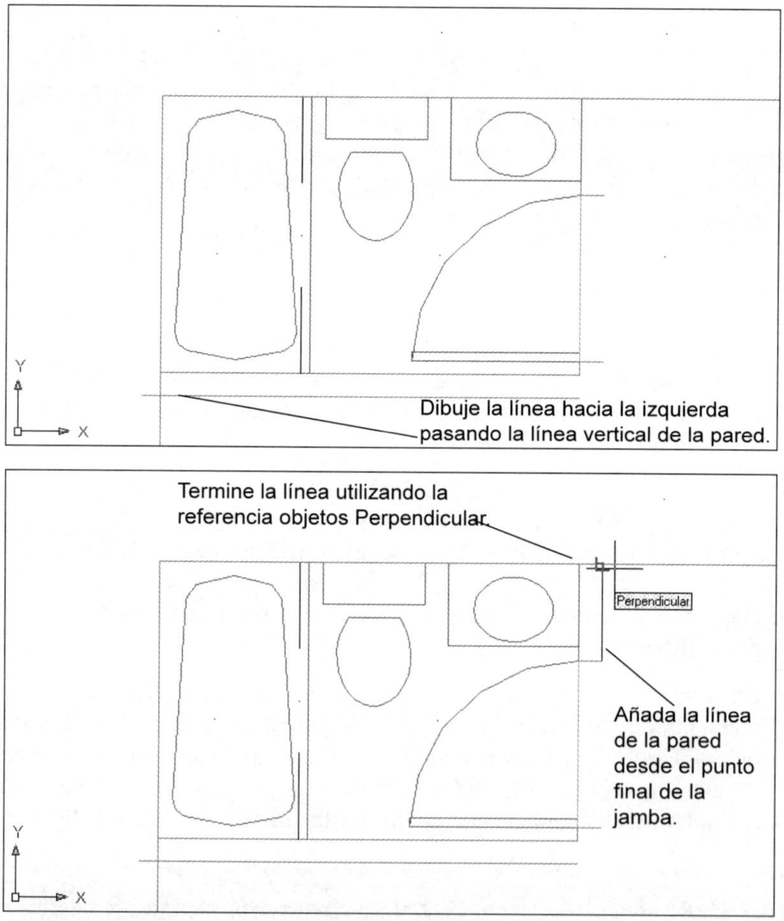

Figura 6.19. La primera línea de la pared y la línea de la puerta.

8. Dibuje una línea hacia arriba desde el punto final de la jamba superior de la puerta para unirla a la pared superior de la habitación del apartamento (imagen inferior de la figura 6.19). Utilice el modo de referencia a objetos Perpendicular para seleccionar la pared superior del apartamento. De esta forma, la línea se trazará con precisión hasta la pared en posición perpendicular, como se puede observar en la figura 6.19.

TRUCO: El modo de referencia a objetos Perpendicular también puede utilizarse para dibujar una línea perpendicular a una línea no ortogonal (por ejemplo, con un ángulo de 45º).

9. Dibuje una línea que conecte las dos jambas de la puerta y asigne la línea a la capa Ceiling (Techo) (ver el panel superior de la figura 6.20).

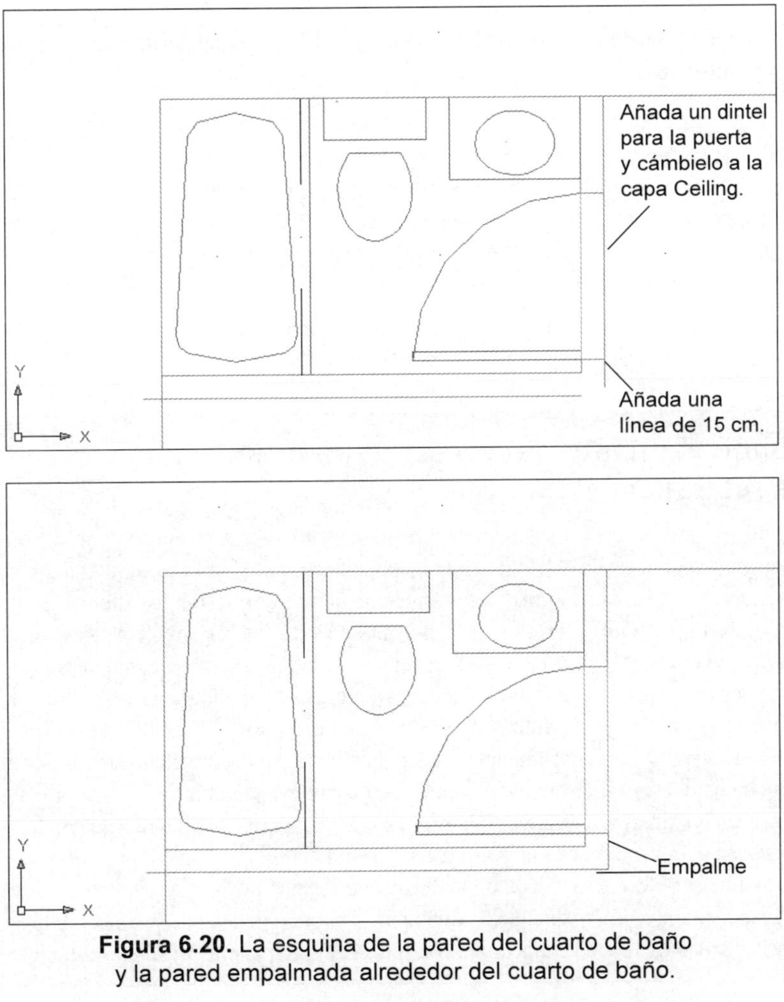

Figura 6.20. La esquina de la pared del cuarto de baño y la pared empalmada alrededor del cuarto de baño.

10. Dibuje una línea hacia abajo desde el punto final de la jamba más cercana a la esquina como muestra el panel superior de la figura 6.20.

En este ejercicio, el modo de rastreo de referencia a objetos nos permite especificar el punto de origen de una línea a una distancia exacta de la esquina del cuarto de baño. En el paso 6, hemos utilizado el método Distancia directa para especificar la distancia y la dirección.

> **TRUCO:** Si lo prefiere, puede seleccionar Desde en el menú contextual Referencia a objetos para seleccionar el origen de la línea y, a continuación, abrirlo de nuevo para seleccionar el Punto final. Escoja la esquina deseada y escriba la coordenada polar `@13<-90` para obtener el mismo resultado que en el ejercicio anterior.

Retoque de líneas

Acabamos de dibujar algunas de las líneas de las paredes aproximando sus puntos finales. A continuación utilizaremos el comando **Empalme** para unir de forma precisa sus extremos y, después, importaremos la cocina. Siga estos pasos para unir las líneas:

1. Seleccione la herramienta **Empalme** ( ) en el panel Modificar, o escriba `Empalme` y pulse **Intro**.

> **ADVERTENCIA:** Las herramientas **Chaflán** y **Empalme** comparten la misma ubicación en la barra de herramientas Modificar, en el mensaje de ayuda puede aparecer Chaflán en lugar de Empalme. Si aparece Chaflán, haga clic en el menú desplegable al lado de la herramienta y seleccione Empalme.

2. Escriba `RA` y pulse **Intro**. Seguidamente, escriba `0` y pulse **Intro** para asegurarse de que el radio del empalme está configurado a 0.

> ## Funcionamiento del vector de rastreo de referencia a objetos
>
> El vector de rastreo de referencia a objetos sólo se activa al colocar un marcador de referencia a objetos en un punto del objeto, en este caso, en la esquina del cuarto de baño. No se activará en ningún otro momento. Si tiene habilitados los modos de referencia a objetos en ejecución y rastreo de referencia a objetos, el vector se activará cuando se coloque el cursor sobre un punto de referencia a objetos. Esta mecánica puede resultar un tanto confusa para los usuarios no experimentados. Por ello, le aconsejamos no utilizarla demasiado hasta que se sienta cómodo trabajando con ella. Además, como la función de rastreo polar también se sirve de un vector de rastreo, puede acabar confundiendo ambos vectores. Recuerde que el vector de rastreo polar le permite dirigir el cursor en una determinada dirección al seleccionar puntos. Los usuarios avanzados de AutoCAD pueden pensar en esta función como un modo Orto más evolucionado. Por otra parte, la función de rastreo de referencia a objetos le permite alinear puntos con respecto a ubicaciones de referencia a objetos. Los usuarios avanzados pueden pensar en la función de Rastreo de referencia a objetos como una opción de filtro XYZ más desarrollada.

TRUCO: La función del comando **Chaflán** es similar a la función del comando **Empalme**. A diferencia del comando **Empalme**, el comando **Chaflán** permite unir dos líneas con una línea biselada intermedia en lugar de un arco. El comando **Chaflán** se puede configurar para unir dos líneas en una esquina de igual forma que el comando **Empalme**.

3. A continuación, procederemos a empalmar ambas líneas. Para ello, seleccione las líneas verticales y las horizontales como se indica en el segundo panel de la figura 6.20. Observe que estos puntos se encuentran situados en la porción de la línea que queremos conservar. El resultado final debe parecerse al ilustrado en el segundo panel de la figura 6.20.
4. Empalme la pared inferior del baño con la pared izquierda de la habitación, como muestra la figura 6.21. Asegúrese de que los puntos seleccionados de ambas líneas se encuentran en la parte de la línea que deseamos mantener, no en la porción que queremos recortar.

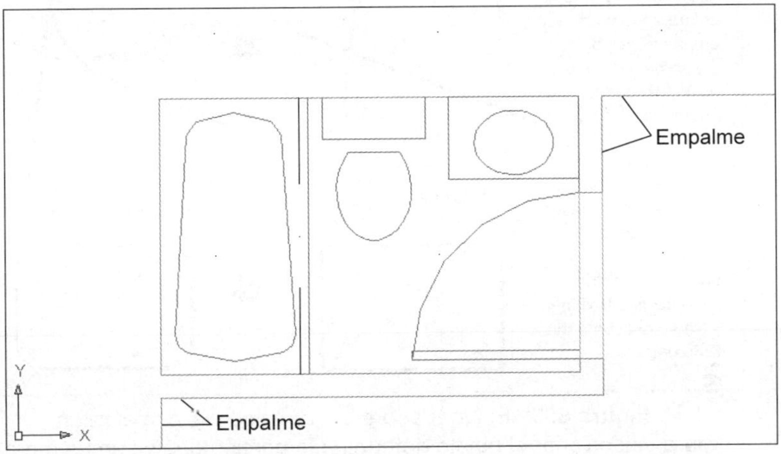

Figura 6.21. Las intersecciones de las paredes completadas.

5. Empalme la pared superior de la unidad con la pared derecha del baño como muestra la figura 6.21.

TRUCO: Puede seleccionar dos líneas a la vez para realizar una operación de empalme con ayuda de la ventana de captura. Para ello, escriba `C` y pulse **Intro** en la línea de comandos `Precisar primer objeto:`. Como resultado se recortarán los dos puntos finales más cercanos al punto del empalme.

La parte de las líneas que se seleccionen al utilizar el comando **Empalme** afecta a su forma de unión. Al seleccionar los objetos que se desean empalmar, el lado de la línea escogido se conservará al unir las líneas. La figura 6.22 ilustra el funcionamiento del comando **Empalme** y sus opciones.

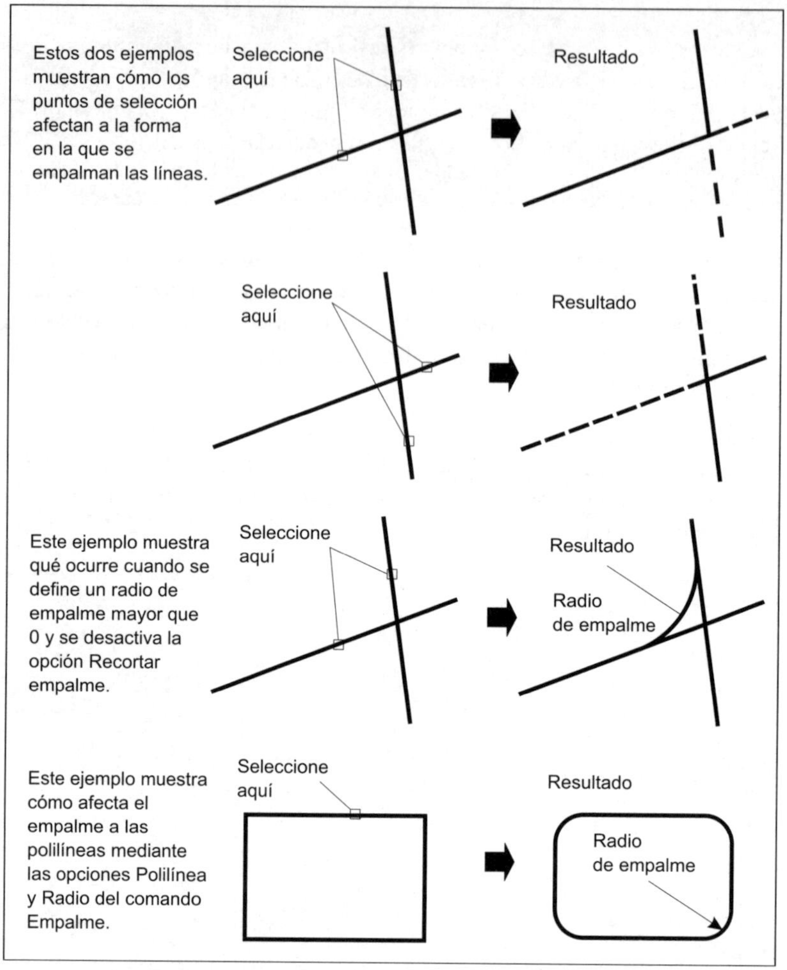

Figura 6.22. El lugar sobre el que hace clic con el ratón para seleccionar el objeto determina la porción que se empalmará.

TRUCO: Si selecciona dos líneas paralelas con el comando **Empalme**, las dos líneas se unirán con un arco.

En el siguiente ejercicio importaremos el plano de la cocina que dibujamos antes:

1. Haga clic sobre Insertar ( ) en el panel Bloque, luego, en el cuadro de diálogo Insertar, haga clic en el botón **Examinar** para buscar el archivo que contiene el dibujo de la cocina creado anteriormente en este mismo capítulo. Asegúrese de dejar desactivadas las casillas Precisar en pantalla dentro de los grupos Escala y Rotación.
2. Coloque el dibujo de la cocina en la intersección de la pared situada debajo de la bañera (imagen superior de la figura 6.23).

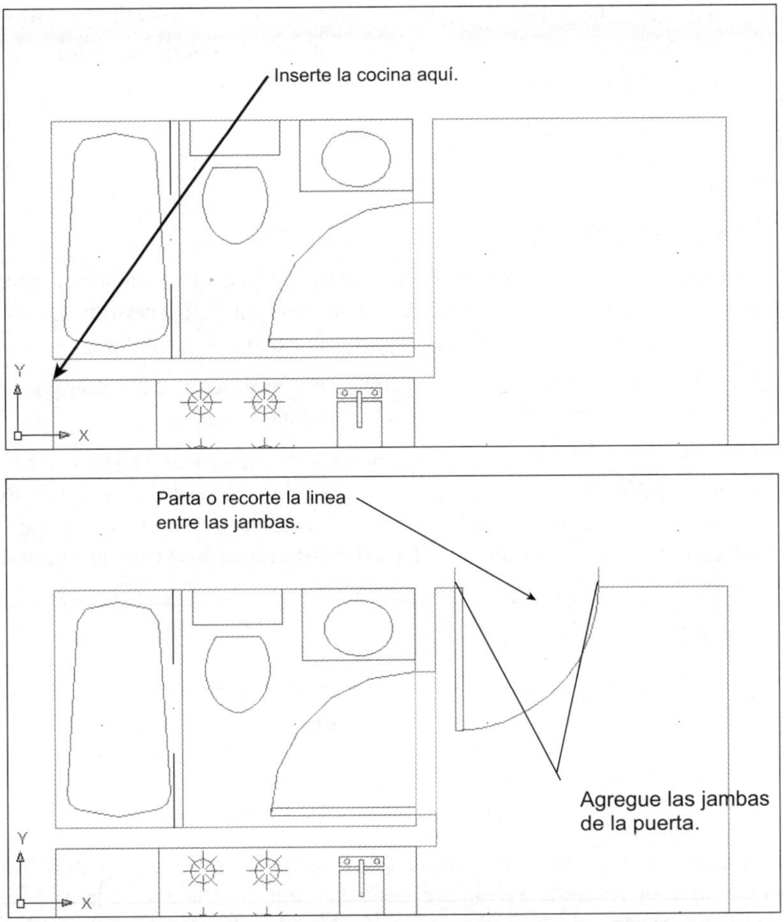

Figura 6.23. Vista resultante tras utilizar el comando Encuadre, con la puerta y las jambas insertadas.

> **TRUCO:** Si no completó el dibujo de la cocina anteriormente, puede insertar el archivo `06a-kitchen-metric.dwg`.

3. Ajuste la vista mediante los controles Encuadre y Zoom hasta centrar la parte superior del apartamento en el área de dibujo, como muestra la imagen superior de la figura 6.23.

Colocar la puerta de forma precisa

El siguiente paso consiste en agregar la puerta de entrada que le mostramos en la imagen inferior de la figura 6.23. Para ello, utilizaremos un cierto número de herramientas nuevas para mecanizar el proceso de dibujo.

Como práctica, utilizaremos la función Rastreo de referencia a objetos y la opción Desde del modo Referencia a objetos para colocar la puerta de entrada a una distancia exacta con respecto a la esquina superior del plano de planta.

1. Haga clic con el botón derecho del ratón sobre la ventana de comandos, y seleccione Comandos recientes>INSERT en el menú contextual para abrir el cuadro de diálogo Insertar.
2. Seleccione Door en la lista desplegable Nombre.
3. Asegúrese de que la opción Precisar en pantalla está activada en el grupo Rotación, pero desactivada en el grupo Escala, y haga clic en **Aceptar**. Observará cómo el dibujo de la puerta sigue al cursor al desplazarlo por la ventana.
4. Pulse la tecla **Mayús** y haga clic con el botón derecho del ratón para abrir el menú contextual Referencia a objetos y seleccione Desde.
5. Asegúrese de que los botones **Referencia a objetos** y **Rastreo de referencia a objetos** están activados en la barra de estado. A continuación, utilice el modo de referencia a objetos en ejecución Punto final para seleccionar la esquina en la que se une la línea horizontal de la pared con la pared del cuarto de baño (véase la figura 6.24).

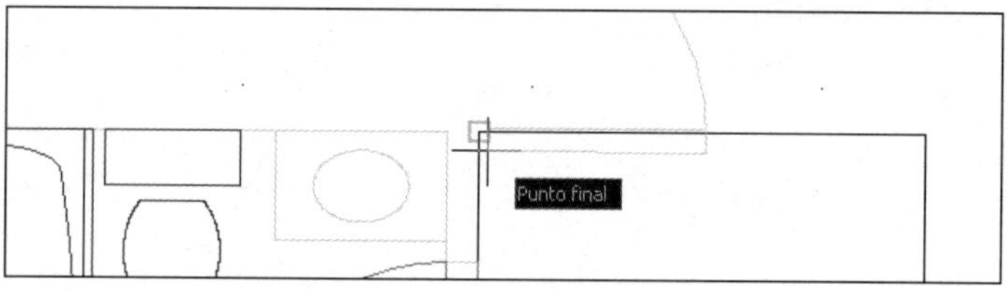

Figura 6.24. Marcador Punto final.

6. Desplace el cursor sobre el marcador de referencia a objetos para que aparezca el vector de rastreo de referencia a objetos de la esquina. Ahora, al desplazar el cursor hacia la derecha, observará cómo el vector de rastreo de referencia a objetos se extiende desde la esquina (véase la figura 6.25).

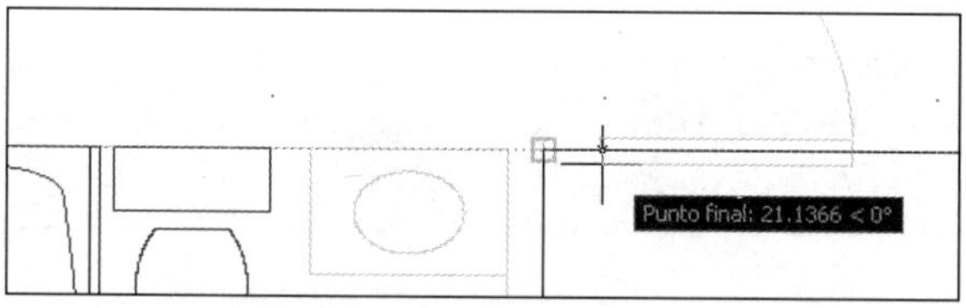

Figura 6.25. Marcador Punto final.

7. Desplace el cursor hacia la derecha hasta que el indicador del vector de rastreo de referencia muestre 15 centímetros aproximadamente.
8. Con el cursor en dicha posición, escriba `13` y pulse **Intro**. Como resultado, la puerta se desplazará exactamente 13 unidades hacia la derecha de la esquina.
9. En la línea de comando `Ángulo de rotación:`, escriba `270` y pulse **Intro**. Si lo prefiere, puede activar la función de rastreo polar para orientar la puerta de forma que se abra hacia el estudio. De esta forma, queda colocada la puerta de entrada al apartamento de manera precisa (véase la figura 6.26).

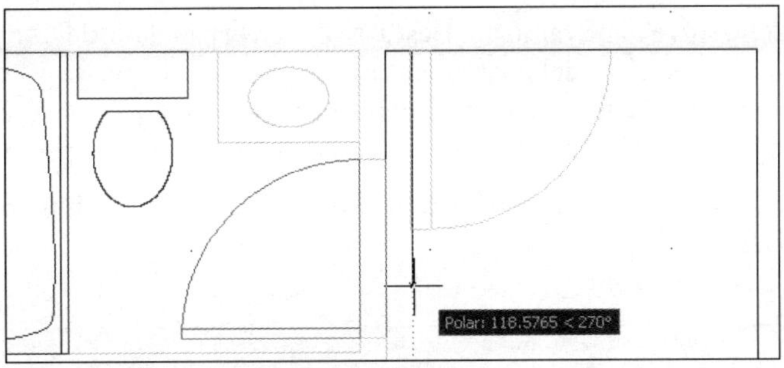

Figura 6.26. Marcador Polar.

10. Compruebe que la puerta se encuentra situada en la capa Door.

TRUCO: Una forma rápida de configurar la capa de un objeto consiste en seleccionar el objeto u objetos deseados y escoger una capa de la lista desplegable Capa en el panel Capas.

A continuación, procederemos a retocar la puerta de entrada.

1. Agregue 13 cm a las jambas de la puerta y cambie la propiedad de capa a la capa Jamb como muestra la figura 6.23.
2. Seleccione la herramienta **Partir** () en el panel Modificar y seleccione el dintel de la puerta de entrada (imagen inferior de la figura 6.23).
3. Escriba `P` en la línea de comandos y pulse **Intro** para utilizar la opción Primer punto. A continuación, seleccione el punto final de una de las jambas de la puerta.
4. En la línea de comandos `Precise segundo punto de ruptura:`, seleccione el punto final de la otra jamba como muestra la imagen inferior de la figura 6.23.
5. Dibuje el dintel de la puerta en la capa Ceiling, como muestra la figura 6.27.

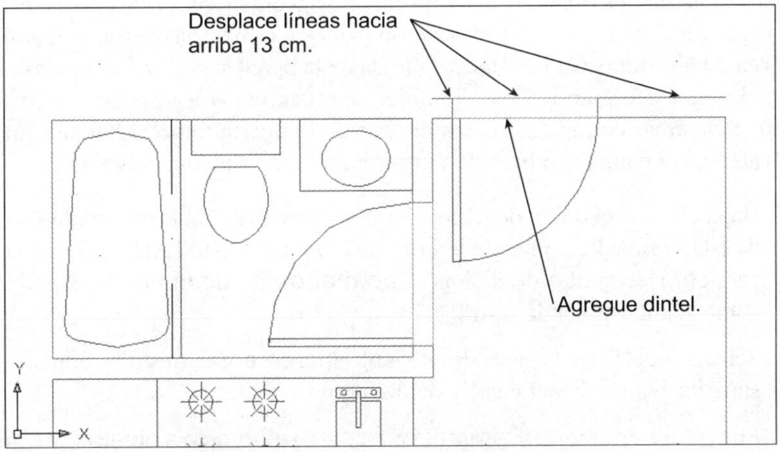

Figura 6.27. El otro lado de la pared.

6. Haga clic sobre la herramienta **Desfase** ( ) en el panel Modificar y desplace las líneas de la pared superior del apartamento y del dintel de la puerta 13 cm para conectarlas con el extremo de la jamba de la puerta, como muestra la figura 6.27. No olvide incluir la pequeña línea de la pared que va desde la puerta hasta la pared del baño.
7. Seleccione Archivo>Guardar como para guardar el archivo con el nombre `Unit` (Apartamento).

Diferentes métodos de utilizar el comando Partir

En el ejercicio dedicado a rematar el plano del apartamento, utilizamos el comando **Partir** para crear un hueco en la línea de la puerta de entrada. En un capítulo anterior, partimos una línea en un punto para crear varios segmentos contiguos de línea. En este capítulo ha utilizado la opción P del comando **Partir** que le permite especificar el primer punto del hueco. También podemos partir una línea sin recurrir a la opción P, pero con una precisión un tanto menor. Si no se utiliza la opción P, el punto en el que se selecciona el objeto se considera como el primer punto de ruptura. Si el tiempo apremia, puede prescindir de la opción P y crear el hueco de forma aproximada. Posteriormente, puede recurrir a otras herramientas para ajustarlo. Asimismo, puede utilizar puntos situados en otros objetos para seleccionar el primer y segundo punto de ruptura. Por ejemplo, puede alinear dos aperturas situadas a cierta distancia. Tras seleccionar la línea a partir, puede utilizar la opción P y escoger dos puntos en la apertura existente para definir el primer y segundo punto de ruptura. Los puntos de ruptura se alinearán en una dirección ortogonal con respecto a los puntos seleccionados.

Utilizar las funciones de rastreo polar y rastreo de referencia a objetos como herramientas para la construcción de líneas

Hasta ahora hemos estado utilizando cálculos geométricos reales para colocar objetos en el plano con precisión, pero en esta sección vamos a utilizar las herramientas **Rastreo polar** y **Referencia a objetos** para extender la línea de la pared superior 13 cm más allá de la pared interior derecha del apartamento. También aprenderemos a utilizar la herramienta **Línea auxiliar** para situar con precisión las jambas de la puerta junto al balcón. En primer lugar, modificaremos el parámetro Rastreo polar para incluir un ángulo de 45°.

1. Haga clic con el botón derecho del ratón sobre el botón **Rastreo polar** ( ) en la barra de estado situada en la parte inferior de la ventana AutoCAD y seleccione Parámetros para abrir el cuadro de diálogo Parámetros de dibujo en la ficha Rastreo polar, como se muestra en la figura 6.28.
2. Seleccione 45 en la lista desplegable Incrementar ángulo, situada en la esquina superior izquierda del cuadro de diálogo.
3. En el grupo de botones Parámetros rastreo referencia a objetos, asegúrese de activar la opción Rastreo con parámetros de ángulo polar y haga clic en **Aceptar**.

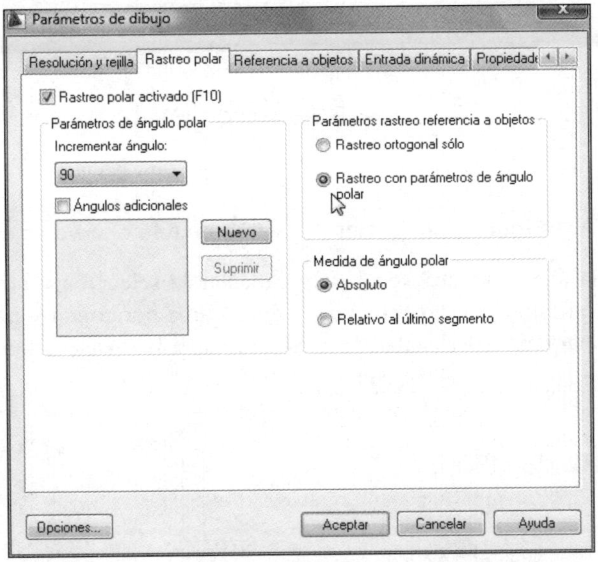

Figura 6.28. Cuadro de diálogo Parámetros de dibujo.

Realizados estos pasos, estamos en condiciones de extender la línea de la pared. Para esta operación, modificaremos los pinzamientos.

1. Haga clic en la línea situada en la parte superior del plano y a la derecha de la puerta para seleccionarla y mostrar sus pinzamientos (véase la figura 6.29).

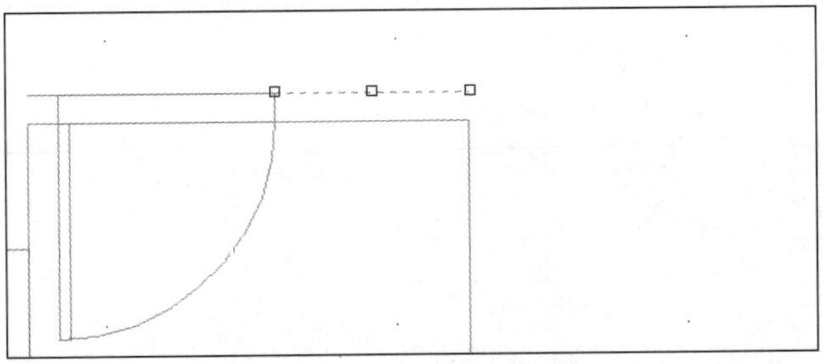

Figura 6.29. Pinzamientos.

2. Haga clic en el botón **Modo orto** ( ) situado en la barra de estado para activar el modo Orto. Esta función mantiene la línea recta al editarla.
3. Haga clic en el pinzamiento situado completamente a la derecha para activarlo.
4. Coloque el cursor en la esquina superior derecha del plano hasta que vea aparecer el marcador de referencia a objetos Punto final. A continuación, desplace el cursor fuera de la esquina en un ángulo de 45°. Como resultado, el vector de rastreo de referencia a objetos aparecerá en un ángulo de 45°. Observe la pequeña X que se visualiza en la intersección del vector de rastreo de referencia a objetos y la línea (véase la figura 6.30).Con el vector de rastreo de referencia a objetos y la línea en intersección, haga clic con el ratón. La línea se extenderá 13 unidades más allá de la pared vertical interior del plano.

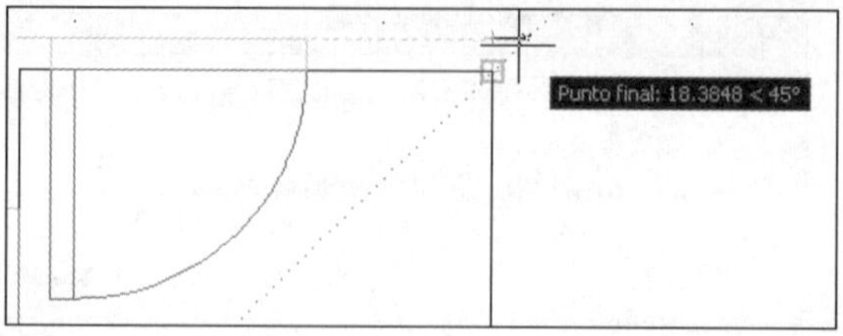

Figura 6.30. Vector de rastreo de referencia a objetos.

5. Pulse la tecla **Esc** dos veces para cancelar la selección y repita los pasos desde el primero hasta el cuarto con la línea de la pared horizontal situada a la izquierda de la puerta para extenderla hasta la esquina izquierda (véase la figura 6.31).

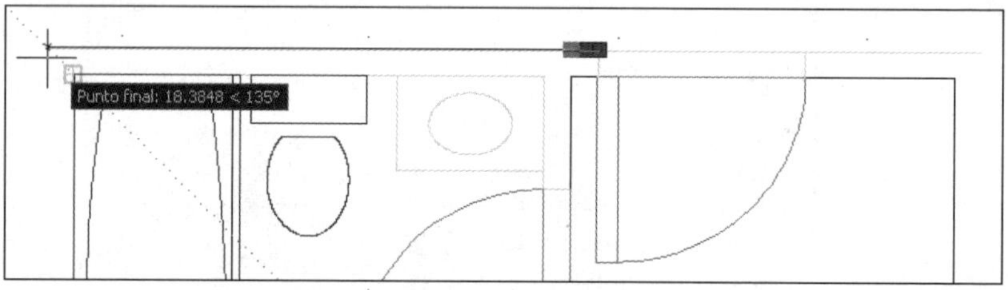

Figura 6.31. Marcador Punto final.

6. Haga clic en Todo del menú desplegable Zoom en el panel Utilidades, o escriba `Z`, pulse **Intro**, escriba `A`, y pulse **Intro** para mostrar una vista completa del dibujo, como la que se muestra en la figura 6.32.

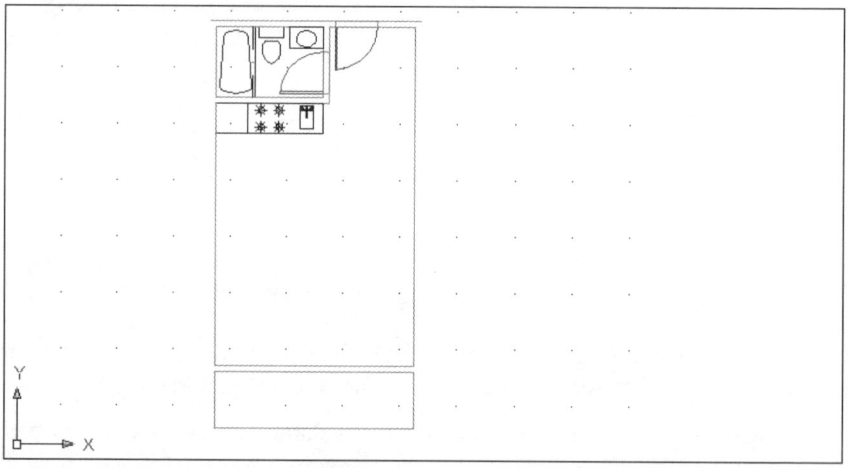

Figura 6.32. El diseño del apartamento hasta el momento.

NOTA: Con el modo de rastreo polar configurado a un incremento de ángulo de 45° y el modo de rastreo de referencia a objetos activado en un dibujo que consta de una gran cantidad de elementos, resulta sencillo seleccionar puntos no deseados . Recuerde que si un dibujo acumula demasiados objetos, puede desactivar estas opciones temporalmente haciendo clic en los botones **Referencia a objetos** y **Rastreo polar** de la barra de estado.

En este ejercicio, hemos utilizado el modo de rastreo polar y el modo Orto para colocar de forma precisa las dos líneas utilizadas para crear las paredes exteriores del apartamento. Este ejercicio sirve para mostrarle cómo puede utilizar los objetos existentes junto a una combinación de herramientas de la barra de estado.

TRUCO: Si prefiere utilizar una línea estándar en lugar de una línea auxiliar como herramienta de construcción, puede utilizar la herramienta **Rayo** (seleccione Dibujo>Rayo en el Explorador de menús, o haga clic en la herramienta **Rayo** en el panel Dibujo expandido). Un rayo es una línea que comienza en un punto seleccionado y se extiende hasta el infinito. El usuario establece el punto de partida y el ángulo del rayo. Puede colocar un rayo en una esquina con un ángulo de 45 grados y, a continuación, empalmar el rayo a la línea horizontal de la pared para acortar o alargar la línea como se desee.

A continuación, terminaremos de dibujar el balcón agregándole una ventana de cristal corredera y una barandilla. En esta ocasión, utilizaremos líneas para crear la estructura, así como para elaborar otras partes del dibujo. En primer lugar, añadiremos la jamba de la puerta mediante una línea auxiliar. Las líneas auxiliares son líneas que se extienden hasta el infinito, pero, a diferencia de los rayos, lo hacen en ambas direcciones. Utilizaremos esta línea para colocar las jambas de las puertas rápidamente. Éstos son los pasos:

1. Amplíe el área del balcón mediante el zoom. Haga clic en la herramienta **Línea auxiliar** () en el panel Dibujo expandido. También puede seleccionar Dibujo>Línea auxiliar en el Explorador de menús, o escribir `XL` en la línea de comandos y pulsar **Intro**. A continuación, surgirá la línea de comandos:

   `Precise un punto u [Hor/Ver/Ángulo/Bisectriz/Desfasar]:`

2. Escriba `D` y pulse **Intro** para seleccionar la herramienta **Desfase**.
3. En la línea de comandos `Distancia de desfase:`, escriba `122` y pulse **Intro**.
4. En la línea de comandos `Precise un objeto de línea:`, haga clic en la línea de la pared situada a la derecha del apartamento.
5. En la línea de comandos `Precise lado de desfase:`, haga clic en un punto situado a la izquierda de la pared. A continuación, surgirá una línea de construcción (imagen superior de la figura 6.33).
6. En la línea de comandos `Precise un objeto de línea:`, seleccione la línea izquierda de la pared y haga clic en un punto situado a la derecha de la pared seleccionada para crear otra línea de construcción. Su dibujo debería parecerse al de la imagen superior de la figura 6.33. A continuación, procederemos a editar las líneas de construcción para crear las jambas.
7. Seleccione la herramienta **Recortar** () en el panel Modificar, o escriba `recorta` y pulse **Intro**.
8. Seleccione las líneas de construcción y las dos líneas horizontales que representan la pared que separa la estancia del apartamento y el balcón, y pulse **Intro**. Puede utilizar una ventana de captura o seleccionar cada una de las líneas individualmente. Acabamos de seleccionar los objetos que procederemos a recortar.

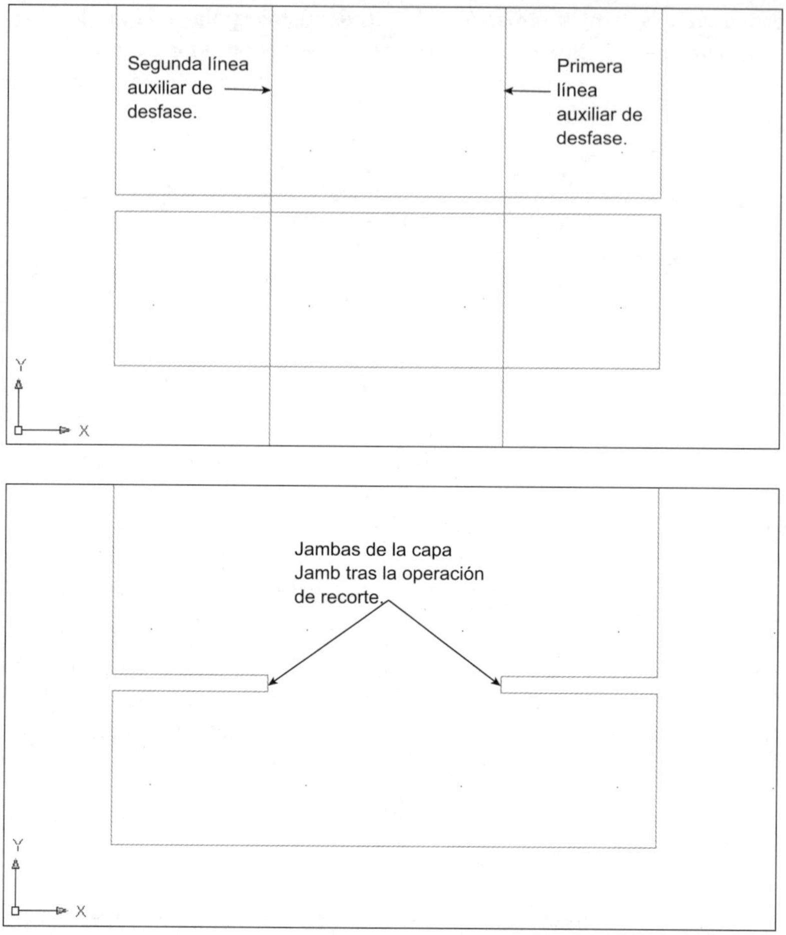

Figura 6.33. Dibujo del hueco de la puerta.

NOTA: Si quiere, también puede utilizar el marco de selección para seleccionar las líneas que quiere recortar.

9. Haga clic en las líneas horizontales en cualquier punto situado entre las dos líneas de construcción. A continuación, haga clic en las partes de las líneas de construcción situadas por encima y por debajo de las líneas horizontales para recortarlas. En la imagen inferior de la figura 6.33 mostramos el resultado.
10. Asigne las líneas de construcción recortadas a la capa Jamb.
11. Agregue las líneas a la capa Ceiling para representar el dintel de la puerta.
12. Dibuje líneas entre las dos jambas (en la capa Door) para indicar que se trata de una puerta de cristal corredera (véase la figura 6.33).

La pared situada frente al balcón ya está terminada. Para acabar de dibujar el apartamento, necesitamos incluir una barandilla y las esquinas de la pared del balcón.

1. Desfase la línea inferior del balcón 7,6 unidades hacia la parte superior del dibujo.
2. Cree una nueva capa denominada F-rail y asígnele la línea que acaba de desplazar.
3. Añada una línea horizontal de 13 cm a las esquinas inferiores del balcón, como muestra la figura 6.34.

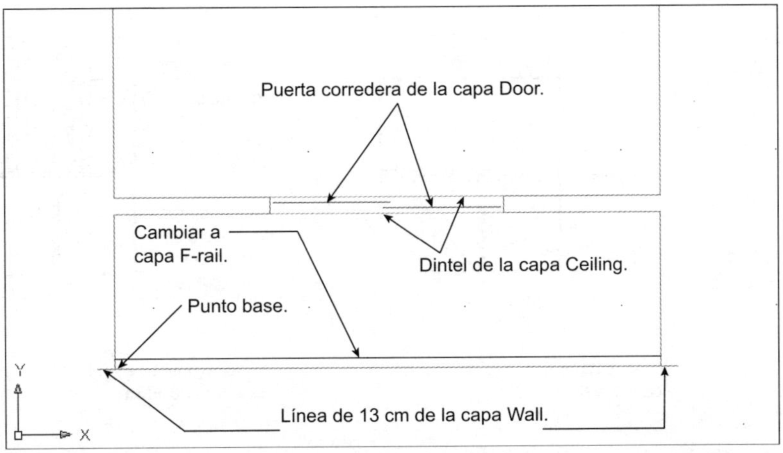

Figura 6.34. Terminando la puerta de cristal corredera y los raíles.

4. Haga clic en la herramienta **Definir punto base** ( ) en el panel Bloque expandido de la ficha Inicio para establecer el punto base en la esquina inferior izquierda del balcón, donde se indica en la figura 6.34.
5. Asigne las líneas que representan las paredes a la capa Wall y coloque la puerta de cristal corredera en la capa Door (véase la figura 6.34).
6. Utilice el zoom para reducir el dibujo a la vista previa. Debería parecerse al de la figura 6.35.

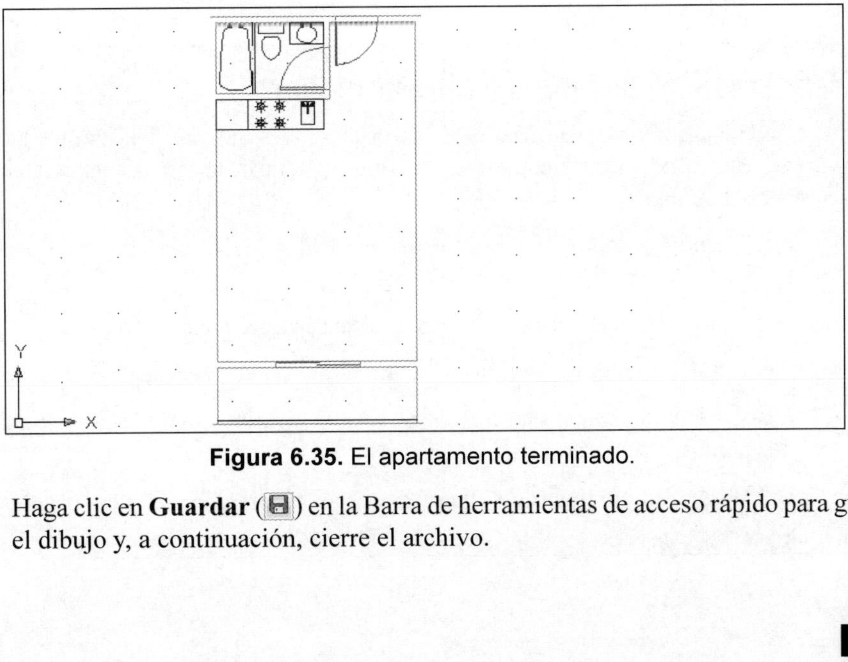

Figura 6.35. El apartamento terminado.

7. Haga clic en **Guardar** ( ) en la Barra de herramientas de acceso rápido para guardar el dibujo y, a continuación, cierre el archivo.

Ya hemos terminado de dibujar el apartamento. Los ejercicios que hemos realizado hasta ahora son una muestra del conjunto de operaciones que se realizan al componer un dibujo. De hecho, le hemos mostrado el 80 por cien de lo que es capaz de realizar AutoCAD. A continuación, para repasar el proceso de dibujo y para crear un dibujo que utilizaremos más tarde, vamos a crear el vestíbulo del edificio de apartamentos. Utilice como referencia de este ejercicio la figura 6.36.

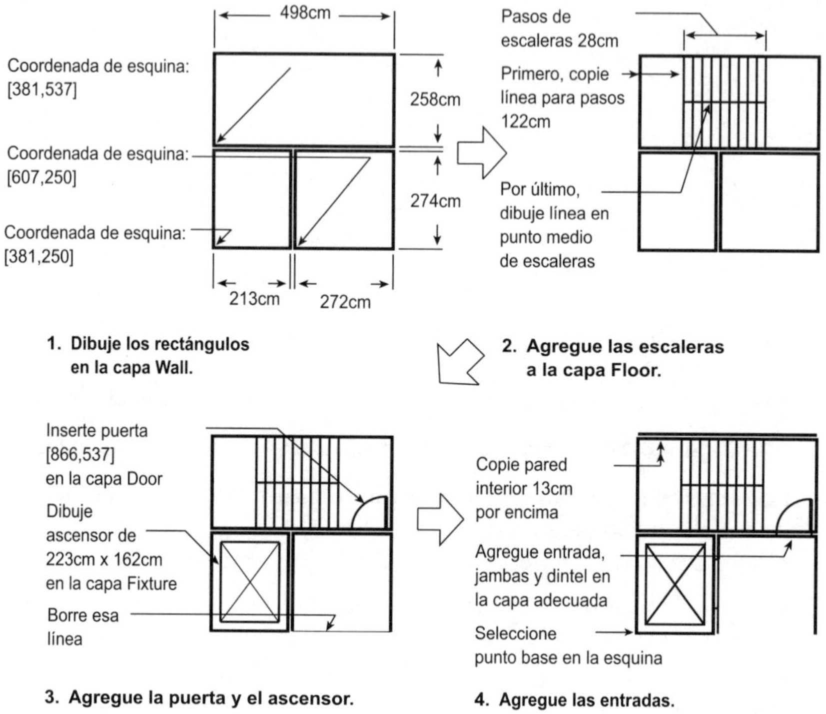

Figura 6.36. Pasos para dibujar el plano del vestíbulo del edificio.

Opciones de la función Línea auxiliar

El comando **Línea Auxiliar** dispone de más opciones que las vistas en los ejercicios de este capítulo. A continuación, le mostramos una lista con las opciones de este comando y su uso:

- Hor: Dibuja líneas auxiliares horizontales al seleccionar puntos en el área de trabajo.
- Ver: Dibuja líneas auxiliares verticales al seleccionar puntos en el área de trabajo.
- Ángulo: Dibuja líneas auxiliares en un ángulo específico al seleccionar puntos.
- Bisectriz: Dibuja líneas auxiliares que cortan un ángulo o ubicación situado entre dos puntos.
- Desfasar: Dibuja líneas auxiliares paralelas a la línea base a una distancia especificada.

En los planos de planta el ascensor se suele representar mediante un recuadro con una cruz y la escalera por medio de un recuadro listado. Si no dispone de mucho tiempo, encontrará la versión final de este dibujo en el archivo `Lobby-metric.dwg`.

Siga estos pasos para dibujar el vestíbulo del edificio de apartamentos:

1. Cree un nuevo archivo denominado `Lobby` (Vestíbulo) utilizando como base el archivo `Unit`. (Abra el archivo `Unit`, seleccione Archivo>Guardar como en el Explorador de menús, y escriba `Lobby` como nombre del archivo.)
2. Borre todos los objetos del apartamento (haga clic en la herramienta **Borrar** en el panel Modificar, luego escriba `Todo` y pulse **Intro**).
3. Dibuje los tres rectángulos principales que representan las estructuras de las escaleras, el hueco del ascensor y el vestíbulo.
4. Para dibujar las escaleras, copie o desfase la pared izquierda y coloque la línea hacia la derecha a una distancia de 122 cm. Ésta crea la primera línea que representa las escaleras.
5. Cree una matriz a partir de esta línea de 10 columnas con una separación de 28 cm.
6. Dibuje la línea central que divide los dos tramos de escaleras.
7. Dibuje el ascensor, inserte la puerta y asigne la puerta a la capa Door. Utilice líneas auxiliares para practicar.
8. Dibuje las jambas de la puerta. Modifique la apertura de la puerta para agregar el dintel y las jambas de la puerta.
9. Utilice el comando **Base** para establecer el punto de base del dibujo. Su plano debe parecerse al paso 4 de la figura 6.36.
10. Guarde el archivo `Lobby`.

Hallar la distancia exacta a una curva

Para encontrar la distancia a una curva o marcar un incremento específico de distancia respecto a una curva, haga lo siguiente:

1. Ejecute el comando Formato>Tipo de punto en el Explorador de menús para abrir el cuadro de diálogo Estilo de punto, como se muestra en la figura 6.37.
2. En el cuadro de diálogo Estilo de punto, seleccione el icono X situado en la fila superior. Compruebe que la opción Establecer tamaño relativo a pantalla está seleccionado y haga clic en **Aceptar**.

> **TRUCO:** También puede establecer el tipo de punto definiendo la variable de sistema `Pdmode` a 3.

3. Haga clic en **Graduar** en el menú desplegable Varios puntos en el panel Dibujo expandido, o escriba `GD` en la línea de comandos y pulse **Intro** (véase la figura 6.38).

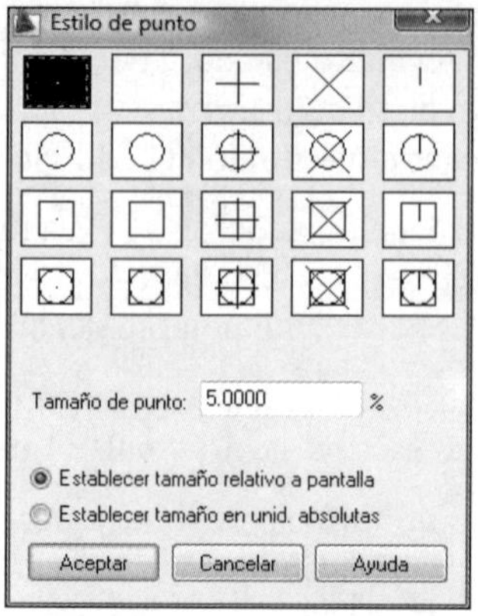

Figura 6.37. Cuadro de diálogo Estilo de punto.

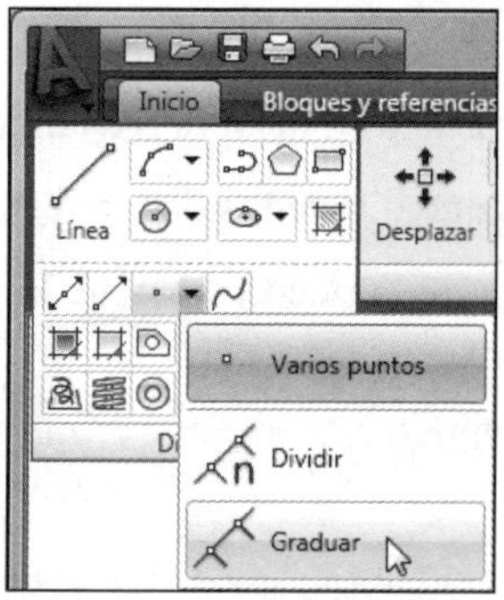

Figura 6.38. El menú desplegable Varios puntos en el panel Dibujo expandido.

NOTA: La herramienta **Dividir** (del menú desplegable Varios puntos en el panel Dibujo expandido) crea un número de puntos o bloques a intervalos uniformes en una línea, arco o curva en oposición a las divisiones de longitud especificadas por el usuario. Por ejemplo, puede utilizar la función Dividir para dividir un objeto en 12 segmentos iguales. Aparte de esta diferencia, ambas funciones (Graduar y Dividir) funcionan exactamente de la misma forma.

4. En la línea de comando `Designe objeto que se va a dividir:`, haga clic en el final de la curva que desea utilizar como punto inicial para medir la distancia.
5. En la línea de comando `Precise longitud de segmento o [Bloque]:`, escriba la distancia deseada. A continuación, aparecerá una serie de X en la curva, indicando la distancia especificada a lo largo de la curva. Puede seleccionar la ubicación exacta de las X mediante el modo de referencia a objetos Punto (véase la figura 6.39).

TRUCO: La opción Bloque del comando **Graduar** permite especificar la inserción de un bloque en una longitud de segmento especificada en lugar de X a lo largo del arco. Dispone de la opción de alinear el bloque con el arco al insertarlo. (Se trata de una función similar a la opción Girar objetos a medida que se copian de la matriz polar.)

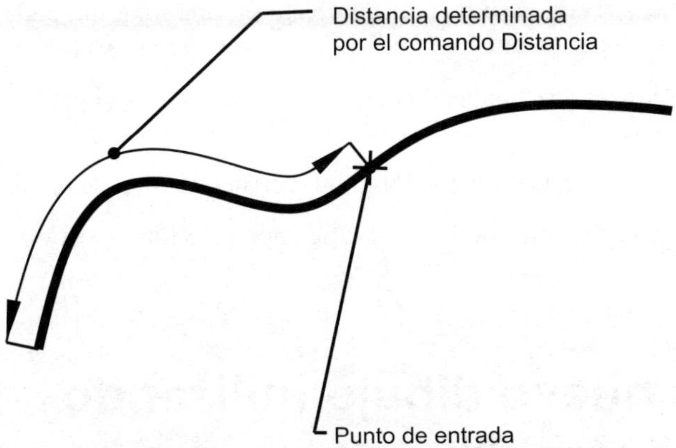

Figura 6.39. Hallar una distancia exacta a lo largo de una curva utilizando puntos y el comando Graduar.

El comando **Graduar** también funciona sobre la mayoría de los objetos, incluyendo arcos y polilíneas, como veremos en un capítulo posterior. Al trabajar con AutoCAD, descubrirá que crear elementos geométricos tales como el círculo y los puntos de los dos últimos ejemplos le ayudará a resolver problemas de formas distintas. Le aconsejamos que experimente todo lo que pueda y recuerde que siempre tendrá a su disposición los comandos **Guardar** y **Deshacer** para reparar los errores que pueda cometer.

Modificar la longitud de los objetos

Imagine que tras averiguar la longitud de un arco se da cuenta de que necesita ampliarla una cantidad determinada. Al seleccionar Modificar>Longitud puede alargar o reducir el tamaño de arcos, líneas, polilíneas, *splines* y arcos elípticos. A continuación, le indicamos cómo alargar un arco.

1. Seleccione la herramienta **Alargar** ( ) en el panel Modificar o escriba `LG` en la línea de comandos y pulse **Intro**.
2. En la línea de comandos `Designe objeto o [Incremento/Porcentaje/Total/Dinámica]:`, escriba `T` y pulse **Intro**.
3. En la línea de comandos `Precise longitud total o [Ángulo]<1.000>:`, introduzca la longitud del arco deseada.
4. En la línea de comandos `Designe objeto que se va a cambiar o [Deshacer]:`, haga clic en el arco que desea modificar. Asegúrese de seleccionar un punto cercano al extremo final que desea prolongar. A continuación, el arco se prolongará la longitud especificada.

El comando **Longitud** también permite reducir la longitud de un objeto si su valor actual es mayor que el introducido. En este sencillo ejemplo, ha aprendido a modificar el tamaño de un objeto según una longitud especificada. Puede utilizar otros criterios para modificar la longitud de un objeto mediante el resto de las opciones de las que dispone el comando **Longitud**:

- Incremento: Alarga o recorta un objeto en una longitud dada. Para especificar un ángulo en lugar de una longitud, utilice la subopción Ángulo.
- Porcentaje: Incrementa o reduce la longitud de un objeto en un porcentaje de su longitud actual.
- Total: Permite especificar la longitud o el ángulo total de un objeto.
- Dinámica: Permite modificar gráficamente la longitud de un objeto mediante el cursor.

Crear un nuevo dibujo utilizando partes de otro dibujo

En esta sección, le explicaremos cómo utilizar el comando `BLOQUEDISC` (que ya vimos con anterioridad) para crear el dibujo de una escalera utilizando la escalera que ya dibujamos en el ejercicio del vestíbulo. Aunque no hayamos convertido la escalera existente en un bloque, podemos utilizar la función BLOQUEDISC para convertir partes de un dibujo en un archivo. Siga estos pasos:

1. Si cerró el archivo `Lobby`, vuelva a abrirlo. Si no creó el dibujo Lobby, abra el archivo `Lobby-metric.dwg`.
2. Seleccione Archivo>Exportar en el Explorador de menús, o escriba `EXPORTAR` en la línea de comandos y pulse **Intro** para abrir el cuadro de diálogo Exportar datos.
3. Escriba **stair.dwg** en el cuadro de texto Nombre archivo y haga clic en **Guardar**. La extensión `.dwg` indica a AutoCAD que deseamos exportar un archivo de dibujo y no otro tipo de formato, como `.dxf` o `.wmf`.
4. En la línea de comando `Indique nombre de bloque existente o [= (bloque=archivo de salida)/* (todo el dibujo)] <definir nuevo dibujo>:`, pulse **Intro**. Al exportar un formato `.dwg`, AutoCAD asume que desea exportar un bloque. Al pulsar **Intro** para evitar este paso, AutoCAD entiende que desea crear un archivo a partir de una parte del dibujo, en lugar de hacerlo desde un bloque.
5. En la línea de comandos `Precise punto base de inserción:`, seleccione la esquina inferior derecha de la escalera. De esta forma indicamos a AutoCAD cuál es el punto base del nuevo dibujo.
6. En la línea de comandos `Designe objetos:`, utilice una ventana de captura para seleccionar la escalera, como muestra la figura 6.40.
7. Cuando haya seleccionado la escalera, incluida la puerta, pulse **Intro** para confirmar la selección. Tras ello, desaparecerá la escalera.
8. Como no queremos eliminar la escalera del dibujo del vestíbulo, haga clic en el botón **Deshacer** para recuperarla. La función Deshacer no afecta a ninguno de los archivos que se exporten seleccionado Archivo>Exportar, con el comando `BLOQUEDISC` o con la herramienta **Crear bloque**.

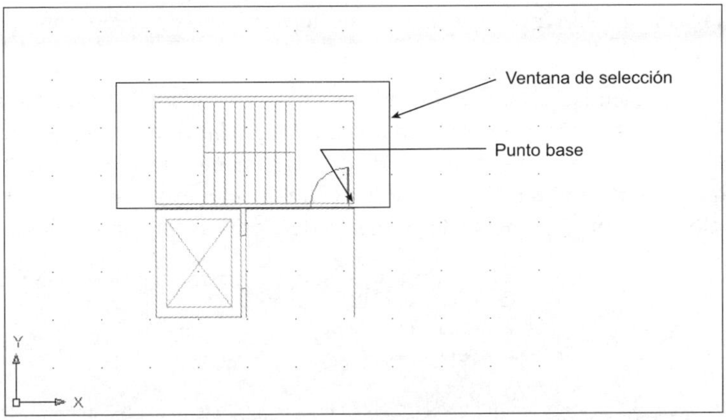

Figura 6.40. La escalera incluida en una ventana de selección.

Dibujar líneas paralelas con multilíneas

Si necesita dibujar un conjunto de líneas paralelas continuas y rectas, AutoCAD dispone de líneas múltiples (el comando **Línea múltiple**). Son líneas paralelas múltiples que se pueden utilizar para representar paredes. Este tipo de líneas se pueden personalizar para mostrar rellenos sólidos, líneas de centro y otros tipos de líneas. Puede guardar las líneas múltiples personalizadas como Estilos de líneas múltiples, que se almacenan en archivos especiales para facilitar su acceso desde otros dibujos. Las líneas múltiples no se utilizan a menudo, pero si quiere saber más sobre ellas, utilice la ventana de Ayuda de AutoCAD y busque los comandos `LINEAM`, `EDITARLM` y `ESTILOLM`.

Eliminar bloques, capas, tipos de líneas, formas, estilos y otros elementos sin utilizar

Una plantilla puede constar de bloques y capas que no resulte necesario incluir en un archivo nuevo. Por ejemplo, el vestíbulo del edificio que creamos en un ejercicio anterior contiene el bloque del cuarto de baño porque se incluía en el archivo `Unit` como prototipo. Aunque eliminemos este bloque, se conservará en la base de datos del archivo del dibujo. Se considera sin utilizar porque no aparece como parte del dibujo. Este tipo de bloques extra puede ralentizar el trabajo porque incrementan el intervalo de carga de los archivos. Asimismo, aumentan el tamaño del archivo de forma innecesaria. AutoCAD dispone de una herramienta para suprimir elementos no utilizados en un dibujo, la herramienta **Limpiar**.

Eliminación selectiva de elementos no utilizados

El comando **Limpiar** se utiliza para suprimir bloques, capas, tipos de líneas, formas, estilos de texto y otros elementos de un archivo de dibujo. Para reducir el tamaño de archivo y facilitar el mantenimiento de las capas de un archivo, es necesario purgar los dibujos de elementos no utilizados. Ahora bien, tenga en cuenta que el comando **Limpiar** no elimina determinados elementos principales de los dibujos; en concreto, la capa 0, el tipo de línea Continuous y el estilo de texto estándar. Siga estos pasos para practicar con el comando **Limpiar**:

1. Haga clic en **Abrir** ( ) en la Barra de herramientas de acceso rápido y abra el archivo `Lobby.dwg`.
2. Haga clic en la herramienta **Limpiar** ( ) en el panel Ayudas al dibujo de la ficha Herramientas para abrir el cuadro de diálogo Limpiar (consulte la figura 6.41). Este cuadro de diálogo muestra una lista de componentes del dibujo que se pueden limpiar. Si el dibujo contiene alguno de los componentes listados, AutoCAD se lo indicará colocando un signo más a la izquierda del nombre del componente.

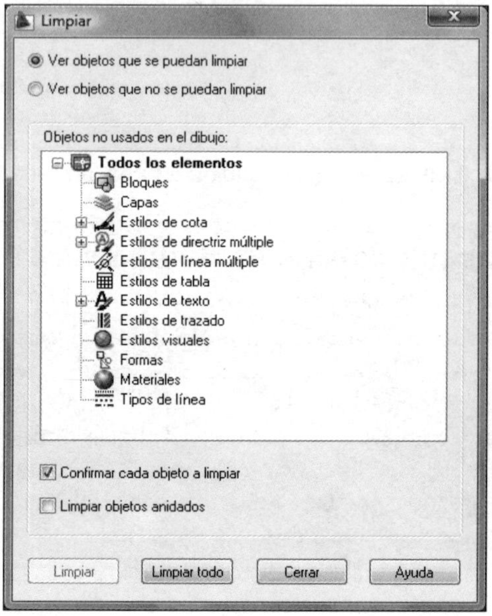

Figura 6.41. El cuadro de diálogo Limpiar.

3. Haga clic en el signo más del componente que desea limpiar. En este ejercicio, haga clic en el signo más de la entrada Bloques. A continuación, se desplegará la entrada para mostrar los nombres de los elementos incluidos en la categoría del componente.
4. Seleccione el elemento Bath de la lista desplegada. Si desea seleccionar más de un elemento, utilice la tecla **Control** para seleccionar elementos individualmente o la tecla **Mayús** para seleccionar un grupo de elementos.
5. Tras seleccionar los componentes deseados, haga clic en el botón **Limpiar** situado en la esquina inferior izquierda del cuadro de diálogo. A continuación verá un cuadro de mensaje que le pedirá que confirme que desea eliminar el dibujo.

Eliminar todos los elementos no usados

En el último ejercicio, sólo eliminamos un bloque del archivo del vestíbulo. Si desea suprimir todos los elementos no utilizados del archivo de una sola vez, haga clic en el botón **Limpiar todo**, situado en la parte inferior del cuadro de diálogo Limpiar (véase la figura 6.41). Éstos son los pasos a seguir:

1. Haga clic en la herramienta **Limpiar** en el panel Ayudas al dibujo de la ficha Herramientas para volver a abrir el cuadro de diálogo Limpiar.
2. Marque la opción Limpiar objetos anidados.
3. Haga clic en el botón **Limpiar todo**. A continuación, surgirá el cuadro de diálogo Confirmar limpieza preguntándole si desea limpiar un bloque.
4. Haga clic en **Sí**. A continuación, el cuadro de diálogo Confirmar limpieza mostrará el nombre de otro bloque preguntándole si desea confirmar la limpieza. Si sigue haciendo clic en el botón **Sí**, AutoCAD abrirá el cuadro de diálogo Confirmar limpieza para cada uno de los elementos no utilizados del dibujo.
5. Haga clic en el botón **Sí a todo** para limpiar todos los elementos del dibujo al instante. Al hacerlo, desaparecerá el cuadro de diálogo Confirmar limpieza.
6. Haga clic en **Cerrar** en el cuadro de diálogo Limpiar.
7. Cierre y guarde el archivo del vestíbulo y salga de AutoCAD.

Después de esto, el archivo del vestíbulo tiene sólo los datos necesarios. En el paso 6, habrá observado que cuando volvía al cuadro de diálogo Limpiar, las entradas de la lista del cuadro de diálogo ya no tenían signos más, lo que significa que el dibujo no contiene elementos sin utilizar. Hemos utilizado la opción Limpiar objetos anidados, situada en la parte inferior del cuadro de diálogo Limpiar. Esta opción permite limpiar automáticamente todos los bloques no utilizados, incluidos los anidados dentro de otros bloques. Si esta opción no está activada, tendría que repetir la operación Limpiar para eliminar todos los elementos que no se usan en un dibujo.

En resumen

- **Crear y utilizar plantillas:** Si descubre que está utilizando la misma configuración cada vez que crea un archivo de dibujo nuevo, puede configurar un archivo existente de la manera que quiera y guardarlo como plantilla. Puede utilizar su plantilla para todos los dibujos nuevos que cree.
  - **Dominarlo:** Describa el método para guardar un archivo como una plantilla.
- **Copiar un objeto varias veces:** Muchas herramientas de AutoCAD le permiten crear varias copias. El comando **Matriz** le ofrece una forma de crear copias circulares o copias de filas y columnas.
  - **Dominarlo:** ¿Qué nombre se le da a los dos tipos de matriz en el cuadro de diálogo Matriz?
- **Desarrollar un dibujo:** Si crea líneas sencillas, utilizará varias herramientas con frecuencia. Los ejercicios de la primera parte del libro le muestran algunas de esas herramientas que se utilizan habitualmente.
  - **Dominarlo:** ¿Qué herramienta usará para unir dos líneas por los extremos?
- **Hallar la distancia exacta de una curva:** AutoCAD ofrece algunas herramientas que le permiten encontrar una distancia exacta en una curva.
  - **Dominarlo:** Identifique las dos herramientas que puede utilizar para marcar las distancias exactas a lo largo de una curva.

7 Herramientas de vistas, sombreados y referencias externas

Una vez diseñados los dibujos del apartamento, así como del vestíbulo y las escaleras del edificio de apartamentos, el siguiente paso consiste en ensamblar ambas partes para conseguir la planta baja del edificio. En este capítulo analizaremos las opciones de AutoCAD que le permiten mejorar sus habilidades de dibujo y reducir el tiempo que tarda en conseguir obras más precisas.

Cuando el tamaño de un dibujo aumenta, es muy probable que tenga que utilizar a menudo los comandos **Zoom** y **Encuadrar**, ya que los dibujos de mayor tamaño necesitan técnicas especiales de edición. También aprenderemos a ensamblar y a ver dibujos de forma que pueda ahorrar tiempo y esfuerzo en el proceso de diseño. A lo largo de los diferentes apartados describiremos cómo mejorar el aspecto de un dibujo mediante el empleo de patrones de sombreado.

En este capítulo se abordan los siguientes aspectos:

- Ensamblar las piezas.
- Controlar la visualización de AutoCAD.
- Utilizar patrones de sombreado.
- Opciones de sombreado para delimitación.
- Utilizar referencias externas.
- Editar referencias externas in situ.

Ensamblar las piezas

Una de las funciones de AutoCAD que más tiempo permite ahorrar es la capacidad de duplicar rápidamente elementos que se repiten varias veces. En esta sección aprenderemos a insertar planos en los que hayamos estado trabajando en el plano general de la planta completa del proyecto de un apartamento ficticio. Así demostraremos con qué velocidad y precisión se pueden copiar dibujos ya existentes siguiendo varios métodos diferentes. En primer lugar crearemos un nuevo archivo para la planta baja, como se demuestra a continuación:

1. Abra un nuevo archivo con el nombre `Plan` en el que se incluya el dibujo de la planta baja del edificio de apartamentos. Será el archivo que le permita combinar los distintos elementos dentro del edificio. Si opta por utilizar la plantilla, escoja `Acadiso.dwt`. (Se trata de una de las plantillas de AutoCAD que aparecen en el cuadro de diálogo Seleccionar plantilla al seleccionar **Nuevo** en la Barra de herramientas de inicio rápido.)
2. Defina el estilo de las unidades con la opción Decimales (haga clic en Unidades ( ) en el panel Ayudas al dibujo de la ficha Herramientas).
3. El área de dibujo debe tener unas dimensiones de 5940 cm x 4200 cm, con una escala 1:100. El tamaño se puede definir con ayuda del comando Formato>Límites del dibujo.
4. Cree una nueva capa con el nombre Plan1 y conviértala en la capa actual.
5. Haga clic con el botón derecho del ratón sobre la herramienta **Modo Forzcursor** ( ) en la barra de estado y seleccione Parámetros.
6. En el cuadro de diálogo Parámetros de dibujo, establezca la Distancia polar en **1**, deberá configurar el modo de rejilla a 250.
7. Active la herramienta **Mostrar rejilla** ( ) si todavía no está activada.
8. En el menú desplegable Zoom en el panel Utilidades de la ficha Inicio, seleccione Todo ( ) o escriba `Z`, pulse la tecla **Intro**, `T` y pulse la tecla **Intro** para conseguir una vista general del área de dibujo.

Ya estamos listos para comenzar el diseño del plano de la planta baja. El primer paso consistirá en crear una copia simétrica del plano del apartamento.

1. Compruebe que la herramienta **Referencia a objetos** ( ) está desactivada y añada el dibujo `07a-unit-metric.dwg` en las coordenadas 957,1330. Acepte la opción predeterminada. `07a-unit.dwg` y `07a-unit-metric.dwg` son los mismos dibujos que los del archivo `unit.dwg` que creó en los capítulos anteriores.

> **TRUCO:** Si lo prefiere, puede determinar el punto de inserción en el cuadro de diálogo Insertar si desactiva la casilla de verificación Precisar en pantalla. Las opciones de entrada se habilitarán para que pueda definir sus entradas.

2. Aumente el zoom del plano del apartamento.
3. Haga clic en **Simetría** ( ) en el panel Modificar de la ficha Inicio. A continuación, seleccione el plano `Unit` y pulse **Intro**.

4. En la línea de comando `Precise primer punto de línea de simetría:`, pulse **Mayús** y el botón derecho del ratón para seleccionar la opción Desde.
5. Utilice de nuevo la misma combinación (**Mayús** y el botón derecho del ratón) y escoja la opción Punto final.
6. Seleccione el punto final de la esquina superior derecha del apartamento, como se muestra en la figura 7.1.

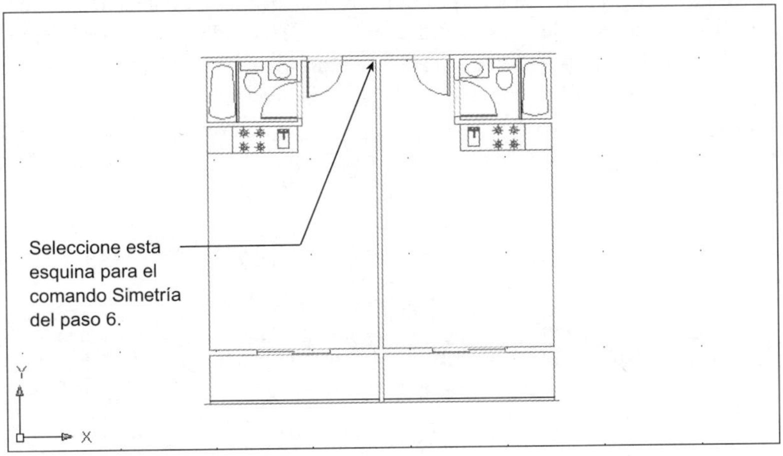

Figura 7.1. Copia simétrica del plano Unit.

7. Introduzca `@6.5<0` y pulse **Intro**. Aparecerá una banda elástica que representa el eje de la simetría.
8. Active la herramienta **Modo Orto** (⊾) y seleccione cualquier punto que haga que el eje simétrico tenga una orientación vertical. También puede mantener pulsada la tecla **Mayús** mientras elige el punto deseado para activar temporalmente el modo **Orto**.
9. En la línea de comando `¿Suprimir objetos de origen? [Sí/No] <N>:` pulse **Intro**. De esta forma, se generará una pared entre los dos estudios y el dibujo se parecerá al de la figura 7.1.

Ya tenemos una imagen duplicada del plano original en la ubicación exacta para el plano general. A continuación, realizaremos algunas copias más para el lado opuesto del edificio.

1. Pulse **Intro** de nuevo para volver a ejecutar el comando **Simetría** y seleccione los dos apartamentos.
2. Utilice de nuevo la referencia a objetos Desde y, con ayuda de la referencia a objetos Punto final, seleccione la misma esquina del paso 6.
3. Escriba `@61<90` para que el eje de simetría comience a 61 cm por encima del punto seleccionado.
4. Con el **Modo Orto** (⊾) activado, debe designar un punto para que el eje de simetría sea exactamente horizontal.
5. En la línea de comando `¿Suprimir objetos de origen? [Sí/No] <N>:` pulse **Intro** para conservar las unidades originales y completar la operación de simetría.

Con ayuda de las herramientas que hemos utilizado hasta ahora, hemos definido de forma rápida y precisa una zona considerable del plano del suelo. Los pasos que se describen a continuación nos permitirán ajustar los principales componentes del plano del suelo.

1. Haga clic en Extensión (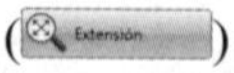) en el menú desplegable Zoom del panel Utilidades en la ficha Inicio, o escriba `Z`, pulse **Intro**, `E` y vuelva a pulsar **Intro** para poder ver en pantalla los cuatro planos. También puede utilizar la herramienta **Zoom Extensión** del menú desplegable de la herramienta **Zoom ventana**. Con esta herramienta se consigue que todo el dibujo llene la pantalla en la parte situada en el centro del área de trazado. El dibujo debería parecerse al de la figura 7.2.

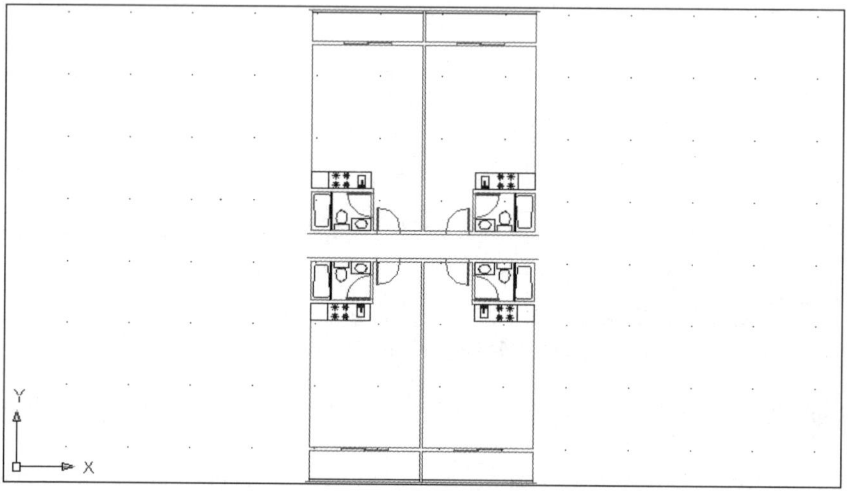

Figura 7.2. El plano del apartamento, del que se han realizado cuatro copias.

TRUCO: Si inserta un bloque en las coordenadas erróneas, puede utilizar la paleta Propiedades para modificar el punto de inserción del bloque.

2. Copie los cuatro apartamentos hacia la derecha, a una distancia de 878 cm, distancia que se corresponde al ancho de dos unidades de línea central a línea central de los muros.
3. Añada el vestíbulo en las coordenadas 2713,2318.
4. Copie todos los planos hacia la derecha, a 2267 cm, el ancho de los cuatro apartamentos más el ancho del vestíbulo.
5. Haga clic en **Todo** () en el menú desplegable Zoom del panel Utilidades de la ficha Inicio, o escriba `Z`, pulse **Intro**, `T` y vuelva a pulsar **Intro** en la línea de comandos. Podrá ver el dibujo completo, que debería parecerse al de la figura 7.3. También puede utilizar la herramienta **Zoom Todo** del menú desplegable Zoom Ventana.
6. Guarde el archivo `Plan.dwg` haciendo clic en la herramienta **Guardar** de la Barra de herramientas de acceso rápido.

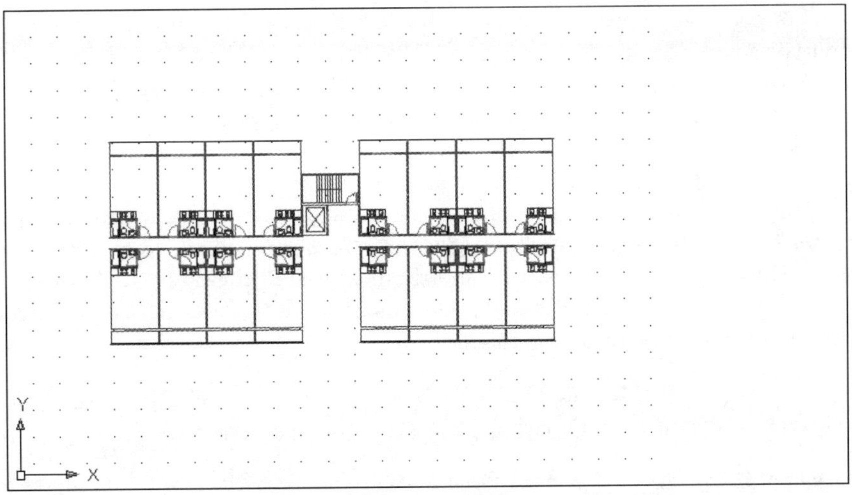

Figura 7.3. El dibujo Plan.

Controlar la ventana AutoCAD

A estas alturas ya debería estar familiarizado con las funciones Zoom y Encuadre de AutoCAD. Existen otras muchas herramientas a su disposición que le pueden resultar de gran utilidad para manejar un dibujo. En el siguiente apartado, analizaremos las distintas formas de visualización de un dibujo de las que dispone.

Regenerar y Redibujar

AutoCAD emplea dos comandos para actualizar la forma en que se representa un dibujo en pantalla: **Regenerar** y **Redibujar**. Cada uno de estos comandos tiene una aplicación determinada, aunque no lo parezca, sobre todo para los usuarios con poca experiencia.

Para entender mejor la diferencia entre estos dos comandos, conviene saber que AutoCAD almacena los datos de un dibujo de dos formas distintas.

- En una base de datos con información precisa sobre las coordenadas y las propiedades de los objetos del dibujo
- En una base de datos simplificada que solamente incluye la información de pantalla.

Al dibujar, AutoCAD crea una base de datos precisa de los objetos y de sus propiedades. Simultáneamente, crea una base de datos más sencilla que utiliza para mostrar el dibujo en pantalla. Para el objetivo de nuestro análisis, denominaremos esta base de datos simplificada "visualización virtual", ya que se asemeja a un modelo informático de la representación general de un dibujo. Esta visualización virtual se utiliza como base de lo que va a aparecer sobre el área de dibujo. Cuando se ejecuta el comando **Redibujar**, lo que hacemos es indicar a AutoCAD que vuelva a leer los datos de la pantalla virtual y que plasme dicha información en el área de dibujo. El comando **Regenerar**, por su parte, hace que AutoCAD tenga que reconstruir la visualización virtual basándose en la información de la base de datos central del dibujo.

Habrá podido comprobar que los comandos **Zoom** y **Encuadre** en tiempo real no son operativos a partir de una determinada zona de la pantalla. Cuando se alcanza un punto en el que dichos comandos parecen no funcionar, significa que hemos llegado a los límites de los datos de la pantalla virtual. Para superar dichos límites, AutoCAD tiene que reconstruir la información a partir de los datos base; en otras palabras, tiene que regenerar el dibujo. Puede hacerlo con un plano general de la extensión del dibujo.

Algunas veces, cuando se acerca a un plano, puede parecer que los arcos y círculos estén cortados en lugar de ser curvas suavizadas. Esto es el resultado de la presentación virtual de AutoCAD simplificando curvas para ahorrar memoria. Puede obligar a AutoCAD a mostrar las curvas en una curva más suavizada seleccionando Ver>Regenerar o escribiendo `Regen` y pulsando **Intro** en la línea de comandos.

Controlar la suavidad de la visualización

Cuando trabaja en AutoCAD, puede observar que algunas veces los tipos de línea muestran un aspecto continuo, aunque estén compuestos por puntos o por trazos. Puede observar también que los arcos y los círculos aparecen como líneas segmentadas, aunque siempre se trazan como curvas suaves. Hay un comando que controla cómo se muestran los tipos de línea, los arcos y los círculos de forma suavizada en una vista ampliada, cuanto más bajo sea el valor del comando **Resvista**, menos segmentos mostrará y más rápida será la regeneración. No obstante, un valor demasiado bajo hace que los tipos de línea no continuos, como los trazos y las líneas centrales, aparezcan como continuos, sobre todo en dibujos que ocupan una gran extensión (como por ejemplo los planos de emplazamientos civiles).

Encontrar un valor `Resvista` que se adecue al tipo de trabajo que hace le llevará tiempo experimentando. El valor predeterminado de `Resvista` es 1.000. Puede intentar aumentar el valor para mejorar la suavización de los arcos y comprobar si un valor mayor le viene mejor. Introduzca `Resvista` y pulse **Intro** dos veces en la línea de comando para cambiar el valor. Si trabaja con dibujos complejos, puede querer mantener el valor en 1.000; a continuación, cuando se acerque a una vista, utilice el comando **Regenerar** para mostrar los arcos suavizados y los tipos de línea completos.

Crear múltiples vistas

Hasta el momento hemos visto varias formas de movernos por el dibujo utilizando una única ventana de vista. También puede establecer varias vistas del dibujo, llamadas ventanas gráficas. Las ventanas gráficas permiten mostrar más de una vista del dibujo a la vez en el área de dibujo de AutoCAD. Por ejemplo, una ventana gráfica puede mostrar una vista de primer plano del cuarto de baño, otra puede mostrar la vista del plano general y otra el plano de la unidad del apartamento.

Cuando las vistas gráficas se combinan con la función del espacio de papel de AutoCAD, se pueden trazar varias vistas del dibujo. El espacio de papel es un modo de visualización que permite "pegar" varias vistas de un dibujo, como si se tratara de un programa de composición de páginas. En capítulos posteriores aprenderemos más sobre las vistas gráficas.

Guardar vistas

Otra forma de control de una vista consiste en guardarla. El hecho de guardar una vista se puede considerar similar al de crear un marcador de posición en un dibujo.

Por ejemplo, algunas de las paredes del dibujo `Plan` no se han acabado. Necesitamos ampliar las zonas en las que hay que añadir líneas, pero dichas zonas se encuentran dispersas por el dibujo. AutoCAD nos permite almacenar las vistas de las distintas áreas con las que queremos trabajar y saltar de una a otra. Esta técnica es especialmente útil cuando necesitamos regresar muy a menudo a un área específica de nuestros dibujos.

A continuación presentamos una serie de ejercicios para aprender a guardar y recuperar vistas. Éste es el primero:

1. Haga clic en Todo en el menú desplegable Zoom del panel Utilidades de la ficha Inicio, o escriba `Z`, **Intro**, `T`, **Intro** para conseguir una vista general del plano.
2. Seleccione Ver>Vistas guardadas en el Explorador de menú, o escriba `VISTA` y pulse **Intro**. Se abrirá el cuadro de diálogo Administrador de vistas que se muestra en la figura 7.4.

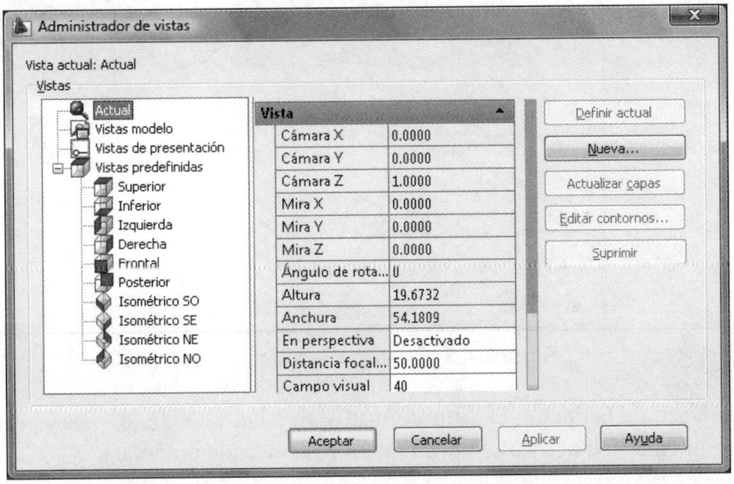

Figura 7.4. Cuadro de diálogo Administrador de vistas.

> **TRUCO:** En el cuadro de diálogo Administrador de vistas puede recuperar una vista ya existente (Definir actual), crear una nueva (Nueva) u obtener información detallada sobre una determinada vista. También puede escoger entre un grupo de vistas predefinidas que incluyen vistas ortográficas e isométricas de objetos 3D. Estas opciones se analizarán en capítulos posteriores.

3. Compruebe que la opción Actual está seleccionada en la lista de la izquierda y, a continuación, haga clic en el botón **Nueva**. Aparecerá en pantalla el cuadro de diálogo Nueva vista que se muestra en la figura 7.5. Algunas de las opciones hacen referencia al Sistema de coordenadas personales (SCP), que analizaremos posteriormente. La opción Categoría de vista hace referencia a la función Conjuntos de planos. Entre

otras opciones se incluyen Estilo visual, Fondo y Contorno, proporcionándole control sobre el aspecto del fondo y el diseño de la vista guardada. Por ahora nos limitaremos a crear una nueva vista.

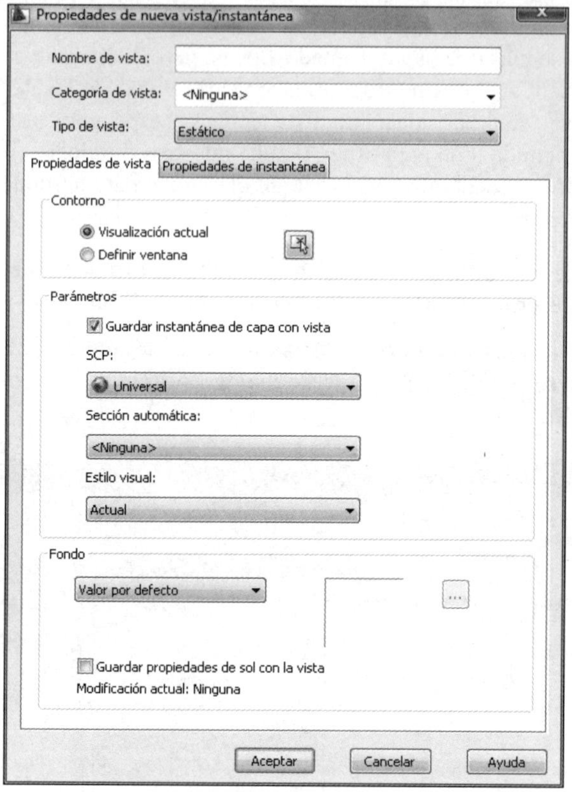

Figura 7.5. Cuadro de diálogo Nueva vista.

4. Seleccione la opción Definir ventana. El cuadro de diálogo desaparecerá momentáneamente y se activará la presentación de entrada dinámica.
5. En la línea de comando `Designe primera esquina:`, debe hacer clic en dos puntos para colocar la ventana de selección alrededor de la zona que rodea el ascensor del vestíbulo, como muestra la figura 7.6. Observe que la presentación cambia para que la zona blanca muestre el área que ha seleccionado. Si no está muy satisfecho con la zona de selección, puede colocar otra ventana en la vista.
6. Cuando esté satisfecho con su selección de vista, pulse **Intro** o haga clic con el botón derecho del ratón. Volverán a aparecer los cuadros de diálogo.
7. Dentro del cuadro de texto Nombre de vista debe escribir **Elevator Lobby** como nombre de la vista que acaba de definir.
8. Haga clic en el botón **Aceptar**. Se cerrará el cuadro de diálogo Nueva vista, y el nombre Elevator Lobby aparecerá incluido en la lista Vistas.
9. Haga clic en el botón **Aceptar** para cerrar el cuadro de diálogo Vista.

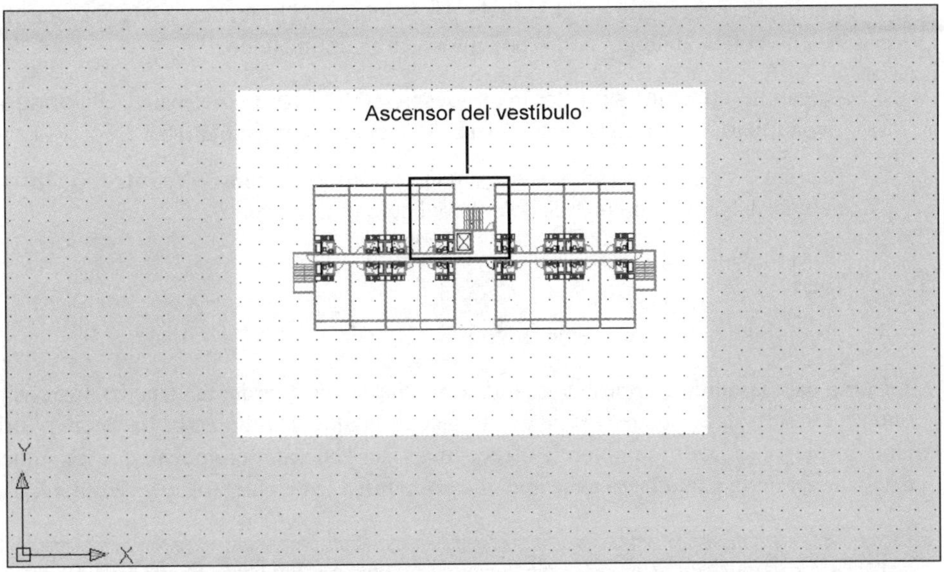

Figura 7.6. Seleccione esta área para su vista guardada.

10. A continuación, veremos cómo se pueden recuperar las vistas que acabamos de guardar. En el panel Ventanas gráficas de la ficha Vista, haga clic en la lista desplegable Control de visualización y seleccione Elevator Lobby, como vemos en la figura 7.7.

Figura 7.7. Lista desplegable en el panel Ventanas gráficas.

Su vista cambia a un primer plano de la zona que ha seleccionado en el paso 5. También puede abrir el cuadro de diálogo Vista (o escribir `vista` en la línea de comandos y pulsar **Intro**), seleccionar Elevator Lobby de la vista, hacer clic en Definir actual y, después, en **Aceptar**.

NOTA: Si necesita realizar ajustes a una vista una vez creada, puede hacerlo realizando tres pasos: haga clic con el botón derecho del ratón en el nombre de vista del cuadro de diálogo Administrador de vistas, seleccione Editar contornos y, a continuación, seleccione una ventana, tal como hizo en los pasos 5 y 6.

NOTA: Recuerde que, cuando no haya ningún comando activo, puede hacer clic con el botón derecho del ratón sobre la ventana de comandos y seleccionar la opción Comandos recientes para repetir el último que se haya ejecutado. A continuación, sólo tiene que hacer clic con el mismo botón del ratón sobre el área de dibujo y repetir el último comando.

Si lo prefiere, puede utilizar el teclado para ejecutar el comando **Vista** y evitar, de esta forma, los cuadros de diálogo, como podemos ver a continuación:

1. Haga clic en Extensión del menú desplegable Zoom en el panel Utilidades de la ficha Inicio, o escriba `Z`, pulse **Intro**, `E`, y vuelva a pulsar **Intro**.
2. Escriba `-vista` en la línea de comando o utilice el alias `-V`, **Intro**, `g`, **Intro**. (No debe olvidar el signo menos delante del comando.)
3. En la línea `Indique nombre de vista a guardar:`, escriba `General` y pulse **Intro**.
4. A continuación, guarde el archivo `Plan`.

Como habrá podido comprobar, es una forma rápida de guardar la vista. Una vez asignado el nombre `General`, puede recuperar la vista en cualquier momento. La opción Todo del menú desplegable Zoom también le ofrece una vista general, pero puede que no aumente la visualización de la pantalla en exceso o que no incluya los elementos que se quieren ver.

TRUCO: Otra de las opciones a las que puede recurrir es la barra de herramientas Zoom, en la que se incluyen las herramientas **Ventana**, **Dinámico**, **Escala**, **Centro**, **Zoom objeto**, **Zoom ampliar**, **Zoom reducir**, **Todo** y **Extensión**. Para abrir esta barra sólo tiene que hacer clic con el botón derecho del ratón sobre la Barra de herramientas de acceso rápido y seleccionar Barras de herramientas>AutoCAD>Zoom en el menú contextual.

Abrir un archivo en una vista dada

El cuadro de diálogo Seleccionar archivo contiene el cuadro de verificación Designar vista inicial. Si abre un dibujo existente con esta opción activada, aparecerá el cuadro de diálogo Designe vista inicial con todas las vistas guardadas en el archivo. Puede abrir directamente una vista haciendo doble clic en su nombre. Si tiene vistas guardadas y conoce su nombre, el cuadro de diálogo Designar vista inicial le permitirá ahorrar tiempo al abrir archivos de gran tamaño.

Opción para inutilizar capas

Como se mencionó anteriormente, podemos desactivar determinadas capas para crear un dibujo que contenga únicamente capas seleccionadas. Sin embargo, aunque tengamos las capas desactivadas, AutoCAD las regenera y redibuja. El cuadro de diálogo Administrador de propiedades de capa incluye la opción Inutilizar, que desactiva las capas como la función Desactivar, pero además obliga a AutoCAD a ignorar las capas inutilizadas al regenerar o redibujar un dibujo. Como resultado, AutoCAD tardará menos en realizar el proceso de regeneración, lo que puede resultar útil cuando se trabaja con archivos de gran tamaño, de varios megabytes.

De todos modos, debe tener en cuenta que la opción Inutilizar afecta a los bloques de forma especial. En el siguiente ejercicio, observará cómo la opción Inutilizar oculta bloques enteros completamente.

1. Cierre el archivo `Plan` y abra `07b-plan-metric.dwg` de los archivos de muestra. Este archivo es parecido al archivo `Plan` que ha creado pero con unas cuantas paredes adicionales añadidas para terminar el exterior. Observe también que los elementos individuales son bloques llamados `07a-unit-metric`. Esto será importante para un ejercicio posterior.
2. Abra el cuadro de diálogo Administrador de propiedades de capa ( ) y establezca la capa actual en **0**.

> **TRUCO:** Para inutilizar y reutilizar capas individuales, haga clic en el icono **Inutilizar/Reutilizar** (representado por la imagen de un sol) situado en la lista desplegable Control de capas en el panel Capas de la ficha Inicio.

3. Haga clic en el icono de la bombilla de la capa Plan1 para desactivarla. Nada cambiará en su dibujo. Al realizar esta operación, los bloques de unidad insertados en la capa no se verán afectados aunque desactive la capa Plan1, siguen siendo visibles.
4. Haga clic con el botón derecho del ratón sobre la lista de capas, elija Seleccionar todo en el menú contextual, y haga clic en el icono de la bombilla (pero no el del paso 3). Verá un mensaje de advertencia informándole de que la capa actual se va a desactivar. Haga clic en Desactivar la capa actual y, a continuación, cierre el Administrador de propiedades de capa haciendo clic en la **X** que se encuentra en la barra de título. Ahora todo se desactivará, incluidos los objetos contenidos en los bloques de unidad.
5. Abra el cuadro de diálogo Administrador de propiedades de capa de nuevo, haga clic con el botón derecho del ratón, elija Seleccionar todo en el menú contextual y haga clic en el icono de la bombilla para volver a activar todas las capas.
6. A continuación, haga clic en el icono **Inutilizar/Reutilizar** de la capa Plan1. (Fíjese en que no se puede inutilizar la capa actual.) El icono del sol se convertirá en un copo de nieve gris para indicar que la capa está inutilizada (véase la figura 7.8).
7. Haga clic en **Aceptar**. Como resultado, desaparecerán los bloques de unidad.

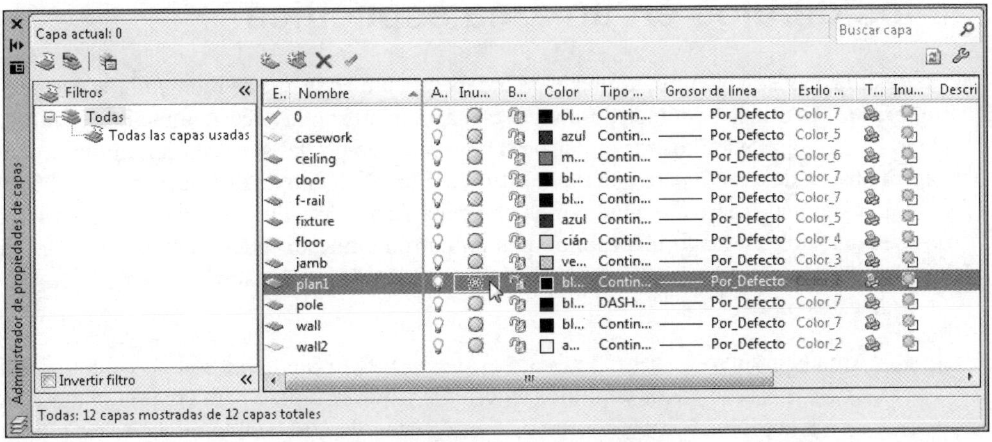

Figura 7.8. Inutilizar la capa Plan1.

Aunque no se dibujó ninguno de los objetos de los bloques de unidad en la capa Plan1, todos los contenidos de los bloques asignados a la capa Plan1 se inutilizan al inutilizar la capa.

En realidad, no es necesario inutilizar la capa Plan1. La inutilizó para ver los efectos de Inutilizar en los bloques. Haga lo siguiente para volver a activarla:

1. Reutilice la capa Plan1. Para ello, abra el cuadro de diálogo Administrador de propiedades de capa y haga clic en el icono del copo de nieve de la capa Plan1.

2. Desactive la capa Ceiling. Salga del cuadro de diálogo haciendo clic en la **X** de la barra de título del Administrador de propiedades de capas.

En el ejercicio anterior mostramos el efecto de inutilizar una capa con bloques. Cuando la capa de un bloque está inutilizada, el bloque entero se oculta, independientemente de las asignaciones de capa de los objetos incluidos en el bloque.

Recuerde que cuando los bloques están en capas no inutilizadas, los objetos individuales que formen parte de un bloque se seguirán viendo afectados por el estado de la capa a la que están asignados. Esto significa que si algunos objetos del bloque están en una capa llamada Wall, y la capa Wall está desactivada o inutilizada, esos objetos se hacen invisibles. Otros objetos del bloque que no están en la capa que está desactivada o inutilizada permanecen visibles.

Uso de sombreados en un dibujo

Para transmitir sus ideas a otros usuarios, puede añadir elementos gráficos a un dibujo que representen distintos tipos de materiales, determinadas zonas o texturas. AutoCAD le ofrece patrones de sombreado que le permiten añadir rápidamente una textura en cualquier punto de un dibujo. En este apartado, añadiremos un patrón de sombreado al suelo del apartamento, con lo que mejoraremos ostensiblemente el aspecto del mismo. Aprenderemos a actualizar rápidamente todos los elementos del plano de planta para reflejar los cambios efectuados en el apartamento.

Añadir patrones de sombreado a los dibujos en un área específica

Resulta aconsejable utilizar una capa independiente en la que se incluyan los patrones de sombreado, ya que la podemos desactivar en caso de que no la necesitemos. Por ejemplo, un plano de planta puede mostrar el patrón de pavimentación del suelo en un dibujo, mientras que en otro se desactivó para que no constituyera un elemento de distracción.

En el siguiente ejercicio añadiremos una capa de sombreado, que representará a los baldosines del suelo, y luego incorporaremos un patrón a nuestro plano con el fin de aprender las distintas técnicas de creación y control de patrones de sombreado.

Siga estos pasos:

1. Abra el archivo `07a-unit-metric.dwg`. Estos archivos son parecidos al dibujo `Unit` que creó en los capítulos anteriores y que se utilizó para crear el plano general en los archivos `07b-plan-metric`. Recuerde que también debe tener abierto el archivo `07b-plan-metric`.

2. Aumente el zoom en la zona del aseo y de la cocina.
3. Cree una nueva capa con el nombre **Flr-pat**.
4. Convierta esta capa en la capa actual.

Una vez definida la capa en la que se va a incluir el patrón de sombreado, el siguiente paso consiste en añadirlo al dibujo.

1. Haga clic en la herramienta **Sombreado** () del panel Dibujo de la ficha Inicio, o escriba `sombcont` y pulse **Intro**. La opción Sombreado también se incluye en el menú desplegable Dibujo. Se abrirá el cuadro de diálogo Sombreado y degradado (véase la figura 7.9).

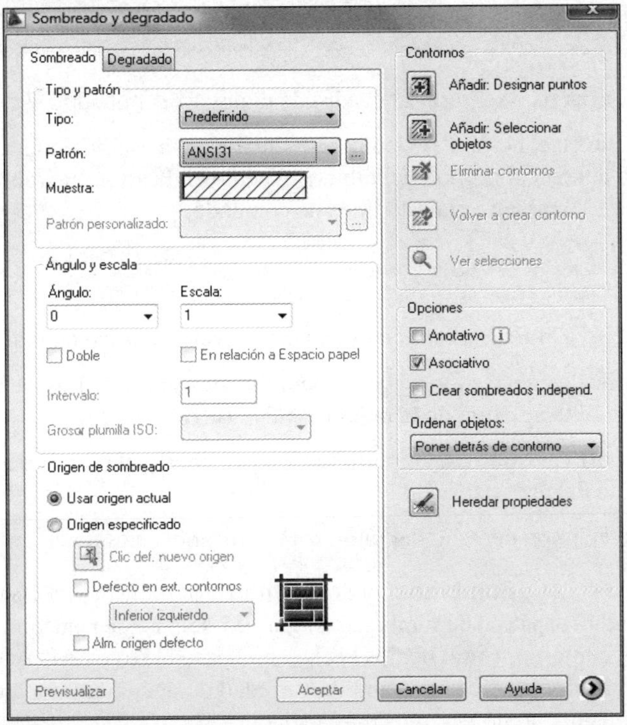

Figura 7.9. Cuadro de diálogo Sombreado y degradado.

2. Abra la lista desplegable Tipo y seleccione la opción Definido por el usuario. Con esta opción, puede definir un patrón de sombreado con tan sólo especificar el intervalo de línea y si se trata de un modelo simple o doble. Puede introducir los valores en los cuadros Ángulo e Intervalo.
3. Haga doble clic en el cuadro Intervalo, situado en la parte inferior, y escriba **15**, lo que indica a AutoCAD que el intervalo será de 15 centímetros. El valor Ángulo se puede dejar con el valor 0, ya que queremos alinear el patrón con respecto al baño.
4. Marque la casilla de verificación Doble, en el lado izquierdo del cuadro de diálogo, para que AutoCAD desplace el patrón tanto vertical como horizontalmente. En el cuadro Muestra se puede ver un ejemplo del patrón de sombreado que se va a utilizar.

5. Haga clic en el botón **Añadir: Designar puntos** ( ) en el grupo Contornos, situado en la esquina superior derecha del cuadro de diálogo. El cuadro de diálogo desaparece momentáneamente para que pueda designar un punto de la zona en la que se va a aplicar el sombreado.
6. Determine cualquier punto dentro del área del suelo del aseo, por debajo del inodoro. Aparecerá un contorno resaltado alrededor del aseo. Es el límite que AutoCAD ha seleccionado para incluir el patrón de sombreado. Todos los elementos quedan incluidos, también el arco de la puerta.

TRUCO: Si el límite del sombreado incluye algún texto, AutoCAD evitará utilizarlo a menos que se haya seleccionado la opción Ignorar en las opciones Estilo de visualización de islas de los parámetros avanzados de Sombreado.

7. Pulse **Intro** para regresar al cuadro de diálogo Sombreado y degradado.
8. Haga clic en el botón **Previsualizar**, situado en la esquina inferior izquierda. El sombreado aparecerá por todo el dibujo, excepto en la zona que representa la apertura de la puerta. También verá esta línea de comando:

```
Pulse Esc para volver al cuadro de diálogo o <Haga clic con el botón derecho
para acceder al sombreado>:
```

9. Pulse **Esc** o la **Barra espaciadora** para volver al cuadro de diálogo.
10. Haga clic de nuevo sobre el botón **Añadir: Designar puntos**, seleccione un punto del interior de la apertura de la puerta y pulse **Intro**.
11. El botón **Previsualizar** le permite ver que, ahora, el patrón de sombreado cubre la totalidad del área del suelo.
12. Utilice el botón derecho del ratón para colocar el sombreado en el dibujo.

El cuadro de diálogo Sombreado y degradado le permite definir inicialmente el contorno en el que se añadirá el patrón de sombreado. Para ello, solamente tiene que seleccionar un punto del interior del contorno, como hemos hecho en el paso 6. AutoCAD se encarga de definir el contorno apropiado y le ofrece una amplia variedad de opciones para que pueda controlar la selección del mismo, como veremos más adelante.

TRUCO: Si quiere añadir un patrón de sombreado que se ha utilizado en otra parte de un dibujo, el botón **Heredar propiedades** del cuadro de diálogo Sombreado y degradado le permite seleccionar dicho patrón como prototipo. Sin embargo, esta opción no se puede aplicar a patrones de sombreado descompuestos.

Ubicación precisa de patrones de sombreado

En el ejercicio anterior, el patrón de sombreado se añadió al aseo sin tener en cuenta el emplazamiento de las líneas que lo formaban. En la mayoría de los casos, es aconsejable poder controlar la ubicación de estas líneas.

TRUCO: El botón **Muestra**, situado en la mitad superior del cuadro de diálogo Sombreado y degradado, le permite comprobar la representación gráfica de los patrones predefinidos.

De forma predeterminada, los patrones de sombreado utilizan la coordenada 0,0 como origen. Esto significa que la esquina del patrón de sombreado empieza en la coordenada 0,0, incluso aunque el patrón se vaya a mostrar solamente en el área seleccionada. El cuadro de diálogo Sombreado y degradado ofrece un conjunto de opciones que nos proporcionan el control sobre el origen del sombreado y, por consiguiente, nos permiten controlar la posición exacta del patrón de sombreado dentro del área que deseamos sombrear. Esto puede ser crucial a la hora de crear un diseño de sombreados en mosaico para, por ejemplo, un suelo o un techo.

En el siguiente ejercicio intentaremos describir cómo ubicar con precisión un patrón de sombreado añadiendo baldosines de suelo a la cocina. Empezaremos por dibujar el área del diseño de los baldosines y luego seleccionaremos un patrón para el mosaico:

1. Encuadre la vista de tal forma que incluya la zona situada por debajo de la cocina y, por medio de la herramienta **Rectángulo** del panel Dibujo, trace un contorno de 91 x 228 cm (véase la figura 7.10). También puede utilizar una polilínea cerrada.

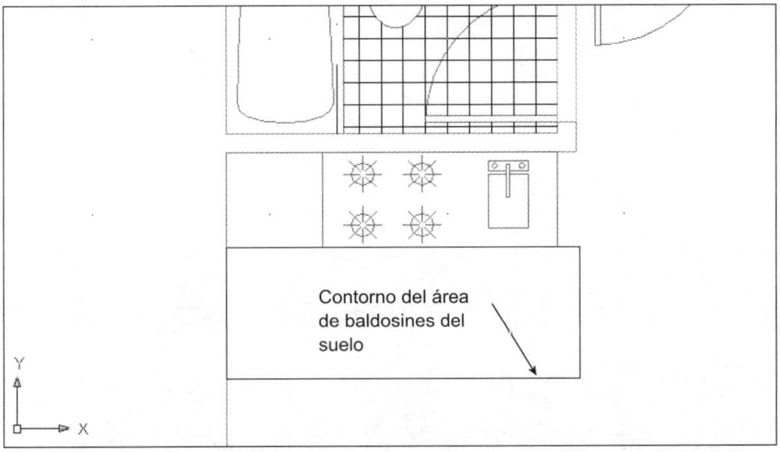

Figura 7.10. La zona situada por debajo de la cocina muestra el contorno del área de baldosines.

2. Haga clic en la herramienta **Sombreado** () del panel Dibujo.
3. En el cuadro de diálogo Sombreado y degradado, escoja la opción Predefinido de la lista desplegable Tipo.
4. Haga clic en el botón que muestra unos puntos suspensivos (**...**) en su interior, situado a la derecha de la lista desplegable Patrón (véase la figura 7.11).

   Se abrirá el cuadro de diálogo Paleta de patrones de sombreado. Este cuadro de diálogo permite seleccionar un patrón predefinido a partir de un gráfico que muestra el aspecto del patrón.

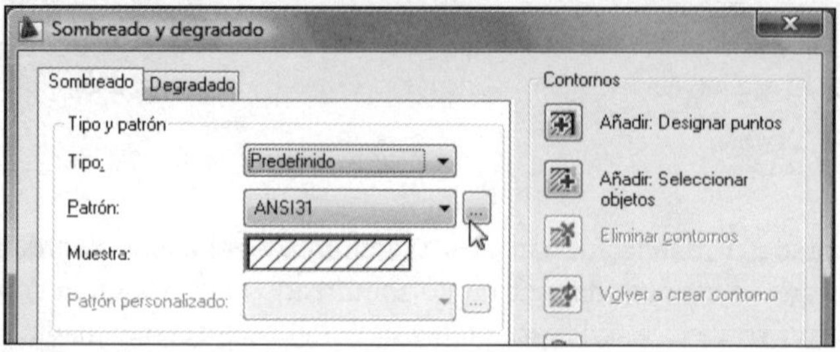

Figura 7.11. Cuadro de diálogo Sombreado y degradado.

TRUCO: Si sabe el nombre del patrón que quiere utilizar, puede seleccionarlo directamente en la lista desplegable Patrón del cuadro de diálogo Sombreado y degradado.

5. Abra la ficha Otros predefinidos y seleccione el modelo AR-PARQ1 (véase la figura 7.12).

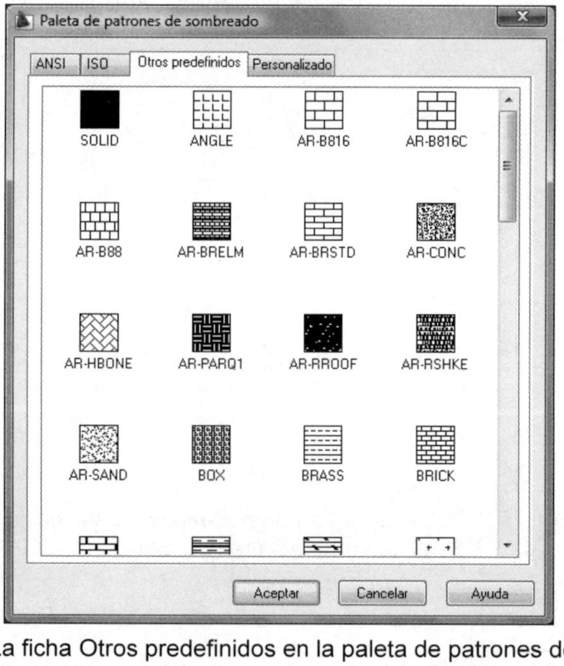

Figura 7.12. La ficha Otros predefinidos en la paleta de patrones de sombreado.

6. Haga clic en el botón **Aceptar** para salir del cuadro de diálogo.

Ahora ya ha seleccionado el patrón de sombreado. Lo siguiente es colocar el patrón en el dibujo. Primero, seleccione la ubicación para el patrón y, a continuación, experimente con las configuraciones de origen para ver cómo afectan a la ubicación del patrón.

1. Haga clic en el botón **Añadir: Designar puntos** (▣) en el cuadro de diálogo Sombreado y degradado.

2. A continuación, haga clic en el interior de la zona que va a sombrearse y pulse **Intro**. Debe introducir el valor **2.54** en el cuadro Escala para que el patrón coincida con las proporciones del dibujo.
3. En el grupo Origen de sombreado, asegúrese de que la opción Usar origen actual se encuentra seleccionada y haga clic en el botón **Previsualizar**. Observe que el patrón no encaja correctamente dentro del área de sombreado. Algunas de las baldosas en los laterales se muestran sólo parcialmente, como si estuvieran recortadas.
4. Pulse la tecla **Esc** para regresar al cuadro de diálogo Sombreado y degradado.
5. En el grupo Origen de sombreado, active las opciones Origen especificado y Defecto en ext. contornos.

> **TRUCO:** Otra forma de colocar el patrón de sombreado en el dibujo con precisión, es indicar el origen del patrón. Active la opción Origen especificado, haga clic en la herramienta **Clic def. nuevo origen** y seleccione el punto de origen Inferior izquierdo para su patrón. También se puede realizar con la variable del sistema `HPORIGIN`.

6. Haga clic nuevamente sobre el botón **Previsualizar**. En esta ocasión, el patrón encaja perfectamente con los límites del área de sombreado y no aparece ninguna baldosa incompleta en los laterales.
7. Haga clic con el botón derecho del ratón para aceptar la ubicación del patrón de sombreado. Un patrón en forma de líneas de parquet llenará la zona designada.
8. Guarde el archivo del apartamento, pero no lo cierre.

> **TRUCO:** El modelo SOLID, que aparece en la parte superior de la ficha Otros predefinidos, le permite diseñar rellenos sólidos. Recuerde que puede arrastrar rellenos sólidos y patrones de sombreado desde las paletas de herramientas comentadas en un capítulo anterior.

Observe que todas las baldosas están completas. Ninguna de ellas aparece recortada como en el ejemplo del aseo. Éste es el resultado de utilizar las opciones Origen especificado y Defecto en ext. contornos del cuadro de diálogo Sombreado y degradado.

La opción Origen especificado nos permite acceder a varias características de los patrones de sombreado. En el ejercicio anterior, empleamos la opción Defecto en ext. contornos que es la mejor elección para áreas rectangulares. Esta opción asume que queremos sombrear un área rectangular y nos permite situar el origen del patrón de sombreado en una de las cuatro esquinas del rectángulo o directamente en el centro del mismo. La opción predeterminada es Inferior izquierdo, tal como se muestra en la lista desplegable. El gráfico de muestra a la derecha de la lista muestra una cruz de color rojo en la posición donde se encuentre localizado el origen dentro del área rectangular (véase la figura 7.13).

La opción Clic def. nuevo origen nos permite seleccionar un punto dentro del dibujo para especificar el origen del patrón de sombreado. Cuando hacemos clic en este botón, el cuadro de diálogo se cierra temporalmente para permitirnos seleccionar un punto.

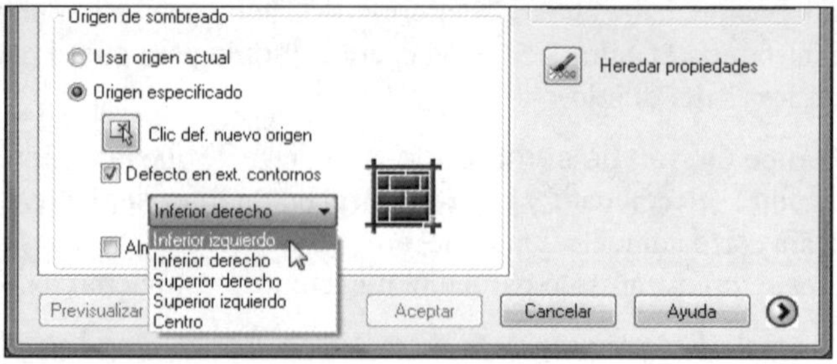

Figura 7.13. Opción predeterminada Inferior izquierdo.

Finalmente, la opción Alm. origen defecto nos permite almacenar el origen seleccionado como valor predeterminado para futuros patrones de sombreado en el dibujo actual.

En el ejercicio anterior hemos utilizado un patrón de sombreado predefinido. La figura 7.14 muestra todos los patrones disponibles. También podemos crear nuestros propios patrones personalizados, tal como veremos en un capítulo posterior.

A continuación, utilizaremos el archivo `07a-unit` actualizado para actualizar todos los apartamentos del archivo `Plan`.

TRUCO: Los patrones de sombreado predefinidos que contienen el prefijo `AR-` son patrones arquitectónicos dibujados a escala completa. Por regla general, la escala de estos patrones debe configurarse con el valor 1, que se puede ajustar después de haber añadido el sombreado con la paleta Propiedades, que analizaremos más adelante.

Actualizar un bloque desde un archivo externo

Según se avanza en el proceso de diseño de un proyecto, las revisiones son interminables. Con las técnicas tradicionales, la revisión de un dibujo como el del plano de planta de los apartamentos consumía mucho tiempo. Si, por ejemplo, se cambia el diseño del baño, tendríamos que borrar todas las instancias de este objeto y volverlas a dibujar 16 veces. Sin embargo, con AutoCAD la revisión del dibujo se convierte en una operación muy simple. El apartamento que acabamos de modificar se puede actualizar en todo el dibujo del plano con tan sólo cambiar el bloque Unit actual por el archivo `Unit` actualizado, ya que afectará a todas las instancias del bloque. En el siguiente ejercicio lo podrá comprobar:

Para este ejercicio, recuerde que los bloques que representan las unidades en el archivo `07b-plan-metric` se llama `07a-unit-metric`.

1. Compruebe que ha guardado el archivo `07a-unit-metric` con los cambios efectuados anteriormente y vuelva al archivo `07b-plan`, que debería seguir abierto. Seleccione Ventana>\directorio\07b-plan.dwg en el Explorador de menús. La ruta completa del archivo `07b-unit-metric` aparecerá dentro del menú Ventana.

ADVERTENCIA: Este método no actualiza los bloques que se han descompuesto. Si lo quiere utilizar para actualizar partes de un dibujo, no descomponga los bloques que tiene pensado actualizar.

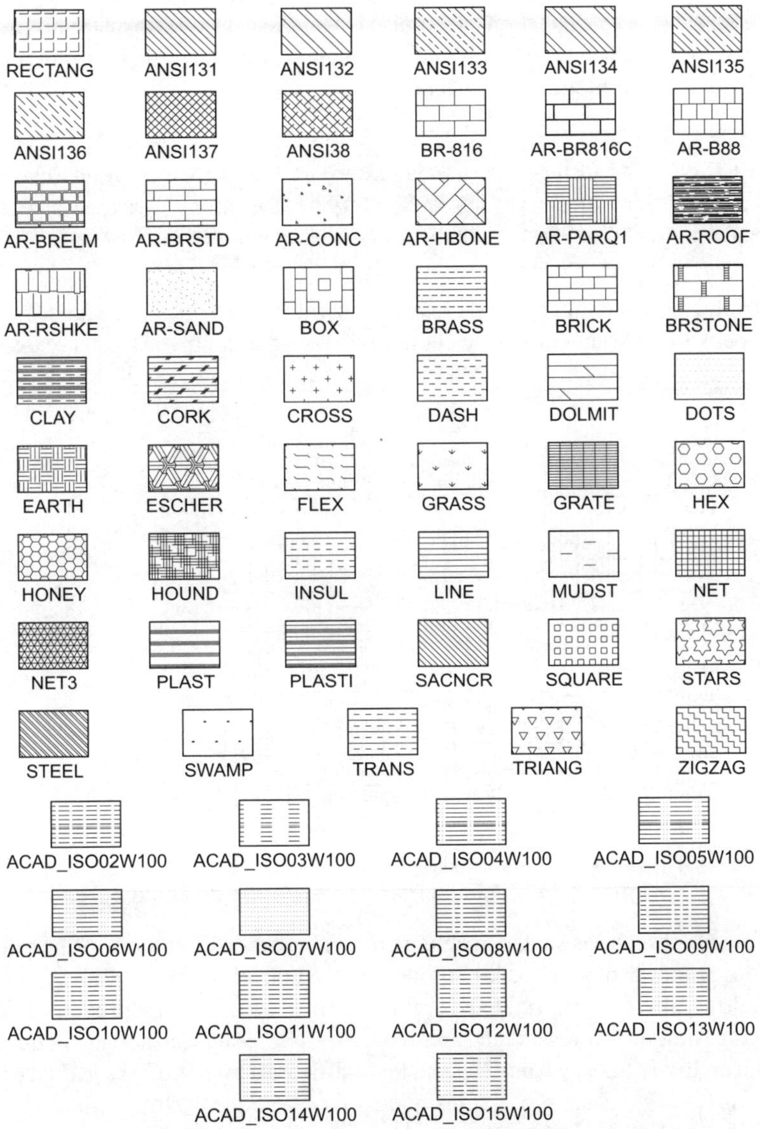

Figura 7.14. Patrones de sombreado predefinidos de AutoCAD.

2. Haga clic en la herramienta **Insertar** ( ) en el panel Bloque de la ficha Inicio.
3. Con ayuda del botón **Examinar** del cuadro de diálogo Seleccionar archivo de dibujo, haga doble clic en el archivo `07a-unit-metric`.
4. Haga clic en **Aceptar** en el cuadro de diálogo Insertar. Aparecerá un mensaje de advertencia en el que se indica que existe un bloque con el mismo nombre del archivo. Puede cancelar la operación o redefinir el bloque del dibujo actual.
5. Haga clic en **Sí**. El dibujo se regenerará, a no ser que haya desactivado la función de regeneración automática.

6. En la línea de comando `Precise punto de inserción o [Puntobase/Escala/X/Y/Z/Girar] :`, pulse la tecla **Esc**, ya que no queremos insertar un plano de `Apartamento` en el dibujo, sino solamente utilizar la herramienta **Insertar** para actualizar un bloque ya existente.

> **ADVERTENCIA:** En caso de que la función de regeneración automática se encuentre desactivada, debe utilizar el comando **Regen** para forzar la regeneración del dibujo antes de que el bloque Unit actualizado aparezca en pantalla.

7. Aumente el zoom en uno de los apartamentos. Verá que el diseño del suelo aparece en todos los apartamentos tal y como lo dibujó en el archivo `Unit` (véase la figura 7.15).

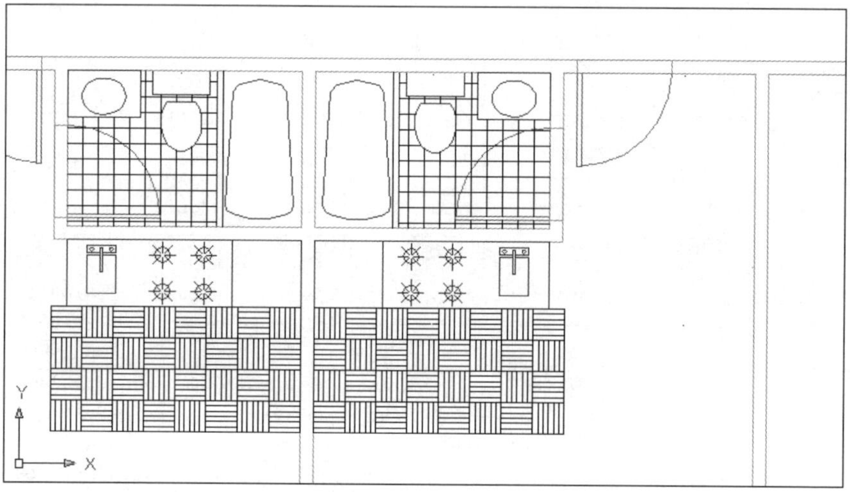

Figura 7.15. El dibujo Plan con el patrón de suelo aplicado.

Los bloques anidados se deben actualizar por separado del bloque principal. Por ejemplo, si ha modificado el bloque Toilet (Inodoro) al editar el archivo `07a-unit` y después ha actualizado el dibujo `07a-unit` del archivo `07b-plan`, el primer bloque Toilet no se habrá actualizado. Aunque forma parte del archivo `07a-unit`, sigue siendo un bloque independiente dentro del archivo `Plan`, y AutoCAD no lo modificará a menos que se le diga específicamente lo contrario. En este caso, tendríamos que editar el bloque Toilet original y, a continuación, actualizarlo tanto en el archivo `Plan` como en el archivo `Unit`.

> **TRUCO:** Si quiere sustituir un bloque por otro dentro del archivo en uso, escriba `-insert` y pulse **Intro** (no olvide el signo menos). En la línea de comando `Indique nombre de bloque:`, debe introducir el nombre del bloque seguido por un signo igual (=) y, a continuación, el del nuevo bloque o el nombre de archivo. No debe incluir espacios entre los nombres y el signo igual.

Por otra parte, las referencias a bloques y la configuración de las capas del archivo actual tienen prioridad con respecto a las del importado. Por ejemplo, si el archivo que se va a importar tiene capas con el mismo nombre que las del archivo en uso, pero la asignación de colores y tipos de línea es distinta, la asignación de colores y tipos de línea del archivo activo determinarán las del que se va a importar. Sin embargo, esto no quiere decir que se modifique el archivo importado; únicamente sufre variaciones el dibujo que se añada.

Sustituir bloques

En el ejemplo anterior actualizamos un bloque en el archivo `Plan` utilizando la opción Examinar del cuadro de diálogo Insertar. En dicho ejercicio, el nombre del bloque y el del archivo eran el mismo. También podemos sustituir un bloque por otro o por un archivo con un nombre diferente. Para ello, siga los pasos que se describen a continuación.

1. Abra el cuadro de diálogo Insertar.
2. Haga clic en el botón **Examinar** junto al cuadro de texto Nombre, busque y seleccione el archivo que desea utilizar como sustituto y haga clic en **Abrir** para abrir el cuadro de diálogo Insertar.
3. Cambie el nombre del cuadro de texto Nombre con el nombre del bloque que desee sustituir.
4. Haga clic en **Aceptar**. Seguidamente, aparecerá un mensaje de advertencia indicando que ya existe un bloque con dicho nombre. Haga clic en **Aceptar** para proceder con la operación de sustitución de bloques.

Puede utilizar este método para sustituir bloques si quiere ver cómo puede cambiar su dibujo al cambiar un elemento del proyecto. Por ejemplo, puede dibujar tres planos diferentes de la unidad del apartamento y asignarle un nombre exclusivo a cada uno. A continuación podría volver a generar y diseñar tres edificios de apartamentos en una fracción del tiempo que resultaría necesario para realizarlo a mano.

La sustitución de bloques también puede reducir la complejidad del dibujo y acelerar el proceso de regeneración. Para sustituir bloques, se sustituyen bloques grandes y complejos temporalmente con versiones esquemáticas de dichos bloques. Por ejemplo, puede sustituir el bloque Unit del dibujo `Plan` por otro dibujo que contenga una representación de una sola línea de las paredes y de los accesorios del cuarto de baño. Seguiríamos disponiendo de las líneas de las paredes como referencia para insertar otros símbolos o agregar información sobre elementos mecánicos o eléctricos, pero el dibujo se regeneraría de forma más rápida. Al realizar el diseño final, se reinsertaría el bloque Unit con todos los detalles.

Modificar el área de sombreado

Probablemente, habrá reparado en la opción Asociativa del cuadro de diálogo Sombreado y degradado. Al marcar esta opción, AutoCAD genera un patrón de sombreado asociativo. Este tipo de patrones ajusta sus formas a los cambios que se produzcan en el contorno al que pertenecen; de ahí su nombre. Supongamos que quiere aumentar el área del diseño del suelo de la cocina en un baldosín más. Los pasos que debe seguir se incluyen a continuación:

1. Haga clic en la herramienta **Dibujos de Vista rápida** () en la barra de estado y seleccione el archivo `Unit` en los paneles de previsualización. Haga clic dentro del área de dibujo cuando aparezca el dibujo `Unit` (véase la figura 7.16).

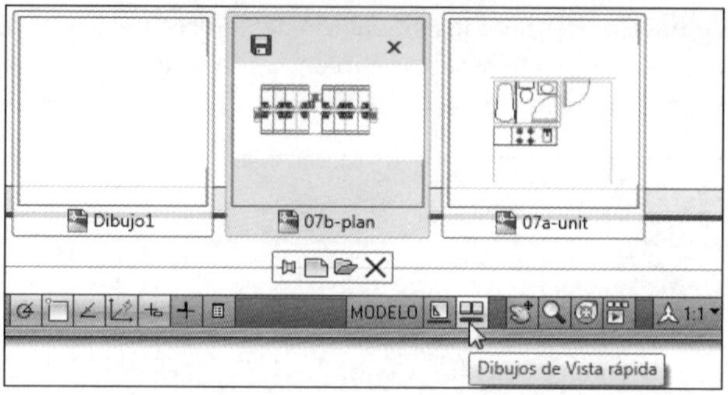

Figura 7.16. Una vista de la herramienta Dibujos de Vista rápida.

2. Seleccione el borde del contorno del patrón creado anteriormente. Aparecerán pinzamientos alrededor de la zona del patrón de sombreado.
3. Pulse **Mayús** y haga clic en el pinzamiento situado en la esquina inferior izquierda del área de sombreado.

> **TRUCO:** Si el contorno del patrón de sombreado está formado por segmentos de línea, puede utilizar una ventana de designación por captura o un polígono de captura para seleccionar los pinzamientos que se encuentran en las esquinas.

4. Con el pinzamiento inferior izquierdo resaltado, vuelva a pulsar **Mayús** y haga clic en el de la esquina inferior derecha.
5. Haga clic otra vez sobre el pinzamiento de la esquina inferior derecha, pero sin utilizar la combinación anterior.
6. Escriba `@30<-90` para aumentar el ancho del patrón, que se ajustará al nuevo tamaño del contorno de sombreado.
7. Pulse la tecla **Esc** dos veces para deseleccionar los pinzamientos.
8. Seleccione Archivo>Guardar para guardar el archivo `Unit`.
9. Vuelva al archivo `Plan` usando la herramienta **Dibujos de Vista rápida** () de la barra de estado, y repita los pasos del proceso de actualización de bloques en el archivo `Plan` descritos anteriormente para actualizar los apartamentos de nuevo.

La opción Asociativa de los patrones de sombreado permite ahorrar tiempo a la hora de efectuar cambios en un dibujo. Sin embargo, debe conocer sus limitaciones. Existen varias formas de que un patrón de sombreado pierda su asociatividad, entre las que se encuentran:

- Eliminar o descomponer un contorno de sombreado.
- Borrar o descomponer un bloque que forma parte del contorno.
- Alejar un patrón de sombreado del contorno al que pertenece.

Estas situaciones se suelen producir cuando se modifica un dibujo con el que no estamos familiarizados. A menudo, los objetos del contorno se incluyen en una capa desactivada o inutilizada, por lo que no se pueden ver. También puede que el patrón de sombreado se encuentre en una capa desactivada y se modifique el archivo, sin saber que existía un patrón de sombreado. Cuando nos encontramos con archivos de este tipo, es recomendable comprobar si contienen contornos de sombreado para que los podamos manipular correctamente.

Modificar un patrón de sombreado

Al igual que el resto de objetos de un proyecto, puede que en algún momento haya que modificar un patrón de sombreado. Los patrones se comportan del mismo modo que los bloques, ya que actúan como objetos independientes. Se pueden descomponer y modificar individualmente las líneas que los forman. La paleta Propiedades incluye la mayor parte de los valores que se pueden cambiar en un patrón de sombreado, aunque la forma más directa sea mediante el cuadro de diálogo Editar sombreado.

Editar patrones de sombreado mediante el cuadro de diálogo Editar sombreado

Siga estos pasos para modificar un patrón de sombreado mediante el cuadro de diálogo Editar sombreado:

1. Vuelva al archivo `Unit` usando la herramienta **Dibujos de Vista rápida** () de la barra de estado.
2. Pulse la tecla **Esc** para eliminar cualquier selección de pinzamientos que pueda seguir activa de ejercicios anteriores.
3. Haga doble clic en el patrón de sombreado de la cocina. Se abrirá el cuadro de diálogo Editar sombreado. Es similar al cuadro Sombreado y degradado, pero incluye menos opciones.

> **TRUCO:** Cuando se hace doble clic en un patrón de sombreado, no se abre la típica paleta Propiedades. Si hacemos doble clic en un objeto complejo, como puede ser un texto, bloques, atributos o patrones de sombreados, se abre un cuadro de diálogo que le permite modificar el objeto de forma más directa. No obstante, se puede seguir accediendo a la paleta Propiedades, que se abre al hacer clic con el botón derecho del ratón sobre un objeto, y seleccionando la opción Propiedades del menú contextual.

4. Haga clic en el botón con los puntos suspensivos (**...**) a la derecha de la lista desplegable Patrón para abrir el cuadro de diálogo Paleta de patrones de sombreado en la ficha Otros predefinidos (véase la figura 7.17).
5. Localice el patrón AR-BRSTD y haga doble clic en él, un patrón con aspecto de muro de ladrillos. Se cerrará el cuadro de diálogo, y el nuevo patrón de sombreado aparecerá en el campo Muestra.

6. Haga clic en **Aceptar** para aplicar el cambio. El patrón AR-BRSTD sustituirá al modelo original.
7. Salga y guarde su archivo.

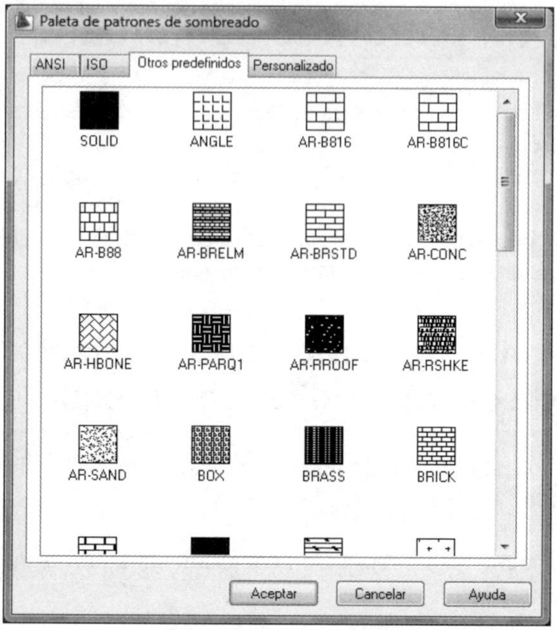

Figura 7.17. La ficha Otros predefinidos en el cuadro de diálogo Paleta de patrones de sombreado.

En este ejercicio, hemos cambiado un patrón haciendo doble clic en él. Aunque solamente hemos efectuado este cambio, hay otras opciones que se pueden utilizar, como modificar un patrón predefinido con uno definido por el usuario. Sólo hay que seleccionar la opción Definido por el usuario en la lista desplegable Tipo (véase la figura 7.18) en el cuadro de diálogo Editar sombreado.

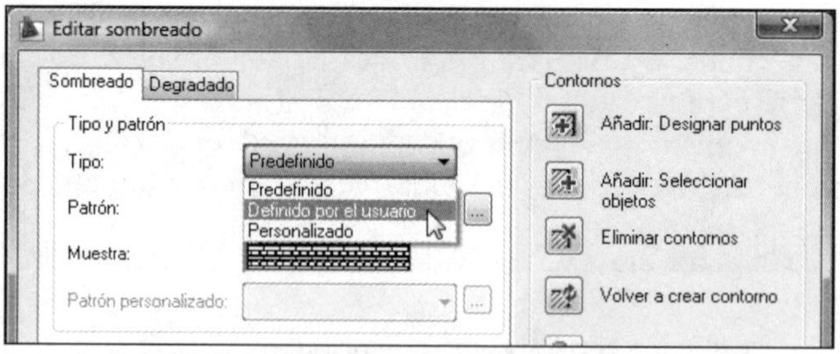

Figura 7.18. Opción Definido por el usuario.

Los cuadros de Ángulo e Intervalo de este cuadro de diálogo le permiten introducir valores para dichas opciones. El resto de elementos duplica algunas de las opciones del cuadro de diálogo Sombreado y degradado y le permite modificar propiedades específicas del patrón de sombreado seleccionado, como veremos más adelante.

Editar patrones de sombreado desde la paleta propiedades

Si lo desea, puede seguir utilizando el antiguo método para la edición de patrones de sombreado. Para abrir la paleta Propiedades, haga clic con el botón derecho del ratón sobre un patrón y seleccione la opción Propiedades en el menú contextual. La paleta Propiedades muestra una categoría Sombreado, que nos ofrece la opción Nombre de patrón (véase la figura 7.19).

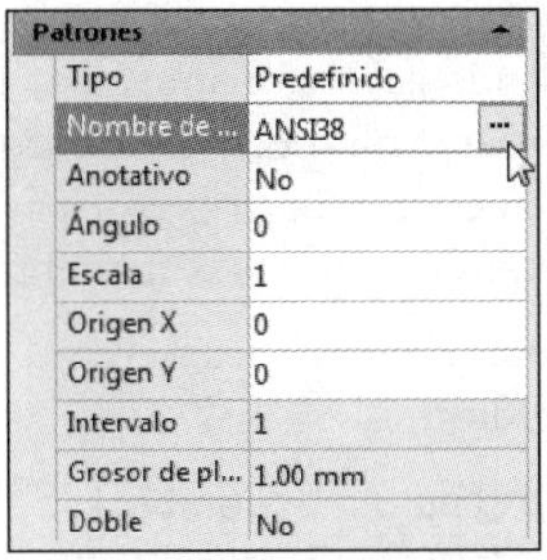

Figura 7.19. La categoría Patrón en la paleta Propiedades.

Al hacer clic en esta opción, aparecerá un botón con puntos suspensivos que permite abrir la Paleta de patrones de sombreado, como en el paso 4 del ejercicio anterior. A continuación, puede seleccionar un nuevo patrón del cuadro de diálogo. La opción Tipo de la paleta Propiedades permite cambiar el tipo del patrón de sombreado de Predefinido a Definido por el usuario o Personalizado.

TRUCO: Si ha realizado todos los ejercicios de este capítulo hasta aquí, éste es un buen momento para realizar un descanso o una pausa y continuar con el siguiente ejercicio en otro momento.

Opciones del cuadro de diálogo Sombreado por contornos y relleno

En el cuadro de diálogo Sombreado y degradado se incluyen diversas opciones que no hemos analizado en los ejercicios anteriores. Por ejemplo, en lugar de seleccionar el área en la que se va a aplicar el sombreado mediante la designación de un punto, se pueden escoger los objetos que delimitan dicha área haciendo clic en el botón **Añadir: Seleccionar objetos**. También es posible utilizar este botón para añadir nuevos límites a un patrón de sombreado ya existente.

El cuadro Muestra situado justo debajo de la lista desplegable Patrón abre el cuadro de diálogo Paleta de patrones de sombreado, que nos permite seleccionar un patrón de sombreado predefinido en una ventana gráfica.

Este cuadro de diálogo se divide en diversas fichas, que agrupan los patrones de sombreado en cuatro categorías: ANSI, ISO, Otros predefinidos y Personalizado. La ficha Personalizado permanece vacía hasta que defina sus propios patrones de sombreado.

Otras opciones en la columna derecha del cuadro de diálogo Sombreado y degradado incluyen Eliminar contornos, Volver a crear contorno, Ver selecciones, Anotativo, Asociativo, Separar sombreados, Ordenar objetos y Heredar propiedades:

- Eliminar contornos: Nos permite eliminar un área delimitada o "isla" dentro de un área a sombrear. Un ejemplo es el inodoro del aseo. Esta opción se encuentra disponible solamente cuando seleccionamos un área sombreada utilizando la opción Añadir: Designar puntos y se detecta una isla.
- Volver a crear contorno: Dibuja una región o polilínea alrededor del patrón de sombreado actual. Cuando seleccionamos esta opción, el cuadro de diálogo se cierra temporalmente. El programa nos pedirá que escojamos entre una región o una polilínea y que especifiquemos si queremos volver a asociar el patrón con los límites restablecidos (véase la opción Asociativo más adelante).
- Ver selecciones: Cierra momentáneamente el cuadro de diálogo y resalta los objetos seleccionados como contorno.
- Anotativo: Permite que el patrón de sombreado se ajuste a las diferentes vistas de escala de su dibujo. Con esta opción activada, el tamaño o espacio del patrón de sombreado se ajusta a la escala anotativa de una ventana gráfica Presentación o Espacio modelo.
- Asociativo: Permite que el patrón de sombreado se ajuste a los cambios en sus límites. Cuando activamos esta opción, cualquier cambio en la región que delimita un patrón de sombreado, hará que dicho patrón se adapte a los cambios en su contorno.
- Separar sombreados: Si seleccionamos varias áreas cerradas al escoger zonas de sombreado, esta opción nos permitirá crear sombreados independientes y diferentes. Si la opción está desactivada, las distintas áreas tendrán un comportamiento único, como si de una misma área se tratase.
- Ordenar objetos: Permite especificar si el patrón de sombreado aparecerá "por encima de" o "por debajo de" su contorno. Esta opción es útil cuando el contorno es de un color diferente o está sombreado y debe leerse claramente o cuando el patrón de sombreado cubre el contorno.
- Heredar propiedades: Le permite seleccionar un patrón de sombreado a partir de otro que ya existe en el dibujo. Opción de gran utilidad cuando se quiere aplicar un patrón en uso, pero del que se desconoce el nombre, la escala, la rotación u otras propiedades.

Patrones de sombreado anotativos

En el capítulo 4, vimos una nueva función en AutoCAD 2009 llamada Escala de anotación. Con esta función, puede asignar varias escalas a determinados tipos de objetos y, AutoCAD muestra el objeto a una escala adecuada en el dibujo. Puede utilizar esta función para permitir a los patrones de sombreado ajustar sus espacios o tamaño del patrón a la escala de su dibujo. La opción Anotativo del grupo Opciones del cuadro de diálogo Sombreado y degradado activa la función Escala de anotación para patrones de sombreado. Una vez que el patrón de sombreado tiene la función activada, puede establecer las escalas del dibujo que quiere aplicar al patrón de sombreado utilizando los mismos métodos descritos para los bloques en el capítulo 4.

Características adicionales del sombreado

La función Sombreado por contornos de AutoCAD es bastante inteligente. Como vimos en el ejercicio anterior, es capaz de detectar no solamente el contorno del área correspondiente al suelo, sino también el contorno de la taza del inodoro, una isla dentro de la zona del patrón. Si lo prefiere, puede controlar la técnica que emplea AutoCAD para manipular estas islas y otras condiciones similares por medio de las opciones disponibles cuando hacemos clic en el botón **Más opciones** situado en la esquina inferior derecha del cuadro de diálogo Sombreado y degradado (véase la figura 7.20).

Figura 7.20. Botón Más opciones.

Este botón expande el cuadro de diálogo mostrando opciones de sombreado adicionales (véase la figura 7.21).

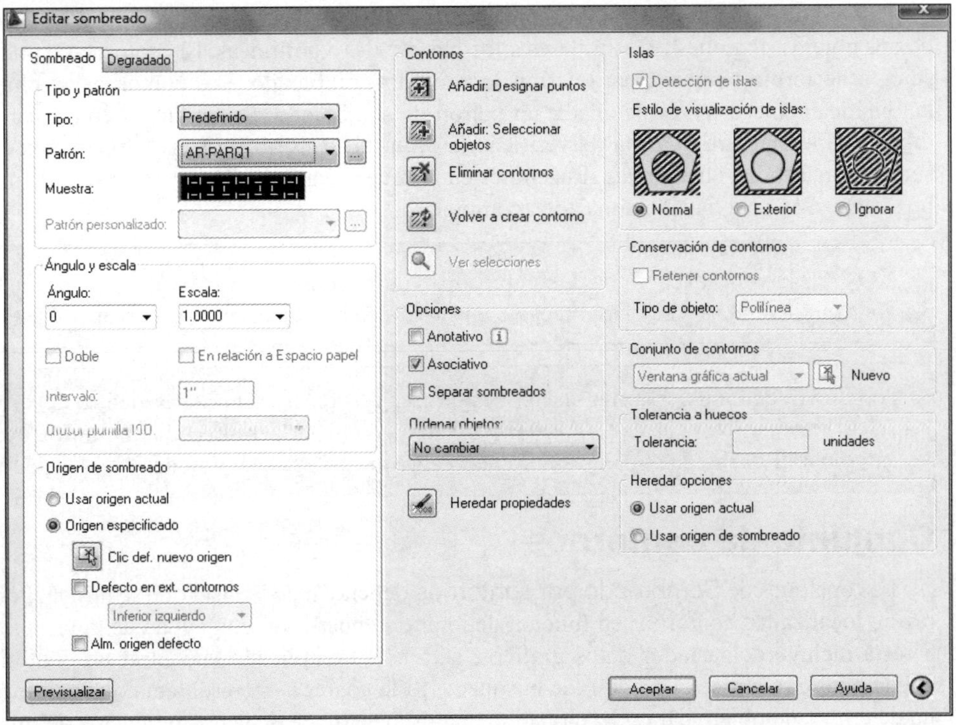

Figura 7.21. Cuadro de diálogo Sombreado y degradado.

Islas

El grupo de opciones Islas, situado en la parte superior del cuadro de diálogo, nos permite controlar el efecto de contornos anidados sobre un patrón de sombreado. Los gráficos de este grupo de botones muestran cómo afecta la opción seleccionada. Entre dichas opciones podemos encontrar las siguientes:

- Detección de islas: Activa la característica de detección de islas. Esta casilla de verificación excluye los objetos cerrados dentro del contorno que estamos sombreando. Por ejemplo, cuando sombreamos el aseo en un ejercicio anterior, el programa excluyó el inodoro, ya que es una isla dentro del contorno.
- Normal: Hace que el patrón se alterne entre los contornos anidados. El contorno exterior aparece sombreado y, en caso de que haya un objeto cerrado dentro del contorno, éste no está sombreado. Si hay otro objeto cerrado dentro del primer objeto cerrado, el primer objeto sí aparece sombreado. Es la opción predeterminada.
- Exterior: Aplica el patrón de sombreado a la zona definida por el contorno situado en la parte exterior y por todos los objetos cerrados dentro de éste. Todos los contornos anidados en ese objeto cerrado se ignoran.
- Ignorar: Aplica el patrón de sombreado a toda la zona comprendida dentro del contorno exterior e ignora el resto de contornos anidados.

Conservación de contornos

La función de sombreado también puede crear un marco de la zona de sombreado con ayuda de dos objetos: regiones 2D, similares a los planos 2D, o polilíneas. El contorno de polilínea se crea de forma temporal para definir la zona del sombreado. Los contornos se eliminan automáticamente después de añadir un patrón de sombreado. Si los quiere conservar en el dibujo, debe marcar la casilla de verificación Mantener contornos. Esta operación puede ser de gran utilidad en aquellas situaciones en las que se vaya a aplicar un sombreado más de una vez o si se va a hacer en una zona compleja.

> **NOTA:** Mantener el contorno de sombreado es útil si desea conocer las dimensiones de la zona, porque puede calcular el área de una polilínea cerrada usando el comando **List**.

> **NOTA:** El comando **Mantener contornos** crea una región o polilínea dentro del área seleccionada y funciona de forma muy parecida al comando **Sombreado por contornos**, salvo por el hecho de que el primero no añade un patrón de sombreado.

Conjunto de contornos

Las opciones de Sombreado por contornos dependen de la vista que se utilice. Por esta razón, localiza los contornos en función de lo que se puede ver con ayuda de la vista actual. Si ésta incluye demasiados datos gráficos, será más complicado encontrar un contorno, o puede que se ralentice el proceso de búsqueda. Si le aparece este problema o si quiere aislar un determinado objeto para seleccionar un contorno, dispone de la posibilidad de delimitar el área que AutoCAD emplea para buscar contornos de sombreado con las opciones de Conjunto de contornos, como vemos a continuación:

- Nuevo (Seleccionar nuevo conjunto de contornos): Le permite seleccionar los objetos con los que quiere que AutoCAD defina el contorno, en lugar de utilizar para ello toda la vista. La pantalla se vaciará y podrá realizar su selección. Esta opción ignora los conjuntos de contornos anteriores y resulta muy útil para sombrear zonas del dibujo que incluyen objetos que no quiere que aparezcan en el contorno de sombreado.

- Ventana gráfica actual: Con esta opción, AutoCAD utilizará la vista actual para definir el contorno de sombreado.

Las opciones del grupo Conjunto de contornos le ofrecen un mayor control sobre la creación de un contorno y no le impiden utilizar el botón **Añadir: Seleccionar objetos** para seleccionar objetos concretos que se utilizarán en el contorno de sombreado.

Tolerancia a huecos

Este grupo de opciones nos permite sombrear una área que no se encuentre completamente cerrada. El valor de Tolerancia a huecos determina la distancia máxima entre huecos de la zona que se quiere sombrear, y oscila entre 0 y 5.000.

Heredar opciones

Este grupo controla el origen de sombreado cuando se utiliza la opción Heredar propiedades para crear nuevos patrones de sombreado. Seleccione Usar origen actual cuando quiera utilizar el origen de sombreado actual de forma predeterminada. Seleccione Usar origen de sombreado cuando quiera utilizar el origen de un patrón de sombreado heredado.

Utilizar sombreado de gradiente

Uno de los patrones de sombreado que le ofrece AutoCAD es sólido. Este patrón permite aplicar un color sólido a un contorno en lugar de un patrón. AutoCAD también ofrece un conjunto de patrones de degradado que permiten aplicar un color de gradiente a un área.

Puede aplicar un degradado a un área utilizando el mismo método utilizado para aplicar un patrón de sombreado, pero en lugar de utilizar la ficha Sombreado, del cuadro de diálogo Sombreado y degradado, se utiliza la ficha Degradado para seleccionar un patrón de degradado (véase la figura 7.22).

Seleccionar un color de degradado

En lugar de ofrecer patrones de sombreado, la ficha Degradado incluye una gran variedad de patrones de degradado. También permite controlar el color del degradado. Por ejemplo, si desea establecer el degradado entre diferentes tonalidades de azul, puede hacer clic en la opción Un color y, a continuación, hacer doble clic en la muestra de color azul situada en la parte superior del cuadro de diálogo que se muestra en la figura 7.23. Al hacer doble clic en la muestra de color, aparecerá el cuadro de diálogo Seleccionar color con la paleta de opciones Color verdadero (véase la figura 7.24). Puede seleccionar el color deseado para el degradado. El control deslizante Sombreado/Matizado, situado bajo la opción Dos colores en la ficha Degradado del cuadro de diálogo Sombreado y degradado, permite controlar el sombreado de un degradado de un solo color.

Utilizar dos colores

Puede seleccionar un degradado que utilice una transición entre sombreados de un solo color seleccionando la opción Un color, o utilizar una transición entre dos colores completamente diferentes con la opción Dos colores. Al seleccionar esta opción, el control deslizante situado bajo ella se convierte en una muestra de color. Puede hacer doble clic en la muestra o sobre el botón de puntos suspensivos situado a la derecha de la muestra para abrir el cuadro de diálogo Seleccionar color.

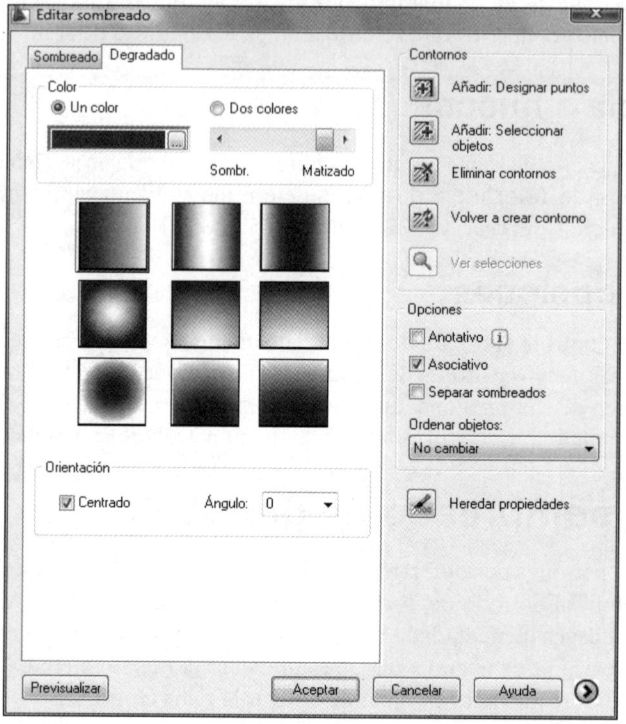

Figura 7.22. La herramienta Sombreado degradado.

Figura 7.23. Elegir el color en la pestaña Degradado.

Seleccionar patrones de degradado

Justo debajo de las opciones Un color y Dos colores se incluyen las opciones de patrón de degradado. Puede escoger entre nueve patrones, además de un ángulo para el patrón en el cuadro de lista Ángulo. La opción Centrado coloca el centro del degradado en la parte central del área seleccionada para el patrón. Para colocar un patrón de degradado, seleccione un conjunto de objetos o un punto dentro del área contorneada, como en el caso de los patrones de sombreado. A continuación puede hacer clic en el botón **Previsualizar** para generar una vista preliminar del patrón de sombreado o puede hacer clic en **Aceptar** para aplicar el degradado al dibujo.

Figura 7.24. Las opciones Color verdadero en el cuadro de diálogo Seleccionar color.

Trucos para utilizar la función de sombreado de contornos

Hay varios trucos para utilizar la función de sombreado de contornos:

- Busque contornos que formen parte de un bloque de gran tamaño. AutoCAD examina el bloque completo al definir contornos. Esta operación puede llevar cierto tiempo si el bloque es grande. Utilice la opción Conjunto de contornos para centrarse en el conjunto de objetos que desee que AutoCAD utilice para el contorno de sombreado.
- La función de sombreado de contorno depende de la vista, es decir, los contornos se basan en los elementos visibles de la vista actual. Para asegurarse de que AutoCAD detecta todos los detalles, amplíe el área que se va a sombrear con el zoom.
- Si el área que se va a sombrear es de gran tamaño, pero requiere un alto grado de detalles, en primer lugar delimite el área de sombreado con una polilínea. A continuación utilice la opción Añadir: Seleccionar objetos del cuadro de diálogo Sombreado y degradado para buscar el contorno de polilínea deseado manualmente, en lugar de dejar que lo haga el sombreado de contornos.
- Considere la posibilidad de desactivar las capas que puedan impedir que AutoCAD detecte un contorno.
- El sombreado de contornos puede usarse sobre bloques anidados siempre que las entidades de los bloques anidados sean paralelas al sistema de coordenadas universal actual.

Planificación del espacio y patrones de sombreado

Supongamos que tiene que trabajar en un plano en el que continuamente es necesario modificar la ubicación de la maquinaria y del mobiliario, o que se encuentra inmerso en el diseño de cubiertas de los suelos. Puede que, al principio, evite añadir un patrón de sombreado en el suelo para no tener que volver a repetir la zona cada vez que mueva un mueble o cambie el suelo. En esta situación dispone de dos opciones: puede recurrir a las propiedades asociativas del Sombreado por contorno para incluir el mobiliario en el conjunto del contorno, o utilizar la opción Ordenar objetos.

Sombreados asociativos

Se trata de uno de los métodos más directos. Solamente tiene que marcar la opción Asociativo del cuadro de diálogo Sombreado y degradado y añadir la maquinaria o el mobiliario al contorno, utilizando para ello el botón **Añadir: Seleccionar objetos** del mismo cuadro de diálogo. Una vez añadido el patrón, sólo tiene que desplazar los muebles del dibujo para que el patrón se ajuste de forma automática a su nueva ubicación. Un pequeño inconveniente es que AutoCAD tratará de sombrear el interior de los objetos si sobrepasan el contorno exterior de un patrón de sombreado. Por otra parte, si se elimina o descompone cualquiera de los objetos del contorno, el patrón dejará de seguir la ubicación de los muebles. Para evitar este tipo de problemas, puede emplear el siguiente método.

Superposición de objetos con la función Ordenar objetos

La función Ordenar objetos permite determinar la forma en que los objetos se superponen unos sobre otros. En nuestro ejemplo, se pueden crear muebles utilizando un sombreado sólido para representar superficies horizontales (véase la figura 7.25).

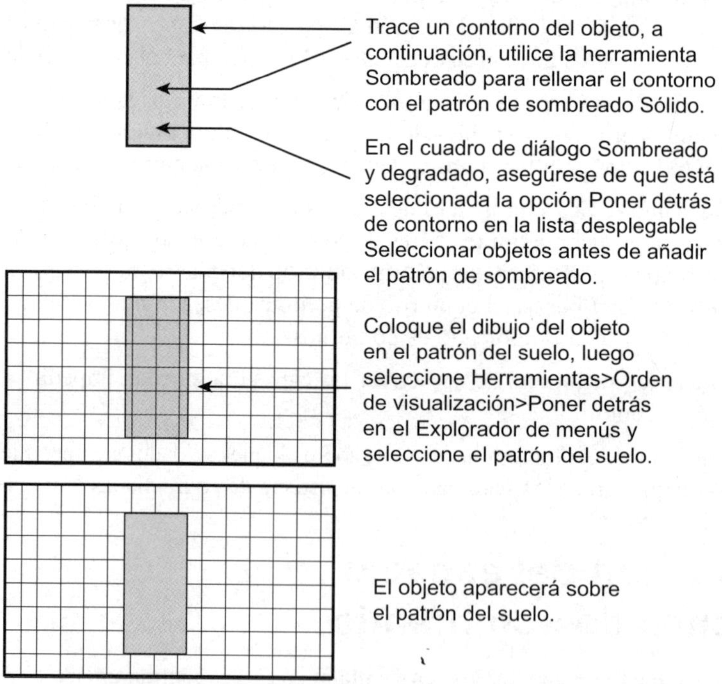

Figura 7.25. La opción Ordenar objetos le permite generar un efecto superpuesto en un patrón de sombreado.

Cómo igualar rápidamente un patrón de sombreado y otras propiedades

Una de las herramientas que le permiten modificar patrones de sombreado es **Igualar propiedades**, similar al botón **Copiar formato** incluido en las aplicaciones de Microsoft Office. Con esta herramienta puede cambiar un patrón de sombreado existente para igualarlo con otro, como se demuestra a continuación:

1. Haga clic en la herramienta **Igualar propiedades** ( ) en el panel Propiedades de la ficha Inicio.
2. Seleccione el patrón de sombreado original que quiera copiar.
3. Designe el patrón de destino que quiera modificar. El patrón de destino cambiará y adoptará la forma del patrón original.

Esta misma herramienta también le permite transferir otra serie de propiedades, como pueden ser la capa, el color o la configuración de tipos de línea. La selección de propiedades se puede efectuar en el cuadro de diálogo Parámetros de propiedades (véase la figura 7.26).

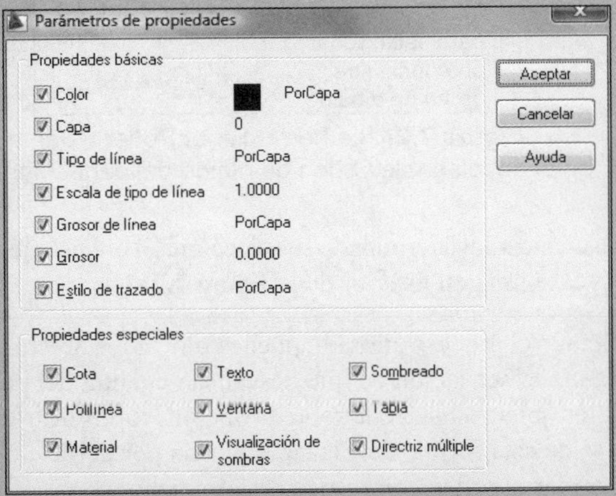

Figura 7.26. Cuadro de diálogo Parámetros de propiedades.

Para abrir este cuadro, puede escribir `PA` y pulsar **Intro** después de seleccionar el objeto en el paso 2, o utilizar el botón derecho del ratón y escoger la opción Parámetros del menú contextual que se abre. Ahora puede seleccionar las propiedades que desea transferir entre las opciones que se le ofrecen. En el cuadro de diálogo, todas las propiedades se encuentran seleccionadas de forma predeterminada. También puede transferir configuraciones de estilos de texto y dimensiones. Aprenderá más sobre estilos de texto y dimensiones en capítulos posteriores.

Cuando coloque el mueble "sobre" el patrón del suelo, el patrón quedará cubierto y oculto por el mueble. A continuación, le mostramos el proceso. (Los pasos que describimos no forman parte de los ejercicios del libro. Los puede utilizar como directrices generales cuando tenga que emplear la opción Ordenar objetos.)

1. En primer lugar, dibuje el contorno de los objetos. Debe tener forma de polígono cerrado.
2. Utilice la herramienta **Sombreado** (), como hemos explicado anteriormente, para aplicar un sombreado sólido dentro del contorno.
3. En el cuadro de diálogo Sombreado y degradado, asegúrese de activar la opción Poner detrás de contorno en la lista Ordenar objetos.
4. Complete el resto del patrón de sombreado.
5. Cuando haya terminado de aplicar el patrón, transforme el contorno y el sombreado sólido en un bloque o utilice el comando **Agrupar**.
6. En el menú desplegable Orden de dibujo en el panel Modificar de la ficha Inicio, haga clic en la herramienta **Poner delante**. Luego, seleccione el objeto (véase la figura 7.27).

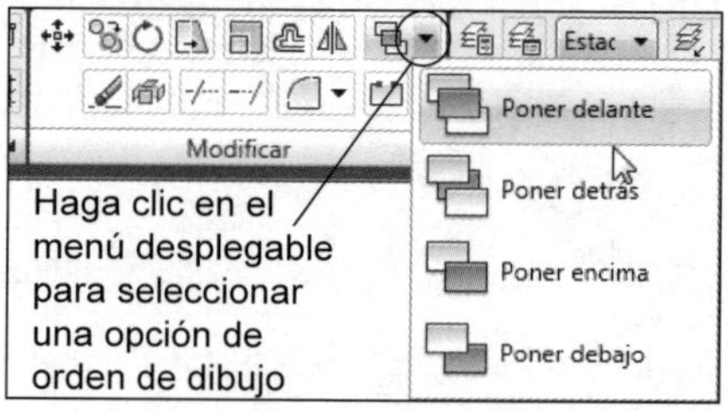

Figura 7.27. La herramienta Poner delante en el desplegable Orden de dibujo del panel Modificar.

7. Pulse **Intro** cuando haya terminado su selección. El objeto cubre el patrón de sombreado del suelo (véase imagen inferior de la figura 7.25).

Una vez completado el proceso anterior, puede colocar los objetos sobre un patrón de suelo sombreado, generando la sensación de que descansan encima del patrón. Si diseña el patrón después de dibujar los objetos, haga clic sobre la opción Poner detrás en el menú desplegable Orden de dibujo y, de esta forma, desplazar el patrón por detrás del orden de visualización. También puede cambiar el orden con respecto a otros objetos.

Las opciones de la función Ordenar objetos forman parte del comando **Ordenaobjetos**. Como alternativa al cuadro de diálogo, puede escribir `Ordenaobjetos`, pulsar **Intro** en la línea de comando, seleccionar un objeto y, a continuación, elegir una de las opciones propuestas:

```
Indique la opción de orden de objeto [Encima/deBajo/Delante/deTrás] <deTrás>:
```

Por ejemplo, la equivalencia a Poner detrás en el menú desplegable Orden de dibujo, sería `Ordenaobjetos`-**Intro**-`T`-**Intro**. También puede seleccionar el objeto que desea editar, hacer clic con el botón derecho del ratón y seleccionar Ordenar objetos en el menú contextual.

Si necesita "blanquear" una zona de un patrón de sombreado para que el texto resulte más legible, utilice un patrón sólido y combínelo con la opción Ordenar objetos para bloquear las áreas situadas detrás del texto.

TRUCO: Las opciones de Ordenar objetos se mantienen para todos los bloques y referencias auxiliares.

En esta sección hemos dado un buen repaso a los patrones de sombreado y rellenos. Recuerde que también puede utilizar la paleta Herramientas para organizar y simplificar el acceso a los patrones de sombreado que más le gusten o recurrir simplemente a los que aparecen de forma predeterminada en dicha paleta, los cuales pueden editarse y manipularse tal y como hemos descrito en este capítulo.

Referencias externas

AutoCAD le permite importar dibujos de manera que mantiene los dibujos importados independientes de los activos. Un dibujo importado de esta forma se llama referencias externas (RefX). A diferencia de los dibujos que se han importado como bloques, los archivos RefX no forman parte de la base de datos del dibujo. En su lugar, se cargan junto al archivo actual durante el inicio del mismo. Es como si AutoCAD abriera varios dibujos al mismo tiempo: el archivo actualmente en uso que se indica al iniciar el programa y todos los archivos que se hayan insertado como referencias externas. Si los archivos RefX son independientes del archivo actual, todos los cambios que se realicen en las RefX tendrán un efecto inmediato en el original. No es necesario actualizar las referencias externas, como ocurre con los bloques. Por ejemplo, si ha utilizado una RefX para insertar el archivo `Unit` en el archivo `Plan` y posteriormente efectúa cambios en el archivo `Unit`, la siguiente vez que abra el archivo `Plan` tendrá la nueva versión de `Unit` y no la antigua. Si el archivo `Plan` está abierto mientras hace los cambios, AutoCAD le informará de que se ha habido un cambio en una RefX.

TRUCO: No se puede convertir en referencia externa un archivo si tiene el mismo nombre de un bloque del dibujo actual. Si le sucede en algún momento, pero sigue siendo necesario utilizar el archivo como RefX, puede cambiar el nombre del bloque con el comando `_rename`. Este comando también se puede utilizar para cambiar los nombres de varios objetos y elementos.

Otra de las ventajas de los archivos RefX es que, dado que no forman parte de la base de datos del dibujo, su tamaño es mínimo, lo que mejora la eficacia del disco duro.

TRUCO: Los archivos RefX, al igual que los bloques, sólo se pueden modificar con herramientas especiales. No obstante, puede utilizar el modo de referencia a objetos para referirse a una ubicación en un archivo RefX o inutilizar o desactivar la capa de inserción de la RefX para que no se vea.

Adjuntar un dibujo como referencia externa

En el siguiente ejercicio veremos cómo utilizar una referencia externa en lugar de un bloque para construir el edificio de apartamentos. Primero creará un nuevo archivo `Unit` copiando el antiguo y utilizaremos una nueva herramienta, la paleta Referencias externas, en pantalla.

Siga estos pasos:

1. Utilice la herramienta **Dibujos de Vista rápida** () en la barra de estado para volver al archivo `07a-unit`.
2. Seleccione Archivo>Guardar como en el Explorador de menús para guardarlo con el nombre `Unitxref.dwg`, luego, ciérrelo. Así hará una copia del archivo `07a-unit` para los siguientes pasos. O, si lo prefiere, puede utilizar el archivo `Unitxref.dwg` para los siguientes pasos.
3. Vuelva al archivo `07b-plan` y guárdelo con el nombre `Planxref`. El archivo actual será `Planxref.dwg`.
4. Borre todos los objetos y los planos Unit (en la línea de comandos escriba `b`, **Intro**, `T`, **Intro**). En el siguiente paso vamos a limpiar los planos Unit del archivo (con los pasos 2 y 3 no tiene que configurar un archivo nuevo).
5. Haga clic en la herramienta **Limpiar** () en el panel Ayudas al dibujo de la ficha Herramientas para abrir el cuadro de diálogo Limpiar, luego, haga clic en el botón **Limpiar todo** para abrir el cuadro de diálogo Confirmar limpieza. De este modo, se borrarán los bloques que no se utilicen en el dibujo.
6. Haga clic en el botón **Sí a todo.**

El siguiente paso consiste en utilizar la paleta Referencias externas.

1. Haga clic en la herramienta **Referencias externas** en el panel Referencia de la ficha Bloques y referencias, o escriba `RefX` y pulse **Intro** para abrir la paleta Referencias externas (véase la figura 7.28).

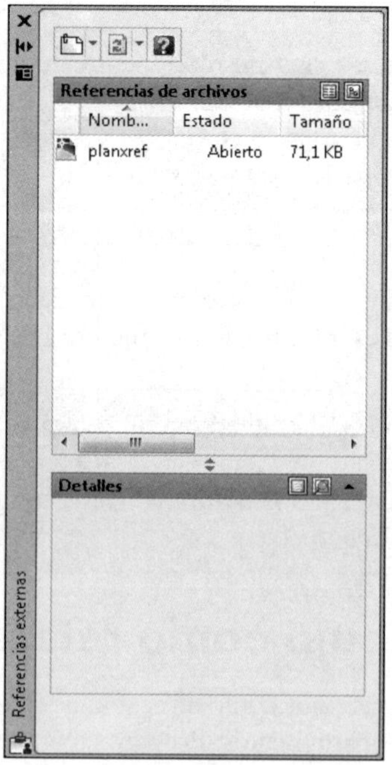

Figura 7.28. La paleta Referencias externas.

2. Haga clic en el botón **Enlazar DWG** situado en la esquina superior izquierda de la paleta. Se abrirá el cuadro de diálogo Seleccionar archivo de referencia, un cuadro de archivo típico de AutoCAD, junto a una ventana de vista preliminar.

3. Localice y seleccione el archivo `Unitxref.dwg` y haga clic en **Abrir**. Aparecerá en pantalla el cuadro de diálogo Referencia externa (véase la figura 7.29) similar al cuadro de diálogo Insertar, con las mismas opciones de punto de inserción, escala y rotación.

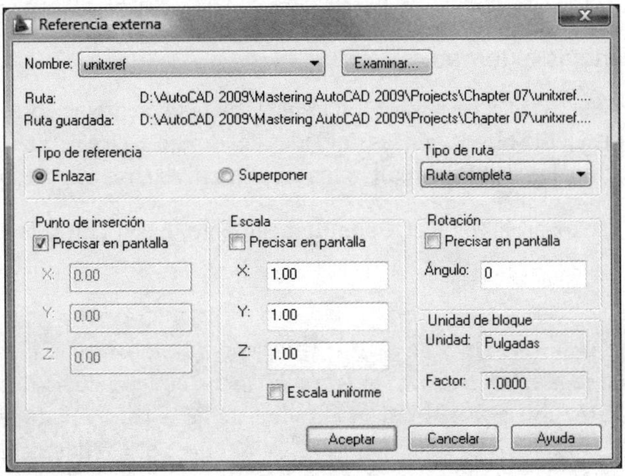

Figura 7.29. El cuadro de diálogo Referencia externa.

4. Más adelante analizaremos las opciones de este cuadro de diálogo. Por ahora, basta con hacer clic en **Aceptar**.

5. Introduzca el valor **957,1330** como punto de inserción.

6. Una vez añadido el archivo, tendremos que volver a crear el mismo diseño de suelo que utilizamos anteriormente copiando simétricamente la referencia externa del archivo `UnitXref.dwg`.

7. Guarde el archivo `Planxref`.

Ya disponemos de un dibujo que se parece al archivo `07-plan.dwg` creado al principio del capítulo, pero en lugar de utilizar bloques sin relacionar con su archivo fuente, tenemos un dibujo compuesto por referencias externas. Se trata del archivo `Unitxref.dwg`, que se carga en AutoCAD al mismo tiempo que se abre el archivo `Planxref.dwg`. Un icono en la esquina inferior derecha de la ventana de AutoCAD le indica que el dibujo actual contiene referencias externas. Este icono () no sólo avisa sobre los archivos de referencia externa, sino que además permite abrir la paleta Referencias externas como veremos en el siguiente ejercicio.

El siguiente paso consiste en modificar la referencia externa, el archivo `Unitxref.dwg`, y comprobar los resultados en el archivo `Planxref.dwg`.

1. Para abrir el archivo `Unitxref.dwg`, seleccione y haga clic con el botón derecho del ratón en el apartamento desde el archivo `Planxref.dwg` y, a continuación, seleccione Abrir refX en el menú contextual. También puede introducir `Xabrir` y pulsar **Intro** en la línea de comandos y, a continuación, seleccionar la referencia externa del plano del apartamento.

2. Elimine el patrón de sombreado y el contorno de la cocina de los suelos y guarde el archivo `Unitxref.dwg`.
3. Utilice la herramienta **Dibujos de Vista rápida** ( ) en la barra de estado para volver al archivo `PlanXref.dwg`. Verá un mensaje saliendo del icono RefX en la esquina inferior derecha de AutoCAD. El mensaje nos informará de que se ha modificado una referencia externa. Haga clic con el botón derecho del ratón en el icono **Gestionar RefX** situado en la esquina inferior derecha de la ventana de AutoCAD. A continuación, seleccione Referencias externas en el menú contextual para abrir la paleta Referencias externas.
4. Seleccione `Unitxref.dwg` en la lista, haga clic en **Recargar** y, luego, haga clic en **Aceptar**. Como observará, las unidades del dibujo `Planxref.dwg` se han actualizado para incluir los cambios realizados en el archivo `Unitxref.dwg`.

Para abrir varios archivos RefX simultáneamente, basta con seleccionarlos al utilizar el comando `AbrirX`.

> **TRUCO:** El botón **Abrir** de la paleta Referencias externas realiza la misma función que el comando **AbrirX** o la opción Abrir del menú contextual. Para utilizar esta opción, seleccione los archivos RefX del cuadro de lista de la paleta Referencias externas y haga clic con el botón derecho del ratón sobre ellos, luego haga clic en **Abrir**.

Tenga en cuenta que al modificar un archivo RefX, el icono **Gestionar RefX**, situado en la esquina inferior derecha de la ventana de AutoCAD, pasa a incluir un signo de exclamación. El objetivo es avisarnos de que se ha modificado una referencia externa del dibujo actual.

Haga clic en el icono **Gestionar RefX** para abrir la paleta Referencias externas. La referencia que se ha modificado se indica mediante un mensaje en la columna Estado del cuadro de lista (véase la figura 7.30).

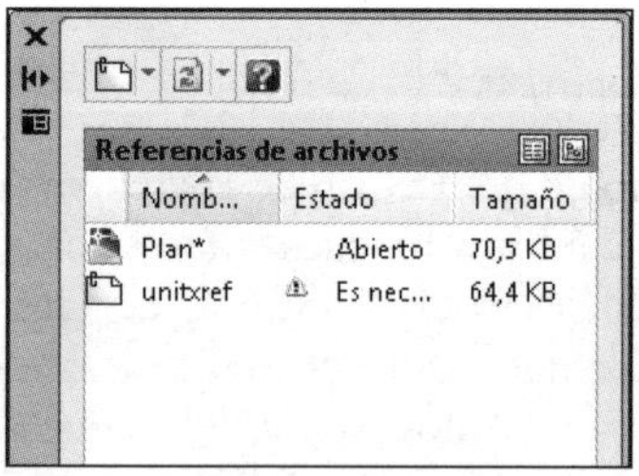

Figura 7.30. Paleta Referencias externas.

A continuación puede seleccionar la referencia externa que necesite actualizar, hacer clic con el botón derecho del ratón, y seleccionar Recargar en el menú contextual para volver a cargar la referencia externa seleccionada. También puede seleccionar varias referencias externas, si hay más de una que necesite ser actualizada.

En esta sección hemos visto cómo se actualiza un archivo RefX de forma diferente a un bloque. Como los archivos RefX se cargan con el archivo de dibujo que los contenga, el archivo contenedor, que en este caso es el archivo `Planxref`, muestra automáticamente los cambios realizados en la referencia externa al abrirlo. Asimismo, hemos evitado la necesidad de actualizar bloques anidados, porque AutoCAD actualiza tanto las referencias externas anidadas como las no anidadas. Si modifica una referencia externa al editar un archivo, el icono **RefX**, situado en la esquina inferior derecha de la ventana del AutoCAD, le avisará del cambio. Puede hacer clic en el mensaje de globo que aparece desde ese icono para actualizar cualquier referencia externa modificada.

Otras diferencias entre bloques y referencias externas

A continuación describimos algunas diferencias adicionales entre referencias externas y bloques insertados que conviene recordar:

- Cualquier capa, estilo de texto o tipo de línea incluidos con ayuda de archivos de referencia cruzada no forman parte del archivo actual, como veremos más adelante. Si desea importar cualquiera de estos elementos, utilice el comando `_xbind`.
- Si realiza cambios en las capas de archivos de referencia cruzada, dichos cambios no se conservan al guardar el archivo, a menos que haya marcado la opción Mantener cambios en capas de RefX, incluida en la ficha Abrir y guardar del cuadro de diálogo Opciones. Por medio de esta opción, que está en el grupo Referencias externas, AutoCAD conserva todos los colores de capa o configuración de visibilidad de una sesión a otra. Esta opción está activada de forma predeterminada.

TRUCO: Otra forma de conservar la configuración de una capa para las referencias externas es utilizar el comando `Visretain`. En la línea de comando `Indique nuevo valor para VISRETAIN <0>:`, introduzca `1`.

Importación de bloques, capas y otros elementos con nombre desde archivos externos

Puede utilizar el comando **UnirX** para importar bloques y otros componentes de dibujo desde otro archivo. En primer lugar, utilice la paleta Referencias externas para establecer una referencia cruzada a un archivo. Para ello, escriba `UnirX` en la línea de comando. En el cuadro de diálogo Unir referencias externas, haga clic en el signo más situado junto al nombre de archivo de referencia externa y seleccione Bloque. Busque el nombre del bloque que desea importar, haga clic en el botón **Añadir** y haga clic en **Aceptar**. Por último, abra la paleta Referencias externas, seleccione el nombre del archivo de referencia externa de la lista, haga clic con el botón derecho del ratón, y haga clic en el botón **Desenlazar** para eliminar el archivo RefX. El bloque importado permanecerá como parte del archivo actual. También puede utilizar la función DesignCenter de AutoCAD para importar elementos situados en archivos externos. La ventana Paletas de herramientas brinda acceso a bloques de uso frecuente, así como a los patrones de sombreado alojados en otros dibujos. Para abrir las paletas de herramientas, haga clic en **Paletas de herramientas** situado en el panel Paletas de la ficha Vista.

En las instalaciones de tipo estándar de AutoCAD, la ventana Paletas de herramientas se configura con bloques, patrones de sombreado y comandos 3D de ejemplo que podemos arrastrar y depositar dentro de nuestro dibujo actual. Para ello, basta con seleccionar una ficha de la paleta de herramientas que contenga el bloque o patrón deseado y hacer clic y arrastrar el elemento hasta el dibujo. En el caso de los patrones de sombreado, haga clic y arrastre el patrón dentro de un área rodeada por objetos en todos sus lados. Para personalizar la ventana Paletas de herramientas, haga clic y arrastre objetos o herramientas en una paleta nueva o existente.

- Para separar las capas de los archivos RefX de las del dibujo actual, en las capas del archivo RefX se antepone el nombre del archivo al que pertenecen. Una barra vertical separa el prefijo y el nombre de la capa en la lista desplegable Capa o en el cuadro de diálogo Administrador de propiedades de capas, como por ejemplo UnitXref|WALL.
- Las referencias externas no se pueden descomponer. Sin embargo, se pueden transformar en bloque y descomponerlas posteriormente. Para ello, seleccione la referencia externa en la paleta Referencias externas para abrir otro cuadro de diálogo en el que se incluyen dos formas de convertir una referencia externa en un bloque. Más adelante se explica este proceso en profundidad.
- Si se cambia el nombre de una referencia externa o se modifica su ubicación en el disco duro, AutoCAD no podrá encontrar el archivo cuando abra otros archivos a los que esté enlazada la RefX. En este caso, seleccione Encontrado en en la paleta Referencias externas y haga clic en el botón **Examinar** para decirle a AutoCAD dónde localizar el archivo de referencias cruzadas.

ADVERTENCIA: Debe tener cuidado al cambiar la ubicación de un archivo RefX con el botón **Examinar**, ya que puede asignar un archivo con nombre distinto a la referencia externa existente.

- Los archivos RefX son especialmente útiles en entornos de trabajo en grupo, en los que varios usuarios comparten el mismo proyecto. Por ejemplo, una persona puede actualizar diversos archivos que se encuentran dentro de otra serie de archivos. Con el uso de bloques, sería necesario notificar a todos los integrantes del grupo los cambios efectuados y habría que actualizar todos los bloques afectados en el dibujo en el que se incluyen. Sin embargo, con archivos de referencia cruzada, la actualización es automática y evita la confusión que se puede generar sobre los archivos en los que hay que modificar los bloques.

Otras opciones de referencias externas

Muchas de las propiedades de un archivo de referencia externa son exclusivas y características. A continuación, analizaremos algunas de las opciones de la paleta Referencias externas.

Opciones de la paleta Referencias externas

Al hacer clic con el botón derecho del ratón sobre una referencia externa en la paleta Referencias externas, ilustrada en la figura 7.28, aparecen varias opciones. Ya hemos visto la opción Recargar en el ejercicio anterior. Aquí pude ver otras opciones disponibles:

- Enlazar: Abre el cuadro de diálogo Referencia externa, que permite escoger el archivo que se va a enlazar y definir los parámetros del enlace.
- Desenlazar: Anula el enlace de una referencia externa con el archivo actual. La RefX queda completamente desvinculada del archivo.
- Recargar: Recupera una referencia externa no cargada.
- Descargar: Similar a Desenlazar, aunque mantiene un vínculo con el archivo RefX para que se pueda volver a enlazar de forma rápida. Es el mismo efecto que se produce al inutilizar una capa. Puede reducir los procesos de redibujo, regeneración y de carga de archivos.
- Unir: Le permite convertir en bloque una referencia externa. Le ofrece dos opciones: Unir e Insertar. La primera conserva los elementos RefX con nombre (capas, tipos de línea y estilos de texto y de cota), generando nuevas capas en el archivo actual, a las que antepone el nombre de archivo de la referencia externa. La opción Insertar no los conserva, sino que los combina con los elementos del mismo nombre del archivo actual. Por ejemplo, si la referencia externa y el archivo actual incluyen capas que tienen el mismo nombre, los objetos de la referencia externa se ubican en las capas que tengan el mismo nombre en el archivo actual.
- Abrir: Permite abrir una referencia externa. Seleccione la referencia externa de la lista y, a continuación, haga clic en **Abrir**. La referencia externa se abrirá en una nueva ventana cuando cierre la paleta Referencias externas.
- Detalles: En la parte inferior de la paleta Referencias externas, verá un panel llamado Detalles. Este panel es similar a la paleta Propiedades en que muestra las propiedades de una referencia externa seleccionada y también permite modificar algunas de dichas propiedades. Por ejemplo, la opción Nombre de referencia del panel Detalles proporciona un nombre a la referencia externa que es distinto al nombre de archivo de la referencia externa. La tabla 7.1 le ofrece una descripción general de las opciones del panel Detalles.

Tabla 7.1. El panel Detalles de la paleta Referencias externas.

Opción	Función
Nombre de la referencia	Permite proporcionar un nombre a la referencia externa distinto al nombre de archivo de la referencia externa. Puede resultar útil si desea utilizar varias referencias externas del mismo archivo.
Estado	Le indica si la referencia externa está cargada, descargada o no se encuentra (sólo lectura).
Tamaño	Le proporciona información sobre el tamaño del archivo (sólo lectura).

Opción	Función
Tipo	Permite elegir entre el método de enlace Enlazar o Superponer para el archivo de referencias externas. Las referencias externas como superposiciones no incluirán referencias externas anidadas.
Fecha	Le proporciona la fecha y la hora en la que se adjuntó el archivo (sólo lectura).
Ruta guardada	Le indica dónde espera encontrar AutoCAD el archivo de referencia externa (sólo lectura).
Encontrado en	Permite seleccionar la ubicación del archivo de referencia externa. Cuando haga clic en el cuadro de texto de esta opción, aparecerá el botón **Examinar** a la derecha. Puede hacer clic en este botón para ubicar una referencia externa perdida o utilizar un archivo distinto a la referencia externa enlazada original.

El cuadro de diálogo Referencia externa

Este cuadro de diálogo, que también analizamos en el ejercicio anterior mostrado en la figura 7.29, ofrece las siguientes opciones:

- Examinar: Abre el cuadro de diálogo Seleccionar archivo de referencia, en el que puede modificar el archivo que se va a importar como referencia externa.
- Enlazar: Le indica a AutoCAD que incluya otras referencias externas anidadas en el archivo seleccionado.
- Superponer: Hace que AutoCAD ignore el resto de referencias externas anidadas en el archivo seleccionado. De esta forma se evitan enlaces múltiples de otros archivos y la posibilidad de que se produzcan referencias circulares.
- Tipo de ruta: Le ofrece opciones para localizar RefX. Los archivos RefX se pueden ubicar en cualquier parte de su sistema, incluidos los servidores de red. Debido a esto, es fácil perder los vínculos a las referencias externas desplazando o reubicando los emplazamientos de los archivos. Para ayudarle a gestionar las referencias externas, esta opción le ofrece tres posibilidades: Ruta completa, Ruta relativa y Sin ruta. La primera opción conserva la ruta completa. Con la segunda opción, hay que guardar el dibujo actual antes de utilizarla. La tercera y última es para dibujos en los que las referencias externas están ubicadas en la misma carpeta que el dibujo actual o en el emplazamiento especificado en Ruta de búsqueda de archivos de soporte en la ficha Archivos del cuadro de diálogo Opciones (seleccione Herr.>Opciones en el Explorador de menús).
- Precisar en pantalla: Esta opción aparece en tres zonas distintas. Le permite definir un punto de inserción, factores de escala y ángulos de rotación dentro del mismo cuadro de diálogo o en la ventana de comandos, del mismo modo que al insertar bloques. Si no marca esta opción en ninguno de los parámetros correspondientes, puede modificarlos

directamente. Si la marca, tendrá que introducirlos al hacer clic en el botón **Aceptar** para cerrar el cuadro de diálogo. Si las tres casillas no están marcadas, la referencia externa se inserta en el dibujo utilizando los parámetros indicados en el cuadro de diálogo.

Delimitar las vistas de referencias externas y mejorar el rendimiento

Las referencias externas se suelen utilizar para importar dibujos de gran tamaño que se utilizarán posteriormente como guía o como fondo. Las referencias externas múltiples, como un plano de planta o un diseño de columnas, se pueden combinar en un solo archivo. Uno de los inconvenientes de las referencias externas en versiones anteriores de AutoCAD era que había que cargar la referencia completa en la memoria, incluso si solamente se iba a utilizar una pequeña parte de la misma. En ordenadores con prestaciones limitadas, esto hacía que el sistema se ralentizara demasiado.

AutoCAD 2009 incluye dos herramientas que pueden mejorar la eficacia de la visualización y el uso de memoria cuando se trabaja con referencias externas. Estas herramientas son el comando **DelimitarX** y la opción Solicitar carga del cuadro de diálogo Opciones.

Delimitar vistas

El comando **DelimitarX** permite reducir la visualización de una referencia externa o de un bloque a cualquier forma, como se puede apreciar en la figura 7.31. Por ejemplo, puede mostrar en pantalla una zona en forma de L de un plano de planta e incluirlo como parte de un dibujo. Con este comando puede delimitar este tipo de vistas. Si quiere utilizarlo, debe seleccionar **Delimitar vistas** en el panel Referencia expandido de la ficha Bloques y referencias.

Los bloques y las referencias externas múltiples también se pueden delimitar, así como también se puede definir una distancia de delimitación frontal y trasera para controlar la visibilidad de los objetos en 3D. Puede determinar una zona de delimitación por medios de polilíneas o curvas *spline*, aunque las curvas polilíneas se convierten en polilíneas no curvas, como veremos en capítulos posteriores.

Control de los parámetros RefX en el cuadro de diálogo Opciones

El grupo de botones Referencias externas (RefX) de la ficha Abrir y guardar del cuadro de diálogo Opciones incluye algunas de las herramientas necesarias para gestionar el uso de la memoria y otras propiedades relacionadas con las referencias externas. Si trabaja en proyectos de gran extensión conjuntamente con otros integrantes de un grupo, es aconsejable que conozca dichas opciones y para qué sirven.

En la lista desplegable Solicitar carga de referencias externas se incluyen tres parámetros: Desactivada, Activada y Activada con copia. En la configuración estándar de AutoCAD, la opción Activada con copia aparece activa de forma predeterminada. Además de reducir la cantidad de memoria que consume una referencia externa, impide que otros usuarios modifiquen la RefX mientras se está viendo como parte del dibujo actual. El objetivo es ayudar a controlar la versión del dibujo y su gestión. El tercer parámetro, Activada con copia, genera una copia del archivo RefX original y la utiliza, con lo que otros usuarios pueden modificar el archivo RefX original.

Figura 7.31. La imagen superior muestra un contorno polilíneo de la zona que se va a aislar con el comando DelimitarX. En la central se ve la referencia externa después de haber utilizado el comando, y en la inferior, una vista del plano con la capa polilínea desactivada.

La solicitud de carga mejora el rendimiento, ya que solamente utiliza las partes del dibujo referenciado que se necesitan para regenerarlo. La ubicación de la copia RefX se puede indicar en la ficha Archivos del cuadro de diálogo Opciones, en la entrada Ubicación de archivo de referencia externa temporal. Las otras dos opciones del apartado Referencias externas (RefX) son:

- Mantener cambios en capas de RefX: Hace que AutoCAD recuerde cualquier color de capa o parámetro de visibilidad de una sesión de edición a otra. La opción aparece activa de forma predeterminada.

- Permitir que otros usuarios editen una referencia externa en el dibujo actual: Permite que otros usuarios puedan alterar el dibujo actual con ayuda de los comandos Herr.>Editar refX y bloques in situ>Editar referencia in situ o el comando **Refedit**.

Editar referencias externas in situ

Hasta ahora hemos visto distintos métodos de edición aplicables a bloques y RefX como archivos externos. Existe otra técnica que permite realizar la modificación directamente dentro de un archivo, sin necesidad de editar un archivo externo. Para ello, hay que emplear la opción Editar refX y bloques in situ del menú desplegable Herramientas. Esta opción ejecuta el comando **Refedit**, como se puede apreciar en el siguiente ejercicio:

1. En caso de que no se encuentre abierto, abra el archivo `Planxref.dwg`. Asegúrese de cerrar el archivo `Unitxref.dwg`.
2. Aumente el zoom en la esquina inferior izquierda del plano, como en la vista de la figura 7.32.

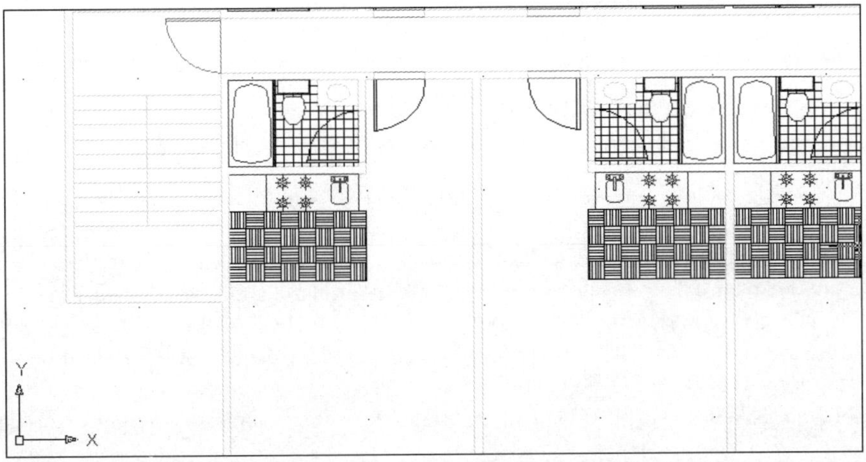

Figura 7.32. La vista aumentada de la referencia externa Unit del archivo PlanXref.

3. Haga doble clic en la pared de la esquina del apartamento. Se abrirá el cuadro de diálogo Edición de referencias que se muestra en la figura 7.33.
4. Este cuadro de diálogo está formado por dos ventanas. El panel de la parte derecha muestra una vista en miniatura del elemento que está editando. En la izquierda, se incluye la lista del elemento seleccionado en la referencia externa. La lista representa la relación jerárquica del bloque de la cocina en relación con la referencia externa UnitXref.

   En la ventana de la parte izquierda, haga clic en la lista UnitXref|KITCHEN y, seguidamente, sobre el botón **Aceptar**. El cuadro de diálogo desaparecerá de la pantalla y aparecerán la ficha y el panel Refedit.

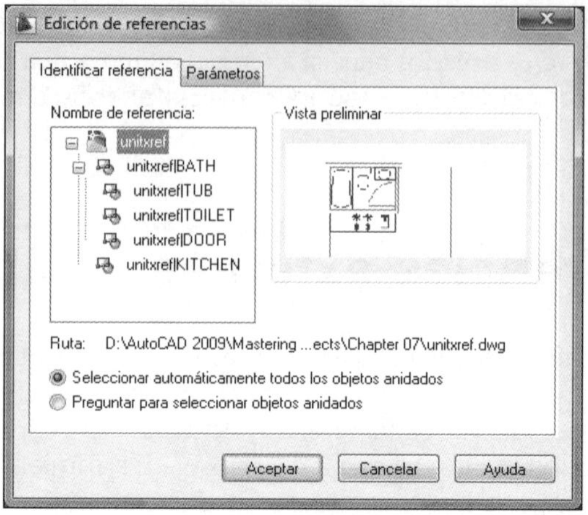

Figura 7.33. Cuadro de diálogo Edición de referencias.

5. Utilice una ventana de selección para encuadrar toda la esquina inferior izquierda del apartamento. Solamente quedará resaltada la cocina; el resto de objetos se volverán de color más claro. Esto le indica que sólo se puede editar la cocina.

6. Pulse **Esc** para anular su selección.

Opciones especiales de Guardar como que afectan al parámetro Solicitar carga

AutoCAD incluye una serie de valores adicionales que le permiten acelerar el rendimiento de la opción Solicitar carga mencionada anteriormente. Cuando selecciona Archivo>Guardar como en el Explorador de menús para guardar un archivo en el formato convencional `.dwg`, puede ver el botón **Herramientas** en la esquina superior derecha. Al seleccionar Herramientas>Opciones, se abrirá el cuadro de diálogo Opciones de guardado, en el que se incluye la lista desplegable Tipo de índice dentro de la ficha Opciones DWG. El índice al que se hace referencia puede mejorar la velocidad de la opción Solicitar carga. En la lista desplegable se incluyen las siguientes opciones:

- Ninguno: No genera ningún índice.
- Capa: AutoCAD solamente carga las capas que estén simultáneamente activadas y reutilizadas.
- Espacial: AutoCAD solamente carga partes de una referencia externa o una imagen de trama dentro de un contorno delimitado.
- Capa y espacial: Activa las dos últimas opciones.

En el paso 5 del ejercicio anterior, el comando **Refedit** aísla los objetos seleccionados para que los pueda modificar. No podrá modificar ningún otro elemento en la referencia externa hasta que salga del comando **Refedit** y vuelva a empezar.

Llegados a este punto, puede modificar un bloque dentro de una referencia externa, como podemos ver en el siguiente proceso:

1. Aumente el zoom de la cocina y desplace los cuatro quemadores 20 cm a la derecha.
2. Elimine el fregadero.
3. Haga clic en la herramienta **Guardar cambios** () en el panel Editar referencia o seleccione Herr.>Editar refX y bloques in situ>Guardar ediciones de referencia en el Explorador de menús.
4. Aparecerá un mensaje de advertencia indicando que los cambios efectuados en la referencia externa se guardarán en disco. Haga clic en el botón **Aceptar**.
5. Vuelva a la vista anterior. Podrá comprobar que en el resto de los apartamentos también se han aplicado los cambios efectuados en la referencia externa `Unitxref` (consulte la figura 7.35).

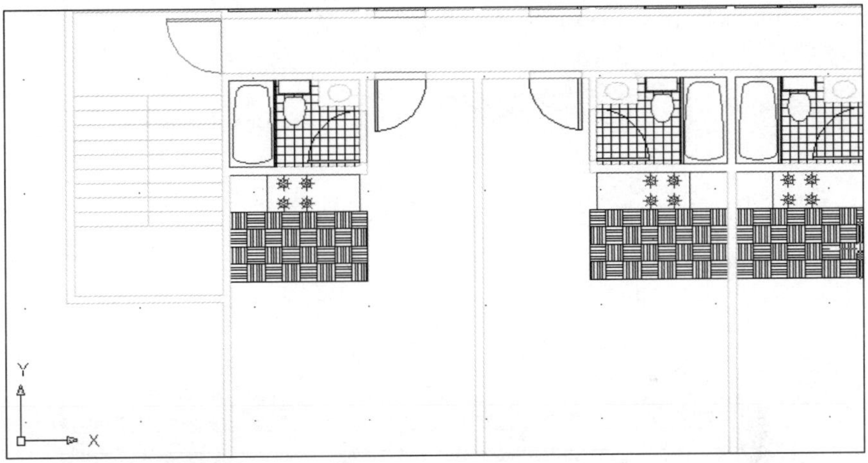

Figura 7.35. Las referencias externas después de haberlas modificado.

6. Abra el archivo `Unitxref.dwg`. En la cocina se verán los cambios efectuados en la referencia externa del apartamento en el archivo `Planxref`. Esto demuestra que al guardar la referencia modificada en el paso 3, también se pueden guardar los cambios en el archivo origen de la RefX.

Como hemos visto en estos dos ejercicios, se puede modificar un bloque específico dentro de una referencia externa, aunque es necesario seleccionar el bloque cuando el programa le inste a designar objetos en la primera parte del cuadro de diálogo Edición de referencias.

En los ejercicios anteriores hemos modificado un bloque incluido en una referencia externa, aunque también podríamos haber modificado un bloque en el dibujo actual. También se pueden modificar bloques anidados con el comando **Refedit**. Los cambios de un bloque del archivo actual no afectarán al resto de los archivos porque los bloques no están vinculados a archivos externos. Los cambios realizados a los bloques se conservan junto al archivo actual a menos que se exporte intencionadamente el bloque a un archivo, como vimos con anterioridad.

Añadir y eliminar objetos de bloques y referencias externas

En ejercicios anteriores, hemos eliminado objetos del bloque de la cocina con ayuda del comando **Borrar**. También se pueden mover objetos de un bloque o una referencia externa al dibujo actual sin necesidad de eliminarlos. Para ello, seleccione Herr.>Editar refX y bloques in situ>Eliminar de conjunto de trabajo mientras esté trabajando con el comando **Refedit**. De esta forma se elimina el objeto del bloque o la referencia externa sin borrarlo. Con el comando Herr.>Editar refX y bloques in situ>Añadir a conjunto de trabajo puede agregar nuevos objetos a un bloque. Los dos comandos ejecutan el comando **Conjref** con distintas opciones, como se demuestra en el siguiente ejercicio:

1. Cierre el archivo `Unitxref.dwg`.
2. En el archivo `Planxref`, aumente el zoom sobre la cocina para obtener una vista similar a la del panel superior de la figura 7.36.

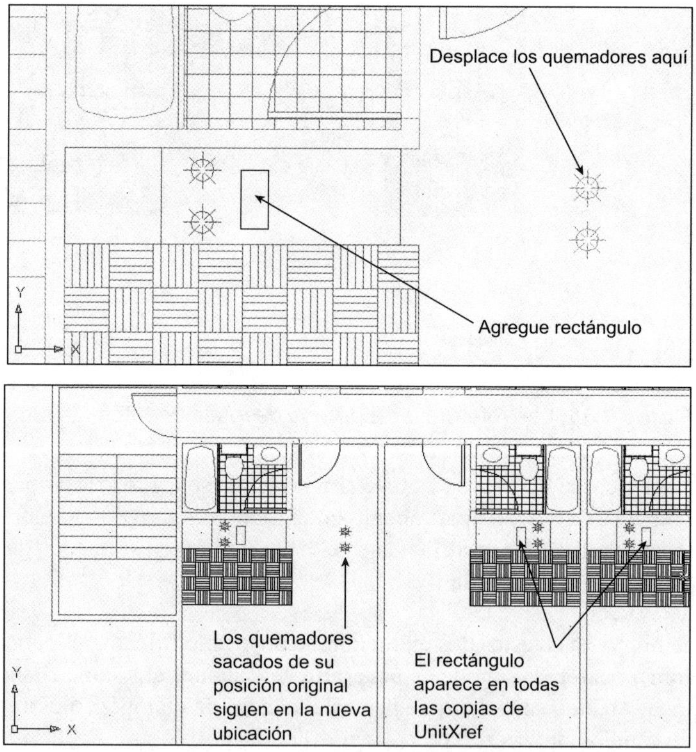

Figura 7.36. Los fuegos se han desplazado fuera del bloque de la cocina y se ha añadido el rectángulo.

3. Haga doble clic en el dibujo de plano del apartamento. Seleccione Herr.>Editar refX y bloques in situ>Editar referencia in-situ en el Explorador de menús, y haga clic en el plano del apartamento.

4. Haga clic en la lista UnitXref|KITCHEN en el cuadro de diálogo Edición de referencias y haga clic en **Aceptar**.
5. Utilice la herramienta **Desplazar** para mover los dos quemadores de la parte derecha hacia la derecha de la cocina, como se puede ver en la figura 7.36.
6. Haga clic en la herramienta **Suprimir objetos del conjunto de trabajo** en el panel Editar referencia ( ) o seleccione Herr.>Editar refX y bloques in situ>Eliminar de conjunto de trabajo en el Explorador de menús.
7. Seleccione los dos quemadores que acaba de desplazar y pulse **Intro**.

Los quemadores adoptarán un color gris oscuro, lo que indica que han sido eliminados del grupo de trabajo. Siguen formando parte del dibujo `Planxref`, pero no del bloque de la cocina.

A continuación añadiremos un rectángulo al bloque para colocar los quemadores:

1. Dibuje un rectángulo de 18 x 40 centímetros sobre la posición que ocupaban los quemadores, como se puede apreciar en el panel superior de la figura 7.36. Cualquier elemento que añada al dibujo se convertirá automáticamente en parte del conjunto de trabajo.
2. Haga clic en **Guardar cambios** en el panel Editar referencia, o seleccione Modificar>Editar refX y bloques in situ>Guardar ediciones de referencia. Verá un mensaje que indica "Todas las ediciones de referencias se guardarán". Haga clic en **Aceptar**.
3. Reduzca el zoom hasta que pueda ver el resto de los apartamentos del dibujo (véase la figura 7.37).

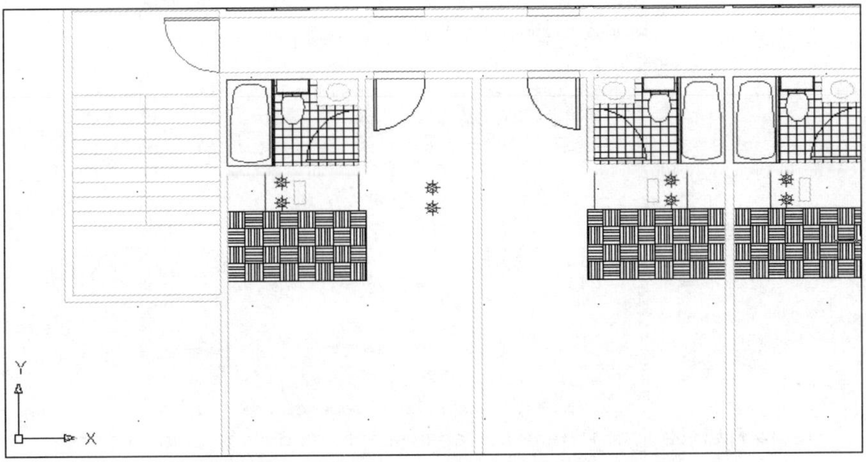

Figura 7.37. El dibujo Planxref con los cambios efectuados en la referencia externa Unitxref.

Como comprobará, los quemadores se han sustituido por el rectángulo en el resto de las referencias externas. Permanecen en el apartamento de la esquina inferior izquierda, aunque se han eliminado de todas las RefX. Es como si se hubieran extraído del bloque y se hubieran colocado en el dibujo `Plan`.

Una vez iniciado el comando **Refedit**, todos los nuevos objetos que se creen se añaden de forma automática. Cuando se dibuje el rectángulo del paso 1, éste se añade automáticamente al conjunto que forman el grupo de objetos incluido en el bloque o referencia externa con el que se está trabajando. No es necesario especificar explícitamente la inserción del objeto en el conjunto de trabajo. Si quiere añadir un objeto existente en el conjunto de trabajo, seleccione Herr.>Editar refX y bloques in situ>Añadir a conjunto de trabajo o seleccione la herramienta **Añadir a conjunto de trabajo** ( ) en el panel Editar referencia.

Hemos concluido los ejercicios correspondientes a este capítulo, por lo que puede salir de AutoCAD sin guardar los cambios.

Opciones del cuadro de diálogo Edición de referencias

El cuadro de diálogo Edición de referencias permite aislar bloques específicos dentro de archivos de referencia externa seleccionándolos de una lista jerárquica. Además, se incluyen dos botones de opción: Seleccionar automáticamente todos los objetos anidados y Preguntar para seleccionar objetos anidados. La opción predeterminada, Seleccionar automáticamente todos los objetos anidados, permite seleccionar cualquier objeto contenido dentro del objeto seleccionado dentro de la lista jerárquica. Si selecciona la opción Preguntar para seleccionar objetos anidados, se le pedirá que seleccione objetos en la pantalla antes de que aparezca el panel Editar referencia.

Además de las opciones utilizadas en los ejercicios, el cuadro de diálogo Edición de referencias incluye la ficha Parámetros con más opciones (véase la figura 7.38).

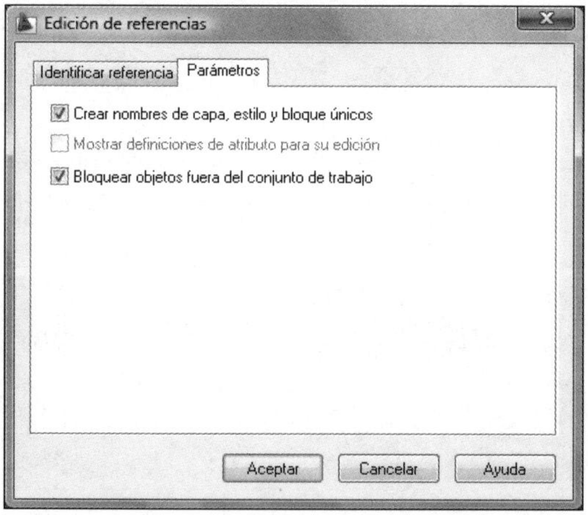

Figura 7.38. La ficha Parámetros en el cuadro de diálogo Edición de referencias.

Crear nombres de capa, estilo y bloques únicos

Al utilizar el comando **Refedit** con la opción Seleccionar automáticamente todos los objetos anidados activada, podemos importar bloques anidados dentro del dibujo actual. Por ejemplo, si seleccionamos el bloque Bath en la lista jerárquica del ejercicio anterior, podremos acceder a los bloques Tub y Toilet del bloque Bath. A partir de ahí, puede importar cualquiera de esos bloques dentro del archivo actual.

Al hacer una copia de un bloque desde un archivo de referencia externa, AutoCAD necesita asignar un nombre a dicho bloque. La opción Crear nombres de capa, estilo y bloques únicos indica a AutoCAD que utilice los nombres de bloque originales y que se adjunte el prefijo `$#$` al nombre (el símbolo # equivale a un valor numérico comenzando en el cero). Si quisiéramos importar el bloque Bath, por ejemplo, se convertiría en `$0$bath` en el dibujo actual. De esta forma, nos aseguramos de que el bloque conserve un nombre único al importarlo, aunque exista un bloque con el mismo nombre en el dibujo actual. Si desactiva la opción Crear nombres de capa, estilo y bloques únicos, se conservará el nombre original. Si el dibujo actual contiene un bloque con el mismo nombre, el bloque importado utilizará la definición del archivo actual de dicho bloque.

Mostrar definiciones de atributo para su edición

Si su dibujo contiene atributos, esta opción aparecerá habilitada. Si activa esta opción, podrá editar las definiciones de atributo mediante el comando **Refedit**. Al utilizar este comando, si selecciona un bloque que contenga una definición de atributo, ésta se expone para permitirnos realizar cambios. Los cambios en las definiciones de atributos sólo afectan a las inserciones de atributo nuevas. A excepción del atributo del bloque editado, los atributos existentes no se verán afectados. Si desea actualizar los atributos existentes con una definición recién editada, utilice la opción Sinc del Administrador de atributos de bloque (seleccione Administrar atributos en el panel expandido Bloque de la ficha Inicio).

Bloquear objetos fuera del grupo de trabajo

En los ejercicios anteriores, vimos que los objetos que no se seleccionaban en el cuadro de diálogo Editar referencia quedaban sombreados y no se podían seleccionar. La opción Bloquear objetos fuera del grupo de trabajo controla esta función, y se encuentra activada de manera predeterminada.

En resumen

- **Ensamblar las piezas:** Los dibujos técnicos a menudo se componen de partes repetitivas que están dibujadas unas sobre otras. AutoCAD hace con rapidez los elementos repetitivos en un plano, como vimos en la primera parte de este capítulo.
  - **Dominarlo:** ¿Cuál es el objeto utilizado como bloque de construcción básico para los elementos del dibujo al comienzo del capítulo?
- **Controlar la visualización de AutoCAD:** Entender la forma en la que AutoCAD presenta los trabajos puede ahorrarle tiempo, especialmente en un dibujo complejo.
  - **Dominarlo:** Identifique el cuadro de diálogo utilizado para guardar las vistas en AutoCAD. Describa cómo recordar una vista guardada.
- **Utilizar patrones de sombreado:** Los patrones pueden transmitir mucha información de inmediato. Puede mostrar el material de un objeto o puede indicar un tipo de vista, como una sección, aplicando patrones de sombreado.

- **Dominarlo:** ¿Cómo se abre el cuadro de diálogo Sombreado y degradado?

- **Opciones de sombreado para delimitación:** Las opciones de sombreado para delimitación le dan control sobre la forma en la que los patrones de sombreado rellenan una zona delimitada.

    - **Dominarlo:** Describa una isla relacionándola con los patrones de sombreado para delimitación

- **Utilizar referencias externas:** Las referencias externas son archivos de dibujo que ha adjuntado al dibujo actual para incluirlas como parte del dibujo. Dado que las referencias externas no son parte del archivo actual, pueden prepararse al mismo tiempo que el archivo de referencia.

    - **Dominarlo:** Describa cómo se adjuntan los archivos de dibujos como referencias externas.

8 Impresión, trazado y presentaciones

La tarea de obtener una copia de los trabajos en papel no es nada sencilla, ya que requiere estar íntimamente familiarizado con los dispositivos de salida utilizados y con los parámetros de impresión de AutoCAD. Es probable que necesite pasar un buen rato experimentando con los parámetros de impresión de AutoCAD, así como con su impresora o trazador, para lograr configurar su equipo de la forma deseada.

Dada la gran cantidad de controles de salida que integra AutoCAD, sólo podemos abordar un estudio general de sus opciones de impresión. Como regla general, el proceso para emplear un trazador no es muy distinto del de una impresora, aunque disponemos de más opciones para los distintos formatos de salida. Aun así, cada dispositivo de salida sigue siendo diferente. En sus manos queda la labor de profundizar en los detalles y de ajustar la forma de trabajar de su impresora o trazador en particular con AutoCAD. En este capítulo se describen las funciones de impresión de las que dispone AutoCAD y se comentan algunas reglas generales y directrices que puede seguir para configurar la impresión de sus trabajos.

Comenzaremos por presentarle las funciones de impresión de AutoCAD para pasar, a continuación, a comentar los detalles relativos a la configuración de dibujos y las funciones de control de impresoras y trazadoras.

En este capítulo se abordan los siguientes aspectos:

- Imprimir planos.
- Parámetros de impresión.
- Trazado WYSIWYG ("lo que ve es lo que obtiene") utilizando fichas de diseño.

- Agregar un dispositivo de salida.
- Almacenar una configuración de página.
- Consideraciones sobre hardware de trazado e impresión.

Imprimir planos

Para observar de primera mano el funcionamiento del comando **Imprimir**, comenzaremos por imprimir el archivo `Plan` (Plano) utilizando los parámetros predeterminados de su sistema. En primer lugar, mostraremos una vista previa del trazado, antes de imprimir el dibujo. Como introducción, imprimiremos desde la vista Modelo del dibujo de AutoCAD, pero tenga en cuenta que, normalmente, debería imprimir de la vista Presentación. Las vistas presentación brindan un mayor control sobre el aspecto final del trabajo de impresión. En una sección posterior analizaremos la vista Presentación.

Probaremos a imprimir primero el plano sin fijar ninguna escala en particular:

1. Compruebe que su impresora o trazador están conectados al equipo y encendidos.
2. Inicie AutoCAD y abra el archivo `Plan-metric.dwg`.
3. Haga clic en Todo del menú desplegable Zoom en el panel Utilidades de la ficha Inicio para obtener una vista completa de todo el dibujo.
4. Seleccione la herramienta **Imprimir** ( ) en la Barra de herramientas de acceso rápido para abrir el cuadro de diálogo Trazar (véase la figura 8.1).

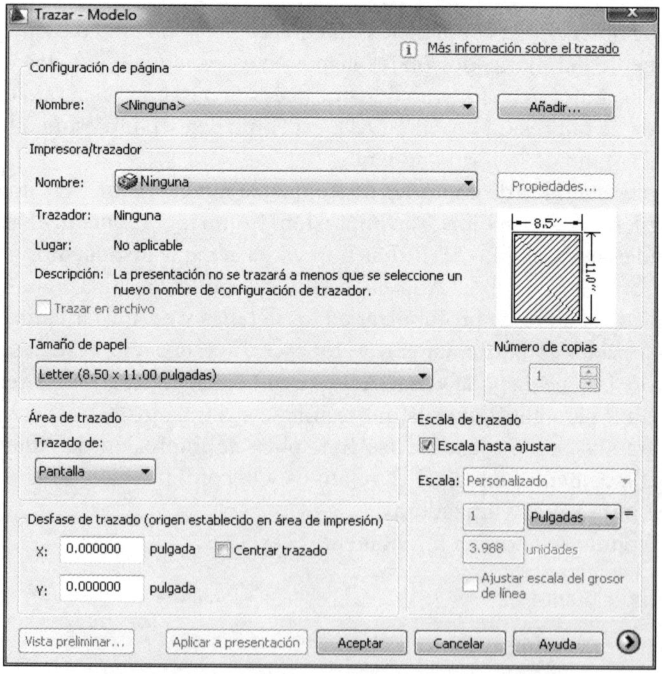

Figura 8.1. Cuadro de diálogo Trazar-Modelo.

5. Si el campo Nombre del grupo Impresora/trazador muestra la opción Ninguna, haga clic en el control de flecha del campo y seleccione la impresora predeterminada de Windows.

6. En el grupo Área de trazado, compruebe que está seleccionada la opción Pantalla para indicar a AutoCAD que imprima el dibujo tal y como aparece en la ventana de dibujo. También dispone de la opción de trazar los límites del dibujo o de seleccionar el área que desea trazar mediante una ventana. Además, puede escoger entre trazar toda la superficie de un dibujo o una vista almacenada (véase la figura 8.2).

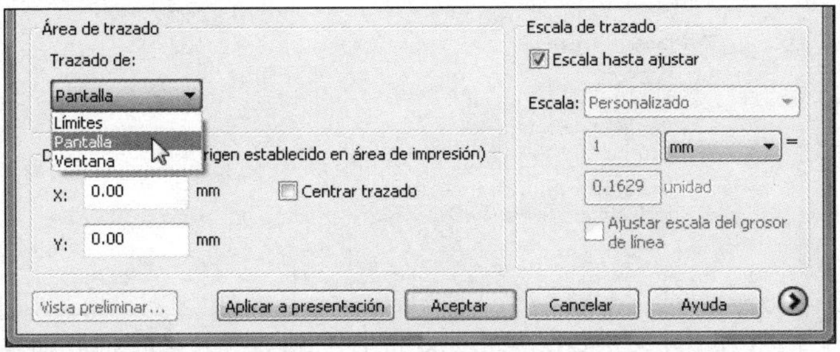

Figura 8.2. Cuadro de diálogo Trazar-Modelo.

7. Asegúrese de que la opción Escala hasta ajustar está seleccionada en el grupo Escala de impresión.

8. Haga clic en el botón **Vista preliminar** situado en la esquina inferior izquierda del cuadro de diálogo. A continuación, AutoCAD mostrará la vista del dibujo que se obtendrá al finalizar la impresión. Observe que la vista también muestra el cursor Zoom en tiempo real. Puede utilizar las herramientas **Zoom** y **Encuadre** en tiempo real para obtener primeros planos de la vista preliminar de impresión.

9. Imprimamos ahora el archivo. Haga clic con el botón derecho del ratón y seleccione la opción Imprimir del menú contextual. AutoCAD enviará el dibujo a la impresora.

10. La impresora o el trazador imprimirán el plano sin aplicar ninguna escala.

El resultado obtenido nos permite apreciar el aspecto que presenta el dibujo en papel. Hemos utilizado los parámetros mínimos para asegurarnos de que el dibujo se imprime en su totalidad. Es posible que aparezca un mensaje en la esquina inferior derecha de la ventana de AutoCAD, como se muestra en la figura 8.3.

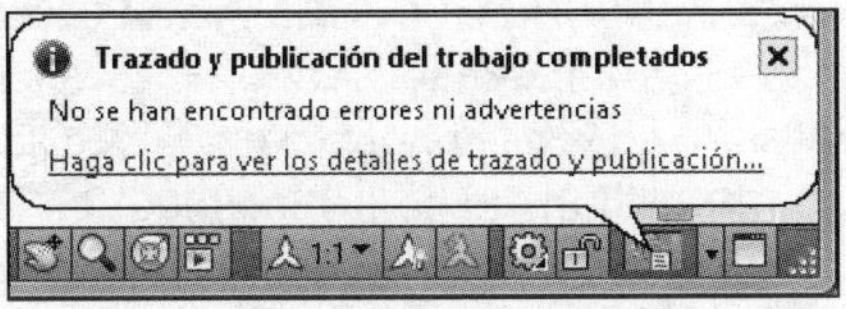

Figura 8.3. Mensaje Trazado y publicación del trabajo completados.

Si hace clic en el texto Haga clic para ver los detalles de trazado y publicación, se abre el cuadro de diálogo Detalles de trazado y publicación, que muestra información detallada sobre la impresión del documento (véase la figura 8.4).

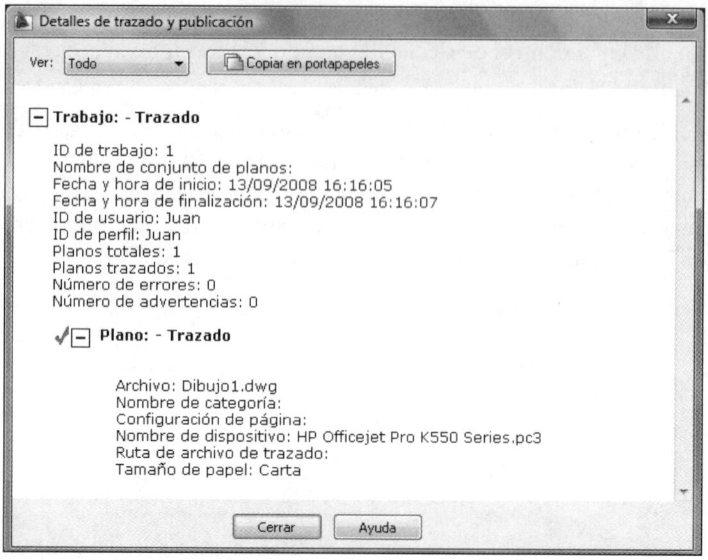

Figura 8.4. Cuadro de diálogo Detalles de trazado y publicación.

A medida que vaya adquiriendo más experiencia con AutoCAD y sus proyectos vayan creciendo en complejidad, apreciará más la información que ofrece el cuadro de diálogo Detalles de trazado y publicación. Por ahora, tome nota mental simplemente de que este cuadro existe y de que puede recurrir a él siempre que lo necesite. A continuación, probaremos a imprimir el dibujo con un factor de escala exacto. Para ello, necesitamos expandir el cuadro de diálogo Imprimir para que muestre algunas opciones ocultas:

1. Vuelva a hacer clic en **Imprimir** ( ) en la Barra de herramientas de acceso rápido para abrir el cuadro de diálogo Trazar. Si la lista desplegable Nombre del grupo Impresora/trazador muestra la opción Ninguna, seleccione la impresora predeterminada de su sistema.
2. Haga clic en el botón **Más opciones** ( ), situado en la esquina inferior derecha del cuadro, y verá que aparecen algunas opciones adicionales a la derecha del cuadro, como se muestra en la figura 8.5.
3. Si en el ejercicio anterior el dibujo aparecía mal orientado en papel, seleccione la opción Horizontal en el grupo de botones Orientación de dibujo.

TRUCO: La apariencia del dibujo en la vista previa depende del tipo de dispositivo de salida seleccionado al instalar AutoCAD o de la opción escogida en el control Dispositivo de impresión. La vista previa se ve también afectada por otros parámetros del cuadro de diálogo Impresión, como los incluidos en los grupos Orientación del dibujo, Desfase de impresión o Área de impresión. Este ejemplo muestra una vista previa típica utilizando la impresora predeterminada de Windows en modo Vertical.

4. En el grupo Escala de impresión, desactive la casilla Escala hasta ajustar y seleccione 1:20 en el menú desplegable del campo Escala. Como puede observar, dispone de una gran cantidad de opciones para determinar el factor de escala deseado.

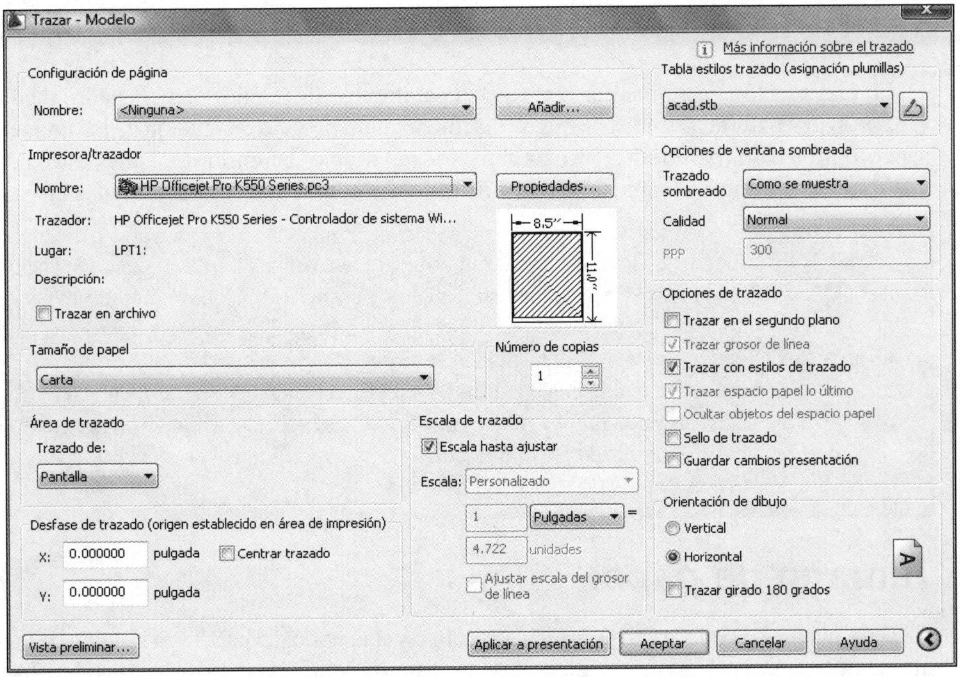

Figura 8.5. Cuadro de diálogo Trazar-Modelo.

5. En el grupo Tamaño de papel, seleccione A4 210 x 297 mm (8,26 x 11,69 pulg.). Las opciones disponibles en este campo dependerán de la impresora o del dispositivo de salida configurado para AutoCAD.
6. En el grupo de opciones Área de trazado, seleccione la opción Límites en la lista desplegable. Este control indica a AutoCAD que debe utilizar los límites de su dibujo para determinar qué parte imprimir.
7. Haga clic de nuevo sobre el botón **Vista preliminar** para generar una vista preliminar de la impresión.
8. Haga clic con el botón derecho del ratón y seleccione Imprimir en el menú contextual. Esta vez, el dibujo se imprimirá a escala.

En este ejercicio hemos seleccionado más parámetros de configuración que en el ejercicio anterior.

Se ha utilizado un cierto número de parámetros que funcionan de forma conjunta para imprimir un dibujo a escala y que se ajuste correctamente al tamaño del papel. Resulta importante entender la relación entre la escala del dibujo y el tamaño del papel. Además, ha visto cómo hacer que el cuadro de diálogo Trazar muestre las opciones adicionales.

TRUCO: La siguiente sección es extensa y no contiene ningún ejercicio. Si prefiere seguir con los ejercicios de este capítulo, sáltesela. Asegúrese de volver a ella y leerla en su totalidad con los ejercicios todavía frescos en su mente.

Parámetros de impresión

En esta sección, examinaremos todos los parámetros disponibles en el cuadro de diálogo Trazar. Estos parámetros nos permiten controlar el tamaño y la orientación de las imágenes en papel. También nos permiten controlar qué parte del dibujo se imprimirá. Todos estos parámetros funcionan conjuntamente para permitirle ajustar el dibujo a sus necesidades en papel.

ADVERTENCIA: Si lleva tiempo trabajando con AutoCAD, tenga en cuenta que AutoCAD 2009 se basa principalmente en los parámetros de configuración de impresoras de Windows en lugar de hacerlo en los controladores de sus dispositivos de impresión. Además, recuerda los ajustes de impresión específicos de AutoCAD, por lo que no es necesario especificarlos una y otra vez en cada sesión de AutoCAD. Este hecho brinda al usuario una mayor flexibilidad y control sobre la impresión. Por lo tanto, debe comprender los parámetros para la configuración de impresoras en Windows, así como los correspondientes de AutoCAD.

Tamaño de papel

Las opciones de este grupo permiten seleccionar el tamaño del papel y el sistema de medidas que se utilizarán para imprimir. El tamaño de papel se elige en la lista desplegable Tamaño de papel. Los tamaños de papel que se incluyen en esta lista se extraen de la impresora del sistema actualmente seleccionada. Más adelante, en este mismo capítulo, le indicaremos cómo seleccionar una impresora diferente.

AutoCAD 2009 ofrece los tamaños en ambos sistemas de medida con una lista desplegable ubicada en el grupo Tamaño de papel (véase la figura 8.6). AutoCAD entiende que si escoge un tamaño de papel con medidas métricas como, por ejemplo, A4 o A5, querrá especificar el tamaño del papel en unidades métricas y realizar los ajustes así.

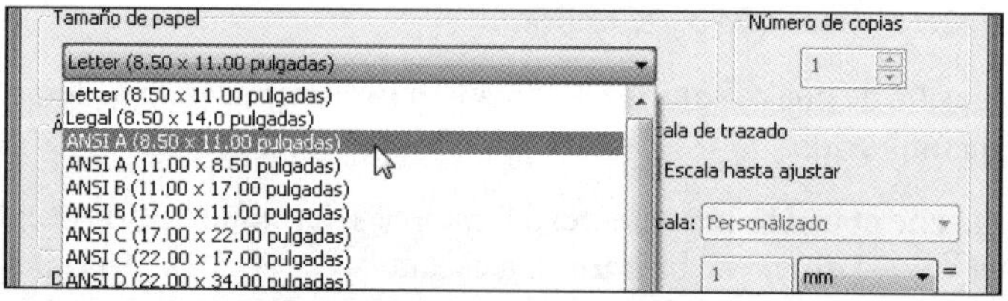

Figura 8.6. Tamaño de papel.

Orientación del dibujo

Al utilizar el botón **Vista preliminar** en el primer ejercicio de este capítulo, el dibujo se visualizaba sobre el papel. En dicho ejemplo, el dibujo aparecía orientado horizontalmente. Esta opción de orientación coloca el dibujo en un papel más ancho que alto. AutoCAD permite girar la imagen en el papel 90 grados mediante la opción Vertical del grupo de botones Orientación de dibujo. Existe una tercera opción de orientación, Imprimir girado 180 grados, para mostrar el dibujo del revés. Estos tres parámetros permiten colocar la imagen en cualquiera de las cuatro posibles orientaciones.

En AutoCAD, la previsualización muestra el papel en la orientación con la que sale por la impresora. Por ello, en la mayoría de los formatos más pequeños, cuando se imprime la imagen en vertical, ésta sale impresa igual que la que vemos en pantalla. Sin embargo, en horizontal, la imagen lo que hace es tumbarse hacia un lado. Tenga en cuenta que en los dispositivos de trazado de gran formato las opciones de previsualización pueden aparecer al contrario. En el grupo Orientación de dibujo se ve una hoja con una A mayúscula que ilustra la orientación del plano en cada momento.

TRUCO: Recuerde que tiene que hacer clic en el botón **Más opciones** de la esquina inferior derecha del cuadro de diálogo Trazar para acceder al grupo Orientación de dibujo. Este botón tiene la forma de un círculo con el símbolo "mayor que" dentro. También puede pulsar la combinación de teclas **Alt-Mayús->**.

Área de trazado

La lista desplegable Trazado de: del grupo Área de trazado en el cuadro de diálogo Trazar permiten especificar qué parte del dibujo desea imprimir. Como observará, las opciones de este grupo son similares a las opciones del comando **Zoom**. A continuación, repasaremos las opciones con más detalle. La mayoría de las opciones se utilizan sólo en la ficha Modelo. Generalmente, cuando imprime desde la ficha Presentación, utilizará la opción Presentación.

- Límites: La opción de trazado Límites (sólo disponible en el espacio Modelo) utiliza los límites del dibujo para determinar la zona a imprimir. Si permite que AutoCAD ajuste el dibujo a la hoja (mediante la opción Escala hasta ajustar del grupo Escala de impresión), se imprimirán los mismos elementos que se muestran en pantalla al seleccionar Ver>Zoom>Todo.
- Presentación: La opción Presentación (sólo disponible en las vistas Presentación) sustituye a la opción Límites cuando se imprime a partir de la ficha Presentación. Esta opción imprime todos los elementos incluidos dentro de los márgenes del papel dentro de la vista Presentación. Generalmente, ésta es la única opción que utilizará cuando imprima desde una presentación.
- Extensión: La opción Extensión utiliza las medidas del dibujo para determinar el área a imprimir. Si permite que AutoCAD ajuste el dibujo a la hoja (es decir, si selecciona la opción Ajustar a escala de la lista desplegable), se imprimirán los mismos elementos que se verían en pantalla si seleccionara Ver>Zoom>Extensión.
- Pantalla: La opción Pantalla es la opción predeterminada. Esta opción indica a AutoCAD que imprima la vista actual de pantalla. Si permite que AutoCAD ajuste el dibujo a la hoja (es decir, si selecciona la opción Escala hasta ajustar del grupo Escala de impresión), se imprimirá exactamente lo que se ve en pantalla ajustado a las medidas de anchura y altura de su pantalla.
- Vista: La opción de trazado Vista se halla disponible siempre que se haya guardado previamente una vista mediante el comando **Vista**. Al seleccionar Vista en el menú desplegable Trazado de:, aparece otra lista desplegable a la derecha que incluye

una lista de vistas disponibles en el plano desde donde se puede seleccionar la vista que queramos imprimir. Si permite que AutoCAD ajuste el dibujo a la hoja (es decir, si selecciona la opción Escala hasta ajustar del grupo Escala de impresión), se imprimirá lo mismo que vería en la pantalla si llama la vista que esta imprimiendo. Los objetos que no aparecen en la vista están recortados en la vista impresa.

TRUCO: Si obtiene una hoja en blanco al imprimir su dibujo con la opción Extensión o Pantalla activadas, es probable que no haya seleccionado la opción Ajustar a escala o que el parámetro pulgadas = unidades de dibujo sea incorrecto para el tamaño del papel y la escala del dibujo actuales. Si la escala del dibujo no es un criterio importante, asegúrese de que la opción Escala hasta ajustar está seleccionada. De lo contrario, asegúrese de definir correctamente los parámetros del grupo Escala de impresión, como le indicamos en la siguiente sección.

- Ventana: La opción Ventana permite utilizar una ventana para indicar el área que desea imprimir. Los elementos situados fuera de ese espacio no se imprimirán. Para utilizar esta opción, selecciónela en la lista desplegable. El cuadro de diálogo Trazar se cerrará temporalmente para permitirle seleccionar una ventana. Después de hacerlo por primera vez, aparecerá el botón **Ventana** al lado de la lista desplegable. Puede hacer clic en este botón para seleccionar una ventana en el área de dibujo. Si utiliza la opción Escala hasta ajustar del grupo Escala de trazado para permitir que AutoCAD coloque el dibujo en la hoja, se imprimirán únicamente los elementos encerrados dentro de la ventana.

Escala de impresión

En la sección anterior le indicamos cuándo seleccionar la opción Ajustar a escala. Tenga en cuenta que al aplicar un factor de escala en la impresión de un dibujo se modifican los valores de los parámetros Área de trazado y pueden surgir algunos problemas. Muchos usuarios iniciales suelen tener dificultades en este aspecto.

Por ejemplo, el plano del apartamento encaja perfectamente en el papel si utilizamos la opción Ajustar a escala. Pero si intenta imprimir el dibujo a una escala de `1"=1'`, probablemente obtenga como resultado una hoja de papel en blanco porque, a esa escala, ningún dibujo se ajustará al papel. AutoCAD indicará el inicio y final de la operación de impresión, pero no le explicará por qué ha obtenido una hoja en blanco como resultado.

TRUCO: Recuerde que las medidas del archivo `Plan1.dwg` se establecieron en 594 mm x 420 mm a una escala de 1:10. Si imprime desde la ficha Modelo y selecciona estos parámetros en el cuadro de diálogo Trazar (asumiendo que su impresora o trazador admitan papel en formato A2) y si además selecciona la opción Límites para el área de impresión, su dibujo encajará en el papel y tendrá la escala correcta.

Si la imagen es demasiado grande para ajustarse al tamaño del papel debido a la aplicación de una escala incorrecta, la imagen de impresión se colocará de otra forma en función de si el trazador utiliza el centro de la imagen o la esquina inferior izquierda como su origen. Tenga en cuenta este hecho al especificar los valores de escala en el cuadro de diálogo.

Escala de dibujo

Puede seleccionar una escala de dibujo de un conjunto de factores de escala predefinidos. En la lista desplegable Escala encontrará los factores de escala más habituales (véase la figura 8.7).

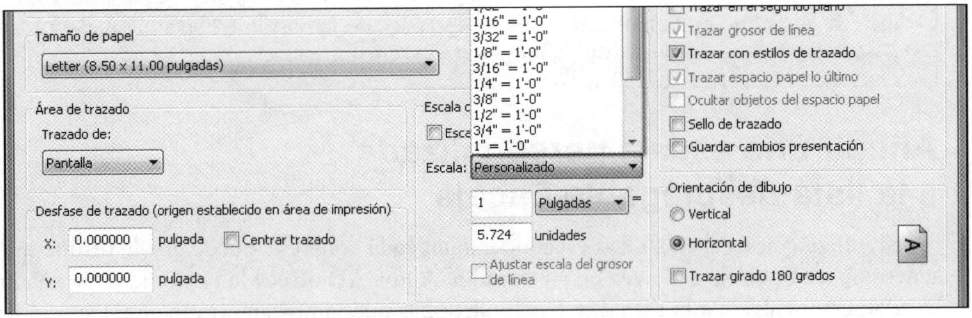

Figura 8.7. Lista desplegable Escala.

Ya hemos visto que la opción Ajustar a escala obliga al dibujo a ajustarse a la hoja sin necesidad de escoger ninguna escala cuando imprime desde la ficha Modelo. Esta opción es adecuada cuando estamos trabajando con ilustraciones que no necesitan escalarse. Si selecciona otra opción, se modificarán los valores de los cuadros de entrada Personalizado para reflejar la escala seleccionada. El cuadro de texto pulgada= cambia a 0,125 y el cuadro de texto de unidades cambia a 12.

Si está imprimiendo desde una presentación, utilizará la escala 1:1 o quizás la 1:2 si está imprimiendo un dibujo de tamaño mediano. En una presentación, la escala de dibujo se establece generalmente por medio de la ventana gráfica. Cuando imprime desde una presentación, AutoCAD determina automáticamente la zona a imprimir basándose en la impresora y en el tamaño de página que selecciona.

Escala personalizada

En muchos casos, puede tener que configurar una escala no estándar para imprimir su dibujo (que no aparece en la lista desplegable). Si la lista desplegable Escala no incluye el factor de escala deseado, puede seleccionar Personalizado de la lista y luego introducir sus valores personalizados en los cuadros de entrada del grupo Escala de trazado, pulgadas= y unidades. A través de estos cuadros de entrada, puede indicar la relación entre las unidades de dibujo y la distancia final de impresión en pulgadas o milímetros. Por ejemplo, siga estos pasos para aplicar un factor escala 1:10 a su dibujo:

1. En el cuadro de diálogo Trazar, en el grupo Escala de trazado, haga doble clic en el campo mm= y escriba **1**. Pulse la tecla **Tab**.
2. Haga doble clic en el campo Unidades y escriba **10**. Pulse la tecla **Tab**.

Puede especificar un factor de escala diferente al aplicado al dibujo para que AutoCAD imprima el dibujo al factor indicado. AutoCAD le permite escoger la escala deseada, pero es importante seleccionar la correcta: si escoge un factor de escala demasiado grande, AutoCAD pensará que su dibujo es demasiado grande para ajustarse a la hoja, pero intentará imprimirlo de todas formas.

TRUCO: Si imprime un dibujo con un factor de escala diferente al previsto originalmente, el tamaño de los objetos y del texto en papel no será el correcto. En este caso, necesitará modificar el tamaño del texto para ajustarlo al nuevo factor de escala. Esta tarea se realiza en la paleta Propiedades. Seleccione el texto cuya altura desea modificar, haga clic en la herramienta **Propiedades** de la barra de herramientas Normal y modifique el parámetro Altura en la paleta Propiedades.

Añadir una escala personalizada a la lista desplegable Escala

Si utiliza con frecuencia una escala personalizada concreta, puede que le resulte molesto tener que introducirla cada vez en su trazador. AutoCAD ofrece la posibilidad de añadir una escala personalizada a la lista desplegable Escala que vimos anteriormente. De esta forma, podrá seleccionar fácilmente su escala personalizada en la lista en lugar de escribirla en los cuadros de texto.

1. Seleccione Herr.>Opciones en el Explorador de menús para abrir el cuadro de diálogo del mismo nombre.
2. Active la ficha Preferencias de usuario y haga clic en el botón **Editar lista de escalas** en la parte inferior del cuadro de diálogo (véase la figura 8.8).

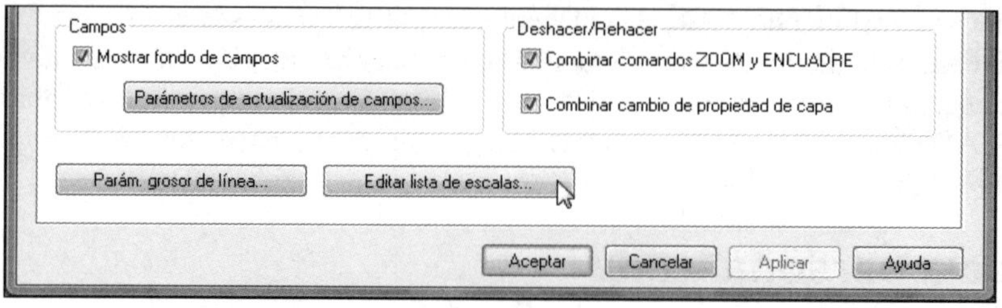

Figura 8.8. Botón Editar lista de escalas.

3. En el cuadro de diálogo Editar lista de escalas, haga clic en el botón **Añadir** (véase la figura 8.9).

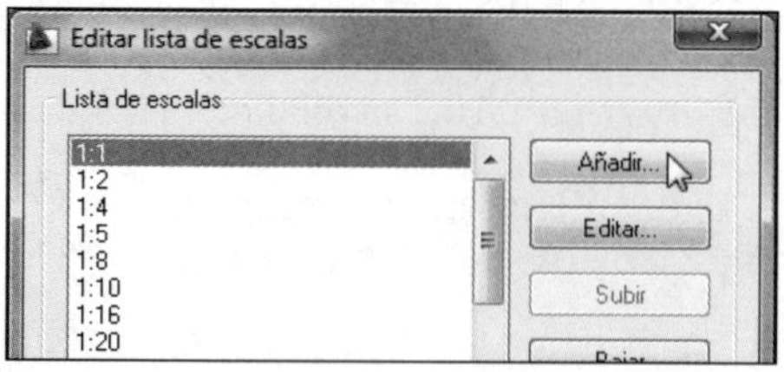

Figura 8.9. Cuadro de diálogo Editar lista de escalas.

4. En el cuadro de diálogo Añadir escala, escriba un nombre para la escala personalizada en el cuadro de texto Nombre en la lista de escalas y, a continuación, escriba los valores apropiados en los cuadros de texto del grupo Propiedades de escala (véase la figura 8.10).

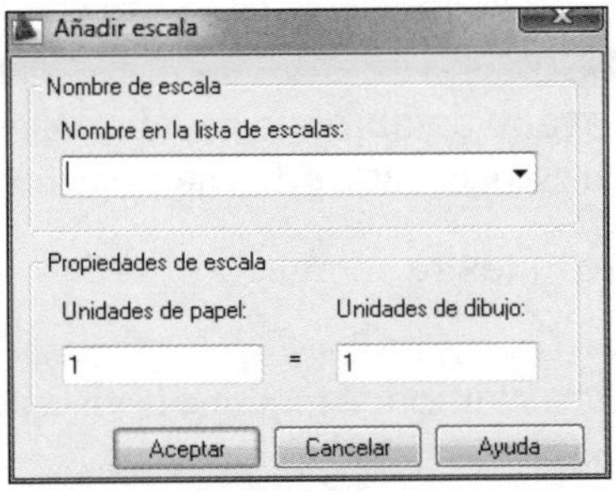

Figura 8.10. Cuadro de diálogo Añadir escala.

5. Haga clic en **Aceptar** en los distintos cuadros de diálogo para cerrarlos.

En el cuadro de diálogo Editar lista de escalas, podemos observar varias opciones junto al botón **Añadir**. Haciendo clic en el botón **Editar**, podemos editar una escala existente en la lista. Haciendo clic en los botones **Subir** y **Bajar**, podemos cambiar la posición relativa de una escala en la lista. Haciendo clic en **Suprimir**, eliminaremos un elemento o un conjunto de elementos de la lista. Finalmente, haciendo clic en el botón **Restablecer**, recuperaremos los valores predeterminados de la lista y eliminaremos cualquier escala personalizada que hayamos definido.

> **TRUCO:** En lugar de abrir el cuadro de diálogo Opciones haciendo clic en el botón **Editar lista de escalas** de la ficha Preferencias de usuario, puede escribir `Scalelistedit` y pulsar la tecla **Intro** en la línea de comandos para abrir directamente el cuadro de diálogo Editar lista de escalas.

Ajustar escala del grosor de línea

AutoCAD integra la opción para ajustar el grosor de línea a objetos mediante asignaciones de capa o directamente aplicando un grosor de línea a cada objeto. Sin embargo, la opción Asignar escala al grosor de línea no está disponible si no se especifica un factor de escala para el dibujo. Marque esta casilla si desea asignar el grosor de línea a capas y objetos para que se representen correctamente al imprimirlos.

Opciones de ventana sombreada

La mayor parte de sus trabajos de impresión se compondrán de dibujos lineales técnicos en 2D, pero es posible que en ocasiones tenga que imprimir una vista sombreada o modelizado en 3D. Puede que necesite incluir dichas vistas en 3D en combinación con vistas de trama en 2D o 3D. AutoCAD incorpora opciones de ventana sombreada que permiten imprimir vistas sombreadas o modelizado en 3D de sus dibujos creados con AutoCAD. Estas opciones proporcionan control sobre la calidad o el resultado de impresión.

> **TRUCO:** Recuerde que para acceder al grupo de Opciones de ventana sombreada tiene que hacer clic primero sobre el botón **Más opciones** en la esquina inferior derecha del cuadro de diálogo Trazar, que tiene la forma de un círculo con el símbolo mayor que. También deberá seleccionar un nombre de impresora en el grupo Impresora/Trazador para que estas opciones estén disponibles.

Trazado sombreado

La lista desplegable Trazado sombreado permite controlar cómo se imprimirá una vista del espacio Modelo. Puede escoger entre diferentes opciones:

- La opción Como se muestra imprime la vista del espacio Modelo tal y como aparece en pantalla.
- La opción Estructura alámbrica imprime la vista del espacio Modelo de objetos 3D en forma de estructura alámbrica.
- La opción Oculto imprime la vista del espacio Modelo sin las líneas ocultas.
- La opción Oculto 3D/Estructura alámbrica 3D/Conceptual/Realista traza el espacio Modelo utilizando uno de estos estilos visuales. Estas selecciones anulan el estilo visual de espacio Modelo actual.
- La opción Modelizado modeliza la vista del espacio Modelo antes de la impresión.
- La opción Borrador/Bajo/Medio/Alto/Presentación establece la calidad del trazado.

Las opciones Trazado sombreado están deshabilitadas si se imprime desde la ficha Presentación. Puede controlar la forma en la que se imprime cada ventana gráfica a través de los parámetros Propiedades de la ventana gráfica. En una sección posterior se comentarán más detenidamente las propiedades de las ventanas gráficas de presentación.

Calidad y ppp

La lista desplegable Calidad ofrece opciones para controlar la calidad de la vista sombreada o modelizada. Cada opción determina el parámetro PPP (puntos por pulgada) de salida. Estas opciones no estarán disponibles si selecciona Estructura alámbrica u Oculto de la lista desplegable Trazado sombreado:

- La opción Borrador imprime las vistas en 3D en forma de estructura alámbrica.
- La opción Vista preliminar ofrece una resolución de 150 ppp.
- La opción Normal ofrece una resolución de 300 ppp.
- La opción Presentación ofrece una resolución de 600 ppp.
- La opción Máximo delega la resolución a los parámetros de los dispositivos de salida actuales.
- La opción Personalizado permite definir los puntos por pulgada deseados. Si se selecciona esta opción, se habilitará el cuadro de entrada PPP para la definición del parámetro.

TRUCO: Si no está familiarizado con algunos de los términos comentados para las Opciones de ventana sombreada, no se alarme. Aprenderá nociones sobre sombreado 3D y vistas renderizadas más adelante en este libro. Cuando comience a explorar el modelado 3D en AutoCAD, vuelva y revise las Opciones de ventana sombreada.

Desfase de impresión

Al imprimir por primera vez un dibujo, con frecuencia suele aparecer mal colocado en el papel. Puede ajustar la ubicación del dibujo en el papel mediante los parámetros del grupo Desfase de impresión. Para ajustar la ubicación de un dibujo en el papel, debe indicar la ubicación del origen de la vista con relación al origen de impresión en las coordenadas X e Y (véase la figura 8.11).

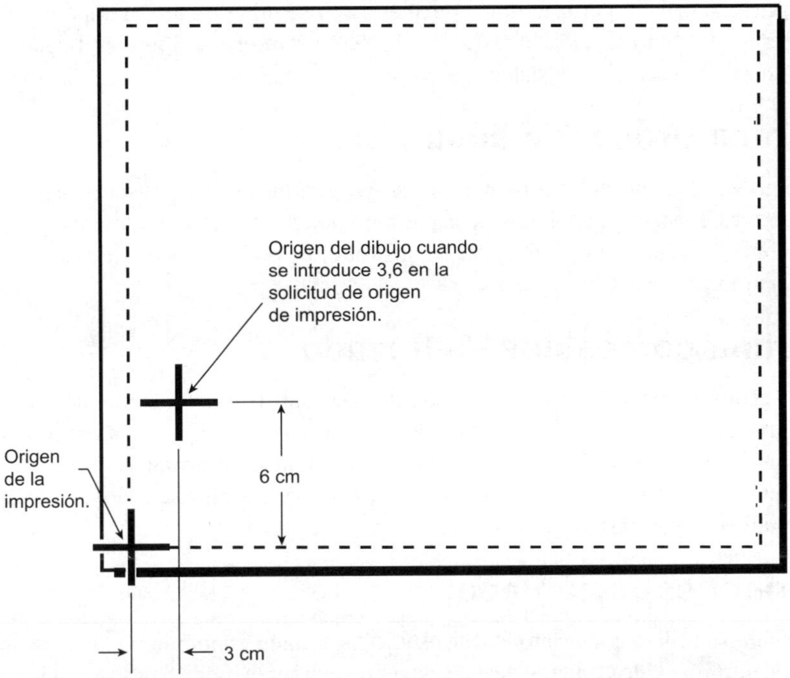

Figura 8.11. Ajuste de la ubicación de la imagen en papel.

Por ejemplo, suponga que imprime un dibujo y observa que necesita desplazarlo 3 cm hacia la derecha y 6 cm hacia arriba en la hoja. Puede volver a imprimir el dibujo aplicando los siguientes cambios:

1. Haga doble clic en el cuadro de entrada X y escriba **3**. Pulse la tecla **Tab**.
2. Haga doble clic en el cuadro de entrada Y y escriba **6**. Pulse la tecla **Tab**.

Ahora continúe con el resto de la configuración de impresión. Con estos parámetros, la imagen se desplazará 3 cm hacia la derecha y 6 cm hacia arriba al imprimirla.

También puede indicar a AutoCAD la ubicación desde la que se produce el desfase. La ficha Trazar y publicar del cuadro de diálogo Opciones (seleccione Herr.>Opciones en el Explorador de menús) presenta el grupo de botones denominado Especificar desfase de trazado relativo a, que tiene dos opciones: Área de impresión y Borde del papel. Elija el que sea más pertinente en su caso en particular.

Opciones de impresión

Los parámetros del grupo Opciones de impresión ofrecen un gran control sobre la impresión de dibujos, por lo que requieren una presentación detallada. A continuación incluimos una breve descripción de estas opciones. Aprenderá más sobre ellas en la siguiente sección.

Trazar en el segundo plano

En los casos en que sea probable que el dispositivo de salida tarde bastante tiempo en imprimir, esta opción permite imprimir planos en segundo plano para poder regresar inmediatamente al dibujo una vez puesta en marcha la impresión. También puede controlar esta opción desde la variable del sistema `Backgroundplot`.

Imprimir grosor de línea

Como se mencionó anteriormente, AutoCAD permite asignar grosores de línea a los objetos bien a través de sus asignaciones de capa, bien aplicando directamente un grosor de línea al propio objeto. Si utiliza esta función en sus dibujos, podrá activar o desactivar los grosores de línea al imprimirlos.

Imprimir con estilos de trazado

Los estilos de trazado brindan un alto nivel de control sobre la impresión, ya que permiten determinar si el dibujo se imprime en color o en blanco y negro y si las áreas rellenas se dibujan en colores sólidos o en forma de patrón. Puede incluso controlar la forma de unión de las líneas en las esquinas. En la siguiente sección se explican más detalladamente estas opciones y cómo afectan a su trabajo.

Imprimir espacio Papel

Cuando se utiliza el espacio Presentación, también conocido como espacio Papel, esta opción determina si los objetos de este espacio se dibujan antes o después que los objetos del espacio Modelo, como le explicaremos más adelante en este mismo capítulo.

Ocultar objetos del espacio Papel

Esta opción se aplica a los modelos 3D en AutoCAD. Al dibujar un objeto en tres dimensiones, éste se ve en una vista de malla. En esta vista los dibujos parecen transparentes, aunque la superficie sea sólida. Puede ver e imprimir objetos 3D de forma que las superficies sólidas se conviertan en opacas suprimiendo las líneas ocultas. Para ver un dibujo 3D en un editor sin las líneas ocultas utilice el comando `OC`. Para imprimir un dibujo en 3D sin líneas ocultas, utilice la opción Ocultar objetos de la lista desplegable Trazado sombreado.

> **ADVERTENCIA:** La opción Ocultar objetos del espacio papel no funciona en la ventana gráfica de la ficha Presentación que se trata en la siguiente sección. En su lugar, deberá escoger el valor Oculto para la opción Trazado sombreado. (Haga clic en la vista, un nuevo clic con el botón derecho del ratón y seleccione Trazado sombreado>Oculto en el menú contextual.)

Sello de trazado

La opción Sello de trazado permite incorporar información pertinente sobre el plano en el lugar que escojamos, como nombre del plano, fecha y hora, escala, etc. Al activar Sello de trazado aparece un botón adicional.

Haga clic en este botón (icono) para acceder al cuadro de diálogo Sello de trazado (véase la figura 8.12), que ofrece multitud de opciones de control. Se trata de una función bastante exhaustiva, así que hemos preferido no abrumarle aquí con una descripción detallada de todas y cada una de las opciones.

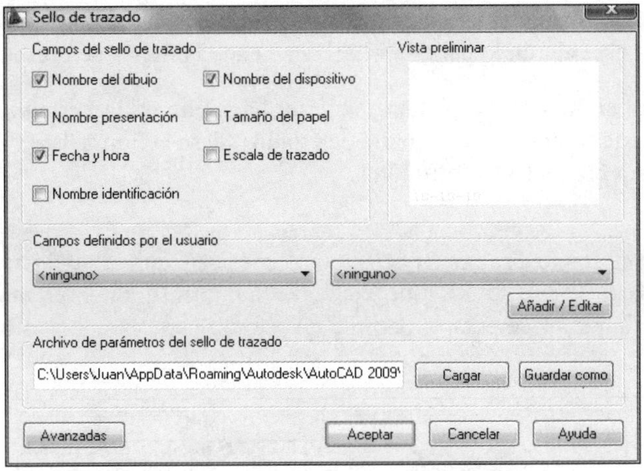

Figura 8.12. Cuadro de diálogo Sello de trazado.

Guardar cambios presentación

Cuando se activa esta opción, los cambios que apliquemos a los ajustes del cuadro de diálogo Trazar se guardarán junto a la presentación actual.

TRUCO: En el cuadro de diálogo Trazar se encuentran los típicos botones **Aceptar**, **Cancelar** y **Ayuda**, pero hay uno adicional que se llama **Aplicar a presentación**, que permite guardar los ajustes de impresión específicos para un plano en particular junto con ese plano sin tener que enviar el dibujo a la impresora. Esta función resulta enormemente útil cuando a mitad del ajuste de los parámetros de impresión de un plano, resulta que ya no queremos imprimirlo.

Imprimir de forma sencilla utilizando las fichas de presentación

Es probable que se haya fijado en las fichas situadas en la parte inferior del área de dibujo denominadas Modelo, Presentación1 y Presentación2. Hasta ahora, hemos realizado todo el trabajo en la ficha Modelo, también conocida como espacio Modelo. Las fichas de presentación abren vistas específicamente destinadas a tareas de impresión y trazado. Estas vistas nos permiten controlar la escala del dibujo, agregar bloques de título e incluso configurar parámetros de capa diferentes a los definidos en la ficha Modelo. Piense en las fichas de presentación como espacios destinados al diseño de página como los incluidos en programas de edición.

AutoCAD nos permite abrir tantas fichas de presentación como queramos y configurarlas de forma diferente según el resultado de impresión deseado. Por ejemplo, podemos crear dos o tres fichas de presentación para incluir dibujos con diferentes factores de escala o configuraciones de capa distintas para reflejar planos diferentes. Podemos, incluso, configurar vistas múltiples de dibujos a diferentes escalas dentro de una única ficha de presentación. Además, podemos dibujar y agregar texto y cotas en estas fichas, como si estuviéramos trabajando en el espacio Modelo. Siga este ejercicio para familiarizarse con las fichas de presentación:

1. Con el archivo `Plan` (Plano) abierto, haga clic en la herramienta **Vista rápida de presentaciones** (icono) en la barra de estado (véase la figura 8.13), y haga clic en el panel de vista previa Presentación1.

> **TRUCO:** El icono **Trazar** en la esquina superior izquierda del panel de vista previa Vista rápida de presentaciones le permite imprimir una presentación. El icono en la esquina superior derecha le permite ejecutar la herramienta **Publicar**.

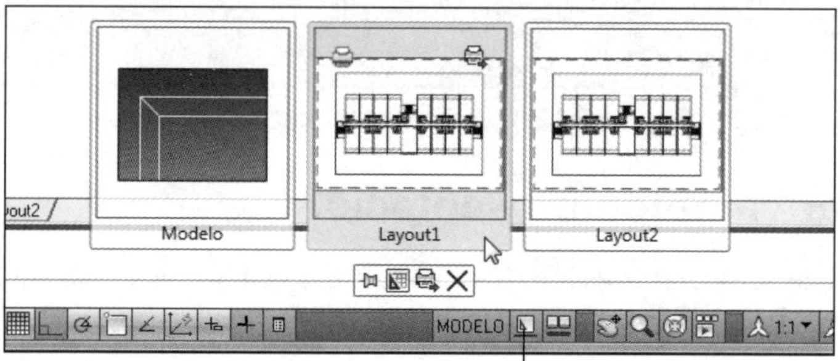

Herramienta Vista rápida de presentaciones

Figura 8.13. Seleccione el panel Presentación1.

2. Haga clic en el área de dibujo. Aparecerá una vista de su dibujo sobre un fondo gris, como puede ver en la figura 8.14. Es una vista de su dibujo tal y como aparecerá cuando se imprima en el dispositivo de salida actual. El área en blanco representa el papel del dispositivo de salida.

3. Amplíe o reduzca la imagen con la herramienta **Zoom en tiempo real**. Observe que la imagen se modificará en su conjunto, incluyendo el área que representa el papel.

Las fichas de presentación nos permiten controlar al máximo el aspecto de las copias impresas de nuestro plano. Puede imprimir desde ellas igual que desde el espacio Modelo.

A continuación, examinaremos los diferentes elementos de la ficha Layout1 (Presentación1). Como se indicó anteriormente, el fondo blanco representa el papel sobre el que se imprimirá el dibujo. La línea de guiones representa los márgenes de la impresora. Por último, la línea continua que rodea al dibujo representa el control de la ventana gráfica de Presentación. Una ventana gráfica es un objeto de AutoCAD que funciona como una ventana dentro del dibujo desde la ficha de presentación. Observe también un símbolo triangular en la esquina inferior izquierda de la vista. Se trata del icono SCP de la vista de presentación. Este icono sirve para indicarnos que nos encontramos en el espacio de la ficha de presentación. En el siguiente ejercicio, entenderá la importancia de este icono.

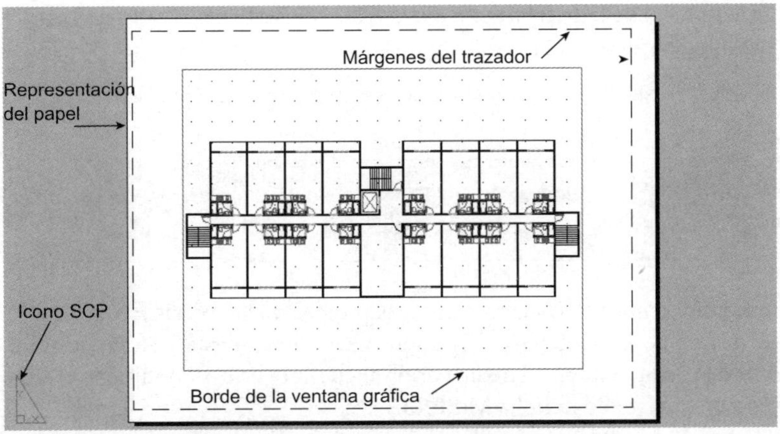

Figura 8.14. Una vista de Presentación1.

1. Intente seleccionar una parte del dibujo haciendo clic en el área del vestíbulo. Observará que no puede seleccionar nada.
2. Haga clic en el borde de la vista de ventana (el rectángulo de línea continua que rodea la imagen, como muestra la figura 8.14). Ésta es la ventana gráfica de la ficha Modelo. Observe que AutoCAD le permite seleccionarla.
3. Haga clic con el botón derecho del ratón y seleccione la opción Propiedades del menú contextual. Como puede observar en la paleta Propiedades, la ventana gráfica es como cualquier otro objeto de AutoCAD, con capas, tipos de línea y asignación de colores. AutoCAD nos permite incluso desactivar su capa para ocultar la ventana gráfica.
4. Cierre la paleta Propiedades.
5. Con la ventana gráfica seleccionada, haga clic en la herramienta **Borrar** en la barra de herramientas Modificar. La vista de dibujo desaparecerá al borrar la ventana gráfica. Recuerde que la ventana gráfica es como una ventana dentro del dibujo creado en la ficha Modelo. Al borrar la ventana, la vista del dibujo también desaparece.
6. Escriba `H` y pulse **Intro** en la línea de comandos o haga clic en el botón **Deshacer** (↶) en la barra de herramientas Normal para restaurar la ventana gráfica.

> **TRUCO:** También puede crear ventanas gráficas nuevas utilizando el comando **VENTANAS** (herramienta **Nuevo** en el panel Ventanas gráficas de la ficha Vista).

7. Haga doble clic en cualquier punto situado dentro de los límites de la ventana gráfica. Observe que el icono SCP aparece en la esquina inferior izquierda de la ventana gráfica y el icono SCP de presentación desaparece.

8. Intente hacer clic en el vestíbulo del dibujo. Ahora ya podemos seleccionar partes del dibujo.
9. Utilice las herramientas **Zoom** y **Encuadre** para modificar la vista. Observará que las vistas sólo cambian dentro de los límites de la ventana gráfica.
10. Haga clic en Todo en el menú desplegable de la herramienta **Zoom** en el panel Utilidades de la ficha Inicio, o escriba `Z`, pulse **Intro**, `T` y pulse **Intro**, para visualizar el dibujo entero en la ventana gráfica.
11. Para regresar al espacio Papel, haga doble clic en el área exterior a la ventana gráfica.

> **TRUCO:** También puede escribir `EP` y pulsar **Intro** para volver al espacio Papel o `EM` y pulsar **Intro** para acceder al espacio interior de la ventana gráfica.

Este ejercicio muestra las características propias de las fichas Presentación. Los objetos situados dentro de la ventana gráfica son inaccesibles hasta que no se hace doble clic en el interior de dicha ventana. Tras hacerlo, puede moverse y modificar el dibujo como si se encontrara en la vista de la ficha Modelo.

Las fichas de presentación pueden contener tantas ventanas gráficas como vistas diferentes del dibujo desee incluir en cada una de ellas. Puede modificar el tamaño de las ventanas y organizarlas como desee o incluso crear múltiples ventanas gráficas. También puede dibujar dentro de la ficha Presentación o importar referencias externas y bloques para crear bloques de títulos y bordes.

Escala de impresión en las ventanas gráficas de la ficha Presentación

En la primera parte de este capítulo imprimimos un dibujo desde la ficha Modelo. Ya sabemos que para que el dibujo se ajuste al papel debemos seleccionar la opción Ajustar a escala del cuadro de diálogo Trazar o indicar una escala de dibujo, un área de impresión y una orientación específicas.

La ficha Presentación no funciona de igual forma, ya que se ha diseñado para imprimir dibujos a una escala 1:1. En lugar de especificar la escala del dibujo en el cuadro de diálogo Trazar, como se hace al imprimir desde la ficha Modelo, el tamaño de la vista de la ventana gráfica se encarga de determinar la escala del dibujo. Puede asignar una escala determinada a la ventana gráfica modificando sus propiedades.

Siga estos pasos para seleccionar la escala de una ventana gráfica en una ficha de presentación.

1. Pulse la tecla **Esc** para anular todas las selecciones. A continuación, haga clic en el borde de la ventana gráfica para seleccionarla. En la barra de estado aparecerá la herramienta **Escala de ventana** (véase la figura 8.15).
2. Haga clic en la herramienta **Escala de ventana** y aparecerá una lista de las escalas más comunes (véase la figura 8.16).

Figura 8.15. La herramienta Escala de ventana.

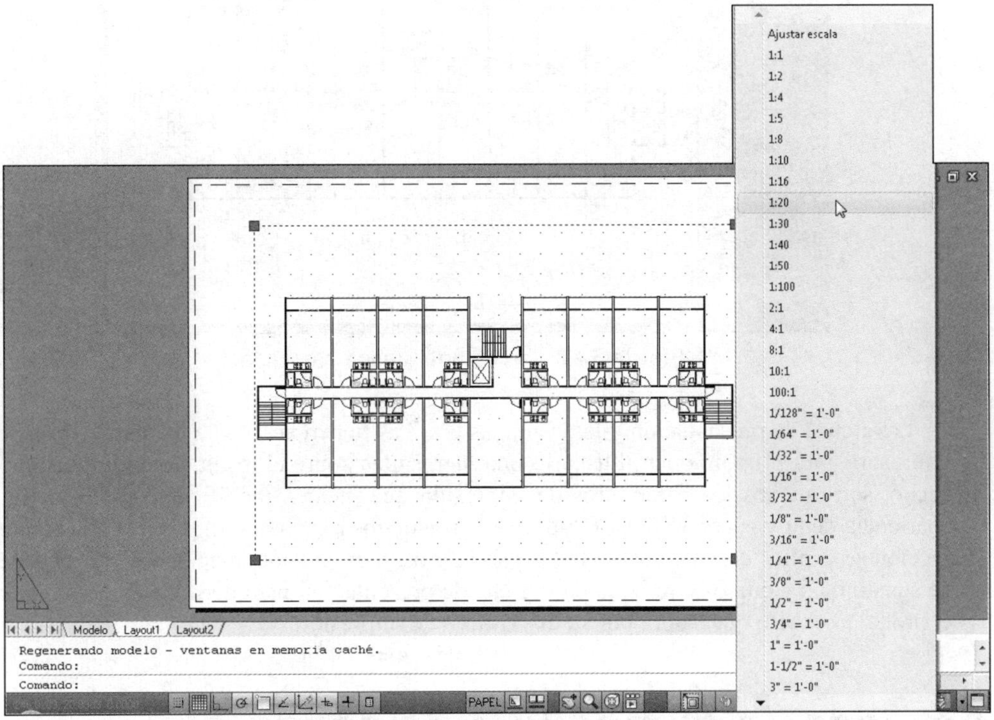

Figura 8.16. Seleccione una escala de ventana.

3. Abra la lista y seleccione 1:20. Como resultado, la vista de la ventana de dibujo se modificará para reflejar la nueva escala asignada a la ventana gráfica. En esta nueva vista, el dibujo queda prácticamente ajustado a la ventana gráfica.
4. Utilice los pinzamientos de la ventana gráfica para ampliar esta ventana de forma que se incluya todo el dibujo, como muestra la figura 8.17. Sólo necesitará desplazar uno de los pinzamientos de esquina. Al hacerlo, observe que la ventana gráfica conserva su forma rectangular.
5. Haga clic sobre el icono **Trazar** (🖨) en la Barra de herramientas de acceso rápido y, en el cuadro de diálogo Trazar, asegúrese de que la opción Escala tiene asignado el factor 1:1 y de que su impresora está seleccionada en el grupo Impresora/trazador. A continuación, haga clic en **Aceptar** para imprimir el dibujo tal y como aparece en la ficha de presentación. El dibujo se imprime a escala.
6. Tras examinar el resultado, cierre el dibujo sin guardarlo.

En el paso 2 vimos cómo se puede asignar un factor de escala a la ventana gráfica mediante la paleta Propiedades. Debajo de la opción Escala estándar se encuentra la opción Personalizar escala. Ambas opciones funcionan como sus equivalentes en el grupo Escala de impresión en el cuadro de diálogo Trazar.

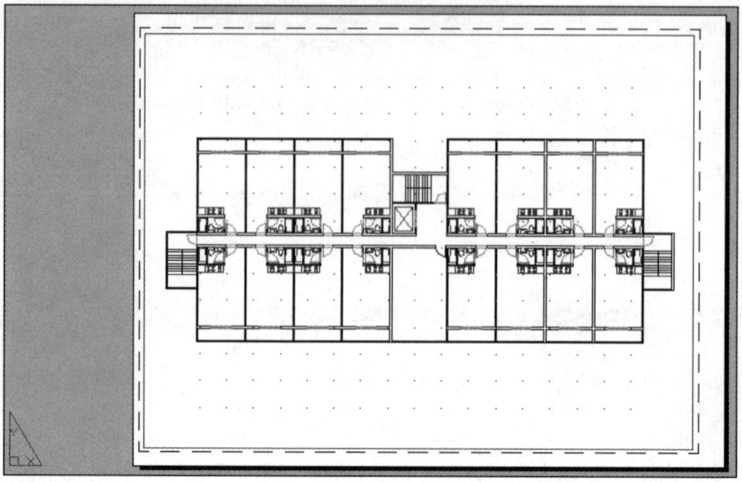

Figura 8.17. La ventana gráfica ampliada.

Las fichas de presentación y las ventanas gráficas tienen en cuenta los parámetros de su impresora para proporcionar al usuario una mejor idea sobre el resultado de impresión. De hecho, son muchos los parámetros de impresión que pueden modificar completamente la apariencia de la vista de la ficha Presentación y de los resultados en papel. En la siguiente sección se explica cómo algunos de los parámetros de impresión pueden mejorar el aspecto de sus dibujos y cómo se reflejan en la ficha de presentación para permitirle ver en pantalla el producto exacto que saldrá por su dispositivo de impresión.

Agregar un dispositivo de salida

Como le hemos indicado en este capítulo, AutoCAD permite configurar varios dispositivos de salida, aunque sólo tengamos una impresora o trazador conectados al equipo. Hay muchas razones que explican este hecho. Por ejemplo, podemos configurar nuestro sistema para imprimir dibujos en dispositivos situados en lugares lejanos a través de una red o de Internet. Asimismo, existen configuraciones de impresión orientadas estrictamente a archivos, como el formato DWF de AutoCAD para páginas Web de Internet o las salidas de archivos con formato de trama. AutoCAD funciona mejor con impresoras y trazadores configurados como dispositivos del sistema Windows. Aunque puede agregar dispositivos mediante el Administrador de trazadores de AutoCAD, Autodesk recomienda configurar los trazadores y las impresoras como dispositivos de Windows y, a continuación, utilizar la opción Impresora del sistema en AutoCAD para seleccionar el dispositivo de salida (en Windows Vista, seleccione Inicio>Configuración>Panel de control>Impresoras, haga clic con el botón derecho del ratón, Agregar una impresora para configurar una impresora nueva). Puede utilizar el Asistente para añadir un trazador para crear un conjunto de parámetros predefinidos para su impresora del sistema, de forma que le permita seleccionar rápidamente una configuración de impresora o trazador dada.

También puede configurar otras impresoras mediante el Administrador de trazadores, como le indicamos a continuación, que también utiliza un asistente.

1. Haga clic en la herramienta **Administrador de trazadores** ( ) en el panel Trazar de la ficha Salida para abrir la ventana Plotters que se muestra en la figura 8.18. El aspecto de esta ventana puede ser ligeramente distinto dependiendo del sistema operativo, pero la información básica es la misma. También puede acceder a esta ventana haciendo clic en el botón **Añadir** o **Configurar trazador** de la ficha Trazar y publicar del cuadro de diálogo Opciones. Se trata de una sencilla ventana del Explorador que muestra los contenidos de la carpeta `Plotters`, situada dentro de la carpeta `Documents and Settings` de su perfil de usuario de Windows.

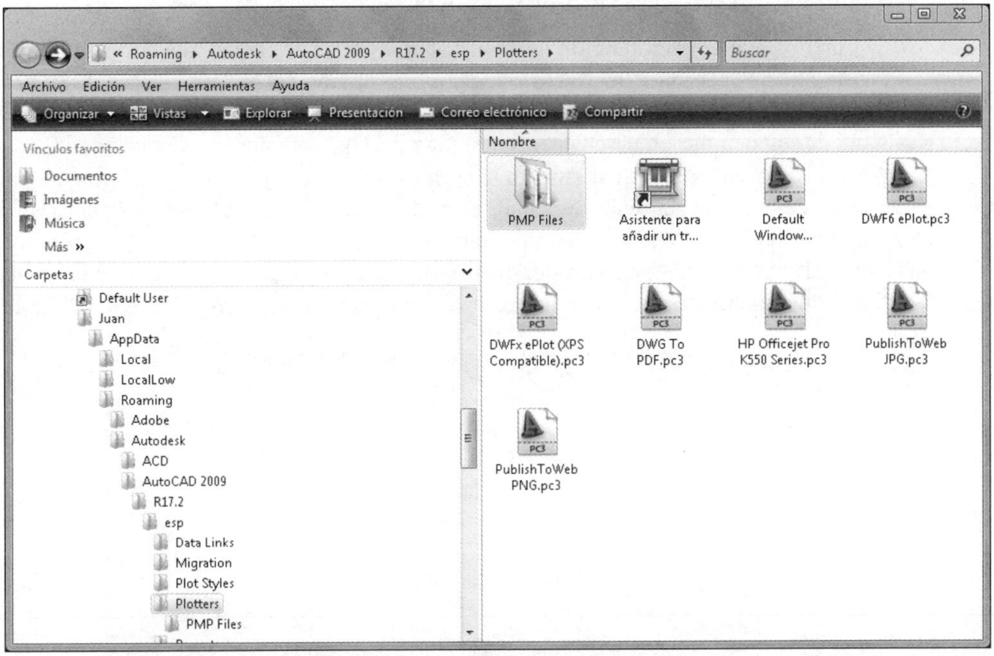

Figura 8.18. Cuadro de diálogo Plotters.

2. Haga doble clic en el icono Asistente para añadir un trazador para abrir la ventana Añadir trazador. Aparecerá una pantalla de introducción que le describirá el propósito del asistente.
3. Haga clic en **Siguiente**. La siguiente página del asistente le permite seleccionar el tipo de configuración deseada. Esta ficha dispone de tres opciones de configuración: Mi PC, Servidor de trazador de red e Impresora del sistema. Las opciones Mi PC y Servidor de trazador de red ofrecen funciones de configuración basadas en controladores específicos de AutoCAD. La diferencia principal entre ambas opciones es que la opción Servidor de trazador de red solicita que se indique el nombre de un servidor de red. Por lo demás, ambas disponen del mismo conjunto de opciones. La opción Impresora del sistema partirá de una impresora de sistema Windows existente para realizar la configuración.
4. Si selecciona la opción Mi PC y hace clic en el botón **Siguiente**, AutoCAD le mostrará una lista de modelos de trazadores admitidos por AutoCAD a través de sus propios controladores. Si utiliza un dispositivo PostScript o si desea convertir los dibujos a

formato de archivo de trama, éste es el lugar en el que hacerlo. Puede seleccionar el nombre del fabricante del trazador o la impresora en la lista Fabricantes a la izquierda del cuadro de diálogo y, a continuación, especificar el modelo correspondiente en la lista de la derecha. Si dispone de un controlador para un trazador o impresora específico que no aparece en la lista, haga clic en el botón **Disco** para localizar su ubicación.

5. Tras seleccionar el dispositivo deseado, haga clic en **Siguiente**. En el siguiente cuadro de diálogo, AutoCAD le preguntará si desea utilizar un archivo PCP o PC2 para el trazado seleccionado. Estos archivos son archivos de configuración de trazadores utilizados en versiones anteriores de AutoCAD.

6. A menos que tenga intención de utilizar uno de esos archivos, haga clic en **Siguiente** para abrir la página Puertos si seleccionó la opción Mi PC en el paso 4. Se abre la pantalla Puertos (véase la figura 8.19). Con la opción Trazar a puerto seleccionada, puede seleccionar en la lista central el puerto al que se encuentra conectada la impresora. El botón **Configurar puerto** le permitirá especificar la configuración del puerto si necesita algún requisito especial. Si prefiere enviar sus trabajos de impresión a un archivo en lugar de a un puerto de impresión, puede seleccionar la de opción Trazar a arch. en el borde superior del cuadro de diálogo. El programa también nos ofrece una opción AutoSpool si su impresora requiere esta característica.

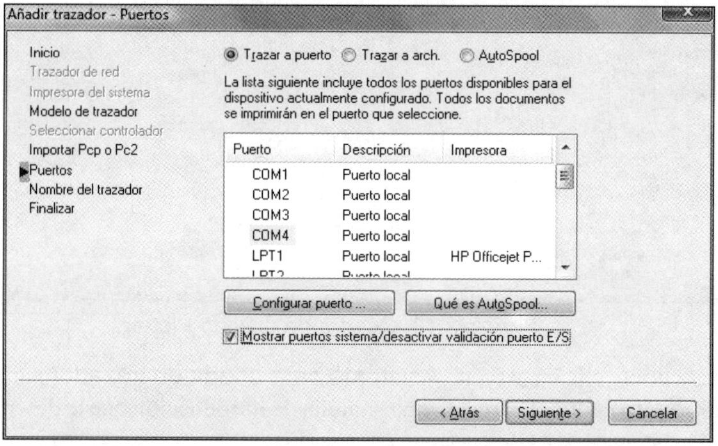

Figura 8.19. Cuadro de diálogo Añadir trazador - Puertos.

Si en el paso 4 seleccionó una opción que no requiera la configuración de un puerto de salida, haga clic en el botón **Siguiente** para omitir esta opción y aparecerá la página Nombre del trazador. Escriba un nombre descriptivo para el trazador en el cuadro de texto del mismo nombre. Esta opción aparecerá en la lista de impresoras en los cuadros de diálogo Trazar o Configuración de página.

7. Indique un nombre para la configuración en el campo de texto designado y haga clic en **Siguiente** para abrir la pantalla Finalizar.

8. La página Finalizar del Asistente para añadir un trazador permite ajustar la configuración creada mediante el botón **Editar parámetros del trazador**. Haga clic en **Finalizar** para salir del cuadro de diálogo Añadir trazador y agregar la nueva configuración a la ventana Plotters.

El botón **Editar parámetros del trazador** permite ajustar los parámetros del trazador. Por ejemplo, puede calibrar el trazador para que aplique factores de escala más exactos, o bien, si está creando un archivo en formato de trama, puede generar un parámetro de página personalizada para imprimir imágenes con tramas de alta resolución.

Tras configurar el trazador, toda la información se almacenará en un archivo con extensión `.pc3`. Este archivo se alojará en la carpeta `Plotters`, situada dentro de la carpeta `Documents and Settings` de su perfil de usuario Windows.

Controlar el aspecto de las fichas de diseño

El cuadro de diálogo Opciones ofrece un conjunto de controles dedicados a las fichas de presentación. Si no quiere mostrar algunos de los elementos gráficos de la ficha Presentación, puede desactivarla. Abra el cuadro de diálogo Opciones y active la ficha Visual para acceder al grupo de opciones en la sección Elementos de presentación en la parte inferior izquierda del cuadro de diálogo (véase la figura 8.20).

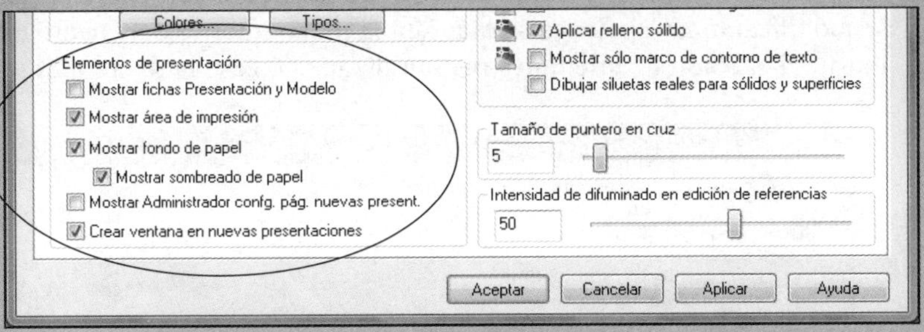

Figura 8.20. Sección Elementos de presentación.

Como puede ver, este grupo de opciones nos permite también mostrar u ocultar las fichas en sí, los márgenes, el color de fondo del papel y el sombreado del papel. Además, permite especificar si AutoCAD creará o no automáticamente una ventana o abrirá el cuadro de diálogo Configuración de página cuando se abre una ficha de presentación por primera vez.

Modificar la configuración de un trazador

En el paso 8 del ejercicio anterior, abandonamos el Asistente para añadir un trazador sin modificar la configuración creada. Puede volver atrás y modificar dicha configuración abriendo la ventana Plotters (seleccione **Administrador de trazadores** en el panel Trazar de la ficha Salida) y haciendo doble clic en la configuración que desea editar. Puede reconocer un archivo de configuración de trazador por la extensión `.pc3` de su nombre.

Muchos usuarios utilizan la impresora o el trazador configurado en su sistema de Windows para otras aplicaciones, además de AutoCAD, y con frecuencia los parámetros de AutoCAD para dichas impresoras son diferentes a los utilizados para el resto de las aplicaciones. Puede configurar AutoCAD para que utilice automáticamente sus propios parámetros para no tener que modificar la configuración de la impresora del sistema Windows al pasar de una aplicación a otra. Siga estos pasos para realizar esta tarea:

1. Haga clic en la herramienta **Administrador de configuraciones de página** ( ) en el panel Trazar de la ficha Salida, para abrir el cuadro de diálogo Administrador de configuraciones de página.
2. Haga clic en el botón **Modificar** para abrir el cuadro de diálogo Configuración de página.
3. Seleccione la impresora que desea configurar en el cuadro desplegable Nombre del grupo Impresora/trazador.
4. Haga clic en el botón **Propiedades** situado a la derecha del cuadro desplegable Nombre del grupo Impresora/trazador. Al hacer clic en el botón **Propiedades** se abrirá el cuadro de diálogo Editor de parámetros del trazador. Un cuadro de lista surgirá con todas las propiedades de la impresora o el trazador seleccionado. Sin embargo, no puede modificar todas las propiedades incluidas. Al seleccionar una propiedad del cuadro de lista, las opciones situadas en la mitad inferior del cuadro de diálogo se modifican para mostrar las opciones asociadas a dicha propiedad.
5. Haga clic en la entrada Propiedades personalizadas del cuadro de lista. Al hacerlo, se modificarán las opciones situadas en la mitad inferior del cuadro de diálogo y se mostrará el botón **Propiedades personalizadas** (véase la figura 8.21).

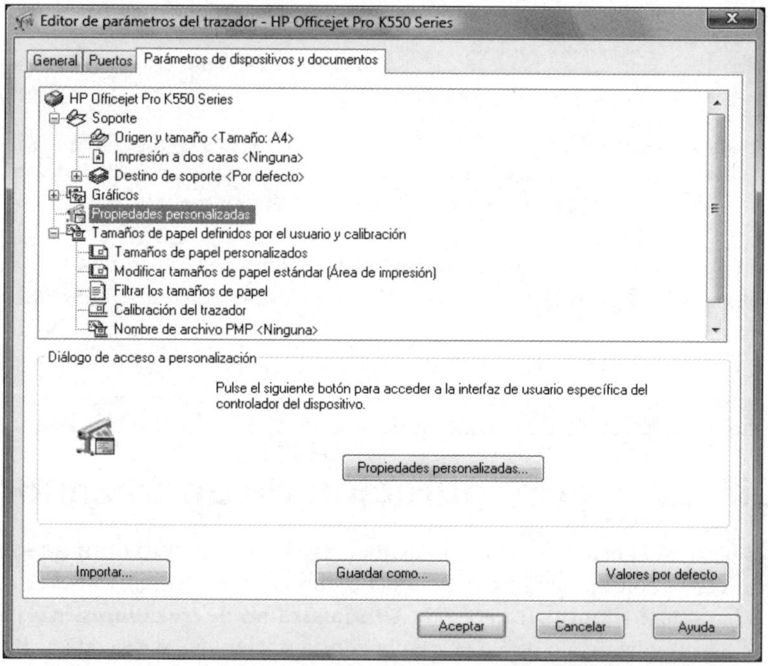

Figura 8.21. Pestaña Parámetros de dispositivos y documentos.

6. Haga clic en el botón **Propiedades personalizadas** para abrir las opciones de configuración de su impresora del sistema. Se trata de las mismas opciones que aparecen cuando se editan las propiedades de la impresora seleccionando Inicio>Configuraci ón>Impresoras.
7. Ajuste los parámetros que desee utilizar en AutoCAD y haga clic en **Aceptar**.

8. De nuevo en el cuadro de diálogo Editor de parámetros del trazador, haga clic en el botón **Guardar como** para abrir un cuadro de diálogo estándar.

9. Indique un nombre para los parámetros de impresión configurados o acepte el nombre predeterminado, que suele ser el nombre de la impresora o trazador utilizado en Windows, y haga clic en **Guardar**.

10. Haga clic en **Aceptar** en el cuadro de diálogo Editor de parámetros del trazador y haga clic en **Aceptar** en el cuadro de diálogo Configuración de página.

El Editor de parámetros del trazador ofrece una gran variedad de opciones que son de carácter técnico.

Impresión de archivos de imagen y conversión de 3D a 2D

Si trabaja en la edición de manuales, informes y otro tipo de documentos similares, es posible que necesite agregar la opción Exportar archivo de trama a la lista de parámetros de trazador. Esta opción permite imprimir una gran variedad de formatos de archivos con trama, entre los que se incluyen CALS, JPEG, PCX, Targa, Tiff y BMP. A continuación, puede importar sus dibujos dentro de documentos que aceptan imágenes de mapa de bits. Estas imágenes pueden tener una resolución de hasta 8000 x 8000 píxeles (establecida en el Editor de parámetros del trazador), y puede constar de tantos colores como permita el formato del archivo. Si necesita utilizar varios formatos de trama diferente, puede utilizar varias instancias de esta configuración de impresión o cualquier otra.

Para convertir modelos 3D en dibujos lineales 2D, utilice la herramienta **Geometría plana** descrita más adelante. A continuación, puede incluir sus dibujos lineales 2D con otros dibujos 2D para trazarlos e imprimirlos.

Almacenar una configuración de página

A diferencia de otros muchos programas, AutoCAD dispone de cientos de opciones para configurar páginas. La labor de controlar y mantener todas estas opciones puede resultar muy pesada. Sin embargo, a medida que vaya familiarizándose con AutoCAD, descubrirá que tan sólo utiliza unas cuantas. AutoCAD 2009 permite guardar cada configuración de página con un nombre para facilitar el almacenamiento y gestión de los parámetros más utilizados. Ya ha visto cómo se utiliza el cuadro de diálogo Administrador de configuraciones de página para preparar una página para impresión, pero a continuación aprenderá más cosas sobre esta herramienta. Siga estos pasos para crear una configuración de página:

1. En AutoCAD, haga clic en la herramienta **Administrador de configuraciones de página** en el panel Trazar de la ficha Salida. Si quiere, también puede hacer clic con el botón derecho del ratón sobre la herramienta **Vista rápida de presentaciones** en la barra de estado y seleccionar la opción Administrador de configuraciones de página. Verá que aparece el cuadro de diálogo Administrador de configuraciones de página (véase la figura 8.22). Hasta ahora, sólo habíamos utilizado el botón **Modificar** para modificar, como la propia palabra indica, una configuración de página ya existente, pero ahora aprenderemos a crear una partiendo de cero.

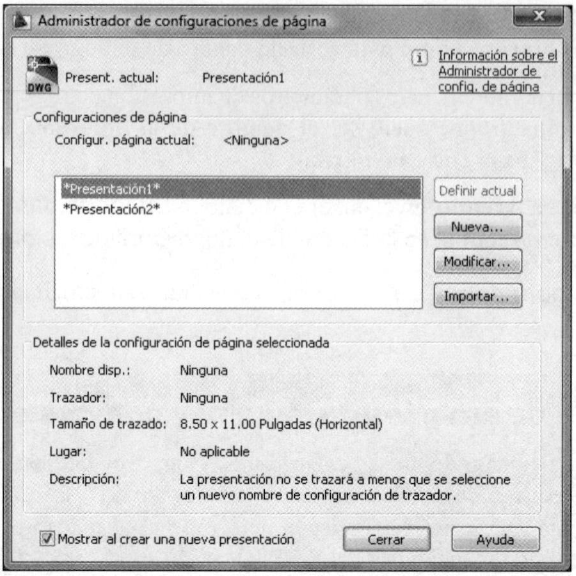

Figura 8.22. Cuadro de diálogo Administrador de configuraciones de página.

2. Haga clic en el botón **Nueva** para abrir el cuadro de diálogo Nueva configuración de página que se muestra en la figura 8.23.

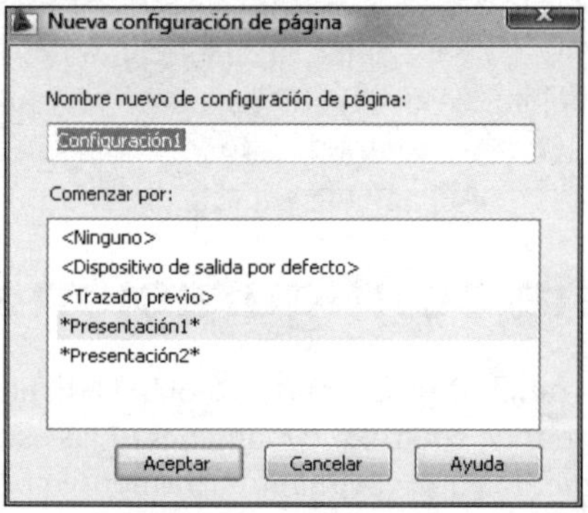

Figura 8.23. Cuadro de diálogo Nueva configuración de página.

3. Para crear una nueva configuración de página, introduzca primero un nombre en el campo Nombre nuevo de configuración de página y seleccione una configuración de la lista Comenzar por para que AutoCAD parta de ella para crear la nueva. Observe que AutoCAD propone el nombre Configuración1 de forma predeterminada.
4. Haga clic en **Aceptar** cuando termine. AutoCAD abrirá el cuadro de diálogo Configuración de página donde puede elegir los ajustes para configurar su página.
5. Haga clic en **Aceptar** para regresar al Administrador de configuraciones de página y verá que ya aparece el nombre de su configuración personalizada en el campo Configuraciones de página. Una vez aquí, ya es posible seleccionar una configuración de página y hacer clic en el botón **Definir actual** para activarla, así se convertirá en la configuración de página para la presentación.

También se pueden importar configuraciones de página definidas por el usuario haciendo clic en el botón **Importar**. Como las configuraciones de página se guardan junto con el dibujo, el botón **Importar** abre un cuadro de diálogo de archivos estándar que muestra los archivos de dibujo existentes para elegir la configuración de página que desee.

La configuración de página actual se aplica a la ficha presentación actual, pero una vez creada la nueva configuración, se ofrece como opción en el cuadro de diálogo Administrador de configuraciones de página para el resto de fichas Presentación. También es posible seleccionar una configuración de página directamente desde el cuadro de diálogo Trazar seleccionándola en la lista desplegable Nombre del grupo Configuración de página (véase la figura 8.24).

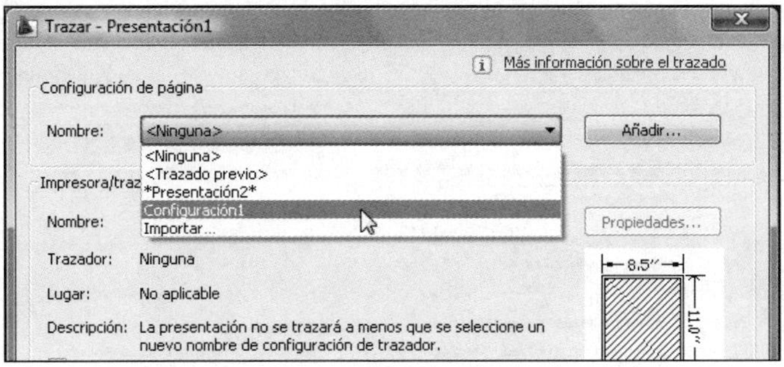

Figura 8.24. Cuadro de diálogo Configuración1.

Las configuraciones de página pueden utilizarse con la función Publicar que se describe en un capítulo posterior para realizar lotes de impresiones, y también con el comando Conjunto de planos para configurar rápidamente presentaciones de página. Y si lo que quiere es crear configuraciones de página completamente nuevas, desde el cuadro de diálogo Configuración de página, puede hacer clic en el botón **Añadir**, que abre un sencillo cuadro de diálogo llamado Añadir configuración de página, desde donde podemos asignar nombre a la nueva configuración. Una vez escrito el nombre y haciendo clic en **Aceptar**, podremos establecer los ajustes de configuración de página. Vuelva a hacer clic en **Aceptar** y se guardará la configuración con el nombre asignado.

Consideraciones sobre los equipos de trazado e impresión

Colocar un dibujo de AutoCAD para su impresión puede resultar un tanto complicado. Antes de que se vea apremiado por un plazo de presentación y con cientos de dibujos por imprimir, le aconsejamos que realice pruebas de impresión y que ajuste los parámetros necesarios para tener AutoCAD a punto para trabajos urgentes.

Parte del proceso de configuración consiste en entender el funcionamiento de su impresora y trazador. Cada dispositivo de impresión tiene características especiales, por lo que la tarea de describir en detalle la configuración de cada tipo de impresora supera el alcance de esta sección. Sin embargo, incluiremos algunas directrices para simplificar el proceso.

La ficha Trazar y publicar del cuadro de diálogo Opciones

En este capítulo hemos utilizado varias veces la ficha Trazar y publicar del cuadro de diálogo Opciones que se muestra en la figura 8.25. Esta ficha contiene varias opciones relacionadas con la función de impresión de gran utilidad. A continuación, le mostramos una breve descripción de cada una de estas opciones.

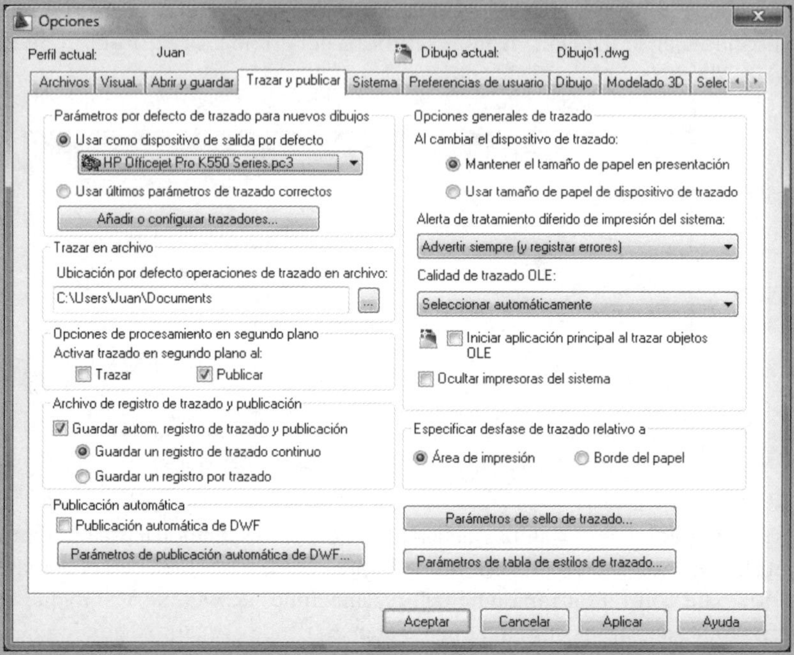

Figura 8.25. Ficha Trazar y publicar en el cuadro de diálogo Opciones.

Parámetros por defecto de trazado para nuevos dibujos

Las opciones de este grupo nos permiten controlar los parámetros de trazados predeterminados para nuevos dibujos, así como para dibujos creados con versiones anteriores de AutoCAD, al abrirlos por primera vez con AutoCAD 2009. El botón de opción Usar como dispositivo de salida por defecto y la lista desplegable situada por debajo nos permiten seleccionar la impresora o el trazador predeterminado que se utilizará para los nuevos dibujos. El botón de opción Usar últimos parámetros de trazado correctos permite utilizar los parámetros seleccionados en la última impresión que dieron resultados satisfactorios en posteriores trazados.

Ésta es la forma en que funcionaban las versiones anteriores de AutoCAD. El botón **Añadir o configurar trazadores** abre la ventana Plotters. Es lo mismo que seleccionar la herramienta **Administrador de trazadores** en el panel Trazar de la ficha Salida. Desde esta ventana, puede iniciar el Asistente para añadir un trazador y agregar nuevas configuraciones de trazador. También puede modificar las configuraciones existentes.

Opciones generales de trazado

Estas opciones controlan algunos de los parámetros generales de trazado. El botón de opción Mantener el tamaño del papel en presentación intenta imprimir los dibujos según el tamaño especificado en la ficha Parámetros de impresión del cuadro de diálogo Trazar, independientemente del tamaño del papel que tenga el trazador en el momento de la impresión. Si el papel especificado supera la capacidad del trazador, AutoCAD mostrará un mensaje de advertencia. El botón de opción Usar tamaño de papel de dispositivo del sistema obliga a AutoCAD a utilizar el tamaño de papel especificado en la impresora del sistema o en el archivo de configuración de impresión PC3 actualmente en uso. Ambos parámetros se controlan mediante la variable del sistema `Paperupdate`. La lista desplegable Alerta de tratamiento diferido de impresión del sistema controla los mensajes de alerta del tratamiento diferido de impresión. El cuadro de diálogo Calidad de impresión OLE controla la calidad de los objetos OLE incrustados o vinculados a un dibujo. Este parámetro se puede controlar también mediante la variable del sistema `Olequality`. Cuando se activa la casilla Iniciar aplicación principal al trazar objetos OLE, AutoCAD inicia cualquier aplicación asociada a un objeto OLE incrustada o vinculada al dibujo de AutoCAD que se esté imprimiendo. Esta función contribuye a mejorar la calidad de impresión de los objetos OLE. Esta opción se puede controlar también mediante la variable del sistema `Olestartup`.

La opción Ocultar impresoras del sistema afecta a las listas desplegables Nombre de los cuadros de diálogo Impresora/trazador y Configuración de página. Cuando esta opción está activa, sólo se ven las impresoras asociadas a un archivo `.pc3`, entre ellas las que se han configurado a través del Asistente para añadir un trazador comentado anteriormente.

Imprimir en archivo

Existe la posibilidad de imprimir en un archivo que descarguemos más adelante en nuestra impresora o trazador. Este grupo permite especificar el destino por defecto de los archivos.

Archivo de registro de trazado y publicación

Es posible mantener un archivo de registro de trazado que guarde información sobre cada una de las impresiones que hagamos, lo cual resulta útil cuando es necesario mantener archivos de copias en papel de documentos de contabilidad, por ejemplo. La situación del archivo de registro de trazado y publicación puede especificarse en la ficha Archivos del cuadro de diálogo Opciones, en la lista Ubicación del archivo de registro de trazado y publicación, y su extensión será `.csv`.

Opciones de procesamiento en segundo plano

AutoCAD puede imprimir en segundo plano para que usted pueda regresar inmediatamente al dibujo una vez puesta en marcha la impresión, en vez de tener que esperar a que termine de imprimir. Las opciones que ofrece este grupo le permiten activar esta función al trazar o al publicar, y puede controlar esta opción a través de la variable de sistema `Backgroundplot`.

Parámetros de sello de impresión

Este botón abre el cuadro de diálogo Sello de impresión que estudiamos anteriormente en la sección "Opciones de impresión" de este capítulo. Este cuadro de diálogo nos permite especificar la información que se muestra en el sello del documento impreso, que es una etiqueta que se añade al imprimir un dibujo para proporcionar información sobre el archivo de origen.

Parámetros de tabla de estilos de trazado

En este capítulo hemos utilizado dos de las opciones de este botón. Al hacer clic en esta opción, se abre el cuadro de diálogo Parámetros de tabla de estilos de trazado, que controla los estilos de impresión utilizados en AutoCAD. También permite seleccionar el estilo de trazado predeterminado para la capa 0 y un estilo de trazado predeterminado para objetos. Tenga en cuenta que los botones de opción Usar estilos de trazado dependientes de color y Usar estilos de trazado guardados no afectan al dibujo actual, sino únicamente a los nuevos dibujos y a los creados con otras versiones anteriores a AutoCAD 2000 que se abren por primera vez en AutoCAD 2009. La lista desplegable Tabla de estilos de trazado por defecto permite seleccionar una tabla de estilo de trazado predeterminada para los dibujos nuevos y los creados con versiones anteriores a AutoCAD 2000. Estos parámetros se controlan también mediante la variable del sistema `Pstylepolicy`. El botón **Añadir/editar tablas de estilos trazado** en el cuadro de diálogo Parámetros de tabla de estilos de trazado abre el cuadro de diálogo Estilos de trazado. Desde este cuadro, puede hacer doble clic en un archivo de tabla de estilo existente o iniciar el Asistente para añadir una tabla de estilo de trazado y crear un nuevo estilo de trazado.

Especificar desfase de trazado relativo a

En esta opción puede determinar si el desfase de trazado está establecido en relación con el área imprimible de su impresora o el borde del papel. El área de impresión está determinada por el margen de la impresora.

Los límites de los trazadores

Si utiliza procesadores de texto o programas de edición, ya sabe que estas aplicaciones permiten establecer los márgenes de una página. AutoCAD no dispone de esta función. Para ubicar un dibujo de manera exacta en papel, es necesario conocer los límites de sujeción de cada trazador. Estos límites son como márgenes propios del trazador más allá de los cuales no se puede imprimir, y varían de un dispositivo de impresión a otro (véase la figura 8.26).

Por lo tanto, es fundamental conocer los límites de sujeción de cada trazador o impresora para colocar de forma exacta el dibujo sobre el papel. Lea detenidamente el manual de su dispositivo de impresión para determinar cuáles son sus límites de sujeción. A continuación, tome nota de ellos y guárdelos en alguna parte para el caso en que se necesite aplicar un formato especial a una hoja.

Los límites de sujeción de las impresoras suelen venir determinados por el tipo de software que les acompaña. Tendrá que consultar el manual de la impresora o recurrir al método de ensayo y error para ajustar los resultados.

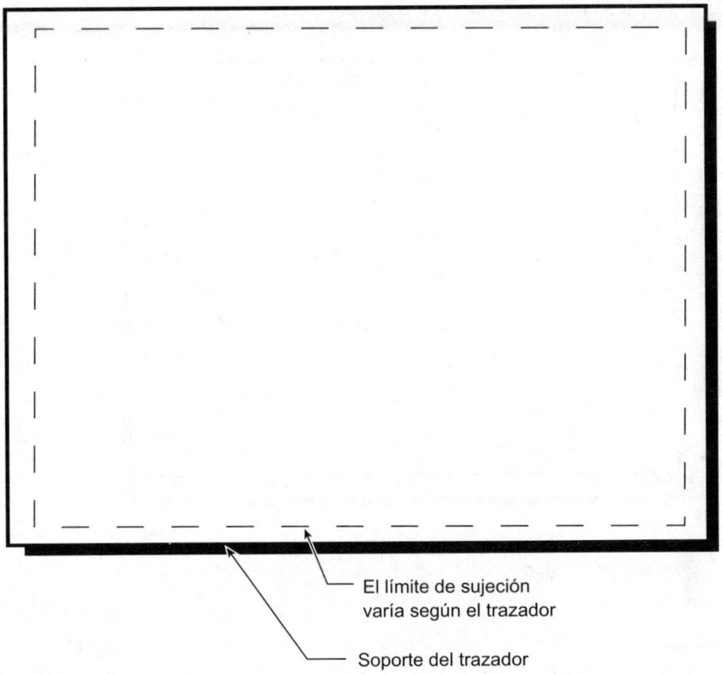

Figura 8.26. Los límites de sujeción de un dispositivo de impresión.

Tras determinar los límites de su impresora o trazador, estará en mejor disposición para ajustar los dibujos dentro de dichos límites. Otra opción consiste en establecer límites estándar de dibujo en función de los límites del dispositivo de impresión. También necesitará conocer las dimensiones de dichos límites para definir tamaños de página personalizados. Aunque AutoCAD incluye una selección de tamaños de página estándar en el grupo de botones Tamaño de papel del cuadro de diálogo Trazar y Configuración de página, estos tamaños no tienen en cuenta los límites de sujeción.

Orígenes de trazado de su dispositivo de impresión

Otro de los elementos importantes es conocer el origen de trazado de su dispositivo de impresión. Por ejemplo, en algunos trazadores se utiliza la esquina inferior izquierda del área de trazado como origen. En otros, se utiliza el centro del área de trazado. Cuando se imprime un dibujo demasiado grande para que encaje en la hoja de un trazador que utiliza una esquina como origen de trazado, la imagen se desplazará hacia arriba y hacia la derecha del dibujo (véase la figura 8.27). Cuando se trata de un trazador que utiliza el centro del área de trazado como origen, la imagen se desplaza en todas las direcciones desde el centro de la hoja.

En cada situación, el origen de trazado determina el punto de referencia para relacionar el dibujo en pantalla con su resultado de impresión. Una vez comprendido este aspecto, la tarea de ubicar dibujos de forma exacta para su impresión en el medio físico resultará más sencilla.

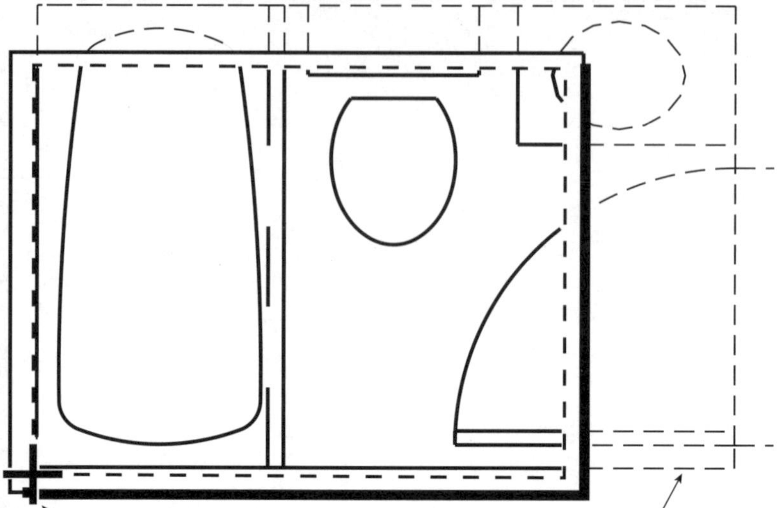

Figura 8.27. Impresión de una imagen con un tamaño superior al de la hoja en un trazador que utiliza la esquina inferior izquierda como origen de trazado.

Proceso de impresión por lotes y dispositivos de impresión electrónica

El objetivo de este capítulo hasta ahora ha sido la salida de documentos en papel por impresora o trazador, pero la verdad es que casi todo el trabajo que realice va a estar más relacionado con la transmisión de versiones electrónicas de sus documentos. Ahora más que nunca, arquitectos e ingenieros utilizan Internet para intercambiar documentos de todo tipo, y es por esto que AutoCAD ofrece varias herramientas para facilitar el proceso.

Como hemos mencionado anteriormente, es posible controlar algunas de las configuraciones de salida disponibles mediante la ficha Trazar y publicar del cuadro de diálogo Opciones.

Publicar incluye opciones que permiten "imprimir" sus documentos en forma de archivo para poder enviarlos por correo electrónico a sus clientes o asesores o para colgarlos en un FTP o en una página Web. Con el comando **Publicar** podemos crear un archivo que contenga más de una página para combinar varios planos en un solo documento.

El comando **Publicar** nos brinda además la posibilidad de imprimir varios planos a la vez sin tener que cargarlos e imprimirlos uno por uno, lo cual resulta útil cuando hemos terminado de trabajar en un conjunto de planos y queremos que se vayan imprimiendo durante uno de nuestros descansos o por la noche. El funcionamiento de este comando se trata en un capítulo posterior.

En resumen

- **Parámetros de impresión:** A diferencia de otro tipo de documentos, los dibujos de AutoCAD pueden terminar en casi cualquier tamaño de papel. Para adaptar el rango de tamaños de papel, la configuración de impresora de AutoCAD es bastante amplia y le da un alto nivel de control sobre su impresión.
    - **Dominarlo:** Identifique algunas de las configuraciones disponibles en el cuadro de diálogo Trazar.
- **Trazado WYSIWYG ("lo que ve es lo que obtiene") utilizando fichas de diseño:** Las fichas de presentación en AutoCAD le ofrecen la manera de configurar el modo en el que se puede imprimir un dibujo. Puede pensar en las fichas de presentación como un área para pegar sus dibujos.
    - **Dominarlo:** Identifique algunos de los elementos que ve en una ficha presentación.
- **Agregar un dispositivo de salida:** Normalmente, AutoCAD utilizará la impresora de sistema de Windows como dispositivo de salida, pero a menudo descubrirá que la impresora que utiliza es un trazador dedicado que no está conectado a Windows de la forma habitual. AutoCAD le permite agregar trazadores e impresoras a través del Asistente para añadir un trazador.
    - **Dominarlo:** ¿Cómo se inicia el Asistente para añadir un trazador?
- **Almacenar una configuración de página:** La mayor parte del tiempo utilizará la misma configuración de impresora para sus dibujos. Puede guardar esas configuraciones utilizando la función Configuración de páginas.
    - **Dominarlo:** Describa la forma de crear una configuración de página. Describa cómo recuperar una configuración.

9 Estilos de trazado

Para disponer de un control completo sobre el aspecto de salida de sus trabajos, debe conocer las tablas de estilo de trazado. Mediante las tablas de estilo de trazado, podrá controlar cómo se convierten los colores en el grueso de línea y los rellenos de área en sombreados de gris o colores de trama, así como otras opciones de impresión. También puede determinar la forma en la que la impresora procesa cada uno de los objetos de un dibujo. Si no se utilizan las tablas de estilo de trazado, el dispositivo de impresión intentará reproducir el dibujo de la forma más aproximada a la vista que presenta el editor de dibujo, incluidos los colores. Con las tablas de estilo de trazado, puede obligar a la impresora a imprimir todos los colores en negro. También puede asignar un patrón de color o una trama a un color. Esta opción resulta útil para producir gráficos y mapas que requieran rellenos o distintos degradados. Puede crear varias tablas de estilo de trazado para obtener resultados cumplan los requisitos exactos de su proyecto.

En este capítulo le mostraremos cómo se pueden utilizar las tablas de estilos de impresión para mejorar los resultados de los dibujos en papel. Veremos cómo ajustar el grosor de línea de los muros del archivo `Plan` (Plano) y cómo realizar cambios de color en la salida impresa de nuestro trazador. Los temas que trataremos en este capítulo incluyen:

- Escoger entre tablas estilos de trazado dependientes de color y tablas de estilos de trazado guardadas.
- Crear tablas de estilos de trazado de color.
- Editar y utilizar tablas de estilos de trazado.
- Asignar estilos de trazado almacenados directamente a capas y objetos.

Escoger entre tablas de estilos de trazado dependientes de color y tablas estilos de trazado guardadas

Puede considerar un estilo de trazado como un bolígrafo virtual con atributos de color, grosor, forma y porcentaje de pantalla. Un dibujo típico puede utilizar distintos grosores de línea, por lo que utilizará un estilo de trazado distinto para cada grosor de línea. Muchos estilos de trazado se recogen en tablas de estilo de trazado que le permiten controlar un conjunto de estilos de trazado desde un cuadro de diálogo.

AutoCAD dispone de dos tipos de tablas de estilo de trazado: estilos de trazado dependientes de color y estilos de trazado guardados. Las tablas de estilos de trazado dependientes del color nos permiten asignar estilos de trazado a los colores individuales de AutoCAD. Por ejemplo, puede asignar un estilo de trazado con un grosor de 0,50 milímetros a todos los objetos de color rojo para que se impriman con un grosor de 0,50 milímetros. Asimismo, puede asignar el color negro a dichos objetos para que se impriman en negro. Las tablas de estilo de trazado guardados permiten asignar estilos de trazado directamente a los objetos que componen un dibujo, en lugar de asignar un estilo de trazado de forma más general a través de un color. Las tablas de estilo de trazado guardados también nos permiten asignar estilos de trazado a las capas directamente. Por ejemplo, con los estilos de trazado guardados, puede asignar un estilo de trazado de color negro y un grosor de 0,50 milímetros a un único círculo del dibujo, independientemente de cuál sea su color en pantalla.

Los estilos de trazado guardados son más flexibles que los estilos de trazado dependientes del color, pero si ya dispone de una biblioteca de dibujos de AutoCAD configurada para un determinado conjunto de parámetros de impresión, los estilos de trazado dependientes del color son la mejor opción para abrir esos antiguos archivos creados con AutoCAD 14 o versiones anteriores. Esto se debe a que los estilos de trazado dependientes de color son más similares al método antiguo utilizado por AutoCAD para asignar colores a las plumillas del trazador. También dispone de la posibilidad de utilizar tablas de estilo de trazado dependientes del color con archivos que desee compartir con otra persona o en una oficina en la que todavía se utilicen versiones anteriores de AutoCAD. El tipo de tabla de estilo de trazado asignada a un nuevo dibujo depende de los parámetros que estuvieran seleccionados en el cuadro de diálogo Parámetros de tabla de estilos de trazado, al que se accede mediante la ficha Trazar y publicar del cuadro de diálogo Opciones.

NOTA: AutoCAD le permite cambiar el tipo de tabla de estilo de trazado asignado a un dibujo, como le explicaremos más adelante en este mismo capítulo.

Siga estos pasos para configurar el tipo de estilo de trazado para los nuevos archivos:

1. Abra el cuadro de diálogo Opciones (Herr.>Opciones en el Explorador de menús) y seleccione la ficha Trazar y publicar.
2. Haga clic en el botón de opción Parámetros de tabla de estilos de trazado en la esquina inferior derecha, para abrir el cuadro de diálogo del mismo nombre que aparece en la figura 9.1.

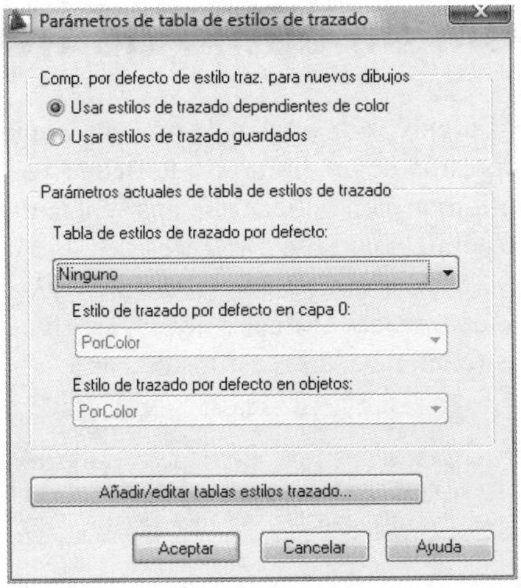

Figura 9.1. Cuadro de diálogo Parámetros de tabla de estilos de trazado.

3. En el grupo de botones Comp. por defecto de estilo de traz. para nuevos dibujos, seleccione la opción Usar estilos de trazado dependientes de color. En un ejercicio posterior utilizaremos la otra opción, Usar estilos de trazado guardados.
4. Haga clic en **Aceptar** aquí y de nuevo en el cuadro de diálogo Opciones para regresar al plano.

Tras configurar AutoCAD para las tablas de estilo de trazado dependiente de color, el archivo predeterminado `Dibujo1`, que aparece cuando se abre AutoCAD, solo podrá utilizar las tablas de estilo de color. Puede modificar este parámetro cuando desee para asignarlo a los nuevos dibujos, pero una vez guardado el archivo sólo dispondrá del tipo de estilo de trazado seleccionado al crear el archivo. Si descubre que necesita modificar el estilo de trazado, consulte un cuadro situado más adelante en este mismo capítulo.

A continuación, configuraremos una tabla de estilo de trazado de color personalizada. Las tablas de estilo de trazado se almacenan como archivos con las extensiones `.ctb` o `.stb`. Los nombres de archivos de tablas que terminan con la extensión `.ctb` son tablas de estilo de trazado de color y los nombres de archivos terminados con la extensión `.stb` son tablas de estilo guardados.

NOTA: También puede escoger entre estilos de trazado de color y guardados cuando selecciona una plantilla para crear un nuevo dibujo. Cuando seleccione **Nuevo** en la Barra de herramientas de acceso rápido, podrá ver que muchos de los archivos de plantilla del cuadro de diálogo Crear nuevo dibujo incluyen como parte de su nombre los términos "*color dependent plot styles*" (estilos de trazado dependientes de color) o "*named plot styles*" (estilos guardados).

Si ha configurado AutoCAD para utilizar el cuadro de diálogo de inicio, dispondrá de las plantillas para estilos de trazado de color y estilos de trazado guardados cuando escoja la opción Utilizar una plantilla en el cuadro de diálogo Crear nuevo dibujo.

Crear una tabla de estilo de trazado de color

Podemos crear varios archivos de estilos de trazado a mano para aplicar rápidamente un estilo de trazado a la impresión de un dibujo o a la ficha Presentación. Cada tabla de estilo de trazado se puede configurar para aplicar una apariencia distinta al dibujo. Estos archivos se almacenan en la carpeta `Usuarios\NombreUsuario\AppData\Roaming\Autodesk\AutoCAD 2009\R17.2\esp\Plot Styles`. Siga estos pasos para crear una nueva tabla de estilo de trazado. Utilizaremos un archivo creado en la versión R14 como ejemplo para mostrar las funciones de los estilos de tabla.

TRUCO: Si cambia de idea respecto a una opción seleccionada en el asistente, utilice los botones **Atrás** y **Siguiente** para modificarla.

1. Abra el archivo `Plan-color.dwg` y haga clic en la herramienta Layout1 ( ) de la barra de estado.
2. Haga clic en la herramienta **Administrador de configuraciones de página** ( ) en el panel Trazar de la ficha Salida. Luego, haga clic en el botón **Modificar** en el cuadro de diálogo Administrador de configuraciones de página.
3. El cuadro de diálogo Configuración de página (véase figura 9.2) es muy parecido al cuadro de diálogo Trazar. La diferencia principal es que en el cuadro de diálogo Configuración de página no aparece el botón **Aplicar a presentación** en la parte de abajo del todo.

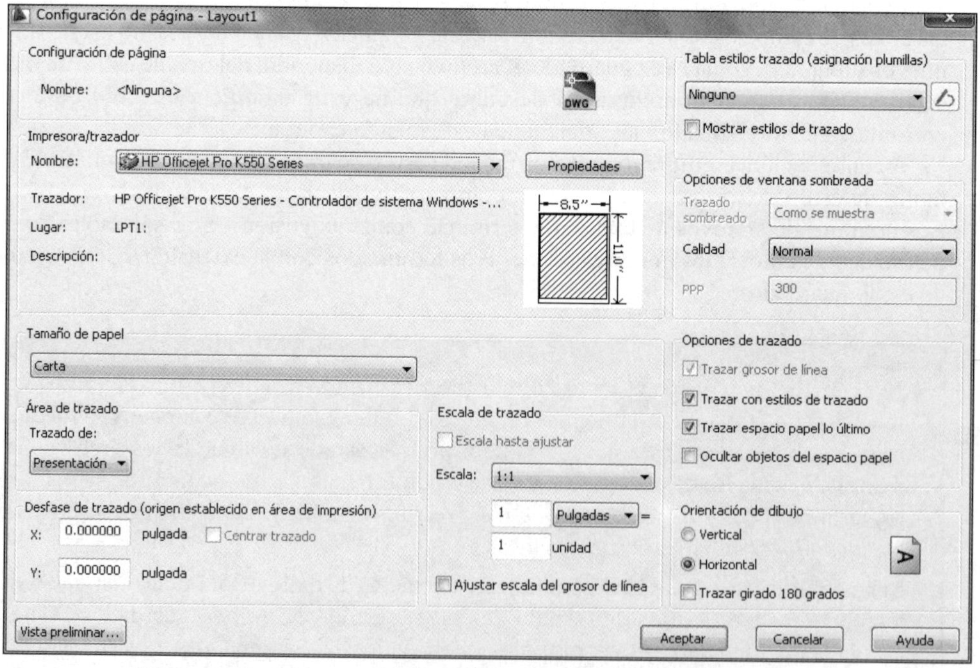

Figura 9.2. Cuadro de diálogo Configuración de página-Layout1.

En el grupo de opciones Tabla estilos trazado (asignación plumillas) situado en la esquina superior derecha del cuadro de diálogo, abra el menú desplegable y seleccione la opción Nueva... para abrir el Asistente para añadir tabla de estilos de trazado que dependen del color (véase figura 9.3).

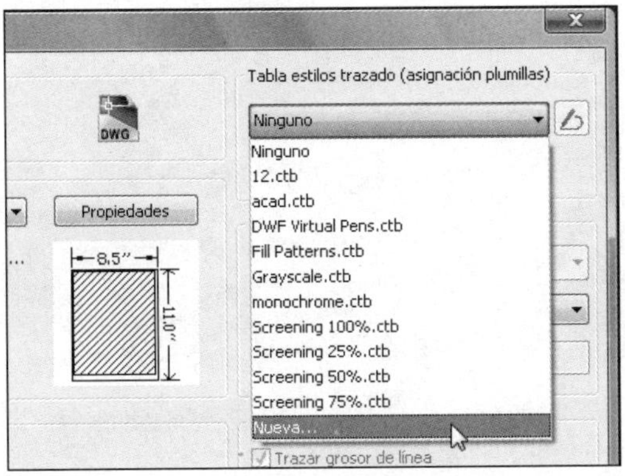

Figura 9.3. Cuadro de diálogo Configuración de página-Layout1.

4. Seleccione la opción Comenzar desde el principio y haga clic en **Siguiente**. Indique un nombre en la siguiente ventana del asistente para denominar al archivo.
5. Escriba **Miestilo** en el campo Nombre de archivo y haga clic en **Siguiente**. La ventana que se abre a continuación le permite modificar el estilo de trazado y asignar este estilo a sus dibujos actuales, nuevos o antiguos.
6. Haga clic en **Finalizar** para regresar al cuadro de diálogo Configuración de página.

El Asistente para añadir tabla de estilos de trazado que dependen del color le permite crear una nueva tabla de estilo de trazado desde el comienzo o crear una basada en un archivo CFG, PCP o PC2 de AutoCAD R14. También puede acceder a este asistente haciendo clic en la herramienta **Administrador de estilos de trazado** ( ) en el panel Trazar de la ficha Salida, y haciendo doble clic en el icono Asistente para añadir tabla de estilos de trazado ( ).

Los pasos que se describen a continuación sirven tanto para los estilos de trazado dependientes del color como para los estilos de trazado guardados.

Editar y utilizar tablas de estilo de trazado

Tras crear nuestra propia tabla de estilo de trazado, procederemos a modificarla y comprobaremos cómo afectan los estilos de trazado a nuestros dibujos.

1. En el cuadro de diálogo Configuración de página, el nombre del archivo `Miestilo.ctb` debería aparecer en el grupo Tabla estilos trazado (asignación plumillas). Si no fuera así, despliegue la lista y selecciónelo.
2. Haga clic en el botón **Editar** ( ) situado a la derecha de la lista desplegable para activar el Editor de tablas de estilos de trazado. Asegúrese de seleccionar la ficha Vista de formulario, que se ilustra en la figura 9.4.

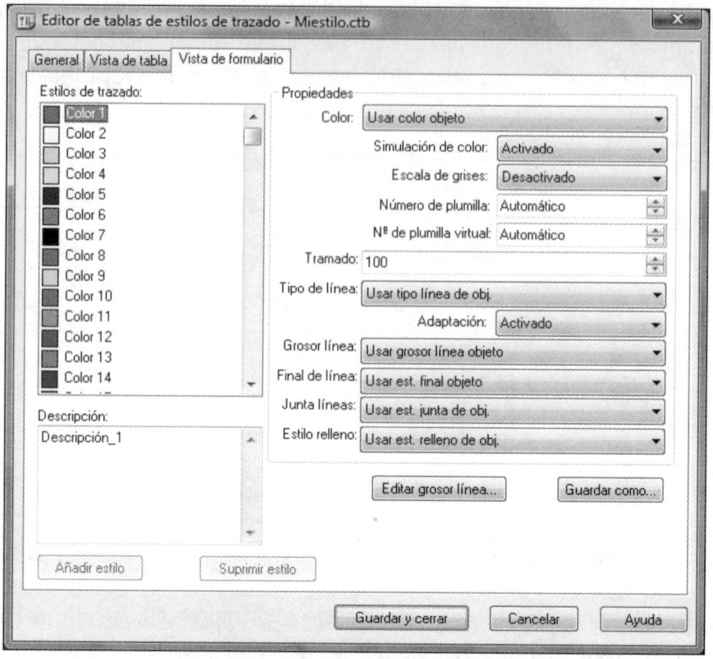

Figura 9.4. El cuadro de diálogo Editor de tablas de estilos de trazado abierto por la ficha Vista de formulario.

NOTA: También puede abrir y editar tablas de estilo de trazado mediante la herramienta **Administrador de estilo de trazado** situada en el panel Trazar de la ficha Salida para abrir el cuadro de diálogo Estilos de trazado. Una vez allí puede hacer doble clic sobre el estilo de trazado que desea modificar. Una tercera opción consiste en hacer doble clic en el archivo `Tabla de estilo de trazado` situado dentro de la carpeta `Usuarios\NombreUsuario\AppData\Roaming\Autodesk\AutoCAD 2009\R17.2\esp\Plot Styles`.

El cuadro de diálogo Editor de tablas de estilos de trazado consta de tres fichas que permiten controlar la impresión de colores en AutoCAD. La ficha Vista de formulario permite seleccionar un color del cuadro de lista y definir sus propiedades utilizando las opciones situadas en la parte derecha de la ficha.

NOTA: La ficha Vista de tabla muestra cada color en forma de columna de propiedades. Cada columna denomina un estilo de trazado. Los nombres de las propiedades se incluyen en una lista situada en el extremo izquierdo de la tabla. Aunque el diseño es distinto, las fichas Vista de tabla y Vista de formulario ofrecen las mismas funciones.

A continuación, modificaremos la propiedad de grosor de línea del estilo de trazado del color 3 (verde). Recuerde que el verde es el color asignado a la capa Wall (Pared) del dibujo Plan (Plano).

1. Haga clic en la entrada Color 3 en el cuadro de lista Estilos de trazado.
2. Haga clic en el cuadro de lista Grosor línea y seleccione **0.5000 mm**, tal como se muestra en la figura 9.5.

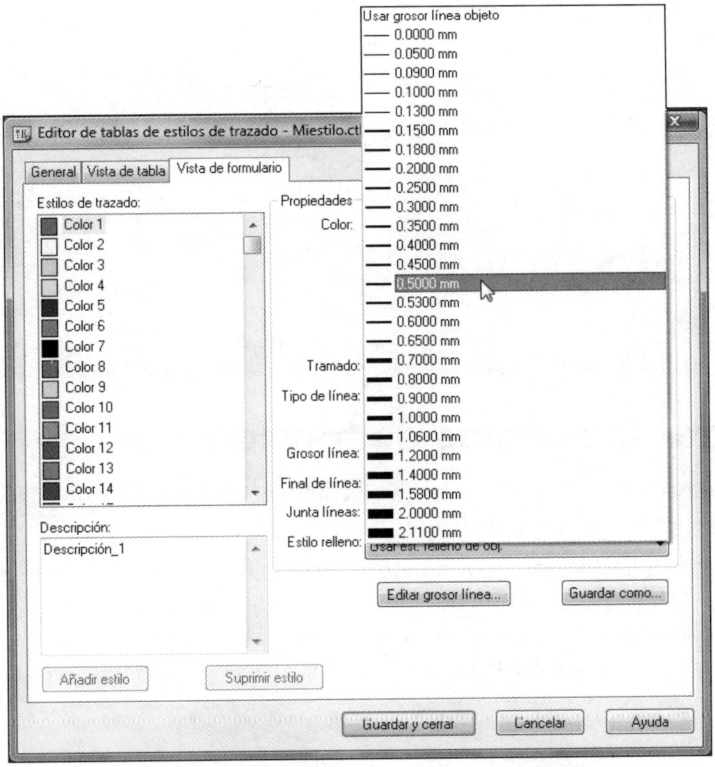

Figura 9.5. Cuadro de lista Grosor línea.

3. Haga clic en **Guardar y cerrar** para regresar al cuadro de diálogo Configuración de página.
4. Active la casilla Mostrar estilos de trazado en el grupo Tabla estilos trazado (asignación plumillas). Haga clic en **Aceptar** para cerrar el cuadro de diálogo Configuración de página y haga clic en **Cerrar** para cerrar el cuadro de diálogo Administrador de configuración de página (véase figura 9.6).

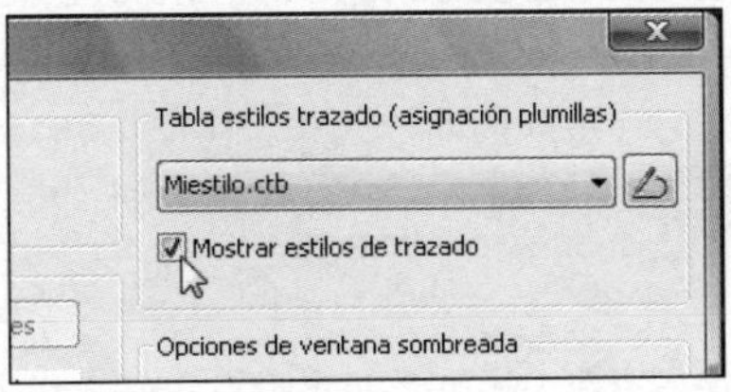

Figura 9.6. Casilla Mostrar estilos de trazado.

5. Utilice la función Zoom para ampliar la vista de la unidad del aseo y de la entrada como le mostramos en la figura 9.7.

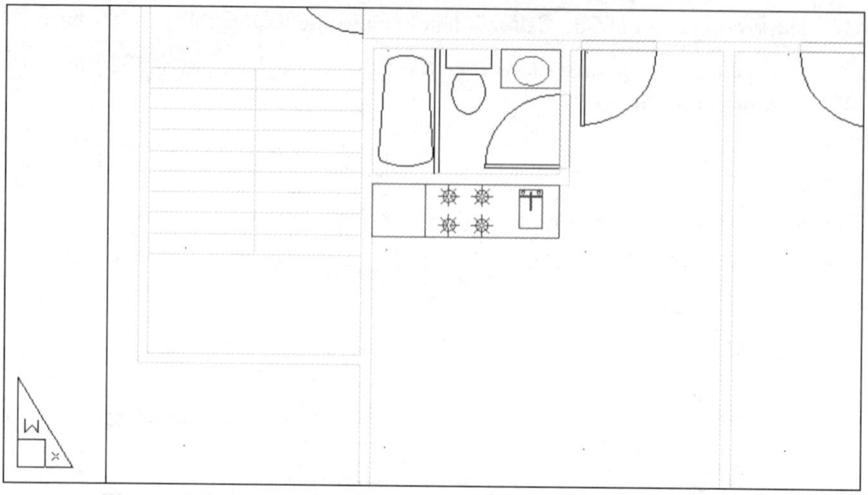

Figura 9.7. Ajuste la vista hasta mostrar algo parecido a esto.

Mostrar los estilos de trazado

Por el momento no apreciará ningún cambio en el dibujo, ya que necesita aplicar otra modificación a las opciones de dibujo.

1. Seleccione Formato>Grosor de línea en el Explorador de menús para abrir el cuadro de diálogo Parámetros de grosor de línea. Este cuadro de diálogo le permite controlar el grosor de las líneas en el dibujo. Si el grosor de las líneas no se muestra en pantalla, este cuadro le permite hacerlas visibles (véase figura 9.8).

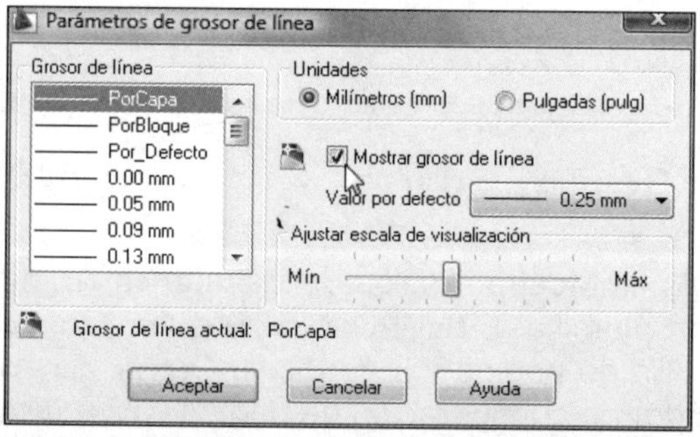

Figura 9.8. Cuadro de diálogo Parámetros de grosor de línea.

NOTA: También puede abrir la ficha Preferencias de usuario del cuadro de diálogo Opciones y hacer clic en el botón **Parám. grosor de línea** para abrir el cuadro de diálogo Parámetros de grosor de línea.

2. Active la casilla Mostrar grosor de línea para habilitar esta función.
3. Debajo de la opción Mostrar grosor de línea, haga clic en la lista desplegable Valor por defecto y seleccione 0.09mm. De esta forma, hará que el grosor de línea por defecto o cualquier línea sin asignar, se muestren utilizando un grosor de línea muy fino.

4. Haga clic en **Aceptar**. La presentación mostrará el dibujo con los ajustes de grosor de línea que acabamos de establecer (véase figura 9.9).

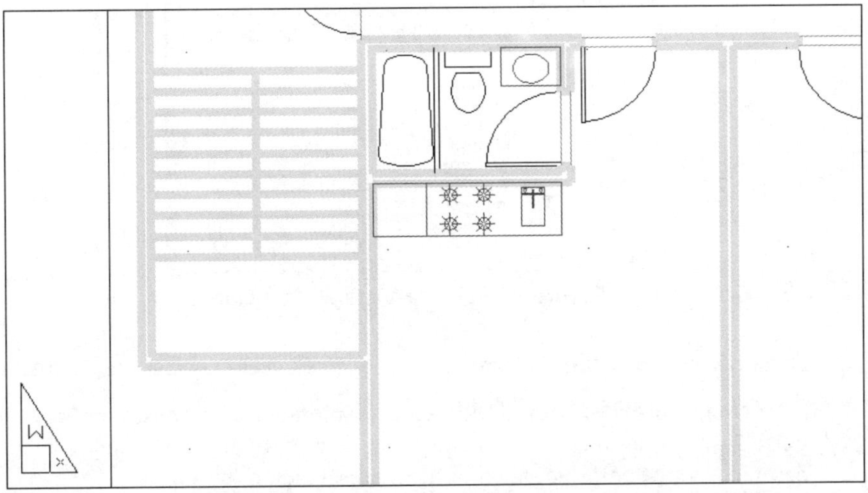

Figura 9.9. El dibujo con las nuevas asignaciones de grosor de línea.

ADVERTENCIA: Si su vista no refleja los parámetros del estilo de trazado, asegúrese de seleccionar la opción Mostrar estilos de trazado situada en la ficha Tabla estilos trazado (asignación plumillas) del cuadro de diálogo Configuración de página.

Modificar estilos de trazado múltiples

En la mayoría de las ocasiones, los trabajos se imprimen en blanco y negro. Puede editar la tabla de estilo de trazado de color para sustituir uno o todos los colores de AutoCAD por el negro.

Ya sabe cómo abrir el Editor de tablas de estilos de trazado desde el cuadro de diálogo Configuración de página para editar una tabla de estilos de trazado de color. En el siguiente ejercicio, vamos a seguir otro camino.

1. Haga clic en la herramienta **Administrador de estilos de trazado** ( ) en el panel Trazar de la ficha Salida para abrir la ventana Plot Styles. Se trata de una vista de la carpeta `Plot Styles` incluida dentro de la carpeta de `Usuarios\NombreUsuario\AppData\Autodesk\AutoCAD 2009\R17.2\esp\Plot Styles`.
2. Busque el archivo `Miestilo.ctb` y haga doble clic en él para abrir el cuadro de diálogo Editor de tablas de estilos de trazado.
3. En el cuadro de diálogo Editor de tablas de estilos de trazado, asegúrese de seleccionar la ficha Vista de formulario.
4. Haga clic en Color 3 en el cuadro Estilos de trazado.
5. Haga clic en la lista desplegable Color y seleccione Negro (véase figura 9.10).

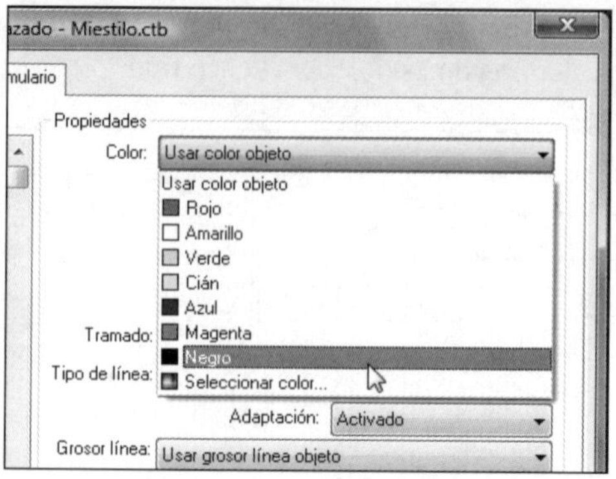

Figura 9.10. Ficha Vista de formulario.

6. Haga clic en **Guardar y cerrar**, y luego cierre la ventana Estilos de trazado.
7. Seleccione Ver>Regenerar todo en el Explorador de menús, o escriba `regent` y pulse **Intro** en la línea de comandos para ver su dibujo. Los objetos de color verde pasarán a ser de color negro en la ficha presentación.
8. Haga clic en la herramienta Modelo en la barra de estado para ver su dibujo en el espacio Modelo. Observe que los objetos conservan sus colores originales. Este hecho demuestra que los colores de los objetos o de las capas no se modifican, tan sólo sus colores en papel.

A continuación, cambiaremos todos los colores a negro.

1. Repita los pasos 1 y 2 del ejercicio anterior para abrir el archivo `Miestilo.ctb`.
2. Asegúrese de que la ficha Vista de formulario está seleccionada y haga clic en Color 1 en la lista Estilos de trazado.
3. Haga clic en el Color 9 con la tecla **Mayús** pulsada para seleccionar todos los estilos de trazado desde el Color 1 al Color 9, tal como se muestra en la figura 9.11.

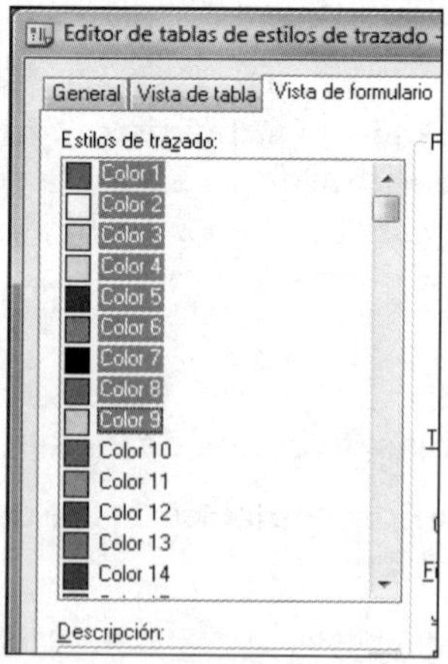

Figura 9.11. Ficha Vista de formulario.

4. Haga clic en la lista desplegable Color y seleccione Negro.
5. Haga clic en el botón **Guardar y Cerrar** del cuadro de diálogo, y cierre la ventana Estilos de trazado.
6. Haga clic en la vista Layout1 y seleccione Ver>Regenerar todo para sustituir todos los colores por el negro.

A partir de ahora, al imprimir un dibujo todas sus líneas serán de color negro.

Estos ejercicios han servido para mostrarle cómo el Editor de tablas estilos de trazado nos permite seleccionar colores de impresión diferentes a los colores aplicados en el espacio Modelo. En estos ejercicios hemos aplicado el color negro a las plumillas, pero si examina la lista desplegable Color, verá que puede seleccionar cualquier otro color. La opción Seleccionar color incluida en esta lista desplegable Color le permite seleccionar colores en el cuadro de diálogo Seleccionar color (véase figura 9.12).

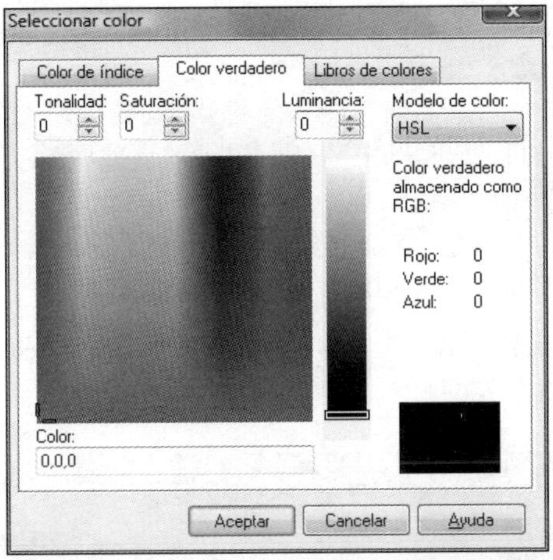

Figura 9.12. Cuadro de diálogo Seleccionar color.

NOTA: Para obtener la vista que se ilustra aquí, asegúrese de seleccionar la ficha Color verdadero y dentro de ésta la opción HSL en la lista desplegable Modelo de color.

En un capítulo anterior se presentó el cuadro de diálogo Seleccionar color para mostrar cómo seleccionar colores para capas. En esta sección se puede utilizar para asignar colores a estilos de trazado. El cuadro de diálogo Seleccionar color incluye las mismas tres fichas: Color de índice, Color verdadero y Libros de color. La ficha Color de índice permite seleccionar un color de entre 255 colores de índice de AutoCAD. La ficha Color verdadero permite seleccionar prácticamente cualquier color. La ficha Libros de color permite utilizar colores PANTONE.

Configurar los estilos de líneas de esquina

Es posible que haya observado que las esquinas de la pared parecen estar redondeadas en lugar de mostrar aristas rectas (véase figura 9.13).

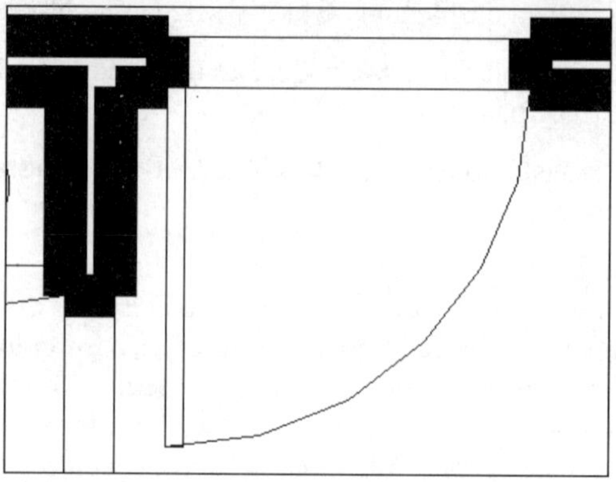

Figura 9.13. Las esquinas de las líneas gruesas parecen estar redondeadas.

Puede ajustar la forma en la que AutoCAD imprime estas esquinas mediante el Editor de tablas de estilos de trazado.

1. Abra de nuevo la tabla de estilo de trazado `Miestilo.ctb`, como se indicó en el ejercicio anterior.
2. Compruebe que la ficha Vista de formulario está seleccionada y haga clic en la entrada Color 3 de la lista Estilos de trazado.
3. Haga clic en la lista desplegable Final de línea y seleccione la opción Cuadrado (véase figura 9.14).

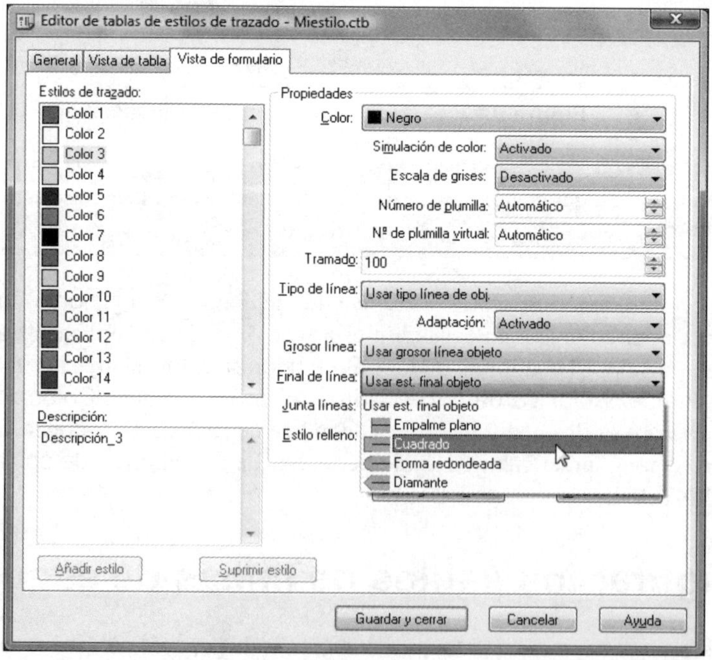

Figura 9.14. Ficha Vista de formulario, lista desplegable Final de línea.

4. Haga clic en el botón **Guardar y cerrar** en el cuadro de diálogo Editor de tablas de estilos de trazado y el botón **Aceptar** del cuadro de diálogo Configuración de página para cerrarlo.

5. Seleccione Ver>Regenerar todo en el explorador de menús, o escriba `regent` y pulse **Intro** en la línea de comandos para examinar los cambios. Observe el ángulo recto de las esquinas (véase figura 9.15).

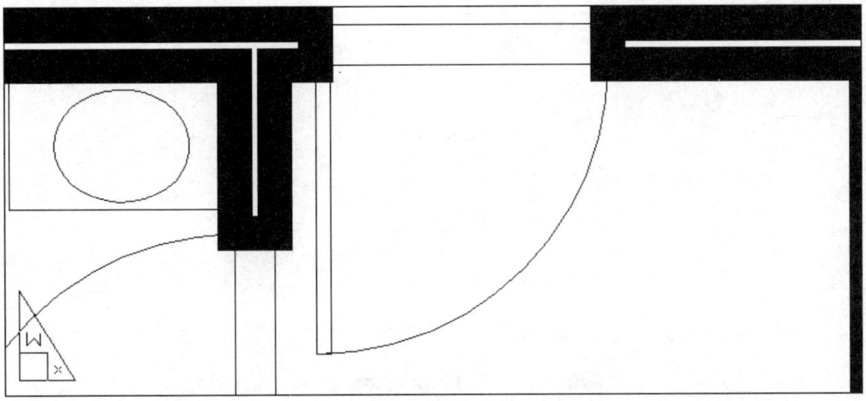

Figura 9.15. La configuración de la opción Final de línea puede modificar la forma en que se dibujan las esquinas.

ADVERTENCIA: El parámetro Junta líneas puede tener un efecto adverso en las fuentes de AutoCAD. Si el texto aparece distorsionado, compruebe si está en una capa que utiliza un estilo para el parámetro Junta líneas diferente del predeterminado Usar est. junta de obj..

La opción Cuadrado de la lista desplegable Final de línea extiende los extremos de las líneas contiguas para que las esquinas se unan de forma continua. La lista desplegable Junta líneas ofrece un conjunto de parámetros similares para polilíneas. Por ejemplo, puede redondear las esquinas de polilíneas mediante la opción Forma redondeada de la lista desplegable Junta líneas.

Configurar los valores de trama para áreas sólidas

Por último, examinaremos cómo cambiar el color en un área de relleno. Por lo general, el fondo de los dibujos se suele pintar de color gris o coloreado para enfatizar el área gráficamente (por ejemplo, para destacar un área en un mapa o para designar funciones en un plano de planta). El parámetro que vamos a utilizar a continuación se utiliza para crear fondos sombreados.

1. Haga clic en la herramienta **Administrador de configuraciones de página** ( ) en el panel Trazar de la ficha Salida, y haga clic en la herrramienta **Modificar** para abrir nuevamente el cuadro de diálogo Configuración de página.

2. Haga clic en la herramienta **Modificar** ( ) para abrir el Editor de tablas de estilos de trazado.
3. Seleccione Color 3 en el cuadro de lista Estilos de trazado.
4. En la lista desplegable Tramado, que aparece en la figura 9.16, haga doble clic en el número 100 para resaltarlo.

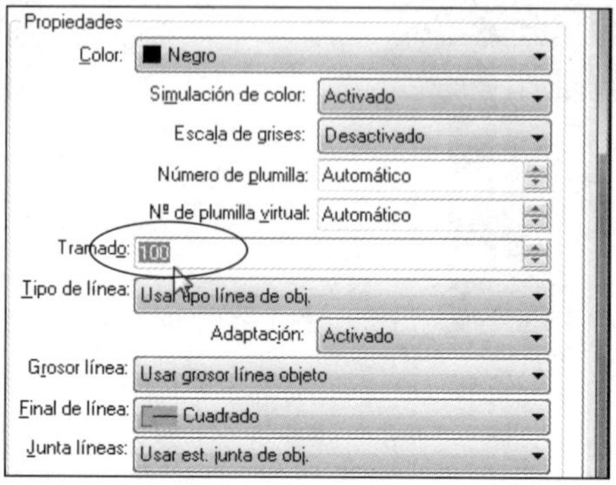

Figura 9.16. Cuadro de lista Tramado.

5. Escriba `50` y pulse **Intro**.
6. Haga clic en el botón **Guardar y cerrar**. En el cuadro de diálogo Configuración de página, haga clic en el botón **Aceptar**. Finalmente, haga clic en **Cerrar** en el cuadro de diálogo Administrador de configuraciones de página.
6. Seleccione Ver>Regenerar todo en el Explorador de menús, o escriba `regent` en la línea de comandos y pulse **Intro** para examinar los cambios. Observe cómo el color de las paredes se ha convertido en un tono gris.

En este ejercicio, modificamos el color de una línea de negra a gris. La opción Tramado nos ha permitido "suavizar" el color seleccionado reduciendo su porcentaje de intensidad en un 50 por cien.

Puede utilizar la opción Tramado en combinación con la opción Color para obtener diferentes tonos. Si necesita rellenar grandes áreas de color, puede utilizar el patrón de sombreado Sólido para cubrirlas y, a continuación, utilizar la opción Tramado del Editor de tablas de estilos de trazado para ajustar el color del área.

Control de visibilidad de objetos que se solapan

Es interesante conocer las opciones que brinda el comando `Ordenaobjetos` utilizado en combinación con áreas de relleno sólidas. Este comando permite controlar la forma en la que se ocultan o solapan los objetos al mostrarlos o imprimirlos. Si descubre que sus sombreados sólidos ocultan texto u otros gráficos, necesitará examinar las opciones del comando `Ordenaobjetos`. Algunos dispositivos de salida incorporan una función de control de fusión que determina la forma de solapar los gráficos al imprimirlos.

Otras opciones del editor de tablas de estilo de trazado

Hasta el momento hemos examinado una gran cantidad de opciones de estilo de trazado, pero existen otras muchas. En esta sección se describen las opciones no comentadas en los ejercicios anteriores.

NOTA: Las opciones del Editor de tablas de estilos de trazado son siempre las mismas, independientemente de que se trate de tablas de estilo de trazado de color o de tablas de estilo guardadas.

Ficha General

En los ejercicios anteriores no examinamos en ningún momento la ficha General del Editor de tablas de estilo de trazado. La ficha General ofrece información relativa al estilo de trazado que se está editando actualmente. Puede incluir una descripción del estilo en el cuadro de texto Descripción. Las descripciones pueden resultar útiles si tiene previsto incluir el estilo de trazado junto a un dibujo para enviarlo y que lo imprima otra persona.

El grupo Información de archivo contiene datos fundamentales del archivo, tales como su nombre y ubicación, así como el número de estilos de color incluidos en la tabla de estilo de trazado.

La casilla de verificación Aplicar factor de escala global a tipos de línea que no sean ISO permite determinar si los factores de escala para tipos de línea ISO son aplicables a todos los tipos de líneas. Al seleccionar este parámetro, el cuadro de entrada Factor de escala se activa para permitirle indicar un factor de escala.

NOTA: Los tipos de línea Organización de estándares internacionales (ISO) son tipos de línea de conformidad con los estándares ISO para dibujos técnicos.

La ficha Vista de tabla

La ficha Vista de tabla dispone de los mismos parámetros que la ficha Vista de formulario, pero presentados en formato diferente. Cada estilo de trazado se muestra en una columna con las propiedades de cada estilo de trazado colocadas en el lado izquierdo de la ficha. Para cambiar una propiedad, haga clic en su entrada en la columna.

Para aplicar el mismo parámetro a todos los estilos de trazado de una sola vez, haga clic con el botón derecho del ratón sobre el parámetro que desea utilizar y seleccione la opción Copiar del menú contextual. Haga clic con el botón derecho del ratón de nuevo sobre el mismo parámetro y seleccione la opción Pegar a todos los estilos.

En la parte inferior del cuadro de diálogo encontrará el botón **Editar grosor de línea**. Este control abre el cuadro de diálogo Editar Grosor de línea, que le permite ajustar los parámetros de los grosores de líneas de los estilos de trazado.

La ficha Vista de formulario

La ficha Vista de formulario (véase figura 9.4) contiene los mismos parámetros que la ficha Vista de tabla, pero organizados de forma diferente. En lugar de mostrar cada color como una columna de propiedades, éstas aparecen ubicadas en la parte derecha de la ficha en forma de opciones, y los colores en la parte izquierda.

Para modificar las propiedades de un color, debe seleccionarlo en la lista y editar sus valores en el grupo de opciones Propiedades, situado en la parte derecha del cuadro de diálogo. Por lo tanto, para modificar el valor de relleno del estilo Color 3, resalte su entrada en la lista Estilos de trazado, haga doble clic en el cuadro de entrada Tramado y escriba un valor nuevo.

Ya se han comentado las funciones de las opciones Tramado, Color, Grosor de línea y Junta líneas. A continuación, se describen el resto de las propiedades de estilo.

> **TRUCO:** Los nombres de las propiedades de la ficha Vista de tabla son ligeramente diferentes a los utilizados en la ficha Vista de formulario. A continuación, le mostramos los nombres utilizados en la ficha Vista de tabla entre corchetes.

- Descripción: Permite introducir una descripción para cada color.
- Simulación de color [Activar simulación de color]: La simulación de color es un método que permite simular colores al imprimir más allá de los 255 colores disponibles en AutoCAD. Aunque esta opción es útil cuando se desea utilizar una amplia gama de colores, puede crear distorsiones en papel (líneas finas divididas y colores falsos). Por esta razón, la función de simulación de colores se suele desactivar. Esta opción no está disponible en todos los dispositivos de impresión.
- Convertir a escala de grises: Convierte colores a escala de grises.
- Número de plumilla [Usar plumilla asignada nº]: Permite determinar el número de plumilla asignada a cada color del dibujo. Esta opción sólo se aplica a los trazadores.
- Nº de plumilla virtual: Muchos dispositivos de impresión de chorro de tinta o láser disponen de "plumillas virtuales" para simular los procesos de las antiguas plumillas de los trazadores. Con frecuencia, este tipo de dispositivos disponen de hasta 255 plumillas virtuales. Los trazadores dotados de plumillas virtuales permiten a menudo asignar colores de AutoCAD a un número de plumilla virtual. Esta opción resulta importante si el trazador permite asignar funciones de tramado, grosor de línea, estilo final y estilo de juntas a sus plumillas. En este caso, puede utilizar los parámetros de plumilla virtual en lugar de los parámetros del editor de tablas de estilos de trazado. Esta opción resulta especialmente atractiva cuando se dispone de una biblioteca de dibujos configurados para trazadores equipados de plumillas virtuales. Puede configurar su impresora de chorro de tinta para plumillas virtuales en la entrada Gráficos vectoriales de la ficha Parámetros de dispositivos y documentos situada dentro del cuadro diálogo Editor de parámetros del trazador.
- Tipo de línea: Si lo prefiere, puede utilizar este parámetro para controlar los tipos de línea de AutoCAD basados en el color del objeto. La opción predeterminada de esta función es Usar tipo de línea de objeto. Le recomendamos que mantenga el valor predeterminado.

- Adaptación [Ajuste de adaptación]: Controla el origen y el final de los tipos de líneas no continuos. Esta opción está activada de manera predeterminada, lo que obliga a los tipos de línea a empezar y terminar en un segmento de línea. Si se desactiva esta opción, se dibuja el mismo tipo de línea independientemente de su extremo final. En algunos casos, esta configuración puede dar como resultado líneas incompletas.
- [Estilo de] Final de línea: Permite determinar la forma de los extremos de líneas simples que constan de un grosor de línea mayor que cero.
- [Estilo de] Junta líneas: Permite determinar la forma de las esquinas de las polilíneas (véase figura 9.17).

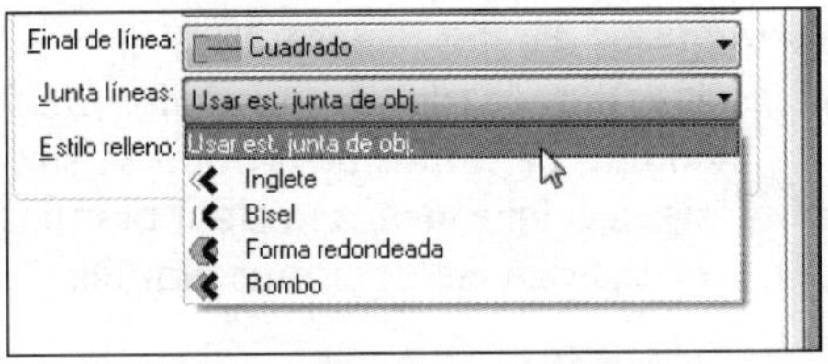

Figura 9.17. Estilo de junta líneas.

- Estilo de relleno: Permite seleccionar un color que se aplicará en forma de patrón en un área sólida de relleno. Los patrones aparecen como muestra la figura 9.18.

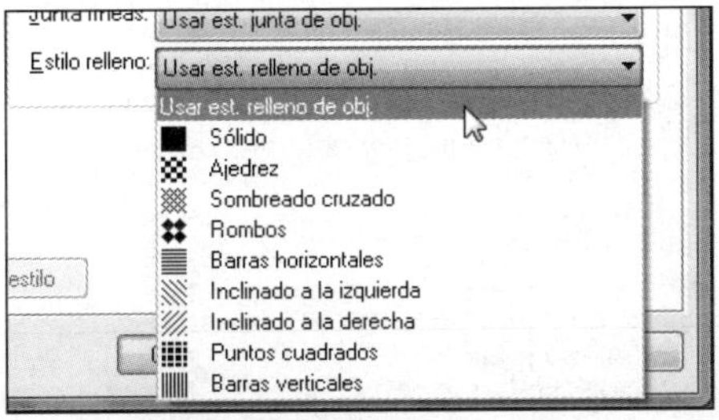

Figura 9.18. Estilo de relleno.

- Agregar estilo: Permite agregar otros estilos de impresión o colores. Esta opción no está disponible para tablas de estilo de trazado de color.
- Eliminar estilos: Suprime el estilo seleccionado. Esta opción no está disponible para tablas de estilo de trazado de color.
- Guardar como: Permite guardar la tabla actual de estilo de trazado con un nombre de archivo distinto.

Asignación directa de estilos de trazado guardados a capas y objetos

Ya hemos aprendido a controlar la forma en la que AutoCAD convierte los colores de los dibujos al imprimirlos. Para ello, hemos utilizado una tabla de estilos de trazado cuya función es la de asignar un estilo de trazado a cada color en AutoCAD. También dispone de la opción de asignar estilos de trazado directamente a objetos o capas. Para ello, necesita utilizar las denominadas tablas de estilos de trazado guardados. Estas tablas permiten crear estilos de trazado con nombres, en lugar de asignar colores directamente en AutoCAD. A continuación, puede asignar un estilo de trazado por su nombre a objetos o capas de un dibujo. En esta sección, le explicaremos cómo configurar AutoCAD con una tabla de estilos de trazado guardado para asignar estilos de trazado a objetos. A continuación, crearemos una nueva tabla de estilos de trazado.

Utilizar tablas de estilos de trazado guardados

De manera predeterminada, AutoCAD utiliza la opción de tabla de estilo de trazado dependiente del color para todos los dibujos nuevos. Pero dispone de otras dos formas de crear un dibujo que utilice tablas de estilos de trazado guardados. La forma más sencilla consiste en utilizar cualquiera de las plantillas de estilos de trazado existentes al crear un nuevo dibujo. Para acceder a estos archivos, seleccione la opción Usar plantilla del cuadro de diálogo Crear nuevo dibujo o del cuadro de diálogo Seleccionar plantilla (véase figura 9.19).

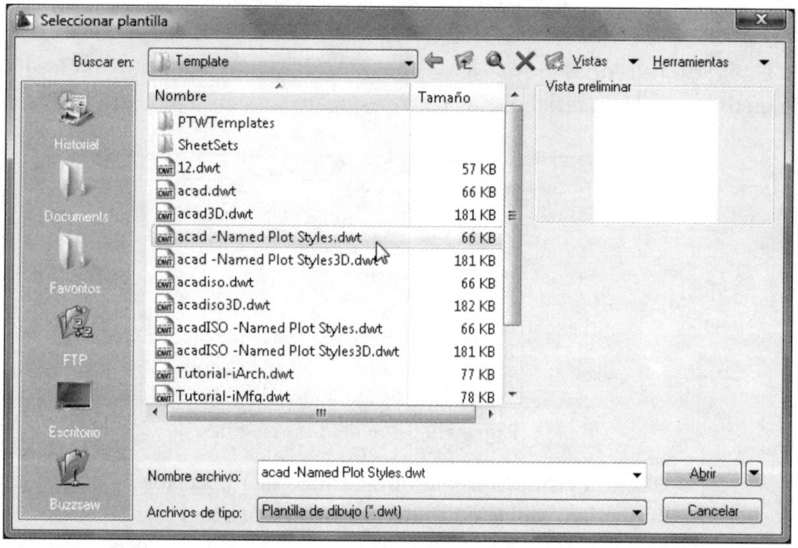

Figura 9.19. Cuadro de diálogo Seleccionar plantilla.

Gracias a las plantillas de estilos de trazado guardados y de color, AutoCAD facilita la tarea de crear y seleccionar el tipo de estilo de trazado deseado independientemente del estilo predeterminado.

Si lo prefiere, puede configurar AutoCAD para que utilice un estilo de trazado guardado al crear un dibujo mediante la opción Empezar desde el principio o utilizando el Asistente para crear dibujo. En la siguiente sección se describe el método utilizado para establecer la tabla de estilo de trazado prdeterminada para nuevos dibujos.

1. Seleccione Herr.>Opciones en el Explorador de menús para abrir el cuadro de diálogo Opciones y escoja la ficha Trazar y publicar. Esta ficha ofrece una gran cantidad de parámetros dirigidos a su trazador o impresora.

2. En la parte inferior derecha del cuadro de diálogo, haga clic en el botón **Parámetros de tabla de estilos de trazado**.
3. Haga clic en el botón Usar estilos de trazado guardados en el cuadro de diálogo Parámetros de tabla de estilos de trazado que se muestra en la figura 9.20. Observe que ahora las opciones Estilo de trazado por defecto en capa 0 y Estilo de trazado por defecto en objetos están disponibles. Haga clic en **Aceptar**.

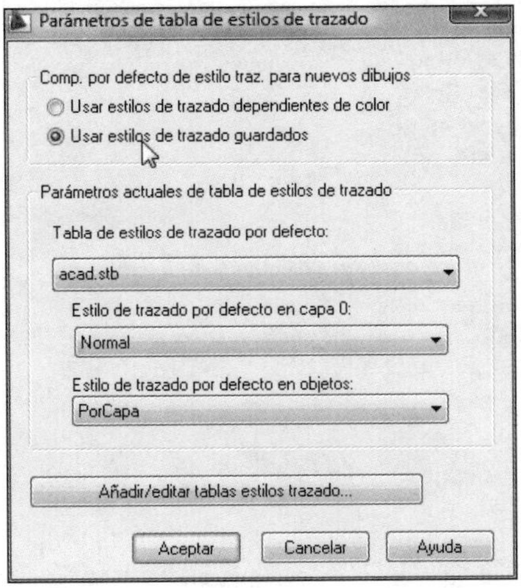

Figura 9.20. Cuadro de diálogo Parámetros de tabla de estilos de trazado.

4. Haga clic en **Aceptar** para cerrar el cuadro de diálogo Opciones.

Para crear y aplicar un nuevo estilo de trazado guardado, abriremos un archivo existente elaborado en una versión anterior de AutoCAD. En los siguientes ejercicios, utilizaremos el archivo `Plan-named.dwg`. Se trata de un archivo creado con la versión 14 al que se asignará el tipo de tabla de estilo de trazado predeterminada como ha configurado en la opción Usar estilos de trazado guardados en el ejercicio anterior.

1. Abra el archivo `Plan-named.dwg`.
2. Haga clic en la herramienta **Administrador de estilos de trazado** ( ) para abrir la ventana de la carpeta `Plot Styles`.
3. Haga doble clic en el icono Asistente para añadir una tabla de estilos de trazado para iniciar el asistente Añadir tabla de estilos de trazado.
4. Haga clic en **Siguiente** para abrir la página Inicio, seleccione Comenzar desde el principio y haga clic en **Siguiente** para abrir la página Elegir tabla de estilos de trazado.
5. Seleccione la opción Tabla de estilos de trazado guardados y haga clic en **Siguiente** para abrir la página Nombre de archivo.
6. Escriba **Miestiloguardado1** en el campo Nombre de archivo y haga clic en **Siguiente** para abrir la página Finalizar. En esta página puede finalizar el proceso o editar la nueva tabla de estilo de trazado. En esta ocasión, optaremos por la segunda opción.

7. Haga clic en el botón **Editor de tablas de estilos de trazado**. Tras ello, se abrirá el cuadro de diálogo Editor de tablas de estilos de trazado (véase figura 9.21).

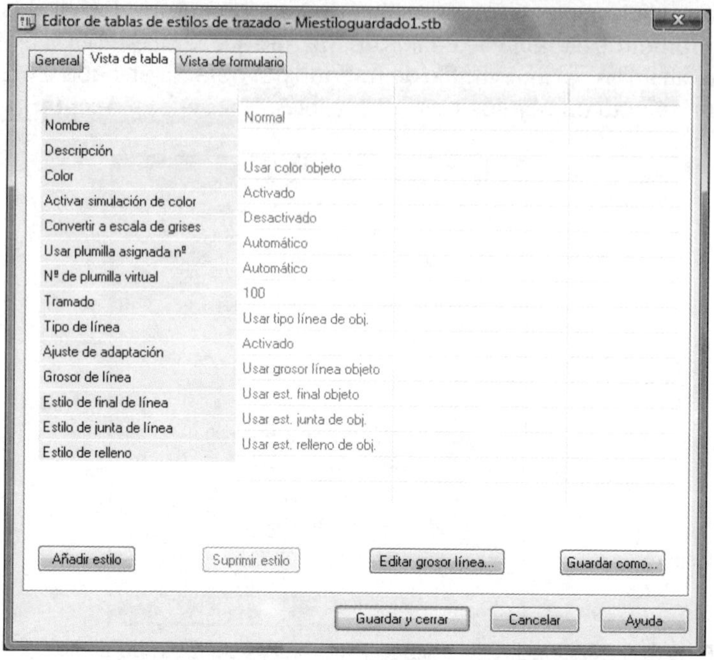

Figura 9.21. Cuadro de diálogo Editor de tablas de estilos trazados con un solo estilo guardado.

Observe que sólo dispone de un estilo guardado. A diferencia de las tablas de estilo de trazado que dependen del color, no vamos a asignar un estilo a cada color de AutoCAD, por lo que no necesitamos un estilo para cada uno de los 255 colores de su paleta. En su lugar, podemos crear un conjunto limitado de estilos y asignar a cada uno de ellos las características que desee aplicar a los objetos o capas. A continuación, agregaremos varios estilos de trazado adicionales.

1. Haga clic en el botón **Añadir estilo**. Tras ello, aparecerá una columna denominada Estilo 1 (véase figura 9.22). El nombre aparece resaltado para permitirle aplicar otro nombre directamente.
2. Abra la ficha Vista de formulario y seleccione Estilo 1 en la lista de Estilos de trazado.
3. Haga clic en la lista desplegable Grosor de línea y seleccione 0.5000 mm.
4. Haga clic en el botón **Añadir estilo** y haga clic en el botón **Aceptar** en el cuadro de diálogo Añadir estilo de trazado.
5. Seleccione Estilo 2 de la lista Estilos de trazado. Haga clic en la lista desplegable Grosor de línea y seleccione 0.7000 mm.
6. Haga clic en el botón **Guardar y cerrar**. A continuación, regresará al cuadro de diálogo Añadir tabla de estilos de trazados.

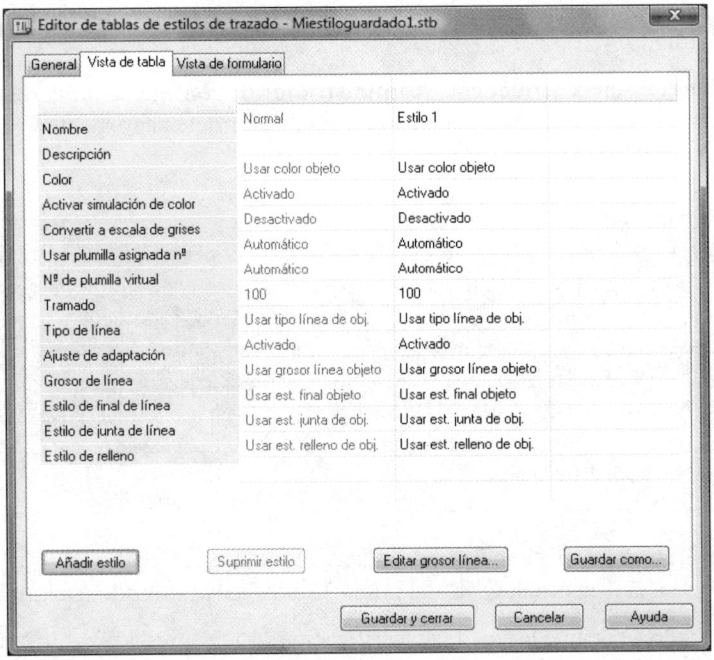

Figura 9.22. Cuadro de diálogo Editor de tablas de estilos de trazado.

7. Haga clic en **Finalizar** para salir del asistente y cierre la ventana Estilos de trazado.

Posiblemente se habrá dado cuenta de que el Asistente para añadir una tabla de estilos de trazado funciona de forma ligeramente diferente cuando se inicia desde la ventana Estilos de trazado. En concreto, se incluye una opción adicional (en el paso 5 del penúltimo ejercicio) que permite seleccionar entre una tabla de estilo de trazado que depende del color y una tabla de estilo de trazado guardado.

Acabamos de crear un estilo de trazado guardado. A continuación, vamos a asegurarnos de que `Miestiloguardado1.stb` es el estilo de trazado predeterminado.

1. Abra el cuadro de diálogo Opciones y haga clic en la ficha Trazar y publicar.
2. Haga clic en el botón **Parámetros de tabla de estilos de trazado** y, en la lista desplegable Tabla de estilos de trazado por defecto del grupo Parámetros actuales de tabla de estilos de trazado, seleccione `Miestiloguardado1.stb`.
3. Haga clic en **Aceptar** para salir del cuadro de diálogo Parámetros de tabla de estilos de trazado y haga clic otra vez en **Aceptar** para salir del cuadro de diálogo Opciones.

Ya estamos preparados para empezar a asignar estilos de trazado a los objetos del dibujo.

Asignación de estilos de trazado a objetos

Tras configurar AutoCAD para que utilice estilos de trazado guardados, podemos asignar estilos de trazado a objetos por medio de la paleta Propiedades, como le mostramos en los pasos siguientes.

1. En el archivo `Plan-named.dwg`, haga clic en la herramienta **Layout1** en la barra de estado.
2. Haga clic en la herramienta **Administrador de configuraciones de página** () en el panel Trazar y haga clic en el botón **Modificar** del cuadro de diálogo Administrador de configuraciones de página.

ADVERTENCIA: Si la configuración de su trazador está definida para una impresora no existente, aparecerá un mensaje de advertencia informándole de que no se ha podido localizar el controlador para el trazador asignado. Esto ocurre a menudo cuando recibimos un archivo que ha sido configurado para una impresora determinada en otro puesto de trabajo. Como explica el mensaje de advertencia, AutoCAD asigna como dispositivo trazador de salida "Ninguna". Así pues, tendrá que asegurarse de seleccionar la impresora o trazador adecuado en el grupo Impresora/trazador del cuadro de diálogo Configuración de página.

3. En el cuadro de diálogo Configuración de página, seleccione `Miestiloguardado.stb` en la lista desplegable del grupo Tablas estilo trazado (asignación plumillas).
4. Asegúrese de que la casilla de verificación Mostrar estilos de trazado está activada y haga clic en **Aceptar**.
5. Haga clic en **Cerrar** para cerrar el cuadro de diálogo Administrador de configuración de página.

Acabamos de asignar una tabla de estilo de trazado guardado a la ficha Layout1. Podemos asignar diferentes estilos de trazado guardado a cada presentación. A continuación, vamos a asegurarnos de que los estilos de trazado se muestran en el dibujo.

1. Seleccione Formato>Grosor de línea en el Explorador de menús y asegúrese de marcar la casilla Mostrar grosor de línea. Haga clic en **Aceptar**.
2. Ajuste la vista del dibujo de forma que se vea un plano corto de la esquina inferior izquierda de la unidad.
3. Haga doble clic dentro de la ventana, para que el borde aparezca resaltado. Esto le permite seleccionar objetos en el dibujo aunque estemos en el espacio presentación.
4. Seleccione la línea que representa la pared externa del dibujo en la parte inferior izquierda del plano (tal como se muestra en la figura 9.23). A continuación, haga clic con el botón derecho del ratón y seleccione Propiedades en el menú contextual.
5. En la paleta Propiedades, seleccione la opción Estilo de trazado. Al hacerlo, aparecerá una lista desplegable con una flecha apuntando hacia abajo a la derecha, como la que se muestra en la figura 9.24.
6. Haga clic en el control desplegable y seleccione Otro para abrir el cuadro de diálogo Seleccionar estilo de trazado (véase figura 9.25).
7. Seleccione Estilo 1 y haga clic en **Aceptar**. Observe que ahora el Estilo 1 aparece como valor de Estilo de trazado en la paleta Propiedades.

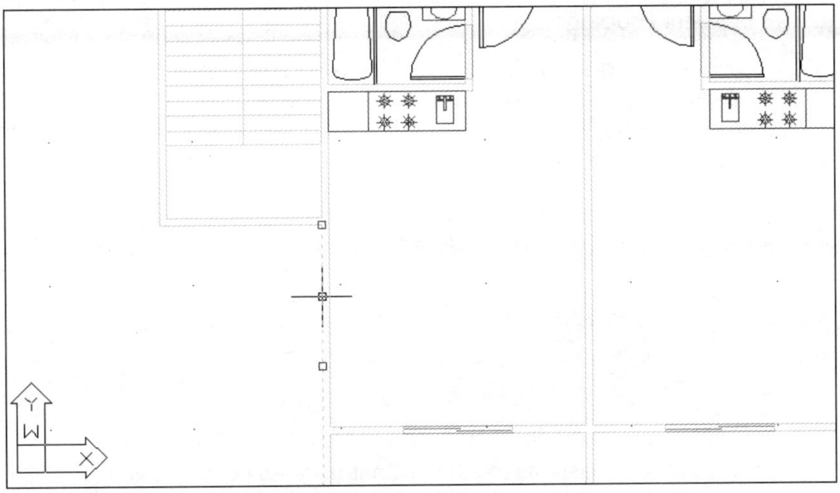

Figura 9.23. Seleccione esta línea.

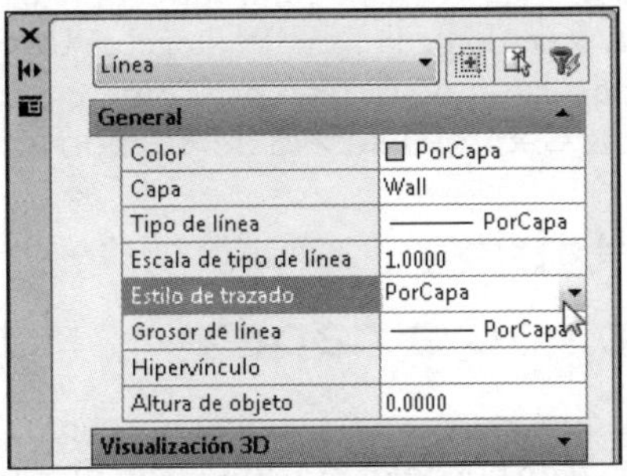

Figura 9.24. Opción Estilo de trazado.

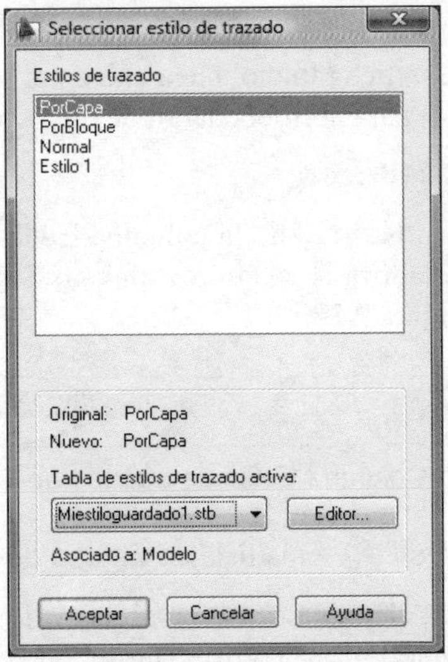

Figura 9.25. Cuadro de diálogo Seleccionar estilo de trazado.

8. Cierre la paleta Propiedades.
9. Seleccione Ver>Regenerar todo en el Explorador de menús, o escriba `regent` en la línea de comando y pulse **Intro**. Si tiene activada la función de visualización de grosor de línea, los resultados se mostrarán en el editor de dibujo (en función de cómo esté configurada la visualización, es posible que tenga que hacer zoom).

Otra forma de asignar estilos de trazado a objetos de manera individual consiste en utilizar la lista desplegable Control de estilo de trazado en el panel Propiedades de la ficha Inicio (véase la figura 9.26).

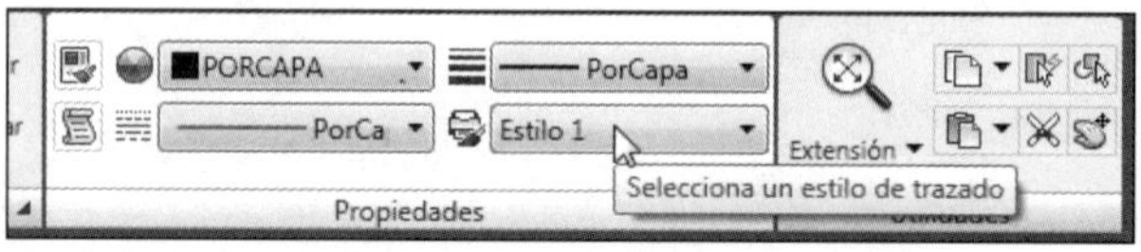

Figura 9.26. Lista desplegable Control de estilo de trazado.

Este control permite seleccionar un estilo de trazado de forma similar a la lista desplegable Capa y tipo de línea. Para asignar estilos de trazado a objetos de forma individual, selecciónelos y escoja un estilo de trazado de la lista desplegable Control de estilos de trazado. Si está utilizando una tabla de estilo de trazado por color, como la creada en los ejercicios anteriores, la lista desplegable Control de estilo de trazado no estará disponible.

Asignación de tablas de estilo de trazado a capas

Puede asignar tablas de estilos de trazado guardados a capas. El efecto es el mismo que si utilizara tablas de estilo de trazado por color. La diferencia fundamental está en que al utilizar tablas de estilo de trazado guardado asignamos las tablas de estilo de trazado directamente a las capas, en lugar de asignar dichas tablas al color de una capa. Siga estos pasos para asignar una tabla de estilo a una capa.

1. En el panel Capas de la ficha Inicio, haga clic en el botón **Administrador de propiedades de capas** ( ) para abrir el cuadro de diálogo del mismo nombre.
2. Seleccione la capa Wall (Pared).
3. Haga clic en la etiqueta Normal de la columna Estilo de trazado de la capa Wall (véase figura 9.27). Se abrirá el cuadro de diálogo Seleccionar estilo de trazado, que se muestra en la figura 9.28.

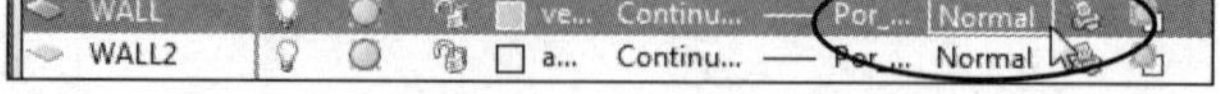

Figura 9.27. Columna Estilo de trazado de la capa Wall.

4. Seleccione la entrada Estilo 1 en la lista de Estilos de trazado.
5. Haga clic en **Aceptar**. Seguidamente, aparecerá de nuevo el cuadro de diálogo Administrador de propiedades de capas mostrando Estilo 1 como propiedad Estilo de trazado para la capa Wall.

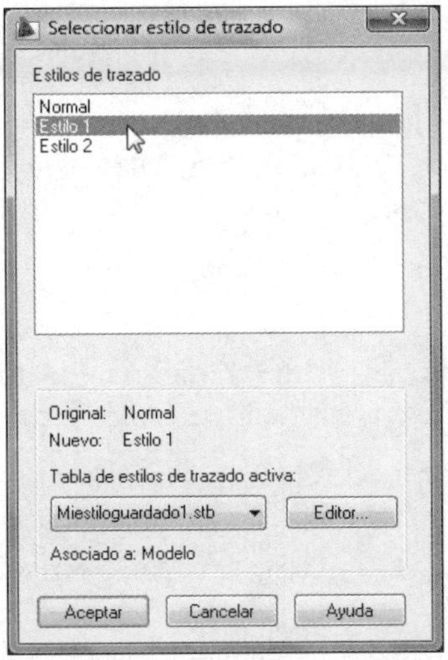

Figura 9.28. Cuadro de diálogo Seleccionar estilo de trazado.

6. Haga clic en **Aceptar** para cerrar el cuadro de diálogo Administrador de propiedades de capas. Seleccione Ver>Regenerar todo en el Explorador de menús, o escriba `regent` en la línea de comandos y pulse **Intro** para reflejar el nuevo estilo de trazado asignado a la capa Wall.

Convertir un dibujo de estilo de trazado por color a estilo de trazado guardado

Si necesita convertir un dibujo de estilo de trazado por color a un dibujo de estilo de trazado guardado, puede utilizar los comandos `Convertctb` y `Convertstyles`. El proceso de conversión consta de dos partes. En la primera, que sólo tiene lugar la primera vez que se realiza el proceso de conversión, se transforma un archivo de tabla de estilo de trazado dependiente de color en un archivo de tabla de estilo de trazado guardado. A continuación, se procede a realizar la conversión propiamente dicha.

1. Inicie AutoCAD, escriba `Converctb` en la línea de comandos y pulse **Intro**. Este comando le permite convertir un archivo de tabla de estilo de trazado dependiente del color en un archivo de tabla de estilo de trazado guardado. A continuación, se abrirá el cuadro de diálogo Seleccionar archivo para permitirle seleccionar el archivo de tabla de estilo de trazado dependiente del color deseado; estos archivos tienen extensión `.ctb`. En este ejercicio puede elegir el archivo `Acad.ctb`.
2. Tras seleccionar el archivo y hacer clic en el botón **Abrir**, aparecerá el cuadro de diálogo Crear archivo, que nos permite poner un nombre al archivo convertido. Si ha abierto el archivo `Acad.ctb` en el paso 1, puede cambiar su nombre por `AcadConvertir` para indicar que esun archivo `.ctb` convertido. AutoCAD asigna de manera automática la extensión `.stb` al nombre del archivo.
3. Tras hacer clic en el botón **Guardar**, AutoCAD creará un nuevo archivo de tabla de estilo de trazado guardado, con extensión `.stb` a partir del archivo `.ctb` que seleccionó en el paso 1.

En la siguiente parte se realiza el proceso de conversión propiamente dicho.

1. Abra el archivo que desea convertir, escriba `Convertpstyles` y pulse **Intro** en la línea de comandos. A continuación, AutoCAD le mostrará un mensaje de aviso indicándole que la operación convertirá un archivo `.ctb` en un archivo `.stb`.
2. Haga clic en **Aceptar**. A continuación se abrirá el cuadro de diálogo Seleccionar archivo.
3. Seleccione el archivo `.stb` que convirtió utilizando el comando `Convertctb`. El dibujo actual utilizará una tabla de estilo de trazado guardado.

En este proceso hemos utilizado el archivo `Acad.ctb` para la conversión. Pero puede seleccionar cualquier otro archivo `.ctb` con parámetros personalizados.

Para convertir un dibujo que utilice una tabla de estilo de trazado guardado a uno que tenga asociada una tabla de estilo de trazado dependiente de color, basta con abrir el archivo en cuestión y utilizar el comando `Convertpstyles`. AutoCAD mostrará un mensaje de advertencia indicándole que todos los estilos de trazado guardados se suprimirán del dibujo. Haga clic en **Aceptar** para convertir el dibujo.

En resumen

- **Escoger entre tablas de estilos de trazado dependientes de color y tablas estilos de trazados guardados:** Los estilos de trazado le permiten controlar la manera en la que se imprimen las líneas en papel. Puede controlar el grosor de las líneas, el sombreado de las áreas rellenas el tratamiento de las esquinas de las líneas gruesas, etc.
    - **Dominarlo:** Describa algunas de las diferencias entre los estilos de trazado guardados y los estilos de trazado dependientes de color.
- **Crear una tabla de estilo de trazado dependiente del color:** Tanto los estilos de trazado guardados como los de color se guardan como archivos. Puede crear los estilos de trazado personalizados y aplicarlos al dibujo.
    - **Dominarlo:** ¿En qué cuadro de diálogo selecciona y modifica los estilos de trazado?
- **Editar y utilizar tablas de estilo de trazado:** Los estilos de trazado le dan mucho control sobre la apariencia de las líneas en su hoja impresa.
    - **Dominarlo:** Identifique algunas de las configuraciones ofrecidas en el Editor de tablas de estilos trazados.
- **Asignación directa de estilos de trazado guardados a capas y objetos:** Los estilos de trazado guardados le ofrecen un poco más de control sobre la forma en la que se imprimen las líneas. Si quiere, puede asignar estilos de trazado guardados a objetos evitando tener que utilizar las funciones de las capas.
    - **Dominarlo:** Describa un método para asignar un estilo de trazado a un objeto.

265
1980
2460 - дно
R250

10 Añadir texto a un dibujo

Una de las tareas más aburridas es la de añadir notas a un dibujo. AutoCAD acelera el proceso permitiéndole escribir notas, insertar texto de otras fuentes, copiar notas que se repiten en un dibujo, y también le ofrece las herramientas necesarias para conseguir un acabado profesional por medio de diferentes fuentes, tamaños y estilos de letra.

En este capítulo añadiremos notas al plano del edificio de apartamentos. A lo largo del proceso analizaremos las opciones de creación y modificación de texto en AutoCAD y aprenderemos a controlar el tamaño, la inclinación, el estilo y la orientación de un texto, así como a importar archivos de texto. Comenzará trabajando con algunos ejercicios que le muestran el proceso de preparación de un dibujo para el texto. A continuación, añadirá unas cuantas líneas de texto al dibujo y aprenderá cómo se relacionan entre sí el tamaño del texto y la escala del dibujo. El resto del capítulo le muestra las herramientas disponibles para dar formato al texto para que se ajuste a su aplicación.

Estos son los aspectos que se van a abordar aquí:

- Preparar un dibujo para un texto.
- Establecer la Escala de anotación y añadir texto.
- Opciones del cuadro de diálogo Estilo de texto.
- Formatos de texto en AutoCAD.
- ¿Qué aspecto presentan las fuentes?
- Añadir objetos de texto sencillos de una sola línea.

- Utilizar la función de revisión ortográfica.
- Sustituir fuentes.
- Buscar y reemplazar texto.

Preparar un dibujo para un texto

En esta primera sección, veremos el proceso de añadir texto a un dibujo que no lo tiene. Haciendo esto, conseguirá experiencia de primera mano utilizando todas las herramientas necesarias para añadir texto a un dibujo.

1. Inicie AutoCAD y abra el archivo del apartamento. En caso de que no lo haya creado, puede utilizar el archivo `10a-unit-metric.dwg`. Una vez abierto, seleccione Archivo>Guardar como en el Explorador de menús para guardarlo con el nombre `Unit.dwg`.
2. Cree una nueva capa con el nombre Notes y conviértala en la actual. Será la capa en la que guardemos toda la información correspondiente al texto.
3. Desactive la capa Flr-pt, ya que, en caso contrario, el patrón de planta que hemos añadido anteriormente oscurecerá el texto que utilicemos en los siguientes ejercicios.

TRUCO: Es conveniente guardar las notas en una capa independiente. De esta forma se pueden trazar los dibujos únicamente incluyendo información sobre los gráficos o inutilizar la capa Notes para ahorrar tiempo de regeneración y redibujo.

4. Configure la vista para que se asemeje a la imagen superior de la figura 10.1.

Organizar texto por estilos

Antes de comenzar a añadir texto a su dibujo, debería configurar uno o dos estilos de texto. Los estilos se pueden considerar como una herramienta para almacenar los formatos de texto más comunes. Los estilos almacenan información sobre la fuente y la altura del texto para que no tenga que volver a configurar estas opciones en cada ocasión. Generalmente, sólo necesitará unos cuantos estilos de texto.

Aunque comenzara a añadir texto sin crear su propio estilo de texto, estará utilizando un estilo. Esto se debe a que cada objeto de texto debe tener un estilo, así que AutoCAD incluye el estilo de texto Standard en cada uno de los nuevos dibujos. Este estilo utiliza la fuente Txt de AutoCAD y otros parámetros que analizaremos a lo largo de esta sección. Esas otras configuraciones incluyen el ancho, el ángulo oblicuo y la altura predeterminada. En el siguiente ejercicio, creará un estilo de texto llamado Nota1, el cual utilizará para añadir notas al plano Unit sobre el que está trabajando.

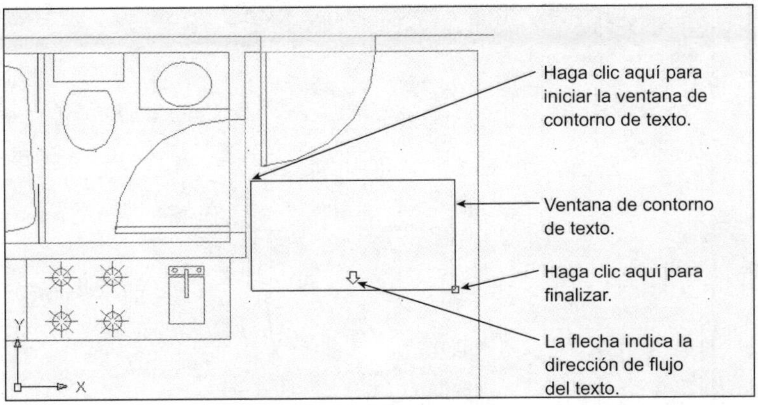

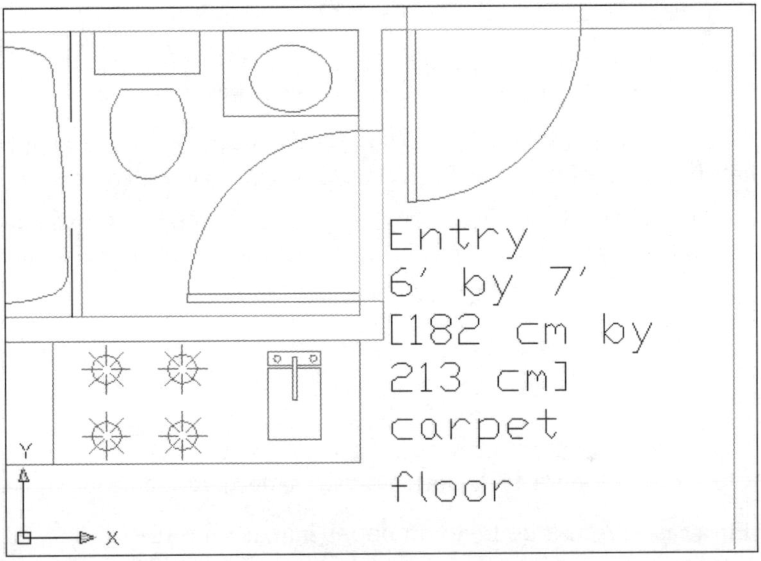

Figura 10.1. En la imagen superior se pueden ver los puntos que designan la posición de la ventana de contorno de texto. En la inferior se aprecia el texto completo.

TRUCO: Si quiere modificar la configuración del estilo predeterminado de AutoCAD, puede abrir el archivo de plantilla `Acad.dwt` y cambiar los valores a su elección. También puede añadir los estilos que utilice frecuentemente. Recuerde que los archivos de AutoCAD que utilizan la extensión `.dwt` son los mismos archivos `.dwg` en los que solamente cambia la extensión para distinguirlos.

1. Haga clic en la herramienta **Estilo de texto** (A) en el panel Texto de la ficha Anotar, o escriba `Est` en la línea de comandos y pulse **Intro**. Se abrirá el cuadro de diálogo Estilo de texto (véase figura 10.2).
2. Haga clic en el botón **Nuevo** a la derecha del cuadro de diálogo para abrir el cuadro de diálogo Nuevo estilo de texto.
3. Escriba **Nota1** como nombre del nuevo estilo y haga clic en **Aceptar**.

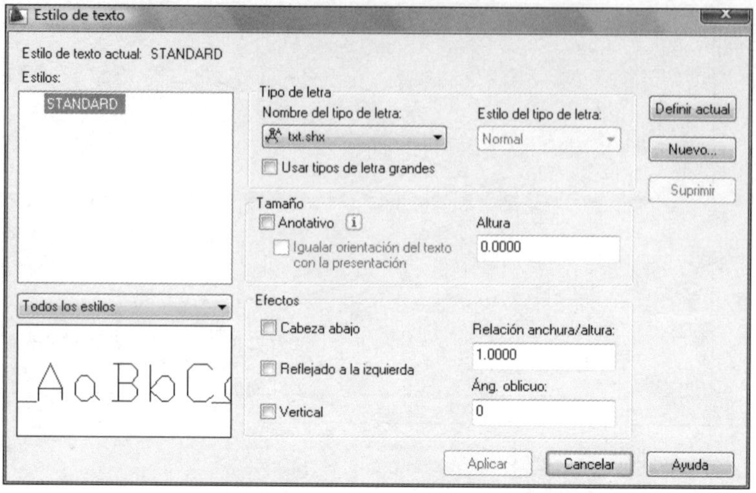

Figura 10.2. Cuadro de diálogo Estilo de texto.

4. Seleccione una fuente para su estilo. Abra la lista desplegable Nombre del tipo de letra del grupo Tipo de letra en el cuadro de diálogo Estilo de texto.
5. Localice el tipo de letra Courier New y selecciónelo. Una forma rápida de localizar la fuente es haciendo clic en la lista y comenzando a escribir el nombre de la fuente.
6. Seleccione la opción Anotativo del grupo Tamaño.

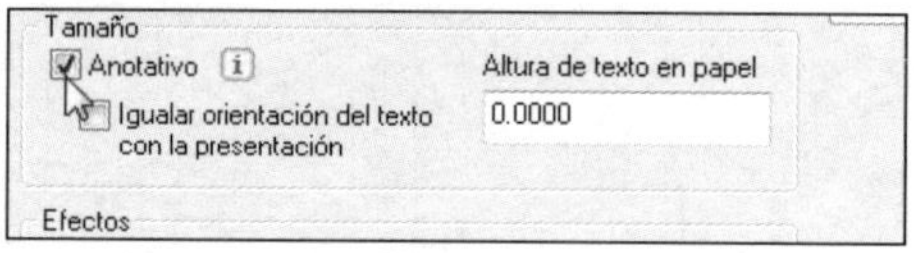

Figura 10.3. Opción Anotativo del grupo Tamaño.

7. En la casilla Altura de texto en papel, introduzca **0.15**.
8. Haga clic en **Aplicar** y, después, cierre el cuadro de diálogo.

La opción Anotativo que activó en el paso 6 es una función importante para mantener su texto en un tamaño adecuado para su escala de dibujo. Verá cómo funciona en los ejercicios de las siguientes secciones.

NOTA: Cuando haya creado varios estilos, puede establecer el estilo predeterminado actual seleccionándolo de la lista desplegable Estilo de texto en el panel Texto.

Familiarizarse con los paneles de control Escala de anotación y Texto

Antes de ir más allá con las funciones de texto de AutoCAD, tómese un momento para familiarizarse con los paneles Texto y Escala de anotación de la ficha Anotar (véase figura 10.4). Utilizará unas cuantas herramientas de estos paneles en este capítulo. Si lo necesita, puede hacer referencia a este gráfico mientras trabaja en los ejercicios.

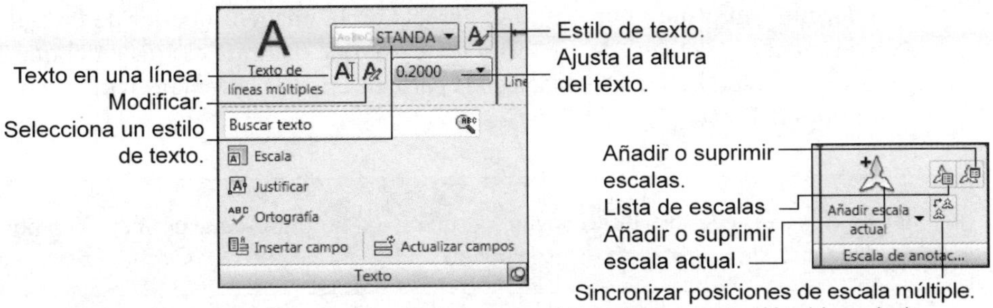

Figura 10.4. Panel Texto (izquierda) y panel Escala de anotación (derecha).

Establecer la Escala de anotación y añadir texto

Ya tiene un estilo de texto preparado para utilizarse. Ahora, añadirá texto a su plano. Antes de empezar, debería determinar la escala del dibujo. Esto es importante porque con la función Escala de anotación activada, AutoCAD necesita saber la escala del dibujo para establecer el tamaño del texto.

1. En la esquina inferior derecha de la ventana de AutoCAD, haga clic en la flecha al lado de Escala de anotación (véase figura 10.5).

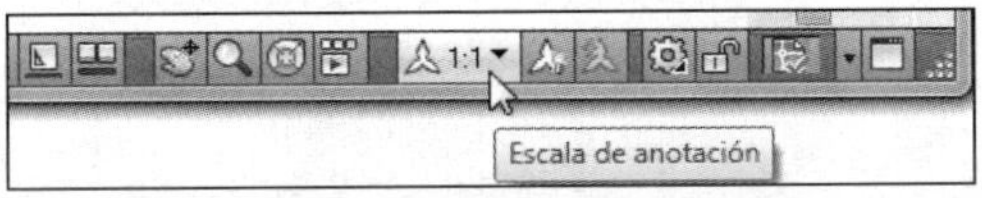

Figura 10.5. Escala de anotación.

2. Seleccione 1:100.

Acaba de establecer la escala del dibujo para la ficha Modelo. No es una configuración permanente, puede cambiarla en cualquier momento, como veremos más adelante. Las configuraciones que utiliza para la escala de anotación son un tanto arbitrarias para los propósitos de demostrar la función Escala anotativa.

Con esto ya tenemos el dibujo listo para agregar texto.

1. Desactive la herramienta **Referencia a objetos** (icono) en la barra de estado
2. Haga clic en la herramienta **Texto de líneas múltiples** en el panel Texto de la ficha Anotar (icono). También puede escribir `TXM` en la línea de comandos y pulsar **Intro**. En la línea de comandos aparece el siguiente mensaje:

```
Estilo de texto actual: "Nota1" Altura de texto: 0.1000
Anotativo: Sí

Precise la primera esquina:
```

3. Seleccione el primer punto que se aprecia en la imagen superior de la figura 10.1 para iniciar la ventana de contorno de texto, que delimita el área en el que se va a incluir el texto. La flecha situada en la parte inferior de la ventana indica la dirección de flujo del texto.

TRUCO: No es necesario que designe con precisión los puntos que definen el contorno, ya que se pueden modificar posteriormente.

4. En la línea de comandos `Indique la esquina opuesta o [Altura/Justificar/Interlineado/Rotación/Estilo/aNchura]:`, haga clic en el segundo punto, como se ve en la imagen superior de la figura 10.1. Se abrirá la ficha Texto de líneas múltiples con el Editor de texto superpuesto sobre la zona que acaba de seleccionar (véase figura 10.6).

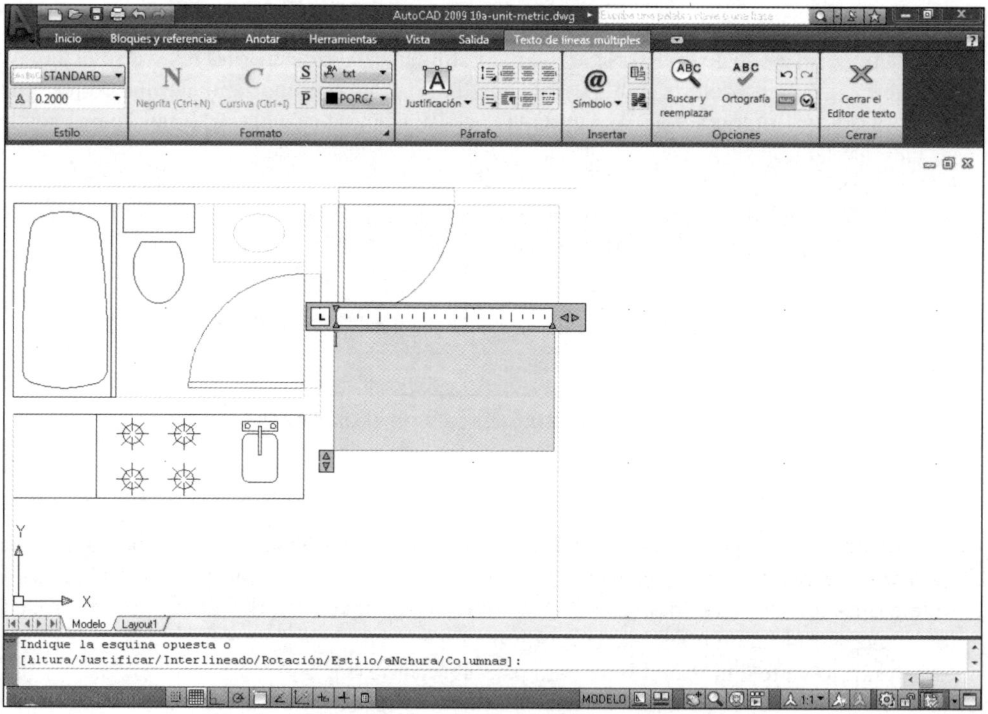

Figura 10.6. Barra de herramientas Formato de texto.

5. Haga clic en el Editor de texto y escriba la palabra `Entry` (Entrada). Según va escribiendo, la palabra aparece en el panel Texto tal y como se verá en el dibujo.

6. Pulse **Intro** para desplazarse hasta la siguiente línea y escriba `6' by 7'`.

7. Pulse **Intro** para desplazarse hasta la siguiente línea y escriba `[182 cm by 213 cm]`.

8. Pulse **Intro** de nuevo para avanzar otra línea y escriba `Carpet floor` (Suelo de moqueta).

9. Haga clic en **Cerrar el editor de texto** ( ) en el panel Cerrar. El texto aparecerá sobre el dibujo, como en el Editor de texto (véase la imagen inferior de la figura 10.1).

> **NOTA:** Después de añadir texto, si el texto no se ajusta bien a la zona que ha indicado, puede hacer algunos ajustes en los límites del texto. Haga clic en el texto para hacer visibles sus límites incluyendo los pinzamientos del contorno. A continuación, haga clic y arrastre los pinzamientos para cambiar el tamaño de los límites. La función de AutoCAD para envolver el texto ajusta automáticamente el formato del texto a los límites.

La ficha Texto de líneas múltiples y el Editor de texto funcionan como un editor de texto, por lo que si comete algún error sólo tiene que seleccionarlo y volver a escribir la letra o palabra correspondiente. También se pueden efectuar otras operaciones de procesamiento de texto, como pueden ser buscar y reemplazar, importar y modificar la fuente.

También vimos cómo el editor de textos muestra la forma en la que aparecerá el texto en la ubicación seleccionada utilizando los límites del texto. Si la vista del dibujo seleccionada genera un texto tan pequeño que no resulta legible, el Editor de texto ampliará el texto para permitirle leerlo con claridad. Asimismo, si ha ampliado demasiado el área y no puede ver el texto completo, el Editor de texto ajustará el texto para permitirle ver el texto completo.

> **TRUCO:** Si se incluye texto en una selección en la que se va a añadir un patrón de sombreado, AutoCAD evita, de forma automática, aplicar el sombreado sobre el texto. Si añade texto sobre una zona ya sombreada, tendrá que volver a sombrearla para incluir el texto dentro del contorno de sombreado.

Texto y Escala

Aunque la altura de su texto sea de de 0.15 centímetros, aparece en el tamaño ampliado adecuado para la escala actual. Si el texto estuviera dibujado a un tamaño de 0.15 centímetros, sería muy pequeño y apenas visible. Pero la función Escala anotativa hace el ajuste del tamaño del texto basándose en la configuración de la Escala de anotación. Puede comprobar cómo la configuración de la Escala de anotación afecta a su texto.

1. En la Barra de estado, haga clic en Escala de anotación y seleccione 1:50. El texto modifica su tamaño según la escala seleccionada.

Figura 10.7. La Escala de anotación en la Barra de estado.

2. Haga clic en la herramienta **Añadir o suprimir escalas** ( ) en el panel Escala de anotación de la ficha Anotar, o introduzca `Escalaobjeto` y pulse **Intro**.

3. En la línea de comandos `Designe objetos anotativos:`, seleccione el texto y pulse **Intro**. Se abrirá el cuadro de diálogo Escala del objeto de anotación (véase la figura 10.8) con un listado de las dos escalas de anotación utilizadas para este dibujo.

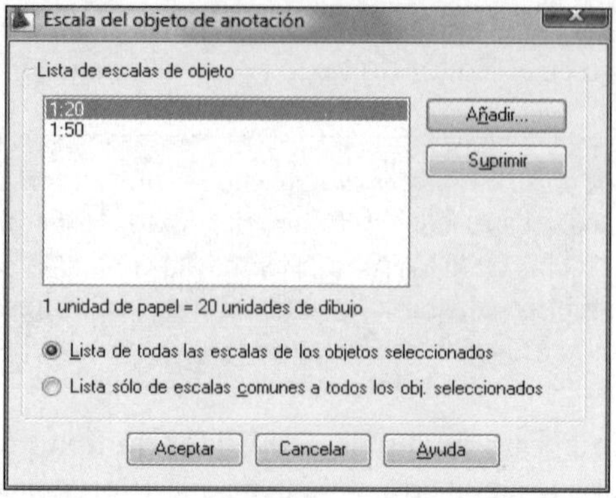

Figura 10.8. Cuadro de diálogo Escala del objeto de anotación.

4. Puede añadir más escalas al objeto de texto haciendo clic en el botón **Añadir**, que abre el cuadro de diálogo Añadir escalas al objeto (véase la figura 10.9).

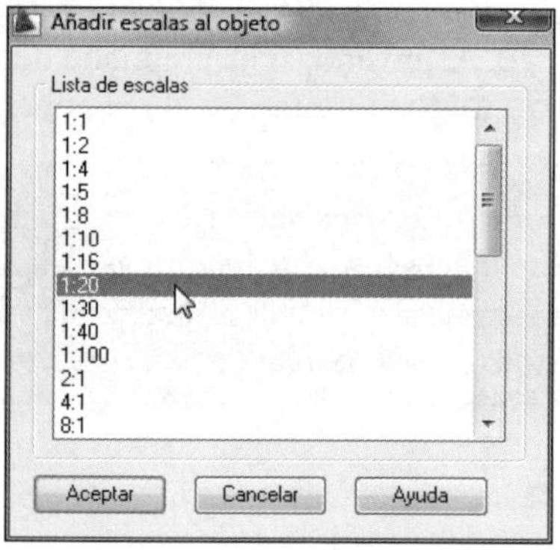

Figura 10.9. Cuadro de diálogo Añadir escalas al objeto.

5. Haga clic en **Aceptar** y vuelva a hacer clic en **Aceptar** en el cuadro de diálogo Escala del objeto de anotación.

Ahora probaremos la configuración cambiando el valor de la Escala de anotación a la configuración anterior:

1. En la Barra de estado, haga clic en Escala de anotación y seleccione 1:100 (véase la figura 10.10).

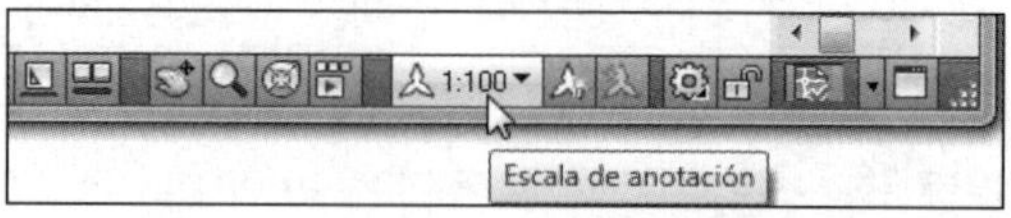

Figura 10.10. Escala de anotación en la Barra de estado.

2. El texto cambia a su tamaño original.

En los pasos 2 al 5 del primer ejercicio de la sección, añadió una nueva escala de anotación al texto. Es necesario para que el texto sepa la nueva escala de anotación que quiere emplear. Cada vez que incluya una escala nueva al dibujo, tiene que añadir una escala de anotación al texto de su dibujo. Una vez añadida, puede cambiar rápidamente entre las escalas seleccionado una escala de la lista Escala de anotación. Hasta ahora, sólo ha utilizado un objeto de texto de líneas múltiples. Pero si tiene muchas notas distribuidas por todo el dibujo, tendrá que añadir una escala de anotación a todos ellos antes de que se puedan ajustar automáticamente ellos mismos a las diferentes escalas que utilizará en su dibujo. Esto es fácil de hacer porque tiene una opción para seleccionar tantos objetos como necesite cuando añade escalas de anotación.

Texto y escala en los dibujos de legado

AutoCAD 2009 ofrece la función Escala de anotación para automatizar la escala del texto y otros objetos a su tamaño adecuado basado en la escala de anotación del dibujo. Pero hay ocasiones en las que se encontrará con dibujos creados antes de que la función Escala de anotación estuviera disponible. Por esta razón, debería entender al menos básicamente los factores de escala cuando se aplican al texto. Como sabe hasta ahora, AutoCAD nos permite crear nuestros dibujos a escala completa. Es decir, que podemos representar distancias como valores equivalentes al tamaño real de un objeto. Cuando más adelante necesitamos imprimir nuestro dibujo, le decimos a AutoCAD la escala a la cual queremos hacerlo y el programa reduce el dibujo como corresponda. Esto le da completa libertad para introducir medidas a tamaño real sin preocuparnos por convertirlas a las distintas escalas cada vez que introducimos una distancia. Desgraciadamente, en versiones anteriores de AutoCAD, esta característica creaba problemas cuando los usuarios introducían textos y dimensiones. Tiene que poner la altura del texto muy alta para que se pueda leer cuando disminuya la escala. Para ilustrar este concepto, imagine que está dibujando el plano de su apartamento a tamaño real en una hoja de papel muy grande. Cuando haya finalizado con el dibujo, deberá reducirlo a una escala que le permita encajarlo en una hoja de papel de 29,7 x 21 centímetros. Así pues, deberá hacer su texto un poco más grande para que pueda ser legible en la copia impresa después de reducirlo. Esto significa que si queremos que el texto aparezca con una altura de 1/8" (unos 3 milímetros) al imprimir el dibujo, debemos convertirlo a un tamaño considerablemente mayor cuando lo dibujamos. Para hacerlo, multiplique la altura que desea obtener en la copia impresa final para el texto por el factor de conversión de escala correspondiente (ya vimos los factores de escala y cómo se relacionan con las escalas de dibujo estándar en el capítulo 3). Por ejemplo, si ha creado su dibujo con una escala de 1/8" = 1'-0", deberá multiplicar la altura de texto que desea, 1/8", por el factor de conversión de escala 96 obteniendo una altura de 12". Ésta es la altura que debe definir para su texto para obtener una altura de 1/8" en el texto de la copia impresa final. Con AutoCAD 2009, no tiene que hacer cuentas para conseguir el tamaño correcto para su dibujo. Pero si se encuentra con un dibujo que fue creado en una versión anterior de AutoCAD y observa que el tamaño del texto es muy grande sabrá por qué.

Opciones del cuadro de diálogo Estilo de texto

Casi ha dado todos los pasos necesarios para saber añadir texto a un dibujo. Ahora, volvamos hacia atrás y miremos con detenimiento algunas de las opciones para añadir texto, empezando con los estilos de texto. Esta sección le da información más detallada sobre los parámetros de los estilos de texto que vimos en la primera parte del capítulo. A continuación, tiene una lista de los parámetros y sus funciones. Algunos de ellos, como la Relación anchura/altura, son de gran utilidad, mientras que otras, como el caso de Reflejado a la izquierda y vertical, no se suelen aplicar. Tómese un momento para estudiar la lista y familiarizarse con lo que está disponible como futura referencia.

Estilos

En el cuadro de lista Estilos, hay una lista que muestra el estilo actual y que contiene además los demás estilos presentes en el dibujo. Desde aquí puede, seleccionar un estilo predeterminado. Dentro se encuentran también los botones **Nuevo**, **Definir actual**, **Suprimir** y opciones en los grupos Tipo de letra y Efectos.

Nuevo/Definir actual/Suprimir

Nuevo le permite crear un nuevo estilo. **Definir actual** hace que el estilo seleccionado sea el actual. **Suprimir** le permite eliminar el estilo seleccionado. Esta opción no se puede utilizar con el estilo Standard.

Tipo de letra

En el grupo Tipo de letra, tiene las siguientes opciones:

- Nombre del tipo de letra: Le permite seleccionar un tipo de letra de una lista de fuentes disponibles. La lista incluye los modelos incorporados en Windows XP y Windows Vista más los de AutoCAD.
- Estilo del tipo de letra: Le permite poner un tipo de letra en cursiva o en negrita, siempre que sea posible.
- Altura/Altura de texto en papel: Le permite definir el tamaño del tipo de letra. Con la opción Anotativo desactivada, esta opción se llama Altura y establecerá la altura absoluta del texto. Con la opción Anotativo activada, se llama Altura de texto en papel y establece la altura del texto cuando se imprime. El valor 0 tiene un significado especial cuando se introduce un texto con ayuda del comando `Texto`, que analizaremos más adelante.
- Usar tipos de letra grandes: Esta opción se aplica a las fuentes asiáticas y está disponible sólo con fuentes `.shx` de AutoCAD.

Efectos

En el grupo Efectos, tiene las siguientes opciones:

- Cabeza abajo: Imprime el texto hacia abajo.
- Reflejado a la izquierda: Imprime el texto en orden inverso.
- Vertical: Imprime el texto en columna vertical.

- Relación anchura/altura: Ajusta el ancho y el interlineado de los caracteres de un texto. El valor 1 conserva el ancho normal del texto. Los valores superiores a 1 hacen que el texto se expanda y los inferiores que se contraiga (véase figura 10.11).

This is the Simplex font expanded by 1.4
This is the simplex font using a width factor of 1
This is the simplex font compressed by .6

Figura 10.11. Texto con Relación anchura/altura.

- Ángulo oblicuo: Inclina el texto en un ángulo determinado. Cuando se utiliza un valor superior a 0, el texto aparece en cursiva. Si el valor es inferior a cero (por ejemplo -12), el texto se inclina a la izquierda (véase figura 10.12).

This is the simplex font
using a 12–degree oblique angle

Figura 10.12. Texto con ángulo oblicuo.

TRUCO: También puede configurar el factor de anchura y el ángulo oblicuo directamente en el texto utilizando las herramientas **Factor de anchura** y **Ángulo oblicuo** de la barra de herramientas Formato de texto. Estas herramientas se encuentran en la mitad inferior derecha de la barra de herramientas.

Cambiar el nombre de un estilo de texto o de otro objeto guardado

Si tiene que cambiarle el nombre a un estilo de texto o a otro objeto guardado en AutoCAD, puede hacerlo utilizando el comando Renombrar. Haga clic en la herramienta **Cambiar nombre** ( ) en el panel Ayudas al dibujo en la ficha Herramientas, o escriba `Rb` y pulse **Intro** en la línea de comando para abrir el cuadro de diálogo Cambiar nombre. A la izquierda del cuadro de lista Objetos guardados, escoja la opción Estilos de texto. Seleccione el nombre del estilo que quiera cambiar de la lista Elementos de la derecha, el nombre aparecerá en el cuadro Antiguo nombre, justo por debajo de la lista. En el cuadro situado junto al botón **Renombrar como** debe indicar el nuevo nombre, haga clic en dicho botón y, por último, haga clic en **Aceptar**.

Formatos de texto en AutoCAD

Ya hemos visto cómo configurar un estilo y hacer ajustes de escala. AutoCAD también le ofrece una amplia variedad de opciones de formato de texto que son típicas en la mayoría de los programas de procesadores de texto. Con ellas, puede controlar las fuentes, la altura del texto, la alineación, el interlineado o el ancho. También puede incluir caracteres especiales, como pueden ser grados o fracciones. Con estas herramientas de formato extra, puede hacer ajustes al estilo de texto con el que ha comenzado.

Ajustar la altura y la fuente del texto

Para conseguir experiencia utilizando las herramientas que dan formato a un texto en AutoCAD, intente el siguiente ejercicio. Utilizaremos de nuevo la herramienta **Texto de líneas múltiples**, aunque descubriremos sus prestaciones adicionales. En el primer ejercicio, intentaremos ajustar el tamaño y la fuente de nuestro texto en el editor:

1. Encuadre la vista para que la cocina quede justo en la parte superior del dibujo, como en la imagen superior de la figura 10.13.

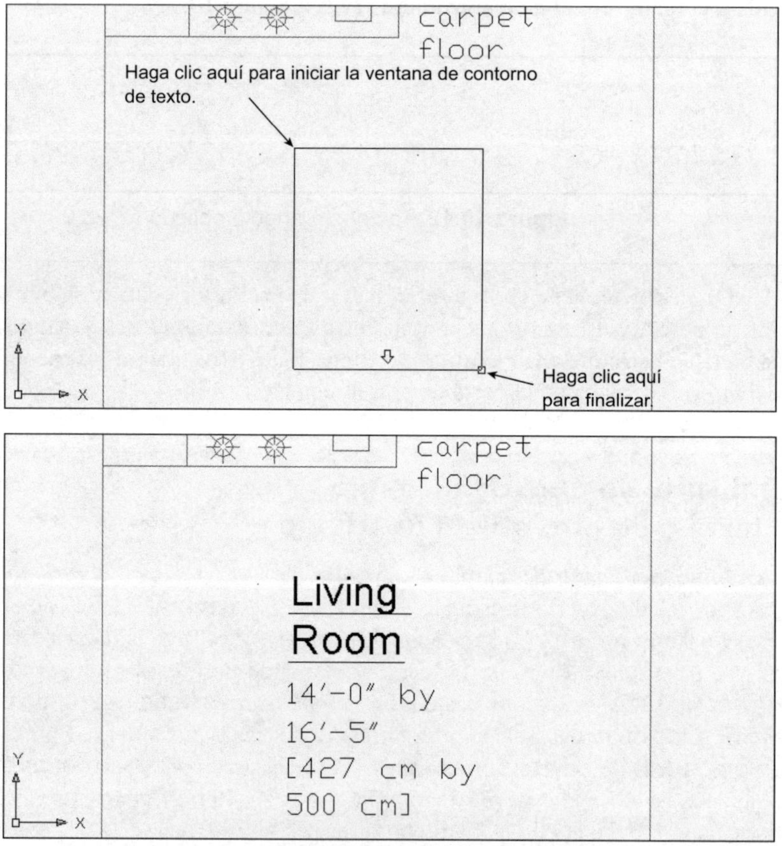

Figura 10.13. La ventana de texto que nos permitirá añadir el rótulo de la habitación y el rótulo final.

2. En la Barra de estado, vuelva a configurar **Escala de anotación** con el valor 1:100.
3. Haga clic en la herramienta **Texto múltiple** ( ) en el panel Texto de la ficha Anotar y defina un nuevo contorno de ventana de texto, como se aprecia en la imagen superior de la figura 10.13.

4. En el editor de textos, escriba el siguiente texto:

```
Living Room
14'-0" by 16'-5" [427 cm by 500 cm]
```

Asegúrese de que pulsa **Intro** después de las palabras *Living Room* pero haga que el resto del texto vaya seguido. Mientras escribe, las palabras se ajustan. AutoCAD utiliza el ajuste de línea para ajustar el texto dentro del área de contorno de texto.

5. Seleccione el texto **14'-0" by 16'-5" [427 cm by 500 cm]**, como haría en cualquier otro procesador de texto. Por ejemplo, puede hacer clic al final de la línea para situar el cursor en ese punto y, a continuación, pulsar la tecla **Mayús** y hacer clic al principio de la línea para seleccionarla en su totalidad.

6. En el panel Estilo de la ficha Texto de líneas múltiples, haga clic en el cuadro de texto Seleccionar o introducir una altura de texto y escriba **0.08**. El tamaño del texto seleccionado se reducirá.

7. Marque las palabras "Living Room".

8. En el panel Formato, haga clic en la lista desplegable Selecciona una fuente para el texto para ver las opciones de las que dispone (véase figura 10.14).

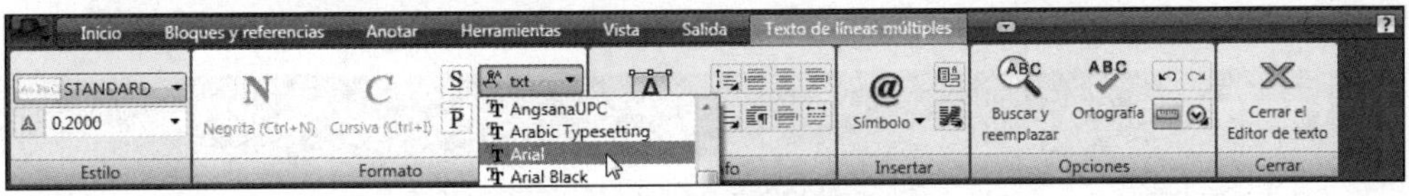

Figura 10.14. Paneles de la ficha Texto de líneas múltiples.

9. Seleccione la opción Arial de la lista. El texto cambia y adopta la nueva fuente.

10. Mantenga seleccionadas las palabras "Living Room" y haga clic en el botón **Subrayado** (S) en la Barra de herramientas Formato de texto.

11. Haga clic en **Cerrar el Editor de texto** ( ) en el panel Cerrar. El rótulo aparecerá en la zona determinada en el paso 2, como se puede apreciar en la imagen inferior de la figura 10.13.

12. Si desea hacer cambios sobre el texto, bastará con hacer doble clic en él para que aparezca la ficha Texto de líneas múltiples y el editor de textos. De esta forma, podrá cambiar el texto.

13. Haga clic en **Cerrar el Editor de texto** en el panel Cerrar.

Habrá comprobado que al utilizar la herramienta **Texto de líneas múltiples** aparece, inmediatamente después de indicar el primer punto del contorno de texto, la línea de comando `[Altura/Justificar/Interlineado/Rotación/Estilo/aNchura] :`. Puede utilizar cualquiera de estas opciones para modificar al instante la altura, justificación, interlineado, rotación, estilo o anchura del texto de líneas múltiples. Por ejemplo, justo después de seleccionar el primer punto del contorno de texto, puede escribir `R` y pulsar **Intro** para especificar el ángulo de rotación de la ventana de texto, ya sea gráficamente, por medio de una banda elástica, o introduciendo un valor para el ángulo. Una vez determinado el ángulo de rotación, puede continuar con la selección del contorno de texto.

Barra de herramientas Formato de texto

Acaba de hacer experimentos con algunas de las funciones de la ficha Texto de líneas múltiples. Hay gran número de herramientas de formato adicionales disponibles. La figura 10.15 muestra dónde se encuentran esas herramientas y la tabla 10.1 describe su uso. Son bastante sencillas y, si ha utilizado otros procesadores de texto, debería encontrarlas fáciles de usar. La mayoría son comunes a los procesadores de texto, aunque algunas, como **Símbolo**, **Ángulo oblicuo** y **Factor de anchura** son únicas de AutoCAD. Consulte la tabla 10.1 y vea si hay alguna herramienta que cree que le será de utilidad en el futuro.

Figura 10.15. Funciones adicionales de la ficha Texto de líneas múltiples.

Tabla 10.1. Herramientas de Formato de texto.

Herramienta	Uso
Estilo de texto	Selecciona un estilo de texto.
Anotativo	Activa/desactiva la herramienta Anotativo.
Negrita/Cursiva /Subrayado/Suprarrayado	Seleccione el texto y a continuación, seleccione una de estas opciones para añadir negrita, cursiva, subrayado o suprarrayado al texto.
Deshacer/Rehacer	Haga clic para deshacer o rehacer ediciones actuales.
Fuente	Selecciona una fuente diferente de la del estilo de texto actual.
Color	Seleccione texto y, seguidamente, escoja un color de la lista desplegable.
Regla	Haga clic en la regla en la parte superior del panel Texto para activarla o desactivarla.
Columnas	Indica el número de columnas y cómo están configuradas.
Párrafo	Configura el formato del párrafo, indicando fichas, sangrado e interlineado.
Justificación	Selecciona la opción adecuada para alinear el texto en la parte superior, media, inferior u otra posición dentro del contorno del texto.
Interlineado	Configura el interlineado en los párrafos. También puede configurar el interlineado en la paleta Propiedades para un objeto textoM o por medio del cuadro de diálogo Párrafo.

Herramienta	Uso
Izquierda/Centro/Derecha /Justificar/Distribuir	Haga clic en la herramienta adecuada para alinear texto a la izquierda, centro o derecha del contorno del texto. Justificar añade espacio entre las palabras para alinearlas a la izquierda o derecha. Distribuir añade espacio entre las letras para alinearlas a la izquierda o derecha.
Numeración	Seleccione una lista de texto, haga clic en esta herramienta y, a continuación, seleccione Letra, Número o Viñeta para añadir letras, números o viñetas a la lista.
Insertar campo	Haga clic para abrir el cuadro de diálogo Campo, donde puede añadir un campo de texto.
Símbolo	Coloque el cursor sobre la ubicación del carácter y haga clic en la herramienta Símbolo para encontrar y añadir un símbolo.
Opciones	Ofrece opciones adicionales como Importar texto, Mayúsculas/minúsculas, Combinar párrafos, Eliminar formato, Fondo de texto, Conjunto de caracteres e Información sobre TextoM.

Añadir símbolos y caracteres especiales

La ficha Texto de líneas múltiples ofrece una herramienta llamada **Símbolo**. Esta herramienta le permite añadir símbolos especiales comunes a los dibujos y diseños técnicos. La figura 10.16 le muestra los símbolos de esta herramienta en forma de lista desplegable.

Grados	$x°$	Identidad	≡
Más/Menos	±	Longitud inicial	⌒
Diámetro	∅	Línea de monumento	ML
Casi igual	≈	No es igual a	≠
Ángulo	∠	Ohmio	Ω
Línea de contorno	BL	Omega	Ω
Lineade centro	℄	Línea de propiedad	PL
Delta	Δ	Subíndice 2	x_2
Fase eléctrica	ϕ	Cuadrado	x^2
Línea de flujo	FL	Cubo	x^3

Figura 10.16. Símbolos ofrecidos por la opción Símbolo.

En la parte inferior de la lista desplegable Símbolo hay una opción llamada Otros. Al seleccionar la opción Otros de la lista desplegable Símbolo se abre el cuadro de diálogo Mapa de caracteres de Windows, en el que se incluyen caracteres especiales adicionales que también puede utilizar. Se suelen utilizar a menudo caracteres como el de marca registrada (TM) y copyright ©. El contenido de la lista desplegable Símbolo varía en función de la fuente que se haya seleccionado (véase figura 10.17).

Figura 10.17. Cuadro de diálogo Mapa de caracteres.

ADVERTENCIA: El cuadro de diálogo Mapa de caracteres es un accesorio de Windows. Si no aparece al seleccionar la opción Otros del menú de la herramienta **Símbolo** en el panel Insertar puede que lo tenga que instalar desde el CD de Windows.

Finalmente, si su aplicación necesita música, matemáticas, astronomía, griego u otros símbolos, AutoCAD le ofrece un grupo de tipos de letra con símbolos especiales. La figura 10.27, que veremos más adelante, le muestra estos tipos de letra y los símbolos que contienen. Puede configurar los estilos de texto con estos tipos de letra o cogerlos directamente de la opción Tipo de letra de la barra de herramientas Formato de texto.

Justificación de texto y modo de referencia a objetos

En la lista de opciones de justificación se incluían tres opciones: Superior centro, Medio centro e Inferior centro. Todas tienen el mismo efecto sobre el aspecto del texto, aunque una influencia distinta sobre la actuación del modo de referencia a objetos sobre el texto. En la figura 10.18 se puede ver la posición del punto de referencia a objetos dentro del contorno del texto, en función de la opción de justificación que se haya seleccionado. Un objeto de texto múltiple solamente tiene un punto de inserción en su contorno, al que se puede acceder por medio de la referencia a objetos Inserción.

El punto de Inserción aparece además como un punto de pinzamiento adicional en el contorno del texto al hacer clic en él. Si hace clic en el texto que acaba de introducir, verá que aparece un punto de pinzamiento en la parte superior central del contorno.

Si conoce la posición de los puntos de referencia a objetos le resultará muy útil alinear un texto con respecto a otros objetos del dibujo. En la mayoría de los casos, puede utilizar los pinzamientos para justificar el contorno del texto, pero las opciones Superior centro y Medio centro le permiten usar las zonas medias y centrales del texto para alinearlo con respecto a otros objetos.

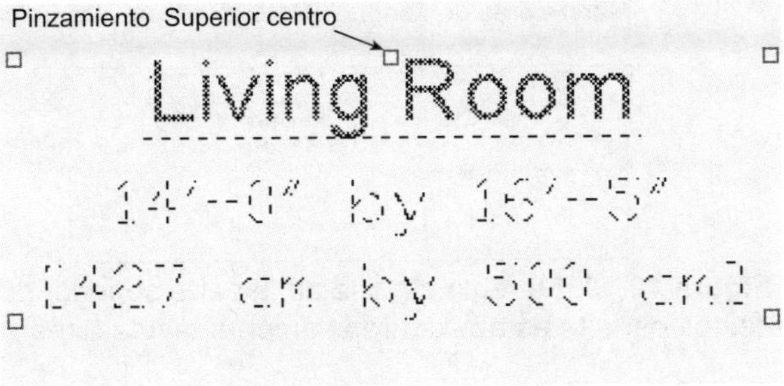

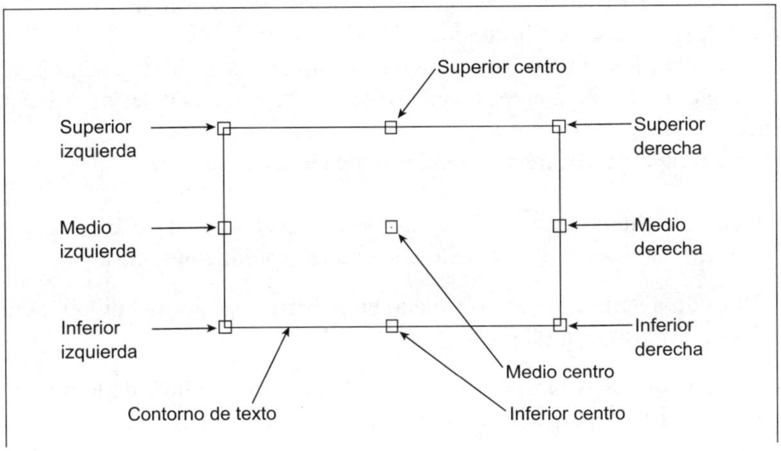

Figura 10.18. Ubicación de los puntos de inserción de referencia a objetos en un contorno de texto, en función de la opción de alineación seleccionada.

Modificar la justificación de varios objetos de texto

Hemos visto cómo se puede cambiar la justificación de un determinado objeto de texto, pero probablemente habrá ocasiones en las que tenga que modificar la de varios objetos al mismo tiempo. AutoCAD le ofrece, en estos casos, el comando `Textojustif`. Para utilizarlo, haga clic en la herramienta **Justificar** (Justificar) del panel Texto expandido de la ficha Anotar o escriba directamente `Textojustif` y pulse **Intro** en la línea de comandos. En la línea `Designe objetos:`, seleccione el texto que quiera modificar y pulse **Intro** para confirmar la selección. Aparecerá la siguiente línea de comando:

```
[Izquierda/ALinear/AJustar/Centro/Medio/Derecha/SI/SC/SD/MI/MC/MD/II/IC/ID]
<Izquierda>:
```

Introduzca las letras correspondientes al tipo de justificación que quiera aplicar en el texto. Una vez determinada, el texto cambiará para reflejar el nuevo estilo.

Sangrados y tabuladores

Conviene conocer las funciones de sangría y tabulación del Editor de texto. Es probable que haya observado la regla situada en la parte superior. En la figura 10.19 se ilustra dicha regla y se indican los marcadores de tabulador y sangría.

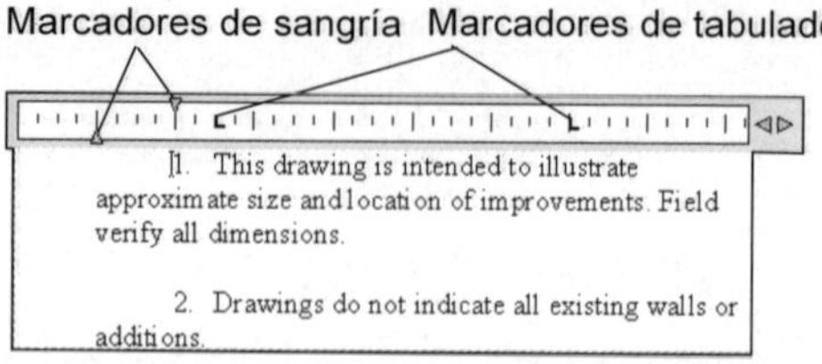

Figura 10.19. La regla situada en la parte superior del editor de textos permite establecer rápidamente tabuladores y sangrías.

Los marcadores de sangría permiten controlar la sangría de la primera línea y del resto del párrafo. Los marcadores de tabulador brindan control sobre el espaciado de tabulador. En los textos nuevos, los marcadores de tabulador no aparecen hasta que se agregan haciendo clic en la regla. En los siguientes ejercicios se ilustrará el uso de estos marcadores de forma más clara.

En primer lugar practicaremos con los marcadores de sangría.

1. Guarde el dibujo Unit y, a continuación, abra el archivo `Indent.dwg`. Este archivo contiene un fragmento de texto con el que experimentaremos.

2. Haga doble clic en el texto situado en la parte superior del dibujo para abrir la ficha Texto de líneas múltiples.

3. Pulse **Control-A** para resaltar todo el texto en el editor de textos. Esta acción resulta necesaria para seleccionar el texto que se verá afectado por los parámetros de sangría.

4. Haga clic y arrastre el marcador de sangría superior dos espacios a la derecha. Fíjese en que la sangría de la primera línea se desplaza con el marcador. Aparece un mensaje en pantalla indicando la cantidad de sangría que se está aplicando. Fíjese también en que el texto del primer tabulador permanece en su posición inicial (véase figura 10.20).

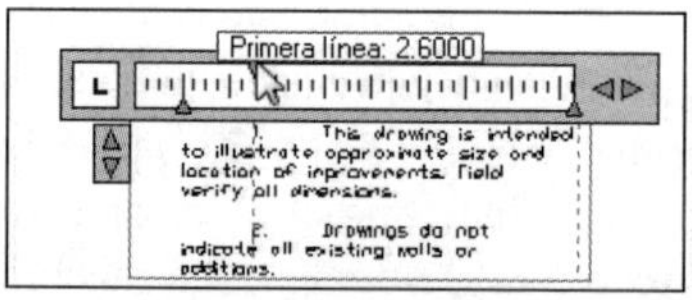

Figura 10.20. Sangría con marcador.

5. Haga clic y arrastre el marcador de sangría inferior dos espacios a la izquierda. Como observará, el resto del párrafo se mueve con el marcador. Verá aparecer de nuevo un mensaje en pantalla indicando la sangría que se está aplicando.

6. Haga clic en la herramienta **Cerrar el editor de texto** ( ) en la ficha Texto de líneas múltiples para salir.

Este ejemplo ilustra cómo controlar las sangrías del texto seleccionado con los marcadores de sangría. Puede aplicar diferentes ajustes a los párrafos de un objeto de textoM, lo que brinda una gran cantidad de variantes de formato de sangría. Basta con seleccionar el texto que se desea modificar y ajustar los marcadores de sangría. En el siguiente ejercicio vamos a practicar con los marcadores de tabulador. En concreto, utilizaremos la función de importación para importar un archivo de texto delimitado por tabuladores.

1. Haga clic en la herramienta **Texto de líneas múltiples** ( ) en el panel Texto de la ficha Anotar.
2. Para fijar la primera esquina, haga clic en la esquina superior izquierda del rectángulo grande del dibujo, justo por debajo del párrafo.
3. Para fijar la esquina opuesta, haga clic en la esquina inferior derecha del rectángulo.
4. Haga clic con el botón derecho del ratón sobre el editor de texto y seleccione Importar texto.
5. En el cuadro de diálogo Seleccionar archivo, busque y seleccione el archivo `Tabtest.txt`. Los contenidos del archivo `Tabtest.txt` se mostrarán en el editor de texto.

El archivo que acaba de importar se generó desde la función Extracción de atributos de AutoCAD. Como observará, este archivo contiene tabuladores para alinear las columnas de la información. Puede ajustar dichos tabuladores en la barra de herramientas Formato de texto, como se ilustra en el siguiente ejercicio.

A continuación, utilizaremos los marcadores de tabulador para ajustar los espacios de tabulación de las columnas de texto.

1. Pulse **Control-A** para seleccionar todo el texto.
2. Haga clic en la regla en la marca número 12 empezando por la izquierda (la tercera de las marcas más grandes de la regla). Aparecerá un marcador en forma de L, y la primera columna del texto se desplazará hasta esta posición (véase figura 10.21).

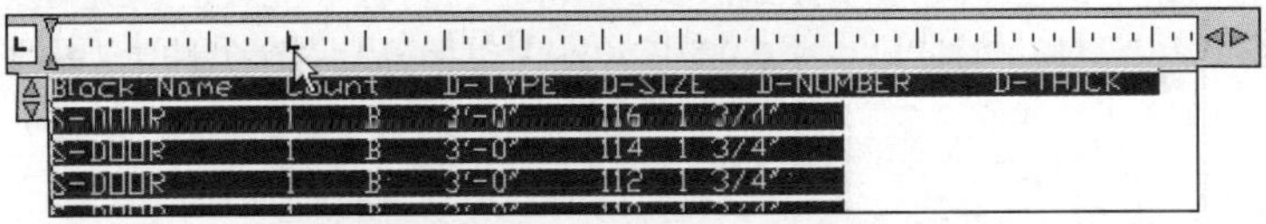

Figura 10.21. Marcador en forma de L.

3. Haga clic en la regla de nuevo en la marca número 20. La segunda columna se alineará con esta posición (véase figura 10.22).

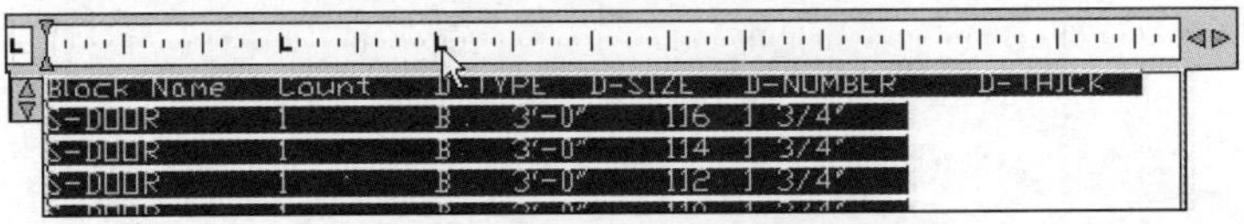

Figura 10.22. Nuevo marcador.

4. Haga clic de nuevo en la regla para agregar más marcadores hasta que la distribución del texto presente un aspecto parecido al ilustrado en la figura 10.23. No se preocupe por la exactitud. Sólo estamos practicando. Tras colocar un marcador, puede hacer clic en él y arrastrarlo para ajustar su posición.

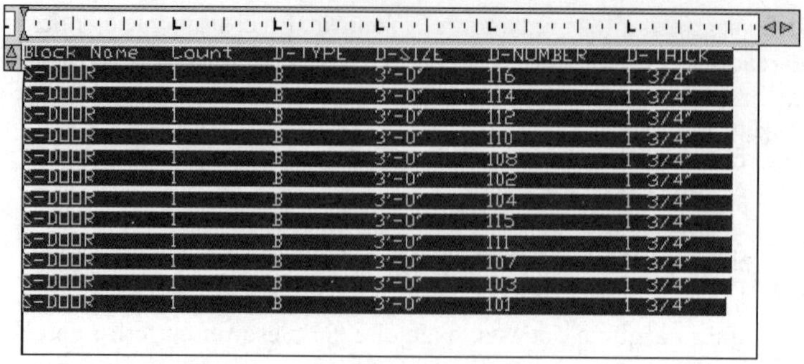

Block Name	Count	D-TYPE	D-SIZE	D-NUMBER	D-THICK
S-DOOR	1	B	3'-0"	116	1 3/4"
S-DOOR	1	B	3'-0"	114	1 3/4"
S-DOOR	1	B	3'-0"	112	1 3/4"
S-DOOR	1	B	3'-0"	110	1 3/4"
S-DOOR	1	B	3'-0"	108	1 3/4"
S-DOOR	1	B	3'-0"	102	1 3/4"
S-DOOR	1	B	3'-0"	104	1 3/4"
S-DOOR	1	B	3'-0"	115	1 3/4"
S-DOOR	1	B	3'-0"	111	1 3/4"
S-DOOR	1	B	3'-0"	107	1 3/4"
S-DOOR	1	B	3'-0"	103	1 3/4"
S-DOOR	1	B	3'-0"	101	1 3/4"

Figura 10.23. Añada marcas de tabulación hasta que el texto presente un aspecto similar al de esta figura.

5. Haga clic en **Aceptar** en la barra de herramientas Formato de texto. El texto aparecerá en el dibujo como una memoria de carpintería.

En este ejercicio hemos visto cómo crear una tabla o una memoria a partir de un archivo de texto importado. También puede crear una memoria desde cero escribiéndola directamente en el editor de textos de la barra de herramientas Formato de texto. AutoCAD le ofrece la función Tabla, único método posible de crear tablas de este tipo (consulte el capítulo 11). De todos modos, este ejemplo sigue siendo válido para ilustrar la función tabulador en la herramienta **Texto de líneas múltiples**, y es posible que en algún momento se tropiece con ficheros que contengan tablas como las que se explican aquí. Además de utilizar los marcadores de sangría y tabulador sobre la regla, puede controlar las sangrías y los tabuladores con ayuda del cuadro de diálogo Párrafo. Para ello, siga estos pasos:

1. Haga doble clic en el texto situado en la parte superior del dibujo `Indent.dwg` (el que editamos en la primera parte de esta sección) y pulse **Control-A** para seleccionar todo el texto.

2. Haga clic con el botón derecho del ratón en la regla del editor de textos y seleccione Párrafo para abrir el cuadro de diálogo Párrafo (véase figura 10.24).

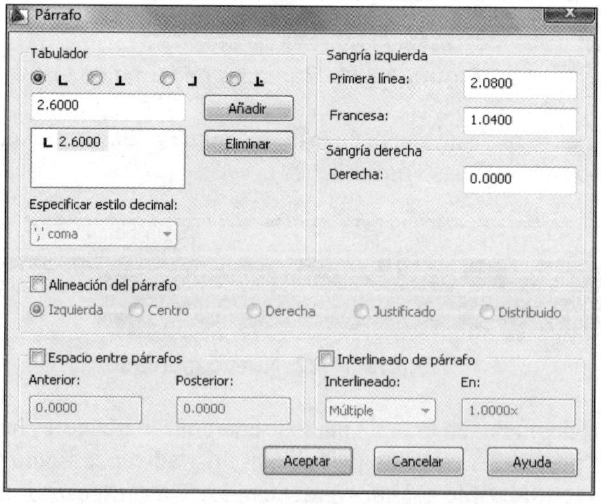

Figura 10.24. Cuadro de diálogo Párrafo.

NOTA: El cuadro de diálogo Párrafo también le permite establecer otras configuraciones de párrafo como alineación del párrafo, interlineado entre párrafos y espacio entre párrafos.

3. Cambie el valor del cuadro de texto Primera línea a **1.5** y el de Francesa a **2.2**.
4. Haga doble clic en el cuadro de entrada de posición del tabulador situado en la esquina superior izquierda justo debajo de la fila de símbolos del grupo Tabulador, escriba **2.2** y haga clic en **Añadir**.
5. Haga clic en **Aceptar**. Como observará, el texto aparece ahora sangrado tras los números (véase figura 10.25).

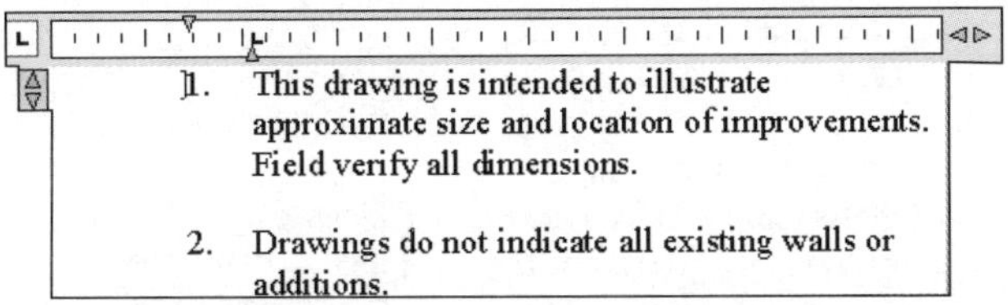

Figura 10.25. Texto sangrado tras los números.

6. Haga clic en la herramienta **Cerrar el Editor de texto** en el panel Cerrar. El texto del dibujo aparece ahora con el formato aplicado en el editor de textos de la barra de herramientas Formato de texto.
7. Salga del archivo `Indents.dwg`.

En este ejercicio, hemos utilizado el cuadro de diálogo Párrafo para establecer la sangría de párrafo y el primer marcador de tabulador en el mismo valor. Como resultado, la porción del texto de la lista se alineará a una distancia de 2.2 unidades de dibujo del contorno izquierdo del texto y dejará el número de lista a la izquierda. El resultado es un texto con aspecto mucho más profesional.

El cuadro de diálogo Párrafo brinda un control muy preciso para la aplicación de formato a textos. Para eliminar tabuladores, basta con resaltarlos en la lista y hacer clic en el botón **Eliminar**. También puede agregar tabuladores a una distancia específica del margen izquierdo del contorno del texto. Para ello, basta introducir nuevos puntos de tabulación en el cuadro de entrada Tabulador y hacer clic en el botón **Añadir**.

Las distancias se especifican en unidades de dibujo. Los cuadros de entrada Primera línea y Francesa permiten introducir un valor numérico para las sangrías. Como acaba de ver, puede utilizar estos cuadros de entrada para crear listas numeradas asignando al cuadro de entrada Francesa el mismo valor que el utilizado para la primera posición de parada de tabulador.

TRUCO: Con toda probabilidad, se habrá fijado en las opciones del menú contextual Definir anchura de textoM y Establecer altura de textoM que aparecieron en el paso 2 de este ejercicio. LA primera de ellas abre un sencillo cuadro de diálogo que permite introducir una anchura para el contorno del texto. También puede hacer clic y arrastrar el borde interior derecho de la regla para cambiar dicha anchura.

¿Qué aspecto presentan las fuentes?

Ya hemos visto alguna de las fuentes disponibles en AutoCAD, y es muy posible que esté familiarizado con las fuentes TrueType de Windows. AutoCAD incluye otras fuentes entre las que elegir. De hecho, se recomienda utilizar las fuentes de AutoCAD para todo, a excepción de los dibujos de presentación, ya que el resto de las fuentes pueden consumir más memoria.

En la figura 10.26 se presentan las fuentes de texto básicas de AutoCAD. La fuente Romans es probablemente la más utilizada porque ofrece un aspecto razonable y consume poca cantidad de memoria. En la figura 10.27 se recogen los símbolos y las fuentes griegas.

Figura 10.26. Fuentes de texto básicas de AutoCAD.

En esta sección se presentan ejemplos de las fuentes de AutoCAD. Si desea comprobar el aspecto que presentan otras fuentes, incluidas las TrueType, examine la ventana de vista preliminar del cuadro de diálogo Estilo de texto. Si utiliza un procesador de textos, es probable que esté familiarizado con algunas de las fuentes TrueType disponibles en Windows y AutoCAD.

Importación de archivos de texto

Con objetos de texto de líneas múltiples, AutoCAD permite importar archivos de texto en formato ASCII o RTF. Los archivos RTF pueden exportarse desde Microsoft Word y la mayoría de procesadores de texto, y mantienen el formato casi totalmente en AutoCAD. Ésta es la forma de hacerlo:

1. Con el Editor de texto en líneas múltiples abierto, haga clic con el botón derecho del ratón en el panel de texto y seleccione Importar texto.
2. En el cuadro de diálogo Seleccionar archivo debe localizar un archivo válido. Puede ser un archivo en formato ASCII, TXT o RTF. En estos últimos puede almacenar información relativa al formato, como puede ser letras en negrita o distintos tamaños de punto.

3. Una vez seleccionado el archivo que quiera utilizar, haga doble clic en él o utilice el botón **Abrir**. El texto aparecerá en la ventana del Editor de TextoM.

4. Si hace clic en el botón **Aceptar**, el archivo se incluirá en el dibujo.

Por otra parte, también puede recurrir al Portapapeles de Windows y a las opciones de cortar y pegar para añadir un texto a un dibujo. Para ello, siga los pasos que se incluyen a continuación:

1. Seleccione algo de texto y ejecute los comandos Cortar o Copiar de cualquier programa de Windows para añadir un texto al Portapapeles de Windows.

2. Abra AutoCAD. Haga clic con el botón derecho del ratón sobre el área de dibujo, y seleccione Pegar. El texto pegado aparecerá en su dibujo. Sin embargo, no se podrá editar en AutoCAD.

Si el texto procede de un editor de textos como, por ejemplo, Bloc de notas de Windows, el texto se insertará como texto de AutoCAD. Si el texto contiene formato de un procesador de textos como Microsoft Word, el texto será un objeto OLE.

Dado que AutoCAD es un cliente OLE, también puede adjuntar otro tipo de documentos dentro de un archivo de dibujo.

Figura 10.27. Símbolos y fuentes griegas de AutoCAD.

La variable del sistema Textfill

A diferencia de las fuentes estándar de AutoCAD, de carácter lineal, las fuentes TrueType y PostScript tienen áreas rellenas. Estas áreas tardan más en generarse, por lo que si el dibujo incluye una gran cantidad de texto escrito utilizando estas fuentes, los intervalos de regeneración y dibujo serán mayores. Para reducirlos puede configurar AutoCAD para que muestre e imprima estas fuentes como fuentes lineales, aunque en realidad sean fuentes con rellenos.

Para configurar este parámetro, escriba `Textfill`, pulse **Intro**, escriba `0` y pulse **Intro**. De esta forma se desactivará el relleno para las fuentes PostScript y TrueType. (Esta acción equivale a asignar 0 a la variable del sistema `Textfill`.)

Añadir objetos de texto simples de una línea

Con el paso del tiempo descubrirá que para añadir palabras o rótulos sencillos a un dibujo no es necesario utilizar todas las opciones del Editor de texto de líneas múltiples. AutoCAD incluye un objeto de texto en una sola línea que es mucho más sencillo de emplear y que permite acelerar la velocidad de introducción de texto en caso que de solamente se añadan pequeños fragmentos de texto.

En el siguiente ejercicio veremos cómo funciona este proceso:

1. Ajuste la vista del dibujo para que se parezca a la imagen de la figura 10.28.

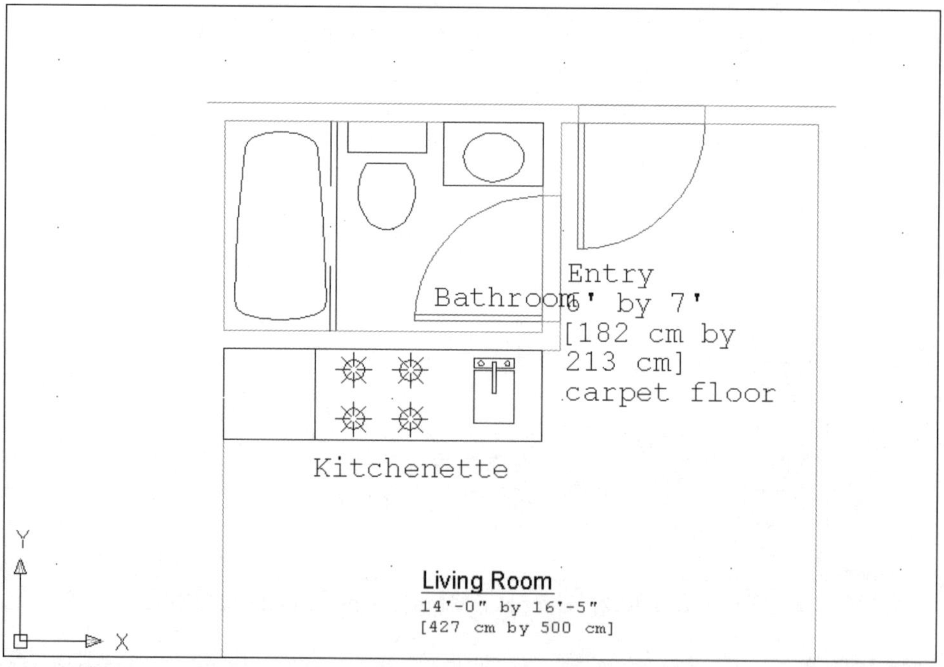

Figura 10.28. El comando Texto le permitirá añadir sencillos rótulos a la cocina y al aseo.

2. Asegúrese de que el estilo de texto sea Notes1, a continuación, haga clic en la herramienta **Texto en una línea** (A) en el panel Texto de la ficha Anotar (véase la figura 10.29), o escriba `texto` en la línea de comandos y pulse **Intro**.

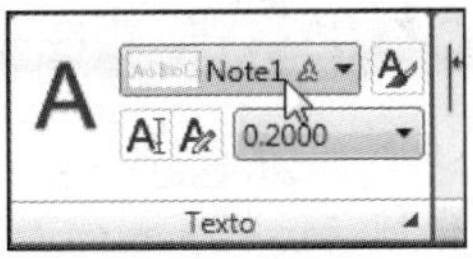

Figura 10.29. Panel Texto.

3. En la línea de comando `Precise punto inicial de texto o [jUstificar/Estilo]:`, debe indicar el punto inicial del texto que quiera introducir por debajo de la cocina, en las coordenadas 490,664. En la línea de comando se incluyen las opciones Justificar y Estilo.
4. En la línea `Precise ángulo de rotación de texto <0>:`, pulse **Intro** para aceptar el valor predeterminado (0). También puede especificar otro ángulo que no sea horizontal, por ejemplo, para alinear el texto con respecto a un objeto girado. Verá un cursor en forma de I en el punto que seleccionó en el paso 3.
5. Conforme escriba **Kitchenette**, la palabra aparecerá directamente en el dibujo.

> **TRUCO:** Si comete algún error, puede utilizar las teclas de cursor **Flecha dcha.** y **Flecha izda.** en el área de dibujo para desplazar el cursor de texto en el área de dibujo hasta el error y, a continuación, utilizar la tecla **Retroceso** para corregirlo. También puede pegar texto desde el Portapapeles con ayuda de la combinación **Control-V** o haciendo clic con el botón derecho del ratón en el área de dibujo para acceder al menú contextual.

6. Pulse **Intro** para iniciar una nueva línea.
7. En esta ocasión, añadiremos un rótulo al aseo. Para ello, debe seleccionar un punto a la derecha de la apertura de la puerta, en las coordenadas 610,805. El cursor de texto se desplazará hasta ese punto.
8. Escriba `Bathroom` (Aseo) y pulse **Intro**. El dibujo debería parecerse al de la figura 10.28.
11. Pulse **Intro** de nuevo para salir del comando Texto.

> **TRUCO:** Si por alguna razón tiene que parar el proceso de introducción de objetos texto en una línea para realizar otra operación en AutoCAD, puede continuar posteriormente en el mismo punto pulsando **Intro** en la línea de comando `Precise punto inicial de texto o [jUstificar/Estilo]:` del comando `Texto`. El texto proseguirá justo por debajo de la última línea que haya introducido.

Hemos añadido dos líneas de texto en distintas partes del dibujo con bastante rapidez. El comando `Texto` utiliza los parámetros del estilo de texto predeterminado.

Para modificar un objeto de texto en una línea puede hacer doble clic en el texto. El texto se destaca y puede comenzar a escribir para reemplazar todo el texto o puede hacer clic en una ubicación en el texto para cambiar una sola palabra o carácter.

Justificación de objetos de texto en una línea

La justificación de objetos de texto en una línea difiere ligeramente de la de un texto de líneas múltiples. Por ejemplo, si cambia el parámetro de justificación a Centro, el texto se desplaza para que su centro se sitúe sobre el punto de inserción del texto. En otras palabras, el punto de inserción permanece inmóvil mientras la ubicación del texto se ajusta al nuevo parámetro de justificación. En la figura 10.30 se representa la relación entre un texto en una línea y el punto de inserción en función de los distintos parámetros de justificación.

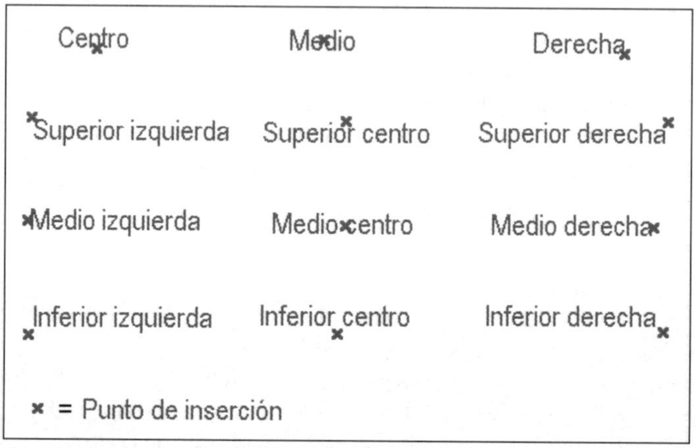

Figura 10.30. Texto insertado utilizando las distintas opciones de justificación.

Para poder establecer la justificación de un texto según se introduce, escriba `U` y pulse **Intro** en la línea de comando `Precise punto inicial de texto o [jUstificar/Estilo]:`.

> **TRUCO:** Se puede modificar el estilo predeterminado actual si introduce `E` y pulsa **Intro** e indica el nombre del estilo en la línea de comando `Precise punto inicial de texto o [jUstificar/Estilo]:`.

Después de ejecutar la opción Justificar del comando Texto, verá la siguiente línea de comando:

```
Indique una opción [aLinear/aJustar/Centro/Medio/Derecha/SIZ/SC/SD/MI/MC/MD/
II/IC/ID]:
```

A continuación se ofrece una breve descripción de las distintas opciones:

- `Centro`: Hace que el texto se centre sobre el punto de inserción, tomando como base el punto inicial.
- `Medio`: Hace que el texto se centre sobre el punto de inserción, tomando como base una posición ligeramente por debajo del punto inicial.
- `Derecha`: El texto se justifica a la derecha del punto inicial, tomando como base este mismo punto.

- `SIZ`, `SC` y `SD`: Siglas de Superior Izquierda, Superior Centro y Superior Derecha. El texto que utiliza estos parámetros aparece totalmente por debajo del punto inicial, justificado a la izquierda, a la derecha o centrado, en función de la opción seleccionada.
- `MI`, `MC` y `MD`: Siglas de Medio Izquierda, Medio Centro y Medio Derecha. Similares a los parámetros anteriores, a excepción de que el punto inicial determina una posición entre la línea base y la parte superior de las letras del texto.
- `II`, `IC` e `ID`: Siglas de Inferior Izquierda, Inferior Centro e Inferior Derecha. El punto de inserción determina la ubicación inferior de las letras del texto, como pueden ser letras como p, q o g.
- `aLinear` y `aJustar`: Con esta opción es necesario indicar una cota a la que se va a ajustar el texto. Por ejemplo, supongamos que hay que ajustar la palabra "Refrigerator" (Frigorífico) en un cuadro de 26 centímetros de tamaño, cuadro que representa el frigorífico. Puede utilizar cualquiera de las dos opciones para llevar a cabo dicha tarea. `aJustar` le permite seleccionar puntos iniciales y finales para después estirar o comprimir las letras y ajustarlas entre los dos puntos que se hayan designado. Esta opción se debe utilizar con texto de una altura consistente en todo el dibujo y en el que no importe si el tipo de letra queda distorsionado. La opción `aLinear` es similar, pero en lugar de conservar la altura del estilo de texto actual la ajusta proporcionalmente al ancho del texto, sin distorsionar el tipo de letra. Esta opción se puede utilizar cuando se quiera conservar la forma y la proporción de la fuente. En la figura 10.31 se puede ver una muestra del efecto de ambas opciones.

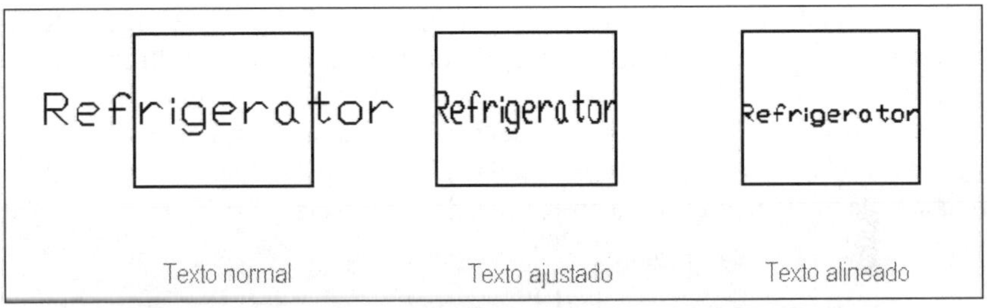

Figura 10.31. La palabra "Refrigerator" en su forma normal y después de haber utilizado las opciones Ajustar y Alinear.

La justificación de un texto en una línea también se puede modificar en la paleta Propiedades, pero el texto cambiará de posición y mantendrá su punto de inserción. Si quiere realizar el cambio sin necesidad de desplazar el texto, puede utilizar el comando `Textojustif`. Haga clic sobre la herramienta **Justificar** (Justificar) en el panel Texto expandido de la ficha Anotar, o escriba `Textojustif` en la línea de comandos y pulse **Intro**. A continuación, designe el texto que quiera modificar. Puede utilizar este comando tanto en textos de una sola línea como de líneas múltiples.

Evitar que el texto se refleje

En ocasiones, podemos necesitar reflejar un grupo de objetos que contienen algo de texto. Esta operación hará que el texto se lea al revés. Podemos cambiar una configuración en AutoCAD para hacer que el texto se lea normalmente, incluso cuando lo reflejamos:

1. En la línea de comandos, escriba `Mirrtext` y pulse la tecla **Intro**.
2. En la línea de comandos `Indique nuevo valor para Mirrtext <1>:`, escriba `0` y pulse **Intro**.

Ahora, cualquier texto reflejado que no pertenezca a un bloque se leerá normalmente. Sin embargo, la posición del texto sí se verá reflejada, como se muestra en la imagen de la figura 10.32. El valor predeterminado de **Mirrtext** es `0`.

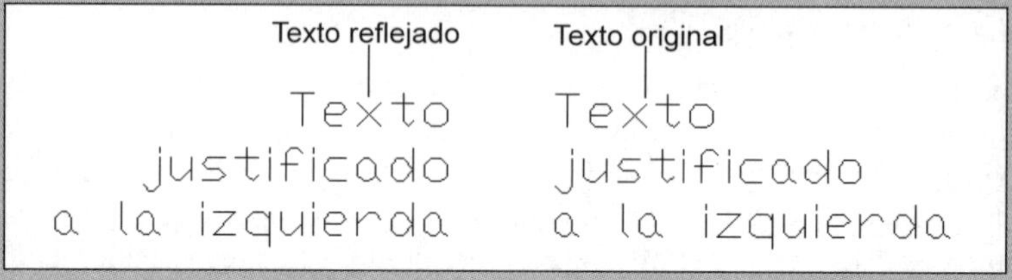

Figura 10.32. Texto reflejado.

Utilizar caracteres especiales con objetos de texto de una línea

Al igual que ocurre con el texto de líneas múltiples, podemos añadir un conjunto limitado de caracteres especiales a objetos de texto de una línea. Por ejemplo, podemos colocar el símbolo de los grados (°) tras un número o subrayar un texto. Para ello, se utilizan dos símbolos de porcentaje (`%%`) en combinación con un código especial. Por ejemplo, para subrayar texto se encierra el texto entre los símbolos `%%` seguidos por la letra `u`, que es el código correspondiente al subrayado. Por ejemplo, para obtener la secuencia "Esto es texto `subrayado`", se introduciría de la siguiente forma en la línea de comando:

```
Esto es texto %%usubrayado%%u
```

La opción de tachado funciona de la misma forma. Para insertar los códigos correspondientes a símbolos, debe colocarlos en la posición correcta. Por ejemplo: para introducir 100.5°, se escribe `100.5%%d`. La tabla 10.2 le muestra una lista de los códigos que puede utilizar:

Tabla 10.2. Lista de códigos que puede utilizar.

Código	Qué hace
`%%o`	Activa y desactiva la opción de tachado.
`%%u`	Activa y desactiva la opción de subrayado.
`%%c`	Coloca el símbolo del diámetro donde se ubique.
`%%d`	Coloca el signo de los grados (°) donde se ubique.
`%%p`	Coloca un signo más/menos donde se ubique.
`%%%`	Introduce un único signo de porcentaje. Resulta útil cuando se desea que aparezca un signo de porcentaje doble o un símbolo de porcentaje en combinación con otro código.

Código	Qué hace
`%%nnn`	Permite el uso de caracteres extendidos o Unicode cuando están disponibles para una determinada fuente. *nnn* es el valor de tres dígitos que representa el código de carácter extendido ASCII.

Utilizar el cuadro de diálogo Mapa de caracteres para agregar caracteres especiales

Puede agregar caracteres especiales a un texto de una línea de la misma forma que se agregan caracteres especiales a un texto de varias líneas. Como recordará, para acceder a los caracteres especiales se utiliza el cuadro de diálogo Mapa de caracteres. Para abrir el cuadro de diálogo Mapa de caracteres, seleccione Inicio>Programas>Accesorios>Herramientas del sistema>Mapa de caracteres. A continuación, puede utilizar el procedimiento descrito en una sección anterior para agregar caracteres especiales para cortar y pegar un carácter especial desde el cuadro de diálogo Mapa de caracteres. Si va a utilizar a menudo este cuadro de diálogo, cree un acceso directo y colóquelo en el menú Inicio o en el escritorio.

Corrección ortográfica

Aunque AutoCAD es esencialmente un programa de diseño, en algunos dibujos probablemente encontrará más texto que imágenes. Por esta razón se incluye un corrector ortográfico desde la versión 14 del programa. Si alguna vez ha utilizado alguno de estos correctores en un procesador de texto, como Microsoft Word, el funcionamiento le resultará familiar. Los pasos que debe seguir son los que se describen a continuación:

1. Haga clic en la herramienta **Comprobar ortografía** (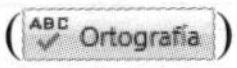) del panel Texto expandido de la ficha Anotar. También escribir `_spell` y pulsar la tecla **Intro**. Se abrirá el cuadro de diálogo Ortografía (véase la figura 10.33).

Figura 10.33. Cuadro de diálogo ortografía.

2. Haga clic en el botón **Iniciar** para comprobar la ortografía de todo el dibujo. Si lo prefiere, puede ser más selectivo con el texto que desea comprobar y elegir una opción de la lista desplegable Comprobación en:. Puede seleccionar una mezcla de objetos de Texto en líneas múltiples y Texto en una línea.

Cuando el corrector ortográfico localiza una palabra que no reconoce, en el cuadro de diálogo Ortografía aparece la palabra en cuestión junto con la palabra alternativa propuesta. En caso de que haya más de una posibilidad, se incluyen en una lista debajo del cuadro. Puede seleccionar la que más le convenga y hacer clic en el botón **Cambiar** para cambiar la palabra incorrecta o el botón **Cambiar todo** para cambiar la totalidad de las palabras erróneas. Si la alternativa propuesta no es la correcta, puede escoger otra de las que se incluyen en la lista o definir la suya propia. A continuación, utilice los botones **Cambiar** o **Cambiar todo**.

Otras de las opciones del cuadro de diálogo Ortografía son las siguientes:

- Ignorar: Pasa la palabra por alto.
- Ignorar todo: Evita todas las instancias de la palabra dentro del texto seleccionado.
- Cambiar: Cambia la palabra en cuestión por la palabra que haya seleccionado o añadido en el cuadro Sugerencias.
- Cambiar todo: Cambia todas las instancias de la palabra, siempre que aparezca equivocadamente en más de una ocasión.
- Diccionarios: Le permite utilizar un diccionario diferente para comprobar la ortografía. Esta opción abre el cuadro de diálogo Diccionarios que se describe más adelante.

La función Ortografía incluye tipos de notación que es probable encontrar en dibujos técnicos. También comprueba la ortografía del texto que se incluye en definiciones de bloque.

Seleccionar un diccionario

Haga clic en el botón **Diccionarios** situado en el cuadro de diálogo Ortografía para abrir el cuadro de diálogo Diccionarios, donde podrá seleccionar un diccionario concreto para otros idiomas o crear y seleccionar un diccionario personalizado. Los archivos de diccionario principales llevan asociada la extensión `.dct` (véase figura 10.34).

El cuadro de diálogo Diccionarios también permite agregar o eliminar palabras de un diccionario personalizado. Los archivos de diccionario personalizado son archivos ASCII con extensión `.cus`. Como se trata de archivos ASCII, puede editarlos fuera de AutoCAD. Haga clic en la lista desplegable Diccionario personalizado actual para ver la lista de diccionarios personalizados existentes.

Si lo prefiere, también puede seleccionar un diccionario principal o personalizado utilizando las variables del sistema `Dctust` y `Dctmain`. Haga clic en el botón **Ayuda** y busque dctmain para obtener más información.

También puede seleccionar un diccionario en la ficha Archivos del cuadro de diálogo Opciones (seleccione Herr.>Opciones). La entrada correspondiente a los diccionarios es Archivos de editor de textos, los diccionarios y los tipos de letra. Haga clic en el signo más situado junto a la entrada y, a continuación, sobre el signo más situando junto a Diccionario principal para abrir las opciones de diccionario (véase figura 10.35). Desde este punto, puede hacer doble clic en el diccionario deseado.

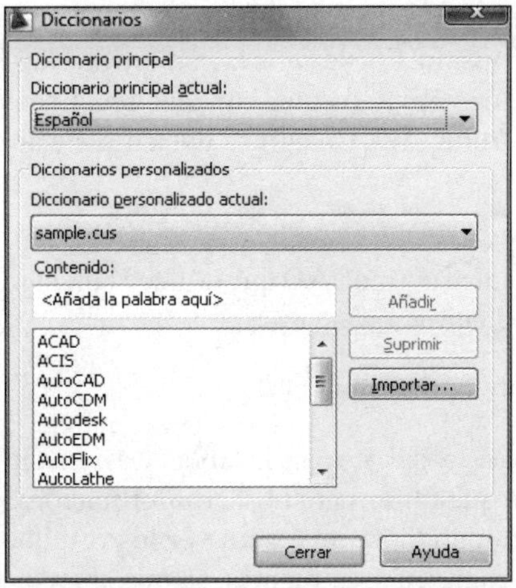

Figura 10.34. Cuadro de diálogo Diccionarios.

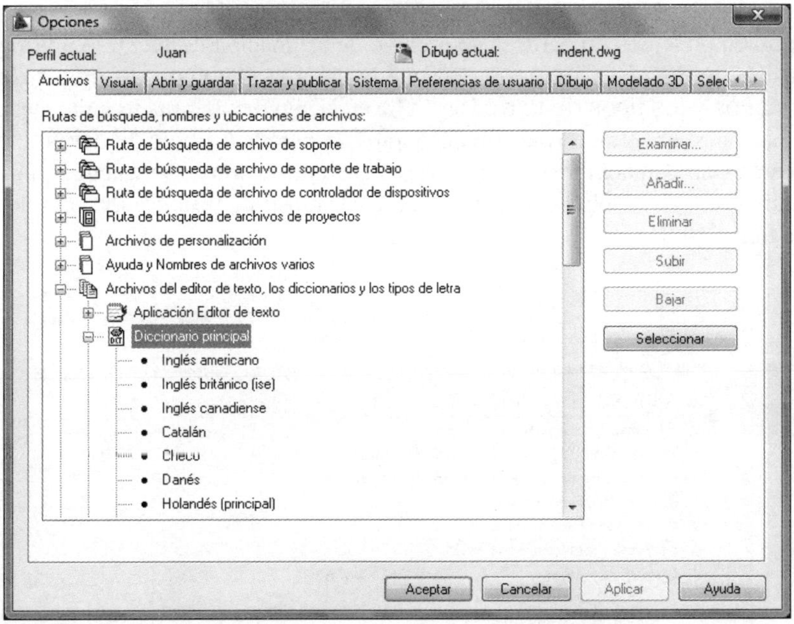

Figura 10.35. Cuadro de diálogo Opciones.

Sustituir fuentes

En ocasiones necesitará cambiar todas las fuentes de un dibujo rápidamente. Por ejemplo, puede que quiera convertir todas las fuentes TrueType en fuentes `Txt.shx` para reducir los tiempos de redibujo al realizar operaciones de edición. O puede que necesite convertir la fuente de un dibujo recibido desde otra oficina a una fuente que se adapte a las convenciones de la suya. La variable del sistema `Fontmap` funciona en combinación con la tabla de asignación de fuentes para facilitar la sustitución de fuentes en un dibujo.

La tabla de asignación de fuentes es un archivo ASCII `Acad.fmp`. También puede utilizar un archivo creado por usted mismo. Puede darle el nombre que desee mientras conserve la extensión `.fmp`. Esta tabla de asignación de fuentes contiene una línea para cada sustitución de fuentes que se desee realizar en AutoCAD. Una típica línea de este archivo presentará este aspecto:

```
romant; C:\Archivos de programa\Acad 2009\Font\Txt.shx
```

En este ejemplo, se indica a AutoCAD que utilice la fuente `Txt.shx` en lugar de `Romant.shx`. Para ejecutar esta sustitución, se escribe:

```
Fontmap Intro Fontmap_nombredearchivo
```

`Fontmap_nombredearchivo` es la tabla de asignación de fuentes creada. Esto indica a AutoCAD dónde tiene que mirar para buscar información de asignación de fuentes. A continuación, se aplica el comando `Regen` para ver los resultados del cambio de fuentes. Para deshabilitar la tabla de asignación de fuentes, se introduce:

```
Fontmap Intro Intro
```

También podemos especificar un archivo de asignación de fuentes en la ficha Archivos del cuadro de diálogo Opciones. Busque la entrada Archivos de editor de textos, los diccionarios y los tipos de letra. Haga clic en el signo más situado junto a esta entrada y, a continuación, sobre el signo más situado junto a la entrada Archivo de asignación de tipo de letra para mostrar el nombre de archivo de asignación de tipo de letra actual y predeterminado. Si mantiene el cursor sobre el nombre, AutoCAD mostrará la ubicación completa del archivo (véase figura 10.36).

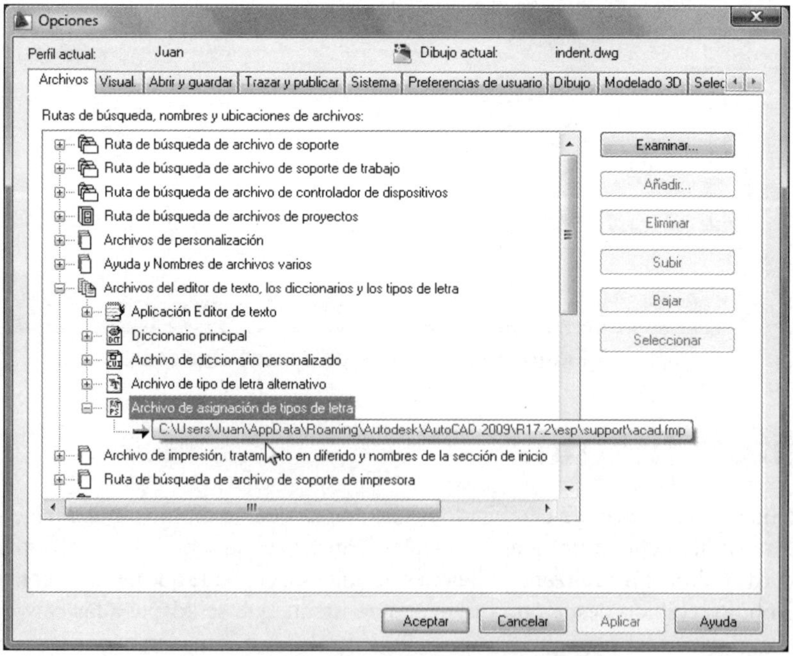

Figura 10.36. Cuadro de diálogo Opciones.

Puede hacer doble clic en este nombre de archivo para abrir el cuadro de diálogo Seleccionar un archivo. En éste, puede seleccionar un archivo de asignación de tipo de letra diferente.

Realizar sustituciones para reemplazar fuentes no existentes

Al crear estilos de texto, las fuentes asociadas no se convierten en parte del archivo de dibujo. En su lugar, AutoCAD carga el archivo de fuentes necesario a la vez que el dibujo. Por lo tanto, si un estilo de texto de un dibujo requiere el uso de una fuente concreta, AutoCAD buscará dicha fuente en la ruta de búsqueda de AutoCAD. Si la fuente está ahí, se cargará. Por regla general, esta operación no plantea ningún problema si el archivo de dibujo utiliza las fuentes estándar de AutoCAD o Windows. Sin embargo, en ocasiones puede que nos encontremos con un archivo que utilice una fuente personalizada.

En las versiones anteriores de AutoCAD se visualizaba un mensaje de error al intentar abrir un archivo de este tipo, que solía hacer temblar a los usuarios.

Por suerte, AutoCAD sustituye de manera automática una fuente existente por una fuente ausente en un dibujo. De manera predeterminada, AutoCAD sustituye la fuente `Simplex.shx`, pero puede especificar otra utilizando la variable del sistema `Fontalt`. Escriba `Fontalt` en la línea de comando e introduzca el nombre de la fuente que desea utilizar como sustituto.

También puede seleccionar una fuente alternativa en la ficha Archivo del cuadro de diálogo Opciones. Busque la entrada Archivos de editor de textos, los diccionarios y los tipos de letra y haga doble clic en el signo más situado a la izquierda. Busque la entrada Archivo de tipo de letra alternativo y haga clic en el signo más situado a la izquierda para mostrar la opción actual. Puede hacer doble clic en el nombre de la fuente para seleccionar una fuente diferente en el cuadro de diálogo Seleccionar archivo estándar.

Tenga en cuenta que el texto de su dibujo cambiará de aspecto (de manera radical en ocasiones) al utilizar una fuente de sustitución. Si el texto del dibujo debe mantener su apariencia, utilice una fuente con el aspecto más similar posible a la original para realizar el cambio.

Buscar y reemplazar un texto

Una de las operaciones más tediosas es la de reemplazar un texto que se repite constantemente en un dibujo. Afortunadamente, disponemos de la herramienta **Buscar y reemplazar**, que nos permite simplificar al máximo dicha operación. Esta herramienta es similar a la de cualquier procesador de texto, aunque incluye algunas opciones propias de AutoCAD. Su funcionamiento es el que se analiza a continuación:

1. Introduzca el texto que desea buscar en el cuadro de entrada Buscar texto, situado en la parte superior del panel Texto expandido de la ficha Anotar, y haga clic en la lupa situada a la derecha. También puede escribir `Buscar` y pulsar **Intro** en la línea de comandos para abrir el cuadro de diálogo Buscar y reemplazar (véase figura 10.37), y luego introducir el texto deseado en el cuadro de texto Buscar:.

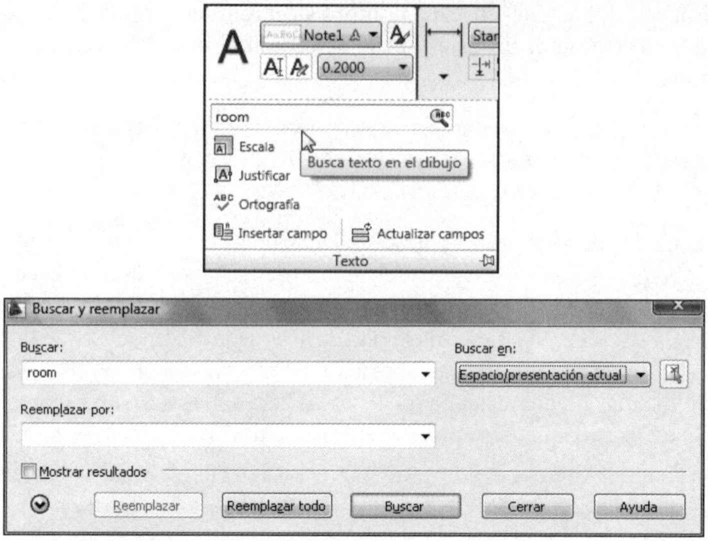

Figura 10.37. Dos métodos de Buscar y reemplazar.

2. Introduzca el texto que quiera utilizar como sustituto en el cuadro Reemplazar por.
3. Haga clic en el botón **Buscar siguiente**. La vista del área de dibujo cambia para mostrarle la palabra que ha encontrado.
4. Cuando esté seguro de que es el texto que quiere modificar, haga clic en **Reemplazar**.

Si quiere reemplazar todas las instancias de una misma palabra, sólo tiene que utilizar el botón **Reemplazar todos**. También puede limitar la búsqueda de palabras dentro de un dibujo seleccionando Objetos seleccionados en la lista desplegable Buscar en:. Después de seleccionar esta opción, haga clic en la herramienta **Designar objetos** situada en la esquina superior derecha del cuadro de diálogo Buscar y reemplazar (véase figura 10.38).

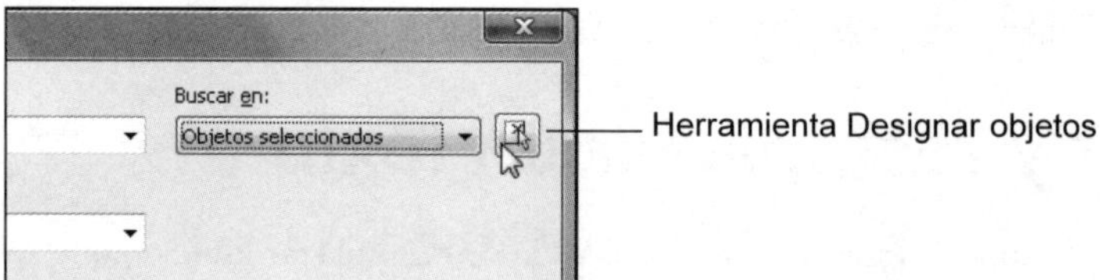

Figura 10.38. Herramienta Designar objetos.

Al hacer clic en la herramienta **Designar objetos**, se cierra provisionalmente el cuadro de diálogo para que pueda seleccionar el objeto o grupo de objetos directamente sobre el dibujo. De este modo, la búsqueda se limitará a la zona que se haya seleccionado.

El botón **Opciones** (⊙), situado en la esquina inferior izquierda, le ofrece un mayor control sobre los tipos de objeto que la herramienta **Buscar y reemplazar** debe localizar. Al hacer clic en él el cuadro de diálogo se expande para mostrar más opciones, tal y como se muestra en la figura 10.39.

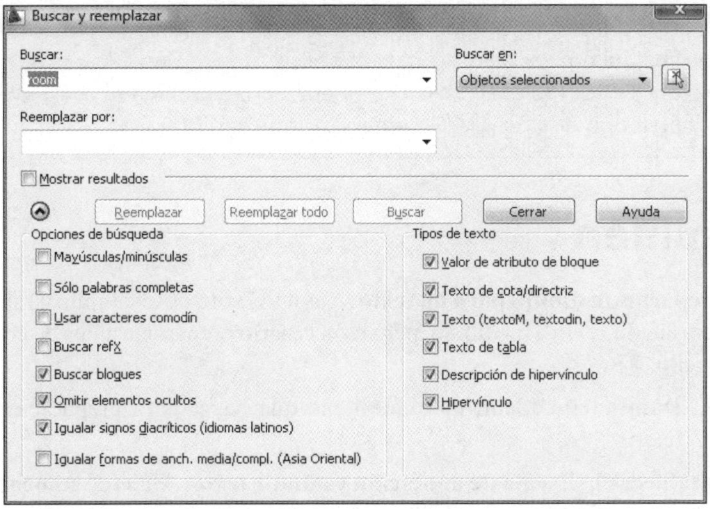

Figura 10.39. Cuadro de diálogo con las opciones de búsqueda.

En este nuevo cuadro de diálogo puede personalizar las búsquedas para que se centren en bloques, textos de cotas, estándar o de hipervínculo. También puede indicar si la palabra debe coincidir en mayúsculas/minúsculas o si solamente hay que buscar palabras completas.

NOTA: Si necesita editar un dibujo que contenga una gran cantidad de texto sin editar el texto, puede utilizar el comando `Loctexto` para acelerar el proceso de dibujo y las regeneraciones al trabajar sobre el dibujo. `Loctexto` convierte las líneas de texto en cuadros rectangulares, con lo que evita que AutoCAD tenga que formar cada letra. De esta forma se pueden ver las ubicaciones de las notas y evitar así dibujar sobre ellas de manera accidental. Para utilizarlo, escriba `Loctexto` en la línea de comando y pulse **Intro**. Introduzca `ACT` o seleccione la opción ACT de la presentación de salida dinámica.

Manipulación de texto de otras formas

En este capítulo nos hemos centrado en los métodos para agregar rótulos a un dibujo, pero el texto se puede utilizar de otras formas en AutoCAD. Muchas de las herramientas de consulta de AutoCAD, como `Dist` y `List`, generan datos de texto. Puede utilizar el Portapapeles de Windows para manipular el texto como desee.Por ejemplo, puede duplicar la longitud exacta de una línea utilizando el comando `List` en primer lugar para obtener un listado de sus propiedades. Tras obtener el listado de propiedades en la ventana de texto de AutoCAD, puede resaltar su longitud y pulsar **Control-C** para copiarlas al portapapeles de Windows. Ejecutar el comando `Línea` y precisar el punto de inicio para la nueva línea. Haga clic en la ventana de comandos y pulse **Control-V** para pegar los datos sobre la longitud de la línea en la ventana de comandos y, a continuación, agregar los datos sobre el ángulo o utilizar el método de distancia directa para dibujar la línea. Tenga en cuenta que el valor proporcionado por el comando `List` esta limitado a 4 decimales y puede ser que no refleje la medida real de un objeto. Puede copiar cualquier dato sobre texto desde los cuadros de entrada o la ventana de texto de AutoCAD al

Portapapeles utilizando la combinación **Control-C**. Asimismo, puede importar dichos datos en cualquier parte de AutoCAD que acepte texto. Considere la opción de utilizar el Portapapeles cuando vuelva a necesitar transferir datos dentro de AutoCAD o incluso si necesita importar texto desde alguna otra aplicación.

En resumen

- **Preparar un dibujo para un texto:** AutoCAD ofrece un amplio conjunto de funciones para añadir texto a un dibujo, pero es necesario prepararse antes de comenzar a trabajar en ello.
  - **Dominarlo:** Identifique qué tiene que hacer para preparar un dibujo para un texto.
- **Establecer la Escala de anotación y añadir texto:** Antes de comenzar a añadir texto, debería configurar la escala de anotación para su dibujo. Una vez configurada, puede comenzar a añadir texto.
  - **Dominarlo:** En una o dos frases, describa brevemente el propósito de la función Escala de anotación. Identifique la herramienta que utilizará para añadir texto a un dibujo.
- **Formatos de texto en AutoCAD:** Dado que los estilos de texto contienen las configuraciones del tipo de letra y el tamaño del texto, puede configurar un estilo de texto y, después, comenzar a añadir texto a su dibujo. Para los casos especiales donde tiene que variar la altura del texto y el tipo de letra y otras características, puede utilizar la barra de herramientas Formato de texto.
  - **Dominarlo:** ¿Qué herramienta de Formato de texto puede utilizar para cambiar el texto a negrita?
- **Añadir objetos de texto simples de una línea:** En muchas situaciones, sólo necesitará una palabra o un texto corto. AutoCAD le ofrece el objeto **Texto en una línea** para estos casos.
  - **Dominarlo:** Describa dos o tres formas de comenzar el comando texto en una línea.
- **Corrección ortográfica:** No es raro que un dibujo contenga el equivalente de varias páginas de texto, y la probabilidad de tener palabras mal escritas puede ser bastante alta. AutoCAD le ofrece la herramienta **Comprobar ortografía** para ayudarle a controlar la ortografía.
  - **Dominarlo:** ¿Qué opción selecciona del cuadro de diálogo Ortografía cuando encuentra una palabra mal escrita y quiere aceptar la opción que le sugiere?
- **Buscar y reemplazar un texto:** Una actividad habitual al corregir dibujos técnicos es tener que buscar y reemplazar una palabra en todo el texto.
  - **Dominarlo:** Verdadero o falso: La herramienta **Buscar y reemplazar** en AutoCAD funciona de forma diferente a la función buscar y reemplazar de otros programas.

265
1980
2460 - дно
R250

11 Campos y tablas

Añadir texto a un conjunto de dibujos puede representar una gran cantidad de trabajo. Normalmente, acabará notando que dedica casi el mismo tiempo a editar notas y etiquetas que a crear gráficos en sus dibujos. Para facilitar en cierta medida estas tareas de edición, AutoCAD proporciona unos cuantos objetos de texto especiales. En este capítulo, estudiaremos los campos y las tablas, dos características que pueden ayudarle a automatizar algunas de las tareas más comunes en AutoCAD. Los campos son un tipo especial de texto que puede actualizarse automáticamente para reflejar cambios en el dibujo. Las tablas son una herramienta que nos ayuda a automatizar el proceso de creación y edición de tablas y calendarios. Las tablas son un elemento común en los dibujos técnicos y son similares a hojas de cálculo. De hecho, las tablas de AutoCAD se comportan de forma muy similar a las hojas de cálculo, incluyendo la capacidad de añadir fórmulas a las celdas. Empezaremos este capítulo con una introducción a los campos para, a continuación, adentrarnos en el mundo de las tablas. Cerca del final, volveremos a ocuparnos de los campos, para ver cómo podemos utilizarlos para crear fórmulas en tablas. Éstos son los aspectos que se van a abordar aquí:

- Utilizar campos para asociar texto con las propiedades de un dibujo.
- Añadir tablas a un dibujo.
- Editar las líneas de las tablas.
- Añadir fórmulas a las celdas.
- Importar y exportar tablas.
- Crear estilos de tablas.

10. Haga clic en **Aceptar** y verá que el campo que acaba de insertar aparece en el dibujo indicando la medida del área del rectángulo.
11. Haga clic en **Cerrar el editor de texto** en el panel Cerrar de la ficha Texto de líneas múltiples.

A continuación, vamos a introducir cambios al rectángulo para ver cómo afectan al campo:

1. Haga clic en el rectángulo para que aparezcan los pinzamientos. Coja los dos superiores y muévalos hacia arriba hasta que queden alineados con la pared del cuarto de baño (consulte la figura 11.5). Recuerde que con **Mayús-clic** puede seleccionar varios pinzamientos a la vez.

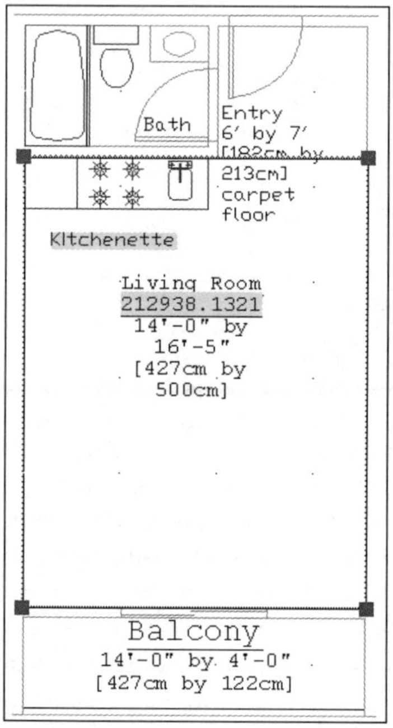

Figura 11.5. Los pinzamientos son visibles.

2. Seleccione Ver>Regenerar en el Explorador de menús, o escriba `regen` en la línea de comandos y pulse **Intro**. El campo que acaba de añadir refleja la medida de la nueva área del rectángulo.
3. Una vez comprobados los resultados, cierre el archivo `11c-unit-metric.dwg`.

TRUCO: En anteriores ejercicios, convertimos el texto existente en campos, pero también se pueden crear campos nuevos con los comandos **Texto** o **TextoM** seleccionando la opción Insertar campo del menú contextual al escribir el contenido del texto.

En este ejercicio se optó por un rectángulo para crear el campo de área, pero en realidad podríamos haber utilizado cualquier figura poligonal cerrada.

Utilizar campos para asociar textos y propiedades de dibujo

Las etiquetas de texto con las que trabajamos en el capítulo anterior eran estáticas y no cambiaban a menos que las editáramos con las herramientas correspondientes. Otro tipo de objeto de texto, llamado campo, se comporta de una forma más dinámica que el texto multilínea. Un campo puede vincularse con las propiedades de otros objetos de forma que se actualice automáticamente a medida que cambien las propiedades asociadas. Por ejemplo, puede crear un campo asociado con el nombre de un bloque. Si cambia el nombre del bloque, el campo de texto también cambiará automáticamente.

Intente el siguiente ejercicio para ver cómo funciona esta herramienta:

1. Abra el archivo `11c-unit-metric.dwg` y verá que se parece mucho al plano con que trabajamos en el capítulo anterior.
2. Haga doble clic en el texto Kitchenette para seleccionarlo y prepararlo para su edición.
3. Haga clic con el botón derecho del ratón sobre la palabra Kitchenette y seleccione la opción Insertar campo del menú desplegable para abrir el cuadro de diálogo Campo (véase la figura 11.1). La lista de la izquierda muestra los tipos de campos disponibles.

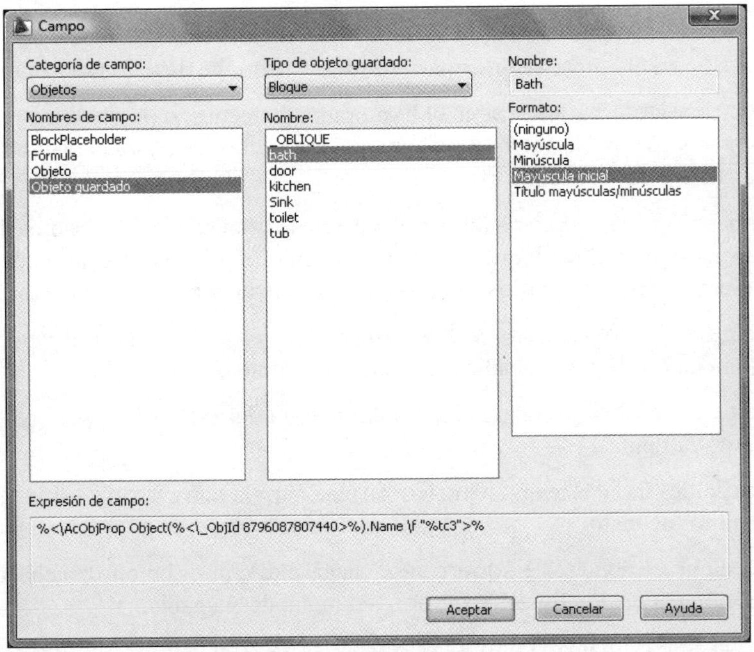

Figura 11.1. Cuadro de diálogo Campo.

4. En la lista desplegable Categoría de campo, escoja la opción Objetos para limitar la selección a los tipos de objetos.

5. En la lista Nombres de campo, seleccione Objeto guardado.
6. Compruebe que está activa la opción Bloque en la lista desplegable Tipo de objeto guardado y seleccione kitchen para asociar este nombre de bloque con el campo.
7. En la lista Formato, seleccione Mayúscula inicial para que el texto del campo aparezca todo en minúsculas, salvo la primera letra, independientemente de la ortografía de la palabra.
8. Haga clic en **Aceptar** para salir del cuadro de diálogo Campo. A continuación, pulse la tecla **Intro** dos veces para regresar a la línea de comandos.

Al volver al dibujo, verá que el texto aparece resaltado sobre un fondo gris, indicando que este texto es un campo. La finalidad de esta marca es hacer un seguimiento más claro del campo de texto, pero no se preocupe, no aparecen en las copias que saquemos por la impresora.

En este momento ya hemos conseguido convertir un texto existente en un campo vinculado a un nombre de bloque. Pasemos a ver ahora cómo funcionan los campos:

1. Haga clic en la herramienta **Cambiar nombre** ( ) en el panel Ayudas al dibujo de la ficha Herramientas, o escriba `Renombra` en la línea de comandos y pulse **Intro** para abrir el cuadro de diálogo Cambiar nombre.
2. Compruebe que tiene activa la opción Bloque en la lista Objetos guardados y seleccione la palabra kitchen de la lista Elementos. Verá que el nombre `kitchen` aparece ahora en el campo Antiguo nombre del cuadro de diálogo.
3. Escriba la palabra **kitchenette** en el campo que hay debajo de Antiguo nombre y haga clic en el botón **Renombrar como**.
4. Haga clic en el botón **Aceptar** para cerrar el cuadro de diálogo Cambiar nombre.
5. Seleccione Ver>Regenerar en el Explorador de menús, o escriba `regen` en la línea de comandos y pulse **Intro**. El campo que creó antes lee ahora el nuevo nombre que hemos asignado al bloque.

Los campos se pueden asociar a una amplia gama de propiedades. Acabamos de ver cómo podemos asociar nombres de bloque con campos, y en el ejercicio que le proponemos a continuación veremos cómo utilizar los campos para visualizar el área de un objeto:

1. Seleccione Extensión (Extensión) en el menú desplegable Zoom, en el panel Utilidades de la ficha Inicio para visualizar el plano al completo.
2. Inserte un rectángulo que englobe toda la zona del salón (*Living Room*), tal como muestra la figura 11.2.
3. Haga doble clic en el texto Living Room para abrir la ficha Texto de líneas múltiples y el editor de texto.
4. Seleccione el texto 230 square feet, haga clic con el botón derecho del ratón y seleccione la opción Insertar campo del menú desplegable.
5. En el cuadro de diálogo Campo, seleccione Objeto en la lista Categoría de campo.
6. Haga clic en el botón **Designar objeto** que está junto al campo Tipo de objeto y verá que se cierra temporalmente el cuadro de diálogo para permitirle seleccionar un objeto (véase la figura 11.3).

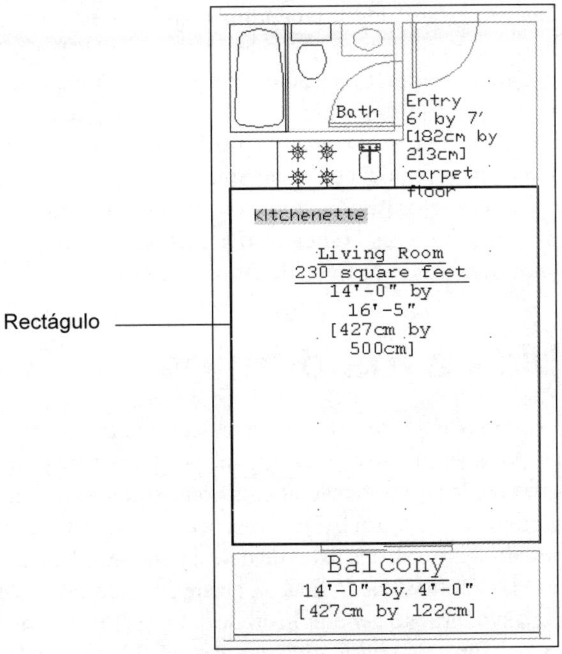

Figura 11.2. Cuadro de texto.

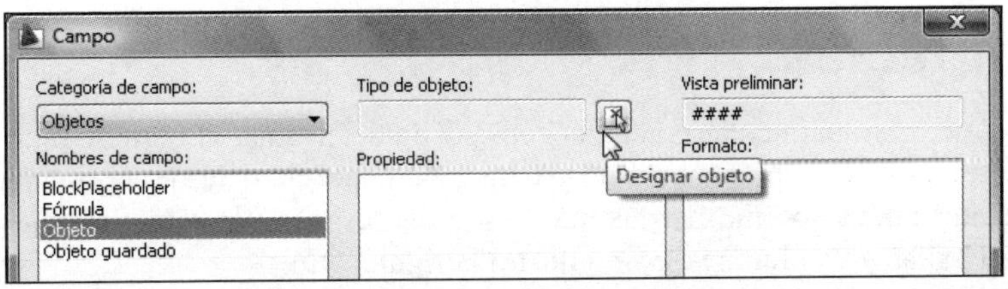

Figura 11.3. Cuadro de diálogo Campo.

7. Seleccione el rectángulo que acaba de añadir y aparecerá de nuevo el cuadro de diálogo Campo.
8. En la lista Propiedad, justo debajo del campo Tipo de objeto, seleccione la opción Área.
9. Seleccione la opción Decimales en la lista Formato de la derecha que se muestra en la figura 11.4.

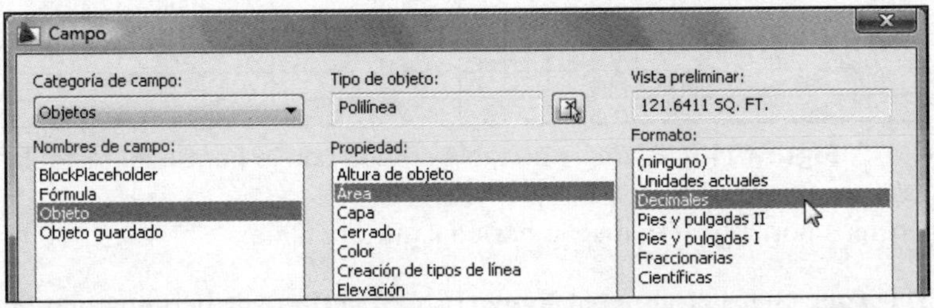

Figura 11.4. Cuadro de diálogo Campo con el objeto seleccionado.

Hasta ahora sólo hemos visto dos de las múltiples aplicaciones posibles que tienen los campos, pues se pueden asociar a multitud de propiedades, como capas actuales, nombres de planos, tipos de líneas, etc. Es posible incorporar incluso macros Diesel como parte de los campos (aprenderá más sobre ellos en capítulos posteriores). Además, éstos se pueden utilizar también para crear tablas y listados rápidamente con el comando **Tabla** de AutoCAD, e incluso para coordinar las etiquetas con símbolos de referencia en el comando **Conjunto de planos** de AutoCAD.

Si queremos sacar el mejor partido a nuestro trabajo, los objetos de texto estándar están bien, pero trabajar con campos es la mejor opción cuando queremos asociar las etiquetas de nuestros dibujos con determinados tipos de datos.

Añadir tablas a los dibujos

Una de las tareas más comunes relacionadas con los textos es crear listas de datos para puertas o ventanas, por ejemplo, e incluso para piezas. Estas listas son tablas que proporcionan información más detallada sobre los elementos contenidos en el plano.

En versiones anteriores de AutoCAD, los usuarios tendían a recurrir a los comandos **Texto** o **TextoM** para crear los textos de las listas de datos, y luego aplicaban herramientas de trazado de líneas para crear las "celdas" de la lista. A partir de AutoCAD 2006, se ha incorporado el comando **Tabla** para ayudarnos a generar listas de datos de forma más rápida y eficaz. Podemos utilizar tablas para dar formato automáticamente a las columnas y las filas de texto igual que si estuviéramos trabajando en una hoja de cálculo.

Crear tablas

El primer paso para crear una tabla consiste en determinar el número de filas y columnas que necesitamos. No se preocupe si no lo tiene totalmente claro desde el principio, pues siempre podrá añadir nuevas o eliminar las que le sobren después. En este ejercicio crearemos una tabla de 12 filas y 9 columnas, como ilustra la figura 11.6.

Memoria de acabados								
Número	Habitación	Acabado				Alt. techo	Área	Comentarios
		Suelo	Rodapié	Paredes	Techo			
110	Vestíbulo	B	1	A	1	10 m	200 m2	
111	Oficina	A	1	B	2	8 m	96 m2	
112	Oficina	A	1	B	2	8 m	96 m2	
113	Oficina	A	1	B	2	8 m	96 m2	
114	Sala de reuniones	C	1	B	2	8 m	150 m2	
115	Sala de descanso	C	1	B	2	8 m	150 m2	
116	Aseo de mujeres	D	2	C	3	8 m	50 m2	
117	Aseo de hombres	D	2	C	3	8 m	50 m2	

Figura 11.6. Ejemplo de tabla creada con la herramienta Tabla.

Empecemos por aplicar el diseño básico a nuestra tabla:

1. Haga clic en la herramienta **Nuevo** (🗋) en la Barra de herramientas de acceso rápido, y escoja la plantilla `Acadiso.dwt`.

2. Haga clic en **Tabla** (▦) en el panel Anotación de la ficha Inicio para abrir el cuadro de diálogo Insertar tabla que aparece en la figura 11.7. También puede hacer clic en la herramienta **Tabla** en el panel Tablas de la ficha Inicio.

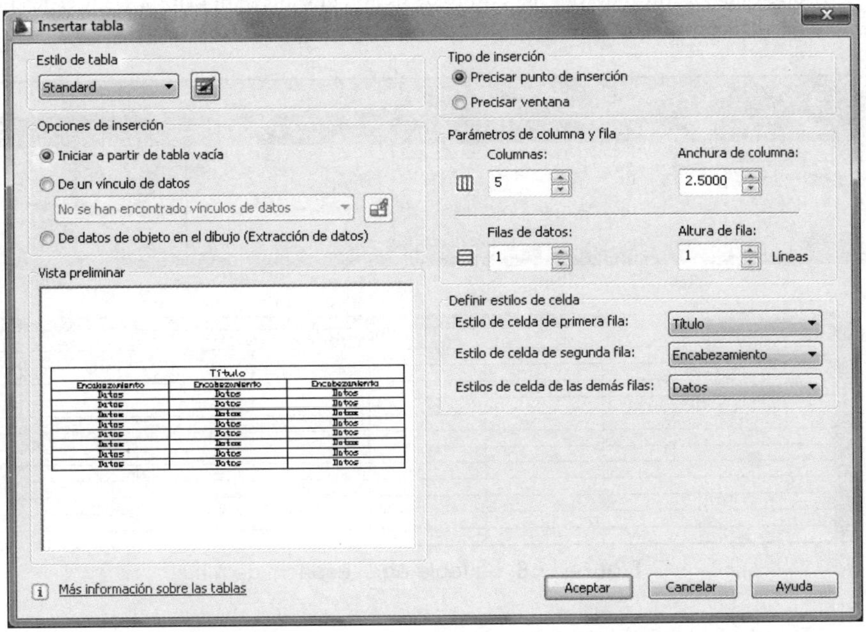

Figura 11.7. Cuadro de diálogo Insertar tabla.

3. En el grupo Parámetros de columna y fila, introduzca el valor **9** para las Columnas y el **12** para las Filas de datos.
4. Haga clic en **Aceptar** para cerrar el cuadro de diálogo y observará que el perfil de la tabla aparece vinculado al cursor siguiendo a éste allí donde lo mueva.
5. Coloque la tabla en el centro del área de dibujo y haga clic. En este momento, verá que el cursor aparece situado en la celda superior izquierda de la tabla. También podrá ver la ficha Texto de líneas múltiples en la Cinta de opciones.
6. Introduzca el nombre **Memoria de acabados**, pulse **Intro** y observe cómo el cursor salta a la siguiente celda.
7. Haga clic en **Cerrar el editor de texto** en el panel Cerrar de la ficha Texto de líneas múltiples.

Añadir el texto en las celdas

Acaba de crear una tabla a la que ha añadido un título. Observe que la tabla está formada por 14 filas, incluida la del título y una fila adicional que contendrá los encabezamientos de cada columna. Si quiere, puede eliminar estas filas adicionales, pero, por ahora, lo que vamos a hacer va a ser añadir textos a las celdas:

1. Ajuste la vista del documento para que la tabla ocupe casi toda el área de dibujo.
2. Haga doble clic en la primera celda de la izquierda, justo debajo de la fila del título. Verá que se torna gris y aparece la ficha Texto de líneas múltiples en la Cinta de opciones. También verá las etiquetas de los laterales superior e izquierdo que indican las direcciones de filas y columnas (véase la figura 11.8).

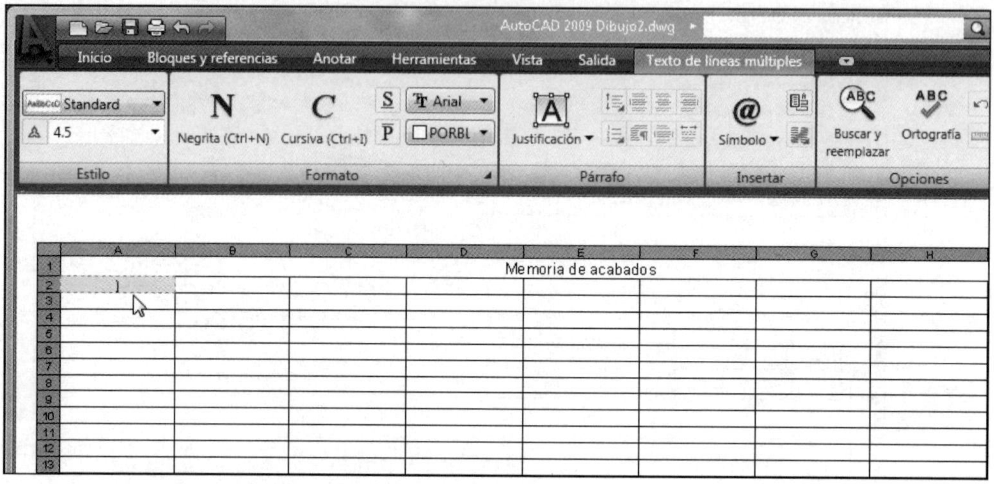

Figura 11.8. La tabla en el espacio de dibujo.

3. Escriba la palabra **Número** en la celda de la izquierda y pulse la tecla **Tab** para avanzar a la siguiente celda.
4. Escriba la palabra **Habitación** y pulse otra vez la tecla **Tab**.
5. Escriba **Acabado** y pulse **Tab** cuatro veces para avanzar cuatro columnas. Si mira la tabla terminada de la figura 11.6, verá que la columna Acabado se compone de cuatro columnas: Suelo, Rodapié, Paredes y Techo. En el siguiente ejercicio aprenderemos cómo dar formato a estas cuatro columnas bajo un solo encabezado.
6. Escriba **Alt. techo** y pulse la tecla **Tab**.
7. Escriba **Área**, pulse **Tab** y escriba **Comentarios**.
8. Haga clic en **Cerrar el editor de texto** en el panel Cerrar de la ficha Texto de líneas múltiples.

Ahora ya tiene los títulos de las columnas en su sitio y sólo hay que aplicar un poco de formato para que queden bien del todo. En el paso 5, dejamos cuatro celdas vacías porque cuatro de las columnas iban a combinarse bajo un mismo título principal. En otras palabras, el título `Acabado` abarca los subtítulos `Suelo`, `Rodapié`, `Paredes` y `Techo`, y a continuación haremos precisamente esto, combinar las columnas vacías bajo el mismo encabezado.

1. Haga clic en el centro de la celda que tiene escrito el título `Acabado`.
2. Pulse **Mayús-clic** en la tercera celda a la derecha de ésta para seleccionar las cuatro celdas (véase la figura 11.9).

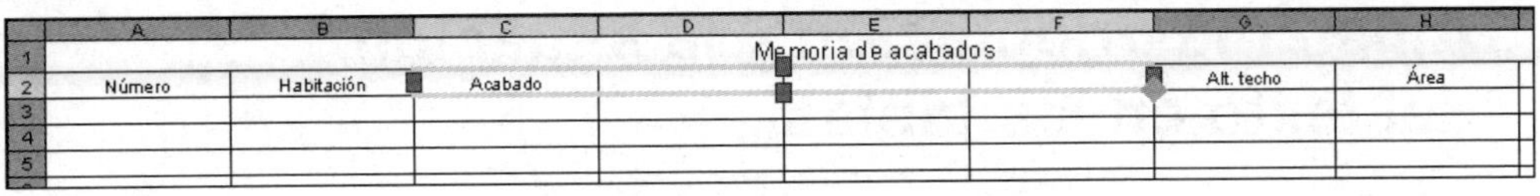

Figura 11.9. Títulos de columnas.

3. Haga clic con el botón derecho del ratón en las celdas seleccionadas y escoja la opción Fusionar>Todas del menú desplegable para que todas las celdas se fundan en una sola bajo el título `Acabado`.

Ahora lo que hay que hacer es añadir los subtítulos de las cuatro columnas:

1. Haga doble clic en la celda más a la izquierda situada debajo del grupo combinado Acabado. Se abrirá la ficha Texto de líneas múltiples en la Cinta de opciones (véase la figura 11.10).

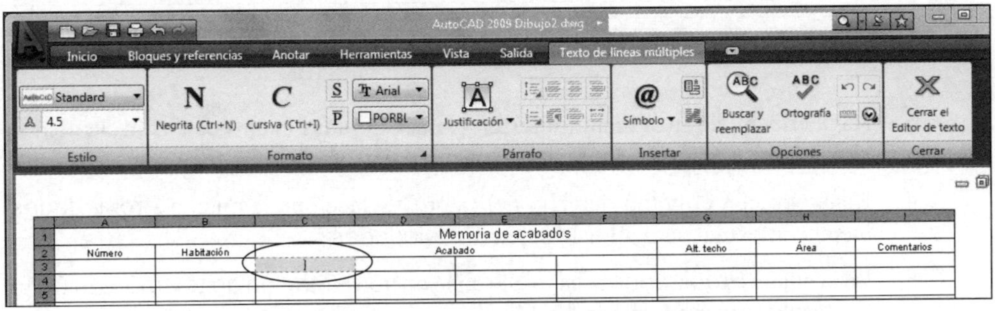

Figura 11.10. Ficha Texto de líneas múltiples.

2. Escriba la palabra **Suelo** y pulse la tecla **Tab**.
3. Escriba **Rodapié**, **Paredes** y **Techo** en las siguientes tres celdas. Recuerde que la tecla **Tab** es la que le permite avanzar de celda en celda. En este momento, su tabla debe parecerse a la que ilustra la figura 11.11.

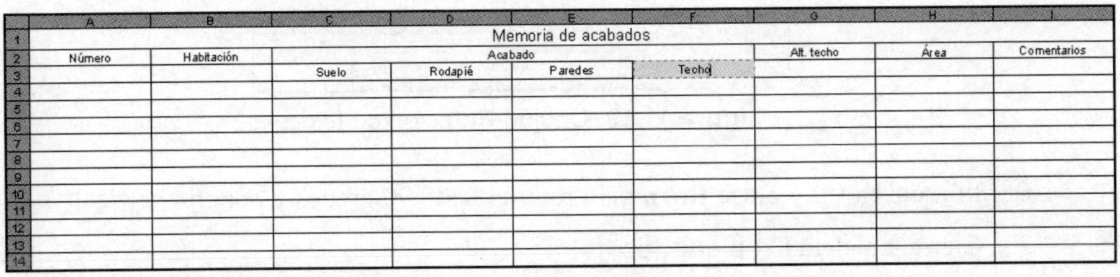

Figura 11.11. El aspecto que presenta la tabla en este momento.

4. Haga clic en **Cerrar el editor de texto** en el panel Cerrar de la ficha Texto de líneas múltiples.

Ajustar la orientación y la situación del texto en las tablas

Ahora ya tiene perfilado el diseño básico de la tabla, pero falta una cosa: los subtítulos `Suelo`, `Rodapié`, `Paredes` y `Techo` están en horizontal, y nosotros los queremos en vertical, como aparecen en la figura 11.6. A continuación, pasamos a enumerar los pasos necesarios para rotar estos textos y aplicarles la orientación que queremos:

1. Haga clic en la celda Suelo para seleccionarla.
2. Pulse **Mayús-clic** en la celda Techo para seleccionar las cuatro celdas del grupo Acabado. Observe que las cuatro celdas combinadas tienen ahora cuatro pinzamientos, uno en cada esquina del grupo (véase la figura 11.12).

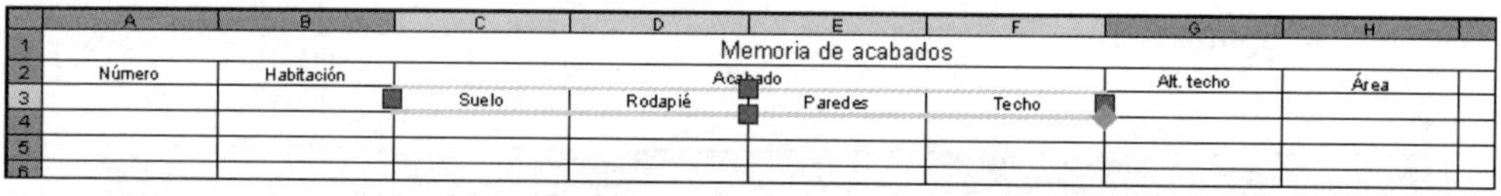

Figura 11.12. Celdas combinadas con pinzamientos.

3. Haga clic en el pinzamiento inferior y muévalo unas cuatro celdas hacia abajo para agrandarlas a lo largo. Así tendrá espacio suficiente para los textos una vez rotados.
4. Haga clic con el botón derecho del ratón y seleccione la opción Propiedades del menú contextual para abrir la paleta Propiedades.
5. En la paleta Propiedades, haga clic en la opción Rotación de texto dentro del grupo Contenido (véase la figura 11.13).

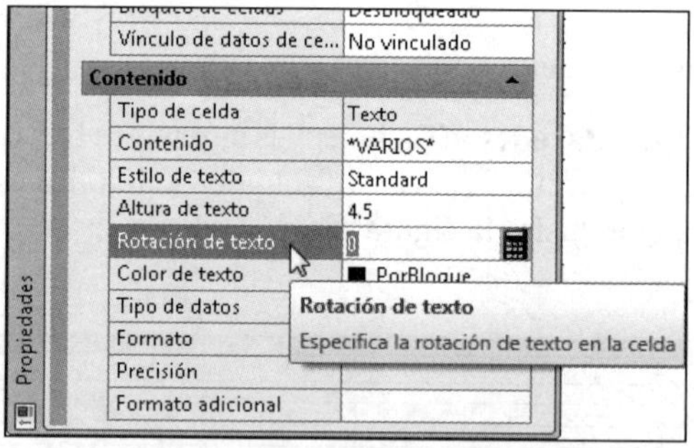

Figura 11.13. Opción Rotación de texto.

6. Introduzca `90` y pulse **Intro** para rotar el texto 90 grados y ponerlo vertical.
7. Cierre la paleta Propiedades.

   Con el texto en esta orientación, las columnas ahora se ven demasiado grandes, por lo que el siguiente paso será cambiar el ancho de las columnas.

8. Mueva el pinzamiento de la derecha hacia la izquierda para reducir la anchura de las celdas (véase la figura 11.14).

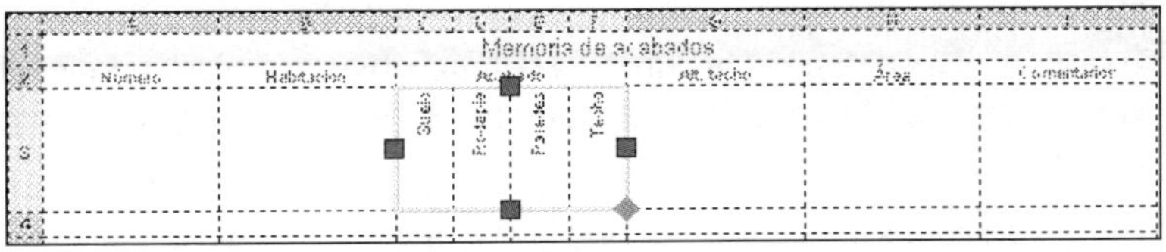

Figura 11.14. Mover pinzamiento a la derecha.

9. Como retoque final, necesitamos centrar los textos dentro de las celdas, así que con ellas aún seleccionadas haga clic con el botón derecho del ratón y escoja la opción Alineación>Inferior centro del menú contextual (véase la figura 11.15). El texto queda centrado y alineado en la parte inferior de las celdas.

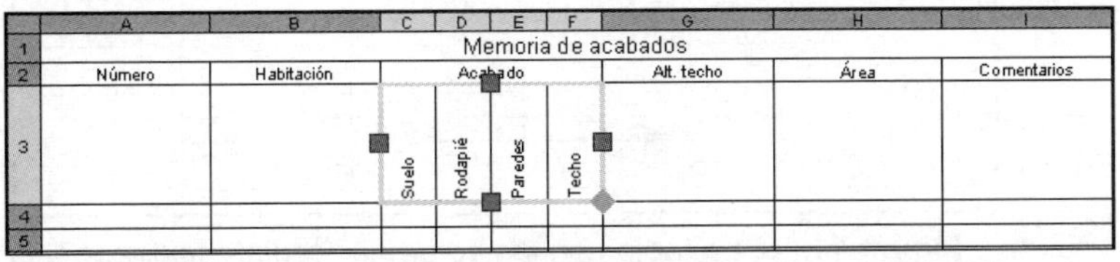

Figura 11.15. Texto alineado y centrado en las celdas.

TRUCO: Si quiere, también puede controlar el margen entre el texto y el borde de la celda mediante las opciones de Margen de celda de la paleta Herramientas. Para ello, seleccione primero la tabla entera, haga clic con el botón derecho del ratón, seleccione la opción Propiedades y haga clic en la opción Margen de celda vertical o Margen de celda horizontal del grupo Tabla.

En este ejercicio hemos aprendido cómo ajustar la orientación del texto mediante la paleta Propiedades, pero también se puede ajustar el ancho de varias celdas a la vez situando directamente los pinzamientos. Si necesita ser más preciso con el ancho de las celdas, puede utilizar la opción Anchura de celdas de la paleta Propiedades para un grupo de celdas.

Y ahora pasemos a añadir texto a las celdas y a ajustar sus tamaños:

1. Haga doble clic en la celda de la columna Número, debajo de la fila que contiene las celdas Suelo, Rodapié, Paredes y Techo. Aparecerá el cursor de texto en la celda y se abrirá la ficha Texto de líneas múltiples en la Cinta de opciones.
2. Escriba `110` y pulse **Intro**. En vez de avanzar a la siguiente celda de la derecha, el cursor se coloca en la celda inmediatamente inferior.
3. Escriba `111` y pulse **Intro**. Siga introduciendo los datos de las celdas de abajo de este modo hasta que llegue al 117. Cuando haya terminado haga clic **Cerrar el editor de texto** en el panel Cerrar de la ficha Texto de líneas múltiples. Ahora vamos a reducir el ancho de la columna para que el texto quede un poquito mejor ajustado.
4. Haga clic en la celda que lleva el título Número, que es la primera columna de la tabla.
5. Pulse **Mayús-clic** en la celda inferior de la columna Número para seleccionar toda la columna.

6. Haga clic en el pinzamiento de la izquierda de la columna y muévalo un poco hacia la derecha para reducir el ancho de la columna hasta que sea más o menos la mitad de la columna Habitación. Si quiere, amplíe la vista de la zona para controlar mejor el movimiento.
7. Pulse **Esc** para salir de la selección y visualice lo que lleva hecho en su tabla hasta ahora (véase la figura 11.16).

Memoria de acabados								
Número	Habitación	Acabado				Alt. techo	Área	Comentarios
		Suelo	Rodapié	Paredes	Techo			
110								
111								
112								
113								
114								
115								
116								
117								

Figura 11.16. La tabla con las columnas redimensionadas.

Imagine ahora que quiere borrar una de las filas de celdas sobrantes que hay en la parte inferior de la tabla o que quiere añadir una fila nueva. Esto es lo que hay que hacer:

1. Haga clic en la celda inferior izquierda de la tabla para seleccionarla.
2. Haga clic con el botón derecho del ratón y seleccione la opción Filas>Suprimir del menú contextual para hacer desaparecer la fila.
3. Para añadir una fila nueva, seleccione una celda, haga clic con el botón derecho del ratón y seleccione la opción Filas>Insertar Encima o Filas>Insertar Debajo, según donde la quiera colocar.

Observará que las opciones Suprimir columnas e Insertar columnas también están disponibles en este menú contextual, y funcionan de la misma forma que las de Suprimir filas e Insertar filas. También puede utilizar las herramientas en los paneles Filas y Columnas de la ficha Tabla para insertar y eliminar filas y columnas.

Editar las líneas de las tablas

Hasta ahora nos hemos centrado en el modo de aplicar formato al texto y las celdas de las tablas, pero es probable que también quiera saber cómo se cambia el diseño de las líneas. Normalmente, las líneas más gruesas son las que perfilan el borde exterior de la tabla y entre el título y el resto de la tabla.

La opción Bordes del menú contextual, al que se accede haciendo clic con el botón derecho del ratón mientras se tiene una celda seleccionada, permite modificar las líneas de contorno de la tabla abriendo el cuadro de diálogo Propiedades de borde de celda que se muestra en la figura 11.17.

Figura 11.17. Cuadro de diálogo Propiedades de borde de celda.

Este cuadro de diálogo nos sirve para afinar el aspecto de las líneas de nuestras tablas. Pruebe a hacer el siguiente ejercicio para ver de primera mano cómo funciona:

1. Abra el cuadro de diálogo Parámetros de grosor de línea seleccionando Formato>Grosor de línea en el Explorador de menús.
2. Active la casilla Mostrar grosor de línea y haga clic en **Aceptar**.
3. Haga clic en la celda que contiene el título principal de la tabla para seleccionarla, haga clic con el botón derecho del ratón y seleccione la opción Bordes del menú contextual para abrir el cuadro de diálogo Propiedades de borde de celda.
4. Haga clic en la lista desplegable Grosor de línea y seleccione la opción 0.30 mm.
5. Haga clic en el botón **Bordes exteriores**, que aparece debajo del panel previsualizar, para cambiar el borde seleccionado al grosor establecido (véase la figura 11.18).
6. Haga clic en **Aceptar**. Ahora verá que las líneas que forman el contorno de la celda título son más gruesas. Para verlo más claro, pulse la tecla **Esc**.

Si quiere, también puede ajustar el grosor de las líneas que engloban a un grupo de celdas, como muestra el siguiente ejercicio:

1. Haga clic en la celda de la esquina superior izquierda que contiene el título `Número`.
2. Pulse **Mayús-clic** en la celda de la esquina inferior derecha para seleccionar todas las celdas, salvo la que contiene el título principal.

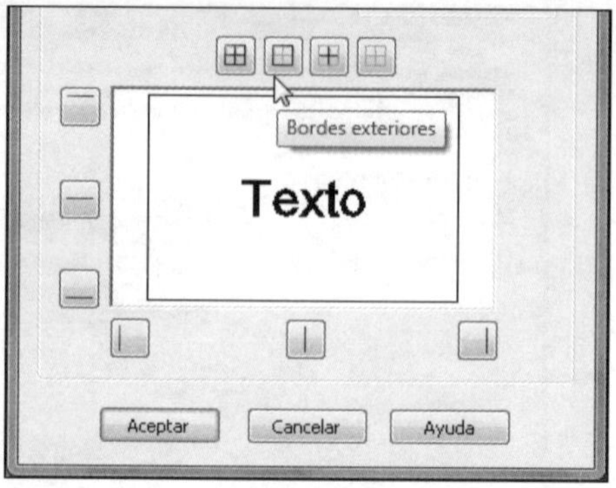

Figura 11.18. Cuadro de diálogo Propiedades de borde de celda.

3. Haga clic con el botón derecho del ratón y seleccione la opción Bordes en el menú contextual.
4. Seleccione de nuevo un grosor de 0.30 mm en la lista desplegable Grosor de línea y luego haga clic en el botón **Bordes exteriores**, igual que en el paso 5 del ejercicio anterior.
5. Haga clic en **Aceptar** y verá que las líneas de la tabla tienen ahora el nuevo grosor que acabamos de especificar (véase la figura 11.19).

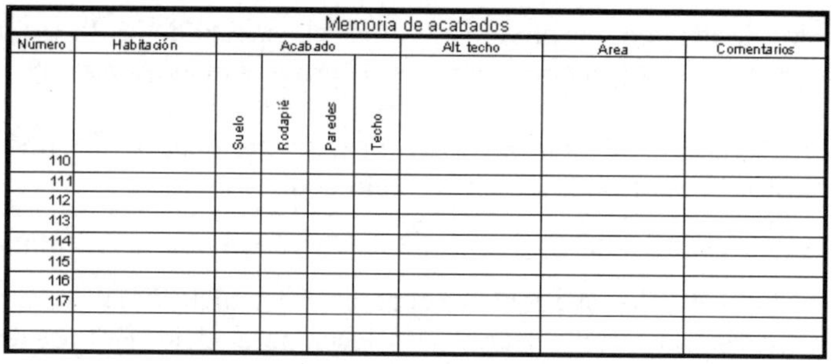

Memoria de acabados								
Número	Habitación	Acabado				Alt. techo	Área	Comentarios
		Suelo	Rodapié	Paredes	Techo			
110								
111								
112								
113								
114								
115								
116								
117								

Figura 11.19. Tabla con contornos más gruesos.

6. Guarde este archivo para futuras consultas.

TRUCO: Además de los bordes, también puede modificar el color de las celdas mediante la lista desplegable Color en el panel Estilos de celda de la ficha Tabla. También puede utilizar la opción Relleno de fondo en la paleta Propiedades para configurar los colores de las celdas.

El cuadro de diálogo Propiedades de borde de celda permite también cambiar el color de las líneas seleccionando un color de la lista desplegable Color antes de seleccionar la opción Aplicar a. Además, hay otros botones alrededor del panel previsualización (véase la figura 11.20) que le permiten seleccionar las líneas afectadas por la configuración Propiedades de borde de celda.

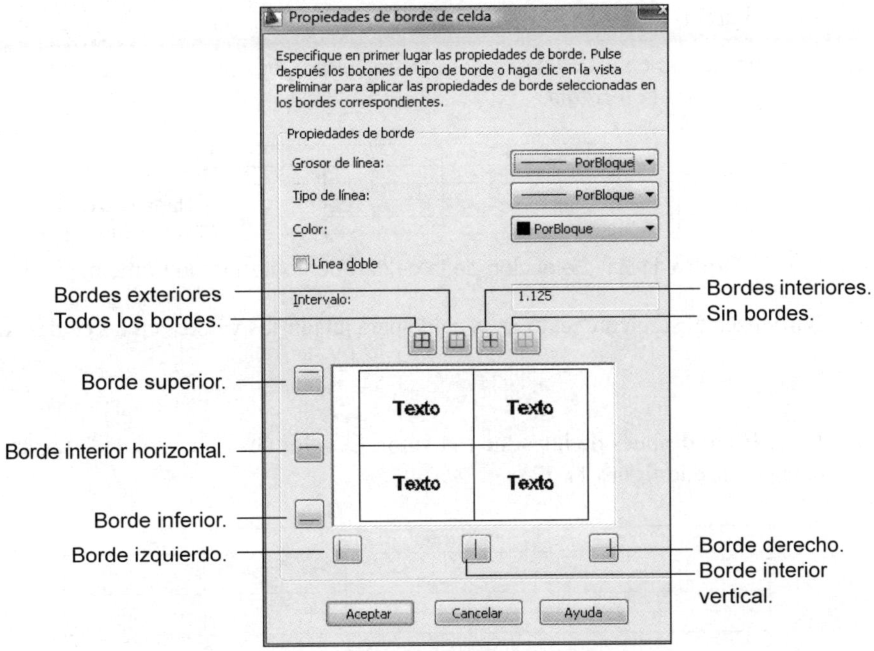

Figura 11.20. Cuadro de diálogo Propiedades de borde de celda.

También puede utilizar el panel previsualizar para seleccionar bordes individuales haciendo clic en el borde de muestra del panel previsualizar. La muestra cambia para que vea las líneas de borde afectadas.

Añadir fórmulas a las celdas

Al principio de este capítulo, mencionamos que es posible incluir fórmulas en las celdas de una tabla de AutoCAD. Ésta puede ser una herramienta que nos ahorre gran cantidad de tiempo, ya que nos permite configurar una tabla con cantidades que se ajustan automáticamente a los cambios en los valores de la tabla. No es necesario calcular manualmente los cambios.

Puede pensar en que las fórmulas son realmente un tipo de campo y que un campo puede vincularse con los objetos de un dibujo para mostrar sus propiedades vinculadas. Un campo de fórmula puede vincularse con varios valores numéricos de texto.

Aunque los campos son las herramientas que utiliza para las fórmulas, no tiene que añadir a propósito un campo a una celda cada vez que quiera añadir una fórmula. El siguiente ejercicio le mostrará cómo puede añadir una fórmula escribiéndola directamente en una celda. AutoCAD se asegura de convertir su salida en un campo.

Utilizar fórmulas directamente en celdas

La forma más sencilla de añadir una fórmula a una celda es hacer doble clic en la celda y, después, cuando aparece la ficha Text de líneas múltiples en la Cinta de opciones, introducir la fórmula directamente en la celdas con un = (signo igual) al comienzo. Inténtelo en este ejercicio para ver cómo funciona.

1. Abra el archivo `FieldSample.dwg`.
2. Haga doble clic en la celda que se muestra en la figura 11.21 para seleccionarla como ubicación para la fórmula.

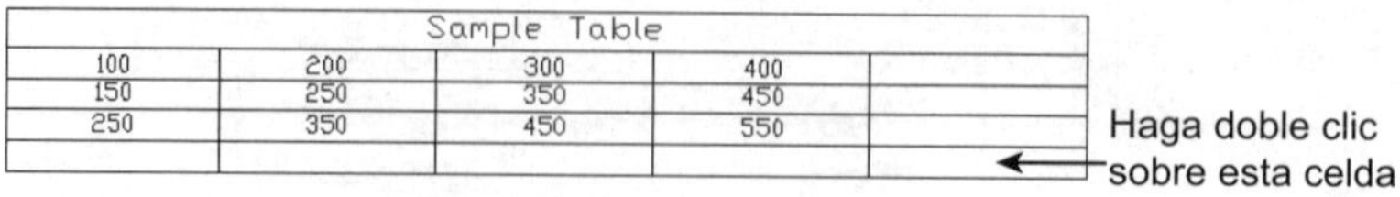

Figura 11.21. Selección de la celda que contendrá la fórmula.

3. Introduzca el siguiente texto en la celda para añadir los valores en las celdas A2 y D4.

```
=A2+D4
```

4. Pulse **Intro** después de introducir el valor. El valor de A2 más el de D4 aparece en la celda (véase la figura 11.22).

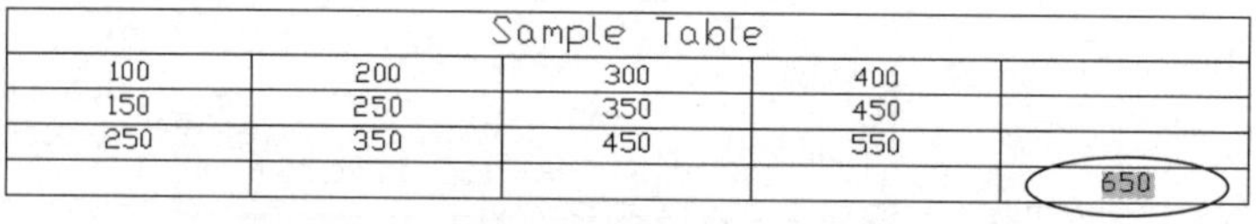

Figura 11.22. Suma del valor de las celdas A2 y D4.

En el paso 3, el signo igual le dice a AutoCAD que debe convertir el texto en un campo de fórmula. Cuando empiece a editar una celda en una tabla, podrá ver cómo aparecen las etiquetas de filas y columnas en los laterales superior e izquierdo de la tabla. Puede utilizar estas etiquetas para determinar la dirección de la celda que quiere incluir en su fórmula.

Al igual que sucede con una hoja de cálculo normal, es posible cambiar la expresión de la fórmula de una celda en cualquier momento. Haga doble clic en la celda que contiene la fórmula y edite sus operadores y operandos.

También puede utilizar la lista desplegable Fórmula en el panel Insertar de la ficha Tabla para seleccionar de un conjunto de operaciones matemáticas predefinidas (véase la figura 11.23).

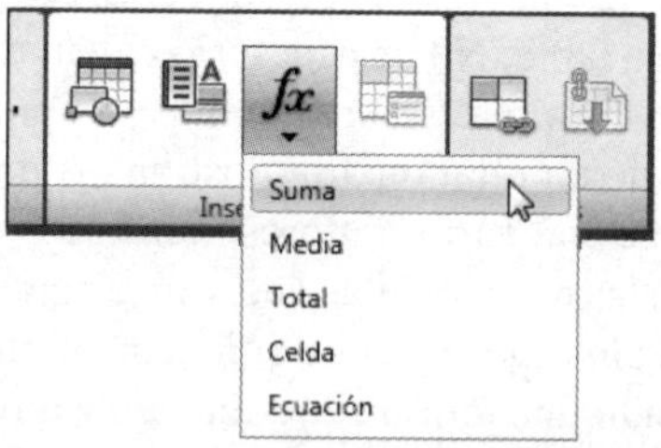

Figura 11.23. Lista desplegable Fórmula en el panel Insertar de la ficha Tabla.

Haga clic en la celda donde quiere colocar la fórmula. A continuación, en la ficha Tabla, haga clic en la lista desplegable Fórmula del panel Insertar y seleccione la operación que quiere emplear. Después, coloque una ventana de selección alrededor de las celdas que quiere incluir en la fórmula. Haga clic en la primera celda que quiere incluir en la fórmula y, después, haga clic en la segunda celda. Cuando lo hace, aparece una ventana de selección. Todas las celdas incluidas en la ventana de selección se incluyen en la fórmula.

Utilizar otras operaciones matemáticas

En el ejercicio anterior, utilizamos el signo más para sumar el valor de dos celdas. También podríamos haber encadenado varias direcciones de celda junto con signos más para obtener la suma de varios valores.

```
=A2+A3+A4...
```

También podemos calcular restas, multiplicaciones o divisiones utilizando los operadores - (sustracción), * (multiplicación) o / (división). Para realizar varias operaciones en varias celdas, podemos agruparlas mediante paréntesis de forma similar a como lo haríamos con una fórmula típica en una hoja de cálculo. Por ejemplo, si queremos sumar dos celdas y multiplicar la suma por el valor de otra, podemos utilizar el siguiente formato:

```
=(A2+A3)*A4
```

Los botones **Media**, **Suma** y **Total** que aparecen en la lista desplegable Fórmula de la ficha Tabla nos proporcionan acceso a estas funciones de uso frecuente. Puede obtener rápidamente el valor medio de un conjunto de celdas, calcular su suma o simplemente contar el número de celdas que hemos seleccionado. Cuando hacemos clic en una de esas opciones, después de seleccionar una celda, se le pide que seleccione varias celdas con una ventana de selección. Una vez seleccionado nuestro conjunto de celdas, veremos la fórmula correspondiente en las celdas seleccionadas. Por ejemplo, haciendo clic en el botón **Media**, podemos construir una fórmula similar a la siguiente:

```
=Average(A1:B5)
```

Haciendo clic en el botón **Suma**, podemos generar una fórmula como la siguiente:

```
=Sum(A1:B5)
```

En ambos casos, el rango de celdas se indica mediante un símbolo de dos puntos, como en `A1:B5`. Podemos utilizar este formato cuando escribimos fórmulas de forma manual. También podemos incluir una celda individual con un rango utilizando una coma, como en

```
=Sum(A1:B5,C6)
```

Importar y exportar tablas

Frecuentemente, las tablas pueden crearse fuera de AutoCAD, en una aplicación de hoja de cálculo como Excel. Podemos importar una hoja de cálculo Excel como tabla de AutoCAD utilizando la opción Entidades de AutoCAD en la función Pegado especial. La capacidad de importar tablas permitirá utilizar la información que creen otros usuarios mientras usted se concentra únicamente en el dibujo. Pruebe el siguiente ejercicio para aprender a importar una hoja de cálculo en forma de tabla:

1. Abra la hoja de cálculo Excel `11a-plan.xls`. Seleccione el rango de datos que se ilustra en la figura 11.24.

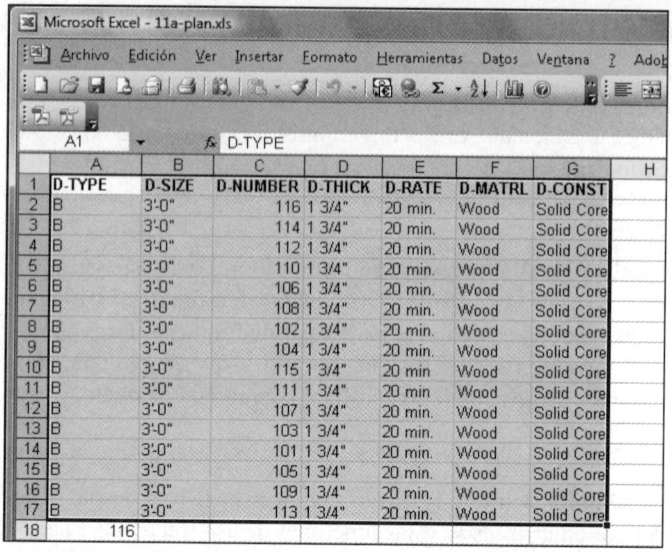

Microsoft Excel - 11a-plan.xls

	A	B	C	D	E	F	G	H
1	D-TYPE	D-SIZE	D-NUMBER	D-THICK	D-RATE	D-MATRL	D-CONST	
2	B	3'-0"	116	1 3/4"	20 min.	Wood	Solid Core	
3	B	3'-0"	114	1 3/4"	20 min.	Wood	Solid Core	
4	B	3'-0"	112	1 3/4"	20 min.	Wood	Solid Core	
5	B	3'-0"	110	1 3/4"	20 min.	Wood	Solid Core	
6	B	3'-0"	106	1 3/4"	20 min.	Wood	Solid Core	
7	B	3'-0"	108	1 3/4"	20 min.	Wood	Solid Core	
8	B	3'-0"	102	1 3/4"	20 min.	Wood	Solid Core	
9	B	3'-0"	104	1 3/4"	20 min.	Wood	Solid Core	
10	B	3'-0"	115	1 3/4"	20 min	Wood	Solid Core	
11	B	3'-0"	111	1 3/4"	20 min	Wood	Solid Core	
12	B	3'-0"	107	1 3/4"	20 min.	Wood	Solid Core	
13	B	3'-0"	103	1 3/4"	20 min.	Wood	Solid Core	
14	B	3'-0"	101	1 3/4"	20 min.	Wood	Solid Core	
15	B	3'-0"	105	1 3/4"	20 min.	Wood	Solid Core	
16	B	3'-0"	109	1 3/4"	20 min.	Wood	Solid Core	
17	B	3'-0"	113	1 3/4"	20 min.	Wood	Solid Core	
18	116							

Figura 11.24. Selección de datos en la hoja de cálculo 11a-plan.xls.

2. Ejecute el comando Edición>Copiar para colocar una copia de los datos seleccionados en el portapapeles de Windows. Luego, vuelva a la ventana de AutoCAD.
3. Seleccione Edición>Pegado especial en el Explorador de menús para abrir el cuadro de diálogo Pegado especial. También puede hacer clic en Pegado especial del desplegable Pegar en el panel Utilidades expandido de la ficha Inicio (véase la figura 11.25).

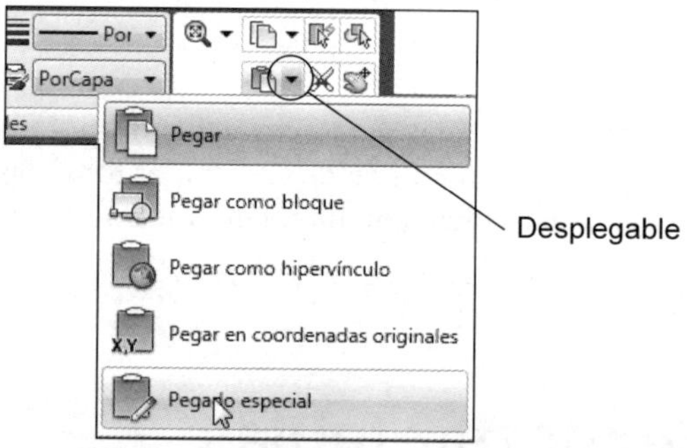

Figura 11.25. Pegado Especial en el desplegable Pegar.

4. Con la opción Pegar activada, seleccione Entidades de AutoCAD en la lista Como y haga clic en el botón **Aceptar**.
5. En la línea de comandos `Precise punto de inserción o [pegar como Texto]:`, haga clic en cualquier punto en la esquina inferior derecha del área de dibujo. Los datos de la hoja de cálculo aparecerán en el dibujo.

En este ejercicio, hemos importado la hoja de cálculo utilizando el estilo de tabla estándar. Esto nos proporciona una tabla sencilla que utiliza la fuente Txt de AutoCAD. Como veremos más adelante en este capítulo, también podemos configurar un estilo de tabla personalizado con tipos de letra y bordes específicos y utilizarlo a la hora de importar tablas para asignarles un aspecto más personalizado. Asegúrese de que este estilo de tabla sea el estilo predeterminado antes de importar la hoja de cálculo.

Exportar tablas

Puede ocurrir que en algún momento le surja la necesidad de tener que exportar sus tablas hechas en AutoCAD a una hoja de cálculo o a una base de datos. Esto es posible gracias a una opción, en cierto modo oculta, de un menú contextual. Éstos son los pasos:

1. Seleccione toda la tabla haciendo clic, por ejemplo, en algún lugar arriba a la derecha de la tabla, englobándola toda sin soltar el botón del ratón y haciendo por fin clic en algún lugar a la izquierda y abajo.
2. Haga clic con el botón derecho del ratón y escoja la opción Exportar del menú contextual para abrir el cuadro de diálogo Exportar datos.
3. Especifique un nombre y una ruta para la tabla que va a exportar y haga clic en **Guardar**.

El archivo se guarda con la extensión `.csv`. Este formato indica que el archivo es un fichero con valores separados por comas y que pueden leerlo la mayoría de los programas de creación de hojas de cálculo, entre ellos Microsoft Excel. Por desgracia, los archivos `.csv` no mantienen el formato de tabla de AutoCAD.

Para abrir el archivo exportado desde Excel, seleccione Archivo>Abrir en la barra de menús de Excel y, en el cuadro de diálogo Abrir, escoja la opción Archivos de texto: (*.prn; *.txt; *.csv) en la lista desplegable Tipos de archivo. A continuación, podrá localizar la tabla exportada y abrirla.

Añadir gráficos a las celdas de las tablas

Una de las opciones más interesantes que ofrece la herramienta **Tabla** es la de incluir bloques en las celdas, lo cual resulta extremadamente útil cuando necesitamos incorporar elementos gráficos a nuestras tablas. Añadir un bloque a una celda es un proceso bastante sencillo, y éstos son los pasos:

1. Haga clic en una celda para seleccionarla.
2. Haga clic con el botón derecho del ratón y seleccione la opción Inserción>Bloque del menú contextual para abrir el cuadro de diálogo Insertar un bloque en una celda de tabla que se muestra en la figura 11.26.
3. Seleccione un nombre de bloque en la lista desplegable Nombre o haga clic en el botón **Examinar** que está a la derecha de la lista para abrir el cuadro de diálogo Seleccionar archivo de dibujo y localizar el archivo que quiere importar.
4. Una vez seleccionado el bloque y especificados los ajustes en el grupo Propiedades del cuadro de diálogo, haga clic en el botón **Aceptar** y verá cómo aparece el bloque en la celda.

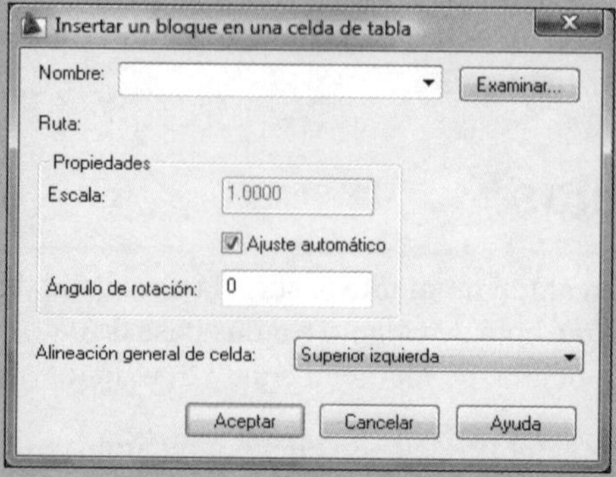

Figura 11.26. Cuadro de diálogo Insertar un bloque en una celda de tabla.

El grupo Propiedades del cuadro de diálogo Insertar un bloque en una celda de tabla permite especificar la alineación y la escala del bloque que queremos importar. La opción Ajuste automático se encuentra activada de forma predeterminada para ajustar el tamaño del bloque de forma que se adapte al tamaño de la celda seleccionada.

Crear estilos de tabla

Si después de crear muchas tablas se da cuenta de que repite el mismo estilo una y otra vez, seguro que le conviene crear estilos predefinidos de tabla. Puede, por ejemplo, personalizar de antemano propiedades para los títulos, los subtítulos de las columnas y los datos con el fin de no tener que repetir siempre los mismos pasos. Imagine, por ejemplo, que quiere utilizar la fuente Arial negrita a 7 puntos para los títulos y Arial normal a 6 puntos para los subtítulos. En este caso, lo mejor es crear un estilo personalizado de tabla con los ajustes predefinidos que usted elija, y así, la próxima vez que tenga que crear una tabla con estas mismas características, sólo tenga que partir de un estilo de tabla ya creado, especificar el número de filas y columnas y empezar directamente a escribir los datos en la tabla sin preocuparse del formato.

Para crear un estilo de tabla, siga los pasos que se detallan a continuación:

1. Haga clic en **Estilo de tabla** (Estilo de tabla) en el panel Anotación expandido de la ficha Inicio para abrir el cuadro de diálogo Estilo de tabla. También puede seleccionar la herramienta **Estilo de tabla** ( ) en el panel Tablas de la ficha Anotar. En él aparece el estilo Standard, que es el que hemos estado utilizando en ejercicios anteriores (véase la figura 11.27).
2. Haga clic en el botón **Nuevo** para abrir el cuadro de diálogo Crear nuevo estilo de tabla. Aquí es donde podrá asignar un nombre al nuevo estilo de tabla (véase la figura 11.28).
3. Escriba **Mi estilo de tabla** y haga clic en el botón **Continuar** para abrir el cuadro de diálogo Nuevo estilo de tabla (véase la figura 11.29).
4. Más adelante aprenderá las opciones que ofrece este cuadro de diálogo, pero por ahora haga clic en **Aceptar** para cerrarlo.

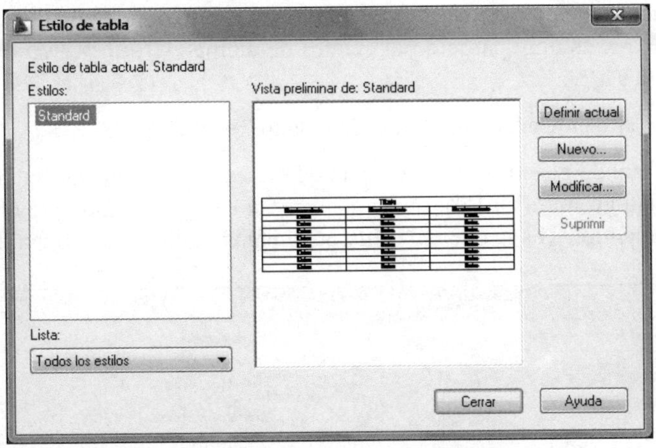

Figura 11.27. Cuadro de diálogo Estilo de tabla.

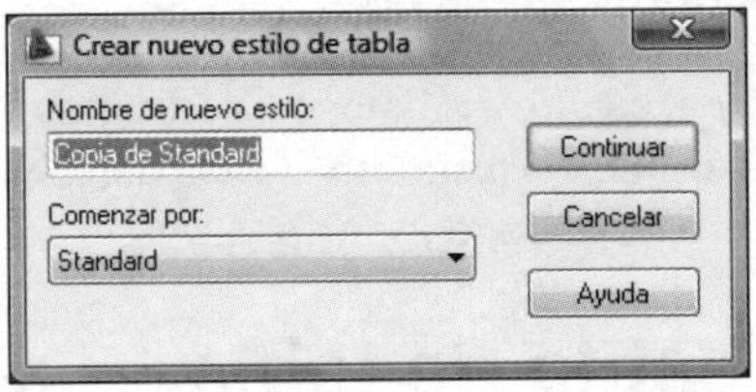

Figura 11.28. Cuadro de diálogo Crear nuevo estilo de tabla.

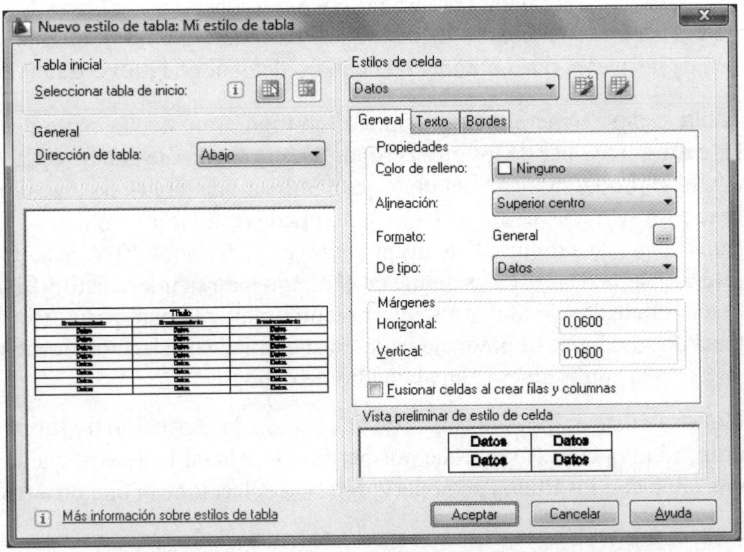

Figura 11.29. El cuadro de diálogo Nuevo estilo de tabla.

5. Observe que ahora aparece el nuevo estilo de tabla que acaba de crear en la lista Estilos del cuadro de diálogo Estilo de tabla. Si quiere editar un estilo de tabla ya creado, puede seleccionarlo en la lista y hacer clic en el botón **Modificar** para abrir

el cuadro de diálogo Modificar estilo de tabla, donde puede modificar los ajustes. Verá que es muy parecido al cuadro de diálogo Crear nuevo estilo de tabla de la figura 11.29.

6. Haga clic en **Cerrar** para salir del cuadro de diálogo.

Una vez creado el estilo de tabla, ya puede seleccionarlo en el grupo Estilo de tabla del cuadro de diálogo Insertar tabla, que aparece en la figura 11.30, que utilizamos para crear una tabla de ejemplo (haga clic en **Tabla** en el panel Anotar de la ficha Inicio).

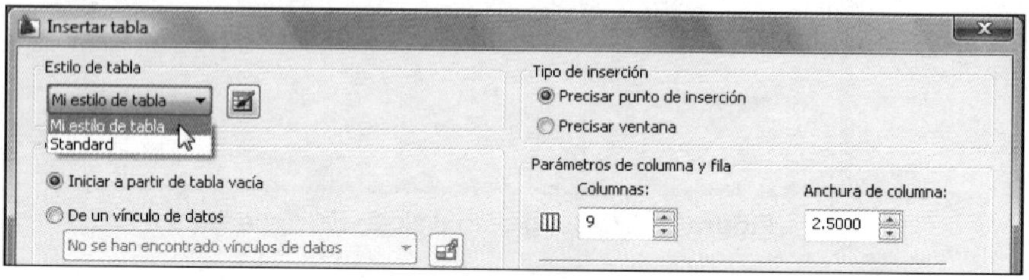

Figura 11.30. Cuadro de diálogo Insertar tabla.

También puede acceder al cuadro de diálogo Crear nuevo estilo de tabla haciendo clic en el botón **Diálogo estilo de tabla**, que está situado a la derecha de la lista desplegable Nombre estilo de tabla en el cuadro de diálogo Insertar tabla.

Opciones de estilo de tabla

Prestemos atención ahora con más detenimiento al cuadro de diálogo Nuevo estilo de tabla de la figura 11.29. Puede parecer un poco desconcertante al principio, pero una vez ha explorado las partes del cuadro de diálogo es bastante sencillo. A continuación, tiene una descripción de las partes que componen el cuadro de diálogo Nuevo estilo de tabla.

- Tabla inicial: Generalmente, se puede configurar un nuevo estilo de tabla utilizando las configuraciones de los otros grupos de este cuadro de diálogo, pero el grupo Tabla inicial le proporciona los recursos para utilizar una tabla existente en el dibujo como base para su nuevo estilo de tabla. Esto puede resultar muy útil si ya ha dado formato a una tabla en su dibujo. Este grupo incluye dos botones. El de la izquierda le permite seleccionar una tabla ya existente en el dibujo para su nuevo estilo. Si hace clic en este botón, el cuadro de diálogo se cierra temporalmente para permitirle seleccionar una tabla de su dibujo. El botón de la derecha elimina su selección de tabla en el dibujo y vuelve a la configuración en el cuadro de diálogo.
- General: Este grupo sólo consta de una opción: la Dirección de tabla. Generalmente, utilizará la opción Abajo, que nos permite leer la tabla de arriba a abajo. Si necesita una tabla con los títulos en la parte inferior, seleccione la opción Arriba.
- Estilos de celda: Tiene un alto grado de control sobre la apariencia de celdas individuales por medio de los estilos de celda. Por defecto, su nuevo estilo de tabla tendrá tres estilos de celda llamados Datos, Encabezado y Título. Puede seleccionar estos estilos de celda de la lista desplegable de la parte superior del grupo Estilos de celda. Puede editar el estilo seleccionado utilizando las tres fichas de la lista desplegable de abajo. Aquí tiene una breve descripción de la función de cada una de las fichas:

- General: Le da control sobre el color de relleno, alineación, formato y tipo de información presentados en la celda. La opción Márgenes controla los márgenes de la celda. La opción Fusionar celdas al crear filas y columnas en la parte inferior de la ficha General hace que las celdas se fusionen en una sola celda para el estilo de celda seleccionado.
- Texto: Le da control sobre el estilo de texto, altura y color predeterminado y el ángulo de texto de la celda.
- Bordes: Le permite controlar el grosor de la línea para los bordes de la celda.

También puede crear su propio estilo de celda utilizando los dos botones a la derecha de la lista desplegable Estilos de celda. El botón de la izquierda le permite crear un nuevo estilo de celda. El botón de la derecha le permite crear, cambiar el nombre o eliminar un estilo de celda por medio del cuadro de diálogo Administrar estilos de celda.

- Vista preliminar de estilo de celda: Esta ventana le da una vista preliminar de cómo queda el estilo de celda con la configuración que ha realizado en las fichas del grupo Estilos de celda. Esta vista preliminar cambia en tiempo real a la vez que cambia la configuración en las fichas General, Texto y Bordes.

En resumen

- **Utilizar campos para asociar texto con las propiedades de un dibujo:** Los campos son objetos de tipo de texto especiales que pueden estar vinculados a las propiedades del objeto. Pueden ayudar a automatizar determinadas tareas relacionadas con el texto.
    - **Dominarlo:** Identifique dos usos para campos sobre los que haya aprendido en la primera parte del capítulo.
- **Añadir tablas a un dibujo:** La función Tablas puede ayudarnos a generar listas y otros datos en forma de tabla que quiere incluir en un dibujo.
    - **Dominarlo:** ¿Cuál es el nombre del cuadro de diálogo que aparece cuando hace clic en la herramienta **Tabla** del panel Tablas de la ficha Anotar?
- **Editar las líneas de las tablas:** Dado que las tablas incluyen el trabajo de líneas para delimitar sus diferentes celdas, AutoCAD le proporciona control sobre los bordes y líneas de la tabla.
    - **Dominarlo:** ¿Cómo accede al cuadro de diálogo Propiedades de borde de celda?
- **Añadir fórmulas a las celdas:** Las tablas también funcionan como una hoja de cálculo permitiéndole añadir fórmulas a las celdas.
    - **Dominarlo:** ¿Qué tipo de objeto de texto le permite añadir fórmulas a las celdas?
- **Importar y exportar tablas:** La función Tablas le permite importar hojas de cálculo de Microsoft Excel a AutoCAD.
    - **Dominarlo:** Describa cómo importar hojas de cálculo de Excel a AutoCAD.

265
1980
2460 - дно
520-укл.
R250

12 Acotación

Antes de definir las cotas de un proyecto, el diseño se encuentra en fase de creación y quedan muchas preguntas por responder. Las medidas de un proyecto permiten comprobar si los elementos encajan entre sí y dentro del conjunto. La acotación es una fase crucial para determinar si el diseño es correcto y comprobar la rapidez con la que se desarrollará. Las cotas responden a preguntas relativas a la conformidad con el código en arquitectura y a cuestiones de tolerancia, ajustes e interferencias en ámbitos de aplicaciones mecánicas. Cuando el equipo termina de desarrollar el diseño en su esquema, la comunicación de cotas provisionales entre los miembros puede acelerar su desarrollo. Las cotas representan el punto desde el que elaborar ideas.

AutoCAD permite agregar cotas provisionales o finales a todos los dibujos y calcula cotas exactas sin necesidad de realizar medidas. Basta con seleccionar dos puntos de cota y la ubicación de las líneas de cota para que AutoCAD realice el resto de la tarea. La función de acotación asociada de AutoCAD actualiza automáticamente las cotas cuando se modifica su tamaño o la forma de los objetos acotados. Las funciones de acotación de AutoCAD pueden ahorrarle un tiempo muy valioso y reducir el número de errores de medición de sus dibujos.

Éstos son los aspectos que se van a abordar aquí:

- Componentes de una cota.
- Crear un estilo de cota.
- Cotas lineales.
- Modificar cotas.

- Acotación de objetos no ortogonales.
- Incluir una nota en una cota con una flecha de directriz.
- Cotas por coordenadas.
- Incluir notación de tolerancia.

Componentes de una cota

Antes de empezar con los ejercicios de este capítulo, es importante conocer los nombres de los elementos que componen una cota. La figura 12.1 muestra un ejemplo de las diferentes partes de una cota. La "línea de cota" es la línea que representa la distancia de acotación. Se trata de la línea horizontal con marcas diagonales en ambos extremos. Las "líneas de referencia" son las líneas que se extienden desde el objeto hasta la línea de cota. Estas líneas muestran el lugar exacto desde el que se toman las cotas. El "texto de acotación" es una cadena de texto que indica el valor de medición, por lo general situado dentro o por encima de la línea de cota.

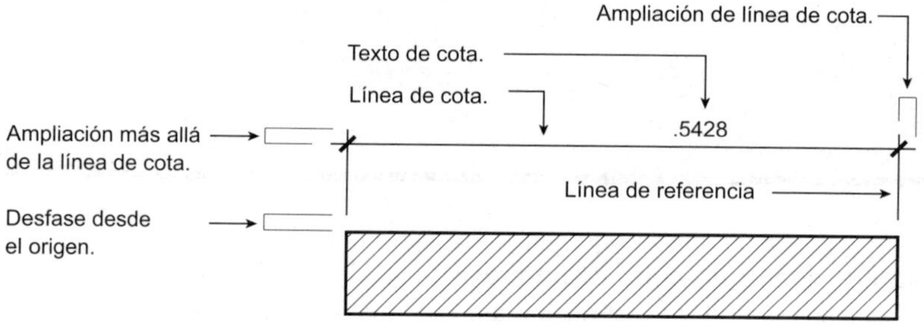

Figura 12.1. Componentes de una cota.

Otro componente de las líneas de cota son las "ampliaciones de líneas de cota". Se trata de la parte de las líneas de cota que se extiende más allá de la línea de referencia. Las ampliaciones de líneas de cota sólo se utilizan en arquitectura. Las líneas de referencia se suelen extender más allá de las líneas de cota en todo tipo de acotaciones. El "desfase desde el origen" de las líneas de referencia es la distancia existente desde el comienzo de la línea de referencia hasta el objeto acotado. La extensión "más allá de la línea de cota" es la distancia en la que la línea de referencia excede a la línea de cota y se utiliza habitualmente en dibujos arquitectónicos.

Puede controlar cada uno de estos componentes creando o modificando los estilos de cota. Estos estilos son los parámetros que determinan la apariencia de las cotas. Puede guardar varios estilos dentro de un solo dibujo. En el primer ejercicio de este capítulo le mostraremos cómo crear un estilo de cota.

Normas de acotación

Además de los componentes de una cota, debería conocer las normas que rigen la colocación y el estilo de las cotas en un dibujo. Cada sector tiene un conjunto de normas diferentes para el tamaño del texto, el estilo del texto, el estilo de flecha, la ubicación de la cota y los métodos de acotación generales. Estos temas van más allá del alcance de este libro, sin embargo, le animo a que se familiarice con las normas asociadas a su sector. Dispone de muchas fuentes si quiere saber más sobre las normativas de acotación. Le mostramos algunas de las fuentes sobre este tema:

- Para dibujos técnicos en los Estados Unidos, compruebe la página Web de la American Society of Mechanical Engineers (ASME): `www.asme.org`.
- Para normativas europeas, véase la página Web International Organization for Standardization (ISO): `www.iso.org`.
- Para estándares arquitectónicos en los Estados Unidos, véase la página Web de American Institute of Architects (AIA): `www.aia.org`.

Crear un estilo de cota

Los estilos de cota son similares a los estilos de texto. La función de ambos es determinar la apariencia de las cotas, así como el tamaño de los elementos de acotación, tales como el texto y los extremos de cotas. AutoCAD permite configurar estilos de cotas que consten de tipos especiales de extremos o emplazar el texto de cota sobre la línea de cota o en su interior. Los estilos de cota facilitan el trabajo de acotación al permitir almacenar y duplicar los parámetros de medición más utilizados.

AutoCAD dispone de dos tipos predeterminados de estilos de acotación, STANDARD e ISO-25, según esté utilizando el sistema de medidas métrico o imperial (el empleado en el mundo anglosajón). Es muy probable que agregue otros muchos estilos para adaptarlos a distintos tipos de dibujo. También puede crear variaciones a partir del estilo general cuando sólo requiera aplicar pequeños cambios al sistema de acotación.

En esta sección le enseñaremos a definir su propio estilo de cota a partir del estilo Standard (véase la figura 12.2). Para los usuarios del sistema métrico, los parámetros serán distintos, pero el método utilizado será el mismo. Siga estos pasos para crear un estilo de cota:

1. Abra el archivo del apartamento modificado en el capítulo anterior. Si no creó dicho archivo, utilice el archivo `12a-unit-metric.dwg` y guárdelo con el nombre `Unit.dwg`.
2. Seleccione Todo en el menú desplegable Zoom del panel Utilidades de la ficha Inicio, o escriba `Z`, **Intro**, `T` y pulse **Intro** para seleccionar una vista completa del plano de planta.
3. Haga clic en la herramienta **Estilo de cota** ( ) en el panel Cotas de la ficha Anotar. También puede seleccionar la herramienta **Estilo de cota** ( ) en el panel Anotación expandido de la ficha Inicio o escribir `Acoestil` en la línea de comando y pulsar **Intro** para abrir el cuadro de diálogo Administrador de estilos de cota.
4. Seleccione ISO-25 en la lista Estilos (véase la figura 12.3).
5. Haga clic en el botón **Nuevo** para abrir el cuadro de diálogo Crear estilo de cota (véase la figura 12.4).

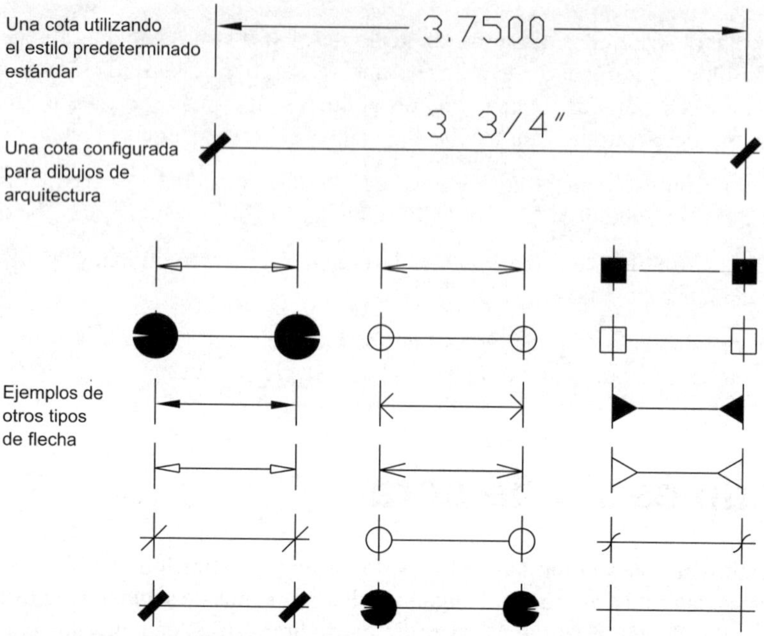

Figura 12.2. Las cotas estándar de AutoCAD comparadas con las cotas del estilo arquitectónico.

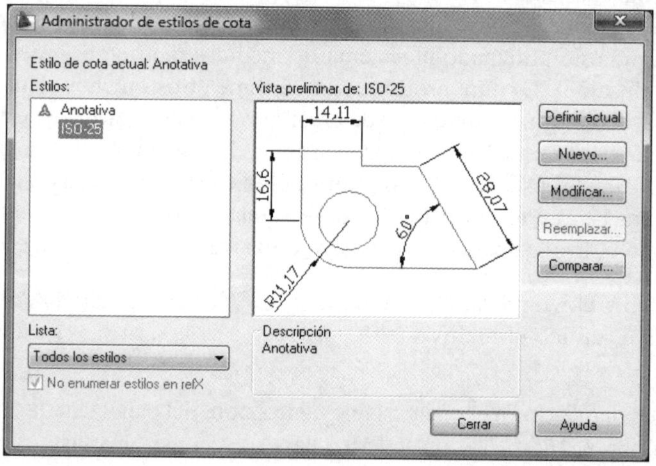

Figura 12.3. Cuadro de diálogo Administrador de estilos de cota.

6. Con el nombre Copia de ISO-25 seleccionado en el campo Nombre de estilo nuevo, escriba **Miestilocota**.
7. Haga clic en **Continuar** para abrir el cuadro de diálogo Crear estilo de cota (véase la figura 12.5).

Acabamos de crear un estilo de cota denominado Miestilocota, pero a esta altura es idéntico al estilo ISO-25 en el que está basado. El estilo ISO-25 no se ha modificado, sigue estando disponible si lo necesita.

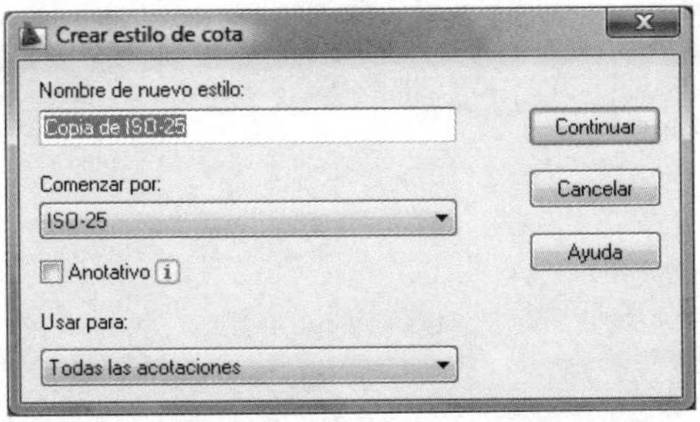

Figura 12.4. Cuadro de diálogo Crear estilo de cota.

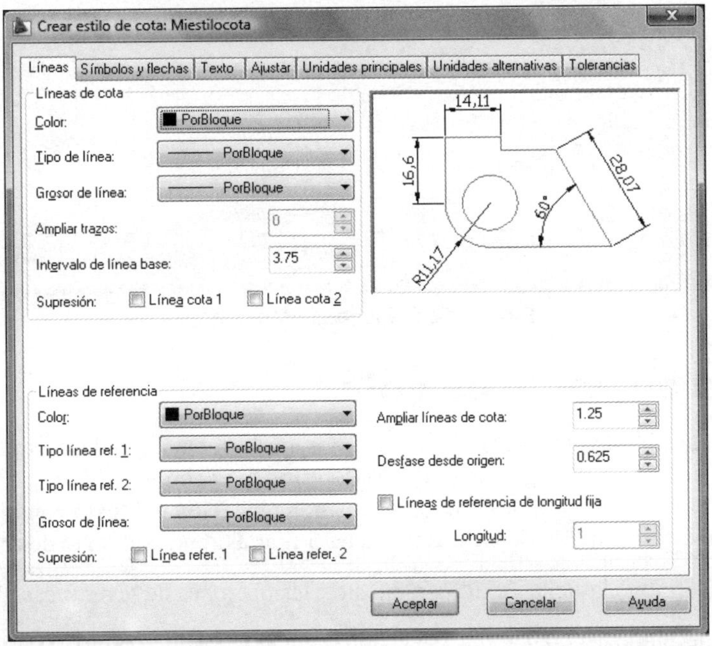

Figura 12.5. Cuadro configuración del nuevo estilo de cota creado.

Definición del estilo de unidades principales

A continuación, necesitamos configurar el nuevo estilo de cota para adaptarlo a un sistema de medición. En primer lugar modificaremos el estilo de unidades para el texto de cota.

1. En el cuadro de diálogo Crear estilo de cota, haga clic en la ficha Unidades principales (véase la figura 12.6).
2. En la opción Precisión del grupo Cotas lineales, compruebe que el valor seleccionado es 0.00. La opción Precisión permite establecer el grado de precisión que se mostrará en el texto de cota. Este control no afecta a la precisión de la base de datos del dibujo de AutoCAD. Sólo se utiliza para limitar los valores que se muestran en el texto de cota.
3. En el cuadro Separador decimal, puede seleccionar la opción Coma como separador decimal en lugar del punto.

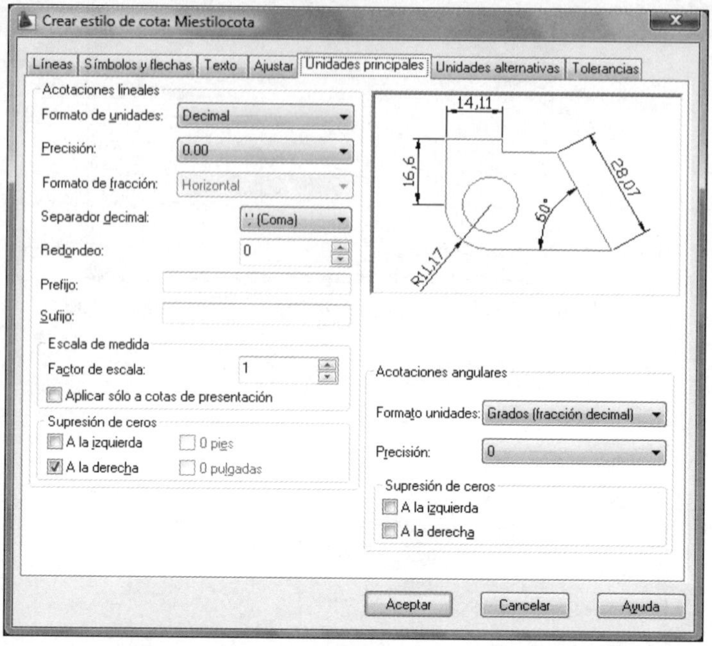

Figura 12.6. Ficha unidades principales.

Altura del texto de cota

Junto al estilo de unidad, también podemos ajustar el tamaño del texto de cota. La ficha Texto del cuadro de diálogo Crear estilo de cota nos permite establecer toda una variedad de opciones de texto, entre las que se incluyen la ubicación del texto con respecto a la línea de cota, su estilo y altura. Siga estos pasos para fijar la altura del texto de cota:

1. Seleccione la ficha Texto para mostrar las opciones de texto (véase la figura 12.7).
2. Seleccione los contenidos del cuadro de entrada Altura de texto.
3. Escriba `0.3` como altura de texto y pulse **Intro**.

A diferencia del texto creado en un capítulo anterior, en este ejercicio se especifica la altura de impresión del texto. A continuación, puede definir el factor de escala general que afectará a todos los parámetros de acotación, como el texto y los extremos de cota.

Si desea utilizar un estilo de texto específico para sus acotaciones, selecciónelo en la lista desplegable Estilo de texto de la ficha Texto. Si el estilo seleccionado tiene una especificación superior a 0, esta altura anulará cualquier otro parámetro de altura indicado en la ficha Texto.

Ubicación y alineación del texto

El parámetro predeterminado para ubicar el texto de cota sitúa el texto dentro de la línea de cota como muestra la imagen superior de la figura 12.2. Sin embargo, puede emplazar el texto sobre dicha línea como se ilustra en la imagen central de figura 12.2. Para ello, se utilizan las opciones de los grupos Ubicación del texto y Alineación del texto de la ficha Texto del cuadro de diálogo Crear estilo de cota.

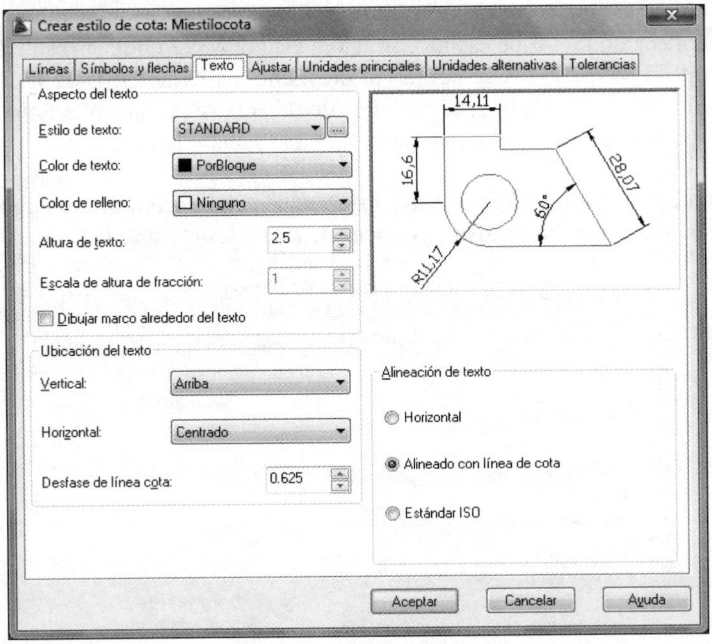

Figura 12.7. Ficha texto.

1. En el grupo Alineación de texto, situado en la esquina inferior izquierda del cuadro de diálogo, haga clic en la opción Alineado con línea de cota.
2. En el grupo Ubicación del texto, abra la lista desplegable Vertical y seleccione Arriba. Observe cómo se modifica el aspecto de la imagen de ejemplo para mostrarnos el efecto del nuevo parámetro seleccionado.
3. De nuevo, en el grupo Ubicación del texto, seleccione un valor en el cuadro desplegable Desfase de línea cota. Este parámetro controla el tamaño del espacio que separa la línea de cota del texto de cota (véase la figura 12.8).

Cada vez que modifique un parámetro, puede ver los resultados en el gráfico de muestra.

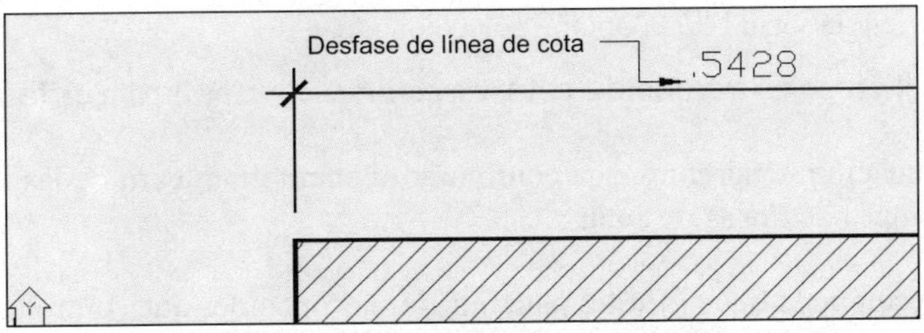

Figura 12.8. Desfase de línea cota.

Estilos de extremos y escala de cota

A continuación, vamos a seleccionar un nuevo tipo de extremo para el nuevo estilo de cota. Además, vamos a definir la escala de los componentes gráficos de la acotación, tales como los extremos y el texto. Como ya se indicó en un capítulo anterior, se debe aplicar un factor de escala al tamaño del texto para que el resultado en papel resulte correcto. También debemos aplicar un factor de escala correcto a las cotas para que el resultado al imprimirlas sea adecuado. Los extremos se controlan mediante los parámetros de la ficha Símbolos y flechas, y el factor de escala general del estilo de cota se define en la ficha Ajustar.

Éstos son los pasos para especificar el tipo de flecha y la escala:

1. Seleccione la ficha Símbolos y flechas. En ella encontrará funciones para controlar el estilo de los extremos y las líneas de referencia (véase la figura 12.9).

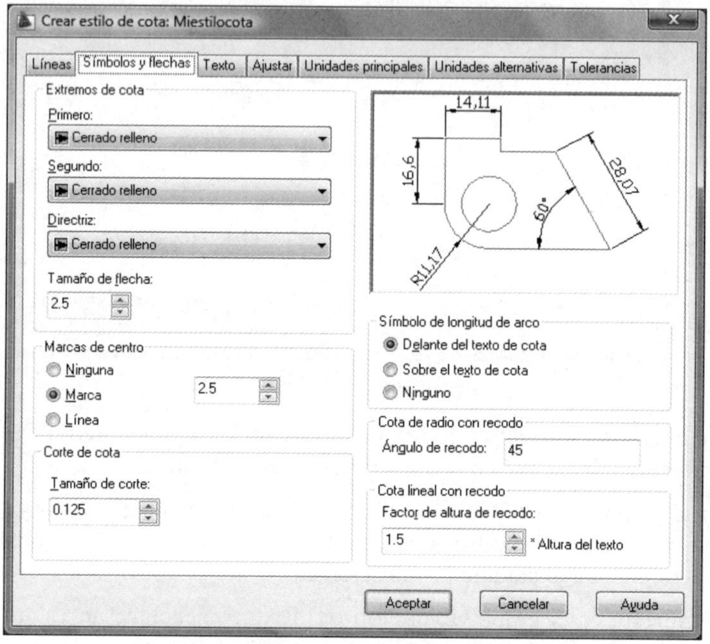

Figura 12.9. Ficha Símbolos y flechas.

2. En el grupo Extremos de cota, abra el cuadro desplegable Primero y seleccione Oblicuo grueso. El gráfico situado junto al nombre del extremo de cota muestra la apariencia visual de la opción seleccionada.
3. En el grupo Extremos de cota, especifique el valor 3 para el Tamaño de flecha.

A continuación, tendremos que configurar el comportamiento de las líneas de cota y de las ampliaciones de líneas de cota:

1. Seleccione la ficha Líneas para mostrar las opciones que controlan las líneas de cota y sus ampliaciones (véase la figura 12.10).
2. En el grupo Líneas de cota, seleccione el valor de Ampliar trazos y escriba **0.15** para extender las líneas de cota más allá de los extremos de cota (véase la figura 12.11).
3. En el grupo Líneas de referencia, escriba **0.3** en el campo Ampliar líneas de cota. Este parámetro determina la distancia que la línea de referencia sobrepasa a la línea de cota (véase la figura 12.12).

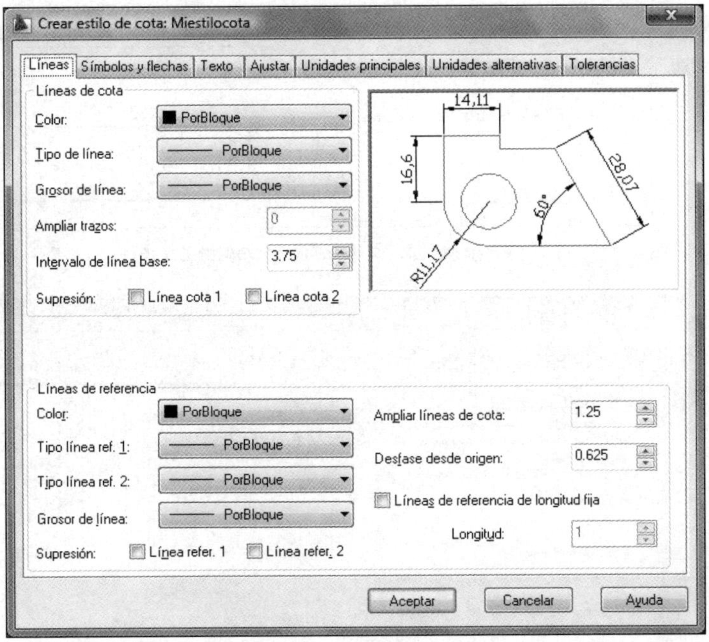

Figura 12.10. Ficha Líneas.

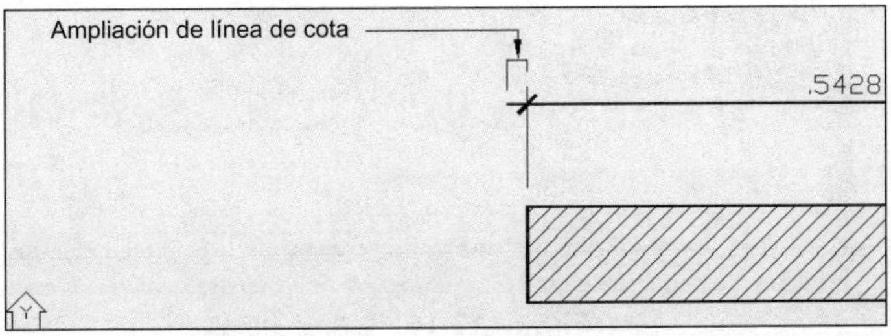

Figura 12.11. Extensión de las líneas de cota.

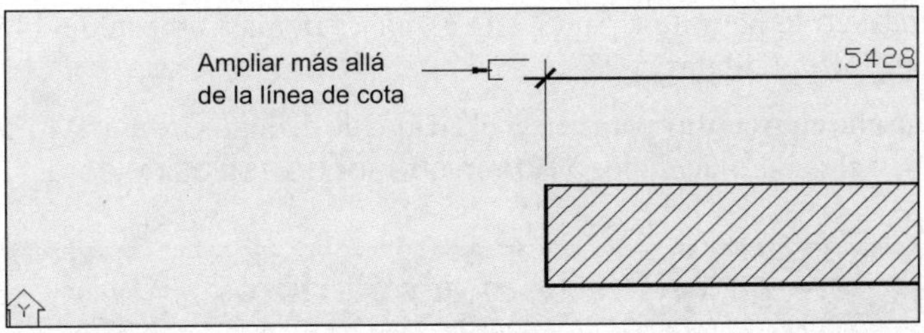

Figura 12.12. Extensión más allá de la línea de cota.

4. De nuevo en el grupo Líneas de referencia, escriba **.3** en el campo Desfase desde origen. Este parámetro establece la distancia desde el punto de acotación hasta el origen de la línea de referencia (véase la figura 12.13).

5. Seleccione la ficha Ajustar del cuadro de diálogo Crear estilo de cota para mostrar las opciones de ajuste general y otros parámetros (véase la figura 12.14).

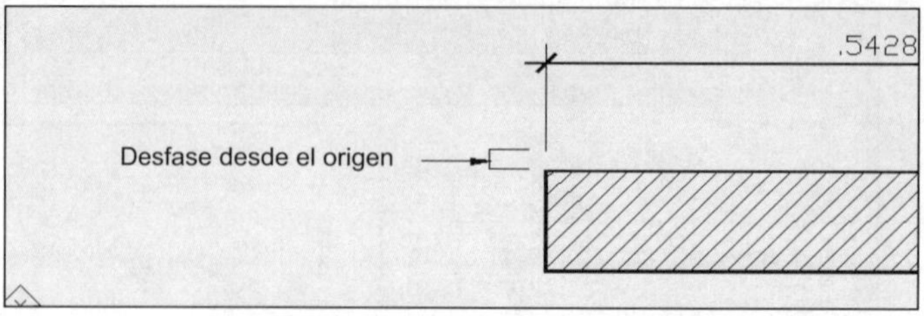

Figura 12.13. Desfase desde origen.

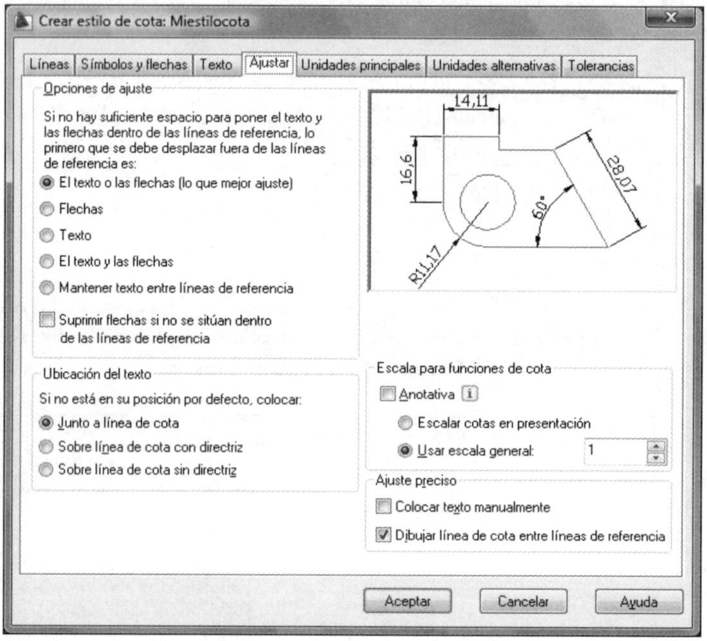

Figura 12.14. Ficha Ajustar.

6. Active la opción Anotativa en el grupo Escala para funciones de cota. La opción Anotativa le permite a AutoCAD escalar automáticamente un objeto a la escala de anotación del dibujo.
7. Haga clic en **Aceptar** para cerrar el cuadro de diálogo Crear estilo de cota. Se volverá a abrir el cuadro de diálogo Administrador de estilos de cota.

Escala para cotas en dibujos anteriores

Los dibujos creados antes de AutoCAD 2008 y 2009 confiaban en los factores de escala para determinar la escala de las cotas. Dado que es probable que tenga archivos con dibujos anteriores, aquí le ofrecemos información sobre las configuraciones utilizadas para esas cotas anteriores. En lugar de utilizar la opción Anotativa, se utiliza la opción Usar escala general del grupo Escala para funciones de cota. Seleccione la opción Usar escala general e introduzca un factor de escala de dibujo en el cuadro de entrada Usar escala general.

Todos los valores que introduzca para las distintas opciones del cuadro de diálogo Crear estilo de cota se multiplicarán por este valor Usar escala general para obtener el tamaño final de los componentes de acotación. Por ejemplo, la altura de texto seleccionada, 0.3, se multiplicará por 50 para obtener una altura de 15 cm.

TRUCO: Si utiliza la opción Escalar cotas en presentación (espacio papel) del grupo Escala para funciones de cota de la ficha Ajustar, AutoCAD utilizará el cuadro de diseño de presentación para escalar el tamaño de los componentes de acotación. Esta opción resulta útil para imprimir un dibujo a varias escalas.

Unidades alternativas

Puede utilizar la ficha Unidades alternativas del cuadro de diálogo Crear estilo de cota para que AutoCAD muestre una segunda medida de acotación, por ejemplo pies y pulgadas. En la mayor parte de los casos, no suele resultar necesario utilizar estas unidades alternativas.

TRUCO: Si posteriormente decide que no desea que se muestren las unidades alternativas, puede desactivarlas volviendo al cuadro de diálogo y eliminando la marca de verificación de la casilla de verificación Mostrar unidades alternativas.

Éstos son los pasos para establecer las unidades alternativas:

1. En el cuadro de diálogo Administrador de estilos de cota, seleccione un estilo y, a continuación, seleccione Modificar. Si desea crear un nuevo estilo, haga clic en Nuevo.
2. En el cuadro de diálogo Crear estilo de cota, seleccione la ficha Unidades alternativas (véase la figura 12.15).
3. Active la casilla de verificación Mostrar unidades alternativas para habilitar las funciones de este cuadro.
4. Seleccione la opción Pies y pulgadas en la lista desplegable Formato de unidades.
5. Seleccione un valor de precisión adecuado en la lista desplegable Precisión.
6. Escriba el factor de escala aplicado al segundo sistema de medición en el cuadro Multiplicador de unidades. Escriba **0.3937** para convertir centímetros a pies y pulgadas.
7. En el grupo Ubicación, seleccione la opción Tras valor principal.
8. Haga clic en **Aceptar** para salir del cuadro de diálogo Crear estilo de cota. Se abrirá el cuadro de diálogo Administrador de estilos de cota.

Establecer el estilo de acotación actual

Antes de utilizar el nuevo estilo creado, debe configurarlo como predeterminado.

1. Seleccione Miestilocota en la lista Estilos del cuadro de diálogo Administrador de estilos de cota.

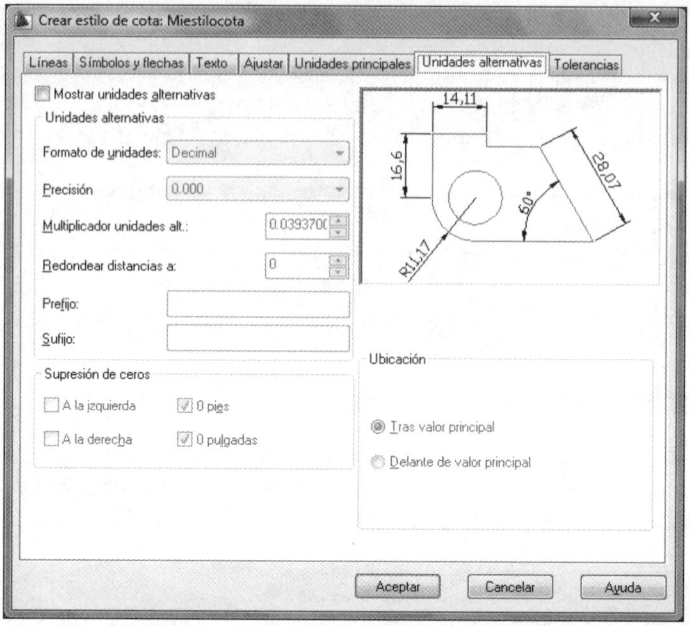

Figura 12.15. Ficha Unidades alternativas.

2. Haga clic en el botón **Definir actual**, situado en la parte derecha del cuadro de diálogo.
3. Haga clic en el botón **Cerrar** para salir del Administrador de estilos de cota.

También puede seleccionar un estilo de cota de la lista desplegable del panel Cotas de la ficha Anotar. Tras aplicar estos pasos, ya podemos utilizar el nuevo estilo de acotación.

Ajustar el texto y los extremos de cota en espacios reducidos

En algunas ocasiones, nos encontramos con la necesidad de acotar un hueco o el ancho de un objeto demasiado reducido para ajustar texto de acotación. La ficha Ajustar dispone de una serie de parámetros que controlan la forma de actuar de las acotaciones cuando las líneas de referencia están demasiado próximas. El grupo Ubicación de texto consta de tres opciones para colocar instancias de texto en espacios reducidos:

- Junto a línea de cota: Coloca el texto junto a la línea de referencia, pero próximo a la línea de cota.
- Sobre línea de cota con directriz: Coloca el texto de cota lejos de la línea de cota e incluye una flecha o una directriz para indicar su relación.
- Sobre línea de cota sin directriz: Coloca el texto de cota lejos de la línea de cota, pero no incluye la directriz.

Las opciones del grupo Opciones de ajuste permiten controlar la ubicación del texto y de las flechas cuando no existe espacio suficiente para ambos elementos entre las líneas de referencia.

En el siguiente conjunto de ejercicios, utilizaremos el estilo Miestilocota recién creado. Para seleccionar otro estilo de acotación, abra el cuadro de diálogo Administrador de estilos de cotas de nuevo, seleccione el estilo que desee en la lista Estilos y haga clic en **Definir actual**, como hizo en el ejercicio anterior.

Modificar un estilo de acotación

Para modificar un estilo de acotación existente, abra el cuadro de diálogo Administrador de estilos de cota, resalte el estilo que desea modificar y haga clic en el botón **Modificar**. A continuación, aparecerá el cuadro de diálogo Modificar estilo de cota. Este cuadro es idéntico al cuadro de diálogo Crear estilo de cota con el que ya hemos estado trabajando. Cuando haya terminado de aplicar los cambios deseados y haya cerrado ambos cuadros, todas las dimensiones asociadas al estilo editado se actualizarán automáticamente en sus dibujos. Por ejemplo, si decide que necesita cambiar la escala de acotación de un estilo, puede abrir el cuadro de diálogo Modificar estilo de cota y seleccionar otro valor de escala en la ficha Ajustar.

En esta sección, le presentaremos varios parámetros que le permitirán definir la apariencia de un estilo de cota.

> **NOTA:** Si todos sus trabajos son de arquitectura, puede aplicar los mismos cambios de estilo de cota al archivo de plantilla `Acadiso.dwt` o crear un conjunto de archivos de plantilla dedicado específicamente a dibujos de arquitectura de diferentes escalas.

Cotas lineales

El tipo más corriente de acotaciones utilizadas son las cotas lineales. Las cotas lineales se utilizan para medir la anchura y la longitud de un objeto. AutoCAD dispone de tres herramientas de acotación para este propósito: Lineal, Continua y Línea base. Puede acceder a estas opciones en el panel Cotas de la ficha Anotar.

Panel de control Cotas

Antes de aplicar cotas, debería estudiar el panel Cotas de la ficha Anotar (véase la figura 12.16). Este panel de control contiene casi todos los comandos necesarios para dibujar y modificar sus cotas.

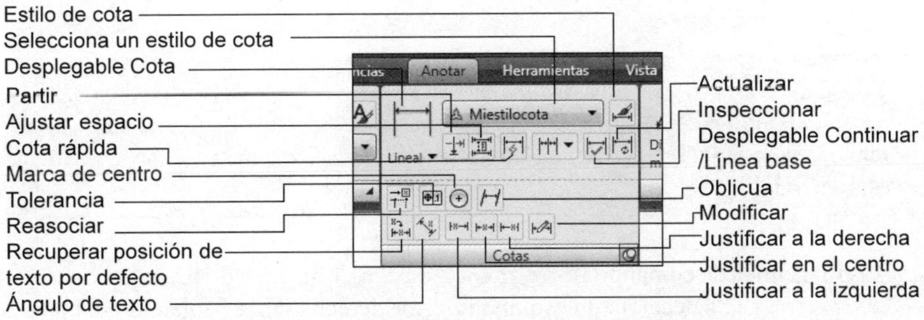

Figura 12.16. Panel Cotas de la ficha Anotar.

NOTA: Puede encontrar gran parte de las herramientas de acotación que se tratan en este capítulo en el panel Anotación de la ficha Inicio. Sin embargo, como este capítulo está dedicado a la acotación, a menos que se indique lo contrario, le recomendamos que utilice los paneles de la ficha Anotar.

También puede abrir la barra de herramientas Acotar que contiene muchas de las herramientas del panel Cotas. Haga clic con el botón derecho del ratón sobre la Barra de herramientas de acceso rápido, y seleccione Barras de herramientas>AutoCAD>Acotar en el menú contextual. Las herramientas **Cota** también están disponibles desde la opción Acotar en el Explorador de menús. Ahora está en disposición de empezar a acotar espacios.

TRUCO: En este capítulo vamos a seleccionar las opciones del menú desplegable situado en el lado izquierdo del panel Cotas. Este menú desplegable comienza mostrando la herramienta **Lineal**, pero como el nombre del desplegable cambia en función de la última herramienta seleccionada, nos referiremos a él como desplegable Cota.

Cotas horizontales y verticales

En primer lugar, examinaremos la herramienta básica para crear cotas: **Lineal**. El botón **Lineal** del panel Cotas de la ficha Anotar permite crear cotas verticales y horizontales.

En el siguiente ejercicio, vamos a agregar una cota vertical a la derecha del plano del apartamento.

1. Antes de comenzar a acotar su dibujo, necesita un configurar la escala. Seleccione 1:50 de la lista desplegable Escala de anotación.
2. Para iniciar la creación de una cota vertical u horizontal, haga clic en **Lineal** () de la lista desplegable Cota en el panel Cotas de la ficha Anotar o escriba `Acolin` en la línea de comando y pulse **Intro**.
3. La línea de comando `Designe el origen de la primera línea de referencia o <designar objeto>:`, solicita el primer punto de la distancia que se desea acotar. Las líneas de referencia son líneas que conectan el objeto que se desea acotar a las líneas de acotación. Utilice el modo de referencia a objetos Punto final para seleccionar la esquina superior derecha de la entrada, como muestra la figura 12.17.

TRUCO: Observe que el paso 3 del ejercicio le permite pulsar **Intro** para seleccionar un objeto. Si lo hace, AutoCAD le pedirá que seleccione el objeto que desea acotar, en lugar de la distancia de acotación. Más adelante, en este mismo capítulo, comentaremos este método.

4. En la línea de comando `Designe el origen de la segunda línea de referencia:`, seleccione la esquina inferior derecha de la habitación del apartamento, como muestra la figura 12.17.

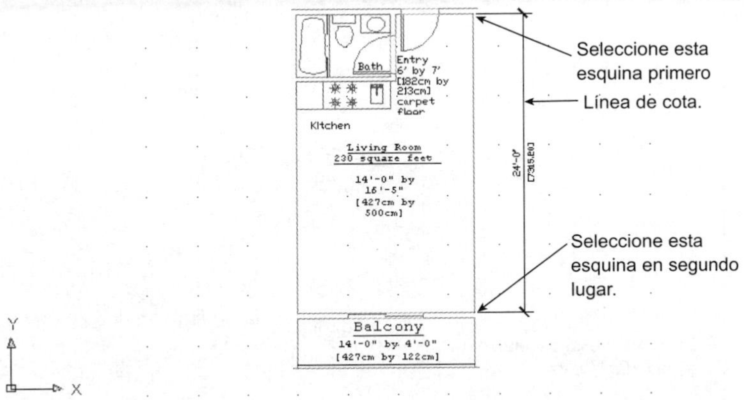

Figura 12.17. La línea de cota agregada al dibujo del apartamento.

5. En la siguiente línea de comando, `Designe ubicación de línea de cota [textoM/Texto/ángUlo/Horizontal/Vertical/Girar]:`, la línea de cota es la línea que indica la dirección de acotación y contiene las flechas o marcas de extremo de cota. Mueva el cursor de izquierda a derecha y aparecerá una cota provisional. Esta cota le permite seleccionar visualmente una ubicación final para la línea de cota.

TRUCO: En el paso 5, AutoCAD le permite adjuntar información al texto de la cota o cambiar el texto de acotación completamente, como le explicaremos más adelante.

6. Indique `@122<0` y pulse **Intro**. (Puede escoger un punto utilizando el cursor, pero este método no le permite emplazar la línea de cota de una forma tan exacta como la ventana de comandos.) Tras ello, la cota se situará en el dibujo, como muestra la figura 12.17.

Líneas de cotas continuas

A menudo, necesitará crear un conjunto de cotas encadenadas. Por ejemplo, para acotar el balcón siguiendo la línea de cota delineada en el ejercicio anterior.

Para ello, AutoCAD dispone de la opción Continuar incluida en el desplegable Continuar/Línea base del panel Cotas:

1. Haga clic en la herramienta **Continuar** (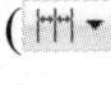) en el panel Cotas o escriba `Acocont` en la línea de comando y pulse **Intro**.
2. En la línea de comando `Designe un origen de la segunda línea de referencia o [desHacer/Designar] <Designar>:`, seleccione la esquina superior derecha del balcón (consulte la imagen superior de la figura 12.18).
3. Seleccione el extremo final de la barandilla del balcón. La imagen inferior de la figura 12.18 muestra los resultados.
4. Pulse **Intro** dos veces para salir del comando.

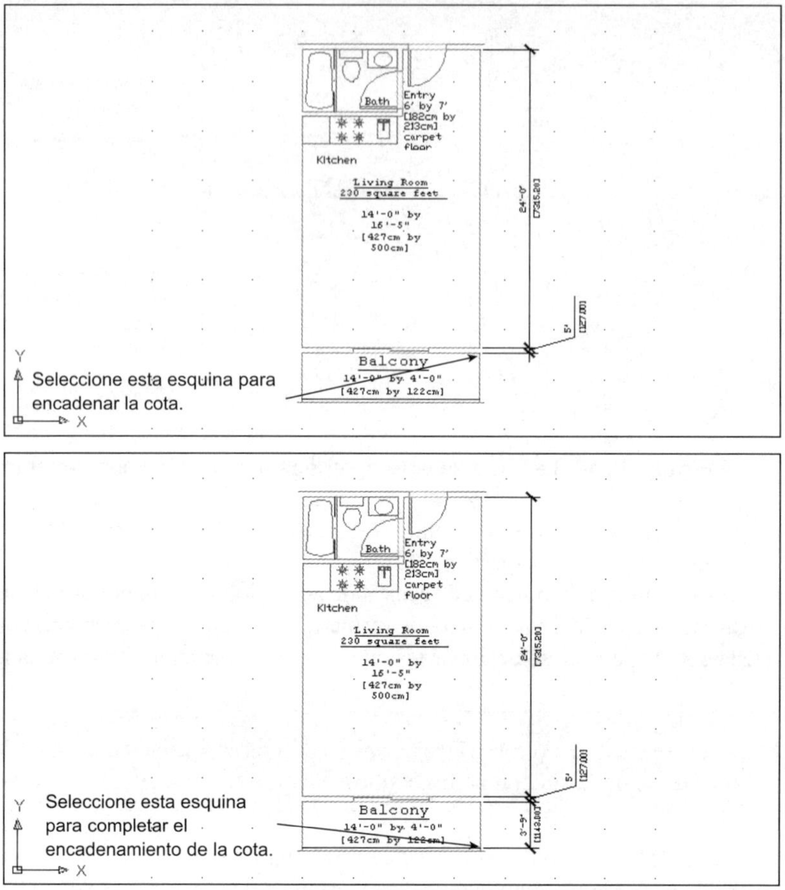

Figura 12.18. Continuación de la cadena de acotación.

TRUCO: Si selecciona un punto equivocado para continuar la acotación, haga clic en la herramienta **Deshacer** o escriba `H` en la línea de comandos y pulse **Intro**.

La opción Continuar añade una cota a partir de la última cota creada. La última línea de referencia dibujada se utiliza como primera línea de extensión para generar la cota continuada. AutoCAD seguirá agregando cotas mientras se seleccionen puntos hasta que se pulse la tecla **Intro**. Probablemente habrá observado que la cota 5" se sitúa en un punto alejado de la línea de cota con una directriz apuntándole. Esta ubicación se debe a que esta cota no dispone de espacio suficiente para encajar entre las líneas de ampliación de cota. Más adelante se ampliará el tema de los parámetros de estilo para remediar este problema. Por el momento, vamos a continuar agregando cotas al plano.

Cotas continuas a partir de acotaciones previas

Si necesita continuar una cadena de cotas a partir de una cota lineal antigua, en lugar de utilizar la última cota agregada, pulse **Intro** en la línea de comando `Designe un origen de la segunda línea de referencia o [desHacer/Designar]`

<Designar>:, que vio en el paso 2 del ejercicio anterior. A continuación y en la línea de comando `Designe cota continua:`, haga clic en la línea de referencia desde la que desea continuar la cota.

Dibujar cotas desde una línea de referencia base

Otro método para acotar objetos consiste en crear varias líneas de cota con origen en la misma línea de referencia. Para ello, AutoCAD dispone de la opción Línea base en el panel de control Cotas y en el menú desplegable Acotar.

Para ver su funcionamiento, crearemos otra cota (esta vez, horizontal) en la parte superior del plano.

1. Seleccione la herramienta **Lineal** () en el panel de control Cotas. O bien, como hicimos para crear la cota vertical, escriba `Acolineal` en la línea de comando y pulse **Intro**. Esta opción también está disponible en el menú desplegable Acotar.
2. En la línea de comando `Designe el origen de la primera línea de referencia o <designar objeto>:`, utilice el modo de referencia a objetos Punto final para seleccionar la esquina superior izquierda del cuarto de baño, como muestra la figura 12.19.

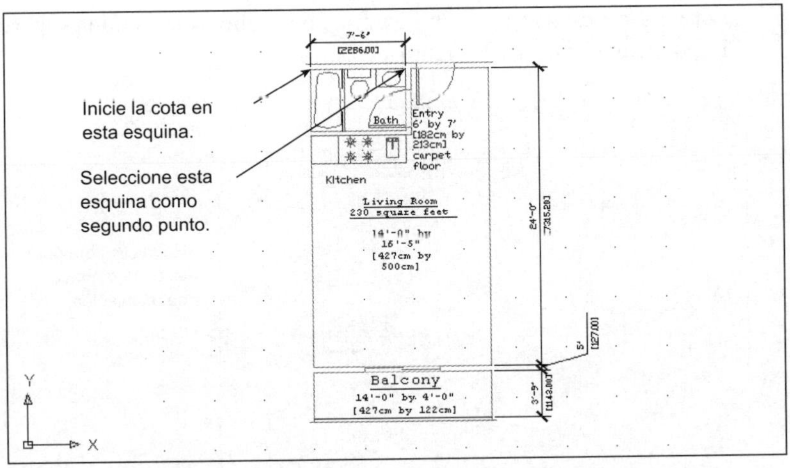

Figura 12.19. El baño con cotas horizontales.

3. En la línea de comando `Designe el origen de la segunda línea de referencia:`, seleccione la esquina superior derecha del cuarto de baño, como muestra la figura 12.19.
4. En la línea de comando `Designe ubicación de línea de cota [textoM/Texto/ángUlo/Horizontal/Vertical/Girar]:`, seleccione un punto por encima del plano del apartamento, como muestra la figura 12.19. Si fuera necesario, encuadre la vista hacia abajo para encajar la cota.

TRUCO: Por regla general, seleccionará las ubicaciones exactas sobre los dibujos como cotas. Por ello, es aconsejable activar el modo de referencia a objetos en ejecución para evitar los pasos adicionales que supone tener que seleccionar las referencias a objetos desde el menú contextual de referencia a objetos.

5. Tras crear la cota horizontal del baño, podemos dibujar una nueva cota a partir de la línea de referencia que acabamos de dibujar. Haga clic en la herramienta **Línea base** (véase la figura 12.20) en el desplegable Continuar/Línea base del panel Cotas. También puede escribir `Acoline` en la línea de comando y pulsar **Intro** para iniciar una cota de línea de base.

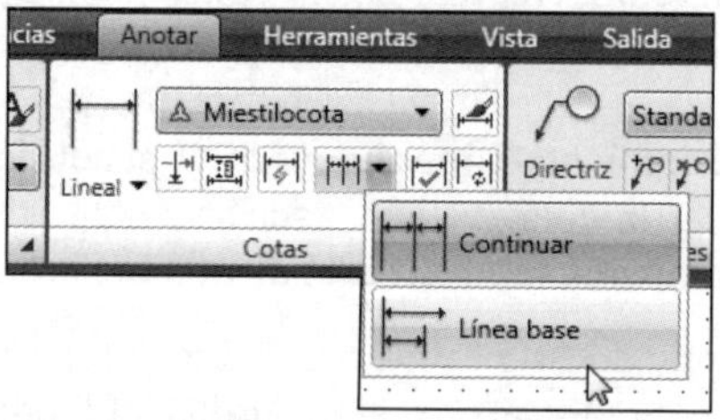

Figura 12.20. La herramienta Línea base en el panel Cotas de la ficha Anotar.

6. En la línea de comando `Designe el origen de la primera línea de referencia o <designar objeto>:`, haga clic en la esquina superior derecha de la entrada, como muestra la figura 12.21.

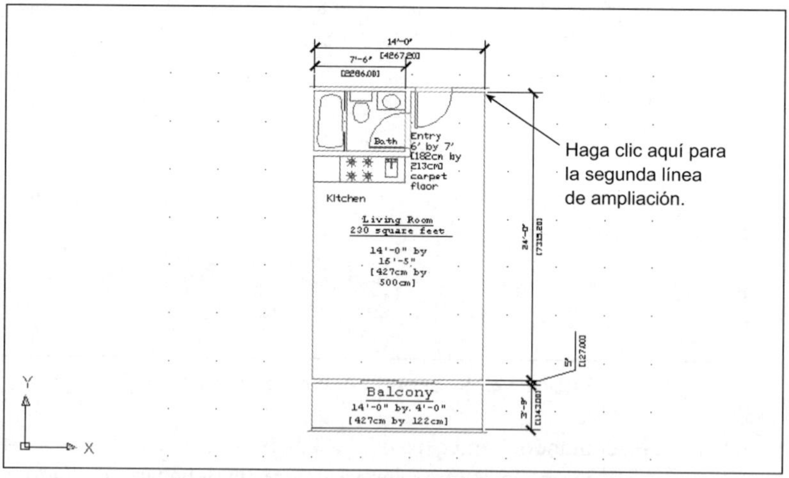

Figura 12.21. La cota de anchura general.

7. Pulse dos veces sobre la tecla **Intro** para salir del comando **Línea base**.
8. Encuadre la vista hacia abajo de forma que presente una apariencia similar a la figura 12.21.

En este ejemplo hemos visto cómo la opción Línea base es similar a la opción Continuar, con la diferencia de que la primera nos permite utilizar la primera línea de referencia de la cota previamente creada como base para elaborar la segunda. La distancia entre las dos líneas de cota horizontales se controla mediante el parámetro Intervalo de línea base en la ficha Líneas de los cuadros de diálogo Modificar estilo de cota y Crear estilo de cota.

Continuar a partir de una cota más antigua

Probablemente habrá observado que en el paso 7 se pedía pulsar dos veces la tecla **Intro** para salir del comando. Como en el caso de las líneas de cota continuas, puede dibujar una línea de cota base a partir de una cota más antigua pulsando **Intro** en la línea de comando `Designe un origen de la segunda línea de referencia o [desHacer/Designar] <Designar>:`. A continuación, se generará la línea `Designe cota base:`, en la que puede seleccionar otra cota o pulsar **Intro** de nuevo para salir del comando.

Ajustar la distancia entre cotas

Cuando se acerca a la fecha de entrega, puede descubrir que alguien ha cortado unas cuantas esquinas mientras añadía cotas y, por lo tanto, un conjunto de líneas de cotas paralelas no están bien colocadas (véase la figura 12.22).

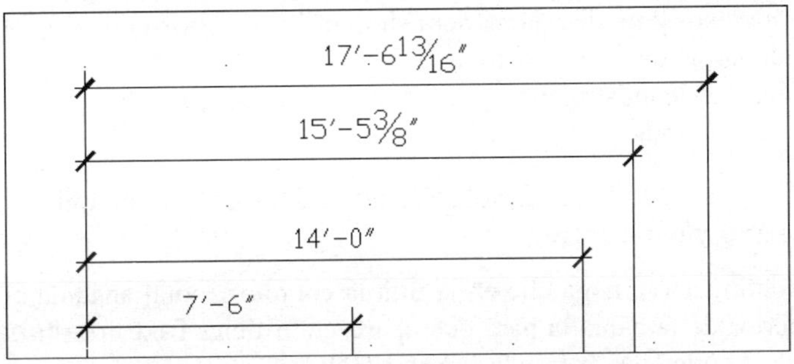

Figura 12.22. Líneas de cotas paralelas.

Puede ajustar rápidamente el espacio entre las líneas de acotación utilizando la herramienta **Ajustar espacio** del panel Cotas.

1. Haga clic en la herramienta **Ajustar espacio** () del panel Cotas o escribir `dimspace` en la línea de comandos y pulsar **Intro**.
2. En la línea de comando `Designar cota base:`, haga clic en cota más cercana a la figura que se está acotando.
3. En la línea de comando `Designe cotas para intervalo:`, haga clic en la siguiente cota.
4. Continúe seleccionando las otras cotas paralelas. Cuando finalice con su selección, pulse **Intro**.
5. Verá la línea de comando

```
Designe cotas para espacio:
Indique valor o [Auto] <Auto>
```

Introduzca un valor para la distancia entre las líneas de acotación. Este valor debería ser una distancia a escala natural. También puede pulsar **Intro**, AutoCAD ajustará la distancia entre las cotas.

Modificar cotas

Al agregar cotas al dibujo, descubrirá que AutoCAD añade texto de acotación o enlaza una línea en el lugar incorrecto. También puede ocurrir que necesitemos variar el texto de acotación. En esta sección analizaremos cómo modificar cotas para hacer frente a estas circunstancias especiales que siempre pueden surgir.

Anexar datos al texto de cotas

Hasta ahora hemos aceptado el texto que proponía AutoCAD al generar las líneas de cotas. Pero podemos agregar información a estos valores o modificarlos completamente si fuera necesario. Para ello, debemos escribir `T` en la línea de comando y pulsar **Intro** antes de fijar la cota. A continuación, debemos utilizar los símbolos menor que (<) y mayor que (>) para agregar texto antes o después de la cota predeterminada o sustituir los símbolos completamente para desechar el texto predeterminado. La paleta Propiedades le permite modificar el texto de cota existente de una manera similar. Puede abrir la paleta Propiedades de una cota haciendo doble clic sobre la cota.

A continuación le mostraremos cómo funciona modificando el texto de una cota existente dentro de nuestro dibujo.

1. Seleccione Modificar>Objeto>Texto>Editar en el Explorador de menús, o escriba `ddedic` y pulse **Intro**.
2. A continuación, haga clic en la última cota horizontal añadida al dibujo en la parte superior de la pantalla para que aparezca la ficha Texto de líneas múltiples en la Cinta de opciones (véase la figura 12.23).

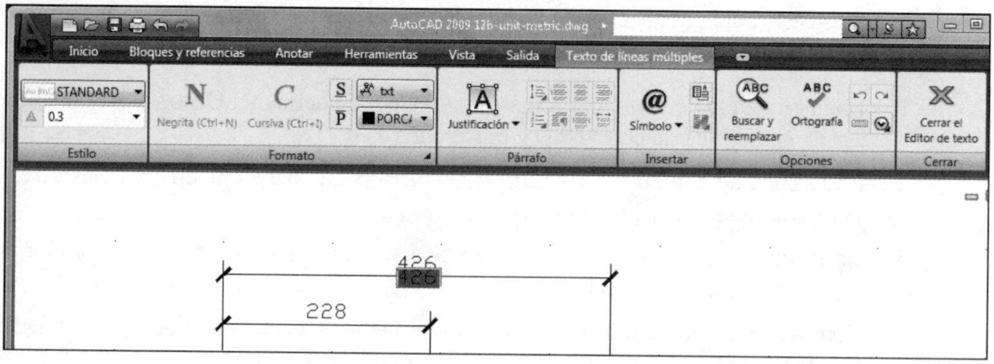

Figura 12.23. La ficha Texto de líneas múltiples.

3. Pulse la tecla **Fin** para colocar el cursor al final del texto en el cuadro de entrada y escriba **to face of stud**.

4. Haga clic en Cerrar el editor de texto en el panel Cerrar de la ficha Texto de líneas múltiples y pulse la tecla **Intro** para dar por finalizado el comando. Como resultado, las cotas cambiarán para mostrar `426 to face of stud`. El texto introducido se anexará al texto de la cota.
5. Como no necesita adjuntar texto en estos ejercicios, haga clic en el botón **Deshacer** en la Barra de herramientas de acceso rápido para eliminarlo.

> **TRUCO:** En este ejercicio hemos editado una única cota. Para adjuntar texto a varias cotas a la vez, es necesario utilizar la herramienta **Editar cota**, como se explica más adelante en un cuadro.

Si necesita recuperar en algún momento el texto original de una cota que haya sustituido por completo, puede utilizar los pasos que se muestran en el ejercicio anterior pero, en el paso 3, sustituya el texto por los símbolos <>. AutoCAD también permite agregar un sufijo o un prefijo a todas las cotas automáticamente, en lugar de a unas cuantas seleccionadas mediante las opciones Prefijo y Sufijo de la ficha Unidades principales de los cuadros de diálogo Modificar estilo de cota y Crear estilo de cota. AutoCAD dispone de una función de acotación asociativa que permite actualizar textos de cota automáticamente al modificar un dibujo. Los objetos denominados puntos de definición se utilizan para determinar la forma de actualización de las cotas.

Los puntos de definición se encuentran ubicados en los mismos puntos que se seleccionan al determinar el emplazamiento de cota. Por ejemplo, los puntos de definición para las cotas lineales son el origen de la línea de referencia. Los puntos de definición del diámetro de un círculo son los puntos utilizados para generar el círculo y la parte opuesta del mismo. Los puntos de definición de un radio son los puntos utilizados para crear el círculo y su centro. Los puntos de definición son en realidad objetos de punto. Resultan muy difíciles de ver porque permanecen cubiertos por la función que los define. Sin embargo, puede visualizarlos indirectamente mediante pinzamientos. Los puntos de definición de una cota son los mismos que sus puntos de pinzamiento. Para verlos, basta con hacer clic en la cota, como le mostramos en los siguientes pasos:

1. Asegúrese de que la función Pinzamientos está activada.
2. Haga clic en la cota vertical de mayor longitud de las dibujadas en un ejercicio anterior. Como resultado, se mostrarán los pinzamientos de la cota (véase la figura 12.24).

Realizar cambios en varias cotas

Puede utilizar la herramienta **Editar cota** para modificar rápidamente cotas existentes. Esta herramienta permite modificar más de un texto de cota a la vez. Uno de sus usos más habituales consiste en cambiar una cadena de cotas para que indiquen "Igual" en lugar de mostrar la distancia de cota actual. En el siguiente ejemplo se muestra una alternativa al uso de la paleta Propiedades para adjuntar texto a una cota.

1. Escriba `Acoed` y pulse **Intro**.
2. En la línea de comando

```
Indique tipo de edición de cota [Inicio/Nuevo/Girar/Oblicua] <Inicio>:
```

escriba `N` y pulse **Intro** para utilizar la opción Nuevo. Como resultado, aparecerá el Editor de textos de líneas múltiples mostrando el valor `0` en el cuadro de texto.

3. Utilice las teclas de cursor para mover el cursor delante o detrás del 0 y, a continuación, introduzca el texto que desee adjuntar a la cota. También puede sustituir estos símbolos para reemplazar la cota con texto.
4. Haga clic en Cerrar el editor de texto en el panel Cerrar de la ficha Textos de líneas múltiples.
5. En la línea de comando `Designe objeto:`, seleccione las cotas deseadas. La línea de comando `Designe objeto:` seguirá apareciendo para permitirle seleccionar varias cotas.
6. Pulse **Intro** para finalizar la selección. La cota cambia para incluir el nuevo texto o para sustituir el texto de cota existente.

La herramienta **Editar cota** resulta útil para editar textos de cota, pero también puede utilizar este comando para realizar cambios gráficos en el texto. A continuación se incluye una descripción del resto de las opciones de la herramienta **Editar cota**:

- Inicio: Desplaza el texto de cota hasta la ubicación y el ángulo predeterminado estándar.
- Girar: Permite girar el texto de cota a un nuevo ángulo.
- Oblicua: Inclina las líneas de ampliación de cota con un nuevo ángulo.

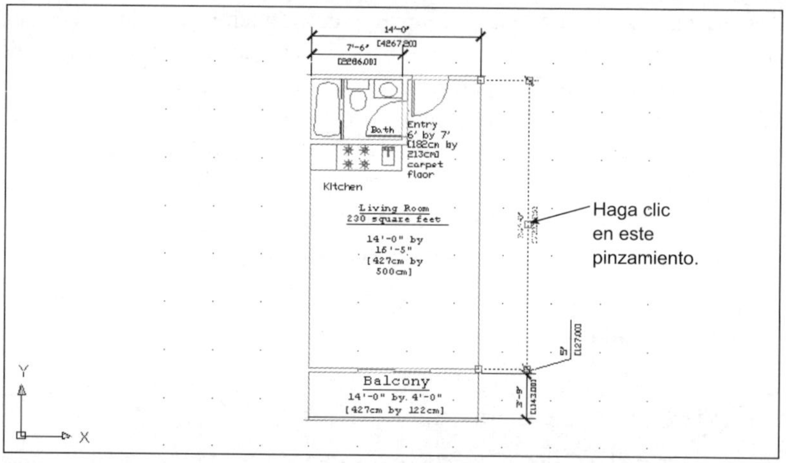

Figura 12.24. Los puntos de pinzamiento y los de definición son los mismos en una cota.

Utilizar pinzamientos para realizar pequeños ajustes en cotas

Los puntos de definición, cuya ubicación se puede determinar mediante pinzamientos, disponen de su propia capa, denominada Defpoints. Estos puntos se muestran independientemente del estado de su capa (activada o desactivada). Para hacerse una idea del funcionamiento de estos puntos, realice los siguientes ejercicios, en los que se indica cómo manipular directamente los puntos de definición.

En este ejercicio veremos el uso de coordenadas para mover una línea de cota:

1. Con los pinzamientos activados, haga clic en el situado más cerca del texto de cota.

TRUCO: Como la capa Defpoints se caracteriza de manera exclusiva por resultar visible incluso cuando está desactivada, podemos utilizarla en el espacio de presentación, ya que podemos ver los objetos asignados a ella sin que se impriman.

2. Mueva el cursor por la pantalla. Observe que al desplazar el cursor verticalmente, el texto se mueve a lo largo de la línea de cota. Sin embargo, al mover el cursor horizontalmente, la línea de cota y el texto se mueven juntos, manteniendo su orientación paralela con el plano de planta acotado.

TRUCO: En este ejercicio se mueve la línea de cota en su totalidad. En un ejercicio posterior le mostraremos cómo desplazar el texto de cota de forma independiente.

3. Escriba `@275<0` en la línea de comando y pulse **Intro**. La línea de cota, el texto y todas las referencias de cota se desplazarán hasta la nueva ubicación, a la derecha del texto (véase la figura 12.25).

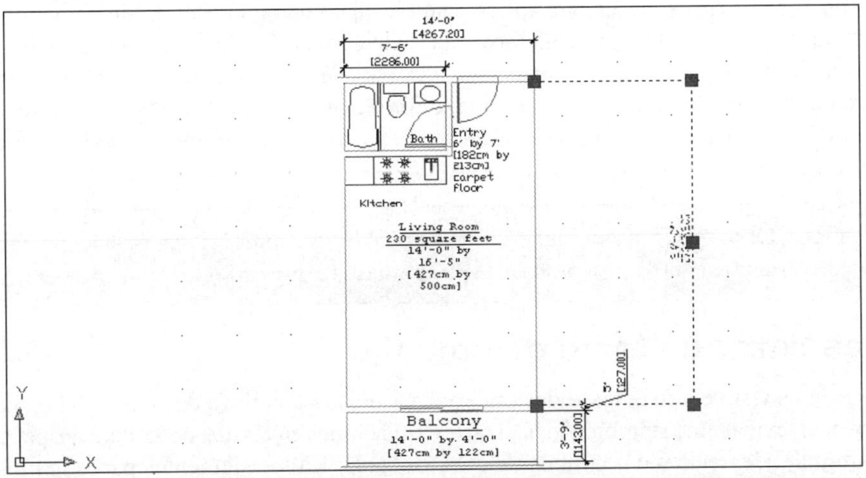

Figura 12.25. Desplazamiento de la línea de cota utilizando pinzamientos.

TRUCO: Si necesita desplazar varias líneas a la vez, selecciónelas en la línea de comando; a continuación, haga clic en un conjunto de pinzamientos de línea de cota de una acotación con la tecla **Mayús** pulsada. Tras seleccionar los pinzamientos, haga clic de nuevo sobre uno activo y podrá desplazar todas las líneas de cota a la vez.

En el paso 3 del último ejercicio, habrá observado que puede especificar una distancia exacta para asignar una nueva ubicación a la línea de cota mediante una coordenada polar relativa. Las coordenadas cartesianas funcionan de la misma manera. Puede incluso utilizar los modos de referencia a objetos para cambiar las líneas de cota de sitio.

En el siguiente ejercicio le mostramos cómo desplazar la línea de cota hasta su lugar original utilizando el modo de referencia a objetos Perpendicular:

1. Haga clic en el pinzamiento situado en la parte inferior de la línea de cota que acaba de editar.
2. Pulse la tecla **Mayús** y haga clic con el botón derecho del ratón para abrir el menú contextual Referencia a objetos. A continuación, seleccione la opción Perpendicular.
3. Coloque el cursor sobre la línea de cota vertical que acota el balcón y haga clic en ella.
4. Seleccione Todo en el desplegable Zoom en el panel Utilidades de la ficha Inicio y, después, haga clic en **Guardar** en la Barra de herramientas de acceso rápido para guardar el archivo en su estado actual.

La línea de cota seleccionada se desplaza para alinearse con el resto de las cotas verticales hasta su ubicación original.

Modificar los parámetros de estilo de cotas individuales

En algunos casos, necesitará aplicar cambios a un parámetro de estilo para modificar una cota dada. Por ejemplo, si intenta mover el texto de una cota lineal, descubrirá que las líneas y el texto de las cotas no se pueden separar. Para modificar el texto, necesitará cambiar el parámetro de estilo de cota que controla la forma en la que AutoCAD ubica el texto de cota dentro de la línea de cota. En esta sección le explicamos cómo modificar los parámetros de estilo del texto de cota individuales.

TRUCO: Si necesita cambiar el estilo de cota de una dimensión para hacerla coincidir con otra, puede utilizar la herramienta **Igualar propiedades**.

Desplazar un texto de cota fijo

Hemos visto cómo el texto de cota estaba asociado a la línea de cota de tal manera que al mover el texto la línea también lo hacía. Hay situaciones en las que necesitará desplazar el texto de forma independiente a la línea de cota asociada. En los siguientes pasos le mostraremos cómo separar el texto de cota de su línea asociada. Estos pasos le mostrarán cómo modificar un solo parámetro del estilo de cota.

1. Haga clic en la cota que quiere modificar para mostrar sus pinzamientos.
2. Haga clic con el botón derecho del ratón y seleccione Propiedades en el menú contextual para abrir la paleta Propiedades.
3. Desplácese por la lista de propiedades hasta que vea una opción denominada Ajustar. Si no ve una lista de opciones debajo de Ajustar, haga en la flecha situada a su derecha para desplegar otro conjunto de parámetros.
4. Baje en la lista hasta que vea la opción Conservar línea atenuada con texto situada dentro de la opción Movimiento de texto, y haga clic en esta opción.

5. Haga clic en el control de flecha para abrir la lista desplegable y seleccione la opción Trasladar texto, añadir directriz (véase la figura 12.26).
6. Cierre la paleta Propiedades.

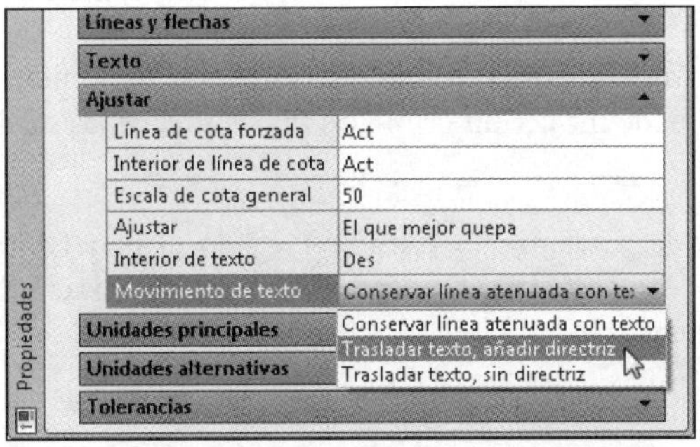

Figura 12.26. Paleta Propiedades.

La opción Trasladar texto, añadir directriz en la categoría Ajustar de la paleta Propiedades permite mover el texto de cota de forma independiente. También dibuja una directriz desde la línea de cota hasta el texto. La opción Trasladar texto, sin directriz realiza la misma operación, pero sin añadir una directriz. También puede configurar estas opciones en un estilo de cota con ayuda de las opciones de Ubicación del texto de la ficha Ajustar de los cuadros de diálogo Crear estilo de cota o Modificar estilo de cota. Como ha observado en este ejercicio, la paleta Propiedades brinda el acceso a una gran cantidad de parámetros vistos al configurar los estilos de cota. La principal diferencia entre ambos es que las opciones de la paleta Propiedades afectan únicamente a las cotas seleccionadas. En el ejercicio anterior, modificamos el parámetro de formato de una sola cota tras ubicarla. Estos parámetros se pueden integrar dentro del estilo de cota creado en otra sección de este capítulo mediante el botón **Modificar** del cuadro de diálogo Administrador de estilos de cota.

TRUCO: Si dispone de varios estilos de cota y desea modificar una cota existente con un estilo utilizado actualmente, utilice la herramienta **Actualizar cota**. Para ello, seleccione **Actualizar** en el panel Cotas o escriba `-dimstyle`, pulse **Intro**, `A` y pulse **Intro**. A continuación, seleccione las cotas que desea cambiar. Pulse **Intro** cuando haya terminado de seleccionar las cotas para convertirlas al estilo actual.

Girar y colocar un texto de cota

De vez en cuando, los textos de cota quedan mejor en posición horizontal, aunque la línea de cota no tenga esa orientación. Para girar el texto de cota, seleccione la herramienta **Ángulo de texto** en la ficha Anotar del panel Cotas expandido, seleccione el texto de cota e introduzca un ángulo o seleccione dos puntos para indicar gráficamente que es un ángulo. También puede introducir `0` y pulsar **Intro** para devolver la cota de texto a su ángulo predeterminado. Si necesita mover el texto de cota a la izquierda, al centro o a la derecha de la línea de cota, puede utilizar las herramientas **Justificar a la Izquierda**, **Justificar en el Centro** o **Justificar a la Derecha** en el panel Cotas expandido de la ficha Anotar.

Edición de cotas y otros objetos conjuntamente

Resulta útil poder modificar una cota directamente mediante sus pinzamientos. Pero la función clave de las cotas de AutoCAD es su capacidad para ajustarse automáticamente a los cambios del dibujo.

Para observar su funcionamiento, intente desplazar la habitación más cerca de la pared del cuarto de baño. Puede mover un grupo de líneas y vértices mediante el comando **Estirar** y la opción Ventana:

1. Haga clic en la herramienta **Estirar** (icono) en el panel Modificar de la ficha Inicio o escriba `Ei`, pulse **Intro**, `V` y pulse **Intro**. La ventana de comandos mostrará las siguientes líneas:

```
Designe objetos que estirar mediante ventana o polígono...
Designe objetos: V
Designe primera esquina:
```

2. Seleccione una ventana, como ilustra la figura 12.27. A continuación, pulse **Intro** para confirmar la selección.

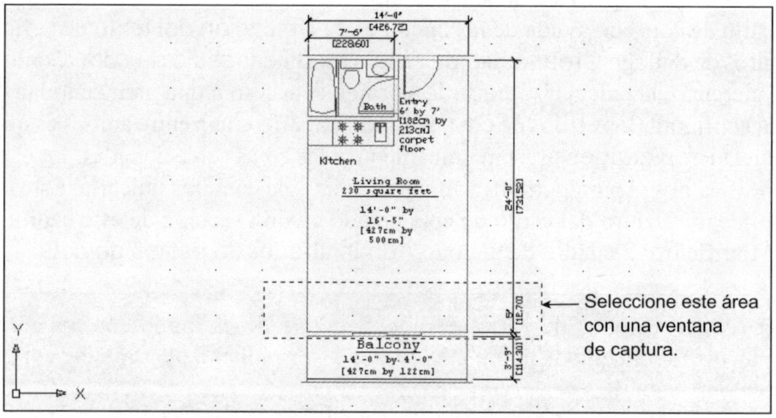

Figura 12.27. La ventana de selección del comando Estirar.

3. En la línea de comando `Precise punto base o desplazamiento <Desplazamiento>:`, seleccione cualquier otro punto de la pantalla.

4. En la línea de comando `Precise segundo punto de desplazamiento o <usar primer punto como desplazamiento>:`, escriba `@2'<90` para mover la pared 2' en ángulo de 90º. Al desplazarse la pared, el texto de cota se modificará para mostrar la nueva medida, como muestra la figura 12.28.

5. Una vez visto el resultado de la herramienta **Estirar**, haga clic en la herramienta **Deshacer** de la Barra de herramientas de acceso rápido o escriba `H` y pulse **Intro** para volver al estado anterior.

Puede utilizar los comandos **Simetría**, **Girar** y **Estirar** con cotas. Las matrices polares también son aptas, y los comandos **Alargar** y **Recortar** pueden utilizarse en cotas lineales.

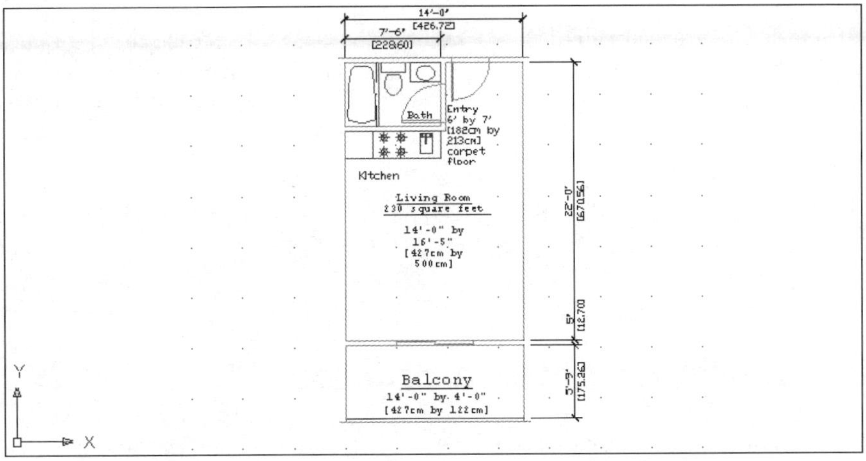

Figura 12.28. La pared desplazada con las cotas actualizadas.

Al modificar objetos acotados, asegúrese de seleccionar la cota asociada al objeto deseado. Cuando vaya a seleccionar objetos, las opciones V (Ventana) u OV (Polígono) le ayudarán a incluir cotas.

TRUCO: Si una cota aparece cubierta por un patrón de sombreado o un relleno sólido, puede utilizar el comando **Ordenaobjetos** para que AutoCAD dibuje sobre el sombreado o el relleno sólido.

Modificación de los parámetros de estilo de cota con la función Modificar

En una sección anterior utilizamos la paleta Propiedades para facilitar el desplazamiento del texto de cota. También podemos seleccionar la herramienta **Modificar** (comando **Dimoverride**) en el panel Cotas expandido de la ficha Anotar. La opción Modificar permite cambiar los parámetros de estilo de una cota individual. A continuación se incluye un ejemplo que muestra cómo utilizar esta opción en lugar de la paleta Propiedades visto en un ejercicio anterior.

1. Pulse la tecla **Esc** dos veces para cancelar todos los comandos activos. A continuación, seleccione Modificar en el panel Cotas expandido de la ficha Anotar.
2. En la línea de comando `Indique nombre de variable de cota a modificar o [Borra para no ignorar]:`, escriba `Dimfit` y pulse **Intro**.
3. En la línea de comando `Indique nuevo valor para DIMFIT <3>:`, escriba `4` y pulse **Intro**. El efecto será el mismo que si hubiéramos seleccionado el valor Trasladar texto, añadir directriz de la opción Ajustar de la paleta Propiedades.
4. A continuación aparecerá la línea de comando `Indique nombre de variable de cota a modificar:`, que permite introducir otra variable de cota. Pulse **Intro** para continuar con el siguiente paso.

5. En la línea de comando Designe objetos:, seleccione la cota que desea modificar. Puede seleccionar un grupo de cotas si desea modificar varias a la vez. Pulse **Intro** cuando haya terminado el proceso de selección. Seguidamente, se modificarán los parámetros de las cotas seleccionadas.

Como demuestra este ejemplo, el comando **Dimoverride** requiere conocer exactamente qué variable de cota modificar para realizar el cambio deseado. En este caso hemos asignado 4 a la variable Dimfit, lo que nos permite desplazar el texto de cota de manera independiente a la línea de cota.

Asociación de cotas a objetos

Hemos visto cómo las cotas y los objetos a los que están asociadas pueden moverse juntos y así la cota permanece conectada al objeto. En el proceso de modificar un dibujo, las cotas pueden perder su asociación al dibujo, por lo que puede necesitar volver a crear una asociación entre una cota y un objeto. Los pasos siguientes le muestran cómo se hace:

1. Seleccione **Reasociar** (icono) en el panel Cotas de la ficha Anotar. También puede escribir Reasociarcota en la línea de comando y pulsar **Intro**.
2. En la línea de comando Designe las cotas que desea reasociar... Designe objeto:, seleccione la cota que desea reasociar con un objeto y pulse **Intro**.
3. En la línea de comando Precise primer origen de línea de referencia [Seleccionar objeto] <siguiente>:, verá aparecer una X en uno de los puntos de definición de la cota (véase la figura 12.29).

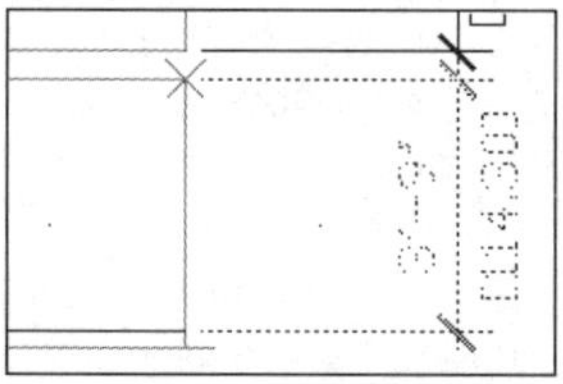

Figura 12.29. Aparece una X en uno de los puntos de definición de la cota.

4. Utilice el modo de referencia a objetos Punto final y haga clic en el extremo del objeto que quiere tener conectado al punto de definición indicado en el paso 3.
5. Aparece una X en el otro punto de definición de la cota. Utilice el modo de referencia a objetos Punto final de nuevo y haga clic en el otro extremo del objeto que quiera asociar a la cota. Ahora ya tiene la cota asociada a los extremos del objeto.

En el paso 3 aparece una X en la ubicación de un punto de definición de cota. Si dicho punto estuviera ya asociado a un objeto, la X aparecería incluida en un recuadro (véase la figura 12.30). Este recuadro sirve para indicar que dicho punto de definición ya está asociado al objeto y que deberá cambiar esta asociación. En esta situación, puede pulsar **Intro** para cambiar al otro punto de definición de la cota.

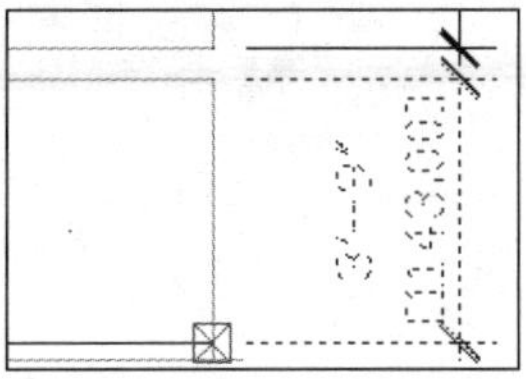

Figura 12.30. Cambiar el punto de definición de la cota.

También en el paso 3 dispone de la opción de seleccionar un objeto. Esta opción le permite asociar la cota a todo un objeto en lugar de a uno de sus extremos. Si escribe `d` y pulsa **Intro** en la línea de comando del paso 3, puede seleccionar el objeto que desea asociar con la cota. La cota se modificará para hacer coincidir sus puntos de definición con los puntos finales del objeto. La cota conservará su orientación original. Por ejemplo, las cotas verticales seguirán siendo verticales aunque las asocie a una línea horizontal. En este caso, se acotarán los extremos de la línea, pero la distancia será cero.

> **TRUCO:** Puede eliminar la asociación de una cota con un objeto con ayuda del comando **Disociarcota**. Escriba `Disociarcota` y pulse **Intro** en la línea de comando, seleccione la cota o cotas que desea disociar y pulse **Intro**.

Agregar una cadena de cotas en una sola operación

AutoCAD dispone de un método para crear una cadena de cotas mediante una sola operación. El comando **Cotarr** permite seleccionar un conjunto de objetos en lugar de tener que elegir puntos. En el siguiente ejercicio le mostramos cómo funciona el comando **Cotarr**.

1. Si no lo ha hecho ya, reduzca la vista mediante el zoom hasta incluir el dibujo completo del plano de planta del apartamento en la pantalla.
2. Haga clic en la herramienta **Cota rápida** (icono) en el panel Cotas.
3. En la línea de comando `Seleccione al geometría a acotar:`, trace una ventana de selección alrededor de toda la pared izquierda del apartamento.
4. Pulse **Intro** para finalizar la selección. A continuación, surgirán las siguientes líneas de comando:

```
Especifique la posición de línea de cota o
[coNtinua/dEsfasda/Linebase/COordenada/Radio/Diámetro/Punteroref/Modificar]
<coNtinua>:
```

5. Haga clic en un punto situado a la izquierda de la pared para colocar la cota. Seguidamente, aparecerá una cadena de cotas que muestran todas las dimensiones de la pared (véase la figura 12.31).
6. Cuando haya terminado de revisar los resultados de este ejercicio, salga del archivo sin guardarlo.

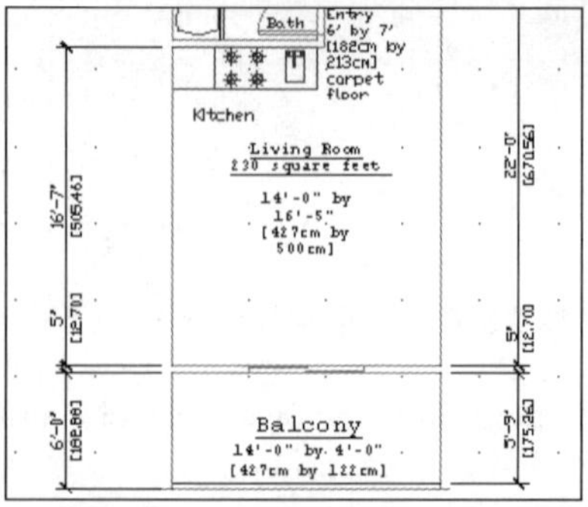

Figura 12.31. Cadena de cotas que muestran las dimensiones de la pared.

La línea de comando del paso 4 permite seleccionar varios tipos de cotas. Por ejemplo, si desea que las cotas tengan su origen en una sola línea base, puede indicar `L` en la línea de comando y pulsar **Intro** en el paso 4 para seleccionar la opción Línea base.

El comando **Cotarr** ayuda a ganar tiempo cuando se necesita acotar una pared rápidamente. Es posible que no funcione en todas las situaciones, pero si los objetos son sencillos puede ser la solución cuando el tiempo apremia.

> **TRUCO:** En este ejercicio hemos utilizado una sencilla ventana para seleccionar la pared. Para formas más complejas, pruebe a utilizar el polígono de captura.

Añadir o eliminar cotas alternativas

Al principio de este capítulo, configuramos el estilo de cota Miestilocota para incluir un sistema de acotación alternativo. Puede eliminar dichas unidades desactivando las funciones pertinentes. Para ello, siga estos pasos.

1. Haga clic en la herramienta **Estilo de cota** ( ) en el panel Cotas de la ficha Anotar o escriba `Aes` en la línea de comando y pulse **Intro** para abrir el cuadro de diálogo Administrador de estilos de cota.
2. Seleccione el estilo que utiliza las unidades alternativas. En el cuadro de lista Estilos, seleccione Modificar.
3. Seleccione la ficha Unidades alternativas.
4. Desactive la casilla Muestra unidades alternativas.
5. Haga clic en **Aceptar** y, a continuación, sobre **Cerrar** en el cuadro de diálogo Administrador de estilos de cota.

Como resultado, observará que desaparecen las unidades alternativas de cotas que utilizan el estilo que acaba de editar. También puede realizar la operación inversa para añadir unidades alternativas al conjunto de cotas existente. Siga los pasos mostrados, pero en lugar de desactivar la casilla en el paso 4, proceda a activarla y a aplicar los cambios deseados en las opciones de la ficha Unidades alternativas.

Utilizar el modo de referencia a objetos al acotar un dibujo

Con el tiempo descubrirá que el uso del menú contextual del modo Referencia a objetos resulta un tanto incómodo cuando se deben seleccionar muchas intersecciones y extremos de línea, como ocurre en las operaciones de acotación. En aquellas situaciones en las que se deba utilizar determinados modos de referencia a objetos de manera frecuente, puede utilizar el modo de referencia a objetos en ejecución.

Tras seleccionar los modos de referencia a objetos en ejecución, los modos de referencia a objetos escogidos se activarán automáticamente cuando tenga que volver a seleccionar un punto. Puede anular los modos seleccionados utilizando el menú contextual del modo de referencia a objetos (para ello, haga clic con el botón derecho del ratón mientras mantiene presionada la tecla **Mayús**).

El modo de referencia a objetos en ejecución presenta un inconveniente: cuando los dibujos empiezan a tener muchos elementos, resulta sencillo seleccionar el punto erróneo por accidente. Sin embargo, resulta sencillo desactivar el modo de referencia a objetos en ejecución en la barra de estado o pulsando **F3**.

Acotación de objetos no ortogonales

Hasta ahora le hemos enseñado a trabajar con cotas lineales. Pero AutoCAD permite además acotar objetos no ortogonales, tales como círculos, arcos, triángulos y figuras trapezoidales. En esta sección practicaremos acotando objetos no ortogonales.

Para los siguientes ejercicios, utilizaremos un dibujo con una ventana en forma hexagonal. Abra el archivo `12a-wind-metric.dwg` de los archivos de muestra. Puede utilizar este archivo para continuar con el siguiente grupo de ejercicios.

Acotación de distancias lineales no ortogonales

El siguiente paso consiste en acotar la ventana. La forma inusual de la ventana impide utilizar las cotas horizontales o verticales utilizadas hasta ahora. Sin embargo, la opción Alinear del desplegable Cota en el panel Cotas permite crear cotas en un ángulo:

1. Haga clic en la herramienta **Alineada** (Alineada) en el desplegable Cota del panel Cotas. También puede escribir `Acoali` en la línea de comando y pulsar **Intro** para iniciar el modo de acotación alineado.
2. En la línea de comando `Designe el origen de la primera línea de referencia o <designar objeto>:`, pulse **Intro**. Podría seleccionar los orígenes de la línea de referencia como hicimos en otros ejemplos, pero pulsando **Intro** se le permitirá comprobar el funcionamiento de la opción Designar.
3. En la línea de comando `Designe objeto para acotar:`, seleccione la cara superior derecha del hexágono en la coordenada 75,55. Como indica la línea de comando, también puede seleccionar un arco o círculo para este tipo de acotación.
4. En la línea de comando, `Designe ubicación de línea de cota o [textoM/Texto/ángUlo]:`, seleccione un punto cercano a las coordenadas 90,60. A continuación, aparecerá la cota en el dibujo, como muestra la figura 12.32.

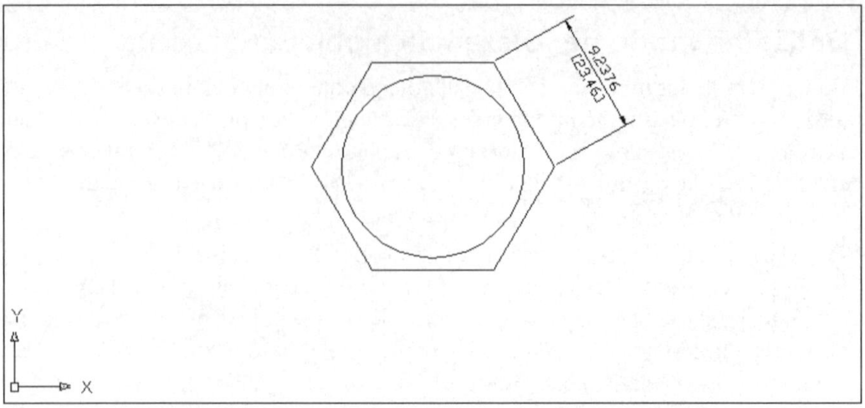

Figura 12.32. La cota alineada de una línea no ortogonal.

TRUCO: Como en el caso de las cotas lineales, puede introducir `T` y pulsar **Intro** en el paso 4 para introducir texto alternativo para la cota.

A continuación acotaremos una cara del hexágono. Sin embargo, en lugar de su longitud actual, acotaremos una distancia a partir de un ángulo dado (la distancia desde el centro de la cara):

1. Haga clic en la herramienta **Lineal** del desplegable Cota en el panel Cotas, o escriba `dimlinear` en la línea de comandos y pulse **Intro**.
2. En la línea de comando `Designe el origen de la primera línea de referencia o <designar objetos>:`, pulse **Intro**.
3. En la línea de comando `Designe objeto para acotar:`, seleccione la cara inferior derecha del hexágono cerca de las coordenadas 77,33.
4. En la línea de comando `Designe ubicación de la línea o cota o [textoM/Texto/ángUlo/Horizontal/Vertical/Girar]:`, escriba `G` y pulse **Intro** para seleccionar la opción Girar.
5. En la línea de comando `Designe ángulo de línea de cota <0>:`, escriba `30` y pulse **Intro**.
6. En la línea de comando `Designe ubicación de línea de cota o [textoM/Texto/ángUlo/Horizontal/Vertical/Girar]:`, seleccione un punto cerca de las coordenadas 88,12. En la figura 12.33 se ilustra el resultado.

NOTA: El comando **Dimrotation** consigue lo mismo con un ligero cambio en la secuencia de pasos.

Acotación de radios, diámetros y arcos

Para acotar objetos circulares se utiliza otro conjunto de opciones del menú Acotar:

1. Haga clic en la herramienta **Angular** ( ) en el desplegable Cota del panel. También puede escribir `Acoang` en la línea de comando y pulsar **Intro**.

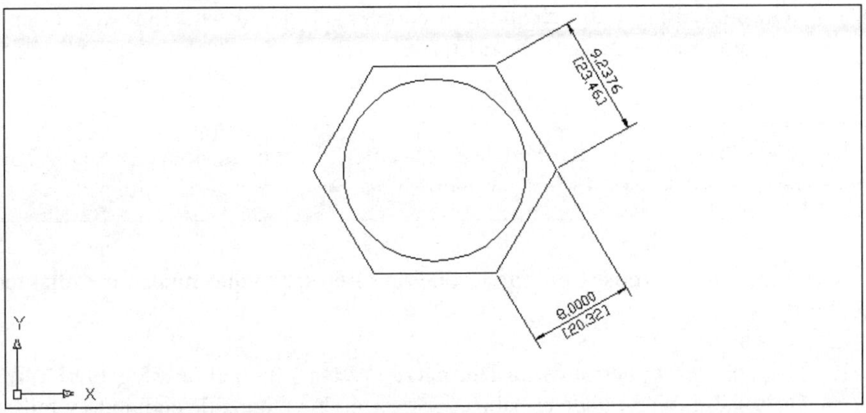

Figura 12.33. Una cota lineal creada con la opción Girar.

2. En la línea de comando `Designe arco, círculo, línea o <designar vértice>:`, seleccione la cara superior izquierda del hexágono cerca de las coordenadas 44,57.
3. En la línea de comando `Designe segunda línea:`, seleccione la cara superior en las coordenadas 54,62.
4. En la línea de comando `Designe ubicación del arco de línea o cota o [textoM/Texto/ángUlo]:`, observe que al mover el cursor alrededor de la esquina superior izquierda del hexágono la cota se modifica, como muestran las primeras tres imágenes de la figura 12.34.

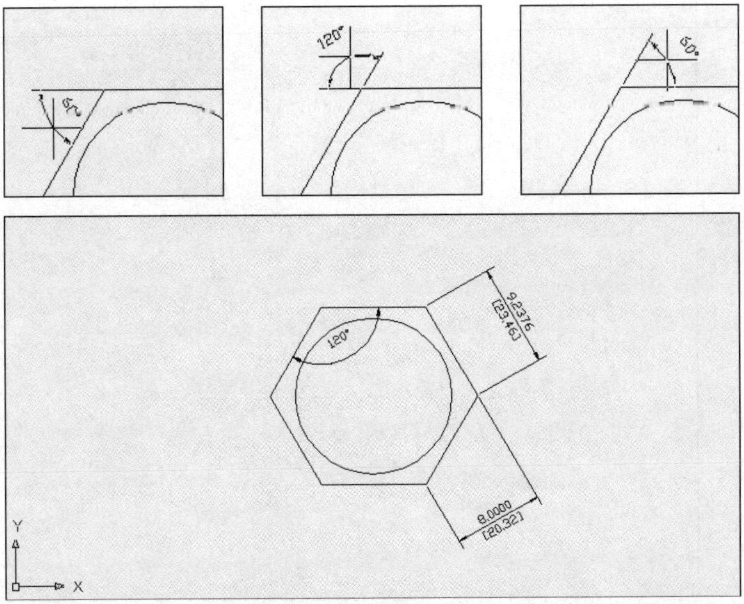

Figura 12.34. La cota angular aplicada al marco de la ventana.

5. Seleccione un punto cercano a la coordenada 46,50 para fijar la cota en el dibujo (imagen inferior derecha de la figura 12.34).

> **TRUCO:** Si necesita realizar ajustes delicados a la línea de cota o sobre la ubicación del texto, puede utilizar los pinzamientos tras emplazar la cota angular.

A continuación vamos a probar la opción Diámetro, que muestra el diámetro de un círculo:

1. Haga clic en la herramienta **Diámetro** () en el desplegable Cota del panel Cotas. También puede escribir `Acodia` en la ventana de comando y pulsar **Intro**.
2. En la línea de comando `Designe un arco o círculo:`, seleccione la opción Círculo.
3. En la línea de comando `Designe ubicación de línea de cota o[textoM/ Texto/ángUlo] :`, observará cómo la cota de diámetro se desplaza alrededor del círculo al desplazar el cursor. Si mueve el cursor fuera del círculo, AutoCAD emplazará la cota en el exterior (véase la imagen superior de la figura 12.35).

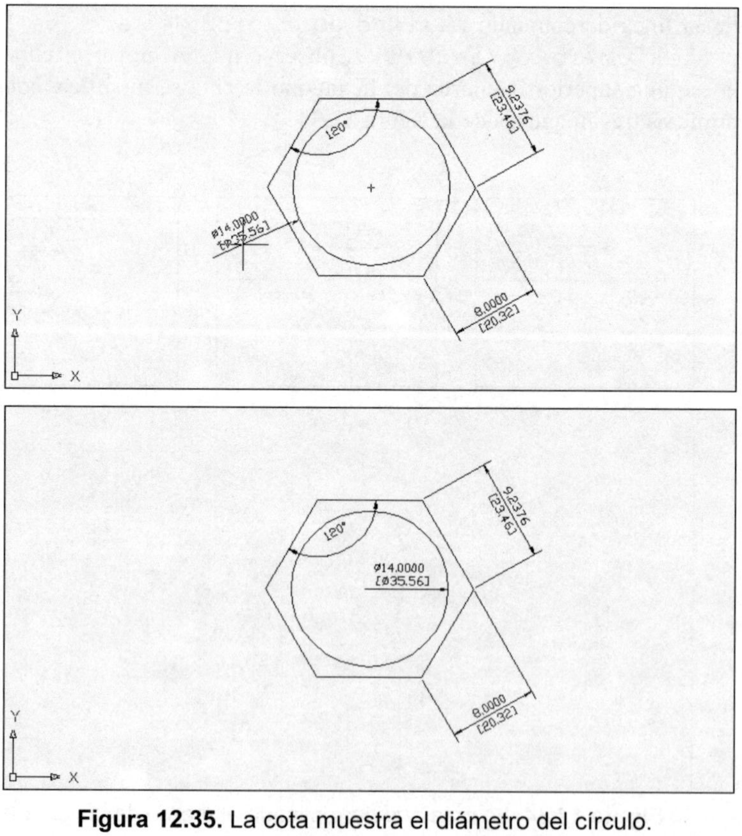

Figura 12.35. La cota muestra el diámetro del círculo.

TRUCO: Si el texto de cota no encaja dentro del círculo, AutoCAD le permite colocarlo fuera al arrastrar la cota provisional hasta una posición horizontal.

4. Coloque el cursor dentro del círculo para que la flecha de la cota apunte en dirección horizontal, como muestra la imagen inferior de la figura 12.35.

5. Con el texto centrado, haga clic con el ratón.

La herramienta **Radio** (Radio) del desplegable Cota en el panel Cotas indica el radio de un arco o círculo de la misma forma que la herramienta **Diámetro** mostraba el diámetro de estos objetos.

La figura 12.36 muestra una cota de radio en la parte exterior del círculo, pero puede ubicarla en su interior de manera similar a las cotas de diámetro. La herramienta **Marca de centro** en el panel Cotas expandido indica el centro del arco o círculo seleccionado mediante una marca.

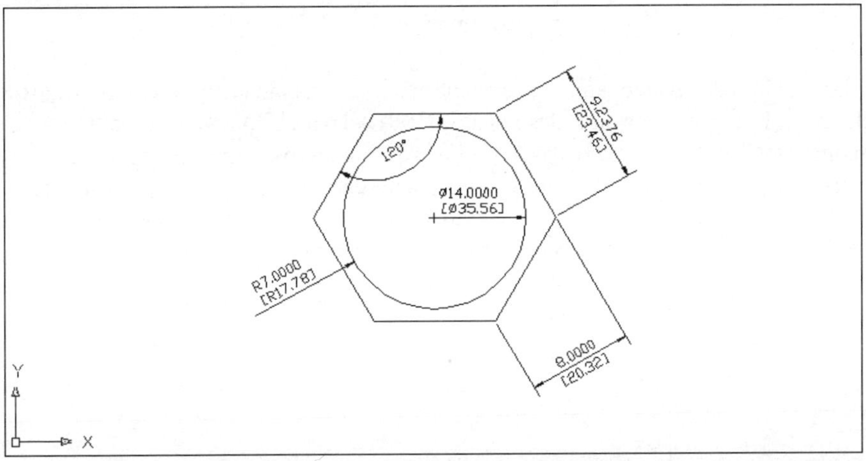

Figura 12.36. Una cota de radio indicada en la parte exterior del círculo.

TRUCO: Puede modificar el formato de las cotas de diámetro cambiando los parámetros de las variables `Dimtixy` y `Dimtofl`. Por ejemplo, para mostrar dos flechas en el diámetro del círculo, active ambos parámetros.

Si necesita acotar un arco o un círculo cuyo centro no se encuentra dentro del área de dibujo, puede utilizar una cota con recodo. Éstos son los pasos a seguir:

1. Seleccione Acotar>Con recodo en el Explorador de menús o escriba `Dimjogged` en la línea de comandos y pulse la tecla **Intro**.

2. En la línea de comandos `Designe un arco o un círculo`, seleccione el objeto que desea acotar.

3. En la línea de comandos `Especifique modificación de ubicación de centro`, seleccione un punto que indique la dirección general del centro del arco o círculo. Aparecerá una línea de cota que seguirá el movimiento del cursor.

4. Sitúe la línea de cota donde desee y haga clic.
5. Sitúe el recodo de la línea de cota donde desee y haga clic. La cota con recodo quedará ubicada en el dibujo como muestra la figura 12.37.

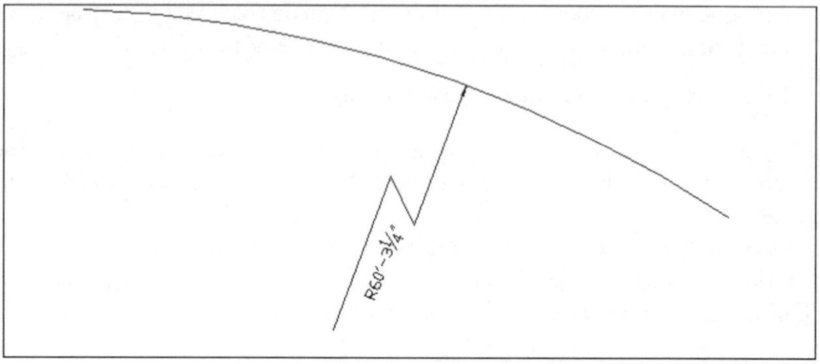

Figura 12.37. Cota con recodo.

La longitud de un arco también se puede acotar utilizando la herramienta **Longitud de arco**. Seleccione la herramienta en el desplegable Cota del panel Cotas o escriba `dimarc` en la línea de comandos y pulse la tecla **Intro**. En la línea de comandos `Designe arco o segmento de arco de polilínea`, seleccione el arco que desea acotar. Puede ser tanto un arco plano como un arco de polilínea. Una vez seleccionado, aparecerá la cota desplazándose de forma solidaria con el cursor. Sólo quedará seleccionar la ubicación de la cota (véase la figura 12.38).

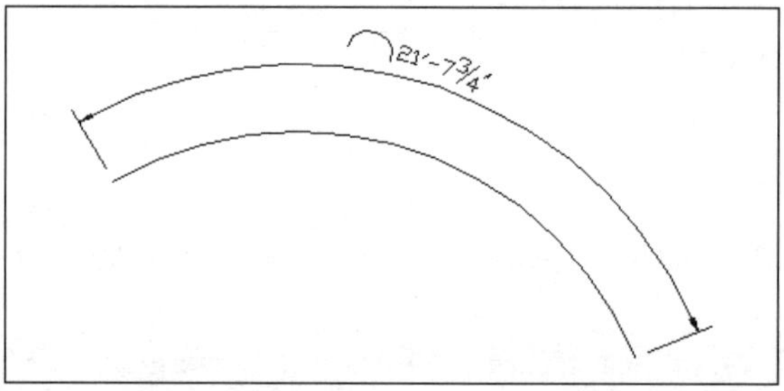

Figura 12.38. Arco de polilínea.

Líneas de cotas sesgadas

En ocasiones, puede que necesite crear líneas de referencia con un ángulo distinto a 90° con respecto a la línea de cota. Esto suele ser un requisito habitual en dibujos isométricos en los que la mayor parte de las líneas están trazadas a 30° o 60°. Para facilitar la acotación en estos casos, AutoCAD dispone de la opción Oblicua:

1. Seleccione Oblicua () en el panel Cotas expandido, o escriba `Aed` y pulse **Intro**, `O` y pulse **Intro**.
2. En la línea de comando `Designe objeto:`, seleccione la cota alineada situada en la parte superior derecha del dibujo y pulse **Intro** para confirmar la selección.

3. En la línea de comando `Indique ángulo oblicuo (pulse Intro para ninguno) :`, escriba `60` para indicar un ángulo de 60º. Las cotas se sesgarán de acuerdo al ángulo de 60º asignado a las líneas de referencia, como muestra la figura 12.39.

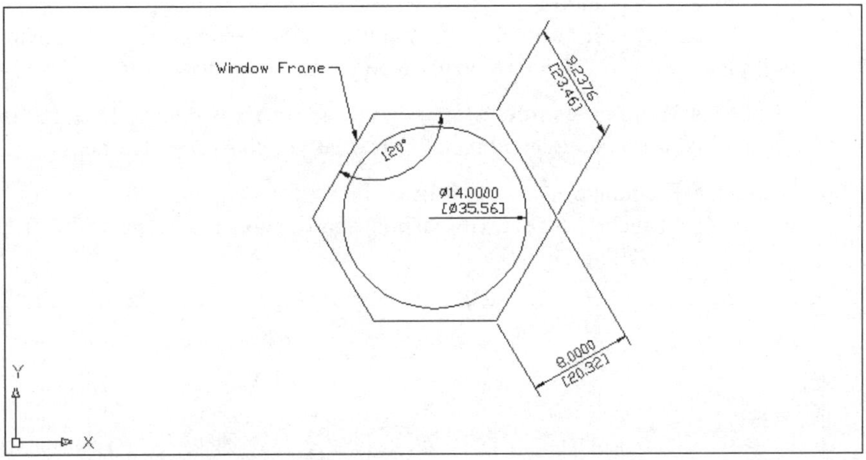

Figura 12.39. Una cota a la que se ha aplicado la opción Oblicua.

4. Guarde el dibujo y salga de AutoCAD.

Incluir una nota con una flecha Directriz

Un tipo de cota es algo como un híbrido texto-cota. La opción Directriz múltiple de AutoCAD le permite añadir una nota de texto combinada con una directriz que señala a un objeto en su dibujo. Las directrices múltiples son fáciles de usar y ofrecen las mismas herramientas de formato de texto que la herramienta **TextoM**. Intente hacer los siguientes ejercicios para familiarizarse con las directrices múltiples.

1. Haga clic en la herramienta **Directriz múltiple** ( ) en el panel Directrices múltiples de la ficha Anotar o escriba `Dirr` (véase la figura 12.40).

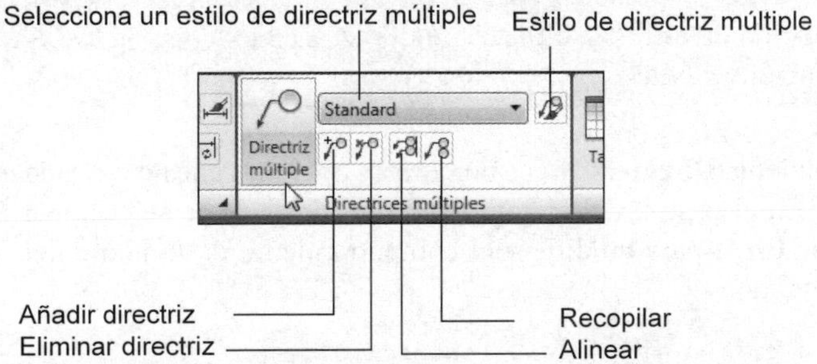

Figura 12.40. Panel Directrices múltiples.

2. En la línea de comando `Precise ubicación de extremo de cota de directriz o [SEgmento de conexión de directriz primero/Contenido primero/Opciones] <Opciones>:`, seleccione un punto próximo a la parte superior izquierda del hexágono en las coordenadas 45,59.
3. En la línea de comando `Precise ubicación de segmento de conexión de directriz:`, escriba `@15<110` y pulse **Intro**. Aparece la ficha Texto de líneas múltiples, junto con el cursor de texto en la ubicación de la nota.
4. Introduzca **Window Frame** (Marco de ventana) para la nota y, después, haga clic en Cerrar el editor de texto en el panel Cerrar de la ficha Texto de líneas múltiples.
5. En la línea de comando `Precise anchura de texto <0.0000>:`, pulse **Intro** o introduzca un ancho para el texto. Su nota aparece con una flecha de directriz parecida a la de la figura 12.41.

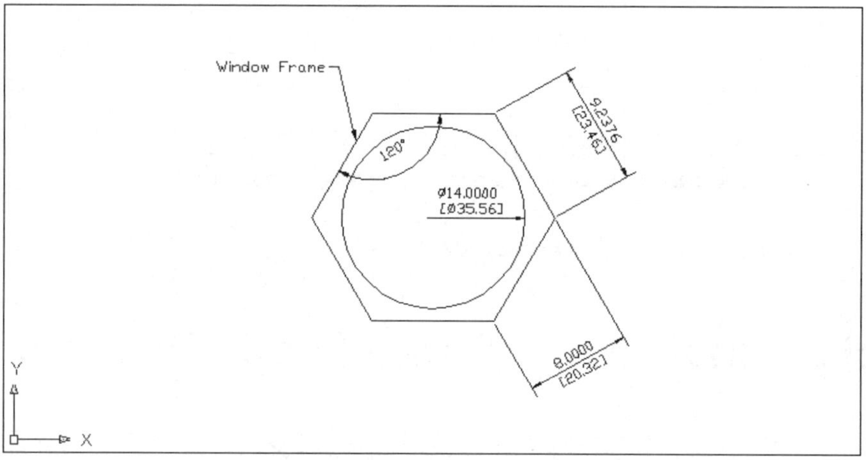

Figura 12.41. La directriz con una nota añadida.

El texto de la nota está en el estilo de texto actual, a menos que especifique otro estilo en la ficha Texto del cuadro de diálogo Nuevo o en Modificar estilo de directriz múltiple.

> **NOTA:** Las directrices múltiples tiene una opción anotativa que les permite ajustarse automáticamente a la escala del dibujo. Puede encontrar la configuración de escala anotativa en las propiedades para directrices múltiples específicas en el dibujo o en la configuración de estilo de directriz múltiple. Véase la opción Escala de la tabla 12.2 de este mismo capítulo.

La herramienta **Directriz** ofrece numerosas opciones que no son evidentes cuando se están empleando. En el paso 2 del ejemplo anterior, después de seleccionar **Directriz múltiple**, puede pulsar **Intro** para modificar el comportamiento de la herramienta. Verá la siguiente línea de comando:

```
Indique una opción [tipo de Directriz/ SEgmento de conexión de directriz/
tipo de Contenido/Máximo puntos/Primer ángulo/seGundo ángulo/opciones de
sAlida] <opciones de sAlida>:
```

La tabla 12.1 le da un resumen de estas opciones y de sus funciones.

Tabla 12.1. Opciones de Directriz múltiple.

Opción	Función
`Tipo de Directriz`	Le permite elegir entre flechas de línea recta y flechas en curva.
`Segmento de conexión de directriz`	Determina si se utiliza un segmento de conexión de directriz. El segmento de conexión de directriz es la línea corta que conecta la flecha a la nota.
`Tipo de Contenido`	Le permite seleccionar entre un texto o un bloque para la nota de directriz. También tiene la opción para elegir Ninguna.
`Máximo puntos`	Le permite configurar el número de puntos que selecciona para la flecha. El número predeterminado es 2.
`Primer ángulo`	Le permite restringir el ángulo de la flecha directriz a un valor fijado.
`Segundo ángulo`	Le permite restringir el ángulo de la segunda línea del segmento de la flecha, si está utilizando más de dos puntos para la opción Máximo puntos.
`Opciones de salida`	Le permite volver a la parte principal del comando **Directriz** para dibujar la directriz.

Crear estilos de directrices múltiples

Además de las opciones de la tabla 12.1, puede crear estilos de directriz múltiple para controlar la apariencia de las directrices múltiples. Los estilos de directriz múltiple son parecidos en concepto a los estilos de texto y de cota. Le permiten configurar la apariencia de la directriz bajo un nombre que puede recordar en cualquier momento. Por ejemplo, puede querer tener un tipo de directriz que utiliza un bloque en lugar de un texto para la nota y otra directriz que utiliza un punto en lugar de una flecha. O puede querer configurar un estilo que utiliza líneas curvas en lugar de líneas rectas para la línea de directriz. Puede crear un estilo de directriz múltiple para cada uno de esos tipos de funciones de directriz y después cambiar entre los estilos dependiendo de las necesidades de su nota de directriz.

Para configurar o modificar un estilo de directriz múltiple, haga clic en la herramienta **Estilo de directriz múltiple** (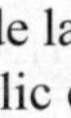) en el panel Directrices múltiples. También puede introducir `estilodirectrizm` en la línea de comando y pulsar **Intro**. Esto abre el cuadro de diálogo Administrador de estilos de directriz múltiple mostrado en la figura 12.42. Desde aquí puede seleccionar un estilo de la lista de la derecha y hacer clic en **Modificar** para modificar un estilo existente, o hacer clic en **Nuevo** para crear uno nuevo. Si hace clic en **Nuevo**, se le pedirá que elija un estilo existente como base de su nuevo estilo.

Cuando hace clic en **Modificar** o en **Nuevo**, se abre el cuadro de diálogo Modificar estilo de directriz múltiple (véase la figura 12.43). La tabla 12.2 describe las opciones de cada una de las fichas de ese cuadro de diálogo. Algunas de estas opciones son las mismas que para el comando **Directriz**.

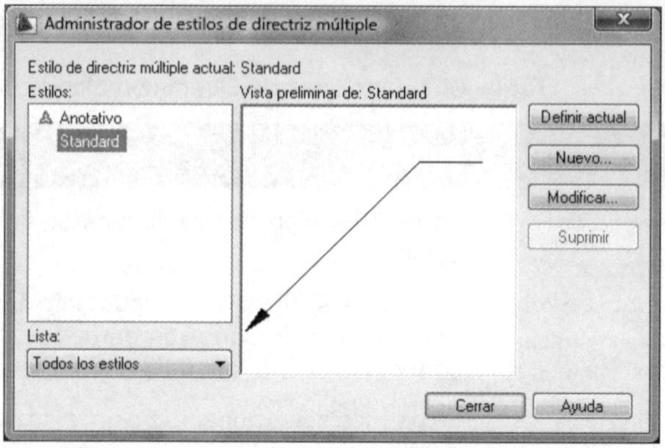

Figura 12.42. Cuadro de diálogo Administrador de estilos de directriz múltiple.

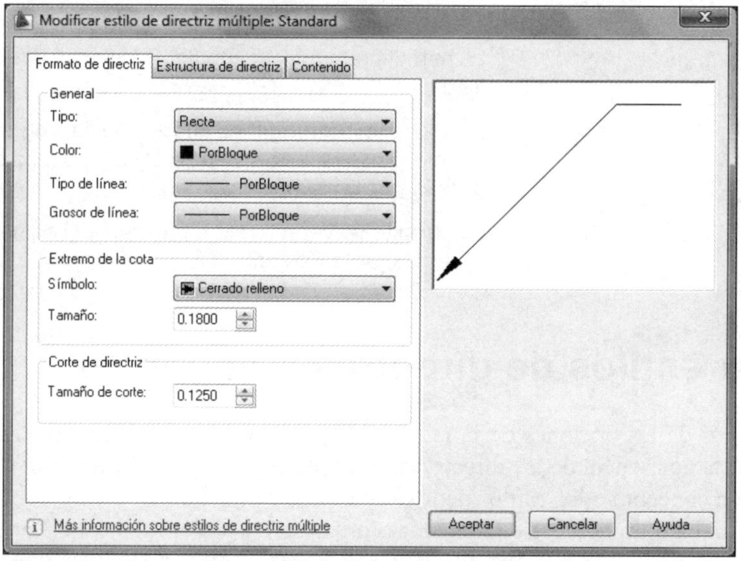

Figura 12.43. Cuadro de diálogo Modificar estilo de directriz múltiple.

Tabla 12.2. Opciones del cuadro de diálogo Modificar estilo de directriz múltiple.

Ficha y panel	Función
Ficha Formato de directriz	
General	Le permite configurar la línea de directriz como recta o curva. También puede configurar el color, el grosor de línea y el tipo de línea para la línea de directriz.
Extremo de la cota	Controla los extremos de las cotas.
Corte de directriz	Controla el tamaño del corte en una línea de directriz cuando se aplica el comando **Corte de directriz**. El corte de directriz coloca un corte en una línea de directriz donde se cruzan dos líneas de directriz.

Ficha y panel	Función
Ficha Estructura de directriz	
Restricciones	Determina el número de los segmentos de línea en una línea de directriz. También puede aplicar restricciones de ángulo a los segmentos de la línea directriz.
Parámetros de segmento de conexión	Controla los segmentos de conexión de la línea de directriz. Es el último segmento que señala a la nota.
Escala	Le permite controlar la escala de los componentes de la directriz. Puede aplicar una escala fija o utilizar la opción Anotativo para aplicar la escala de anotación del dibujo a la directriz.
Ficha Contenido	
Tipo de directriz múltiple	Le permite seleccionar el tipo de objeto que se utilizará para la nota de directriz. Las opciones son TextoM, Bloque o Ninguno.
Opciones de texto	Le da control sobre la forma en la que aparece la nota de directriz. Puede controlar el color, el estilo de texto, el tamaño, la orientación y justificar el texto.
Conexión de directriz	Determina la posición entre la línea de directriz y la nota.

Una vez haya configurado el estilo de la directriz múltiple, puede establecerlo como estilo predeterminado seleccionando el estilo de la lista desplegable del panel Directrices múltiples (véase la figura 12.44).

Figura 12.44. Lista desplegable del panel Directrices múltiples.

El estilo seleccionado se aplicará a cualquier directriz múltiple que añada al dibujo. También puede cambiar el estilo de una directriz múltiple existente. Para hacerlo, haga clic en la directriz múltiple para seleccionarla y, después, cambie el estilo de la directriz múltiple existente que quiera de la lista desplegable del panel Directrices múltiples.

Editar notas de directrices múltiples

Si tiene que hacer cambios a una parte de la nota de la directriz múltiple, puede hacerlo, haciendo doble clic en la nota. Esto abre la ficha Texto de líneas múliples en la Cinta de opciones, que le permite hacer cambios como en un procesador de texto.

Otras veces, puede querer cambiar la línea de directriz, las flechas u otras funciones gráficas de la directriz múltiple. Por ejemplo, puede querer todas las notas alineadas verticalmente para una apariencia más clara. O puede querer añadir más flechas de directriz para que la nota señale a varios objetos del dibujo en lugar de sólo a uno. El panel Directrices múltiples ofrece varias herramientas que le permiten hacer estos tipos de cambios en sus notas de directriz (véase la figura 12.40). Las herramientas **Añadir directriz** y **Eliminar directriz** le permiten añadir o eliminar directrices. La herramienta **Añadir directriz** es muy útil si quiere que una nota señale varios objetos. La herramienta **Alinear** le permite alinear la parte de la nota de varias directrices múltiples. Finalmente, la herramienta **Recopilar** le permite recopilar varias directrices múltiples que utilizan bloques para notas dentro de una sola nota.

Romper una línea de cota con una directriz

En un dibujo lleno de cosas, su flecha de directriz múltiple puede tener que cruzar una línea de cota. En muchas convenciones de diseño, cuando una línea de directriz cruza una línea de cota, la línea de cota debe mostrarse con un corte (véase la figura 12.45).

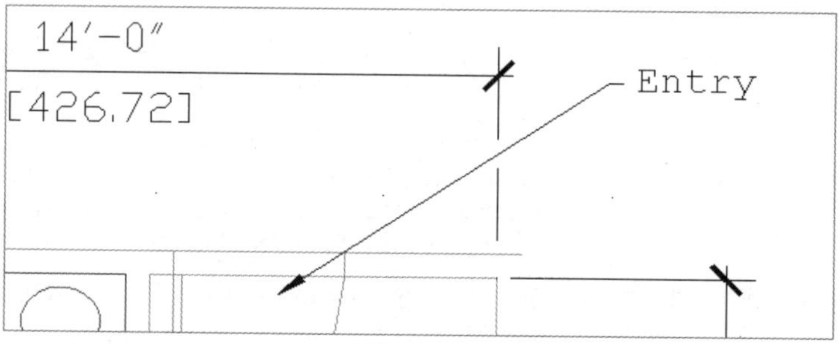

Figura 12.45. Línea directriz cruzando una línea de cota.

Puede aplicar un corte a una línea de directriz utilizando la herramienta **Partir**. Aquí tiene cómo funciona:

1. Seleccione **Partir** en el panel Cotas.
2. En la línea de comando `Designe una cota o [Múltiple]:`, seleccione una línea de cota o introduzca `M`, en la línea de comandos y pulse **Intro**. Luego, seleccione las líneas de cota múltiples.
3. Cuando termine con su selección, pulse **Intro**.
4. En la línea de comando `Designe un objeto para corte de cota o [Auto/Restaurar/Manual] >Auto>:`, pulse **Intro**. Aparece un corte siempre que una línea de directriz u otra línea de cota cruce la línea de dimensión seleccionada.

Si prefiere indicar manualmente un corte, introduzca `M` en la línea de comando en el paso 4 y pulse **Intro**. Esto le permite seleccionar dos puntos en la cota indicando dónde tiene que tener lugar el corte. Si se añaden líneas de cota o de directriz adicionales que crucen la línea de cota, vuelva a utilizar la herramienta **Partir**. Para eliminar un corte, utilice la opción Restaurar del paso 4 introduciendo `R` y pulsando **Intro**.

Cotas por coordenadas

En dibujo técnico, las cotas por coordenadas se utilizan para mantener la exactitud de los objetos mediante la designación de un punto de referencia. Las cotas principales se describen como coordenadas X e Y con respecto a dicho origen. El punto de referencia se suele establecer en un elemento fácilmente reconocible del objeto, por ejemplo, el agujero de una pieza o dos superficies mecanizadas. La figura 12.46 muestra una típica acotación por coordenadas. En la esquina inferior izquierda, observe las dos cotas cuyas directrices están encabalgadas. Observe también la ubicación del punto de referencia en la esquina superior derecha.

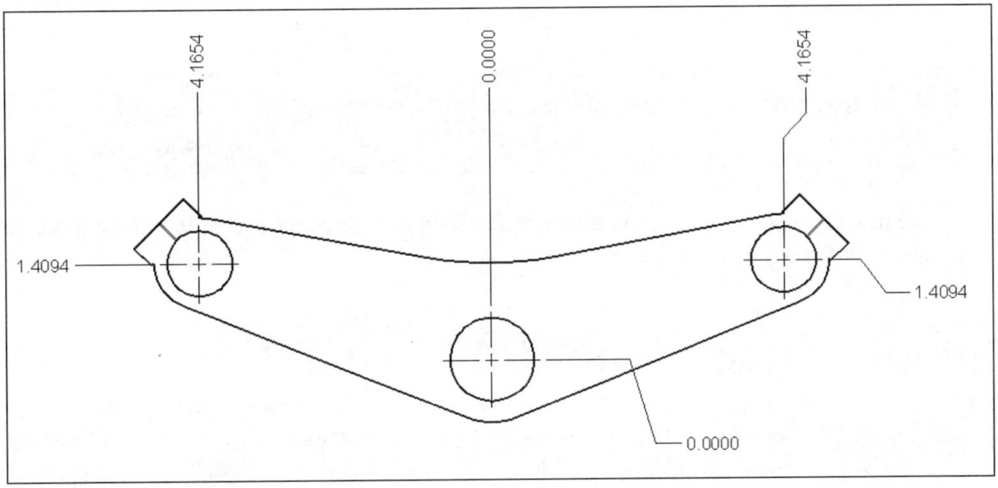

Figura 12.46. Un dibujo con acotación por coordenadas.

Siga estos pasos para utilizar el comando **Cota por coordenadas** de AutoCAD:

1. Haga clic en **Origen** () en el panel SCP de la ficha Vista, o escriba `SCP`, pulse **Intro**, `O`, y pulse **Intro**.
2. En la línea de comando `Precise nuevo punto de origen <0,0,0>:`, haga clic en la ubicación exacta del origen de la pieza.
3. Active el modo Orto () en la barra de estado.
4. Haga clic en la herramienta **Coordenada** () en el desplegable Cota del panel Cotas.
5. En la línea de comando `Designe ubicación del punto:`, haga clic en el elemento que desea acotar.

TRUCO: La dirección de la directriz determina si la cota será de Abscisas u Ordenadas.

6. En la línea de comando `Precise extremo de la directriz o [Abscisas/Ordenadas/textoM/Texto/ángUlo]:`, indique la longitud y dirección de la directriz. Para ello coloque la banda elástica de la directriz en posición perpendicular a la dirección de la coordenada que desea acotar y haga clic en dicho punto.

En los pasos 1 y 2, hemos utilizado la función SCP para establecer un segundo punto de referencia en el dibujo. La herramienta **Cota coordenada** utiliza dicho punto para determinar las cotas por coordenadas.

Es posible que haya observado las opciones de la ventana de comandos para la herramienta **Cota coordenada**. Las opciones Abscisas y Ordenadas obligan a la cota a asociarse a la coordenada X o Y independientemente de la dirección que tome la directriz. La opción TextoM abre la ficha Texto de líneas múltiples en la Cinta de opciones, permitiéndonos adjuntar o sustituir el texto de la cota de coordenadas. La opción Texto permite indicar texto de sustitución directamente a través de la ventana de comandos.

> **TRUCO:** Como en otros tipos de acotaciones, puede utilizar los pinzamientos para ajustar la ubicación de las cotas por coordenadas.

Si desactiva el modo Orto, la directriz se dibujará con un encabalgamiento para mantener la ortogonalidad (véase la figura 12.46).

Incluir notación por tolerancia

En dibujo técnico, las tolerancias constituyen un elemento clave de la notación de un dibujo. Indican la desviación permisible de tamaño y forma que puede tener una pieza. Para facilitar la notación de tolerancias, AutoCAD dispone del comando **Tolerancia**, que consta de símbolos ISO, así como de una forma rápida de elaborar símbolos de control de función estándar en la industria. Los símbolos de control de función son símbolos estándar que se utilizan en la industria para especificar tolerancias.

Para utilizar el comando **Tolerancia**, seleccione Tolerancia ( ) en el panel Cotas expandido, o escriba `Tol` y pulse **Intro** en la línea de comando. A continuación, se abrirá el cuadro de diálogo Tolerancia geométrica (consulte la figura 12.47).

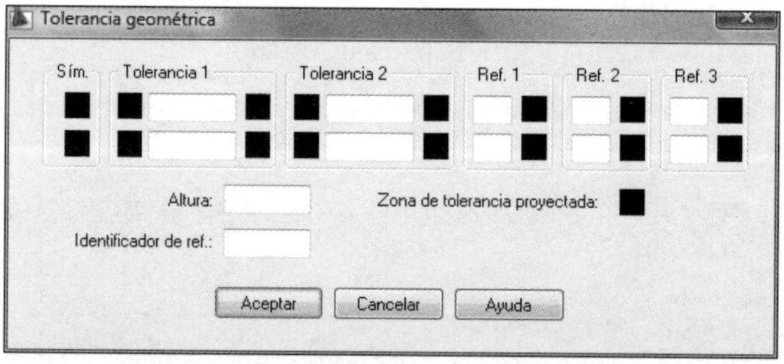

Figura 12.47. Cuadro de diálogo Tolerancia geométrica.

Éste es el espacio en el que se introducen los valores de tolerancia y los identificadores de referencia para el símbolo de control de función. Puede indicar dos valores de tolerancia y tres identificadores de referencia. Además, puede acumular valores en las dos filas. Si hace clic en uno de los recuadros del grupo Sím, aparecerá el cuadro de diálogo Símbolo (consulte la figura 12.48). La imagen superior de la figura 12.49 muestra qué representa cada símbolo del cuadro de diálogo Símbolo. La imagen inferior muestra un dibujo de ejemplo en el que se ha utilizado un símbolo de función en un objeto cilíndrico. Los símbolos del dibujo que incluimos como muestra indican que el cilindro superior necesita ser concéntrico con el cilindro inferior.

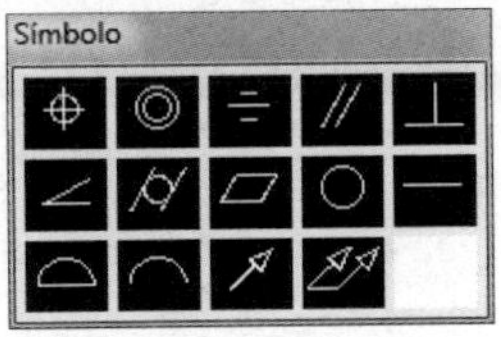

Figura 12.48. Cuadro de diálogo Símbolo.

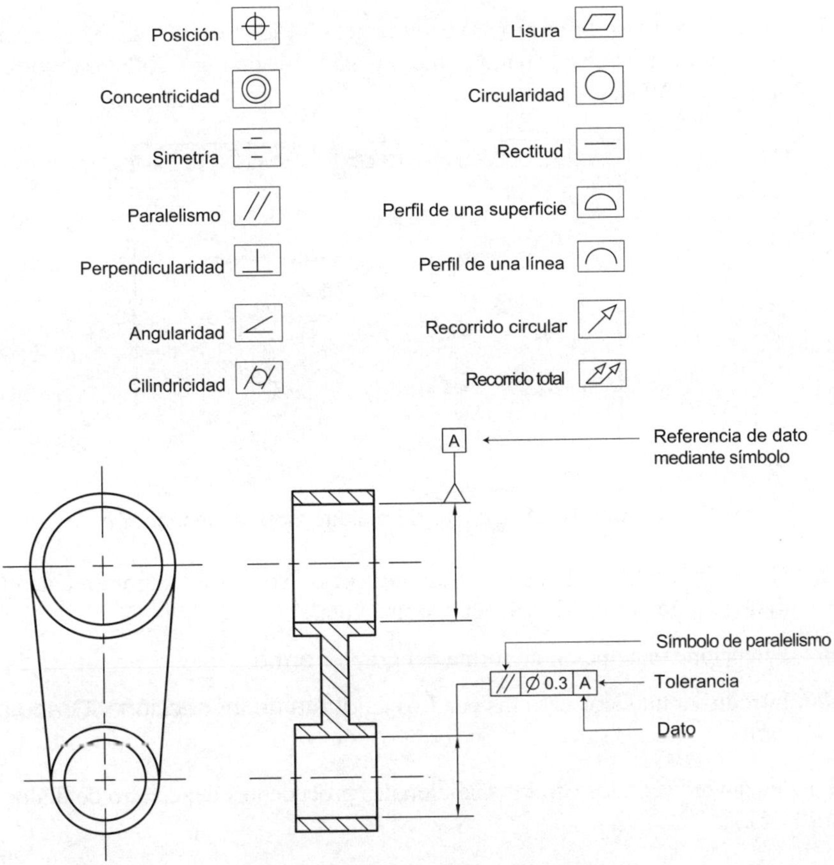

Figura 12.49. Símbolos de tolerancia.

En el cuadro de diálogo Tolerancia geométrica, si hace clic en uno de los recuadros de los grupos Tolerancia, o en una de los recuadros a su derecha, aparecerá el cuadro de diálogo Condición de material (véase la figura 12.50). Este cuadro de diálogo ofrece una serie de símbolos estándar relacionados con las condiciones de material máximas y mínimas de cada característica de la pieza que se está acotando.

Figura 12.50. Cuadro de diálogo Condición de material.

Añadir Cotas de inspección

Otro tipo de cota relacionada con las tolerancias es la Cota inspección. Esta cota es un tipo de anotación de cota que indica con qué frecuencia se deberían comprobar las tolerancias de una cota.

Para añadir una cota de inspección, primero añada una cota linear normal como se describía en la primera parte de este capítulo. A continuación, siga estos pasos:

1. Seleccione **Inspeccionar** ( ) en el panel Cotas, o escriba `acoinspec` en la línea de comandos y pulse **Intro**. Aparece el cuadro de diálogo Cota de inspección (véase la figura 12.51).

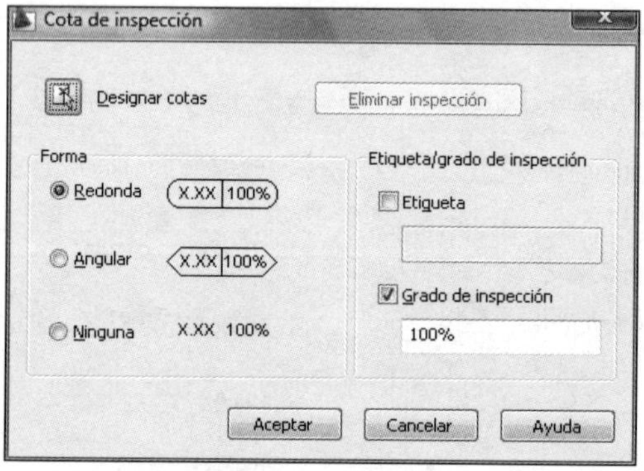

Figura 12.51. Cuadro de diálogo Cota de inspección.

2. Haga clic en la herramienta **Designar cotas**. Se cierra temporalmente el cuadro de diálogo para permitirle seleccionar una cota.
3. Seleccione una opción de forma del grupo Forma.
4. Introduzca un valor para los cuadros Etiqueta de inspección y Grado de inspección.

La cota aparece con los cambios adicionales procedentes del cuadro de diálogo (véase la figura 12.52).

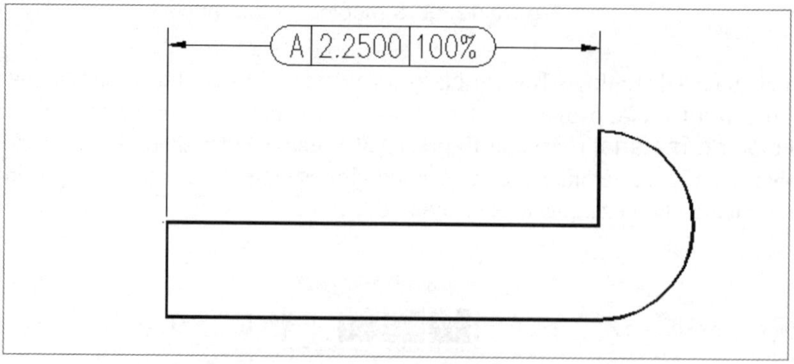

Figura 12.52. Cota con cambios adicionales.

En resumen

- **Componentes de una cota:** Antes de comenzar a acotar con AutoCAD, ayuda el estar familiarizado con las diferentes partes de una cota. Esto le ayudará a configurar su cota para que se ajuste al estilo de cota que necesita
  - **Dominarlo:** Identifique algunos de los componentes de una cota.
- **Crear un estilo de cota:** A medida que se familiariza con el dibujo y el diseño técnico, aprenderá que hay formatos estándar para las cotas de un dibujo. Flechas, tamaño del texto e incluso la forma en que se dibujan las líneas de cota son temas para un formato estándar. Afortunadamente, AutoCAD ofrece estilos de cota que le permiten configurar su formato de cota una vez y después volver a emplearlo siempre que lo necesite.
  - **Dominarlo:** ¿Cuál es el nombre del cuadro de diálogo que le permite administrar los estilos de cota y cómo lo abre?
- **Cotas lineales:** La cota más común que utilizará es la cota lineal. Saber cómo colocar una cota lineal es el primer gran paso para aprender cómo acotar en AutoCAD.
  - **Dominarlo:** Identifique tres ubicaciones que le pedirán cuando coloca una cota lineal.
- **Modificar cotas:** Las cotas a menudo cambian en el transcurso de un proyecto así que debería saber cómo hacer cambios al texto de la cota o a otras partes de la cota.
  - **Dominarlo:** ¿Cómo inicia el comando para modificar el texto de cota?
- **Acotación de objetos no ortogonales:** No todo lo que acote utilizará cotas lineales. AutoCAD ofrece un conjunto de herramientas de cotas para acotar objetos que no están creados con líneas rectas.
  - **Dominarlo:** Identifique algunos de los tipos de objetos para los que las cotas lineales no son adecuadas.
- **Incluir una nota en una cota:** Además de cotas, probablemente añada numerosas notas con flechas señalando a funciones en un diseño. AutoCAD le ofrece la directriz múltiple para este propósito.
  - **Dominarlo:** ¿Qué tipo de objetos combina la directriz múltiple?
- **Cotas por coordenadas:** Cuando cuenta la precisión, se utilizan las cotas por coordenadas porque miden las distancias que son similares a las coordenadas de una sola función.
  - **Dominarlo:** ¿Qué función de AutoCAD utiliza para las cotas por coordenadas que no está estrictamente asociada con las cotas?
- **Incluir notación de tolerancia:** Los diseños mecánicos a menudo requieren el uso de notaciones especiales para describir tolerancias. AutoCAD ofrece algunos símbolos predefinidos que tratan la necesidad de incluir notaciones de tolerancia en un dibujo
  - **Dominarlo:** ¿Cómo abre el cuadro de diálogo Tolerancia geométrica?

Parte III

Dominar habilidades avanzadas

265
1980
R250

13 Utilización de atributos

Al principio de este libro le enseñamos a crear bloques, que son agrupaciones de objetos de AutoCAD. Los bloques le permiten formar elementos o símbolos que se pueden reproducir fácilmente. Mobiliario, tornillería, puertas y ventanas son sólo algunos de los objetos más comunes que se pueden crear mediante bloques. Y como ya sabrá de otros capítulos, habitaciones enteras y electrodomésticos pueden crearse mediante bloques. En realidad, no hay ningún límite sobre el tamaño de un bloque.

AutoCAD ofrece también una característica llamada atributos que nos permite almacenar información en forma de texto como parte de un bloque. Por ejemplo, podemos almacenar las especificaciones sobre los materiales que componen un tornillo o cualquier otra parte mecánica que hayamos convertido en un bloque. Si nuestro dibujo es un plano arquitectónico, podemos almacenar información sobre materiales y otros accesorios o información sobre las dimensiones de una puerta o ventana que hayamos convertido en un bloque. Almacenando esta información dentro de un bloque, podremos recuperar fácilmente determinadas características de un bloque que pueden no resultar tan obvias simplemente observando el gráfico.

Los atributos de texto pueden configurarse como invisibles o mostrarse en forma de texto con el propio dibujo. Si optamos por hacerlos invisibles, podremos acceder rápidamente a la información de los atributos haciendo doble clic en su bloque. La información del bloque aparecerá en un cuadro de diálogo. Además, podemos extraer esta información a una base de datos u hoja de cálculo, ofreciéndonos así la posibilidad de realizar un inventario de los bloques disponibles en nuestros dibujos. Incluso podemos convertir la información de atributos en tablas dentro del propio dibujo de AutoCAD. Esta opción nos ayudará a agilizar la labor de confeccionar listas de componentes o planificar la colocación de puertas y ventanas.

Utilizando atributos podemos realizar un seguimiento de prácticamente cualquier objeto de un dibujo o mantener información en forma de texto dentro del dibujo para consultar en el momento que necesitemos.

Realizar un seguimiento de los objetos es sólo uno de los posibles usos de los atributos. También podemos utilizarlos en lugar de objetos de texto cuando queremos mantener unificados textos y gráficos. Un ejemplo de esto son los símbolos de referencia en un dibujo arquitectónico. Los símbolos de referencia se utilizan para indicar la localización de informaciones más detalladas en un conjunto de dibujos, tales como las vistas de elevación de una habitación o una sección cruzada de un muro o cualquier otra parte de un edificio. En este capítulo utilizaremos una de las funciones más habituales de un atributo: la conservación de listas de elementos. En este caso, los elementos son puertas. Analizaremos cómo importar esos atributos en un programa de administración de bases de datos. En los ejercicios que desarrollaremos, debe pensar de qué forma puede utilizar un atributo en su aplicación personal.

Éstos son los aspectos que se van a abordar aquí:

- Creación de atributos.
- Modificación de atributos.
- Extraer y exportar la información de un atributo.

Creación de atributos

Los atributos dependen de los bloques. Puede pensar en ellos como información en formato texto que van adjuntos a los bloques y que pueden incluir descripciones del bloque o cualquier otro tipo de texto pertinente. Por ejemplo, en el bloque de la puerta creado en capítulos anteriores podíamos haber incluido un atributo. Si lo hubiéramos hecho, cada vez que insertáramos la puerta tendríamos que definir un valor asociado con la misma. El valor puede ser un número, una altura o un ancho, un nombre o cualquier otro tipo de información textual. Después de introducir un valor, se almacena en la base de datos del dibujo como parte del bloque. El valor se puede visualizar como texto adjunto a la puerta o puede ser invisible y se puede modificar en cualquier momento. Incluso se pueden especificar en las líneas de comando que le piden que introduzca un valor de atributo.

Sin embargo, supongamos que no dispone de la información de los atributos cuando diseña el bloque puerta. Una posible alternativa sería añadir el atributo a un símbolo y colocarlo posteriormente junto a la puerta cuando conozca suficientemente el dibujo como para saber el tipo de puerta que corresponde en cada sitio del mismo. La figura 13.1 muestra un ejemplo del símbolo de una puerta y una tabla a la que hace referencia dicho símbolo. En este caso, el símbolo del tipo de puerta estándar es perfecto, ya que se trata de un objeto que se puede convertir en bloque y utilizar de forma independiente al bloque de la puerta.

> **TRUCO:** Un símbolo de tipo puerta es un código gráfico que se utiliza para definir características especiales de la puerta asociada. El código hace referencia a una nota o a un dibujo detallado en otro plano o puede hacer referencia a una descripción detallada en un conjunto de especificaciones escritas.

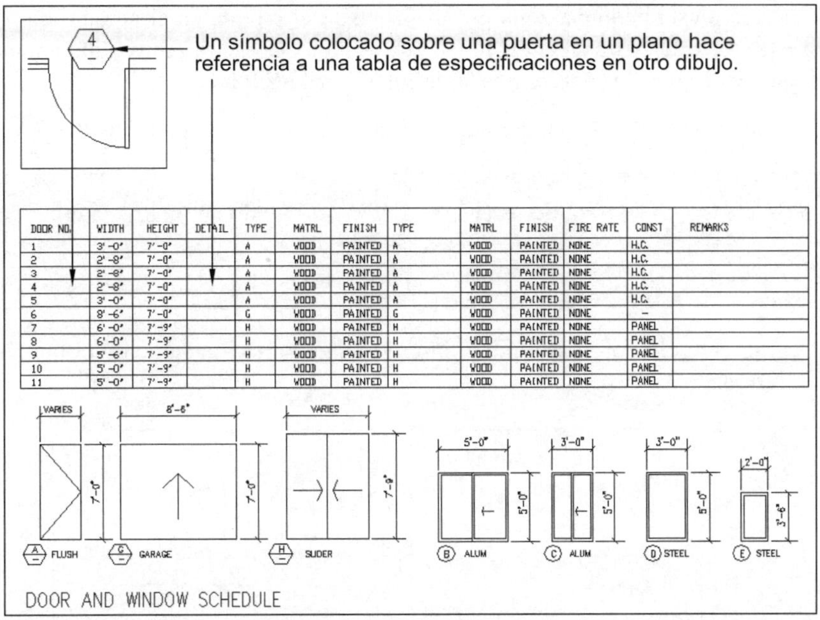

Figura 13.1. Un símbolo de una puerta nos informa del tipo de puerta que hay que colocar en la ubicación que se muestra. Generalmente, el símbolo contiene un número o una letra que es la clave para localizar la información sobre la puerta en una tabla.

Añadir atributos a un bloque

En el siguiente ejercicio crearemos un símbolo de tipo de puerta que se utiliza habitualmente para describir las características de cualquier puerta en un dibujo técnico. El símbolo suele ser un círculo, un hexágono o un polígono en forma de diamante con un número en su interior. El número hace referencia a una lista en la que se incluyen todos los tipos de puerta y sus características correspondientes.

Crearemos un nuevo archivo en el que se incluirán las definiciones de los atributos, en el archivo que se ha creado para el bloque, el archivo `Plan`. También puede utilizar el archivo `13a-plan-metric.dwg`. Creará el bloque en el archivo para que pueda insertarlo fácilmente donde pertenece dentro del plano.

Primero, abra el archivo `Plan` y configure una vista adecuada para crear el bloque con el atributo:

1. Abra el archivo `13a-plan-metric.dwg.` Es el mismo que el archivo `plan.dwg` que ha creado, con algunas cosas extra para hacerle más fácil los ejercicios de este capítulo.
2. Seleccione Ventana (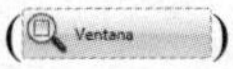) en el desplegable Zoom del panel Utilidades de la ficha Inicio. Utilizará esta opción para especificar una zona del dibujo.
3. En la línea de comando `Designe primera esquina;`, introduzca `0,0` y, pulse **Intro**.
4. En la línea de comando `Designe esquina opuesta;`, introduzca `12,9`. Esto hace que su vista se acerque a una ubicación cerca del origen del dibujo.

Se acerca a esta pequeña zona porque dibujará el bloque en el tamaño de papel de ¼". Ahora está preparado para crear el bloque y su atributo. Comenzaremos dibujando los gráficos del bloque, y después le añadiremos la definición del atributo.

1. Trace un círculo de 0,6 de radio y sitúe su centro en las coordenadas 7,5.

TRUCO: Como se trata de un nuevo dibujo, el círculo se incluye automáticamente en la capa 0. Recuerde que los objetos de un bloque incluidos en esta capa adoptan la asignación de color y tipo de línea de la capa en la que se encuentra el bloque.

2. Aumente el zoom para que el círculo tenga aproximadamente el tamaño del de la figura 13.2.

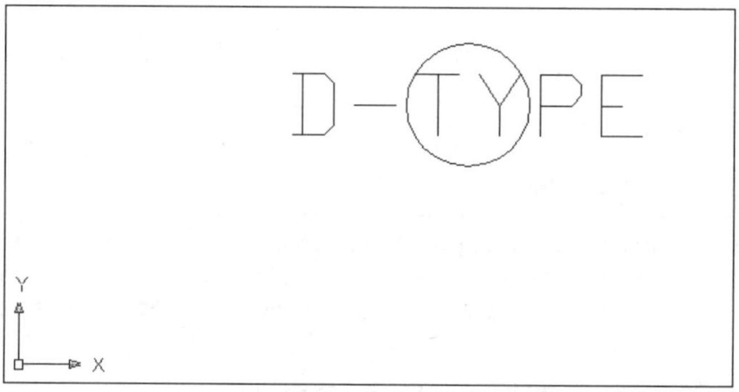

Figura 13.2. La definición de atributo insertado en el círculo.

3. Si el círculo tiene forma de octágono, escriba `Regen` y pulse **Intro** para regenerar el dibujo.
4. Haga clic en la herramienta **Definir atributos** () en el panel Atributos de la ficha Bloques y referencias, o escriba `Atrdef` y pulse **Intro**. Se abrirá el cuadro de diálogo Definir atributos (véase la figura 13.3).
5. Haga clic en el cuadro denominado Identificador, en el grupo Atributo, y escriba **D-TYPE**.

TRUCO: El identificador de atributo es similar al nombre de campo de una base de datos. Es como el nombre o carné de identidad del atributo y su fin es ayudar a identificar el objetivo del atributo. Puede tener una longitud de 255 caracteres y no puede incluir espacios. Si su intención es utilizar los datos de los atributos en un programa de bases de datos, es aconsejable que consulte los manuales del programa para saber las restricciones impuestas a los nombres de campo.

6. Pulse el tabulador o haga clic en el cuadro de texto Solicitud y escriba **Door type** (Tipo de puerta). Es el texto de la solicitud que aparece al insertar un bloque que incluya este atributo. La solicitud suele ser igual que el identificador, pero también puede ser cualquier otro texto de nuestra elección. Al contrario de lo que ocurre con el identificador, sí puede utilizar espacios y otros caracteres especiales.

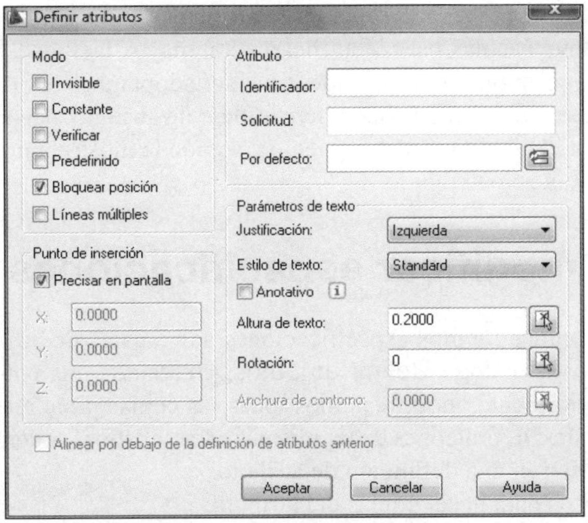

Figura 13.3. Cuadro de diálogo Definir atributos.

TRUCO: Es conveniente utilizar una solicitud que ofrezca instrucciones específicas para que el usuario sepa lo que tiene que hacer. Puede incluir un ejemplo dentro de la solicitud entre corchetes para imitar el estilo de AutoCAD.

7. En el cuadro Valor debe indicar un valor predeterminado para el tipo de puerta. Introduzca solamente un guión (-).

TRUCO: Si un atributo va a incluir un número que posteriormente se utilizará para ordenar una base de datos, puede utilizar un valor predeterminado como 000 para indicar el número de dígitos necesarios. Los ceros también le recuerdan al usuario que los valores inferiores a 100 deben estar precedidos de un cero, como por ejemplo 099.

8. Abra la lista desplegable Justificación y seleccione la opción Medio para centrar el atributo con respecto al centro del círculo. El resto de opciones de este grupo sirve para aplicar al atributo los mismos parámetros que a un texto de una línea.
9. En el campo Altura del texto introduzca el valor **0.3**, para que el atributo tenga 0,3 cm de alto.
10. En el grupo Punto de inserción, asegúrese de que la casilla de verificación Precisar en pantalla esté activada.
11. Seleccione la opción Anotativo que permite al atributo ajustar automáticamente su tamaño de acuerdo con la escala de anotación del dibujo.
12. Haga clic en **Aceptar** para cerrar el cuadro de diálogo.
13. Con el modo de referencia a objetos Centro, seleccione el punto central del círculo. Con este modo tiene que situar el cursor sobre la circunferencia, no directamente sobre el centro del círculo. La definición de atributo aparece en el centro del círculo.

Acaba de crear su primera definición de atributo. La definición del atributo muestra el identificador en mayúsculas para identificarla con mayor facilidad. Cuando posteriormente incluya este archivo en otro dibujo, el identificador adoptará el valor que se le asigne durante el proceso de inserción. Si solamente quiere utilizar un atributo, puede parar en este punto del proceso y guardar el archivo. En el siguiente apartado le mostraremos cómo añadir de forma rápida varios atributos a un dibujo.

Copiar y modificar especificaciones de atributos

A continuación añadiremos especificaciones adicionales de atributos, pero en lugar de utilizar el cuadro de diálogo Definir atributos, crearemos una copia matricial del primer atributo y, posteriormente, modificaremos todas las copias. Este método le permite ahorrar tiempo al crear varias definiciones de las mismas características. Además, practicará la técnica de efectuar cambios en una definición de atributo.

Siga estos pasos para hacer copias del atributo:

1. Haga clic en **Matriz** ( ) en el panel Modificar expandido de la ficha Inicio o escriba `Ma` y pulse **Intro** para abrir el cuadro de diálogo Matriz.
2. Seleccione la opción Matriz rectangular, situada en la esquina superior izquierda (véase la figura 13.4).

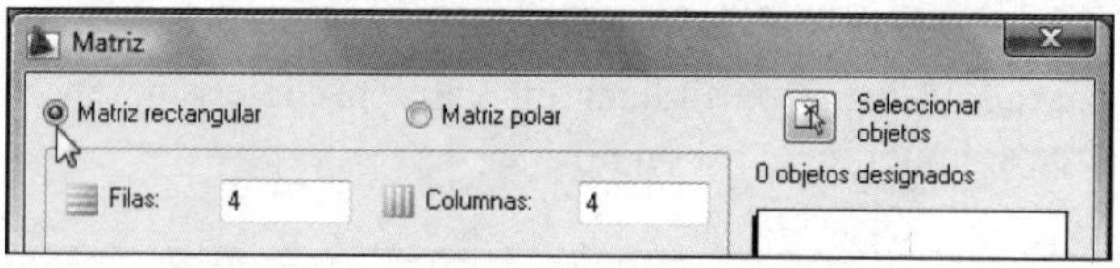

Figura 13.4. Cuadro de diálogo Matriz.

3. Haga clic en el botón **Seleccionar objetos** ( ) y designe la definición de atributo que acabamos de crear. Pulse **Intro** para confirmar la selección.
4. En el cuadro Filas debe introducir el valor **7** y, en el cuadro Columnas, el valor **1**.
5. Escriba **-0.432** en el cuadro Desplazamiento entre filas y **0** en el cuadro Desplazamiento entre columnas. El valor de desplazamiento entre filas equivale aproximadamente a 1,5 veces la altura del texto del atributo. El signo menos indica que la dirección de la matriz será hacia abajo.
6. Haga clic en el botón **Aceptar**.
7. Utilice la herramienta **Extensión** ( ) del desplegable Zoom en el panel Utilidades de la ficha Inicio para poder ver todos los atributos.

El siguiente paso consiste en modificar las copias de las definiciones de atributo.

1. Pulse la tecla **Esc** para desactivar cualquier comando o selección y marque la definición de atributo situado justo debajo de la original.
2. Utilice el botón derecho del ratón y escoja la opción Propiedades del menú contextual para abrir la paleta Propiedades.

TRUCO: Puede hacer doble clic en una definición de atributo para cambiar el identificador, la solicitud o el valor predeterminado en el cuadro de diálogo Editar definición de atributos. Sin embargo, en este cuadro no puede modificar el modo de visibilidad de la definición.

3. Busque la opción Invisible en la ficha Varios.
4. Seleccione Sí en la lista desplegable Invisible (véase la figura 13.5).

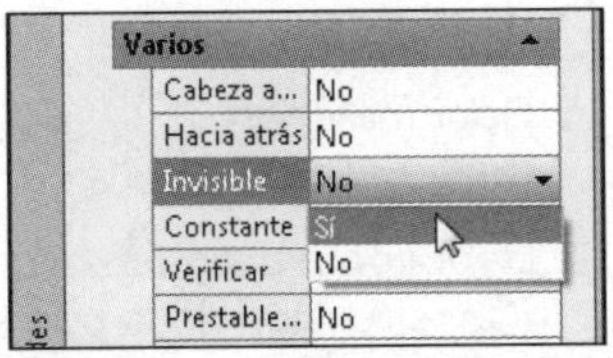

Figura 13.5. La opción Invisible en la paleta Propiedades.

5. Ascienda entre las opciones de la lista hasta que localice la opción Identificador en la categoría Texto (véase la figura 13.6).

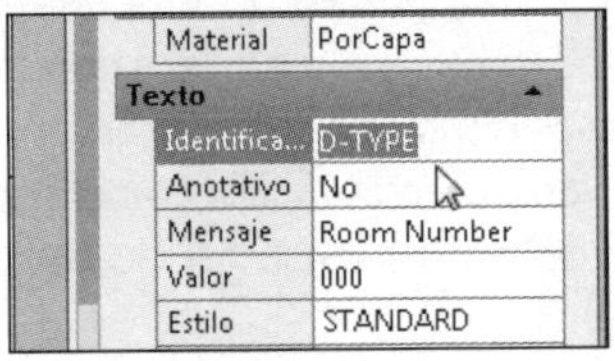

Figura 13.6. La opción Identificador en la paleta Propiedades.

6. Seleccione el valor que aparece a la derecha, escriba `D-SIZE` y pulse **Intro**. El atributo cambiará para reflejar el nuevo valor del identificador.
7. Dentro de la misma categoría, seleccione el valor Mensaje y escriba `Door size` (Tamaño de la puerta). Pulse **Intro** cuando haya terminado.
8. En el campo Valor, escriba `90` y pulse la tecla **Intro**.

TRUCO: Pulse **Intro** cada vez que introduzca un nuevo valor en la paleta Propiedades para confirmar la nueva entrada.

Una vez modificada la definición del atributo, continuaremos el proceso en el resto de definiciones, como se puede ver a continuación:

1. Pulse **Esc** dos veces para borrar la selección del atributo que acabamos de modificar y seleccione el siguiente para acceder a sus propiedades en la paleta Propiedades.
2. Puede modificar ésta y el resto de las definiciones con ayuda de los parámetros que aparecen en la tabla 13.1. Para ello, sólo tiene que seguir los pasos comprendidos entre el 5 y el 8 en cada una de las definiciones, cambiando las propiedades Identificador, Mensaje y Valor predeterminado con los parámetros de la tabla 13.1. Debe comprobar que en todos los atributos menos en el original se activa la opción Invisible.

Tabla 13.1. Atributos para el símbolo tipo de puerta.

Identificador	Mensaje	Valor predeterminado
D-NUMBER	Door number (Número de la puerta)	-
D-THICK	Door thickness (Grosor de la puerta)	-
D-RATE	Fire rating (Resistencia al fuego)	-
D-MATRL	Door material (Material de la puerta)	-
D-CONST	Door construction (Construcción de la puerta)	-

Asegúrese de que la opción Invisible está seleccionada para los atributos de esta tabla

3. Cuando haya terminado, cierre la paleta Propiedades.

Si posteriormente incluye un archivo o un bloque que contenga atributos, los mensajes aparecerán en el orden en el que se hayan creado sus correspondientes definiciones. Si el orden durante el proceso de inserción es importante, puede controlarlo modificando las definiciones de atributos para que su orden de creación coincida con el orden de mensajes adecuado. También se puede controlar con ayuda del Administrador de atributos de bloque, que analizaremos posteriormente en este capítulo.

Modos de definición de atributos

En el cuadro de diálogo Definir atributo verá varias opciones en el grupo Modo, de las que ya ha utilizado un modo para ver cómo funciona. A continuación ofrecemos la descripción de todos los modos que puede aplicar:

- Invisible: Controla si el atributo se muestra como parte del dibujo o no.
- Constante: Crea un atributo que no le pide que introduzca un valor. En su lugar, el atributo es una constante o valor fijo que se introduce durante el proceso de creación. Este modo se utiliza cuando se sabe con certeza que se va a asignar un valor fijo a un objeto. Una vez definidos en un bloque, los valores constantes no se pueden cambiar con los comandos de modificación de atributos convencionales.
- Verificar: Obliga a AutoCAD a revisar los valores de atributo que se introducen durante el proceso de inserción y a comprobar si son o no correctos. Esta opción sólo aparece cuando el cuadro de diálogo está desactivado (la variable del sistema `Attdia` está a 0).
- Predefinir: Hace que AutoCAD asigne de forma automática un valor predeterminado a un atributo cuando se inserta su bloque, lo que le permite ganar tiempo, ya que los atributos preestablecidos no solicitan un valor. Al contrario que el modo Constante, sí se puede modificar.

- Bloquear posición: Evita que el atributo se mueva de su ubicación original dentro del bloque cuando está modificando el pinzamiento.
- Líneas múltiples: Permite al atributo tener varias líneas de texto, parecidas a los objetos TextoM. Cuando esta opción está activada, puede especificar el ancho del contorno del texto.

A excepción del modo Invisible, ninguno de los otros tres se puede alterar una vez que el atributo forma parte del bloque.

Transformar las definiciones de atributos en un bloque

Tiene que realizar más de un paso importante antes de poder utilizar estas definiciones de atributo. Tiene que transformar las definiciones de atributos en un bloque, junto con el círculo:

1. Haga clic en la herramienta **Crear** ( ) en el panel Bloque de la ficha Inicio o escriba `bloque` y pulse **Intro**.
2. En el cuadro de diálogo Definición de bloque, introduzca **S-DOOR** en el nombre.
3. En el grupo Punto base, haga clic en la herramienta **Designar punto**, y después utilice el modo de referencia a objetos Centro para seleccionar el punto central del círculo.
4. En el grupo Objetos, haga clic en la herramienta **Designar objetos** y seleccione el círculo y todos los atributos. Pulse **Intro** cuando haya terminado la selección.
5. En el grupo Comportamiento, seleccione la opción Anotativo. Esto le asegura que el bloque se escala en el tamaño adecuado a la escala del dibujo en el que inserta.
6. Haga clic en **Aceptar**.
7. Tanto los atributos como el círculo son ahora un bloque llamado S-DOOR. Puede eliminar el bloque S-DOOR de su pantalla.

Una vez que ha creado el bloque, puede colocarlo en el lugar que quiera dentro de dibujo utilizando el comando **Insertar** o la herramienta **Insertar** del panel Bloque de la ficha Inicio. Insertará el bloque en otra ubicación dentro del dibujo. Si quiere utilizar el bloque en otros dibujos, puede utilizar el comando **Wblock** para guardar el bloque como un archivo de dibujo o puede utilizar la paleta DesignCenter para arrastrar y soltar bloques desde un archivo de dibujo.

Inserción de bloques con atributos

En el apartado anterior hemos creado un símbolo de tipo de puerta con un determinado tamaño para nuestro símbolo del dibujo. El tamaño se conoce como tamaño papel. Gracias a que ha activado la propiedad Anotativo para el bloque y el atributo, puede utilizar la configuración Escala de anotación para insertar el bloque con el tamaño adecuado para la escala del dibujo. Éstos son los pasos para insertar un bloque que contenga atributos. Primero, configure la vista y la escala de anotación como preparación para insertar los bloques:

1. Active el modo Diálogo de atributo e introduzca `Attdia`, pulse **Intro**, `1`, y pulse **Intro** en la línea de comando. De esta forma, en el siguiente ejercicio podrá introducir valores de atributo a través de un cuadro de diálogo. Si no, se le pedirán los valores de los atributos en la ventana de comando.
2. Seleccione 1/8"=1'0" de la lista desplegable Escala de anotación en la esquina inferior derecha de la ventana de AutoCAD. Así se asegura de que el bloque aparece con el tamaño adecuado para la escala del dibujo.
3. En el panel Ventanas gráficas de la ficha Vista haga clic en la lista desplegable Control de visualización y seleccione First. Es una vista que se ha guardado en este dibujo (véase la figura 13.7).

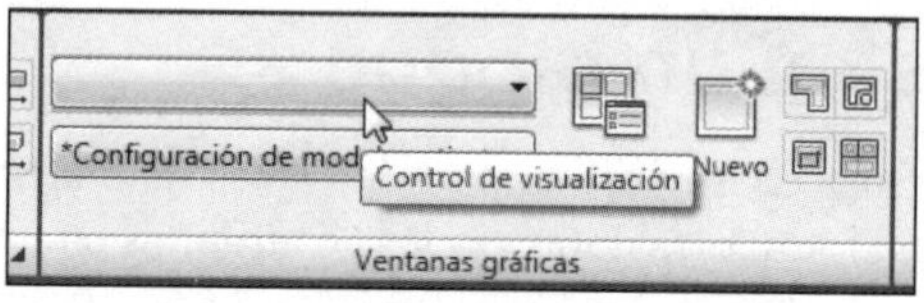

Figura 13.7. La lista desplegable Control de visualización en el panel Ventanas gráficas.

4. Asegúrese de que las capas Ceiling y Flr-pat están desactivadas. Normalmente, en un plano de suelo, los marcos de las puertas no están visibles e interferirán en la ubicación del símbolo de referencia de la puerta.
5. Por fin, puede comenzar a colocar los bloques en el dibujo. Haga clic en la herramienta **Insertar** ( ) en el panel Bloque de la ficha Inicio o escriba `Insert` y pulse la tecla **Intro** para abrir el cuadro de diálogo Insertar.
6. Seleccione S-DOOR de la lista desplegable Nombre.
7. En el grupo Punto de inserción, compruebe que la opción Precisar en pantalla está activada.
8. En el grupo Escala, compruebe que la casilla de verificación Escala uniforme está marcada.
9. En el grupo Rotación, compruebe que está desactivada la casilla Precisar en pantalla y haga clic en el botón **Aceptar**. Ahora, está preparado para ubicar el archivo en el dibujo en las localizaciones adecuadas e introducir los valores de atributo.
10. Debe indicar la ubicación del símbolo. Para ello, debe hacer clic en la puerta del apartamento inferior izquierdo, junto a las coordenadas 1256,2202. Al hacer clic en este punto se abrirá el cuadro de diálogo Editar atributos (véase la figura 13.8).
11. En el cuadro Door type escriba `A` y pulse **Intro**. El mensaje es el mismo que definimos anteriormente y el valor predeterminado es el mismo guión.

> **TRUCO:** Los datos de atributos conservan el mismo tamaño de letra con el que se han definido, ya sean mayúsculas o minúsculas.

12. En el cuadro Door number, borre el guión y escriba **116**. Cambie los valores del resto de cuadros con los parámetros que se incluyen en la tabla 13.2.

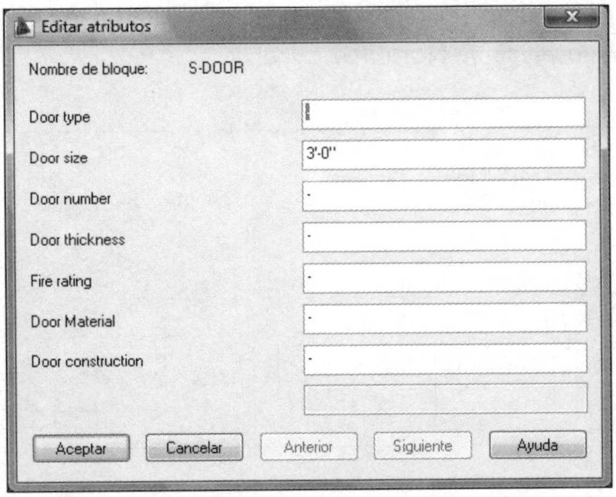

Figura 13.8. Cuadro de diálogo Editar atributos.

Tabla 13.2. Valores de atributo de la puerta del apartamento.

Mensaje	Valor
Door type (Tipo de puerta)	A
Door size (Tamaño de puerta)	3' -0"
Door number (Número de la puerta)	(Será el mismo que el número de habitación)
Door thickness (Grosor de la puerta)	3/4"
Fire rating (Tiempo de resistencia al fuego)	20 min.
Door material (Material de la puerta)	Wood (Madera)
Door construction (Construcción de la puerta)	Solid core (Maciza)

13. Una vez realizados los cambios, haga clic en **Aceptar** y el símbolo aparecerá sobre el dibujo. El único atributo que se puede ver es en el que se ha activado el modo visible: el tipo de puerta.

14. Añada el resto de los símbolos de tipo de puerta por medio de copias o de matrices del símbolo que acaba de añadir. Puede utilizar las vistas guardadas anteriormente en la lista desplegable Control de visualización en el panel Ventanas gráficas de la ficha Vista para desplazarse con mayor facilidad por el dibujo. No se preocupe si los valores de atributo no se corresponden con cada uno de los apartamentos, ya que aprenderemos a modificarlos posteriormente.

Además del bloque S-DOOR, necesitará otro bloque para el número de habitación. Para ahorrar tiempo, incluiremos un bloque llamado S-APART que contiene un rectángulo y una sencilla definición de atributos para el número de habitación (véase la figura 13.9). Siga estos pasos para insertar el número de habitación:

1. Seleccione **Insertar** ( ) en el panel Bloque de la ficha Inicio y después S-APART en la lista desplegable Nombre.

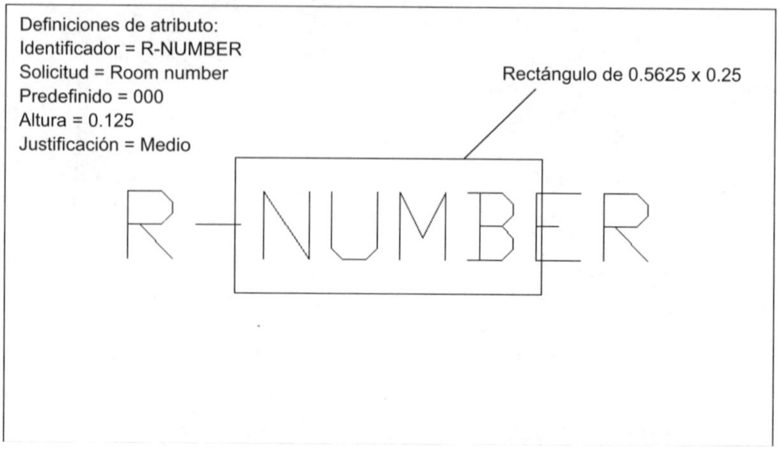

Figura 13.9. El símbolo del número de apartamento.

2. Asegúrese de que está activada la opción Precisar en pantalla sólo para el Punto de inserción, y después haga clic en **Aceptar**.
3. Inserte el bloque S-APART en el apartamento situado en la parte inferior izquierda. El atributo debe tener un valor de 116.
4. Por medio de copias o matrices, debe añadir un bloque S-APART a cada uno de los apartamentos. Aprenderá cómo modificar los atributos para reflejar los valores correctos en la siguiente sección. En la figura 13.10 se puede ver el aspecto del dibujo después de haber introducido los símbolos de las puertas y los números de apartamento.

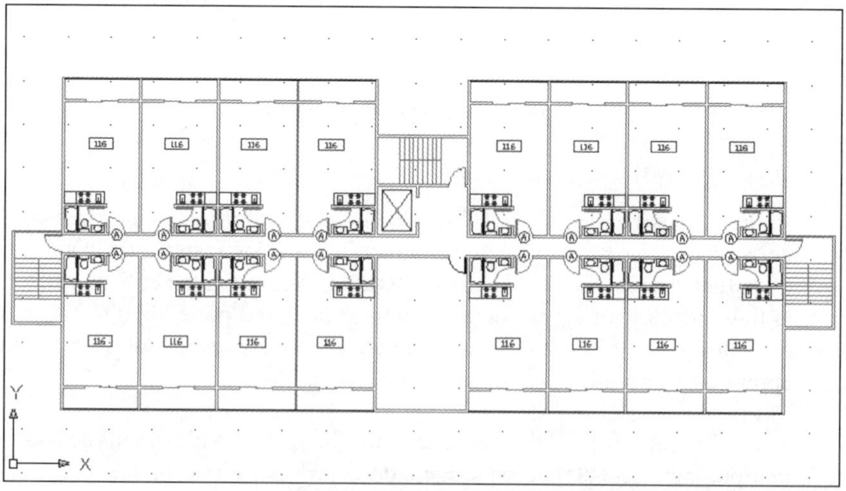

Figura 13.10. Una vista general del plano después de haber agregado los números de apartamento y los símbolos de puerta.

Modificación de atributos

Dado que un dibujo sigue activo incluso después de que comience el proceso de construcción o de desarrollo, en ocasiones tendrá que modificar atributos introducidos previamente. En el ejemplo del edificio de apartamentos, se pueden cambiar muchos elementos antes de completar la versión final del dibujo.

Los atributos se pueden modificar de forma individual o de forma global. En el siguiente apartado cambiaremos los atributos introducidos hasta ahora utilizando las dos técnicas, así como los que se han transformado en invisibles.

TRUCO: Si prefiere acceder a las ventanas de edición por medio de una barra de herramientas, en la barra Modificar II de AutoCAD se incluyen las herramientas para el Editor de atributos mejorado y el Administrador de atributos de bloque, que analizaremos más adelante.

Edición individual de valores de atributo

AutoCAD le ofrece una forma sencilla de modificar distintos atributos con ayuda de un cuadro de diálogo, como podremos comprobar a continuación:

1. Vuelva a la vista First seleccionándola de la lista desplegable Control de visualización en el panel Ventanas gráficas de la ficha Vista.
2. Haga doble clic en el atributo número de apartamento del apartamento situado a la derecha del primero que se encuentra en la esquina inferior izquierda. Se abrirá el cuadro de diálogo Editor de atributos mejorado (véase la figura 13.11).

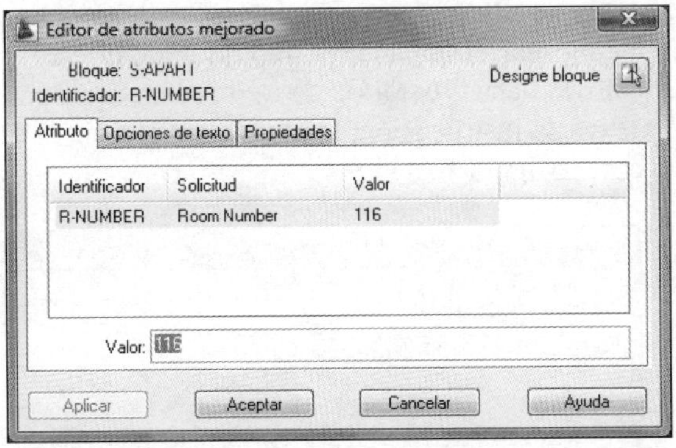

Figura 13.11. Cuadro de diálogo Editor de atributos mejorado.

3. Cambie el valor que aparece en el cuadro Valor por **112** y haga clic en el botón **Aceptar** para confirmar el cambio.
4. Efectúe esta modificación en el resto de números, utilizando como guía la imagen de la figura 13.12.

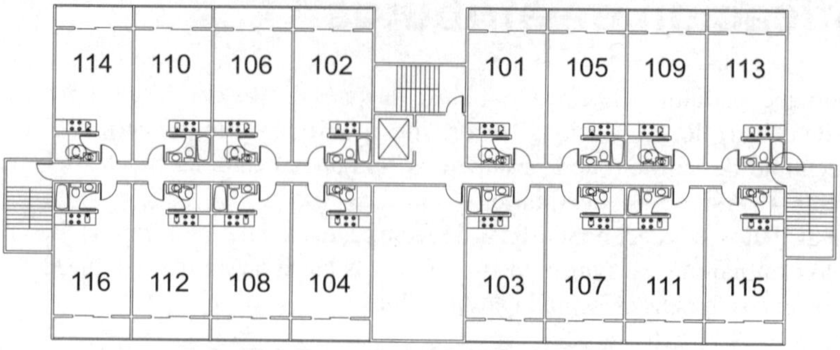

Figura 13.12. Números de apartamento de una de las plantas del edificio.

5. Ahora vuelva y edite el atributo de número de puerta del bloque S-DOOR. Proporcione a cada puerta el mismo número que el número de habitación a la que esté asociada. Consulte la figura 13.12 para ver los números de las habitaciones.

> **TRUCO:** Si es un usuario veterano de AutoCAD, es probable que utilice el comando **Admatrb** para abrir el cuadro de diálogo Editar atributos. Este cuadro de diálogo resulta útil para revisar atributos y también para editarlos, ya que se muestran tanto los visibles como los invisibles.

Modificar formatos y propiedades de texto en atributos

Como habrá podido comprobar, en el Editor de atributos mejorado se incluyen tres fichas: Atributo, Opciones de texto y Propiedades. Cuando se hace doble clic en un bloque en el que se incluye un atributo, el editor se abre directamente por la ficha Atributo. Las dos fichas restantes le permiten controlar el tamaño, el tipo de letra, el color y otras propiedades del atributo seleccionado. En la ficha Opciones de texto se incluyen parámetros que le permiten cambiar el estilo de texto, la justificación, la altura, la rotación, la relación anchura/altura o el ángulo oblicuo (véase la figura 13.13).

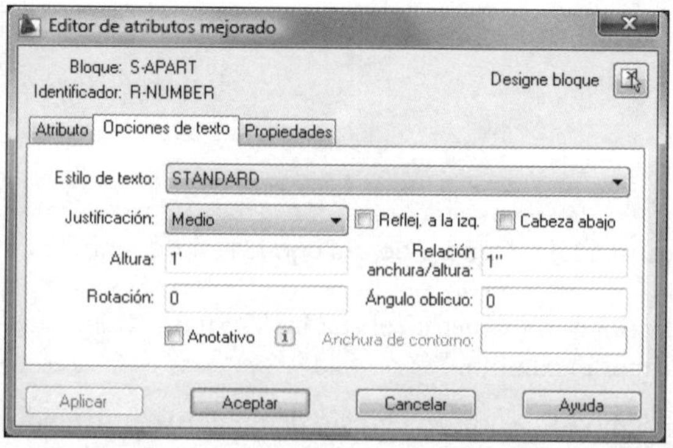

Figura 13.13. Cuadro de diálogo Editor de atributos mejorado.

La ficha Propiedades le ofrece opciones para modificar la capa, el tipo de línea, el color, la anchura de línea (únicamente para tipos de letra de AutoCAD) y el estilo de trazado (véase la figura 13.14).

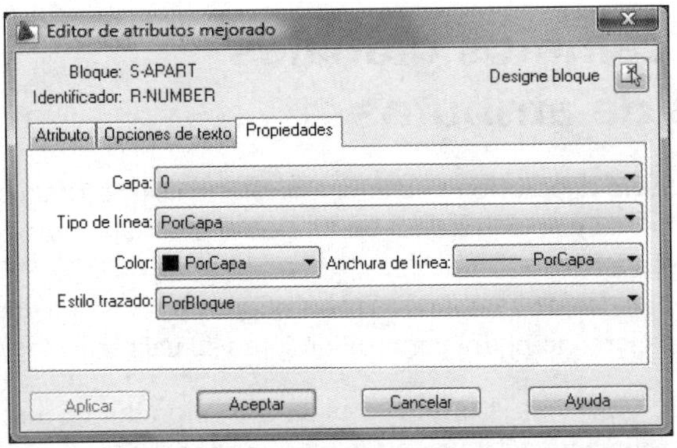

Figura 13.14. Cuadro de diálogo Editor de atributos mejorado.

En el ejercicio anterior, modificamos un bloque en el que solamente se incluía un atributo. Si, por casualidad, hace doble clic en un bloque que contiene varios atributos, como puede ser el bloque S-DOOR, en la ficha Atributo del cuadro de diálogo Editor de atributos mejorado aparecerán todos los atributos, estén visibles o no, como se puede apreciar en la figura 13.15. Puede cambiar el valor, los formatos o las propiedades de cada uno de los atributos. Sólo tiene que seleccionarlos en la ficha Atributo y utilizar las otras dos fichas para efectuar los cambios, que únicamente afectarán al atributo que haya seleccionado.

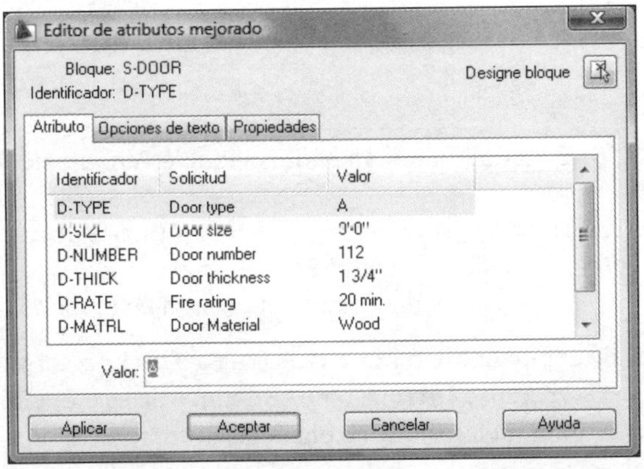

Figura 13.15. En el Editor de atributos mejorado se puede ver el contenido de un bloque con varios atributos.

TRUCO: Si quiere modificar la ubicación de determinados atributos de un bloque, los puede desplazar con ayuda de pinzamientos. Basta con hacer clic en el bloque para que aparezcan los pinzamientos y seleccionar el que esté conectado al atributo. En caso de que haya seleccionado varios bloques, pulse **Mayús**, haga clic en los pinzamientos de los atributos y desplácelos hasta su nueva posición. Seguirán conectados a sus bloques correspondientes.

El Editor de atributos mejorado permite modificar valores, formatos y propiedades de atributos en bloques individuales aunque, como veremos en la siguiente sección, también puede cambiar de forma simultánea varios atributos.

Efectuar cambios globales a valores de atributos

En ocasiones, será necesario realizar cambios en varios atributos de un archivo para que tengan el mismo valor. La opción Editor de atributos global permite efectuar cambios globales en los valores de un atributo.

Supongamos que decide cambiar todas las puertas por un tipo denominado B, en lugar de A. En el siguiente ejercicio podrá comprobar cómo se hace:

1. Seleccione Ver>Vistas guardadas en el Explorador de menús, o escriba `vista` en la línea de comandos y pulse **Intro** para abrir el cuadro de diálogo Administrador de vistas, seleccione la vista denominada Fourth. Encuádrela para que se vea el símbolo de referencia de la puerta de todas las habitaciones que aparecen en el dibujo.
2. Seleccione Editar atributos en el desplegable Atributos en el panel Atributos de la ficha Bloques y referencias, o escriba `-Atredit` y pulse **Intro** en la línea de comando. Asegúrese de incluir el guión delante del comando (véase la figura 13.16).

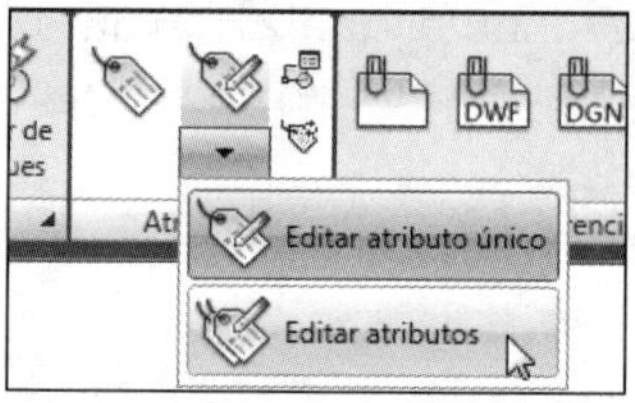

Figura 13.16. Editar atributos en el desplegable Atributos del panel Atributos.

3. En la línea de comando `¿Editar atributos uno a uno? [Sí/No] <S>:`, escriba `N` y pulse **Intro**. Aparecerá el mensaje `Realizando edición global de valores de atributos`, lo que indica que se encuentra en el modo de edición global.
4. En la línea de comando `¿Editar sólo atributos visibles en pantalla? [Sí/No] <S>:`, pulse **Intro**. Como se deduce de esta opción, puede modificar todos los atributos, incluidos los que se encuentran fuera de la vista seleccionada.
5. Aparecerá la línea de comando `Indique especificación de nombre de bloque <*>:`. Pulse **Intro**, aunque también puede especificar el nombre de un bloque para limitar la selección de bloques.
6. Pulse de nuevo **Intro** en la línea de comando `Indique especificación de identificador de atributo <*>:`. También puede indicar el nombre de un identificador para acotar la selección a determinados identificadores.
7. En la línea de comando `Indique especificación de valor de atributo <*>:`, pulse **Intro**. También puede limitar la selección a atributos que incluyan valores concretos.

8. En la línea `Designe atributos:`, debe seleccionar los símbolos de las puertas de los apartamentos entre el 103 y el 115. Puede utilizar una designación por ventana si lo prefiere.

9. A continuación, aparecerá la línea de comando `Indique cadena a cambiar:`. Escriba `A` y pulse **Intro**.

10. En la línea `Indique nueva cadena:`, escriba `B` y pulse **Intro**. Todos los símbolos de puerta cambiarán para reflejar el nuevo valor.

En el paso 8 del proceso anterior debía indicar los atributos que se iban a modificar, ya que AutoCAD se ciñe exclusivamente a los atributos que se seleccionen. Si tiene que cambiar todos los atributos de un dibujo, es necesario utilizar opciones diferentes en las líneas de comando, como se puede comprobar a continuación:

1. En la línea de comando `¿Editar sólo atributos visibles en pantalla? [Sí/No] <S>:`, (paso 4 del ejercicio anterior) escriba `N` y pulse **Intro**. Aparecerá el mensaje `Se debe regenerar el dibujo después` y se abrirá la ventana de texto de AutoCAD.

2. Tendrá que volver a indicar el nombre del bloque, el identificador y el valor (pasos 5, 6 y 7 del proceso anterior). Responda a las líneas de comando del mismo modo que en el ejercicio anterior. Obtendrá el mensaje `128 atributos seleccionados`, el número de atributos que se ajustan a las especificaciones que acaba de introducir.

3. En la línea de comando `Indique cadena a cambiar:`, escriba `A` y pulse **Intro** para indicar que quiere modificar el resto de valores de atributo A.

4. En la línea `Indique nueva cadena:`, escriba `B` y pulse **Intro**. Aparecerán una serie de letras `B` indicando el número de cadenas que se han sustituido.

ADVERTENCIA: Si el comando **Regenauto** se encuentra desactivado, debe regenerar el dibujo para poder ver los cambios.

En el ejercicio anterior no aparece la línea de comando `Designar atributo:`, sino que pasa directamente a `Indique cadena a cambiar:`. AutoCAD asume que queremos editar todos los atributos del dibujo; por ello, no se detiene a ordenarnos que designemos atributos específicos.

Hacer visibles los atributos invisibles

Podemos editar los atributos invisibles, como los del símbolo de referencia a la puerta, utilizando las herramientas que acabamos de describir de manera global. Sin embargo, puede que queramos seleccionar un atributo concreto o que queramos que resulte visible de manera temporal para fines de edición. En este ejercicio se explica cómo hacer visibles los atributos invisibles:

1. Escriba `Atrvis` y pulse **Intro**.

TRUCO: También puede utilizar el menú Ver para cambiar las características de visualización de los atributos. Seleccione Ver>Visualización>Visualizar atributos y escoja la opción deseada en el menú desplegable.

2. En la línea de comando `Indique parámetro de visibilidad de atributo [Normal/ACT/DES] <Normal>:`, escriba `ACT` y pulse **Intro**. La imagen presentará un aspecto como el ilustrado en la figura 13.17. Si la función de regeneración automática está desactivada, necesitará aplicar el comando **Regen**.

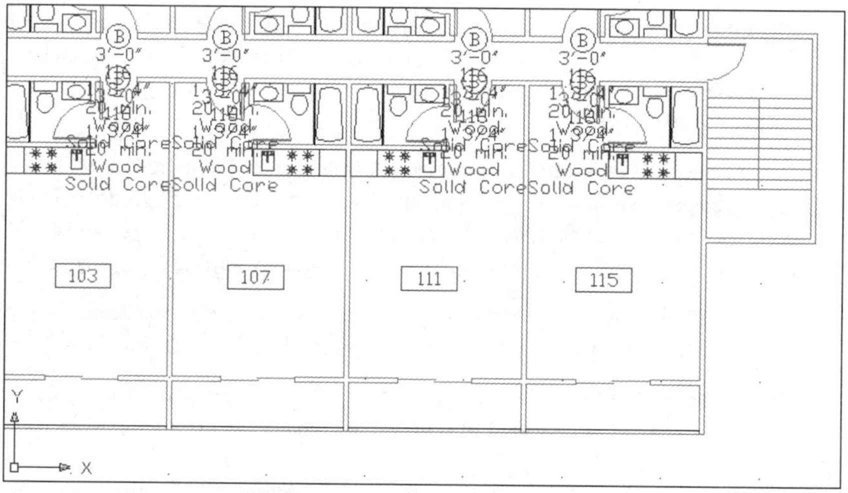

Figura 13.17. El dibujo con todos los atributos visibles. (Los símbolos de tipo de puerta están tan juntos que se solapan.)

3. En este punto, puede editar los atributos invisibles uno a uno, como el ejercicio dedicado a la edición de atributos. Por el momento, restablezca la visualización de atributos al modo normal. Escriba `Atrvis` de nuevo, pulse **Intro**, y, en la línea de comando `Indique parámetro de visibilidad de atributo [Normal/ACT/DES] <ACT>:`, escriba `N` para seleccionar la opción Normal.

TRUCO: En el ejercicio hemos visto los resultados de las opciones ACT y Normal. La opción DES convierte en invisibles todos los atributos independientemente del modo utilizado al crearlos.

Como los atributos no están ideados para su visualización, parecen solaparse y cubrir otras partes del dibujo al hacerlos visibles. Recuerde desactivarlos cuando haya terminado su revisión.

Uso de espacios en valores de atributo

Puede que en alguna ocasión necesite que el valor predeterminado comience por un espacio en blanco. De esta forma le resultará más sencillo especificar cadenas de texto al editar el atributo. Por ejemplo, imagine que tenemos el valor de atributo 3334333. Si queremos cambiar el primer 3 de la cadena, tendremos que especificar 3334 cuando se nos solicite qué cadena cambiar, y luego, para la nueva cadena, introducir la misma serie de números de nuevo con el 3 ya sustituido por el número nuevo. Si sólo ponemos 3, AutoCAD cambiará todos los 3 de la cifra. Si iniciamos la cadena con un espacio, por ejemplo _3334333 (se utiliza el guión bajo como convención para representar el espacio en blanco), podemos aislar los tres primeros del resto especificando _3 como cadena que cambiar (recuerde sustituir el guión bajo por un espacio).

Es necesario escribir una barra invertida (\) antes del espacio en el valor predeterminado para indicarle a AutoCAD que interprete el espacio literalmente, en lugar de pulsar la barra de espacio (lo que equivale a pulsar **Intro**).

Cambios globales de formato y propiedades de atributos

Siguiendo con el proceso de edición global, es conveniente saber que también se pueden modificar el formato y las propiedades de un atributo. Anteriormente vimos cómo los cambios de estos elementos se podían efectuar con ayuda del Editor de atributos mejorado. También se puede utilizar el cuadro de diálogo Editor de atributos para hacer cambios globales, como podemos ver en el siguiente ejercicio.

Siga estos pasos para aplicar los cambios globales:

1. Haga clic en **Administrar** ( ) en el panel Atributos de la ficha Bloques y referencias para abrir el cuadro de diálogo Administrador de atributos de bloque, también puede escribir en la línea de comandos y pulsar **Intro**.
2. Seleccione S-APART en la lista desplegable Bloque, situada en la parte superior del cuadro de diálogo. En esta lista se incluyen todos los bloques que contienen atributos. El único atributo definido para este bloque se muestra en la lista de debajo (véase la figura 13.18).

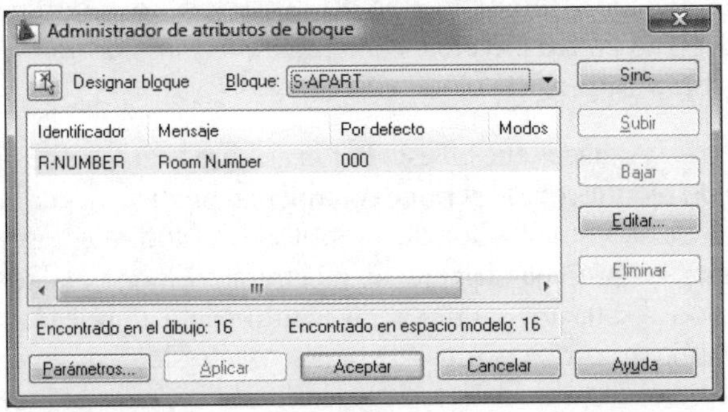

Figura 13.18. Cuadro de diálogo Administrador de atributos de bloque.

3. Seleccione el valor del atributo en la lista y haga clic en el botón **Editar**. Se abrirá el cuadro de diálogo Editar atributo (véase la figura 13.19). Este cuadro de diálogo es prácticamente idéntico al Editor de atributos mejorado que vimos anteriormente.

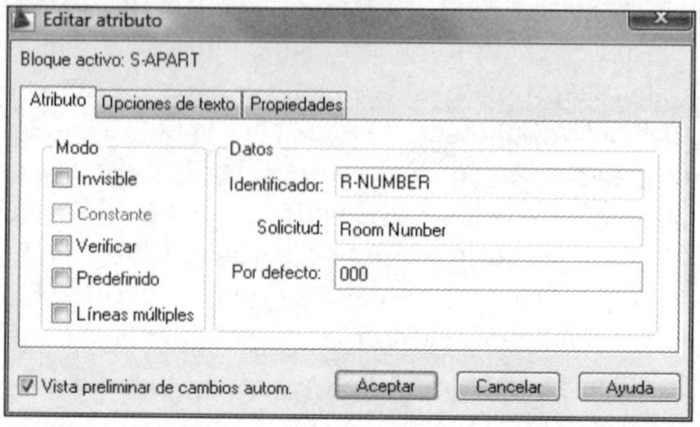

Figura 13.19. Cuadro de diálogo Editar atributo.

> **TRUCO:** Si solamente hay un atributo en la lista, no es necesario que lo seleccione antes de hacer clic el botón **Editar**.

4. Abra la ficha Propiedades y seleccione la opción Rojo de la lista desplegable Color. Haga clic en **Aceptar** para continuar.
5. Haga clic en **Aceptar** de nuevo para cerrar el cuadro de diálogo.

El cuadro de diálogo Editar atributo incluye una serie de opciones ligeramente diferentes a las del Editor de atributos mejorado. Por ejemplo, en la ficha Atributo del cuadro de diálogo Editar atributo puede modificar algunos de los parámetros de modo como la visibilidad y los modos Verificar y Predefinido. También puede cambiar el identificador, el mensaje o los valores predeterminados. Por el contrario, en la ficha Atributo del Editor de atributos mejorado sí se puede modificar el valor de los atributos, pero no el resto de propiedades.

Otras opciones del Administrador de atributos de bloque

El cuadro de diálogo Administrador de atributos de bloque incluye otras opciones que no hemos descrito en los ejercicios anteriores. A continuación se describen los botones **Parámetros**, **Subir y Bajar**, **Eliminar** y **Sinc**:

- **Parámetros**: Al hacer clic en este botón se abre el cuadro de diálogo Parámetros de atributo de bloque, que le permite controlar las propiedades de los atributos que aparecen en la lista del Administrador de atributos de bloque (véase la figura 13.20). Puede seleccionar las propiedades que se mostrarán. La opción Resaltar identificadores duplicados resalta los nombres de identificador duplicados en color rojo. Con la opción Aplicar cambios a referencias existentes conseguirá que las propiedades de un atributo se apliquen a todos los atributos existentes. En caso de que esta opción esté desactivada, puede recurrir al botón **Sinc** del Administrador de atributos de

bloque para actualizar los atributos ya existentes y para que los cambios efectuados a las propiedades solamente se apliquen a los nuevos atributos. También puede escribir `attsync` en la línea de comando para sincronizar los atributos anteriores.

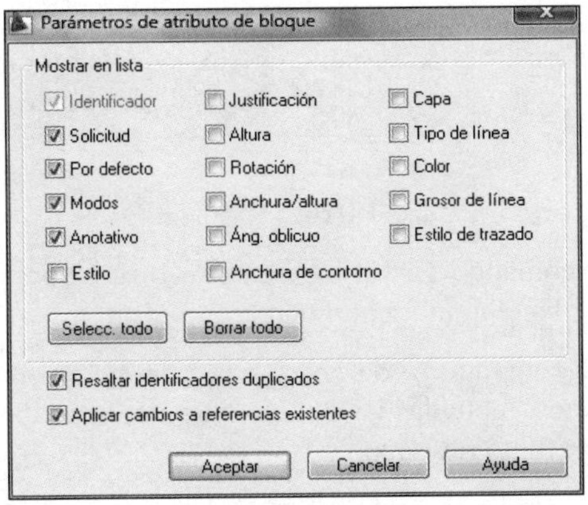

Figura 13.20. Cuadro de diálogo Parámetros de atributos de bloque.

- **Subir y Bajar**: Desplaza el atributo seleccionado hacia arriba o hacia abajo en la lista de atributos. Si desplaza un elemento hacia abajo, cambiará su posición cuando se vean las propiedades del atributo en el Editor de atributos mejorado o mediante el comando **Ddatte**. Evidentemente, esta opción sólo tiene efecto en bloques que contienen varios atributos.
- **Eliminar**: Elimina el atributo seleccionado del bloque.
- **Sinc**: Esta opción actualiza las propiedades de atributo tales como el orden de los atributos, el formato del texto, el modo, etc. También se puede utilizar para actualizar globalmente bloques que incluyan nuevas definiciones de atributos agregados o eliminados. No afecta a los valores de atributos individuales.

Redefinir bloques que contengan atributos

Los atributos actúan de forma diferente a otros objetos cuando se les incluye en bloques redefinidos. Por regla general, los bloques redefinidos cambian su configuración para reflejar la nueva definición de bloque. Pero si un bloque redefinido contiene atributos, éstos mantendrán sus antiguas propiedades, incluida su posición con relación a otros objetos en el bloque. Por lo tanto, los atributos antiguos de posición, estilo y demás no varían aunque se hayan cambiado en la nueva definición. Afortunadamente, AutoCAD ofrece una herramienta específicamente diseñada para permitir la actualización de bloques con atributos. En los siguientes pasos se describe cómo actualizar los bloques de atributo.

1. Antes de utilizar el comando para redefinir un bloque de atributo, debe crear los objetos y definiciones de atributo que van a constituir el nuevo bloque de sustitución de atributo. La forma más sencilla de hacerlo consiste en descomponer una copia del bloque de atributos que queremos actualizar.
2. Aplique los cambios deseados al bloque de atributo descompuesto.

ADVERTENCIA: Antes de descomponer la copia de bloque del atributo, asegúrese de que su escala es 1 a 1. Esta circunstancia es importante, porque si no utiliza el tamaño original del bloque puede terminar con bloques cuyo tamaño sea erróneo. Asegúrese también de utilizar algún marcador, como una línea, para buscar el punto de inserción del bloque de atributo antes de descomponerlo. De esta forma le resultará más sencillo buscar y mantener el punto de inserción original para el bloque redefinido.

3. Escriba `Attredef` y pulse **Intro**.
4. En la línea de comando `Indique nombre del bloque que se quiere redefinir:`, escriba el nombre pertinente.
5. En la línea de comando `Designe objetos para nuevo bloque:`, seleccione todos los objetos, incluidas las definiciones de los atributos que se desea incorporar al bloque de atributo revisado.
6. En la línea de comando `Punto base de inserción para nuevo bloque:`, seleccione la misma ubicación utilizada para el bloque original.

Tras seleccionar el punto de inserción, AutoCAD tardará unos segundos en actualizar los bloques. El intervalo dependerá de la complejidad del bloque y del número de veces que aparezca el bloque en el dibujo. Si incluye una nueva definición de atributo en el bloque, también se agregará a todos los bloques actualizados con el valor predeterminado. Las definiciones de atributos que se eliminan de la nueva definición se eliminarán de todos los bloques actualizados.

TRUCO: También puede utilizar el comando **Editref**. Haga clic en la herramienta **Editar in situ** en el panel Referencia de la ficha Bloques y referencias para modificar definiciones de atributos. Una vez editadas, puede utilizar la opción Sinc del Administrador de atributos de bloque para actualizar todas las instancias del bloque modificado.

Extraer y exportar la información de un atributo

Una vez introducidos los atributos en el dibujo, se puede extraer la información que contienen y utilizarla para generar informes o analizarla en otros programas. Por ejemplo, puede realizar el seguimiento del número y el tipo de puertas del dibujo con ayuda de un administrador para bases de datos, algo especialmente útil en determinados proyectos, como puede ser el caso de un hotel en el que hay multitud de puertas.

Cuando se extraen los datos de un atributo, AutoCAD genera un archivo de texto que se puede exportar en formato delimitado por comas o por tabulaciones. Si dispone de programas como Excel o Access de Microsoft, también podrá exportar la información del atributo en un formato compatible con estos programas.

El proceso de extracción

En versiones anteriores de este programa, la extracción de los datos de un atributo era una operación proclive a generar errores y en la que se incluía la creación de una plantilla. El archivo de la plantilla contenía una serie de códigos que describían los datos que se habían extraído. AutoCAD 2008 y 2009 ha mejorado considerablemente el sistema para la extracción de datos de atributos por medio del Asistente para la extracción de atributos. En el siguiente ejercicio practicaremos un ejemplo de extracción.

Utilización del Asistente para la extracción de datos

En este primer ejercicio exploraremos el Asistente para la extracción de datos: puede utilizar el archivo de muestra `13c-plan.dgw` si no ha realizado los tutoriales desde el comienzo del capítulo.

1. Vuelva a abrir el archivo del plano y seleccione Herr.>Extracción de datos en el Explorador de menús para iniciar el Asistente para la extracción de datos (véase la figura 13.21). En la pantalla inicial, puede seleccionar entre iniciar la extracción desde el principio o utilizar una plantilla que haya creado en extracciones anteriores.

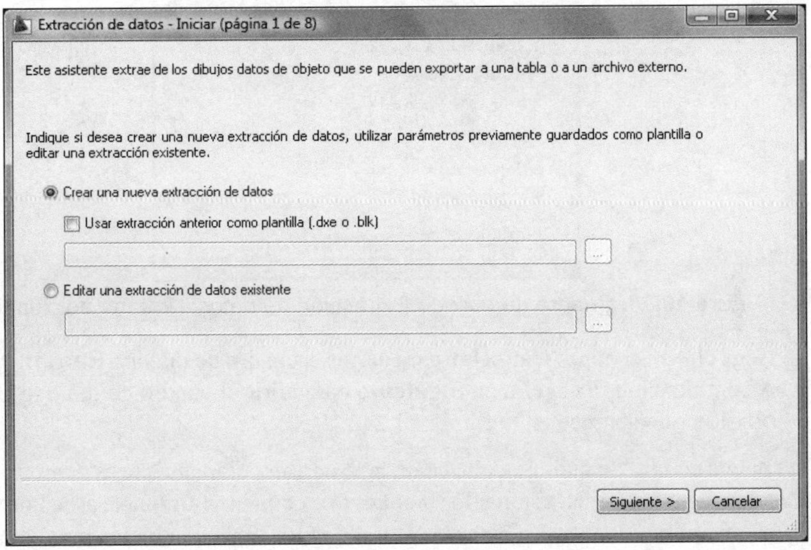

Figura 13.21. Cuadro de diálogo Extracción de datos.

2. Haga clic en **Siguiente** para abrir el cuadro de diálogo Guardar extracción de datos como. Este cuadro de diálogo le permite guardar los parámetros de la extracción de datos que acabamos de configurar en un archivo con la extensión `.dxe`. Introduzca un nombre y haga clic en **Guardar**. Se abre el cuadro de diálogo Extracción de datos - Definir origen de datos (véase la figura 13.22).

3. Haga clic en el botón **Parám. adicionales** para examinar algunas opciones adicionales. Estas opciones le permitirán más adelante refinar el contenido de la operación de extracción (véase la figura 13.23).

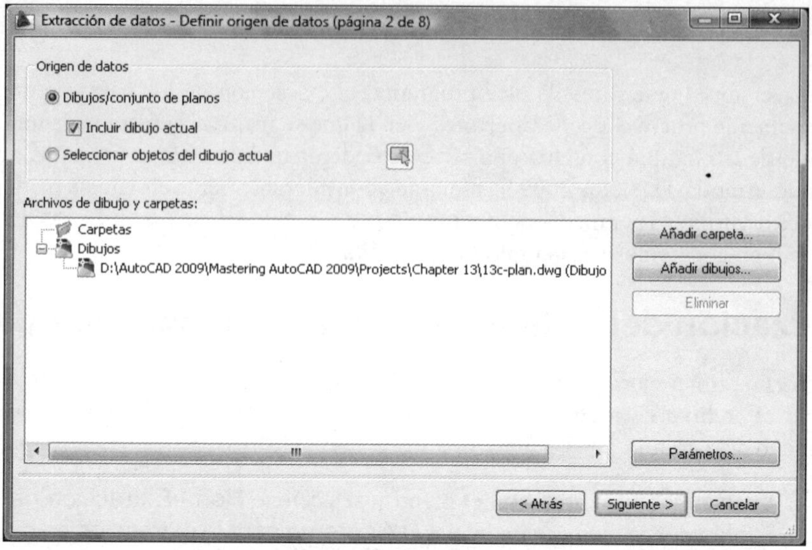

Figura 13.22. Cuadro de diálogo Extracción de datos - Definir origen de datos.

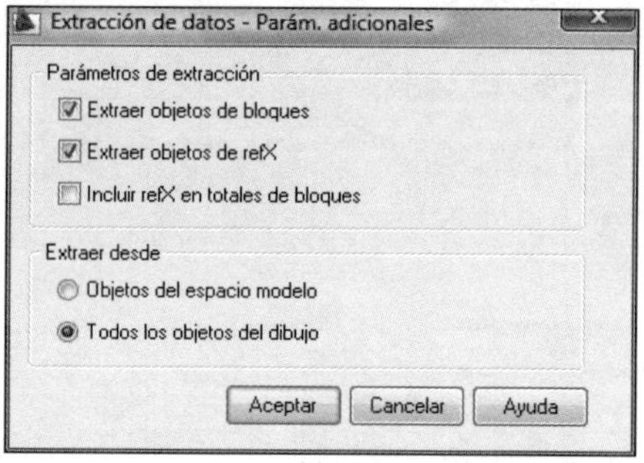

Figura 13.23. Cuadro de diálogo Extracción de datos - Parám. adicionales.

4. Haga clic en el botón **Cancelar** para cerrar el cuadro de diálogo Parám. adicionales. A continuación, haga clic en **Siguiente** para abrir el cuadro de diálogo Seleccionar objetos que aparece en la figura 13.24.

Este nuevo cuadro de diálogo debe analizarse con atención, ya que es el motor del proceso de extracción. Le permite seleccionar los bloques que contienen atributos, así como los atributos concretos que quiera extraer. La lista muestra todos los tipos de objetos del dibujo. Reducirá esta lista para mostrar sólo los bloques con los atributos.

Seleccionar los elementos que se van a extraer

A continuación, analizaremos el proceso de extracción de información específica:

1. Seleccione la opción Mostrar todos los tipos de objeto en la esquina inferior izquierda del cuadro de diálogo, y asegúrese de que está seleccionado el botón Mostrar sólo bloques.
2. Seleccione la opción Mostrar sólo bloques con atributos.

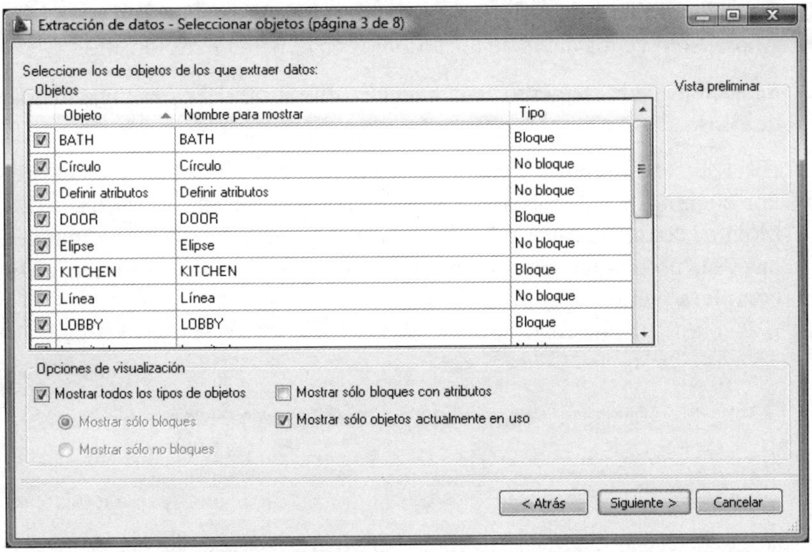

Figura 13.24. Cuadro de diálogo Extracción de datos - Seleccionar objetos.

3. En la lista Objetos, elimine la marca de selección de todos los elementos menos de S-DOOR. Para ello, haga clic en el elemento situado en la parte superior de la lista, mantenga pulsada la tecla **Mayús** mientras hace clic en el elemento S-APART. De esta manera quedarán seleccionados todos los elementos menos S-DOOR. (Haga clic en cualquier casilla de verificación de un elemento seleccionado para eliminar las marcas de selección.)
4. Haga clic en **Siguiente** para abrir la pantalla Seleccionar propiedades, que despliega una lista de los diferentes tipos de datos disponibles para la extracción (véase la figura 13.25).

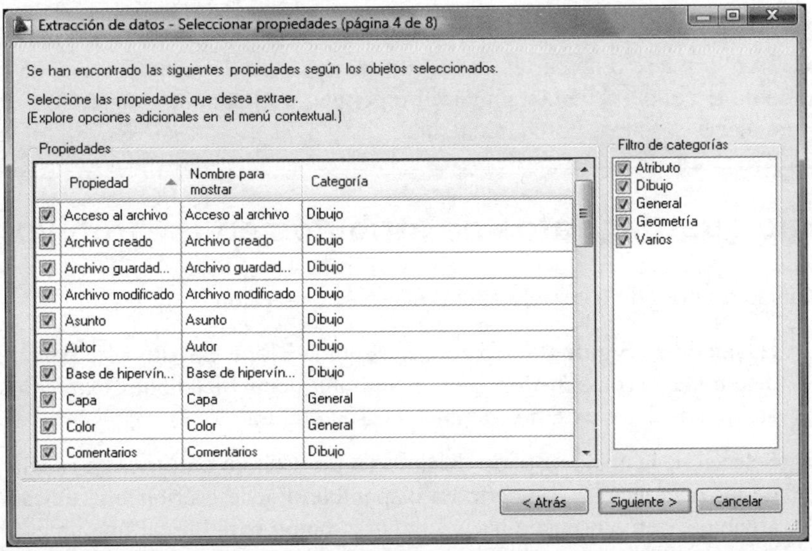

Figura 13.25. Cuadro de diálogo Extracción de datos - Seleccionar propiedades.

5. En el panel Filtro de categorías, deseleccione todas las opciones excepto Atributo. Ahora, sólo ve los datos de los atributos en el panel Propiedades.

6. Seleccione cada elemento en el panel Propiedades. Aparece una marca en cada uno de ellos.

7. Haga clic en **Siguiente**. Aparece la ventana Precisar datos. Aquí puede filtrar datos. Por ejemplo, puede deseleccionar las opciones Mostrar columna de recuento y Mostrar columna de nombre, porque puede que no los necesite. También puede tener una vista preliminar de sus datos extraídos haciendo clic en el botón **Vista preliminar completa** (véase la figura 13.26).

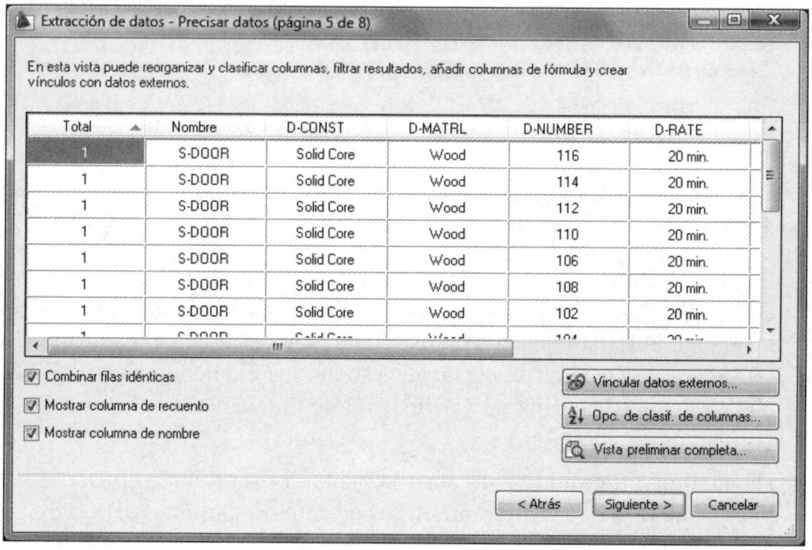

Figura 13.26. Cuadro de diálogo Extracción de datos - Precisar datos.

NOTA: Si quiere ordenar los datos por columna, puede hacerlo haciendo clic en el título de la columna. Para cambiar el orden de las columnas, haga clic y arrastre el título de las columnas horizontalmente.

Cómo guardar datos de atributos en un archivo

Ahora, veamos cómo completar el proceso de extracción.

1. Haga clic en **Siguiente**. Aparece la pantalla Elegir salida. Esta pantalla le permite determinar si convierte los datos en una tabla dentro del dibujo, extraer los datos como archivo de datos externo o ambos (véase la figura 13.27).

2. Seleccione la opción Salida de datos a un archivo externo. La casilla justo debajo de las opciones se convierte en disponible. Puede escribir una ubicación para ese archivo externo o puede hacer clic en el botón para buscar una ubicación (véase la figura 13.28).

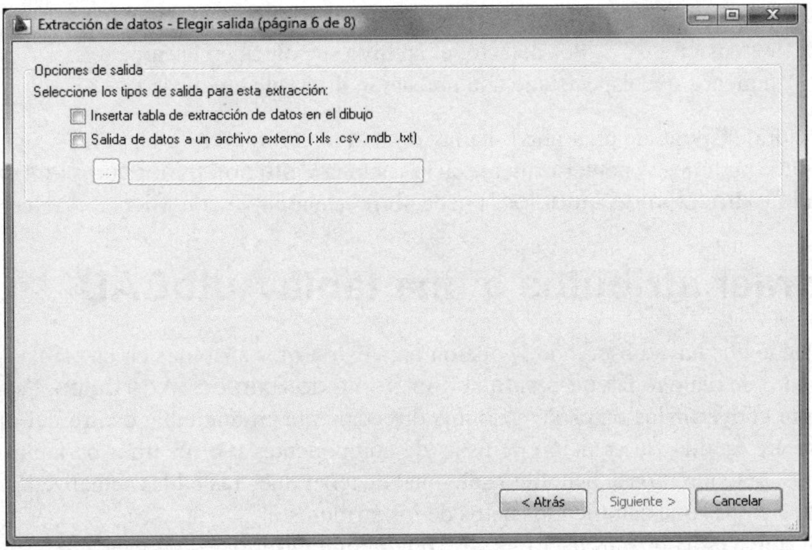

Figura 13.27. Cuadro de diálogo Extracción de datos - Elegir salida.

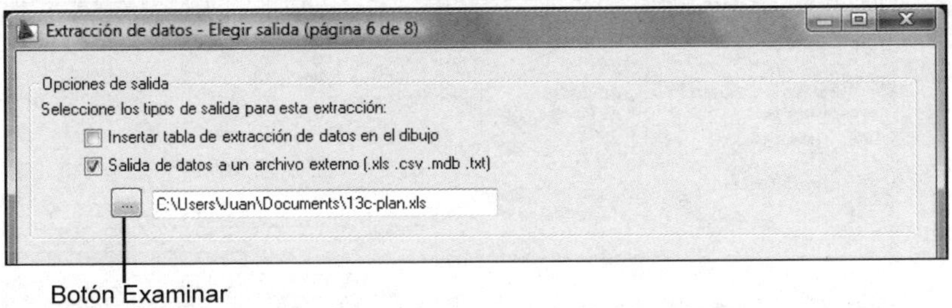

Figura 13.28. Cuadro de diálogo Extracción de datos - Elegir salida.

3. Tiene las opciones de extraer un archivo `.xls`, `.csv`, `.mbd` o `.txt`. Puede seleccionar el tipo de archivo cuando hace clic en el botón de navegación para mostrar a dónde quiere que se dirija ese archivo. El botón abre el cuadro de diálogo Guardar como, donde puede seleccionar el tipo de archivo de la lista desplegable Tipo de archivo. El tipo de archivo predeterminado tiene una extensión `.xls`.

4. Haga clic en **Siguiente** para abrir la pantalla Finalizar. Aparece un breve mensaje explicándole qué hacer a continuación (véase la figura 13.29).

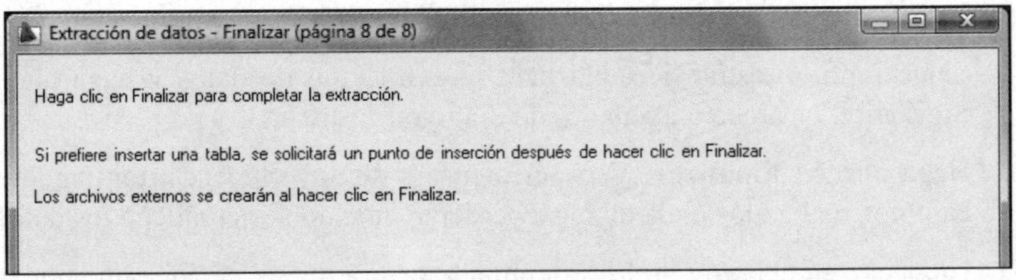

Figura 13.29. Cuadro de diálogo Extracción de datos - Finalizar.

5. Haga clic en **Finalizar**. Se creará un archivo con el nombre del dibujo actual y con la extensión `.xls`. Por defecto, el archivo se coloca en la carpeta `Mis documentos`, a menos que especifique una ubicación diferente en el paso 2.

Ahora, dispone de un archivo llamado `plan.xls` o `13c-plan.xls` que contiene los datos que pudimos ver anteriormente en la ventana Vista preliminar completa del Asistente para la extracción de atributos. Puede abrir este archivo con Microsoft Excel.

Extraer atributos a una tabla AutoCAD

Puede que haya observado la opción para extraer los atributos en una tabla AutoCAD en el cuadro de diálogo Elegir salida del Asistente de Extracción de datos. Esta opción nos permite convertir los datos de atributos directamente en una tabla dentro del dibujo actual. Aparte de facilitar la creación de listas de componentes u otros tipos de tablas en nuestros dibujos, obtendremos el beneficio adicional de tener nuestras tablas actualizadas automáticamente siempre que cambien los datos de los atributos.

Si activa esta opción y hace clic en el botón **Siguiente**, accederá al cuadro de diálogo Estilo de tabla (véase la figura 13.30) en lugar del cuadro de diálogo Finalizar.

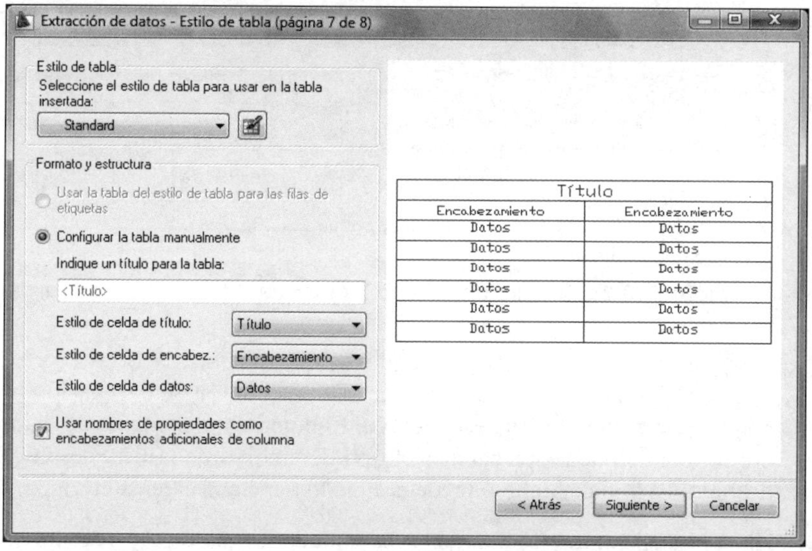

Figura 13.30. Cuadro de diálogo Extracción de datos - Estilo de tabla.

Desde este cuadro de diálogo, siga los siguientes pasos:

1. Seleccione un estilo de tabla para la extracción de datos y haga clic en el botón **Siguiente**. Aparecerá el cuadro de diálogo Finalizar.
2. Haga clic en **Finalizar**. Verá un mensaje de advertencia informándole de que los cambios realizados en la tabla se perderán cuando se actualicen los datos.
3. Haga clic en el botón **Sí**. El programa le pedirá que seleccione un punto en el dibujo. Haga clic en el punto donde desee ubicar la tabla.

La tabla puede aparecer en un tamaño reducido en función de la escala de su dibujo. Haga zoom en la ubicación en la que haya hecho clic y verá la tabla (véase la figura 13.31).

Quantity	D-CONST	D-MATRL	D-NUMBER	D-RATE	D-SIZE	D-THICK	D-TYPE	Name
1	Solid Core	Wood	103	20 min.	3'-0"	1 3/4"	B	S-DOOR
1	Solid Core	Wood	111	20 min.	3'-0"	1 3/4"	B	S-DOOR
1	Solid Core	Wood	108	20 min.	3'-0"	1 3/4"	B	S-DOOR
1	Solid Core	Wood	107	20 min.	3'-0"	1 3/4"	B	S-DOOR
1	Solid Core	Wood	115	20 min.	3'-0"	1 3/4"	B	S-DOOR
1	Solid Core	Wood	102	20 min.	3'-0"	1 3/4"	B	S-DOOR
1	Solid Core	Wood	101	20 min.	3'-0"	1 3/4"	B	S-DOOR
1	Solid Core	Wood	105	20 min.	3'-0"	1 3/4"	B	S-DOOR
1	Solid Core	Wood	113	20 min.	3'-0"	1 3/4"	B	S-DOOR
1	Solid Core	Wood	109	20 min.	3'-0"	1 3/4"	B	S-DOOR
1	Solid Core	Wood	112	20 min.	3'-0"	1 3/4"	B	S-DOOR
1	Solid Core	Wood	116	20 min.	3'-0"	1 3/4"	B	S-DOOR
1	Solid Core	Wood	106	20 min.	3'-0"	1 3/4"	B	S-DOOR
1	Solid Core	Wood	104	20 min.	3'-0"	1 3/4"	B	S-DOOR
1	Solid Core	Wood	110	20 min.	3'-0"	1 3/4"	B	S-DOOR
1	Solid Core	Wood	114	20 min.	3'-0"	1 3/4"	B	S-DOOR

Figura 13.31. Tabla.

También podrá observar el icono **Vínculo de datos** en la esquina inferior derecha de la ventana de AutoCAD (véase la figura 13.32).

Figura 13.32. El icono Vínculo de datos en la esquina inferior derecha de la ventana de AutoCAD.

Una característica exclusiva de la tabla creada a partir de los atributos del dibujo es que el programa nos notificará cuándo es necesario actualizar la tabla. Por ejemplo, si los valores de los atributos de las puertas del plano cambian, aparecerá un mensaje de advertencia en la esquina inferior derecha de la ventana de AutoCAD.

Cuando aparezca este mensaje, haga clic en el enlace Actualizar tablas usando vínculo de datos en el mensaje de advertencia para actualizar la tabla con los nuevos atributos. También puede ignorar el mensaje de advertencia y actualizar la tabla más tarde. Cuando esté preparado para actualizarla, haga clic con el botón derecho del ratón en el icono **Vínculo de datos** en la esquina inferior derecha de la ventana de AutoCAD y seleccione la opción Actualizar todos los vínculos de datos. La tabla se actualizará para reflejar los nuevos valores de los atributos.

En resumen

- **Creación de atributos:** Los atributos son una gran herramienta para almacenar datos con objetos dibujados. Puede incluir los datos que quiera en un bloque en AutoCAD.
  - **Dominarlo:** ¿Cuál es el nombre del objeto que debe incluir en un bloque para almacenar datos?

- **Modificación de atributos:** Los datos que incluye en un bloque se cambian fácilmente. Puede tener varias copias de un bloque, cada una de ellas debe tener su propio conjunto de datos.
  - **Dominarlo:** ¿Cuál es la forma más sencilla de conseguir acceso a los datos del atributo del bloque?
- **Extraer y exportar la información de un atributo:** Se pueden extraer datos de los atributos de varias maneras, así puede seguir el rastro de los datos en un dibujo.
  - **Dominarlo:** ¿Cómo se inicia el proceso de extracción de datos?

265
1980
2460 - дно
520-укл.
R250

14 Copiar dibujos existentes en AutoCAD

Puede que desee convertir un dibujo creado a mano en un archivo de dibujo de AutoCAD. Puede que se trate de un diseño creado antes de empezar a utilizar AutoCAD o que desee convertir toda su biblioteca de dibujos para su uso futuro en AutoCAD. O quizás quiera convertir un boceto en un dibujo formal. En este capítulo analizaremos tres formas de introducir un dibujo creado a mano: calcar, escalar y escanear el dibujo. Cada uno de estos métodos presenta sus ventajas y sus inconvenientes.

En este capítulo se analizan los siguientes aspectos:

- Métodos para convertir dibujos hechos en papel en archivos de AutoCAD.
- Importar una imagen de trama.
- Trabajar con una imagen de trama.

Métodos para convertir dibujos hechos en papel en archivos de AutoCAD

Calcar con una tableta digitalizadora solía ser la única forma de introducir un dibujo realizado a mano en AutoCAD, pero los dibujos calcados suelen necesitar labores de limpieza y reorganización.

Escalar un dibujo es el método más flexible, ya que no resulta necesario disponer de una tableta y, por regla general, las labores de limpieza posteriores son menores. El escalado, además, facilita la introducción más precisa de líneas ortogonales porque se pueden leer las medidas directamente desde el dibujo e introducirlas dentro de AutoCAD. El principal inconveniente de la técnica de escalar dibujos es que si el dibujo no contiene toda la información relativa a las medidas, deberá examinar constantemente el dibujo realizado a mano y medir las distancias con una escala. Además, las curvas irregulares resultan difíciles de escalar de forma precisa.

Hay programas que convierten automáticamente un archivo de imagen en un dibujo de AutoCAD de líneas y arcos. Estos programas pueden servir de ayuda, pero son los que exigen mayor trabajo de limpieza. Al igual que la técnica de calcar dibujos, el escaneo de imágenes es la opción más adecuada para dibujos difíciles de escalar, como mapas topográficos con demasiados contornos para que resulte práctico calcarlos en un dispositivo digitalizador, o composiciones artísticas, como membretes o logotipos.

La forma más sencilla de convertir dibujos en papel, y el método que veremos en este capítulo, es escanear un dibujo como si fueran archivos de imágenes para que se utilicen como fondo en AutoCAD. Puede importar sus archivos de imágenes a AutoCAD y después calcarlos directamente. Esta técnica le permite ver el dibujo original en la ventana de AutoCAD, ahorrándose el esfuerzo de desviar su atención a otras zonas de su área de trabajo.

Importar una imagen de tramas

Si tiene un escáner y le gustaría utilizarlo para importar dibujos y otras imágenes en AutoCAD, puede utilizar las funciones de importación de imágenes de trama de AutoCAD. Existen varias razones para importar una imagen escaneada. En los planos de arquitectura, se suele utilizar un mapa de cercanías para mostrar la ubicación de un proyecto. Con el permiso de su creador, puede escanear un mapa en AutoCAD e incorporarlo a la cubierta. En la cubierta también se pueden incluir otras imágenes, como fotografías del sitio, modelos generados por el ordenador y alzados del proyecto, así como logotipos.

Otra razón para importar imágenes escaneadas es su uso como referencia para calcarlas. Podemos calcar un dibujo con mayor precisión si utilizamos una imagen escaneada que si utilizamos una tableta digitalizadora. El reducido precio de los escáneres convierte a estos dispositivos en una herramienta económica para calcar una amplia variedad de material gráfico. En esta sección aprenderá a importar una imagen para calcar sus elementos.

Haga clic en la herramienta **Referencias externas** en el panel Referencia de la ficha Bloques y referencias para abrir la paleta Referencias externas, que permite importar un conjunto completo de archivos de imágenes de trama (véase la figura 14.1).

También puede seleccionar Insertar>Referencias externas en el Explorador de menús. La paleta Referencias externas debe resultarle familiar ya que es la misma paleta que utilizó para administrar referencias externas. Al igual que los archivos de referencia externa, las imágenes de trama se cargan al abrir el archivo actual, pero no se almacenan como parte de dicho archivo al guardarlo. Este hecho permite reducir el tamaño de los archivos, pero nos obliga a controlar los archivos de trama insertados. Debemos cerciorarnos de colocarlos junto a los archivos de AutoCAD en los que se insertan. Por ejemplo, es aconsejable mantener los archivos de imágenes en la misma carpeta que el archivo de dibujo al que están asociados.

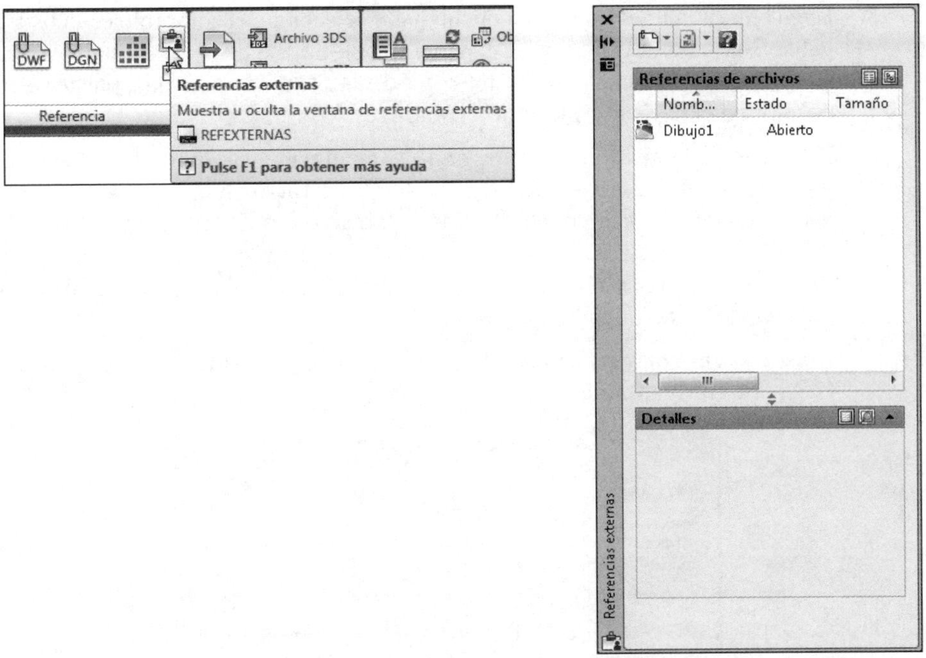

Figura 14.1. Herramienta Referencias externas y Paleta Referencias externas.

> **NOTA:** AutoCAD incorpora la utilidad llamada eTransmit, que reúne los archivos de AutoCAD y sus archivos de soporte relacionados, como imágenes de tramas, referencias externas y fuentes, en cualquier carpeta o unidad que se especifique.

Otro parecido entre los archivos de referencia externa y las imágenes de trama es que éstas se pueden delimitar para mostrar únicamente una de sus partes en el dibujo. Las partes de una imagen de trama delimitadas no se almacenan en memoria, por lo que el sistema no se verá afectado por la carga aunque el archivo de trama sea enorme.

En el siguiente ejercicio se incluyen instrucciones paso a paso para importar un archivo de trama. En este ejercicio tendrá además la oportunidad de ver cómo se traduce la resolución de las imágenes escaneadas en una imagen en AutoCAD, lo cual resultará interesante para aquellos lectores que deseen calcar dibujos escaneados.

1. Cree un nuevo archivo llamado `Rastertrace`.
2. Configure el archivo a una escala de 1:50 en un hoja con tamaño A4 (establezca los límites en 0,0 para la esquina inferior izquierda y 1489,1050 para la esquina superior derecha).
3. Seleccione Todo (Todo) en el desplegable Zoom en el panel Utilidades de la ficha Inicio, o escriba `z`, pulse **Intro**, `t`, y pulse **Intro** en la línea de comandos para asegurarse de que los límites del dibujo se muestran en pantalla.
4. Dibuje una línea que atraviese la pantalla desde la coordenada 0,600 a la coordenada 1820,600. Utilizaremos esta línea en un ejercicio posterior.

5. Haga clic en la línea que acaba de dibujar y seleccione el color rojo en la lista desplegable Selecciona un color en el panel Propiedades de la ficha Inicio para mejorar su visibilidad. Si tiene la función Propiedades rápidas activada, puede seleccionar el color en el panel Propiedades rápidas.
6. Haga clic en la herramienta **Imagen** ( ) en el panel Bloques de la ficha Bloques y referencias o escriba `ENLAZARIMG` y pulse **Intro** en la línea de comandos para abrir el cuadro de diálogo Seleccionar archivo de imagen. Se trata de un cuadro de diálogo típico de AutoCAD completo con una ventana de visualización previa. Busque y seleccione el archivo `Raster1.jpg`. En la parte lateral del cuadro de diálogo puede ver una vista preliminar del archivo.
7. Haga clic en **Abrir** para abrir el cuadro de diálogo Imagen (véase la figura 14.2). Haga clic en **Aceptar**.

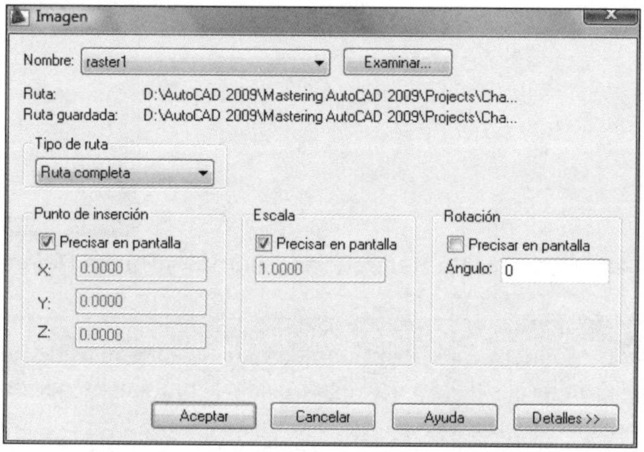

Figura 14.2. Cuadro de diálogo Imagen.

8. Pulse **Intro** en la línea de comando `Precise punto de inserción:` para aceptar las coordenadas 0,0.
9. En la línea de comando `Precise factor de escala <1>:`, utilice el cursor para escalar la imagen de manera que se rellene la mitad de la pantalla, como se muestra en la figura 14.3. Fíjese en que el nombre del archivo `Raster1.jpg` aparece en la paleta Referencias externas.

Trucos para importar imágenes de trama

Al escanear un documento, obtendremos un archivo de imagen de trama. A diferencia de los archivos de AutoCAD, los archivos de imágenes de trama se componen de una matriz de colores que forman la imagen, razón por la cual este tipo de imágenes se conoce también como mapas de bits. Los archivos vectoriales, como los que genera AutoCAD, se componen de líneas, arcos, curvas y círculos. Los dos formatos, archivos de trama y vectoriales, son tan diferentes que resulta difícil convertir un formato a otro de manera precisa. Es más sencillo calcar un archivo de trama en AutoCAD que intentar convertirlo en archivo vectorial utilizando alguna aplicación informática. No obstante, la tarea de calcar un archivo de imagen de trama puede resultar difícil si la imagen es de mala calidad.

A continuación se incluyen varias sugerencias que puede aplicar si tiene previsto utilizar imágenes de tramas importadas para calcar dibujos:

- Escanee el dibujo utilizando un escáner de color o de escala de grises, o convierta la imagen escaneada en blanco y negro a escala de grises utilizando el software del escáner.
- Utilice un programa de pintura o el software de su escáner para limpiar las zonas grises o con manchas antes de importar el dibujo a AutoCAD.
- Si el software de su escáner o el programa de dibujo tiene una función para quitar manchas o motas, utilícela. Esta función puede ayudarle a limpiar la imagen y, en último término, a reducir el tamaño de la imagen de trama.
- Escanee a una resolución razonable. De 150 a 200 ppp es bastante adecuado.
- Si tiene previsto utilizar mucho la función de importación de imágenes de tramas, actualice su equipo con el procesador más rápido que pueda permitirse y no escatime en memoria.

Los comandos de importación de trama pueden incorporar mapas en papel o planos en dibujos de AutoCAD 3D para presentaciones. La combinación de imágenes escaneadas 2D con modelos compactos 3D puede hacerse con muy poco esfuerzo, para estudios de diseño urbano puede resultar impresionante. (Un modelo compacto sólo nos muestra el contorno de los edificios sin dar demasiados detalles. Los modelos compactos muestran la escala general de un proyecto sin ser demasiado meticulosos.) Sin embargo, las imágenes de trama no aparecen en las vistas en perspectiva.

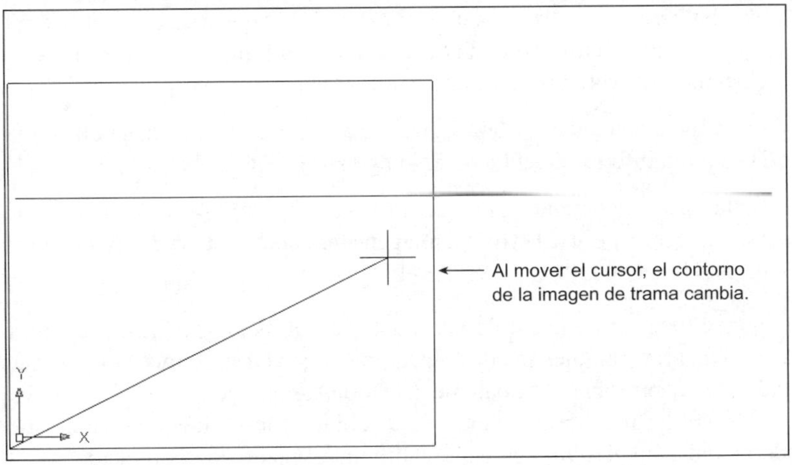

Figura 14.3. Escalado manual de la imagen de trama.

Trabajar con una imagen de trama

Una vez que ha importado una imagen de trama, puede comenzar a trabajar con ella de varias maneras diferentes. Puede cambiar el tamaño de la imagen para adaptar sus necesidades y ajustar su tamaño a una escala concreta. Se pueden crear imágenes de trama para solapar objetos de AutoCAD o, puede hacer que aparezcan al fondo. También hay controles rudimentarios para el brillo, contraste y transparencia. En esta sección, continuará utilizando la imagen que adjuntó a su dibujo para explorar algunas de estas opciones.

Escalar una imagen de trama

El archivo `Raster1.jpg` está escaneado a 100 ppp, lo que demuestra que se puede conseguir una cantidad de detalles razonable con una resolución baja de escaneo. Ahora, suponga que queremos calcar esta imagen para iniciar un dibujo de AutoCAD. Lo primero que tenemos que hacer es escalar la imagen al tamaño apropiado. Puede escalar un archivo de imagen a tamaño completo. Siga los pasos que se detallan a continuación para ver cómo comenzar el proceso.

1. Seleccione Extensión (Extensión) en el desplegable Zoom en el panel Utilidades de la ficha Inicio, o escriba z, pulse **Intro**, `e`, y pulse **Intro** en la línea de comandos.
2. Haga clic en **Escala** ( ) en el panel Modificar de la ficha Inicio.
3. Haga clic en el borde de la imagen de trama para seleccionarla.
4. Pulse **Intro** para finalizar la selección.
5. En la línea de comando `Precise punto base:`, haga clic en la **X** situada en la esquina inferior izquierda de la imagen.
6. En la línea de comando `Precise factor de escala o [Copiar/Referencia] <1.0000>:`, escriba `R` y pulse **Intro** para utilizar la opción Referencia.
7. En la línea de comando `Precise longitud de referencia <1.0000>:`, escriba `@` y pulse **Intro** para indicar a AutoCAD que queremos utilizar el último punto seleccionado como uno de los extremos de la longitud de referencia. Tras introducir el símbolo `@`, verá aparecer una banda elástica en la X.
8. En la línea de comando `Designe segundo punto:`, haga clic en la **X** situada en la esquina inferior derecha de la imagen.
9. En la línea de comando `Precise nueva longitud o [Puntos] <1.0000>:`, escriba `1341` y pulse **Intro**. La imagen aumentará de tamaño. Recuerde que la longitud de esta línea de referencia es 1.341.

La imagen tiene ahora la escala adecuada para el plano que traza. A continuación puede comenzar a calcarla. También puede colocar la imagen en su propia capa y desactivarla de vez en cuando para comprobar el trabajo de calcado. Aunque no calque el plano de planta línea a línea, puede leer las medidas del plano desde el monitor de su equipo en lugar de tener que ir tomando medidas en el dibujo de papel y dibujar el plano en el ordenador.

Controlar la visibilidad y superposición de los objetos con imágenes de tramas

Con la introducción de las funciones de imágenes de trama, AutoCAD hereda uno de los problemas más corrientes de los programas que las utilizan. Las imágenes de trama tapan al resto de los objetos colocados por debajo de ellas. La imagen importada en el ejercicio anterior, por ejemplo, tapa la línea que dibujamos al abrir el archivo. En la mayor parte de los casos, esta superposición no supondrá un problema, pero en algunas situaciones necesitaremos que los objetos vectoriales de AutoCAD se coloquen sobre la imagen de trama importada. Por ejemplo, en un dibujo de ingeniería de obra pública en el que se muestre el dibujo de AutoCAD de una carretera nueva superpuesta sobre la vista aérea de una población. Los programas de pintura y de maquetación suelen incluir una herramienta de colocación de objetos para controlar el solapamiento de objetos e imágenes. AutoCAD dispone del comando **Ordenaobjetos**, cuyo funcionamiento se explica a continuación.

1. Haga clic en la herramienta **Extensión** ( ) en el panel Utilidades de la ficha Inicio, o escriba `z`, **Intro**, `e` y pulse **Intro** para obtener una vista general de la imagen.
2. Seleccione la herramienta **Poner delante** en el desplegable Ordenaobjetos en el panel Modificar de la ficha Inicio (véase la figura 14.4).

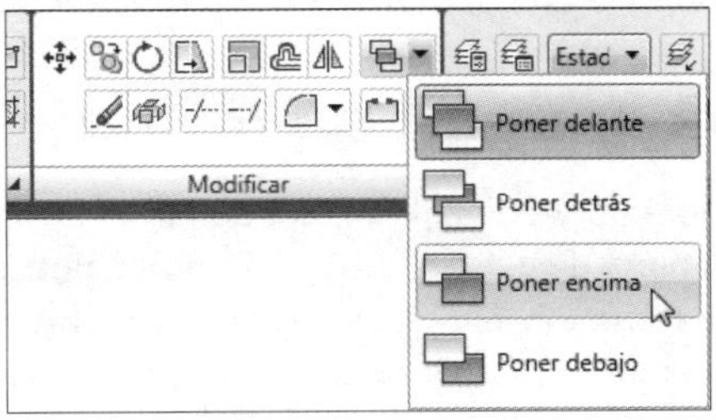

Figura 14.4. Desplegable Ordenaobjetos.

3. En la línea de comando `Designe objetos:`, seleccione la línea horizontal que dibujamos al abrir el archivo.
4. Puede seleccionar otros objetos. Pulse **Intro** cuando haya terminado la selección.
5. En la línea de comando `Designe objeto de referencia:`, haga clic en el borde de la imagen de trama del cuarto de limpieza y pulse **Intro**.

El dibujo se regenerará y aparecerá la línea completa.

TRUCO: Puede tapar áreas de una imagen de trama oculta creando un área sombreada y utilizando el comando **Ordenaobjetos** para colocar el sombreado sólido sobre la imagen de trama. Este tipo de máscaras pueden resultar de ayuda como fondos para texto que deban ir sobre la imagen de trama. También puede utilizar el comando **Cobertura** (seleccione Cobertura en el panel Dibujo de la ficha Inicio) para cubrir las áreas de un dibujo.

La herramienta **Ordenar objetos** que acabamos de ver incluye cuatro opciones en el desplegable Ordenaobjetos en el panel Modificar de la ficha Inicio:

- Poner delante: Coloca un objeto o conjunto de objetos en el primer puesto del orden de dibujo de todo el dibujo. Como resultado, los objetos resultan completamente visibles.
- Poner detrás: Coloca un objeto o conjunto de objetos en el último puesto del orden de dibujo de todo el dibujo. Como resultado, el resto de los objetos del dibujo pueden tapar el objeto colocado detrás.

- Poner encima: Coloca un objeto o conjunto de objetos sobre otro objeto del dibujo. Como resultado, el primer conjunto de objetos aparecerá sobre el segundo.
- Poner debajo: Coloca un objeto o conjunto de objetos debajo de otro objeto del dibujo. Como resultado, el primer conjunto de objetos aparecerá por debajo del segundo.

También puede utilizar el alias `Ob` para ejecutar el comando **Ordenar objetos**. Si lo hace, aparecerán las siguientes líneas de comando:

```
Designe objetos:
Indique la opción de orden de objeto [Encima/deBajo/Delante/deTrás] <deTrás>:
```

Debe seleccionar la opción que desee utilizando las letras en mayúsculas.

Aunque en esta sección se han analizado las herramientas de orden de visualización con relación a las imágenes de trama, también resultan de gran valor para controlar la visibilidad de líneas cuando se combinan con patrones sombreados y rellenos sólidos.

Delimitar una imagen de trama

En un capítulo anterior vimos cómo podíamos delimitar un objeto de referencia externa para que sólo apareciera una parte de él en el dibujo. También puede delimitar imágenes de trama importadas de la misma forma. Como en el caso de los archivos de referencia externa, puede crear un contorno cerrado del área que desea delimitar o especificar un área rectangular.

Imágenes y la paleta Referencias externas

La paleta Referencias externas que ya vimos en un capítulo anterior, le ayuda a controlar los archivos de imagen importados. Resulta especialmente útil cuando se trabaja con un número grande de imágenes en un dibujo. Puede controlar imágenes importadas de manera similar a las referencias externas. Permite descargar imágenes de manera temporal (para acelerar el proceso de edición de objetos de AutoCAD), recargar, desenlazar y reubicar archivos de imágenes de trama.

En el siguiente ejercicio vamos a probar el comando **Delimitarimg** para controlar la visualización de una imagen de trama.

1. Haga clic en la herramienta **Delimitar imagen** en el panel Referencia expandido de la ficha Bloques y referencias o escriba `Icl` y pulse **Intro** (véase la figura 14.5).

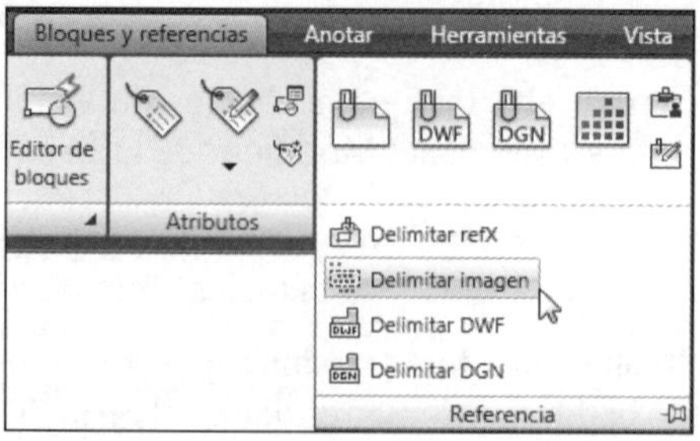

Figura 14.5. Herramienta Delimitar imagen en el panel Referencia.

2. En la línea de comando `Designe imagen que delimitar:`, haga clic en el borde de la imagen de trama.

3. En la línea de comando `Indique la opción de delimitador de imagen [ACT/DES/Suprimir/Nuevo contorno delimitador] <Nuevo>:`, pulse **Intro** para crear un nuevo límite.

4. En la línea de comando `Indique el tipo de delimitador [Poligonal/ Rectangular] <Rectangular>:`, indique `P` y pulse **Intro** para dibujar un límite poligonal.

5. Seleccione el polígono que se muestra en la imagen superior de la figura 14.6 y pulse **Intro**. La imagen de trama se recortará por los límites establecidos como se indica en la imagen inferior de la figura 14.6.

Como indica la línea de comandos del paso 3, puede activar y desactivar el delimitador o eliminar un límite existente por medio de la opción Delimitar imagen. Tras delimitar una imagen de trama, podemos ajustar los límites utilizando sus pinzamientos.

1. Haga clic en el borde de delimitación de la imagen de trama para mostrar sus pinzamientos.

2. Haga clic en un pinzamiento en la esquina superior derecha, como se muestra en la imagen final de la figura 14.6.

3. Arrastre el pinzamiento hacia arriba y hacia la derecha y haga clic en un punto. La imagen se ajustará al nuevo límite.

Además de ocultar partes de una imagen de trama que no resulten importantes, la técnica de delimitar un archivo de imagen reduce la cantidad de RAM que utiliza la imagen de trama durante la sesión de edición, ya que AutoCAD carga sólo la parte visible de la imagen en la RAM e ignora el resto.

Ajustar el brillo, el contraste y el difuminado

AutoCAD ofrece una herramienta que permite ajustar el brillo, el contraste y el difuminado de una imagen de trama. En el siguiente ejercicio se realizan varios ajustes sobre la imagen de trama del cuarto de la limpieza.

1. Haga doble clic en el borde de la imagen de trama para abrir el cuadro de diálogo Ajustar imagen. También puede hacer clic en el borde la imagen de trama, hacer clic con el botón derecho del ratón, y seleccionar Imagen>Ajustar en el menú contextual. Se abrirá el cuadro de diálogo Ajustar imagen (véase la figura 14.7).

2. Haga clic en el control deslizante Difuminado y arrástrelo hacia la derecha hasta situarlo en la mitad de su recorrido, o introduzca **50** en el cuadro de entrada Difuminado situado a la derecha. Fíjese en cómo se difumina la imagen de ejemplo con el color de fondo de AutoCAD al mover el control.

3. Haga clic en **Aceptar**. La imagen de trama aparecerá difuminada.

4. Guarde el archivo con el nombre `Rasterimport.dwg`.

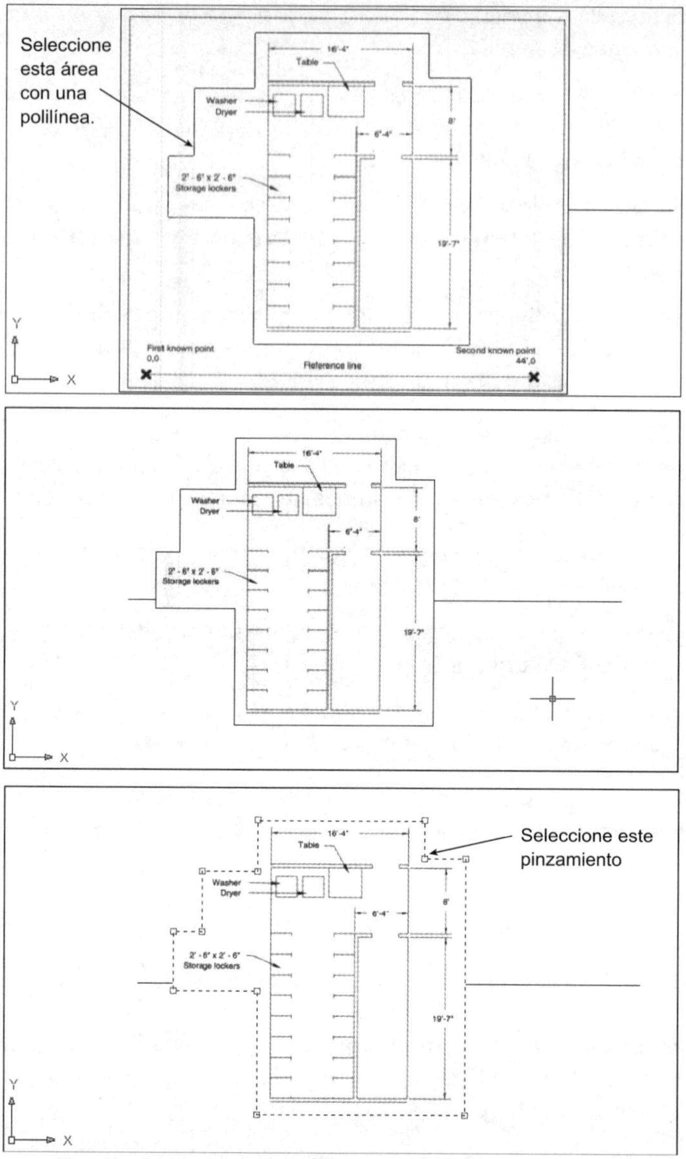

Figura 14.6. Ajuste de los límites de una imagen delimitada.

Puede ajustar el brillo y el contraste utilizando los otros dos controles deslizantes del cuadro de diálogo Ajustar imagen. Haga clic en el botón **Valores originales** para restablecer todos los parámetros a sus valores predeterminados. El uso de la opción Ajustar imagen en combinación con la función de delimitación de imagen permite crear efectos especiales. La figura 14.8 muestra una vista aérea del centro de San Francisco con etiquetas. Esta vista se compone de dos copias de la misma imagen de trama. Una de las copias se utiliza como fondo, cuyo tono se ha aclarado con ayuda del método ilustrado en el ejercicio anterior. La segunda copia es el área más oscura de la imagen, a la que se ha aplicado un contorno de delimitación más o menos triangular. Puede utilizar esta técnica para resaltar un área concreta de un dibujo destinado a una presentación.

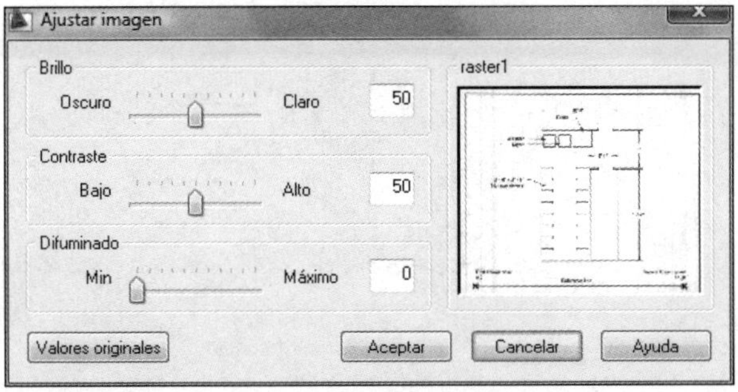

Figura 14.7. Cuadro de diálogo Ajustar imagen.

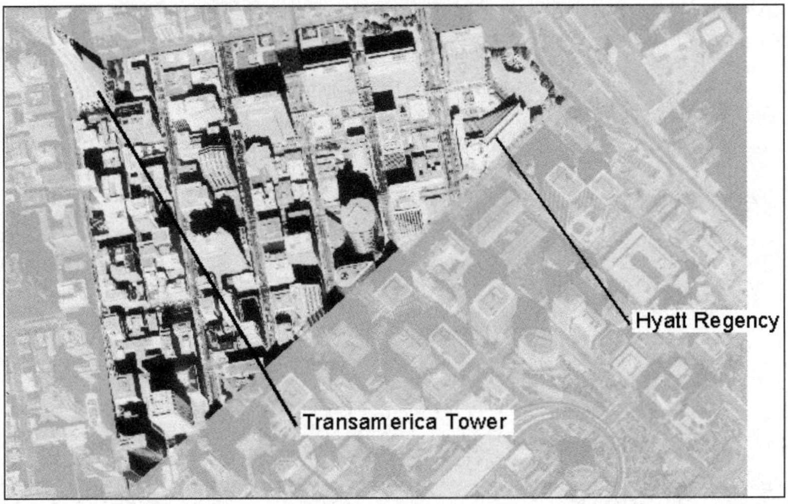

Figura 14.8. Puede combinar dos copias de la misma imagen para destacar una parte del dibujo.

Si el orden de visualización de los objetos no es el correcto tras abrir un archivo o aplicar el comando **Encuadrar** o el comando **Zoom**, regenere la imagen para recuperar la vista en el orden correcto.

Desactivar la visibilidad del marco, ajustar la calidad general y controlar la transparencia

AutoCAD permite aplicar tres ajustes más a una imagen de trama: la visibilidad del marco, la calidad de la imagen y la transparencia de la imagen.

De forma predeterminada, una imagen de trama muestra un borde o marco. En muchos casos, este marco puede afectar negativamente al dibujo. Podemos activar o desactivar estos marcos de manera global ejecutando el comando Modificar>Objeto>Imagen>Marco en el Explorador de menús y escribiendo **1** (activado) o **0** (desactivado) dependiendo de si quiere que el marco sea visible o invisible (véase la figura 14.9). También puede escribir `imageframe`, pulsar **Intro**, escribir el valor `0` y volver a pulsar la tecla **Intro** en la línea de comandos. Una tercera opción, **2**, deja el marco visible en pantalla pero no a la hora de imprimir el dibujo.

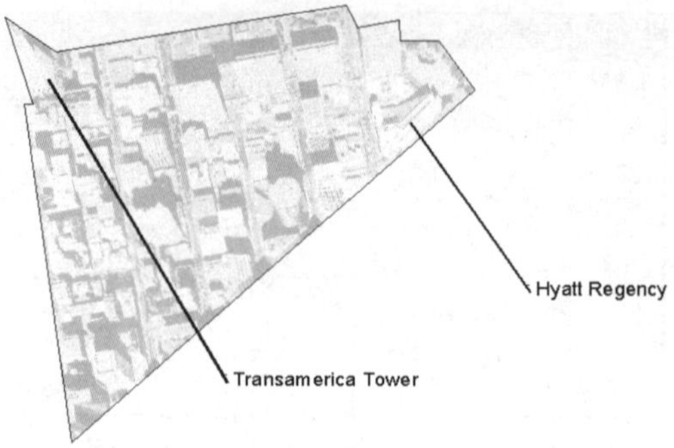

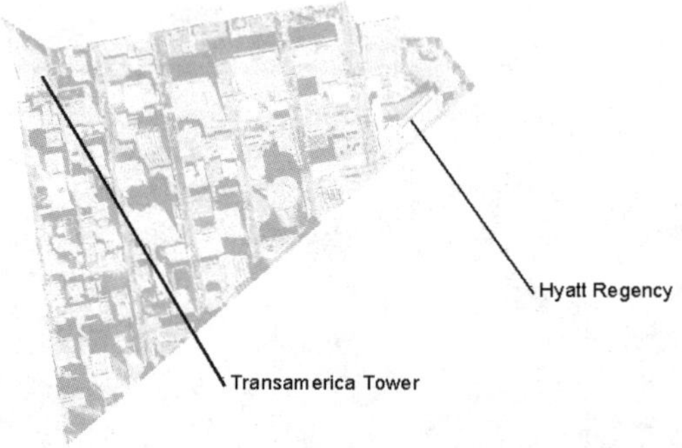

Figura 14.9. Una imagen de trama con el marco activado (arriba) y desactivado (abajo).

> **TRUCO:** Si desactiva el marco de una imagen de trama, no podrá seleccionar la imagen para su edición. Puede aprovechar esta circunstancia si no quiere que la imagen se desplace o edite. Para que una imagen de trama se pueda seleccionar, active el parámetro de marco.

Si su dibujo no necesita una calidad de imagen excelente, puede aplicarle el modo Borrador, por ejemplo para calcar una imagen o cuando ya tiene una calidad alta. Para establecer la calidad de la imagen, seleccione Modificar>Objeto>Imagen>Calidad en el Explorador de menús, o escriba `calidadimg` en la línea de comandos y pulse **Intro**. Luego escriba **A** para seleccionar el modo Alta o **B** para seleccionar el modo Borrador. En el modo Borrador la imagen se regenera a mayor velocidad.

El modo Alta suaviza los píxeles de la imagen de trama, lo que le confiere un aspecto más suave. El modo Borrador muestra la imagen en su estado "natural" pixelado. Si examina con atención las regiones situadas entre la motocicleta y el fondo de la imagen inferior de la figura 14.10, apreciará el aspecto dentado de los píxeles. La imagen superior de la figura 14.10 lleva aplicado el modo Alta para suavizar los bordes de la motocicleta. Puede que necesite examinar de cerca las imágenes para apreciar la diferencia.

Por último, podemos controlar la transparencia de los archivos de imagen de trama que permiten los píxeles transparentes. Algunos formatos de archivo, como CompuServe GIF 89a, permiten establecer un color en la imagen para que sea transparente (por regla general, el color de fondo). La mayor parte de los programas de edición de imágenes admiten este formato debido a su uso extendido en páginas Web.

Figura 14.10. Un plano corto de una imagen de trama con el parámetro Calidad establecido en Alta (arriba) y Borrador (abajo).

Al activar el parámetro Transparencia, los objetos que aparecen ocultos por el fondo de una imagen de trama se transparentan. Seleccione Modificar>Objetos>Imagen>Transparencia en el Explorador de menús, o escriba `transparencia` y pulse **Intro** en la línea de comandos. Luego, escoja la imagen de trama que desea convertir en transparente. Pulse **Intro** e introduzca `DES` o `ACT` para activar o desactivar la transparencia. A diferencia de las opciones Marco y Calidad, la opción Transparencia funciona sobre objetos individuales en lugar de hacerlo de manera global.

NOTA: La paleta Propiedades incluye gran parte de los ajustes descritos en esta sección, y puede utilizarla para acceder rápidamente al parámetro Transparencia, así como a otros parámetros de imagen de trama. Puede acceder al cuadro de diálogo Ajustar imagen, ocultar o mostrar áreas delimitadas u ocultar la imagen de trama en su totalidad.

En resumen

- **Transformar dibujos en papel en dibujos de AutoCAD:** AutoCAD le proporciona algunas herramientas muy buenas que le permiten transformar sus dibujos en papel en archivos de AutoCAD. Hay varias opciones disponibles dependiendo de sus necesidades; encontrará al menos una solución que le permitirá transformar rápidamente su dibujo.

- **Dominarlo:** Describa los diferentes métodos disponibles en AutoCAD para transformar los dibujos en papel en archivos de AutoCAD.

- **Importar una imagen de trama:** Puede utilizar imágenes de trama en mapas de bit como fondos para sus dibujos CAD o como dibujos subyacentes que puede calcar.

    - **Dominarlo:** Importe una imagen de trama y utilice las herramientas de dibujo de AutoCAD para calcar su imagen.

- **Trabajar con una imagen de trama en AutoCAD:** Una vez importadas, se puede ajustar el tamaño, brillo, contraste y transparencia de las imágenes de trama.

    - **Dominarlo:** Importe una imagen de trama y atenúela para que aparezca más clara y con menos contraste.

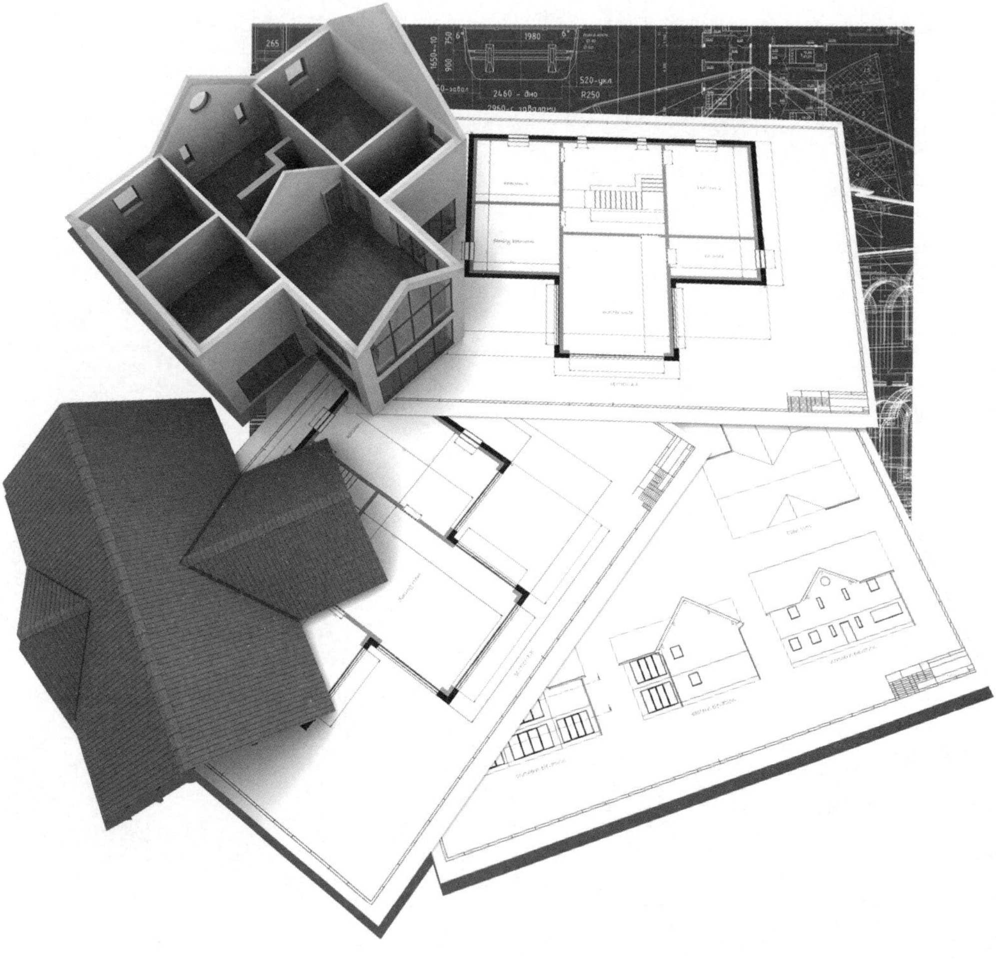
265
1980
520-укл
2460 - дно
R250

15 Métodos avanzados de edición y organización

Puede que en la fase inicial de un proyecto no conozcamos todos los requisitos, y por regla general el primer borrador del diseño se ajusta a las necesidades proyectadas. Según se vaya desarrollando el plano, los ajustes se realizarán en función de las exigencias que surjan. Si se añaden más personas al proyecto, más se modificará el diseño del mismo. El proceso es continuo, desde el primer borrador hasta el producto acabado. En este capítulo, conseguirá experiencia con algunas herramientas que le ayudarán a modificar sus dibujos con más eficacia. Examinaremos las RefX y cómo se pueden utilizar para hacer cambios más eficientes en un proyecto de diseño. Describiremos las nuevas herramientas y métodos que nos permitirán minimizar la duplicación de trabajo como la herramienta **Selección rápida** o la función QuickCalc. AutoCAD puede ayudarle a ganar mucho tiempo si lo utiliza correctamente. En este capítulo aprenderemos a manejarlo y a sacar partido a todo su potencial.

- Uso de referencias externas (RefX).
- Administración de capas.
- Herramientas avanzadas: Selección rápida, Filtros de selección y la Calculadora rápida QuickCalc.
- Empleo de la Calculadora rápida QuickCalc.

Uso de referencias externas

En capítulos anteriores mencionamos que la utilización de bloques, referencias externas y capas podía ser de gran utilidad para mejorar el rendimiento de un proyecto. En los siguientes apartados veremos cómo aplicar estos elementos para reducir errores de diseño y acelerar la entrega de dibujos de gran precisión. Lo conseguiremos controlando capas junto a bloques y archivos de referencias externas, con lo que obtendremos una base de datos común para varios dibujos.

TRUCO: También puede utilizar archivos DWF de AutoCAD como referencia externa.

En la siguiente sección, comenzará a utilizar RefX para crear planos de planta diferentes para el edificio en el que trabajó anteriormente en este libro. Para ahorrar algo de tiempo, he creado un apartamento de un dormitorio llamado `Unit 2` que utilizaremos en estos ejercicios (véase la figura 15.1). Puede encontrar este nuevo plano del apartamento en los archivos de muestra de este capítulo.

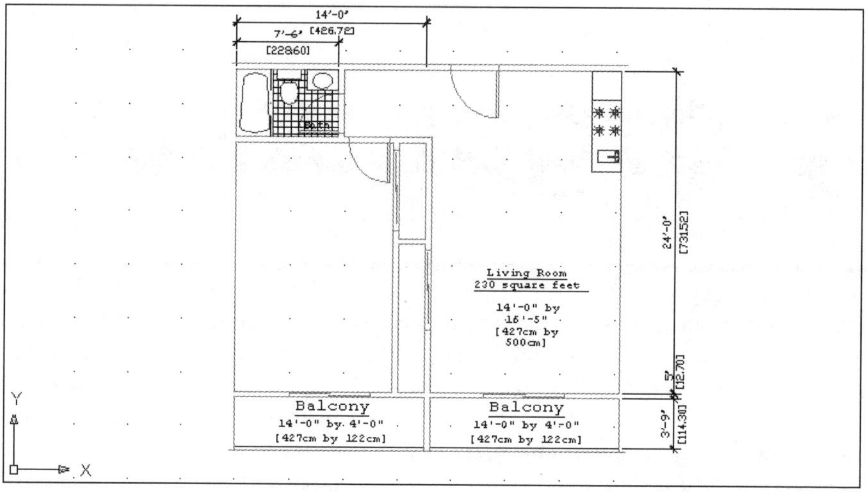

Figura 15.1. Apartamento de un dormitorio.

Preparar dibujos para referencias cruzadas

En el siguiente apartado analizaremos cómo crear y utilizar RefX para diseñar varias plantas, cada una con información de dibujo ligeramente diferente. Con ello, descubrirá que las RefX le permiten utilizar un solo archivo en varios dibujos para ahorrar tiempo y evitar repeticiones. Al compartir datos comunes en distintos archivos se reduce el tiempo de trabajo y se consigue la coherencia de la información. En primer lugar diseñaremos los archivos que posteriormente se utilizarán como referencias externas:

1. Abra el archivo del plano. Si no lo ha creado anteriormente, puede utilizar el archivo `15a-plan-metric.dwg` (véase la figura 15.2).
2. Desactive las capas Ceiling y Flr-pat para obtener una vista más despejada de los planos de cada apartamento.
3. Utilice el comando **Bloquedisc** y guarde los ocho apartamentos de las esquinas del plano en un archivo que puede denominar `Floor1.dwg` (véase la figura 15.3). Una vez designados los objetos, incluya los símbolos de referencia puerta y símbolos del

número de apartamento de los apartamentos correspondientes. Puede utilizar como punto base de inserción del comando las coordenadas 0,0. Al mismo tiempo, y antes de hacer clic en **Aceptar**, compruebe que se encuentra marcada la opción Suprimir de dibujo del cuadro de diálogo Escribir bloque.

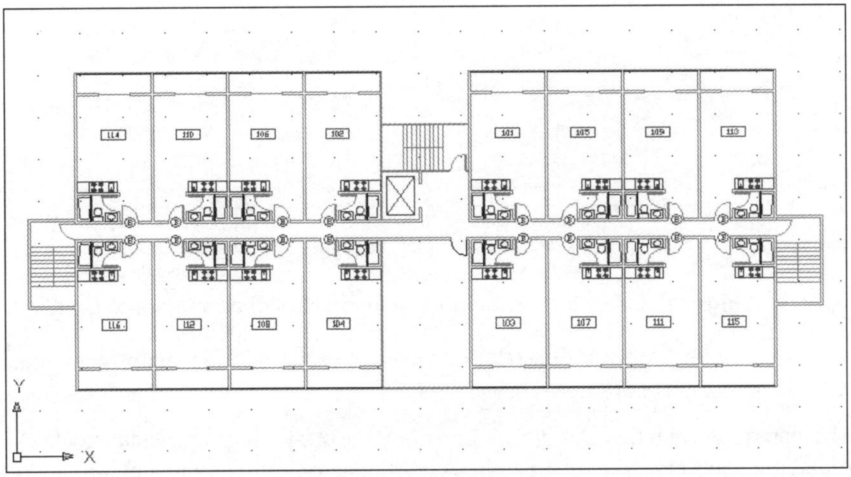

Figura 15.2. El plano general.

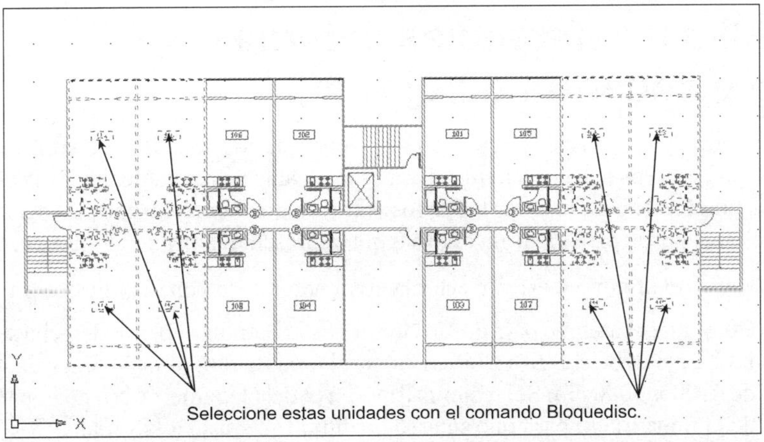

Figura 15.3. Los apartamentos que hay que exportar al archivo Floor1.

4. Con la figura 15.4 como referencia, inserte el archivo `Unit2-metric.dwg` en los puntos en los que se encontraban anteriormente los ocho apartamentos restantes.

NOTA: Si no ha creado el archivo del apartamento `Unit2` anteriormente, puede utilizar el archivo `15a-unit2-metric.dwg`.

5. Una vez emplazados los apartamentos, puede utilizar el comando **Bloquedisc** para copiarlos en el archivo `Floor2.dwg`, tomando de nuevo como punto base de inserción las coordenadas 0,0 y asegúrese de que la opción Suprimir de dibujo está activada.

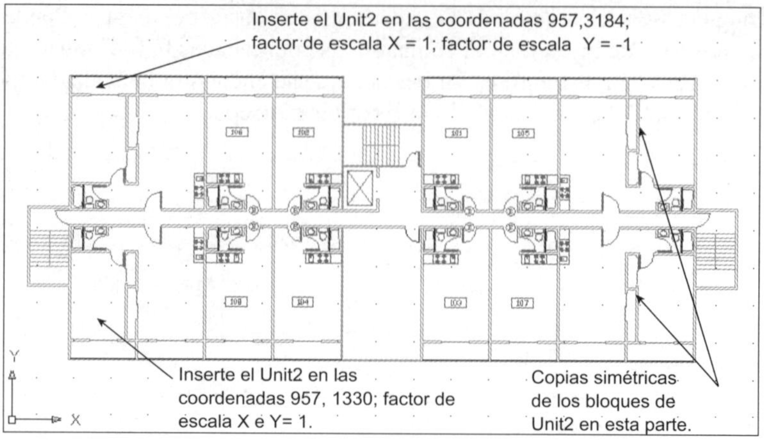

Figura 15.4. Información para la inserción del apartamento Unit2.

6. Seleccione Archivo>Guardar como en el Explorador de menús para guardar el resto de planos en el archivo `Common.dwg`.

Acabamos de crear tres archivos; `Floor1`, `Floor2` y `Common`. Cada uno de ellos contiene información concreta sobre el edificio. A continuación, utilizaremos el comando **RefX** para combinar los archivos en las diferentes plantas del edificio.

Combinar referencias externas para diseñar un dibujo

El siguiente paso consiste en crear archivos compuestos de cada planta utilizando solamente RefX de los archivos que necesitemos para cada planta. Nos ayudaremos de la opción Enlazar del comando **RefX** para insertar todos los archivos que hemos exportado del archivo `Plan`.

Siga estos pasos para crear un archivo que represente la primera planta:

1. Cierre el archivo `Common.dwg` y abra uno nuevo con el nombre `Xref-1`.
2. Configure el archivo para que los límites de la esquina superior derecha sean 2112,1632. La escala debe ser de 1:200 en A4, y el área de dibujo debe tener unas dimensiones de 4200 x 5940 cm. Seleccione Todo en el desplegable Zoom en el panel Utilidades de la ficha Inicio para que su área de dibujo se ajuste a la ventana.

TRUCO: En este ejercicio va a utilizar un tamaño de papel reducido, ya que es el que los lectores pueden encontrar con mayor facilidad. En condiciones normales, el tamaño y la escala serían mayores en planos de arquitectura.

3. Defina el valor `Ltscale` a 200.

TRUCO: Si prefiere utilizar una barra de herramientas para las herramientas RefX, abra la barra de herramientas Referencia. Haga clic con el botón derecho del ratón sobre la Barra de herramientas de acceso rápido y seleccione Barras de herramientas> AutoCAD>Referencia.

4. Haga clic en **DWG** () en el panel Referencia de la ficha Bloques y referencias o escriba `Enlazarx` en la línea de comandos y pulse **Intro** para abrir el cuadro de diálogo Seleccionar archivo de referencia.

5. Localice el archivo `Common.dwg` y selecciónelo.

6. En el cuadro de diálogo Referencia externa, compruebe que la casilla Precisar en pantalla del grupo Punto de inserción no está marcada y que en los cuadros X, Y y Z aparece el valor 0 (véase la figura 15.5).

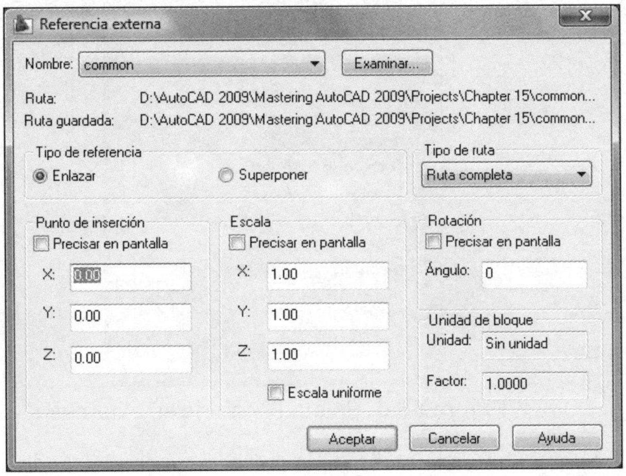

Figura 15.5. Cuadro de diálogo Referencia externa.

TRUCO: Como los puntos de inserción de todos los archivos son los mismos (0,0), encajarán a la perfección cuando se inserten en los nuevos archivos.

7. Haga clic en el botón **Aceptar**. El archivo `Common.dwg` aparecerá en el dibujo.

8. Vuelva a hacer clic en DWG del panel Referencia y encuentre, seleccione, e inserte el archivo `Floor1`.

9. Repita el paso anterior para añadir el archivo `Col-grid.dwg` como RefX. Hemos conseguido el plano de la primera planta.

10. Guarde el archivo.

Utilizaremos el archivo actual para crear otro que represente una planta distinta:

1. Seleccione Archivo>Guardar como en el Explorador de archivos para guardar el archivo con el nombre `XRef-2.dwg`.

2. Haga clic en la herramienta **Referencias externas** () en el panel Referencia de la ficha Bloques y referencias o escriba `Rx` y pulse **Intro**.

3. En la paleta Referencias externas que aparece en la figura 15.6, seleccione la opción Floor1 en la lista de referencias externas y, a continuación, haga clic con el botón derecho y seleccione Desenlazar en el menú contextual.

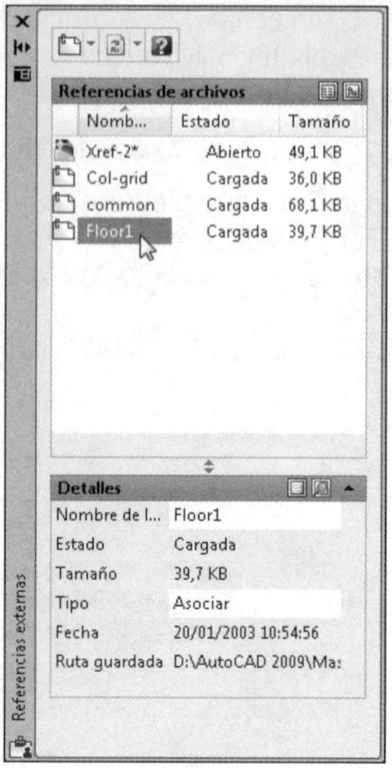

Figura 15.6. Paleta Referencias externas.

4. Haga clic con el botón derecho en la parte vacía de la lista de la paleta Referencias externas y, a continuación, seleccione Enlazar DWG en el menú contextual.
5. Localice y seleccione el archivo `Floor2.dwg`.
6. De nuevo en la paleta Referencias externas, compruebe que los valores X, Y y Z del grupo Punto de inserción se encuentran a 0.
7. Haga clic en el botón **Aceptar**. El dibujo `Floor2` aparecerá en lugar de `Floor1`. Desactive la capa Notes para ver el plano con claridad.

A partir de este momento, cada vez que tenga que efectuar algún cambio en `Xref-1` o `Xref-2` puede cambiar individualmente los archivos de referencia externa que los componen. Tras ello, cuando vuelva a abrir esos dos archivos, las referencias externas actualizadas aparecerán en pantalla.

Localizar archivos RefX

Si después de insertar un archivo RefX en un dibujo se cambia de lugar, puede que AutoCAD no lo encuentre cuando intente abrirlo. Si esto ocurre, puede recurrir al botón **Examinar** de la opción Encontrado en que se encuentra en la parte inferior de la paleta Referencias externas para indicar la nueva ubicación del archivo de referencia externa. El botón **Examinar** aparecerá en la parte situada más a la derecha del cuadro de texto Encontrado en cuando haga clic en el cuadro de texto. Si sabe que va a conservar sus archivos de proyecto en un lugar, puede utilizar la variable de sistema `Projectname` en conjunción con el cuadro de diálogo Opciones para indicar a AutoCAD que busque en una ubicación específica los archivos de referencia externa.

A continuación indicamos qué debe hacer:

1. Seleccione Herr.>Opciones en el Explorador de menús.
2. Haga clic en la ficha Archivo y, a continuación, localice y seleccione la opción Ruta de búsqueda de archivos de proyecto.
3. Haga clic en **Añadir** y, a continuación, introduzca un nombre para su proyecto o acepte el nombre predeterminado `Proyecto1`.
4. Haga clic en **Examinar** y localice y seleccione la carpeta en la que desea guardar sus archivos de referencia externa.
5. Cierre el cuadro de diálogo Opciones y, a continuación, introduzca `Projectname` y pulse **Intro** en la línea de comandos.
6. Introduzca el nombre de proyecto que utilizó en el paso 3 y, a continuación, guarde su archivo para que recuerde esta opción de configuración.

No es necesario que una RefX sea permanente. Como vimos en el ejercicio anterior, se pueden enlazar y desenlazar de forma sencilla. Esto significa que si quiere obtener información de otro archivo se puede enlazar temporalmente como referencia externa del archivo principal para comprobar su emplazamiento y después desenlazarlo cuando hayamos terminado. Piense en estos archivos compuestos como archivos de trazado finales que solamente se utilizan para trazado y revisión. Las modificaciones se pueden efectuar en los archivos de referencia externa, que son más pequeños y manejables. En la figura 15.7 se muestra la relación de este tipo de archivos. Las combinaciones de referencias externas son ilimitadas, aunque es aconsejable evitar un número excesivo dentro de un mismo archivo.

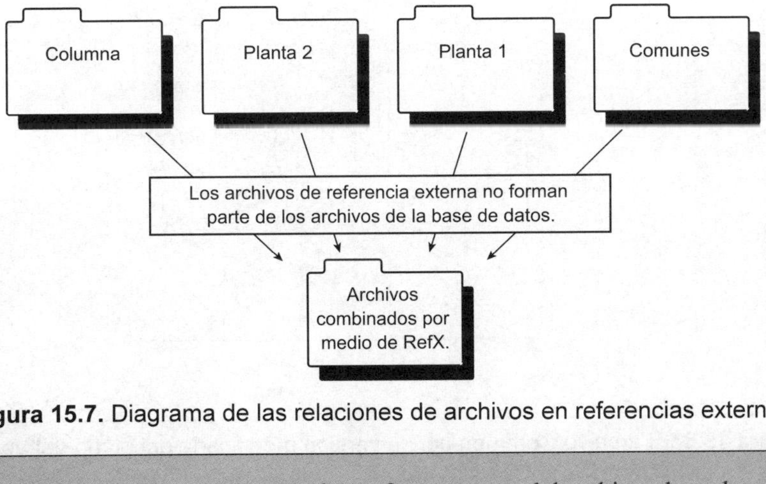

Figura 15.7. Diagrama de las relaciones de archivos en referencias externas.

TRUCO: Dado que los archivos RefX no forman parte del archivo al que hacen referencia, es aconsejable almacenarlos en un lugar que AutoCAD pueda localizar cuando se abra el archivo de referencia. Pueden convertirse en una ligera molestia al enviar archivos al exterior. Para realizar el seguimiento de referencias externas, AutoCAD incluye la herramienta **Etransmit** en el panel Enviar de la ficha Salida.

Actualizar bloques en RefX

El uso de referencias externas tiene numerosas ventajas. Como no forman parte de la base de datos del dibujo, su tamaño es reducido. Se pueden actualizar de forma rápida, lo que facilita su distribución entre los integrantes de un grupo de trabajo o en una red. Por ejemplo, en nuestro hipotético edificio de apartamentos, una persona puede modificar el archivo `Common` mientras que otra trabaja con `Floor1`. La siguiente vez que se abran los archivos compuestos `Xref-1.dwg` y `Xref-2.dwg` reflejará de forma automática cualquier cambio que se haya efectuado en los archivos de referencia externa. O, si la referencia externa se actualiza cuando aún tiene el archivo de recepción abierto, recibirá un mensaje en forma de globo que le indicará que una referencia externa requiere que se vuelva a cargar. Veamos cómo funciona:

1. Guarde y cierre el archivo `Xref-2` y abra `Common.dwg`.
2. El siguiente paso consistirá en actualizar el plano del apartamento que hemos modificado anteriormente. Haga clic en **Insertar** ( ) en el panel Bloque de la ficha Inicio o de la ficha Bloques y referencias.
3. En el cuadro de diálogo Insertar, haga clic en el botón **Examinar** y seleccione el archivo `Unit.dwg`. Haga clic en el botón **Abrir**, y luego haga clic en el botón **Aceptar** en el cuadro de diálogo Insertar.
4. Cuando aparezca el mensaje de advertencia, haga clic en el botón **Sí**.
5. En la línea de comando `Punto de inserción:`, pulse la tecla **Esc**.
6. Escriba `Regen` y pulse **Intro** para regenerar el dibujo. Aparecerá el nuevo plano del apartamento en lugar del anterior (véase la figura 15.8). Podrá ver todas las cotas y las notas de cada uno de los apartamentos.

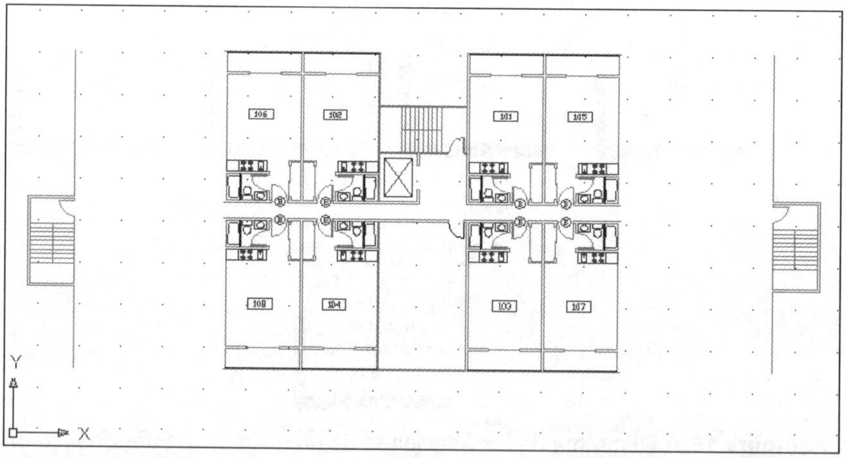

Figura 15.8. El archivo Common con la versión modificada del plano del apartamento.

7. Si la capa Notes se encuentra activada, puede desactivarla en la lista desplegable Capa.
8. Haga clic de nuevo en la herramienta **Insertar** ( ) del panel Bloque para cambiar la habitación vacía que se encuentra al final del vestíbulo con la del archivo `Utility.dwg` (véase la figura 15.9).

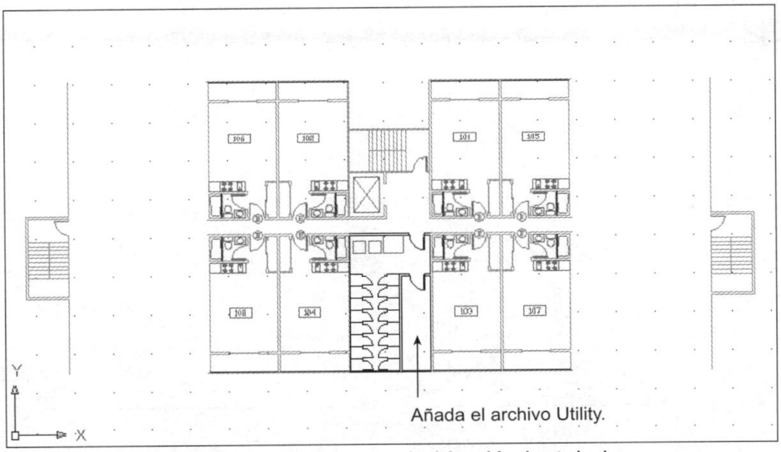

Figura 15.9. La nueva habitación instalada.

9. Guarde el archivo `Common`.
10. Seguidamente, abra el archivo `Xref-1`, haga clic con el botón derecho del ratón en la paleta Referencias externas y seleccione Volver a cargar todas las referencias en el menú contextual. También puede hacer clic con el botón derecho del ratón en el icono **Gestionar RefX** situado en la esquina inferior derecha de la ventana de AutoCAD y seleccionar Recargar refX de DWG. Verá que ya aparece la nueva habitación y que los apartamentos han adoptado el nuevo formato. El dibujo debería parecerse a la imagen superior de la figura 15.10.
11. Abra el archivo `Xref-2` y vuelva a cargar la referencia externa Common como hizo en el paso 10. Los objetos también se han actualizado en este archivo, como se puede comprobar en la imagen inferior de la figura 15.10.

Importar elementos guardados desde la función RefX

En un capítulo anterior veíamos cómo se importan las capas, los bloques, los tipos de línea y los tipos de texto (llamados elementos guardados) junto con un archivo que se inserta dentro de otro. Los archivos de referencia externa, por el contrario, no importan elementos guardados. Sin embargo, podemos revisar sus nombres y utilizar un comando especial para importar aquellos que queramos usar en el archivo actual.

TRUCO: La variable del sistema `Visretain` se puede establecer en 1 para que AutoCAD recuerde los parámetros de capa de los archivos de referencia externa. Otra opción consiste en activar la opción Mantener cambios en capas de RefX de la ficha Abrir y guardar del cuadro de diálogo Opciones. También puede utilizar el Administrador de estados de capas en el cuadro de diálogo Administrador de propiedades de capas para guardar los parámetros de las capas y poder recuperarlos en otro momento. El Administrador de estados de capas se describe en profundidad más adelante.

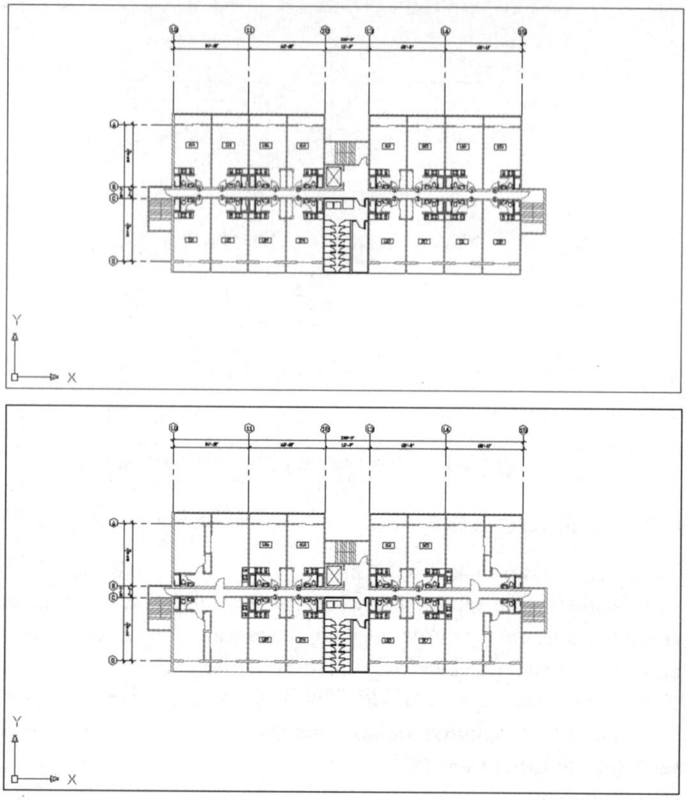

Figura 15.10. El archivo Xref-1 con los apartamentos actualizados.

AutoCAD modifica los nombres de los elementos guardados desde los archivos RefX, dándoles como prefijo el nombre de archivo del que proceden. Por ejemplo, la capa Wall del archivo `Floor1` se llamará `Floor1|WALL` en el archivo `Xref-1`, el bloque Toilet se llamará `Floor1|TOILET`. No puede dibujar en la capa Floor1|WALL ni insertar Floor1|TOILET, pero puede ver las capas de referencia externa en el cuadro de diálogo Administrador de propiedades de capas y visualizar bloques de referencia externa utilizando el cuadro de diálogo Insertar.

A continuación, examinaremos la forma en la que AutoCAD identifica las capas y los bloques de los archivos de referencia externa, y tendrá la oportunidad de importar una capa desde un archivo de referencia externa.

1. Con el archivo `Xref-1` abierto, abra el cuadro de diálogo Administrador de propiedades de capas. Fíjese en que los nombres de las capas de los archivos de referencia externa llevan como prefijo el nombre de archivo y una barra vertical. Salga del cuadro de diálogo Administrador de propiedades de capas.

TRUCO: También puede abrir el menú contextual Control de capa para ver los nombres de las capas.

2. Escriba `unirx` en la línea de comandos y pulse **Intro** para abrir el cuadro de diálogo Unir referencias externas (véase la figura 15.11). Verá un listado de las referencias externas actuales. Cada elemento tiene un signo más a la izquierda. Este cuadro de lista sigue el formato que aplica Microsoft Windows a las listas desplegables (resulta muy parecido a la vista de árbol del Explorador de Windows).

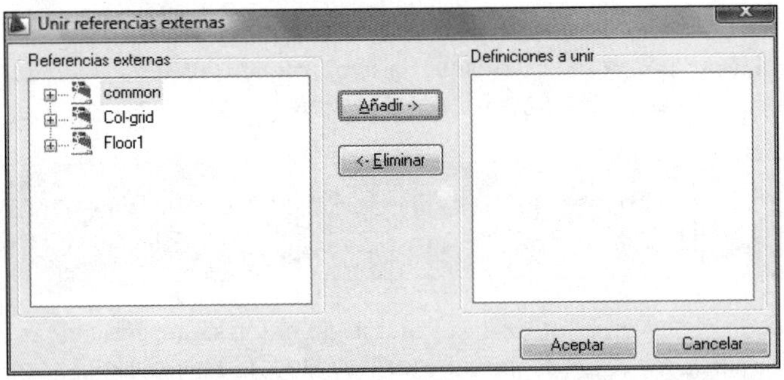

Figura 15.11. Cuadro de diálogo Unir referencias externas.

3. Haga clic en el signo más situado junto a Floor1 de la lista Referencias externas. La lista se ampliará para mostrar los tipos de elementos disponibles para su unión (véase la figura 15.12).

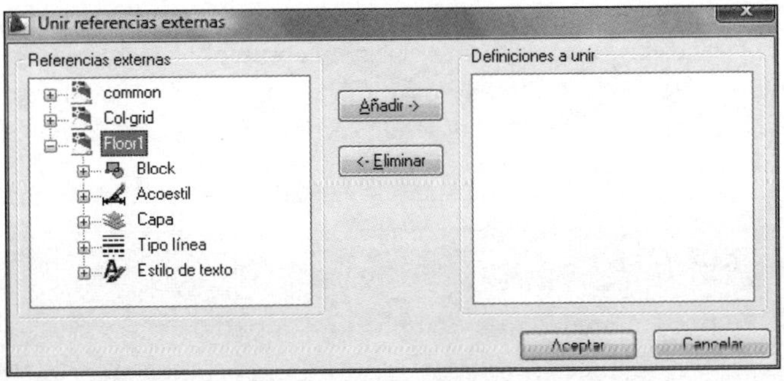

Figura 15.12. El elemento Floor1 expandido.

4. Haga clic en el signo más situado junto a la entrada Capa. La lista se volverá a desplegar para mostrar las capas disponibles para su unión (véase la figura 15.13).

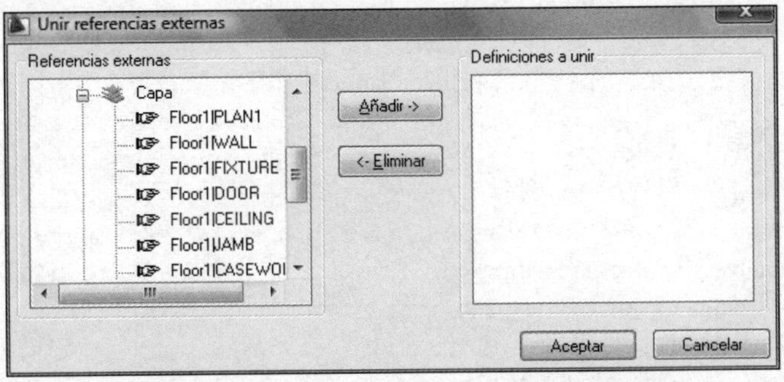

Figura 15.13. El elemento Capa expandido.

5. Busque la entrada Floor1|WALL en el listado y haga clic en ella. A continuación, haga clic en el botón **Añadir** para agregar Floor1|WALL a la lista de la derecha, Definiciones a unir.
6. Haga clic en **Aceptar** para unir la capa Floor1|WALL.
7. A continuación, abra el cuadro de diálogo Administrador de propiedades de capas.
8. Desplácese por la lista y busque la capa Floor1|WALL. No la encontrará, ya que ha sido sustituida por la capa Floor1$0$wall.

TRUCO: La función DesignCenter de AutoCAD permite importar parámetros y otros componentes de cualquier dibujo, no solamente dibujos de referencias externas.

Como puede observar, al utilizar la función de unión de referencias externas para importar un elemento guardado, como la capa Floor1|WALL, la barra vertical (|) se sustituye por un número (por lo general, el 0) rodeado de dos signos de dólar. (Si por alguna razón la capa importada Floor1$0$wall ya existiese, el cero se sustituye por 1, con lo que el resultado sería Floor1$1$wall.) El resto de los elementos guardados también se designan sustituyendo la barra vertical por la secuencia `$0$`. Puede utilizar el cuadro de diálogo Unir referencias externas para unir varias capas, así como otros elementos de referencias externas asociados al dibujo actual.

TRUCO: Puede unir una referencia externa completa a un dibujo convirtiéndola en un simple bloque. Esta técnica permite mantener los nombres de capa únicos de las referencias externas que se están uniendo o combinar capas guardadas de la referencia externa similares a las del archivo actual.

RefX anidadas y superposiciones

Las RefX se pueden anidar. Por ejemplo, si el archivo `Common.dwg` utilizara el archivo `Unit.dwg` como referencia externa en lugar de como un bloque insertado, los resultados serían los mismos en el archivo `Xref-1.dwg`. Esto es, se vería el plano de planta completo. El archivo `Unit.dwg` estaría anidado en el archivo `Common.dwg`, que, a su vez, es una referencia externa del primero.

Aunque las referencias cruzadas anidadas pueden ser de gran utilidad, hay que ser precavidos en su utilización. Por ejemplo, se puede crear una referencia externa con el archivo `Common.dwg` del archivo `Floor1.dwg` para la referencia de paredes y otros elementos del primero. También puede utilizarla con la misma intención en el archivo `Floor2.dwg`. Una vez completado el proceso, tendrá tres versiones del plano `Common` en el archivo `Xref-1.dwg`, ya que cada referencia externa tiene un archivo `Common` enlazado. Y, como AutoCAD cargará el archivo `Common` tres veces, `Xref-1.dwg` utilizará más memoria y ralentizará el proceso de edición. Si quiere evitar este problema, puede utilizar la opción Superponer del cuadro de diálogo Referencia externa. Una referencia externa superpuesta no se puede anidar. Por ejemplo, si utiliza la opción Superponer antes de insertar el archivo `Common.dwg` en los archivos `Floor1` y `Floor2`, los archivos anidados `Common.dwg` serán ignorados al abrir el archivo `Xref-1`, con lo que se eliminarán las repeticiones. Pongamos otro caso. Si utiliza la opción Superponer para importar el archivo `Unit.dwg` en el archivo `Common.dwg` y, posteriormente, lo enlaza como referencia externa a `RefX-1.dwg`, no verá el plano del apartamento en el archivo `Xref-1.dwg`, ya que el dibujo `Unit.dwg` anidado se ignora.

Controlar la ruta de búsqueda de RefX

Uno de los problemas a los que tenían que hacer frente los usuarios de AutoCAD en el pasado eran los enlaces perdidos o rotos a una referencia externa. Esta situación tiene lugar cuando se mueve una referencia externa de su ubicación original o cuando se recibe un conjunto de dibujos que incorporan referencias externas. Los enlaces de referencia externa se rompen porque AutoCAD no sabe dónde mirar. Desde AutoCAD 2005, el programa integra un control mejorado para la búsqueda de archivos de referencia externa.

Al insertar una referencia externa se abre el cuadro de diálogo Referencia externa, en el que se incluyen opciones para indicar el punto de inserción, la escala y la rotación. Este cuadro de diálogo también incluye la opción Tipo de ruta, que permite seleccionar un método para ubicar referencias externas. En concreto, se pueden seleccionar tres tipos de ruta:

- **Ruta completa:** Permite especificar el nombre de archivo exacto y la ruta de una referencia externa, incluida la unidad de disco duro o la ubicación de red. Utilice esta opción cuando desee que AutoCAD busque la referencia externa en un lugar concreto.
- **Ruta relativa:** Permite especificar una ubicación de archivo relativa a la ubicación del dibujo actual. Por ejemplo, si el dibujo actual está situado en una carpeta llamada `c:\misarchivoscad` y las referencias externas se encuentran situadas en la carpeta `c:\misarchivoscad\refx`, podemos especificar `\refx` para establecer la ubicación del archivo de referencia externa. Esta opción resulta útil cuando está previsto mantener la estructura de la carpeta del *host* y de los archivos de referencia externa al mover o intercambiar dichos archivos. Fíjese en que, como se trata de una ruta relativa, esta opción sólo resulta válida para archivos alojados en el mismo disco duro local.
- **Sin ruta:** Se trata probablemente de la opción más flexible. Esta opción indica a AutoCAD que utilice su propio criterio de búsqueda para buscar referencias externas. Al seleccionar esta opción, AutoCAD busca primero en la misma carpeta del dibujo principal y, a continuación, busca en la ruta de búsqueda de proyecto definida en la ficha Archivos del cuadro de diálogo Opciones. Por último, AutoCAD busca en la ruta de búsqueda de archivos de soporte, también definida en la ficha Archivos del cuadro de diálogo Opciones. Si tiene pensado enviar sus archivos a un cliente o a un consultor, puede utilizar esta opción.

Administración de capas

En una investigación realizada entre sus usuarios de AutoCAD, Autodesk descubrió que una de las funciones más utilizadas de AutoCAD era el comando **Capas**. No tardará en descubrirse activando y desactivando capas y editando los diferentes niveles de información contenidos en los archivos de AutoCAD. A medida que sus archivos se vayan complicando, el control de la visibilidad de las capas resultará cada vez más difícil. Afortunadamente, AutoCAD incorpora el Administrador de estados de capas para que la tarea resulte un poco más sencilla.

Guardar y recuperar parámetros de capa

El administrador de capas permite guardar los parámetros de capa, lo cual puede resultar vital al editar un archivo que se utilice para varias finalidades, como un plano de planta y un plano de techo reflejado. Por ejemplo, puede activar y desactivar capas para configurar el dibujo para una vista del plano del techo reflejado y guardar los parámetros de capa. Más adelante, al modificar la información del techo, puede recuperar los parámetros de capa para ver los datos de dicha parte.

La siguiente secuencia de pasos muestra el funcionamiento del Administrador de estados de capas:

1. En AutoCAD, abra el archivo `15b-unit-metric.dwg`. A continuación, haga clic en la herramienta **Administrador de propiedades de capa** en el panel Capas de la ficha Inicio para abrir el cuadro de diálogo Administrador de propiedades de capas y active todas las capas, salvo la capa Notes y la capa Flr-pat. El dibujo debería parecerse al ilustrado en la imagen superior de la figura 15.17.
2. Haga clic en la herramienta **Administrador de estado de capas** ( ) en el panel Capas para abrir el cuadro de diálogo Administrador de estado de capas. Deténgase un momento a examinar las opciones de este cuadro de diálogo. Puede introducir un nombre de estado de capa. También puede especificar qué parámetros de capa desea guardar con el estado de la capa (véase la figura 15.14).

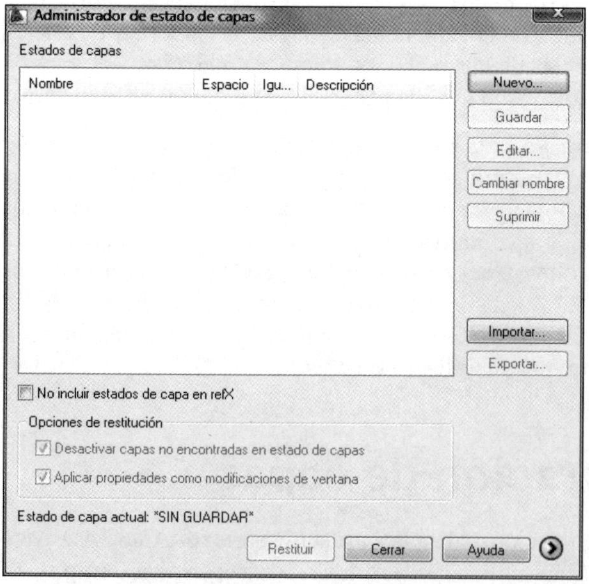

Figura 15.14. Cuadro de diálogo Administrador de estado de capas.

3. Ahora ya puede guardar el estado de capa actual siguiendo estos pasos. Haga clic en el botón **Nuevo** del cuadro de diálogo Administrador de estado de capas para abrir el cuadro de diálogo Nuevo estado de capa para guardar (véase la figura 15.15).

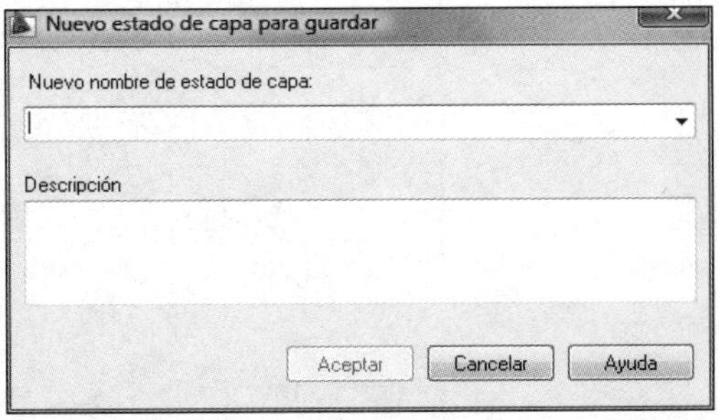

Figura 15.15. Cuadro de diálogo Nuevo estado de capa para guardar.

4. Escriba **blank floor plan** (plano de planta vacío) en el campo de entrada Nuevo nombre de estado de capa. Observe que, si quiere, también puede introducir una pequeña descripción. Haga clic en **Aceptar** para volver al cuadro de diálogo anterior.
5. Haga clic en el botón **Más opciones de restitución** en la esquina inferior derecha del cuadro de diálogo Administrador de estado de capas para expandir la lista de opciones (véase la figura 15.16).

Figura 15.16. Botón Más opciones de restitución.

6. Compruebe que está activa la opción ACT / DES y haga clic en **Cerrar**. Tenga en cuenta que hay varias opciones disponibles pero que puede dejarlas tal como están.
7. En el cuadro de diálogo Administrador de propiedades de capa, active la capa Flr-pat y la capa Notes y desactive la capa Techo.
8. Haga clic en **Aceptar**. El dibujo presentará un aspecto parecido al de la imagen inferior de la figura 15.17.

Ahora acaba de guardar un estado de capa, y después ha modificado los ajustes de la capa para que fueran diferentes a los guardados. Los pasos que se detallan a continuación demuestran la forma de restaurar el estado de capa actual.

1. Haga clic en la herramienta **Administrador de estado de capas** en el panel Capas de la ficha Inicio para volver a abrir el cuadro de diálogo Administrador de estado de capas.
2. Seleccione blank floor plan en la lista y haga clic en **Restablecer**. El dibujo volverá a la vista previa con las capas Flr-pat y Notes desactivadas y la capa Techo activada.
3. Esto le llevará al final del tutorial de RefX. Guarde el archivo y ciérrelo.

Figura 15.17. La vista del archivo 15b-unit.dwg, antes y después de cambiar la configuración de las capas.

Los estados de capa se guardan en el archivo para poder recuperarlos en un momento posterior. El cuadro de diálogo Administrador de estados de capa incluye otras opciones, como puede ver en la tabla 15.1.

Tabla 15.1. Opciones del cuadro de diálogo Administrador de estado de capas.

Opción	Propósito
Nuevo	Crea un nuevo estado de capa.
Guardar	Guarda el estado de capa seleccionado después de editarlo.
Editar	Permite que edite los parámetros de capas para el estado de capas seleccionado.
Cambiar nombre	Cambia el nombre de un estado de capa seleccionado.

Opción	Propósito
Suprimir	Elimina un estado de capa de la lista.
Importar	Importa un conjunto de estados de capa que se han exportado utilizando la opción Exportar de este cuadro de diálogo.
Exportar	Guarda un conjunto de estados de capas en forma de archivo. De manera predeterminada, el archivo recibe el nombre del archivo actual seguido de la extensión `.las`. Puede importar el archivo de estado de capa a otros archivos.
Propiedades de capa para restituir (en el cuadro de diálogo expandido)	Le permite seleccionar las propiedades de capa controladas por el Administrador de estado de capas.

Además de guardar los estados de capa por el nombre, puede volver a un estado de capa anterior haciendo clic en la herramienta **Capa previa** () situada en el panel Capas de la ficha Inicio. Esta herramienta permite volver rápidamente a los parámetros de la capa anterior sin afectar a otros parámetros de AutoCAD. Tenga en cuenta que el modo Capa previa no restablece capas renombradas o eliminadas ni suprime capas nuevas.

Cuando se familiarice con estas herramientas de estado de capas, descubrirá que las utiliza con gran frecuencia en sus sesiones de edición.

TRUCO: El comando **Modocapap** realiza el seguimiento de los estados de capa. Por regla general, suele estar activado, pero si no lo estuviera la herramienta **Capa previa** no funcionará. Para activarlo, escriba `Modocapap`, pulse **Intro**, `ACT` y pulse **Intro**.

Otras herramientas para administrar capas

Los controles de capa en AutoCAD han mejorado mucho a lo largo de los años. Hoy en día hay bastantes herramientas para ayudarle a configurar las capas rápidamente mientras trabaja. En los siguientes apartados, se explican algunas de las herramientas del panel Capas.

ADVERTENCIA: Todas las herramientas comentadas en este apartado tienen comandos de teclado equivalentes. Compruebe la barra de estado para conocer el nombre del comando de teclado al seleccionar las herramientas del panel Capas o Formato>Herramientas de capa en el explorador de menús.

Explorar capas con la herramienta Recorrer capas

Cuando trabaja con un archivo creado por otra persona, suele tener que tomarse algún tiempo para familiarizarse con la configuración de las capas. Puede ser un proceso tedioso, pero la herramienta **Recorrer capas** puede ayudarle. Como su propio nombre indica, la herramienta **Recorrer capas** le permite hacer un recorrido por las capas del archivo, aislando visualmente cada capa a medida que selecciona su nombre en una lista. Puede utilizar **Recorrer capas** para seleccionar las capas que desea visibles, o activarlas y desactivarlas para explorar el dibujo sin que afecte a los actuales parámetros de capas. Para abrir el cuadro de diálogo Recorrer las capas, haga lo siguiente:

1. Haga clic en la herramienta **Recorrer capas** ( ) en el panel Capas expandido, o escriba `recorrercapas` y pulse **Intro** en la línea de comando.
2. Aparece el cuadro de diálogo Recorrer las capas (véase la figura 15.18).

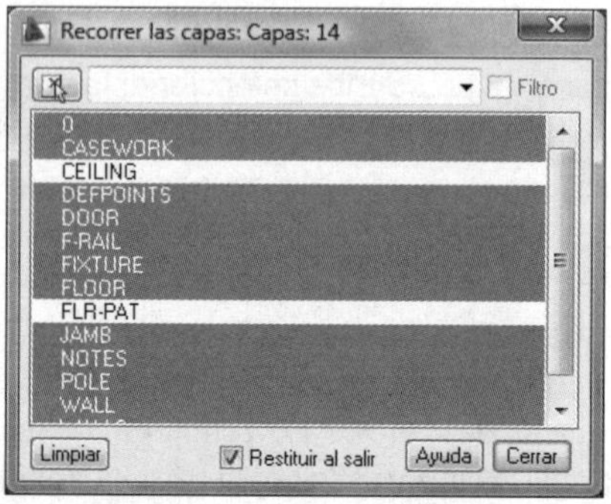

Figura 15.18. El cuadro de diálogo Recorrer las capas.

Puede hacer clic y arrastrar el borde inferior del cuadro de diálogo para expandir la lista y visualizar todas las capas del dibujo. Cuando abre el cuadro de diálogo Recorrer las capas por primera vez verá seleccionadas las capas visibles. Las capas que están desactivadas o inutilizadas no están seleccionadas. Haga clic en una sola capa y AutoCAD se la mostrará.

Puede utilizar este cuadro de diálogo para configurar los parámetros de las capas visualmente, haciendo **Control-clic** en los nombres de las capas para hacerlas visibles. Desactive la opción Restituir al salir para mantener los parámetros de capa que ha configurado en el cuadro de diálogo Recorrer las capas, o actívela si desea que el dibujo vuelva a las configuraciones de capas que tenía antes de abrir el cuadro de diálogo Recorrer las capas. Haga clic con el botón derecho del ratón sobre la lista de capas para mostrar un conjunto de las otras opciones que le permiten guardar el estado de la capa e invertir la selección.

Cambiar la asignación de capa de los objetos

Además de la herramienta **Recorrer capas**, la barra de herramientas Capas II incluye dos herramientas que cambian la asignación de capa de los objetos: la herramienta **Igualar capa** y la herramienta **Cambiar a capa actual**.

La herramienta **Igualar capa** ( ) es similar a la herramienta **Igualar propiedades**, pero está limitada a operar únicamente con asignaciones de capa. Después de hacer clic en esta herramienta en el panel Capas, seleccione el objeto u objetos que desea cambiar, pulse **Intro**, y seleccione el objeto con cuya capa desea igualarlos.

La herramienta **Cambiar a capa actual** ( ) en el panel Capas expandido cambia la asignación de capa de un objeto a la capa actual. Esta herramienta existe desde hace mucho tiempo como una utilidad AutoLISP, y descubrirá que puede serle muy útil.

Controlar las configuraciones de capa a través de objetos

Las herramientas Capa Express que quedan le permiten hacer configuraciones de capa seleccionando objetos en el dibujo. Estas herramientas son fáciles de utilizar: haga clic en una herramienta, y luego seleccione un objeto. Estas herramientas son de gran ayuda, y seguramente considerará la posibilidad de anclarlas permanentemente en su ventana de AutoCAD.

La siguiente lista describe cada herramienta:

- **Aislar capas / Desaislar capa** (): **Aislar capas** desactiva todas las capas, excepto la del objeto seleccionado. **Desaislar capa** restaura las configuraciones de capa al estado en que estaban antes de utilizar **Aislar capas**.
- **Inutilizar capas** (): Inutiliza la capa del objeto seleccionado.
- **Desactivar capas** (): Desactiva la capa del objeto seleccionado.
- **Bloquear capa / Desbloquear capa** (): Bloquea la capa del objeto seleccionado. Una capa bloqueada es visible pero no se puede editar.
- **Recorrer las capas** (): Le permite cambiar la visibilidad de la capa dinámicamente.
- **Copiar objetos en una nueva capa** (): Copia un objeto o conjunto de objetos en una capa diferente.

Recibir información de capas nuevas

AutoCAD puede informarle cuando se añadan capas nuevas a las referencias externa de un dibujo o al dibujo actual. Estas capas nuevas se llaman capas sin reconciliar. Esta herramienta puede ayudarle cuando está trabajando con otros y necesita mantenerse informado sobre el estado del dibujo. Por defecto, la notificación llega de dos maneras. Cuando se añaden capas nuevas, aparece un icono de advertencia en el lado derecho de la barra de estado. Si intenta imprimir un dibujo que contiene una capa nueva, aparece un mensaje informándole de que existen nuevas capas en el dibujo no reconciliadas. El aviso no le impide realizar ninguna acción. Solamente es una manera de notificarle los cambios. Además, las capas no reconciliadas están agrupadas en un filtro de propiedades de capa Nuevas capas no reconciliadas visible en el Administrador de propiedades de capas.

Para reconciliar las capas no reconciliadas, abra el Administrador de propiedades de capas, seleccione las capas no reconciliadas, haga clic con el botón derecho del ratón y seleccione Reconciliar capas en el menú contextual.

La notificación de nueva capa está activada por defecto y se controla mediante la variable de sistema `Layerevalctl`. En la línea de comandos, escriba `Layerevalctl`, pulse **Intro**, `0` y pulse **Intro** para desactivarla.

También es configurable la manera de notificar a través de las variables de sistema `Layereval` y `Layernotify`. `Layereval` controla la visualización del filtro Nuevas capas no reconciliadas, y se puede configurar a **0**, **1** ó **2**. **0** desactiva

`Layereval`, **1** la configura para detectar capas nuevas en la referencias externas y **2** la configura para detectar capas nuevas en las referencias externas y en el dibujo actual. `Layernotify` determina cómo se hace la notificación de las capas nuevas. **0** significa sin notificación, **1** significa notificación cuando comienza un trazado, **2** cuando el dibujo está abierto, **4** cuando las referencias externas están cargadas, recargadas o enlazadas, **8** cuando se restaura un estado de capa, **16** cuando se guarda un archivo y **32** cuando se inserta un dibujo.

Herramientas avanzadas: selección rápida, filtros de selección y la calculadora rápida QuickCalc

Dos de las herramientas de AutoCAD le resultarán de gran utilidad en su trabajo diario: los filtros de selección y la calculadora rápida QuickCalc. Hemos relegado la descripción de estas herramientas hasta esta parte del capítulo ya que conviene utilizarlas una vez que se haya adquirido cierta práctica con el programa. Es muy probable que haya probado algunas de las opciones y menús de AutoCAD que todavía no hemos explicado, ya que su aplicación resulta evidente. Sin embargo, estas herramientas no aparecen en ninguno de los menús y necesitan analizarse con mayor detalle.

Empezaremos con los filtros de selección. En realidad, AutoCAD ofrece dos herramientas de selección de filtros. Por un lado, la herramienta **Selección rápida**, que nos permite localizar un objeto en función de sus propiedades. Por otra parte, la herramienta **Filtro** utiliza una serie de criterios de selección más complejos para seleccionar objetos.

Filtrar selecciones

Supongamos que tiene que aislar las paredes de un dibujo en un archivo independiente. Una de las posibilidades sería desactivar todas las capas menos la capa Wall. Por medio del comando **Bloquedisc** podría seleccionar las paredes y guardar la información, con ayuda de una ventana, en un archivo. Un filtro simplifica esta operación, ya que permite seleccionar grupos de objetos en función de sus propiedades. Siga estos pasos para seleccionar objetos en función de sus propiedades:

1. Abra el archivo del apartamento.
2. Escriba `Bd` y pulse **Intro** para ejecutar el comando **Bloquedisc**. En el cuadro de diálogo Escribir bloque, introduzca **Unitwall** en el cuadro de entrada Nombre y ruta del archivo.
3. Compruebe que las opciones Objetos y Retener están seleccionadas en el cuadro de diálogo. Haga clic en el botón **Designar objetos** en el grupo Objetos. El cuadro se cerrará provisionalmente para que pueda seleccionar objetos.
4. En la línea de comando `Designe objetos:`, escriba `'Filter` y pulse **Intro**. Se abrirá el cuadro de diálogo Filtros de selección de objetos (véase la figura 15.19).

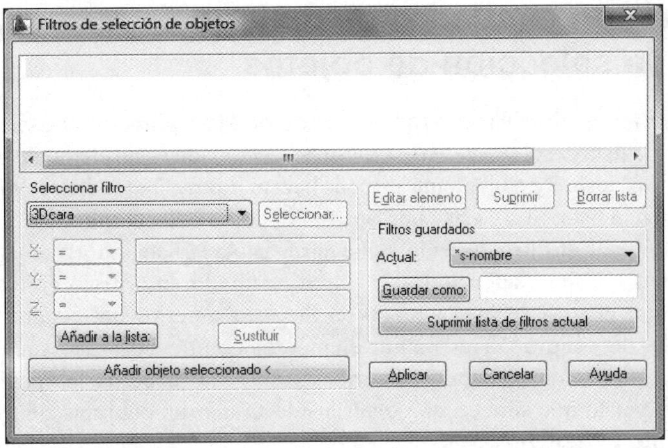

Figura 15.19. Cuadro de diálogo Filtros de selección de objetos.

5. Abra la lista desplegable del grupo Seleccionar filtro.
6. Localice la opción Capa y selecciónela.
7. Haga clic en el botón **Seleccionar** para acceder a la lista de capas, marque la capa Wall y haga clic en **Aceptar**.
8. Haga clic en el botón **Añadir a la lista** hacia la parte inferior del grupo Seleccionar filtro para añadir Capa = Wall a la lista.
9. Haga clic en el botón **Aplicar**. El cuadro de diálogo Filtros de selección de objetos se cerrará.
10. Escriba `Todo` y pulse **Intro** para seleccionar todos los elementos del dibujo. Solamente los objetos asignados a la capa Wall quedarán seleccionados. En la línea de comando aparecerá un mensaje indicando el número de objetos encontrados.
11. Pulse **Intro** y verá el mensaje `Saliendo de la selección filtrada. Reanudando el comando BLOQUEDISC. Designe objetos: 29 encontrados.`
12. Pulse **Intro** de nuevo para completar la selección y, a continuación, haga clic en **Aceptar** para completar el comando **Bloquedisc**. Todas las paredes del dibujo se incluirán en un archivo denominado `Unitwall`.
13. Después de comprobar los resultados del ejercicio, escriba `H` y pulse **Intro** o utilice el botón **Deshacer** de la Barra de herramientas de acceso rápido para deshacer el comando **Bloquedisc**.

En el ejemplo hemos filtrado una capa con ayuda del comando **Bloquedisc**. Una vez designado el filtro, se puede seleccionar el grupo de objetos al que se va a aplicar. AutoCAD localiza los objetos que coinciden con los requisitos del filtro y los pasa al comando activo.

Como ha podido observar en el ejercicio anterior, esta utilidad dispone de una gran cantidad de opciones, que examinaremos a continuación.

Trabajar con el cuadro de diálogo Filtros de selección de objetos

Para utilizar el cuadro Filtros de selección de objetos, primero debe seleccionar los criterios de filtrado en la lista desplegable. Si el criterio seleccionado es un elemento guardado (una capa, un tipo de líneas, un color o un bloque), puede hacer clic en el botón **Seleccionar** para especificar elementos de una lista. Si sólo hay una opción, el botón **Seleccionar** aparecerá deshabilitado.

Tras determinar el filtro deseado, debe agregarlo a la lista, para lo cual debe hacer clic en el botón **Añadir objeto seleccionado**. Como resultado, el criterio de filtrado seleccionado aparecerá en el cuadro de lista situado en la parte superior del cuadro de diálogo Filtros de selección de objetos. Tras incluir elementos en el cuadro de lista, puede aplicarlos al comando actual o a un comando posterior. AutoCAD recuerda los parámetros de filtrado establecidos, por lo que si necesita volver a seleccionar un conjunto de filtros no tendrá que volver a definir los criterios.

Guardar los criterios de filtrado

Si lo prefiere, puede preseleccionar criterios de filtrado. A continuación, en cualquier línea de comando `Precisar objetos:` puede escribir `'Filter` y pulsar **Intro**, resaltar los criterios de filtrado pertinentes del cuadro de lista y hacer clic en **Aplicar**. Las especificaciones del cuadro de diálogo Filtros de selección de objetos se conservan durante la sesión de edición actual.

También puede guardar un conjunto de criterios. Para ello, introduzca un nombre en el cuadro de entrada situado junto al botón **Guardar como** y haga clic en el botón. Los datos de la lista de criterios se guardarán en un archivo llamado `Filter.nfl` en la carpeta de dibujo actual. Posteriormente puede acceder a la lista de criterios en cualquier momento, para lo cual necesitará abrir la lista Actual y seleccionar el nombre de la lista de criterios guardada.

Filtrar objetos por ubicación

Fíjese en las listas desplegables X, Y y Z situadas justo debajo de la lista desplegable Seleccionar filtro del cuadro de diálogo Filtros de selección de objetos. Estos controles se habilitan al seleccionar un criterio que describa una forma geométrica o una coordenada (como el radio de un arco o el punto central). Puede utilizarlas para definir selecciones de filtros de manera incluso más específica con ayuda de los signos de comparación mayor que (>), menor que (<), igual o mayor que (>=), igual o menor que (<=), igual que (=) o distinto a (! =), también conocidos como operadores relacionales.

Por ejemplo, suponga que desea seleccionar todos los círculos cuyo radio sea superior a 4.0 unidades. Para ello seleccione Radio de círculo en la lista desplegable Seleccionar filtro. A continuación, en el control de lista X, seleccione >. Escriba **4.0** en el cuadro de entrada situado a la derecha del control de lista X y haga clic en **Añadir a la lista**. Seguidamente, se añadirá el elemento

```
Radio del círculo > 4.0000

Objeto = Círculo
```

al cuadro de lista situado en la parte superior del cuadro de diálogo. El operador > se utiliza para indicar un radio del círculo superior a 4.0 unidades.

Crear conjuntos de selección complejos

Puede que desee especificar un lista de filtros concretos. Por ejemplo, suponga que necesita filtrar todos los bloques de puertas de la capa Floor2 y todos los arcos con un radio igual a 1. Para ello, puede utilizar los operadores de agrupación situados en la parte inferior de la lista desplegable Seleccionar filtro. En concreto, tendrá que crear una lista como la siguiente:

```
** Principio OR
** Principio AND
Nombre de bloque = Door
Capa = Floor2
** Final AND
** Principio AND
Objeto = Arco
Radio del arco = 1.0000
** Final AND
** Final OR
```

Fíjese en que los operadores `Principio` y `Final` están equilibrados, es decir, que por cada elemento `Principio OR` o `Principio AND` hay un operador `Final OR` o `Final AND`. Puede que esta lista parezca bastante simple, pero puede resultar confusa. Si los criterios están unidos por operadores de agrupación `AND`, los objetos deben cumplir ambos criterios para ser seleccionados. Si los criterios están unidos con los operadores de agrupación `OR`, los objetos deben cumplir uno de los dos criterios para ser seleccionados. A continuación se detallan los pasos necesarios para elaborar la lista anterior.

> **TRUCO:** Si agrega la opción errónea de forma accidental, selecciónela de la lista y, a continuación, haga clic en el botón **Suprimir**. Si necesita insertar una opción en mitad de la lista, seleccione el elemento en la lista que se incluye detrás del elemento que desea insertar y, a continuación, seleccione y añada el elemento.

1. En la lista desplegable Seleccionar filtro, seleccione `**Principio OR` y haga clic en el botón **Añadir a la lista**. A continuación, haga lo mismo con `**Principio AND`.
2. Haga clic en Nombre de bloque de la lista desplegable Seleccionar filtro, haga clic en el botón **Seleccionar** y seleccione Door en la lista que aparece. Haga clic en Añadir a la lista.
3. Para la capa, haga clic en la opción Capa de la lista desplegable Seleccionar filtro. A continuación, haga clic en **Seleccionar**, escoja un nombre para la capa y haga clic en **Añadir a la lista**.
4. En la lista desplegable Seleccionar filtro, seleccione `**Final AND` y haga clic en **Añadir a la lista**. Realice la misma operación para `**Principio AND`.
5. Seleccione Arco en la lista desplegable Seleccionar filtro y haga clic en **Añadir a la lista**.
6. Seleccione Radio de arco en la lista Seleccionar filtro y escriba **1.0** en el cuadro de entrada situado junto al control desplegable X. Asegúrese de que el control desplegable X muestra el signo igual (=) y haga clic en **Añadir a la lista**.
7. Seleccione `** Final AND` y haga clic en **Añadir a la lista**, y luego haga lo mismo con `** Final OR`.

Si comete un error en cualquier paso, bastará con resaltar el elemento, seleccionar otro para sustituirlo y hacer clic en el botón **Sustituir** en lugar de en el botón **Añadir a la lista**. Si sólo necesita cambiar un valor, haga clic en el botón **Editar elemento** situado en el centro del cuadro de diálogo.

Acceso rápido a los comandos favoritos

Durante el proceso de trabajo en AutoCAD, descubrirá que utiliza una serie de comandos la mayor parte del tiempo. Estos comandos se pueden agrupar en una sola barra de herramientas o panel de la Cinta de opciones por medio de las opciones de personalización del programa, que analizaremos en capítulos posteriores.

Selección rápida

El comando **Filtro** es una potente herramienta que nos permite aislar determinados tipos de objeto. Sin embargo, en ocasiones no será necesario utilizar algo tan completo. El comando **Selecr** puede filtrar una selección en función de las propiedades de un objeto, los criterios de filtrado más comunes. Para acceder a este comando puede utilizar **Selección rápida** en el panel Utilidades de la ficha Inicio o hacer clic con el botón derecho del ratón sobre una zona del dibujo en la que no haya ningún comando activo y escoger la opción Selección rápida del menú contextual para abrir el cuadro de diálogo del mismo nombre.

Esta opción se incluye en otros cuadros de diálogo. En el siguiente ejercicio utilizaremos de nuevo el comando **Bloquedisc** y la opción Selección rápida que se incluye en el cuadro Escribir bloque:

1. Abra el archivo del apartamento, escriba `Bloquedisc` y pulse **Intro** para ejecutar el comando del mismo nombre. En el cuadro de diálogo Escribir bloque, introduzca **Untiwall2** en el cuadro de entrada Nombre y ruta del archivo.
2. Compruebe que la opción Objetos situada en la parte superior está marcada. Haga clic en el botón **Selección rápida** () a la derecha del botón Designar objetos en el grupo Objetos para abrir el cuadro de diálogo Selección rápida (véase la figura 15.20).
3. Seleccione la opción Capa de la lista Propiedades.
4. Seleccione Wall en la lista desplegable Valor.
5. Haga clic en el botón **Designar objetos** en la esquina superior derecha del cuadro de diálogo. El cuadro de diálogo se cerrará temporalmente para que pueda seleccionar objetos.
6. Seleccione la totalidad del dibujo utilizando una ventana y pulse la tecla **Intro** para dar por finalizada la selección. Regrese al cuadro de diálogo Selección rápida.
7. Haga clic en **Aceptar** y, a continuación, sobre el mismo botón en el cuadro de diálogo Escribir bloque. Las paredes desaparecerán, indicando que se han almacenado en un archivo.
8. Haga clic en el botón **Deshacer** para deshacer la selección.

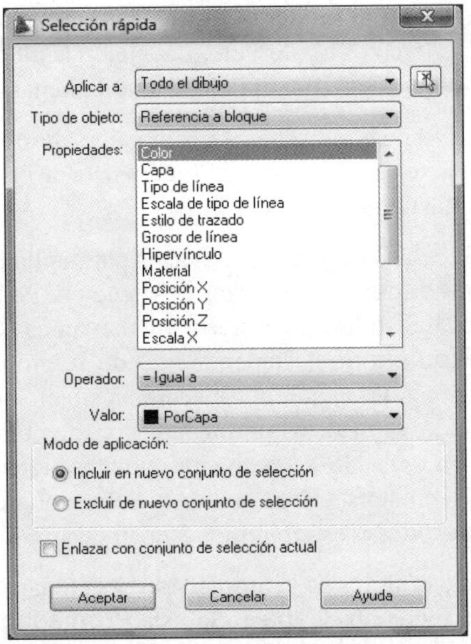

Figura 15.20. Cuadro de diálogo Selección rápida.

El comando **Qselect** selecciona objetos en función de sus propiedades, tal como se muestran en el cuadro de lista Propiedades. Puede aplicar los criterios de selección a todo el dibujo o utilizar el botón **Designar objetos** en la esquina superior derecha del cuadro de diálogo para aislar un conjunto de objetos a los cuales desea aplicar el criterio de selección.

En el ejercicio anterior, hemos accedido a la herramienta **Selección rápida** desde el interior de otro cuadro de diálogo. Tal como mencionamos anteriormente, podemos activar la herramienta **Selección rápida** () seleccionándola en el panel Utilidades de la ficha Inicio o haciendo clic con el botón derecho del ratón sobre el área de dibujo cuando no hay ningún comando activo, y seleccionando a continuación el comando **Selección rápida** en el menú contextual. La selección rápida hace uso del método de selección de nombres y verbos, de forma que podemos seleccionar primero los objetos deseados utilizando **Selección rápida** y, después, aplicar los correspondientes comandos de edición a los objetos seleccionados.

> **TRUCO:** Si quiere utilizar **Selección rápida** con un comando que no permite la selección por el método de nombres y verbos, puede seleccionar los objetos utilizando el método de selección rápida, ejecutar el comando que desee utilizar y, finalmente, emplear la opción de selección anterior.

Aquí tiene una descripción de las opciones del cuadro de diálogo Selección rápida:

- Aplicar a: Permite determinar el conjunto de objetos al cual se desea aplicar el filtro de selección rápida. El valor predeterminado es Todo el dibujo, pero podemos utilizar el botón **Designar objetos** para seleccionar un conjunto de objetos. Si seleccionamos un conjunto de objetos antes de ejecutar el comando **Selección rápida**, también podemos emplear la opción Selección actual en la lista desplegable Aplicar a.

- Tipo de objeto: Permite limitar el filtro a determinados tipos específicos de objetos tales como líneas, arcos, círculos, etc. La opción Múltiple permite filtrar la selección entre todos los objetos del dibujo independientemente de su tipo.
- Propiedades: Después de seleccionar un tipo de objeto, podemos seleccionar la propiedad del objeto que deseamos filtrar. La lista de propiedades cambia para reflejar las propiedades disponibles para el filtro.
- Operador: Ofrece un conjunto de criterios para aplicar a la propiedad seleccionada en la lista Propiedades para realizar la selección. Podemos seleccionar los objetos que sean iguales o distintos del criterio que hayamos seleccionado en las listas Tipo de objeto y Propiedades. Dependiendo de la propiedad seleccionada, también puede que tengamos la opción de seleccionar objetos que sean mayores o menores de un determinado valor de la propiedad. Por ejemplo, podemos seleccionar todas las líneas cuya coordenada X sea menor que 5 escogiendo Línea en la lista Tipo de objeto e Inicio X en la lista Propiedades. Seleccionaremos < Menor que en la lista desplegable Operador y escribiremos **5** en el cuadro de texto Valor.
- Valor: Muestra los valores de la propiedad seleccionada en la lista Propiedades. Por ejemplo, si seleccionamos Capa en la lista Propiedades, la opción Valor mostrará todas las capas disponibles.
- Modo de aplicación: Nos permite especificar si queremos incluir o excluir los objetos filtrados en un nuevo conjunto de selección.
- Enlazar con conjunto de selección actual: Nos permite añadir los objetos filtrados a un conjunto de selección existente o crear un conjunto de selección totalmente nuevo.

La calculadora rápida

Puede que haya observado un icono en forma de calculadora en algunas opciones de la paleta Propiedades o en el menú contextual que aparece al hacer clic con el botón derecho del ratón. Se trata de la herramienta **Calculadora rápida** (). Si hacemos clic en ella, veremos aparecer en pantalla la calculadora QuickCalc que se ilustra en la figura 15.21. A primera vista, parece una calculadora normal. Dispone de funciones matemáticas normales y científicas a las que podemos acceder cuando hacemos clic en el botón **Más**. Si su calculadora no presenta el aspecto de la figura 15.21, haga clic en el botón **Más/Menos** y expanda el teclado numérico o las secciones de funciones científicas haciendo clic en las distintas flechas en la sección de título correspondiente. También podrá ver una sección para convertir unidades, que le será de gran utilidad cuando quiera encontrar la equivalencia entre distintos sistemas de medida.

En el borde inferior de la calculadora, podrá ver la sección de variables. Esta sección le permitirá almacenar fórmulas y valores personalizados a los que necesite hacer referencia con frecuencia.

Cerca del borde superior, puede ver la pantalla o *display* de la calculadora. Aquí es donde la calculadora muestra un registro de los resultados de nuestros cálculos. También nos permite volver a calcular tanto los resultados como las fórmulas que hayamos utilizado. Debajo de la pantalla, hay un cuadro de entrada. A medida que vaya escribiendo desde el teclado o pulsando las teclas de la calculadora, la entrada correspondiente irá apareciendo en este cuadro de entrada. Al pulsar la tecla **Intro**, se muestra el resultado de los cálculos tanto en el cuadro de entrada como en la pantalla de la calculadora. Sobre la pantalla, encontramos un conjunto de botones en una barra de herramientas. Estas herramientas nos permiten obtener otros tipos de datos del dibujo, tales como las coordenadas de un punto o la intersección de dos líneas (véase la figura 15.22).

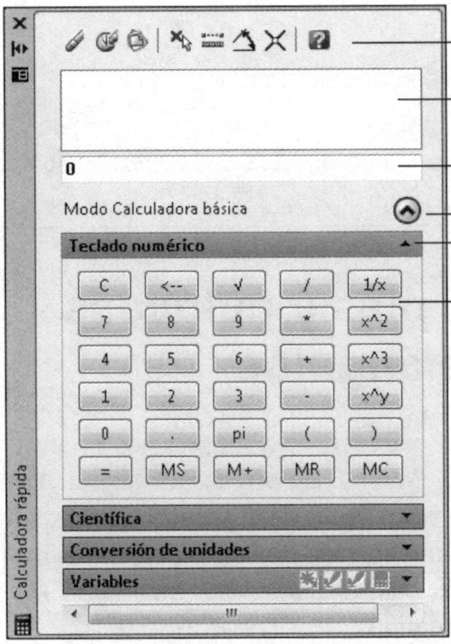

Figura 15.21. Los componentes de la calculadora rápida.

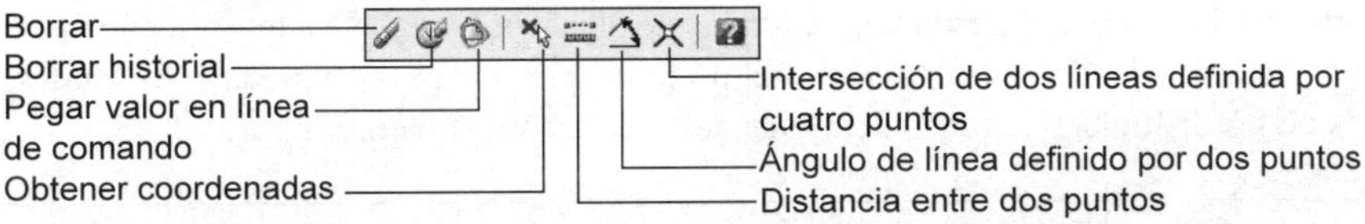

Figura 15.22. La barra de herramientas de la Calculadora rápida.

La función de estas herramientas se aprecia con mayor claridad a medida que vamos familiarizándonos con el funcionamiento de la calculadora. La tabla 15.2 describe cada herramienta. Más adelante, tendrá la oportunidad de probar la calculadora para trabajar con algunas de las tareas típicas de AutoCAD.

Tabla 15.2. Herramientas de la calculadora rápida.

Herramienta	Propósito
Borrar	Borra el valor del cuadro de entrada.
Borrar historial	Borra la pantalla.
Pegar valor en línea de comando	Pega los datos del cuadro de entrada en la línea de comandos.
Obtener coordenadas	Cierra de forma temporal la calculadora y pide al usuario que seleccione uno o varios puntos. Coloca las coordenadas del punto o el valor del ángulo resultante en el área de entrada.

Herramienta	Propósito
Distancia entre dos puntos	Cierra de forma temporal la calculadora y pide al usuario que seleccione un punto. Seleccione dos puntos y la distancia entre los puntos se colocará en el área de entrada de la calculadora.
Ángulo de línea definido por dos puntos	Devuelve el ángulo de dos puntos.
Intersección de dos líneas definida por cuatro puntos	Devuelve la coordenada de la intersección de cuatro puntos

Añadir longitudes en pies y pulgadas y calcular la suma de ángulos

Aunque la Calculadora rápida puede parecer muy simple, nos proporciona una potente ayuda en nuestro trabajo con AutoCAD. Además de ofrecernos las funciones típicas de una calculadora, la Calculadora rápida nos permite también sumar y restar valores de ángulos, calcular longitudes en pies y pulgadas y mucho más. Podemos pegar los resultados de nuestros cálculos en la línea de comandos para, de esta forma, incluir fácilmente sus resultados como parte de las respuestas de la línea de comandos.

Para tener una idea clara de lo que la calculadora puede hacer por usted, intente realizar los siguientes ejercicios. Imagine que le han encargado un proyecto de renovación en el que alguien ha tomado medidas sobre el terreno en unidades de pies y pulgadas. Digamos que le han encargado dibujar una sección de pared para la cual no le proporcionan las dimensiones totales, pero sí a través de las distintas secciones del muro, tal como se ilustra en la figura 15.23.

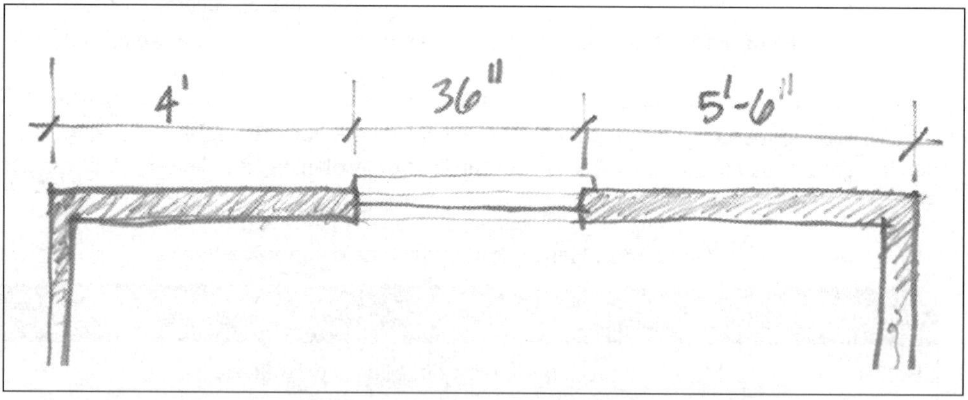

Figura 15.23. Un croquis acotado de un edificio ya existente.

Puede utilizar la calculadora para sumar la serie de dimensiones en pies y pulgadas:

1. Abra el archivo de ejemplo `QuickCalc.dwg` del CD-ROM que acompaña a este libro, que contiene algunas líneas con las que podrá trabajar. Está configurado para trabajar con unidades de medida en pies y pulgadas.

2. Haga clic en el botón derecho del ratón y seleccione la herramienta **Calculadora rápida** ( ) en el menú contextual.

3. Haga doble clic en el cuadro de entrada de la calculadora y escriba **4'+36+5'6**. A medida que vaya escribiendo, verá como el texto aparece en el cuadro de entrada (véase la figura 15.24).

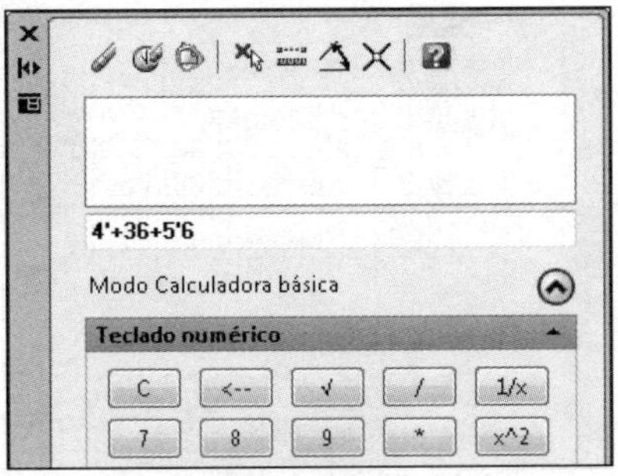

Figura 15.24. El cuadro de entrada de la Calculadora rápida.

4. Pulse la tecla **Intro**. La suma de las longitudes, 12'-6", aparecerá en el cuadro de entrada y en la pantalla de la calculadora.

Observe que sólo necesitamos introducir el símbolo de pies ('). La calculadora asume que un valor está en pulgadas a menos que especifiquemos lo contrario. También podemos introducir distancias de la forma más tradicional, introduciendo guiones y ceros, como en **4'-0"** o **5'-6"**. La calculadora ignora los guiones.

Ahora, suponga que quiere utilizar la nueva longitud para dibujar una línea. Puede utilizar rápidamente el resultado del cuadro de entrada en la línea de comandos, como se ilustra en el siguiente ejercicio.

1. Haga clic en la herramienta **Línea** ( ) y, a continuación, haga clic para seleccionar un punto a la izquierda del área de dibujo. A continuación, introduzca @ en preparación para la inclusión de una coordenada.

2. En la barra de herramientas de la calculadora, haga clic en la herramienta **Pegar valor en línea de comando** ( ). Observe que el valor en el cuadro de entrada aparece en la línea de comandos después del símbolo @.

3. Haga clic en el área de dibujo o en la línea de comandos para continuar el dibujo de la línea.

4. Con el modo Polar activado en la barra de estado, pulse la tecla **Intro** mientras sitúa la línea elástica a la derecha del área de dibujo. Se dibujará una línea horizontal con una longitud de 12 pies y 6 pulgadas.

En este ejemplo hemos utilizado la herramienta **Pegar valor en línea de comando** de la barra de herramientas de la calculadora. Si quiere utilizar un valor de cálculos anteriores disponible en la pantalla de la calculadora, puede seleccionar dicho valor, hacer clic con el botón derecho del ratón y ejecutar el comando **Pegar en línea de comandos** del menú contextual (véase la figura 15.25).

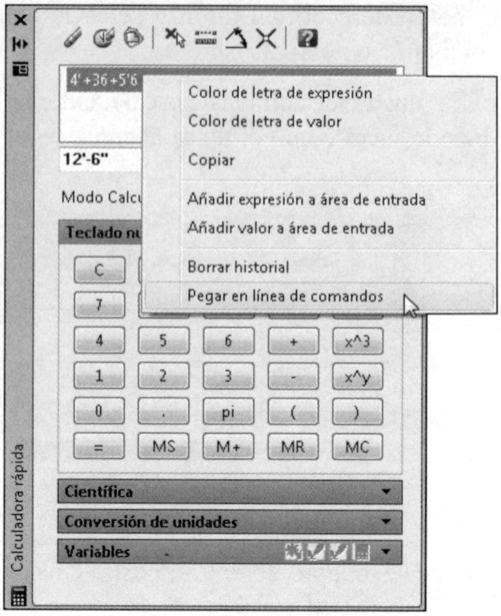

Figura 15.25. La herramienta Pegar en línea de comandos.

Esto es especialmente útil cuando utilizamos la calculadora para calcular varias dimensiones y necesitamos recurrir a ellas individualmente en la pantalla. Además de sumar pies y pulgadas, podemos también realizar otras operaciones matemáticas tales como dividir una longitud entre dos o hacer una multiplicación. Si el valor de entrada está en unidades de pies y pulgadas, el valor resultante también se devolverá en las mismas unidades. Por ejemplo, si dividimos 25' entre 6, el resultado que obtendremos será 4'-2". Otra herramienta de gran utilidad en la calculadora es el **Ángulo de línea definido por dos puntos**, que nos permite obtener el ángulo definido por dos puntos.

1. En la ventana de la calculadora, haga clic en la herramienta **Ángulo de línea definido por dos puntos** (). Se cerrará temporalmente la calculadora para permitirle seleccionar los puntos.
2. Con la referencia a objetos activada, seleccione los puntos inicial y final de la línea inferior del área de dibujo, empezando por el punto más bajo, tal como se ilustra en la figura 15.26.

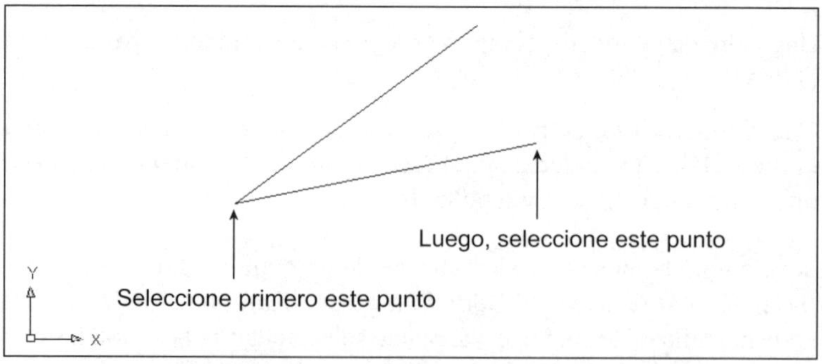

Figura 15.26. Seleccione estos puntos utilizando la opción Ángulo de línea definido por dos puntos.

3. De vuelta a la ventana de la calculadora, haga clic en el signo más (+) en el teclado numérico y luego vuelva a hacer clic en el botón **Ángulo de línea definido por dos puntos**.
4. Seleccione los puntos extremos de la línea superior, empezando por el punto más bajo en la línea.
5. De vuelta a la calculadora, podrá ver que el valor del ángulo de la segunda línea se ha incorporado al cuadro de entrada. Pulse **Intro** para obtener el valor total del ángulo.

En este ejercicio, hemos sumado el ángulo de dos líneas, pero también podríamos haber restado ambos ángulos o multiplicar el valor de uno de los ángulos por una constante. Esto puede ser de gran utilidad cuando necesitamos calcular una fracción o un múltiplo de un ángulo. Por ejemplo, podríamos necesitar localizar la cuarta parte del ángulo que describe una línea o podríamos querer localizar la bisectriz del ángulo que forman dos líneas. Podríamos hacerlo calculando la suma de los dos ángulos, tal como hemos descrito en el ejercicio anterior y luego dividiendo el resultado por 2, utilizando el valor de la pantalla o añadiendo **/2** en el cuadro de entrada. Una vez obtenido un valor, podrá pegarlo en la línea de comandos para especificar ángulos para el dibujo.

Utilizar la pantalla de la calculadora y las unidades de conversión

Además de aplicar funciones matemáticas en distancias y ángulos, la calculadora también nos permite realizar conversiones básicas de unidades. Las herramientas para realizar conversiones de longitud, área, volumen y ángulos se encuentran dentro del grupo Conversión de unidades de la calculadora. Pruebe el siguiente ejercicio para aprender a convertir longitudes en centímetros a pies y pulgadas. En el proceso, también aprenderá a desplazar los valores del área de conversión de unidades al cuadro de entrada de la calculadora.

Suponga que dispone de un dibujo en papel en unidades métricas y necesita convertirlo en un dibujo AutoCAD expresado en pies y pulgadas. Aquí tiene un ejemplo de cómo convertir centímetros en pies y pulgadas.

1. En la calculadora rápida, expanda el grupo de opciones Conversión de unidades haciendo clic en la flecha a la derecha de la barra de título (véase la figura 15.27).

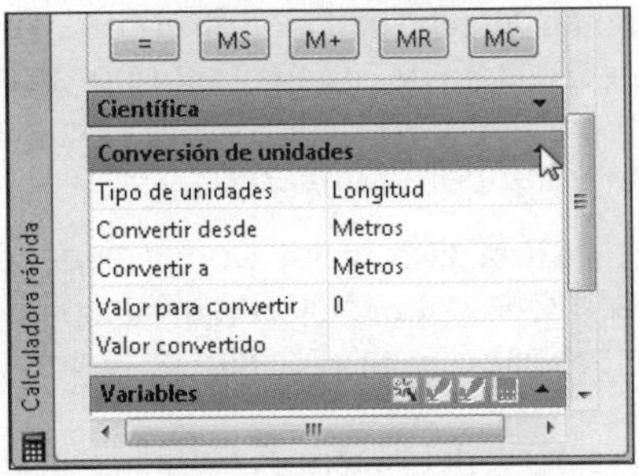

Figura 15.27. El grupo Conversión de unidades expandido.

2. Seleccione Longitud en la lista desplegable Tipo de unidades.

3. Seleccione Centímetros en la lista desplegable Convertir desde.
4. Seleccione Pies en la lista desplegable Convertir a.
5. En el cuadro de texto Valor para convertir, escriba `450` (450 centímetros) y pulse la tecla **Intro**. Aparecerá el valor equivalente en pies en el cuadro de texto Valor convertido.
6. Haga clic en la opción Valor convertido y también verá el icono de la calculadora rápida en la parte situada más a la derecha. Haga clic en este icono para mostrar el valor en el cuadro de entrada de la calculadora rápida.

El valor obtenido está en la forma de pies y décimas de pies. Puede convertirlo a pies y pulgadas haciendo lo siguiente:

1. Edite el valor seleccionado en el cuadro de entrada de la siguiente forma aquí mostrada: `14'+(.763779527559*12)`.
2. Pulse la tecla **Intro**. El valor se convertirá a pies y pulgadas, con un resultado de 14'-9-3/16".

Una limitación de la herramienta de conversión de unidades es que no admite entradas en forma de pies y pulgadas cuando convertimos desde estas unidades. Por ejemplo, si quisiéramos convertir 12'-4" a centímetros, tendríamos que escribir `12.334`. En otras palabras, tenemos que convertir las pulgadas a décimas de pies. Dado que el grupo de conversión de unidades es parte de la calculadora, esto significa que hay que dar un paso adicional. Podemos calcular fácilmente el equivalente en décimas de pies y pulgadas de los valores medidos y luego transferirlos al área de conversión de unidades. Intente el siguiente ejercicio para ver cómo funciona:

1. Haga clic en el botón **Borrar** en la barra de herramientas Calculadora rápida (tiene el aspecto de un lápiz con goma de borrar) y, a continuación, haga doble clic en el cuadro de entrada de Calculadora rápida.
2. Escriba `12 + (4/12)` en el cuadro de entrada y pulse la tecla **Intro**. La primera parte de la expresión, 12, es el número de pies. La parte 4/12 es la expresión necesaria para convertir las 4 pulgadas en décimas de pie. Una vez que pulsemos la tecla **Intro**, aparecerá el resultado de 12.333333333333.
3. Haga clic con el botón derecho del ratón en el cuadro de entrada Calculadora rápida y luego haga clic en el cuadro de entrada Valor para convertir en el panel Conversión de unidades. Observe que el valor del cuadro de entrada se transfiere automáticamente al cuadro de texto Valor para convertir.
4. Seleccione Pies en la lista desplegable Convertir desde y Centímetros en la lista desplegable Convertir a. Observará cómo el equivalente en centímetros de 12.333333333333 pies aparece automáticamente en el cuadro de texto Valor convertido.

Hemos visto cómo los valores del cuadro de entrada se transfieren automáticamente al área de conversión de unidades. También podemos copiar y pegar valores desde otros orígenes de datos directamente al cuadro de entrada de la calculadora o a los cuadros de texto del área de conversión de unidades.

Utilizar la calculadora para localizar puntos

Hasta ahora hemos visto cómo la calculadora rápida nos permite sumar valores de distancias y ángulos y cómo realizar conversiones de unidades. También podemos emplear la calculadora para calcular posiciones de coordenadas. Para trabajar con coordenadas, necesitará emplear algunas funciones especiales incorporadas en la calculadora que le permitirán seleccionar puntos y manipular sus valores. Antes de que AutoCAD introdujera las referencias de punto medio entre dos puntos, el comando **Cal** era la única forma de localizar el punto medio entre dos puntos sin dibujar una línea temporal. En el siguiente ejercicio, utilizaremos la calculadora rápida para realizar la misma función, como ejemplo para localizar un punto de datos y manipularlo para calcular otras posiciones de coordenadas.

1. Haga clic en el botón **Borrar** en la barra de herramientas Calculadora rápida y, a continuación, haga doble clic en el cuadro de entrada de Calculadora rápida.
2. En el cuadro de entrada de la calculadora escriba `(end + end) /2` y pulse la tecla **Intro**. La ventana de la calculadora se cerrará temporalmente para permitirle seleccionar puntos.
3. Seleccione los puntos finales de las dos líneas del dibujo, tal como se ilustra en la figura 15.28.

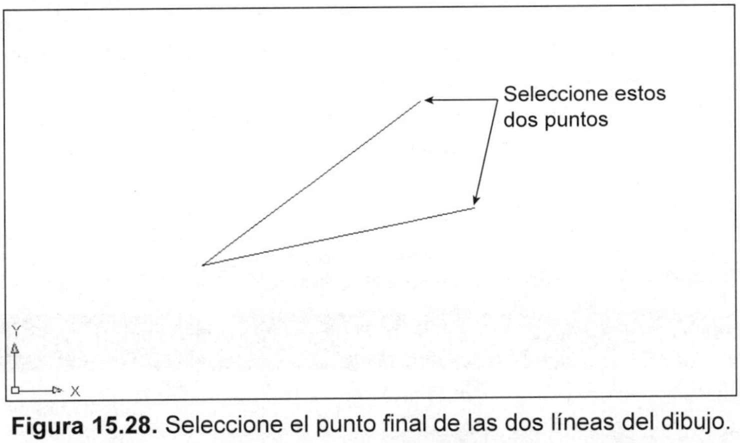

Figura 15.28. Seleccione el punto final de las dos líneas del dibujo.

4. La calculadora rápida devolverá y mostrará las coordenadas de un punto situado exactamente a la mitad de camino entre los dos puntos finales de las líneas que seleccionó en el paso 3.

En el paso 2, hemos utilizado la función `end` incorporada en la calculadora rápida. Como habrá adivinado, esta función permite seleccionar el punto final de un objeto (en el paso 3). El fragmento `end + end` de la fórmula le indica a la calculadora que debe sumar las dos coordenadas seleccionadas en el paso 3. La parte `/2` en la fórmula divide la suma de las dos coordenadas para obtener su promedio, el cual corresponde con el punto medio entre los dos puntos seleccionados. Si tuviéramos que realizar este cálculo utilizando lápiz y papel, tendríamos que sumar los valores de las coordenadas X, Y y Z de cada punto por separado y luego dividir cada coordenada por dos. Finalmente, deberíamos combinar el resultado de las coordenadas X, Y y Z para obtener la ubicación del nuevo punto.

Utilizar los modos de referencia en expresiones en la calculadora

En el ejercicio anterior hemos utilizado los modos de referencia como parte de fórmulas aritméticas (o expresiones como se denominan en AutoCAD). La calculadora rápida trata los modos de referencia como marcadores temporales para coordenadas hasta que el usuario selecciona físicamente los puntos con los que desea trabajar (como vimos en los pasos 2 y 3 del ejercicio anterior). La expresión

```
(end + end)/2
```

calcula la media de dos valores. En este caso, los valores son coordenadas, de forma que la media es el punto equidistante entre las dos coordenadas. Podemos ir un paso más allá y localizar el centro de un triángulo empleando esta expresión:

```
(end + end +end)/3
```

Observe que sólo se introducen las tres primeras letras del nombre de referencia a objetos (en inglés) en las expresiones de la calculadora. La tabla 15.3 incluye dos elementos que realmente no son modos de referencia, aunque funcionan de forma similar cuando se utilizan en expresiones. El primero es `Rad`. Cuando incluimos `Rad` en una expresión, obtenemos la siguiente solicitud:

```
Designe círculo, radio o segmento de polilínea para la función RAD:
```

Podemos seleccionar un arco, una polilínea o un círculo para utilizar su radio en lugar del marcador `Rad` en la expresión. El otro elemento, `Cur`, pide al usuario que introduzca un punto. En lugar de buscar la geometría específica de un objeto, simplemente localiza un punto. En el ejercicio anterior, podíamos haber utilizado `Cur` en lugar de los modos `End` y `Cen` para crear un localizador de punto medio más genérico, como con la siguiente fórmula:

```
(cur + cur)/2
```

Tabla 15.3. Los modos de referencia a objetos para cálculos geométricos.

Referencia	Significado
`End`	Punto final.
`Ins`	Insertar.
`Int`	Intersección.
`Mid`	Punto medio.
`Cen`	Centro.
`Nea`	Punto más cercano.
`Nod`	Nodo.
`Qua`	Cuadrante.
`Per`	Perpendicular.
`Tan`	Tangente.
`Rad`	Radio de un objeto.
`Cur`	Selección con el cursor.

Pegar en la línea de comandos

Ahora que disponemos de las coordenadas del punto medio, intentaremos en el siguiente ejercicio aplicar dicha coordenada a un comando. En este ejemplo, utilizaremos la coordenada que localizamos en el paso 3 como punto inicial para una línea.

1. Haga clic en la herramienta **Línea** en el panel Dibujo.
2. En la calculadora, haga clic con el botón derecho del ratón sobre (end + end)/2 en la pantalla y ejecute el comando **Pegar en línea de comandos** del menú contextual (véase la figura 15.29).

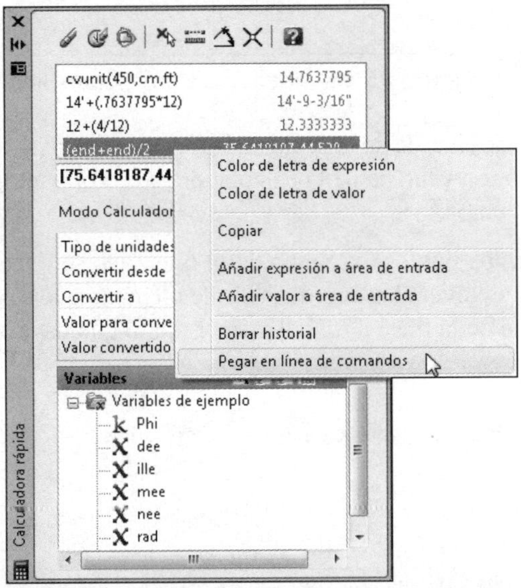

Figura 15.29. Comando Pegar en línea de comandos.

3. El valor de la coordenada en la pantalla de la calculadora se pega en la línea de comandos, junto al indicador `Precise el primer punto` del comando **Línea**. Pulse la tecla **Intro** para aceptar la entrada de la calculadora. Observará una línea elástica que empieza en el punto medio entre los dos puntos finales de las líneas que seleccionamos en el ejercicio anterior (véase la figura 15.30).
4. Haga clic en otro punto para colocar la línea en el dibujo y pulse la tecla **Intro** para dar por finalizado el comando **Línea**.

Encontrar distancias fraccionarias entre dos puntos

Otra necesidad común en los usuarios de AutoCAD es poder calcular una posición que sea una parte fraccionaria de una distancia en una línea. Por ejemplo, es frecuente que sea necesario encontrar un punto que sea la tercera parte de la distancia del punto final de una línea. Así es cómo realizaríamos esta tarea utilizando la calculadora:

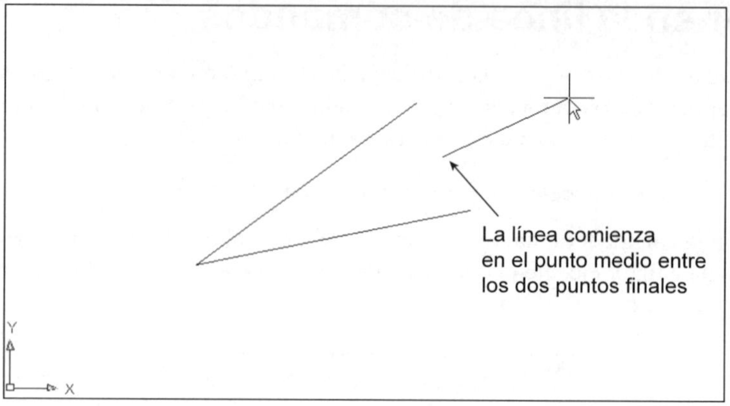

Figura 15.30. Línea entre dos puntos finales.

1. En el cuadro de entrada de la calculadora, escriba `plt(end, end, 0.333)` y pulse la tecla **Intro**. La ventana de la calculadora se cerrará temporalmente para permitirle seleccionar puntos.
2. Haga clic en los puntos extremos de la línea que se muestra en la figura 15.31. La calculadora devolverá las coordenadas de un punto que se encuentra a la tercera parte de la longitud de la línea desde el primer punto que hayamos seleccionado.

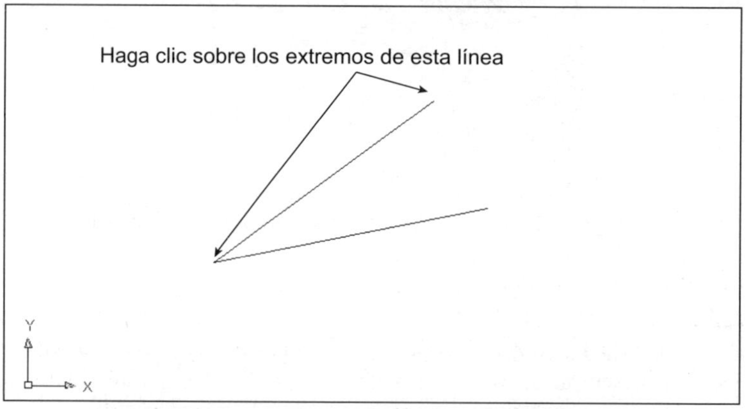

Figura 15.31. Seleccione estos puntos para localizar un punto que esté a la tercera parte de la distancia del extremo.

3. Haga clic en la herramienta **Línea**.
4. Haga clic con el botón derecho del ratón en la pantalla de la calculadora, sobre la última entrada. En el menú contextual, seleccione Pegar en línea de comandos.
5. Pulse **Intro**. Aparecerá una línea que empieza en un punto situado a una tercera parte de la distancia del punto final (véase la figura 15.32).
6. Pulse la tecla **Esc** para salir del comando **Línea**. Realmente, no necesita dibujar la línea. Lo que pretendíamos con este ejercicio es mostrar cómo funciona la fórmula del paso 1.

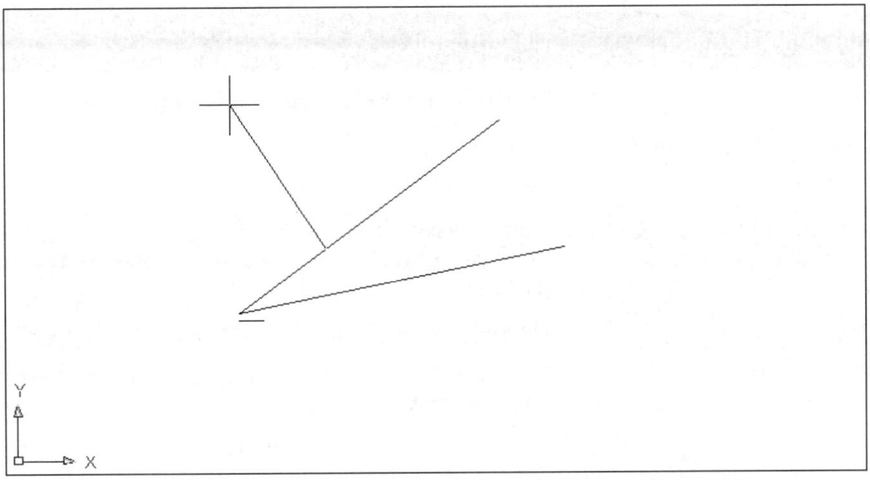

Figura 15.32. Una línea que comienza en un punto que está a un tercio de la distancia del punto final.

En el paso 1 hemos utilizado una fórmula que contiene la función `Plt`. Esta función busca un punto que se encuentra a un determinado porcentaje de distancia entre dos puntos. Especifique los dos puntos primero, utilizando la ahora familiar función `End` y luego el porcentaje entre los dos puntos extremos especificado como valor decimal. La expresión `(end, end, 0.333)` indica los dos puntos de los extremos de la línea seleccionados en el paso 2 y el porcentaje en forma de valor decimal de `0.003`.

> **TRUCO:** En la fórmula que acabamos de ver, hemos utilizado la función `End` para seleccionar los puntos extremos de una línea. Si prefiere seleccionar sus propios puntos de referencia durante el proceso de selección de puntos, puede emplear la función `Cur`. Esta función permite emplear cualquier sistema de referencia a la hora de seleccionar puntos. En el primer ejemplo, podría utilizar `(cur + cur)/2` en lugar de `(end + end)/2`.

La función `Plt` es solamente una de las varias funciones especializadas que podemos utilizar con la calculadora rápida. La tabla 15.4 muestra otras funciones que podemos utilizar para localizar puntos en un dibujo y para obtener datos. En esta tabla, los puntos 2D se representan como pt1, pt2, etc. Los puntos en 3D o puntos que describen un plano se representan como ptp1, ptp3, etc. El centro de un arco o un círculo se representan mediante cenit para una ubicación 2D o cenit1 y cenit2 para un eje 3D.

Tabla 15.4. Funciones de la calculadora rápida y el formato en que se utilizan.

Función y formato	Descripción
`Getvar` (nombre variable sistema)	Obtiene el valor de una variable del sistema.
`Vec(pt1,pt2)`	Devuelve el vector descrito mediante la distancia entre dos puntos.
`Vec1(pt1,pt2)`	Devuelve el vector descrito con una unidad de longitud.

Función y formato	Descripción
Abs(vector)	Devuelve el valor absoluto de la longitud de un vector.
Cur (sin argumentos)	Obtiene un punto.
@ (sin argumentos)	Devuelve el último punto.
w2u(punto) y u2w(punto)	Convierte coordenadas globales en las coordenadas actuales del usuario [w2u] o coordenadas de usuario en coordenadas globales.
Pld(pt1,pt2,distancia)	Devuelve el punto en una línea a una distancia específica.
Plt(pt1,pt2, porcentaje)	Devuelve el punto en una línea a un porcentaje (en forma decimal) de la longitud de la línea.
Rot(pt1,cenit,ángulo) o Rot(pt1,cenit1, cenit2,ángulo)	Devuelve la rotación del punto pt1 respecto al cenit.
Ill(pt1,pt2,pt3,pt4)	Devuelve la intersección entre dos líneas.
Ilp(pt1,pt2,ptp1, ptp2,ptp3)	Devuelve la intersección entre una línea y un plano. Se requieren 5 puntos.
Dist(pt1,pt2)	Devuelve la distancia entre dos puntos.
Dpl(punto,pt1,pt2)	Devuelve la distancia más corta entre un punto y una línea.
Dpp(punto,ptp1,ptp2, ptp3)	Devuelve la distancia más corta entre un punto y un plano.
Rad (sin argumentos)	Devuelve un radio.
Ang(vector o pt1,pt2 o cenit,pt1,pt2 o cenit1, pt1,pt2,cenit2)	Devuelve un ángulo. Se pueden utilizar hasta cuatro parámetros cuando se trabaja en 3D.
Nor(vector, o pt1,pt2 o ptp1,ptp2,ptp3)	Encuentra la normal de un vector o plano.

Utilizar la calculadora en medio de un comando

En todos los ejemplos anteriores hemos utilizado la calculadora como herramienta independiente. También hemos visto cómo podemos insertar un cálculo en la línea de comandos mientras estamos ejecutando un comando. Una tercera forma de trabajar con la calculadora es abrirla en medio de un comando.

En un ejercicio anterior, utilizamos la fórmula `(end + end)/2` para localizar el punto medio entre dos puntos y luego insertamos el valor resultante en el comando **Línea**. Suponga que inicia el comando **Línea** antes de abrir la calculadora. Pruebe el siguiente ejercicio para ver cómo utilizar la calculadora una vez iniciado un comando.

1. Cierre la calculadora.
2. Inicie el comando **Línea**.

3. Haga clic con el botón derecho del ratón y seleccione Calculadora rápida en el menú contextual.
4. En el cuadro de entrada de la calculadora, escriba `(end + end)/2`, pero no pulse la tecla **Intro**. En su lugar, haga clic en el botón **Aplicar** en el borde inferior de la ventana de la calculadora.
5. Seleccione los puntos finales de las dos líneas. Empezará a crearse una línea en el punto medio entre los dos puntos.
6. Haga clic en cualquier otro punto para dibujar la línea y pulse la tecla **Intro** para dar por finalizado el comando **Línea**.

En este ejercicio, ha podido comprobar la aparición del botón **Aplicar** en el borde inferior de la calculadora junto a los botones **Cerrar** y **Ayuda**. Estos botones no están presentes cuando abrimos la calculadora sin que esté ningún comando activo. El botón **Aplicar** ejecuta la fórmula y devuelve inmediatamente el valor resultante al comando. Utilizando la calculadora de esta forma eliminamos unos cuantos pasos.

Localizar un punto relativo a otro punto

Ahora, supongamos que queremos iniciar una línea a una distancia relativa de otra línea. Los siguientes pasos describen cómo utilizar la calculadora para iniciar una línea en un punto que dista 5 centímetros del eje X y 10 del eje Y desde el punto final de otra línea:

1. Asegúrese de que la calculadora rápida está cerrada, inicie el comando **Línea** y seleccione un punto.
2. Haga clic con el botón derecho del ratón y seleccione la herramienta **Calculadora rápida** () y escriba **end + [5,10]** en el cuadro de entrada.
3. Haga clic en el botón **Aplicar** en el borde inferior de la ventana de la calculadora.
4. Haga clic en el punto final de la línea que acaba de dibujar. Otra línea empezará en la posición que diste 5 centímetros en el eje X y 10 en el eje Y del punto final que haya seleccionado.

En este ejemplo, hemos utilizado el modo de punto final para indicar un punto de referencia. Esto, sumado a las coordenadas cartesianas entre corchetes, permite describir la distancia y dirección desde el punto de referencia. Podemos introducir cualquier valor de coordenadas dentro de los corchetes. También podemos introducir una coordenada polar en lugar de la coordenada cartesiana, como en el siguiente ejemplo: `end + [10<63]`.

Podemos sustituir `end` en la expresión con el símbolo `@` para continuar a partir del último punto que hayamos seleccionado. Además, no es necesario incluir todas las coordenadas entre los corchetes. Por ejemplo, para indicar un desplazamiento sólo en uno de los ejes, podemos omitir un valor para las otras dos coordenadas dejando las comas correspondientes, como en los siguientes ejemplos:

```
[4,5] = [4,5,0]
[,1] = [0,1,0]
[,,2] = [0,0,2]
```

Combinar coordenadas y expresiones

En los dos ejemplos anteriores, hemos dicho que podemos utilizar una expresión o introducir unas coordenadas, pero, ¿qué pasa si queremos combinar una expresión con una coordenada? Por ejemplo, al principio de esta sección vimos cómo sumar pies y pulgadas y cómo transferir el resultado a la línea de comandos. En este ejemplo, tuvimos que cambiar entre la calculadora y la línea de comandos para crear la respuesta necesaria para la línea de comandos. Si lo prefiere, puede crear una expresión que suministre la entrada completa para el comando. Aquí tiene los pasos para hacerlo:

1. Cierre la calculadora e inicie el comando **Línea**.
2. Haga clic con el botón derecho del ratón y seleccione Calculadora rápida en el menú contextual.
3. Escriba lo siguiente en el cuadro de entrada:

```
End + [(4'+36+5'6)<45]
```

4. Haga clic en **Aplicar**.
5. En el área de dibujo, haga clic en el extremo de una línea. AutoCAD dibujará una línea que comienza a una distancia de 12'-6" y en un ángulo de 45º respecto al punto final de la línea que hemos seleccionado.

En este ejercicio, hemos utilizado la expresión `(4'+36+5'6)` en medio de un valor de coordenada. Como describimos anteriormente, la coordenada se representa dentro de los corchetes. Utilizando este método, podemos calcular medidas con mayor facilidad y aplicarlas a los comandos. El truco está en familiarizarse lo suficiente con la sintaxis de la calculadora para poder escribir expresiones sin errores.

Almacenar expresiones y valores

La capacidad para crear expresiones para manipular coordenadas puede ser muy útil, pero puede que le resulte difícil recordar una expresión una vez que la haya creado. Afortunadamente, la calculadora nos ofrece el grupo Variables, que nos permite almacenar expresiones y valores de uso frecuente.

En el borde inferior de la ventana de la calculadora, puede ver el grupo Variables y su conjunto de herramientas debajo de su barra de título (véase la figura 15.33).

Estas herramientas nos permiten añadir, editar o eliminar elementos en la lista. Una cuarta opción nos permitirá enviar una variable al cuadro de entrada de la calculadora.

> **TRUCO:** También podemos hacer clic con el botón derecho del ratón sobre el grupo Variables y seleccionar las mismas opciones en el menú contextual. El menú de acceso rápido también le permite crear una nueva categoría y renombrar una existente.

El grupo Variables también contiene una lista de las variables almacenadas actualmente. En la lista se incluyen algunas variables de ejemplo. Si selecciona una variable, verá una breve descripción de su función en el borde inferior del grupo. Puede que necesite modificar el tamaño de la ventana de la calculadora para ver la descripción.

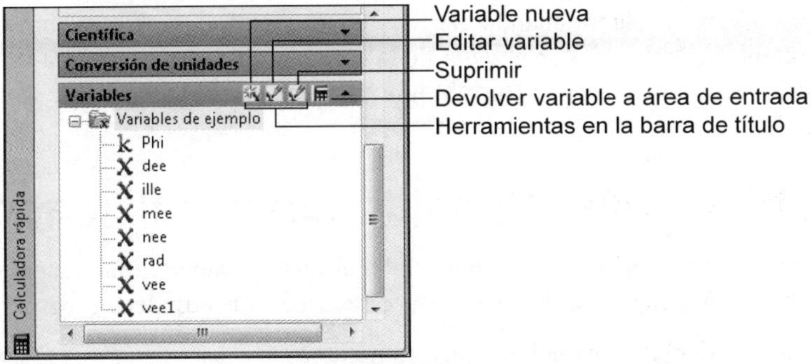

Figura 15.33. El grupo Variables.

Para utilizar una variable existente, selecciónela en la lista y haga clic en el botón **Devolver variable a área de entrada**. Es el que tiene forma de calculadora. Para añadir una variable a la lista, haga clic en el botón **Variable nueva**. Se abrirá el cuadro de diálogo Definición de variable, que aparece en la figura 15.34.

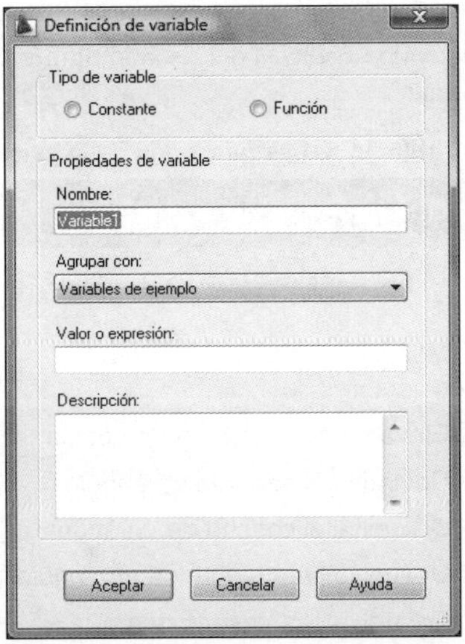

Figura 15.34. Cuadro de diálogo Definición de variable.

Este cuadro de diálogo le permitirá introducir las propiedades de la variable y seleccionar su tipo. En el grupo Propiedades de variable, escriba el nombre de la variable en el cuadro de texto Nombre, En la lista desplegable Agrupar con, seleccione una categoría bajo la cual quiera que aparezca su fórmula en la lista de variables. También puede crear una nueva categoría. El cuadro de texto Valor o expresión es en el que deberá introducir su fórmula. También puede ser un valor individual, como un número o una coordenada. En el borde inferior del cuadro de diálogo, dispone de un espacio para introducir una descripción para la variable. Esta descripción aparecerá en la sección de detalles del grupo Variables al final de la calculadora.

En el borde superior del cuadro de diálogo puede observar dos botones de opción: Constante y Función. Si selecciona Función, su variable se comportará como lo hace normalmente cuando se introduce en el cuadro de entrada. Si selecciona Constante y su variable es una fórmula, se ejecutará cuando cierre el cuadro de diálogo Definición de variable. El valor resultante se convertirá en el valor de la variable. Si desea editar una variable existente, selecciónela en la lista del grupo Variables y haga clic en el botón **Editar variable** para abrir el cuadro de diálogo Definición de variable.

Directrices para trabajar con la calculadora

Las expresiones que se utilizan para trabajar con la calculadora siguen un determinado formato. A continuación se indican algunas directrices que conviene recordar:

- Las coordenadas se encierran entre corchetes.
- Las expresiones anidadas o agrupadas se encierran entre paréntesis.
- Los operadores se colocan entre valores, como en las ecuaciones simples de matemáticas.
- El modo de referencia a objetos se puede utilizar en lugar de valores de coordenadas.

La tabla 15.5 muestra todos los operadores y funciones disponibles en la calculadora. Puede que quiera experimentar con estas funciones por sí mismo. Puede introducir muchos de estos operadores utilizando las teclas del teclado numérico o desde el grupo de opciones de la calculadora científica.

Tabla 15.5. Las funciones de la calculadora.

Operador/Función	Qué hace	Ejemplo
`+ o -`	Suma o resta números o vectores.	2 – 1 = 1[a,b,c] + [x,y,z] = [a+x, b+y, c+z]
`* o /`	Multiplica o divide números o vectores.	2 * 4.2 = 8.4a*[x,y,z] = [a*x, a*y, a*z]
`^`	Eleva un número a una potencia.	3^2 = 9
`sin`	Devuelve el seno de un ángulo.	sin (45) = 0.707107
`cos`	Devuelve el coseno de un ángulo.	cos (30) = 0.866025
`tang`	Devuelve la tangente de un ángulo.	tang (30) = 0.57735
`asin`	Devuelve el arcoseno de un número real.	asin (0.707107) = 45.0
`acos`	Devuelve el arcocoseno de un número real.	acos (0.866025) = 30.0
`atan`	Devuelve la arcotangente de un número real.	atan (0.57735) = 30.0
`ln`	Devuelve el logaritmo natural.	ln (2) = 0.693147
`log`	Devuelve el logaritmo en base 10.	log (2) = 0.30103
`exp`	Devuelve el exponente natural.	exp (2) = 7.38906
`exp10`	Devuelve el exponente en base 10.	exp10 (2) = 100
`sqr`	Cuadra un número.	sqr (9) = 81.0
`abs`	Devuelve el valor absoluto.	abs (–3.4) = 3.4

Operador/Función	Qué hace	Ejemplo
`round`	Redondea el número al valor entero más próximo.	(3.6) = 4
`trunc`	Devuelve la parte entera del número.	(3.6) = 3
`r2d`	Devuelve ángulos en radianes convertidos a grados.	r2d (1.5708) = 90.0002
`d2r`	Devuelve ángulos en grados convertidos a radianes.	d2r (90) = 1.5708
`pi`	Devuelve la constante pi.	3.14159

La calculadora puede realizar muchas otras operaciones. Su descripción completa queda fuera del ámbito de este texto. En cualquier caso, los procesos descritos en esta sección le resultarán de ayuda al utilizar AutoCAD. Si quiere saber más sobre la calculadora de AutoCAD, consulte la documentación de ayuda (para ello, ejecute el comando ?>? en el Explorador de menús).

Selección de objetos próximos

Se encontrará en situaciones en las que necesitará seleccionar un objeto que esté superpuesto o muy cerca de otro. A menudo, en esta situación, terminará seleccionando el objeto erróneo. Para ayudarle a seleccionar el objeto exacto, AutoCAD incluye la herramienta **Designación de forma cíclica** y el comando **Ordenar objetos**. La función Designación de forma cíclica permite pasar de un objeto a otro de forma cíclica para seleccionar el deseado. Para utilizar esta función, introduzca primero `Legacyctrlpick`, pulse **Intro**, `1` y pulse **Intro**. Esto cambiará el modo de funcionamiento de **Control-clic**. A continuación, mantenga pulsada la tecla **Control** y haga clic en el objeto que desee seleccionar. Si el primer objeto resaltado no es el deseado, haga clic de nuevo, pero esta vez sin pulsar la tecla **Control**. Cuando tenga varios objetos superpuestos, haga clic hasta que aparezca resaltado el objeto correcto. Cuando el objeto deseado esté resaltado, pulse **Intro** y siga seleccionando más objetos o pulse **Intro** de nuevo para dar por finalizado el proceso de selección. Si realiza muchos trabajos en 3D, asegúrese de que vuelve a establecer `Legacyctrlpick` en `0` introduciendo `Legacyctrlpick`, pulsando **Intro**, `0` y pulsando **Intro**. Otra forma de acceder a objetos superpuestos es utilizando el comando **Ordenaobjetos**. Puede seleccionar el objeto que esta encima y seleccionar Poner detrás en el desplegable Ordenar objetos en el panel Modificar de la ficha Inicio (véase la figura 15.35).

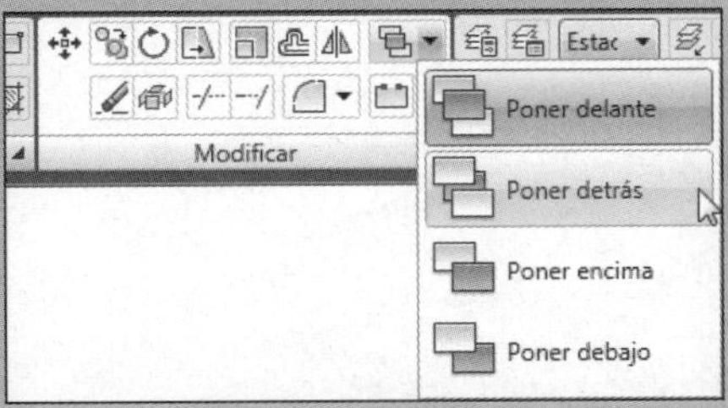

Figura 15.35. La opción Poner detrás del desplegable Ordenaobjetos.

TRUCO: La opción Poner detrás causa el efecto de desplazar el objeto superpuesto bajo el objeto que estaba tapando. Entonces puede hacer clic sobre el objeto que estaba tapado para seleccionarlo. Las opciones Ordenar objetos también pueden encontrarse en el Explorador de menús en la opción Herr..

En resumen

- **Uso de referencias externas (RefX):** Hemos visto cómo puede utilizar las RefX para construir variaciones del plano de un apartamento que contiene elementos repetitivos. Éste no es necesariamente el único modo de utilizar las RefX, la idea básica de cómo utilizarlas la vimos en los primeros ejercicios.
  - **Dominarlo:** Intente unir otro plano del apartamento que no tenga nada más que el plano `Unit2`.
- **Administración de capas:** Una vez que empiece a editar dibujos complejos, descubrirá que quiere guardar los estados de capas ACT/DES o Inutilizada/Reutilizada para acceder más fácilmente a las partes del dibujo. El Administrador de estado de capas ofrece la capacidad de guardar tantas condiciones de capas como pueda necesitar en el transcurso de un proyecto.
  - **Dominarlo:** ¿Qué parte del cuadro de diálogo Administrador de estado de capas le permite controlar las propiedades de las capas a las que afecta un estado de capa guardado?
- **Herramientas avanzadas: filtro, selección rápida:** Las herramientas **Filtro** y **Selección rápida** son muy útiles para aislar objetos en un dibujo lleno de cosas. Puede seleccionar objetos por el color o por la función de la capa. Puede seleccionar todos los ejemplos de un bloque específico.
  - **Dominarlo:** Verdadero o falso: la herramienta **Selección rápida** le permite seleccionar un grupo de objetos para limitar sus selecciones.
- **Empleo de la calculadora rápida:** La Calculadora rápida ofrece muchas herramientas estándar más unas cuantas que no puede encontrar en otras calculadoras.
  - **Dominarlo:** Identifique algunas de las funciones menos usuales de la calculadora rápida.

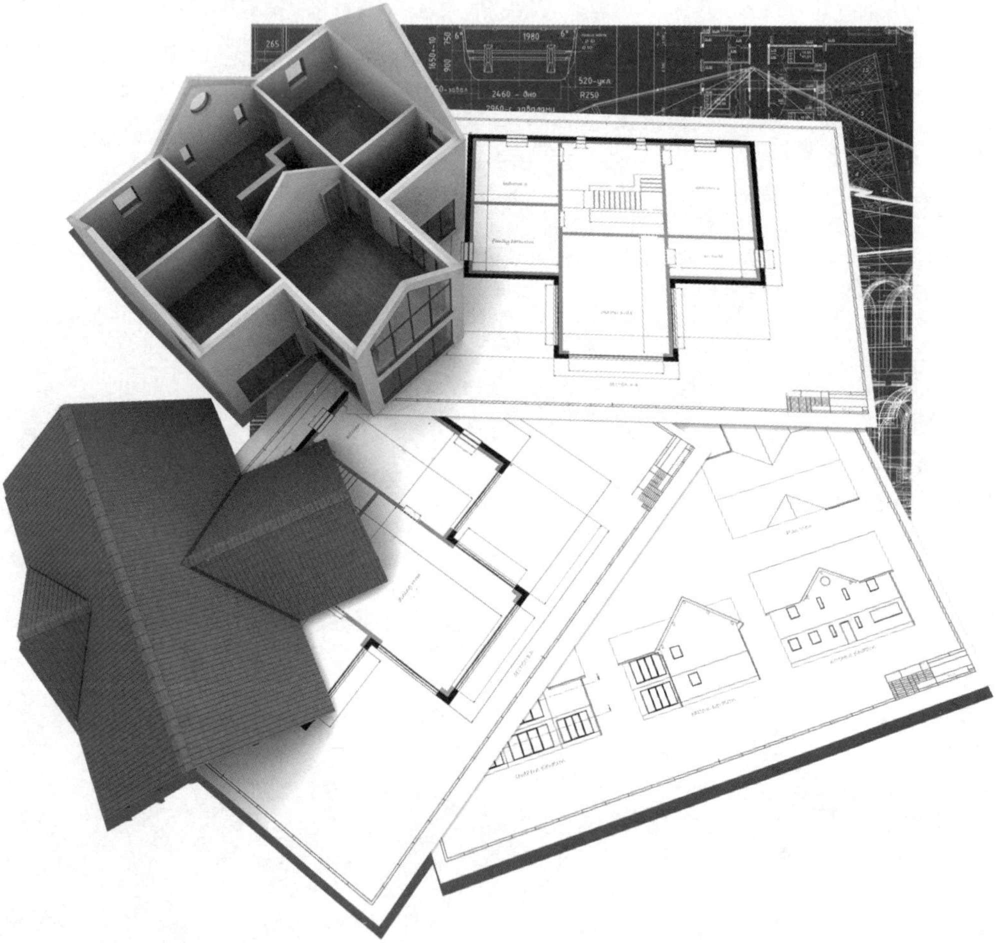
265
1980
R250

16 Preparar la impresión

Probablemente, la colección de dibujos del edificio de apartamentos que estamos confeccionando incluirá un dibujo a mayor escala y con mayor profusión de detalles que la del plano sencillo del apartamento. En este momento ya disponemos de los fundamentos básicos del dibujo gracias al plano del apartamento.

Como hemos visto anteriormente, las notas y cotas introducidas en el archivo del apartamento se pueden desactivar o inutilizar en el archivo del plano para que no interfieran con los gráficos del dibujo. El archivo del apartamento puede formar parte de otro dibujo que contenga información detallada sobre el plano del apartamento a mayor escala. En este nuevo dibujo se pueden añadir notas, símbolos y cotas adicionales. Cada vez que cambie el archivo del apartamento, puede actualizar su copia en el dibujo de mayor escala, así como en el archivo del plano. La actualización es uniforme y se asegura la correspondencia entre todos los dibujos de un proyecto. Supongamos que quiere combinar dibujos a distintas escalas dentro del mismo archivo, por ejemplo, el plano general de una planta más una vista aumentada de un apartamento convencional. Esta operación se puede llevar a cabo con ayuda de las fichas de presentación y una propiedad denominada espacio Papel.

Entre los temas que se incluyen en este capítulo, se encuentran los siguientes:

- Comprender los espacios de Modelo y Papel.
- Trabajar con ventanas gráficas en el espacio Papel.
- Crear ventanas gráficas irregulares.
- Grosores de líneas, tipos de líneas y dimensiones en el espacio Papel.

Espacio Modelo y espacio Papel

Hasta ahora, hemos analizado distintas formas de manejar un dibujo utilizando para ello una sola vista, vista que en AutoCAD se denomina modo de visualización espacio Modelo. También se pueden definir varias vistas de un mismo dibujo con ayuda de ventanas gráficas flotantes. Estas ventanas se crean en las fichas de presentación del modo de visualización espacio Papel.

Para entender con facilidad el funcionamiento de los modos espacio Modelo y espacio Papel, imagine que el dibujo es una réplica a tamaño real o un modelo del objeto que se está dibujando. La pantalla de su ordenador es una especie de ventana a la habitación en la que se está construyendo el modelo, y el ratón y el teclado, los instrumentos que tiene para acceder a dicha habitación. Para controlar la posición de la ventana con respecto al objeto, puede utilizar los comandos **Encuadrar**, **Zoom** o **Ver**. Puede construirlo o modificarlo con ayuda de los comandos de dibujo y de edición disponibles. Esta habitación es su espacio Modelo.

Hemos trabajado con los dibujos mirando a través de una sola ventana del espacio Modelo. Pero supongamos que quiere añadir ventanas adicionales para acceder a dicho espacio. Sería como tener varias cámaras de vídeo dentro de la habitación espacio Modelo. Podríamos ver todas las ventanas simultáneamente en la pantalla del ordenador o aumentar una determinada ventana que ocupara toda la pantalla. Es más, podríamos controlar la forma de las ventanas y cambiar de una a otra. Ésta es la función del espacio Papel.

El espacio Papel le permite crear y mostrar en pantalla varias vistas del espacio Modelo. Cada ventana, denominada ventana gráfica, funciona como una pantalla virtual independiente. En una ventana gráfica se puede incluir un vista general del dibujo, mientras que en otra puede aparecer un primer plano. La visibilidad de capas también se puede controlar individualmente para cada una de estas ventanas y mostrar diferentes versiones de la misma zona del dibujo. Las ventanas gráficas se pueden copiar, desplazar, estirar e incluso superponer.

TRUCO: Puede configurar otro tipo de ventana gráfica llamada Mosaico, en el espacio Modelo.

Una de las prestaciones más asombrosas del espacio Papel es que le permite trazar varias vistas del mismo dibujo en una hoja de papel. Puede incluir objetos gráficos como bordes y notas para que aparezcan solamente en este espacio. En este sentido, su funcionamiento es similar al de programas de diseño de páginas como QuarkXPress o Adobe InDesign. Puede pegar distintas vistas de un dibujo y añadir posteriormente bordes, bloques de título, notas generales y otros tipos de datos gráficos o textos. En la figura 16.1 se puede ver el dibujo del plano configurado en espacio Papel con varias vistas.

El espacio modelo y el espacio Papel

La puerta de acceso al espacio Papel es la herramienta **Presentación1** y la herramienta **Vista rápida de presentaciones** situada en la barra de estado. Cuando la herramienta **Modelo** está en la barra de estado, es una manera rápida de volver al espacio Modelo (véase la figura 16.2).

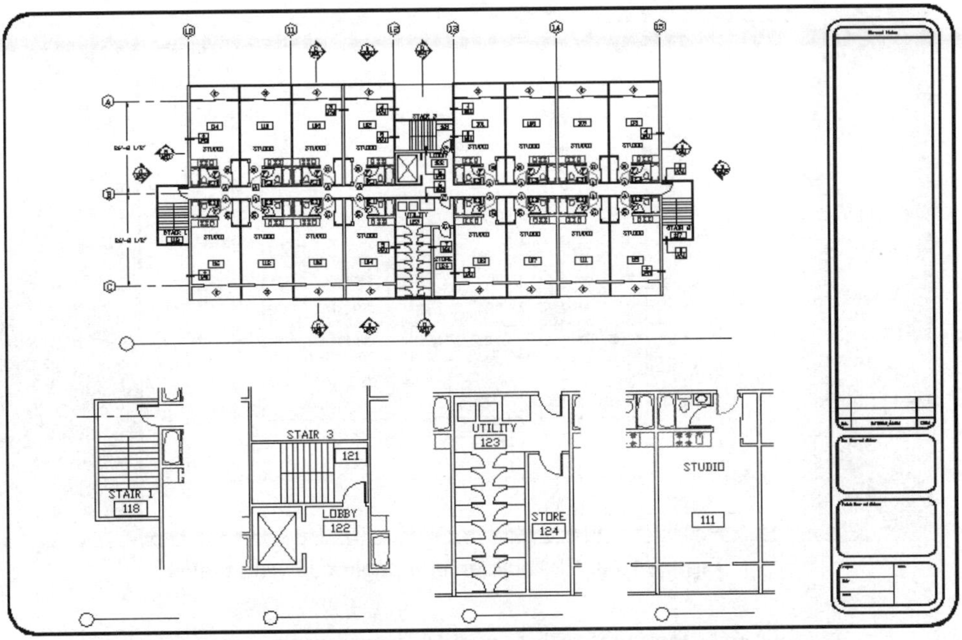

Figura 16.1. Diferentes vistas del mismo dibujo en espacio Papel.

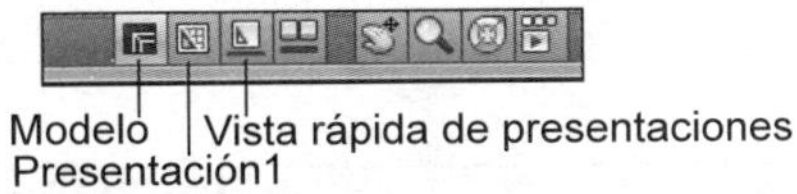

Figura 16.2. Herramientas en la barra de estado.

TRUCO: Si no puede ver las herramientas **Modelo**, **Presentación1** y **Vista rápida de presentaciones**, haga clic con el botón derecho del ratón sobre una zona en blanco de la barra de estado y, en el menú contextual, haga clic en el nombre de la herramienta que falta.

En primer lugar, utilizaremos los pasos básicos para cambiar entre el espacio Modelo y el espacio Papel:

1. Abra el archivo `Xref-1` que guardó en el capítulo anterior y asegúrese de que visualiza todo el dibujo. También puede utilizar el archivo `16-xref1.dwg`.
2. Haga clic en la herramienta **Presentación1** ( ) en la barra de estado. Verá que su dibujo aparece en una página del tipo vista previa (véase la figura 16.3).
3. Haga clic en la herramienta **Modelo** ( ) en la barra de estado para volver al espacio Modelo.

Este breve ejercicio le enseña cómo puede cambiar rápidamente entre espacio Modelo y espacio Papel con las herramientas **Modelo** y **Presentación1** de la barra de estado. La herramienta **Vista rápida de presentaciones** hace lo mismo pero ofrece un poco más de ayuda. Siga los siguientes pasos para ver cómo funciona la herramienta **Vista rápida de presentaciones**:

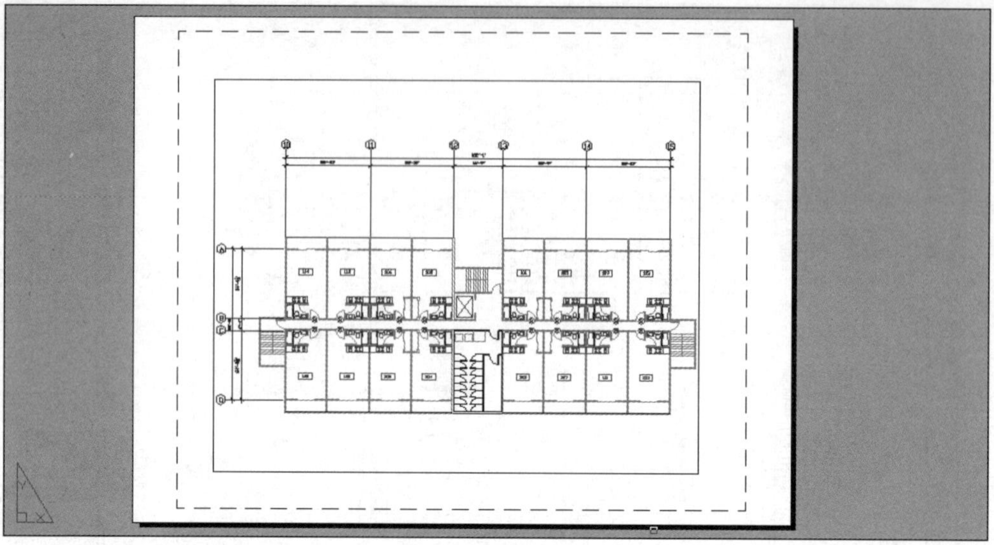

Figura 16.3. El dibujo en una página de vista previa.

1. Haga clic en la herramienta **Vista rápida de presentaciones** ( ) en la barra de estado. Verá que aparecen dos paneles de vista previa con un barra de herramientas (véase la figura 16.4).

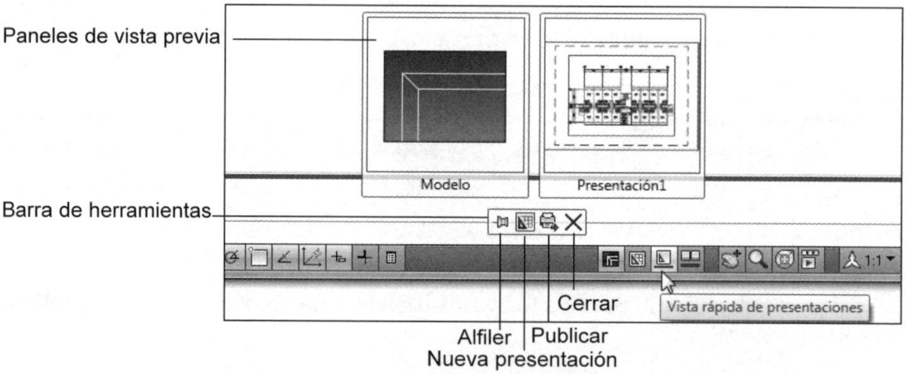

Figura 16.4. La vista rápida de presentaciones.

2. Haga clic en el panel vista de previa de la derecha, Presentación1. Observe que el área de dibujo cambia para mostrarles el espacio Papel Presentación1.

3. Haga clic en el área de dibujo para confirmar su selección de la vista de presentación.

4. Vuelva a seleccionar la herramienta **Vista rápida de presentaciones** ( ), pero esta vez haga clic en el panel vista previa de la izquierda, Modelo.

5. Haga clic en el área de dibujo para volver a la vista espacio Modelo.

> **NOTA:** Si lo prefiere, puede utilizar los comandos de teclado para cambiar entre el espacio Modelo y el espacio Papel. En la línea de comandos, escriba `tm`, **Intro**, `1` e **Intro** para ir al espacio Modelo, o escriba `tm`, **Intro**, `1` e **Intro** para ir al espacio Papel.

Configurar el tamaño de la presentación en el espacio Papel

Hemos mencionado que el espacio Papel es como un programa de presentación de páginas, y ya ha visto que la presentación del espacio Papel se parece a una vista previa de impresión. Puede configurar su presentación para un conjunto de parámetros de impresión específicos, incluidos el tamaño del papel y la impresora. Vamos a continuar viendo cómo una presentación espacio Papel se puede configurar para su impresora:

1. Haga clic en la herramienta **Presentación1** () de la barra de estado.
2. Haga clic con el botón derecho del ratón sobre la herramienta **Vista rápida de presentaciones** en la barra de estado, y seleccione Administrador de configuraciones de página para abrir el cuadro de diálogo Administrador de configuraciones de página. Observe que el nombre de la presentación actual aparece en la lista de configuraciones de página actuales (véase la figura 16.5).

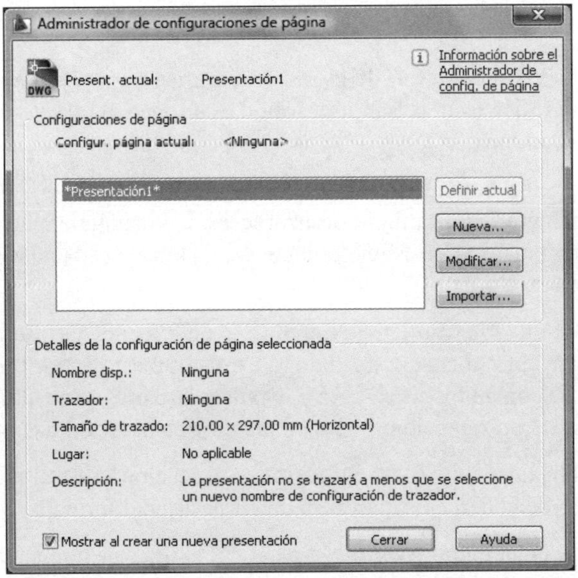

Figura 16.5. Cuadro de diálogo Administrador de configuraciones de página.

3. Haga clic en el botón **Modificar** para abrir el cuadro de diálogo Configuración de página.
4. Seleccione la opción A4 (210 x 297 mm) en la lista desplegable Tamaño de papel y tenga en cuenta que el valor que escoja determinará la forma y los márgenes del área del espacio Papel.

5. Seleccione una impresora en la lista desplegable Impresora/trazador.
6. Haga clic en el botón **Aceptar** para cerrar el cuadro de diálogo Configuración de página y luego haga clic en **Cerrar** para cerrar el Administrador de configuraciones de página.

AutoCAD basa la presentación del espacio Papel en el tamaño de papel e impresora que elija en los pasos 4 y 5. El área que aparece en el espacio Papel refleja el área del tamaño de papel que ha seleccionado en el paso 4, y el margen del papel representado por una línea discontinua está determinado por la impresora. Si por cualquier razón necesita cambiar otra vez el tamaño del papel, repita los pasos 2 al 5 y tenga en cuenta que siempre que quiera puede guardar la forma en que ha definido el espacio Papel en el Administrador de configuraciones de página que hemos visto en el paso 2.

Crear ventanas gráficas en el espacio Papel

Como mencionamos en capítulos anteriores, el aspecto de la ficha de presentación le indica que se encuentra en el modo espacio Papel. Al abrir por primera vez la vista presentación, se crea de forma automática una ventana gráfica en la que se incluye una vista general del dibujo sin una escala concreta. En el siguiente apartado, trabajaremos con varias ventanas gráficas en el espacio Papel en lugar de utilizar exclusivamente la ventana predeterminada que se genera al abrir la vista Presentación. El primer ejercicio muestra cómo crear tres nuevas ventanas gráficas al mismo tiempo:

1. Haga clic en el contorno de la ventana gráfica para seleccionarla. El contorno de la ventana gráfica es el rectángulo sólido que rodea al dibujo, dentro del rectángulo de línea discontinua.
2. Haga clic en el botón **Borrar** ( ) en el panel Modificar de la ficha Inicio para eliminar la ventana gráfica. El dibujo desaparecerá de la pantalla, pero no se alarme, recuerde que la ventana gráfica es una especie de ventana al espacio Modelo y que los objetos siguen en su sitio.
3. Haga clic en la herramienta **Nuevo** ( ) en el panel Ventanas gráficas de la ficha Vista para abrir el cuadro de diálogo Ventanas gráficas. También puede escribir en la línea de comandos `ventanas`, y pulsar **Intro**. Este cuadro de diálogo contiene un conjunto de presentaciones de ventana gráfica predefinidas (véase la figura 16.6).
4. Seleccione la opción Tres: Superior de la sección Ventanas gráficas estándar. En el cuadro de la derecha aparecerá una muestra del formato seleccionado.
5. Haga clic en el botón **Aceptar**. Aparecerá la línea de comando Precise primera esquina o [Ajustar] <Ajustar>:.
6. Pulse **Intro** para aceptar la opción predeterminada, Ajustar. Con esta opción se puede ajustar el diseño de la ventana gráfica al área máxima permitida por la vista del espacio Papel. En pantalla podrá ver tres rectángulos, como se aprecia en la figura 16.7. Cada uno de los rectángulos es una ventana gráfica en el espacio Modelo. La ventana superior ocupa el ancho completo del área de dibujo y la mitad inferior de la pantalla se divide en dos.

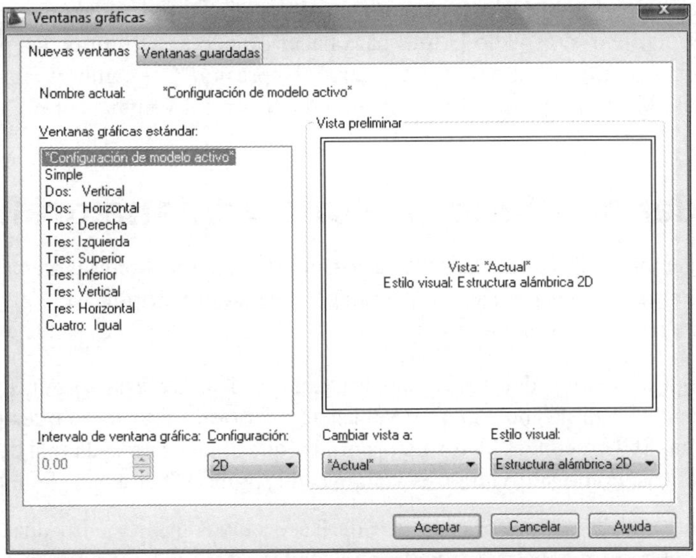

Figura 16.6. Cuadro de diálogo Ventanas gráficas.

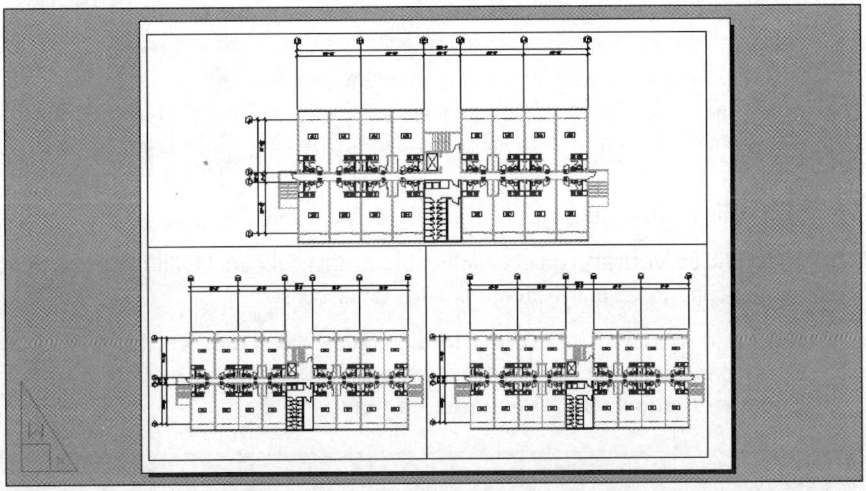

Figura 16.7. Las nuevas ventanas gráficas.

Cuando se crean nuevas ventanas gráficas, AutoCAD las rellena de forma automática con el dibujo del espacio Modelo. Puede determinar una escala exacta para cada una de las ventanas, como veremos más adelante.

La línea discontinua que representaba el margen del papel ha desaparecido, ya que las ventanas gráficas ocupan al máximo los límites de los márgenes y, por lo tanto, cubren dicha línea.

Podíamos haber mantenido la ventana gráfica original que apareció al abrir por primera vez la vista Presentación1 y agregar dos nuevas ventanas gráficas. La operación de sustituir completamente una única ventana gráfica resulta un poco más sencilla, ya que el cuadro de diálogo Ventanas gráficas encaja en el espacio asignado.

Después de configurar la presentación en el espacio Papel, queda parte del dibujo. Puede que prefiera utilizar el espacio Papel para hacer otras cosas y utilice las presentaciones del espacio Papel para configurar las vistas para la impresión. Los cambios que haga en su dibujo en el espacio Modelo aparecerán automáticamente en las ventanas gráficas de presentación del espacio Papel.

Acceder al interior de una ventana gráfica

Supongamos que necesita acceder a los objetos incluidos en las ventanas gráficas para ajustar la forma en que aparecen en pantalla o para modificarlos.

Pruebe a hacer lo siguiente:

1. Haga doble clic dentro de una ventana gráfica. De esta forma, puede controlar el espacio Modelo incluso desde el espacio Papel. Lo primero que apreciará es que el icono SCU recupera su forma original y que aparece en cada una de las tres ventanas gráficas, como si tuviera tres ventanas de AutoCAD en lugar de una.
2. Mueva el cursor sobre cada una de las ventanas gráficas. En una de ellas el cursor adoptará forma de cruz, mientras que en las otras tiene forma de puntero en flecha. La ventana gráfica que muestra el cursor de AutoCAD es la ventana activa, que se puede encuadrar, aumentar o reducir, y se pueden modificar los objetos que contiene.

TRUCO: Si un dibujo desaparece de una de las ventanas gráficas, se puede recuperar haciendo clic en Extensión en el desplegable Zoom del panel Utilidades en la ficha Inicio, o escribiendo en la línea de comandos `Zoom`, `E` y pulsando la tecla **Intro**.

3. Haga clic en la ventana inferior izquierda para seleccionarla.
4. Haga clic en Ventana en el desplegable Zoom del panel Utilidades en la ficha Inicio para encuadrar en una ventana la zona del ascensor.
5. Haga clic sobre la ventana inferior derecha y seleccione Ventana en el desplegable Zoom para aumentar la vista del apartamento. También puede utilizar las herramientas **Zoom en tiempo real** y **Encuadre en tiempo real**.

TRUCO: Si no ve el icono SCU en la pantalla, es porque se ha desactivado. Escriba `UCSicon`, pulse **Intro**, `ACT`, y pulse **Intro** para activarlo.

Al hacer doble clic dentro de la ventana gráfica, el icono SCU vuelve a cambiar de aspecto y, en lugar de ser triangular, aparecen tres en forma de flecha, uno por cada ventana gráfica. Del mismo modo, al desplazar el cursor hasta la ventana activa, éste cambia de forma y adopta una forma de cruz. Otra de las formas para saber cuál es la ventana gráfica activa es el borde en negrita. Se puede desplazar de una ventana gráfica a otra incluso durante la ejecución de muchos comandos. Por ejemplo, puede iniciar el comando **Línea**, seleccionar el punto inicial en una ventana gráfica y después designar otra ventana distinta para el siguiente punto, y así sucesivamente. Para activar una ventana gráfica diferente sólo tiene que hacer clic en ella (véase la figura 16.8).

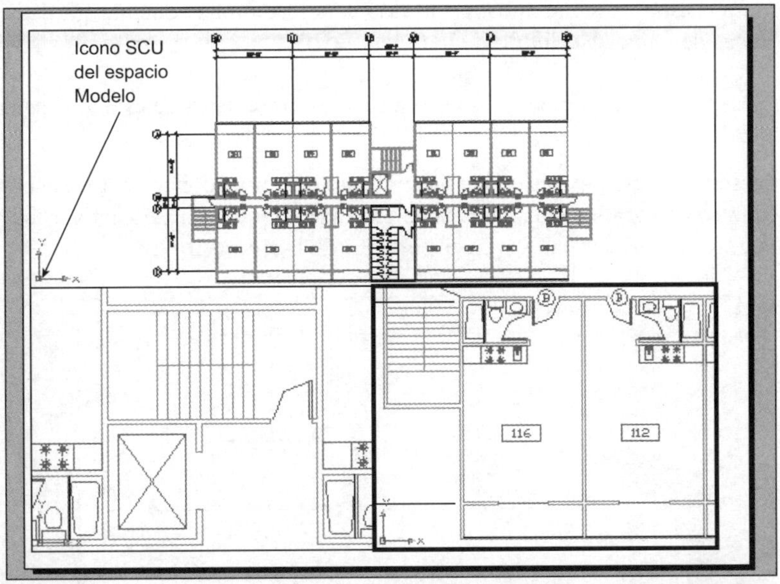

Figura 16.8. Las tres ventanas gráficas, cada una mostrando una vista distinta del plano.

TRUCO: Puede que le resulte difícil acceder a los contenidos de ventanas gráficas superpuestas, sobre todo si tienen el mismo tamaño o si una se encuentra dentro de otra. En este caso, puede desplazarse de una a otra con ayuda de la combinación **Control-R** hasta que alcance la ventana gráfica deseada.

Hemos visto cómo aumentar o reducir el zoom en una vista de ventana gráfica. A continuación, explicaremos lo que sucede al utilizar el comando **Zoom** mientras estamos en el espacio Papel:

1. Haga doble clic fuera de las ventanas gráficas para salir del espacio Modelo flotante.
2. Haga clic en Tiempo real (Tiempo real) en el desplegable Zoom del panel Utilidades y luego aumente la vista del espacio Papel. Toda la vista aumentará, incluyendo las vistas en las ventanas gráficas.
3. Haga clic con el botón derecho del ratón y seleccione **Salir**. A continuación, seleccione Todo en el desplegable Zoom, o escriba `Zoom`, `T` en la línea de comandos y pulse **Intro** para volver a la vista general del espacio Papel.

Con este sencillo ejercicio hemos comprobado que se puede utilizar la herramienta **Zoom** en el espacio Papel del mismo modo que en el espacio Modelo. Todos los comandos relacionados con la visualización están disponibles, incluyendo el Encuadre en tiempo real.

Ventanas gráficas del espacio Papel

El espacio Papel es, en el fondo, una herramienta de diseño de páginas o de composición. Se puede modificar el tamaño de las ventanas gráficas, escalar una vista independientemente de otra e incluso definir escalas de capas y de tipos de línea.

A continuación, cambiaremos la forma y la ubicación de ventanas gráficas con ayuda de las opciones del panel Modificar de la ficha Inicio:

1. Desactive el modo de referencia a objetos en la barra de estado si se encuentra activado.
2. Asegúrese de que está en la vista presentación, luego, haga clic en el borde inferior de la ventana gráfica situada en la parte inferior izquierda para activar los pinzamientos, como se muestra en la imagen superior de la figura 16.9.

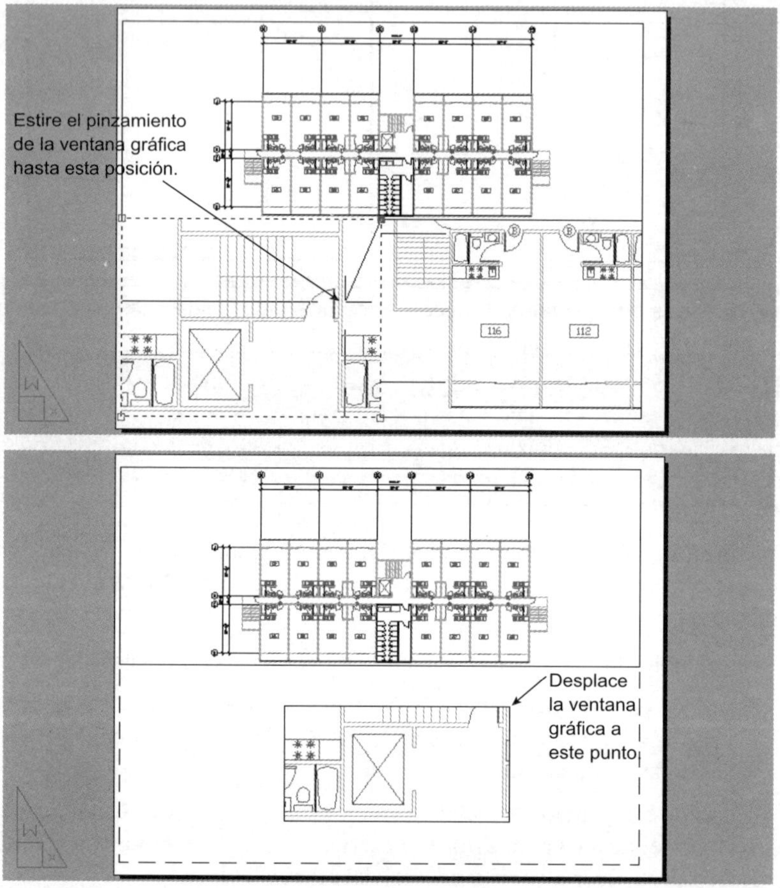

Figura 16.9. Puede estirar, borrar y desplazar ventanas gráficas.

3. Seleccione el pinzamiento superior derecho y arrástrelo hasta el punto que se ve en la imagen superior de la figura 16.9.
4. Pulse la tecla **Esc** y borre la ventana inferior derecha seleccionándola y haciendo clic en **Borrar** en el panel Modificar de la ficha Inicio. A continuación, haga clic en el borde inferior de la ventana gráfica.
5. Desplace la ventana gráfica inferior izquierda para centrarla en la mitad inferior de la ventana, como se puede comprobar en la imagen inferior de la figura 16.9.

En este ejercicio hemos hecho clic en el borde de una ventana gráfica para seleccionarla y modificarla posteriormente. Si mientras se encuentra en el espacio Papel intenta hacer clic en la imagen situada en el interior de la ventana gráfica, no seleccionará ningún elemento. Más adelante veremos que se pueden utilizar los modos de referencia a objetos para seleccionar partes de un dibujo dentro de una ventana gráfica.

Las ventanas gráficas son objetos reconocidos de AutoCAD, por lo que se pueden manipular con cualquiera de los comandos de edición, al igual que otro objeto. Como vimos en el ejercicio anterior, una ventana gráfica se puede desplazar, estirar y eliminar.

A continuación, comprobaremos el efecto de las capas sobre las ventanas gráficas:

1. Cree una nueva capa con el nombre **Vport**.
2. Utilice la paleta Propiedades para cambiar los bordes de la ventana gráfica a la capa Vport.
3. Por último, desactive la capa Vport. Aparecerá un mensaje de advertencia que le indica que los miembros de los objetos seleccionados se encuentran en una capa que está desactivada o bloqueada. Haga clic en **Aceptar** y los bordes de la ventana gráfica desaparecerán.
4. Después de comprobar los resultados del punto anterior, puede volver a activar la capa Vport.

Al borde de una ventana gráfica se le puede asignar una capa, un color, un tipo de línea e incluso un grosor de línea. Si el borde se asigna a una capa que se encuentra desactivada o inmovilizada, el borde no se podrá ver, como cualquiera de los objetos restantes de la capa, lo que puede ser muy útil para componer una hoja. Incluso cuando está desactivada, la ventana gráfica tiene un borde grueso a su alrededor cuando cambia al espacio Modelo flotante, y todas las ventanas gráficas siguen mostrando sus vistas.

Escala de vistas en espacio Papel

El espacio Papel dispone de sus propias unidades de medida. Anteriormente, hemos visto que era necesario determinar el tamaño del papel antes de abrir la ficha de presentación de una vista del espacio Papel. Independientemente del área que ocupe el dibujo en el espacio Modelo, el límite es el tamaño del papel definido en el cuadro de diálogo Configurar página. Si no olvida que el espacio Papel es como una zona pegada que depende de la impresora que haya configurado para AutoCAD, entenderá con mayor facilidad la diferencia de escala. Del mismo modo que se pueden pegar fotografías y mapas que representan kilómetros cuadrados en un panel, se puede utilizar el espacio Papel para pegar vistas de dibujos de escala que representen edificios de una ciudad o bloques de casas en una simple hoja de papel. Sin embargo, en AutoCAD dispone de la posibilidad de modificar la escala y el tamaño de los objetos que se están pegando.

TRUCO: Mientras se encuentra en espacio Papel, se pueden modificar objetos en una ventana gráfica del espacio Modelo, aunque para ello es necesario utilizar el espacio Modelo flotante. Entonces puede hacer clic en una ventana gráfica y editarla. Cuando se activa este modo, los objetos creados en el espacio Papel no se pueden modificar. Haga doble clic fuera de una ventana gráfica para volver al espacio Papel.

Si quiere imprimir un dibujo a una determinada escala, tiene que indicar una escala para cada ventana gráfica. Las escalas de las ventanas gráficas están configuradas de manera similar a la escala de anotación en la vista Modelo. A continuación, veremos cómo colocar una hoja en el espacio Papel y mantener una escala precisa:

1. Compruebe que se encuentra en espacio Papel. Puede comprobarlo por la forma y ubicación del icono SCP. Si aparece como un triángulo en la esquina inferior izquierda de la vista presentación, está en el espacio Papel.
2. Seleccione el borde de la ventana gráfica situada en la parte superior.
3. En la esquina inferior derecha de la ventana de AutoCAD, haga clic en la lista Escala de ventana y seleccione 1/32"=1'-0". Observe que la vista de las ventanas gráficas superiores cambia.
4. Pulse dos veces la tecla **Esc** para eliminar la selección de la ventana gráfica.
5. Haga clic en el borde de la ventana gráfica inferior.
6. Haga clic en la lista Escala de ventana de nuevo y seleccione 3/16"=1'-0" de la lista. La vista de la ventana gráfica cambiará de nuevo para reflejar la nueva escala (véase la figura 16.10).

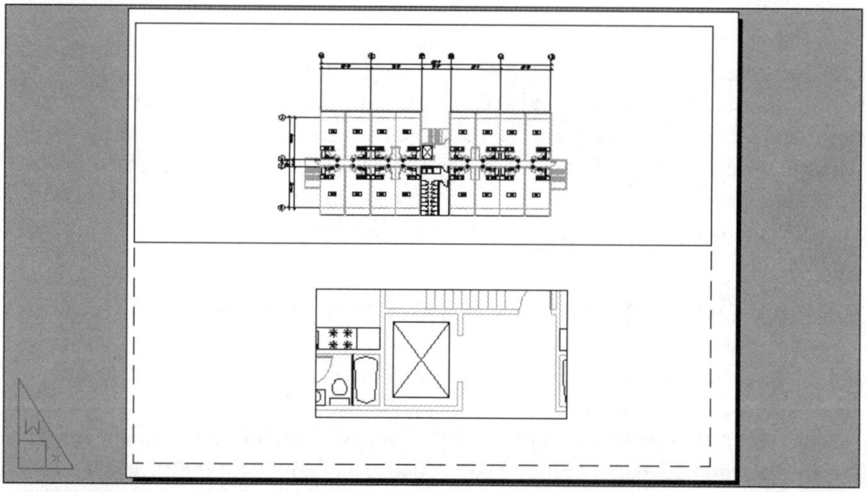

Figura 16.10. Las vistas de la ventana gráfica en espacio Papel con diferentes escalas.

Es muy sencillo ajustar el ancho, la altura y la ubicación de las ventanas gráficas para que muestren solamente las partes del apartamento que se quieran ver. Mientras se encuentre en el espacio Papel, puede utilizar los comandos **Estirar**, **Desplazar** o **Factor escala** para modificar cualquiera de los bordes de una ventana o utilizar los pinzamientos para modificar su tamaño. La vista comprendida en el interior de la ventana gráfica conserva la misma escala y la misma ubicación, mientras que es la ventana la que cambia de tamaño. Puede mover o estirar las ventanas sin que tenga ningún efecto en el tamaño y ubicación de los objetos en la ventana.

Si tiene que superponer un dibujo sobre otro, puede superponer las ventanas gráficas. Puede utilizar el modo de referencia a objetos para seleccionar la geometría dentro de cada una de las ventanas, incluso en el espacio Papel. De esta forma puede alinear una ventana sobre otra en un punto exacto.

También puede agregar un bloque de título al espacio Papel a una escala de 1:1 para enmarcar las ventanas gráficas y, a continuación, imprimir el dibujo desde el espacio Papel a una escala de 1:1. El trazado se imprimirá tal y como se muestra en el espacio Papel con la escala adecuada. El espacio Papel muestra una línea discontinua para representar las áreas que no se imprimirán en el borde del papel.

Al trabajar en el espacio Papel, compruebe antes si está en este espacio o en el modo flotante del espacio Modelo. Resulta sencillo realizar una operación de encuadre o de zoom en una ventana gráfica del espacio Modelo en modo flotante sin darse cuenta cuando se intenta encuadrar o hacer zoom sobre la vista del espacio Papel. Esta operación ocasionará la pérdida de los parámetros de escala y alineación de las ventanas gráficas con otras partes del dibujo. Conviene guardar las vistas de las ventanas gráficas seleccionado Ver>Vistas guardadas en el Explorador de menús, por si se modifica accidentalmente una vista de ventana gráfica.

Otra forma de impedir que la vista de la ventana gráfica se modifique involuntariamente consiste en activar la función Inmovilizar vista. Para ello, en el espacio Papel haga clic en un borde de la ventana gráfica. A continuación, haga clic con el botón derecho del ratón para abrir el menú contextual y seleccione Inmovilizar vista>Sí. Tras inmovilizar la vista, puede encuadrar o hacer zoom sobre ella. También puede cambiar el tamaño de la ventana gráfica. Este parámetro también está disponible en la paleta Propiedades de la ventana gráfica y en la barra de estado a la izquierda de la herramienta **Escala de ventana** cuando se selecciona una ventana gráfica (véase la figura 16.11).

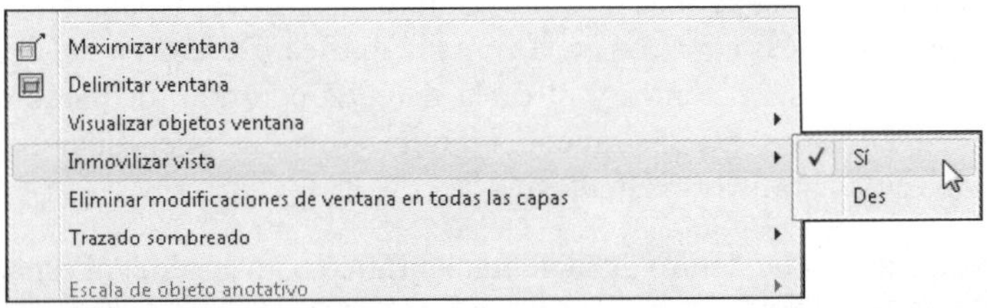

Figura 16.11. Menú contextual para seleccionar Inmovilizar vista.

TRUCO: Si descubre que las vistas de las ventanas gráficas aplican el zoom de manera automática a ciertas zonas al entrar en ellas, eso quiere decir que la variable del sistema `Ucsfollow` tiene asignado un valor diferente al predeterminado (0). Para restablecer su valor predeterminado, escriba `Ucsfollow`, pulse **Intro**, `0`, pulse **Intro**. También puede utilizar el cuadro de diálogo SCP para cambiar este parámetro. Para ello, haga clic en la herramienta **Guardado** en el panel SCP de la ficha Vista. En el cuadro de diálogo SCP, seleccione la ficha Parámetros y asegúrese de desactivar la opción Actualizar vista a planta al modificar SCP.

Asignar capas a ventanas gráficas individuales

Otra función exclusiva de las ventanas gráficas del espacio Papel es su capacidad para inutilizar capas individuales. Por ejemplo, podemos mostrar la información habitual del plano en la vista general de un piso, pero sólo las paredes en una vista ampliada de uno de los apartamentos.

Para controlar la visibilidad de las capas en las ventanas gráficas se utiliza el cuadro de diálogo Administrador de propiedades de capa. Si se fija, observará que cada entrada de capa consta de tres iconos con soles (véase la figura 16.12).

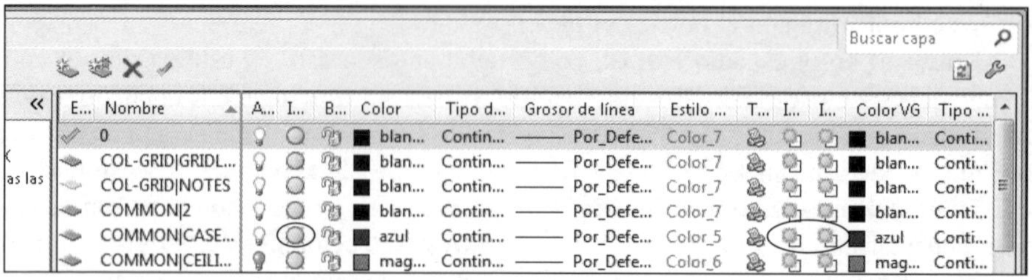

Figura 16.12. Cuadro de diálogo Administrador de propiedades de capa.

TRUCO: Puede que necesite aumentar el tamaño del cuadro de diálogo Administrador de propiedades de capa para ver todas las columnas. Para ello, basta con hacer clic en el borde derecho del cuadro de diálogo y arrastrarlo a la derecha.

Ya hemos hablado del icono del sol situado más a la izquierda. Se trata del icono **Inutilizar/Reutilizar** que permite inutilizar y reutilizar las capas de manera general. Varias columnas a la derecha se incluyen dos iconos de sol con un rectángulo transparente. Estos iconos permiten inutilizar y reutilizar las capas en cada ventana gráfica. De este par, el de la izquierda controla las ventanas gráficas existentes y el de la derecha controla los parámetros de las ventanas gráficas recién creadas. En el siguiente ejercicio se muestra el funcionamiento del icono del sol para las ventas gráficas existentes.

1. Haga doble clic dentro de la ventana gráfica para acceder al espacio Modelo en modo flotante.
2. Active la ventana gráfica inferior.
3. Abra el Administrador de propiedades de capa (véase la figura 16.13).

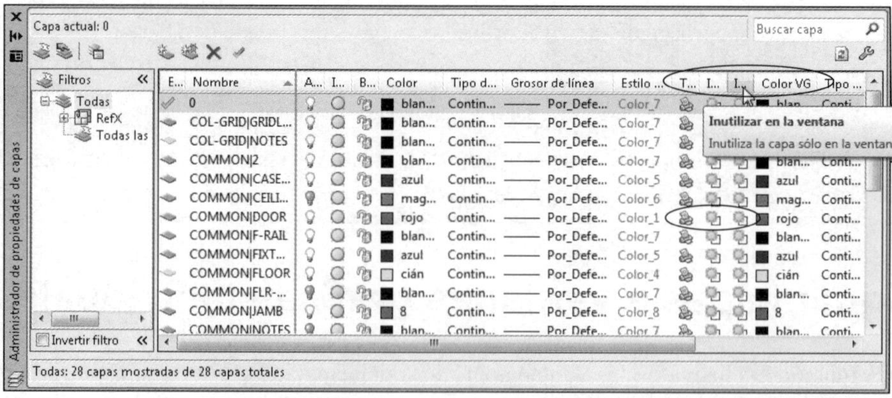

Figura 16.13. Cuadro de diálogo Administrador de propiedades de capa.

4. Busque la capa COMMON|WALL y haga clic en su nombre para aislarla.

ADVERTENCIA: No puede usar las opciones Inutilizar en la ventana o Inutilizar en las ventanas nuevas del cuadro de diálogo Administrador de propiedades de capa cuando está en el espacio Modelo.

5. Haga clic en la columna Inutilizar en la ventana de la capa seleccionada. Puede que necesite aumentar el tamaño del Administrador de propiedades de capa para realizar esta operación. El título de la columna puede mostrar simplemente una I hasta que haga más ancha la columna. La columna a la que nos referimos es la penúltima. El icono utilizado representa un rectángulo transparente sobre la imagen de un sol. Tras hacer clic en el icono, el sol se convertirá en un copo de nieve para indicarnos que la capa está inutilizada en la ventana gráfica actual.

6. Haga clic en **Aceptar**. La ventana gráfica se regenerará dejando oculta la capa Wall de la referencia externa Common en la ventana gráfica actual. Sin embargo, las paredes seguirán visibles en la otra ventana gráfica (véase la figura 16.14).

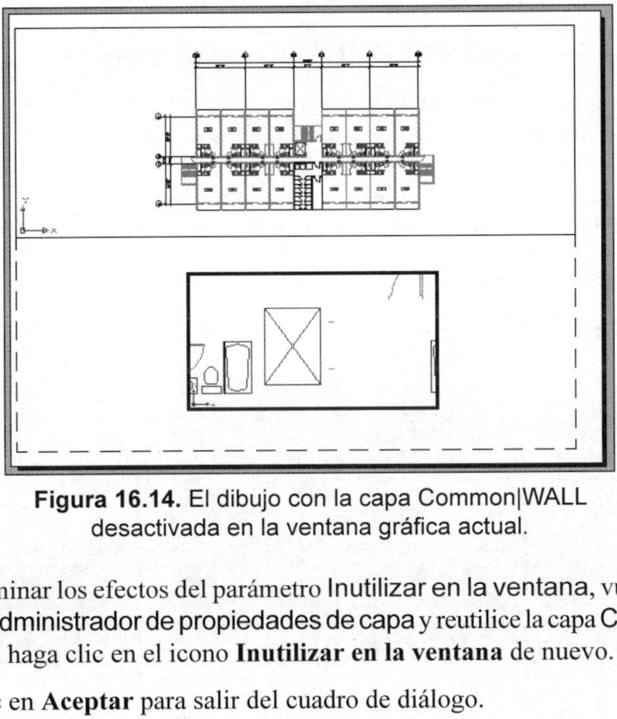

Figura 16.14. El dibujo con la capa Common|WALL desactivada en la ventana gráfica actual.

7. Tras examinar los efectos del parámetro Inutilizar en la ventana, vuelva al cuadro de diálogo Administrador de propiedades de capa y reutilice la capa COMMON|WALL. Para ello, haga clic en el icono **Inutilizar en la ventana** de nuevo.

8. Haga clic en **Aceptar** para salir del cuadro de diálogo.

9. Dedique un momento a analizar el dibujo y guarde y cierre el archivo `Xref-1`.

Junto al icono que acabamos de examinar aparece otro icono similar. Este nuevo icono muestra un rectángulo opaco sobre el sol, y controla la visibilidad de la capa en cualquier ventana gráfica nueva que pueda crear en lugar de controlar las ventanas gráficas existentes. Si lo prefiere, también puede utilizar la lista desplegable Capa del panel Capas para inutilizar capas en ventanas gráficas individuales. Haga doble clic en la vista gráfica que quiere modificar, seleccione la capa de la lista y haga clic en el mismo icono del sol con el pequeño rectángulo debajo.

Además de configurar la visibilidad de las capas, también puede configurar las demás propiedades de las capas como el color, tipo de línea y grosor de línea para cada ventana gráfica. Primero, asegúrese de que está en Espacio modelo flotante para las ventanas gráficas cuyas capas quiere configurar y, después, abra el cuadro de diálogo Administrador de propiedades de capa. Puede configurar las propiedades para las ventanas gráficas actuales utilizando Inutilizar en la ventana, Color, Tipo de línea, Grosor de línea y Trazar para cada capa (véase la figura 16.15).

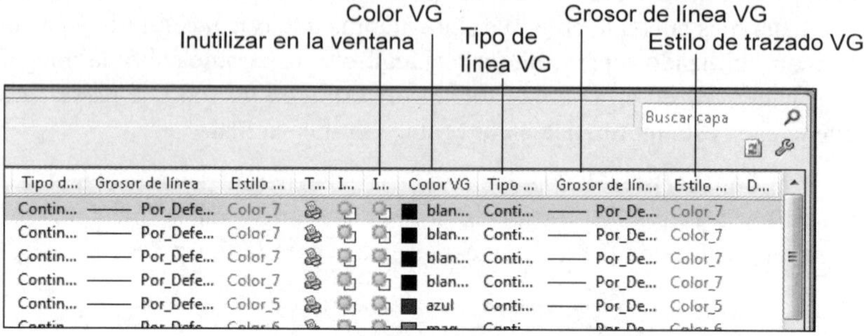

Figura 16.15. Menú de capas usadas.

Esta sección pone punto final al conjunto de ejercicios dedicados a crear el edificio de apartamentos. Aunque no hemos dibujado el edificio completo, se han explicado todos los comandos y técnicas necesarias para hacerlo. En la figura 16.16 se ilustra el plano completo de la primera planta. Para completar los planos de planta y practicar con AutoCAD, puede agregar los símbolos que se muestran en el archivo del plano.

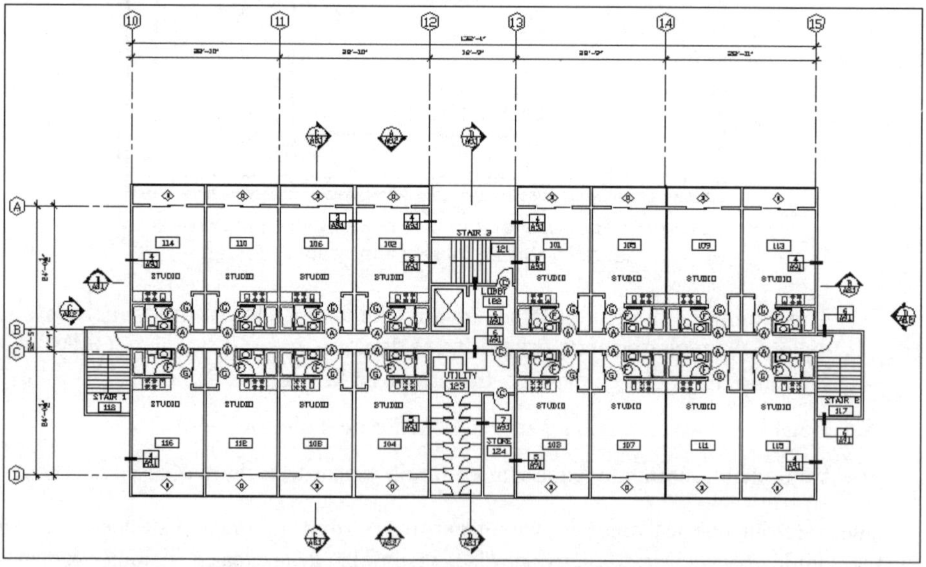

Figura 16.16. Un piso completo del edificio de apartamentos.

Como los edificios de este tipo suelen utilizar los mismos planos para varios pisos, el plano correspondiente al segundo piso también representa al tercero. Combinando éstos con el primer piso, el resultado es un edificio de apartamentos de tres niveles. El proyecto podría incluir un garaje a nivel del suelo incluido en un archivo independiente. Puede utilizar el archivo `Col-grid.dwg` como referencia para las medidas. El resto de los símbolos pueden ser bloques almacenados como archivos que se pueden recuperar de otros archivos.

> **Ocultar partes de un dibujo**
>
> En un capítulo anterior describimos un método para utilizar la función Mostrar orden de AutoCAD para ocultar patrones del suelo situados por debajo de elementos de mobiliario o equipos en una presentación de planta. Puede utilizar el mismo método para ocultar áreas con formas irregulares en la ventana gráfica del espacio Papel, como se suele hacer al imprimir planos de obra, planos civiles o planos de planta en los que resulte necesario ocultar determinadas parte del dibujo. También podemos ocultar una parte de un plano que aparece tapada por otra para exponer datos de acotación o texto.

Creación y uso de varias presentaciones en el espacio Papel

AutoCAD permite utilizar más de una o dos presentaciones del espacio Papel. De hecho, puede crear tantas como desee y configurar cada una de ellas con diferentes tamaños de papel que contengan diferentes vistas del dibujo. Puede utilizar esta función para configurar varias hojas de dibujo basadas en un solo archivo de dibujo de AutoCAD. Por ejemplo, si un cliente necesita dos juegos de planos a diferentes escalas, bastará con configurar dos fichas de presentación con diferentes tamaños de hoja y escala de ventana gráfica.

También puede configurar diferentes presentaciones del espacio Papel para diferentes tipos de dibujos. Un solo dibujo puede contener los datos relativos a los elementos mecánicos, al equipamiento y mobiliario, los planos de planta y los planos del techo reflejado. Aunque el proyecto utilizó varios archivos para establecer las capas para cada plano, se puede utilizar un único archivo con varias fichas de presentación para obtener el mismo resultado en AutoCAD 2009.

A continuación se detallan los pasos necesarios para crear nuevas vistas de presentación:

1. Haga clic en la herramienta **Vista rápida de presentaciones** (icono) en la barra de estado.
2. Haga clic en la herramienta **Nueva presentación** en la barra de estado que aparece justo debajo de los paneles de vista previa Vista rápida de presentaciones. Aparece un nuevo panel de vista previa, Presentación2 (véase la figura 16.17).

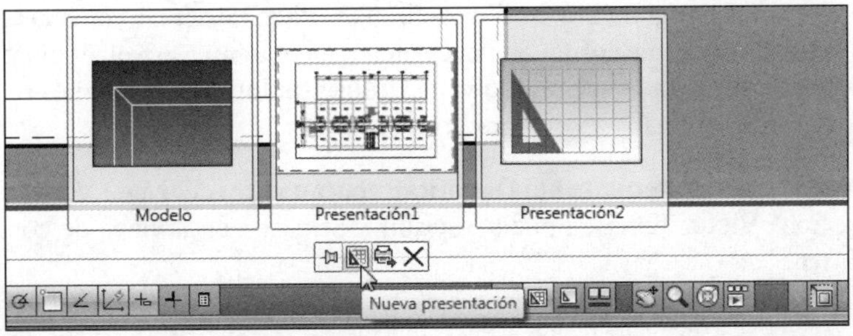

Figura 16.17. Los paneles de vista previa Vista rápida de presentaciones.

3. Haga clic en el panel de vista previa Presentación2 y luego en el área de dibujo. La nueva presentación aparece con una sola ventana gráfica predeterminada.

Acaba de ver cómo crear una nueva presentación con la herramienta **Vista rápida de presentaciones**. También puede hacer clic con el botón derecho del ratón en la herramienta **Vista rápida de presentaciones** para abrir un menú contextual que le ofrece la opción Nueva presentación. Esta opción también crea una presentación nueva, pero no recibirá ninguna información de que se ha creado una nueva presentación (véase la figura 16.18).

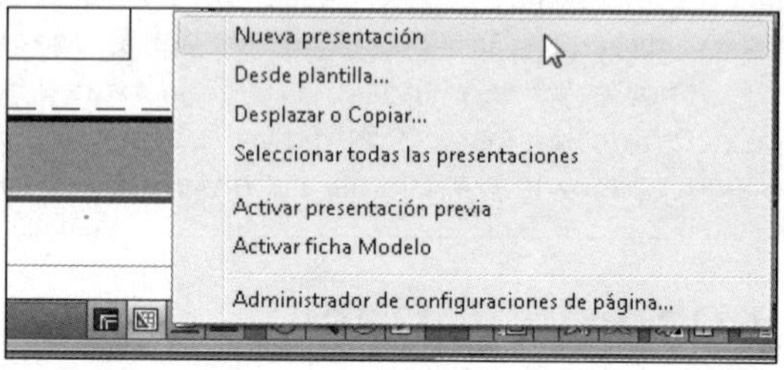

Figura 16.18. Menú contextual de la herramienta Vista rápida de presentaciones.

El menú contextual Vista rápida de presentaciones también incluye la opción Desde plantilla. Esta opción permite crear una presentación del espacio Papel basada en un archivo de plantilla de AutoCAD. AutoCAD integra varias presentaciones estándar que incluyen bloques basados en tamaños de hoja estándar.

El menú contextual Vista rápida de presentaciones también incluye otras opciones que permiten eliminar, cambiar el nombre, mover, copiar o seleccionar todas las fichas.

Por último, si desea eliminar una presentación, haga clic en la herramienta **Vista rápida de presentaciones** y haga clic con el botón derecho del ratón en el panel vista previa de la presentación que desea eliminar. Puede seleccionar Suprimir en el menú contextual que aparece. Verá un mensaje de advertencia indicándole que AutoCAD eliminará la presentación que ha elegido permanentemente. Haga clic en **Aceptar** para confirmar su eliminación.

Crear ventanas de gráficos con formas irregulares

En muchas ocasiones, las ventanas gráficas rectangulares no proporcionan una vista adecuada para nuestros objetivos. Por ejemplo, puede que necesitemos aislar parte de un plano de planta en forma de L o en forma circular. Podemos crear ventanas gráficas a partir de prácticamente cualquier forma que necesitemos, como muestra el siguiente ejercicio.

Siga estos pasos para configurar la vista Presentación para que muestre únicamente los apartamentos inferiores, los ascensores y las escaleras.

1. Haga clic en la herramienta **Delimitar ventana** () del panel Ventanas gráficas en la ficha Vista. También puede escribir `vgdelim` en la línea de comandos y pulsar **Intro**.
2. En la línea de comando `Seleccione la ventana que se va a delimitar:`, haga clic en el borde de la ventana gráfica.

3. En la línea de comando `Seleccionar objeto de delimitador o [Poligonal] <Poligonal>:`, pulse **Intro**.

4. Desactive el modo de referencia a objetos en ejecución y trace el contorno ilustrado en la imagen superior de la figura 16.19.

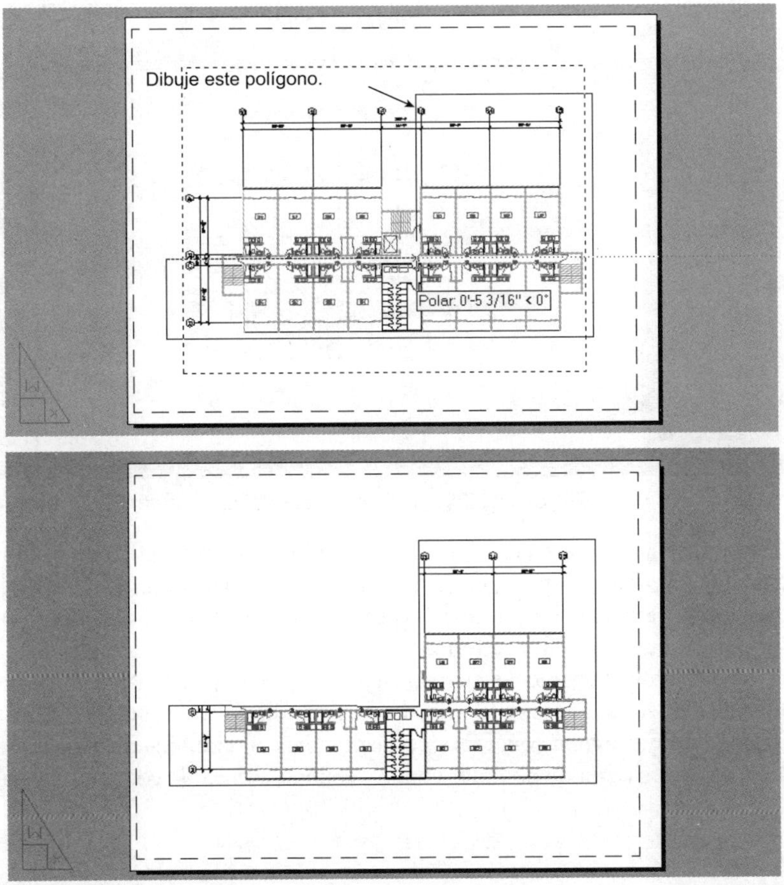

Figura 16.19. Dibujo de un contorno poligonal para crear una ventana gráfica.

5. Cuando haya terminado de seleccionar puntos, pulse **Intro**. La ventana gráfica se modificará para adaptarse a la nueva forma.

6. Haga clic en el borde de la ventana gráfica para mostrar sus pinzamientos.

7. Haga clic en un pinzamiento y muévalo a una nueva ubicación. Fíjese en que la vista de la ventana gráfica se adapta a la nueva forma, como se ilustra en la imagen inferior de la figura 16.15.

La nueva forma de la ventana gráfica brinda una mayor flexibilidad para aislar parte de un dibujo, lo cual puede resultar especialmente útil en un proyecto de gran tamaño dividido en hojas más pequeñas. Puede configurar varias vistas de presentación y mostrar en cada una de ellas una parte diferente del plano. En el siguiente ejercicio le mostramos cómo crear una ventana de gráfico circular.

1. Borre la ventana gráfica que acaba de modificar.
2. Dibuje un círculo que abarque aproximadamente el área del espacio Papel.
3. Haga clic en la herramienta **Objeto** ( ) en el panel Ventanas gráficas o seleccione Ver>Ventanas>Objeto en el Explorador de menús.
4. Haga clic en el círculo. El plano aparecerá dentro del círculo (véase la figura 16.20.).

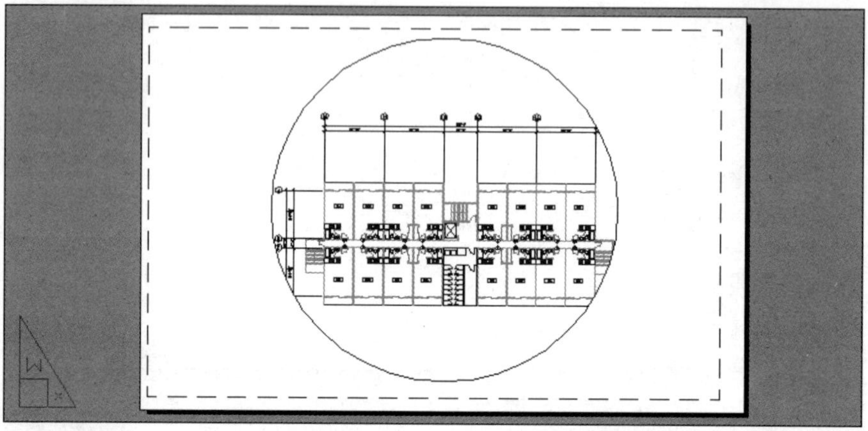

Figura 16.20. Una ventana gráfica circular.

Para simplificar este ejercicio, hemos dibujado un círculo utilizadolo como base para crear una nueva ventana gráfica, pero puede crear todo tipo de polilíneas o *splines* cerradas de cualquier forma. También puede utilizar la herramienta **Polígono** en el panel Dibujo de la ficha Inicio para crear cualquier tipo de forma y, a continuación, convertirla en una vista gráfica. Si examina las líneas de comando del ejercicio anterior, observará que la opción Convertir objeto en ventana invoca una versión de línea de comando del comando **Ventana** (`-vports`). Esta versión incluye algunas opciones no disponibles en el comando **Ventana** estándar. Las siguientes opciones están disponibles con la versión de línea de comando de **Ventana**:

```
-vports
[ACT/DES/Ajustar/Trazadosombreado/Bloquear/obJeto/Poligonal/Restituir/2/3/4]
<Ajustar>:
```

En los ejercicios anteriores utilizamos dos de estas opciones (Poligonal y Objeto). Si es un usuario experimentado de AutoCAD observará que la versión de línea de comando de **Ventana** es la misma que la del comando **vmult** de versiones anteriores. Todavía puede utilizar el comando **Mview** si lo prefiere.

Grosor de líneas, tipos y cotas en el espacio Papel

Algunas de las opciones de AutoCAD son ligeramente diferentes en función de si estamos en espacio Papel o en espacio Modelo. Las más evidentes son las que hacen referencia al grosor de línea, el tipo de línea y las cotas. En el siguiente apartado analizaremos detalladamente estas opciones y su utilización en combinación con el espacio Papel.

Controlar y ver grosores de línea en espacio Papel

Un grosor de línea puede mejorar considerablemente la legibilidad de un dibujo técnico. Los elementos más relevantes se pueden resaltar si se ponen en negrita y se ocultan los detalles más pequeños para evitar sobrecargar el dibujo. En planos de planta arquitectónicos, las paredes se suelen trazar con líneas gruesas para distinguir con mayor facilidad el contorno del plano. Otros elementos que se utilizan como referencia se representan en un grosor inferior al normal.

En capítulos anteriores vimos cómo se podía controlar el grosor de una línea con ayuda de tablas de estilos de trazado. Se puede aplicar una tabla de estilo de trazado guardado o una tabla de color a un dibujo. Si ya dispone de una biblioteca de dibujos de AutoCAD, puede utilizar una tabla de estilos de trazados de color para asegurar la compatibilidad. El programa también le permite asignar un grosor de línea a capas o a objetos directamente y comprobar los resultados en el espacio Papel.

En el siguiente ejercicio aprenderemos a establecer grosores de línea directamente:

1. Haga clic en la herramienta **Vista rápida de presentaciones** () en la barra de estado y abra el cuadro de diálogo Administrador de propiedades de capas.
2. Utilice el botón derecho del ratón sobre la lista Capa y escoja la opción Seleccionar todo.
3. Haga clic en la columna Grosor de línea para abrir el cuadro de diálogo del mismo nombre (véase la figura 16.21).

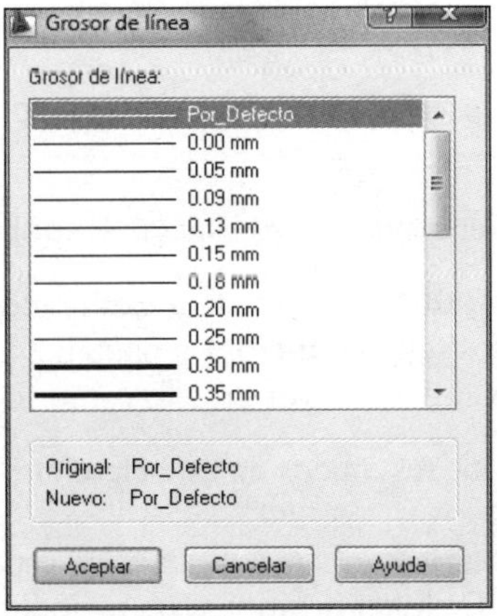

Figura 16.21. Cuadro de diálogo Grosor de línea.

4. Seleccione la opción 0.13 mm y haga clic en el botón **Aceptar**. De esta forma se asigna este grosor de línea a todas las capas.
5. Haga clic con el botón derecho del ratón sobre la lista Capa de nuevo y seleccione Deseleccionar.
6. Haga clic en las capas COMMON|WALL y Floor1|WALL mientras mantiene pulsada la tecla **Control** para seleccionar estas dos capas.

7. Haga clic en la columna Grosor de línea de cualquiera de las dos capas. Se abrirá de nuevo el cuadro de diálogo anterior.

8. Seleccione la opción 0.4 mm y haga clic en el botón **Aceptar** para asignar este grosor a las dos capas.

9. Haga clic en el botón **Cerrar** del Administrador de propiedades de capas.

Aunque hemos definido los grosores de línea de las capas de nuestro dibujo, es necesario efectuar algunos cambios en la configuración de los archivos antes de que se puedan ver en espacio Papel:

1. Seleccione Formato>Grosor de línea en el explorador de menús para abrir el cuadro de diálogo Parámetros de grosor de línea (véase la figura 16.22).

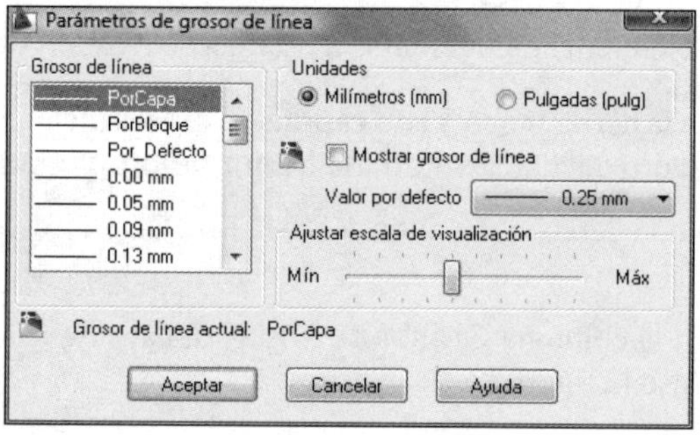

Figura 16.22. Cuadro de diálogo Parámetros de grosor de línea.

2. Marque la casilla de verificación Mostrar grosor de línea y haga clic en el botón **Aceptar**.

3. Compruebe que se encuentra en el espacio Papel y aumente el zoom del dibujo.

4. Seleccione Ver>Regenerar todo en el explorador de menús, o escriba `regent` en la línea de comandos y pulse **Intro**. En pantalla, todas las líneas que representan las paredes aparecerán con un mayor grosor, como se aprecia en la figura 16.23.

5. Una vez revisados los resultados de este ejercicio, cierre el archivo.

La posibilidad de mostrar los grosores de línea en espacio Papel le permite controlar la calidad del resultado final. En lugar de utilizar un método de ensayo y error para imprimir el dibujo y posteriormente comprobar si refleja correctamente el grosor de las líneas, AutoCAD 2009 le permite verlas directamente en pantalla.

Este ejercicio muestra cómo establecer grosores de línea para que aparezcan en el espacio Papel como ocurriría al imprimir el dibujo. Si suele imprimir sus dibujos en blanco y negro, puede ir un paso más allá y establecer todos los colores de capa en negro para apreciar su aspecto real. Pero necesitará guardar las configuraciones de las capas para poder devolver las capas a sus colores originales. Profundizaremos en este tema más adelante. Otra forma de ver los dibujos en blanco y negro sin que ello afecte a los parámetros de capa consiste en utilizar la tabla de estilo de trazado de color.

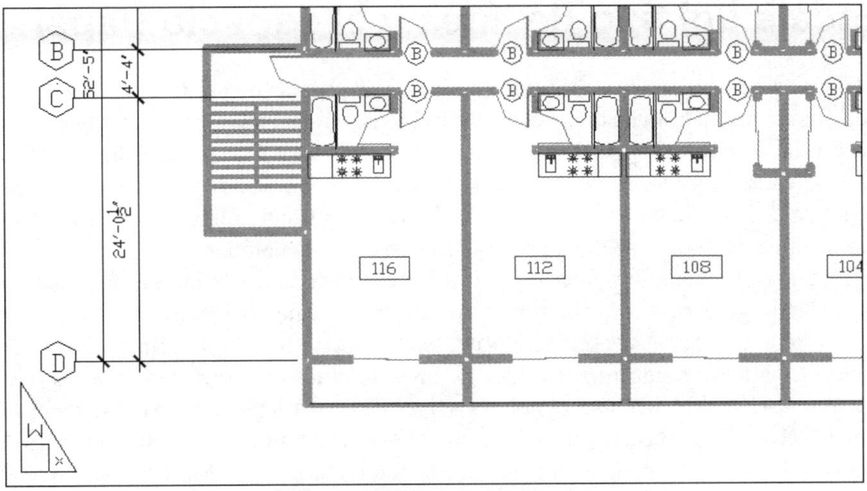

Figura 16.23. Una vista aumentada del plano en la que se puede apreciar el grosor de las líneas.

> **TRUCO:** Cuando la función de grosor de línea está activada, los grosores de línea se verán tanto en el espacio Modelo como en el espacio Papel. Los grosores de línea pueden distraer la atención al trabajar en el espacio Modelo, pero puede desactivarlos introduciendo `Lwdisplay`, pulsando **Intro**, `des`, pulsando **Intro** en la línea de comando. Escriba `Lwdisplay`, pulse **Intro**, `act`, pulse **Intro** si desea activarlos de nuevo.

El cuadro de diálogo Parámetros de grosor de línea

Este cuadro de diálogo incluye una serie de opciones que no hemos utilizado en el ejercicio anterior. A continuación se ofrece una breve descripción de cada una de las opciones, información que puede utilizar como referencia:

- Unidades: Puede escoger entre milímetros y pulgadas como unidades de medida para el grosor de línea. El valor predeterminado es milímetros.
- Ajustar escala de visualización: Este parámetro le permite controlar el grosor de línea que aparece en el dibujo. Basta con mover el cursor de desplazamiento a un lado o al otro para aumentar o disminuir el grosor. El parámetro solamente afecta a la visualización que aparece en pantalla. En el cuadro de lista Grosor de línea, situado en la parte izquierda, se puede ver una muestra del grosor seleccionado.
- Valor por defecto: Lista desplegable en la que puede seleccionar el grosor de línea predeterminado que aparece en el cuadro de diálogo Administrador de propiedades de capa. El valor predeterminado es 0.25 mm. Puede reducirlo hasta 0.13 mm, ya que la mayoría de las impresoras actuales imprimen este tipo de líneas e incluso otras de menor tamaño.

Escala del tipo de línea y el espacio Papel

Como hemos visto en capítulos anteriores, las escalas de un dibujo se deben definir con toda precisión a la hora de crear ventanas gráficas. Afortunadamente, esta operación se puede llevar a cabo de forma sencilla en la paleta Propiedades. El espacio Papel le ofrece la posibilidad de combinar imágenes a diferente escala en una misma visualización, lo que también complica la tarea de controlar la visualización. No obstante, debe recordar que la escala del tipo de línea del dibujo se debe precisar con especial atención.

En uno de los capítulos anteriores vimos que era necesario definir la escala del tipo de línea con el factor de escala del dibujo para que el tipo de línea se pudiera ver. Si desea imprimir el mismo dibujo desde el espacio Papel, tendrá que volver a configurar la escala de tipo de línea a 1, para conseguir que los tipos de línea se muestren correctamente. Esto es debido a que AutoCAD redimensiona fielmente los tipos de líneas dependiendo del sistema de unidades actual. Recuerde que las unidades del espacio Papel son diferentes de las unidades del espacio Modelo. Cuando redimensionamos una imagen en el espacio Modelo para que encaje con el área más pequeña del espacio Papel, los tipos de líneas permanecen redimensionados con respecto a los parámetros aumentados de escala de tipo de línea. De esta forma, las líneas discontinuas aparecen como continuas en el espacio Papel, ya que solamente se ve una pequeña porción del tipo de línea discontinuo aumentado.

La variable de sistema `Psltscale` permite determinar el método de aplicación de las escalas de tipos de línea a las vistas del espacio Papel. Puede utilizarla para que los tipos de línea aparezcan del mismo modo, ya sea en el espacio Modelo o en una ventana gráfica de espacio Papel. El valor predeterminado de esta variable es 1, por lo que AutoCAD escala de manera uniforme todos los tipos de línea en todas las ventanas gráficas del espacio Papel. Puede utilizar el valor 0 para que en las ventanas gráficas aparezcan los tipos de línea igual que en el espacio Modelo.

Este parámetro también se puede modificar en el cuadro de diálogo Administrador de tipos de línea (seleccione Formato>Tipo de línea en el Explorador de menús). Si hace clic en el botón **Detalles**, en la esquina inferior izquierda, aparecerá la casilla Utilizar unidades de espacio Papel para la escala. Si no marca esta casilla, la variable `Psltscale` tendrá el valor 0.

> **ADVERTENCIA:** `Psltscale` no es una variable global. Tiene que configurarlo para cada vista presentación que cree, o se utilizará el valor por defecto 1.

Acotar en presentaciones del espacio Papel

En ocasiones, resulta más conveniente añadir cotas a un dibujo en espacio Papel y no directamente sobre los objetos en espacio Modelo. Puede resultar muy útil cuando se utilizan varias fichas de presentación para conseguir dibujos a diferentes escalas del mismo dibujo del espacio Modelo. También le permite combinar varios dibujos a diferentes escalas en una ficha Presentación.

A la hora de añadir cotas a objetos del espacio Modelo en el espacio Papel disponemos de dos opciones. La propiedad Acotación asociativa le permite añadir cotas a fichas de presentación que contienen dibujos a distintas escalas. Si prefiere no utilizar esta opción, puede ajustar los parámetros de cada uno de los estilos de cota.

Acotación asociativa en el espacio Papel

Probablemente la forma más sencilla de añadir cotas en el espacio Papel sea con ayuda de la opción Acotación asociativa, que le permite acotar objetos del espacio Modelo directamente desde una presentación de espacio Papel. Es más, las cotas del espacio Papel de objetos del espacio Modelo se actualizan automáticamente al modificar el objeto en cuestión. Pruebe a hacer el siguiente ejercicio para ver cómo funciona la opción Acotación asociativa:

1. Haga clic en **Nuevo** () en la Barra de herramienta de acceso rápido y seleccione la plantilla `Acad.dwt` para crear un nuevo archivo en blanco.
2. Trace un rectángulo de 480 unidades de ancho por 160 de alto.
3. Haga clic con el botón derecho del ratón en la herramienta **Vista rápida de presentaciones** () en la barra de estado y seleccione Administrador de configuraciones de página.
4. En el cuadro de diálogo Administrador de configuraciones de página, haga clic en **Modificar** y, a continuación, en el cuadro de diálogo Configuración de página, seleccione el tamaño del papel de carta en la sección Impresora/trazador.
5. Haga clic en **Aceptar** y, a continuación, haga clic en el botón **Cerrar**.
6. Haga clic con el botón derecho del ratón sobre el área de dibujo y escoja el comando **Opciones** del menú contextual.
7. En el cuadro de diálogo Opciones, abra la ficha Preferencias del usuario y marque la casilla Convertir nuevas cotas en asociativas del grupo Acotación asociativa. Haga clic en **Aceptar** para salir del cuadro de diálogo.

En el siguiente ejercicio, utilizaremos el rectángulo creado en el espacio Modelo para probar la opción seleccionada anteriormente:

1. Haga clic en Lineal en el panel Cotas de la ficha Anotar y, con el modo de referencia a objetos Punto final, acote el borde inferior del rectángulo trazado en el espacio Modelo. La cota debería mostrar 480, el tamaño del rectángulo (véase la figura 16.24).
2. Haga doble clic en el interior de la ventana gráfica y, con ayuda de la herramienta **Zoom en Tiempo real**, reduzca el zoom para que el rectángulo reduzca su tamaño en la ventana. Al salir de la herramienta **Zoom en Tiempo real**, la cota adopta la nueva vista del rectángulo (véase la figura 16.25).
3. En espacio Modelo flotante, seleccione el rectángulo. Haga clic en el pinzamiento situado en la esquina inferior izquierda y arrástrelo ascendentemente hacia arriba.
4. Haga clic de nuevo para colocar la esquina del rectángulo en una nueva posición. La cota cambiará para adaptarse a la nueva forma (véase la figura 16.26).
5. Cierre el archivo sin guardarlo, ya que no lo necesitaremos posteriormente.

Hemos visto cómo se puede acotar un objeto en el espacio Modelo desde el espacio Papel. También se pueden acotar referencias externas del mismo modo. La única diferencia es que los cambios efectuados en las referencias cruzadas no actualizan de forma automática las cotas del espacio Papel. Para ello, hay que ejecutar el comando **Regencota**.

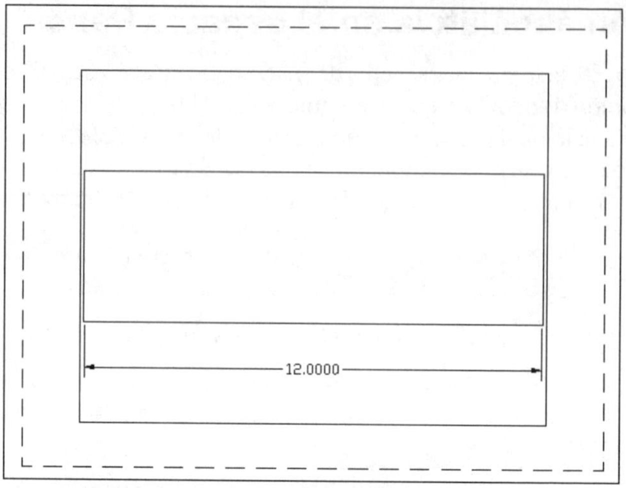

Figura 16.24. Acotación inferior del rectángulo.

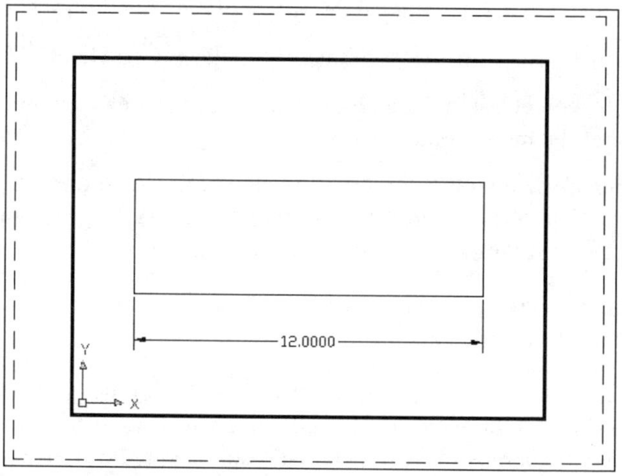

Figura 16.25. Nueva vista del rectángulo.

Actualizar acotaciones asociativas

Si utiliza un ratón con rueda para encuadrar y hacer zoom en la ventana gráfica del espacio Modelo flotante, puede que necesite utilizar el comando **Regencota** para actualizar las cotas asociativas. Basta con que escriba `Regencota` y pulse **Intro** en la línea de comando. También puede utilizar el comando **Regencota** para actualizar las cotas de los dibujos que se han editado en versiones anteriores de AutoCAD o, como se mencionó anteriormente, para actualizar las cotas de los objetos contenidos en referencias externas.

Acotar en el espacio Papel sin cotas asociativas

En ocasiones puede ser recomendable no utilizar la opción Acotación asociativa, aunque queramos acotar objetos de espacio Modelo en espacio Papel. Por ejemplo, si en una oficina se trabaja con distintas versiones de AutoCAD o si comparte los dibujos con otros usuarios que no dispongan de la versión 2009, la aplicación de acotaciones asociativas puede resultar confusa. Si quiere acotar objetos sin recurrir a esta opción, es necesario que AutoCAD ajuste el texto de la cota a la escala de la ventana gráfica desde la que se está acotando. AutoCAD puede escalar valores de cota en el espacio Papel de forma que coincidan con el factor de escala y el zoom de una ventana gráfica. Siga los pasos que se incluyen a continuación para conocer el proceso.

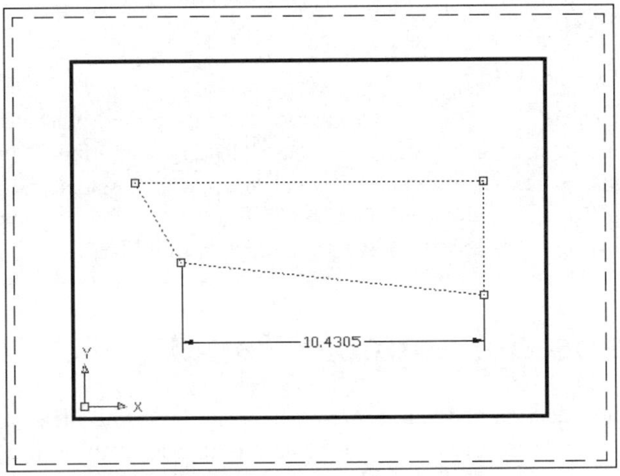

Figura 16.26. Nueva forma de la figura.

1. Abra el cuadro de diálogo Administrador de estilos de cota () haciendo clic en la herramienta **Estilo de cota** en el panel Cotas de la ficha Anotar.
2. Seleccione el estilo de cota que quiera cambiar y haga clic en el botón **Modificar**.
3. Haga clic en la ficha Unidades principales.
4. En el grupo Escala de medida, debe introducir el valor de escala de la ventana gráfica que se va a acotar, en el cuadro Factor de escala.
5. Marque la casilla Aplicar sólo a cotas de presentación.
6. Haga clic en **Aceptar** y luego en **Cerrar** para cerrar el cuadro de diálogo. Ya puede acotar en el espacio Papel.

Recuerde que puede añadir cotas a una ventana gráfica flotante del mismo modo que en el espacio Modelo. Si los objetos que se van a acotar están en ventanas gráficas con distintas escalas, será necesario definir varios estilos de cota, uno para cada escala de ventana gráfica.

Exportar vistas presentación al espacio modelo

Puede encontrarse con una situación donde quiera exportar una vista presentación como un dibujo del espacio modelo. Puedo hacerlo siguiendo estos pasos:

1. Haga clic en la herramienta **Vista rápida de presentaciones** en la barra de estado para abrir los paneles de vista previa de presentación.

2. Haga clic con el botón derecho del ratón en el panel de vista previa de la presentación que desea exportar.
3. Seleccione Exportar presentación a modelo en el menú contextual. Aparecerá el cuadro de diálogo Exportar presentación a dibujo del espacio modelo. Se trata de un típico cuadro de diálogo de guardado que le permite seleccionar la ubicación y el nombre de la presentación exportada.
4. Seleccione una carpeta, introduzca un nombre para la presentación exportada, y haga clic en **Guardar**.

La vista de presentación se guardará como un archivo de dibujo independiente con la presentación que aparece en el espacio Modelo de ese archivo. También estará en la misma escala que la vista de presentación original en lugar de una escala completa. Otros elementos de dibujo, como capas, bloques, tipos de línea y estilos también se exportarán, si bien pueden escalarse para adaptarse al dibujo.

Otros usos del espacio Papel

Los ejercicios de esta sección deberían haberle dado una idea de cómo trabajar en el espacio Papel y las vistas presentación. Se han incluido ejemplos que reflejan los usos más comunes del espacio Papel. Recuerde que este espacio es como una sección de presentación de página de AutoCAD (separada, pero conectada, al espacio Modelo a través de las ventanas gráficas).

No necesita limitar sus aplicaciones a los planos de planta. Los alzados de interior y exterior, los modelos 3D y las hojas de detalle también pueden aprovecharse de los usos habituales del espacio Papel. Utilizado en combinación con las funciones de trama de AutoCAD, el espacio Papel puede convertirse en una potente herramienta para la creación de presentaciones en gran formato.

En resumen

- **Comprender los espacios de Modelo y Papel:** AutoCAD le ofrece dos modos de visualización para ver e imprimir sus diseños. El espacio Modelo es donde realiza la mayor parte del trabajo, es la vista que ve cuando crea un archivo nuevo. Las presentaciones, también llamadas espacio Papel, son las vistas que le permiten organizar la presentación de su dibujo de forma parecida a un programa de maquetación.
  - **Dominarlo:** ¿Cuáles son las dos formas de moverse desde el espacio Modelo al espacio Papel?
- **Trabajar con ventanas gráficas en el espacio Papel:** En el espacio Papel, puede crear vistas en su dibujo utilizando las ventanas gráficas. Puede tener varias ventanas gráficas, cada una mostrando una parte distinta de su dibujo.
  - **Dominarlo:** Identifique alguna de las formas de agrandar la vista en una ventana gráfica.

- **Crear ventanas gráficas irregulares:** La mayor parte del tiempo, probablemente, utilizará ventanas gráficas rectangulares, pero tiene una opción para crear una ventana gráfica de cualquier forma.
  - **Dominarlo:** Describa el proceso para crear una ventana gráfica circular.
- **Grosores de líneas, tipos de líneas y dimensiones en el espacio Papel:** Puede conseguir una vista exacta de cómo quedará su dibujo en papel haciendo algunos ajustes en AutoCAD. Su vista presentación reflejará cómo quedará su dibujo cuando se imprima.
  - **Dominarlo:** Identifique los dos cuadros de diálogo que debe utilizar para mostrar los grosores de línea en una vista presentación.

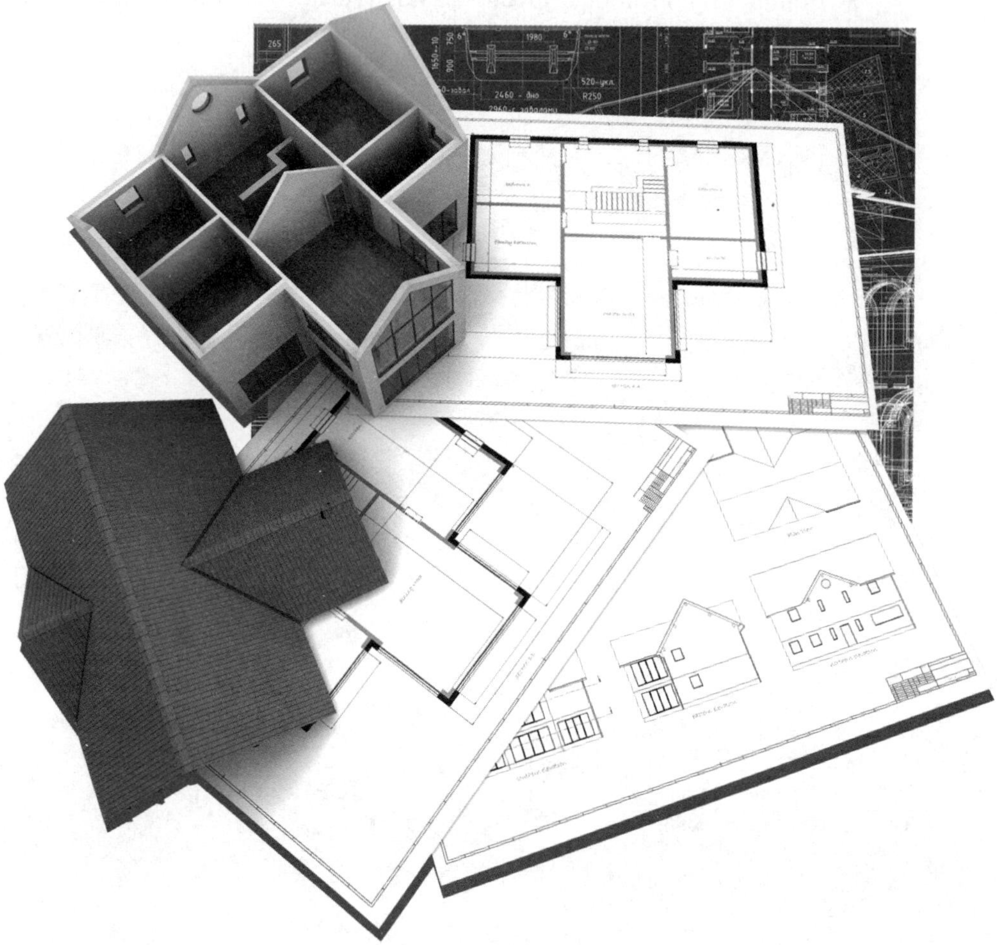
265
1980
520-укл.
2460 - дно
R250

17 Bloques dinámicos

Los bloques son un excelente mecanismo para crear y almacenar símbolos prediseñados. Pueden ahorrar gran cantidad de tiempo, especialmente cuando se trata de objetos que utilizamos muy a menudo. En un capítulo anterior se explica cómo crear un bloque básico. Una vez que comprenda los principios de la creación de bloques, puede comenzar a trabajar con los bloques dinámicos.

Los bloques dinámicos disponen de propiedades que podemos modificar utilizando pinzamientos. Por ejemplo, podemos crear un bloque dinámico de una puerta y editar fácilmente su tamaño y orientación mediante pinzamientos. En otro ejemplo, podemos tener un bloque sencillo que utilicemos para representar varias versiones de un objeto similar. Podríamos emplear un bloque sencillo con una cama que podríamos necesitar modificar para representar una cama individual o de matrimonio o de distintos tamaños.

En este capítulo, estudiaremos el uso de bloques dinámicos mediante una serie de tutoriales. Cada tutorial le mostrará un ejemplo de cómo utilizar bloques dinámicos de diferentes formas. Esto le ayudará a familiarizarse con los métodos relacionados con la creación de bloques dinámicos. Empezaremos examinando el editor de bloques que, por sí mismo, facilita enormemente las tareas de edición de bloques. Más adelante, nos adentraremos en las herramientas que se utilizan para crear bloques dinámicos.

- Explorar el Editor de bloques.
- Crear un bloque dinámico.
- Mantener un objeto centrado.

- Añadir acciones de escalado y deformación a un parámetro.
- Añadir más de un parámetro para funciones múltiples de pinzamientos.
- Crear formas múltiples en un solo bloque.
- Rotar objetos de forma unísona.
- Rellenar automáticamente un espacio con objetos.

El Editor de bloques

Antes de empezar a añadir características dinámicas a nuestros bloques, debemos familiarizarnos con el editor de bloques. El editor de bloques ofrece una forma sencilla de realizar cambios en bloques existentes y, como veremos un poco más adelante, es también la herramienta que utilizaremos para proporcionar algunas capacidades adicionales a nuestros bloques.

Para introducir los conceptos del editor de bloques, realizaremos algunos cambios en el plano del apartamento con el que venimos trabajando durante los capítulos anteriores. Empezaremos por editar el bloque de la cocina del apartamento.

1. Abra el archivo `Unit.dwg` que ha utilizado en los ejercicios anteriores. También puede emplear el archivo `17-unit.dwg`.
2. Haga doble clic en el dibujo de la cocina en el plano para abrir el cuadro de diálogo Editar definición de bloque (véase la figura 17.1). Observe que aparecen todos los bloques del dibujo en el cuadro de diálogo, quedando seleccionado el bloque de la cocina. También puede ver una vista preliminar del bloque en el panel del mismo nombre.

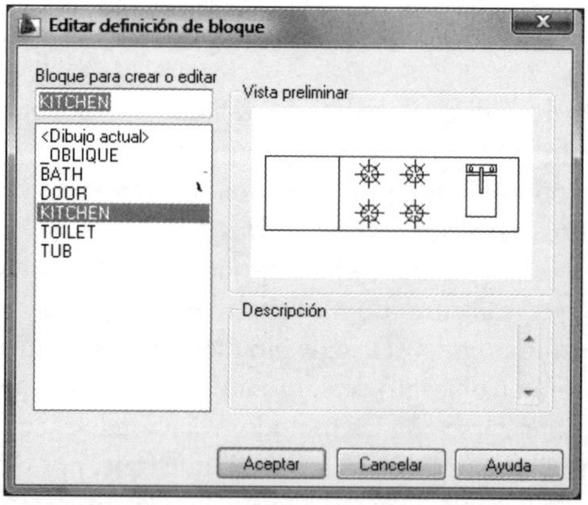

Figura 17.1. Cuadro de diálogo Editar definición de bloque.

3. Con el nombre de bloque KITCHEN seleccionado, haga clic en el botón **Aceptar**.
4. Aparecerá un mensaje preguntándole si desea ver una demostración de cómo se crean los bloques dinámicos. Haga clic en **No**. Si lo desea, puede activar la casilla de verificación No mostrar esta advertencia de nuevo y acceder al tutorial de

esta herramienta a través del menú ? (ayuda) de la barra de menús de la aplicación. Aparecerá en el área de trabajo una presentación ampliada de la cocina sobre un fondo amarillo (véase la figura 17.2).

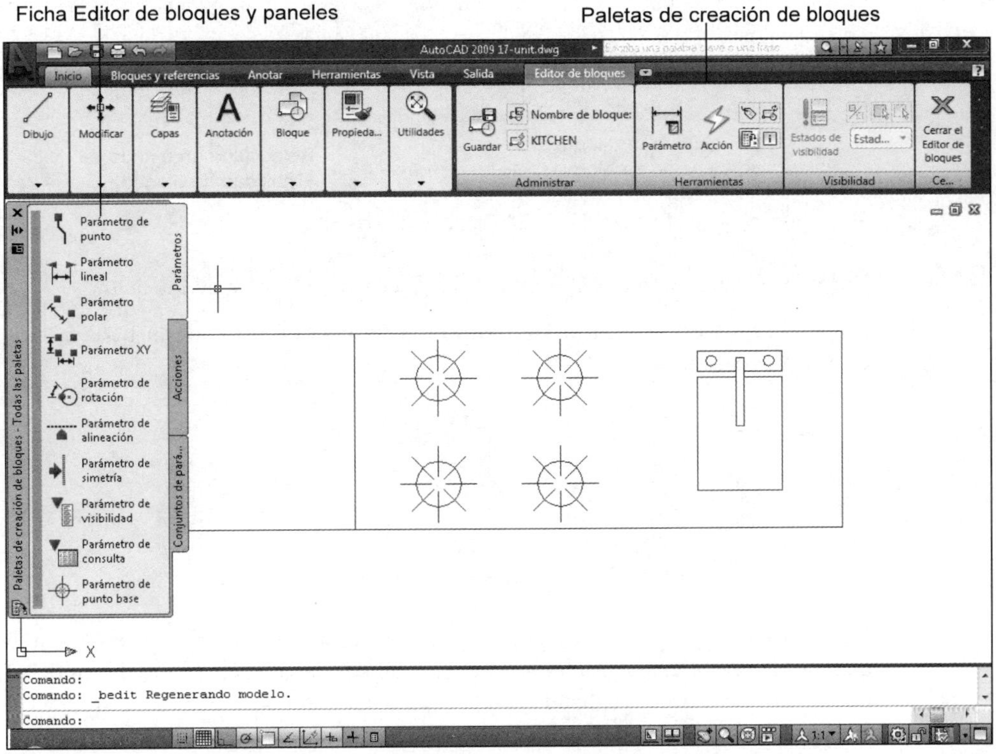

Figura 17.2. El editor de bloques y sus componentes.

El fondo amarillo nos indica que estamos trabajando en el editor de bloques. También verá la ficha Editor de bloques en el margen superior del área de dibujo y las paletas de creación de bloques en el lateral izquierdo, tal como se muestra en la figura 17.2.

Tómese un momento para examinar los paneles y herramientas de la ficha Editor de bloques. Esta ficha nos ofrece varias herramientas domésticas que nos permitirán abrir, guardar y salir del Editor de bloques. Puede situar el puntero del ratón sobre cada una de las herramientas de los paneles de la ficha para ver su descripción, tal como se ilustra en la figura 17.3.

Tanto la ficha Editor de bloques como las Paletas de creación de bloques, nos ofrecen herramientas para utilizar las características de bloques dinámicos que estudiaremos más adelante en este capítulo. De momento, continuemos examinando algunas de las características básicas del editor de bloques.

Editar un bloque y crear nuevos bloques

El editor de bloques nos permite editar un bloque empleando todas las herramientas de edición estándar de AutoCAD. En el siguiente ejercicio, modificaremos la pila del fregadero de la cocina y guardaremos los cambios en el dibujo.

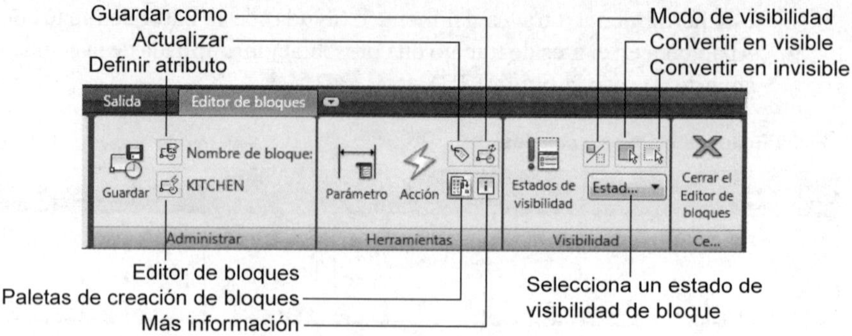

Figura 17.3. La ficha Editor de bloques.

1. Borre el rectángulo que representa el fregadero en el bloque de la cocina.
2. Haga clic en **Cerrar Editor de bloques** en el panel Cerrar de la ficha Editor de bloques (véase la figura 17.4).

Figura 17.4. Botón Cerrar Editor de bloques.

3. Un cuadro de diálogo le preguntará si desea guardar los cambios en el bloque de la cocina. Haga clic en **Sí**. Volverá a la vista estándar del área de dibujo de AutoCAD, y podrá ver los cambios realizados en la cocina, tal como se ilustra en la figura 17.5.

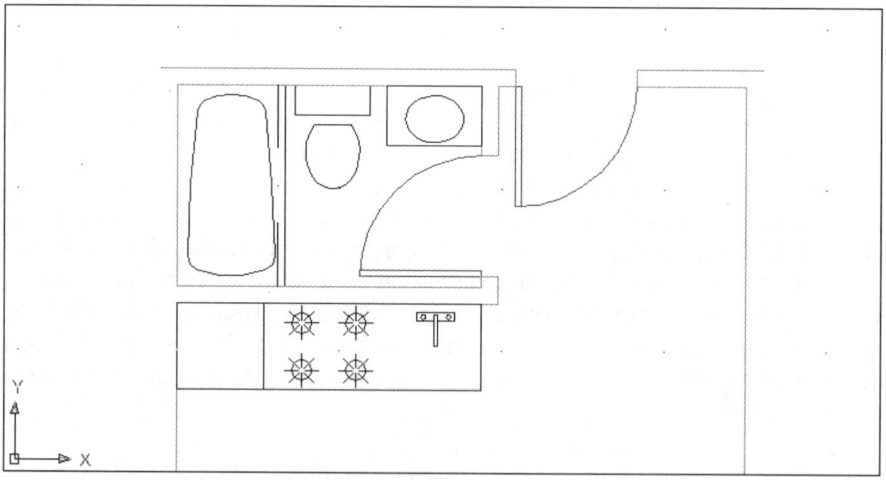

Figura 17.5. El plano del apartamento con el bloque de la cocina editado.

Como puede ver, editar bloques con el editor es sencillo. En este ejemplo, hemos eliminado parte del bloque, pero podríamos realizar cualquier tipo de dibujo o edición para modificar el bloque. La ficha Editor de bloques también ofrece otras opciones para guardar bloques.

Puede guardar un bloque mientras trabaja con él haciendo clic en la herramienta **Guardar definición de bloque**. Si necesita crear una variante del bloque que está editando, puede hacer clic en el botón **Guardar bloque como** (véase la figura 17.3 anterior) en el panel Administrar del Editor de bloques para crear un nuevo bloque o sobrescribir un bloque existente con el dibujo que está editando actualmente en el editor de bloques.

Si quiere editar un bloque diferente después del bloque actual, puede hacer clic en la herramienta **Guardar** en el panel Administrar del Editor de bloques para guardar su bloque actual y, a continuación, en la herramienta **Editor de bloque** (véase la figura 17.6).

Figura 17.6. Herramienta Editor de bloque.

Esta herramienta abre el cuadro de diálogo Editar definición de bloque que vimos anteriormente. Podemos seleccionar otro bloque para editar o crear un nuevo bloque introduciendo su nombre en el cuadro de texto Bloque para crear o editar.

Crear un bloque dinámico

Ahora que ya sabemos cómo funciona el editor de bloques, podemos empezar a explorar la creación de bloques dinámicos. Como introducción, crearemos un rectángulo sencillo que utilizaremos para sustituir la pila del fregadero en la cocina. Incorporaremos una característica de bloques dinámicos que nos permitirá ajustar el ancho del fregadero utilizando pinzamientos. Además, añadiremos un control que limitará el tamaño en incrementos de una unidad.

Empiece por crear un bloque desde el principio utilizando el editor de bloques.

1. Haga clic en la herramienta **Editar** en el panel Bloque de la ficha Inicio (véase la figura 17.7).

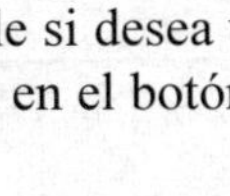

Figura 17.7. Herramienta Editar en el panel Bloque.

2. En el cuadro de diálogo Editar definición de bloque, escriba **Sink** (fregadero) en el cuadro de texto Bloque para crear o editar y haga clic en el botón **Aceptar**. Si aparece el mensaje preguntándole si desea una demostración del funcionamiento de los bloques dinámicos, haga clic en el botón **No**. Aparecerá el editor de bloques con una pantalla en blanco.
3. Utilice la herramienta **Rectángulo** (▭) en el panel Dibujo de la ficha Inicio para crear un rectángulo de 12 unidades en el eje X y 15 en el eje Y.
4. Amplíe la presentación del rectángulo hasta que presente un aspecto similar al de la figura 17.8.

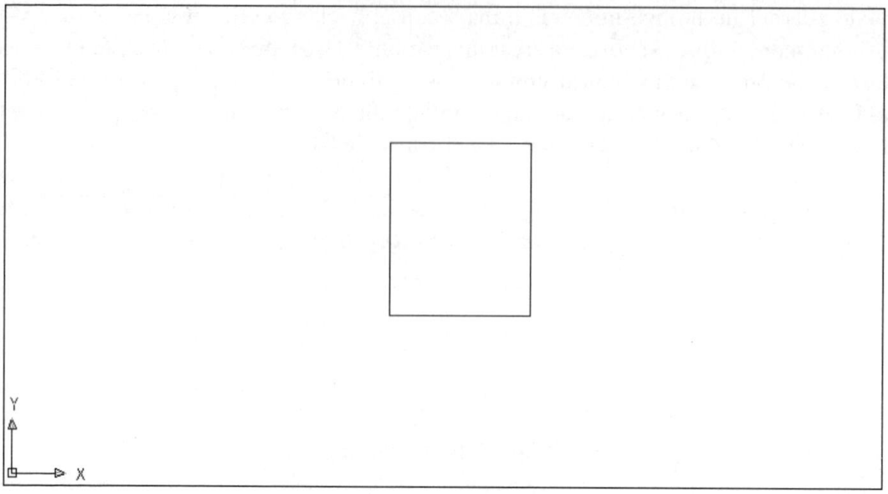

Figura 17.8. El rectángulo del bloque Sink.

Podríamos simplemente guardar ahora el bloque para conseguir un bloque no dinámico. A continuación, añadiremos un par de características conocidas como parámetros y acciones. Como sus propios nombres implican, los parámetros definen los parámetros o límites de lo que puede hacer nuestro bloque dinámico y las acciones describen las acciones particulares que se pueden realizar cuando editamos los pinzamientos del bloque dinámico. Por ejemplo, en la siguiente sección añadiremos un parámetro lineal que le indicará a AutoCAD que queremos restringir la edición de pinzamientos del bloque en una dirección lineal. También añadiremos una acción de elasticidad que le dirá a AutoCAD que deseamos que el pinzamiento se comporte como un comando de estiramiento que mueva un conjunto de vértices en una dirección o en otra.

Añadir un parámetro

El primer parámetro que vamos a añadir establece el punto base para el bloque. Nos permitirá determinar el punto que se utilizará para insertar el bloque en el dibujo.

1. En las Paletas de creación de bloques, seleccione la ficha Parámetros.
2. Haga clic en la herramienta **Parámetro de punto base**, haga clic con el botón derecho del ratón sobre el dibujo mientras mantiene presionada la tecla **Mayús**, seleccione el comando **Punto final** y haga clic en la esquina inferior izquierda del rectángulo. De esta forma, determinaremos el punto base o punto de inserción de un bloque mientras utilizamos el editor de bloques (véase la figura 17.9).

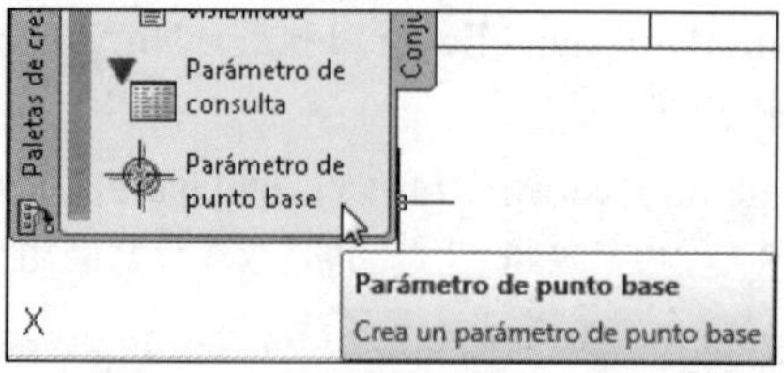

Figura 17.9. Parámetro de punto base.

TRUCO: También puede hacer clic en la herramienta **Parámetro** en el panel Herramientas de la ficha Editor de bloques y luego, escribir `B` y pulsar **Intro** en la línea de comandos para insertar un parámetro de punto base.

A continuación, añadiremos un parámetro para determinar el tipo de edición que deseamos permitir para el bloque. En este caso, queremos habilitar la edición mediante pinzamientos de la anchura del bloque. Para ello, emplearemos la herramienta **Parámetro lineal**.

1. Haga clic en la herramienta **Parámetro lineal** () en la ficha Parámetros de las Paletas de creación de bloques o en la herramienta **Parámetro** en el panel Herramientas de la ficha Editor de bloques y escriba `L` y pulse **Intro** en la línea de comandos.

2. En la línea de comandos

   ```
   Precise punto inicial o [Nombre/Etiqueta/cAdena/Descripción/Base/Paleta/
   Conjunto valores]:
   ```

   haga clic con el botón derecho del ratón mientras mantiene presionada la tecla **Mayús** y seleccione el modo de referencia de objetos Punto medio. A continuación, seleccione el lateral izquierdo del rectángulo.

3. Haga clic con el botón derecho del ratón nuevamente mientras mantiene presionada la tecla **Mayús** y seleccione en el menú de referencia de objetos la opción Punto medio. Haga clic en el lateral derecho del rectángulo.

4. En la línea de comandos `Precise posición de etiqueta:`, podrá ver cómo el nombre del parámetro se mueve al compás del puntero del ratón. Haga clic debajo del rectángulo para colocar la etiqueta de forma similar a como se ilustra en la figura 17.10.

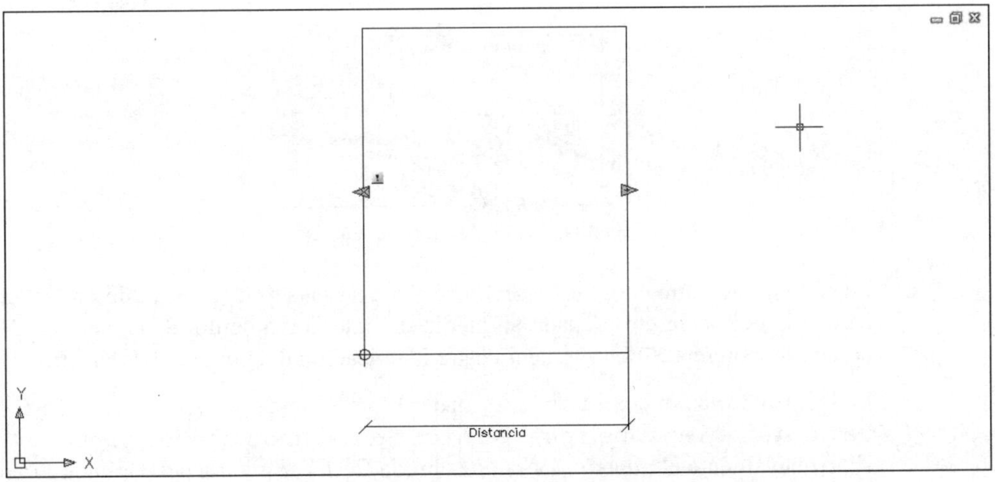

Figura 17.10. Colocación del parámetro lineal.

NOTA: Si utiliza la herramienta **Parámetro**, verá una línea de comandos adicional preguntándole si desea utilizar 0, 1 o 2 pinzamientos. Pulse la tecla **Intro** para aceptar el valor predeterminado, 2.

El parámetro que acabamos de añadir nos permite modificar el bloque de forma lineal. En este caso en particular, nos permitirá cambiar la anchura del rectángulo. Como verá un poco más adelante, la ubicación de las flechas del parámetro se convertirá más adelante en la ubicación de los pinzamientos del bloque dinámico.

Pero sólo añadiendo un parámetro no convertimos al bloque en dinámico. Necesitamos añadir también una acción antes de poder utilizar el parámetro. Habrá observado un símbolo de advertencia en el parámetro que acabamos de añadir. Esto nos indica que necesitamos realizar alguna operación posterior para poder utilizar el parámetro.

TRUCO: Cuando vea un símbolo de advertencia en un parámetro, puede hacer doble clic en él para mostrar una lista de opciones.

Añadir una acción

A continuación, añadiremos una acción que nos permita redimensionar el parámetro lineal que acabamos de añadir. Esta acción nos permitirá redimensionar el bloque horizontalmente utilizando pinzamientos. Cuando añada la opción, observe que su funcionamiento es similar al del comando **Estirar**. La única diferencia es que realmente no estamos estirando el objeto. Simplemente, especificaremos los vértices que queremos redimensionar y el objeto que queremos escalar.

Siga los pasos:

1. Haga clic en la ficha Acciones en las Paletas de creación de bloques y seleccione Acción de estirar (véase la figura 17.11).

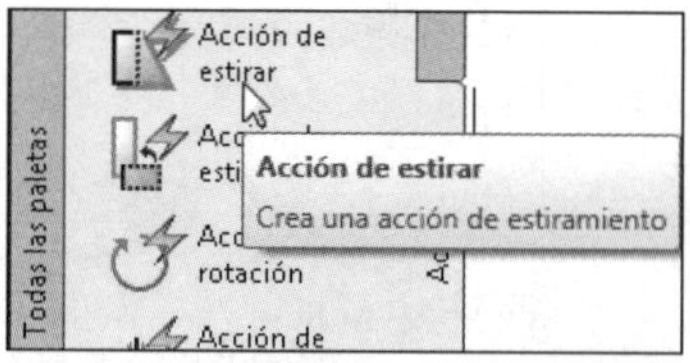

Figura 17.11. Acción de estirar.

2. En la línea de comandos `Seleccione un parámetro:`, haga clic en la flecha izquierda del parámetro situada en medio del lateral izquierdo del rectángulo. Verá un círculo con una X dentro que muestra la ubicación del punto del parámetro.

3. En la línea de comandos `Precise punto de parámetro que se asociará a la acción o indique [punto Inicial/Segundo punto] <Inicial>:`, sitúe nuevamente el puntero del ratón sobre la flecha izquierda del parámetro (véase la figura 17.12).

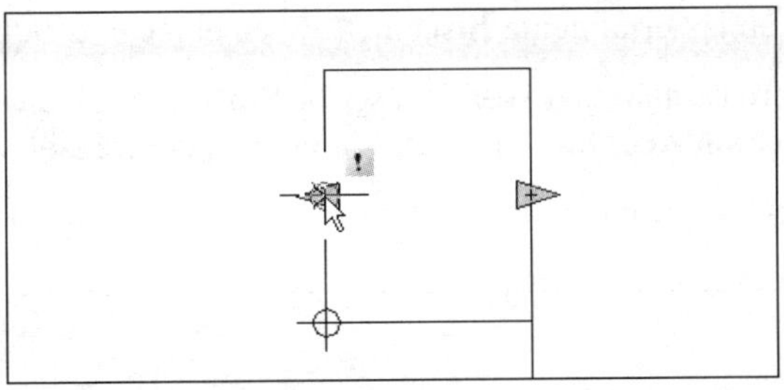

Figura 17.12. Selección de punto de parámetro.

4. Haga clic en el círculo con la flecha.
5. En la línea de comandos `Precise primera esquina de marco de estiramiento o [polígonoC]:`, coloque una selección de ventana alrededor de la totalidad del lateral izquierdo del rectángulo. De esta forma, seleccionaremos el fragmento del rectángulo que queremos estirar cuando editemos el bloque con los pinzamientos correspondientes.
6. En la línea de comandos `Designe objetos:`, seleccione el rectángulo y el punto base que añadió anteriormente y pulse la tecla **Intro** para completar la selección.
7. En la línea de comandos `Precise posición de la acción [Multiplicador/Desfase]:`, sitúe el icono de la acción a la izquierda del rectángulo.

Acaba de añadir una acción al parámetro lineal que creó anteriormente. Observe que se sigue visualizando el símbolo de advertencia. Necesitará añadir otra acción en el lado derecho del parámetro, ya que éste espera que se puedan modificar ambos laterales del objeto.

1. Repita el conjunto de pasos anterior pero, en lugar de hacer clic en la flecha en el lateral izquierdo del parámetro lineal en el punto 2, escoja en esta ocasión la flecha del lateral derecho.
2. En los pasos 3 y 4, coloque el puntero del ratón y haga clic en la flecha del lateral derecho del parámetro lineal.
3. En el paso 5, cree una ventana de selección alrededor del lateral derecho del rectángulo. A continuación, en el paso 6, seleccione nuevamente la totalidad del rectángulo.
4. En la línea de comandos `Precise posición de la acción:`, escoja esta vez una posición a la derecha del rectángulo para la posición del icono de la acción.

Ahora, el símbolo de advertencia ha desaparecido. Esto nos indica que hemos completado los pasos necesarios para el parámetro. Ahora estamos preparados para guardar el bloque y probarlo.

1. Haga clic en el botón **Cerrar Editor de bloques** en el panel Cerrar de la ficha Editor de bloques.
2. Aparecerá un mensaje preguntándole si desea guardar los cambios en el bloque del fregadero. Haga clic en **Sí**.

Ahora, inserte el bloque del fregadero para ver cómo funciona.

1. Haga clic en la herramienta **Insertar** () en el panel Bloque de la ficha Inicio.
2. En el cuadro de diálogo Insertar, escriba **Sink** en el cuadro de texto Nombre y haga clic en el botón **Aceptar**. Aparecerá la imagen del fregadero junto al cursor.
3. Coloque el bloque en la ubicación que se muestra en la figura 17.13.

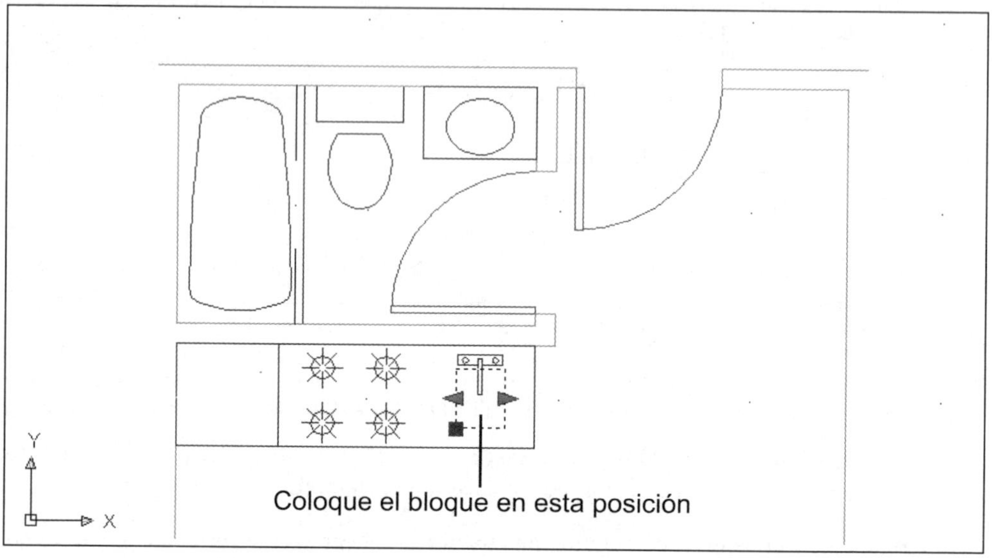

Figura 17.13. Colocación del bloque del fregadero.

4. Asegúrese de tener activada la entrada dinámica activando el botón **Entrada dinámica** () de la barra de estado. A continuación, haga clic en el nuevo símbolo del fregadero que acaba de insertar. Verá dos flechas en los laterales del bloque.
5. Active el modo Orto, y haga clic y arrastre la flecha del lateral derecho del bloque. A medida que arrastre el ratón, el bloque se estirará a lo ancho de acuerdo con el movimiento del puntero. También puede ver las nuevas dimensiones del fregadero mientras arrastra el puntero.
6. Escriba 3 y pulse la tecla **Intro**. La anchura del bloque cambiará a 15 unidades, en lugar de las 12 originales.

Mientras introduzca un valor en el paso 6 para cambiar la anchura del fregadero, puede hacer clic con el ratón para visualizar el cambio correspondiente. El rectángulo continúa siendo un bloque, pero no necesitamos descomponerlo para cambiar su anchura. Si situamos el puntero del ratón sobre los pinzamientos de un bloque dinámico, podremos ver la anchura del mismo.

Añadir un valor incremental

Podemos editar los pinzamientos de nuestro fregadero en forma de bloque dinámico para modificar su anchura y, como hemos visto en el ejercicio anterior, introducir un valor específico para la anchura. Pero suponga que desea limitar los movimientos del pinzamiento de forma que el fregadero cambie solamente en incrementos de una unidad. También puede querer utilizar un bloque dinámico para representar un cerrojo y modificar su longitud en intervalos de dieciseisavas partes de unidad.

Podemos configurar un parámetro con un valor incremental de forma que los cambios en los pinzamientos queden limitados a una distancia específica. En el siguiente ejercicio veremos cómo configurar el parámetro lineal de nuestro fregadero para que podamos editar sus pinzamientos solamente en incrementos de una unidad.

1. Haga doble clic en el bloque del fregadero. En el cuadro de diálogo Editar definición de bloque, asegúrese de tener seleccionado el bloque Sink y haga clic en el botón **Aceptar**.
2. Haga clic en la etiqueta Distancia del parámetro lineal y, a continuación, haga clic con el botón derecho del ratón y seleccione Propiedades en el menú contextual.
3. En la paleta Propiedades, localice el grupo Conjunto de valores y haga clic en la lista Tipo de distancia. La opción Tipo de distancia cambia y se convierte en una lista desplegable.
4. Expanda la lista y seleccione la opción Incremento, tal como se muestra en la figura 17.14.

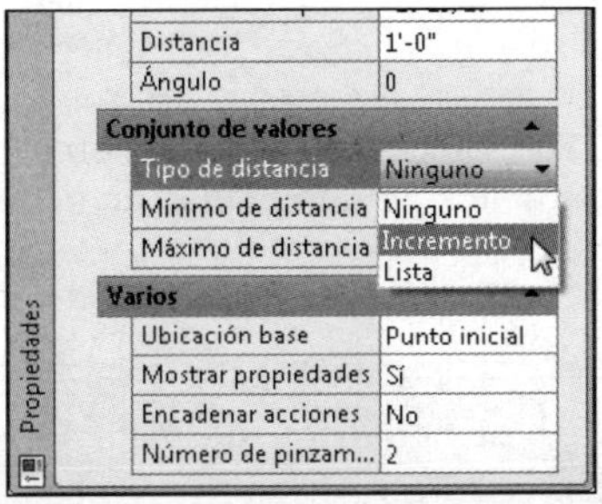

Figura 17.14. Opción Incremento.

5. Haga clic en el cuadro de texto Incremento de justo debajo de la lista de opciones Tipo de distancia y escriba `1` para modificar el parámetro en incrementos de una unidad (véase la figura 17.15).

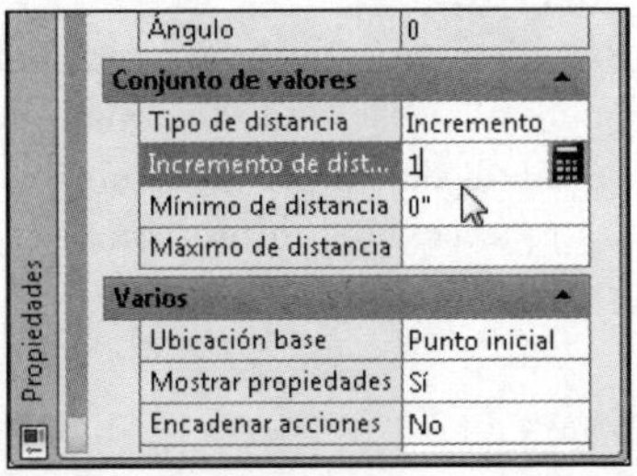

Figura 17.15. Opción Tipo de distancia.

6. Cierre la paleta Propiedades y haga clic en el botón **Cerrar Editor de bloques** en el panel Cerrar de la ficha Editor de bloques.

7. Guarde los cambios en el bloque del fregadero.
8. Haga clic en el bloque del fregadero para mostrar sus pinzamientos.
9. Haga clic y arrastre el pinzamiento derecho hacia la izquierda. En cuanto haga clic en el pinzamiento, podrá ver un conjunto de marcas de incremento indicando las posibles posiciones del pinzamiento. A medida que vaya desplazando el pinzamiento, la anchura del fregadero irá "saltando" de una marca incremental a otra, situada a una distancia de una unidad, tal como se muestra en la figura 17.16.

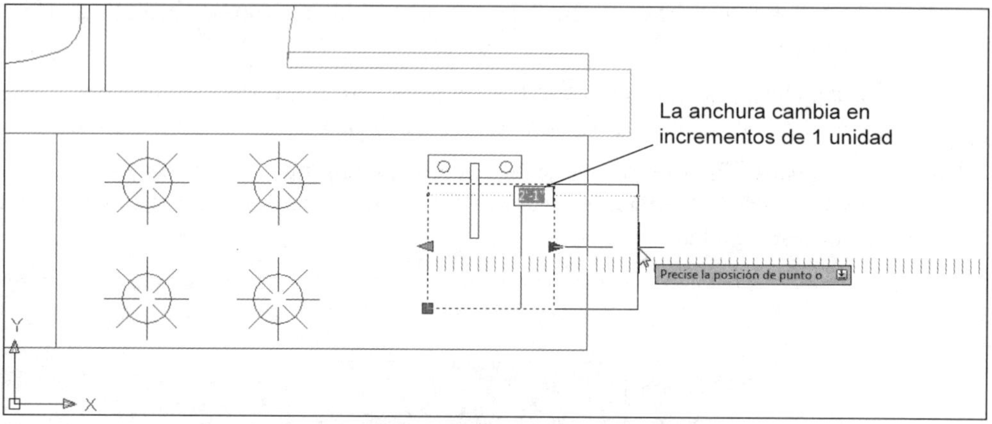

Figura 17.16. Edición de pinzamientos en el bloque del fregadero con incrementos de una unidad en el parámetro lineal.

10. Vuelva a restablecer la anchura del fregadero en 12 unidades.

TRUCO: Puede configurar el incremento de un parámetro lineal en el momento de insertarlo en un bloque. En primer lugar, haga clic en el parámetro de la ficha Parámetros de las Paletas de creación de bloques. Antes de hacer clic en un punto, escriba `C` y pulse **Intro**. El programa le pedirá que indique un valor de distancia. Introduzca `I` y pulse **Intro** para utilizar la opción Incremento y, a continuación, introduzca un valor de incremento. Una vez especificado, también podrá definir un valor mínimo y máximo para el parámetro.

Aparte de un incremento de distancia, también puede definir un rango de movimiento para el parámetro lineal. Puede que haya observado los cuadros de texto Mínimo de distancia y Máximo de distancia en la paleta de propiedades en los pasos 4 y 5 del ejemplo anterior. Puede introducir cualquier valor para estas configuraciones para definir el rango de movimiento permitido en la edición de los pinzamientos.

TRUCO: Puede activar la opción Rotación del grupo Varios de la paleta Propiedades de cualquier pinzamiento de parámetro. La rotación le permite utilizar el pinzamiento de parámetro como un punto de inserción. Con esta opción activada, puede pulsar la tecla **Alt** para "rotar" entre el punto de inserción estándar y el pinzamiento habilitado para rotar de un parámetro al insertar el bloque.

El ejercicio del fregadero es una demostración sencilla de cómo crear y utilizar bloques dinámicos. Pero, como ha podido ver en las Paletas de creación de bloques, existen otros muchos parámetros y acciones disponibles para un bloque.

Editar parámetros y acciones

En los ejercicios anteriores hemos insertado parámetros y acciones utilizando las configuraciones predeterminadas. Estas configuraciones proporcionan nombres y etiquetas predeterminados para parámetros y acciones que podemos cambiar con posterioridad. Para cambiar la etiqueta que aparece en un parámetro, haga doble clic en ella. La etiqueta se mostrará dentro de un cuadro rectangular indicándonos que podemos modificar su texto. Para editar la etiqueta de una acción ejecute el comando Modificar>Objeto>Texto>Editar en el Explorador de menús y seleccione la etiqueta de la acción. La etiqueta se mostrará con un fondo grisáceo permitiéndole escribir los cambios que desee.

Si quiere incluir objetos adicionales para una acción, haga doble clic en ella. Aparecerá la siguiente línea de comandos:

```
Precise primera esquina de marco de estiramiento o [polígonoC]:
```

Pulse la tecla **Intro** para ignorar el comando. Aparecerá el siguiente indicador:

```
Seleccione objeto para añadir al conjunto de acción o [Eliminar]:
```

Puede seleccionar objetos adicionales o escribir `E` y pulsar **Intro** y seleccionar los objetos que desea eliminar en el conjunto de selección de la acción.

Configurar opciones de parámetros mientras se insertan

Los valores de los que hemos hablado en esta sección (incremento, valor mínimo y valor máximo) pueden configurarse mientras se inserta el parámetro lineal. Cuando hacemos clic en la herramienta Parámetro lineal en las Paletas de creación de bloques, aparece la siguiente línea de comandos:

```
Precise punto inicial o [Nombre/Etiqueta/cAdena/Descripción/Base/Paleta/
Conjunto valores]:
```

Si escribe `C` y pulsa la tecla **Intro** en esta línea de comandos para `Conjunto de valores`, el programa le permitirá especificar tres opciones: ninguno, lista o incremento. Si selecciona la opción `Incremento`, el programa le pedirá que introduzca el valor del incremento del parámetro y los valores mínimo y máximo. Todas estas opciones se pueden modificar mediante la paleta Propiedades.

Como habrá podido adivinar, la línea de comandos también permite introducir el nombre, la etiqueta y la descripción del parámetro. La opción `cAdena` permite especificar si queremos "vincular" la acción del parámetro para que afecte a otro parámetro (hablaremos de ello más adelante en este capítulo). La opción `Base` permite seleccionar un punto base sobre el que operará el parámetro. La opción `Paleta` determina si la etiqueta del parámetro debe aparecer en la paleta Propiedades cuando se selecciona un bloque.

Mantener centrado un objeto

Ahora, suponga que desea añadir un sumidero al fregadero pero, para hacer las cosas un poco más complicadas, quiere asegurarse de que el sumidero se mantiene centrado en el fregadero independientemente de la distancia que lo estrechemos o alarguemos. Podemos añadir una acción de desplazamiento al parámetro lineal existente y utilizarla para mantener el sumidero centrado. Así es cómo lo haríamos:

1. Haga doble clic en el bloque del fregadero para abrir el cuadro de diálogo Editar definición de bloque. Asegúrese de seleccionar el bloque Sink y haga clic en el botón **Aceptar**.
2. Cree un círculo de 3 unidades de diámetro en el centro del rectángulo. Este círculo representará el sumidero.
3. En la ficha Acciones de las Paletas de creación de bloques, haga clic en la acción Acción de desplazamiento.
4. En la línea de comandos `Seleccione un parámetro:`, haga clic en la flecha derecha del parámetro lineal, tal como se muestra en la figura 17.17.

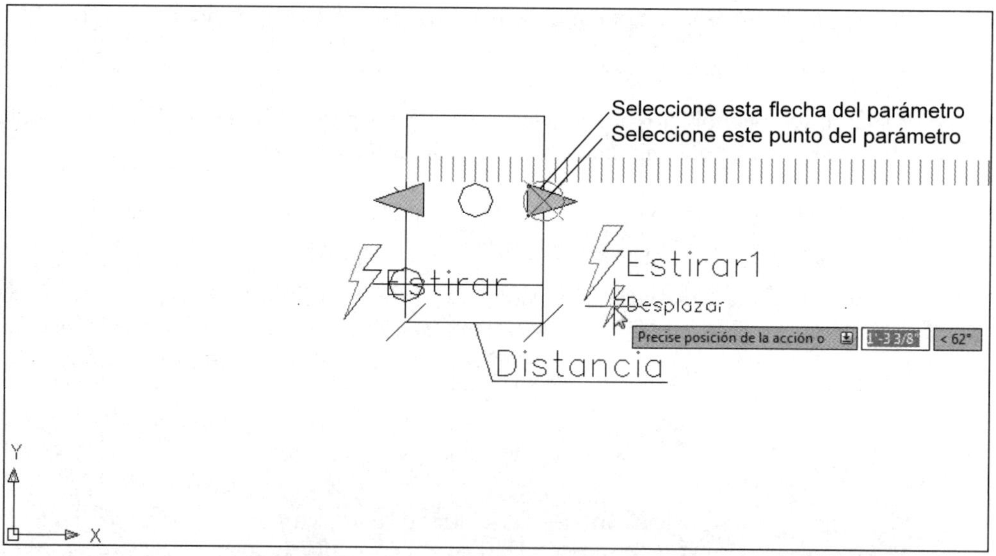

Figura 17.17. Añadir la acción de desplazamiento al sumidero del fregadero.

5. En la línea de comandos `Precise punto de parámetro que se asociará a la acción o indique [punto Inicial/Segundo punto] <Segundo>:`, haga clic en la flecha derecha del parámetro tal como se muestra en la figura 17.17.
6. En la línea de comando `Designe objetos:`, seleccione el círculo y pulse la tecla **Intro**.
7. En la línea de comando `Precise posición de la acción o [Multiplicador/Desfase]:`, escriba `M` y pulse la tecla **Intro** para seleccionar la opción `Multiplicador`.

8. En la línea de comandos `Indique multiplicador de distancia <1.000>:`, escriba `0.5` y pulse la tecla **Intro**. De esta forma, indicaremos que el desplazamiento de la acción será la mitad (0,5) del desplazamiento del parámetro lineal.

9. En la línea de comandos `Precise punto de parámetro que se asociará a la acción o indique [punto Inicial/Segundo punto] <Segundo>:`, haga clic en la posición que se ilustra en la figura 17.17.

10. Haga clic en el botón **Cerrar Editor de bloques** en el panel Cerrar y guarde el bloque del fregadero.

Ahora, intente editar los pinzamientos del bloque y verá cómo la acción de desplazamiento afecta también al sumidero.

1. Haga clic en el fregadero para seleccionarlo.

2. Haga clic y arrastre el pinzamiento derecho. Observe que el sumidero se mantiene siempre centrado respecto al fregadero.

Podría haber introducido cualquier valor como multiplicador en el paso 8 del ejercicio anterior para alterar el grado de movimiento del sumidero del fregadero. Por ejemplo, introduciendo un valor de 2, el sumidero se movería una distancia doble del movimiento del pinzamiento.

Añadir acciones de escala y estiramiento a un parámetro

En el ejemplo del fregadero hemos añadido dos acciones de estiramiento a un parámetro lineal. Esto nos permite estirar el bloque a izquierda o derecha. Pero no hay ninguna restricción que nos limite a asignar un único tipo de acción a un parámetro. En la siguiente sección, convertiremos un bloque sencillo que representa una puerta en un bloque dinámico que nos permitirá cambiar el tamaño de la puerta a cualquier apertura. En el proceso, aprenderemos cómo añadir dos acciones diferentes a un mismo parámetro lineal.

En un principio, podría pensar que cambiar la escala de la puerta es todo lo que necesita para editarla. Pero cuando escalamos la puerta, todas sus características, incluyendo la anchura de la misma, se escalan de forma proporcional. Lo que realmente necesitamos es estirar la anchura de la puerta y escalar su recorrido, manteniendo intacto el grosor de la misma. Esto se puede conseguir añadiendo una acción de escala y otra de estiramiento a un parámetro lineal. Empecemos por abrir el bloque de la puerta en el editor de bloques y añadirle el parámetro lineal.

1. Haga clic en la herramienta **Editar** ( ) en el panel Bloque de la ficha Inicio.

2. En el cuadro de diálogo Editar definición de bloque, seleccione el bloque DOOR y haga clic en **Aceptar**.

3. Haga clic en la herramienta **Parámetro lineal** ( ) de la ficha Parámetros de las Paletas de creación de bloques y, a continuación, haga clic en los puntos extremos del bloque de la puerta tal como se muestra en la figura 17.18, empezando por el lado de la bisagra. El orden de la selección es importante, tal como veremos más adelante. Utilice el modo de referencia a objetos Punto final para seleccionar los puntos exactos en la puerta.

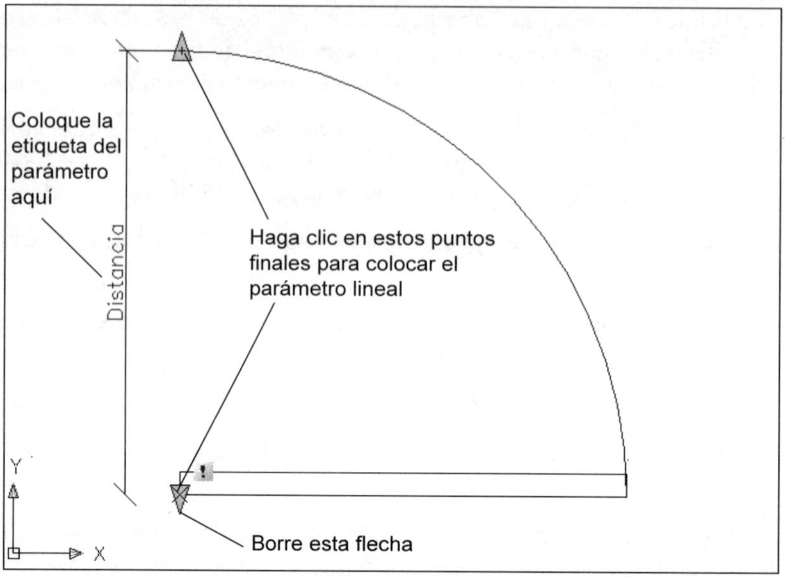

Figura 17.18. Colocación del parámetro lineal para el bloque de la puerta.

4. Sitúe la etiqueta de la puerta en la posición que se indica en la figura 17.18.

Lo más probable es que sólo necesitemos escalar la puerta en función de su apertura, lo cual se representa mediante la localización y la orientación del parámetro lineal que acabamos de añadir. Además, lo más probable es que sólo necesitemos estirarla en el extremo en el que se une con el arco que describe su movimiento de apertura, por lo que podemos eliminar la flecha del parámetro del lado de las bisagras.

1. Haga clic en la flecha azul en el lateral de la bisagra de la puerta, como se muestra en la figura 17.18.
2. Pulse la tecla **Supr** para borrar la flecha. Ahora, tenemos solamente un extremo del parámetro que necesita una acción. Anteriormente, cuando ubicamos el parámetro lineal, seleccionamos en primer lugar el lateral de la bisagra. Esto nos permite eliminar una única flecha. Si intentáramos eliminar la flecha del lado de apertura de la puerta, se eliminarían ambas marcas.

Al igual que hicimos con el fregadero, hemos creado un parámetro lineal que describe la dirección de edición de los pinzamientos. Ahora, necesitamos añadir las acciones asociadas al parámetro. Añadiremos una acción de estiramiento. Utilizaremos la misma acción que empleamos anteriormente con el fregadero pero, en esta ocasión, necesitaremos modificar la dirección de estiramiento en la que trabaja la acción.

Primero, añadiremos la acción y, a continuación, realizaremos los cambios necesarios para que la acción se ajuste al bloque de la puerta.

1. Haga clic en la ficha Acciones de las Paletas de creación de bloques y seleccione la herramienta **Acción de estirar**.
2. En la línea de comandos `Seleccione un parámetro:`, haga clic en la flecha azul del parámetro en el extremo del arco.

3. En la línea de comandos `Precise punto de parámetro que se asociará a la acción o indique [punto Inicial/Segundo punto] <Segundo>:`, haga clic en la marca roja en la misma flecha.
4. En la línea de comandos `Precise esquina de marco de estiramiento o [polígonoC]:`, cree una selección de ventana alrededor del extremo derecho de la puerta, tal como se ilustra en la figura 17.19.

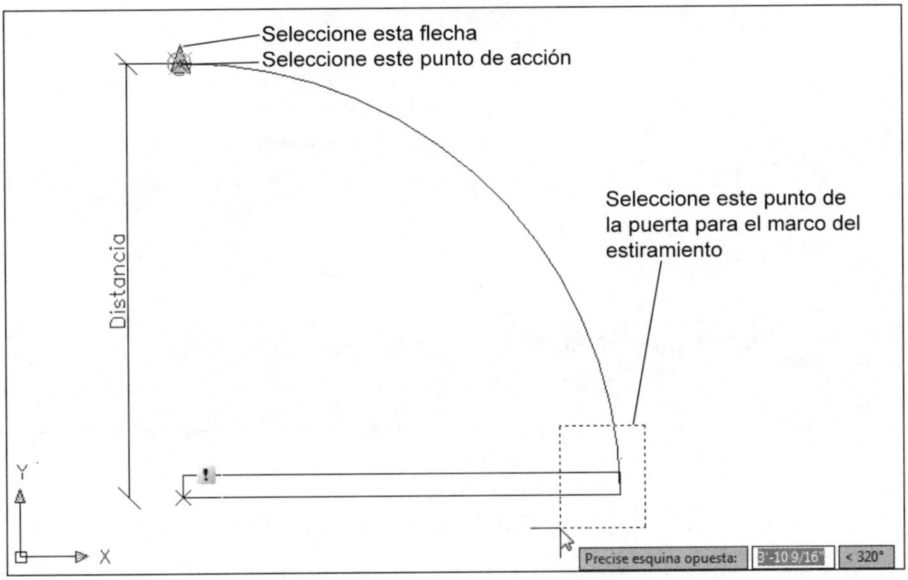

Figura 17.19. Selección del parámetro y del marco de estiramiento.

5. En la línea de comandos `Designe objetos:`, seleccione las líneas que representan la longitud de la puerta y también su lateral, tal como se ilustra en la figura 17.20. Éstas son las partes de la puerta que queremos estirar.
6. En la línea de comandos `Precise posición de la acción o [Multiplicador/Desfase]:`, escriba `D` y pulse la tecla **Intro**. Esto le permitirá especificar un ángulo para la acción de estiramiento.
7. En la línea de comandos `Indique desfase de ángulo <0>:`, escriba `-90` y pulse **Intro**.
8. Finalmente, en la línea de comandos `Precise posición de la acción o [Multiplicador/Desfase]:` haga clic en una ubicación cercana a la flecha del parámetro para ubicar el icono de la acción.

Normalmente, utilizaremos una acción de estiramiento para mover el bloque en la misma dirección que indica la flecha en el parámetro lineal. Pero, en este caso, queremos que la puerta se estire en una dirección situada a 90 grados del parámetro lineal. La figura 7.21 muestra cómo trabaja la acción. La opción de desplazamiento que hemos especificado en los pasos 6 y 7 nos permite hacerlo. Empleando esta opción, hemos podido indicarle a AutoCAD que queremos que la acción de estiramiento trabaje en una dirección situada a 90 grados de la dirección de movimiento del pinzamiento de edición. Verá más claro este concepto cuando utilice los pinzamientos del bloque de la puerta para cambiar su tamaño.

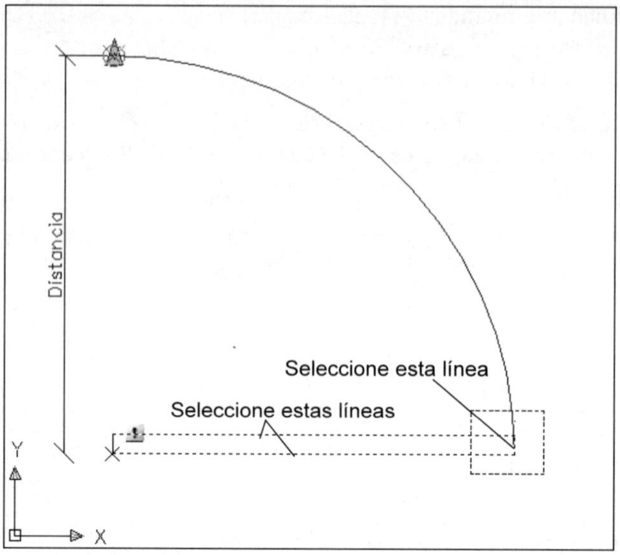

Figura 17.20. Selección de las líneas de la puerta.

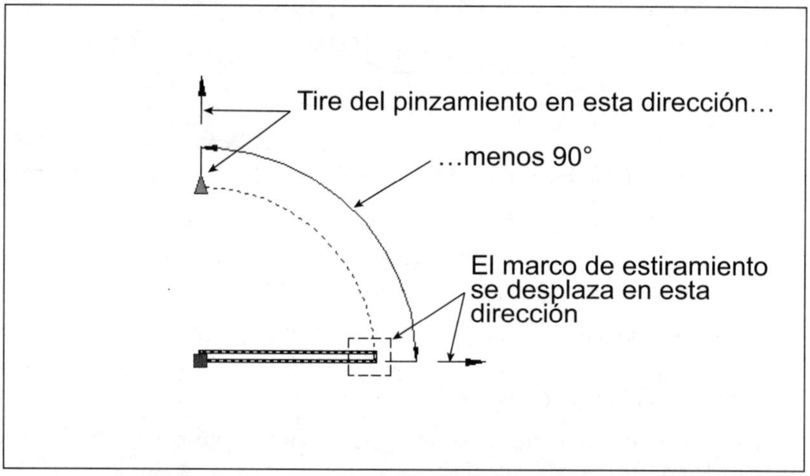

Figura 17.21. La acción de estiramiento trabaja en una dirección de 90 grados respecto a la dirección del movimiento del pinzamiento.

Además de estirar la puerta, también queremos que el arco se escale para ajustarse al tamaño que definamos al editar los pinzamientos. Para hacerlo, necesitamos añadir una acción de escala.

1. Haga clic en la acción Acción de ajuste de escala en la ficha Acciones de las Paletas de creación de objetos.
2. En la línea de comandos `Seleccione un parámetro:`, haga clic en la flecha azul del parámetro lineal, la misma que seleccionó para el parámetro de escala anterior.

3. En la línea de comandos

```
Precise conjunto de selección para acción
Designe objetos:
```

seleccione el arco y pulse la tecla **Intro** para dar por finalizada la selección.

4. En la línea de comandos `Precise posición de la acción o [tipo de Base]:`, haga clic en una ubicación cercana al punto medio del arco para ubicar el icono de la acción.
5. Haga clic en la herramienta **Cerrar Editor de bloques** en el panel Cerrar de la ficha Editor de bloques y guarde el bloque de la puerta.

Ahora ya está preparado para probar el nuevo bloque de la puerta.

1. Ajuste la vista del dibujo para mostrar claramente la puerta de entrada, tal como se muestra en la figura 17.22.

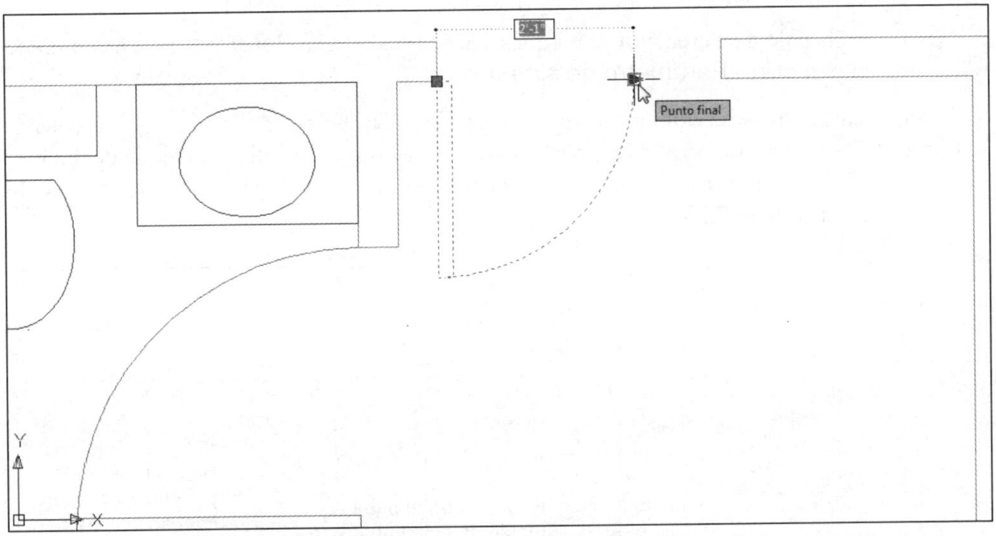

Figura 17.22. El bloque de la puerta con sus pinzamientos.

2. Haga clic en la puerta para seleccionarla. Verá cómo la flecha del parámetro lineal aparece en forma de pinzamiento en el extremo derecho del bloque de la puerta.
3. Haga clic en el pinzamiento en forma de flecha. Las dimensiones de longitud quedarán preparadas para su edición y, a medida que movamos el puntero del ratón, cambiará el tamaño de la puerta. Observe que el grosor de la puerta no cambia cuando modificamos su anchura.
4. Escriba `24` y pulse la tecla **Intro** para cambiar el tamaño de la puerta.

Observe que además de poder introducir las dimensiones de la puerta directamente en el bloque, no se modifica el grosor cuando cambiamos su tamaño. Solamente se modifica el arco y el ancho para ajustarse al nuevo tamaño.

Añadir más de un parámetro para funciones múltiples de pinzamientos

Además de añadir más de una acción a un parámetro, también podemos crear varios parámetros para un bloque. En el ejemplo de la puerta, hemos añadido un único parámetro lineal. Suponga que además de modificar su tamaño, desea también crear un efecto rápido de espejo para que la puerta cambie su sentido de apertura.

Incluir una función de espejo

En el siguiente ejercicio, añadiremos un parámetro de espejo a la puerta con lo que conseguiremos exactamente eso, reflejar la puerta con un clic del ratón. Siga los siguientes pasos:

1. Haga clic en la herramienta **Editar** (icono) en el panel Bloque de la ficha Inicio.
2. En el cuadro de diálogo Editar definición de bloque, seleccione Door y haga clic en el botón **Aceptar**.
3. En la paleta de creación de bloques seleccione la ficha Parámetros y, a continuación, el parámetro Parámetro de simetría.
4. En la línea de comandos `Precise punto base de eje de simetría o [Nombre/Descripción/Etiqueta/Paleta]:`, utilice el modo de referencia a objetos Punto medio para seleccionar el punto medio de la puerta, tal como se ilustra en la figura 17.23.

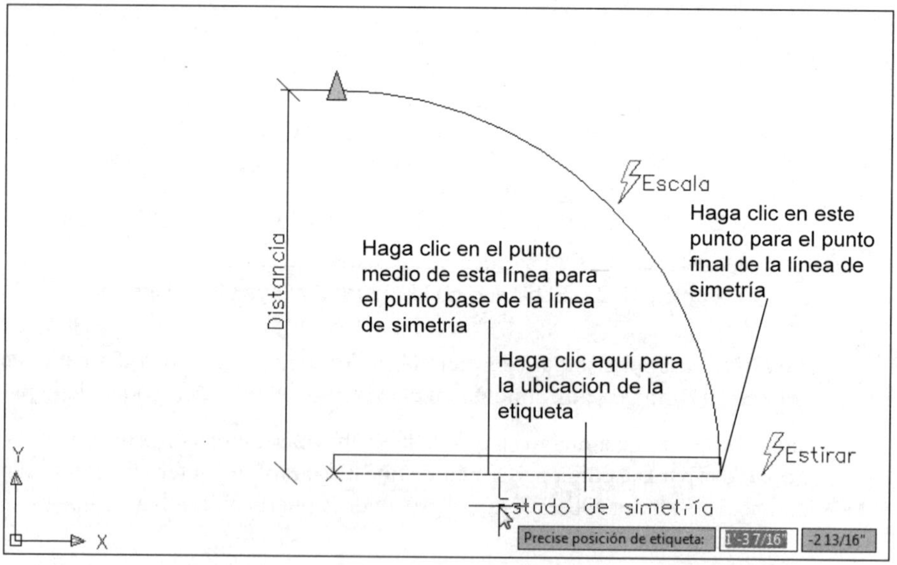

Figura 17.23. Adición de un parámetro de simetría.

5. En la línea de comandos `Precise punto final de eje de simetría:`, utilice el modo de referencia a objetos Punto final y seleccione la esquina inferior derecha de la puerta, tal como se ilustra en la figura 17.23.

6. En la línea de comandos `Precise posición de etiqueta:`, coloque la etiqueta del parámetro en la posición que se muestra en la figura 17.23.

Como hicimos anteriormente con el parámetro lineal, necesitamos asignar una acción al nuevo parámetro. En este caso, añadiremos una acción de simetría.

1. En las Paletas de creación de bloques, seleccione la ficha Acciones y, a continuación, Acción de simetría.
2. En la línea de comandos `Seleccione un parámetro:`, haga clic en la flecha azul del parámetro de simetría, tal como se muestra en la figura 17.24.

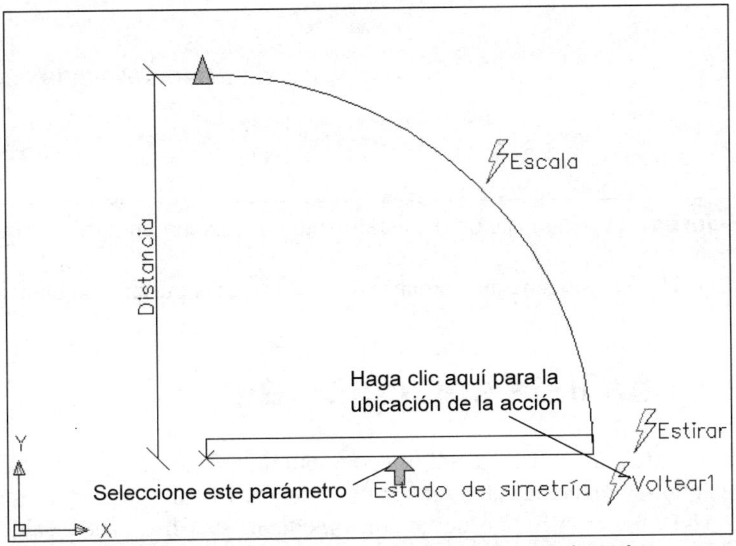

Figura 17.24. Adición de una acción de simetría.

3. En la línea de comandos `Designe objetos:`, seleccione el bloque entero, incluyendo todos los parámetros y acciones. Pulse la tecla **Intro** cuando haya finalizado la selección.
4. En la línea de comandos `Precise la posición de la acción:`, ubique el icono de la acción en la posición que se ilustra en la figura 17.24.

El parámetro de simetría y su acción están completos. Ahora podemos probarlos.

1. Haga clic en la herramienta **Guardar** ( ) del panel Administrar de la ficha Editor de bloques. Aparece un mensaje de advertencia informándole de que las referencias existentes del bloque se pueden actualizar de formas sorprendentes. Haga clic en **Sí** y, a continuación, haga clic en la herramienta **Cerrar Editor de bloques** en el panel Cerrar.
2. Haga clic en la puerta de entrada.
3. Haga clic en la flecha del pinzamiento de simetría que apunta a la puerta, como muestra la figura 17.25. La puerta se reflejará para quedar apuntando hacia el baño.

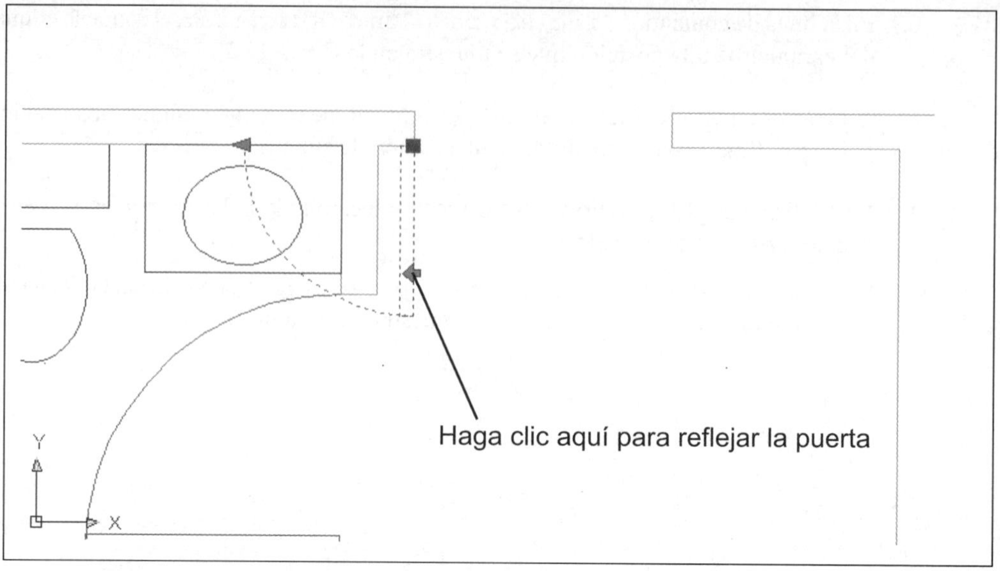

Figura 17.25. Haga clic en el pinzamiento de la flecha para reflejar la puerta.

4. Haga clic en la flecha nuevamente para devolver la puerta a su posición original.

Añadir una lista seleccionable

Anteriormente vimos cómo añadir un conjunto incremental de valores para hacer que un bloque dinámico se mantenga en un rango de tamaños. También podemos emplear un bloque dinámico para ofrecer un rango de tamaños mediante una lista desplegable. Para hacerlo, necesitaremos emplear dos parámetros: visibilidad y consulta.

En el siguiente ejercicio añadiremos estos parámetros al bloque de la puerta para permitir seleccionar el tamaño de la puerta en una lista desplegable. Empezaremos por añadir el parámetro Parámetro de consulta, que nos ofrece una forma de definir y asignar un nombre a un conjunto de criterios de parámetro.

1. Haga doble clic en la puerta para abrir el cuadro de diálogo Editar definición de bloque. Seleccione la puerta y haga clic en **Aceptar**.
2. En las Paletas de creación de bloques, seleccione Parámetro de consulta dentro de la ficha Parámetros.
3. Coloque el parámetro de consulta en la ubicación que se muestra en la figura 17.26.
4. En la ficha Acciones, seleccione Acción de consulta.
5. En la línea de comandos `Seleccione un parámetro:`, seleccione la flecha del parámetro de consulta que acaba de añadir en el paso 3.
6. En la línea de comandos `Precise la posición de la acción:`, coloque el icono de la acción de consulta en la ubicación que se muestra en la figura 17.26. Se abrirá el cuadro de diálogo Tabla de consulta de propiedad (véase la figura 17.27).

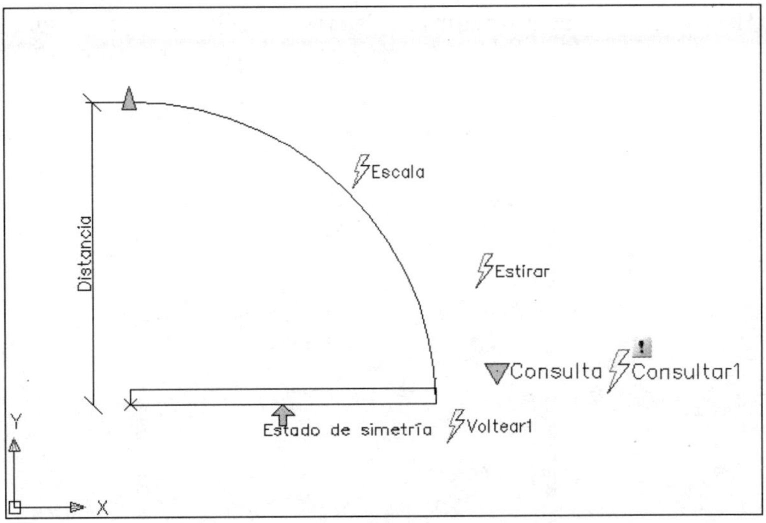

Figura 17.26. Ubicación de un parámetro y una acción de consulta.

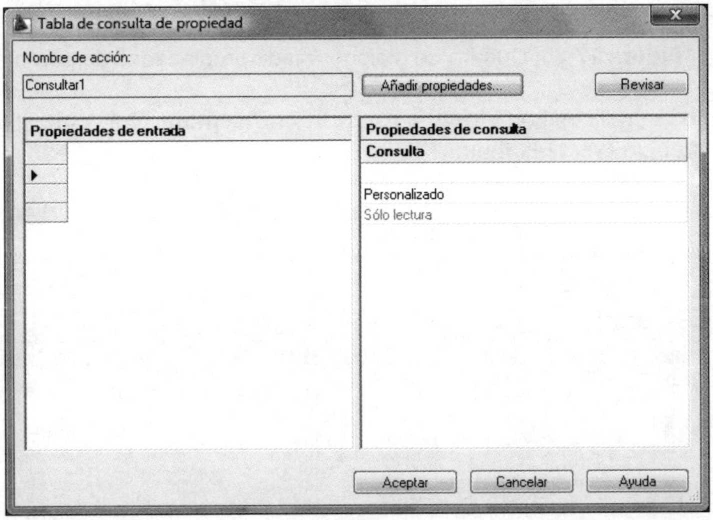

Figura 17.27. Cuadro de diálogo Tabla de consulta de propiedad.

7. Necesitará hacer varios cambios en este cuadro de diálogo, pero no ahora. Haga clic en **Aceptar** para cerrarlo.

La acción de consulta en el dibujo muestra un símbolo de exclamación indicándonos que necesitamos realizar algunos cambios antes de completar la acción. Si sitúa el puntero del ratón sobre el icono, podrá ver un mensaje que dice **Tabla de consulta vacía**. En los siguientes pasos, empezaremos a añadir elementos al cuadro de diálogo Tabla de consulta de propiedad para que la acción pueda trabajar.

1. Haga doble clic en el icono del mensaje de advertencia de la acción de consulta. Se abrirá el cuadro de diálogo Tabla de consulta de propiedad.

2. Haga clic en el botón **Añadir propiedades** en el borde superior para abrir el cuadro de diálogo Añadir propiedades de parámetro (véase la figura 17.28).

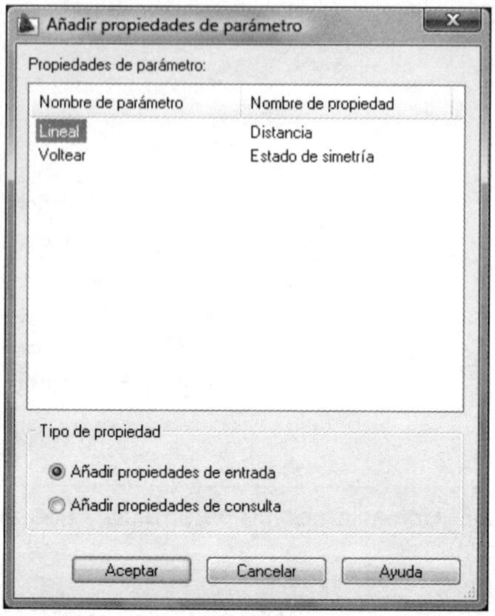

Figura 17.28. Cuadro de diálogo Añadir propiedades de parámetro.

3. Seleccione la opción Lineal y haga clic en **Aceptar**. Verá cómo aparece la columna Distancia (véase la figura 17.29).

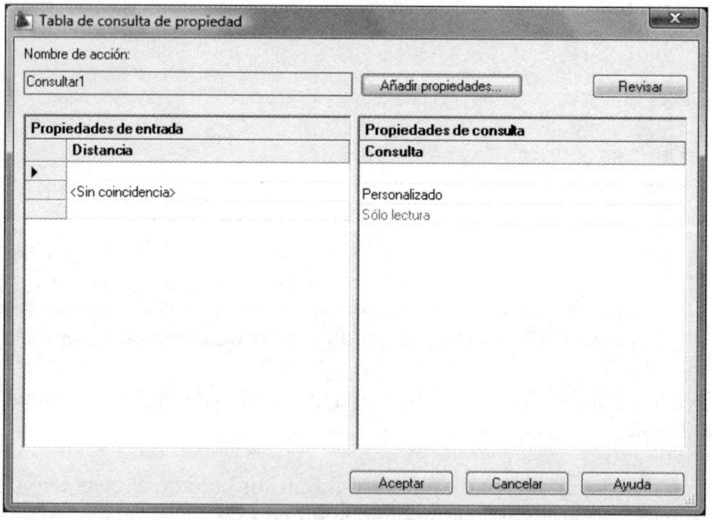

Figura 17.29. Cuadro de diálogo Tabla de consulta de propiedad.

4. En el primer cuadro de texto justo debajo del encabezado de la columna Distancia, escriba `24` y pulse el tabulador. El cursor avanzará al siguiente cuadro de texto bajo la columna.

5. Escriba `36`.

6. Haga clic en el cuadro de texto situado justo debajo de la columna Consulta y escriba `24" wide door` (puerta de 24 pulgadas) y pulse la tecla **Intro**. Cuando pulse la tecla, el cursor avanzará al siguiente cuadro de texto, justo debajo del que acabamos de editar.
7. Escriba `36" wide door` (puerta de 36 pulgadas) y pulse la tecla **Intro**.

Acabamos de añadir el parámetro lineal a la tabla de consulta de propiedad. Necesitamos hacer al menos un último cambio para que todo funcione correctamente.

1. Haga clic en la entrada Sólo lectura al final de la columna Consulta y seleccione la opción Permitir consulta inversa (véase la figura 17.30).

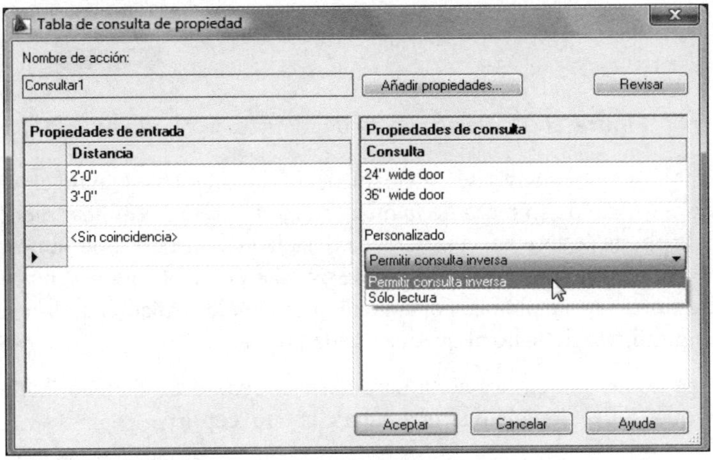

Figura 17.30. Opción Permitir consulta inversa.

2. Haga clic en **Aceptar**. Observe que el icono de advertencia ha desaparecido, indicándonos que hemos completado la acción de consulta.
3. Haga clic en el botón **Cerrar Editor de bloques** en el panel Cerrar de la ficha Editor de bloques y guarde el bloque de la puerta.

Ahora, podemos escoger entre dos tamaños de puerta en una lista desplegable.

1. Haga clic en la puerta para seleccionarla.
2. Haga clic en el pinzamiento en forma de flecha cercano a la puerta, como se muestra en la imagen izquierda de la figura 17.31.
3. Seleccione la puerta de 36 pulgadas en la lista. La puerta cambiará para ajustarse a su nuevo tamaño (consulte la imagen derecha en la figura 17.31).

Incluir información de bloques con extracción de atributos

En capítulos anteriores aprendimos a adjuntar datos a bloques mediante atributos y a extraer dichos datos en hojas de cálculo o tablas de AutoCAD. También podemos incluir información en bloques dinámicos que se puede incluir en una tabla de consulta de propiedades. Esto es extremadamente útil para generar información para facturas de material o en otras situaciones en las que necesitemos realizar un seguimiento del número y el tipo de elementos de nuestros dibujos.

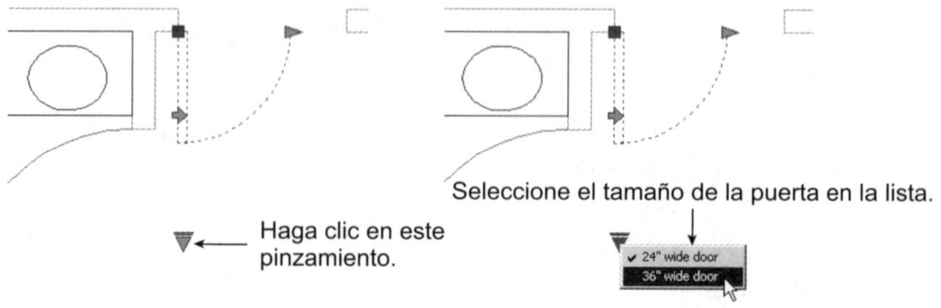

Figura 17.31. Selección de un tamaño de puerta en una lista.

Para ver el funcionamiento de esta técnica, continuaremos editando el bloque de la puerta para incluir el estado de simetría de la misma. Así, podremos emplear dicho estado para determinar si la puerta se abre hacia la derecha o hacia la izquierda. Podríamos necesitar extraer esta información como parte del proceso de extracción de atributos. En primer lugar, añada el estado de simetría a la tabla de consulta de propiedades. Añadiendo este estado, podremos hacer un seguimiento del lado al que abre cada puerta.

1. Haga doble clic en la puerta para abrir el cuadro de diálogo Editar definición de bloque. Seleccione la puerta y haga clic en **Aceptar**.
2. En el editor de bloques, haga doble clic en la acción de consulta para abrir el cuadro de diálogo Tabla de consulta de propiedad.
3. Haga clic en el botón **Añadir propiedades** para abrir el cuadro de diálogo Añadir propiedades de parámetro.
4. Seleccione Voltear y haga clic en **Aceptar**.
5. De vuelta al cuadro de diálogo Tabla de consulta de propiedad, podrá ver cómo se ha añadido la columna Estado de simetría a la lista Propiedades de entrada. Haga doble clic en el cuadro de texto superior situado justo debajo del encabezado de columna y seleccione la opción No volteado en la lista desplegable. No volteado es la propiedad de simetría que incluye ahora la puerta de 24 pulgadas de tamaño.
6. En el cuadro de texto de la columna Consulta, añada las siglas **RH** (de *right hand* o mano derecha) de forma que se pueda leer el texto `24" wide door RH` (véase la figura 17.32).
7. Repita los pasos 5 y 6 con la otra definición de puerta cambiando el texto para que se pueda leer `36" wide door RH` (véase la figura 17.32).
8. Añada dos filas más tal como se muestra en la figura 17.32 para incluir la condición Volteado para cada tamaño de puerta. Observe que la columna Consulta incluye el texto `LH` (de *left hand* o mano izquierda) para indicar su estado de simetría.
9. En el borde inferior de la columna Propiedades de consulta, asegúrese de haber seleccionado la opción Permitir consulta inversa y haga clic en el botón **Aceptar**.

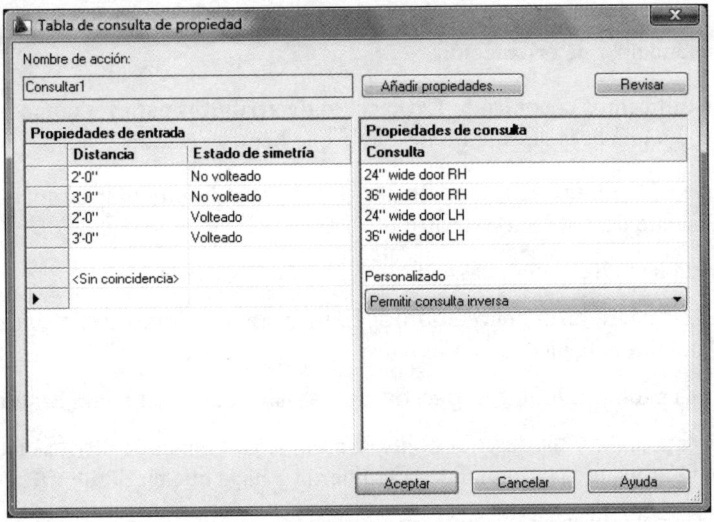

Figura 17.32. Elementos adicionales del cuadro de diálogo Tabla de consulta de propiedad.

10. Haga clic en el botón **Cerrar Editor de bloques** en el panel Cerrar de la ficha Editor de bloques, y guarde el bloque de la puerta.

Hemos añadido una propiedad adicional al cuadro de diálogo Tabla de consulta de propiedad. Ahora, veamos cómo afecta al bloque.

1. Copie la puerta de entrada hacia arriba para mostrarla sobre la puerta existente. Puede necesitar redistribuir la vista para dejar espacio para la copia. Esto nos dará una puerta adicional con la que experimentar.
2. Haga clic en la copia de la puerta para seleccionarla.
3. Haga clic en el pinzamiento en forma de flecha situado bajo la puerta, tal como se muestra en la figura 17.33.

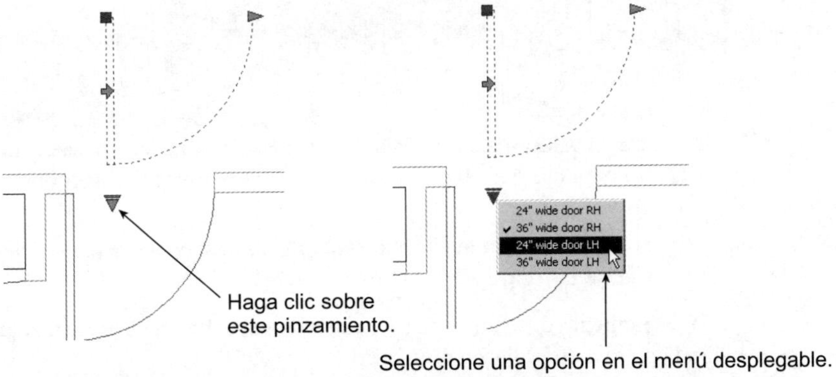

Figura 17.33. Haga clic en el pinzamiento de consulta y seleccione la opción 24" wide door LH.

4. Seleccione la opción 24" wide door LH en la lista desplegable. La puerta cambiará de tamaño y de orientación.

Ahora, utilicemos el comando **Extracción de atributos** para ver cómo podemos exportar a una tabla o a una hoja de cálculo los datos que hemos añadido.

1. Seleccione Herr.>Extracción de datos en el Explorador de menús para iniciar el asistente de extracción de atributos.
2. En la pantalla inicial, haga clic en el botón **Siguiente**.
3. En el cuadro de diálogo Guardar Extracción de datos como, introduzca **Test** para el nombre y haga clic en **Guardar**.
4. En la pantalla Definir origen de datos, haga clic en el botón **Siguiente**.
5. En la pantalla Seleccionar objetos, elimine las casillas de verificación de todo excepto de DOOR en la columna de la izquierda y haga clic en **Siguiente**.
6. En la pantalla Seleccionar propiedades, elimine la marca de las casillas de verificación de todos los elementos excepto de la opción Bloque dinámico de la columna derecha, asegúrese de que las opciones Distancia y Consulta de la columna de la izquierda son las únicas que están señaladas (véase la figura 17.34).

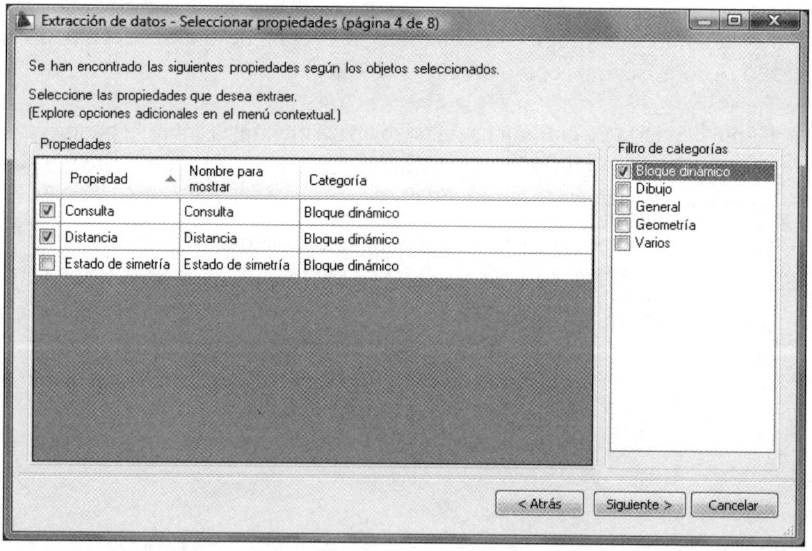

Figura 17.34. Aspecto que debe mostrar la pantalla Seleccionar propiedades.

7. Haga clic en **Siguiente**. En la página Precisar datos, aparecerán los datos que se van a exportar (véase la figura 17.35).
8. Como realmente no deseamos extraer estos datos, eche un buen vistazo a esta pantalla y luego haga clic en el botón **Cancelar**.

Aquí termina el ejemplo de la puerta, puede salir de este archivo. Guárdelo para futuras referencias si lo desea.

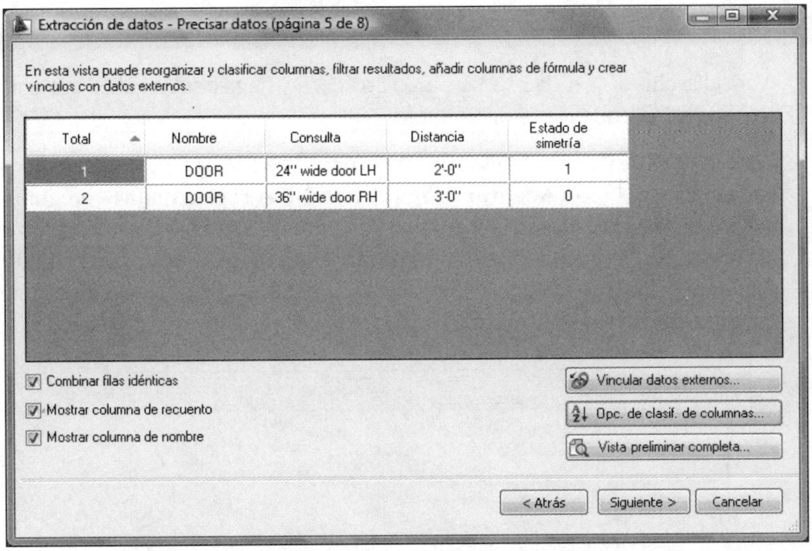

Figura 17.35. La tabla resultante de datos extraídos tal como se muestra en la pantalla Precisar datos del asistente.

Observe que la figura 17.35 muestra tres puertas: una de 24" con apertura a la izquierda (LH) y dos de 36" con apertura a la derecha (RH). Si tuviéramos más puertas, también aparecerían en esta pantalla. Podemos editar el bloque del baño para proporcionarle una puerta que, de esta forma, también aparecerá entre los datos de consulta.

ADVERTENCIA: Si utiliza el comando **Simetría** para reflejar un bloque que contenga una acción de simetría en una tabla de consulta, el comando de extracción de atributos seguirá considerando que el bloque se encuentra en su estado original (sin voltear). Así pues, asegúrese de que si ha configurado un bloque mediante parámetros y acciones, utiliza dichas acciones para editarlo y no recurre a las herramientas de edición del programa. De esta forma, se asegurará la fiabilidad de sus operaciones de extracción de datos.

Crear varias formas en un bloque

Dependiendo de las circunstancias, es posible que necesitemos que un bloque se muestre de una forma completamente diferente. Por ejemplo, podríamos disponer de un único baño genérico con capacidad para "mutar" en una bañera estándar, una bañera de esquina o una bañera de hidromasaje de grandes dimensiones.

Utilizando bloques dinámicos podemos ocultar o mostrar elementos en un bloque seleccionando su estado de visibilidad en una lista. Por ejemplo, podríamos dibujar tres tamaños diferentes de bañera y configurar el estado de visibilidad de cada una de las opciones disponibles. Cada estado de visibilidad permitirá mostrar solamente un tamaño de bañera cada vez. De esta forma, podremos seleccionar un estado de visibilidad dependiendo del tamaño de bañera que deseemos.

Intente hacer el siguiente ejercicio para ver cómo funciona esto:

1. Abra el archivo `Visibilitysample.dwg` y haga clic en la herramienta **Editar** ( ) en el panel Bloque de la ficha Inicio.
2. En el cuadro de diálogo Editar definición de bloque, seleccione la bañera (bathtub) y haga clic en el botón **Aceptar**. Haga clic en **No** si el programa le pregunta si desea conocer las posibilidades de los bloques dinámicos. Podrá ver el contenido del bloque de la bañera. Se trata de los tres bloques independientes existentes en el dibujo: Standard (bañera normal), Jetted (hidromasaje) y Corner (bañera en esquina) insertados en el mismo origen (véase la figura 17.36).

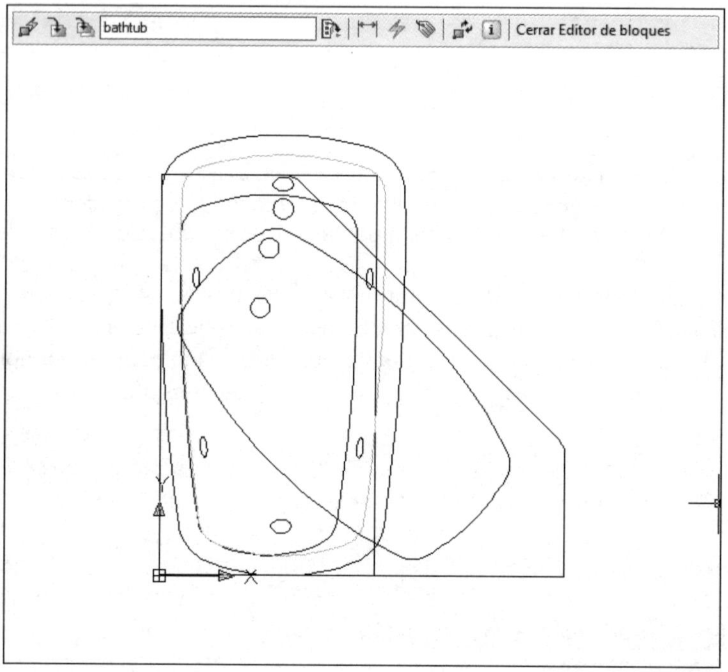

Figura 17.36. Los tres bloques de bañera independientes.

Si quisiéramos insertar este bloque en un dibujo, aparecería tal como se muestra actualmente, con los tres tipos de bañeras superpuestos unos sobre otros. Veamos cómo añadir un control para la visibilidad del tipo de bañera que nos permita mostrar solamente una bañera al mismo tiempo. Lo primero que necesitamos es añadir un parámetro de visibilidad.

1. En la ficha Parámetros de las Paletas de creación de bloques, haga clic en la herramienta **Parámetro de visibilidad**.
2. Haga clic debajo de los bloques de las bañeras para ubicar el parámetro de visibilidad en una posición similar a la que se ilustra en la figura 17.37.
3. Haga doble clic en el parámetro de visibilidad que acaba de crear para abrir el cuadro de diálogo Estados de visibilidad. De forma predeterminada se proporciona un estado de visibilidad llamado EstadoVisibilidad0 (véase la figura 17.38).

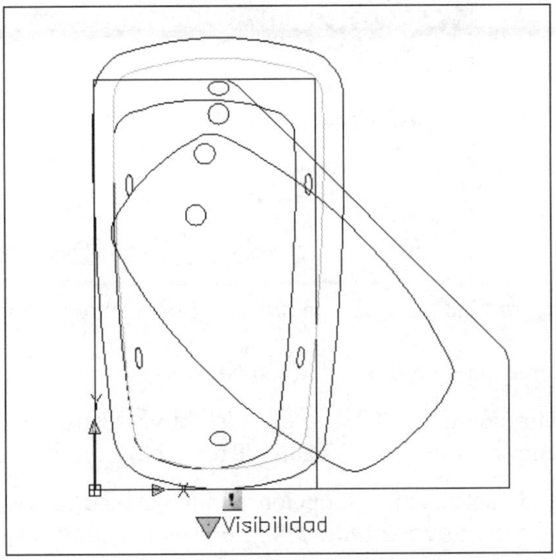

Figura 17.37. Adición del parámetro de visibilidad.

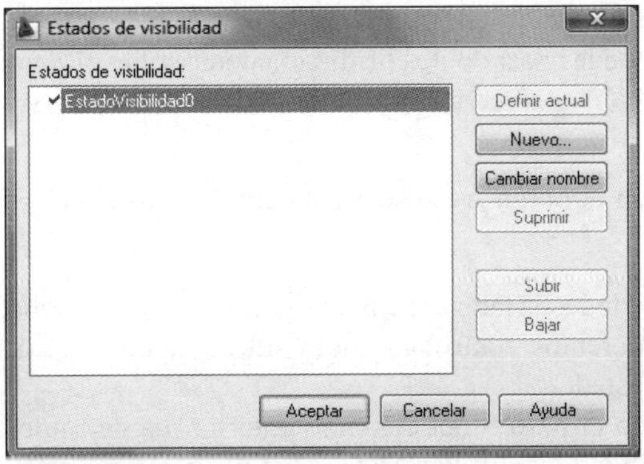

Figura 17.38. Cuadro de diálogo Estados de visibilidad.

Necesitamos tres posibles estados: uno para cada tipo de bañera cuya visibilidad queramos controlar. Ya tenemos uno, pero es deseable asignarle un nombre más apropiado para nuestra aplicación.

1. Haga clic en el botón **Cambiar nombre**. Esto nos permitirá editar el nombre del estado de visibilidad en la lista de la izquierda.
2. Escriba `Standard` y pulse la tecla **Intro**. Este nombre nos servirá para el estado de visibilidad de la bañera estándar.
3. Haga clic en el botón **Nuevo** para abrir el cuadro de diálogo Nuevo estado de visibilidad que se muestra en la figura 17.39.
4. Escriba **Jetted** (hidromasaje) en el cuadro de texto Nombre de estado de visibilidad.
5. Confirme que la opción Dejar visibilidad de objetos existentes sin cambios en el nuevo estado se encuentra activada y haga clic en **Aceptar**.

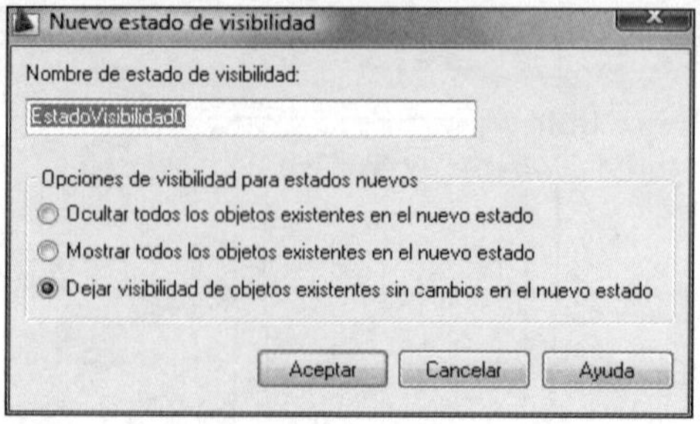

Figura 17.39. Cuadro de diálogo Nuevo estado de visibilidad.

6. Haga clic nuevamente sobre el botón **Nuevo**.
7. En el cuadro de diálogo Nuevo estado de visibilidad, escriba **Corner** (bañera en esquina) como nombre en el cuadro de texto Nombre de estado de visibilidad.
8. Asegúrese de seleccionar la opción Dejar visibilidad de objetos existentes sin cambios en el nuevo estado y haga clic en el botón **Aceptar**.

De esta forma, habrá creado los tres estados de visibilidad que necesita.

9. Seleccione la opción Standard en la lista y haga clic en el botón **Definir actual**. (También puede hacer doble clic directamente sobre el elemento de la lista.) Una marca de verificación aparecerá a la izquierda del estado de visibilidad, indicando que es el estado actual.
10. Haga clic en el botón **Aceptar** para cerrar el cuadro de diálogo Estados de visibilidad.

Ya disponemos de los estados que necesitamos y, en el bloque, se encuentran los objetos cuya visibilidad queremos controlar. Ahora sólo tenemos que determinar qué bloques son visibles para cada estado.

Recuerde que en el paso 9 del ejercicio anterior, ha definido el estado Standard como el estado de visibilidad actual. Para este estado, querremos que sólo la bañera estándar se encuentre visible. Haga lo siguiente para "desactivar" los otros dos tipos de bañeras.

1. Seleccione los bloques Jetted y Corner (véase la figura 17.40).

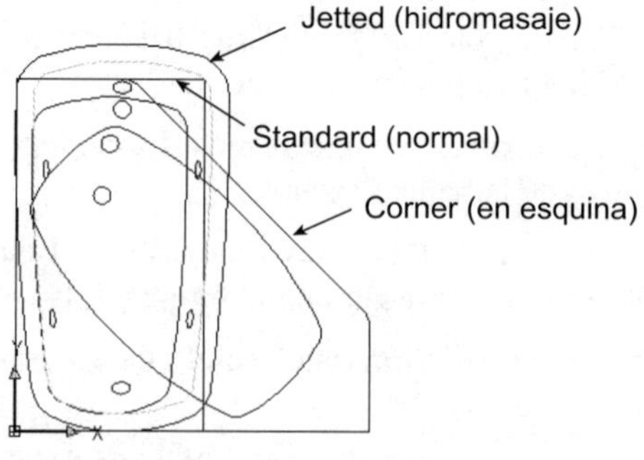

Figura 17.40. Ubicación de los bloques.

2. Haga clic con el botón derecho del ratón y, en el menú contextual, seleccione Visibilidad de objeto>Ocultar estado actual. También puede hacer clic en la herramienta **Convertir en invisible** ( ) situada a la derecha del panel Visibilidad de la ficha Editor de bloques (véase la figura 17.41).

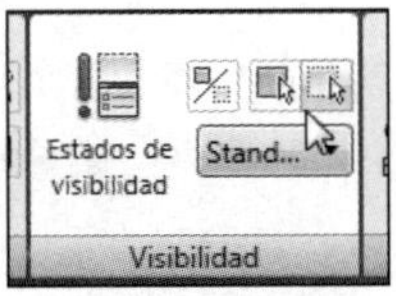

Figura 17.41. Herramienta Convertir en invisible.

Los bloques seleccionados desaparecerán. Realmente, no han ido a ninguna parte. Simplemente se han hecho invisibles.

3. Haga clic en la lista desplegable del panel Visibilidad de la ficha Editor de bloques y seleccione Jetted. Los bloques ocultos volverán a aparecer. Ahora, el estado de visibilidad actual es Jetted, de forma que sólo el bloque Jetted debería estar visible. Seleccione los bloques Standard y Corner y haga clic en la herramienta **Convertir en invisible**. También puede hacer clic con el botón derecho del ratón y seleccionar Visibilidad de objeto>Ocultar estado actual. Ahora sólo está visible el bloque Jetted.
4. En el panel Visibilidad de la ficha Editor de bloques, despliegue nuevamente la lista y seleccione Corner. Una vez más volverán a aparecer todos los bloques.
5. Seleccione los bloques Standard y Jetted y haga clic nuevamente sobre la herramienta **Convertir en invisible** ( ). Ahora sólo el bloque Corner permanece visible.

Hemos creado tres estados de visibilidad y hemos configurado los bloques para que se muestren solamente cuando activemos el estado de visibilidad adecuado. Ahora, probemos cómo funciona el bloque.

1. Haga clic en **Cerrar Editor de bloques** y guarde los cambios.
2. Haga clic en la herramienta **Insertar** ( ) en el panel Dibujo de la ficha Inicio y, en el cuadro de diálogo Insertar, seleccione bathtub en la lista desplegable Nombre.
3. En el grupo Punto de inserción, asegúrese de activar la opción Precisar en pantalla y haga clic en el botón **Aceptar**. Coloque el nuevo bloque a la derecha de los otros tres bloques existentes en el dibujo.
4. Haga clic en el bloque que acaba de insertar y, a continuación, haga clic en el pinzamiento de visibilidad (véase la figura 17.42).
5. Seleccione Jetted en la lista desplegable. Aparecerá el modelo de bañera de hidromasaje.
6. Haga clic nuevamente sobre el bloque de la bañera y sobre el pinzamiento de visibilidad. Seleccione Corner en la lista desplegable para mostrar el modelo de bañera en esquina.

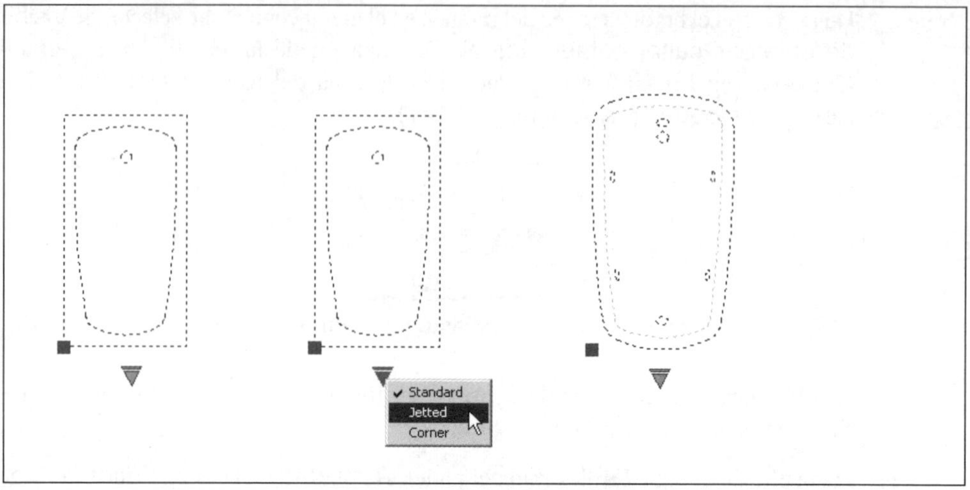

Figura 17.42. Utilizando el pinzamiento de visibilidad podemos cambiar el tipo de bañera.

TRUCO: Podemos configurar AutoCAD para mostrar objetos cuya visibilidad hayamos desactivado mientras los editamos con el editor de bloques. Si establecemos la variable del sistema `bvmode` en `1`, los objetos aparecerán atenuados en color gris cuando su visibilidad esté desactivada.

En este ejemplo, hemos utilizado un conjunto de bañeras pero podíamos emplear el parámetro de visibilidad para cualquier otro elemento que requiera diferentes aspectos. AutoCAD incluye un ejemplo de símbolo de soldadura que puede cambiar sus estados de visibilidad. Como mencionamos al principio de este capítulo, otro uso podría ser la creación de un bloque que contenga varios diseños de camas de distintos tamaños.

También podemos combinar el parámetro de visibilidad con la tabla de consulta de propiedades para generar variaciones preestablecidas de cada tipo de bañera. Las posibilidades sólo están limitadas por nuestra imaginación.

Rotación de objetos al unísono

Hemos visto cómo las acciones y los parámetros nos permiten controlar el comportamiento de un objeto sencillo en un bloque. También podemos aplicar acciones a varios objetos para que se muevan o cambien al unísono. El siguiente ejemplo nos mostrará cómo aplicar más de una acción de rotación a un mismo parámetro de rotación para controlar dos objetos.

1. Abra el archivo de ejemplo `Gatesample.dwg`.
2. Haga doble clic en el objeto situado en el dibujo para abrir el cuadro de diálogo Editar definición de bloque. Seleccione el bloque gate y haga clic en **Aceptar** para abrir el bloque para su edición.
3. En las Paletas de creación de bloques, seleccione Parámetro de rotación en la ficha Parámetros.

4. En la línea de comandos `Precise punto base o [Nombre/Etiqueta/cadena/Descripción/Paleta/Conjunto valores]:`, utilice el modo de referencia a objetos Centro y seleccione el centro del arco, tal como se ilustra en la figura 17.43.

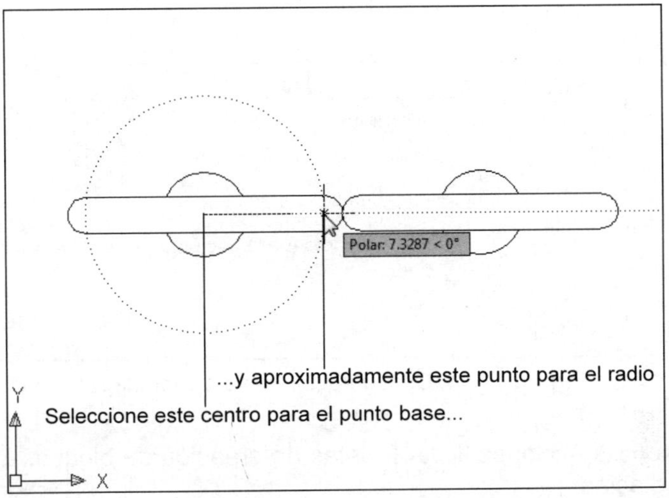

Figura 17.43. Adición de un parámetro de rotación al dibujo de ejemplo Gatesample.dwg.

5. En la línea de comandos `Precise radio de parámetro:`, haga clic en el punto de la derecha que se muestra en la figura 17.43. No es necesario que seamos exactos con las dimensiones del radio siempre que nos coloquemos directamente a la derecha del centro.
6. En la línea de comandos `Precise ángulo de rotación por defecto o [ángulo Base] <0>:`, pulse **Intro** para aceptar el valor predeterminado de 0 º para el ángulo de rotación.

Ya hemos definido el parámetro de rotación. Ahora, necesitamos añadir una acción. Añadiremos una acción para cada uno de los dos objetos del dibujo.

1. En la ficha Acciones de las Paletas de creación de bloques, haga clic en la herramienta **Acción de rotación**.
2. En la línea de comandos `Seleccione un parámetro:`, haga clic en el punto azul del parámetro de rotación, como se muestra en la figura 17.44.
3. En la línea de comandos `Designe objetos:`, seleccione el objeto de la izquierda, como se muestra en la figura 17.44 y, a continuación, pulse **Intro**.
4. En la línea de comandos `Precise posición de la acción o [tipo de Base]:`, haga clic debajo del bloque que acaba de seleccionar en el punto 3.

Ahora ya tenemos lo que necesitamos para rotar el bloque de la izquierda con un pinzamiento de rotación. Añadamos otra acción de rotación que actúe sobre el bloque de la derecha al unísono con el de la izquierda.

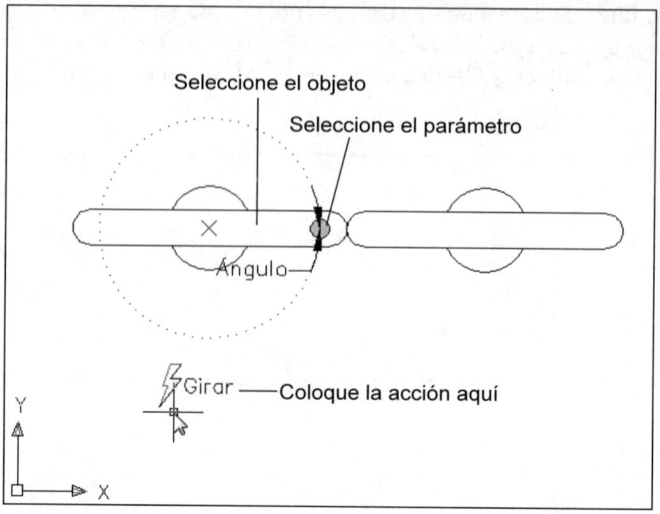

Figura 17.44. Configuración de la acción de rotación.

1. En la ficha Acciones de las Paletas de creación de bloques, seleccione Acción de rotación.
2. En la línea de comandos `Seleccione un parámetro:`, haga clic en el mismo punto azul del parámetro de rotación que seleccionó para la primera acción (véase la figura 17.45).

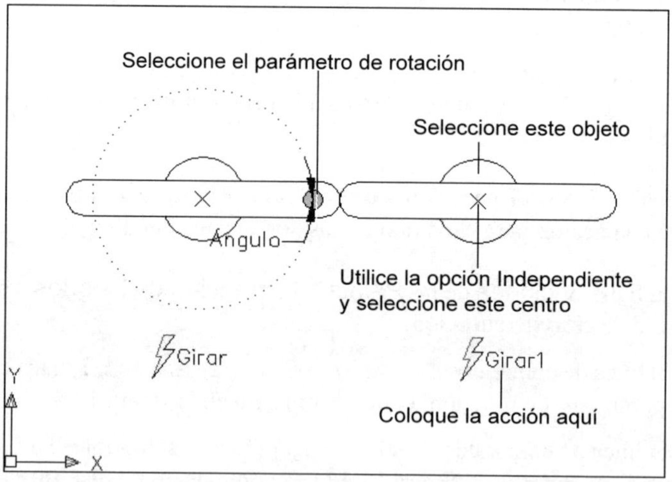

Figura 17.45. Adición de la segunda acción de rotación.

3. En la línea de comandos `Designe objetos:`, seleccione el objeto de la derecha y pulse la tecla **Intro**.
4. En la línea de comandos `Precise posición de la acción o [tipo de Base]:`, escriba `B` y pulse **Intro** para acceder a la opción de tipo de base.

5. En la línea de comandos `Indique tipo de punto base [Dependiente/ Independiente] <Dependiente>:`, escriba `I` y pulse **Intro** para elegir la opción `Independiente`.
6. En la línea de comandos `Precise posición de punto base <xx.xxxx, yy. yyyy>:`, haga clic en el centro del bloque de la derecha, como se muestra en la figura 17.46.
7. En la línea de comandos `Precise posición de la acción o [tipo de Base]:`, haga clic debajo del bloque de la derecha para colocar el icono de la acción.

Ahora, estamos preparados para guardar el bloque y probarlo.

1. Haga clic en **Cerrar Editor de bloques** en el panel Cerrar de la ficha Editor de bloques y guarde el bloque.
2. Haga clic en el bloque para mostrar sus pinzamientos.
3. Haga clic y arrastre el pinzamiento en forma de punto azul hacia abajo. Ambos lados del bloque girarán sobre sus posiciones centrales (véase la figura 17.46).

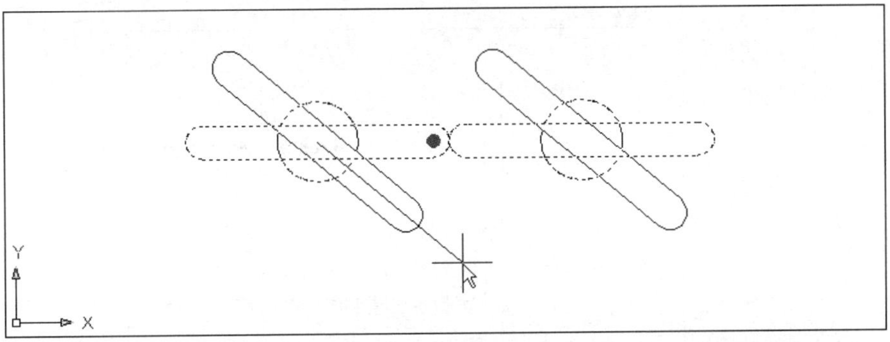

Figura 17.46. Las dos partes del bloque rotan de forma independiente ya que la acción del lado derecho utiliza un tipo de base independiente.

Este ejemplo muestra que podemos especificar un punto base diferente para una acción. Como ha podido ver, hemos utilizado el mismo parámetro para dos acciones diferentes, una que utiliza el punto base del parámetro original y otra que utiliza un punto base independiente.

TRUCO: Puede configurar un bloque dinámico para rotar objetos en direcciones opuestas utilizando una acción de consulta similar al ejemplo anterior de la puerta.

Rellenar un espacio automáticamente con objetos

Probablemente una de las tareas más tediosas con las que nos podemos encontrar sea dibujar las barras verticales de una barandilla para un alzado. Podemos dibujar una barra y luego emplear el comando **Matriz** para repetirla tantas veces como sea necesario pero, cuando tengamos que editar la barandilla, nos encontraremos desperdiciando gran cantidad de tiempo añadiendo y borrando barrotes.

En el siguiente ejemplo, veremos cómo crear un bloque que se rellene automáticamente con barras verticales que se ajusten automáticamente a los cambios de tamaño. Empezaremos con el dibujo de una barra vertical sencilla y un esquema de la apertura entre barrotes alrededor de la barra.

1. Abra el archivo de ejemplo `Railsample.dwg`.
2. Haga doble clic en el objeto del dibujo para abrir el cuadro de diálogo Editar definición de bloque y haga clic en el botón **Aceptar**. De esta forma, se abrirá el editor de bloques con el bloque Railvertical. Como observará, el bloque ya dispone de un parámetro lineal y una acción de estiramiento. Como recordará del ejemplo de fregadero del principio de este capítulo, el parámetro lineal y la acción de estiramiento nos permiten variar la anchura de un objeto. En este caso, estiraremos el rectángulo exterior.
3. En la ficha Acciones de las Paletas de creación de bloques, haga clic en la acción Acción de matriz.
4. En la línea de comandos `Seleccione un parámetro:`, haga clic en la flecha azul del parámetro lineal, tal como se ilustra en la figura 17.47.

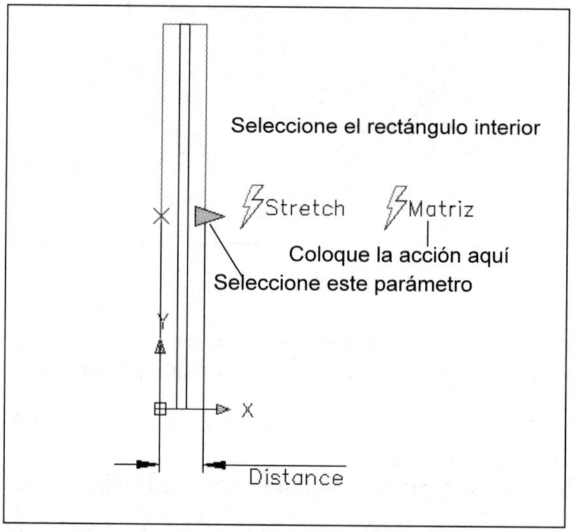

Figura 17.47. Adición de la acción de matriz al bloque Railvertical.

5. En la línea de comandos `Designe objetos:`, seleccione el rectángulo vertical oscuro que representa la barra vertical de la barandilla, tal como se muestra en la figura 17.47. A continuación, pulse la tecla **Intro**.
6. En la línea de comandos `Indique la distancia entre columnas (|||):`, escriba 4 y pulse **Intro**.
7. En la línea de comandos `Precise la posición de la acción:`, asegúrese de que el modo ORTO está desactivado y coloque el icono de la acción cerca de la flecha que representa el parámetro, tal como se muestra en la figura 17.47.
8. Haga clic en **Cerrar Editor de bloques** del panel Cerrar en la ficha Editor de bloques y guarde el bloque.

9. Haga clic en el bloque para mostrar sus pinzamientos.
10. Haga clic en la flecha azul y arrástrela hacia la derecha. A medida que se vaya expandiendo la barandilla, aparecerán nuevas barras verticales a intervalos de 4 unidades, tal y como se aprecia en la figura 17.48.

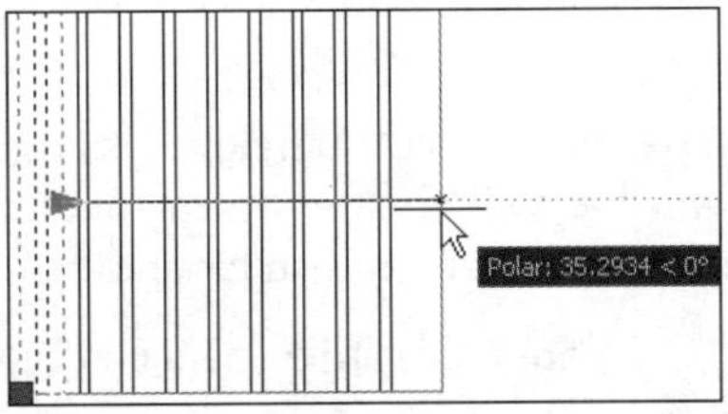

Figura 17.48. El bloque va incorporando nuevas barras verticales a medida que se expande.

Ahora, podemos utilizar este bloque donde lo necesitemos para dibujar una barandilla sencilla con barras verticales. Otro ejemplo de cómo podríamos utilizar la acción de matriz es la vista lateral de un perno. Podemos mostrar la rosca del perno y utilizar la acción de matriz para incrementar el número de vueltas a medida que lo vamos alargando.

Empleo de conjuntos de parámetros

Probablemente habrá observado la ficha Conjuntos de parámetros en las Paletas de creación de bloques del editor de bloques. Las opciones de esta ficha son combinaciones predefinidas de parámetros y acciones que a menudo se utilizan de forma conjunta. Por ejemplo, el conjunto Matriz polar inserta un parámetro polar con una acción de matriz. Sólo necesitamos suministrar el objeto. El conjunto de Matriz polar hace que el objeto asociado rote sobre su punto central con un pinzamiento. También podemos crear una matriz del objeto estirando el pinzamiento hacia afuera respecto a su centro de rotación.

Para asociar un objeto con un conjunto de parámetros, haga doble clic en la acción incluida en el conjunto y seleccione un objeto. Si se emplea una acción de estiramiento, seleccione el punto del parámetro, seleccione un marco de estiramiento y defina el objeto que desea estirar.

En resumen

- **Explorar el Editor de bloques:** Para crear bloques dinámicos, tiene que familiarizarse con el Editor de bloques. Puede utilizarlo para modificar el bloque de su dibujo.
    - **Dominarlo:** ¿Qué le permite hacer el cuadro de diálogo Editar definición de bloque?
- **Crear un bloque dinámico:** Los bloques dinámicos le permiten añadir pinzamientos a un bloque que le permiten modificar el bloque de varias formas diferentes.

- **Dominarlo:** Identifique las dos funciones principales del Editor de bloques que le permite añadir funciones de edición de pinzamientos adicionales a un bloque.

- **Añadir acciones de escalado y deformación a un parámetro:** Puede configurar un bloque dinámico para realizar múltiples operaciones con un solo pinzamiento.
  - **Dominarlo:** ¿Qué tiene que hacer para que un pinzamiento realice dos funciones?
- **Añadir más de un parámetro para funciones múltiples de pinzamientos:** Además de tener un pinzamiento que realice varias operaciones, puede añadir tantos pinzamientos como necesite para personalizar más su bloque.
  - **Dominarlo:** ¿Qué parámetro utiliza para configurar una lista de opciones para un bloque?
- **Crear formas múltiples en un solo bloque:** Muchas de las funciones de bloques dinámicos le permiten ajustar la forma del bloque original. Otra función le permite seleccionar formas completamente diferentes para el bloque.
  - **Dominarlo:** Cuando un bloque utiliza el Parámetro de visibilidad para configurar formas diferentes, ¿cómo selecciona una forma de bloque diferente en un dibujo?
- **Rotar objetos de forma unísona:** Los bloques se pueden configurar para que la acción de un grupo de objetos afecte a otro grupo. Este capítulo le proporciona el ejemplo de rotar objetos de forma unísona.
  - **Dominarlo:** ¿Cuántos parámetros se necesitaron en el ejemplo de rotación de objetos de forma unísona?
- **Rellenar automáticamente un espacio con objetos:** Un bloque dinámico puede ayudarle a automatizar la suma de elementos repetitivos a su dibujo.
  - **Dominarlo:** ¿Cuál es el nombre de la acción utilizada para crear una matriz de un objeto en un bloque cuando el bloque se estira?

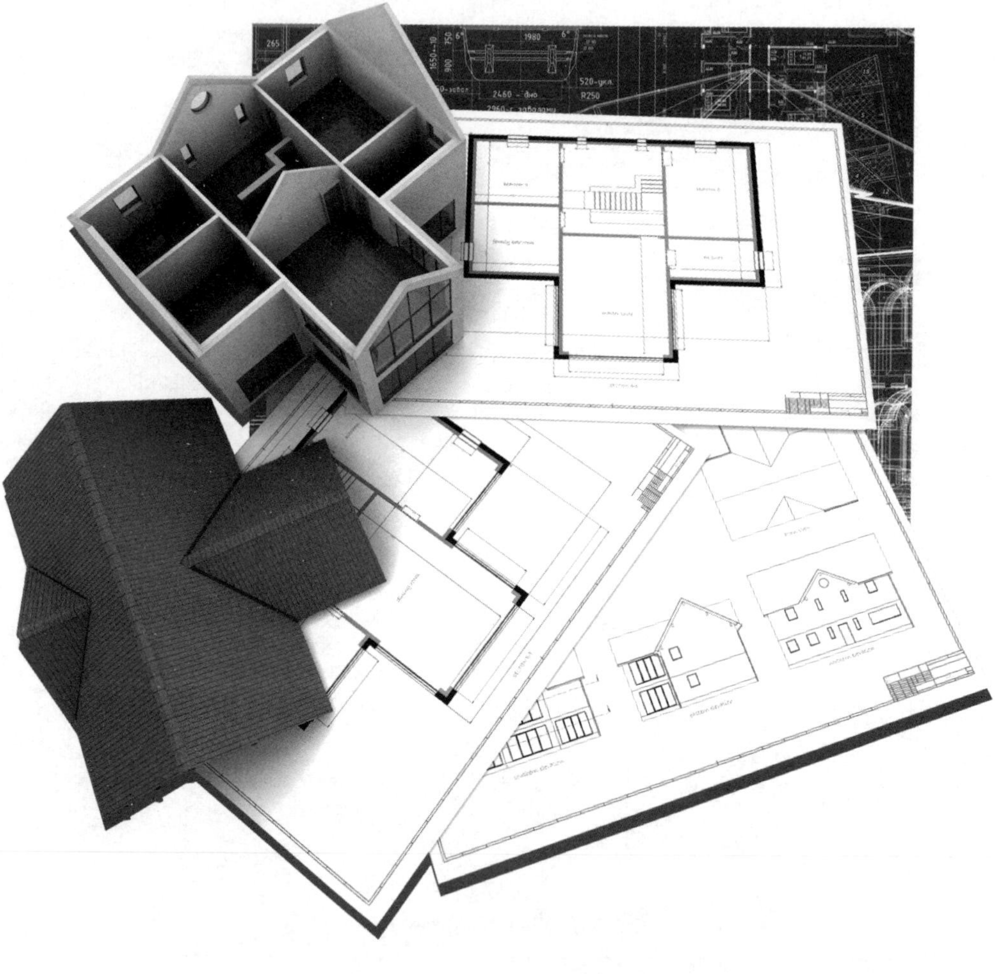
265
1980
520-укл.
2460 - дно
R250

18 Curvas y rellenos sólidos

Hasta ahora, hemos utilizado líneas básicas, arcos y círculos para crear dibujos. Ha llegado el momento de agregar polilíneas y curvas *spline* a nuestro repertorio. Las polilíneas ofrecen una gran cantidad de posibilidades para crear formas, incluyendo rellenos sólidos. Las curvas *spline* son perfectas para dibujar objetos con contornos suaves no lineales.

En este capítulo se analizan los siguientes aspectos:

- Crear y editar polilíneas.
- Crear una curva *spline* de polilínea.
- Utilizar verdaderas curvas *spline*.
- Marcar divisiones en curvas.

Introducción de las polilíneas

Las polilíneas son combinaciones de segmentos de línea y arcos. A primera vista, las polilíneas se parecen a un conjunto de segmentos de línea que actúan como un único objeto. Esta característica convierte a las polilíneas en objetos de gran utilidad para una gran cantidad de aplicaciones, como veremos en los ejercicios siguientes.

Dibujar una polilínea

Comenzaremos por dibujar la vista superior de la junta de la figura 18.1.

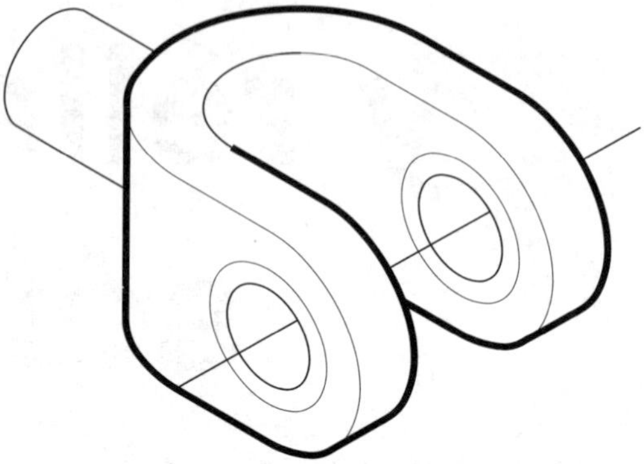

Figura 18.1. Dibujo preliminar de una junta de metal.

Siga estos pasos para dibujar la junta:

1. Abra un nuevo archivo y guárdelo como `Junta2d`. No se preocupe por aplicar parámetros especiales, porque utilizaremos los predeterminados.
2. En el Explorador de menús, seleccione Ver>Zoom>Todo o escriba `Z`, pulse **Intro**, `T`, pulse **Intro**, en la línea de comando.
3. Haga clic en la herramienta **Polilínea** () en el panel Dibujo o escriba `Pl` en la línea de comando y pulse **Intro**.
4. En la línea de comando `Precise punto inicial:`, marque un punto en las coordenadas 3,3 como origen de la polilínea.
5. En la línea de comando `Precise un punto siguiente o [Arco/Mitad grosor/Longitud/desHacer/Grosor]:`, escriba `@3<0` y pulse **Intro** para dibujar una línea horizontal de la junta.
6. En la línea de comando `Precise punto siguiente o [Arco/Cerrar/Mitad grosor/Longitud/desHacer/Grosor]:`, escriba `A` para continuar la polilínea con un arco.

NOTA: La opción Arco permite dibujar un arco con origen en el último punto seleccionado y luego continuar seleccionando opciones adicionales. Seleccione la opción Arco y el arco que aparece en pantalla seguirá el movimiento del cursor de forma tangencial con respecto al primer segmento dibujado. Para volver a dibujar los segmentos de línea, escriba `N` en la línea de comando y pulse **Intro**.

7. En la línea de comando `Precise punto final del arco o [ángUlo/Cerrar/Dirección/Mitad grosor/líNea/Radio/Segundo pto/desHacer/Grosor]:`, indique `@4<90` y pulse **Intro** para dibujar un arco de 180° con origen en el último punto indicado. La figura 18.2 muestra el resultado.

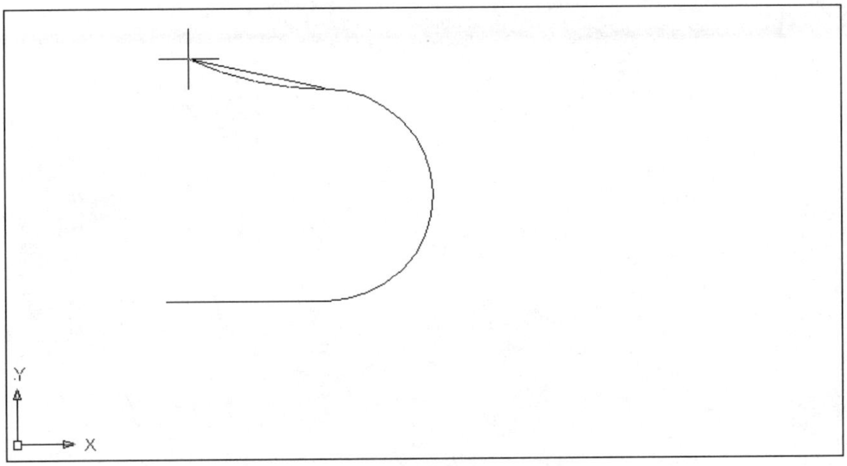

Figura 18.2. Una línea y un arco de polilínea.

8. Añada otro segmento de línea a la polilínea. Para ello, escriba `N` en la línea de comando y pulse **Intro**.
9. En la línea de comando `Precise punto siguiente o [Arco/Cerrar/Mitad grosor/Longitud/desHacer/Grosor]:`, escriba `@3<180` y pulse **Intro** para añadir otro segmento de línea al extremo del arco.
10. Pulse **Intro** para salir del comando **Polilínea**.

Hemos dibujado una polilínea en forma de U que utilizaremos en el próximo ejercicio para completar la vista superior de la junta.

Opciones de polilínea

A continuación, nos detendremos un instante a examinar las opciones de polilínea del indicador de comandos Polilínea no utilizadas en el ejercicio anterior:

- Cerrar: Dibuja un segmento de línea a partir del último punto de una secuencia de líneas hasta el primer punto seleccionado en dicha secuencia. Funciona como la opción Cerrar para el comando **Línea**.
- Longitud: Permite especificar la longitud de una línea que se dibujará en el mismo ángulo que la última línea indicada.
- Mitad grosor: Crea un segmento de línea o arco ahusado definido a partir de la mitad de grosor inicial y final que se especifique (véase la figura 18.3).
- Ancho: Crea un segmento de línea o arco ahusado a partir del ancho completo del punto inicial y final del segmento.
- Deshacer: Elimina el último segmento dibujado.

Si desea descomponer una polilínea en las líneas y arcos que la integran, puede utilizar la opción Descomponer del panel Modificar como si se tratara de un bloque. Al descomponer una polilínea, se convierte en un conjunto de segmentos de línea y arcos.

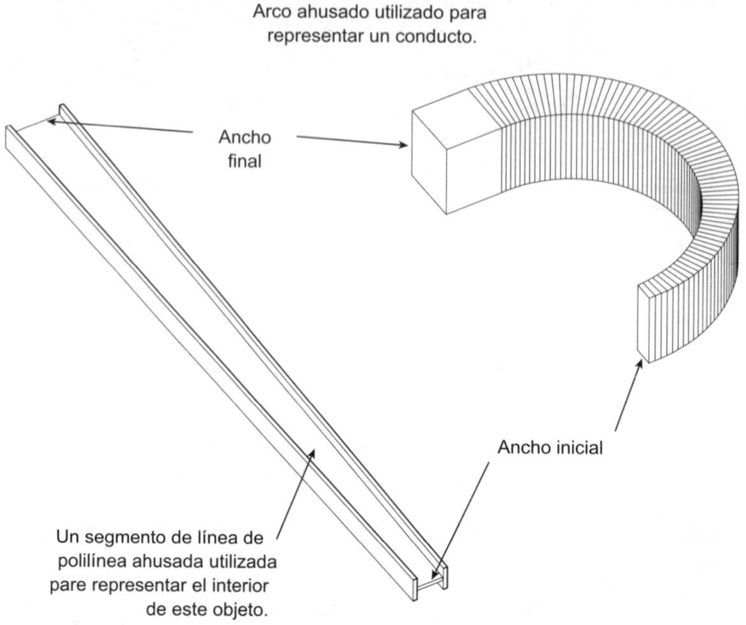

Figura 18.3. Segmento de línea y arco ahusado creados con la opción Mitad grosor.

Para desactivar el relleno sólido de las polilíneas, abra el cuadro de diálogo Opciones y seleccione la ficha Visual. En ella, deshabilite la casilla de la opción Aplicar relleno sólido, situada dentro del grupo Opciones de visualización.

NOTA: La herramienta **Empalme** de la barra de herramientas Modificar se puede utilizar para unir todos los vértices de una polilínea compuesta de segmentos lineales. Para ello, seleccione la herramienta **Empalmar**, defina el radio de empalme, introduzca `RA` y pulse **Intro**. Seleccione de nuevo la herramienta **Empalmar**, escriba `P` y pulse **Intro** para seleccionar la opción Polilínea. A continuación, precise la polilínea que desea empalmar.

Edición de polilíneas

Para editar polilíneas puede utilizar muchos de los comandos estándar de edición. Para modificar las propiedades de una polilínea, haga clic en la polilínea para seleccionarla, haga clic con el botón derecho del ratón y seleccione Propiedades para abrir la paleta Propiedades. Puede utilizar el comando **Estirar** en el panel Modificar para separar los vértices de una polilínea. Los comandos **Acortar**, **Alargar** y **Partir** del panel Modificar también pueden utilizarse para editar polilíneas.

Además, AutoCAD integra muchas otras funciones de edición exclusivas para polilíneas. Por ejemplo, la opción Ajustar curva se utiliza para suavizar una polilínea, como veremos en una sección posterior dentro de este mismo capítulo.

En el siguiente ejercicio, utilizaremos la función Desfase ( ) del panel Modificar para agregar una porción interior a la junta:

1. Haga clic en la herramienta **Desfase** en el panel Modificar de la ficha Inicio o escriba EQ en la línea de comando y pulse **Intro**.
2. En la línea de comando Precise distancia de desfase o [Punto a atravesar/Borrar/Capa] <Punto a atravesar>:, escriba 1.
3. En la línea de comando Designe objeto a desplazar o [Salir/ Deshacer]<Salir>:, seleccione la polilínea en forma de U que dibujamos en el ejercicio anterior.
4. En la línea de comando Precise punto en lado de desplazamiento o [Salir/Múltiple/Deshacer]<Salir>:, seleccione un punto dentro de la U. A continuación, aparecerá una copia concéntrica de la polilínea (véase la figura 18.4).

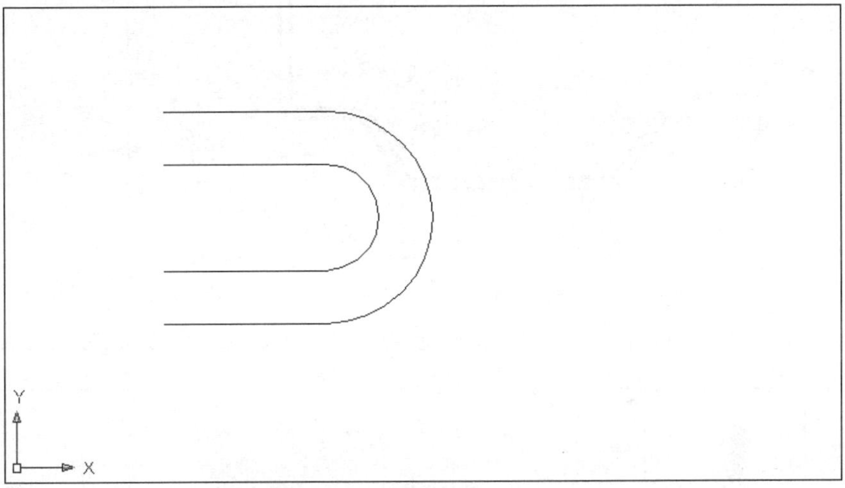

Figura 18.4. Una polilínea desfasada.

5. Pulse **Intro** para salir del comando **Desfase**.

La copia concéntrica de una polilínea creada con la herramienta **Desfase** puede resultar útil para dibujar curvas paralelas complejas como las que le mostramos en la figura 18.5.

A continuación completaremos la vista superior de la junta. Para ello utilizaremos la herramienta **Editar polilínea**, también conocida como el comando **Editpol**.

1. Una los extremos de las polilíneas mediante dos pequeños segmentos de línea (véase la figura 18.6).

NOTA: Si los objetos que se van a unir no se tocan, puede utilizar la herramienta unión por aproximación. En la línea de comando escriba PE y pulse **Intro** y luego M y pulse **Intro** y así activará el comando **Editpol** con la opción Múltiple. A continuación, seleccione los objetos que quiere unir y pulse **Intro**. Si le aparece un mensaje de conversión escriba J y pulse **Intro**. Ante la línea de comando Indique una opción [Cerrar/Abrir/Juntar/Grosor/curVar/SPline/estadoPrevio-curva/generarTlínea/desHacer]:, escriba J y pulse **Intro**. Cuando le pida la distancia de aproximación o [Tipo de junta], introduzca una distancia que se aproxime a la que existe entre ambos objetos. De forma predeterminada, AutoCAD extiende las líneas para que se unan extremo a extremo. También puede utilizar la opción Tipo de junta para que el comando **Editpol** una determinados segmentos con un segmento adicional.

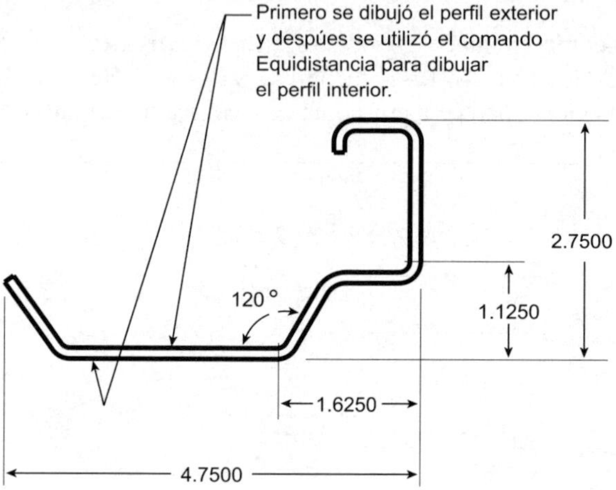

Figura 18.5. Ejemplos de curvas complejas dibujadas con la herramienta Desfase.

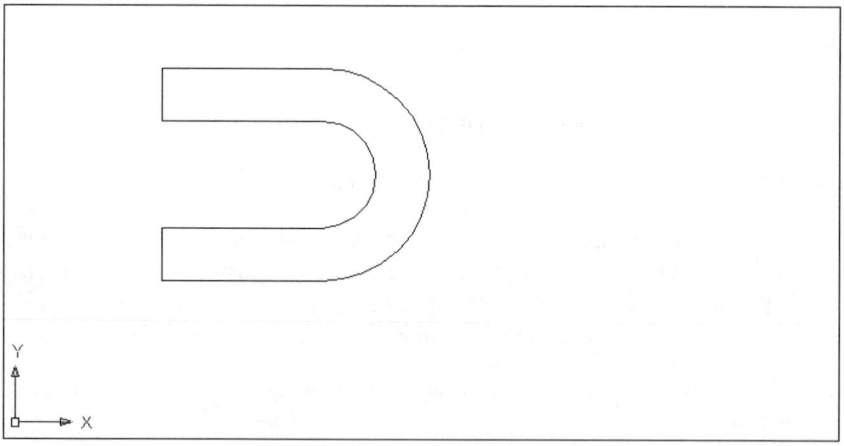

Figura 18.6. La polilínea unida.

2. Seleccione **Editar polilínea** () en el panel expandido Modificar o escriba PE en la línea de comando y pulse **Intro**.
3. En la línea de comando EDITPOL Designe polilínea o [Múltiple]:, seleccione la línea exterior de la polilínea.

4. En la línea de comando `Indique una opción [Cerrar/Juntar/Grosor/Editar vértices/curVas/Spline/estadoPreviocurva/generarTlínea/desHacer]:`, escriba `J` para seleccionar la opción Juntar.

5. En la línea de comando `Designe objetos:`, seleccione todos los objetos que ha dibujado en los ejercicios anteriores.

6. Tras seleccionar todos los objetos, pulse **Intro** para unirlos en una polilínea. A primera vista, no ocurre nada, aunque aparezca el mensaje `5 elementos añadidos a polilínea` en la ventana de comandos.

7. Pulse **Intro** de nuevo para salir del comando **Editpol**.

8. Haga clic en el dibujo para mostrar sus pinzamientos. Tras ello, el objeto entero quedará resaltado para indicar que se han unido todas las líneas en una sola polilínea.

La opción Grosor de la función Editar polilínea permite modificar el grosor de una polilínea. En el siguiente ejercicio procederemos a modificar el grosor de la silueta de la junta. Para ello volveremos a usar la herramienta **Editar polilínea**, pero esta vez usaremos un atajo:

1. Haga doble clic en la polilínea.

2. En la línea de comando `Indique una opción [Cerrar/Juntar/Grosor/Editar vértices/curVar/Spline/estadoPreviocurva/generarT-línea/desHacer]:`, escriba `G` y pulse **Intro**.

3. En la línea de comando `Precise un grosor para todos los segmentos:`, escriba `0.3` y pulse **Intro** para asignar el nuevo grosor a la polilínea. La línea se modificará para adoptar el nuevo grosor (véase la figura 18.7) y con ello quedará terminada la vista superior de la junta.

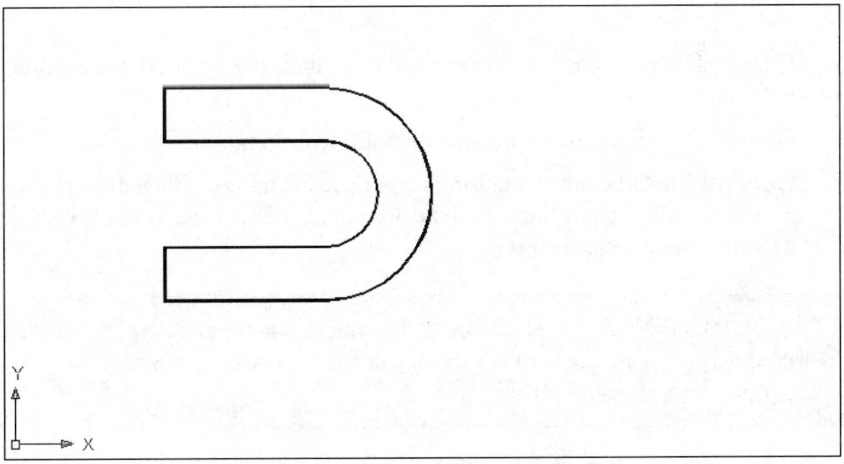

Figura 18.7. La polilínea con el nuevo grosor.

4. Pulse **Intro** para salir del comando **Editar polilínea**.

5. Guarde el archivo.

En la mayoría de los casos, sólo tiene que hacer doble clic sobre la polilínea para iniciar el comando **Editpol**. Pero si quiere editar varias polilíneas o desea convertir un objeto o conjunto de objetos en una, utilice la herramienta **Editar polilínea** del panel Modificar para iniciar el comando **Editpol**. Además, si tiene la herramienta **Entrada dinámica** (⊞) activada en la barra de estado, puede seleccionar las opciones sobre la edición de la polilínea en el menú que aparece en el cursor (véase la figura 18.8).

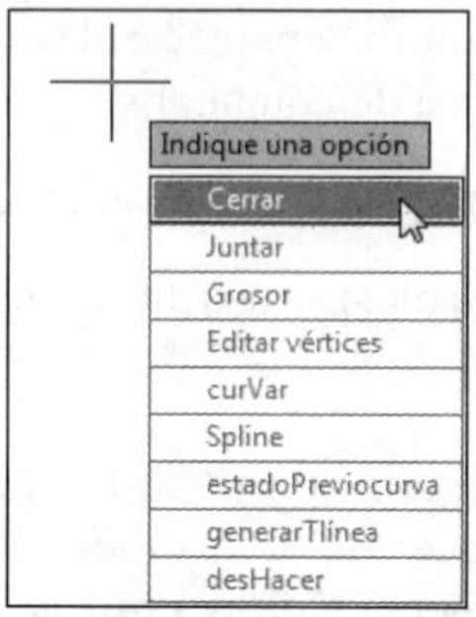

Figura 18.8. Las opciones para la edición de la polilínea.

Opciones de edición de polilíneas

A continuación se examinan algunas opciones de la función Editar polilínea que acabamos de utilizar en el ejercicio:

- Cerrar: Une los dos extremos de una polilínea con un segmento de línea. Si la polilínea seleccionada ya está cerrada, la opción Cerrar se sustituye por la opción Abrir.
- Abrir: Suprime el último segmento añadido a una polilínea cerrada.
- Spline/estadoCurvatura: Convierte una polilínea en una curva *spline* para suavizarla.
- Editar vértices: Le permite editar cada uno de los vértices de una polilínea de forma individual.
- Curvar: Convierte los segmentos de polilínea en una serie de arcos.
- GenerarTlínea: Controla la forma en la que los tipos de línea discontinua atraviesan los vértices de una polilínea. Si tiene una curva *spline* o una línea curvada discontinua, debería activar esta opción.

TRUCO: Puede modificar el grosor de líneas o arcos regulares mediante la función Editar polilínea para convertirlos en polilíneas y, a continuación, utilizar la opción Grosor para modificar su grosor.

Suavizado de polilíneas

AutoCAD dispone de muchas formas de crear curvas. Si no necesita que la representación de una curva sea exacta, puede utilizar curvas de polilínea. En el siguiente ejercicio, dibujaremos una curva de polilínea para representar una curva de nivel de un mapa topográfico.

1. Abra el dibujo `Topo.dwg`. La imagen superior de la figura 18.9 contiene el dibujo con datos de prospección. Alguna de estas curvas ya se ha dibujado entre los puntos de datos.

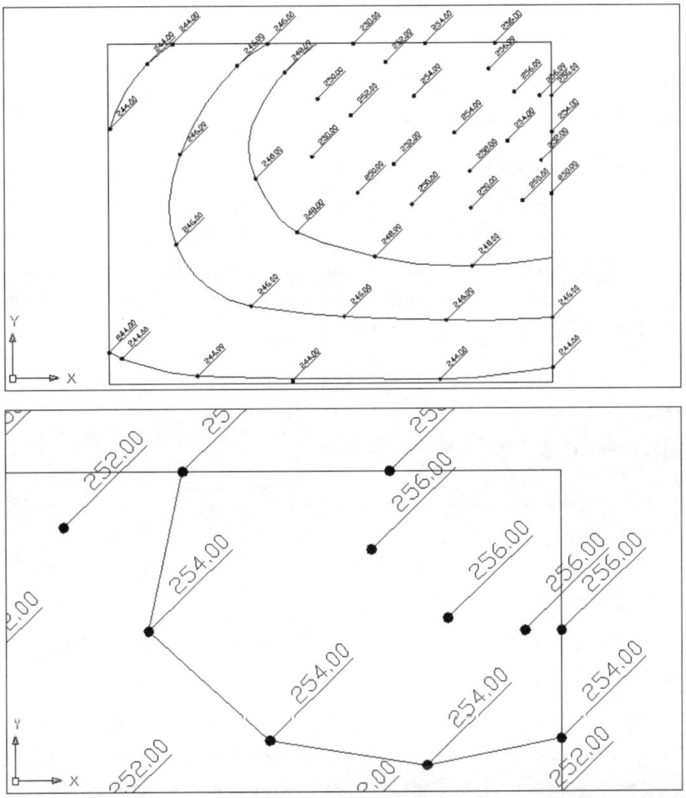

Figura 18.9. El dibujo Topo.dwg muestra los datos de prospección trazados en un dibujo de AutoCAD. Observe que los puntos indican las zonas elevadas. El valor de las elevaciones se muestra junto a una línea diagonal que parte de los puntos.

2. Utilice el zoom para ampliar la esquina superior derecha del dibujo, como muestra la imagen inferior de la figura 18.9.

3. Seleccione la herramienta **Polilínea** ( ) en el panel Dibujo. Mediante el modo de referencia a objetos Centro, dibuje una polilínea que una los puntos con valores "254.00". En la imagen inferior de la figura 18.9 le mostramos el resultado.

4. Cuando haya terminado de dibujar la polilínea, pulse **Intro**.

> **NOTA:** Si no tiene activado el modo de referencia a objetos en ejecución, seleccione Herr.>Parámetros de dibujo en el Explorador de menús, o escriba `Paramsdib` en la línea de comando y pulse **Intro** para abrir el cuadro de diálogo Parámetros de dibujo. En este cuadro, seleccione la ficha Referencia a objetos y marque la opción Centro para activar el modo de referencia a objetos Centro.

5. A continuación, convertiremos la polilínea que acabamos de dibujar en una línea de contorno suavizada. Haga doble clic en la línea de contorno que acaba de dibujar.

6 En la línea de comando `Indique una opción [Cerrar/Juntar/Grosor/Editar vértices/curVar/Spline/estadoPreviocurva/generarTlínea/desHacer]:`, escriba `V` y pulse **Intro** para seleccionar la opción Curvar. Esta opción ajusta la polilínea en una serie de arcos conectados que atraviesan los puntos de datos.

7. Pulse **Intro** para finalizar el comando.

Con esto queda completa la curva de nivel. La opción Curva de la función Editar polilínea obliga a AutoCAD a convertir las líneas rectas de las polilíneas en arcos. Los extremos de los arcos atraviesan los extremos de los segmentos de línea, y la curva de cada arco depende de la dirección del arco contiguo. De esta forma se consigue el efecto de una curva suave. A continuación utilizaremos esta curva polilínea para experimentar con algunas de las opciones de edición exclusivas del comando **Editpol**.

Conversión de objetos en polilíneas y polilíneas en splines reales

En ocasiones, puede que desee convertir líneas, arcos e incluso círculos en polilíneas, y puede que desee cambiar el grosor de las líneas o unir líneas para formar un único objeto como un límite. A continuación se detallan los pasos necesarios para convertir líneas, arcos y círculos en polilíneas.

1. Haga clic en la herramienta **Editar polilínea** en el panel Modificar expandido de la ficha Inicio o escriba `Pe` en la línea de comando y pulse **Intro**.
2. En la línea de comando `EDITPOL Designe polilínea o [Múltiple]:`, seleccione el objeto que desea convertir. Si desea convertir un círculo en una polilínea, parta primero el círculo (con ayuda de la opción Partir del panel Modificar) para convertirlo en un arco de aproximadamente 359°.
3. En la línea de comando

```
El objeto seleccionado no es una polilínea ¿Lo quiere transformar en una? <S>:
```

pulse **Intro** para convertir el objeto en una polilínea.

Si desea convertir varios objetos en polilíneas, escriba `M` y pulse **Intro** en la línea de comando `Designe polilínea o [Múltiple]:`, luego seleccione los objetos que desea convertir. A continuación, aparecerá la línea de comando `¿Transformar líneas y arcos en polilíneas [S/N]?:`. Indique `S`, pulse **Intro** y todos los objetos seleccionados se convertirán en polilíneas. A continuación puede seguir utilizando otras opciones del comando **Editpol** sobre los objetos seleccionados.

Para convertir una polilínea en una curva *spline*, siga los pasos que se detallan a continuación:

1. Haga clic en la herramienta **Editar polilínea** en el panel Modificar expandido de la ficha Inicio o escriba `Pe` en la línea de comando y pulse **Intro**. Seleccione la polilínea que desea convertir.

2. Escriba S y pulse **Intro** para convertir una polilínea en una *spline*. A continuación pulse **Intro** dos veces para salir del comando **Editpol**.
3. Haga clic en la herramienta **Spline** en el panel Dibujo expandido de la ficha Inicio o escriba Spl y pulse **Intro**.
4. En la línea de comando Precise primer punto u [Objeto]:, escriba O y pulse **Intro** para seleccionar la opción Objeto.
5. En la línea de comando Designe objetos:, haga clic en la *spline* de polilínea. Aunque puede que no resulte evidente al principio, la polilínea se convertirá en una *spline*.

También puede utilizar la herramienta **Editar spline** en el panel Modificar expandido de la ficha Inicio (o escribir Spl y pulsar **Intro**) para modificar una *spline* de polilínea. Si lo hace, la *spline* de polilínea se convertirá automáticamente en una *spline* real. Si sabe de antemano que siempre va a necesitar convertir un objeto en polilíneas cuando utilice el comando **Editpol**, puede activar la variable del sistema Peditaccept. Escriba peditaccept y pulse la tecla **Intro** en la línea de comandos y, a continuación, escriba 1 y pulse nuevamente la tecla **Intro**.

Edición de vértices

Una de las opciones de la función Editar polilínea que todavía no hemos explicado es Editar vértices. Esta opción se puede considerar como un comando dentro de otro comando, ya que consta de una gran cantidad de subopciones para ajustar los vértices de las polilíneas. Siga estos pasos para acceder a las opciones de la función Editar vértices.

1. En primer lugar, desactive las capas Data y Border para ocultar los puntos de datos y el borde.
2. Haga doble clic sobre la polilínea que acaba de dibujar.
3. Escriba E en la línea de comando y pulse **Intro** para activar el modo Editar vértice. Como resultado, aparecerá una X al principio de la polilínea para indicar el vértice que se verá afectado por las opciones de la función Editar vértices.

NOTA: Al utilizar la función Editar vértices debe tener cuidado a la hora de seleccionar el vértice que desea modificar. La función Editar vértices consta de 6 opciones y, a menudo, deberá abandonar la operación de edición y utilizar la opción Curvas de la función Editar polilínea para apreciar el efecto de las opciones de edición de vértices sobre una polilínea curvada.

Subopciones de la función Editar vértices

Tras activar el modo Editar vértice del comando **Editpol**, dispone de la posibilidad de realizar una de las siguientes operaciones:

- Partir la polilínea entre dos vértices.
- Insertar un nuevo vértice.

- Desplazar un vértice existente.
- Regenerar el dibujo para ver la forma actual de la polilínea.
- Alinear un polilínea entre dos vértices.
- Modificar la dirección tangencial de un vértice.
- Modificar el grosor de una polilínea en un vértice.

Estas funciones se presentan de la siguiente forma en la línea de comando:

```
[sigUiente/Precedente/Cortar/Insertar/Desplazar/Regenerar/Alisar/Tangente/
Grosor/Salir] <U>:
```

En los siguientes apartados se examinan cada una de las opciones de esta línea de comando, comenzando por Siguiente y Precedente.

Siguiente y Precedente

Las opciones Siguiente y Precedente permiten seleccionar un vértice para su edición. Al iniciar la opción Editar vértice aparece una X en la polilínea seleccionada para designar su comienzo. Con las opciones Siguiente y Precedente, la X se desplaza de un vértice a otro para mostrar el que se está modificando. Pruebe a realizar el siguiente ejercicio:

1. Pulse **Intro** un par de veces para mover la X a lo largo de la polilínea (como la opción predeterminada es Siguiente, tan sólo necesita pulsar **Intro** para desplazar la X).
2. Escriba `P` para activar la opción Precedente. Como observará, la X se mueve en dirección contraria. Una vez seleccionada esta opción se convierte en la predeterminada.

> **TRUCO:** Para determinar la dirección de una polilínea, fíjese en la dirección en la que se desplaza la X al utilizar la opción Siguiente. Es importante conocer la dirección de una polilínea para algunas opciones de edición de vértices.

Cortar

La opción Cortar divide la polilínea en dos vértices:

1. Coloque la X en uno de los extremos del segmento que desee partir.
2. Escriba `C` en la línea de comando y pulse **Intro**.
3. En la línea de comando `Indique una opción [sigUiente/Precedente/Ejecutar/Salir] <U>:`, utilice las opciones Siguiente y Precedente para desplazar la X hasta el otro extremo del segmento que desea dividir.
4. Cuando la X se encuentre en la posición correcta, escriba `E` en la línea de comando para dividir la polilínea (véase la figura 18.10).

> **TRUCO:** También puede utilizar las opciones Partir y Recortar del panel Modificar para dividir una polilínea en cualquiera de sus puntos.

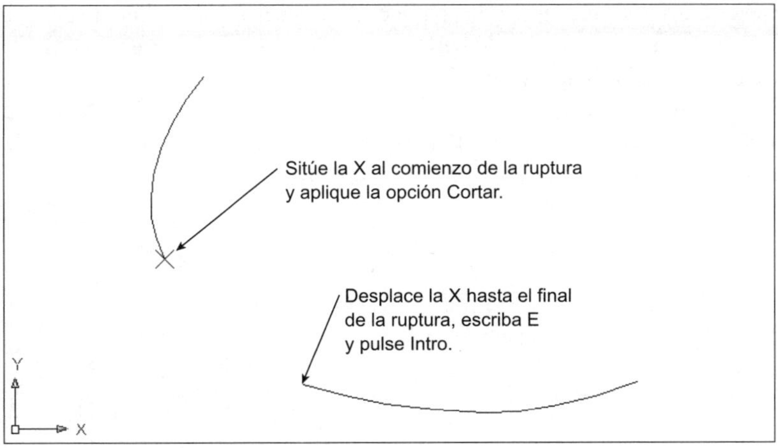

Figura 18.10. Funcionamiento de la opción Cortar.

Insertar

A continuación practicaremos con la opción Insertar, cuya función es insertar un nuevo vértice:

1. Escriba `S` y pulse **Intro** para salir provisionalmente del modo Editar vértices. A continuación, escriba `H` y pulse **Intro** para deshacer la ruptura.
2. Escriba `E` y pulse **Intro** para volver a activar el modo Editar vértices.
3. Pulse **Intro** para mover la X hasta el siguiente punto.
4. Escriba `I` y pulse **Intro** para seleccionar la opción Insertar.
5. Cuando aparezca la línea de comando `Precise ubicación del nuevo vértice:` junto a la banda elástica con origen en el punto actual de la X (véase la figura 18.11), seleccione la ubicación del nuevo vértice. A continuación se volverá a trazar la polilínea, incluyendo el vértice recién creado.

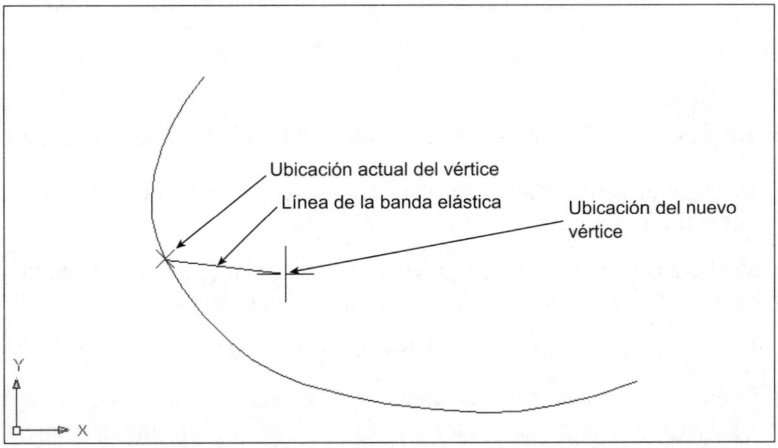

Figura 18.11. Nueva ubicación del vértice.

Observe que el vértice insertado aparece entre el vértice actualmente designado y el nuevo vértice de manera que la opción Insertar se ve afectada por la dirección de la polilínea. Si la polilínea está curvada, el nuevo vértice no aparecerá inmediatamente curvado (véase la primera imagen de la figura 18.12). Para curvarlo deberá salir del modo Editar vértice y utilizar la opción Curvar (véase la figura 18.12). También puede utilizar el comando **Estirar** (situado en el panel Modificar) para desplazar un vértice de polilínea.

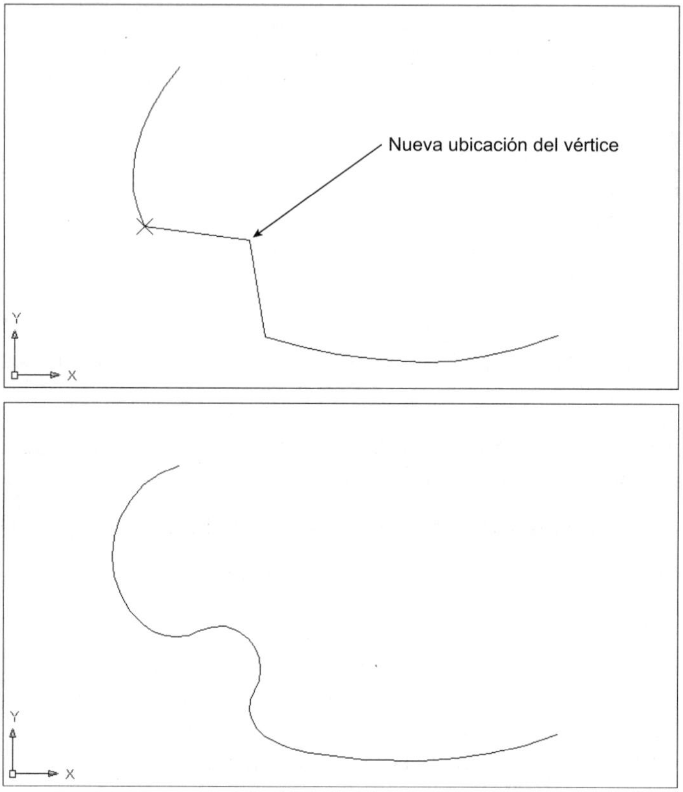

Figura 18.12. La polilínea antes y después de ajustar la curva.

Desplazar

En este breve ejercicio, utilizaremos la opción Desplazar para mover un vértice:

1. Deshaga el vértice insertado. Para ello, salga del modo Editar vértice (escriba `S` y pulse **Intro**) y escriba `H` y pulse **Intro**.
2. Vuelva a activar el modo Editar vértice y utilice las opciones Siguiente y Precedente para colocar la X en el vértice que desee desplazar.
3. Escriba `D` y pulse **Intro** para activar la opción Desplazar.
4. Cuando aparezca la línea de comando `Precise nueva ubicación del vértice marcado:` y la banda elástica con origen en X (consulte la primera imagen de la figura 18.13), seleccione el nuevo vértice. Seguidamente, la polilínea se volverá a

dibujar (véase la segunda imagen de la figura 18.13). De nuevo, si la línea es curvada, el nuevo vértice se trazará con ángulo acentuado mientras no utilice la opción Curvar (véase la última imagen de la figura 18.13).

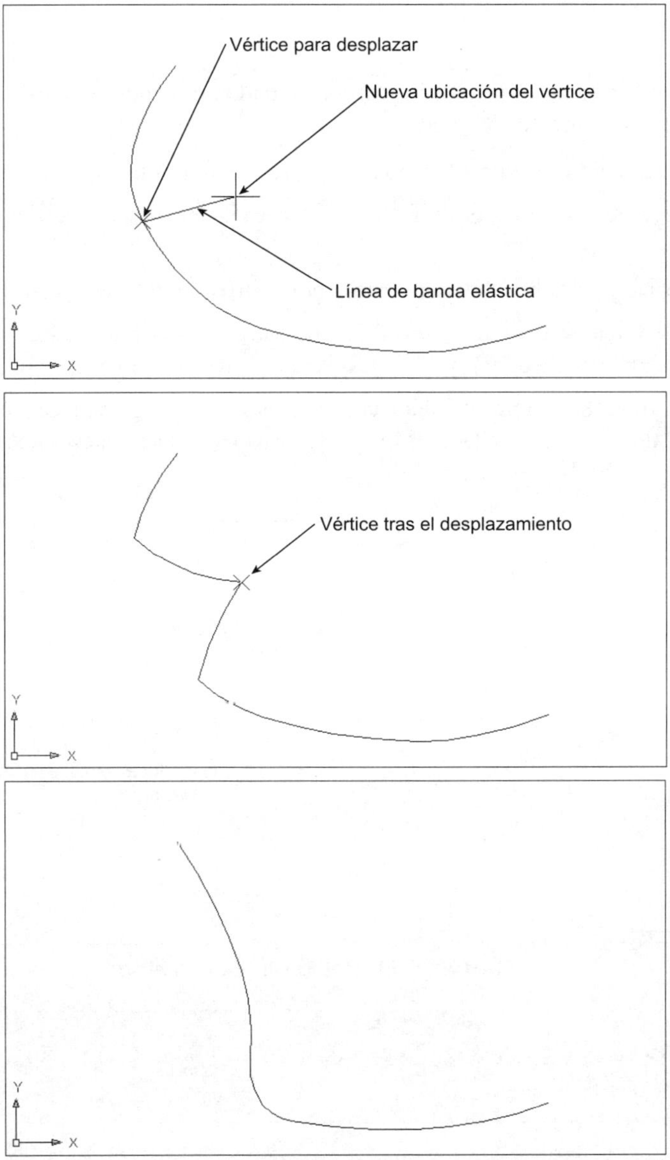

Figura 18.13. Selección de una nueva ubicación para el vértice, con la polilínea antes y después de suavizar la curva.

NOTA: También puede desplazar un vértice de polilínea mediante sus pinzamientos.

Regenerar

En algunos casos, el efecto de la opción no aparece en el dibujo inmediatamente. Puede utilizar la opción Regenerar para actualizar la visualización de la polilínea y ver cualquier cambio que haya hecho hasta ahora.

Alisar

La opción Alisar suaviza todos los vértices situados entre dos vértices seleccionados, como se muestra en el siguiente ejercicio:

1. Deshaga el vértice desplazado en el ejercicio anterior.
2. Active de nuevo el modo Editar vértice y seleccione el vértice inicial de la línea recta.
3. Escriba `A` en la línea de comando y pulse **Intro** para seleccionar la opción Alisar.
4. En la línea de comando `Indique una opción [sigUiente/Precedente/ Ejecutar/Salir] <U>:`, desplace la X hasta el otro extremo de la línea recta.
5. Tras situar la X en la ubicación correcta, escriba `E` y pulse **Intro** para activar la opción Ejecutar. Como resultado, la línea entre los dos vértices seleccionados se alisará (véase la figura 18.14).

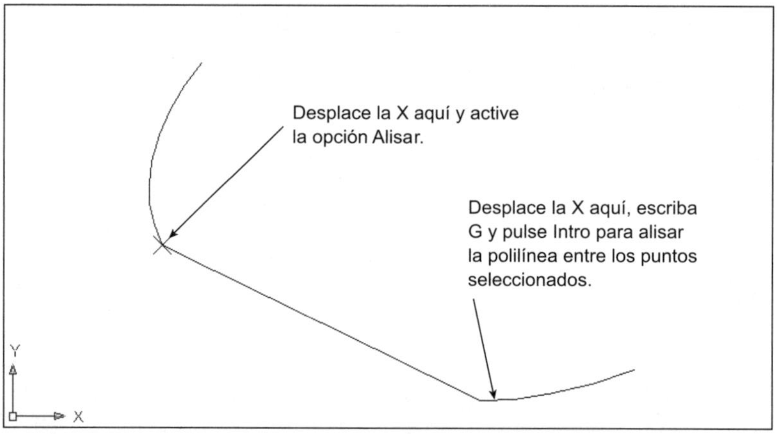

Figura 18.14. Una polilínea tras alisarla.

> **TRUCO:** La opción Alisar ofrece una forma rápida de eliminar vértices en una polilínea.

Tangente

La opción Tangente varía la dirección de una curva en una polilínea con curvas suavizadas:

1. Deshaga el segmento alisado en el ejercicio anterior.
2. Vuelva a activar el modo Editar vértices y coloque la X en el vértice que desee variar.

3. Escriba T y pulse **Intro** en la línea de comando para seleccionar la opción Tangente. A continuación, aparecerá una banda elástica (véase la figura 18.15).

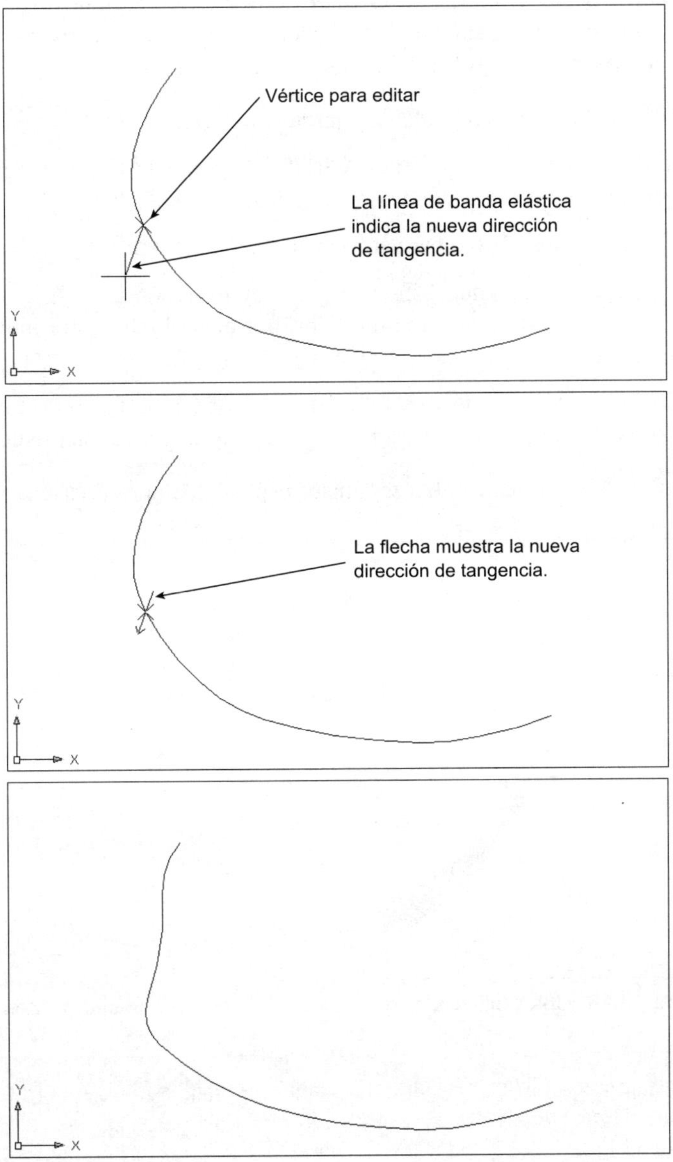

Figura 18.15. Selección de una nueva dirección de tangente.

4. Mueva la banda elástica en la dirección de la nueva tangente y haga clic con el ratón. A continuación, aparecerá una flecha para indicar la nueva dirección de tangente (véase imagen inferior de la figura 18.15).

No se preocupe si la forma de la polilínea no se modifica. Para ello debe utilizar la opción Curvar (véase imagen inferior de la figura 18.15).

Grosor

Por último, vamos a probar la opción Grosor. A diferencia de la opción Grosor de la función Editar polilínea, la opción Grosor de la función Editar vértice permite variar el grosor de la polilínea en cualquier vértice. Por lo tanto, puede ahusar o variar de cualquier otra forma el grosor de una polilínea. Pruebe a hacer lo siguiente:

1. Deshaga el arco de tangente del ejercicio anterior.
2. Active de nuevo el modo Editar vértice y coloque la X al principio del vértice de un segmento de polilínea que desee modificar.
3. Escriba `G` y pulse **Intro** para activar la opción Grosor.
4. En la línea de comando `Precise grosor inicial para siguiente segmento <0.000>:`, escriba un valor, por ejemplo `12`, para indicar el grosor de la polilínea deseado para este vértice.
5. En la línea de comando `Precise grosor final del siguiente segmento <12.000>:`, escriba el grosor `24`, por ejemplo, para el siguiente vértice.

El grosor de la polilínea cambia según sus especificaciones (véase la figura 18.16).

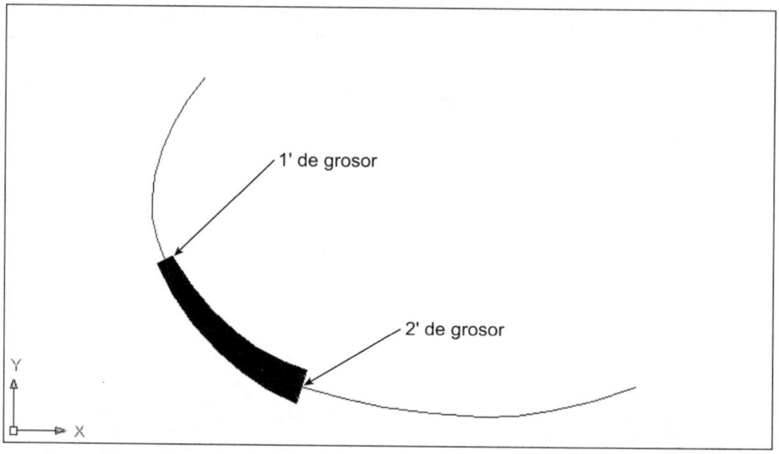

Figura 18.16. Una polilínea con el grosor de uno de sus segmentos aumentado.

> **NOTA:** La opción Grosor resulta útil cuando se ha creado un área irregular o curvada en el dibujo que debe rellenarse. Se trata de otra opción que se ve afectada por la dirección de la polilínea.

Como ha podido observar a través de estos ejercicios, puede utilizar la opción Deshacer para invertir el último modo Editar vértice utilizado. También puede utilizar la opción Salir para abandonar el modo Editar vértice en cualquier momento. Escriba `S` y pulse **Intro** en la línea de comando para volver a la línea de comando `Editpol`:

```
Indique una opción [Cerrar/Juntar/Grosor/Editar vértices/curVar/Spline/
estadoPreviocurva/generarTlínea/desHacer]:
```

Relleno de áreas sólidas

Ya hemos aprendido cómo crear un área sólida aumentando el grosor de un segmento de polilínea. Pero supongamos que queremos crear una forma sólida simple o una línea muy gruesa. AutoCAD dispone de los comandos **Sólido**, **Superficies** y **Arandela** para ayudarnos a dibujar áreas sólidas sencillas. El comando **Superficie** funciona de igual forma que el comando **Línea** (pero además permite dibujar líneas gruesas). **Superficie** le permite crear áreas sólidas rellenas con lados rectos, y **Arandela** dibujar círculos con un grosor sólido. Puede crear áreas de forma libre rellenas de colores utilizando el patrón de sombreado sólido. Cree un área cerrada con ayuda de cualquier conjunto de objetos y utilice la herramienta **Sombrado** para aplicar un patrón de sombreado sólido.

Crear una curva spline de polilínea

La opción Spline del comando **Editpol** brinda una forma de dibujar curvas más suaves y controlables que las generadas con la opción Curvas. Una *spline* de polilínea no pasa por los puntos de vértice como hacen las curvas ajustadas. En su lugar, los puntos de vértice actúan como contrapesos, atrayendo la curva en su dirección. La *spline* de polilínea toca únicamente el vértice inicial y final. La figura 18.17 ilustra este concepto.

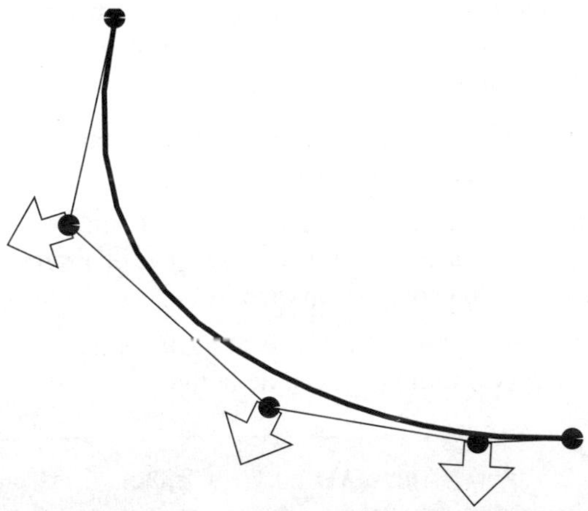

Figura 18.17. La curva spline de polilínea tira hacia sus vértices.

NOTA: Una *spline* de polilínea no representa una curva matemática real. En una sección posterior veremos cómo dibujar una curva *spline* de forma más precisa.

A continuación, observaremos la influencia que puede tener este tipo de curvas a la hora de editar curvas.

1. Deshaga los cambios de grosor aplicados en el ejercicio anterior.
2. Para modificar el contorno de una curva *spline* de polilínea, haga doble clic sobre la polilínea que desea curvar.

3. En la línea de comando `Indique una opción [Cerrar/Juntar/Grosor/Editar vértices/curVar/Spline/estadoPreviocurva/generarTlínea/desHacer] :` escriba `S`. Observe la figura 18.18 para ver el resultado.

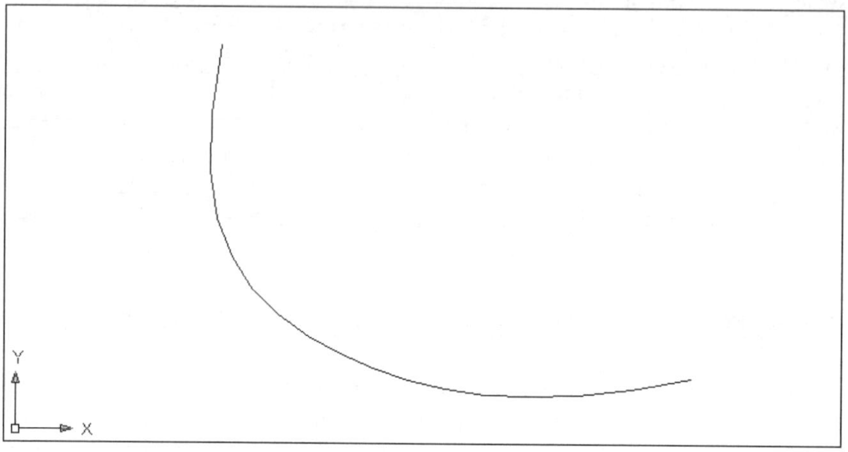

Figura 18.18. Una curva spline.

4. Pulse **Intro** para salir del modo Editar polilínea.

La curva adopta una apariencia más suave y contorneada. Ya no pasa por los puntos utilizados para definirla. Siga estos pasos para comprobar qué ocurrió con dichos puntos y cómo actúan las curvas *spline*:

1. Haga clic en la curva para mostrar los vértices originales en forma de pinzamientos (véase imagen superior de la figura 18.19).
2. Haga clic en el pinzamiento que indicamos en la imagen central de la figura 18.19 y desplácelo de sitio. Observe cómo la curva sigue el movimiento del cursor proporcionándonos información sobre su apariencia.
3. Seleccione un punto como muestra la imagen central de la figura 18.19 para fijar la posición de la curva (última imagen de la figura 18.19).

> **NOTA:** Puede configurar AutoCAD para que muestre las curvas y las rectas que forman la curva activando la variable del sistema `Splframe`. Escriba `splframe` y pulse **Intro**. A continuación, escriba `1` y vuelva a pulsar **Intro** para ejecutar el comando **Regenerar**. Seguidamente, se visualizará un marco que conecta los pinzamientos de la curva. Para desactivar la visualización de las rectas, escriba `splframe` y pulse **Intro**, a continuación, escriba `0` y pulse **Intro** de nuevo.

Curvas splines auténticas

Hasta ahora hemos estado trabajando con polilíneas para generar curvas *spline*. La ventaja de utilizar polilíneas para crear curvas es que nos permite mejorarlas de varias formas. Puede modificar su ancho, por ejemplo, o unir varias curvas. Sin embargo, en ocasiones resulta necesaria una representación más exacta de las curvas. El objeto Spline (Dibujo>Spline) ofrece un modelo de curvas *spline* mucho más exacto, así como un mayor control sobre su forma. Los objetos *spline* son *Non-Uniform Rational B-Splines*, Curva B-spline racional no uniforme (verdaderas curvas **NURBS**). Aunque plantear una definición de las curvas NURBS no forma parte del propósito de este libro, diremos que son una forma matemática estándar utilizada para representar formas.

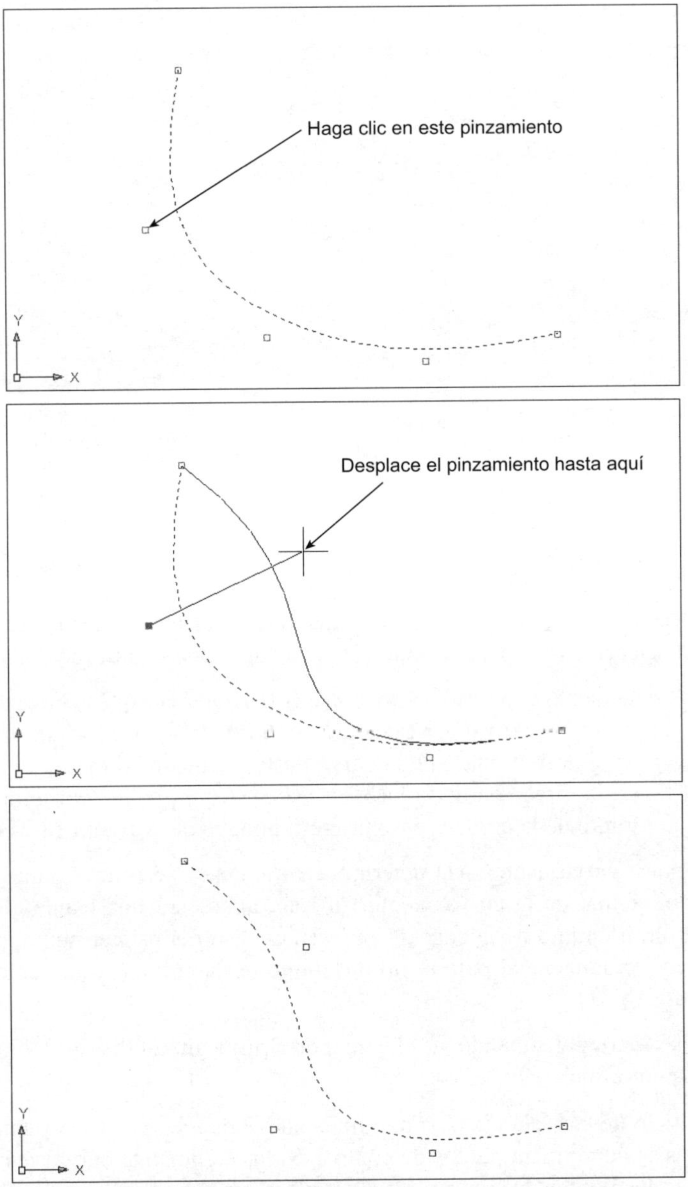

Figura 18.19. La curva ajustada se convirtió en una curva spline con la ubicación del segundo vértice y la nueva curva.

Dibujar una verdadera curva spline

Para crear una curva *spline*, siga los pasos descritos aquí. No tiene que hacerlos ahora. Marque esta sección y consúltela cuando tenga que dibujar y editar una *spline*:

1. Seleccione la herramienta **Spline** ( ) en el panel Dibujo expandido o escriba `Spl` y pulse **Intro**.
2. En la línea de comando `Precise primer punto u [Objeto]:`, seleccione un punto para comenzar la curva (véase la figura 18.20). A continuación, la ventana de comandos mostrará la línea `Precise siguiente punto:`.

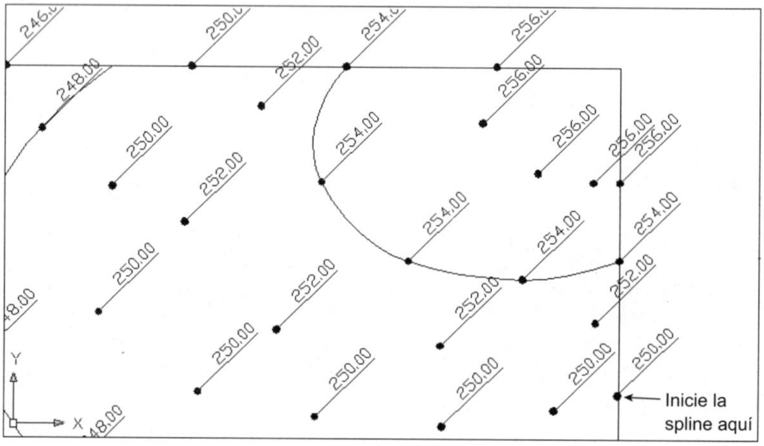

Figura 18.20. Seleccione el primer punto de datos como inicio de la curva spline.

3. Seleccione el resto de puntos hasta que introduzca todos los que necesita. Observe que al ir seleccionando puntos, aparecerá una curva que se mueve y ondula con el cursor.
4. Tras seleccionar el último punto, pulse **Intro**. Observe que la línea de comando indica `Precise tangente inicial:`. Asimismo, aparecerá una banda elástica con origen en el primer punto de la curva hasta el cursor. Al mover el cursor, la curva se ajustará a la dirección de la banda elástica. Aquí puede configurar la tangencia del primer punto de la curva (véase primera imagen de la figura 18.21).
5. Si pulsa **Intro**, AutoCAD determina la tangente de primer punto en función de la forma actual de la curva. Seguidamente, aparecerá una banda elástica que partirá del último punto de la curva. Como en el caso del primer punto, puede indicar una dirección tangencial para el último punto de la curva (véase segunda imagen de la figura 18.21).
6. Pulse **Intro** para abandonar el comando **Spline** sin modificar la dirección tangencial del punto final.

El resultado de este ejercicio es una línea suave que pasa por los puntos seleccionados. Estos puntos se denominan puntos de control. Si hace clic en la curva, se mostrarán los pinzamientos en los puntos de control, los cuales le permiten ajustar la curva seleccionando los puntos de pinzamiento y moviéndolos. (Es posible que necesite desactivar la capa Data para apreciar mejor los pinzamientos.)

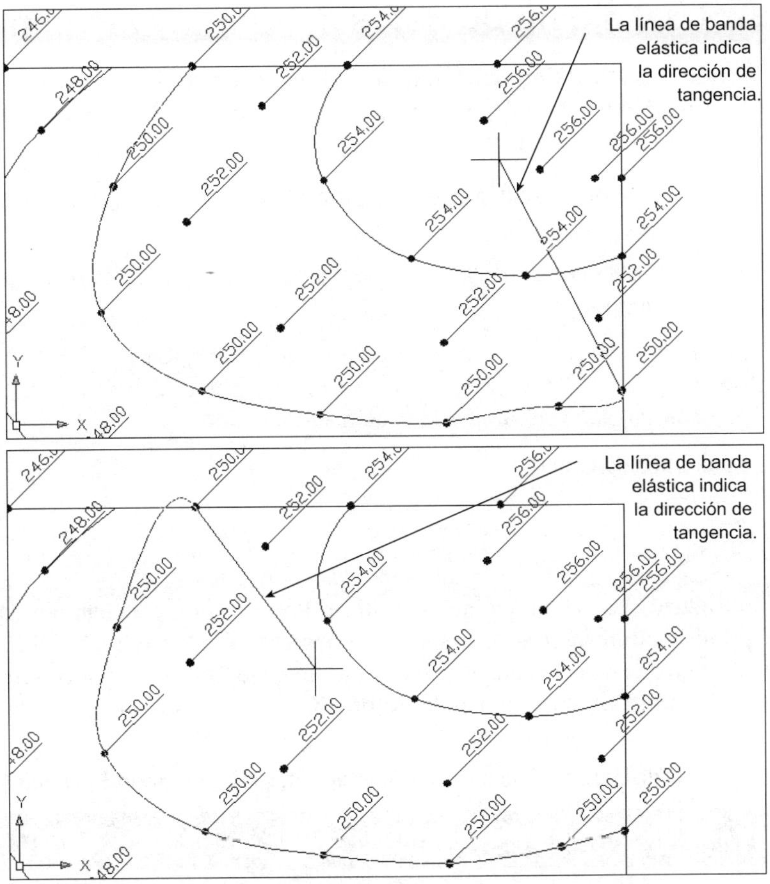

Figura 18.21. Las dos últimas líneas de comando permiten determinar la dirección de la tangente de la spline.

La herramienta **Spline** consta de otras dos opciones (Ajustar tolerancia y Cerrar), que se describen a continuación:

- Ajustar tolerancia: Esta opción permite modificar la curva para que no pase por los puntos seleccionados. Si selecciona esta opción, AutoCAD muestra la línea de comando `Precise tolerancia de ajuste <0.0000>:`. Los valores superiores a 0 trazan la curva cerca de los puntos, pero sin tocarlos. Si especifica 0 como valor, la curva pasará por los puntos seleccionados.
- Cerrar: Esta opción permite cerrar la curva en un bucle. Si selecciona esta opción, AutoCAD le pedirá que indique la dirección tangencial del punto de cierre.

Ajuste de las curvas Spline

Las curvas *spline* son diferentes a otros objetos, y muchos de los comandos de edición estándar no se pueden utilizar con ellas. AutoCAD dispone de la herramienta **Editar Spline** (comando **Editspline**) en el panel Modificar expandido de la ficha Inicio para aplicar cambios a las curvas *spline*. En primer lugar, nos centraremos en la opción Ajustar datos del comando **Spline**.

Control del ajuste de datos de una curva spline

La opción Ajustar datos del comando **Splinedit** le permite ajustar la tangencia de los puntos del principio y del final, añadir nuevos puntos de control y ajustar la configuración de tolerancia de la *spline*. Para conseguir estas opciones, siga los pasos:

1. Seleccione Editar Spline en el panel Modificar expandido de la ficha Inicio o escriba `Editspline` en la línea de comando y pulse **Intro**.
2. En la línea de comando `Designe SPLINE`, seleccione la *spline* que dibujó en el ejercicio anterior.
3. En la línea de comando `Indique una opción [Ajustar datos/Cerrar/Desplazar vértices/Precisar/Invertir/desHacer]:`, escriba `A` y pulse **Intro** para seleccionar la opción Ajustar datos.
4. En la línea de comando

```
[añaDir/Cerrar/sUprimir/Desplazar/Limpiar/Tangentes/tOlerancia/Salir]
<Salir>:
```

introduzca la opción que quiera utilizar. Por ejemplo, para cambiar la tangencia del primer y último puntos de su spline, escriba `T` y pulse **Intro**. Se le pedirá que seleccione el punto de tangente para el primer y último punto. La tabla 18.1 enumera las opciones de Ajustar datos del comando **Splinedit** y para qué sirven.

Tabla 18.1. Opciones de Ajustar datos del comando Splinedit.

Opción	Función
Añadir	Esta opción permite añadir más puntos de control.
Cerrar	Esta opción permite cerrar la curva *spline* para formar un bucle.
Suprimir	Esta opción permite eliminar un punto de control de la curva *spline*.
Desplazar	Esta opción permite desplazar un punto de control.
Limpiar	Esta opción permite eliminar los datos de ajuste de la curva *spline*, eliminado así la opción Ajustar datos de la curva limpia.
Tangentes	Esta opción permite cambiar la tangencia del primer y último punto.
Tolerancia	Esta opción controla la distancia entre la *spline* y un punto de control.

TRUCO: La opción Precisar del comando **Splinedit** le permite controlar la fuerza ejercida por un punto de control individual en una *spline*.

Si lo prefiere, puede hacer doble clic en una *spline* para iniciar el comando **Splinedit** en lugar de seleccionar la herramienta **Editar spline** en el panel Modificar. Si tiene la herramienta **Entrada dinámica** activada, puede seleccionar opciones `Editspline` del menú que aparece en el cursor en lugar de escribir en la línea de comandos los atajos de teclado (véase la figura 18.22).

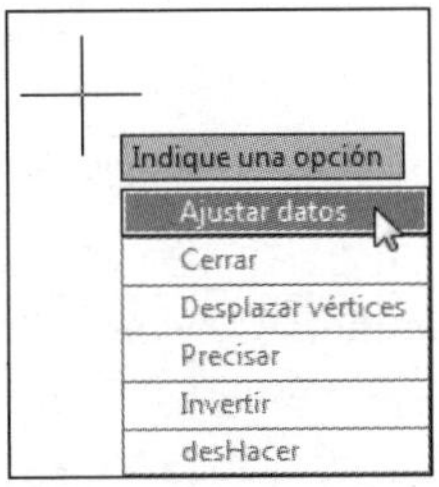

Figura 18.22. El menú que aparece en el cursor al seleccionar la herramienta Editar spline.

Cuándo no se puede utilizar la función Ajuste de datos

La opción Ajuste de datos del comando **Editspline** ofrece varias formas de editar una curva *spline*. Sin embargo, esta opción no está disponible para todas las curvas *spline*. Al invocar determinadas opciones del comando **Editspline**, una curva *spline* perderá sus datos ajustados, por lo que quedará deshabilitada la opción Ajustar datos. Dichas operaciones son las siguientes:

- Ajustar una curva *spline* a una tolerancia (Spline/Ajustar tolerancia) y desplazar sus vértices de control.
- Ajustar una curva *spline* a una tolerancia (Spline/Ajustar tolerancia) y abrirla o cerrarla.
- Redefinir una curva *spline*.
- Eliminar los datos ajustados de la curva *spline* utilizando la opción Limpiar del comando **Editspline** (Desde el explorador de menús, seleccione Editar spline en el panel Modificar expandido, o escriba `Editspline` y pulse **Intro**, seleccione la curva *spline* y escriba `A`, pulse **Intro**, `L`, y pulse **Intro**).

La opción Ajustar datos no está disponible al editar curvas *spline* creadas a partir de *splines* de polilínea.

Marcar divisiones en curvas

Una de las operaciones más difíciles de realizar en dibujo manual consiste en marcar intervalos regulares en una curva. AutoCAD dispone de los comandos **Dividir** y **Graduar** para ayudarnos a realizar esta tarea de forma rápida y precisa.

Encontrará las herramientas **Dividir** y **Graduar** en el panel Dibujo expandido de la Cinta de opciones, como puede ver en la figura 18.23. Haga clic en la barra de título del panel Dibujo, y luego en la flecha desplegable cerca de la herramienta **Punto** para abrir el desplegable.

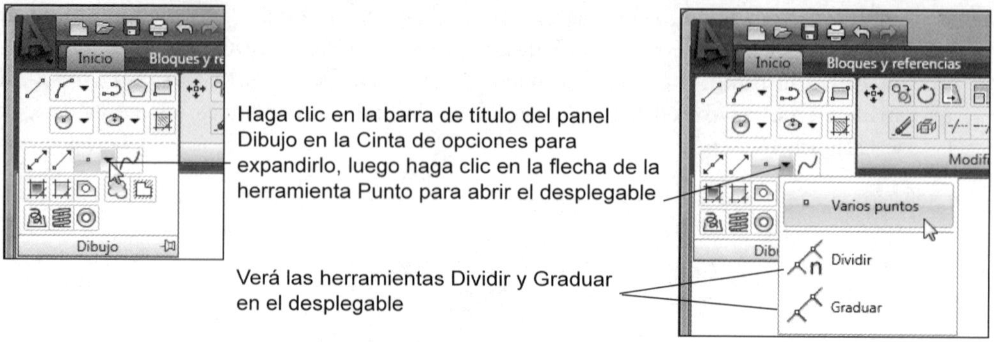

Figura 18.23. Las herramientas Dividir y Graduar están en el panel Dibujo expandido de la Cinta de opciones, en el desplegable Punto.

> **NOTA:** Los comandos **Dividir** y **Graduar** se comentan dentro del estudio de polilíneas, pero puede utilizarlos con cualquier otro objeto, a excepción de bloques y textos.

Dividir objetos en segmentos de longitud idéntica

El comando **Dividir** se utiliza para dividir un objeto en un número de segmentos iguales. Por ejemplo, suponga que necesita dividir el contorno con el que estamos trabajando en este capítulo en nueve segmentos de igual longitud. Una forma de realizar esta tarea consiste en determinar la longitud del contorno mediante el comando **Lista** y, a continuación, sentarnos con un lápiz y un papel a calcular las distancias exactas entre las marcas. Sin embargo, existe otra forma más sencilla de realizar esta tarea.

El comando **Dividir** coloca un conjunto de objetos de puntos en una línea, arco, círculo o polilínea señalando las divisiones exactas. En el siguiente ejercicio le enseñamos a hacerlo:

1. Abra el archivo `18a-divd.dwg`. Se trata de un archivo similar al utilizado en los ejercicios previos.
2. Haga clic en el desplegable Punto en el panel Dibujo expandido y seleccione Dividir, o escriba `Div` en la línea de comando y pulse **Intro**.
3. En la línea de comando `Precise objeto que se va a dividir:`, seleccione la línea de contorno *spline* que tiene las X en la figura 18.24.
4. La línea de comando `Indique el número de segmento o [Bloque]:` que aparece a continuación solicita el número de divisiones que desea aplicar al objeto seleccionado. Escriba `9` y pulse **Intro**. La ventana de comandos volverá a mostrar la línea `Comando:` sin que aparentemente haya ocurrido nada. Sin embargo, AutoCAD ha colocado varios puntos en la línea de contorno para indicar la ubicación de los nueve puntos solicitados. Siga estos pasos para ver los puntos con mayor claridad.
5. En el Explorador de menús, seleccione Formato>Tipo de punto para abrir el cuadro de diálogo Estilo de punto (véase la figura 18.25).

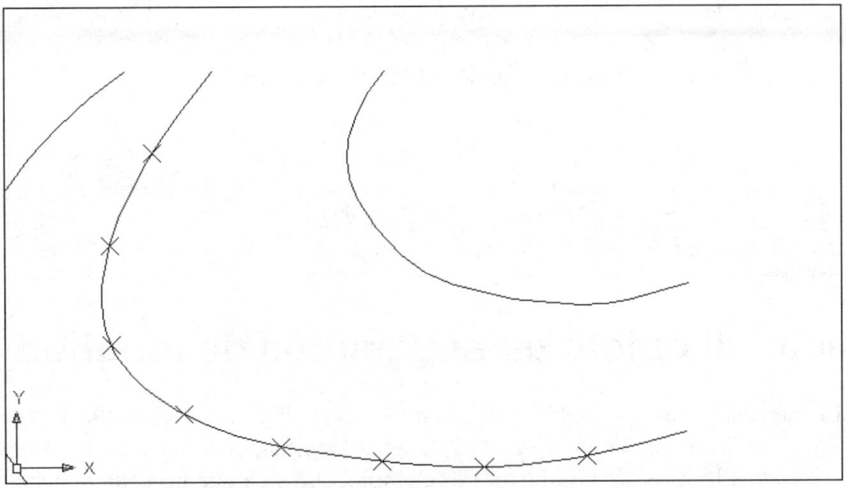

Figura 18.24. Uso del comando Dividir sobre una spline.

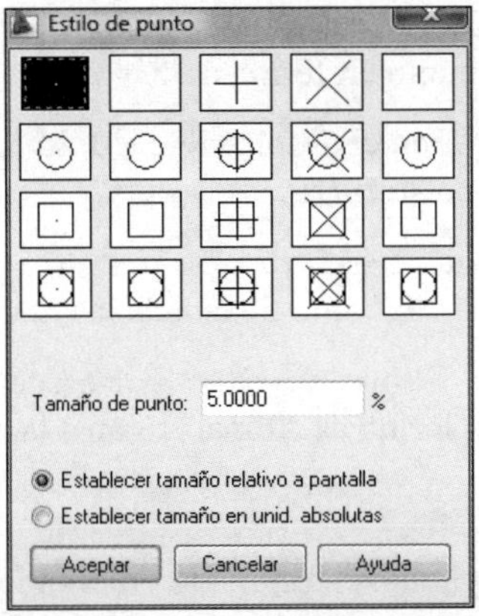

Figura 18.25. Cuadro de diálogo Estilo de punto.

6. Seleccione el estilo de punto X situado en la parte superior derecha del cuadro de diálogo. A continuación, seleccione la opción Establecer tamaño relativo a pantalla y haga clic en **Aceptar**.
7. Si las X no aparecen, seleccione Ver>Regenerar en el Explorador de menús, o escriba `Re` y pulse **Intro**. A continuación, aparecerán las X sobre la línea de contorno, mostrando 9 divisiones (véase la figura 18.24).

TRUCO: También puede cambiar el estilo de punto modificando la variable del sistema `Pdmode`. Cuando definimos un valor de `3`, los puntos se muestran en forma de X.

El comando **Dividir** utiliza los objetos punto para indicar los puntos de división. Los objetos punto se crean mediante el comando **Punto**. Por desgracia, estos puntos son demasiado pequeños y no resultan visibles al colocarlos sobre otros objetos. Sin embargo, como acaba de ver, el cuadro de diálogo Estilo de punto nos permite modificar su forma. Puede utilizar las marcas en forma de X para emplazar objetos o referencias para separar las partes del objeto dividido. (El comando **Dividir** no divide el objeto en partes.)

TRUCO: Si no tiene tiempo para modificar la forma de los objetos de punto, haga lo siguiente: seleccione el modo de referencia a objetos en ejecución Punto. A continuación, mueva el cursor sobre la línea dividida. Como observará, aparecerá el marcador de referencia a objetos Punto cuando el cursor se acerque a un punto.

Dividir el objeto en segmentos de longitud dada

El comando **Graduar** funciona de igual forma que el comando **Dividir**. Sin embargo, en lugar de dividir un objeto en segmentos de igual longitud, genera intervalos a una distancia especificada a lo largo de un objeto. Por ejemplo, suponga que necesita marcar varios segmentos a 60 unidades en el contorno del dibujo que nos ocupa. A continuación le mostramos cómo realizar esta tarea:

1. Elimine los objetos punto en forma de X.
2. Haga clic en Graduar en el desplegable Punto del panel Dibujo, o escriba `Gd` en la línea de comando y pulse **Intro**.
3. En la línea de comando `Designe objeto que se va a graduar:`, seleccione un punto situado en un extremo de una de las líneas de contorno.
4. En la línea `Precise longitud de segmento o [Bloque]:`, escriba `60` y pulse **Intro**. Los puntos en forma de X aparecerán a la distancia especificada.
5. A continuación, salga del archivo.

Tenga en cuenta que el punto seleccionado en el objeto que se desea graduar determina el punto a partir del cual empieza a medir el comando **Graduar**. En el último ejercicio, por ejemplo, seleccionamos un punto cercano al extremo del contorno. Si hubiera seleccionado la parte superior de la línea de contorno, los resultados hubieran sido diferentes, porque se hubieran empezado a medir desde arriba no desde abajo.

Marcar intervalos utilizando bloques en lugar de puntos

También puede utilizar la opción Bloques dentro de los comandos **Dividir** y **Graduar** para colocar bloques a intervalos regulares en una línea, polilínea o arco, como le mostramos a continuación:

1. En primer lugar, compruebe que el bloque que desea utilizar forma parte del archivo de dibujo actual.
2. Active el comando **Dividir** o **Graduar**.
3. En la línea de comando `Indique el número de segmento o [Bloque]:`, escriba `B` y pulse **Intro**.

4. En la línea de comando `Indique nombre de bloque que se va a insertar:`, escriba el nombre de un bloque.
5. En la línea `¿Alinear bloque con objeto? [Sí/No]:`, pulse **Intro** si desea que los bloques sigan la alineación de los objetos seleccionados (si introduce **No** los bloques se insertarán en un ángulo de 0º).
6. En la línea de comando `Indique el número de segmentos:` o `Precise longitud de segmento:`, indique el número o longitud de los segmentos. Como resultado, los bloques aparecerán colocados a intervalos regulares sobre el objeto seleccionado.

La opción Bloque del comando **Dividir** o **Graduar** se puede utilizar, por ejemplo, para colocar una fila de lavabos a lo largo de una pared. También se puede utilizar esta técnica para realizar varias copias de un objeto a lo largo de una línea irregular definida con una polilínea.

Realizar bocetos con AutoCAD

AutoCAD le ofrece el comando **Boceto** que le permite hacer dibujos de forma libre. Las líneas creadas con este comando se convierten en polilíneas. Si quiere saber más acerca de este comando, la ventana Ayuda de AutoCAD le ofrece una excelente descripción de cómo funciona. Pulse la tecla de función **F1**, abra la ficha Contenido y expanda el listado Lista de comandos a Comandos>B-Comandos>Boceto.

En resumen

- **Crear y editar polilíneas:** Las polilíneas son extremadamente versátiles. Puede utilizarlas en casi cualquier situación donde necesite dibujar líneas continuas. Por esta razón, querrá llegar a dominar las polilíneas en su capacitación para AutoCAD.
  - **Dominarlo:** Dibuje la parte mostrada en la figura 18.23.
- **Crear una curva *spline* de polilínea**
  - **Dominarlo:** Intente dibujar el contorno de un objeto que no tiene o tiene pocas líneas rectas, como el archivo de muestra `Lowerfairing.jpg` incluido en los archivos de muestra del capítulo 18. Puede utilizar los métodos descritos en un capítulo anterior para importar una imagen de trama de su objeto y, después, calcar la imagen utilizando las *spline* de polilínea.
- **Crear y editar verdaderas curvas *spline***
  - **Dominarlo:** Intente calcar la misma imagen de la sección "Dominarlo" anterior, pero esta vez utilizando la herramienta **Spline**.
- **Marcar divisiones en curvas**
  - **Dominarlo:** Delimite 12 divisiones iguales de las curvas *spline* que dibujó en el ejercicio "Dominarlo" anterior.

265
1980
6°
6°
1650+-10
750
900
520-укл
2460 - дно
R250

19 Obtener e intercambiar datos de un dibujo

Los dibujos de AutoCAD incluyen una gran cantidad de datos, entre los que se puede encontrar información gráfica como distancias y ángulos entre objetos, así como áreas concretas o propiedades de objetos. Pero, según vaya avanzando en el manejo de AutoCAD, descubrirá que necesita datos de otro tipo. Por ejemplo, para el trabajo en grupos, los distintos parámetros de un dibujo son de gran relevancia. Necesitará estadísticas sobre el tiempo que se emplea en un dibujo, en especial cuando contabilice el tiempo que se utiliza en un ordenador. En función de la complejidad de un proyecto, el mantenimiento de archivos requiere una mayor atención. Para aprovechar al máximo las prestaciones de AutoCAD, podrá intercambiar gran parte de estos datos con otros usuarios y otros programas.

En este capítulo, exploraremos las formas en las que puede extraer los diferentes tipos de datos de AutoCAD y cómo acceder a ellos. En primer lugar, aprenderemos a obtener datos específicos de un dibujo. Después, veremos cómo intercambiar estos datos con otros programas como procesadores de texto, programas de edición e incluso otros productos de diseño asistido por ordenador. En este capítulo se analizan los siguientes aspectos:

- Localizar el área de contornos cerrados.
- Obtener información general de los dibujos.
- Utilizar el formato de archivo DXF para intercambiar datos de AutoCAD con otros programas.
- Utilizar dibujos de AutoCAD en programas de edición.
- Utilizar OLE para importar datos.

Localizar el área de contornos cerrados

Uno de los datos más buscados que se pueden extraer de un dibujo de AutoCAD es el área de un contorno cerrado. En arquitectura, puede encontrar el área de una habitación o de un edificio. En ingeniería civil, puede determinar el área de una linde o la sección de una carretera. En el siguiente apartado veremos cómo se puede utilizar AutoCAD para conseguir información precisa sobre el área de un dibujo.

> **TRUCO:** Para encontrar coordenadas absolutas en un dibujo, puede utilizar el comando **ID**. Seleccione la herramienta **Coordenadas punto** en el panel Consultar de la ficha Herramientas, o escriba `Id` y pulse **Intro**. En la línea de comando `ID Designe punto:`, utilice el modo de referencia a objetos para designar un punto. Las coordenadas X, Y y Z aparecerán en la línea de comando.

Buscar el área de un objeto

Para arquitectos, ingenieros y instaladores es indispensable conocer el tamaño de una habitación o de una parte de un edificio. Un ingeniero de estructuras querrá saber la sección de una viga. En esta sección aprenderemos a determinar las áreas de objetos regulares e irregulares. En primer lugar, determinaremos el área cuadrada del salón y de la entrada del plano de nuestro apartamento:

1. Inicie AutoCAD y abra el archivo `Unit` que hemos creado anteriormente. También puede utilizar el archivo `19a-unit.dwg`.
2. Escriba `Marcaaux`, pulse **Intro**, `ACT`, y pulse **Intro**. Este comando activa un parámetro de marcado que incluye una pequeña marca en pantalla al hacer clic en cualquier punto del área de dibujo. Estas marcas no se imprimen, y se pueden eliminar del dibujo con una simple regeneración. Le pueden servir para realizar el seguimiento de los puntos que designemos en este ejercicio.
3. Aumente el zoom sobre el salón y sobre la entrada para que la vista se parezca a la de la figura 19.1.
4. Haga clic en la herramienta **Área** ( ) en el panel Consultar de la ficha Herramientas o escriba `Área` y pulse **Intro** en la línea de comandos.
5. Con el modo referencia a objetos Punto final y empezando desde la esquina inferior izquierda del salón, seleccione los puntos que se indican en la figura 19.1 para definir el contorno.
6. Cuando haya llegado al octavo punto (véase la figura 19.1), pulse **Intro**. Aparecerá el siguiente mensaje:

   ```
   Área = 39570.00 pulgadas cuadr. (274.7917 pies cuadr.), Perímetro = 76'-0"
   ```

7. Desactive el comando **Marcaaux** escribiendo `Marcaaux`, **Intro**, `des`, y pulsando la tecla **Intro**. A continuación, seleccione Ver>Redibujar vista en el Explorador de menús o escriba `Redibt` en la línea de comandos y pulse **Intro** para eliminar las marcas de la pantalla.

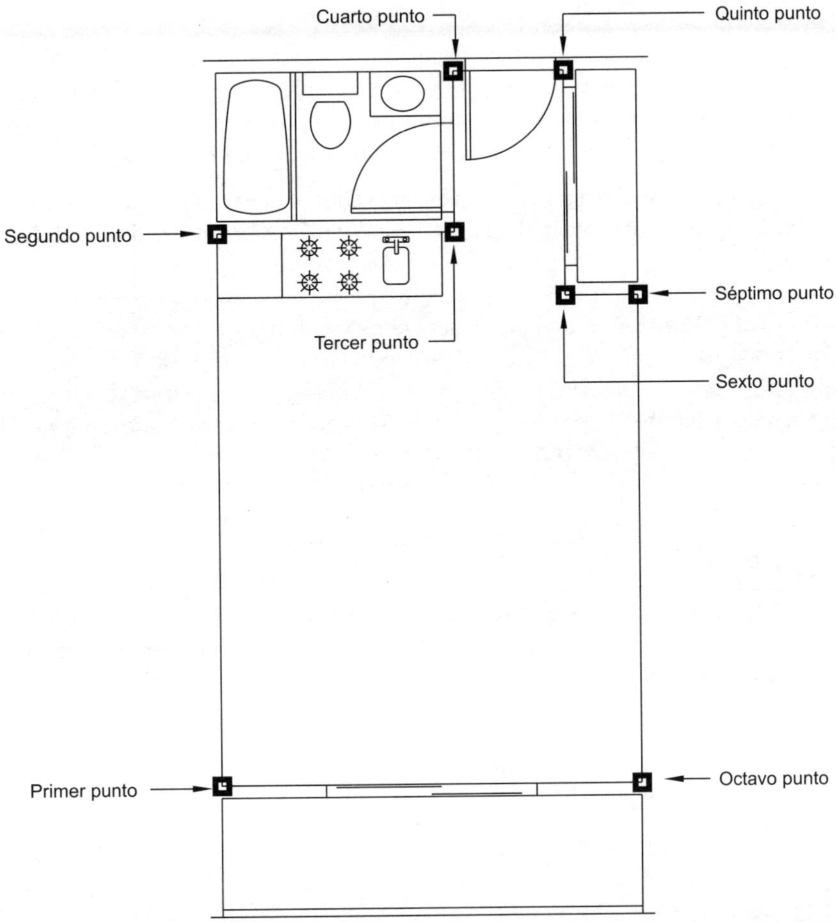

Figura 19.1. Designación de los puntos que determinarán el área del salón y de la entrada.

No hay límite en cuanto al número de puntos que se pueden designar para definir un área, por lo que incluso puede conseguir áreas de formas complejas. La opción Marcaaux permite realizar el seguimiento de los puntos seleccionados para que no pierda el punto inicial.

Utilizar patrones de sombreado para localizar áreas

Los patrones de sombreado se utilizan principalmente para añadir gráficos a los dibujos, pero también pueden servir como medio para localizar áreas. Podemos emplear cualquier patrón de sombreado que queramos, ya que sólo estamos interesados en el área que nos delimita. También podemos configurar una capa especial dedicada a cálculos de áreas y luego asignar patrones de sombreado que utilizaremos para localizar las áreas de dicha capa. De esta forma, podemos desactivar los sombreados para que no se impriman o desactivar las opciones de impresión de dicha capa para asegurarnos de que nunca aparecen en el resultado final. Para practicar el empleo de patrones de sombreado para localizar un área, realice los siguientes pasos:

1. Active la capa Floor (suelo) como capa actual.
2. Desactive las capas Fixture (instalación) y Door (puerta) y asegúrese de que la capa Ceiling (techo) está activada. Queremos emplear un patrón de relleno para realizar un seguimiento del contorno interior del muro, de forma que necesitamos desactivar cualquier objeto que pueda afectar al contorno, como la puerta y la cocina.
3. Haga clic en **Sombreado** ( ) en el panel Dibujo de la ficha Inicio, o escriba `sombrea` y pulse **Intro** para abrir el cuadro de diálogo Sombreado y degradado.

ADVERTENCIA: Si el área que intentamos medir tiene huecos, configure la opción Tolerancia a huecos del cuadro de diálogo Sombreado y degradado a un valor superior al tamaño mayor de dichos huecos. Si la opción Tolerancia a huecos no se encuentra disponible, haga clic en el botón **Más opciones** en la esquina inferior derecha del cuadro de diálogo Sombreado y degradado.

4. Haga clic en el botón **Añadir: Designar puntos** ( ) para cerrar temporalmente el cuadro de diálogo.
5. En la línea de comandos `Designe punto interno o [deSignar objetos/ eliminar Contornos]:`, haga clic en el interior del plano del apartamento. Se seleccionará el contorno interior, tal como se ilustra en la figura 19.2.

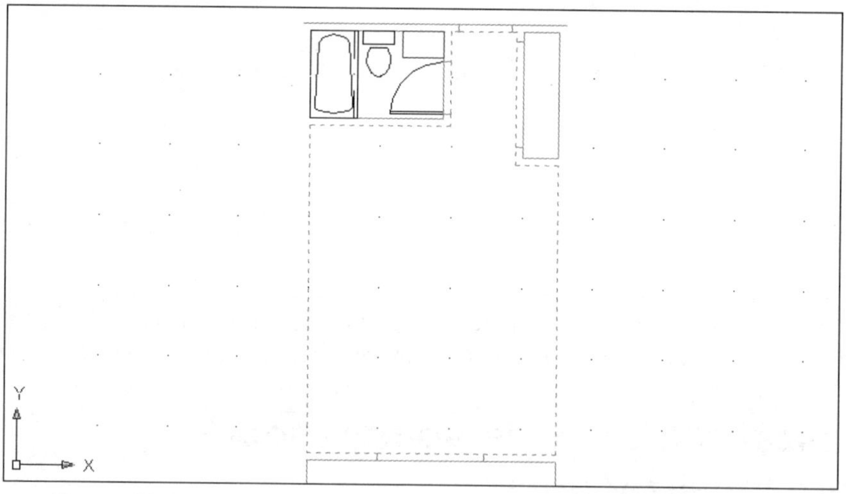

Figura 19.2. Una vez designado un punto dentro del plano por medio del comando Sombreado, el marco de la zona aparecerá seleccionado y rodeado por una línea de puntos.

6. Pulse la tecla **Intro**. De vuelta al cuadro de diálogo Sombreado y degradado, haga clic en el botón **Aceptar**.
7. Haga clic en **Área** ( ) en el panel Consultar de la ficha Herramientas o escriba `Area` en la línea de comandos y pulse la tecla **Intro**. A continuación, escriba `O` y pulse **Intro** para seleccionar la opción Objeto.

8. Haga clic en el patrón que acaba de crear. Cuando esté seleccionado, pulse **Intro**. Esta vez, obtendrá el siguiente mensaje:

```
Área = 39570.00 pulgadas cuadr. (274.7917 pies cuadr.), Perímetro = 76'-0"
```

TRUCO: Si necesita recuperar el último cálculo de áreas escriba `_setvar`, pulse **Intro**, `Area` y pulse **Intro**. El área calculada aparecerá en el indicador de comandos. Escriba `Perimeter` para recuperar el último perímetro calculado.

El comando **Sombreado** crea un patrón de sombreado que se ajusta a los límites de un área. Esta característica, combinada con las capacidades del comando **Área** para calcular el área de un patrón de sombreado, facilita nuestras tareas de cálculos de áreas. Otra ventaja de utilizar patrones de sombreado es que, de forma predeterminada, evitan las islas dentro del contorno cuya área tratamos de calcular.

El área de un patrón de sombreado también se encuentra disponible en la paleta Propiedades. Seleccione el sombreado cuya área quiera calcular, haga clic con el botón derecho del ratón y seleccione Propiedades. Baje hasta la parte inferior del grupo Geometría y verá el campo Área con el área del patrón de sombreado seleccionado. Puede seleccionar más de un patrón de sombreado a la vez para calcular la suma total de las distintas áreas dentro de la paleta Propiedades.

Añadir y eliminar áreas con el comando Área

Los patrones de sombreado trabajan muy bien localizando áreas pero, si por cualquier razón, no desea utilizar sombreados, dispone de otra alternativa. Puede utilizar el comando **Contorno** para generar un esquema de polilíneas de un contorno cerrado y obtener su superficie empleando el comando **Área**. Si existen islas dentro del contorno, puede utilizar la característica de sustracción del comando **Área** para eliminar el área de la isla de la superficie total del contorno. En esta sección, utilizaremos el ejemplo de una brida que contiene dos islas en forma de dos círculos en los extremos inferiores (véase la figura 19.3).

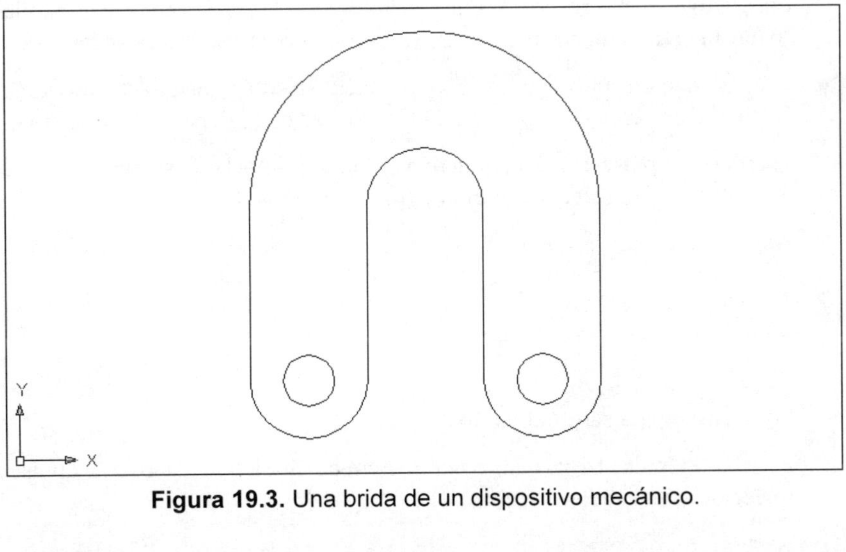

Figura 19.3. Una brida de un dispositivo mecánico.

Utilizando las opciones de adición y sustracción del comando **Área**, se pueden calcular varias áreas al mismo tiempo, lo que le proporciona una mayor flexibilidad para definir áreas de formas complejas. En el siguiente ejercicio utilizaremos una forma que contiene círculos y que está compuesta por arcos, líneas y círculos. Siga los pasos que se detallan a continuación para ver cómo se puede llevar la cuenta de las áreas:

1. Cierre el archivo del apartamento y abra el archivo `Flange.dwg` (véase la figura 19.3). No se preocupe por los cambios que haya realizado en el apartamento. No será necesario guardarlos.
2. Haga clic en **Contorno** ( ) en el panel Dibujo de la ficha Inicio, o escriba `contorno` en la línea de comandos y pulse **Intro** para abrir el cuadro de diálogo Crear contornos (véase la figura 19.4).

Figura 19.4. Cuadro de diálogo Crear contornos.

3. En el cuadro de diálogo Crear contornos, haga clic sobre el botón **Designar puntos**.
4. Haga clic dentro de la forma. Toda la pieza aparecerá resaltada, incluyendo las islas de los círculos.
5. Pulse **Intro**. Se ha creado un contorno polilíneo de la forma aunque no resulta obvio que se hayan creado dichas polilíneas, ya que se dibujan sobre los objetos del contorno.
6. A continuación, utilizaremos las opciones Añadir y Sustraer del comando **Área**. Haga clic en **Área** ( ) en el panel Consultar de la ficha Herramientas.
7. Escriba `A` y pulse **Intro** para activar el modo Añadir y, seguidamente, escriba `O` y pulse **Intro** para seleccionar el objeto.
8. Haga clic en un borde vertical del contorno de la pieza. Aparecerá el siguiente mensaje:

```
Área = 27.708, Perímetro = 30.8496
Área total = 27.7080.
```

9. Pulse **Intro** para salir del modo Añadir.
10. Escriba `S` y pulse **Intro** para acceder al modo Sustraer. Escriba `O` y pulse **Intro** para seleccionar un objeto.

11. Haga clic en uno de los círculos. Verá el siguiente mensaje:

```
Área = 0.6070, Perímetro = 2.7618
Área total = 27.1010
```

Las cifras hacen referencia al área y al perímetro del objeto seleccionado junto al área total del contorno de la pieza menos el círculo.

12. Haga clic en el otro círculo. Aparecerá el siguiente mensaje:

```
Área = 0.6070, Perímetro = 2.7618
Área total = 26.4940
```

De nuevo se ofrece la relación del área y del perímetro del objeto seleccionado junto al área total, el área real de la pieza.

13. Pulse **Intro** dos veces para salir del comando.

En este ejercicio, primero hemos seleccionado el contorno del objeto principal y luego hemos restado los objetos isla. No es necesario seguir el mismo orden y puede restar inicialmente las áreas para obtener valores negativos y, posteriormente, añadir las áreas restantes para calcular el total. Puede cambiar del modo Añadir al modo Sustraer.

Habrá observado que en la línea de comando se incluía la solicitud `Precise primer punto de esquina u [Objeto/Sustraer]` : como opción predeterminada para los dos modos. En lugar de utilizar la opción Objeto para seleccionar los círculos, podía haber empezado por designar puntos y definir un área rectangular, como en el primer ejercicio del capítulo.

Conviene recordar que cada vez que se pulsa **Intro** mientras se designan los puntos para calcular un área, AutoCAD conecta de forma automática el primer punto y el último y devuelve el área calculada. Si se encuentra en modo Añadir o Sustraer, puede continuar con la designación de puntos, pero las nuevas áreas se calcularán a partir del siguiente punto seleccionado.

Como habrá observado en ejercicios anteriores, resulta más sencillo contornear primero las áreas que tengan polilíneas, siempre que esto sea posible, y luego utilizar la opción Objeto para añadir y sustraer los valores de área de las polilíneas. En nuestro ejemplo hemos calculado el área de un objeto mecánico. Sin embargo, se puede aplicar el mismo proceso en cualquier tipo de área, ya sea un mapa topográfico o un plano de planta. Por ejemplo, se puede utilizar la opción Objeto para definir un área irregular como (véase la figura 19.5) siempre que se trate de una polilínea.

Guardar datos de área en un archivo de dibujo

Tras determinar el área de un objeto, se suele guardar en algún lugar. Puede escribirla en el libro de registro de un proyecto, pero éste es un lugar que se pasa por alto con facilidad. Una forma más fiable de almacenar información sobre el área es utilizar los atributos. Considere el siguiente ejemplo. En un proyecto de construcción de un edificio, puede crear un bloque que contenga atributos para los números de habitación, el área de las habitaciones y la fecha en la que se tomó dicha área. Puede ocultar los atributos de área y de fecha para que sólo se muestre el número de las habitaciones. A continuación, puede insertar el bloque en cada habitación. Tras determinar el área, resulta muy sencillo agregarla al atributo de bloque con el comando **Ddatte**. De hecho, puede utilizar dicho bloque con cualquier dibujo en el que desee almacenar datos.

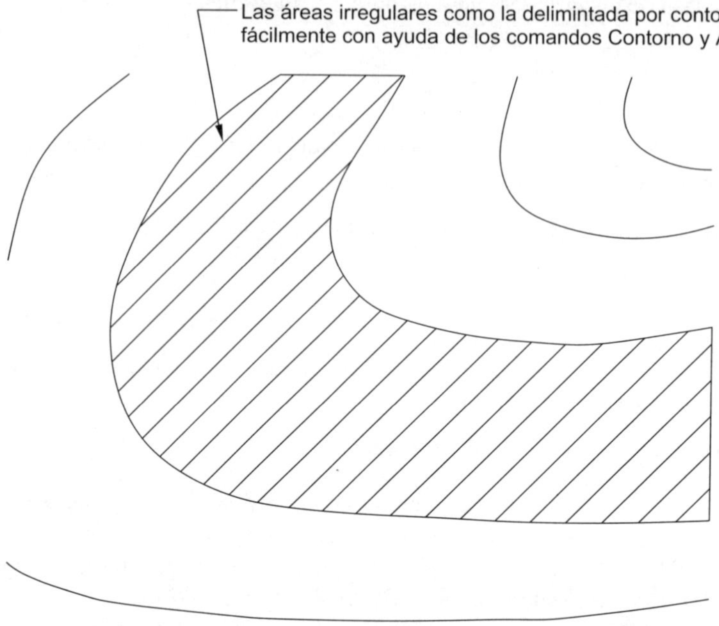

Figura 19.5. Un plano con un área que se puede calcular.

Obtener información general

Hasta ahora nos hemos limitado a obtener datos relativos a la geometría de un dibujo. También se pueden utilizar una serie de herramientas para acceder a información general de un dibujo. Se puede conseguir información sobre la hora en la que se ha creado un dibujo o se modificó por última vez o sobre el estado de los parámetros actuales de un archivo.

En esta sección practicaremos la extracción de este tipo de información de un dibujo con ayuda de las herramientas del panel Consultar en la ficha Herramientas.

Estado de un dibujo

Cuando se trabaja con un grupo de gente en un proyecto extenso, es fundamental poder seguir la configuración de un dibujo. El comando **Estado** le permite conseguir información general sobre el dibujo en el que se está trabajando, como puede ser el punto base, los parámetros del modo actual y el uso del espacio de trabajo o de la memoria del sistema. Es un comando especialmente útil para modificar un dibujo creado por otra persona, ya que le permite identificar y cambiar los parámetros y adaptarlos a su propio estilo de trabajo. La herramienta **Estado** en el panel Ayudas al dibujo expandido de la ficha Herramientas genera una lista como la de la figura 19.6.

> **TRUCO:** Si tiene dificultades para modificar un archivo creado por otra persona, puede que se deba a un parámetro nuevo o diferente que no utilice habitualmente. Si nota que AutoCAD actúa de forma distinta, puede utilizar el comando **Estado** para acceder a los parámetros de un archivo antes de pedir ayuda.

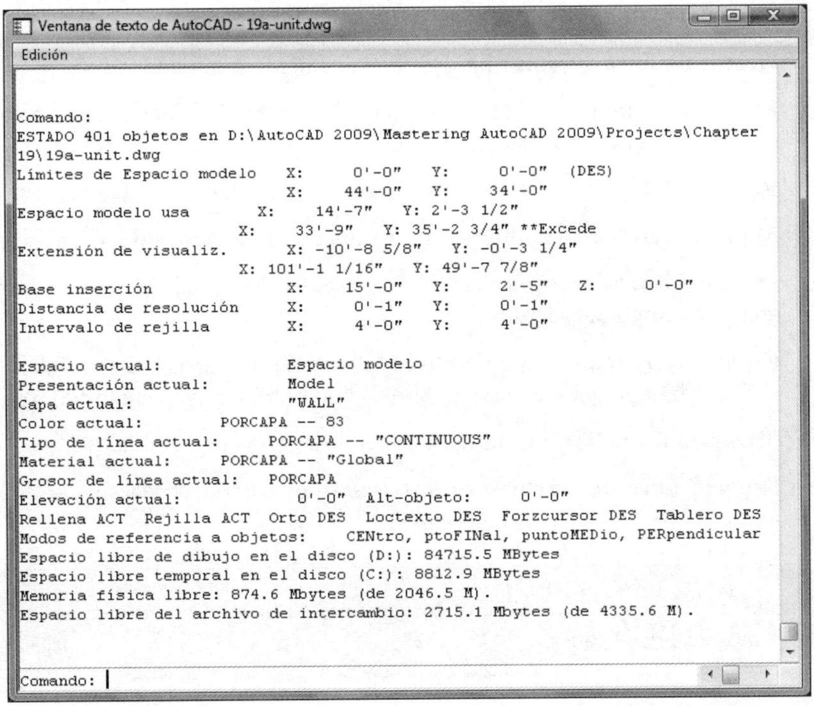

Figura 19.6. La pantalla Estado de la ventana de texto de AutoCAD.

A continuación se incluye una breve descripción de cada uno de los elementos de la pantalla Estado. Algunos de ellos pueden variar con respecto a los que ofrecemos en este apartado. Sin embargo, la información es aplicable prácticamente a todas las situaciones, excepto cuando se indica lo contrario:

- **(*Número*) Objetos en** `Unidad:\Carpeta\Subcarpeta\Nombre.dwg`**:** El número de objetos de un dibujo.
- **Límites de espacio papel:** Las coordenadas correspondientes al espacio Papel. También indica si los límites están activados o desactivados.
- **Espacio modelo usa:** El área que ocupa el dibujo.
- ****Excede:** Si aparece, indica que parte del dibujo está fuera del contorno limitado.
- **Extensión de visualización:** El área que cubre la vista actual.
- **Base inserción/Distancia de resolución/Intervalo de rejilla:** Los valores predeterminados actuales de los parámetros del modo correspondiente.
- **Espacio actual:** Espacio Modelo o espacio Papel.
- **Presentación actual:** La ficha actual.
- **Capa actual:** La capa predeterminada actual.
- **Color actual:** El color que se asigna a los nuevos objetos.
- **Tipo de línea actual:** El tipo de línea que se asigna a los nuevos objetos.

- **Material actual:** El material asignado a los nuevos objetos.
- **Grosor de línea actual:** El grosor de línea predeterminado.
- **Elevación actual/Grosor:** La coordenada Z predeterminada actual para los nuevos objetos más el grosor predeterminado. Se trata de parámetros 3D.
- **Relleno, Rejilla, Orto, Loctexto, Forzcursor, Tablero:** El estado de estas opciones.
- **Modo de referencia a objetos:** El parámetro predeterminado actual de este modo.
- **Espacio libre de dibujo en el disco (*Unidad:*):** El espacio disponible para almacenar archivos temporales de dibujo.
- **Espacio libre temporal en el disco (*Unidad:*):** El espacio disponible que queda en el disco duro para almacenar archivos temporales de los recursos de AutoCAD.
- **Memoria física libre:** Cantidad de memoria RAM disponible.
- **Espacio libre del archivo de intercambio:** Cantidad de espacio del archivo de intercambio de Windows disponible.

> **TRUCO:** En el espacio Papel, el comando **Estado** muestra información relativa a los límites de este espacio.

El comando **Estado**, además de ser de gran ayuda para entender un archivo de dibujo, es una herramienta imprescindible para solucionar errores. A menudo, los técnicos son capaces de aislar problemas utilizando la información suministrada por el comando **Estado**.

Seguimiento de la hora

El comando **Tiempo** le permite realizar el seguimiento del tiempo que se ha dedicado a un dibujo. También se puede utilizar para comprobar la hora actual y determinar el momento de creación de un archivo o la última vez que se modificó. Como AutoCAD utiliza la hora del reloj del sistema, debe asegurarse de que éste se encuentra configurado correctamente.

Para acceder al comando **Tiempo** puede escribir `Tiempo` en la línea de comando y pulsar **Intro** o seleccionar **Fecha/Hora** ( ) en el panel Consultar de la ficha Herramientas. En pantalla aparecerá un mensaje como el de la figura 19.7.

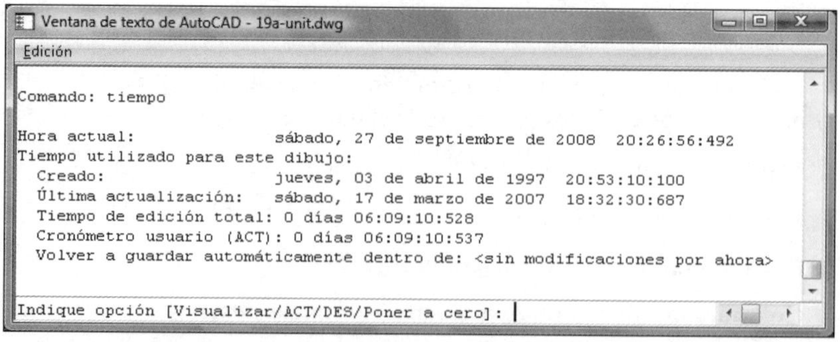

Figura 19.7. La pantalla Fecha/Hora dentro de la ventana de texto de AutoCAD.

Las primeras cuatro líneas del mensaje indican la fecha y la hora actual, la fecha y la hora en la que se ha creado el dibujo y la última vez que se ha guardado o completado.

En la quinta línea se puede ver el tiempo total que se ha dedicado al dibujo desde el momento en que se abrió el archivo. Puede cronometrar una actividad en concreto, como puede ser el cambio del grosor de todas las paredes de un plano o la modificación del diseño de una pieza de maquinaria. En la última línea se puede ver el momento en el que se guardará el archivo.

Puede activar, desactivar y poner a cero este contador con ayuda de las opciones ACT, DES y Poner a cero de la línea de comando. También puede pulsar **Intro** para salir del comando **Tiempo**.

Obtener información a partir de variables de sistema

Si ha seguido todos los pasos del proyecto de construcción del edificio de apartamentos, habrá comprobado que en algunas ocasiones nos hemos referido al uso de una variable de sistema junto a un comando. Se puede comprobar el estado o modificar la configuración de cualquier variable de sistema incluso durante la ejecución de algún otro comando. Para ello, sólo tiene que escribir un apóstrofe (`'`) seguido del nombre de la variable en la línea de comando.

Por ejemplo, si ha empezado a trazar una línea pero decide girar el cursor 45°, puede seguir los pasos que se incluyen a continuación:

1. En la línea de comando `Designe punto siguiente o [desHacer]:`, escriba `'snapang`.
2. En la línea `Indique nuevo valor para SNAPANG <0>:`, debe determinar el nuevo ángulo del cursor. Una vez definido, volverá al comando **Línea** con el cursor en la nueva orientación.

También se puede recuperar información como la última área o distancia calculada por AutoCAD. Como la variable de sistema `Área` duplica el nombre del comando **Área**, es necesario seleccionar Herr.>Consultar>Establecer variable en el Explorador de menús, escribir `Área` y pulsar **Intro** para acceder al último cálculo de área. También puede realizar la siguiente secuencia de acciones: `_Setvar`, pulsar **Intro**, `Area`, pulsar **Intro**. Las opciones del menú Herr.>Consultar>Establecer variable también le permiten comprobar todas las variables de sistema y su estado, así como acceder a cada una de ellas de forma individual si se antepone un signo de interrogación (`?`). A continuación puede indicar las variables que aparecerán utilizando caracteres comodín tales como el asterisco o el signo de interrogación. Por ejemplo, puede introducir `g*` para mostrar todas las variables de sistema que comiencen por la letra G.

Muchas de las variables de sistema le ofrecen acceso directo a información detallada sobre un dibujo. También le permiten mejorar y modificar el dibujo y las acciones de edición.

TRUCO: Muchas de las opciones de los cuadros de diálogo utilizados hasta ahora son, de hecho, parámetros de variables de sistema, como las del cuadro de diálogo Opciones.

Mantener un registro de la actividad

En ocasiones, resulta útil mantener un registro de nuestra actividad durante una sesión de AutoCAD. Un registro es un archivo de texto que contiene las actividades realizadas en AutoCAD. También puede contener notas que nos hemos dejado a nosotros mismos o a otros usuarios sobre un dibujo. Este tipo de registro puede servir de ayuda para determinar la frecuencia con la que se usa determinado comando o para crear una macro con una secuencia de comandos de uso frecuente.

El siguiente ejercicio muestra cómo podemos guardar y ver un registro detallado de una sesión de AutoCAD utilizando la función Registro.

1. Seleccione Herr.>Opciones en el Explorador de menús para abrir el cuadro de diálogo Opciones. Haga clic en la ficha Abrir y guardar para abrir un nuevo conjunto de opciones.

> **TRUCO:** Una forma más rápida de activar y desactivar la función Mantener archivo de registro consiste en escribir `Logfileon` y pulsar **Intro** y `Logfileoff` y pulsar **Intro** en la línea de comando, respectivamente.

2. En el grupo Precauciones de seguridad en archivos, haga clic en la casilla Mantener archivo de registro y haga clic en **Aceptar**.
3. Haga clic en **Estado** (Estado) en el panel Ayudas al dibujo de la ficha Herramientas.
4. Vuelva a la ficha Abrir y guardar del cuadro de diálogo Opciones y desactive la opción Mantener archivo de registro.
5. Haga clic en **Aceptar** para salir del cuadro de diálogo.
6. En Windows, seleccione el Bloc de notas o cualquier otro editor de texto.
7. En el editor de textos, abra el archivo de registros cuyo nombre comienza por `Flange` en la carpeta que se indica a continuación:

   `C:\Usuarios\Nombre de usuario\AppData\Roaming\Autodesk\AutoCAD 2009\R17.2\esp\`

   Este archivo almacena los datos de texto procedentes de la línea de comandos cuando la opción de archivo de registro está activada. Tiene que desactivarla antes de ver este archivo. Cuando intente ver el archivo de registro utilizando el Bloc de notas de Windows, asegúrese de que establece el tipo de archivo del cuadro de diálogo Abrir en Bloc de notas en Todos los archivos.

Como se puede apreciar en el paso 7, el archivo de registro recibe el nombre del archivo de dibujo asociado al registro junto a una serie de valores numéricos. Dado que el archivo de registro `Flange` es un archivo de texto estándar, resultará sencillo enviárselo a otros miembros del grupo de trabajo o imprimirlo en un registro permanente.

TRUCO: Si no puede encontrar el archivo de registro asociado al dibujo actual, escriba `logfilename` en la línea de comando y pulse **Intro** para que AutoCAD muestre el nombre del archivo, incluida su ruta completa. Si quiere cambiar la ubicación predeterminada de un archivo de registro, abra el cuadro de diálogo Opciones y haga clic en la ficha Archivos. Haga clic en el signo más situado a la izquierda de la opción Ubicación del archivo de registro, en el cuadro de lista. Aparecerá una entrada en la que se muestra dónde se almacena el archivo de registro de dibujo. A continuación, puede modificar este parámetro para indicar la nueva ubicación.

Capturar y guardar datos de la ventana de texto de AutoCAD

Si trabaja en grupo, puede resultarle de gran utilidad disponer de un registro del estado, de la hora de modificación y de las variables de sistema de determinados archivos utilizados por otros miembros del grupo. También puede tener registros sobre información de bloques y capas para comprobar si un bloque en concreto se ha incluido en un dibujo o qué capas se encuentran desactivadas o activadas.

El portapapeles de Windows le permite capturar y guardar este tipo de datos directamente desde la ventana de texto de AutoCAD, como puede comprobar a continuación:

1. Desplace el cursor del ratón hasta la línea de comando, situada en la parte inferior de la ventana de texto de AutoCAD.
2. Haga clic con el botón derecho del ratón para abrir el menú contextual. Seleccione la opción Copiar historial. El contenido de la ventana de texto de AutoCAD se copiará en el Portapapeles.

Si únicamente quiere copiar una parte del texto al portapapeles, siga estas indicaciones:

1. Pulse la tecla **F2** para abrir la ventana de texto de AutoCAD.
2. Con ayuda del cursor, seleccione el texto que quiera copiar al portapapeles.
3. Haga clic con el botón derecho del ratón y escoja la opción Copiar del menú contextual. También puede escribir **Ctrl-C**. El texto seleccionado se añadirá al portapapeles.
4. Abra el Bloc de notas u otro procesador de texto y pegue la información.

Aunque en este ejercicio hemos utilizado la ventana de texto para copiar un texto, también se puede recurrir a la línea de comando situada en la parte inferior de la pantalla.

Habrá comprobado que el menú contextual ofrecía otras cuatro opciones: Comandos recientes, Pegar, Pegar a línea de comando y Opciones. La opción Comandos recientes incluye una lista de los últimos comandos utilizados. Para la mayoría de las acciones utilizará un conjunto de comandos repetidamente, la opción Comandos recientes puede ahorrarle tiempo proporcionándole u atajo a los comandos que más utiliza. Las opciones de pegado le permiten copiar la primera línea de los contenidos del portapapeles en la línea de comando o en un campo de un cuadro de diálogo. Puede ser útil para introducir texto repetitivo, o para almacenar y recuperar comandos de uso frecuente. El comando **Opciones** sirve para abrir el cuadro de diálogo del mismo nombre.

TRUCO: Los objetos copiados al portapapeles desde la ventana de texto de AutoCAD se pueden pegar individualmente en cuadros de diálogo. Es una técnica rápida que le permite transferir capas, tipos de línea u otros elementos desde la ventana de texto a un cuadro de diálogo. Incluso se puede pegar texto en el área de dibujo.

Almacenar información en archivos de AutoCAD

Al empezar a construir una biblioteca de archivos de AutoCAD, seguramente habrá pensado en la forma de gestionar dichos archivos, ya que su seguimiento puede ser complicado. Muchos de los usuarios de AutoCAD asignan un número de proyecto a sus archivos para, de esta forma, mantenerlos organizados. Pero incluso las técnicas más meticulosas no sirven cuando hay que encontrar un determinado archivo entre miles. En el siguiente apartado, aprenderemos a incluir información en un archivo de AutoCAD para que posteriormente nos permita localizarlo con ayuda de la herramienta de búsqueda de Windows.

TRUCO: AutoCAD incluye la herramienta DesignCenter, que facilita la búsqueda de archivos en función de una palabra clave o de una descripción.

Para añadir información general que permita buscar un determinado archivo de dibujo hay que utilizar el cuadro de diálogo Propiedades del dibujo (haga clic en **Propiedades de dibujo** () en el panel Ayudas al dibujo de la ficha Herramientas). Este cuadro de diálogo está dividido en cuatro fichas (véase la figura 19.8).

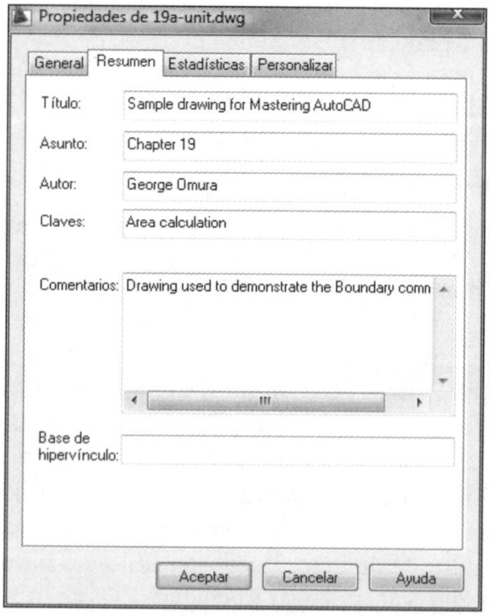

Figura 19.8. Cuadro de diálogo Propiedades de 19a-unit.dwg.

A continuación se incluye una descripción de cada una de las fichas de este cuadro de diálogo:

- General: En esta ficha se incluye la información general relativa al archivo, información similar a la que aparece al utilizar las opciones Propiedades del Explorador de Windows para ver las propiedades de un archivo.
- Resumen: En esta ficha puede introducir cualquier texto en los campos Título, Asunto, Autor, Claves que haga referencia al dibujo. Estos datos se guardarán junto al dibujo y se utilizarán para localizarlo con ayuda del DesignCenter de AutoCAD o el comando Buscar de Windows.

  Además, puede definir una ubicación base para hipervínculos que se apliquen a los objetos de un dibujo, ubicación que puede ser una carpeta del ordenador o de una red o una dirección de Internet.
- Estadísticas: Ficha que incluye el nombre de usuario de Windows de la última persona que ha modificado el dibujo, así como el tiempo que le ha dedicado. El nombre de usuario se corresponde al nombre de inicio de sesión de Windows.
- Personalizar: Esta ficha se divide en dos columnas de cuadros, y le permite almacenar datos personales adicionales junto al dibujo. Por ejemplo, puede escribir **Número de proyecto** en la columna Nombre y una cifra en la columna Valor. También puede incluir información sobre nombres de directores de proyecto, consultores o revisores. Seguidamente, sólo tiene que utilizar el DesignCenter de AutoCAD o la opción Buscar de Windows para localizar el archivo con ayuda de las palabras clave definidas en las columnas Nombre y Valor.

Buscar archivos de AutoCAD

Una vez incluida la información de un archivo en el cuadro de diálogo Propiedades del dibujo, puede utilizar el DesignCenter de AutoCAD, el cuadro de diálogo Archivo o las opciones del comando **Buscar** de Windows para localizarlo.

En el menú Herr también se incluye la opción Buscar, en la esquina superior derecha del cuadro de diálogo Seleccionar archivo. Para acceder a esta opción, seleccione la herramienta **Abrir** ( ) en la Barra de herramientas de acceso rápido y, en el cuadro de diálogo Seleccionar archivo, utilice la opción Buscar del menú Herramientas (véase la figura 19.9). Con esta opción se abre el cuadro de diálogo Buscar, cuyo funcionamiento es similar al de Windows XP.

Recuperar archivos dañados

Ningún sistema es perfecto. Con el tiempo, encontrará archivos dañados. AutoCAD incluye dos herramientas que le permiten, en la mayoría de los casos, recuperar un archivo defectuoso.

- **Revisar**: Comprueba archivos que se pueden abrir, pero que se sospecha tengan algún tipo de problema. Los abre y busca posibles errores en ellos, y después muestra los resultados en una ventana de texto de AutoCAD.

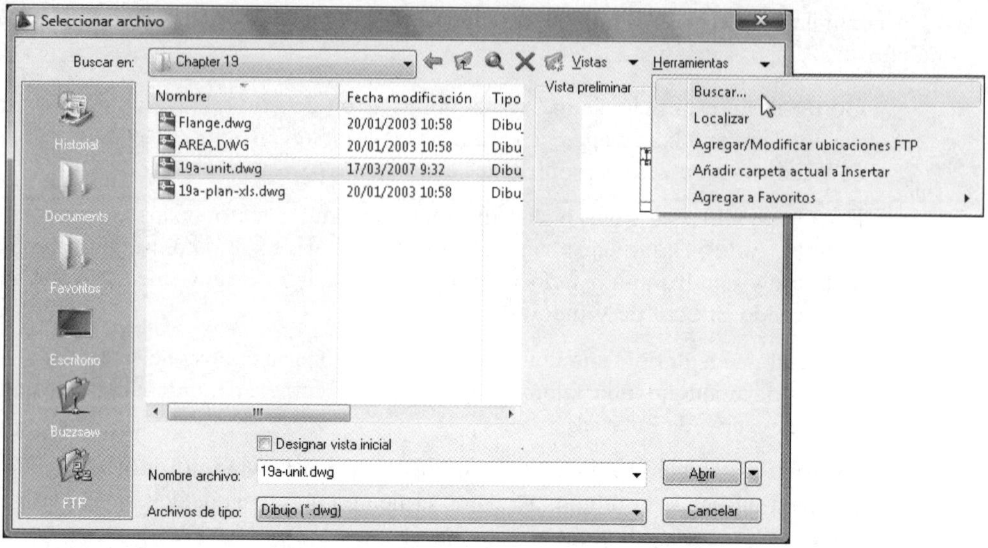

Figura 19.9. Cuadro de diálogo Seleccionar archivo.

- **Recuperar**: Consigue abrir archivos defectuosos que AutoCAD no puede abrir empleando las técnicas convencionales. Abre el cuadro de diálogo Seleccionar Archivo en el que puede seleccionar el archivo que se va a recuperar. Una vez seleccionado, se abre y se revisan los errores que contenga.

Puede acceder a estas dos herramientas por medio de las herramientas del panel Ayudas al dibujo de la ficha Herramientas. A menudo, estas herramientas se encargan de todo el proceso, pero no son infalibles. En caso de que no pueda recuperar un archivo utilizando cualquiera de las dos opciones, compruebe que el ordenador funciona correctamente y que el error no se debe a un fallo del sistema. Si, por alguna razón, el ordenador se desconecta mientras nos encontramos en pleno proceso de edición de un archivo, verá el Administrador de recuperación de dibujos la próxima vez que ejecute AutoCAD. El Administrador de recuperación de dibujos le permite recuperar el archivo con el que hemos estado trabajando hasta que AutoCAD se cerró inesperadamente. Esta característica de recuperación de archivos funciona de forma similar a la herramienta de recuperación de Microsoft Office, en la que aparece un panel a la izquierda de la ventana de texto de AutoCAD con una lista de los archivos recuperables. Podemos seleccionar en este panel el nombre del archivo que deseamos recuperar para abrirlo. Encontrará el Administrador de recuperación de dibujos en el panel Ayudas al dibujo de la ficha Herramientas.

Utilizar el formato de archivo DXF para intercambiar datos de AutoCAD con otros programas

AutoCAD le ofrece diversas formas de intercambio de datos con otros programas. Probablemente, la más común sea compartir información de un dibujo con otras aplicaciones de CAD. En este apartado, analizaremos las técnicas necesarias para exportar e importar dibujos de AutoCAD con ayuda del formato de archivo `.dxf`. Un archivo `.dxf` es un simple archivo de texto en el que se incluye toda la información necesaria para reconstruir un dibujo. Se suele utilizar para intercambiar dibujos generados en otros programas. Muchos programas de CAD y de dibujo técnico, incluyendo los de perspectiva 3D, pueden generar o leer archivos `.dxf`.

Sin embargo, no debe olvidar que no todos los programas que leen este tipo de archivos aceptan todos los datos que contienen. Los atributos suelen ser los objetos más omitidos, seguidos de cerca por los objetos tridimensionales.

> **TRUCO:** AutoCAD ya no admite el estándar IGES (*Initial Graphics Exchange Specification*, Especificación de intercambio de gráficos inicial) para la conversión de datos de CAD.

Exportar archivos .dxf

Para exportar un dibujo como archivo `.dxf`, siga los pasos que se incluyen a continuación:

1. Seleccione Archivo>Guardar como en el Explorador de menús para abrir el cuadro de diálogo Guardar como.
2. En la lista desplegable Archivos de tipo, puede exportar el archivo en distintos formatos, incluyendo cuatro tipos de formatos DXF (véase la figura 19.10).

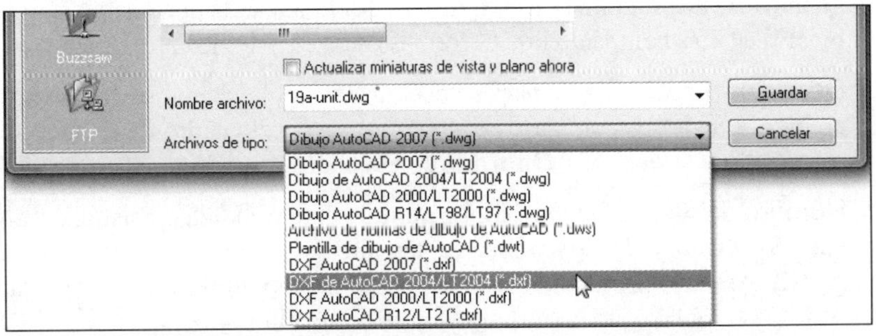

Figura 19.10. Cuadro de diálogo Guardar dibujo como.

3. Seleccione el formato `dxf` adecuado y asigne un nombre para el archivo. No es necesario que incluya la extensión `.dxf`.
4. Seleccione una carpeta para el archivo y haga clic en el botón **Guardar**.

En el paso 3, puede escoger entre los siguientes formatos de archivo `.dxf`:

- AutoCAD 2007 DXF (AutoCAD 2007, 2008 y 2009 comparten formatos de archivo).
- AutoCAD 2004/LT 2004 DXF.
- AutoCAD 2000/LT 2000 DXF.
- AutoCAD R12/LT2 DFX.

Escoja el que coincida con el programa al que va a exportar el archivo. En la mayoría de los casos, la opción más segura es la última, si va a exportar a otros programas de CAD, aunque AutoCAD no asegura la completa funcionalidad de AutoCAD 2009 en este tipo de archivos.

Una vez seleccionado el formato, puede configurar otros parámetros más específicos seleccionando Herramientas>Opciones en la esquina superior derecha del cuadro de diálogo Guardar dibujo como. Al seleccionar este comando se abre el cuadro Opciones de guardado. Para archivos DXF debe utilizar la ficha del mismo nombre, como se aprecia en la imagen (véase la figura 19.11).

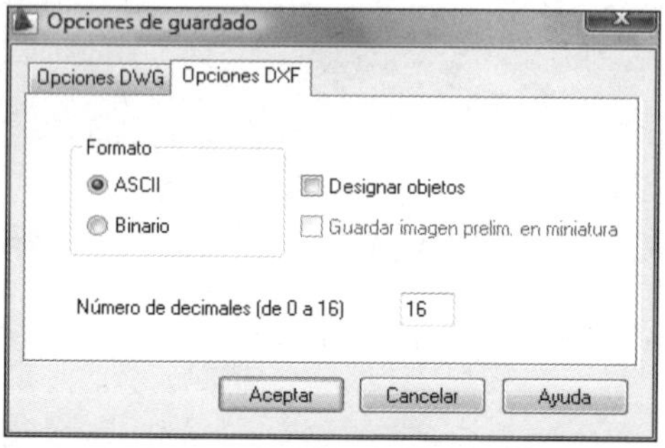

Figura 19.11. Cuadro de diálogo Opciones de guardado.

En la ficha se incluyen las siguientes opciones:

- Formato: Le permite escoger entre ASCII (texto simple) o formatos de archivo binarios. La mayoría de programas acepta ASCII, por lo que es la opción más segura. El formato binario es más compacto que el formato ASCII, y lo utilizan algunos programas.
- Designar objetos: Sirve para seleccionar los objetos que se van a exportar junto al archivo. Puede seleccionarlos después de cerrar el cuadro de diálogo Opciones de guardado y seleccionar **Guardar** en el cuadro de diálogo Guardar dibujo como.
- Número de decimales (0-16): Le permite determinar la precisión del archivo exportado. Si el valor es bajo, se reduce el tamaño del archivo, sobre todo si está en formato ASCII. Algunos programas de CAD no son compatibles con la elevada precisión de AutoCAD, por lo que no importa si utiliza un valor alto.

TRUCO: También puede escribir `_Dxfout` y pulsar **Intro** en la línea de comandos para abrir el cuadro de diálogo Guardar dibujo como. Se trata de un cuadro de diálogo estándar de Windows en el que se incluyen las opciones descritas aquí.

Abrir o importar archivos .dxf

Algunas empresas han estandarizado sus dibujos de AutoCAD al formato `.dxf`, en especial aquéllas que utilizan diferentes programas de diseño asistido por ordenador, además de AutoCAD. AutoCAD se puede configurar par leer y escribir archivos DXF, en lugar del formato estándar `.dwg`, como se demuestra a continuación:

1. Seleccione Herr.>Opciones en el Explorador de menús para abrir el cuadro de diálogo Opciones.

2. Abra la ficha Abrir y guardar.

3. En el grupo Guardado de archivo, seleccione cualquiera de los formatos `.dxf` en la lista desplegable Guardar como.

4. Haga clic en el botón **Aceptar**.

Con esta operación, todos los dibujos se guardarán automáticamente en el formato `.dxf` que haya escogido.

El tipo de archivo predeterminado de AutoCAD también se puede definir haciendo clic en el botón **Opciones** del cuadro de diálogo Guardar como. Como vimos anteriormente, en el cuadro de diálogo Opciones de guardado se incluía la ficha Opciones DWG. Puede seleccionar un tipo de archivo predeterminado en la lista desplegable Guardar dibujos como (véase la figura 19.12).

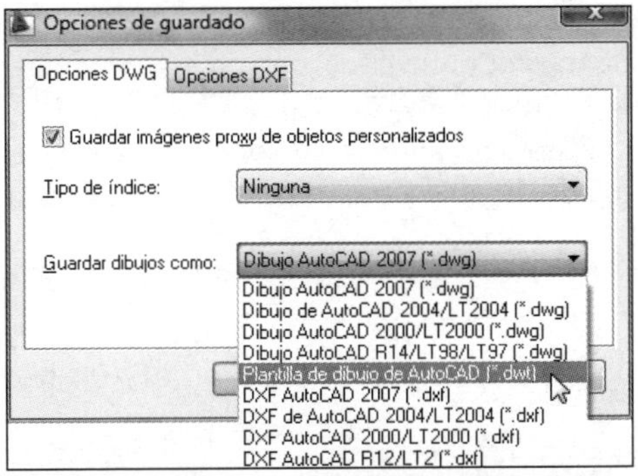

Figura 19.12. Cuadro de diálogo Opciones de guardado.

Si utiliza archivos DXF con poca frecuencia, puede abrirlos por medio de la opción DXF de la lista desplegable Archivos de tipo, en el cuadro de diálogo Seleccionar archivo, que se abre al hacer clic en **Abrir** en la Barra de herramientas de acceso rápido. También puede emplear el comando **_dxfin**.

1. Escriba `_dxfin` y pulse **Intro** en la línea de comandos para abrir el cuadro de diálogo Seleccionar archivo.

2. Busque y seleccione el archivo DXF que desea importar.

3. Haga doble clic en el nombre del archivo. Si el archivo es muy grande, el proceso de importación puede tardar un poco.

Si quiere importar un archivo DXF en el dibujo actual, puede utilizar el cuadro de diálogo Insertar (haga clic en **Insertar** ( ) en el panel Bloque de la ficha Inicio o Bloques y referencias). Utilice el botón **Examinar** para localizar y seleccionar un archivo. Asegúrese de que la opción Archivos de tipo está configurada para archivos DXF.

Utilizar dibujos de AutoCAD en programas de edición

Como ya sabrá, AutoCAD es un programa para la creación de elementos artísticos y, debido a su popularidad, muchas aplicaciones de edición se diseñan para poder importar dibujos de AutoCAD. Los usuarios que utilicen programas de edición para generar manuales de usuario u otro tipo de documentos técnicos pueden incluir dibujos de AutoCAD en sus proyectos. En esta sección analizaremos los métodos necesarios para convertir dichos dibujos a formatos compatibles con software de edición.

Existen dos técnicas para exportar archivos de AutoCAD en formato compatible con programas de edición: como tramas y como archivos vectoriales.

Exportar archivos de tramas

En algunas ocasiones, puede que baste con usar una imagen de trama de un dibujo de AutoCAD. Un dibujo se puede exportar como archivo de trama para ser leído prácticamente en cualquier procesador de texto o programa de edición. Para ello, es necesario crear una nueva configuración de trazador que trace a un archivo de imagen en lugar de un dispositivo de impresión.

Aquí tiene alguna información adicional sobre cómo utilizar el asistente para configurar AutoCAD para la salida de dibujos a través de archivos de trama:

1. Inicie el Asistente para añadir un trazador y haga clic en el botón **Siguiente** en la pantalla de introducción.
2. En la página Inicio del Asistente para añadir un trazador, marque la opción Mi PC.
3. En la ventana Modelo de trazador, seleccione la opción Formatos de archivos de ráster en la lista desplegable Fabricantes y, en la lista Modelos, el tipo archivo de tramas que quiera utilizar. Por ejemplo, puede seleccionar el modelo Independent JPEG Group JFIF (JPEG Compression), uno de los tipos de archivo más utilizados. Haga clic en **Siguiente** cuando haya realizado su selección.
4. Salte las ventanas Importar PCP o PC2 y Puertos.
5. Defina un nombre para los parámetros de trama en la página Nombre de trazador.
6. En la página Finalizar, haga clic en el botón **Editar parámetros de trazador**. Se abrirá el cuadro de diálogo Editor de parámetros del trazador (véase la figura 19.13).
7. Seleccione la opción Origen y tamaño que aparece en el cuadro de lista superior. Aparecerán una serie de opciones en el cuadro Tamaño, situado en la esquina inferior derecha del cuadro de diálogo.
8. Seleccione Tamaños de papel personalizados; las opciones de la parte inferior del cuadro de diálogo cambiarán.
9. Haga clic en el botón **Añadir**. Se abrirá el Asistente Tamaño de papel personalizado.

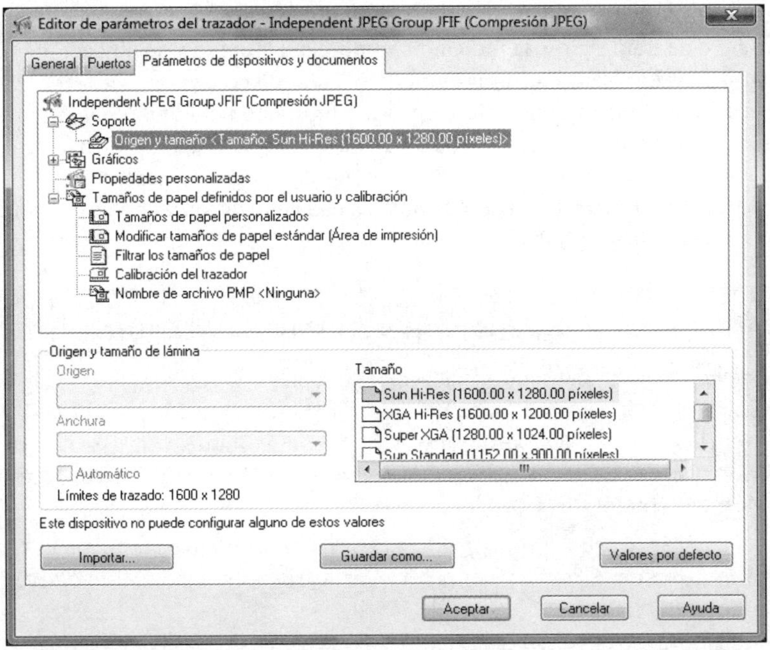

Figura 19.13. Cuadro de diálogo Editor de parámetros del trazador.

10. Marque el botón Comenzar desde el principio y, a continuación, haga clic en el botón **Siguiente**. Aparecerá la página Límite de la lámina.
11. Introduzca una altura y una anchura en píxeles para el archivo de imagen y haga clic en el botón **Siguiente**. Aparecerá la pantalla Nombre de tamaño de papel. Asigne un nombre que describa el tamaño de archivo de imagen y haga clic en **Aceptar**. A continuación, se abrirá el cuadro de diálogo Nombre de archivo.
12. Indique un nombre para el archivo de Parámetros del modelo de trazador. Se trata de un archivo que guarda información específica sobre los parámetros del trazador. Haga clic en el botón **Siguiente** cuando haya terminado.
13. En la última página, haga clic en el botón **Finalizar**. Volverá a aparecer en pantalla el cuadro de diálogo Editor de parámetros del trazador. Haga clic en **Aceptar** y, seguidamente, el botón **Finalizar** del Asistente para añadir un trazador.

Una vez configurado el trazador, aparecerá en forma de archivo en la carpeta `C:\Usuarios\Nombre de usuario\AppData\Autodesk\AutoCAD 2009\R17.2\esp\Plotters`. Puede acceder a este archivo desde el Explorador de Windows o, desde AutoCAD, haciendo clic en **Administrador de trazadores** en el panel Trazar de la ficha Salida.

NOTA: La carpeta `AppData` es una carpeta que generalmente está oculta. Para verla tiene que ir a la función Mostrar carpetas ocultas de Windows Explorer.

Si quiere crear una versión en archivo de tramas de un dibujo, haga clic en **Imprimir** en la Barra de herramientas de acceso rápido. En el cuadro de diálogo Trazar, seleccione la configuración del trazador de archivo de tramas en la lista desplegable Nombre del grupo

Impresora/trazador. Ya puede imprimir el dibujo, pero, en lugar de hacerlo en papel, lo hará en un archivo de tramas. Puede indicar el nombre del archivo y su ubicación cuando haga clic en el botón **Aceptar** para imprimir el archivo.

Si necesita efectuar algún cambio en la configuración del archivo de tramas, haga clic en **Administrador de trazadores** en el panel Trazar de la ficha Salida y, en la ventana Trazador, hacer doble clic en el archivo de configuración del archivo de tramas.

Puede utilizar una configuración distinta en cada uno de los archivos de tramas que emplee, así como para distintas resoluciones.

Intercambiar archivos con versiones anteriores

Una de las mayores preocupaciones de los usuarios de AutoCAD es saber cómo intercambiar archivos con versiones anteriores del programa. En el pasado, si se actualizaba la versión de AutoCAD, era imposible compartir dibujos con usuarios de versiones anteriores. Este problema se solucionó a partir de la versión 12, cuyos archivos eran compatibles con los de la versión 11.

Con el lanzamiento de la versión 13, la estructura de archivos tomó un giro radical con respecto a versiones previas del programa. AutoCAD 14 posibilitó el intercambio de archivos entre la versión 13 y la 14.

AutoCAD 2002 utiliza el formato de archivos de AutoCAD 2000, que incluye algunas propiedades, como las presentaciones de capas y las opciones de búsqueda, que no se pueden transmitir a versiones anteriores. AutoCAD 2006 comparte el mismo formato de archivo que AutoCAD 2004, pero incluye algunas funciones nuevas que lo hacen compatible con AutoCAD 2000 y 2002. AutoCAD 2007, 2008 y 2009 comparten el mismo formato de archivo único que no es compatible con versiones anteriores.

Si considera más importante la compatibilidad con versiones anteriores del programa que las novedades de AutoCAD 2009, puede configurarlo para que lea y escriba en formatos de AutoCAD 2006 o anterior. Si quiere trabajar expresamente con archivos DXF, puede configurar AutoCAD 2009 para que lea y escriba automáticamente archivos DXF de AutoCAD 2006.

Para ello, puede utilizar el cuadro de diálogo Opciones y definir el tipo de archivo predeterminado como explicamos anteriormente, pero, en lugar de seleccionar el formato DXF, debe escoger el tipo de archivo DWG que desee utilizar.

Exportar archivos vectoriales

Si tiene que mantener la precisión de un dibujo o quiere aprovechar las prestaciones de tipos de letra TrueType o PostScript, puede utilizar los formatos vectoriales `.dxf`, `.wmf` o PostScript. Puede exportar también formatos de archivo DGN y SAT. El formato DGN intergráfico se emplea mucho en ingeniería civil, trazado de mapas y otras aplicaciones CAD. El formato SAT está asociado con ACIS y es un formato de modelado en 3D.

Para archivos en formato vectorial, `.dxf` es el más sencillo de utilizar y, al ser compatible con TrueType, puede preservar la información entre AutoCAD y programas de edición que utilicen dicho formato. El formato `.wmf` (metarchivo de Windows) también es un tipo de archivo apropiado para utilizar información vectorial y conserva fuentes TrueType y grosores de línea.

PostScript es un formato de archivo híbrido (tramas/vectores) compatible con AutoCAD, aunque, desde la versión 14, se ha eliminado del programa. Sin embargo, puede seguir utilizando fuentes de sustitución para reemplazar fuentes PostScript. Estas fuentes de sustitución se convierten a fuentes PostScript cuando AutoCAD exporta el dibujo. No verá los resultados reales de la salida PostScript hasta que imprima el dibujo en una impresora PostScript.

Más adelante analizaremos el tema de la exportación de archivos `.dfx`. Por el momento, nos centraremos en los formatos de archivo `.wmf` y PostScript.

Impresión de WMF

El tipo de archivo WMF (Metarchivo de Windows) es uno de los formatos vectoriales más utilizados en Windows. Se puede abrir y modificar en la mayoría de programas de ilustración, incluidos CorelDraw y Adobe Illustrator. Muchos de los procesadores de texto, programas de hojas de cálculo y bases de datos pueden importar este tipo de archivos. Conserva las fuentes TrueType, así como los parámetros de grosores de línea.

Para exportar a un archivo WMF, siga los pasos que se incluyen a continuación:

1. Haga clic en **Exportar** (icono) en el panel Enviar de la ficha Salida para abrir el cuadro de diálogo Exportar datos.
2. Introduzca un nombre y una ubicación para su archivo WMF, seleccione Metarchivo (*.wmf) en la lista desplegable Archivos de tipo y haga clic en **Aceptar**. El cuadro de diálogo se cierra y aparece una línea de comando en la que debe designar objetos.
3. Seleccione los objetos que quiera exportar al archivo WMF y pulse **Intro**. Los objetos quedarán guardados en el nuevo archivo.

Impresión PostScript

AutoCAD puede exportar en formato de archivo `.eps` (Encapsulado PostScript). Si utiliza AutoCAD 2009, dispone de dos métodos para conseguir la impresión PostScript. Puede hacer clic en **Exportar** en el panel Enviar de la ficha Salida o puede introducir `Trazar` y pulsar **Intro** en la línea de comandos. Otro método consiste en instalar un controlador de impresión PostScript e imprimir el dibujo en un archivo EPS.

Si quiere que AutoCAD imprima el dibujo en un archivo EPS, debe seguir los mismos pasos descritos en la sección dedicada a la exportación de archivos de trama. En el paso 3, tiene que seleccionar la opción Adobe de la lista de Fabricantes, así como un nivel PostScript adecuado en la lista Modelos.

AutoCAD no conserva información sobre tipos de letra cuando se crean archivos EPS desde la opción de impresora. Los archivos que genera son de gran tamaño, sobre todo si el dibujo contiene numerosas áreas de relleno o fuentes rellenadas. Como alternativa a los archivos EPS, puede trazar a un archivo Adobe PDF. Los archivos EPS se pueden sustituir a menudo por archivos PDF, para ello tendrá que instalar el *driver* del trazador proporcionado por Autodesk utilizando el Asistente para añadir trazador descrito en la sección anterior. En la pantalla Modelo de trazador, seleccione la opción Trazado electrónico de Autodesk (PDF) en la lista desplegable Fabricantes. También puede utilizar la versión completa de Adobe Acrobat o Adobe Pro para crear archivos en PDF desde AutoCAD.

TRUCO: El formato de archivo HPGL es otro formato vectorial que se puede utilizar para exportar dibujos de AutoCAD. Utilice el método descrito en una sección anterior para agregar el controlador del trazador HPGL a su configuración de impresora o trazador.

Utilizar archivos DWF de AutoCAD

El formato de archivos DWF de Autodesk es otro formato que puede utilizar para exportar sus dibujos de AutoCAD. Ofrece funciones que se adaptan a los usuarios de AutoCAD. Puede importar archivos DWF como referencias externas y, utilizando un visor DWF gratuito, puede recopilar información sobre un dibujo como, por ejemplo, información de bloque, datos de atributos y medidas de distancias.

Utilizar OLE para importar datos

Para importar datos de otras aplicaciones se utilizan los comandos **Cortar** y **Pegar**, presentes en casi todos los programas de Windows. Basta con cortar la información del documento origen y pegarla en AutoCAD. Normalmente, querrá pegar datos en AutoCAD en un formato de objetos originarios de AutoCAD. Pero si lo prefiere, puede utilizar una función de Windows llamada OLE para importar archivos.

Las herramientas Copiar y pegar

Hay varias variaciones de las herramientas **Cortar** y **Pegar** en AutoCAD, por eso se han combinado en desplegables en el panel Utilidades de la ficha Inicio. El desplegable Copiar está en la fila superior de herramientas, mientras que el desplegable Pegar está en la inferior (véase la figura 19.14).

Figura 19.14. Panel Utilidades.

Cuando se pega algún dato en un archivo de AutoCAD utilizando OLE, puede vincularlo o incrustarlo. Si lo vincula al archivo origen, los datos pegados se actualizan cada vez que se modifica dicho archivo. Es similar a un archivo de referencia cruzada de AutoCAD. También se pueden pegar datos sin necesidad de vincularlos. En este caso, se considerará que el objeto se ha incrustado. Puede abrir la aplicación asociada a los datos haciendo doble clic sobre ellos, pero éstos ya no dependerán del archivo de origen. Importar archivos utilizando OLE es similar a otras operaciones de cortar y pegar. Primero, corta los datos de un archivo de origen. Puede ser Microsoft Excel o Word. En AutoCAD, seleccione Pegado especial en el desplegable Pegar en el panel Utilidades de la ficha Inicio. Se abrirá el cuadro de diálogo Pegado especial (véase la figura 19.15).

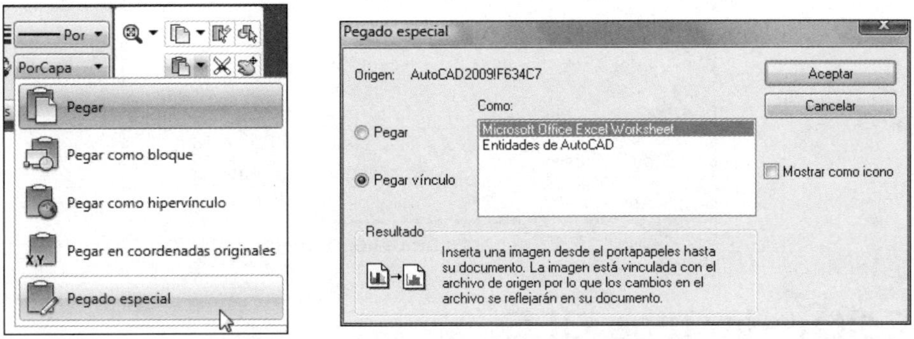

Figura 19.15. Cuadro de diálogo Pegado especial.

Seleccione la opción Pegar vínculo para que AutoCAD sepa que la selección se va a pegar en forma de vínculo. Comprobará que en la lista de tipos de origen solamente aparece Microsoft Office Excel. Haga clic en el botón **Aceptar**. La línea de comandos le pedirá que seleccione un punto de inserción. Coloque el cursor en la ubicación para pegar y haga clic. Aparecen los datos importados dentro de un cuadro contorneado. Puede ajustar el tamaño del cuadro para ajustar la escala del dibujo. Además de utilizar la herramienta **Pegado especial**, puede importar un objeto OLE haciendo clic en Objeto OLE en el panel Datos de la ficha Bloques y referencias para abrir el cuadro de diálogo Insertar Objeto (véase la figura 19.16).

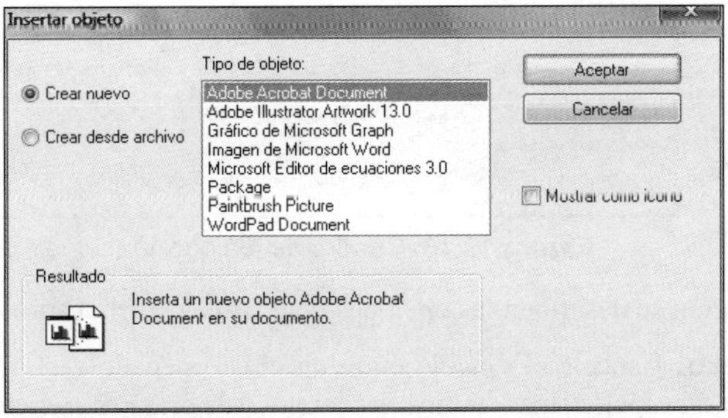

Figura 19.16. Cuadro de diálogo Insertar objeto.

Puede seleccionar el tipo de objeto que desea importar en el cuadro de lista Tipo de objeto. En la parte izquierda de cuadro de lista se incluyen dos opciones que permiten importar un objeto existente o crear un nuevo objeto del tipo indicado en el cuadro de lista. Si selecciona Crear nuevo, la aplicación asociada al tipo de objeto se iniciará y abrirá un nuevo archivo. Si selecciona la opción Crear desde archivo, el cuadro de diálogo se modificará para mostrar en nombre de archivo y el botón **Examinar** (véase la figura 19.17).

A continuación puede buscar un archivo existente para su importación. La casilla Vincular permite especificar si el archivo importado debe vincularse. Si hace clic en Objeto OLE para importar una hoja de cálculo de Excel, se importará toda la hoja de cálculo.

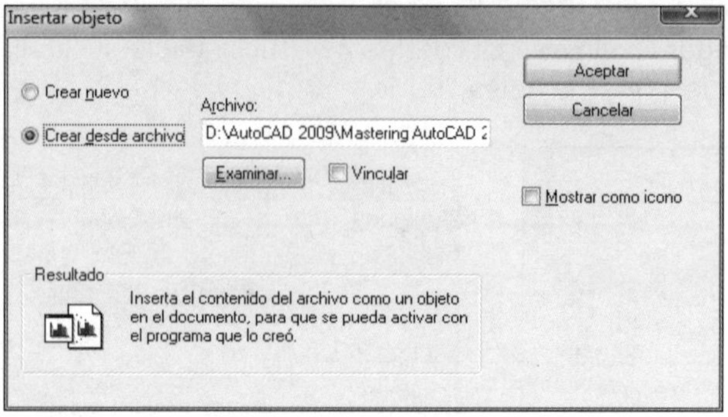

Figura 19.17. Cuadro de diálogo Insertar objeto.

Editar vínculos OLE

Tras pegar un objeto con vínculos, podemos controlar los vínculos seleccionando Edición>Vínculos OLE en el Explorador de menús. Si no existen objetos vinculados en el dibujo, esta opción aparece en gris claro, de lo contrario, abrirá el cuadro de diálogo Vínculos (véase la figura 19.18).

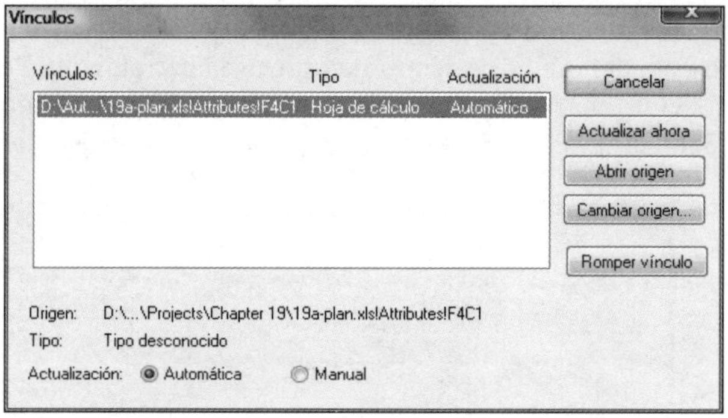

Figura 19.18. Cuadro de diálogo Vínculos.

A continuación se describen las opciones disponibles en el cuadro de diálogo Vínculos:

- Cancelar: Cancela el vínculo entre un objeto pegado y el archivo de origen. Tras utilizar esta opción, los cambios en el archivo de origen no tendrán ningún efecto sobre el objeto pegado. Esta función resulta similar a la opción Unir del comando **RefX**.
- Actualizar ahora: Actualiza el vínculo de un objeto cuando se selecciona la opción Manual.
- Abrir origen: Abre el archivo enlazado en la aplicación asociada al objeto y permite editarlo.
- Cambiar origen: Permite cambiar el vínculo del objeto a un archivo diferente. Al seleccionar esta opción, AutoCAD abre el cuadro de diálogo Cambiar vínculo, que permite seleccionar otro archivo del mismo tipo. Por ejemplo, si está editando el vínculo a un archivo de sonido, el cuadro de diálogo Cambiar origen mostrará archivos con la extensión de archivo `.wav`.

- **Automática** y **Manual**: Botones de opción que permiten controlar si los objetos vinculados se actualizan automática o manualmente.
- **Romper vínculo**: Desconecta el vínculo entre los datos insertados y el documento de origen. Los datos insertados se incrustan, en lugar de vincularse.

Importar hojas de cálculo como tablas de AutoCAD

Aunque a veces resulta verdaderamente ventajoso importar hojas de cálculo como vínculos OLE, en algún caso aislado quizá prefiera importarlas como entidades de AutoCAD. Puede ocurrir que no necesite que exista vínculo directo con los datos originales que ofrece la opción OLE y que, por el contrario, lo más importante sea que la hoja de cálculo importada pueda editarse directamente en AutoCAD.

En un capítulo anterior vimos cómo se creaban tablas en AutoCAD mediante la herramienta **Tabla**, pero también es posible importar hojas de cálculo de Excel como tablas de AutoCAD mediante la opción Entidades de AutoCAD del cuadro de diálogo Pegado especial. Cuando se importan hojas de cálculo como tablas, el control sobre la presentación y el aspecto de los datos es mayor.

Pruebe a hacer el siguiente ejercicio para ver cómo se puede crear una tabla a partir de una hoja de cálculo:

1. Abra la hoja de cálculo de Excel llamada `19a-plan.xls` y seleccione los datos de la puerta, como muestra la figura 19.19.

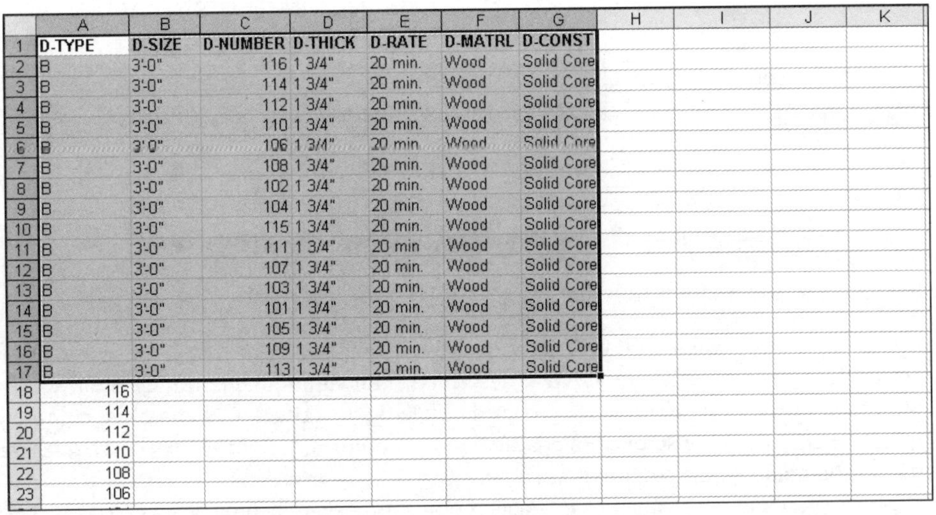

	A	B	C	D	E	F	G	H	I	J	K
1	D-TYPE	D-SIZE	D-NUMBER	D-THICK	D-RATE	D-MATRL	D-CONST				
2	B	3'-0"	116	1 3/4"	20 min.	Wood	Solid Core				
3	B	3'-0"	114	1 3/4"	20 min.	Wood	Solid Core				
4	B	3'-0"	112	1 3/4"	20 min.	Wood	Solid Core				
5	B	3'-0"	110	1 3/4"	20 min.	Wood	Solid Core				
6	B	3'-0"	106	1 3/4"	20 min.	Wood	Solid Core				
7	B	3'-0"	108	1 3/4"	20 min.	Wood	Solid Core				
8	B	3'-0"	102	1 3/4"	20 min.	Wood	Solid Core				
9	B	3'-0"	104	1 3/4"	20 min.	Wood	Solid Core				
10	B	3'-0"	115	1 3/4"	20 min.	Wood	Solid Core				
11	B	3'-0"	111	1 3/4"	20 min	Wood	Solid Core				
12	B	3'-0"	107	1 3/4"	20 min.	Wood	Solid Core				
13	B	3'-0"	103	1 3/4"	20 min.	Wood	Solid Core				
14	B	3'-0"	101	1 3/4"	20 min.	Wood	Solid Core				
15	B	3'-0"	105	1 3/4"	20 min.	Wood	Solid Core				
16	B	3'-0"	109	1 3/4"	20 min.	Wood	Solid Core				
17	B	3'-0"	113	1 3/4"	20 min.	Wood	Solid Core				
18	116										
19	114										
20	112										
21	110										
22	108										
23	106										

Figura 19.19. La hoja de cálculo de Excel.

2. Haga clic en Copiar en el desplegable Copiar del panel Utilidades de la ficha Inicio para colocar una copia de los datos seleccionados en el Portapapeles y pase a AutoCAD (véase la figura 19.20).

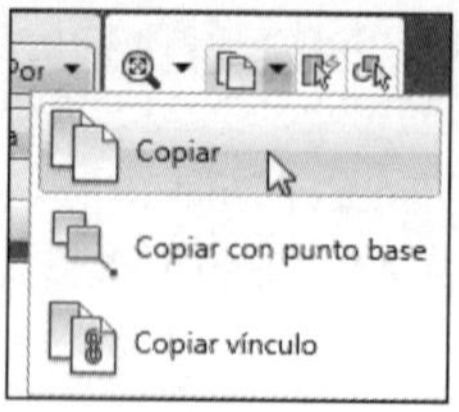

Figura 19.20. Copiar en el desplegable Copiar del panel Utilidades.

3. Haga clic en Pegado especial en el desplegable Pegar del panel Utilidades de la ficha Inicio para abrir el cuadro de diálogo Pegado especial.
4. Con la opción Pegar seleccionada, haga clic en Entidades de AutoCAD en la lista y luego haga clic en **Aceptar**.
5. En la línea de comandos `Precise punto de inserción o [pegar como Texto]:`, haga clic para marcar un punto en la esquina inferior derecha de la ventana de dibujo para que aparezcan los datos, aunque a tamaño muy reducido al principio. Verá que también aparece la ficha Texto de líneas múltiples y los paneles.
6. Haga clic en **Cerrar el editor de texto** ( ) en el panel Cerrar de la ficha Texto de líneas múltiples para cerrarlo.
7. Utilice la herramienta **Escala** para ampliar el tamaño de la tabla hasta que resulte legible y utilice los pinzamientos de la esquina para ajustar el ancho (véase la figura 19.21).

D-TYPE	D-SIZE	D-NUMBER	D-THICK	D-RATE	D-MATRL	D-CONST
B	3'-0'	116	1 3/4'	no rating	Wood	Solid Core
B	3'-0'	114	1 3/4'	20 min.	Wood	Solid Core
B	3'-0'	112	1 3/4'	20 min.	Wood	Solid Core
B	3'-0'	110	1 3/4'	20 min.	Wood	Solid Core
B	3'-0'	106	1 3/4'	20 min.	Wood	Solid Core
B	3'-0'	108	1 3/4'	20 min.	Wood	Solid Core
B	3'-0'	102	1 3/4'	20 min.	Wood	Solid Core
B	3'-0'	104	1 3/4'	20 min.	Wood	Solid Core
B	3'-0'	115	1 3/4'	20 min	Wood	Solid Core
B	3'-0'	111	1 3/4'	20 min	Wood	Solid Core
B	3'-0'	107	1 3/4'	20 min.	Wood	Solid Core
B	3'-0'	103	1 3/4'	20 min.	Wood	Solid Core
B	3'-0'	101	1 3/4'	20 min.	Wood	Solid Core
B	3'-0'	105	1 3/4'	20 min.	Wood	Solid Core
B	3'-0'	109	1 3/4'	20 min.	Wood	Solid Core
B	3'-0'	113	1 3/4'	20 min.	Wood	Solid Core

Figura 19.21. Tabla de archivo de Excel en AutoCAD.

8. Cierre el archivo de Excel.

Ahora ya es posible editar la hoja de cálculo importada mediante las mismas técnicas aplicables a las tablas de AutoCAD y descritas en un capítulo anterior, es decir, ya se puede modificar el formato del texto, el grosor de línea de los bordes y el color, así como el fondo de las celdas. También se pueden añadir filas y columnas, y rotar el texto para que se adapte mejor al tamaño de las columnas verticales.

En el ejercicio que acabamos de hacer, hemos importado la hoja de cálculo con el estilo de tabla estándar que el programa tiene de forma predeterminada y que da a la tabla un aspecto bastante simple al utilizar la fuente Txt de AutoCAD, pero también se puede crear un estilo personalizado de tabla con las fuentes y los bordes que queramos y luego importar la tabla con ese aspecto personalizado. Sólo tiene que comprobar que el estilo que usted quiere está seleccionado como estilo actual antes de importar la hoja de cálculo.

Opciones para datos incrustados

El cuadro de diálogo Pegado especial permite convertir los datos importados a otros formatos. A continuación se recoge una breve descripción de cada formato disponible:

- Imagen (Metarchivo): Importa los datos como gráficos vectoriales o de mapa de bits, dependiendo de cuál sea el apropiado. El texto (si existe) también se mantiene como texto, aunque no se puede editar desde AutoCAD.
- Mapa de bits: Importa los datos en forma de mapa de bits, reflejando de manera muy aproximada el aspecto que tienen los datos en la pantalla dentro de la aplicación origen.
- Imagen (Metarchivo mejorado): Similar a la opción Imagen (Metarchivo) con soporte para más características.
- Entidades de AutoCAD: Convierte los datos en objetos de AutoCAD como líneas, arcos y círculos. El texto se convierte en objetos de texto de una sola línea de AutoCAD, y las hojas de cálculo se convierten en tablas de AutoCAD.
- Entidad de imagen: Convierte los datos en una imagen de trama de AutoCAD. A continuación, puede editarla utilizando las herramientas relacionadas con la edición de imágenes de trama incluidas en el Explorador de menús Modificar>Objeto>Imagen.
- Texto: Convierte los datos en objetos de texto de líneas múltiples de AutoCAD. El formato no se importa con el texto.
- Texto Unicode: Importa datos de texto en formato Unicode. Se trata de un formato estándar internacional para la codificación de texto. Si la opción Texto no funciona, utilice Texto Unicode.

Las opciones que se incluyen en el cuadro de diálogo Pegado especial dependen del tipo de dato importado. Ya vimos cómo la opción Hoja de cálculo de Microsoft Excel mantiene los datos importados en forma de hoja de cálculo de Excel. Si los contenidos del portapapeles proceden de otro programa, se incluirá dicho programa como opción en lugar de Excel.

TRUCO: Si selecciona Edición>Pegar en el Explorador de menús, se incrustarán los objetos de dato OLE dentro de AutoCAD, como hace la herramienta **Pegar** del desplegable Pegar en el panel Utilidades de la ficha Inicio.

Utilizar el portapapeles para exportar dibujos de AutoCAD

De la misma forma que podemos cortar y pegar datos en AutoCAD procedentes de otras aplicaciones compatibles con OLE, también podemos cortar y pegar imágenes de AutoCAD en otras aplicaciones. Esta posibilidad puede convertirse en una forma útil de incluir imágenes de AutoCAD en documentos creados en procesadores de texto, hojas de cálculo o documentos generados con aplicaciones de edición. También es una opción útil para crear imágenes de fondo para programas de visualización como 3D Studio Max de Autodesk o VIZ, o programas de dibujo como Corel Painter.

TRUCO: Si corta y pega una imagen de AutoCAD en otro archivo utilizando OLE y envía el archivo a alguien utilizando otro equipo, el destinatario debe tener también instalado AutoCAD para poder editar y pegar el dibujo de AutoCAD.

La aplicación de destino no necesita ser compatible con OLE, pero si lo es, el dibujo exportado se puede editar con AutoCAD, y conservará su exactitud como dibujo de CAD. De lo contrario, la imagen de AutoCAD se convertirá en un gráfico de mapa de bits.

Para utilizar el portapapeles para exportar un objeto o un conjunto de objetos desde un dibujo de AutoCAD, seleccione Copiar (Copiar) en el desplegable Copiar del panel Utilidades de la ficha Inicio. A continuación, AutoCAD le pedirá que seleccione los objetos que desea exportar. Si desea exportar y eliminar objetos simultáneamente desde AutoCAD, haga clic en **Cortar** en el panel Utilidades de la ficha Inicio.

Si desea que la imagen de AutoCAD esté vinculada con AutoCAD, haga clic en Copiar vínculo (Copiar vínculo) en el desplegable Copiar del panel Utilidades de la ficha Inicio. No se le pedirá que seleccione objetos. La porción visible actual del dibujo se exportará. Si quiere exportar el dibujo entero, haga clic en Extensión en el desplegable Zoom del panel Utilidades de la ficha Inicio antes de utilizar la opción Copiar vínculo. De lo contrario, configure AutoCAD para que muestre la porción del dibujo que desea exportar antes de utilizar la opción Copiar vínculo.

En la aplicación de destino, seleccione Edición>Pegado especial. Verá aparecer un cuadro de diálogo similar al cuadro de diálogo Pegado especial de AutoCAD. Seleccione el método deseado para pegar su imagen de AutoCAD y haga clic en **Aceptar**. Si la aplicación de destino no incluye una opción de pegado especial, seleccione Edición>Pegar. La aplicación de destino convertirá la imagen en un formato con el que sea compatible.

TRUCO: Puede copiar varias vistas de ventana gráfica desde el espacio Papel al portapapeles utilizando la opción Copiar vínculo del desplegable Copiar del panel Utilidades de la ficha Inicio.

En resumen

- **Localizar el área de contornos cerrados:** Hay muchas formas de conocer el área de contorno cerrado. La forma más fácil es quizá la menos obvia.
    - **Dominarlo:** ¿Qué función de AutoCAD utilizaría para encontrar rápidamente el área de una forma irregular como un estanque o un lago?
- **Obtener información general de los dibujos:** Hay mucha información almacenada en los dibujos de AutoCAD que le pueden decir cosas sobre los archivos. Puede descubrir cuánta memoria utiliza un archivo así como la cantidad de tiempo empleado modificando el archivo.
    - **Dominarlo:** ¿Qué función le permite almacenar su propia información de búsqueda sobre un archivo de dibujo y cómo llega a esta función?

- **Utilizar el formato de archivo DXF para intercambiar datos de AutoCAD con otros programas:** Autodesk crea el formato de archivo DXF como medio para compartir los dibujos vectoriales con otros programas.
    - **Dominarlo:** Indique algunas de las versiones de AutoCAD a las que puede exportar utilizando la opción Archivo>Guardar como.
- **Utilizar dibujos de AutoCAD en programas de edición:** Los dibujos de AutoCAD se las ingenian en todo tipo de documentos, incluyendo bocetos y manuales técnicos. A los usuarios generalmente se les pide que conviertan sus dibujos CAD en formatos que se puedan leer en software de programas de edición.
    - **Dominarlo:** Indique algunos formatos de archivo, por extensión o por tipo de archivo, que pueden aceptar los programas de edición.
- **Utilizar OLE para importar datos:** Puede importar datos en AutoCAD desde varias fuentes. La mayoría de esas fuentes, como imágenes y texto en mapas de bits, se pueden importar como objetos originarios de AutoCAD. Otras fuentes tendrán que ser importadas como objetos OLE.
    - **Dominarlo:** Para vincular datos importados a un programa de origen a través de OLE, ¿qué cuadro de diálogo utilizaremos?

Parte IV

Modelar e Imaginar en 3D

265
1980
2460 - дно
520-укл
R250

20 Crear dibujos 3D

Los objetos en tres dimensiones producen la sensación de estar compuestos por formas y siluetas reales. Además, ayudan a visualizar los dibujos, dando como resultado mejores decisiones de diseño. Por último, los objetos en tres dimensiones ayudan a comunicar nuestras ideas a aquellas personas que no están acostumbradas a examinar plantas, secciones y alzados de nuestros diseños.

Otra de las ventajas de dibujar en tres dimensiones consiste en la posibilidad de obtener dibujos en dos dimensiones a partir de los modelos 3D, lo que podría llevar un tiempo considerable utilizando métodos estándar de dibujo en dos dimensiones. Por ejemplo, podemos crear una pieza en tres dimensiones y a continuación obtener sus distintas vistas utilizando las técnicas que se explican en el presente capítulo.

En este capítulo se analizan los siguientes aspectos:

- Conocer el espacio de trabajo de modelado 3D.
- Dibujar en 3D con sólidos.
- Crear formas en 3D a partir de formas en 2D.
- Aislar coordenadas con filtros para puntos.
- Girar su modelo.
- Obtener un efecto visual.
- Convertir una vista 3D a un dibujo 2D de AutoCAD.

Conocer el espacio de trabajo de modelado 3D

Gran parte de este libro está dedicado a mostrarle cómo trabajar en el espacio de trabajo Dibujo 2D y Anotación. Este espacio de trabajo es básicamente un entorno de dibujo 2D aunque puede funcionar también en 3D.

AutoCAD ofrece algo llamado el espacio de trabajo Modelado 3D, que proporciona un conjunto de herramientas que le ayudan a comenzar a trabajar en el modelado 3D. Este espacio de trabajo Modelado 3D proporciona a AutoCAD una apariencia distinta de los paneles de la Cinta de opciones, pero no se preocupe. AutoCAD seguirá comportándose de la misma forma básica y los archivos de AutoCAD producidos son los mismos independientemente de si son dibujos 2D o 3D. Para ir al espacio de trabajo Modelado 3D tiene que hacer clic en la herramienta **Cambio de espacio de trabajo** en la barra de estado, y seleccionar Modelado 3D (véase la figura 20.1).

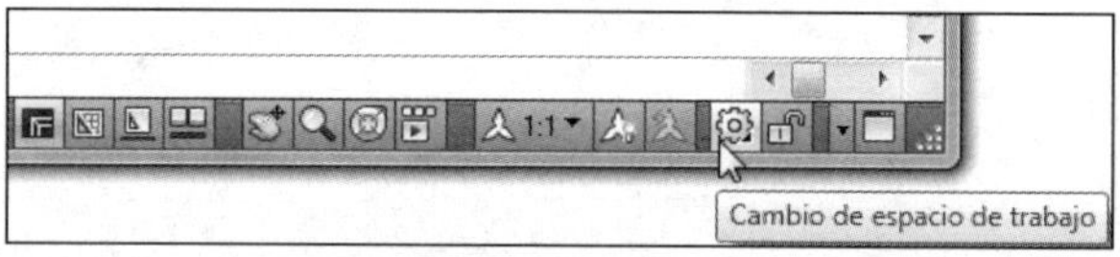

Figura 20.1. La herramienta Cambio de espacio de trabajo.

Si inicia un nuevo modelo 3D, también querrá crear un archivo nuevo usando una plantilla 3D. Puede realizar las siguientes acciones para comenzar en el espacio de trabajo Modelado 3D.

1. Abra AutoCAD y, a continuación, haga clic en la herramienta **Cambio de espacio de trabajo** en la barra de estado, y seleccione Modelado 3D. Aparecerá un conjunto de paneles como la ventana Paletas de herramientas.
2. Para iniciar un nuevo archivo modelo 3D, haga clic en **Nuevo** en la Barra de herramientas de acceso rápido para abrir el cuadro de diálogo Seleccionar plantilla. Seleccione el archivo de plantilla `acad3D.dwt` y haga clic en **Abrir**. Su pantalla se parecerá a la figura 20.2.

El área de dibujo muestra el espacio de trabajo como una vista en perspectiva con un fondo gris y una rejilla. No se trata tan sólo de un archivo de dibujo de AutoCAD típico con un par de cambios en la configuración. La vista se ha configurado en perspectiva de forma predeterminada y se ha establecido una nueva función llamada Estilos visuales para mostrar objetos 3D como objetos sólidos. Aprenderá más sobre las herramientas que le permiten ajustar el aspecto de su espacio de trabajo más adelante. Por ahora, eche un vistazo a la Paleta de herramientas y la Cinta de opciones que aparecen en la ventana de AutoCAD.

Situada más a la derecha se encuentra la ventana Paleta de herramientas que ya ha visto y contiene algunos accesos rápidos a distintas herramientas de AutoCAD. El espacio de trabajo Modelado 3D abre la ventana Paletas de herramientas en la ficha Modelado, que contiene una muestra de las herramientas 3D.

La Cinta de opciones en la parte superior de la ventana de AutoCAD le ofrece todas las herramientas que necesita para crear modelos 3D. La Cinta de opciones del espacio de trabajo Modelado 3D le proporciona muchos paneles que ya le son familiares, pero también incluye algunos nuevos (véase la figura 20.3). Verá los paneles Capas, Propiedades y Utilidades que ya conoce, pero los paneles Dibujo y Modificar son ligeramente diferentes. También podrá ver tres paneles nuevos: Modelado 3D, Editar sólidos y Vista.

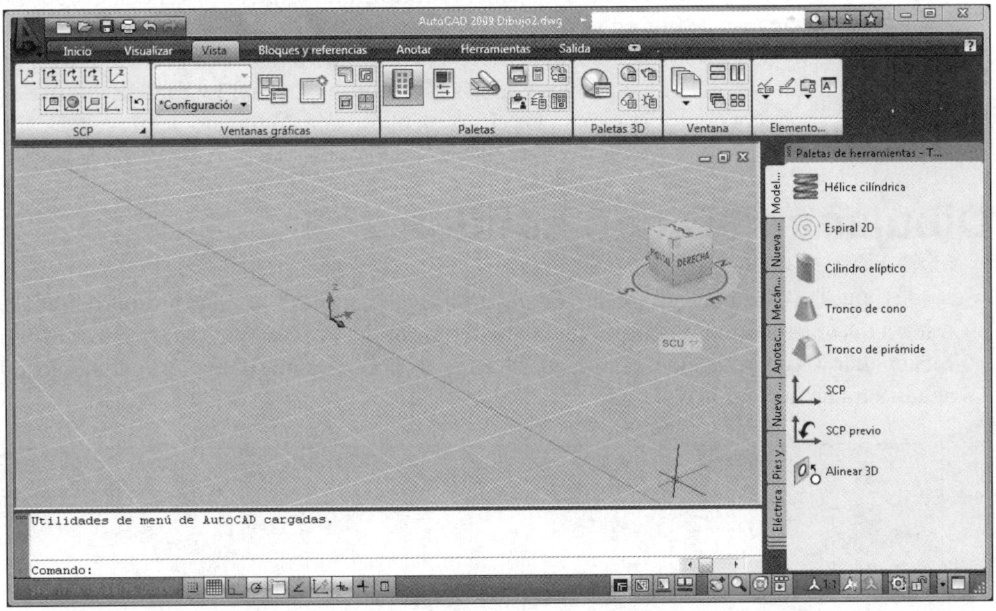

Figura 20.2. El espacio de trabajo Modelado 3D de AutoCAD.

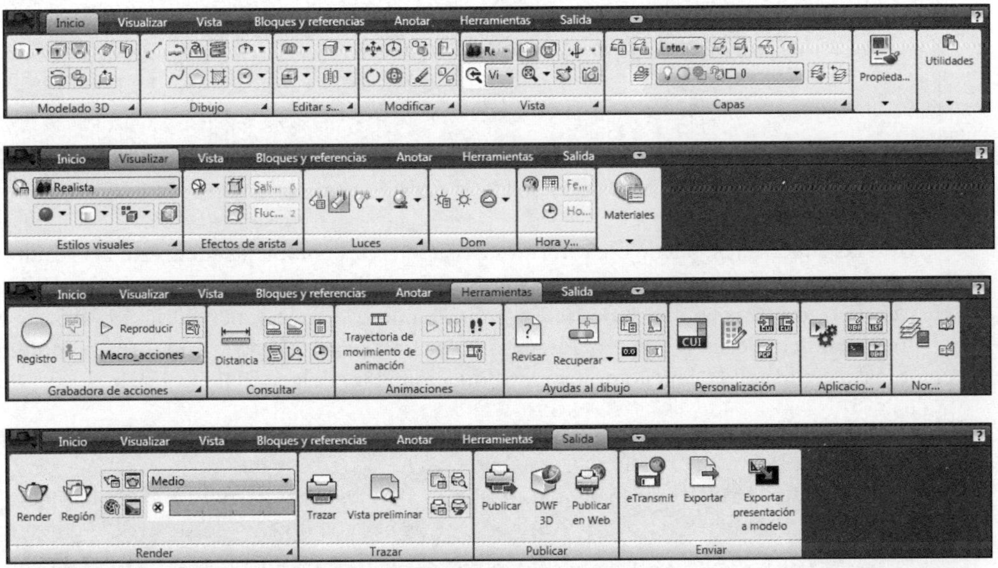

Figura 20.3. Las fichas de la Cinta de opciones en el espacio de trabajo Modelado 3D.

Además, otras fichas de la Cinta de opciones ofrecen más conjuntos de herramientas para el modelado 3D. Por ejemplo, la ficha Visualizar contiene herramientas que controlan el aspecto del modelo. Puede configurar luces y sombras y aplicar materiales a los objetos como ladrillo o vidrio. También puede controlar la visualización del modelo por medio de los paneles Estilos visuales, Efectos de arista, Luces, Dom, Hora y ubicación, y Materiales. La ficha Herramientas le proporciona el panel Animaciones, que le permite crear vistas y vídeos animados. La ficha Salida contiene el panel Render, que le permite generar renderizados realistas de los mapas de bits de su modelo.

En el siguiente apartado, adquirirá experiencia de primera mano en la creación y edición de algunas formas en 3D utilizando los paneles Modelado 3D, Vista y Estilos visuales. De esta forma, conocerá cómo funcionan las cosas en el espacio de trabajo de modelado 3D.

Dibujar en 3D con sólidos

En AutoCAD se puede trabajar con dos tipos de objetos 3D: sólidos y superficies. Puede tratar a los objetos sólidos como si fueran material sólido. Por ejemplo, puede crear un prisma rectangular y, a continuación, eliminar las formas de la caja como si estuviera tallándolo, como se muestra en la figura 20.4.

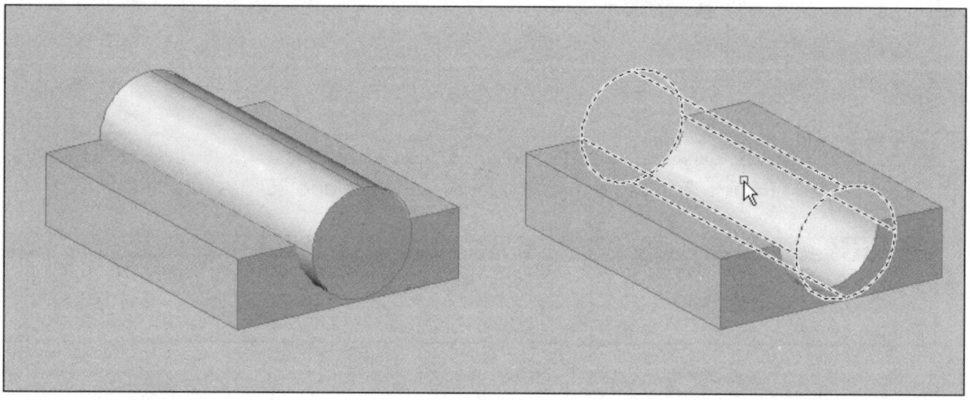

Figura 20.4. El modelado sólido le permite eliminar o añadir formas.

Con las superficies, puede crear formas de superficies complejas mediante la creación de líneas, arcos o polilíneas. Por ejemplo, puede convertir rápidamente una serie de polilíneas curvas, arcos o líneas en una superficie combada, como se muestra en la figura 20.5.

En la primera sección, aprenderá cómo crear un prisma sólido y cómo realizar algunos cambios sencillos en la caja como una introducción al modelado 3D.

TRUCO: Si ya tiene experiencia con AutoCAD 3D, observe que las nuevas funciones de modelado de superficies son distintas a los objetos de superficie que pueda haber creado en la versión anterior de AutoCAD. Los nuevos objetos de superficie pueden interactuar con objetos primitivos sólidos y se pueden convertir en sólidos en 3D. Puede seguir creando los objetos de superficie en 3D de estilo antiguo, pero deberá tener en cuenta que no son el mismo tipo de objeto que las superficies 3D de AutoCAD 2009. Puede convertir las superficies de estilo antiguo en las nuevas superficies 3D con el comando **convasuperf** descrito posteriormente en este capítulo.

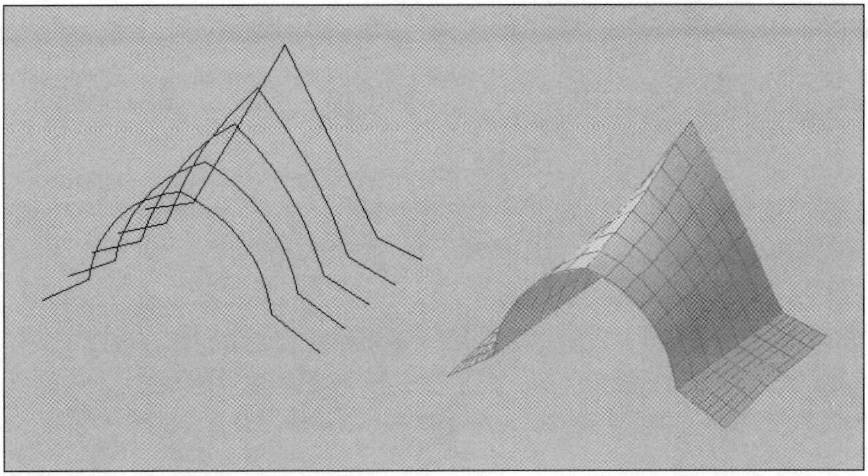

Figura 20.5. Con la herramienta Solevar, puede utilizar un conjunto de objetos 2D a la izquierda para definir una superficie compleja (a la derecha).

Crear una caja en 3D

Comience creando una caja con la herramienta **Prisma rectangular** en el panel Modelado 3D de la ficha Inicio:

1. Cierre la ventana Paleta de herramientas. No la necesitará en este capítulo.
2. Haga clic en la herramienta **Prisma rectangular** en el desplegable Sólidos del panel Modelado 3D de la ficha Inicio (véase la figura 20.6).

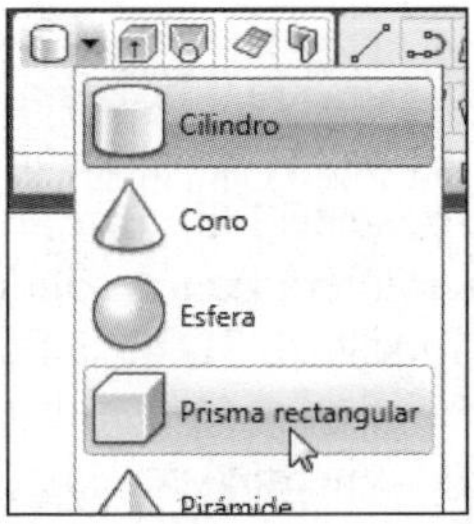

Figura 20.6. Herramienta Prisma rectangular.

3. Haga clic en un punto situado cerca del origen del dibujo que se muestra en la figura 20.7. Puede utilizar la escritura de coordenadas para seleccionar un punto cercano a 0,0. Una vez que haya hecho clic, verá un rectángulo que sigue al cursor.
4. Haga clic en otro punto cerca de la coordenada 400,295, tal como se muestra en la imagen de la figura 20.7. Ahora, cuando mueva el cursor, el rectángulo se fijará y aparecerá la altura de la caja 3D.
5. Introduzca `80` y pulse **Intro** para ajustar una altura de 80 unidades para el prisma. También puede hacer clic para ajustar la altura del prisma.

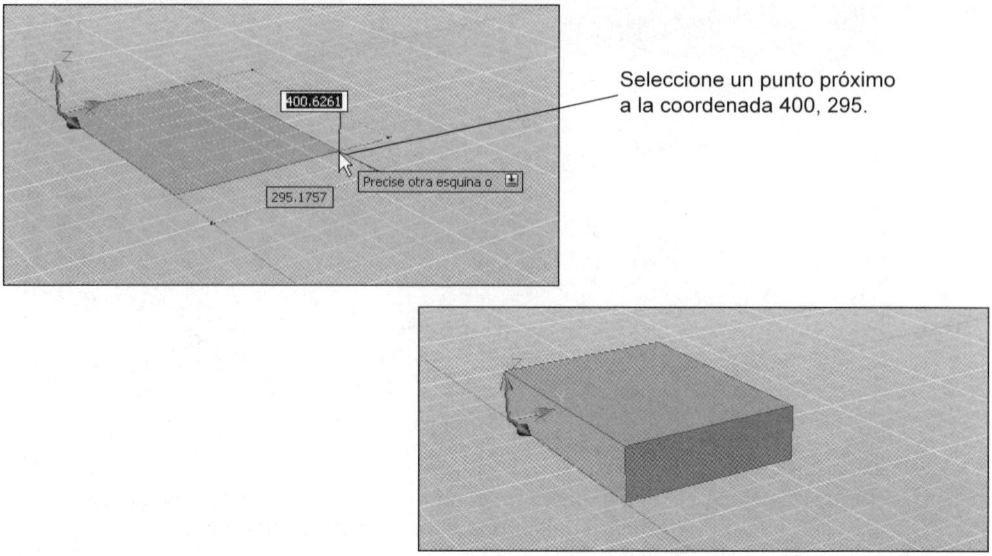

Figura 20.7. Dibujar una caja sólida en 3D.

> **TRUCO:** Cuando comienza a crear un modelo 3D utilizando la plantilla `acad3D.dwt`, la capa predeterminada 0 se establece en un color que es gris claro en lugar del blanco o el negro que se utiliza en la plantilla `acad.dwt` estándar. El color gris se utiliza para que pueda ver las formas 3D claramente cuando el modelo se muestra utilizando un estilo visual sombreado. Si comienza un modelo 3D utilizando la plantilla `acad.dwt`, es posible que desee cambiar el color predeterminado a otro color distinto al negro o al blanco.

Ha utilizado tres pasos básicos para crear la caja. En primer lugar, hizo clic en una esquina para establecer una ubicación de la caja. A continuación, hizo clic en otra esquina para establecer el tamaño de la base. Por último, seleccionó una altura. Normalmente utiliza un conjunto de pasos similares para crear cualquiera de los sólidos 3D básicos que se encuentran en el desplegable Sólidos del panel Modelado 3D de la ficha Inicio. Por ejemplo, en el caso de un cilindro, selecciona el centro, a continuación el radio, y por último una altura. En el caso de una cuña, selecciona dos esquinas como hizo con la caja y, a continuación, selecciona la altura de la cuña. Aprenderá más acerca de estos sólidos 3D básicos en capítulos posteriores.

Editar sólidos 3D con pinzamientos

Una vez creado un sólido, puede ajustar su tamaño con pinzamientos.

1. Haga clic en el sólido para seleccionarlo. Es posible que aparezca un mensaje que le advierta de las nuevas opciones de edición. Ignore el mensaje y verá que aparecen pinzamientos en el sólido 3D, tal como se muestra en la figura 20.8. Los pinzamientos cuadrados de la base del sólido permiten ajustar la ubicación de estos pinzamientos de una forma similar al ajuste de pinzamientos en objetos 2D. Los pinzamientos de

flecha permiten ajustar la longitud del sitio al que se fijan las flechas. Si hace clic en un pinzamiento de flecha y ha activado Entrada dinámica, aparecerá una dimensión en el cursor, como se muestra en la figura 20.8. Puede introducir una nueva dimensión para la longitud asociada al pinzamiento seleccionado, o puede arrastrar y hacer clic en la flecha para ajustar la longitud. Recuerde que puede pulsar la tecla **Tab** para alternar entre dimensiones que se muestran en la visualización de Entrada dinámica.

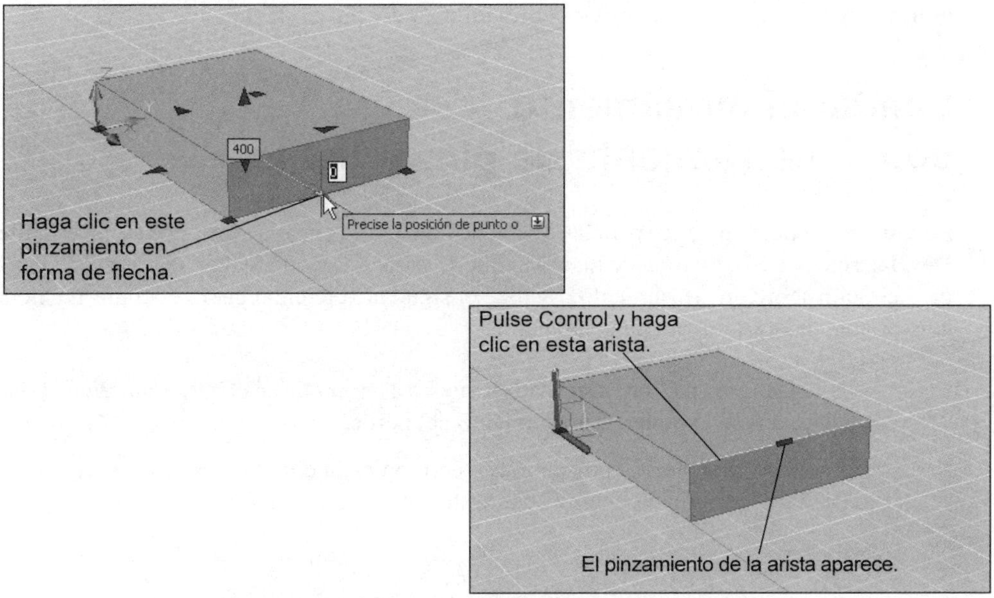

Figura 20.8. En un sólido 3D aparecen pinzamientos.

NOTA: Si al mantener pulsada la tecla **Control** y hacer clic no se producen los resultados descritos aquí, es posible que tenga que cambiar la configuración de la variable de sistema `Legacyctrlpick`. En la línea de comandos, introduzca `legacyctrlpick` y pulse **Intro** y, a continuación, escriba `0` y pulse **Intro**.

2. Haga clic en el pinzamiento de flecha situado en la parte delantera de la caja, tal como se muestra en la parte superior de la figura 20.8. Ahora, cuando mueva el cursor, la caja cambiará de longitud.
3. Pulse **Esc** para anular la selección del pinzamiento.

También puede mover bordes individuales manteniendo pulsada la tecla **Control** y haciendo clic.

1. Mantenga pulsada la tecla **Control** y haga clic en el borde superior delantero como se muestra en la parte inferior de la figura 20.8. El borde se resaltará y aparecerá un pinzamiento en su punto central.
2. Haga clic en el pinzamiento del borde y mueva el cursor. El borde seguirá al pinzamiento.

3. Mantenga pulsada la tecla **Mayús** y empuje el pinzamiento hacia fuera desde el centro de la caja. La tecla **Mayús** limita el movimiento del eje X, Y o Z.
4. Haga clic en un punto para fijar la nueva posición del borde.
5. Haga clic en el botón **Deshacer** para devolver a la caja a su forma original.

Como puede ver, dispone de una gran flexibilidad en el control de la forma de la caja. Si utiliza la tecla **Mayús** podrá limitar el movimiento del pinzamiento.

Limitar el movimiento con la herramienta de pinzamiento

Otra herramienta práctica para la edición de objetos 3D con pinzamientos es la herramienta **Desplazamiento 3D**. Se trata de un icono que se parece al icono SCP y aparece cada vez que pasa el ratón sobre un pinzamiento. Realice el siguiente ejercicio para ver cómo funciona la herramienta de pinzamiento personalmente.

1. Mantenga la tecla **Control** pulsada y vuelva a hacer clic en el borde superior delantero de la caja para exponer el pinzamiento del borde.
2. Coloque el cursor en el pinzamiento, pero no haga clic. Volverá a aparecer la herramienta de pinzamiento, como se muestra en la figura 20.9.

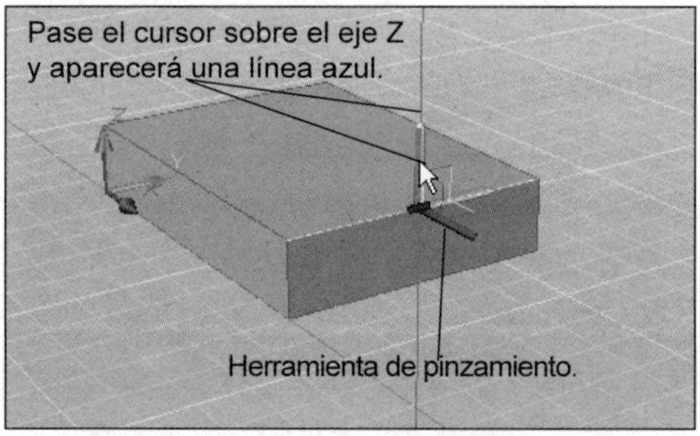

Figura 20.9. Uso de la herramienta de pinzamiento para limitar el movimiento.

3. Coloque el cursor en el eje Z azul de la herramienta de pinzamiento, pero no haga clic. Aparecerá una línea azul que se extiende sobre el área de dibujo y el eje Z de la herramienta de pinzamiento cambiará de color como se muestra en la figura 20.9.
4. Haga clic en el eje Z. Ahora, cuando mueva el cursor, el movimiento del pinzamiento se limitará en el eje Z.
5. Vuelva a hacer clic para ajustar la ubicación del pinzamiento.
6. Pulse la tecla **Esc** para anular la selección del pinzamiento.
7. Haga clic en la herramienta **Deshacer** () para deshacer la edición del pinzamiento.

Aquí verá cómo utilizar la herramienta de pinzamiento para modificar con facilidad la ubicación Z de un pinzamiento. Puede utilizar la herramienta de pinzamiento para modificar la ubicación de un único pinzamiento o del objeto en su totalidad.

Rotación de objetos en 3D con SCP dinámico

Por lo general, trabaja en lo que se conoce como sistema de coordenadas universal o SCU. Se trata del sistema de coordenadas predeterminado que utiliza AutoCAD en los dibujos nuevos, pero también puede crear sus propios sistemas de coordenadas como subconjuntos del sistema SCU. Los sistemas de coordenadas que cree se conocerán como sistemas de coordenadas de usuario o SCP.

Los sistemas SCP son significativos en el modelado 3D porque le pueden ayudar a orientar su trabajo en el espacio 3D. Por ejemplo, puede configurar un sistema SCP que se encuentre en la cara vertical de la caja 3D creada anteriormente. A continuación, podría dibujar en esa cara vertical tal como lo haría en el sistema SCU del dibujo. La figura 20.10 muestra un cilindro dibujado en el lateral de la caja. La rejilla vertical muestra la orientación del sistema SCP. Observe también la orientación del sistema SCP en el centro del cilindro.

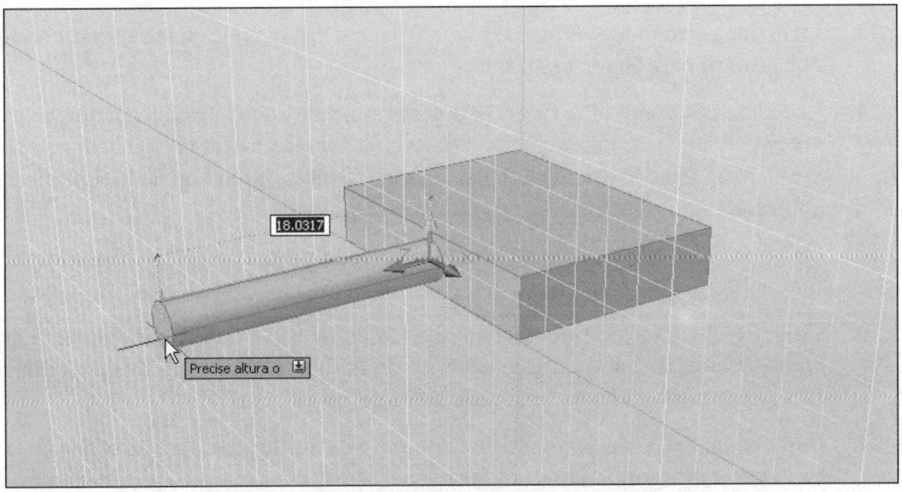

Figura 20.10. Dibujo en el lateral de la caja.

El sistema SCP siempre ha sido una herramienta importante para el modelado 3D. AutoCAD 2007 introduce el sistema SCP dinámico, que cambia automáticamente la orientación de los ejes X, Y y Z para adaptarse a la superficie plana de un objeto 3D.

Puede que se haya dado cuenta de que cuando creó el nuevo archivo 3D utilizando la plantilla `acad3D.dwt`, el cursor parecía diferente. En lugar de la cruz habitual, vio tres líneas de intersección. Si mira atentamente, verá que cada línea del cursor tiene un color distinto. En su configuración predeterminada, AutoCAD muestra una línea roja para el eje X, una línea verde para el eje Y y una línea azul para el eje Z. Representan el esquema de color del icono SCP, tal como se muestra en la figura 20.11.

Conforme trabaje con el sistema SCP dinámico, verá que la orientación de estas líneas cambia cuando señala a una superficie en un objeto 3D. El siguiente ejercicio le muestra cómo utilizar el sistema SCP dinámico para ayudarle a rotar la caja sobre el eje X.

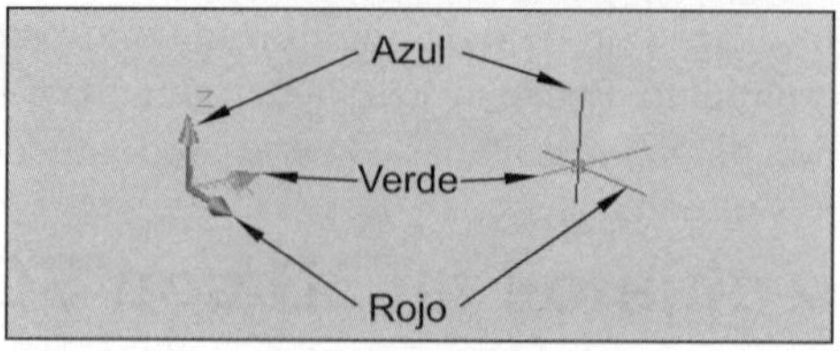

Figura 20.11. El icono SCP situado a la izquierda y el cursor en 3D a la derecha coinciden en color.

1. Asegúrese de que las funciones Referencia a objetos y Permitir/No permitir SCP dinámico estén activadas (véase la figura 20.12).

Figura 20.12. Las funciones Referencia a objetos y Permitir/No permitir SCP dinámico.

2. Haga clic en **Girar** () en el panel Modificar de la ficha Inicio, o escriba `gira` y pulse **Intro**.
3. En la línea de comandos `Designe objetos:`, haga clic en la caja y, a continuación, pulse **Intro** para finalizar su selección.
4. En la línea de comandos `Precise punto base:`, no haga clic en ningún elemento, mueva el cursor de una superficie de la caja a un lateral de la caja. Cuando haga esto, preste atención a la orientación del cursor. Cambia en función de la superficie a la que esté señalando.
5. Coloque el cursor del lado izquierdo tal como se muestra en la imagen superior de la figura 20.13.
6. Coloque el cursor de referencia a objetos en la esquina inferior delantera de la caja como se muestra en la imagen superior de la figura 20.13. Haga clic en esta esquina. Conforme mueva el cursor, la caja rotará sobre el eje Y.
7. Introduzca `-30` para el ángulo de rotación. Su caja debería parecerse a la de la imagen de la parte inferior de la figura 20.13.

En este ejemplo verá que puede pasar el ratón sobre una superficie para indicar el plano sobre el que se producirá la rotación. Ahora suponga que desea añadir un objeto a uno de los lados de la caja rotada. La siguiente sección le muestra la herramienta esencial que puede utilizar para ello.

Utilizar Referencias a objetos y Rastreo de referencia a objetos en espacio 3D

Si tiene que colocar objetos en ubicaciones precisas en 3D, tales como puntos finales o puntos centrales de otros objetos, puede hacerlo utilizando referencias a objetos, tal como lo haría en 2D. Pero debe tener cuidado al utilizar referencias a objetos en lo que respecta al sistema SCP dinámico.

En el ejercicio relativo a la rotación de objetos 3D con SCP dinámico, se le pidió que se asegurara de que colocaba el cursor en el lateral de la caja que coincidía con el plano rotativo antes de seleccionar la referencia a objeto de punto final. Esto garantiza que la función de SCP dinámico ha seleccionado el plano rotativo adecuado. En caso contrario, puede que la caja rote en la dirección errónea. En algunas operaciones, no pueden utilizar referencias a objetos cuando se encuentre en el modo en perspectiva. Rastreo de referencia a objetos tampoco funciona en el modo perspectiva. Cambie a la vista en proyección paralela si sabe que va a utilizar referencias a objetos. Si tiene que ajustar a puntos que se encuentran en la parte posterior de un objeto, cambie a un estilo visual de estructura alámbrica 2D o 3D.

Figura 20.13. Seleccione un punto de base y la orientación de la caja resultante.

Dibujar en una superficie de objetos 3D

En el ejercicio de rotación, vio que puede pasar el ratón sobre una superficie para indicar el plano de rotación. Puede utilizar el mismo método para indicar el plano en el que desea colocar un objeto. Realice el siguiente ejercicio para ver personalmente cómo funciona.

1. Haga clic en **Centro, Radio** (Centro, Radio) en el desplegable Círculo del panel Dibujo de la ficha Inicio.
2. Coloque el cursor en la superficie superior del rectángulo, como se indica en la imagen superior de la figura 20.14 y manténgalo ahí un momento. El cursor se alineará con el ángulo de la superficie superior.

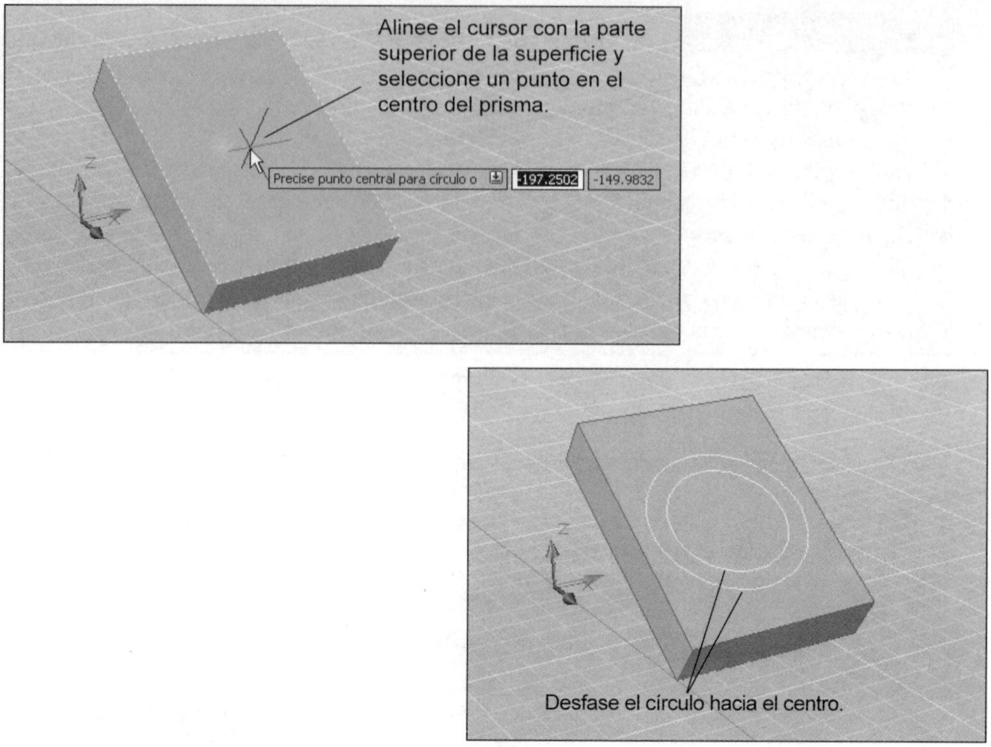

Figura 20.14. Dibujo de círculos en la superficie de un sólido 3D.

3. Con el cursor alineado con la superficie superior de la caja, haga clic en un punto aproximadamente en el centro de la caja. El círculo aparece en la superficie y, cuando mueva el cursor, el radio del círculo lo seguirá.
4. Ajuste el círculo de manera que sea aproximadamente el mismo radio de 120 unidades que el que aparece en la figura 20.14 y, a continuación, haga clic para establecer el radio. También puede introducir `120` y pulsar **Intro**.
5. Haga clic en **Desfase** ( ) en el panel Modificar de la ficha Inicio, y desplace el círculo 30 unidades hacia dentro, como se muestra en el segundo panel de la figura 20.14.

Esto demuestra que puede utilizar el sistema SCP dinámico para alinear objetos con la superficie de un objeto. Fíjese en que el sistema SCP dinámico sólo funciona con superficies planas. Por ejemplo, no puede utilizar el sistema SCP dinámico para colocar un objeto en el lado curvo del cilindro.

Utilizar un SCP "fijo"

Si está trabajando en un área del dibujo con mucho contenido o si sabe que necesita trabajar mucho en una superficie de un objeto, puede crear un sistema SCP que permanezca en una orientación fija hasta que la cambie, en lugar de confiar en la función SCP dinámico. Haga clic en **Cara** en el panel SCP expandido de la ficha Vista y, a continuación, haga clic en la superficie que define el plano en el que desea trabajar y pulse **Intro**. El sistema SCP se alineará con la superficie seleccionada y no tendrá que preocuparse de dibujar accidentalmente en la orientación errónea. Para volver al sistema SCU, haga clic en **Universal** en el panel SCP de la ficha Vista.

Pulsar y tirar formas desde un sólido

Acaba de añadir un círculo 2D a la superficie superior de la caja 3D. AutoCAD ofrece una herramienta que le permite utilizar ese círculo 2D o cualquier forma 2D cerrada para modificar la forma de su objeto 3D. La herramienta **Pulsar o tirar** en el panel Modelado 3D de la ficha Inicio permite "pulsar" o "tirar" de una forma 2D desde la superficie de un objeto 3D. A continuación le mostramos cómo funciona para que pueda comprobarlo de primera mano.

1. Asegúrese de que la herramienta **Rastreo polar** () de la barra de estado esté activada y, a continuación, haga clic en la herramienta **Pulsar o tirar** del en el panel Modelado 3D de la ficha Inicio. También puede introducir `Pulsartirar` y pulsar **Intro** en la línea de comandos (véase la figura 20.15).

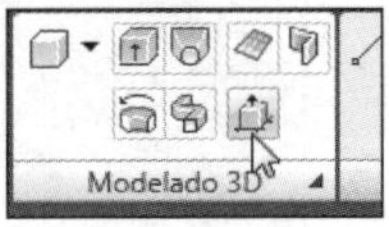

Figura 20.15. Herramienta Pulsar o tirar.

2. Coloque el cursor sobre el centro del círculo interno pero no haga clic todavía. Fíjese que el círculo se resalta (véase el panel superior izquierdo de la figura 20.16).
3. Mueva el cursor a la superficie superior de la caja entre ambos círculos. Ahora aparecerá resaltada el área entre los círculos (véase el panel inferior derecho de la figura 20.16).
4. Con el cursor entre los dos círculos, haga clic en el ratón. Ahora, cuando mueva el ratón, se moverá el área circular definida por los dos círculos.
5. Ajuste la ubicación del cursor de manera que el lector de coordenada polar muestre un menos Z (-Z) como se muestra en el panel superior de la figura 20.17. Ahora introduzca `40` y pulse **Intro** para crear una hendidura de 40 unidades, tal como se muestra en el segundo panel de la figura 20.17.

Ha creado una hendidura circular al "presionar" el área circular definida por los dos círculos. Podría haber "tirado" del área hacia arriba para formar una cresta circular en la caja. Pulsar el círculo en el sólido es esencialmente lo mismo que sustraer un sólido de otro. Al presionar la forma en el sólido, AutoCAD asume que desea sustraer la forma.

TRUCO: Pulsar o tirar funciona con cualquier forma 2D cerrada como, por ejemplo, un círculo, una polilínea cerrada u otra área completamente cerrada. No es necesario un sólido 3D existente. Por ejemplo, puede dibujar dos círculos concéntricos sin la caja 3D y, a continuación, utilizar **Pulsar o tirar** para convertir los círculos en un anillo sólido en 3D. En el ejercicio anterior, la caja sólida mostraba que podía utilizar **Pulsar o tirar** para sustraer una forma de un sólido existente.

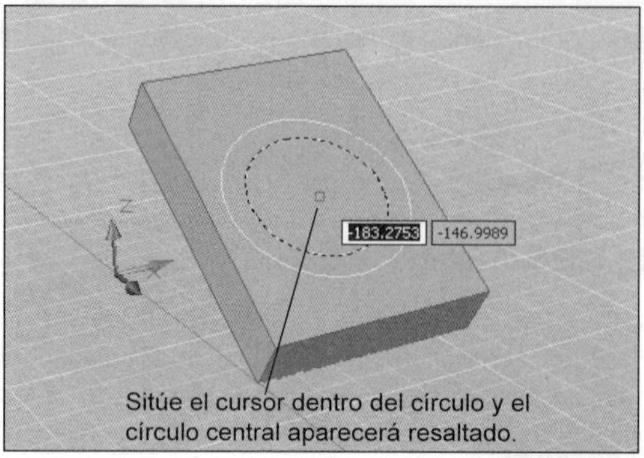

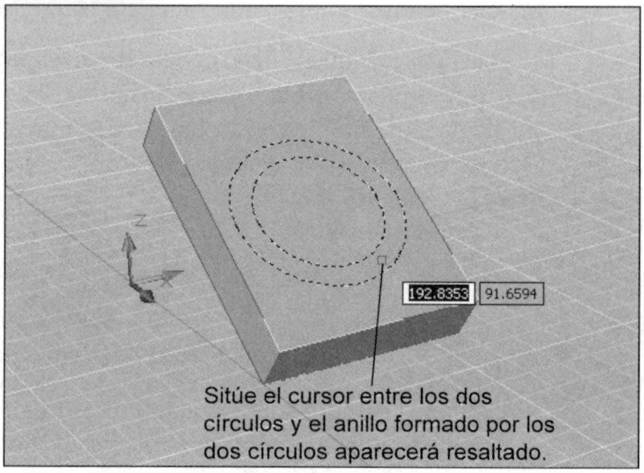

Figura 20.16. Mueva el cursor sobre distintas áreas de la caja y fíjese en cómo se resaltan las áreas.

Como puede ver en este ejercicio, la herramienta **Pulsar o tirar** puede ayudarle a sustraer rápidamente una forma de un sólido 3D existente. La figura 20.18 muestra otros ejemplos de cómo puede utilizar **Pulsar o tirar**. Por ejemplo, puede dibujar una línea de un borde a otro y, a continuación, utilizar **Pulsar o tirar** para extruir la forma triangular resultante. También puede dibujar formas concéntricas y extrusionarlas o puede incluso utilizar curvas *spline* desfasadas para añadir un hundimiento a un sólido.

ADVERTENCIA: Si utiliza un objeto 2D abierto en una superficie 3D como, por ejemplo, una línea o una curva *spline*, los puntos finales deben tocar exactamente en el borde de la superficie para que **Pulsar o tirar** pueda funcionar.

Realizar cambios en el sólido

Cuando cree un modelo 3D, pocas veces obtendrá la forma correcta a la primera. Imaginemos que decide que necesita modificar la forma que ha creado hasta ahora moviendo el agujero del centro de la caja a una esquina. El siguiente ejercicio mostrará cómo puede acceder a los componentes individuales de un sólido 3D para realizar cambios.

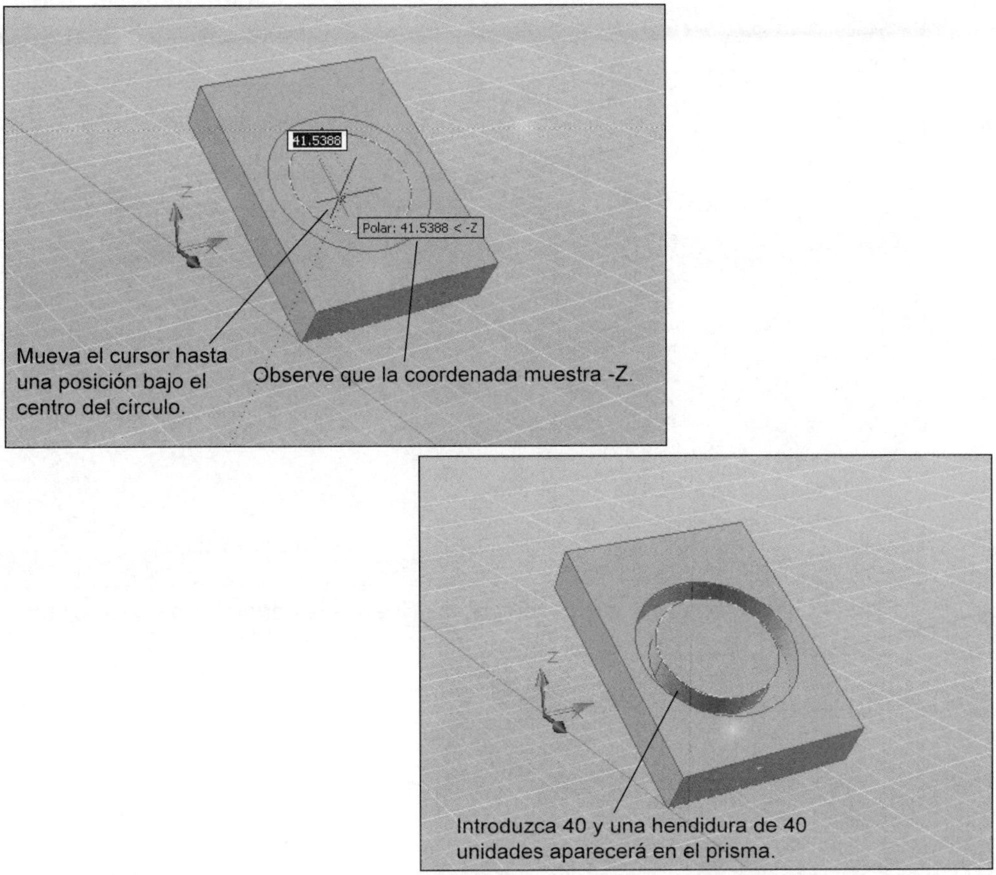

Figura 20.17. Creación de una hendidura en la caja utilizando Pulsar o tirar.

El modelo en el que ha estado trabajando se compone de dos objetos: una caja y un cilindro. Estos dos componentes del sólido se conocen como subobjetos del objeto sólido principal. Las caras y los bordes de los sólidos también se consideran subobjetos. Cuando utilice la herramienta **Unión**, **Diferencia** o **Intersección** en un conjunto de objetos, los objetos se combinan en un único sólido, o al menos es lo que parece al principio. Puede acceder a la forma de los subobjetos a partir de la que se crea la forma o modificarla con tan sólo utilizar la tecla **Control** al hacer clic en el sólido. Realice el siguiente ejercicio para ver en persona cómo funciona.

1. Coloque el cursor en los componentes del sólido que ha creado hasta el momento. Verá que quedan resaltados como si fueran un objeto. Si hiciera clic (no lo haga todavía), se seleccionaría todo el objeto.

2. Mantenga pulsada la tecla **Control** y mueva el cursor sobre la hendidura circular. Cuando lo haga, verá la hendidura resaltada (véase la imagen de la izquierda de la figura 20.19).

3. Manteniendo pulsada la tecla **Control**, haga clic en la hendidura. Aparecerán los pinzamientos de la hendidura, como se muestra en la parte derecha de la figura 20.19. Como puede suponer, puede utilizar estos pinzamientos para cambiar la forma y la ubicación de una función del sólido seleccionado.

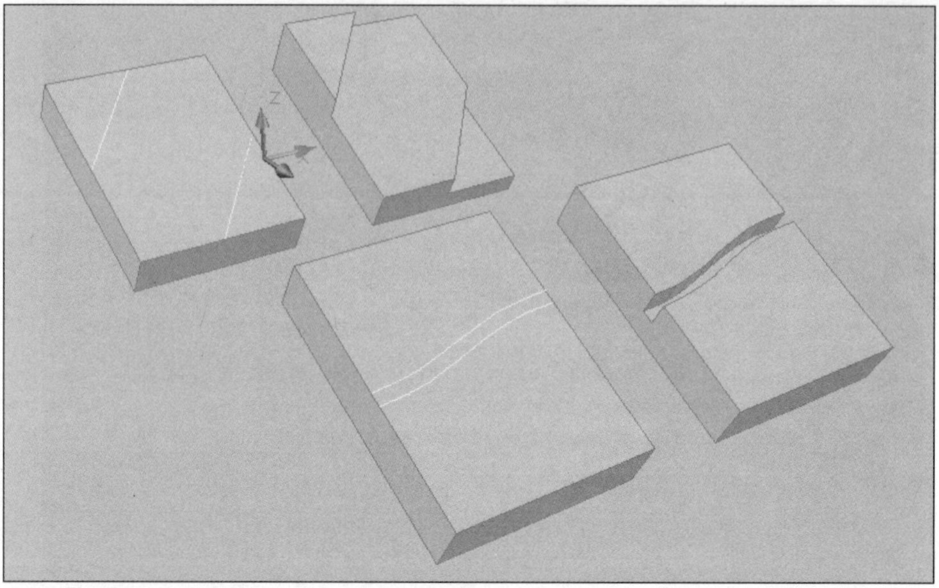

Figura 20.18. Adición de formas complejas utilizando la herramienta Pulsar o tirar.

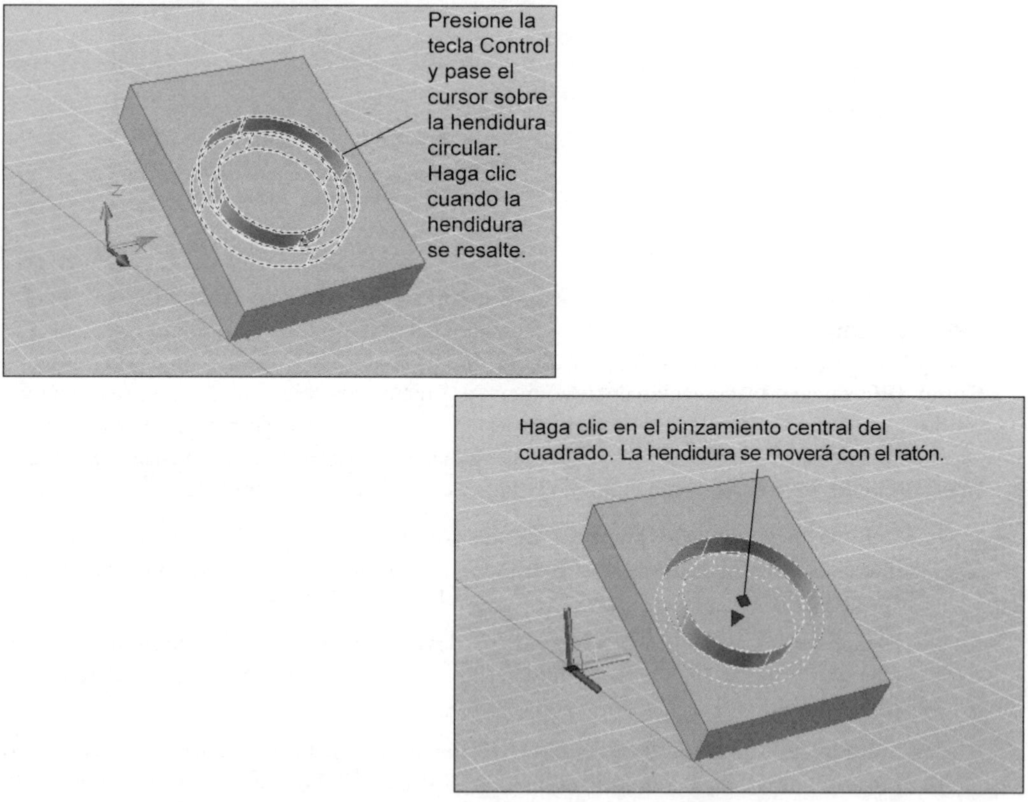

Figura 20.19. Puede seleccionar subobjetos de un sólido 3D cuando mantenga pulsada la tecla Control.

4. Haga clic en el pinzamiento cuadrado central de la hendidura y mueva el cursor alrededor. Si resulta un poco incontrolable, desactive el modo Polar. Cuando mueva el cursor, verá que la hendidura se mueve con el cursor.
5. Coloque la hendidura en la ubicación que se muestra en la figura 20.20 y haga clic. Acaba de mover la hendidura del centro al borde del cilindro.
6. Pulse la tecla **Esc** para anular la selección.

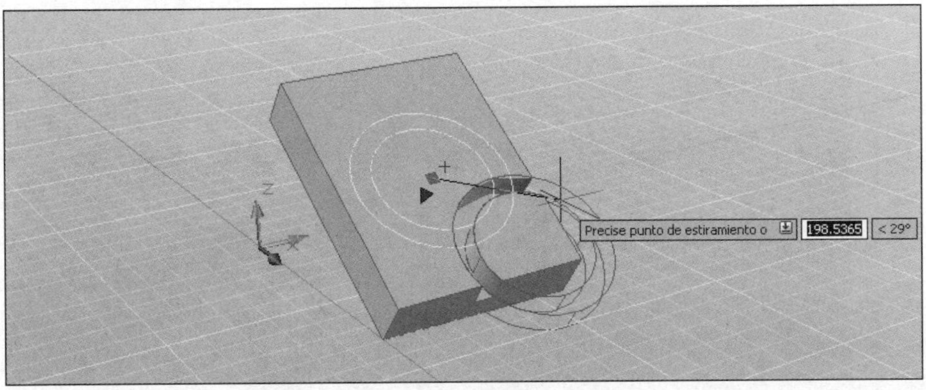

Figura 20.20. Puede mover la hendidura a una nueva ubicación utilizando su pinzamiento.

Este ejemplo muestra que la tecla **Control** puede resultar una herramienta muy útil cuando tenga que editar un sólido. Permite seleccionar los subobjetos que componen su modelo. Una vez que se seleccionen los subobjetos, puede moverlos o puede utilizar los pinzamientos de flecha para modificar su tamaño.

Crear formas en 3D a partir de formas en 2D

Los sólidos básicos en 3D son excelentes para la creación de algunas formas básicas pero, en muchas situaciones, deseará crear una forma 3D de una forma más compleja. Afortunadamente, puede extrusionar objetos 2D en varias formas utilizando herramientas adicionales del panel Modelado 3D de la ficha Inicio. Por ejemplo, puede dibujar una forma de estrella y, a continuación, extruirla en una tercera dimensión como se muestra en la figura 20.21. También puede utilizar varios objetos 2D situados estratégicamente para formar una superficie flotante como el ala de un aeroplano.

Extrusionar una polilínea

Puede crear un sólido 3D mediante la extrusión de una polilínea 2D cerrada. Se trata de un método más flexible de creación de formas ya que puede crear una polilínea de cualquier forma y extrusionarla a una forma bastante compleja. En el siguiente conjunto de ejercicios, convertirá la habitación del apartamento de ejercicios anteriores en un modelo 3D. He creado una versión del plano de planta del apartamento con algunos añadidos para facilitarle las cosas. La figura 20.22 muestra el archivo que utilizará en el ejercicio. Se trata del mismo plano de planta con el que ha estado trabajando en los anteriores capítulos, pero con la adición de polilíneas cerradas como contorno de las paredes.

Figura 20.21. La polilínea cerrada de la izquierda se puede utilizar para crear la forma 3D de la derecha.

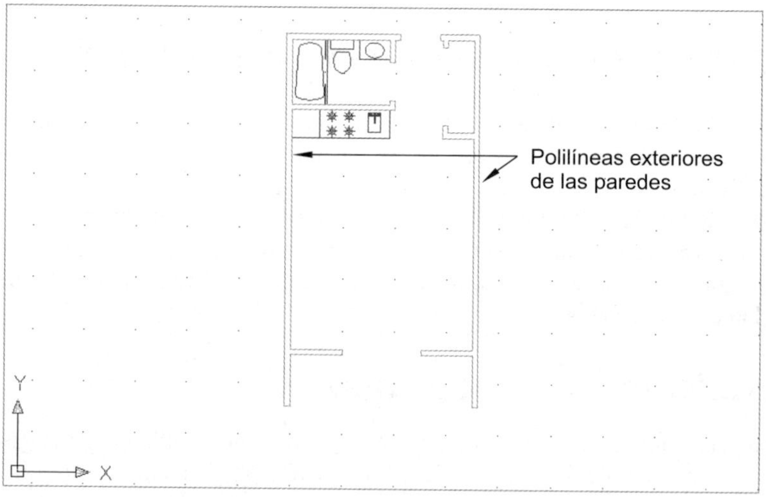

Figura 20.22. El plano de apartamento con polilíneas cerradas como contorno de las paredes.

El plano no está sombreado como en los ejemplos anteriores de este capítulo. Verá que puede trabajar en 3D en este modo de visualización de forma tan sencilla como en un modo sombreado.

1. Abra el archivo `20-unit-metric.dwg`.
2. Seleccione Isométrica de sudoeste en la lista desplegable Vista 3D del panel Vista de la ficha Inicio (véase la figura 20.23).

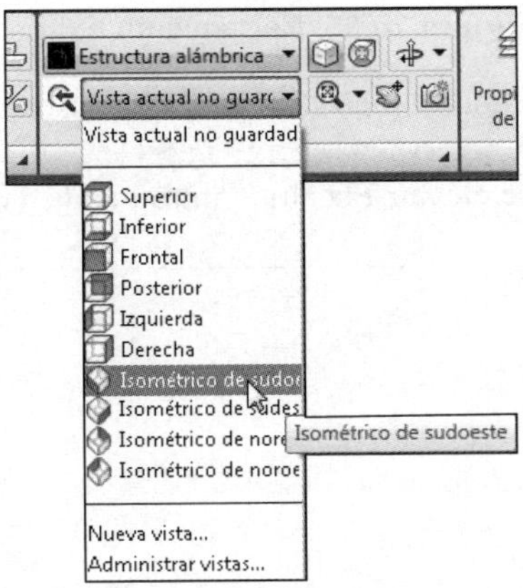

Figura 20.23. Isométrica de sudoeste.

También puede seleccionar Ver>Pto. vista 3D>Isométrico SO en el Explorador de menús. Su vista se verá ahora como si se encontrara arriba y a la izquierda de su dibujo, en lugar de directamente sobre él (véase la figura 20.24). El icono SCP le ayudará a adaptarse de su nueva ubicación.

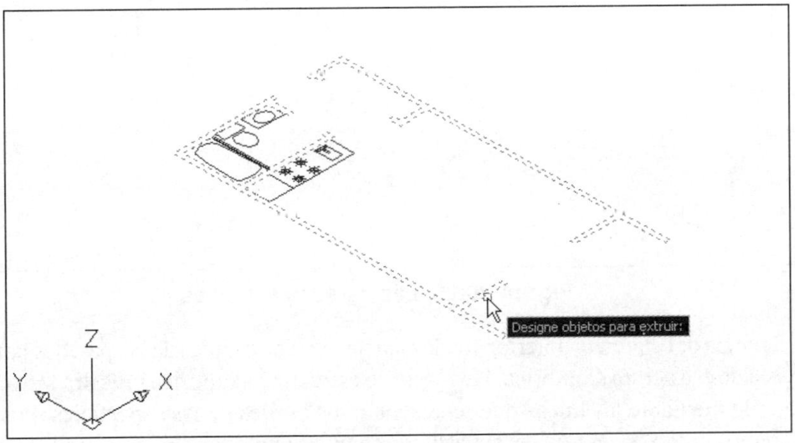

Figura 20.24. Una vista 3D del plano de planta.

3. Haga clic en la herramienta **Extrusión** en el panel Modelado 3D de la ficha Inicio (véase la figura 20.25). También puede introducir `Extrusion` en la línea de comandos y pulsar **Intro**. Verá el mensaje `Densidad de estructura alámbrica actual: ISOLINES=4` en la ventana de comandos, seguido del comando `Designe objetos para extruir:`.
4. Seleccione los contornos de la pared que se muestran en a figura 20.24 y pulse **Intro**.

Figura 20.25. Herramienta Extrusión.

5. En la línea de comandos `Precise altura de extrusión o [Dirección/Trayectoria/ángulo Inclinación] <0.0000>:`, introduzca `224` y pulse **Intro**. Las paredes se elevan a la altura introducida, (véase la figura 20.26).

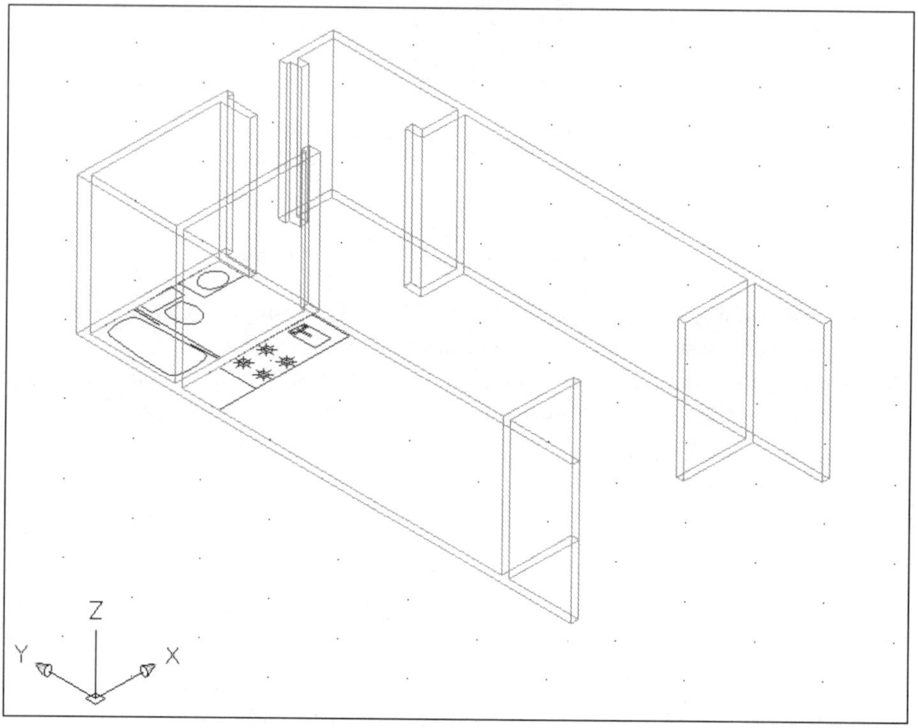

Figura 20.26. Las paredes extruidas.

A diferencia del ejercicio anterior con la caja, puede ver a través de las paredes porque se trata de una vista de estructura alámbrica. Una vista de estructura alámbrica muestra los volúmenes de un objeto 3D mediante las líneas que representan los bordes de las superficies. Posteriormente comentaremos cómo hacer que las superficies de un objeto parezcan opacas como en la caja. A continuación, añadiremos dinteles de puertas para definir las aperturas de la pared:

1. Ajuste la vista para obtener una visión más cercana de la puerta que se muestra en la figura 20.28. Puede utilizar las herramientas **Encuadre** y **Zoom** de esta vista 3D como haría en una vista 2D.

2. Desactive el modo SCP dinámico haciendo clic en la herramienta **Permitir/No permitir SCP dinámico** en la barra de estado para que aparezca seleccionado. Esto le ayudará a evitar que se oriente accidentalmente su cursor hacia la pared tras el dintel de la puerta (véase la figura 20.27).

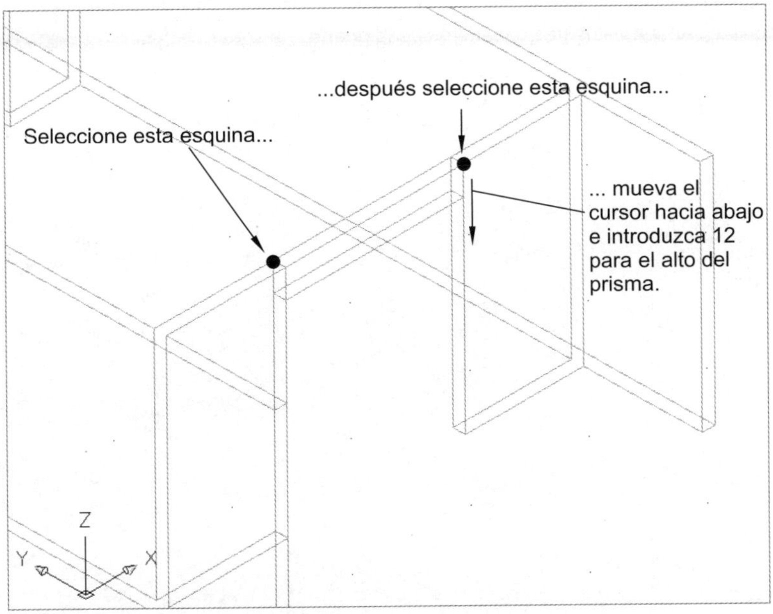

Figura 20.27. Adición del dintel de la puerta a la apertura del balcón del plano del apartamento.

Figura 20.28. Herramienta Permitir/No permitir SCP dinámico.

3. Haga clic en la herramienta **Prisma rectangular** (Prisma rectangular) en el desplegable Sólidos del panel Modelado 3D.
4. Utilice la referencia a objetos Punto final y haga clic en los dos puntos que se muestran en la figura 20.29.
5. En la línea de comandos `Precise altura o [2 puntos]:`, coloque el cursor hacia abajo desde los puntos seleccionados, introduzca `30` y pulse **Intro**. Aparecerá el marco de la puerta.
6. Repita los pasos 4 y 5 para dibujar el resto de marcos de puertas que se muestran en la figura 20.29.

La paredes y los dinteles de las puertas le ofrecen una idea más precisa del espacio en el plano del apartamento. Para mejorar aún más el aspecto del modelo 3D, puede unir las paredes y los dinteles de las puertas para que parezcan aperturas y paredes integradas.

1. Aleje el dibujo para ver todo el apartamento y, a continuación, haga clic en la herramienta **Unión** del panel Editar sólidos (véase la figura 20.30). También puede escribir `union` en la línea de comandos y pulsar **Intro**.
2. En la línea de comandos `Designe objetos:`, seleccione todas las paredes y los dinteles de las puertas y pulse **Intro**.

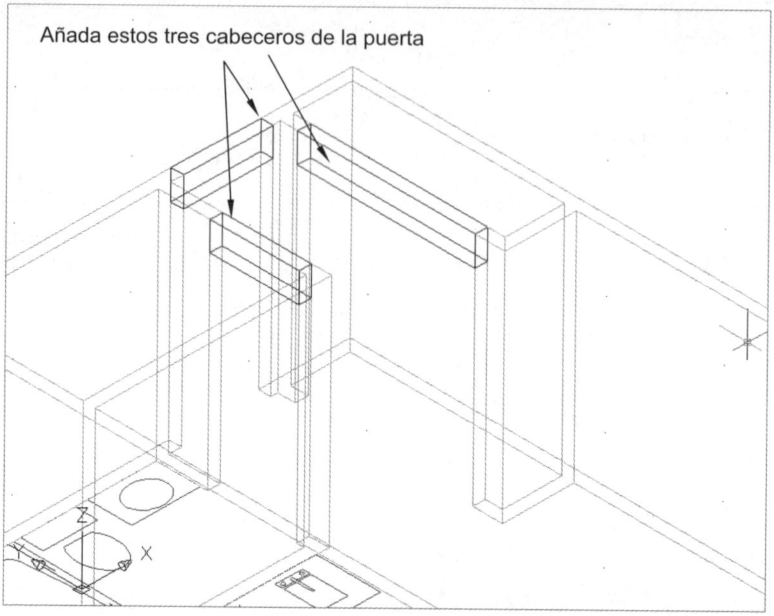

Figura 20.29. Adición de los dinteles de las puertas restantes.

Figura 20.30. Herramienta Unión en el panel Editar sólidos.

Ahora, las paredes y los dinteles de las puertas aparecen como una única superficie integrada sin ninguna línea de unión distrayente. Puede obtener una idea precisa del espacio del plano del apartamento. Deseará comenzar a explorar distintas vistas del apartamento en 3D pero, antes de que comience, deberá conocer una función de modelado 3D más: filtros para puntos.

Convertir objetos con altura en sólidos 3D

Si ha trabajado con 3D en AutoCAD anteriormente, probablemente sepa que puede proporcionar a un objeto una propiedad de altura mayor que 0 para convertirlo en un objeto 3D. Por ejemplo, una línea con una propiedad de altura mayor que 0 tendrá el aspecto de una superficie vertical, como se muestra en la figura 20.31.

En el ejercicio del plano del apartamento, puede hacer lo mismo con las polilíneas utilizadas para dibujar las paredes. Haga clic en las polilíneas de la pared y, a continuación, haga clic con el botón derecho del ratón y seleccione Propiedades. En la paleta Propiedades, cambie el valor de Altura de objeto a 224 cm (véase la figura 20.32).

Cierre la paleta Propiedades. Las paredes aparecerán en tres dimensiones. Tenga en cuenta que estas paredes no son sólidos 3D. Si acerca la imagen a un detalle de la pared, verá que está hueca (véase la figura 20.33).

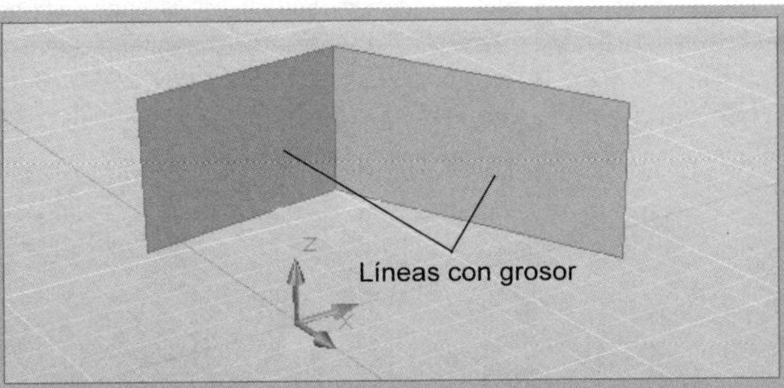

Figura 20.31. Línea con propiedad mayor de 0.

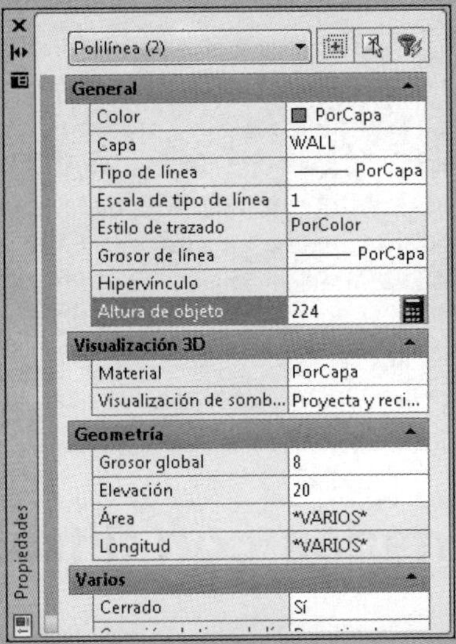

Figura 20.32. Paleta Propiedades.

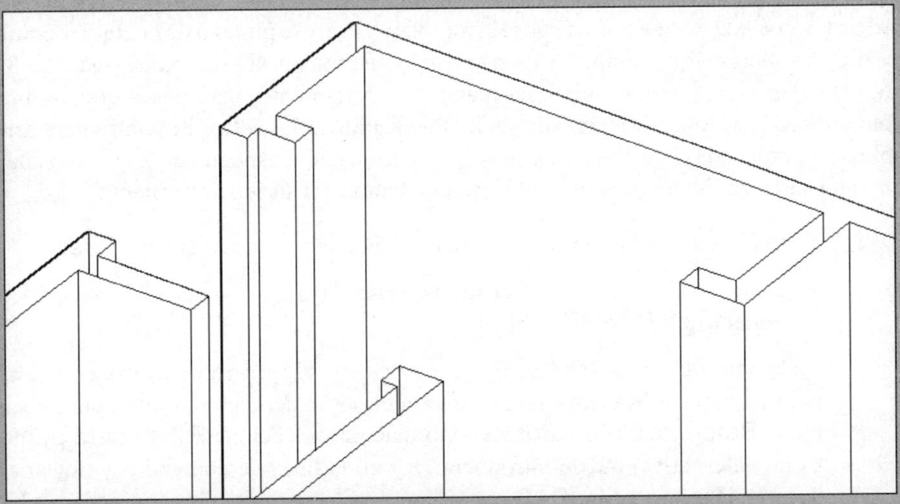

Figura 20.33. Paredes en tres dimensiones.

Afortunadamente, AutoCAD proporciona una herramienta que convertirá una polilínea cerrada con altura en un sólido. Expanda el panel Editar sólidos de la ficha Inicio y haga clic en la herramienta **Convertir en sólido** (véase la figura 20.34). También puede introducir `convasolido` y pulsar **Intro**.

Figura 20.34.

Seleccione las paredes de la polilínea y pulse **Intro** cuando haya finalizado su selección. Una vez que haya hecho esto, las paredes se convertirán en sólidos 3D. Esta operación funciona con cualquier polilínea cerrada, proporcionando una forma alternativa de creación de un sólido 3D. Si dispone de modelos 3D existentes que se han creado utilizando la propiedad de altura, puede utilizar la herramienta **Convertir en sólido** para actualizar sus modelos 3D. La herramienta **Convertir en sólido** también puede aplicarse a polilíneas que tengan un ancho y una altura mayor que 0.

Otra herramienta llamada **Convertir en superficie** convertirá objetos con altura en objetos de superficie 3D. Puede utilizar superficies 3D para reducir o aumentar la altura de sólidos 3D a sólidos 3D completos.

Aislar coordenadas con filtros para puntos

AutoCAD ofrece un método para la selección de puntos 3D, llamado filtros para puntos, que le pueden ayudar a aislar una coordenada X, Y o Z de una ubicación en 3D. Los filtros para puntos permiten introducir un valor x, y o z mediante la selección de un punto en la pantalla y la orden a AutoCAD de que utilice sólo el valor x, y o z de ese punto o de cualquier combinación de dichos valores. Por ejemplo, suponga que desea iniciar la esquina de una caja 3D en las coordenadas X e Y de la esquina del plano del apartamento, pero desea que la ubicación Z comience en 3' en lugar de a nivel de suelo. Puede utilizar los filtros de puntos para seleccionar sólo las coordenadas X e Y de un punto y, a continuación, especificar la coordenada Z como un valor independiente. El siguiente ejercicio demuestra su funcionamiento.

1. Vuelva a acercar la imagen a la puerta del balcón y active la capa F-rail.
2. Haga clic en la herramienta **Prisma rectangular** (Prisma rectangular) en el desplegable Sólidos del panel Modelado 3D.
3. En la línea de comandos `Precise primera esquina o [Centro] :`, mantenga pulsada la tecla **Mayús** y haga clic con el botón derecho del ratón para visualizar el menú Referencia a objetos; a continuación, seleccione Filtros para puntos>.XY. Como alternativa, puede introducir `.xy` en la línea de comandos y pulsar **Intro**. Al hacerlo, le indica a AutoCAD que primero va a especificar las coordenadas X e Y para este punto de inicio y, a continuación, va a especificar la coordenada Z.

TRUCO: Las opciones .X, .Y y .Z del menú Referencia a objetos (**Mayús-clic** con el botón derecho del ratón) del paso 3 son los filtros para puntos 3D. Al seleccionar una de estas opciones cuando seleccione puntos en un comando 3D, puede filtrar un valor x, y o z, o cualquier combinación de valores, de ese punto seleccionado. También puede introducir filtros con el teclado.

4. En la línea de comandos `Precise primera esquina o [Centro]: .XY de:`, seleccione la esquina del plano del apartamento como se muestra en la figura 20.35.

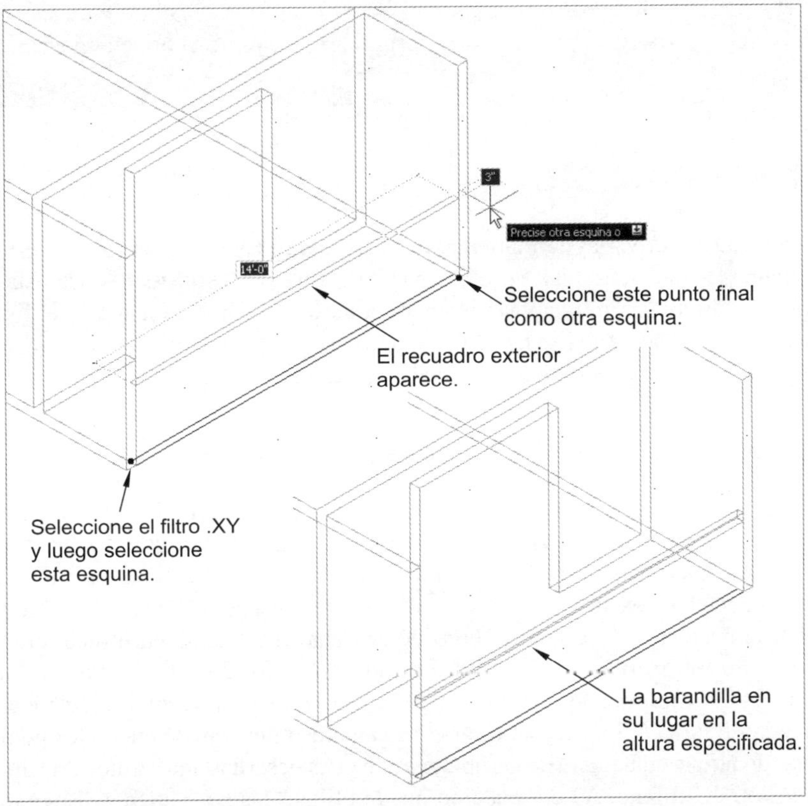

Figura 20.35. Creación de la barandilla utilizando filtros para puntos.

5. En la línea de comandos `de (falta Z):`, introduzca `92` y pulse **Intro**. Aparecerá el contorno de la caja con la elevación de 92 cm en la esquina seleccionada en el paso 4.

6. En la línea de comandos `Precise otra esquina o [Cubo/Longitud]:`, mantenga pulsada la tecla **Mayús** y haga clic con el botón derecho del ratón para visualizar el menú Referencia a objetos de nuevo y seleccione Filtros para puntos>. XY. Seleccione el otro punto final que se indica en la figura 20.35.

7. En la línea de comandos `de (falta Z):`, verá un contorno temporal de la caja en la altura de 92 cm. Haga clic con el ratón para fijar el contorno de base de la caja.

8. Introduzca `10` y pulse **Intro** para establecer la altura de la caja. La caja aparecerá como la barandilla del balcón.

En el paso 4, seleccionó la esquina del apartamento, pero la caja no apareció en ese momento. Tuvo que introducir un valor Z en el paso 5 para que apareciera el contorno de la caja. Después, en el paso 6, vio cómo la caja tomaba una elevación de 92 cm. Los filtros para puntos le permitieron colocar con precisión la caja en el dibujo aunque no hubiera funciones que pudiera referenciar directamente.

Ahora que ya tiene gran parte del apartamento modelado en 3D, deseará poder verlo desde distintos ángulos. En la siguiente sección se muestran algunas de las herramientas disponibles para controlar sus vistas en 3D.

TRUCO: Cuando trabajo en tres dimensiones, los filtros de puntos me sacan de apuros en muchos casos. Comprender esta herramienta mejorará enormemente su capacidad de trabajo en 3D.

Girar su modelo

AutoCAD ofrece varias herramientas que le ayudan a ver su modelo 3D. Ya ha utilizado una para obtener la vista 3D actual. Si selecciona Isométrico de sudoeste en la lista desplegable del panel Vista, obtendrá una vista isométrica desde una dirección suroeste. Es posible que haya observado otras opciones de vista isométrica en la lista. Esta sección le muestra algunas de las formas en que puede girar la vista de su modelo 3D.

Vistas isométricas y ortogonales

La figura 20.36 ilustra las opciones de vista isométrica que vio anteriormente en la lista desplegable del panel de Vista de la ficha Inicio: Isométrico de sudeste, Isométrico de noreste e Isométrico de noroeste. Las cámaras representan las distintas ubicaciones de puntos de vista. Puede hacerse una idea de su ubicación con respecto a la rejilla y al icono SCP.

La lista desplegable del panel Vista de la ficha Inicio también ofrece otro conjunto de opciones: Superior, Inferior, Frontal, Posterior, Izquierda y Derecha. Se trata de vistas ortogonales que muestran los laterales, la parte superior y la parte inferior del modelo, como se ilustra en la figura 20.37. En esta figura, las cámaras muestran de nuevo los puntos de vista.

Cuando utiliza cualquiera de las opciones de vista descritas aquí, AutoCAD intenta mostrar la extensión del dibujo. A continuación puede utilizar las herramientas **Encuadre** y **Zoom** para ajustar su vista.

TRUCO: Puede acceder a las vistas isométricas y ortogonales seleccionando Ver>Pto. Vista 3D en el Explorador de menús.

Rotación libre alrededor de su modelo

Es posible que encuentre las vistas isométricas y ortogonales algo restrictivas. La herramienta **Órbita restringida** permite desplazarse alrededor de su modelo "en tiempo real". Puede ajustar su vista haciendo clic y arrastrando el ratón con esta herramienta. Realice el siguiente ejercicio para conocer cómo funciona:

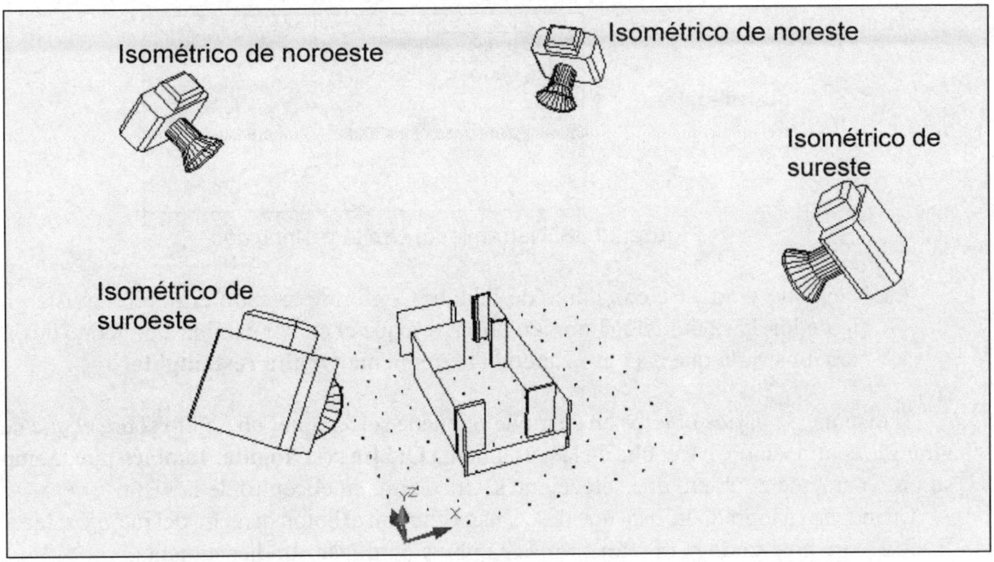

Figura 20.36. Los puntos de vista isométricos para las cuatro vistas isométricas están disponibles en la lista desplegable del panel Vista de la ficha Inicio.

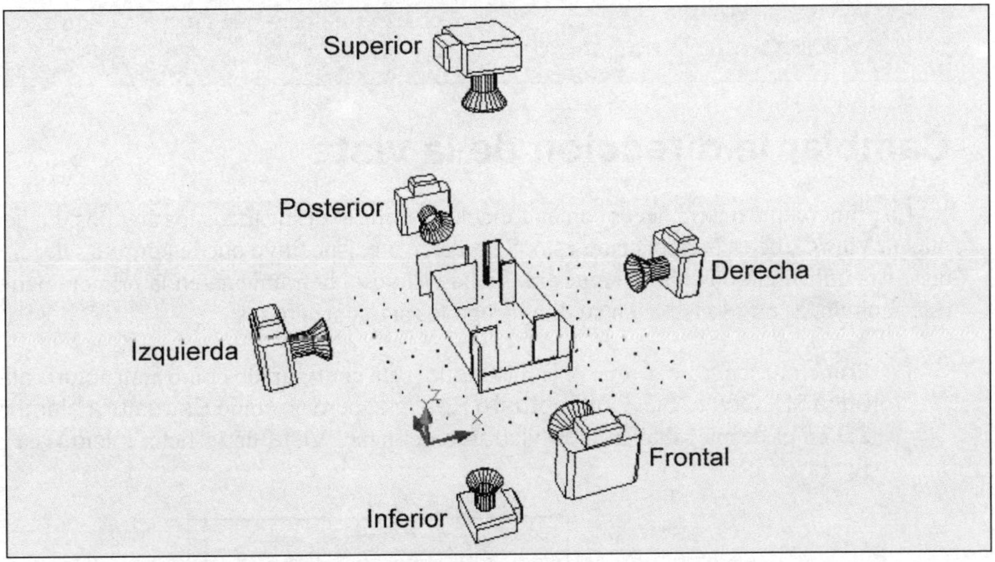

Figura 20.37. Este diagrama muestra los seis puntos de vista de las opciones de vista ortogonal en el menú en cascada Ver>Pto. vista 3D.

1. Aleje la imagen para ver una vista global de su modelo.
2. Haga clic en la herramienta **Órbita restringida** en el desplegable Órbita del panel Vista de la ficha Inicio (véase la figura 20.38).
3. También puede escribir `3Dorbita` y pulsar **Intro** en la línea de comandos, luego haga clic con el botón derecho del ratón y seleccione Otros modos de navegación>Órbita restringida.

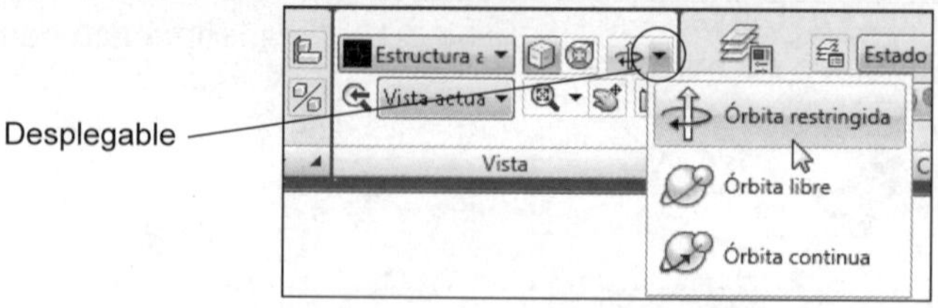

Figura 20.38. Herramienta Órbita restringida.

4. Haga clic y arrastre en el área de dibujo. Conforme arrastre el ratón, la vista girará alrededor de su modelo. También observará que el cursor cambia a un icono de órbita para mostrarle que está utilizando la herramienta **Órbita restringida**.

Si dispone de varios objetos en su modelo, puede seleccionar un objeto sobre el que desee girar y, a continuación, hacer clic en la herramienta **Órbita restringida**. También puede ampliar su vista para que el objeto que seleccione se encuentre en el centro de la vista.

Cuando haya logrado la vista que desee, haga clic con el botón derecho del ratón y seleccione Salir. Estará preparado para realizar más cambios o utilizar otra herramienta.

TRUCO: Si tiene un ratón con rueda, puede mantener pulsada la tecla **Mayús** al hacer clic y arrastrar la rueda para obtener el mismo efecto que cuando se utiliza la herramienta **Órbita restringida**.

Cambiar la dirección de la vista

Lo primero que querrá hacer con un modelo es mirarlo desde todos los ángulos. La herramienta **ViewCube** es perfecta para esto. Se trata de un dispositivo que le permite seleccionar una vista utilizando un cubo de muestra. Ya ha visto esta herramienta en la primera parte de este capítulo. Si no es visible en su dibujo siga los siguientes pasos:

1. Primero, asegúrese de que el Estilo visual está configurado como Estructura alámbrica 3D, Oculto 3D, Conceptual o Realista, pero no como Estructura alámbrica 2D en el desplegable Estilos visuales del panel Vista de la ficha Inicio (véase la figura 20.39).

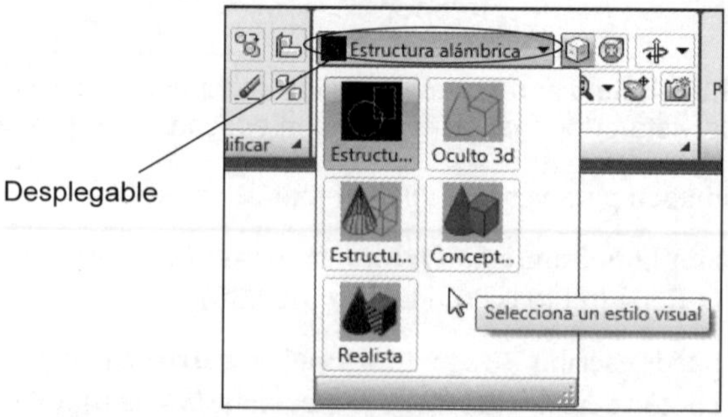

Figura 20.39. El desplegable Estilos visuales.

2. Si todavía no puede ver ViewCube en la esquina superior derecha del área de dibujo, haga clic en la herramienta **ViewCube** en el panel Vista de la ficha Inicio (véase la figura 20.40).

Figura 20.40. La herramienta ViewCube.

La siguiente lista explica lo que puede hacer con ViewCube (véase la figura 20.41):

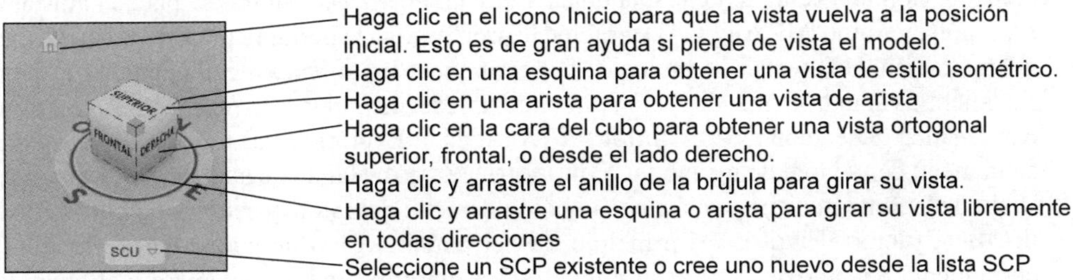

Figura 20.41. ViewCube y sus opciones.

- Haga clic en el icono **Inicio** para que la vista vuelva a la posición inicial. Esto es de gran ayuda si pierde de vista el modelo.
- Puede obtener una vista ortogonal superior, frontal, o desde el lado derecho, simplemente haciendo clic en las palabras superior, frontal, o derecha del ViewCube.
- Haga clic en una esquina del cubo para obtener una vista de estilo isométrico, o haga clic en una arista para obtener una vista de arista.
- Haga clic y arrastre las etiquetas N, S, E u O para girar el modelo en el plano XY.
- Para girar su vista del objeto 3D libremente, haga clic y arrastre el cubo.
- Desde el icono en la parte inferior, seleccione un SCP existente o cree uno nuevo desde la lista SCP.

También puede cambiar desde una vista en perspectiva a una vista de proyección paralela haciendo clic con el botón derecho del ratón sobre el cubo y seleccionando Paralelo o Perspectiva.

Cuando esté en un plano o vista superior ViewCube tendrá el aspecto de un cuadrado, y cuando pase el cursor sobre él, verá dos flechas curvadas en la parte superior derecha (véase la figura 20.42).

Puede hacer clic en cualquiera de las esquinas visibles para obtener una vista isométrica o hacer clic sobre las flechas curvadas para girar la vista 90 grados. Las cuatro flechas que se ven apuntando hacia el cubo le permiten cambiar a una vista ortográfica de cualquiera de los cuatro lados.

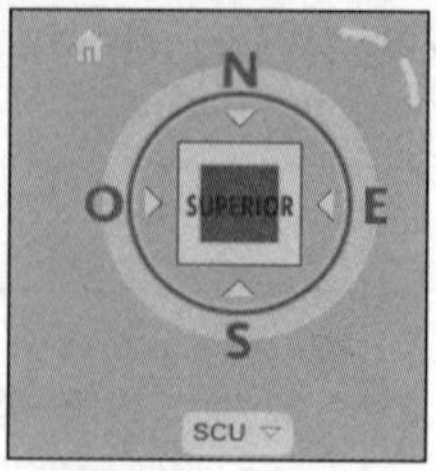

Figura 20.42. ViewCube en una vista superior.

Cambiar la vista

AutoCAD utiliza la analogía de una cámara para ayudarle a configurar vistas en su modelo 3D. Con una cámara, tiene una ubicación y un objetivo, y ambos se pueden ajustar con precisión en AutoCAD. AutoCAD también le proporciona la herramienta **Pivotar** para ajustar la orientación de la vista. El empleo de la herramienta **Pivotar**, es como mantener la cámara fija mientras apunta en una dirección diferente. Puede encontrar la herramienta **Pivotar** en un par de sitios. Seleccione Ver>Cámara>Pivotar en el Explorador de menús o puede hallarla en el menú contextual de los modos Encuadre y Zoom. Haga clic en **Encuadre** en el panel Vista de la ficha Inicio, haga clic con el botón derecho del ratón, y seleccione Otros modos de navegación>Pivotar. Al principio, la herramienta **Pivotar** puede parecerle como la herramienta **Encuadre**. Pero en el mundo 3D, **Encuadre** mueve la cámara y el objetivo al unísono. Utilizar **Encuadre** es como apuntar con una cámara desde un coche en movimiento. Si no mantiene la vista de la cámara fija en un objeto, está encuadrando el escenario. Con la herramienta **Pivotar** es como estar de pie en un lado de la carretera y girar la cámara para tomar una vista panorámica. Para utilizar la herramienta **Pivotar** siga estos pasos:

1. Haga clic en la herramienta **Encuadre** ( ) en el panel Vista de la ficha Inicio.
2. Haga clic con el botón derecho del ratón sobre el área de dibujo y seleccione Otros modos de navegación>Pivotar. También puede escribir `3dpivotar` en la línea de comando y pulsar la tecla **Intro** (véase la figura 20.43).

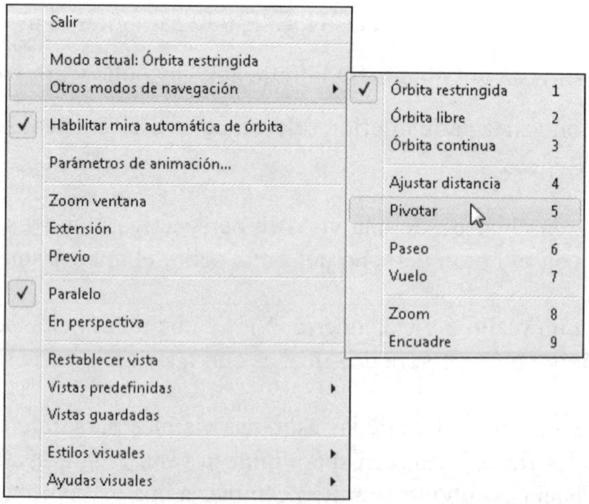

Figura 20.43. La herramienta Pivotar en el menú desplegable.

3. Haga clic y arrastre en el dibujo para pivotar su punto de vista.
4. Cuando tenga la vista deseada, haga clic con el botón derecho del ratón y seleccione Salir. Si pierde la vista, puede utilizar la herramienta **Deshacer** en la Barra de herramientas de Acceso rápido para volver a la vista anterior y comenzar de nuevo.

Volar sobre su vista

Otra herramienta para desplazarse en su modelo es la herramienta **Paseo/Vuelo** ( ). Si está familiarizado con los videojuegos, esta herramienta está diseñada para usted. Es posible que cuando haga clic en la herramienta **Paseo** en el panel Animaciones de la ficha Herramientas reciba un mensaje preguntándole si desea cambiar al modo en perspectiva. Haga clic en **Cambiar** para continuar. Puede que aparezca un cuadro de mensaje debajo del Centro de comunicaciones que le indique cómo utilizar Paseo y Vuelo (véase la figura 20.44).

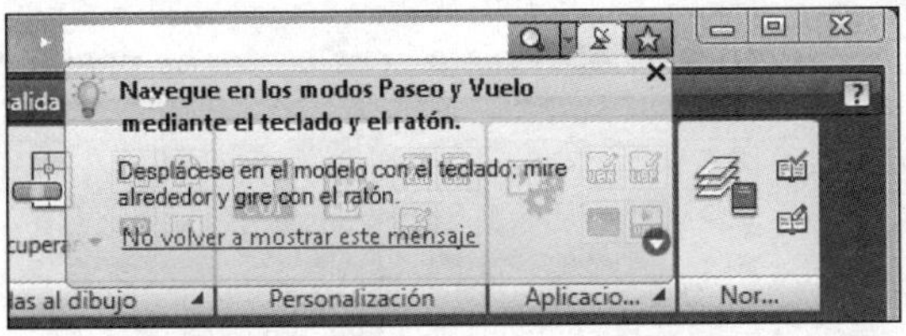

Figura 20.44. Mensaje de información sobre el empleo de las herramientas Paseo y Vuelo.

> **ADVERTENCIA:** La herramienta **Paseo** es parte de un desplegable en el panel Animaciones. Si no puede verla, haga clic en el desplegable de la esquina superior derecha del panel y busque **Paseo**.

El mensaje le indica todo lo que tiene que saber sobre las herramientas **Paseo** y **Vuelo**. Puede utilizar las teclas de flecha para desplazarse por el modelo. Haga clic y arrastre el ratón para cambiar la dirección a la que está apuntando. Si pulsa la tecla **F**, Paseo cambia al modo Vuelo. La principal diferencia entre Paseo y Vuelo es que en Paseo tanto la posición en el modelo y el punto al que está apuntando se mueven con las teclas **Flecha arriba** y **Flecha abajo**. **Paseo** funciona de forma similar a **Encuadre**. Cuando se encuentre en modo Vuelo, las teclas de flecha le desplazan hacia el centro de su vista, indicada mediante un punto de mira. Además del punto de mira, verá una paleta que muestra su posición en el modelo desde una vista de arriba abajo (véase la figura 20.45). Puede utilizar la paleta para controlar su vista haciendo clic y arrastrando la cámara o el gráfico de objetivo de la vista. Si lo prefiere, puede cerrar la paleta y continuar desplazándose por su modelo. Cuando haya terminado de utilizar **Paseo**, haga clic con el botón derecho del ratón y seleccione Salir.

Cambiar de perspectiva a proyección paralela

Cuando crea un nuevo dibujo utilizando la plantilla `acad3D.dwt`, se muestra automáticamente una vista en perspectiva del archivo. Si necesita un estilo de vista de proyección paralela, puede obtener uno en el menú contextual que aparece al hacer clic con el botón derecho del ratón sobre ViewCube (véase la figura 20.46). Puede volver a la vista en perspectiva utilizando el mismo menú contextual de la figura.

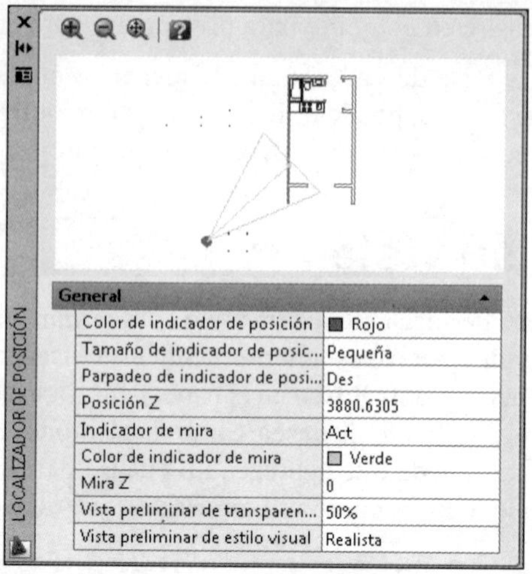

Figura 20.45. Paleta Localizador de posición.

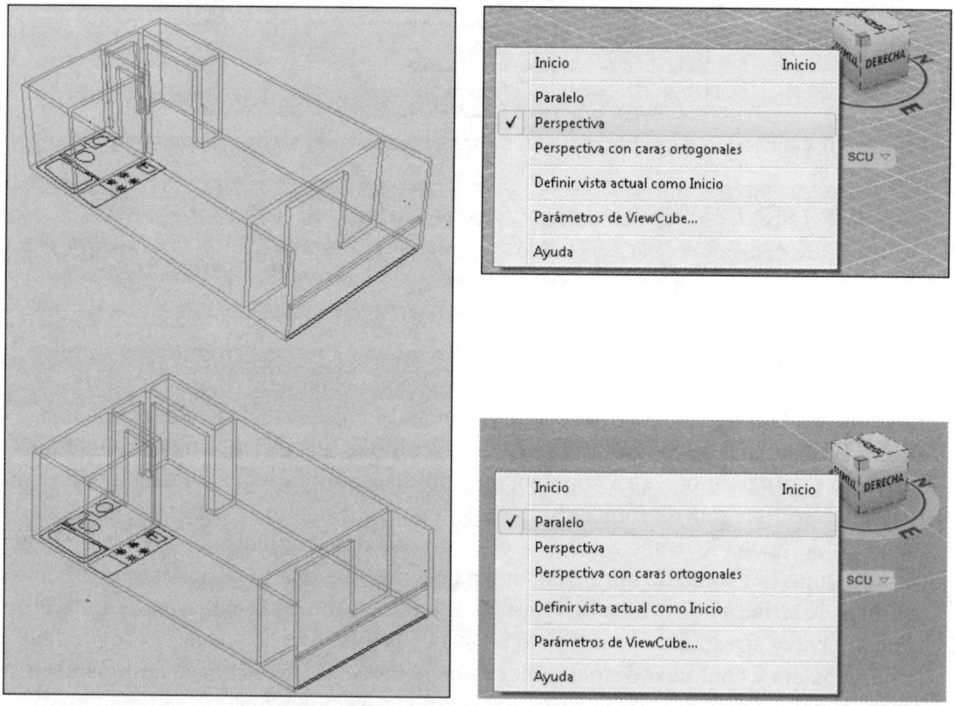

Figura 20.46. Las herramientas Proyección paralela y Proyección en perspectiva.

Obtener un efecto visual

Los modelos 3D resultan muy útiles a la hora de comunicar sus ideas a otros pero, a menudo, observará que el aspecto predeterminado de su modelo no es exactamente el que desea. Si se encuentra sólo en una fase de diseño esquemática, es posible que desee que su modelo se parezca más a un borrador que a un producto acabado. Y al contrario: si está intentando vender a alguien un concepto, deseará un aspecto realista que incluya materiales e incluso una iluminación especial.

AutoCAD ofrece varias herramientas que le ayudan a obtener un estilo visual, desde una simple estructura alámbrica a una imagen totalmente renderizada cromada y con madera. En esta sección obtendrá una previsualización de los elementos disponibles para controlar el aspecto de su modelo. En un capítulo posterior, profundizará en las herramientas de cámara y renderizado que le permiten producir vistas desde diseños "en pañales" a mano a renderizaciones acabadas.

Utilizar estilos visuales

En los últimos tutoriales de este capítulo, dibujó un prisma que parecía sólido. Cuando abrió después un archivo existente para extruir el plano del apartamento en la tercera dimensión, trabajó en una vista de estructura alámbrica. Estas vistas se conocen como estilos visuales en AutoCAD. Utilizó el estilo visual 3D predeterminado llamado Realista cuando dibujó el prisma. El plano del apartamento utilizó la vista de Estructura alámbrica 2D predeterminada que se utiliza en el estilo de dibujo clásico de AutoCAD.

En algunas ocasiones, es útil utilizar un estilo visual distinto en función de la tarea a realizar. Por ejemplo, la vista de estructura alámbrica 2D de su modelo de plano de apartamento le puede ayudar a visualizar y seleccionar elementos que se encuentran tras un sólido. AutoCAD incluye varias opciones de vista sombreada que ofrecen distintas funciones de su modelo. Realice los siguientes ejercicios para explorar otros estilos visuales.

1. Haga clic en la lista desplegable Estilos visuales en el panel Vista. También encontrará la lista en el panel Estilos visuales de la ficha Visualizar. Aparecerá un conjunto de imágenes gráficas que le proporcionarán una idea de lo que le muestra cada estilo visual (véase la figura 20.47).

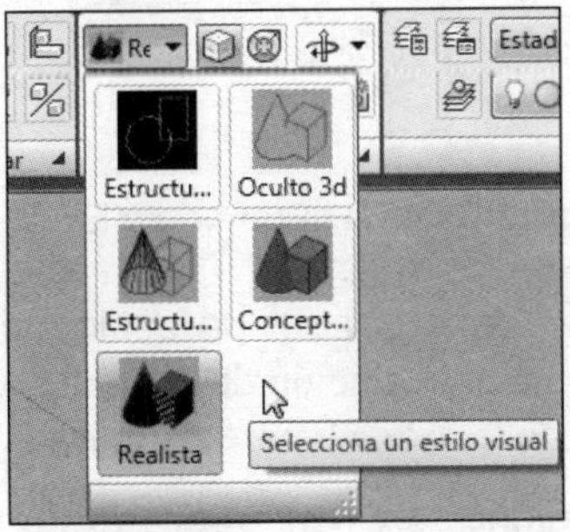

Figura 20.47. Imágenes de la Estructura alámbrica 3D.

2. Seleccione Estructura alámbrica 3D. También puede introducir en la línea de comando `_Vscurrent`, **Intro**, `Estructuraalámbrica3D` e **Intro**. Su modelo aparecerá como un objeto de estructura alámbrica transparente con un fondo gris.

3. Para obtener la vista sombreada de su modelo, seleccione Realista en la lista desplegable Estilos visuales o introduzca en la línea de comando `_Vscurrent`, **Intro**, `Realista` e **Intro**.

Es posible que haya observado otras opciones de Estilos visuales. La figura 20.48 muestra estas opciones aplicadas a una esfera. De izquierda a derecha aparecen Estructura alámbrica 2D, Oculto 3D, Estructura alámbrica 3D, Conceptual y Realista. Puede que Estructura alámbrica 2D y Estructura alámbrica 3D parezcan iguales, pero Estructura alámbrica 3D utiliza una vista en perspectiva y un color de fondo, mientras que Estructura alámbrica 2D utiliza una vista de proyección paralela y sin color de fondo.

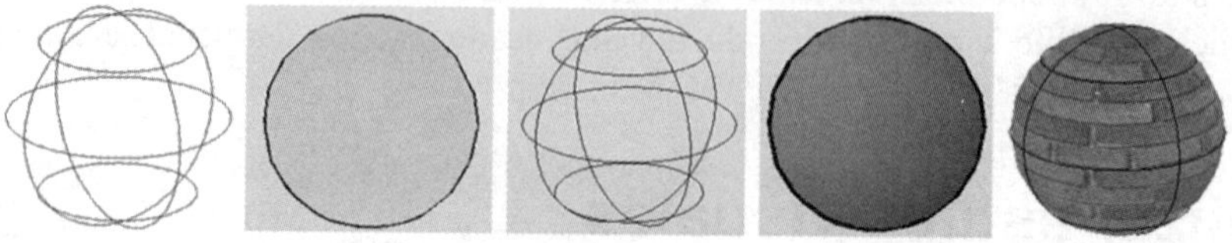

Estructura alámbrica 2D — Oculto 3D — Estructura alámbrica 3D — Conceptual — Realista

Figura 20.48. Estilos visuales aplicados a una esfera.

Crear un aspecto abocetado con Estilos visuales

Es posible que observe un vacío en las opciones de estilos visuales del panel de Estilos visuales de la ficha Visualizar. Se trata de un espacio que permite crear un estilo visual predeterminado. Esto es significativo para los diseñadores porque le ofrece la oportunidad de crear un estilo visual que simula un boceto a mano. El siguiente ejercicio le guiará en el proceso.

1. Haga clic en la herramienta **Estilos visuales** del panel de Estilos visuales de la ficha Visualizar (véase la figura 20.49).

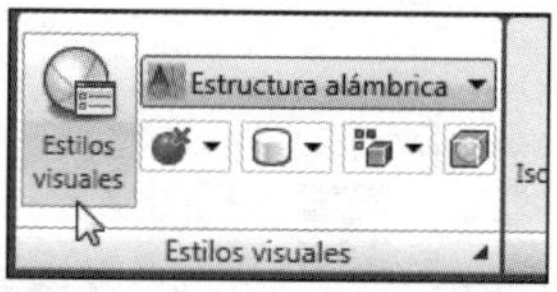

Figura 20.49. Herramienta Estilos visuales.

Aparecerá la paleta Administrador de estilos visuales. Esta paleta se parece a la paleta Propiedades con la adición de ejemplos en miniatura de los estilos visuales de la parte superior de la paleta (véase la figura 20.50).

2. Haga clic en la herramienta **Crear nuevo estilo visual** de la barra de herramientas de la paleta Administrador de estilos visuales (véase la figura 20.51). Se abrirá el cuadro de diálogo Crear nuevo estilo visual que se muestra en la figura 20.52.
3. Introduzca `Estilo visual 1` y pulse **Intro** en el cuadro de introducción Nombre.
4. Introduzca **Apariencia de dibujado a mano** en el cuadro de introducción Descripción y, a continuación, haga clic en **Aceptar**. Verá una imagen en miniatura en la esquina inferior derecha de las muestras en la parte superior de la paleta.

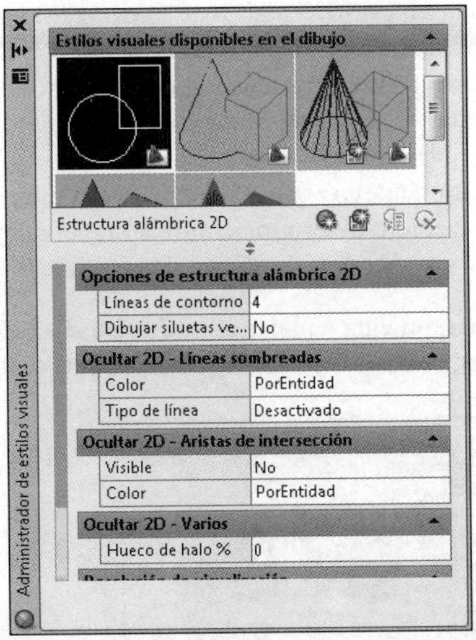

Figura 20.50. Paleta Administrador de estilos visuales.

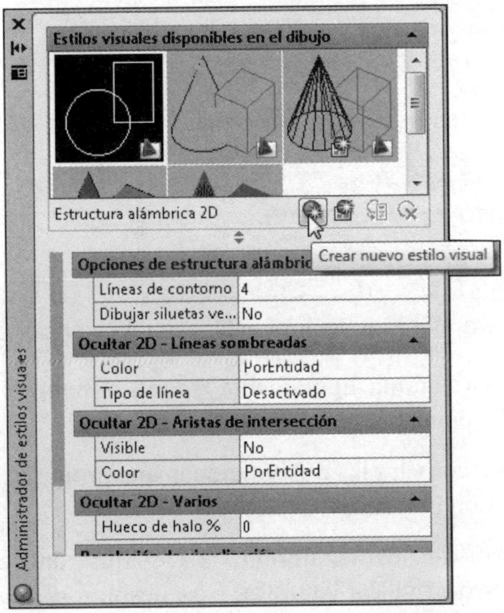

Figura 20.51. Herramienta Crear nuevo estilo visual.

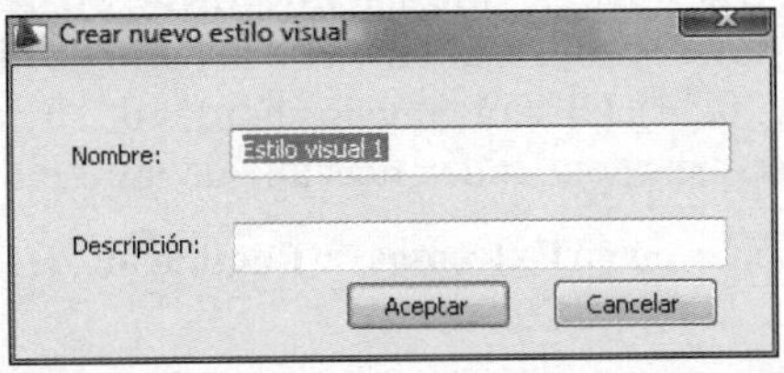

Figura 20.52. Cuadro de diálogo Crear nuevo estilo visual.

Acaba de crear un nuevo estilo visual. Este nuevo estilo utiliza los parámetros predeterminados que son similares al estilo visual Realista pero sin activar la opción de mostrar los materiales. Los parámetros de material hacen que los objetos de su dibujo muestren cualquier asignación de material que se haya proporcionado a los objetos. Aprenderá más acerca de los materiales en capítulos posteriores.

Ahora que dispone de un nuevo estilo visual, puede comenzar a personalizarlo. Pero, antes de empezar su personalización, determine como actual el nuevo estilo visual de manera que pueda ver los efectos de sus cambios conforme los realice.

1. Haga clic en la herramienta **Aplicar el estilo visual seleccionado a la ventana actual** de la barra de herramientas Administrador de estilos visuales (véase la figura 20.53).

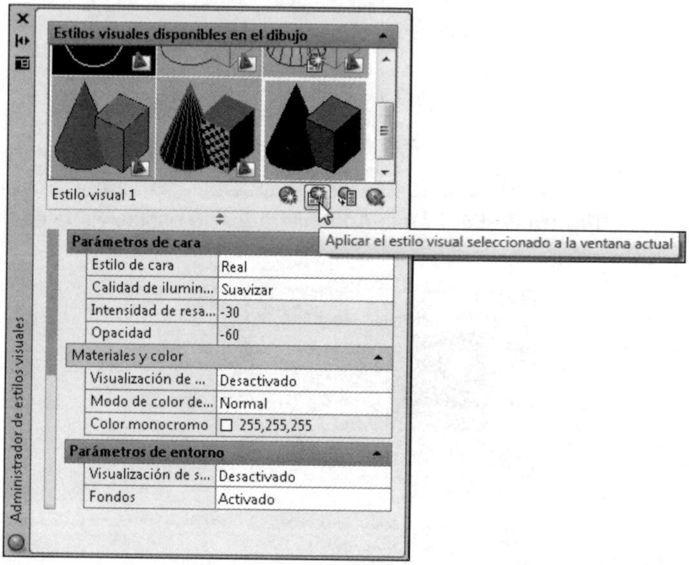

Figura 20.53. Herramienta Aplicar el estilo visual seleccionado a la ventana actual.

La visualización cambia ligeramente y verá el nombre Estilo visual 1 en la lista desplegable del panel Estilos visuales.

A continuación, activará las dos funciones que proporcionan a su nuevo estilo visual un aspecto de tipo borrador.

2. Utilice la barra de desplazamiento a la izquierda de la barra de herramientas Administrador de estilos visuales para desplazarse hacia abajo al final de la lista de opciones.
3. Localice el grupo de opciones Modificadores de arista y, a continuación, haga clic en la herramienta **Aristas sobresalientes** de la barra de título Modificadores de arista (véase la figura 20.54). Observe que los bordes de su modelo parecen estar dibujados ahora con líneas que se extienden más allá de las esquinas (véase la figura 20.55).
4. Haga clic en la herramienta **Extremos de fluctuación** de la barra de título Modificadores de arista (véase la figura 20.56).
5. Los bordes toman un aspecto de borrador como el que se muestra en la figura 20.55.

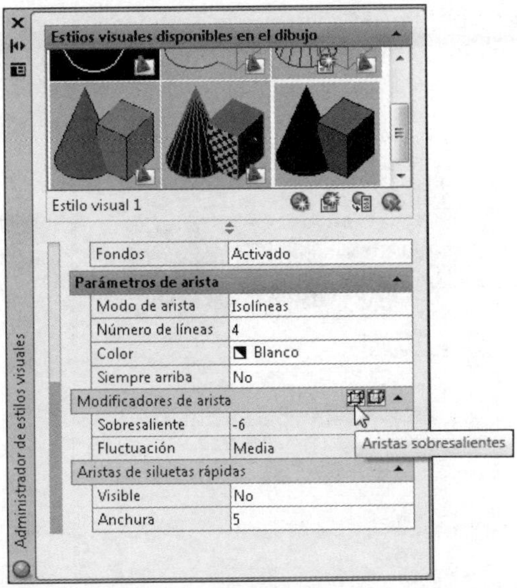

Figura 20.54. Herramienta Aristas sobresalientes.

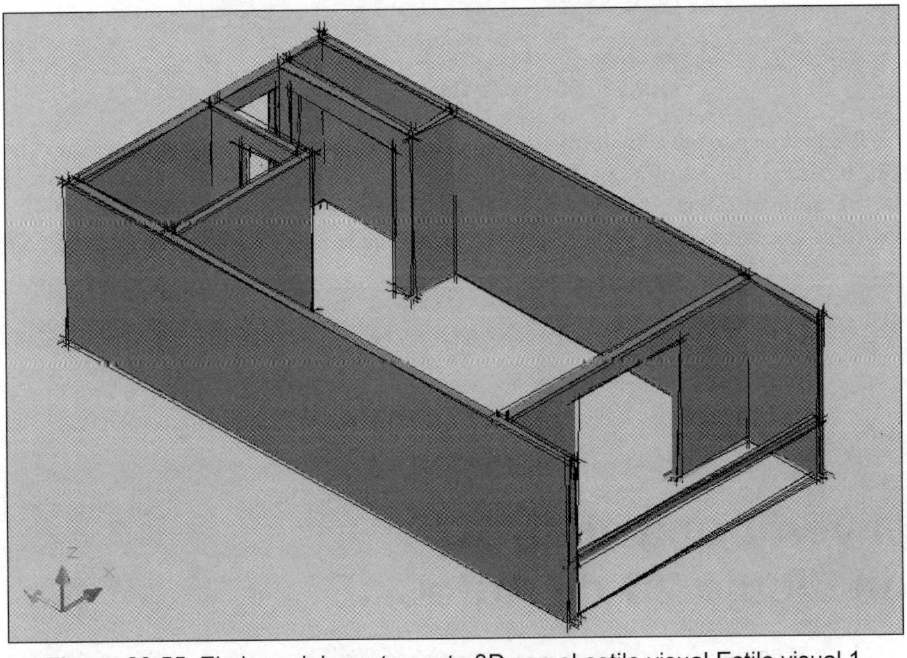

Figura 20.55. El plano del apartamento 3D con el estilo visual Estilo visual 1.

6. Cierre la barra de herramientas Administrador de estilos visuales.
7. Guarde el archivo del plano del apartamento.

La vista 3D toma el aspecto de un dibujo a mano. Observe que las líneas sobresalen de las esquinas en un estilo de boceto arquitectónico típico. Éste es el efecto de la opción Aristas sobresalientes del paso 3. Las líneas se hacen borradores y se rompen por el parámetro

Extremos de fluctuación. Puede controlar la cantidad que sobresale y fluctúa en el grupo Modificadores de arista del Administrador de estilos visuales para exagerar o suavizar estos efectos.

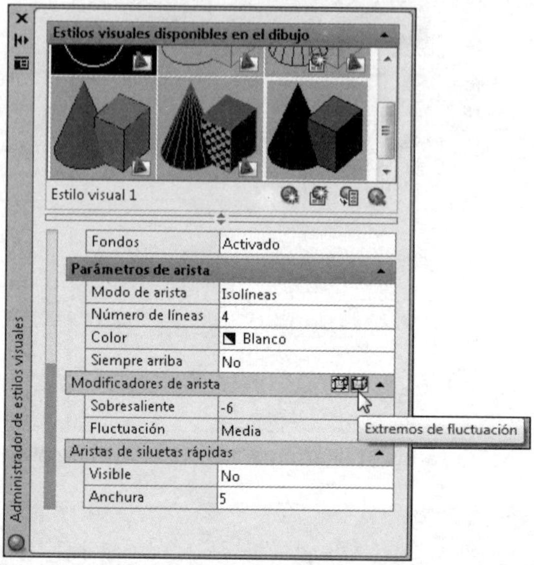

Figura 20.56. Herramienta Extremos de fluctuación.

También se pueden activar los parámetros de fluctuación y aristas para un estilo visual existente utilizando las herramientas **Saliente de arista** y **Fluctuación de arista** del panel Efectos de arista de la ficha Visualizar. Las barras deslizantes a la derecha de estas herramientas controlan la cantidad que sobresale y fluctúa aplicada al estilo (véase la figura 20.57).

Figura 20.57. Panel Efectos de arista.

Convertir una vista 3D a un dibujo 2D de AutoCAD

Muchas empresas dedicadas a la construcción utilizan modelos 3D de AutoCAD para estudiar sus diseños. Una vez que una parte específica de un diseño se modela y aprueba, convierten el modelo en elevaciones 2D, listas para adjuntarse a su dibujo de alzado. Si tiene que convertir sus modelos 3D en dibujos de líneas 2D, puede utilizar la herramienta **Geometría plana** en el panel Editar sólidos expandido de la ficha Inicio (véase la figura 20.58). Configure su vista de dibujo y, a continuación, haga clic en la herramienta **Geometría plana** o introduzca `Flatshot` y pulse **Intro** en la línea de comandos para abrir el cuadro de diálogo Aplanar geometría que se muestra en la figura 20.59.

Figura 20.58. Herramienta Geometría plana.

Figura 20.59. Cuadro de diálogo Aplanar geometría.

Impresión de su modelo con estilos visuales

Un dibujo que utiliza Estilos visuales se puede imprimir desde la ficha Modelo o una ficha Presentación. Si está imprimiendo desde la ficha Modelo, haga clic en **Trazar** en la Barra de herramientas de acceso rápido. A continuación, en el cuadro de diálogo Trazar, seleccione el estilo visual de la lista desplegable Trazado sombreado del grupo Opciones de ventana sombreada. Si está trazando desde la ficha Presentación, seleccione el borde de ventana gráfica de la presentación, haga clic con el botón derecho del ratón y seleccione Trazado sombreado del menú contextual. Puede seleccionar un estilo visual de una lista del menú en cascada. Una vez hecho esto, trace su presentación como haría normalmente.

Seleccione las opciones que desee utilizar del dibujo de línea 2D y, a continuación, haga clic en **Crear**. En función de las opciones que seleccione, se le indicará que seleccione un punto de inserción o una ubicación para un archivo de dibujo exportado. El dibujo de línea 2D se colocará en el plano del SCP actual, si está utilizando una vista 3D, pero está en el sistema SCP Universal, el dibujo de línea 2D aparecerá proyectado en el plano XY.

Aplanar geometría ofrece la posibilidad de colocar la versión 2D de su modelo en el dibujo actual como un bloque, para reemplazar un bloque existente en el dibujo actual o para guardar la versión 2D como un archivo DWG. La tabla 20.1 describe las opciones de Aplanar geometría con más detalle.

Tabla 20.1. Las opciones de Aplanar geometría.

Opción	Función
Destino	
Insertar como bloque nuevo	Inserta la vista 2D en el dibujo actual como un bloque. Se le pedirá que introduzca un punto de inserción, una escala y una rotación.
Reemplazar bloque existente	Reemplaza un bloque existente con un bloque de la vista 2D. Se le pedirá que seleccione un bloque existente.
Seleccionar bloque	Si se ha seleccionado Reemplazar bloque existente, Seleccionar bloque permite seleccionar un bloque a reemplazar. Aparecerá un mensaje de advertencia si no se selecciona ningún bloque.
Exportar a un archivo	Exporta la vista 2D como un archivo de dibujo.
Nombre de archivo y ruta	Muestra la ubicación del archivo de exportación. Haga clic en el botón **Examinar** para especificar una ubicación.
Líneas de primer plano	
Color	Establece el color global para la vista 2D.
Tipo de línea	Establece el tipo de línea global para la vista 2D.
Líneas sombreadas	
Mostrar	Muestra líneas ocultas.
Color	Si Mostrar está activada, establece el color de las líneas ocultas.
Tipo de línea	Si Mostrar está activada, establece el tipo de línea para líneas ocultas. El parámetro Escala del tipo de línea actual se utiliza para los tipos de línea no continuos.

Una función muy útil de Aplanar geometría es que puede crear un dibujo 2D que muestre las líneas ocultas de un dibujo 3D mecánico. Active la opción Mostrar y seleccione un tipo de líneas como Hidden para las líneas oscuras para realizar un dibujo 2D como el que se muestra en la figura 20.60.

Elementos a tener en cuenta al editar objetos 3D

Ha visto cómo puede utilizar el comando **Copiar** en objetos 3D. También puede utilizar los comandos **Desplazamiento** y **Estirar** en objetos 3D para modificar los valores de sus coordenadas Z, pero tendrá que tener cuidado con estos comandos al editar en tres dimensiones. A continuación le ofrecemos algunas sugerencias:

- Si desea mover un sólido 3D con pinzamientos, tendrá que seleccionar el pinzamiento cuadrado situado en la parte inferior central del sólido. El resto de pinzamientos sólo mueven la función asociada al pinzamiento, como una esquina o un borde. Una vez seleccionado el pinzamiento inferior, puede cambiar a otro pinzamiento como punto de partida del movimiento realizando la siguiente acción: una vez seleccionado el pinzamiento base, haga clic con el botón derecho del ratón y seleccione Punto base del menú de acceso rápido y, a continuación, haga clic en el pinzamiento que desee utilizar.
- El comando **Escala** escalará el valor de la coordenada Z de un objeto, así como las coordenadas X e Y estándar. Imagine que tiene un objeto con una elevación de 2 unidades. Si utiliza el comando **Escala** para ampliar ese objeto en 4, el objeto tendrá una nueva elevación de 2 unidades por 4, u 8 unidades. Si, por otra parte, ese objeto tiene una elevación de 0, ésta no cambiará, ya que 0 por 4 es 0.
- También puede utilizar **Matriz**, **Simetría** y **Girar** (en el panel Modificar) en objetos 3D sólidos, pero estos comandos no afectarán a los valores de sus coordenadas Z. Éstas se pueden especificar para los puntos de inserción y de partida, así que deberá prestar atención al utilizar estos comandos con modelos 3D.
- Si utiliza los comandos **Desplazar**, **Estirar** y **Copiar** (en el panel Modificar) con referencias a objetos se pueden producir resultados impredecibles y no deseados. Como regla, es mejor utilizar filtros de puntos al seleccionar puntos con Rastreo de referencia a objetos. Por ejemplo, para mover un objeto desde el punto final de un objeto al punto final de otro en la misma coordenada Z, invoque el filtro .XY en las líneas de comandos `Precise punto base:` y `Precise segundo punto:` antes de realizar el rastreo del punto final. Continúe con la selección del punto final del objeto que desee y, a continuación, introduzca la coordenada Z o tan sólo seleccione cualquier punto para utilizar la coordenada Z predeterminada actual.
- Cuando cree un bloque, éste utilizará el SCP activo actualmente para determinar su propio sistema de coordenadas. Cuando se inserte ese bloque posteriormente, orientará su propio sistema de coordenadas con el SCP actual.

En resumen

- **Conocer el espacio de trabajo de modelado 3D:** Cuando trabaja en 3D, necesita un conjunto de herramientas diferentes a las del 2D. AutoCAD ofrece el espacio de trabajo 3D Modelado, que proporciona las herramientas que necesita para crear modelos en 3D.
    - **Dominarlo:** Identifique los paneles de la Cinta de opciones únicos en el área de trabajo 3D Modelado.
- **Dibujar en 3D con sólidos:** AutoCAD le ofrece un tipo de objeto llamado Sólido 3D que le permite crear y editar formas rápidamente.
    - **Dominarlo:** ¿Qué hace el comando **Pulsar/tirar**?

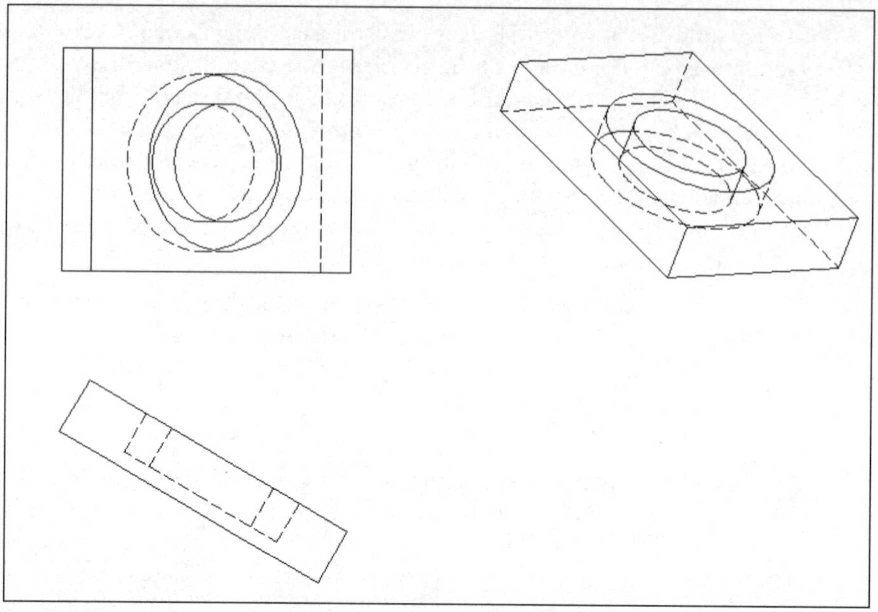

Figura 20.60. Una muestra de un dibujo 2D generado desde un modelo 3D utilizando Geometría plana. Observe las líneas rayadas que muestran las líneas ocultas del dibujo.

- **Crear formas en 3D a partir de formas en 2D:** El panel de control Modelado 3D ofrece un grupo de formas en 3D básicas, pero puede crear casi cualquier forma que quiera a partir de los dibujos en 2D.
  - **Dominarlo:** Identifique el comando que le permite cambiar una polilínea 2D cerrada en un sólido 3D.
- **Aislar coordenadas con filtros para puntos:** Cuando trabaja en 3D, seleccionar puntos puede ser una tarea complicada. AutoCAD le ofrece filtros para puntos que le permiten especificar las coordenadas individuales X, Y y Z de una ubicación en el espacio.
  - **Dominarlo:** ¿Qué hace el Filtro para puntos .XY?
- **Girar su modelo:** Lograr la vista que quiere en un modelo 3D puede ser un poco difícil.
  - **Dominarlo:** ¿Dónde está la lista desplegable que le permite seleccionar una vista a partir de una lista de vistas 3D predefinidas?
- **Obtener un efecto visual:** En determinados puntos de la realización de su modelo, querrá ver su modelo en 3D con colores de superficie e incluso con asignación de material. AutoCAD ofrece varias formas para hacerlo.
  - **Dominarlo:** ¿Qué pasos se tienen que dar para cambiar la vista Estructura alámbrica a Conceptual?
- **Convertir una vista 3D a un dibujo 2D de AutoCAD:** A veces, es útil convertir un modelo en 3D en un dibujo 2D de AutoCAD. La herramienta **Geometría plana**, que convierte rápidamente una vista en 3D en un dibujo en línea 2D.
  - **Dominarlo:** ¿Qué tipo de objeto crea la herramienta **Geometría plana**?

265
1650+-10
750
900
6°
1980
6°
520-укл
2460 - дно
R250

21 Uso de funciones 3D avanzadas

El gran conjunto de herramientas de trabajo para dibujos 3D que integra AutoCAD 2009 permite crear objetos 3D con pocas restricciones en cuanto a su forma y orientación. Este capítulo se centra en el estudio de estas herramientas, que permiten crear y visualizar formas 3D de manera sencilla en el modo de perspectiva y en el modo ortogonal. En concreto, se analizarán los siguientes aspectos:

- Configurar AutoCAD para este capítulo.
- Dominar el sistema de coordenadas personales.
- Opciones de SCP.
- Utilizar las ventanas gráficas como ayuda en los dibujos 3D.
- Crear superficies 3D complejas.
- Crear formas en espiral.
- Crear modelos de superficies.
- Desplazar objetos en el espacio 3D.

Configurar AutoCAD para este capítulo

Antes de comenzar ningún trabajo, me gustaría configurar AutoCAD de forma que su trabajo le sea más fácil. Utilizará el espacio de trabajo Modelado 3D. Para ello, siga estos pasos:

1. Abra AutoCAD y, a continuación, haga clic en la herramienta **Cambio de espacio de trabajo** en la barra de estado, y seleccione Modelado 3D. Aparecerá un conjunto de paneles como la ventana Paletas de herramientas (véase la figura 21.1).

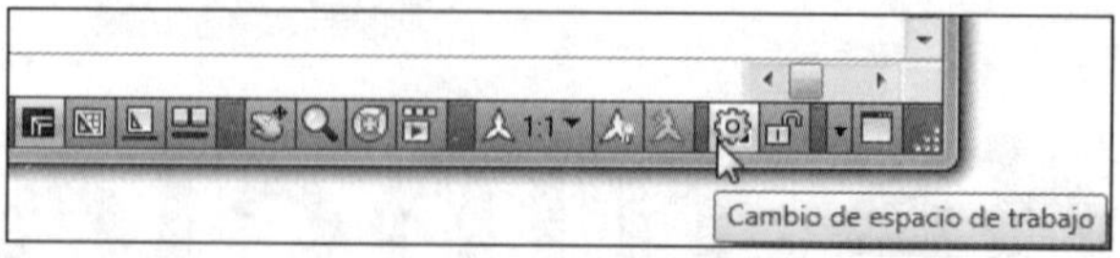

Figura 21.1. La herramienta Cambio de espacio de trabajo.

2. Cierre las Paletas de herramientas para obtener una visión clara del área de dibujo. Su pantalla deberá parecerse a la de la figura 21.2.

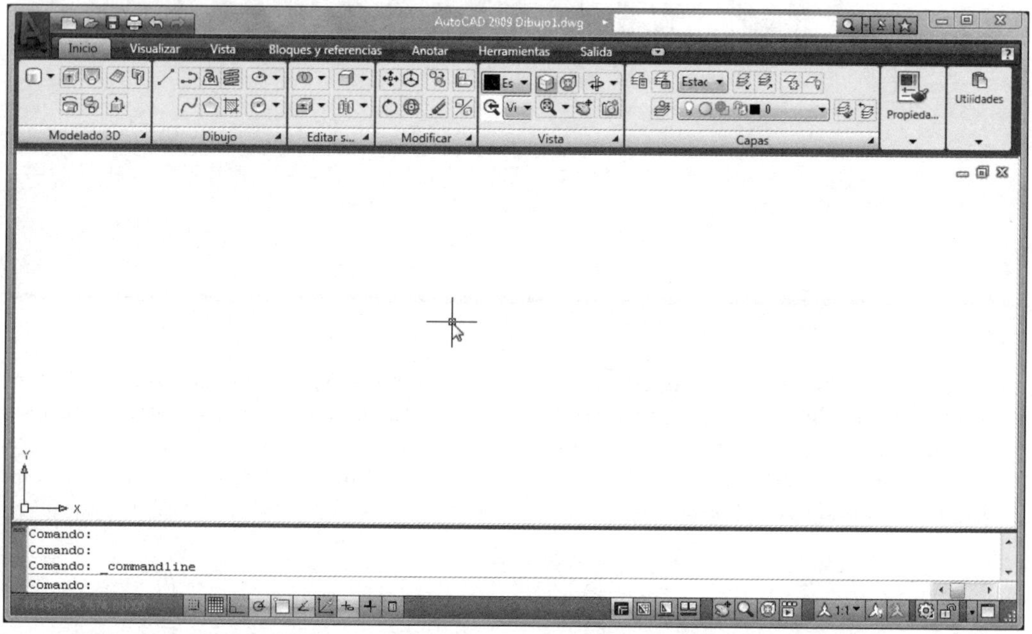

Figura 21.2. La ventana de AutoCAD configurada para este capítulo.

En el capítulo anterior, comenzó un nuevo modelo 3D usando una plantilla configurada para el modelado en 3D. Comenzaremos a trabajar con el dibujo 2D predeterminado. Ahora está listo para comenzar a trabajar.

Dominar el sistema de coordenadas personales

El Sistema de Coordenadas Personales (SCP) permite definir un sistema de coordenadas personalizadas en el espacio 2D y el espacio 3D. De hecho, llevamos utilizando un sistema de coordenadas predeterminado, llamado Sistema de coordenadas universal (SCU), desde el principio de este libro. Estará familiarizado con el icono en forma de L que aparece en la esquina inferior izquierda de la pantalla de AutoCAD, que contiene un pequeño recuadro y las letras X e Y. Este recuadro indica que se encuentra en el SCU, la X y la Y indican las direcciones positivas del eje x y del eje y, SCU es un sistema universal de referencia que permite definir otros sistemas de coordenadas de usuario.

Para hacerse una idea del concepto de los sistemas de coordenadas de usuario de AutoCAD, puede pensar en ellos como superficies de dibujo diferentes o como planos bidimensionales. Puede utilizar varios sistemas de coordenadas universales a la vez en un momento dado. Al configurar estos SCU, puede dibujar como lo haría en el sistema SCP en 2D, aunque dibuje una imagen 3D. Suponga que desea dibujar una casa en 3D con puertas y ventanas en cada uno de sus lados. Puede configurar un SCP para cada uno de los lados y, a continuación, puede pasar de SCP en SCP para agregar las puertas y las ventanas (véase la figura 21.3). Dentro de cada SCP, se dibujan las puertas y las ventanas como si se tratara de un típico dibujo 2D. Puede incluso insertar vistas alzadas de las puertas y las ventanas creadas en otros dibujos.

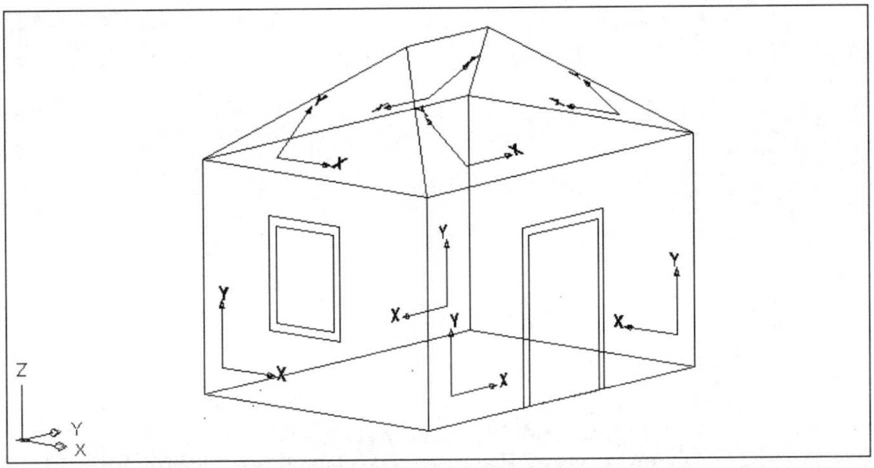

Figura 21.3. Diferentes Sistemas de Coordenadas Personales (SCP) en un dibujo 3D.

En este capítulo experimentaremos con una gran cantidad de vistas y de sistemas SCP diferentes. Todos los comandos que se utilizarán están disponibles en la línea de comando y en el panel SCP de la ficha Vista. Además, podrá acceder a una gran cantidad de comandos SCP desde la barra de herramientas SCP del Explorador de menús.

Definir un SCP

En el primer conjunto de ejercicios, dibujaremos una silla que posteriormente podrá agregar al dibujo del apartamento 3D. Al dibujar esta silla mostraremos el uso de SCP, así como algunas otras funciones 3D disponibles en AutoCAD.

1. Abra el archivo `barcelona1_metric.dwg`. Este archivo contiene dos rectángulos que utilizará para crear una silla.
2. Seleccione Isométrico de Sudoeste en la lista desplegable Vista en el panel Vista de la ficha Inicio. Esto le ofrecerá una vista 3D desde la parte inferior izquierda del rectángulo, como se muestra en la imagen inferior de la figura 21.4. Aleje la imagen un poco para tener un poco de perspectiva al trabajar.

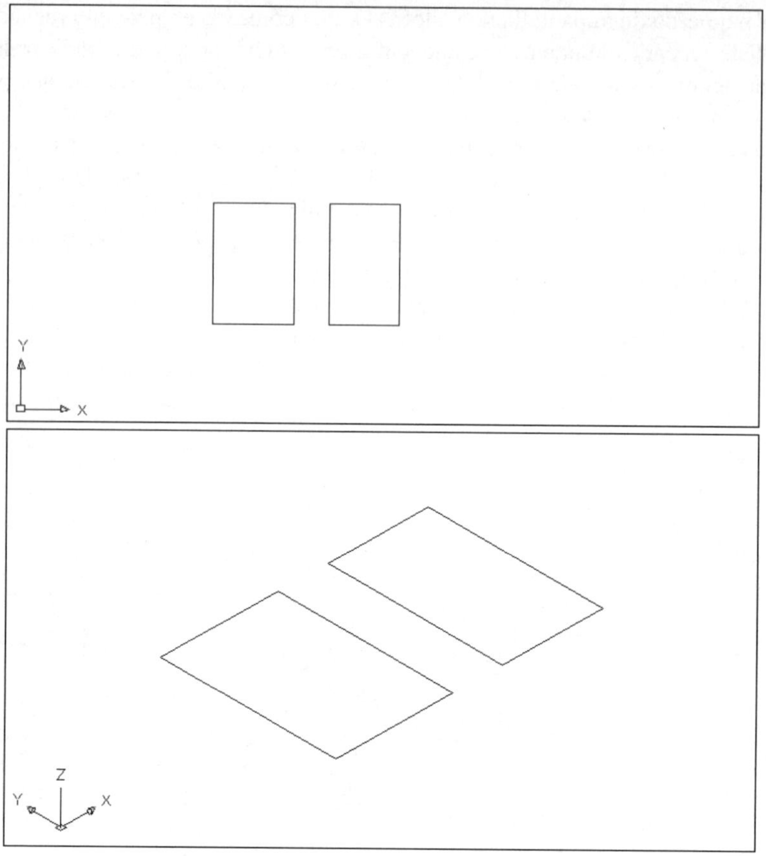

Figura 21.4. El asiento y el respaldo de la silla en las vistas Plano (arriba) e Isométrica (abajo).

3. Seleccione los dos rectángulos y, a continuación, haga clic con el botón derecho del ratón y seleccione Propiedades.
4. En la paleta Propiedades, introduzca `7.6` en el parámetro Altura del objeto y pulse **Intro**. Esto proporcionará al asiento y al respaldo un grosor de 7,6 centímetros.
5. Pulse la tecla **Esc** y cierre la paleta Propiedades. Haga clic en la herramienta **Convertir en sólido** en el panel expandido Editar sólidos de la ficha Inicio (véase la figura 21.5).
6. Seleccione los dos rectángulos y pulse **Intro**.

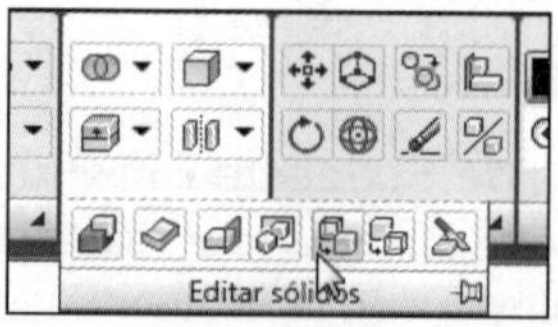

Figura 21.5. Herramienta Convertir en sólido en el panel Editar sólidos expandido.

Observe que el icono SCP aparece en el mismo plano que el sistema de coordenadas actual. Este icono le indicará en qué sistema de coordenadas se encuentra. Ahora puede ver los componentes de la silla como objetos 3D.

A continuación, definiremos un SCP que se alinee con uno de los lados del asiento.

1. Haga clic en **Guardado** ( ) en el panel SCP de la ficha Vista, o escriba `+adminscp` en la línea de comandos y pulse **Intro**, para abrir el cuadro de diálogo SCP.
2. Seleccione la ficha SCP ortogonales para ver un conjunto de SCP predefinidos.
3. Seleccione Frontal en el cuadro de lista. La figura 21.6 muestra la orientación SCP frontal.

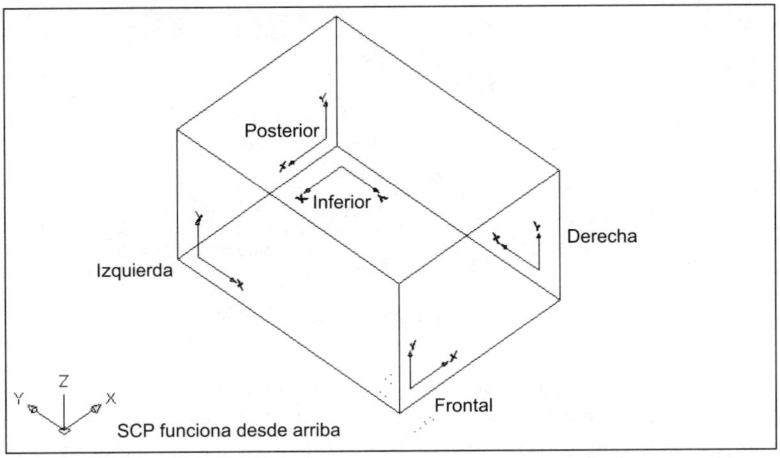

Figura 21.6. Las seis orientaciones SCP predefinidas.

4. Haga clic en el botón **Definir actual** para establecer el SCP Frontal como el sistema actual.
5. Haga clic en **Aceptar** para cerrar el cuadro de diálogo.

La ficha SCP ortogonales ofrece un conjunto de SCP predefinidos para cada uno de los seis planos ortogonales estándar. La figura 21.6 muestra estos SCP con relación al sistema de coordenadas universal.

Como buena parte del trabajo en 3D implica el uso de dibujos en planos ortogonales, AutoCAD suministra estas orientaciones ya creadas para facilitar un rápido acceso. Pero no tiene por qué limitarse a estas seis orientaciones. Si está familiarizado con el dibujo de elementos mecánicos, apreciará que las SCP ortogonales se corresponden con la proyección ortogonal típica utilizada en los dibujos de mecánica. Si es arquitecto, las SCP Frontal, Izquierda, Posterior y Derecha se corresponden con las vistas alzadas del sur, del oeste, del norte y del este de un edificio.

Antes de proseguir con el dibujo del modelo de la silla, trasladaremos el SCP a la superficie en la que trabajaremos. En estos momentos, el SCP tiene su origen localizado en el mismo lugar que el origen SCU.

Puede mover un SCP de manera que su origen se encuentre en cualquier lugar del dibujo donde lo necesite.

1. Haga clic en la herramienta **Origen** (icono) en el panel SCP de la ficha Vista, o escriba `scp`, **Intro**, `o` e **Intro** en la línea de comandos.

2. Utilice el modo de referencia a objetos Punto final y haga clic en la esquina inferior frontal del asiento de la silla, como muestra la figura 21.7. El icono se desplazará para indicar la ubicación del nuevo origen.

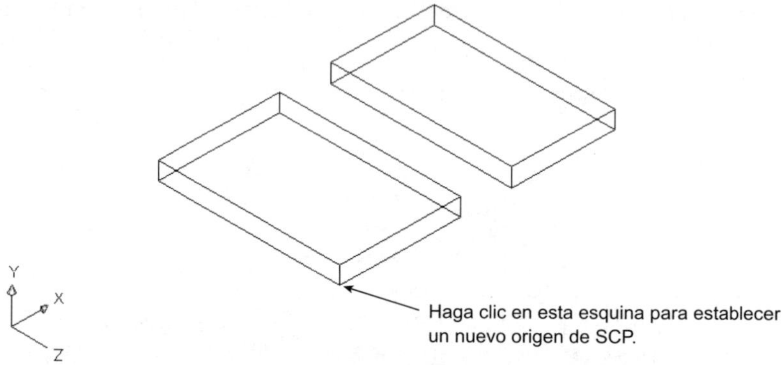

Figura 21.7. Configuración de un icono SCP.

La operación que acabamos de realizar crea un nuevo SCP en función del SCP frontal seleccionado desde el cuadro de diálogo SCP. Al mover el cursor, verá que el origen del icono SCP se corresponde con la coordenada 0,0. Aunque tenemos un nuevo SCP, el sistema SCU sigue existiendo y siempre puede volver a él cuando lo necesite.

Guardar un SCP

Tras crear un SCP, puede que desee guardarlo, en especial si considera que volverá a necesitarlo en un momento posterior. A continuación le mostramos cómo guardar un SCP.

1. Seleccione **Guardado** en el panel SCP, o escriba `+adminscp` en la línea de comandos y pulse **Intro**, para abrir el cuadro de diálogo SCP.

2. Asegúrese de seleccionar la ficha SCP guardados y seleccione la opción Sin guardar en el cuadro de lista SCP actual.

3. Haga clic con el botón derecho del ratón sobre Sin guardar y seleccione Cambiar nombre en el menú. El elemento cambiará para permitir su edición.

4. Escriba `3DSW` y pulse **Intro** para asignar un nombre al nuevo SCP.

5. Haga clic en **Aceptar** para salir del cuadro de diálogo.

El nuevo SCP quedará guardado con el nombre 3DSW. Podrá recuperarlo del cuadro de diálogo SCP o utilizando otros métodos que veremos en una parte posterior de este capítulo.

Trabajar en un SCP

A continuación, podemos colocar el asiento y el respaldo y dibujar las patas de la silla. El SCP está orientado de forma que nos permite ajustar de forma sencilla la orientación de los componentes de la silla. Al realizar el ejercicio, observe que al manipular objetos 3D se utilizan las mismas herramientas que al editar objetos 2D.

Siga estos pasos para ajustar el asiento y el respaldo y dibujar las patas de la silla:

1. Haga clic en el respaldo de la silla para exponer sus pinzamientos.
2. Haga clic en el pinzamiento posterior, como se muestra en la primera imagen de la figura 21.8.

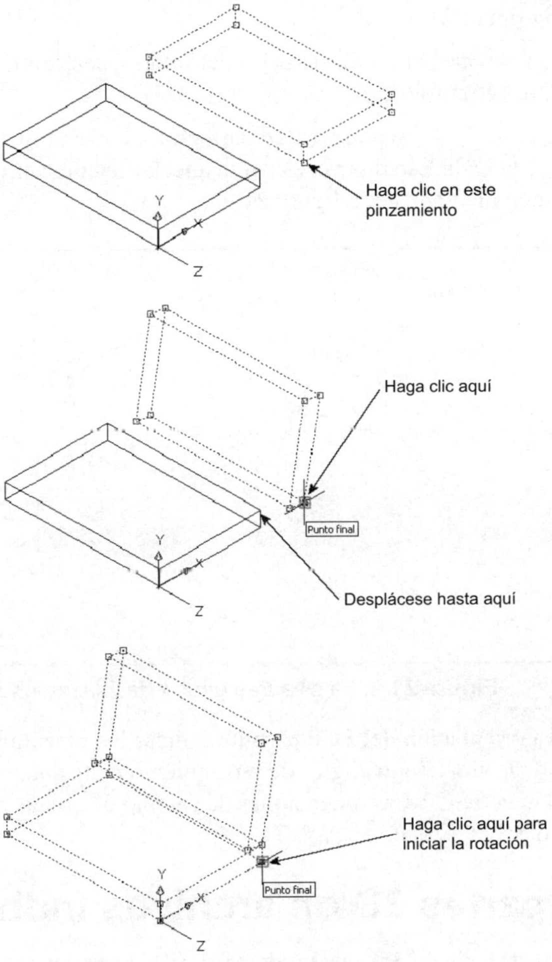

Figura 21.8. Desplazamiento de los componentes de la silla.

3. Haga clic en el botón derecho del ratón para abrir el menú contextual Editar pinzamiento.

4. Seleccione Girar en el menú. Observe cómo el respaldo de la silla gira al mover el cursor. Rotará en el plano del nuevo SCP que creó anteriormente.
5. Escriba `80` y pulse **Intro**. Su vista se parecerá a la segunda imagen de la figura 21.8.
6. Haga clic en el pinzamiento inferior que se muestra en la segunda imagen de la figura 21.8.
7. Haga clic con el botón derecho del ratón de nuevo y seleccione Desplazar.
8. Con el modo de referencia a objetos Punto final, haga clic en la esquina superior del asiento de la silla, como se muestra en la segunda imagen de la figura 21.8, para unir el respaldo de la silla al asiento.
9. Haga clic en el asiento y en el respaldo de la silla y, a continuación, haga clic en el pinzamiento de la esquina inferior de la silla, como se muestra en la tercera imagen de la figura 21.8.
10. Haga clic con el botón derecho del ratón y seleccione Girar en el menú contextual Editar pinzamiento.
11. Introduzca `-10` y pulse **Intro** para girar el asiento y el respaldo a menos 10 grados. Pulse la tecla **Esc** dos veces para cancelar los pinzamientos. La silla se parecerá a la imagen ilustrada en la figura 21.9.

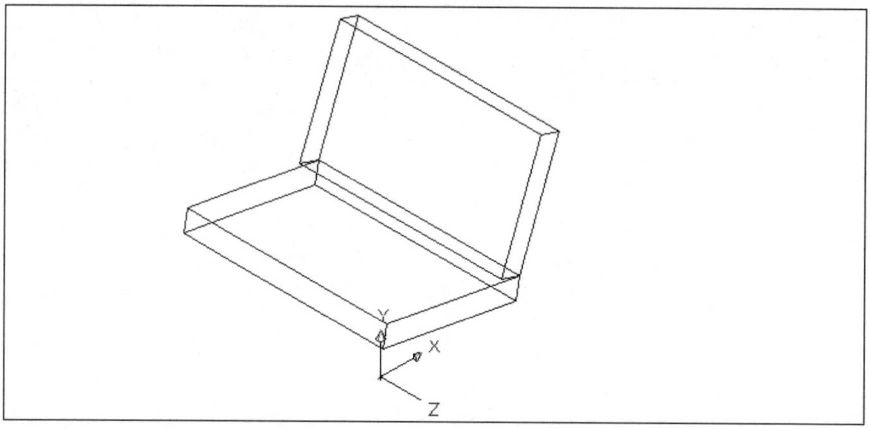

Figura 21.9. La silla tras girar y desplazar los componentes.

La nueva orientación del SCP permite utilizar los pinzamientos para ajustar el asiento y el respaldo de la silla. Todo el giro de pinzamiento realizado en el ejercicio anterior se limita al plano del nuevo SCP. Las operaciones de cambio de escala y de copia simétrica se realizan en función del SCP actual.

Crear partes 3D en archivos individuales

Conforme trabaje en 3D, sus modelos se irán complicando. Cuando su modelo disponga de tantos elementos que dificulte una visión clara, recomendamos crear partes de un modelo e importarlas en lugar de crear todo en un único archivo. En el siguiente conjunto de ejercicios, dibujará las patas de la silla y, a continuación, las importará al archivo principal de la silla para adquirir práctica en este procedimiento.

He preparado un archivo llamado `legs.dwg` que se compone de dos polilíneas que describen la forma de las patas. Esto le ahorrará el tedioso trabajo que no incumbe al modelado 3D. Utilizará este archivo como punto de partida de las patas y luego importará las patas al archivo `barcelona1_metric.dwg`.

1. Abra el archivo `legs.dwg`. El archivo se compone de dos *splines* polilíneas que forman un conjunto de patas. Convertirá estas líneas sencillas en sólidos 3D.
2. Seleccione la herramienta **Editar polilínea** ( ) en el panel Modificar de la ficha Inicio.
3. En la línea de comandos `Designe polilínea o [Múltiple]:`, introduzca `M` y pulse **Intro** para seleccionar varias polilíneas. A continuación, seleccione las dos polilíneas y pulse **Intro**.
4. En la línea de comandos `Indique una opción [Cerrar/Abrir/Juntar/Grosor/curVar/SPline/estadoPreviocurva/generarTlínea/desHacer]:`, introduzca `G` y pulse **Intro** dos veces.
5. En la línea de comandos `Precise el nuevo grosor para todos los segmentos:`, introduzca `1.27` y pulse **Intro** para proporcionar a las polilíneas un ancho de 1,27 cm.
6. Pulse **Intro** dos veces para salir del comando **Pedit**.

A continuación, tendrá que cambiar la propiedad Altura del objeto de las dos polilíneas para otorgarles una altura de 5 cm.

1. Con las dos polilíneas seleccionadas, abra la paleta Propiedades y establezca su altura en 5 cm.
2. Cierre la paleta Propiedades.
3. Haga clic en la herramienta **Convertir en sólido** ( ) en el panel Editar sólidos expandido de la ficha Inicio, o introduzca `convasolido` en la línea de comandos y pulse **Intro**.
4. Seleccione las dos polilíneas y, a continuación, pulse **Intro**. Las líneas se convertirán en sólidos 3D como se muestra en la figura 21.10.
5. Haga clic en la herramienta **Unión** ( ) en el panel Editar sólidos de la ficha Inicio, seleccione las dos patas y pulse **Intro**. Las dos patas son ahora un único sólido 3D.

Como acaba de ver, puede convertir polilíneas que tengan un ancho y una altura en sólidos 3D. Ahora está listo para añadir las patas al resto de la silla.

1. Haga clic en la herramienta **Mosaico vertical** ( ) en el panel Ventana de la ficha Vista. Verá las patas a la izquierda y el resto de la silla a la derecha.
2. Haga clic en el dibujo `barcelona1` y seleccione Extensión (Extensión) en el desplegable Zoom en el panel Vista de la ficha Inicio para obtener una vista global de la silla hasta ahora.
3. Haga clic en el dibujo `Legs` y, a continuación, haga clic en el sólido 3D de las patas para seleccionarlo.

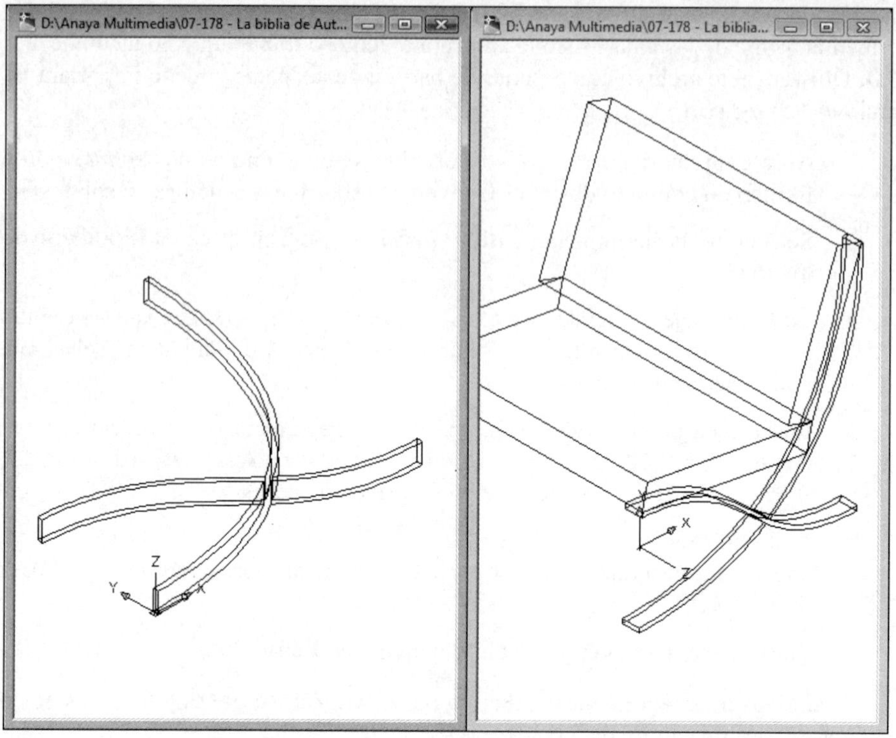

Figura 21.10. Mueva las patas para que coincidan con el asiento de la silla en el punto indicado.

4. Haga clic y mantenga pulsado el cursor en las patas hasta que vea el cursor de flecha con un rectángulo pequeño (véase la figura 21.11).

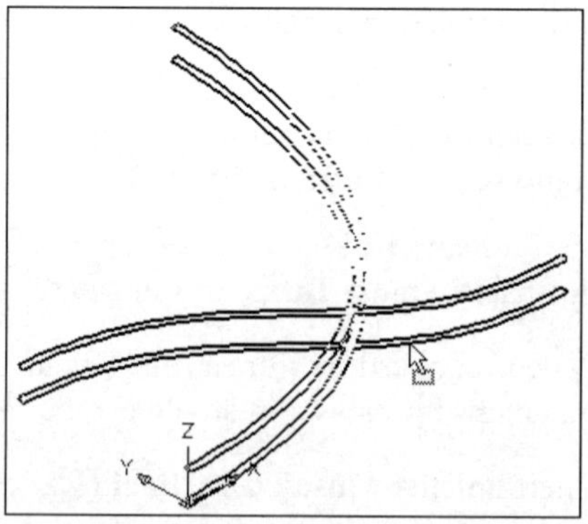

Figura 21.11. Patas de la silla.

5. Cuando vea el rectángulo, arrastre el ratón al dibujo `barcelona1`. Verá que las patas aparecen en la orientación adecuada.
6. Suelte el ratón para colocar las patas en el dibujo `barcelona1`. No tiene que ser preciso en la ubicación de las patas ya que podrá moverlas posteriormente.

7. Utilice la herramienta **Desplazar** para mover las patas de manera que el punto final de la pata superior se una al asiento de la silla, tal como se muestra en la figura 21.10.
8. Guarde y cierre el archivo `legs.dwg` y expanda el archivo `barcelona1_metric.dwg` para rellenar la ventana de AutoCAD.

TRUCO: También puede utilizar copiar y pegar para copiar las piernas en el dibujo `Barcelona1`. En el paso 4, haga clic con el botón derecho del ratón y seleccione Copiar en el menú contextual. No tenga en cuenta los pasos del 5 al 7 y, en lugar de hacer clic en el dibujo `Barcelona1`, haga clic con el botón derecho del ratón y pulse **Intro**.

En estos últimos ejercicios, trabajó en las patas de la silla en un archivo independiente y, a continuación, las importó en el archivo de la silla principal con una acción de hacer clic y arrastrar. Al trabajar en partes de archivos independientes, puede mantener su modelo organizado y más gestionable. Es posible que ya haya observado que, aunque las patas se dibujaron en el SCU, se insertaron en el SCP 3DSW que se creó anteriormente. Esto le muestra que los objetos importados se han colocado en el SCP actual. Lo mismo habría ocurrido si hubiera insertado una referencia externa u otro archivo.

Opciones de SCP

Ha visto cómo seleccionar un SCP de un conjunto de SCP predefinidos. Puede utilizar con frecuencia estos SCP preestablecidos y realizar ajustes menores para obtener el SCP que desee.

Puede definir un SCP de otras maneras. Por ejemplo, puede utilizar la superficie del asiento de la silla para definir la orientación de un SCP. En la siguiente sección, se le mostrarán los distintos métodos de configuración de un SCP. Aprender cómo desplazarse sin esfuerzos entre los SCP es crucial para dominar la creación de modelos 3D, por lo que prestará especial atención a las opciones de comando que se muestran en estos ejemplos.

Observe que estos ejemplos son sólo para su referencia. Puede probarlos con su propio modelo, pero no tiene que utilizar estos ejemplos. Se pueden utilizar estas opciones desde el panel SCP de la ficha Vista o desde la opción SCP Nuevo en el Explorador de menús.

Control del icono SCP

Si el icono SCP no se comporta de la forma descrita en los ejercicios de este capítulo, es probable que sus parámetros se hayan alterado. Puede controlar su comportamiento por medio del cuadro de diálogo SCP. Para abrir el cuadro de diálogo SCP, seleccione Guardados en el panel SCP de la ficha Vista, o escriba `+adminscp` y pulse **Intro**. Luego, haga clic en la ficha Parámetros.

Los parámetros del grupo Parámetros de icono SCP afectan a la forma en la que se comporta el icono SCP. Las casillas de verificación Activar y Mostrar en punto de origen del SCP suelen estar activadas. Si la casilla de verificación Activar no está activada, no verá el icono SCP. Si la casilla de verificación Mostrar en punto de origen del SCP no está activada, el icono SCP permanecerá en la esquina inferior izquierda de la ventana de dibujo, independientemente del lugar en el que se ubique el origen en el dibujo.

Si tiene varias ventanas gráficas configuradas en un dibujo, puede establecer estas dos opciones de forma independiente para cada una de ellas. La tercera opción, Aplicar en todas las ventanas gráficas activas, obliga a los dos primeros parámetros a aplicarse a todas las ventanas gráficas.

Se incluyen dos opciones más en el grupo Parámetros SCP. Si tiene varias ventanas gráficas abiertas, la opción Guardar SCP con ventana gráfica permite que AutoCAD mantenga una vista independiente del SCP para cada ventana gráfica. La opción Actualizar vista a planta al modificar el SCP obliga a mostrar una vista de plano del SCP actual, lo que significa que si cambia una orientación SCP, AutoCAD mostrará automáticamente una vista de plano de la nueva orientación SCP. Esta opción también obliga a las vistas de ventanas gráficas a mostrar la extensión de la vistas de plano. Por lo tanto, si descubre que sus vistas se amplían a extensiones no deseadas, desactive este parámetro.

Existe otra herramienta que permite controlar el icono SCP: el cuadro de diálogo Icono SCP. Para abrirlo, escriba `Simbscp` y pulse **Intro** y luego `P` y pulse **Intro** otra vez (véase la figura 21.12).

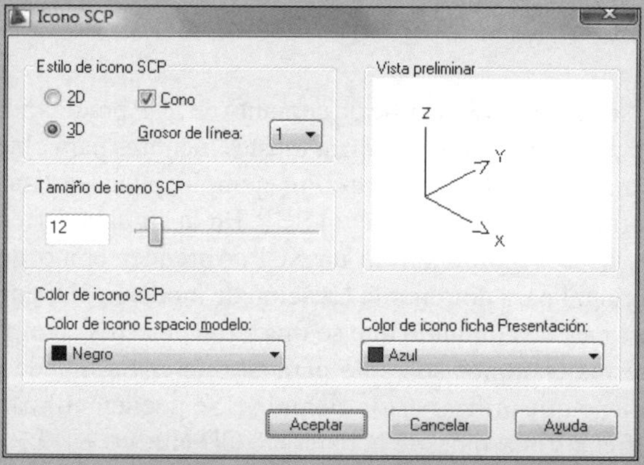

Figura 21.12. Cuadro de diálogo Icono SCP.

Este cuadro de diálogo permite ajustar la apariencia del icono SCP, incluido su tamaño y color. El botón de opción 2D del grupo Estilo de icono SCP cambia el icono SCP que se utilizaba en las versiones anteriores de AutoCAD.

SCP basado en la orientación de objetos

Puede definir un SCP en función de la orientación de un objeto, lo cual resulta útil cuando se desea trabajar sobre un objeto predefinido para rellenar los detalles de su plano de superficie. Siga estos pasos para definir un SCP:

NOTA: Estos pasos son sólo para su información y no forman parte del tutorial. Puede realizarlos en otro momento cuando no esté trabajando en un ejercicio.

1. Haga clic en la herramienta **Objeto** (Objeto) en el panel SCP de la ficha Vista, o escriba `scp`, **Intro**, `B` y pulse **Intro** en la línea de comandos.
2. En la línea de comandos `Designe el objeto a alinear con el SCP:`, seleccione el objeto que desee utilizar para definir el SCP. Por ejemplo, podría hacer clic en una polilínea que desee editar en 3D. El icono SCP cambiará para reflejar la orientación del nuevo sistema de coordenadas. Consulte la figura 21.13 para ver un ejemplo del uso de la opción objeto para seleccionar el borde del asiento de la silla.

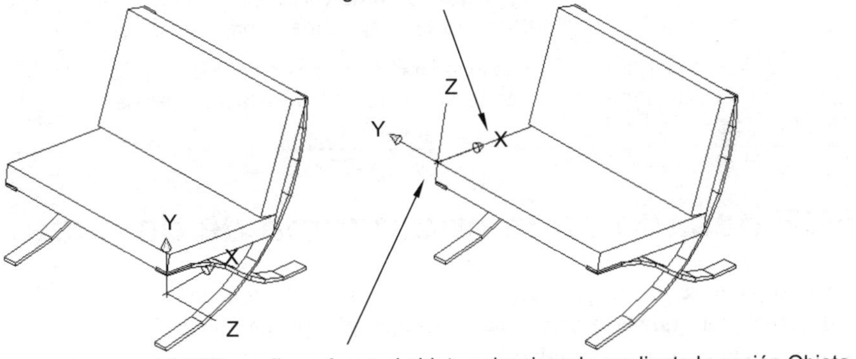

Figura 21.13. Uso de la opción Objeto del comando SCP para buscar un SCP.

Cuando cree un SCP con la opción Objeto, la ubicación del origen del SCP y su orientación dependen de cómo se creó el objeto seleccionado.

En la tabla 21.1 se describe cómo un objeto puede determinar la orientación de un SCP.

Tabla 21.1. Efectos de los objetos en la orientación de un SCP.

Tipo de objeto	Orientación
Arco	El centro del arco establece el origen del SCP. El eje X del SCP pasa a través del punto de selección del arco.
Círculo	El centro del círculo establece el origen del SCP. El eje X del SCP pasa a través del punto de selección del círculo.
Cota	El punto medio del texto de cota establece el origen del SCP. El eje X del SCP es paralelo al eje X que estaba activo al dibujar la cota.
Cara (de un sólido 3D)	El origen del SCP se coloca en un cuadrante de una superficie circular en la esquina de una superficie poligonal.
Línea	El punto final más cercano al punto de selección establece el origen del SCP y el plano x-z del SCP contiene la línea.

Tipo de objeto	Orientación
Punto	La ubicación del punto establece el origen SCP. La orientación del SCP es arbitraria.
Polilínea 2D	El punto inicial de la polilínea establece el origen del SCP. El eje X viene determinado por la dirección a partir del primer punto hasta el nuevo vértice.
Sólido	El primer punto del sólido establece el origen del SCP. El segundo punto del sólido establece el eje X.
Trazo	La dirección del trazo establece el eje X del SCP y el punto de inicio establece el origen.
Cara 3D	El primer punto de la Cara 3D establece el origen. El primer y segundo punto establecen el eje X. El plano definido por la Cara 3D determina la orientación del SCP.
Formas, texto, bloques, atributos y definiciones de atributo	La inserción de puntos establece el origen del SCP. El ángulo de rotación del objeto establece el eje X.

SCP basado en la orientación de desfase

En ocasiones, puede que desee trabajar en un SCP que tenga la misma orientación que el SCP actual, pero que esté desplazado. Por ejemplo, puede que esté dibujando un edificio con desplazamientos de paredes laterales con un efecto de diente de sierra (véase la figura 21.14).

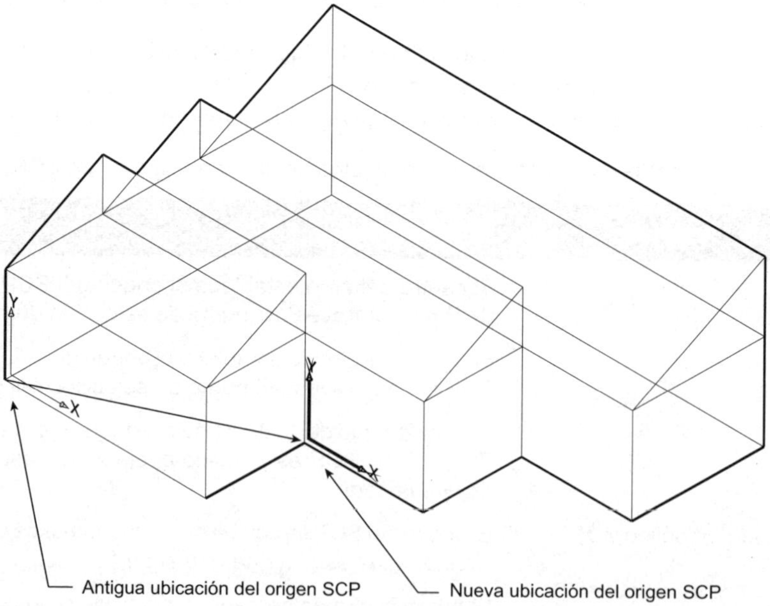

Figura 21.14. Empleo de la opción Origen para pasar de un SCP a otro.

Puede pasar fácilmente de un SCP a otro paralelo con la ayuda de la opción Origen. Haga clic en la herramienta **Origen** () en el panel SCP o escriba `SCP`, pulsar **Intro**, `O`, pulsar **Intro**. En la línea de comando `Precise nuevo punto de origen <0,0,0>:`, seleccione el nuevo origen para su SCP.

Otra opción del SCP se llama Desplazar, desplaza un SCP guardado a una nueva ubicación manteniendo su orientación original. No encontrará esta opción en los paneles o en las barras de herramientas, pero puede utilizarla escribiendo `scp`, **Intro**, `d` e **Intro** en la línea de comandos.

NOTA: Estos pasos son sólo para su información y no forman parte del tutorial. Puede realizarlos en otro momento cuando no esté trabajando en un ejercicio.

SCP girado alrededor de un eje

A continuación, suponga que desea cambiar la orientación de los ejes X, Y o Z de un SCP. Para ello puede utilizar las opciones de rotación de ejes en el panel SCP de la ficha Vista. Ésta es quizás una de las opciones de SCP utilizadas con mayor frecuencia.

1. Haga clic en la herramienta **Z** () en el panel SCP de la ficha Vista, o escriba `SCP`, pulse **Intro**, `Z`, y pulse **Intro** en la línea de comandos. Este comando permite girar el SCP actual sobre el eje Z.

2. En la línea de comando `Precise ángulo de rotación sobre eje Z <90>:`, pulse **Intro** para aceptar el valor predeterminado, 90º. El icono SCP girará sobre el eje Z para reflejar la nueva orientación del SCP actual (véase la figura 21.15).

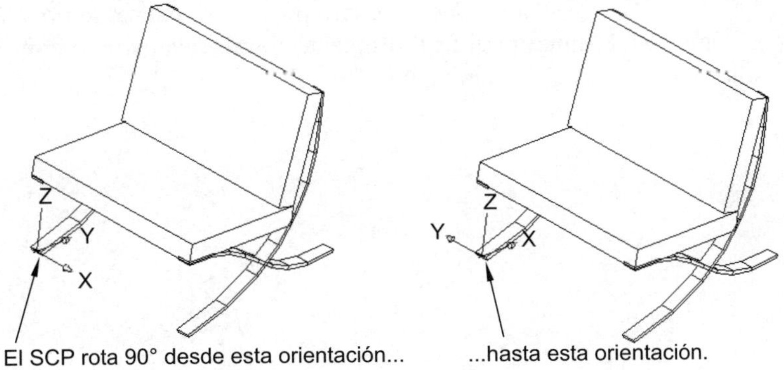

Figura 21.15. Rotación del SCP sobre el eje Z.

De manera similar, las opciones X e Y le permiten girar el SCP sobre los ejes X e Y, respectivamente, como hicimos anteriormente para el eje Z. Estas herramientas resultan de ayuda para orientar un SCP sobre un plano inclinado. Por ejemplo, si tenemos que trabajar sobre el plano del tejado de un edificio, podemos utilizar primero la herramienta **Origen** para alinear el SCP con el borde del tejado y, a continuación, utilizar la herramienta **X** para girar el SCP con respecto al ángulo de la pendiente del tejado, como se ilustra en la figura 21.16. Observe que el valor predeterminado es 90º, por lo que bastará con pulsar **Intro** para girar el SCP 90º, pero también puede introducir un valor en la línea de comando `Precisar otro ángulo de rotación:`.

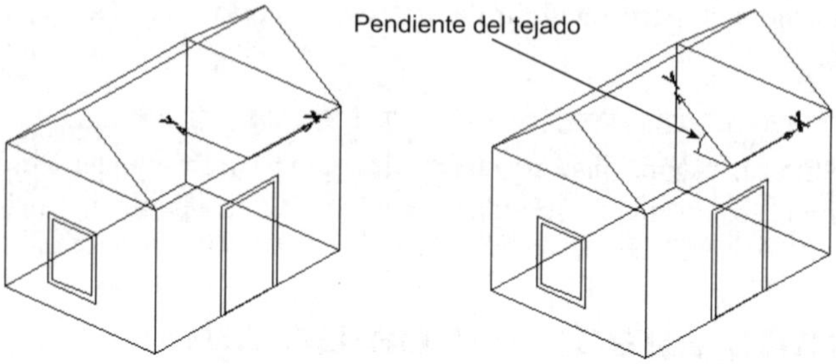

Figura 21.16. Desplazamiento de un SCP al plano de un tejado inclinado.

Por último, podemos alinear el eje Z entre dos puntos utilizando la opción Vector Z. Esta herramienta resulta útil cuando tiene objetos en el dibujo que puede utilizar para alinear el eje Z. Éstos son los pasos:

1. Haga clic en la herramienta **Vector Z** () en el panel SCP o escriba `SCP`, pulse **Intro**, `EZ`, y pulse **Intro**.
2. En la línea de comando `Precise nuevo punto de origen u [Objeto] <0,0,0>:`, pulse **Intro** para aceptar el valor predeterminado, que se corresponde al origen SCP actual. También puede seleccionar otro punto de origen.
3. En la línea de comando `Precise punto en parte positiva del eje Z <0'-0",0'-0",0'-1">:`, seleccione otro punto para indicar la orientación del eje Z. La figura 21.17 muestra el SCP resultante si utiliza la parte inferior de la pata de la silla de `Barcelona1` para definir el eje Z.

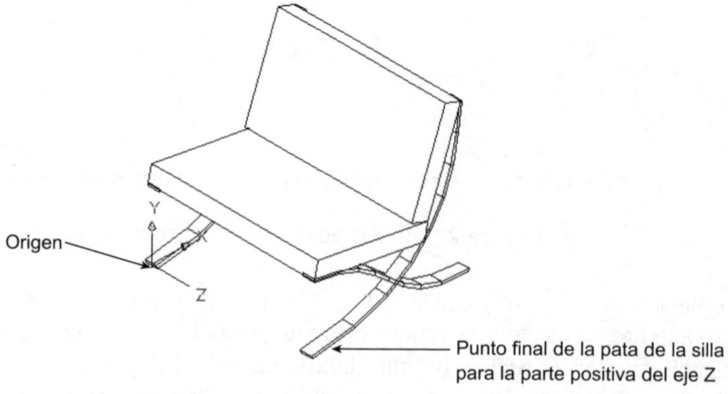

Figura 21.17. Selección de puntos para el comando Vector Z.

> **ADVERTENCIA:** Como la ubicación del cursor está en el plano del SCP actual, conviene seleccionar un punto en un objeto utilizando los modos de referencia a objetos o los filtros de coordenadas.

Orientar un SCP en el plano de vista

Por último, podemos definir un SCP en el plano de vista. Esta opción resulta útil para cambiar rápidamente el plano de vista actual para editar o agregar texto a una vista 3D.

Haga clic en la herramienta **Vista** ( ) del panel SCP o escriba `SCP`, pulse **Intro**, `V`, y pulse **Intro**. El icono **SCP** cambiará para mostrar que el SCP está alineado con la vista actual.

AutoCAD utiliza el punto de origen de SCP para el origen del nuevo SCP. Al definir una vista como un SCP, puede introducir texto para etiquetar el dibujo, como haría en una ilustración técnica. El texto introducido en un plano creado de esta forma resulta normal.

Con esto damos por finalizado el repaso al comando SCP. Asígnele de nuevo el sistema de coordenadas universal y guarde el archivo como `Barcelona1_metric.dwg`.

Hemos explorado prácticamente todas las opciones al crear un SCP, a excepción de una. En la siguiente sección, explicaremos la opción 3 puntos para crear un SCP. Se trata del método más versátil para crear un SCP, pero resulta un tanto más complejo que el resto de las opciones SCP.

Guardar un SCP con una vista

AutoCAD dispone de la posibilidad de guardar un SCP con una vista. Seleccione la opción Nueva vista en la parte inferior de la lista desplegable Vista en el panel Vista de la ficha Inicio (véase la figura 21.18). Para abrir el cuadro de diálogo Propiedades de una nueva vista/instantánea. Introduzca un nombre para la nueva vista en el cuadro de texto Nombre de vista, y seleccione un SCP para guardarlo con la nueva vista utilizando la lista desplegable SCP del grupo Parámetros en el cuadro de diálogo.

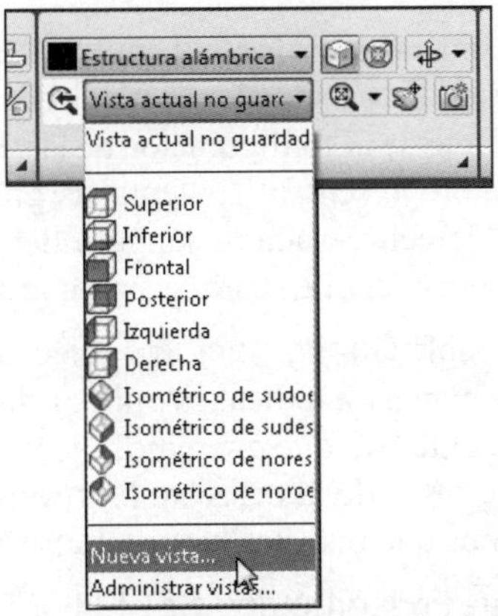

Figura 21.18. Lista desplegable Vista en el panel Vista.

Utilizar las ventanas gráficas como ayuda en los dibujos 3D

En un capítulo anterior se presentaron las ventanas gráficas flotantes del espacio Papel de AutoCAD. En esta sección utilizaremos las ventanas gráficas en mosaico para ver el modelo 3D desde varios lados a la vez. Esta opción puede resultar de ayuda para la creación y edición de dibujos 3D porque permite hacer referencia a diferentes partes del dibujo sin tener que cambiar las vistas.

Las ventanas gráficas en mosaico se crean directamente en el espacio Modelo, como podrá comprobar en el siguiente ejercicio:

1. Haga clic en la herramienta **Nuevo** ( ) en el panel Ventanas gráficas de la ficha Vista para abrir el cuadro de diálogo Ventanas gráficas (véase la figura 21.19).

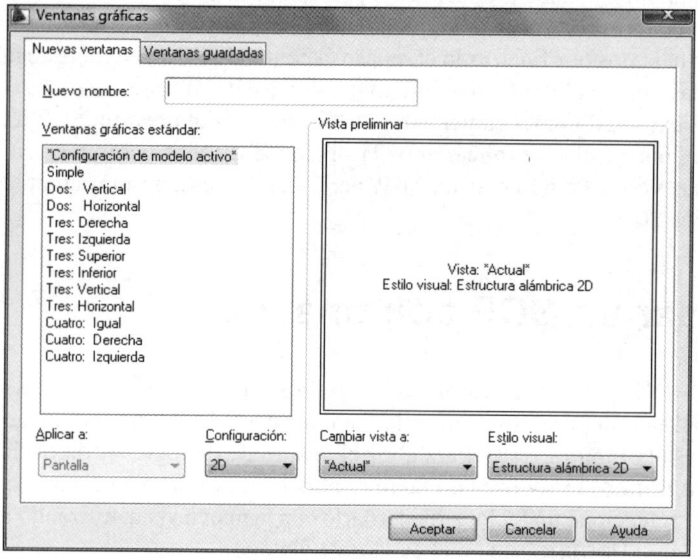

Figura 21.19. Cuadro de diálogo Ventanas gráficas.

2. Asegúrese de seleccionar la ficha Nuevas ventanas y escoja la entrada Tres: Derecha de la lista Ventanas gráficas situada a la izquierda. La ventana de la derecha cambiará para mostrar un ejemplo de la configuración de la ventana gráfica. En concreto, muestra tres rectángulos, que representan las ventanas gráficas, dos a la izquierda y una de mayor tamaño a la derecha. Cada rectángulo lleva el rótulo Actual para indicarnos que la vista actual se colocará en cada ventana gráfica.
3. Abra la lista desplegable Configuración y seleccione 3D. Los rótulos de ejemplo de ventana gráfica cambian para indicar Frontal, Inferior y Isométrica SE. Esta disposición se acerca bastante a lo que queremos, pero todavía nos queda por realizar otro ajuste. La ventana gráfica de la derecha, Isométrica SE, muestra la parte posterior de la silla, y queremos que muestre la vista Isométrica SO en la ventana.
4. Haga clic en el recuadro Isométrico SE. El borde de la ventana gráfica de ejemplo cambia para indicar que es la ventana seleccionada.

5. Abra la lista desplegable Cambiar vista a, situada debajo de las ventanas gráficas, y seleccione Isométrica SO. El rótulo de la ventana gráfica cambiará para indicarle que la vista contendrá la vista Isométrica SO. Observe que la lista Cambiar vista a contiene las cuatro vistas isométricas y las seis vistas ortogonales estándar. Si hace clic en una ventana gráfica de ejemplo y selecciona una opción de la lista desplegable Cambiar vista a, puede distribuir las vistas de ventanas gráficas prácticamente de todas las formas deseadas.
6. Para mantener esta disposición de vistas, escriba **My Viewport Setup** en el cuadro de entrada Nuevo nombre.
7. A continuación haga clic en **Aceptar**. La pantalla cambiará para mostrar las tres ventanas gráficas dispuestas como se indicó en el cuadro de diálogo Ventanas gráficas (véase la figura 21.20).

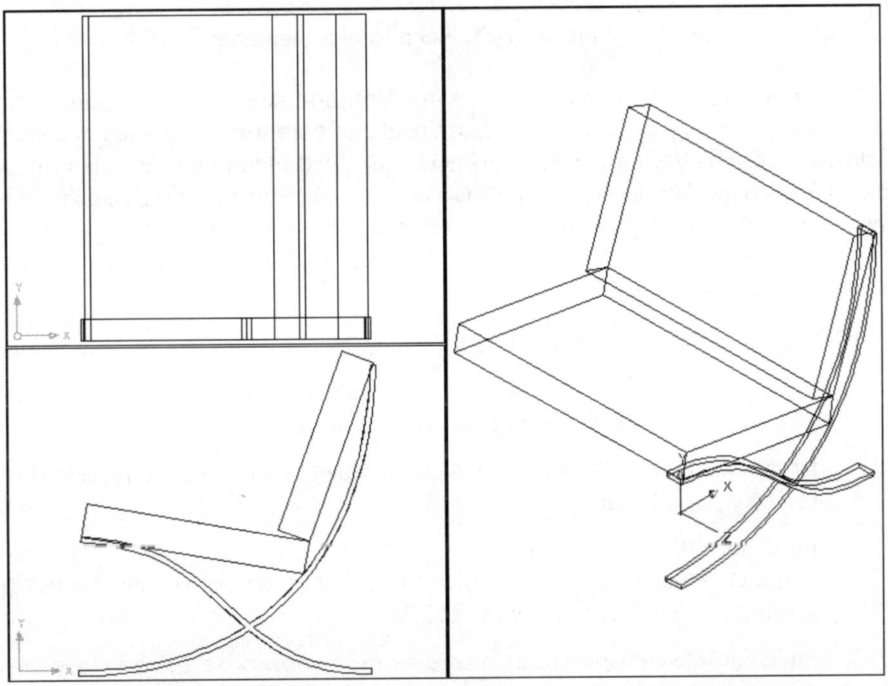

Figura 21.20. Tres ventanas gráficas, cada una con una vista diferente.

Ya hemos configurado la ventana gráfica. A continuación comprobaremos si se ha guardado la disposición configurada.

1. Haga clic en la herramienta **Guardado** () en el panel Ventanas gráficas de la ficha Vista para abrir el cuadro de diálogo Ventanas gráficas.
2. Haga clic en la ficha Ventanas gráficas guardadas. My Viewport Setup aparece en el cuadro de lista Ventanas gráficas guardadas. Si hace clic en ella, aparecerá una vista de ejemplo de la disposición de ventanas gráficas a la derecha.
3. Tras revisar la inclusión de la lista Ventanas gráficas guardadas, cierre el cuadro de diálogo.

A continuación examine la configuración de las ventanas gráficas. Observe que el icono SCP de cada una de las dos vistas ortogonales de las dos ventanas gráficas de la izquierda también se orienta en el plano de la vista. AutoCAD permite configurar un SCP diferente para cada ventana gráfica. La vista superior utiliza el SCU porque se encuentra en el mismo plano que el SCU. La vista lateral utiliza su propio SCP, que es paralelo a su vista. La vista isométrica de la derecha mantiene el SCP guardado, en concreto el SCP 3DSW.

Existe otra opción del cuadro de diálogo Ventanas gráficas que no hemos probado: la lista desplegable Aplicar a de la ficha Nuevas ventanas (véase la figura 21.21).

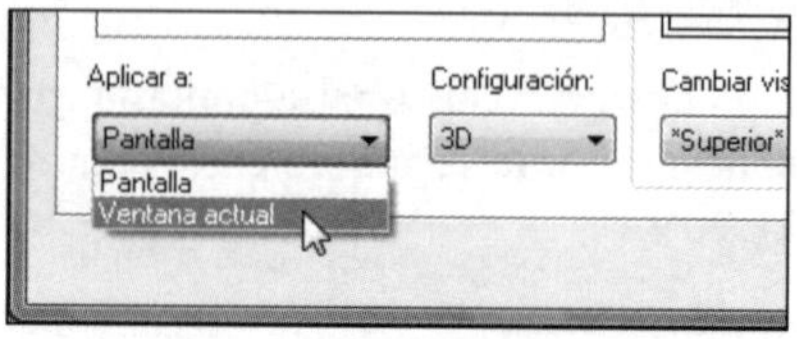

Figura 21.21. Ficha Nuevas ventanas.

Esta lista muestra dos opciones Pantalla y Ventana actual. Al seleccionar Pantalla, la opción que seleccione de la lista Ventanas gráficas estándar se aplicará al conjunto completo. Si selecciona Ventana actual, la opción que seleccione se aplicará a la ventana gráfica seleccionada en la vista de ejemplo situada a la derecha del cuadro de diálogo. Puede utilizar la opción Ventana actual para crear varias ventanas gráficas en disposiciones personalizadas.

Ya tenemos las patas de un lado. El siguiente paso consiste en realizar una copia simétrica de dichas patas para el otro lado.

1. Haga clic en la vista superior de la silla de la ventana gráfica superior izquierda.
2. Active **Rastreo Polar** () en la barra de estado y haga clic en la herramienta **Simetría** () en el panel Modificar expandido de la ficha Inicio.
3. En la ventana superior izquierda, haga clic en el sólido 3D que representa las patas de la silla y pulse **Intro**.
4. En la línea de comando `Designe primer punto de línea de simetría:`, utilice el modo de referencia a objetos Punto medio y seleccione el punto medio del asiento, como se ilustra en la figura 21.22.
5. En la línea de comando `Designe segundo punto de línea de simetría:`, seleccione cualquier punto a la derecha del seleccionado de manera que la línea de banda elástica sea exactamente horizontal.
6. Pulse **Intro** en la línea de comando `¿Borrar objetos de origen? [Sí/No].` Las patas se copiarán de forma exacta en la otra parte de la silla. El resultado debería ser parecido al ilustrado en la figura 21.22.

Ahora su silla está completa. Terminemos el dibujo perfeccionando la imagen:

1. Haga clic en la ventana gráfica de la derecha que muestra la vista isométrica.
2. Haga clic en Simple en la lista desplegable Selecciona una configuración de ventana gráfica en el panel Ventanas gráficas de la ficha Vista, o escriba `_-vports`, **Intro**, `N`, y pulse **Intro** (véase la figura 21.23).

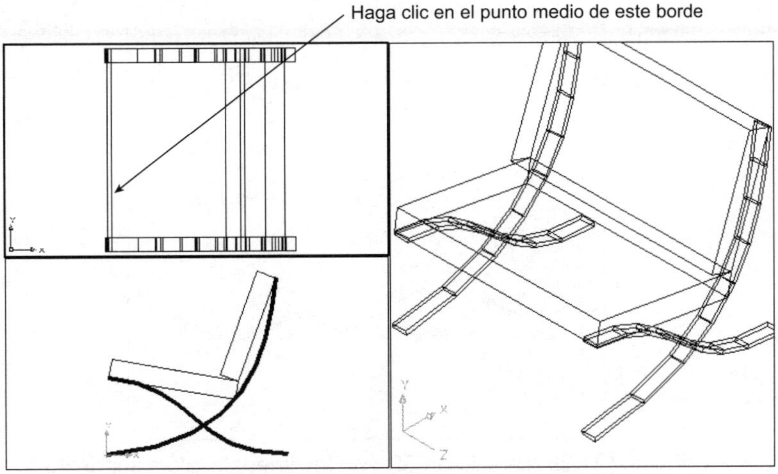

Figura 21.22. Copia simétrica de las patas de un lado a otro.

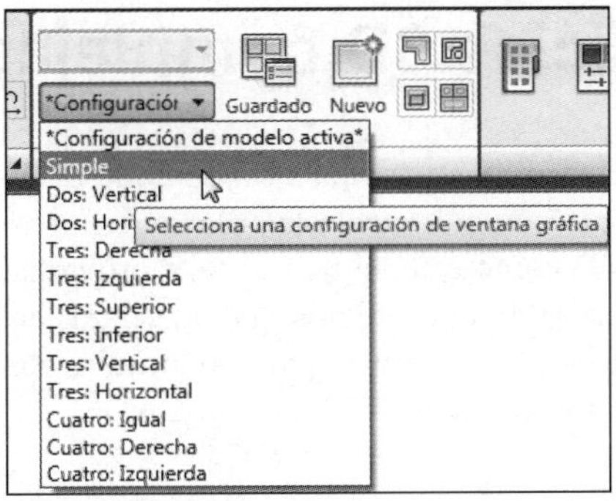

Figura 21.23. La opción Simple en la lista desplegable Selecciona una configuración de ventana gráfica.

3. Utilice la herramienta **Zoom** para ajustar su vista para que parezca similar a la figura 21.24.

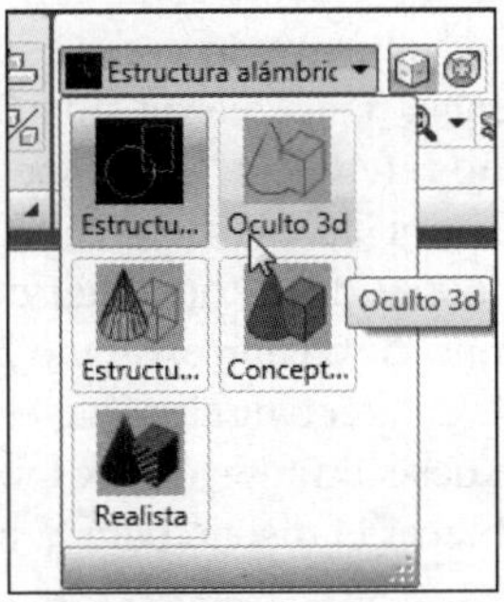

Figura 21.24. Oculto 3D.

4. Haga clic en la lista desplegable Selecciona un estilo visual en el panel Vista de la ficha Inicio, y seleccione Oculto 3D, como se muestra en la figura 21.24, para obtener una vista similar a la de la figura 21.25.

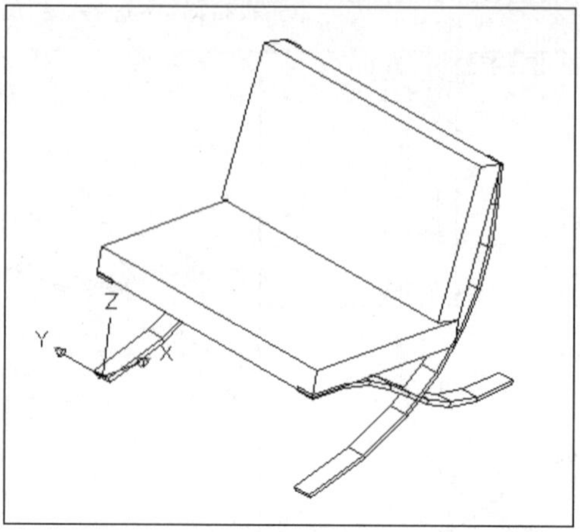

Figura 21.25. La silla en 3D con las líneas ocultas suprimidas.

Crear superficies 3D complejas

En el ejemplo anterior, dibujamos una silla compuesta de objetos formados por líneas y curvas con grosor. Todas estas formas de la silla se definieron en planos perpendiculares a otros. Para un modelo 3D como éste, el uso de SCP ortogonales es suficiente. En ocasiones, sin embargo, necesitaremos dibujar objetos que no se ajusten de forma tan sencilla a planos perpendiculares o paralelos. El siguiente ejercicio muestra cómo crear formas más complejas con el uso de algunos otros comandos 3D de AutoCAD.

Estructura de una forma 3D

En el siguiente grupo de ejercicios dibujaremos una silla de tela. Esta silla no consta de planos perpendiculares o paralelos con los que trabajar, por lo que comenzaremos por establecer algunos puntos que utilizaremos únicamente como referencia. El concepto es similar al diseño de dibujos 2D. A medida que vaya avanzando por la construcción del dibujo, observe cómo se establecen los puntos de referencia para crear la silla. También construiremos algunas líneas 3D temporales para su uso como referencia. Estas líneas constituirán la estructura de la silla. Estos puntos definirán los SCP principales para crear el dibujo. Por lo tanto, el punto esencial en este ejemplo es mostrarle algunas de las opciones de creación y grabación de SCP.

Para ahorrar un poco de tiempo, he creado el dibujo 2D que utilizará para crear su estructura 3D. Este dibujo se compone de dos rectángulos que están desplazados 10 mm. Para hacerlo más interesante, también están descentrados uno respecto al otro (véase la figura 21.26). Lo primero que necesitará es establecer el diseño para la presentación.

1. Abra el archivo `Butterfly1.dwg`.
2. Seleccione Isométrico de sudoeste en la lista desplegable Vista en el panel Vista de la ficha Inicio. Como resultado, obtendremos una vista desde el lado izquierdo de los rectángulos (véase la figura 21.27).

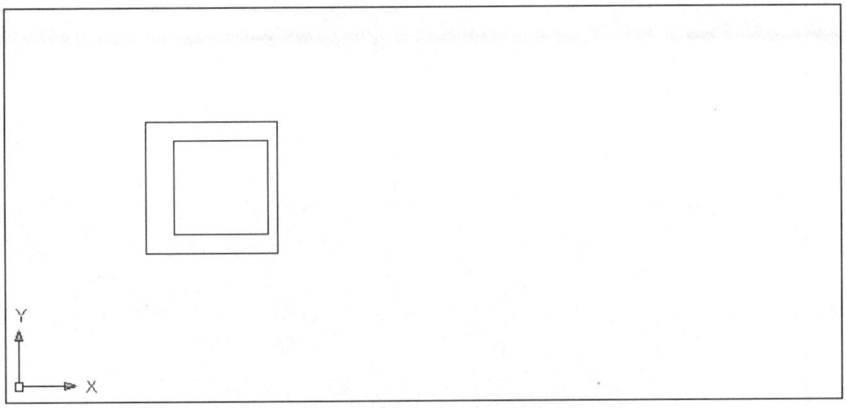

Figura 21.26. Estructura de diseño para una silla de tela.

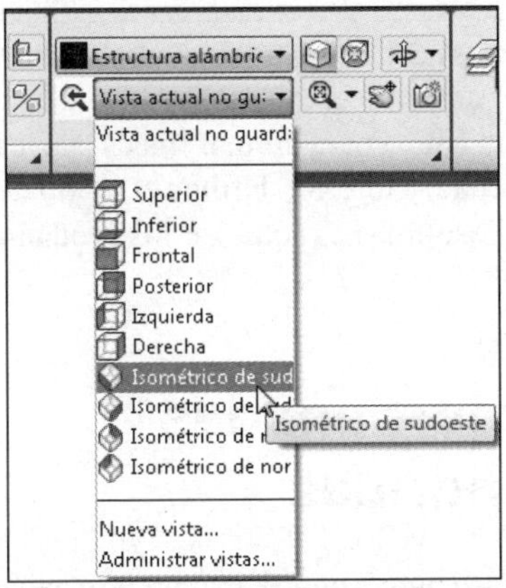

Figura 21.27. La opción Isométrico de sudoeste en la lista desplegable Vista.

3. Amplíe la vista para que los rectángulos ocupen una tercera parte del área de dibujo.

A continuación necesitamos desplazar el rectángulo exterior en el eje Z para que su elevación sea de 76 cm.

1. Haga clic en el rectángulo exterior y haga clic en uno de sus pinzamientos.
2. Haga clic con el botón derecho del ratón para abrir el menú contextual Editar pinzamiento.
3. Seleccione Desplazar, introduzca `@0,0,76` y pulse **Intro**. Esto indicará a AutoCAD que desplace el rectángulo una distancia de 0 en los ejes X e Y y 76 cm en el eje Z.

> **TRUCO:** Como método alternativo en el paso 3, una vez que selecciona Desplazar en el menú de acceso contextual Editar pinzamientos, también puede utilizar el modo Orto y apuntar con el cursor verticalmente para que se muestre una -Z en la visualización de coordenada. A continuación, introduzca `76` y pulse **Intro**.

4. Encuadre la vista hacia abajo de forma parecida a la figura 21.28.

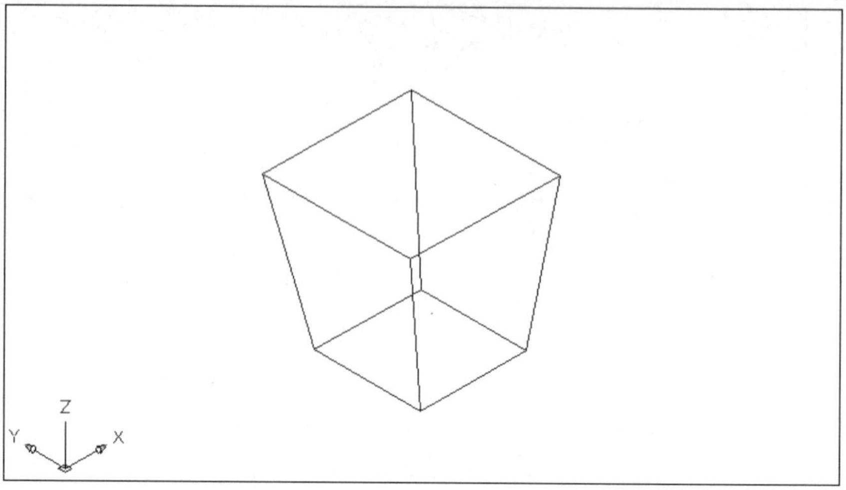

Figura 21.28. La estructura de la silla terminada.

5. Utilice la herramienta **Línea** para dibujar líneas desde las esquinas del recuadro exterior a las esquinas del recuadro interior. Utilice el modo de referencia a objetos Punto final para seleccionar las esquinas exactas de los recuadros. Con ello queda finalizada la estructura de la silla.

Formatos de coordenadas esféricas y cilíndricas

En el ejercicio anterior, utilizamos coordenadas cartesianas para localizar el segundo punto del comando **Desplazar**. Para los comandos que acepten entradas 3D, también puede especificar desplazamientos utilizando los formatos de coordenadas esférica y cilíndrica.

El formato de coordenada esférica permite especificar una distancia en el espacio 3D y el ángulo en términos de grados desde el eje X del SCP actual y los grados del plano X e Y del SCP actual (véase la imagen superior de la figura 21.29). Por ejemplo, para especificar una distancia de 11,43 cm a un ángulo de 30° del eje X y 45° del plano X-Y, escriba `@11.43<30<45`. Esta secuencia hace referencia a la distancia directa, seguida por un símbolo <, luego el ángulo X del SCP actual seguido por otro símbolo <, y luego el ángulo del plano X-Y del SCP actual. Para utilizar el formato de coordenada esférico para desplazar el rectángulo del ejercicio, introduzca `@76<0<90` en la línea de comando `Segundo punto:`.

El formato de coordenadas cilíndrica permite especificar una ubicación en términos de una distancia en el plano del SCP actual y una distancia en el eje Z. También se especifica un ángulo desde el eje X del SCP actual (consulte la imagen inferior de la figura 21.29). Por ejemplo, para localizar un punto a una distancia de 11,43 cm en el plano del SCP actual, a un ángulo de 30° del eje X y una distancia de 8,38 cm en el eje Z, introduzca `@11.43<30,8.38`. Esta secuencia hace referencia a la distancia de desplazamiento desde el plano del SCP actual, seguido del símbolo < y del ángulo desde el eje X, seguido de una coma, y la distancia en el eje Z. Para utilizar el formato cilíndrico para mover el rectángulo, introduzca `@0<0,76` en la línea de comando `Segundo punto:`.

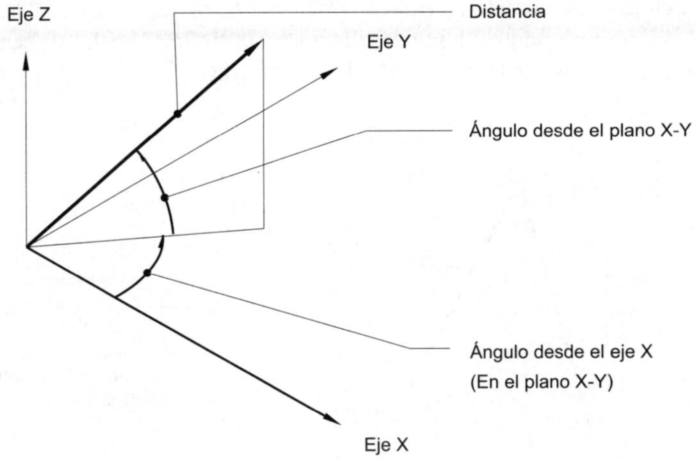

[Distancia] < [Ángulo desde el eje X] < [Ángulo desde el plano X-Y]

Formato de coordenada esférica

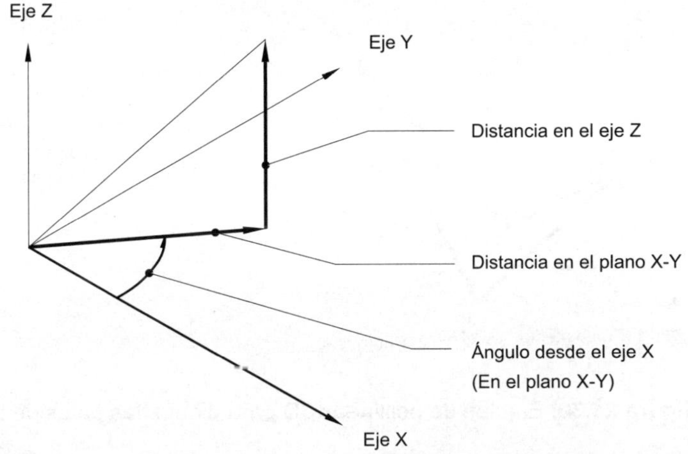

[Distancia en el plano X-Y] < [Ángulo desde el eje X] , [Distancia en el eje Z]

Formato de coordenada cilíndrica

Figura 21.29. Formatos de coordenadas esférica y cilíndrica.

Uso de una polilínea 3D

A continuación dibujaremos las patas de la silla utilizando una polilínea 3D. Se trata de una polilínea que se puede dibujar en el espacio 3D. Estos son los pasos:

1. Seleccione **Polilínea 3D** en el panel Dibujo de la ficha Inicio o escriba `3p` y pulse **Intro**.

2. En la línea de comando `Precise punto inicial de polilínea:`, seleccione un conjunto de puntos, como se ilustra en la figura 21.30, utilizando los modos de referencia a objetos **Punto final** y **Punto medio**.

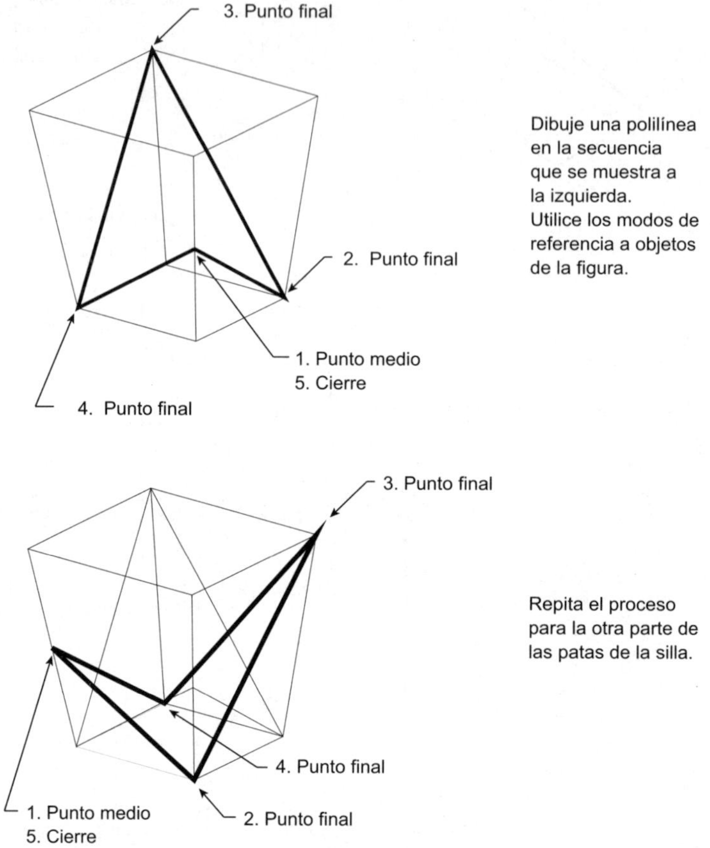

Figura 21.30. Empleo de polilíneas 3D para dibujar las patas de la silla.

> **TRUCO:** Éste es un buen momento para utilizar la función de referencia a objetos en ejecución.

3. Dibuje otra polilínea 3D en la imagen duplicada de la primera (consulte la imagen inferior de la figura 21.30).
4. Borre las líneas verticales conectoras que componen la estructura, pero conserve los rectángulos. Los utilizará posteriormente.

Todos los objetos, con la excepción de las líneas, objetos 3D, caras 3D, mallas 3D y polilíneas 3D, están limitados al plano del SCP actual. El comando **Pol** sólo se puede utilizar para dibujar polilíneas en un plano, pero el comando **3dpol** permite crear una polilínea en tres dimensiones. A las polilíneas tridimensionales no se les puede asignar grosor ni anchura.

Crear una superficie 3D curvada

A continuación dibujaremos el asiento de la silla. El asiento de este tipo de silla suele componerse de una lona sujeta a las cuatro esquinas de la silla. En primer lugar, definiremos el perímetro del asiento utilizando arcos y, a continuación, utilizamos la herramienta **Superficie definida por lados**

en el panel Modelado 3D expandido de la ficha Inicio para crear la forma de la tela. La herramienta **Superficie definida por lados** crea una superficie basada en cuatro objetos definidos por los bordes de la superficie. En este ejemplo, utilizamos arcos para definir los bordes del asiento.

Para dibujar los arcos que definen el asiento, debemos establecer el SCP en los planos de dichos bordes. En el ejercicio anterior, creamos un SCP para el lateral de la silla antes de poder dibujar las patas. De la misma forma, debemos crear un SCP que defina los planos que contienen los bordes del asiento.

Como el SCP que queremos definir no es ortogonal, necesitará utilizar el método de los tres puntos.

1. En primer lugar haga clic en la herramienta **3 puntos** ( ) en el panel SCP de la ficha Vista, o escriba `SCP`, pulse **Intro**, `3`, y pulse **Intro** en la línea de comandos. Esta opción permite definir un SCP en función de tres puntos seleccionados.

> **TRUCO:** Recuerde que un SCP es como una superficie de dibujo situada en la superficie del objeto que queremos dibujar o editar.

2. En la línea de comando `Precise nuevo punto de origen <0,0,0>:`, use el modo de referencia a objetos Punto final para seleccionar el extremo de la pata de la parte izquierda, (véase la figura 21.31). Éste es el punto de origen del nuevo SCP.

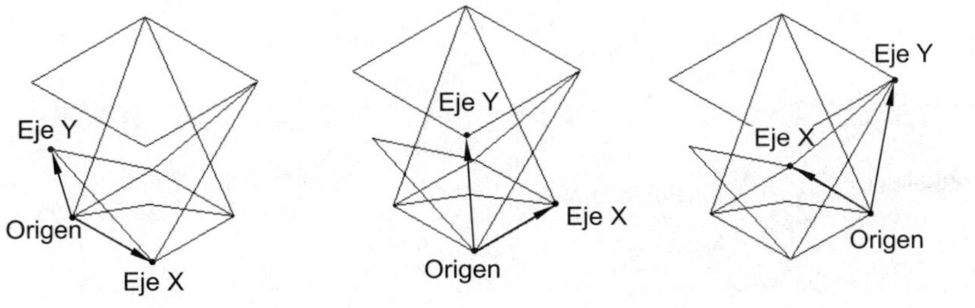

Configuración frontal del SCP   Configuración lateral del SCP   Configuración trasera del SCP

Figura 21.31. Cómo definir y guardar tres SCP.

3. En la línea de comando `Precise punto en parte positiva del eje X <0'-1",0'-0",0'-0">:`, utilice el modo de referencia a objetos Punto final para seleccionar el extremo de la siguiente pata situada a la derecha de la primera, como se ilustra en la figura 21.31.

4. En la línea de comando `Precise punto en parte Y positiva del plano XY del SCP <0'-0",0'-1",0'-0">:`, seleccione la esquina superior del asiento, como se ilustra en imagen de la izquierda de la figura 21.31. El icono SCP cambia para indicar el nuevo SCP.
5. Tras definir un SCP, podemos guardarlo para poder volver a él posteriormente. Seleccione **Guardado** ( ) en el panel SCP de la ficha Vista o introduzca `adminscp` y pulse **Intro** para abrir el cuadro de diálogo SCP.
6. Con la ficha SCP guardados seleccionada, haga clic con el botón derecho del ratón sobre el elemento Sin guardar y seleccione Cambiar nombre.
7. Escriba `Front` y pulse **Intro**.
8. Haga clic en **Aceptar** para salir del cuadro de diálogo SCP.

Hemos definido y guardado un SCP para la parte frontal de la silla. Como puede ver por el icono SCP, este SCP se encuentra en un ángulo no ortogonal con respecto al SCU. A continuación crearemos otros SCP para los dos lados de la silla.

1. Defina un SCP para el lado de la silla como se muestra en la imagen central de la figura 21.31. Utilice el cuadro de diálogo Control de SCP para cambiar el nombre del SCP Side, como hicimos para el lado frontal en los pasos 5 a 8.
2. Repita estos pasos de nuevo para crear un SCP para el respaldo de la silla, denominado Back. Utilice la imagen derecha de la figura 21.31 como referencia.
3. Abra el cuadro de diálogo SCP y, en la ficha SCP guardados, resalte Front.
4. Haga clic en el botón **Definir actual** y, a continuación, en **Aceptar** para activar Front como SCP actual.
5. Haga clic en la herramienta **Inicio, Fin, Dirección** (Inicio, Fin, Dirección) del desplegable Arco en el panel Dibujo expandido de la ficha Inicio.
6. Dibuje el arco que defina el borde frontal de la silla (véase la figura 21.32). Utilice el modo de referencia a objetos Punto final para seleccionar los puntos finales superiores de las patas de la silla como puntos finales del arco.

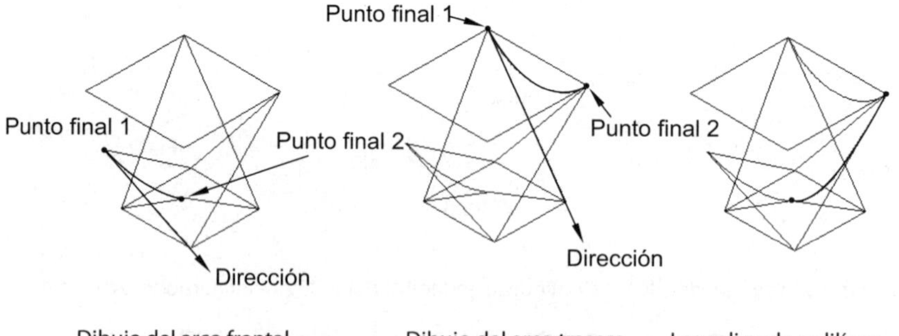

Dibujo del arco frontal — Dibujo del arco trasero — Las spline de polilínea

Figura 21.32. Cómo dibujar el borde del asiento delantero y trasero utilizando arcos y una spline de polilínea.

7. Repita los pasos 3 a 6 para el SCP llamado Back (utilice los puntos finales superiores de las patas como puntos finales del arco).

8. Restaure el SCP del lateral pero, en lugar de dibujar un arco, utilice la herramienta **Polilínea** y dibuje una *spline* de polilínea parecida a la de la figura 21.32.

A continuación, haremos una copia simétrica del arco del borde lateral en el lado opuesto. De esta forma nos ahorraremos la tarea de tener que definir un SCP para dicho lado.

1. Haga clic en la herramienta **Universal** ( ) en el panel SCP de la ficha Vista para restaurar el SCU. Esto es porque queremos realizar una copia simétrica del arco a lo largo del eje paralelo al plano del SCU. Recuerde que debe utilizar el sistema de coordenadas que define el plano en el que se desea trabajar.
2. Haga clic en la polilínea dibujada para el lado de la silla (el dibujado en el SCP Side).
3. Haga clic en el pinzamiento de punto medio del arco en el SCP Side. A continuación haga clic con el botón derecho y seleccione Simetría en el menú contextual.
4. Escriba `C` y pulse **Intro** para seleccionar la opción Copiar.
5. Escriba `P` y pulse **Intro** para seleccionar un nuevo punto base para el eje de simetría.
6. En la línea de comando `Precise punto base:`, utilice Punto medio para seleccionar los puntos medios del rectángulo de la parte inferior del modelo. Consulte la figura 21.33 para obtener ayuda. La polilínea debería copiarse de manera simétrica en el lado opuesto, y la silla debería presentar un aspecto parecido a la imagen ilustrada en la figura 21.35.

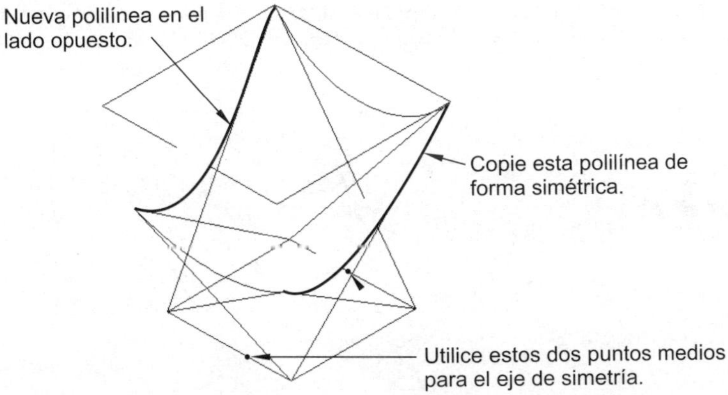

Figura 21.33. Copia simétrica del arco que define el lado del asiento de la silla.

7. Pulse la tecla **Esc** dos veces para anular los pinzamientos.

Pasar rápidamente de un SCP a otro

Si descubre que necesita pasar de un SCP a otro con frecuencia, debería conocer la barra de herramientas SCP II. Esta barra de herramientas ofrece una lista desplegable con todas las opciones universales y previas de los SCP y con todos los SCP guardados de un dibujo. Puede utilizar dicha lista para desplazarse rápidamente entre SCP configurados o incluso entre los SCP ortogonales (véase la figura 21.34).

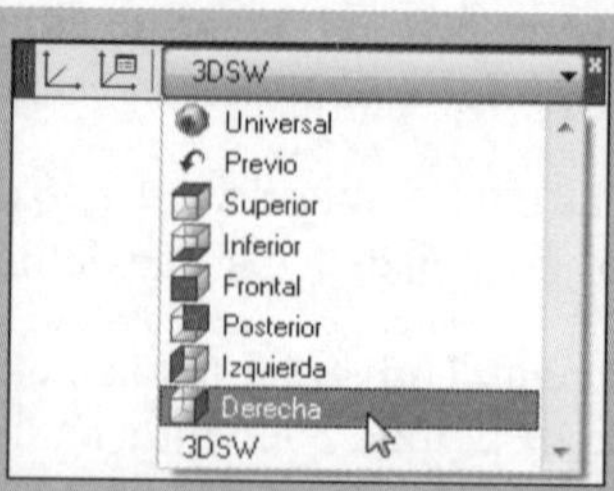

Figura 21.34. Barra de herramientas SCP II.

La barra de herramientas SCP II consta de otras dos herramientas que brindan acceso al cuadro de diálogo SCP y al comando **SCP**. Como en el resto de los casos, para abrir la barra de herramientas SCP II haga clic con el botón derecho del ratón sobre la Barra de herramientas de acceso rápido y seleccione Barras de herramientas>AutoCAD>SCP II del menú contextual.

Otro excelente método para saltar rápidamente entre SCP es utilizar la opción UCS Cara. La opción Cara requiere un sólido 3D pero, una vez que lo tenga insertado, podrá seleccionar Cara en el panel SCP expandido de la ficha Vista, a continuación, hacer clic en la cara del sólido con la que quiere alinear su SCP. Por ejemplo, puede utilizar el comando **Solevar** para crear un sólido similar al que se muestra en la figura 21.40, que conecta los rectángulos superior e inferior de la silla de tela. A continuación, puede utilizar la opción Cara para alinear a las caras de ese sólido para dibujar los arcos y polilíneas para esta visualización de asiento. De esta forma, está utilizando el sólido 3D como herramienta de visualización.

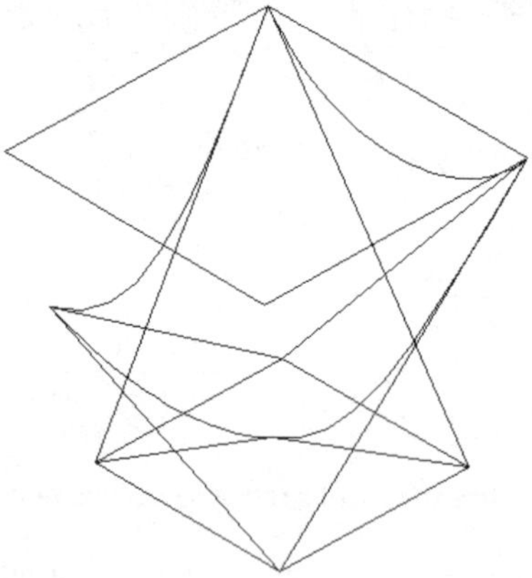

Figura 21.35. Aspecto de la silla hasta el momento.

Por último, agregaremos una malla para representar el asiento de la silla:

1. Haga clic en la herramienta **Solevar** ( ) en el panel Modelado 3D de la ficha Inicio, o introduzca `_loft` y pulse **Intro** en la línea de comandos.
2. En la línea de comandos `Designe secciones trasversales en orden de solevado:`, haga clic en el arco en la parte frontal de la presentación.

3. En la línea de comandos `Designe secciones trasversales en orden de solevado:`, haga clic en el arco en la parte posterior de la presentación y, a continuación, pulse **Intro** para finalizar su selección de secciones cruzadas.
4. En la línea de comandos `Indique una opción [Guías/Trayectoria/sólo Secciones trasversales] <sólo Secciones trasversales>:` introduzca `G` y pulse **Intro** para acceder a la opción Guías. Utilizará los otros dos arcos y guías.
5. En la línea de comandos `Designe curvas guía:`, seleccione las dos polilíneas en los laterales de la presentación y, a continuación, pulse **Intro** para completar su selección. Su silla comienza a tomar forma, como se muestra en la figura 21.36.

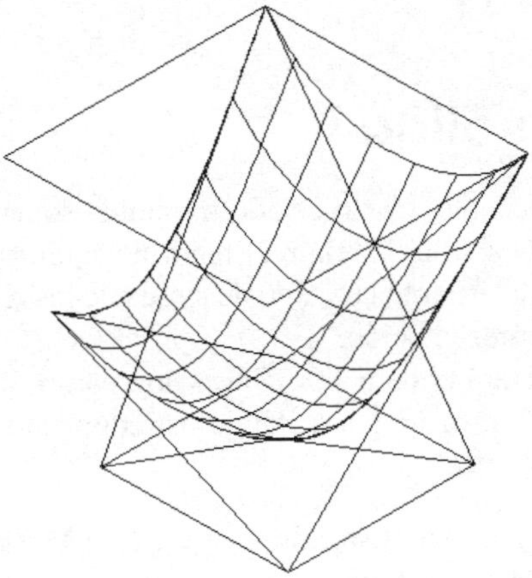

Figura 21.36. La silla de tela hasta el momento.

6. Haga clic en **Guardar** () en la Barra de herramientas de acceso rápido para guardar la silla.

Dispone de la base de una silla de tela con las patas dibujadas esquemáticamente y el asiento como una superficie 3D. Puede añadir algunos detalles utilizando otras herramientas como verá en el siguiente conjunto de ejercicios.

Convertir la superficie en un sólido

En el anterior ejemplo, utilizó la herramienta **Solevar** para crear una superficie 3D. Una vez que tenga la superficie, podrá convertirla en un sólido para realizar otras modificaciones.

Deseará redondear las esquinas de la superficie del asiento para simular la forma en que una silla de tela cae sobre su soporte. También deseará redondear las esquinas del marco y convertir el marco en una forma tubular. Comience redondeando la superficie del asiento. Esto implicará la conversión de la superficie en un sólido para que pueda utilizar herramientas de edición para obtener la superficie que desee.

1. Haga clic en la herramienta **Engrosar** en el panel Editar sólidos de la ficha Inicio (véase la figura 21.37). También puede introducir `Engrosar` y pulsar **Intro** en la línea de comandos.

Figura 21.37. Herramienta Engrosar.

2. Seleccione la superficie de asiento y pulse **Intro** para finalizar su selección.
3. En la línea de comandos `Precise grosor:`, introduzca `0.025`.

La superficie del asiento parece perder su malla, pero se acaba de convertir en un sólido 3D muy fino.

Dar forma al sólido

La silla de tela se encuentra en un estado bastante esquemático. Las esquinas de la silla son puntiagudas donde una silla de tela real tendría esquinas redondeadas. En esta sección, redondeará las esquinas del asiento con algo de ayuda de los rectángulos originales que utilizó para formar el marco de presentación.

En primer lugar, utilizará el comando **Empalme** para redondear las esquinas de los rectángulos. A continuación, utilizará los rectángulos redondeados para crear un sólido desde el que formará un nuevo asiento.

1. Seleccione la herramienta **Empalme** en el panel Modificar de la ficha Inicio, o introduzca `Empalme` y pulse **Intro** en la línea de comandos.
2. En la línea de comandos `Designe el primer objeto o [Deshacer/Polilínea/RAdio/Recortar/múLtiple]:`, introduzca `RA` y pulse **Intro**.
3. En la línea de comandos `Precise radio de empalme:`, introduzca `3` y pulse **Intro**.
4. En la línea de comandos `Designe el primer objeto o [Deshacer/Polilínea/RAdio/Recortar/múLtiple]:`, introduzca `P` y pulse **Intro** para acceder a la opción Polilínea.
5. En la línea de comandos `Designe polilínea 2D:`, seleccione el rectángulo superior como se muestra en la figura 21.38. Las esquinas de las polilíneas se vuelven redondeadas.
6. Pulse **Intro** para repetir el comando **Empalme**.
7. Introduzca `P` y pulse **Intro** para utilizar la opción Polilínea y, a continuación, haga clic en el rectángulo inferior como se muestra en la figura 21.38. Ambas polilíneas tienen esquinas redondeadas.

A continuación, cree un sólido 3D de los dos rectángulos utilizando la herramienta **Solevar**.

1. Haga clic en la herramienta **Solevar** () en el panel Modelado 3D de la ficha Inicio o escriba `Loft` en la línea de comandos y pulse **Intro**.

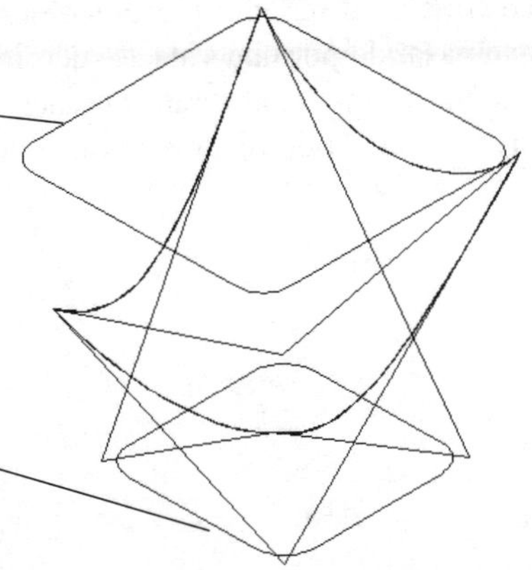

Figura 21.38. Redondee las esquinas del rectángulo con el comando Empalme.

2. En la línea de comandos `Designe secciones transversales en orden de solevado:`, seleccione los dos rectángulos y, a continuación, pulse **Intro** para finalizar su selección.
3. En la línea de comandos `Indique una opción [Guías/Trayectoria/sólo Secciones transversales] <sólo Secciones transversales>:` pulse **Intro**. Aparecerá el cuadro de diálogo Parámetros de solevación (véase la figura 21.39).
4. Haga clic en la opción Reglado y haga clic en **Aceptar**. Los rectángulos se unen para formar un sólido 3D (véase figura 21.40).

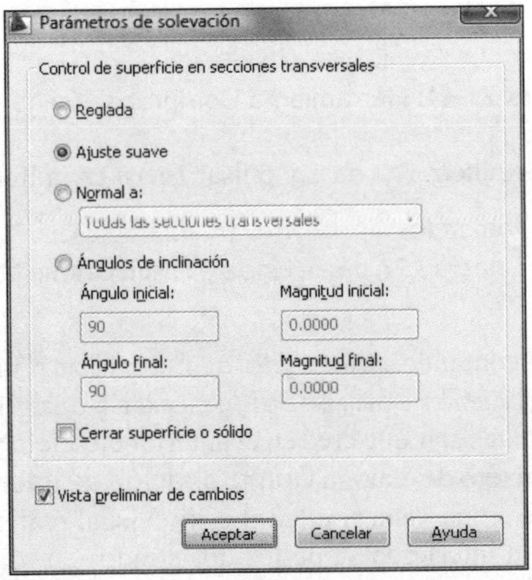

Figura 21.39. Cuadro de diálogo Parámetros de solevación.

Encontrar la interferencia entre dos sólidos

En este siguiente ejercicio, utilizará una herramienta con la que se pretende encontrar la interferencia entre dos sólidos. Resulta práctica si está trabajando con modelos 3D con mucho contenido y tiene que comprobar si es posible que los objetos estén interfiriendo entre sí. Por ejemplo, puede que un diseñador mecánico desee asegurarse de que las ubicaciones de conductos no están pasando por una viga estructural. Utilizará **Comprobación de interferencia** como herramienta de modelado para obtener una forma que sea una combinación de dos sólidos: el asiento y el sólido rectangular que acaba de crear.

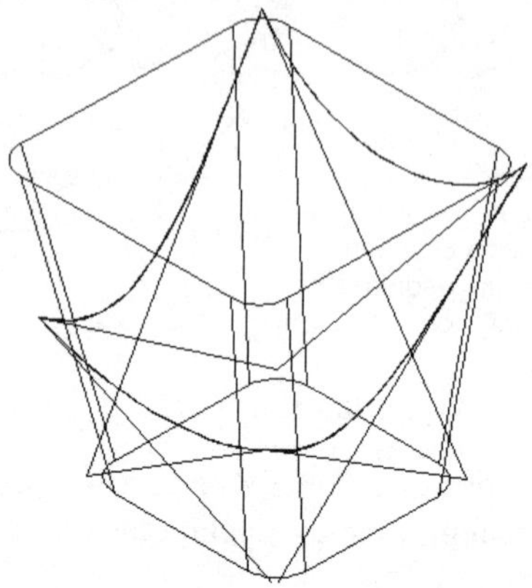

Figura 21.40. Los rectángulos solevados forman un sólido 3D.

1. Haga clic en la herramienta **Comprobación de interferencia** en el panel expandido Editar sólidos de la ficha Inicio (véase la figura 21.41).

Figura 21.41. Herramienta Comprobación de interferencia.

También puede introducir `interf` y pulsar **Intro** en la línea de comandos.

2. En la línea de comandos `Designe un primer conjunto de objetos o [selección ANidada/PArámetros]:`, seleccione el sólido de asiento de la silla y pulse **Intro**.
3. En la línea de comandos `Designe segundo conjunto de objetos o [selección ANidada/comprobaR primer punto] <comprobaR>:`, haga clic en el sólido rectangular que creó en el anterior ejercicio y, a continuación, pulse **Intro**. Aparecerá el cuadro de diálogo Comprobación de interferencia y el dibujo cambiará temporalmente a una vista similar al estilo visual realista (véase la figura 21.42). La vista muestra la interferencia de los dos sólidos en rojo. Fíjese en que las esquinas están redondeadas en la interferencia roja.
4. En el cuadro de diálogo Comprobación de interferencia, desactive la opción Suprimir objetos de interferencia creados al cerrar y haga clic en **Cerrar**. La presentación volverá a la vista de estructura alámbrica. Si observa las esquinas del asiento, verá que hay un nuevo sólido superpuesto en el asiento (véase la figura 21.43).
5. Elimine el sólido rectangular y el asiento original como se muestra en la figura 21.43.

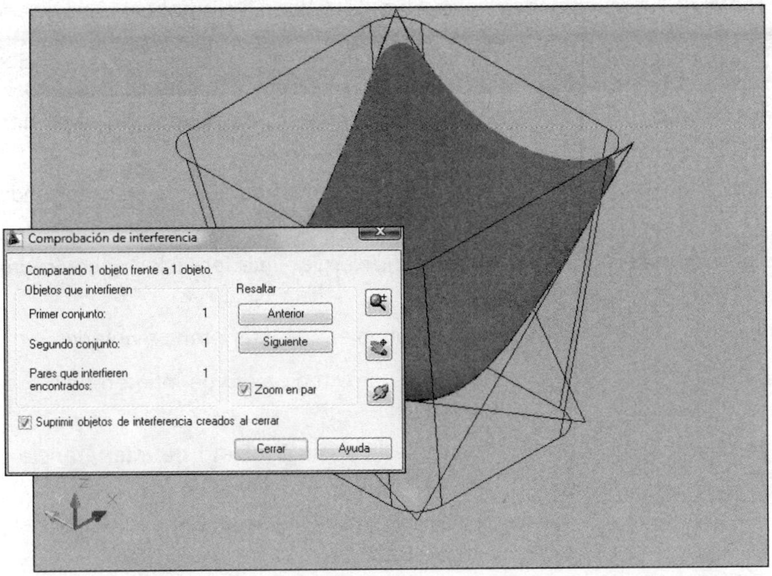

Figura 21.42. Cuadro de diálogo Comprobación de interferencia.

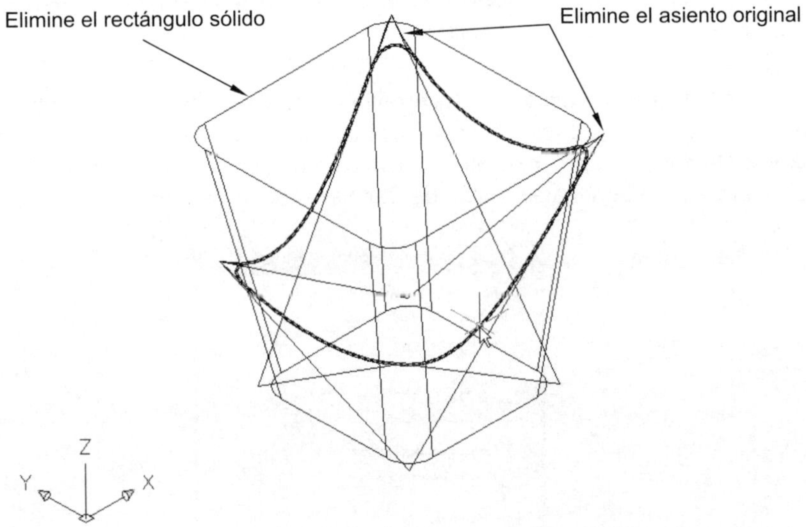

Figura 21.43. El sólido de interferencia aparece en la parte superior del asiento original.

Como se mencionó anteriormente, la herramienta **Comprobación de interferencia** está diseñada para ayudarle a conocer si los objetos están superpuestos en un modelo 3D pero, como acaba de ver, puede resultar una herramienta de modelado excelente que puede ayudarle a derivar una forma que, de otra forma, no podría crear.

Existen varias opciones disponibles cuando se utiliza la herramienta **Comprobación de interferencia**. La tabla 21.2 muestra las opciones que vio en el cuadro de diálogo Comprobación de interferencia.

Tabla 21.2. Las opciones del cuadro de diálogo Comprobación de interferencia.

Opción	Función
Primer conjunto	Especifica el número de objetos en el primer conjunto de objetos seleccionados.
Segundo conjunto	Especifica el número de objetos en el segundo conjunto de objetos seleccionados.
Pares que interfieren encontrados	Indica el número de interferencias encontradas.
Anterior	Resalta el objeto de interferencia anterior.
Siguiente	Resalta el próximo objeto de interferencia si existen varios objetos.
Zoom en par	Acerca la imagen al objeto de interferencia al utilizar las opciones Anterior y Siguiente.
Zoom en tiempo real	Cierra el cuadro de diálogo para permitirle utilizar **Zoom en tiempo real**.
Encuadre en tiempo real	Cierra el cuadro de diálogo para permitirle utilizar **Encuadre**.
Órbita 3D	Cierra el cuadro de diálogo para permitirle utilizar **Órbita 3D**.
Suprimir objetos de interferencia creados al cerrar	Elimina el objeto de interferencia una vez cerrado el cuadro de diálogo.

El comando **Comprobación de interferencia** también mostró algunas opciones. El paso 2 mostró `selección ANidada/PArámetros`. La opción `selección ANidada` permite seleccionar objetos anidados en un bloque o una referencia externa. La opción `PArámetros` abre el cuadro de diálogo Parámetros de interferencia (véase la figura 21.44).

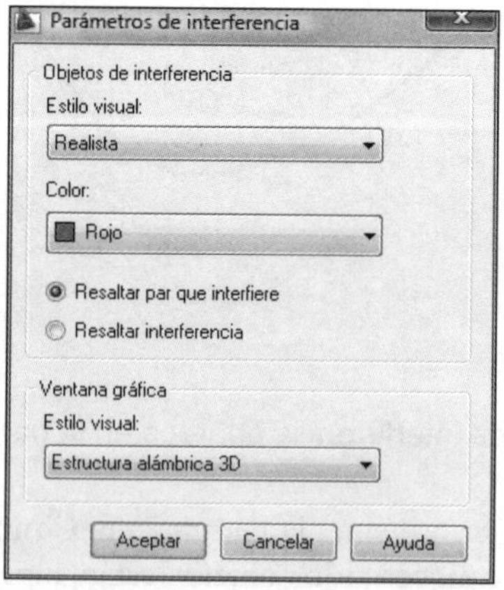

Figura 21.44. Cuadro de diálogo Parámetros de interferencia.

Este cuadro de diálogo ofrece la configuración para la visualización temporal de objetos de interferencia mientras se encuentra en el comando Comprobación de interferencia. La tabla 21.3 muestra las opciones de este cuadro de diálogo.

Tabla 21.3. Las opciones del cuadro de diálogo Parámetros de interferencia.

Opción	Función
Estilo visual	Controla el estilo visual de los objetos de interferencia.
Color	Controla el color de los objetos de interferencia.
Resaltar par que interfiere	Resalta los objetos de interferencia.
Resaltar interferencia	Resalta los objetos de interferencia resultantes.
Estilo visual	Controla el estilo visual del dibujo a la vez que muestra los objetos de interferencia.

Crear tubos con la herramienta Barrer

Antes de completar su silla, deberá tener en cuenta un elemento más. Las patas son actualmente líneas simples con esquinas puntiagudas. En esta sección, aprenderá cómo puede convertir líneas en tubos 3D. Para hacerlo más interesante, añadiremos algunas esquinas redondeadas a las patas. Comience redondeando las esquinas en las líneas que ha creado para las patas.

1. Utilice la herramienta **Descomponer** para descomponer las patas de polilínea 3D en líneas simples.
2. Seleccione la herramienta **Empalme** en el panel Modificar expandido de la ficha Inicio, o introduzca `empalme` y pulse **Intro** en la línea de comandos.
3. En la línea de comandos `Designe el primer objeto o [Deshacer/Polilínea/RAdio/Recortar/múLtiple]:`, introduzca `RA` y pulse **Intro**.
4. En la línea de comandos `Precise radio de empalme:`, introduzca `2` y pulse **Intro**.
5. En la línea de comandos `Designe el primer objeto o [Deshacer/Polilínea/RAdio/Recortar/múLtiple]:`, introduzca `L` y pulse **Intro** y, a continuación, seleccione pares de líneas para empalmar sus esquinas.
6. Cuando todas las esquinas estén redondeadas, pulse **Intro** para salir del comando **Empalme**.
7. Elimine las dos *spline* de polilíneas utilizadas para formas los laterales del asiento. Su dibujo deberá parecerse a la figura 21.45.

La silla casi está completa, pero las patas son sólo estructuras alámbricas. A continuación, les proporcionará grosor convirtiéndolas en tubos. Comience por crear un conjunto de círculos. Utilizará los círculos para definir el diámetro de los tubos.

1. Dibuje un círculo de 19 mm de diámetro en la ubicación que se muestra en la figura 21.45. No se preocupe si la ubicación está un poco desviada, la ubicación del círculo no es importante.
2. Utilice el comando **Matriz** para hacer 15 copias del círculo. En la figura 21.45 se utiliza una matriz 4 x 4 con un valor de espaciado predeterminado de aproximadamente 30 mm.

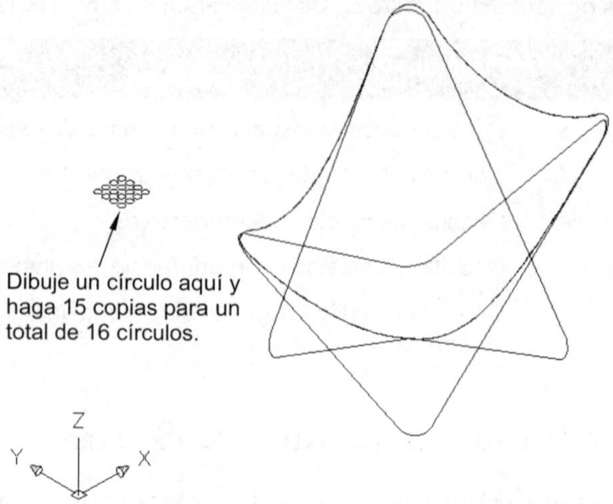

Figura 21.45. Dibujo de los círculos para los tubos.

Ahora está listo para formar los tubos.

1. Haga clic en la herramienta **Barrer** en el panel Modelado 3D de la ficha Inicio (véase la figura 21.46). También puede introducir `barrido` y pulsar **Intro** en la línea de comandos.

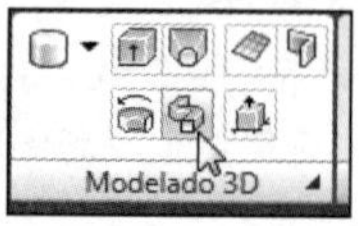

Figura 21.46. Herramienta Barrer.

2. En la línea de comandos `Designe objetos para barrer:`, haga clic en uno de los círculos que acaba de crear. No importa el círculo que utilice ya que son idénticos. Pulse **Intro** cuando haya terminado.
3. En la línea de comandos `Designe trayectoria de barrido o [Alineación/pUnto base/Escala/torsióN]:`, seleccione una de las líneas o arcos de empalme que forman las patas.
4. Pulse **Intro** para repetir el comando **Barrer** y, a continuación, repita los pasos 2 y 3 para cada parte de los segmentos de pata, incluidos los arcos de empalme.
5. Continúe con el paso 4 hasta que todas las líneas de las patas se hayan convertido en tubos.
6. Cambie el color del sólido que representa el asiento a cián y, a continuación, seleccione Realista en el desplegable Estilo visual en el panel Vista de la ficha Inicio. Su dibujo se parecerá a la imagen de la izquierda de la figura 21.47, que muestra una vista en perspectiva. La imagen de la derecha es la silla con algunos materiales asignados a las partes de la silla y un ligero ajuste a la ubicación del asiento.

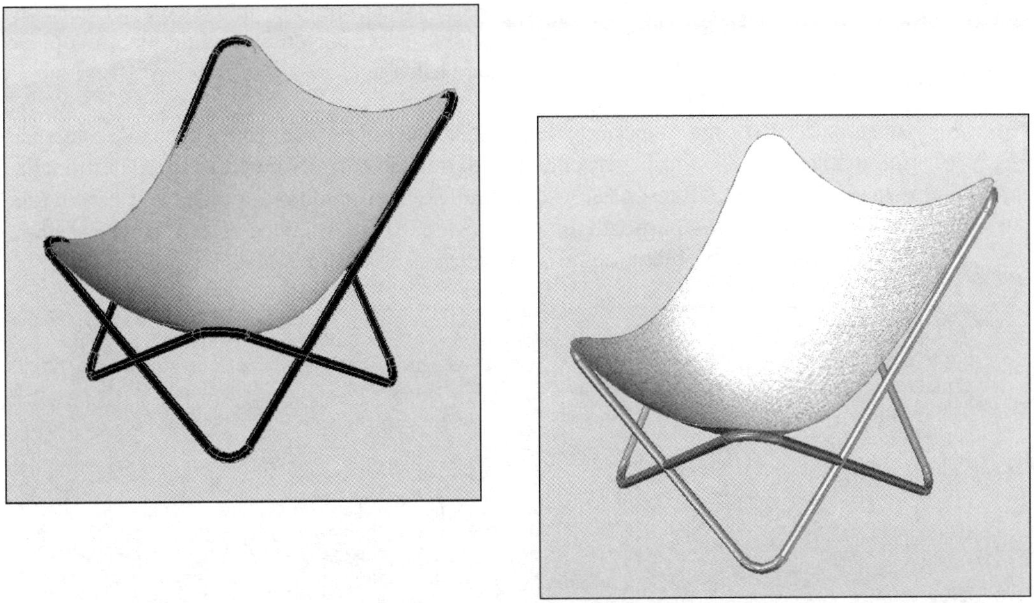

Figura 21.47. Una vista en perspectiva de la silla de tela con tubos para las patas.

Utilizar Barrer para crear formas complejas

Aunque utilizara círculos con el comando **Barrer** para crear tubos, puede utilizar cualquier forma de polilínea cerrada. La figura 21.48 proporciona algunos ejemplos de otras formas que se pueden utilizar con el comando **Barrer**.

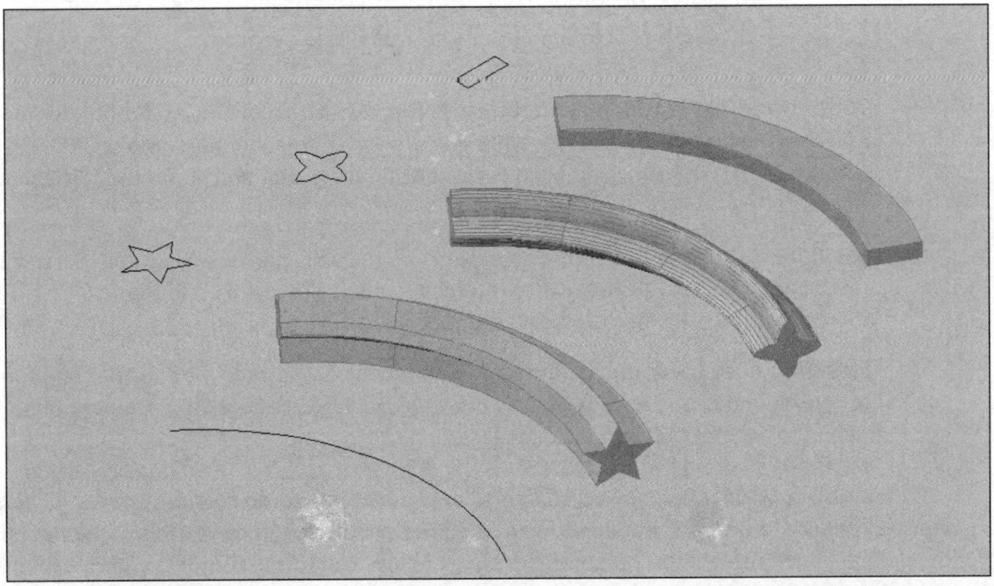

Figura 21.48. Puede utilizar cualquier forma cerrada con el comando Barrer.

Es posible que observara algunas opciones de línea de comandos en el paso 3 del ejercicio anterior. Estas opciones ofrecen un control adicional sobre el modo de funcionamiento de **Barrer**. A continuación mostramos un esquema de estas opciones y su función:

- Alineación: Esta opción permite determinar si el objeto que se va a barrer se establece automáticamente de forma perpendicular al trazado barrido. De forma predeterminada, esta opción se establece en **Sí**, lo que significa que el objeto que se va a barrer está establecido de forma perpendicular al trazado. Si se establece en **No**, **Barrer** asume el ángulo actual del objeto, como se muestra en la figura 21.49.

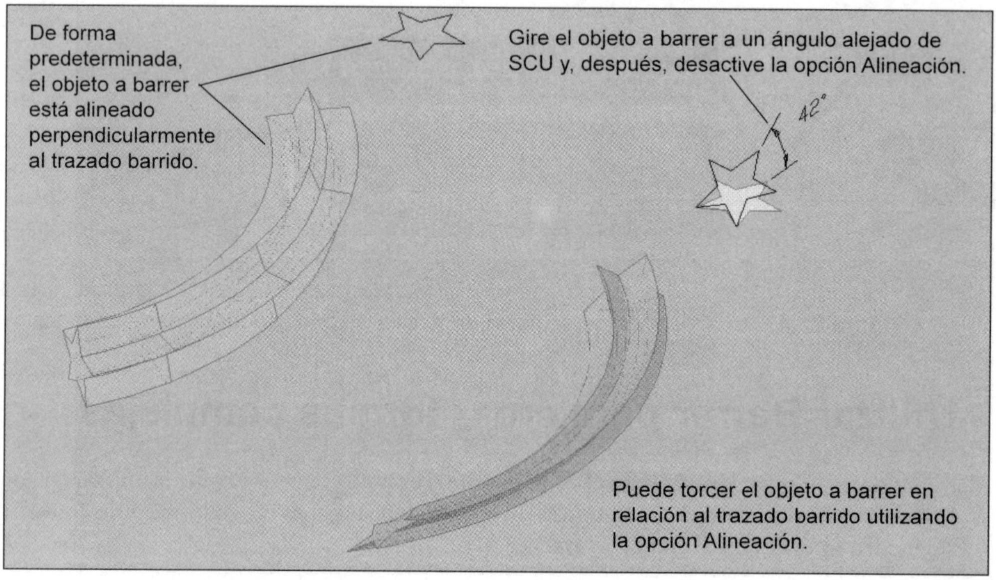

Figura 21.49. Alineación le permite establecer el ángulo entre el objeto a barrer y el trazado de barrido.

- Punto base: De forma predeterminada, **Barrer** utiliza el centro del objeto que se va a barrer como la ubicación con la que alinear el trazado, tal como se muestra en la figura 21.50. El punto de base permite establecer una ubicación específica en el objeto.
- Escala: Puede hacer que **Barrer** escale el objeto de barrido de un extremo del trazado a otro para crear una forma que se estrecha, como se muestra en la figura 21.51. Esta opción requiere un valor de escala numérica.
- Torsión: Puede hacer que el objeto gire alrededor del trazado para formar una forma de espiral como la que se muestra en la figura 21.52. Esta opción requiere un valor numérico en forma de grados de rotación.

Podrá utilizar estas opciones en cuanto seleccione el objeto de barrido y antes de seleccionar el objeto de trazado. Puede utilizar cualquier combinación de opciones que necesite. Por ejemplo, puede aplicar las opciones Torsión y Escala de forma conjunta como se muestra en la figura 21.53.

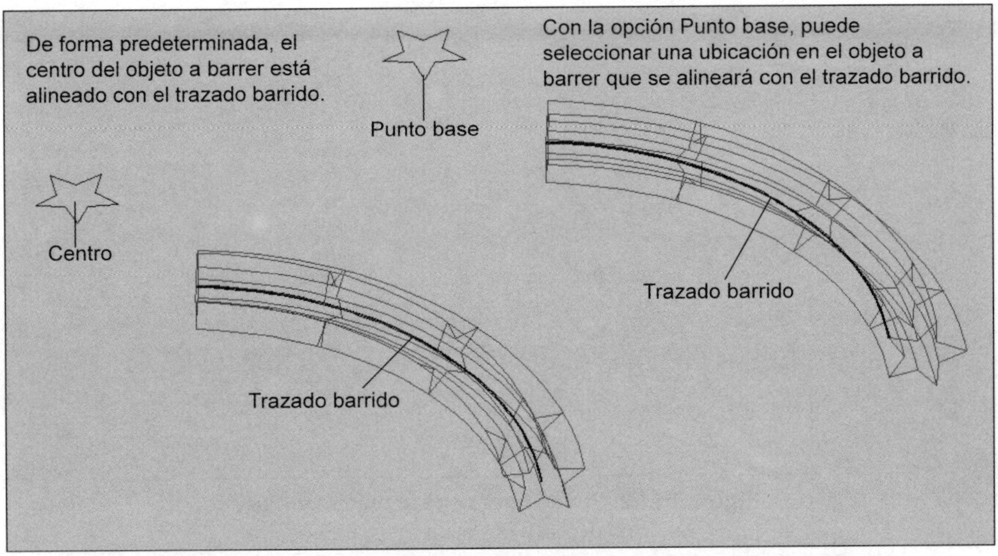

Figura 21.50. Punto base permite establecer un punto en el objeto que se va a barrer que está alineado con el trazado de barrido.

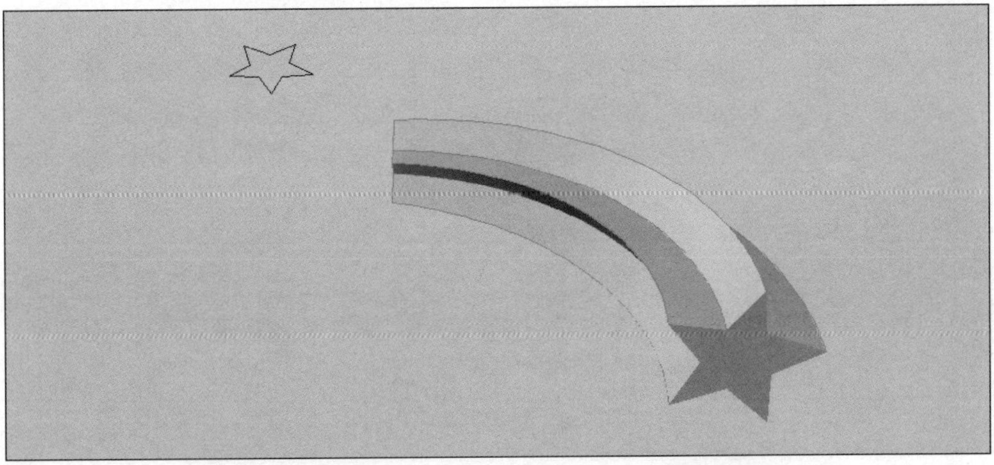

Figura 21.51. Escala permite escalar el objeto para barrer como si estuviera barrido a lo largo del trazado.

Crear formas en espiral

Puede utilizar la herramienta **Barrer** en conjunción con la herramienta **Hélice** para crear una forma en espiral como, por ejemplo, un muelle o la rosca de un tornillo. Ya ha comprobado cómo funciona la herramienta **Barrer**. Realice las siguientes acciones para aprender cómo funciona la herramienta **Hélice** de primera mano. En este ejercicio, dibujará un muelle de inserción. Se trata de un dispositivo utilizado para reparar roscas pasadas y es básicamente una espiral de acero que forma roscas internas o externas.

Figura 21.52. Puede hacer que el objeto gire alrededor del trazado para crear un efecto de espiral.

Figura 21.53. Las opciones Escala y Torsión aplicadas de forma conjunta.

1. Abra el archivo `Helicoil.dwg`. Se trata de un dibujo de AutoCAD estándar que contiene una polilínea cerrada en una forma ortogonal estirada (véase la figura 21.54). Ésta es la sección cruzada de la rosca del muelle y lo utilizará como objeto para barrer una vez que haya creado la hélice.
2. Haga clic en la herramienta **Hélice** en el panel Modelado 3D expandido de la ficha Inicio (véase la figura 21.55), o escriba `hélice` en la línea de comandos y pulse **Intro**. También encontrará esta herramienta en el panel Dibujo de la ficha Inicio. Verá la siguiente línea de comandos:

```
Número de giros = 3.0000  Torsión=Antihoraria
Precise centro de base:
```

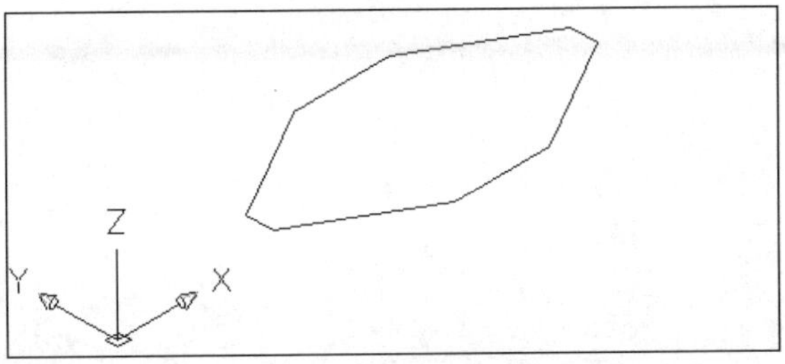

Figura 21.54. Dibujo de polilínea cerrada en forma ortogonal.

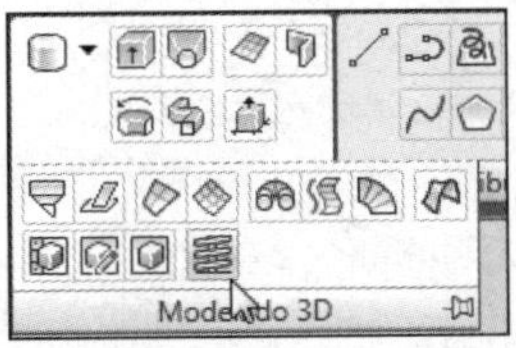

Figura 21.55. Herramienta Hélice.

3. Seleccione un punto aproximadamente en el centro de la vista. Aparecerá una línea elástica discontinua junto con un círculo.
4. En la línea de comandos `Precise radio de base o [Diámetro]:`, introduzca `0.375` y pulse **Intro**.
5. En la línea de comandos `Precise radio superior o [Diámetro]:`, pulse **Intro** para aceptar el valor predeterminado, que es el mismo valor que el introducido en el paso 4.
6. En la línea de comandos `Precise altura de hélice o [punto final Eje/Giros/Altura giro/Torsión]:`, introduzca `G` y pulse **Intro** para utilizar la opción Giros.
7. En la línea de comandos `Indique número de giros:`, introduzca `15` y pulse **Intro** para crear una hélice con 15 giros.
8. En la línea de comandos `Precise altura de hélice o [punto final Eje/Giros/Altura giro/Torsión]:`, pulse **Intro** para aceptar la altura predeterminada de 1. La hélice aparecerá como una espiral dibujada según las dimensiones especificadas para el diámetro, los giros y la altura (véase la figura 21.56).

En el paso 6, utilizó la opción Giros para especificar el número total de giros en la hélice. También dispone de otras opciones que le proporcionan control sobre la forma de la hélice. La figura 21.57 muestra los efectos de las opciones de comando **Hélice**. Puede que desee experimentar con ellas para familiarizarse con **Hélice**.

TRUCO: Si cree que ha creado una hélice con los valores equivocados, no tendrá que borrarla y volverla a crear. Puede utilizar la paleta Propiedades para realizar ajustes a cualquiera de las opciones de hélice presentadas en la figura 21.57, incluso una vez creada la hélice. Seleccione la hélice, haga clic con el botón derecho del ratón y seleccione Propiedades. Consulte la sección Geometría de la paleta Propiedades para conocer los valores de hélice.

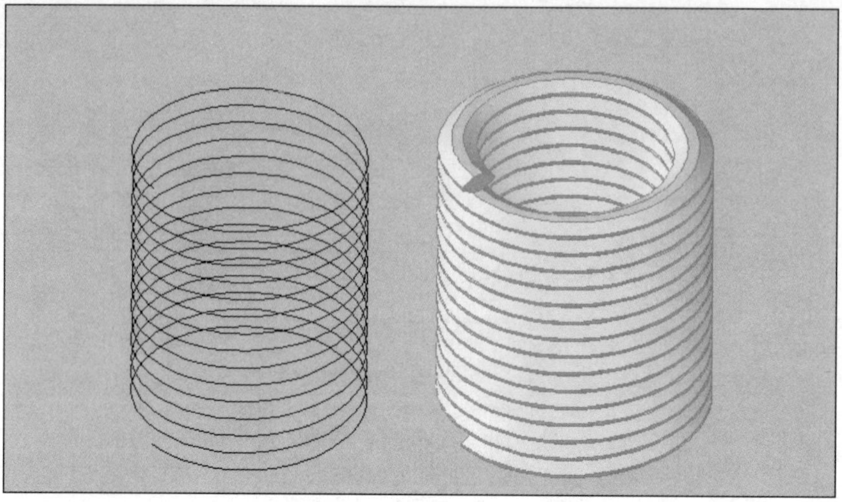

Figura 21.56. La hélice y el muelle después de utilizar Barrer.

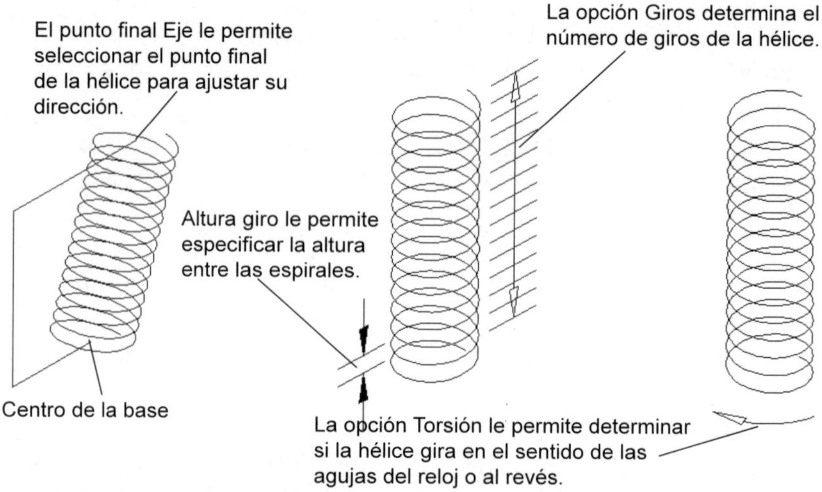

Figura 21.57. Las opciones del comando Hélice.

Ahora utilice la herramienta **Barrer** para completar el muelle.

1. Haga clic en la herramienta **Barrer** () en el panel Modelado 3D de la ficha Inicio, o introduzca `barrido` en la línea de comandos.
2. En la línea de comandos `Designe objetos para barrer:`, seleccione la sección transversal de la rosca en la esquina inferior izquierda del dibujo y, a continuación, pulse **Intro**.
3. En la línea de comandos `Designe trayectoria de barrido o [Alineación/pUnto base/Escala/torsión]:`, seleccione la hélice. El muelle aparecerá tras unos instantes.
4. Para ver el muelle más claramente, seleccione la opción Realista de la lista desplegable Estilos visuales y, a continuación, cambie el muelle a la capa helicoil.

> **ADVERTENCIA:** Si el espacio entre los giros es demasiado pequeño para la sección transversal, es posible que reciba un mensaje de error. Si recibe este mensaje en el paso 3, asegúrese de que creó la hélice exactamente como se especificó en el ejercicio anterior. También puede intentar aumentar la altura de la hélice.

En el paso 3, en lugar de seleccionar el trazado de barrido, puede seleccionar una opción para aplicar al objeto que se va a barrer. Por ejemplo, de forma predeterminada, **Barrer** alinea el objeto para barrer en un ángulo perpendicular al trazado y centra el objeto que se va a barrer.

Crear modelos de superficies

En un ejercicio anterior, utilizó el comando **Solevar** para crear un asiento de una silla de tela. En esta sección, volveremos al comando **Solevar** para explorar otros usos. En esta ocasión, lo utilizará para crear un modelo 3D de una ladera basado en un conjunto de líneas de nivel del sitio. También verá cómo una superficie creada desde el comando **Solevar** se puede utilizar para dividir un sólido en dos piezas, moldeando el sólido con la forma de la superficie.

> **ADVERTENCIA:** Si ha utilizado versiones anteriores de AutoCAD para crear modelos 3D, las superficies creadas con el comando **Solevar** no son las mismas de las creadas con las herramientas de modelado de superficie en la barra de herramientas Superficies. Puede convertir los antiguos objetos "malla" en nuevos objetos de superficie utilizando la herramienta **Convertir en superficie**, que se encuentra junto a la herramienta **Convertir en sólido** en el panel expandido Editar sólidos de la ficha Inicio.

Comience creando una superficie 3D con el comando **Solevar**.

1. Abra el archivo `contour.dwg`.
2. Haga clic en la herramienta **Solevar** () en el panel Modelado 3D de la ficha Inicio.
3. Seleccione cada contorno de color marrón en orden consecutivo de derecha a izquierda o de izquierda a derecha. No importa si comienza en el extremo izquierdo o en el extremo derecho, pero debe seleccionar los contornos en orden.
4. Cuando termine de seleccionar todos los contornos, pulse **Intro**.
5. En la línea de comandos `Indique una opción [Guías/Trayectoria/sólo Secciones transversales] <sólo Secciones transversales>:`, pulse **Intro** y espere un momento. AutoCAD requiere un poco de tiempo para calcular la superficie. Una vez que lo haga, verá el cuadro de diálogo Parámetros de solevación y verá la superficie (véase la figura 21.58).
6. Haga clic en el botón de opción Reglada y, a continuación, haga clic en **Aceptar**. Ahora puede ver la superficie claramente como se muestra en la figura 21.59.

En el ejercicio de la silla de tela, utilizó la opción Guías en la línea de comandos **Solevar**. Esto le permitió utilizar las curvas de polilínea para "guiar" la forma de solevación desde el arco frontal al arco posterior. En este ejercicio, no utilizó las opciones de comando y fue directamente al cuadro de diálogo Parámetros de solevación. El parámetro Reglada que utilizó en el paso 6 genera una superficie que conecta las secciones transversales en una línea recta. Aprenderá más acerca de las opciones de este cuadro de diálogo posteriormente en esta sección.

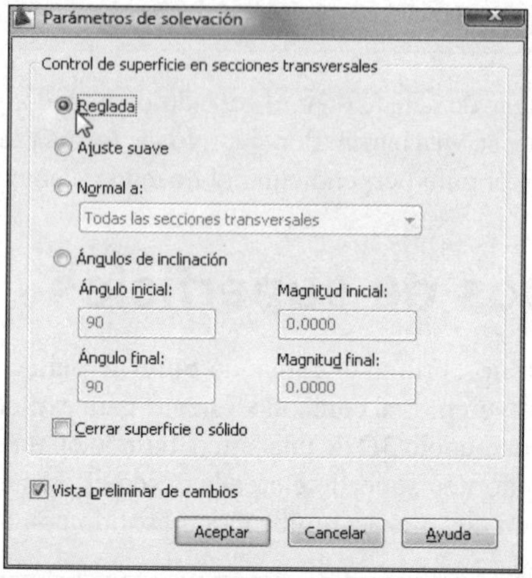

Figura 21.58. Cuadro de diálogo Parámetros de solevación.

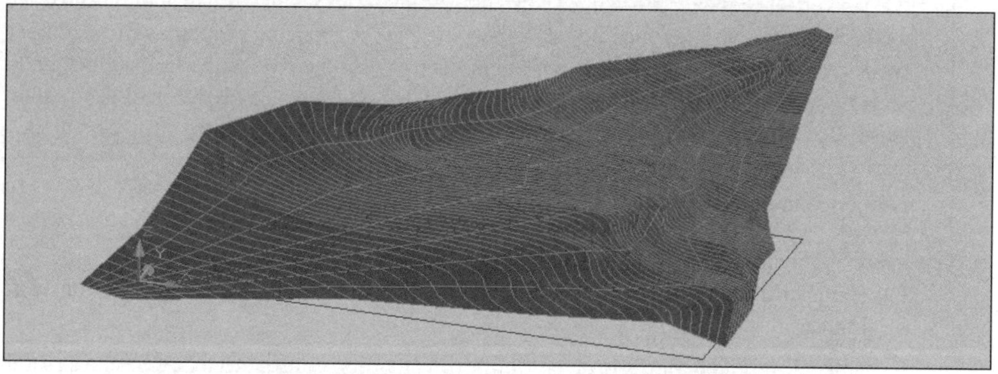

Figura 21.59. Creación de una superficie 3D de líneas de nivel.

Dividir un sólido con una superficie

En el ejemplo de la silla Barcelona, convirtió una superficie en un sólido utilizando el comando **Engrosar superficie**. A continuación, utilizará una superficie para crear un sólido de forma ligeramente distinta. Esta vez, utilizará la superficie para dividir un sólido en dos piezas. De esta forma, conseguirá una forma que se puede leer y comprender más fácilmente como un modelo de terreno.

1. Haga clic en la herramienta **Extrusión** (icono) en el panel Modelado 3D de la ficha Inicio.
2. En la línea `Designe objetos para extruir:`, seleccione el rectángulo grande bajo el dibujo y pulse **Intro**. El rectángulo se convierte en un prisma cuya altura sigue a su cursor.

3. En la línea `Precise altura de extrusión o [Dirección/Trayectoria/ángulo Inclinación]:`, mueva el cursor hacia arriba para que el prisma se parezca al de la figura 21.60. A continuación, haga clic en el ratón para ajustar la altura del prisma.

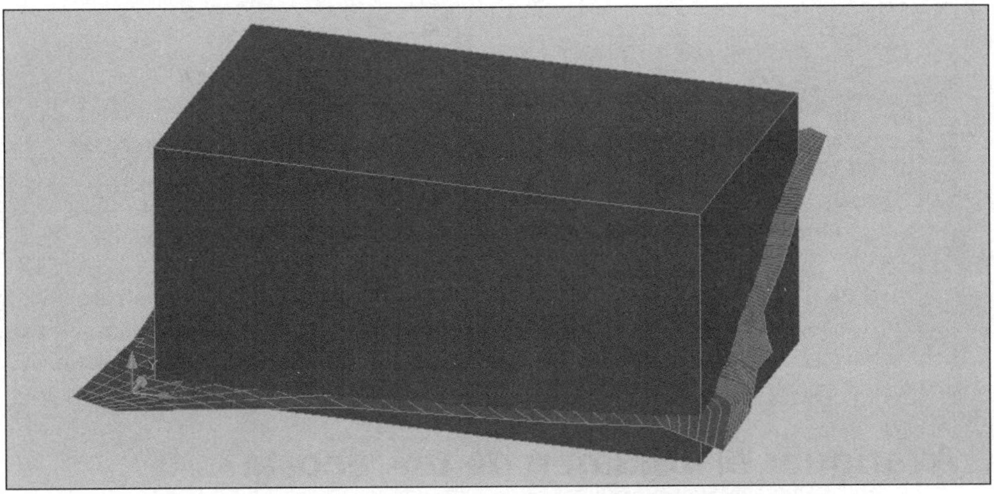

Figura 21.60. El prisma extrusionado a través del mapa acotado.

Puede que haya observado que conforme elevaba la altura del prisma, podía ver cómo interseccionó la superficie del mapa acotado. A continuación, dividirá el prisma en dos piezas.

1. Haga clic en la herramienta **Corte** en el panel de control Editar sólidos expandido de la ficha Inicio (véase la figura 21.61).

Figura 21.61. Herramienta Corte.

2. En la línea de comandos `Designe objetos para cortar:`, seleccione el prisma y pulse **Intro**.
3. En la línea de comandos `Precise punto inicial de plano cortante u [Objeto plano/Superficie/ejeZ/Vista/XY/YZ/ZX/3 puntos]:`, introduzca `S` y pulse **Intro**.
4. En la línea de comandos `Designe una superficie:`, seleccione la superficie del mapa acotado.
5. En la línea de comandos `Designe sólido para mantener o [mantener Ambos lados]:`, haga clic en la parte del prisma que se encuentra bajo la superficie. La parte superior del prisma desaparecerá y verá la superficie de nuevo.
6. Elimine la superficie de mapa acotado. El prisma permanece con un molde de la superficie, como se muestra en la figura 21.62.

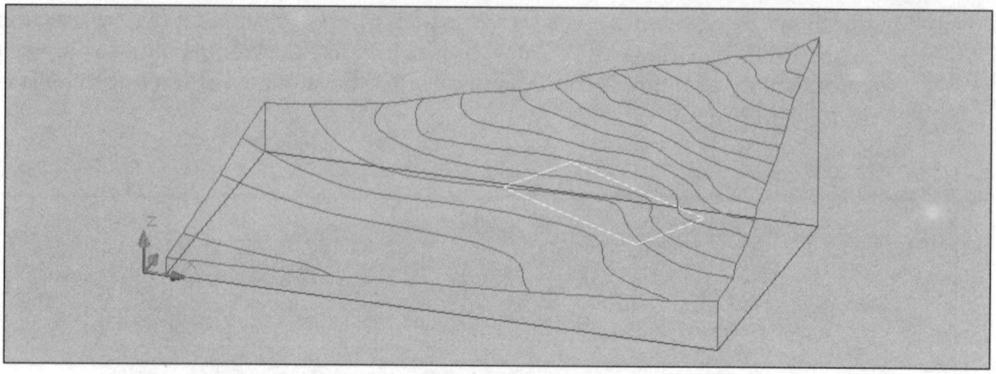

Figura 21.62. El prisma con la superficie del mapa acotado moldeada.

En el paso 3, vio una línea de comandos que ofrecía distintos métodos para dividir el prisma. La opción Superficie le permitió dividir el prisma utilizando una forma irregular, pero la mayoría del resto de opciones le permiten dividir un sólido mediante la definición de un plano o una serie de objetos planos.

Averiguar el volumen de un recorte

Una pregunta que escucho con frecuencia de los ingenieros de caminos, canales y puertos es: "¿Cómo puedo averiguar el volumen de tierra de un área excavada?". Esto se denomina a menudo un "desmonte" de una operación de "desmonte y terraplén". Para ello, tendrá que crear primero la forma del desmonte. A continuación, puede utilizar el comando **Interferir** para encontrar la intersección entre la forma de desmonte y la superficie del mapa acotado. A continuación, puede averiguar el volumen de la forma del desmonte utilizando uno de los comandos de consulta de AutoCAD. El siguiente ejercicio lo demuestra.

Suponga que el modelo de mapa acotado que acaba de crear representa un sitio en el que excavará un área rectangular para una estructura. Desea averiguar la cantidad de tierra implicada en la excavación. Se ha colocado un rectángulo en el dibujo del mapa acotado que representa dicha área.

1. Seleccione la opción Estructura alámbrica 3D de la lista desplegable Estilos Visuales en el panel Vista de la ficha Inicio. De esta forma, podrá ver el rectángulo de la excavación con mayor claridad (véase la figura 21.63).

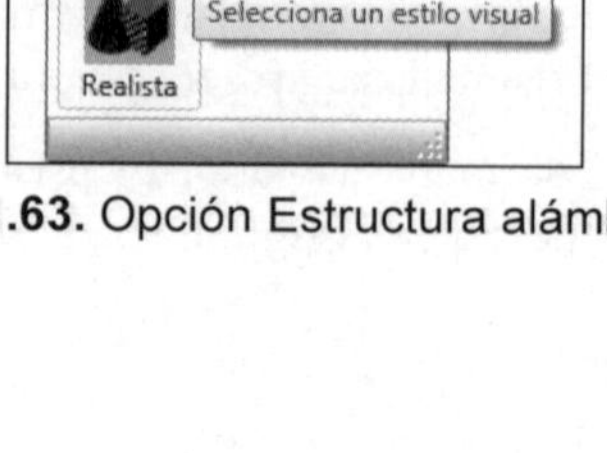

Figura 21.63. Opción Estructura alámbrica 3D.

2. Haga clic en la herramienta **Extrusión** () en el panel Modelado 3D de la ficha Inicio.

3. Seleccione el rectángulo que se muestra en la figura 21.64 y pulse **Intro**.

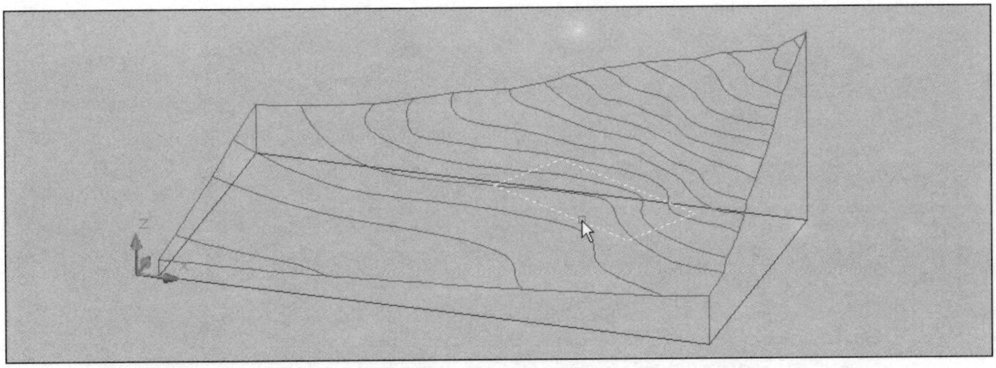

Figura 21.64. Selección del rectángulo que representa el área de excavación.

4. Extruya el rectángulo a la altura de 10'.

Con el rectángulo de la excavación en su lugar, puede utilizar el comando **Interferir** para averiguar la forma de la excavación.

1. Haga clic en la herramienta **Comprobación de interferencia** () en el panel Editar sólidos de la ficha Inicio.

2. En la línea de comandos `Designe un primer conjunto de objetos o [selección ANidada/PArámetros] :`, haga clic en el mapa acotado y pulse **Intro**.

3. En la línea de comandos `Designe segundo conjunto de objetos o [selección ANidada/comprobaR primer conjunto] :`, seleccione el prisma y pulse **Intro**. Aparecerá el cuadro de diálogo Comprobación de interferencia.

4. En el cuadro de diálogo Comprobación de interferencia, desactive la opción Suprimir objetos de interferencia creados al cerrar y haga clic en **Cerrar**.

5. Elimine el prisma utilizado para representar el área de excavación. La forma restante contiene el volumen de la excavación.

6. Haga clic en la herramienta **Propiedades físicas y de región** () en el panel Consultar de la ficha Herramientas.

7. En la línea de comandos `Designe objetos:`, seleccione el sólido de excavación como se muestra en la figura 21.65 y, a continuación, pulse **Intro**. Aparecerá la ventana de texto de AutoCAD y mostrará las propiedades del área de excavación. En la parte superior, verá el volumen del sólido seleccionado en pulgadas cúbicas.

8. En la línea de comandos `¿Escribir análisis en un archivo?[Sí/No] <N>:`, puede pulsar **Intro** para salir del comando o introducir `S` y pulsar **Intro** para guardar la información en un archivo de texto (véase la figura 21.66).

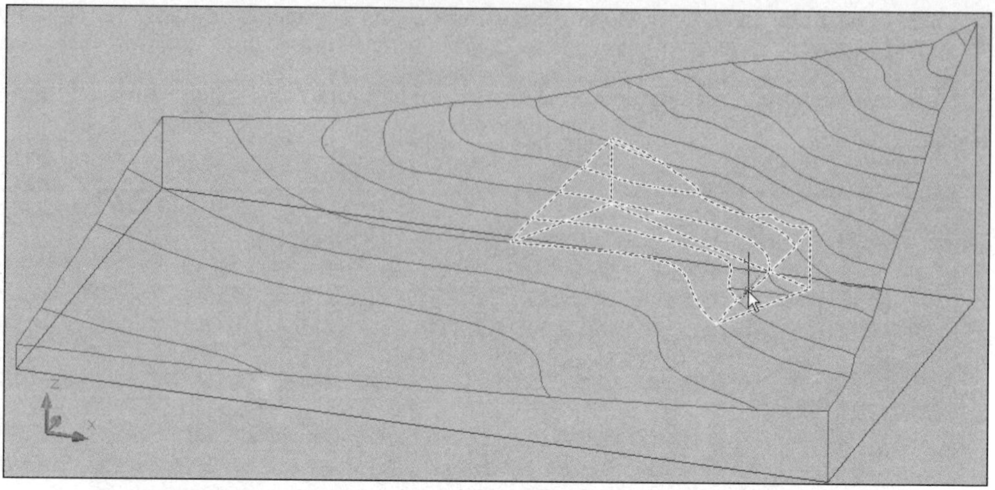

Figura 21.65. El sólido 3D que representa la excavación.

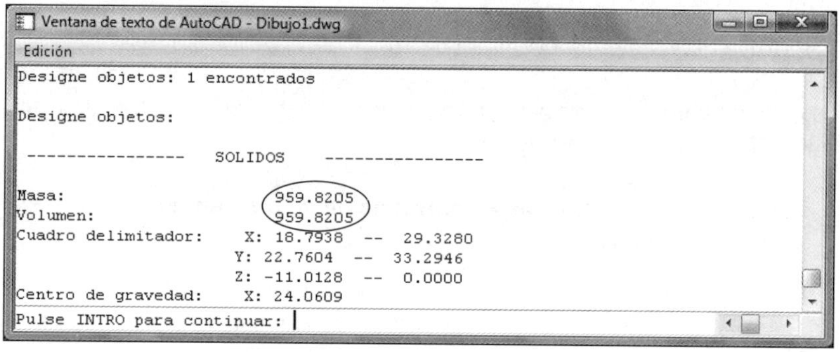

Figura 21.66. Ventana AutoCAD texto.

El comando Solevar

Como ha visto en los ejercicios de este capítulo, el comando **Solevar** permite crear casi cualquier forma que imagine, desde una simple honda a las complejas curvas de un mapa acotado. Si las secciones transversales de su solevado son un conjunto de objetos cerrados tales como círculos o polígonos cerrados, el objeto resultante es un sólido 3D en lugar de una superficie. El orden en el que seleccionó las secciones transversales es importante ya que **Solevar** seguirá el orden de su selección para crear la superficie o el sólido. Por ejemplo, la figura 21.67 muestra una serie de círculos utilizados para un sólido solevado. Los círculos son idénticos en tamaño y ubicación, pero el orden de la selección es distinto. El sólido de la izquierda se creó mediante la selección de los círculos en orden consecutivo de abajo arriba, creando una forma de reloj de arena. El sólido de la derecha se creó mediante la selección de dos círculos de gran tamaño primero de abajo arriba, el círculo intermedio de menor tamaño se seleccionó en último lugar. Este orden de selección creó una forma con agujero con más caras verticales. Además del orden de selección, dispone de otros parámetros que afectan a la forma de un sólido creado por el comando **Solevar**. En el ejemplo del mapa acotado, seleccionó un parámetro en el cuadro de diálogo Parámetros de solevación. Esta cuadro de diálogo aparecerá cuando seleccione la opción Sólo secciones transversales una vez seleccionado un conjunto de secciones transversales (véase la figura 21.68).

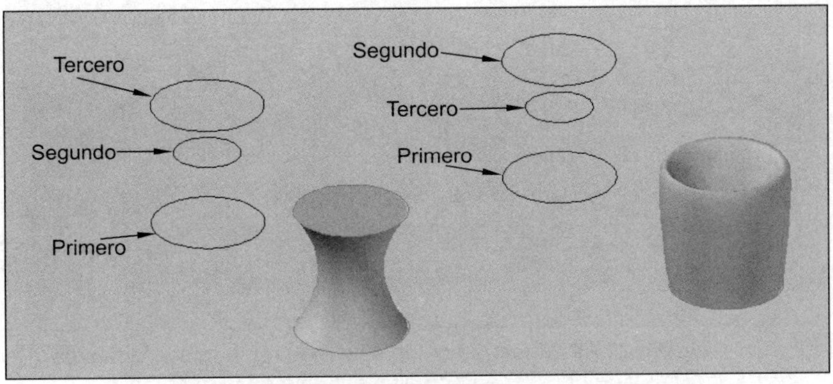

Figura 21.67. El orden en que seleccione las secciones transversales afecta al resultado del comando Solevar.

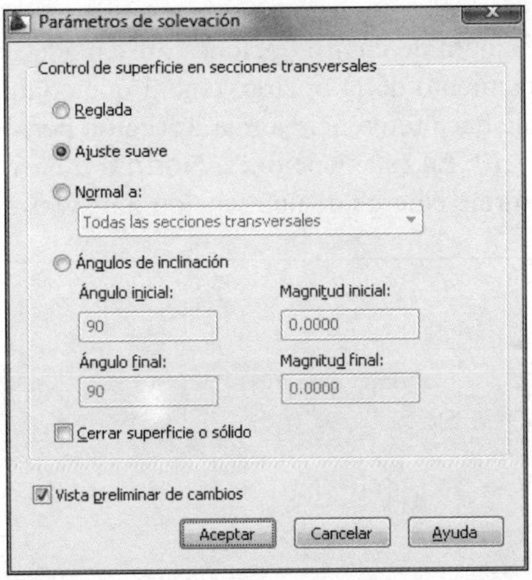

Figura 21.68. Cuadro de diálogo Parámetros de solevación.

Puede afectar radicalmente a la forma en que el comando **Solevar** forma una superficie o un sólido mediante las opciones de este cuadro de diálogo, por lo que es importante conocer las funciones de estos parámetros. Dedique un momento a estudiar las siguientes secciones que describen las opciones del cuadro de diálogo Parámetros de solevación.

Reglada y Ajuste suave

La opción Reglada conecta las secciones transversales con superficies rectas como se muestra en la imagen de la izquierda de la figura 21.69. La opción Ajuste suave conecta las secciones transversales con una superficie lisa. Intenta realizar las mejores transiciones sin sobresaltos entre las secciones transversales, como se muestra en la imagen derecha de la figura 21.69.

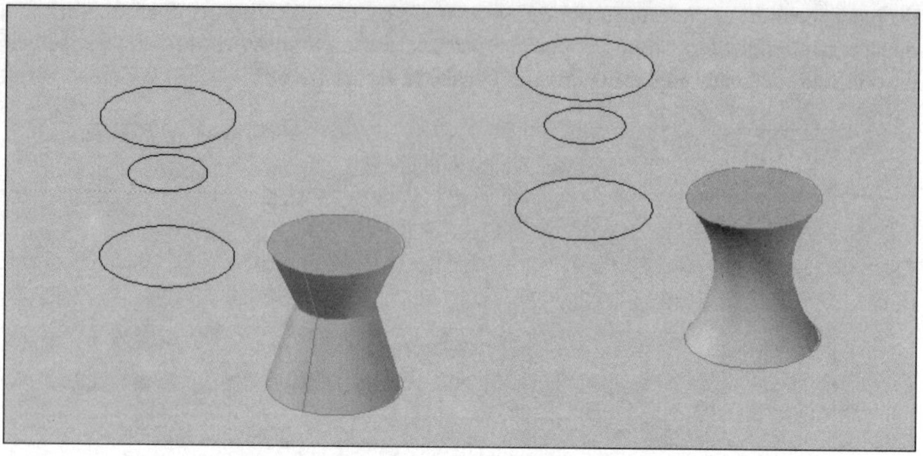

Figura 21.69. Muestras de un solevado reglado a la izquierda y de un solevado de ajuste suave en la derecha.

Normal a

Normal a es un conjunto de cuatro opciones presentadas en una lista desplegable. Para comprender el funcionamiento de la opción, tendrá que comprender que una normal es un término matemático que hace referencia a una dirección perpendicular a un plano, como se muestra en la figura 21.70. En estas opciones, Normal a hace referencia a la dirección que toma la superficie conforme emerge de una sección transversal.

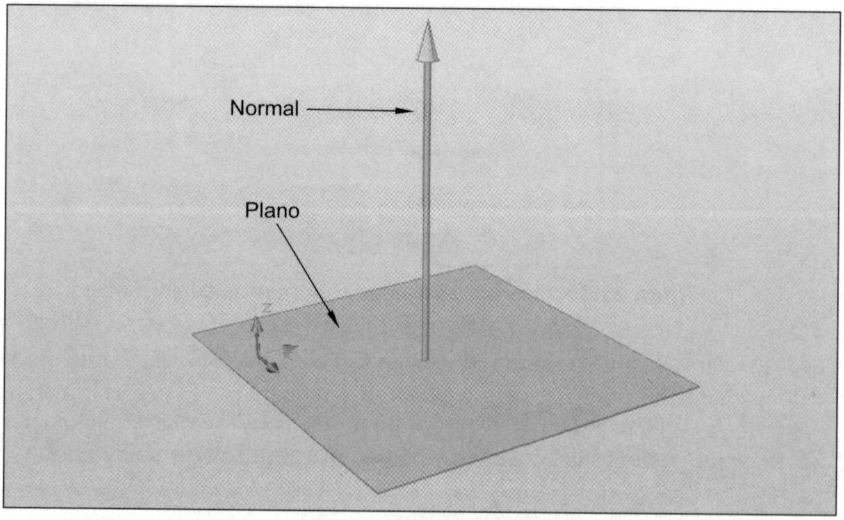

Figura 21.70. Una normal es una dirección perpendicular a un plano.

Si utiliza la opción Todas las secciones transversales, la superficie emerge en una dirección perpendicular desde las secciones transversales, tal como se muestra en la primera imagen de la figura 21.71. Si utiliza la opción Sección transversal final, la superficie emerge en una dirección que es perpendicular sólo a la sección transversal final, como se muestra la segunda imagen de la figura 21.71. La opción Sección transversal inicial hace que la superficie emerja en una dirección perpendicular a la sección transversal. La opción Sección transversal inicial y final combina el efecto de las opciones Sección transversal inicial y Sección transversal final.

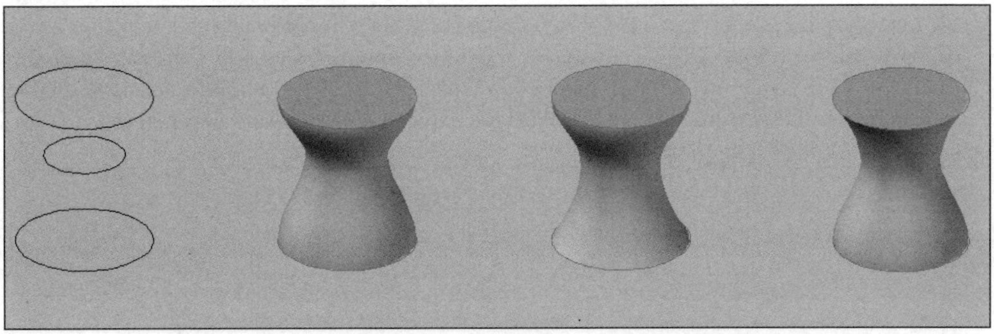

Figura 21.71. Muestras de las opciones de Normal a aplicadas al mismo conjunto de secciones transversales.

Ángulos de inclinación

La opción Ángulos de inclinación afecta sólo a la primera y a la última sección transversal. Esta opción genera una superficie con el control añadido sobre el ángulo inicial y final. A diferencia de la opción Normal a que obliga a las secciones transversales a seguir una dirección perpendicular, Ángulos de inclinación permite definir un ángulo para la dirección de superficie. Por ejemplo, si establece Ángulo inicial en un valor de 0, la superficie sobresaldrá hacia fuera desde la sección transversal, tal como se muestra en la primera imagen de la figura 21.72.

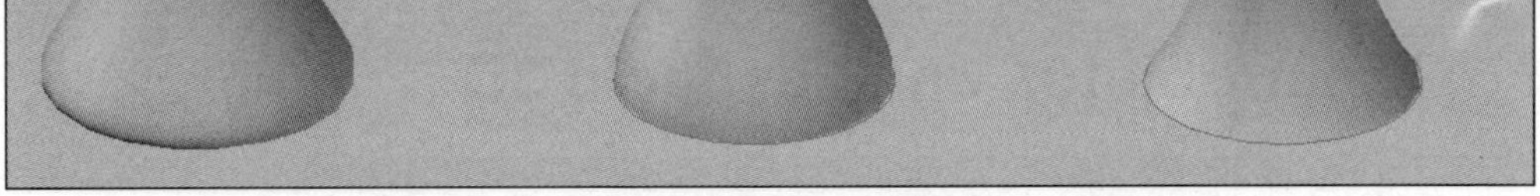

Figura 21.72. Las opciones de Ángulos de inclinación.

Del mismo modo, el valor de Ángulo final de 0 hará que la superficie sobresalga en la sección transversal final (consulte la segunda imagen en la figura 21.72).

Los parámetros Magnitud inicial y Magnitud final permiten determinar una fuerza relativa del saliente. La imagen de la derecha de la figura 21.72 muestra un valor de 0 de Ángulos de inclinación y una magnitud de 50 para la sección transversal.

Cerrar superficie o sólido y Vista preliminar de cambios

La opción Cerrar superficie o sólido sólo está disponible cuando la opción Ajuste suave está seleccionada y hace que el primero y último objeto de sección transversal estén conectados de manera que la superficie o el sólido vuelva hacia atrás desde la última a la primera sección transversal. La figura 21.73 muestra las secciones transversales a la izquierda, una versión media en el centro y una versión media con Cerrar superficie o sólido activado. Puede ver que la opción Cerrar superficie o sólido hace que el sólido se convierta en tubo.

Figura 21.73. La opción Cerrar superficie o sólido conecta la sección transversal inicial y final.

La opción Vista preliminar de cambios permite ver en tiempo real los efectos de las opciones del cuadro de diálogo Parámetros de solevación.

Mover objetos en el espacio 3D

AutoCAD incorpora tres herramientas para mover objetos en el espacio 3D: **Alinear**, **Desplazamiento 3D** y **Giro 3D**. Los tres comandos se incluyen en el panel Modificar de la ficha Inicio. Nos ayudan a realizar algunos de los movimientos más comunes asociados con las labores de edición 3D.

Alinear objetos en el espacio 3D

En los dibujos mecánicos, a menudo se crean las piezas en 3D y, a continuación, se muestra un ensamblado de las partes. El comando **Alinear** puede ayudarle a simplificar enormemente el proceso de ensamblaje. El siguiente ejercicio describe el funcionamiento de esta herramienta para alinear dos objetos respecto a unos puntos determinados.

1. Abra el dibujo `align.dwg` del CD que está en la carpeta del capítulo 21.
2. Haga clic en **Alinear 3D** () en el panel Modificar de la ficha Inicio, o escriba `Ali` y pulse **Intro**.

3. En la línea de comando `Designe objetos:`, seleccione el objeto 3D origen (el objeto que deseamos mover), que es el que está situado a la izquierda del dibujo.
4. En la línea de comando `Precise punto base o [Copiar]:`, seleccione un punto en el objeto origen para que sea el primer punto de un eje de alineación, como el centro de un orificio o la esquina de una superficie. Elija para nuestro ejercicio la esquina superior izquierda del objeto de la izquierda.
5. En la línea de comando `Precise segundo punto o [Continuar] <C>:`, seleccione un punto en el objeto de origen para que sea el segundo punto de un eje de alineación, como otro punto central u otra esquina de una superficie. En nuestro ejercicio, escoja la otra esquina superior del objeto de la izquierda.
6. En la línea de comando `Precise tercer punto o [Continuar] <C>:`, puede pulsar **Intro** si con dos puntos es suficiente para definir la alineación. Si no es así, seleccione un tercer punto en el objeto de origen que, como con los dos primeros puntos, sea el que mejor describa el plano de superficie que desea alinear con el objeto de destino. En nuestro ejemplo, escoja al esquina inferior derecha del objeto de la izquierda (véase la figura 21.74).

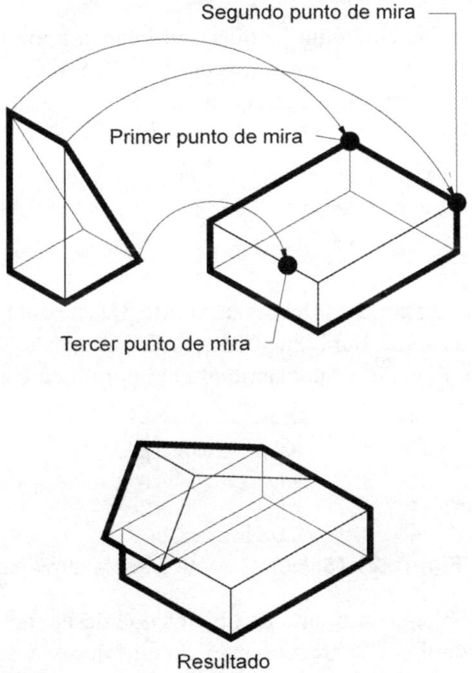

Figura 21.74. Alineación de dos objetos 3D.

7. En la línea de comando `Precise primer punto de mira:`, seleccione un punto en el objeto de destino que indica a dónde quiere que vaya el primer punto base. (El objeto de destino es con el que queremos que se alinee el objeto fuente.) En nuestro ejercicio será la esquina superior de la forma rectangular (consulte el primer punto de destino en la figura 21.74).

8. En la línea de comando `Precise segundo punto de mira o [Salir] <S>:`, seleccione un punto en el objeto de destino que indique cómo se van a alinear el primer y el segundo punto de origen con relación al objeto de destino (consulte el segundo punto de mira de la figura 21.74).
9. Si selecciona un tercer punto en el paso 6, se le pedirá un tercer punto de mira. Seleccione un punto en el objeto de destino que, junto con los dos puntos de mira anteriores, describan el plano con el que desea que se alinee el objeto origen (consulte el tercer punto de mira de la figura 21.74). El objeto origen se moverá para alinearse con el objeto de destino.
10. Si pulsa **Intro** en el paso 6, verá aparecer la línea de comando `¿Desea atribuir una escala a los objetos según los puntos de alineación? [Sí/No] <N>:`. Si pulsa **Intro** para aceptar el valor predeterminado, los objetos seleccionados se moverán para alinearse con los puntos de mira sin cambiar el tamaño. Si introduce `S` y pulsa **Intro**, los objetos seleccionados se escalarán para alinearse exactamente con los dos puntos de mira.

Desplazar un objeto 3D

En el capítulo anterior, vio cómo se puede utilizar la herramienta de pinzamiento para ayudar a restringir el movimiento de un objeto en el eje X, Y y Z. AutoCAD ofrece un comando **Desplazamiento** diseñado específicamente para la edición 3D que incluye una herramienta de pinzamiento para restringir el movimiento. A continuación se explica su funcionamiento.

TRUCO: No tiene que realizar estos pasos como ejercicio. Puede probar el comando por sí mismo cuando necesite utilizarlo.

1. Haga clic en la herramienta **Desplazamiento 3D** en panel Modificar de la ficha Inicio (véase la figura 21.75).También puede escribir `desplaza3d` en la línea de comando y pulsar **Intro**. El estilo visual cambiará temporalmente a Realista.

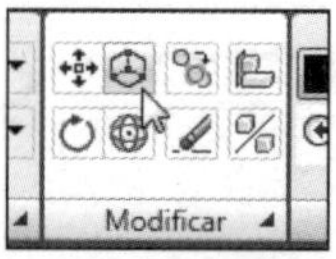

Figura 21.75. Herramienta Desplazamiento 3D.

2. Seleccione el objeto o conjunto de objetos que desee mover y pulse **Intro**. La herramienta de pinzamiento aparecerá en el cursor (véase la figura 21.76).
3. Seleccione un punto de base para el movimiento. La herramienta de pinzamiento permanece fija en el punto de base.
4. Apunte al eje X, Y o Z de la herramienta de pinzamiento y haga clic en él. Ahora, conforme mueva el cursor, el movimiento de los objetos seleccionados se limitará al eje seleccionado.
5. Introduzca una distancia junto al eje o haga clic en un punto para completar el movimiento.

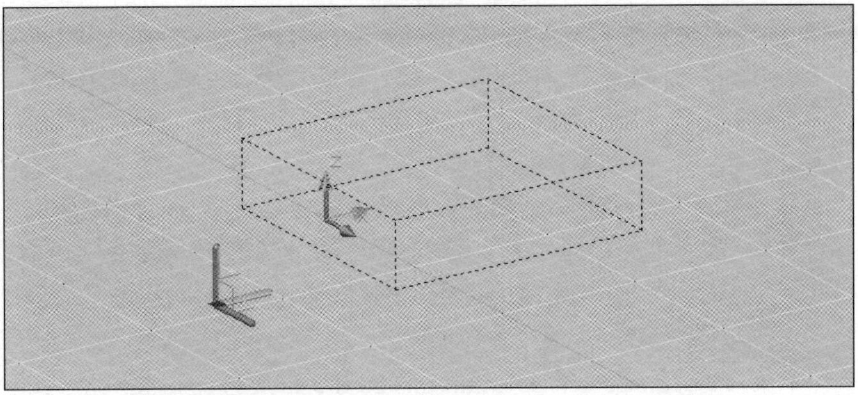

Figura 21.76. Herramienta de pinzamiento en el cursor.

Girar un objeto en 3D

El comando **Giro 3D** es otro comando que resulta una extensión de su homólogo 2D. Con **Giro 3D**, aparecerá una herramienta de giro con pinzamiento que limita la rotación alrededor del eje X, Y o Z. A continuación le mostramos su funcionamiento.

TRUCO: Cuando necesite utilizar el comando, puede utilizarlo por sí mismo, no es necesario que realice los ejercicios paso a paso.

1. Haga clic en la herramienta **Giro 3D** en el panel Modificar de la ficha Inicio. También puede escribir `rotacion3d` en la línea de comandos y pulsar **Intro** (véase la figura 21.77).

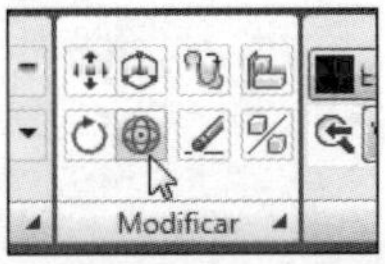

Figura 21.77. Herramienta Giro 3D.

2. Seleccione el objeto o los objetos que desee rotar y pulse **Intro**. Aparecerá la herramienta de giro con pinzamientos en el cursor (véase la figura 21.78).
3. En la línea de comandos `Precise punto base:`, seleccione un punto sobre el que se van a girar los objetos.
4. Apunte al círculo de color que representa el eje de rotación de sus objetos. Verá que aparece una línea que representa el eje de rotación. Cuando esté satisfecho con el eje seleccionado, haga clic con el ratón.
5. En la línea de comandos `Precise punto inicial de ángulo:`, puede introducir un valor de ángulo o hacer clic en un punto. Puede utilizar la tecla **Mayús** o el modo Orto para limitar la dirección a 90º.

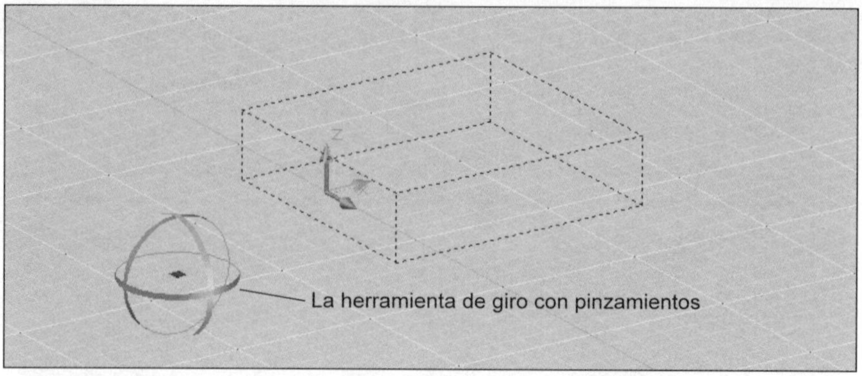

Figura 21.78. Aparece la herramienta de giro con pinzamientos en el cursor.

6. En la línea de comandos `Precise punto final de ángulo:`, introduzca un valor de ángulo o haga clic en cualquier otro punto para el ángulo de rotación.

Utilizar Simetría 3D y Matriz 3D

También dispone de otros dos comandos, **Simetría 3D** y **Matriz 3D** en el panel Modificar de la ficha Inicio. Se trata de las versiones 3D de los comandos **Simetría** y **Matriz**. Funcionan de forma similar a los comandos de **Simetría** y **Matriz**, pero con una pequeña diferencia.

Simetría 3D comienza pidiéndole que seleccione objetos. A continuación, le pedirá que especifique un plano de simetría en lugar de un eje de simetría. Podrá definir un plano utilizando los 3 puntos predeterminados o podrá utilizar una de las 7 opciones restantes de Objeto/Último/ejeZ/Vista/XY/YZ/ZX. Al utilizar un plano en lugar de un eje, puede hacer simétrico un objeto o conjunto de objetos en cualquier ubicación en espacio 3D. Un método de visualización es imaginar la colocación de un espejo frente a su modelo 3D. El espejo es su plano 3D y la imagen reflejada es la versión creada simétricamente del objeto. Puede imaginar la colocación del espejo en distintos ángulos para obtener una imagen simétrica distinta. De la misma forma, puede desplazar el plano en el comando **Simetría 3D** para reproducir simétricamente un objeto de distintas formas.

Matriz 3D funciona de forma similar a la versión de línea de comandos del comando **Matriz** y ofrece los mismos comandos con un par de añadidos. Si elige realizar una matriz rectangular, se le indicará que introduzca los números de filas y columnas habituales, y también se le pedirá el número de niveles de la tercera dimensión. Además, deberá introducir la distancia entre filas, columnas y niveles.

En el caso de las matrices polares, se le pedirá el número de elementos para incluir en la matriz y el ángulo que rellenar, como el comando **Matriz** estándar pero, en lugar de pedirle un punto que indique el centro de la matriz, deberá seleccionar dos puntos para indicar un eje. El eje se puede definir en cualquier dirección en espacio 3D para que su matriz se desplace desde el SCP actual. Un método de visualización es pensar en una rueda de bicicleta como el eje de la matriz y los objetos de la matriz como los radios. Puede alinear el eje en cualquier dirección y la matriz de radios será perpendicular al eje.

Desplazarse por el modelo

Antes de terminar este capítulo, hay una herramienta más que estará deseando conocer. La herramienta **SteeringWheels** recoge varias herramientas de visualización en una interfaz. Puede abrir **SteeringWheels** haciendo clic en la herramienta **SteeringWheels** en el panel Vista de la ficha Inicio (véase la figura 21.79).

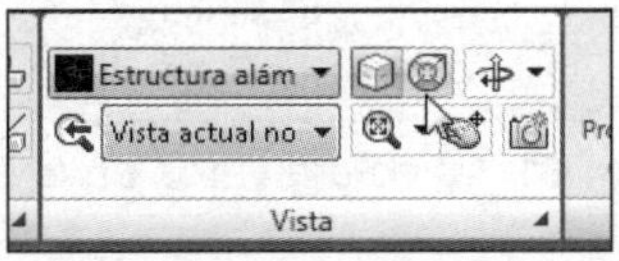

Figura 21.79. La herramienta SteeringWheels en el panel Vista.

También puede escribir `navswheel` en la línea de comando y pulsar **Intro** o seleccionar Ver>SteeringWheels en el Explorador de menús. **SteeringWheels** aparecerá en el área de dibujo y se desplazará con el cursor (véase la figura 21.80).

Figura 21.80. La herramienta SteeringWheels en el área de dibujo.

Las opciones de **SteeringWheels** son bastante sencillas. Sólo debe tener en cuenta que necesita utilizar un movimiento de hacer clic y arrastrar para emplearlas. Para desplazar su vista, haga clic y arrastre Encuadre en SteeringWheels. Para hacer zoom, haga clic y arrastre la opción Zoom. La opción Órbita le permite revolucionar su vista alrededor del modelo. La opción Mirar gira su punto de vista alrededor del modelo como si estuviera quieto y su cámara se desplazar alrededor.

La opción Centrar es un poco menos evidente, pero es una herramienta importante para SteeringWheels. Haga clic sobre la opción Centrar y, sin soltar el botón del ratón, arrastre el cursor circular que aparece sobre un objeto 3D. En cualquier estilo visual diferente de Estructura alámbrica 2D, verá una esfera verde que indica el centro de la vista para la opción Órbita. Coloque esta esfera verde en el objeto, en el centro que desee para su órbita. Por ejemplo, si desea utilizar la opción Órbita para mirar un cubo por todos sus lados, haga clic y arrastre la opción Centrar para que la esfera verde se coloque en el centro del cubo. Suelte el botón del ratón después de colocar la esfera en el lugar deseado (véase la figura 21.81).

Si está en una vista Estructura alámbrica 2D, tendrá que colocar el cursor en la arista del objeto antes de poder ver la esfera verde.

La opción Paseo funciona de manera similar a la herramienta **Paseo** en el panel Animaciones de la ficha Herramientas. Haga clic y arrastre la opción Paseo y verá un punto azul y una flecha de cursor que señala hacia el exterior del punto. Su vista se mueve suavemente en la dirección de la flecha (véase la figura 21.82).

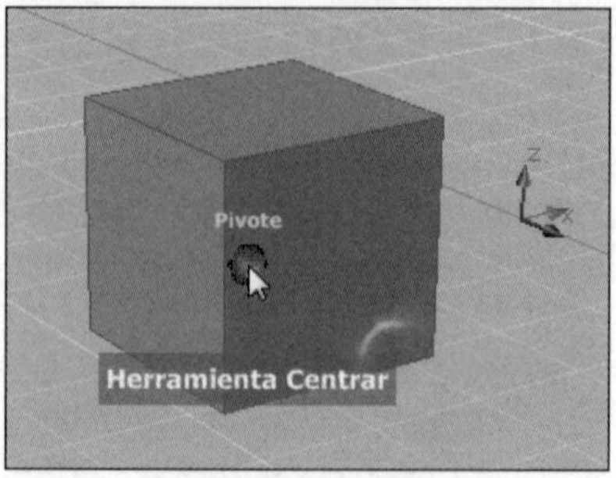

Figura 21.81. La esfera verde en el centro del cubo.

Figura 21.82. La opción Paseo.

La opción Rebobinar, rebobina literalmente las vistas que ha visto mientras estaba utilizando **SteeringWheels**. Haga clic y arrastre la opción Rebobinar y verá un conjunto de paneles como los fotogramas de una película en un programa de edición de vídeo (véase la figura 21.83).

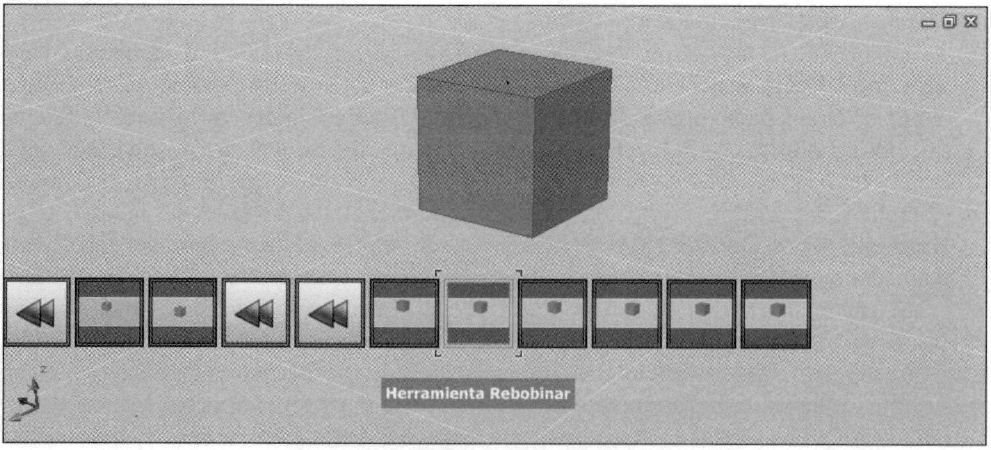

Figura 21.83. La opción Rebobinar.

Mientras desplaza el ratón de izquierda a derecha, las vistas en el área de dibujo de AutoCAD se reproducen lentamente en orden inverso. Muévase de izquierda a derecha para avanzar en el tiempo a través de las vistas. Esto es de gran ayuda si su modelo se ha desplazado fuera de su vista accidentalmente. Puede volver a ver las vistas hasta la anterior a que el modelo despareciera.

SteeringWheels ofrece varias opciones en el menú que se despliega al hacer clic con el botón derecho del ratón. Este menú también se puede abrir haciendo clic en la flecha de la esquina inferior derecha de la rueda. La mayor parte de los menús de opciones contextuales son fáciles de entender, pero algunos de ellos necesitan una breve explicación. Si hace clic sobre la opción Ruedas básicas en el menú contextual, verá Rueda de visualización de objetos y Rueda de visita de edificio. Son variaciones de la rueda SteeringWheels básica y le ofrecen un conjunto de opciones para los dos tipos de opciones de visualización indicados por el nombre de las ruedas (véase la figura 21.84).

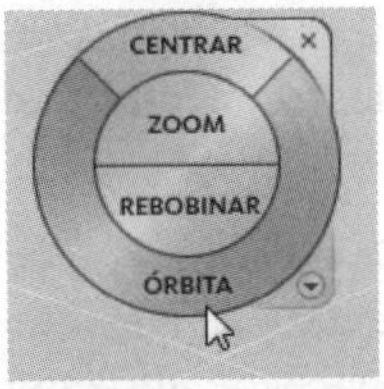

Visualización de objetos

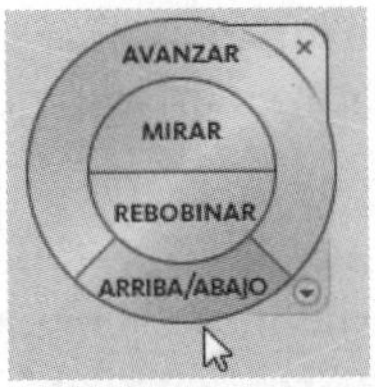

Visita de edificios

Figura 21.84. Las ruedas Visualización de objetos y Visita de edificio.

También verá que hay disponibles versiones en pequeño para las ruedas desde el menú SteeringWheels. Las versiones en pequeño son de menor tamaño y no tienen etiquetas para indicar las opciones. En su lugar verá círculos segmentados. Cada segmento del círculo es una opción. Los mensajes de ayuda de las herramientas aparecerán cuando apunte a un segmento, informándole de la opción que representa ese segmento. Aparte de esto, las versiones en pequeño funcionan de la misma manera que las versiones de gran tamaño. La herramienta **SteeringWheels** requiere un poco de práctica, pero una vez que se ha familiarizado con ella, descubrirá que la utiliza frecuentemente cuando estudia un modelo 3D. Sólo tiene que recordar que todas las herramientas requieren el movimiento hacer clic y arrastrar para ser usadas adecuadamente.

En resumen

- **Dominar el sistema de coordenadas personales:** El Sistema de Coordenadas Personales (SCP) es una clave fundamental para editar en 3D. Si quiere llegar a dominar el modelado en 3D, debería familiarizarse con esta herramienta.
  - **Dominarlo:** Identifique alguno de los planos SCP predeterminados.
- **Opciones de SCP:** Puede establecer la orientación SCP para cualquier situación. No está limitada a las configuraciones predeterminadas.
  - **Dominarlo:** Describa brevemente alguna de las formas de configurar un SCP.
- **Utilizar las ventanas gráficas como ayuda en los dibujos 3D:** En algunas operaciones de modelado 3D, ayuda tener varias vistas diferentes del modelo por medio de la función Ventanas gráficas.

- **Dominarlo:** Nombre algunas de las ventanas gráficas predeterminadas estándar ofrecidas en el cuadro de diálogo Ventanas gráficas.

- **Crear superficies 3D complejas:** No está limitado a superficies rectas y planas en AutoCAD. Puede crear casi cualquier forma que quiera, incluyendo superficies curvas.

  - **Dominarlo:** ¿Qué herramienta utilizó en este capítulo en el ejercicio de la silla para convertir una superficie en un sólido?

- **Crear formas en espiral:** Tenemos numerosas formas en espiral en nuestra vida, así que no es de extrañar que utilicemos espirales en nuestros propios diseños. Se pueden ver espirales en tornillos, escaleras, rampas y en otras formas creadas por el hombre.

  - **Dominarlo:** Identifique los comandos utilizados en el ejemplo del apartado Crear formas en espiral y los dos elementos que se necesitaron para crear una espiral.

- **Crear modelos de superficies:** Puede crear una superficie 3D conectando una serie de líneas que definen el contorno de una superficie. Puede crear cualquier cosa, desde un paisaje en 3D al guardabarros de un coche utilizando este método.

  - **Dominarlo:** ¿Qué herramienta utilizó para convertir una serie de líneas en una superficie 3D?

- **Desplazar objetos en el espacio 3D:** Puede desplazar objetos en el espacio 3D utilizando herramientas que son parecidas a las del diseño 2D. Pero cuando se trata de editar objetos, el modelado 3D es mucho más complejo que el dibujo 2D.

  - **Dominarlo:** ¿Qué hace la herramienta de giro con pinzamientos?

265
1980
520-укл.
2460 - дно
R250

22

Renderizado de dibujos 3D

En este capítulo aprenderá a utilizar las herramientas de renderizado integradas en AutoCAD para crear imágenes renderizadas de sus modelos 3D. Gracias a estas herramientas, podemos agregar materiales, controlar la iluminación e incluso agregar paisajes y gente a nuestros modelos. También podemos controlar la reflectancia y la transparencia de los objetos, así como agregar fondos de mapa de bits para ambientar los dibujos.

En este capítulo se analizan los siguientes aspectos:

- Crear un renderizado de estudio rápido.
- Simular el sol.
- Utilizar materiales.
- Crear efectos utilizando materiales y luces.
- Aplicar y ajustar mapas de textura.
- Opciones de renderizado.
- Añadir cámaras para un mejor control de la vista.
- Imprimir imágenes renderizadas.
- Simular luz natural.

Crear un renderizado de estudio rápido

En este capítulo, trabajará con un modelo 3D que se creó utilizando las herramientas de modelado 3D de AutoCAD. El modelo es de dos edificios en la esquina de una calle. Comenzará utilizando los parámetros predeterminados de renderizado para obtener una vista rápida de aquello con lo que tiene que empezar:

1. Abra el archivo `facade.dwg`.
2. Haga clic en la herramienta **Render** en el panel Render de la ficha Salida, que se muestra en la figura 22.1.

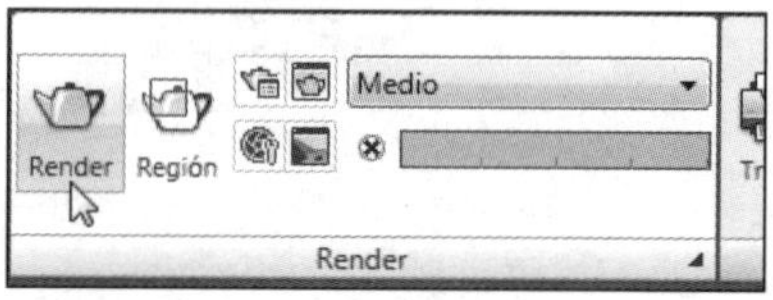

Figura 22.1. Herramienta Render.

3. Aparecerá la ventana Render y verá el renderizado generado en la visualización de la ventana Render (véase la figura 22.2).

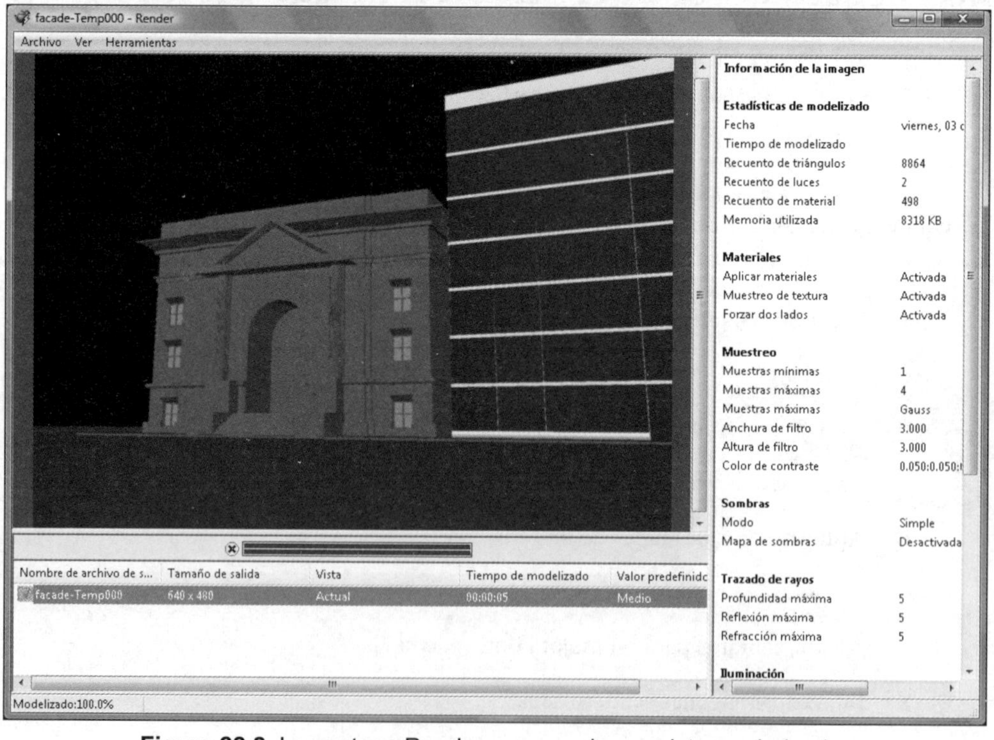

Figura 22.2. La ventana Render con su primera vista renderizada.

La ventana Render muestra los parámetros de renderizado en una columna a la derecha. En la parte inferior de la ventana, verá el nombre que AutoCAD proporciona al renderizado, así como la resolución del renderizado en píxeles, el tiempo que tardó y el valor preestablecido que se utilizó para el renderizado. Aprenderá más sobre estas opciones posteriormente.

Simular sol

AutoCAD le permite crear varios tipos de fuentes de luz. Si no añade una fuente de luz, AutoCAD utilizará una fuente de luz predeterminada sin dirección o característica particular. El renderizado que acaba de realizar utiliza la iluminación predeterminada para mostrar su modelo.

Puede añadir un punto de luz que funcione como una bombilla, un foco o una luz directa que se comporte como una fuente de luz distante como el sol. AutoCAD ofrece también una opción de luz solar que se puede establecer conforme a la época del año y la hora del día. Esta opción de luz solar es especialmente importante para estudios de sombras en modelos arquitectónicos.

Configurar sol

A continuación, incorporaremos la luz del sol al modelo para obtener una mejor percepción de la forma del edificio y de su relación con el entorno. Comience asegurándose de que ha configurado el sol para esta ubicación:

1. Haga clic en la herramienta **Estado de sol** en el panel Dom de la ficha Visualizar (véanse las figuras 23.3 y 22.4). Puede que vea un mensaje de advertencia indicándole que tiene que desactivar la luz predeterminada cuando esté utilizando otras luces. Haga clic en Desactivar la iluminación por defecto.

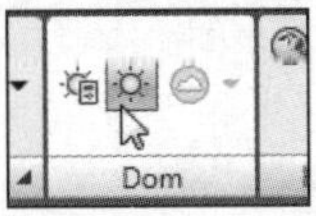

Figura 22.3. Herramienta Estado de Sol.

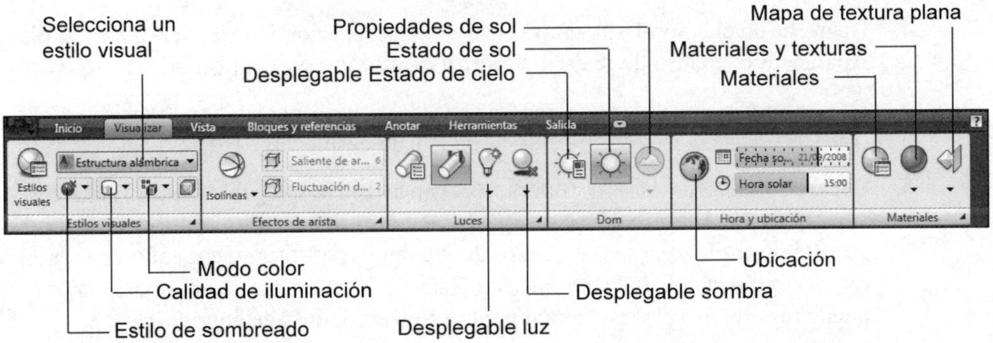

Figura 22.4. Las herramientas disponibles en la ficha Visualizar.

2. Haga clic en la herramienta **Ubicación** en el panel Hora y ubicación de la ficha Visualizar (véase la figura 22.5).

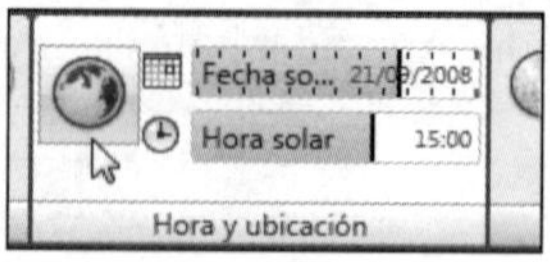

Figura 22.5. La herramienta Ubicación en el panel Hora y ubicación.

3. Verá un mensaje preguntándole cómo desea definir la ubicación. Seleccione la opción Indicar valores de ubicación. Aparecerá el cuadro de diálogo Ubicación geográfica (véase la figura 22.6).

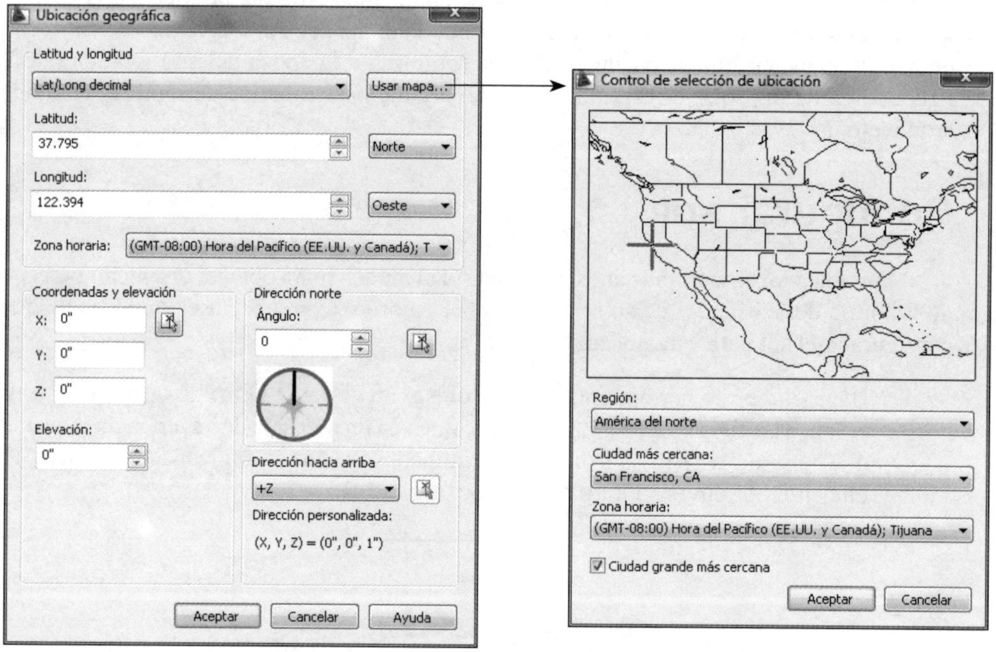

Figura 22.6. El cuadro de diálogo Ubicación geográfica.

4. Haga clic en el botón **Usar mapa** en la esquina superior derecha del cuadro de diálogo. Aparecerá el cuadro de diálogo Control de selección de ubicación.

5. En este tutorial, imagine que el modelo Facade es un edificio de San Francisco, California (EE.UU). Seleccione Norteamérica en la lista desplegable Región bajo el mapa.

6. Localice y seleccione San Francisco CA en la lista desplegable Ciudad más cercana, y haga clic en **Aceptar**. Observe que los cuadros de entrada Latitud y Longitud de la parte superior izquierda del cuadro de diálogo Ubicación geográfica cambian para reflejar la ubicación de San Francisco. Para las ubicaciones que no aparecen en la lista, puede introducir valores manualmente en esos cuadros de entrada.

7. Haga clic en **Aceptar**. Luego establecerá la fecha y hora del día para el renderizado.

Una vez que ha introducido la ubicación, puede introducir información sobre la posición del sol en el cielo. Esta información depende de la estación del año y la hora del día que desee simular. Siga estos pasos:

1. Haga clic en la herramienta **Propiedades de Sol** en el panel Dom de la ficha Visualizar (véase la figura 22.7).

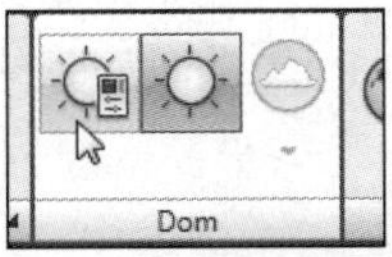

Figura 22.7. Herramienta Propiedades de Sol.

2. Haga clic en el cuadro de entrada Fecha de la paleta Propiedades de sol, e introduzca **21/09/2008**.
3. Haga clic en el cuadro de entrada Hora de la paleta Propiedades de sol y seleccione **14:00** en la lista desplegable (véase la figura 22.8).

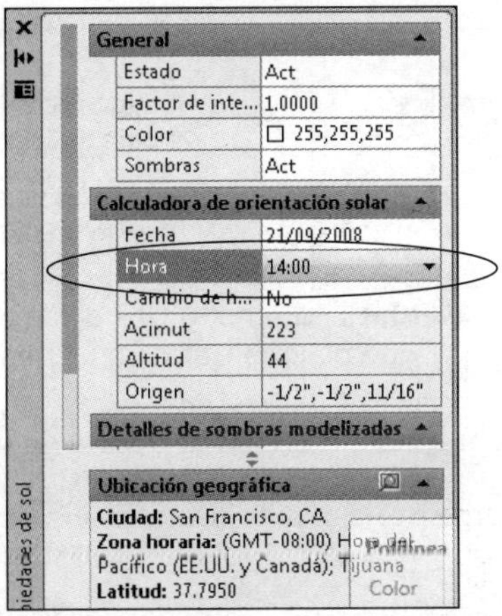

Figura 22.8. Cuadro de entrada Hora.

4. Cierre la paleta Propiedades de sol, y haga clic en la herramienta **Render** en el panel Render de la ficha Salida. Aparecerá la ventana Render y comenzará a crear un nuevo renderizado con la opción de luz solar activada como se muestra en la figura 22.9.

Ahora que ha añadido el sol, podrá ver las sombras que proyecta el sol. Puede desactivar las sombras del sol si lo prefiere, pero están activadas de forma predeterminada.

Establecer el norte polar

Si está incluyendo el sol como una fuente de luz en un dibujo para realizar estudios de sombras, es esencial que oriente el dibujo de manera precisa. Para establecer la dirección del norte polar en el dibujo, utilice el parámetro Ubicación del norte del cuadro de diálogo Ubicación Geográfica, ilustrado en la figura 22.10.

Figura 22.9. El renderizado con la luz solar activada.

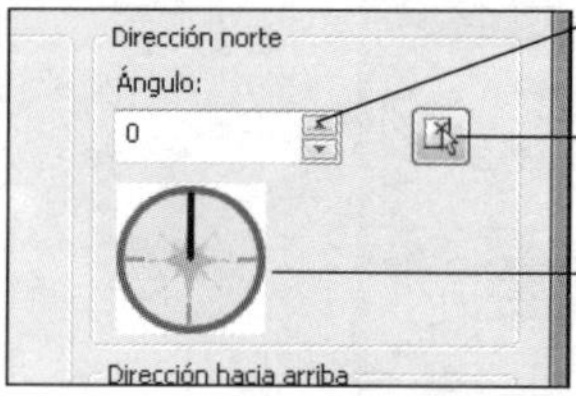

Figura 22.10. El parámetro Ubicación del norte del cuadro de diálogo Ubicación Geográfica.

Este parámetro permite establecer el norte real de las siguientes formas:

- Haga clic y arrastre la flecha norte en el gráfico para que señale la dirección norte.
- Introduzca un valor directamente en el cuadro de entrada, introduzca un valor que indique un ángulo distinto de la vertical. Un valor positivo desplaza la flecha norte en el sentido de las agujas del reloj, mientras que un valor negativo lo desplaza en el sentido contrario a las agujas del reloj.
- Haga clic en la herramienta **Seleccionar** para indicar el valor norte visualmente utilizando el cursor.

Mejorar la suavidad de los círculos y de los arcos

En ocasiones al utilizar las herramientas **Render**, **Ocultar** o **Sombra**, los arcos sólidos o de región, aparecen segmentados en lugar de curvados. Esto puede resultar correcto para crear diseños o fondos para dibujos renderizados a mano, pero en trabajos finales los arcos y los círculos deben mostrarse como curvas suaves. El cuadro de diálogo Opciones incluye un parámetro que permite ajustar la precisión de los arcos en vistas ocultas, renderizadas o con sombras.

Puede modificar el parámetro Suavidad de objeto modelizado de la ficha Visual del cuadro de diálogo Opciones para mejorar la suavidad de los arcos. Su valor predeterminado es .5, pero puede aumentarlo hasta 10 para suavizar las curvas segmentadas. En el modelo `Facade.dwg`, puede establecer este parámetro en 1.5 para suavizar el arco de la entrada y eliminar el efecto de segmentos planos. También puede ajustar este parámetro utilizando la variable del sistema `Facetres`.

Añadir una luz distante

El renderizado le proporciona una idea bastante precisa de cómo se proyectarán las sombras. Esto puede ser todo lo que necesite si está realizando un estudio de sombras. Por ejemplo, podría renderizar una vista de plano de un modelo 3D para ver dónde se proyectará la sombra en una calle o en un edificio, como la imagen de la figura 22.11.

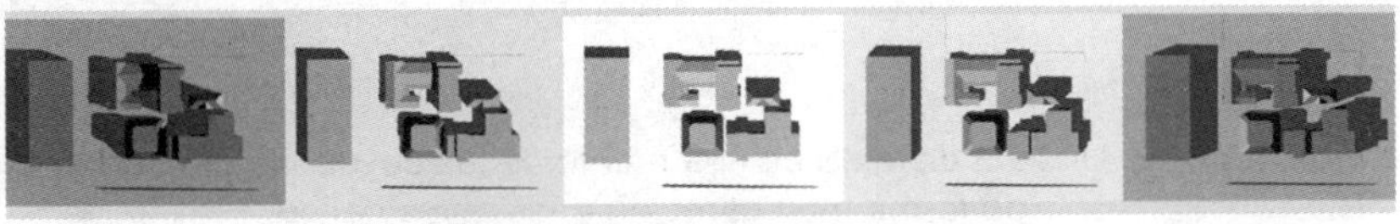

8:00 h 10:00 h 12:00 h 14:00 h 16:00 h

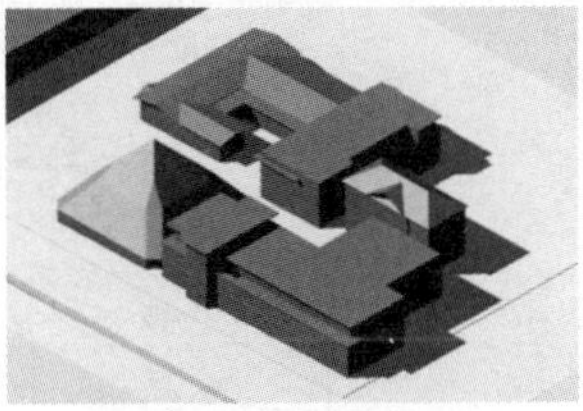

Isométrica

Figura 22.11. Un serie de renderizados simples que muestran las distintas proyecciones de las sombras en un conjunto de edificios.

Sin embargo, los renderizados actuales requieren más atención para mostrar algunos de los detalles del edificio. Un problema es que las sombras sean demasiado oscuras y oculten parte de las características del edificio. Para mostrar esas características, añada algo de luz ambiental. En el mundo real, una buena fuente de luz se refleja desde el suelo. Puede simular esa luz reflejada mediante la adición de una luz distante que brille desde debajo del modelo. Una luz distante es como una fuente de luz, pero está tan lejos que sus rayos son esencialmente paralelos (véase la figura 22.12). Una luz distante que señale hacia arriba puede simular la luz del suelo, por lo que en el siguiente conjunto de ejercicios añadirá una luz directa justamente para eso. En el proceso, verá cómo puede cambiar rápidamente de una vista única a una vista múltiple utilizando algunas herramientas del panel Ventanas gráficas de la ficha Vista. En primer lugar, cambie la vista única a una vista de cuatro ventanas gráficas:

1. Haga clic en Frontal de Viewcube como aparece en la figura 22.13. La vista cambiará para mostrarle una elevación frontal del edificio.
2. Seleccione Distante en el desplegable Luces en el panel Luces de la ficha Visualizar, o escriba `luzdistante` en la línea de comando y pulse **Intro**.

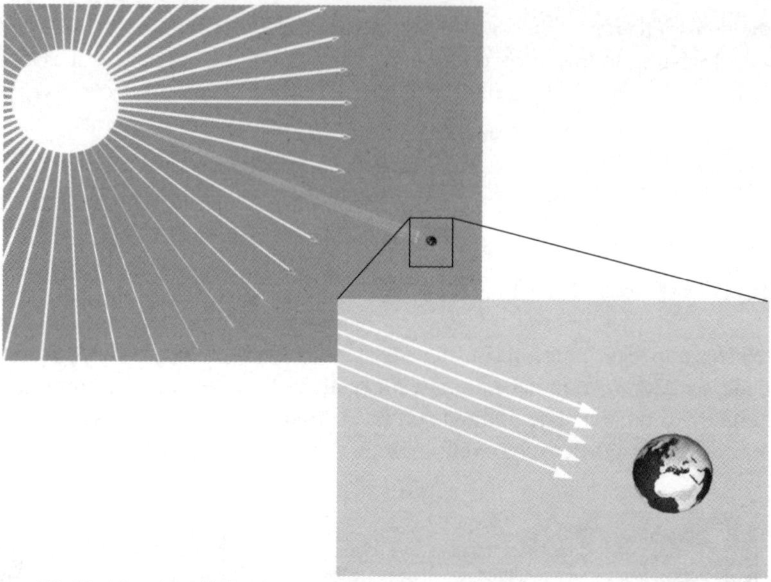

Figura 22.12. Una luz distante es una fuente de luz cuyos "rayos" son paralelos, de forma muy parecida a los rayos del sol.

Figura 22.13. La opción Frontal de Viewcube.

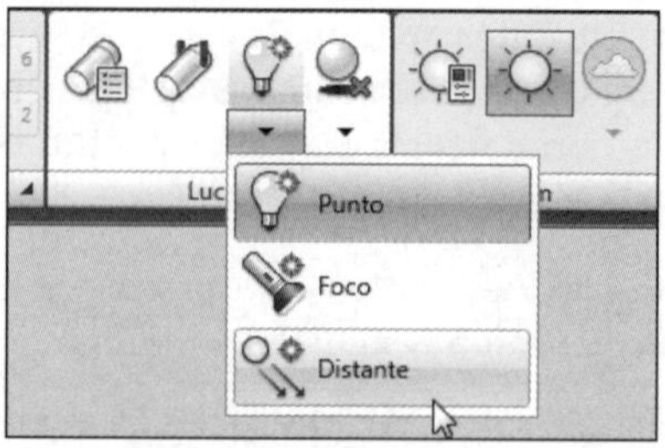

Figura 22.14. La opción Distante en el desplegable Luces.

3. En la línea de comandos `Precise DE DÓNDE procede la luz o <0,0,0> o [Vector]:`, haga clic en la ventana gráfica de la parte inferior izquierda y, a continuación, haga clic bajo el modelo, como se muestra en la figura 22.15.

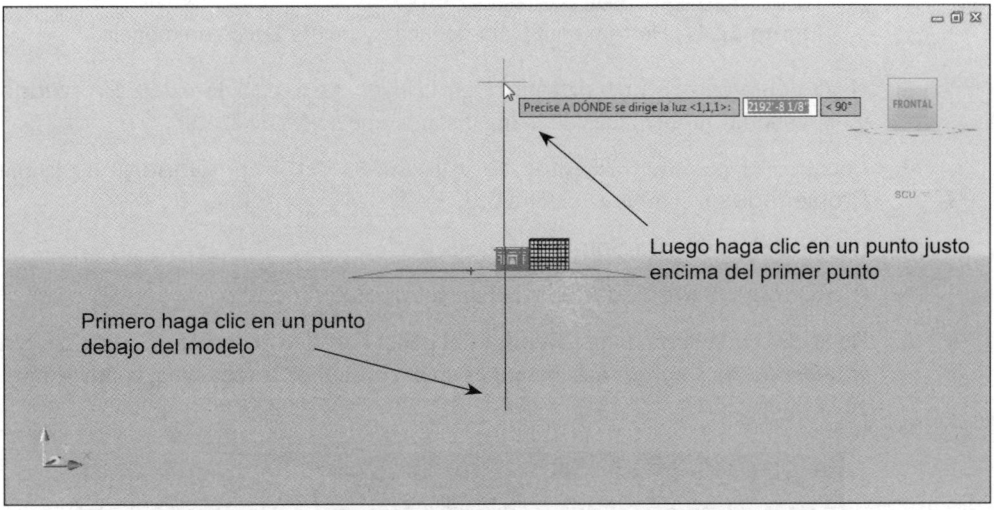

Figura 22.15. Añada la luz directa como se muestra en la ventana gráfica de la parte inferior izquierda.

4. En la línea de comandos `Precise A DÓNDE se dirige la luz <1,1,1>:`, haga clic en un punto para indicar una dirección hacia arriba para la luz directa, como se muestra en la figura 22.15.
5. En la línea de comandos `Indique una opción para modificar [Nombre/Intensidad/Estado/Sombra/Color/sAlir]:`, pulse **Intro** para salir del comando de luz directa.
6. Haga clic en la herramienta **Vista anterior** en el panel Vista de la ficha Inicio para volver a la vista anterior (véase la figura 22.16).

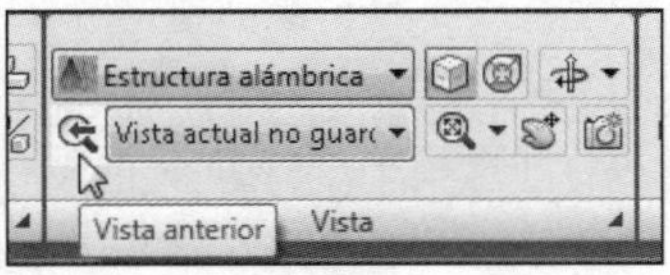

Figura 22.16. Herramienta Vista anterior.

Acaba de añadir una luz directa aunque no hay nada en el dibujo que le indique que está ahí. Aunque no está visible, puede acceder a la luz distante que acaba de añadir mediante la herramienta **Luces en modelo**. En el siguiente ejercicio, verá cómo puede controlar la intensidad de la luz directa mediante **Luces en modelo**.

1. Haga clic en la herramienta **Luces en modelo** del panel Luces de la ficha Visualizar o introduzca `lightlist` y pulse **Intro**. Aparecerá la paleta Luces en modelo, que se muestra en la figura 22.17.

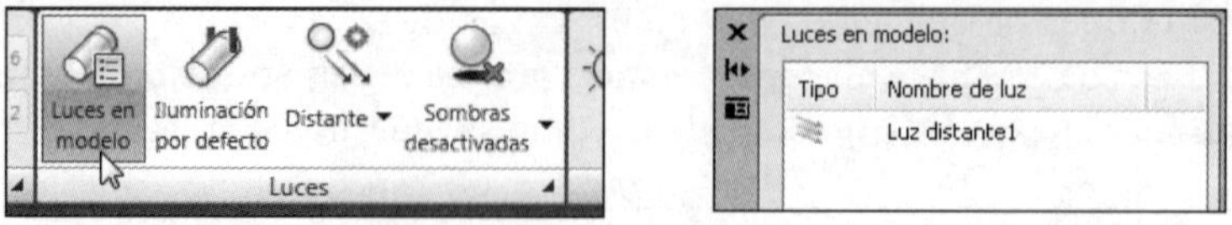

Figura 22.17. Herramienta Lista de luces y paleta Luces en modelo.

2. Haga doble clic en Luz distante1 en la lista. Aparecerá la paleta Propiedades, mostrando las propiedades de la luz distante que acaba de añadir.
3. Localice el parámetro Factor de intensidad del grupo General de la paleta Propiedades y cambie el valor a 0.3.
4. Localice el parámetro Sombras y desactívelo.
5. Cierre la paleta Propiedades y la paleta Luces en modelo.
6. Haga clic en la herramienta **Render** del panel Render de la ficha Salida. Su renderizado muestra sombras más naturales en el edificio de la izquierda, como se muestra en la figura 22.18.

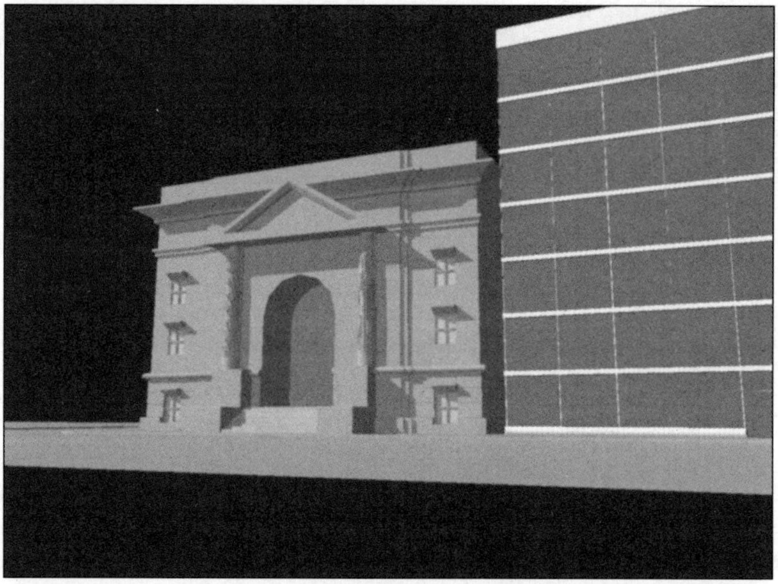

Figura 22.18. El modelo renderizado con la luz distante añadida.

Utilizar materiales

Los métodos de renderizado que le hemos enseñado hasta ahora pueden resultar de gran ayuda en materia de diseño. El simple hecho de poder apreciar la forma en la que la luz del sol afecta a nuestro modelo puede ayudarnos a vender mejor nuestra idea. Pero, si observa el edificio, verá que sigue presentando un aspecto poco real. Podemos mejorar el renderizado del edificio mediante la incorporación de materiales a los elementos del modelo.

Ajustar el material global

AutoCAD utiliza un material predeterminado, llamado material global, para los objetos del dibujo a los que no se ha asignado un material específico. El material global es como otros materiales que podría utilizar en su dibujo, pero se configura de una forma tan genérica como es posible para producir renderizados sencillos. Por ejemplo, el material global utiliza el color del objeto para determinar el color renderizado. Como introducción a los materiales, realizaremos el siguiente ejercicio. Cambiará el material global para que aplique un color específico a objetos cuando están renderizados, en lugar de basarse en el color del objeto.

1. Haga clic en la herramienta **Materiales** en el panel Materiales de la ficha Visualizar (véase la figura 22.19). Aparecerá la paleta Materiales, como se muestra en la figura 22.20. En la parte superior verá el panel Materiales disponibles en dibujo, que actualmente muestra sólo el material global. Se trata de un material predeterminado que se aplica a todos los elementos del dibujo a los que no se ha asignado un material.

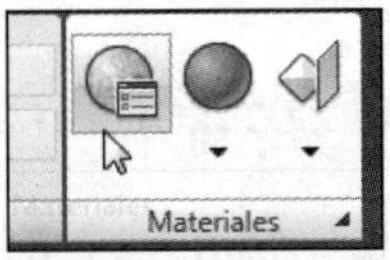

Figura 22.19. Herramienta Materiales.

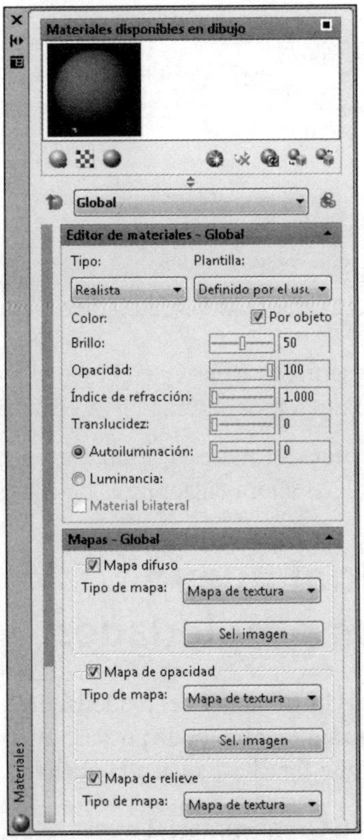

Figura 22.20. Paleta Materiales.

2. Desactive la opción del color Por objeto que aparece en el grupo Editor de materiales - Global (véase la figura 22.21).

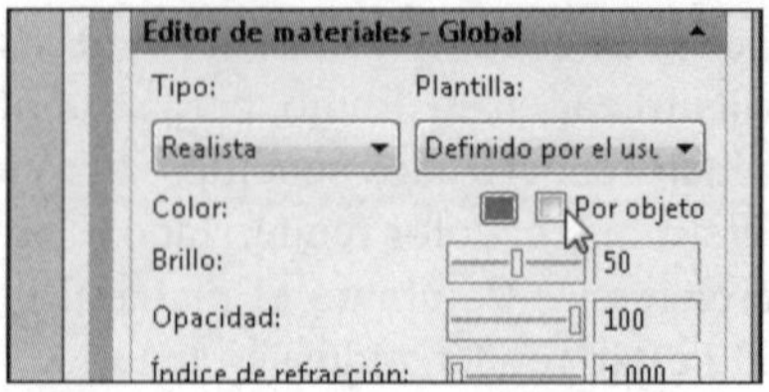

Figura 22.21. Opción Por objeto.

3. Haga clic en la muestra Color Difuso situada junto a la casilla de verificación Por objeto. Aparecerá el cuadro de diálogo Seleccionar color (véase la figura 22.22).

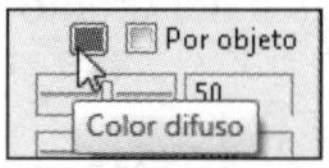

Figura 22.22. Opción Color difuso.

4. Mueva el control deslizante Luminancia hasta que el valor sea 93 y, a continuación, haga clic en **Aceptar** para cerrar el cuadro de diálogo Seleccionar color que aparece en la figura 22.23.

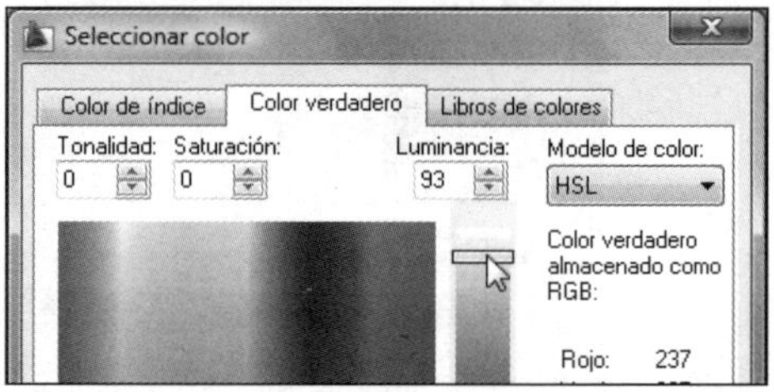

Figura 22.23. Cuadro de diálogo Seleccionar color.

5. Haga clic en la herramienta **Render** en el panel Render de la ficha Salida. En esta ocasión verá una imagen monocroma en la ventana Render (véase la figura 22.24).

Acaba de cambiar el color del material global a un blanco sucio por lo que todos los elementos del modelo aparecen ahora en sombras de grises.

Crear un material nuevo y modificar sus propiedades

Dos de los problemas más importantes del renderizado son el fondo negro y el cristal blanco del edificio. Aprenderá cómo agregar un fondo posteriormente, pero primero tendrá que abordar el cristal. Para ello, tendrá que familiarizarse con el cuadro de diálogo Materiales.

1. Haga clic en el botón **Crear material nuevo** en la barra de herramientas de la paleta Materiales (véase la figura 22.25).

Figura 22.24. Imagen monocroma en la ventana Render.

Figura 22.25. Botón Crear material nuevo.

2. En el cuadro de diálogo Crear material nuevo, introduzca **Glass1** como nombre. Puede dejar Descripción en blanco. Haga clic en **Aceptar** (véase la figura 22.26).

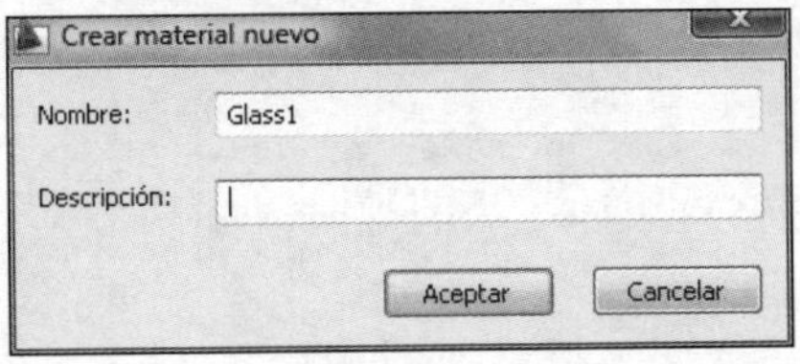

Figura 22.26. Cuadro de diálogo Crear material nuevo.

Acaba de crear un nuevo material, pero no se ha asignado a ningún elemento, ni es muy distinto al material global que ya se está aplicando al dibujo. Para hacer que este material nuevo Glass1 parezca cristal, tendrá que realizar ajustes. Puede hacer un material traslúcido o transparente, darle color e incluso hacer que "brille" con autoiluminación. Comenzará aplicando a su nuevo material un conjunto de materiales predefinidos que le proporcionarán la base para su cristal.

1. En la paleta Materiales, seleccione Vidrio transparente en la lista desplegable Plantilla. Los parámetros y las opciones de su nuevo material cambian a los valores predeterminados que acaba de seleccionar.

2. La imagen de muestra del panel Materiales disponibles en dibujo aparece en blanco. Para ver el cristal de forma más nítida, haga clic en el botón **Calco subyacente a cuadros activado** situado justo debajo de las muestras. Esto proporcionará un fondo en la muestra por lo que podrá ver los materiales transparentes con claridad (véase la figura 22.27).

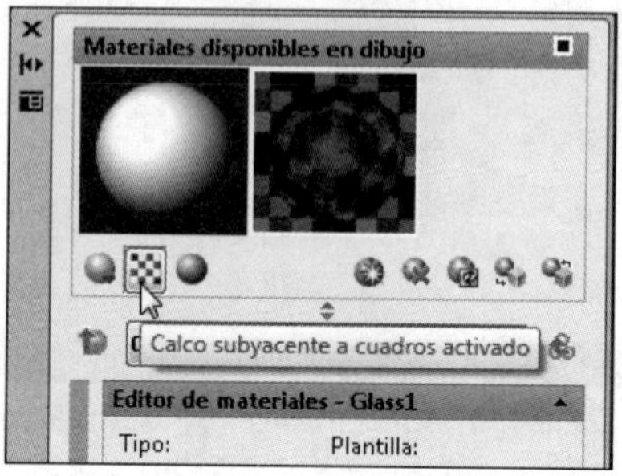

Figura 22.27. Botón Calco subyacente a cuadros activado.

3. Para añadir el cristal al edificio de la derecha, haga clic en **Aplicar material a objetos** de la barra de herramientas de la paleta Materiales (véase la figura 22.28).

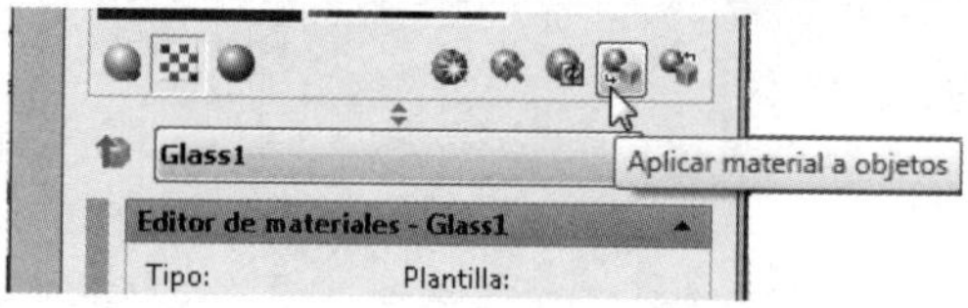

Figura 22.28. Herramienta Aplicar material a objetos.

4. Seleccione el cuadro azul del dibujo que representa el cristal como se muestra en la figura 22.29 y, a continuación, pulse **Intro** para finalizar su selección.

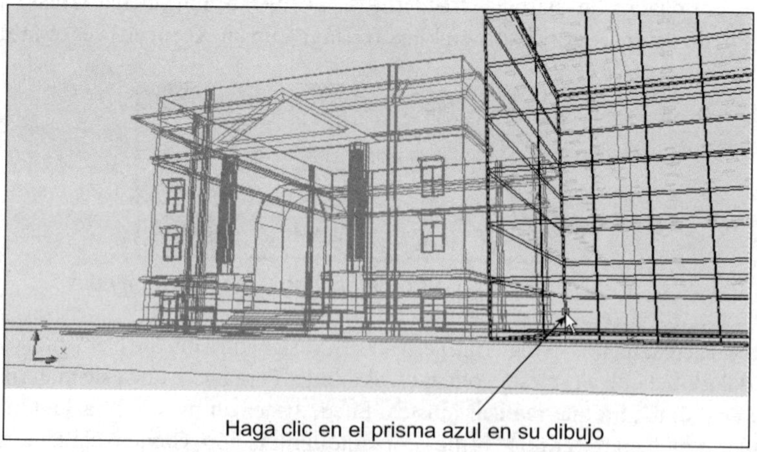

Figura 22.29. Selección del cristal.

5. Haga clic en la herramienta **Render** (Render) en el panel Render de la ficha Salida. El edificio de la derecha ahora tiene el exterior de cristal.

El cristal es muy oscuro y tiene un aspecto siniestro. Puede aclarar el cristal e incluso añadir un reflejo simulado para darle más vida.

1. De vuelta a la paleta Materiales, mire en el grupo Mapa difuso del panel Mapa-Glass1 y haga clic en el botón **Sel. imagen** (véase la figura 22.30).

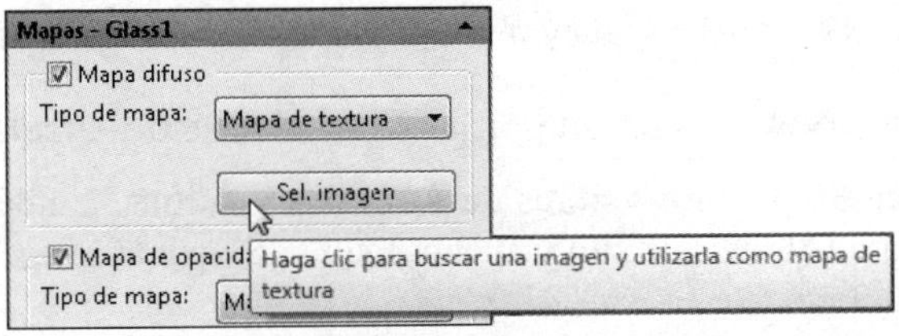

Figura 22.30. Botón Sel. Imagen.

2. Navegue hasta la carpeta de muestra de este capítulo y seleccione `sky.jpg`. Se trata de una copia de un archivo de una versión anterior de AutoCAD. Observe que el botón **Sel. imagen** se llama ahora `sky.jpg` y que el control deslizante Textura difusa está totalmente hacia la derecha para darle fuerza a la imagen de mapa de bits.
3. Suba el panel Mapa-Glass1 hasta que vea el panel Editor de materiales-Glass1 en la paleta Materiales.
4. En el panel Editor de materiales-Glass1, haga clic y arrastre la barra de deslizamiento Opacidad a la derecha. Conforme lo haga, verá un valor numérico en el cursor. Establezca la barra de deslizamiento en 12 o 13. Comenzará a ver las nubes que aparecen como una imagen sencilla en la parte superior de la paleta Materiales (véase la figura 22.31).

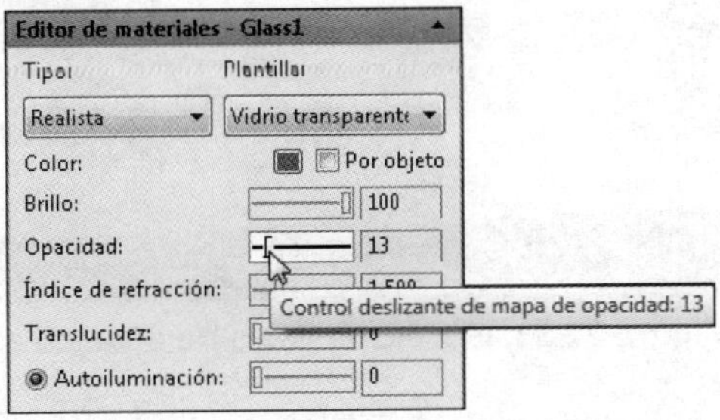

Figura 22.31. Barra de deslizamiento Opacidad.

Ha añadido una textura difusa a su cristal, lo que es como añadir un patrón de superficie a su material. Ahora necesita algo más para hacer que funcione el reflejo del cielo. El material se tiene que configurar para que se ajuste al cuadro que representa el cristal en el modelo. El panel Escala y mosaico de materiales le ayudará.

1. En la paleta Materiales, utilice la barra deslizante para deslizarse por el grupo de paneles. Haga clic en las flechas de la izquierda de la barra de título Escala y mosaico de materiales para abrir el panel (véase la figura 22.32).

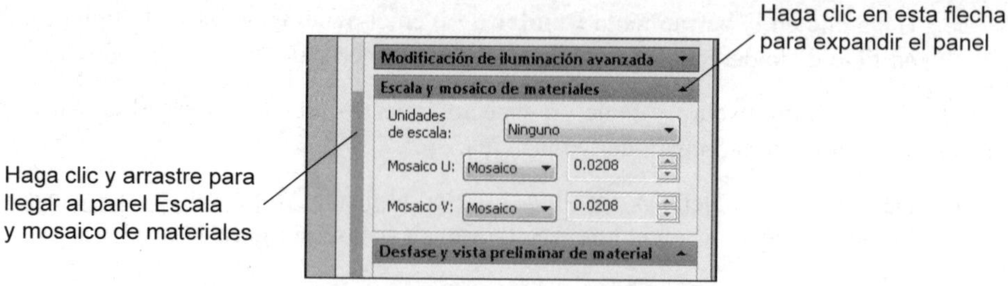

Figura 22.32. Panel Escala y mosaico de materiales en la paleta Materiales.

2. Seleccione Pies de la lista desplegable Unidades de escala.
3. Introduzca **80** para los valores de Anchura y Altura. AutoCAD hace el tamaño de la imagen de 80 pies de alto y ancho. Esto hace que la imagen se ajuste a la zona del cristal en el modelo.
4. Haga clic en la herramienta **Render** en el panel Render de la ficha Salida. Ahora, el edificio de la derecha parece estar reflejando un cielo lleno de nubes, como se muestra en la figura 22.33.

Figura 22.33. El cielo después de añadirlo al cristal.

Con el control deslizante establecido en 12, el cristal puede mostrar el mapa de difusión `sky.jpg` que añadió anteriormente y seguirá siendo lo suficientemente transparente como para mostrar el interior del edificio.

Añadir un fondo

Ahora el cristal se parece más a un cristal real. A continuación, añadiremos un fondo a su vista para que no se renderice en negro. Los fondos se añaden con el cuadro de diálogo Administrador de vistas.

1. Abra la lista desplegable Vista en el panel Vista de la ficha Inicio, haga clic en la lista desplegable y seleccione Administrar vistas en la parte inferior de la lista. Aparecerá el cuadro de diálogo Administrador de vistas (véase la figura 22.34).

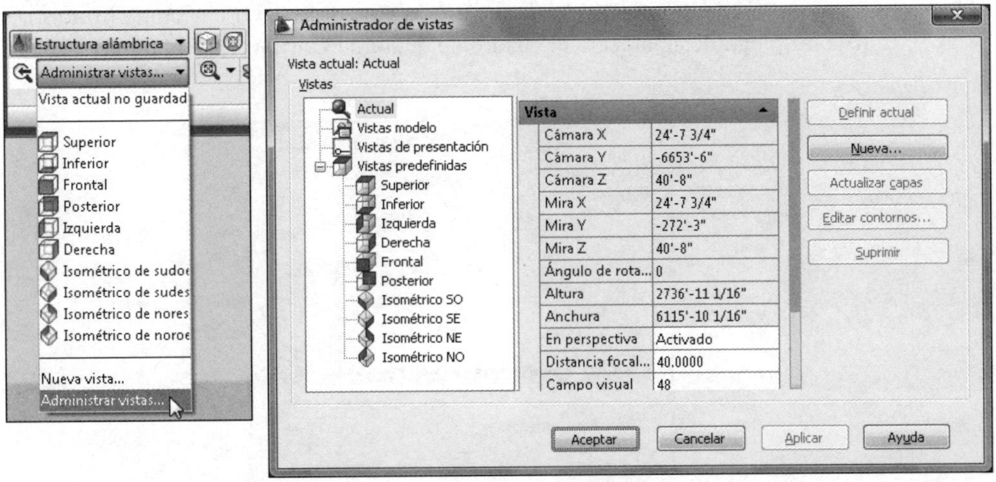

Figura 22.34. Opción Administrar vistas y cuadro de diálogo Administrador de vistas.

2. Haga clic en el botón **Nueva** a la derecha del cuadro de diálogo. Aparecerá el cuadro de diálogo Nueva vista (véase la figura 22.35).

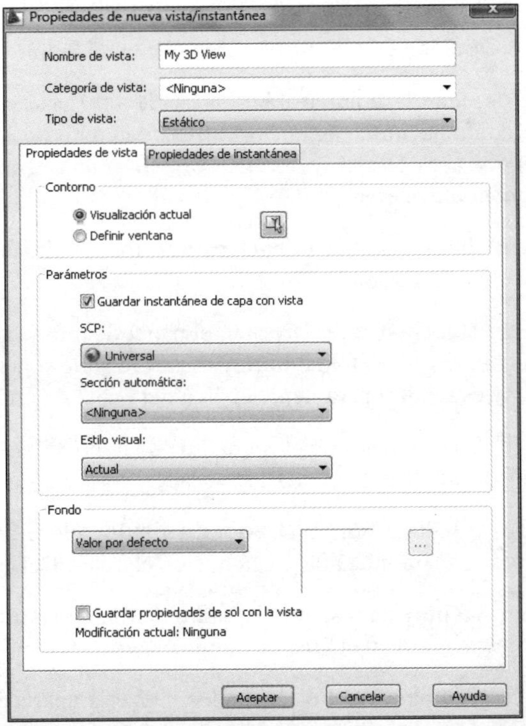

Figura 22.35. Cuadro de diálogo Propiedades de nueva vista/instantánea.

3. Introduzca el nombre **My 3D View** (Mi vista 3D) en el cuadro de entrada Nombre de vista.

4. En el grupo Fondo situado en la parte inferior del cuadro de diálogo, active la opción de fondo predeterminada Modificar fondo por defecto. Seleccione Imagen en la lista desplegable, aparecerá el cuadro de diálogo Fondo (véase la figura 22.36).

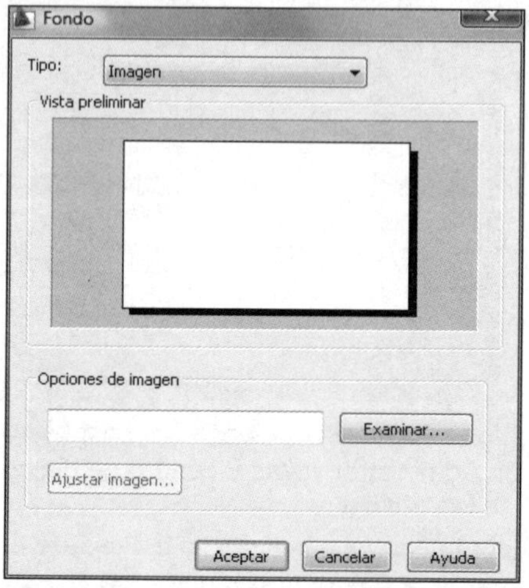

Figura 22.36. Cuadro de diálogo Fondo.

5. En el grupo Opciones de imagen, haga clic en el botón **Examinar**.

6. Asegúrese de que el parámetro Archivos de tipo está establecido en JFIF (.jpg, .jpeg) y, a continuación, examine la carpeta de archivos de muestra de este capítulo y seleccione y abra el archivo `sky.jpg`. Se trata del mismo archivo que utilizó anteriormente para el cristal.

7. Haga clic en el botón **Ajustar imagen** para abrir el cuadro de diálogo Ajustar imagen de fondo (véase la figura 22.37).

8. Verá aparecer el archivo `sky.jpg` en el panel de muestra. Seleccione Estirar en la lista desplegable Posición de imagen situada la parte superior del cuadro de diálogo. La imagen se expandirá para llenar el área del panel de muestra.

9. Haga clic en **Aceptar** en todos los cuadros de diálogo hasta que aparezca el cuadro de diálogo Administrador de vistas.

10. En el cuadro de diálogo Administrador de vistas, seleccione My 3D View de la lista a la izquierda y, a continuación, haga clic en el botón **Definir actual**.

11. Haga clic en **Aceptar** para salir del cuadro de diálogo Administrador de vistas. El fondo aparecerá ahora en el área de dibujo.

12. Renderice la vista para ver los resultados. Debería aparecer algo similar a la figura 22.38.

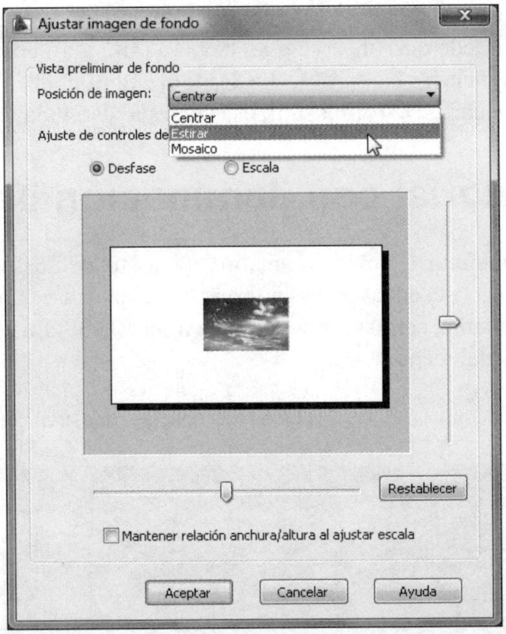

Figura 22.37. Cuadro de diálogo Ajustar imagen de fondo.

Figura 22.38. El modelo renderizado con un fondo añadido.

Crear efectos utilizando materiales y luces

Hasta ahora sólo ha utilizado dos fuentes de luz, una luz distante y el sol. Dispone de otras dos fuentes de luz para ayudar a simular la luz: Luz puntual y Foco. En esta sección le mostraremos algunos ejemplos de cómo utilizar estos tipos de fuentes de luz junto con un poco de imaginación para crear cualquier tipo de truco visual deseado.

El edificio de oficinas de la parte derecha del renderizado es algo frío en aspecto. Le falta algo de actividad. Puede que observe que, cuando mira a un edificio de oficinas en cristal, puede ver con frecuencia las luces del techo desde el exterior del edificio, siempre que el cristal no sea demasiado oscuro. De forma sutil, esas luces le dan vida al edificio.

Añadir material con iluminación interior

Para ayudar a mejorar la imagen, añadiremos algunas luces en el techo del edificio de oficinas. La imagen consta de las luces en forma de recuadros de Caras 3D distribuidos en filas en el techo de cada planta, como se muestra en la figura 22.39. En esta sección, le enseñaremos a iluminar las luces del techo.

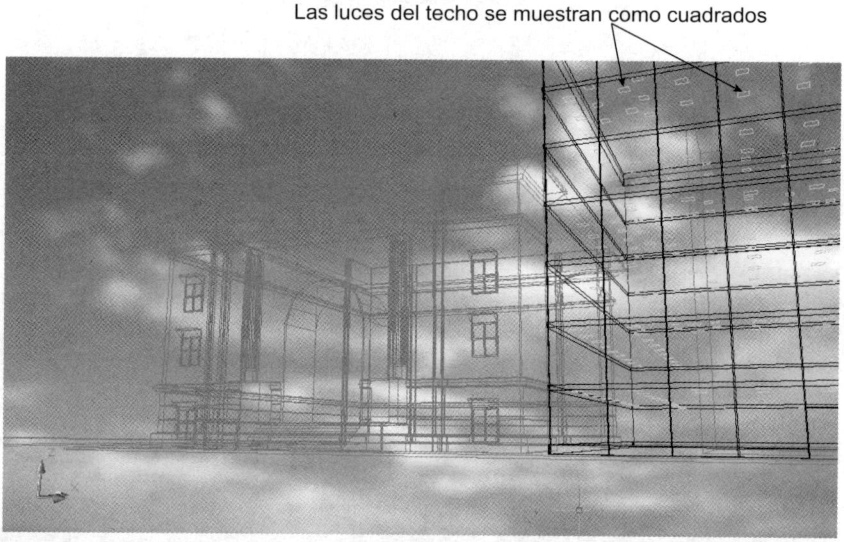

Figura 22.39. Los recuadros de Cara 3D que representan los apliques de luces del techo.

Siga estos pasos para proporcionar un material blanco reflectante a los apliques del techo:

1. En el panel Materiales de la ficha Visualizar, haga clic en **Materiales** ( ).
2. Haga clic en la herramienta **Crear material nuevo** ( ) de la paleta Materiales, introduzca **Ceiling light** (Luz de techo) en el cuadro de entrada Nombre del cuadro de diálogo Crear material nuevo y haga clic en **Aceptar**.
3. De nuevo en la paleta Materiales, mueva el control deslizante Autoiluminación totalmente a la derecha. Observe que la imagen de muestra de la parte superior de la paleta brilla de modo que parece que está iluminada.
4. Haga clic en la muestra Color Difuso situada junto al parámetro Plantilla (véase la figura 22.40). Aparecerá el cuadro de diálogo Seleccionar color.
5. Mueva el control deslizante Luminancia hacia arriba, como se muestra en la figura 22.41, para establecer el color de difusión a blanco y, a continuación, haga clic en **Aceptar**.

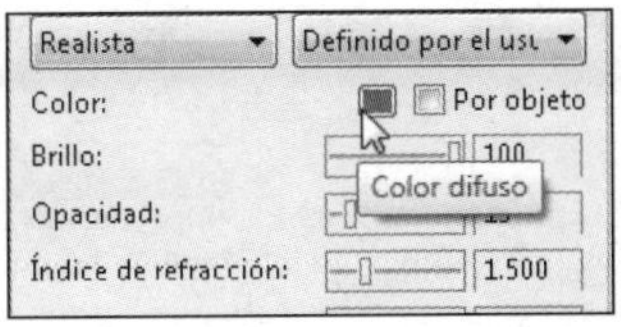

Figura 22.40. Muestra Color Difuso.

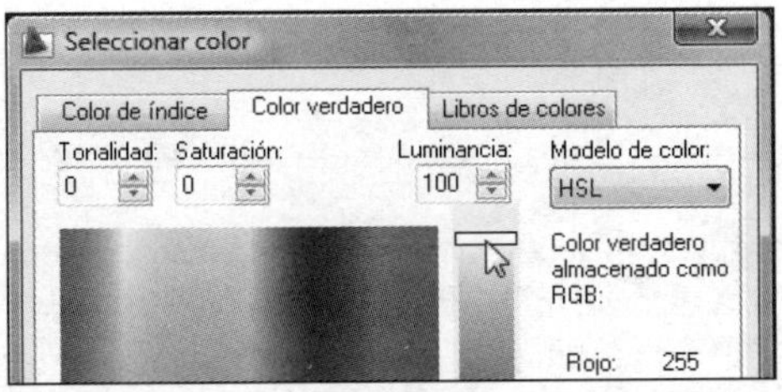

Figura 22.41. Control deslizante Luminancia.

Utilizar mapas de procedimiento

Los mapas de procedimiento son mapas de texturas que se derivan matemáticamente en lugar de desde una imagen de mapa de bits. La ventaja de un mapa de procedimiento es que proporciona una representación natural de un material. Por ejemplo, si corta una muesca de un prisma que utiliza un mapa de procedimiento de madera, la muesca aparecerá correctamente con la veta de la madera adecuada. Realice el mismo procedimiento con un prisma que utilice un mapa de textura de mapa de bits, y la veta no aparecerá correctamente. Con un mapa de textura de mapa de bits, la misma imagen se colocará en las cuatro caras del prisma, por lo que los cortes no mostrarán la veta correctamente (véase la figura 22.42).

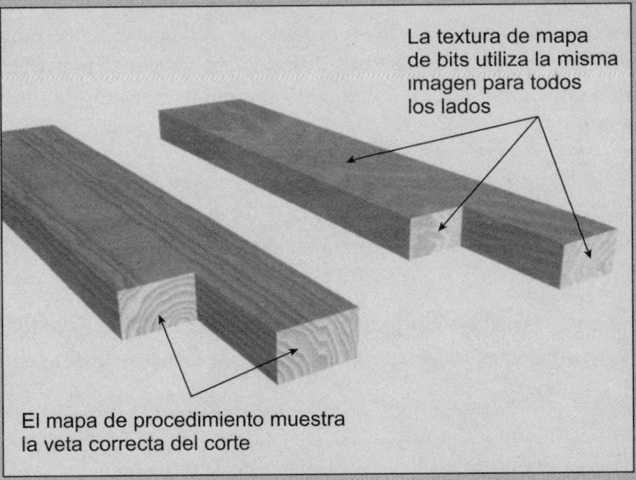

Figura 22.42. Tipo de mapa Madera.

AutoCAD ofrece varios tipos de mapas de procedimiento. Se pueden seleccionar en la lista desplegable Mapa de textura (véase la figura 22.43).

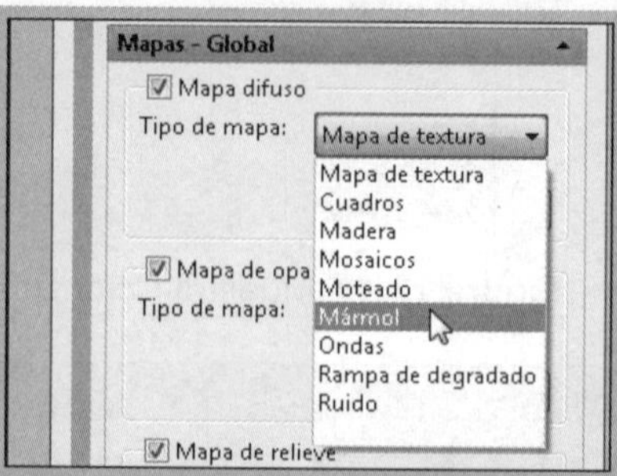

Figura 22.43. Lista desplegable Mapa de textura.

Si selecciona un mapa de procedimiento, puede hacer clic en el botón **Editar mapa** de la parte derecha de la lista desplegable para abrir un cuadro de diálogo que le permita controlar las propiedades del mapa. Puede establecer el color y el grosor de la veta de la madera o el intervalo y el ancho de la veta del mármol. Estas opciones le permiten personalizar una textura según sus especificaciones. Puede que desee experimentar por sí mismo con estos parámetros para ver cómo afectan al aspecto de un objeto.

Los mapas de procedimiento no se ven afectados por el mapa de material de un objeto. Además, no aparecen en el estilo visual Realista como otros mapas de texturas. Deberá renderizar su vista para ver los resultados de un mapa de procedimiento.

Asignar materiales por capa

Hemos creado un material con iluminación interior. El siguiente paso es asignar el material a las luces del techo del modelo. Hasta ahora, hemos utilizado la herramienta **Aplicar material a objetos** de barra de herramientas de la paleta Materiales, pero se tardaría mucho en seleccionar cada luz de forma individual. Puede asignar materiales a capas, lo que ahorra tiempo siempre que haya organizado su modelo en capas que representan materiales.

En el dibujo `Facade`, ya hemos configurado algunas capas por usted. Las luces del techo se encuentran en una capa llamada Clglite. El siguiente ejercicio le muestra cómo aplicar un material a una capa.

1. Haga clic en la herramienta **Enlazar por capa** en el panel Materiales de la ficha Visualizar que se muestra en la figura 22.44. Aparecerá el cuadro de diálogo Opciones de enlace de material. Verá una lista de materiales a la izquierda y una lista de capas a la derecha (véase la figura 22.44).
2. Haga clic y arrastre Ceiling Light del panel de la izquierda al listado Clglite del panel de la derecha. Verá cómo aparece el nombre Ceiling Light junto al nombre de capa Clglite con una X.
3. Mientras se encuentre aquí, haga clic y arrastre Glass1 desde el panel de la izquierda a las capas DKGlass y Glass del panel de la derecha.
4. Haga clic en **Aceptar** para salir del cuadro de diálogo.
5. Renderice su vista. Ahora verá cómo aparecen las luces en el techo de cada una de las plantas (véase la figura 22.45).

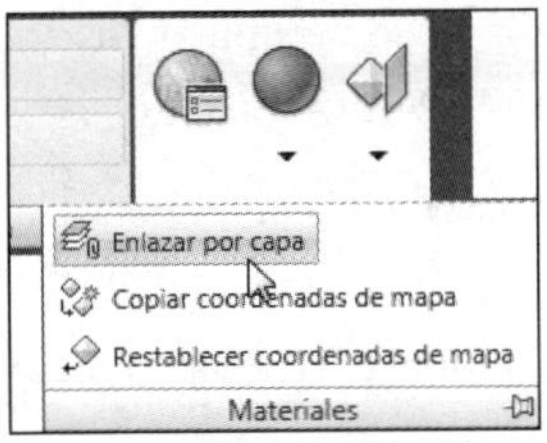

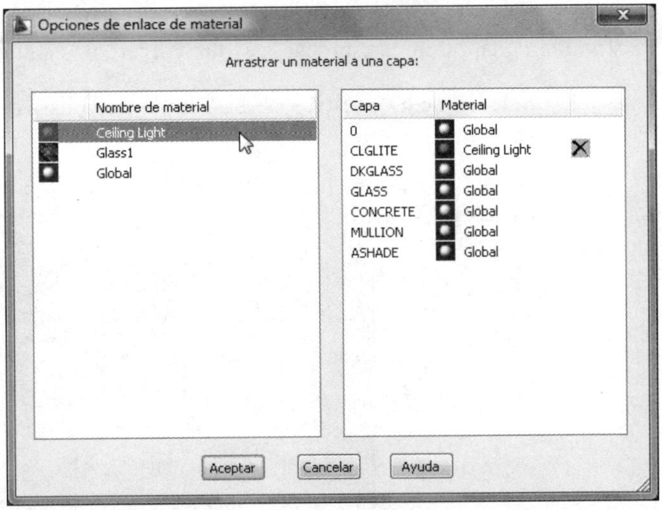

Figura 22.44. Herramienta Enlazar por capa y cuadro de diálogo Opciones de enlace de material.

Figura 22.45. Las luces aparecen en los techos del edificio de la derecha.

En este ejercicio ha creado un material con iluminación interior que, al asignarse a un objeto, parece brillar. Sin embargo, en el modelo no produce luz en realidad. Para ello, tendrá que añadir algunos objetos de luz como una luz distante o unos focos.

Simular una escena nocturna con focos

Los focos son luces que se pueden dirigir y centrar en un área específica. Por lo general, se utilizan para dar énfasis en interiores o en presentaciones de productos. En este ejercicio, crearemos una vista nocturna del modelo que nos ocupa utilizando focos para iluminar la fachada.

En primer lugar, procederemos a configurar una vista que nos ayude a ubicar los focos. También guardaremos esta vista porque volveremos a ella en varias ocasiones.

1. Seleccione Isométrica de sudoeste de la lista desplegable Vistas en el panel Vista de la ficha Inicio.
2. Abra ViewCube, haga clic con el botón derecho del ratón sobre él y seleccione Paralelo (véase la figura 22.46).

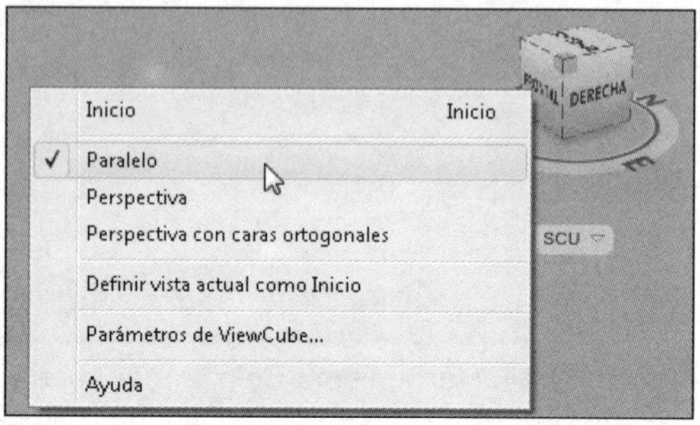

Figura 22.46. Herramienta Proyección paralela.

3. Ajuste su vista para que tenga un aspecto similar a la figura 22.47.

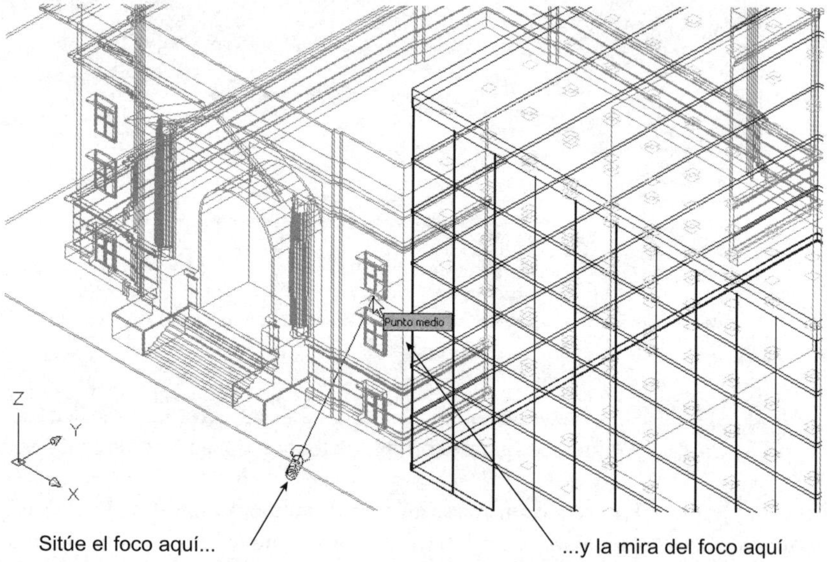

Figura 22.47. Configure su vista para que tenga un aspecto similar a éste y, a continuación, añada el foco.

4. Seleccione Nueva vista en la parte inferior de la lista desplegable Vista en el panel Vista de la ficha Inicio.
5. En el cuadro de diálogo Nueva vista, introduzca **SE Isometric Wireframe** (Estructura alámbrica isométrica de sudeste) para el nombre y, a continuación, haga clic en **Aceptar** (véase la figura 22.48).

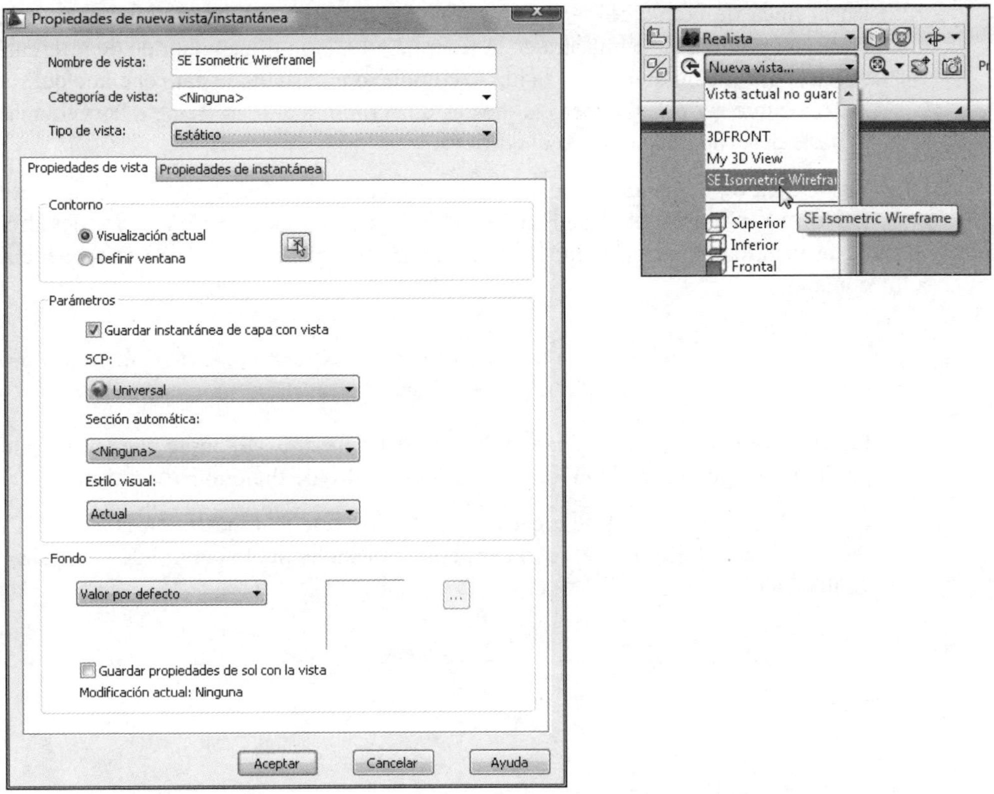

Figura 22.48. Cuadro de diálogo Nueva vista y selección de la vista en el desplegable.

6. Seleccione SE Isometric Wireframe en la lista desplegable Vista en el panel Vista de la ficha Inicio. Si no puede ver el nombre completo de la vista, pase el ratón sobre los nombres de la vista y podrá ver los nombres completos. Dado que no seleccionó un fondo para su nueva vista, seleccionando SE Isometric Wireframe despeja el fondo de la vista.

Ahora está listo para añadir las luces.

1. Haga clic en la herramienta **Foco** en el desplegable Luces en el panel Luces de la ficha Visualizar o escriba `foco` en la línea de comando y pulse **Intro** (véase la figura 22.49).

Figura 22.49. La herramienta Foco en el desplegable Luces.

2. En la línea de comandos `Precise ubicación de origen <0,0,0>:`, haga clic en el punto que se muestra en la figura 22.47. No utilice un modo de referencia a objetos, porque no quiere que la luz se coloque por casualidad bajo el plano del suelo. No tiene que ser preciso, pero la idea es que coloque el foco frente a las ventanas de la parte derecha de la entrada al edificio.

3. En la línea de comandos `Precise ubicación de mira <0,0,-10>:`, utilice la Referencia a objetos de Punto medio y seleccione la parte inferior del alféizar de la ventana superior, como se muestra en la figura 22.47. Verá la secuencia de comandos:

```
Indique una opción para modificar [Nombre/Intensidad/Estado/Haz luz/
Difuminación/Sombra/aTenuar/Color/sAlir]< sAlir>:
```

4. Pulse **Intro** para aceptar los parámetros predeterminados. Siempre puede cambiar los parámetros opcionales de la luz a través del cuadro de diálogo Propiedades.

5. Copie el foco que acaba de crear a la ubicación que se muestra en la figura 22.50. Puede utilizar el destino del foco para copiar desde el punto central de un alféizar de ventana a otro.

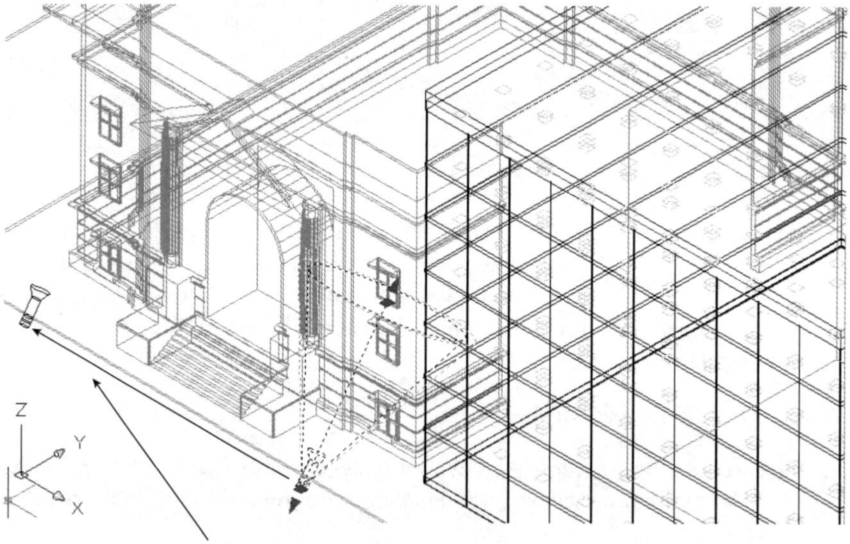

Figura 22.50. Copie el foco a esta ubicación.

6. Ya que está intentando crear un renderizado nocturno, desactive el sol haciendo clic en la herramienta **Estado de Sol** () en el panel Luces de la ficha Visualizar.

7. Vuelva a la vista original mediante la selección de My 3D View en la lista desplegable Vista en el panel Vista de la ficha Inicio (véase la figura 22.51).

8. Haga clic en la herramienta **Render** () en el panel Render de la ficha Salida para ver los resultados de su adición de focos. Su renderizado se parecerá a la figura 22.52.

Figura 22.51. Lista desplegable Vista en el panel Vista.

Figura 22.52. La vista renderizada del modelo con los focos.

Añadir una luz puntual

Todavía quedan algunas cosas por añadir para mejorar este renderizado. Puede ajustar el foco para que proyecte una luz sobre un área mayor. También puede añadir una luz en la entrada para que no esté tan oscura. La siguiente sección le mostrará cómo realizar ajustes a su foco. Primero añadiremos una luz puntual para obtener un efecto de iluminación distinto.

1. Vuelva a la vista que utilizó para añadir los focos seleccionando SE Isometric Wireframe en la lista desplegable Vista en el panel Vista de la ficha Inicio.
2. Haga clic en la herramienta **Punto** en el desplegable Luces, en el panel Luces de la ficha Visualizar o introduzca `Pointlight` y pulse **Intro** (véase la figura 22.53).

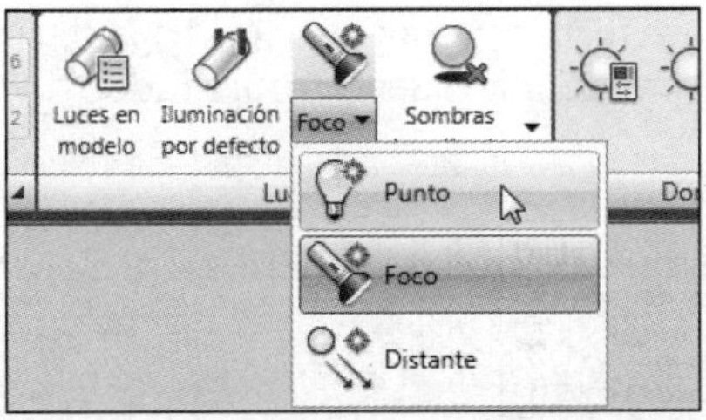

Figura 22.53. La herramienta Punto en la lista desplegable Luces del panel Luces.

3. En la línea de comandos `Precise ubicación de origen <0,0,0>:`, pulse la tecla **Mayús** mientras hace clic con el botón derecho del ratón y seleccione Centro. A continuación, seleccione el arco sobre la entrada, como se muestra en la figura 22.54 para colocar el punto de luz.

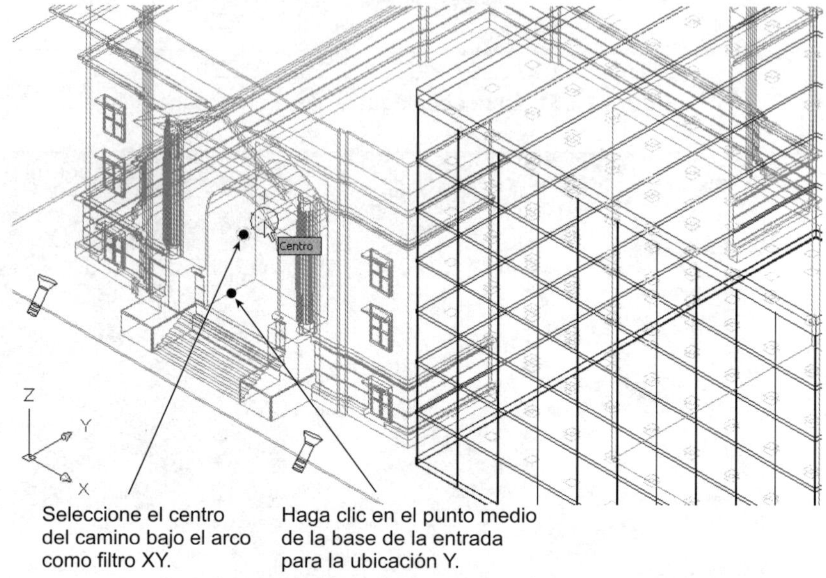

Figura 22.54. Seleccione el centro del arco.

4. En la línea de comandos pulse **Intro** para aceptar los parámetros predeterminados para la luz puntual.

```
Indique una opción para modificar [Nombre/Intensidad/Estado/Sombra/
aTenuación/Color/sAlir]<sAlir>:
```

5. La luz puntual aparece como un glifo esférico en la arcada del edificio.

Editar luces

Ha añadido la luz puntual. Antes de ver los resultados en un renderizado, también deseará cambiar el alcance de los focos. En este ejercicio, editará las propiedades del foco. No todas las luces tienen las mismas propiedades, pero el proceso básico de edición de todas las luces es el mismo.

1. Haga clic en los dos focos y, a continuación, haga clic con el botón derecho y seleccione Propiedades. Aparecerá la paleta Propiedades.

> **TRUCO:** También puede acceder a las propiedades de las luces haciendo clic en la herramienta **Luces en modelo** en el panel Luces de la ficha Visualizar y, a continuación, seleccionar las luces cuyas propiedades desee ajustar en la paleta Luces en Modelo. Haga clic con el botón derecho del ratón y seleccione Propiedades. Este método resulta útil si tiene los glifos de luz desactivados.

2. Busque el parámetro de ángulo Ángulo de difuminación de la sección General de la paleta y cambie el valor de 50 a 90. Observe cómo el cono de Ángulo de difuminación cambia en el dibujo (véase la figura 22.55).

El cono de difuminación se agranda en su dibujo cuando el Ángulo de difuminación se aumenta a 90.

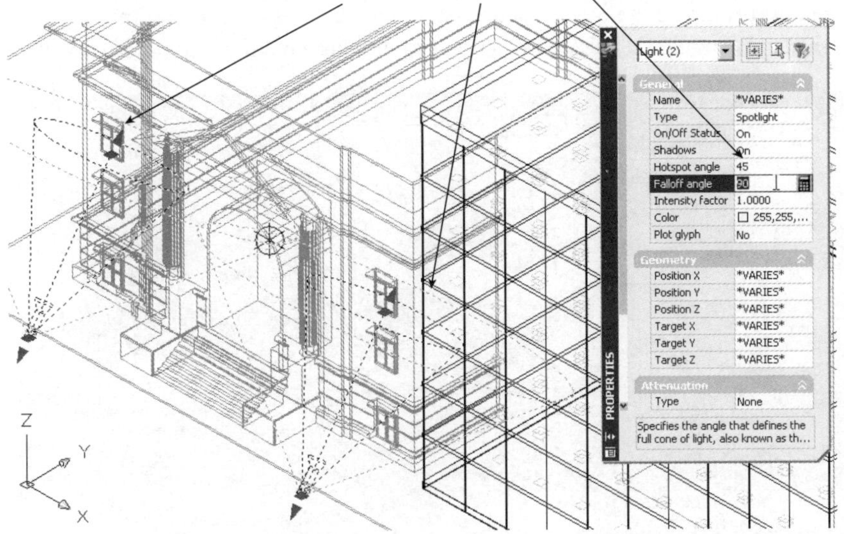

Figura 22.55. Ajuste del ángulo de difuminación al foco.

3. Cierre la paleta Propiedades.

4. Vuelva a la vista original seleccionando My 3D View en la lista desplegable Vista en el panel Vista de la ficha Inicio.

5. Haga clic en la herramienta **Render** (Render) en el panel Render de la ficha Salida para ver los resultados de su adición de focos. Su renderizado tendrá un aspecto similar al de la figura 22.56.

Figura 22.56. La vista renderizada del modelo con los focos modificados y la luz puntual añadida.

En el paso 2, vio una lista de opciones para el foco. Muchas de estas opciones están disponibles cuando inserta por primera vez la luz. Aparecen como opciones de línea de comandos. A menudo es más fácil colocar primero la luz y experimentar después con los parámetros.

En este ejemplo en concreto, ajustó el ángulo de difuminación del foco. Al aumentar el ángulo de difuminación, amplió el alcance de la proyección de luz del foco y también hizo más suave la transición de la luz a la oscuridad, como se muestra en la figura 22.57. También se puede ajustar el ángulo de haz de luz a un rayo más fino o a una franja muy extensa.

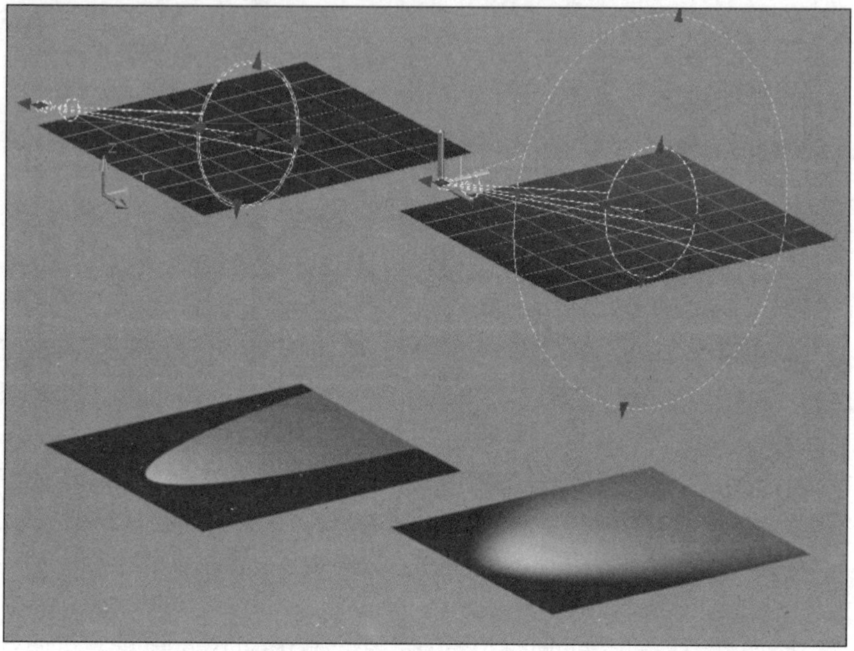

Figura 22.57. El ángulo de haz de luz y el ángulo de difuminación de un foco en la parte superior generan la iluminación que se muestra en la parte inferior.

Dispone de muchas otras propiedades de luz en el cuadro de diálogo Propiedades. A continuación se describen estas propiedades en la tabla 22.1.

Tabla 22.1. Propiedades disponibles para las luces.

General	
Nombre	Nombre de la luz.
Tipo	Tipo de luz.
Estado ACT/DES	Activado o desactivado.
Ángulo de haz de luz	Ángulo de haz de luz del foco.
Ángulo de difuminación	Ángulo de difuminación del foco.
Factor de intensidad	Intensidad de la luz.
Color	Color de la luz.
Trazar glifo	Permite renderizar el glifo de luz.

Atenuación	
Tipo	Selecciona el tipo de atenuación: inversamente lineal, inversamente cuadrada o ninguna.
Usar límites	Permite activar límites de atenuación.
Desfase de límite inicial	Si Usar límites está activado, establece la distancia al comienzo de la atenuación.
Desfase de límite final	Si Usar límites está activado, establece la distancia al final de la atenuación.
Detalles de sombras modelizadas	
Tipo	Permite elegir entre bordes de sombra Nítido o Suave.
Tamaño de mapa	Cuando se utilizan mapas de sombra, permite determinar el tamaño del mapa sombreado.
Suavidad	Cuando se utilizan mapas de sombra, determina la suavidad de las sombras.

Aplicar y ajustar mapas de textura

En un epígrafe anterior le hemos mostrado cómo asignar un material a un objeto asignando los materiales de cristal al edificio en `facade.dwg`. Utilizó una imagen de mapa de bits del cielo para simular un reflejo en el cristal. Puede crear sus propias superficies de textura mediante el uso de mapas de bits de muchas otras formas para mejorar sus modelos de renderizado. Por ejemplo, podemos incluir la fotografía de edificios existentes dentro de la escena al renderizar nuestros objetos.

Crear un edificio a partir de un prisma

La figura 22.58 muestra un mapa de bits escaneado y editado con un conocido programa gráfico. He añadido algo de espacio en blanco a la imagen de mapa de bits del edificio para que puede practicar con el ajuste de una imagen a un objeto. Ahora imaginemos que se trata de la imagen del edificio situado enfrente del modelo Facade y que deseamos incluirla en la escena para mostrar la relación con nuestro edificio.

En el siguiente ejercicio, le mostramos cómo lograr este objetivo.

1. Vuelva a la vista utilizada para añadir los focos mediante la selección de SE Isometric Wireframe en la lista desplegable Vista en el panel Vista de la ficha Inicio y, a continuación, seleccione Isométrico de sudoeste en la lista. La vista suroeste ofrece una vista más clara de su dibujo.
2. Ajuste su vista para que se parezca a la figura 22.59 y, a continuación, dibuje un prisma que tenga aproximadamente 39 metros de ancho por 24 metros de alto (consulte la figura 22.59).

Figura 22.58. Una imagen de mapa de bits del edificio que utilizará en el modelo.

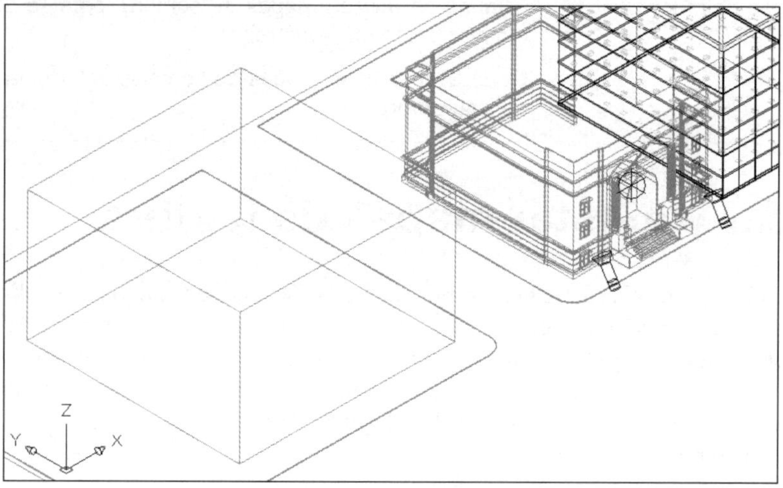

Figura 22.59. Dibujo del prisma que representa el edificio en el siguiente bloque.

El prisma que acaba de añadir representa el edificio del siguiente bloque. Ahora cree el material utilizado para dar detalle a este edificio.

1. Haga clic en la herramienta **Materiales** () en el panel Materiales de la ficha Visualizar para abrir la paleta Materiales.
2. Haga clic en la herramienta **Crear material nuevo** de la barra de herramientas de la paleta Materiales e introduzca **Build1** como nombre del material.
3. En el grupo Textura difusa de la paleta Materiales, haga clic en **Sel. imagen**.
4. Localice y seleccione el archivo `Market1.tif` de los archivos de muestra del capítulo 22 del CD-ROM adjunto.
5. Haga clic en **Abrir** para salir de este cuadro de diálogo.
6. En la paleta Materiales, vaya al panel Escala y mosaico de materiales y asegúrese de que está seleccionada la opción Ajustar a gizmo en el grupo Unidades de escala. Verá cómo queda en el siguiente ejercicio.

7. En el panel Escala y mosaico de materiales, cambie los valores Mosaico U y Mosaico V a 1,0000. Haga clic en **Cerrar** cuando termine.

8. En la paleta Materiales, asegúrese de que Build1 está seleccionado en la lista Materiales y, a continuación, haga clic en el botón **Aplicar material a objetos**.

9. Seleccione el prisma que añadió en el paso 2 del ejercicio anterior y pulse **Intro**.

10. Para ver cómo se ajusta el mapa de bits al prisma, seleccione Realista en la lista desplegable Estilos visuales en el panel Vista de la ficha Inicio (consulte la figura 22.60).

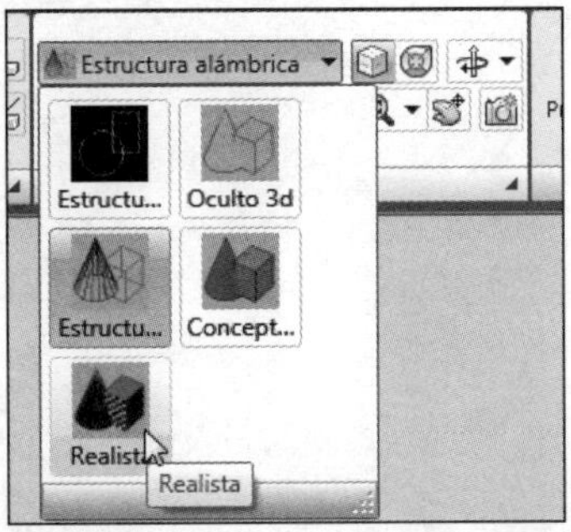

Figura 22.60. Opción Realista.

Ajustar un material a un objeto

Puede ver que la imagen completa, incluido el espacio en blanco, se encuentra ubicada en el prisma. Incluso verá la imagen del tejado, aunque no vea el tejado en ninguno de los renderizados (puede ocultarlo con otro prisma o superficie 3D si desea una vista aérea). Puede ajustar la posición y la escala del mapa de bits utilizando las herramientas de mapas de textura en el panel Materiales. Las herramientas de mapas de textura hacen que el mapa de textura gizmo sea visible:

1. Haga clic en la herramienta **Mapa de textura cuadrada** en el desplegable Mapas de textura en el panel Materiales de la ficha Visualizar. También puede introducir `Materialmap` y pulsar **Intro** y, a continuación introducir `U` y pulsar **Intro** para acceder a la opción cUadrada (véase la figura 22.61).

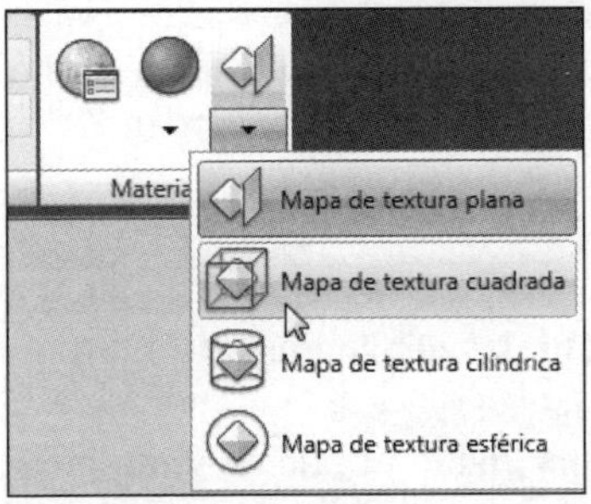

Figura 22.61. La herramienta Mapa de textura cuadrada en el desplegable Mapas de textura en el panel Materiales.

2. En la línea de comando `Seleccionar caras u objetos:`, haga clic en el prisma que acaba de crear y pulse **Intro**. El prisma aparecerá resaltado en amarillo y verá un conjunto de flechas alrededor del prisma, como se muestra en la figura 22.62. Este contorno amarillo es el mapa gizmo.

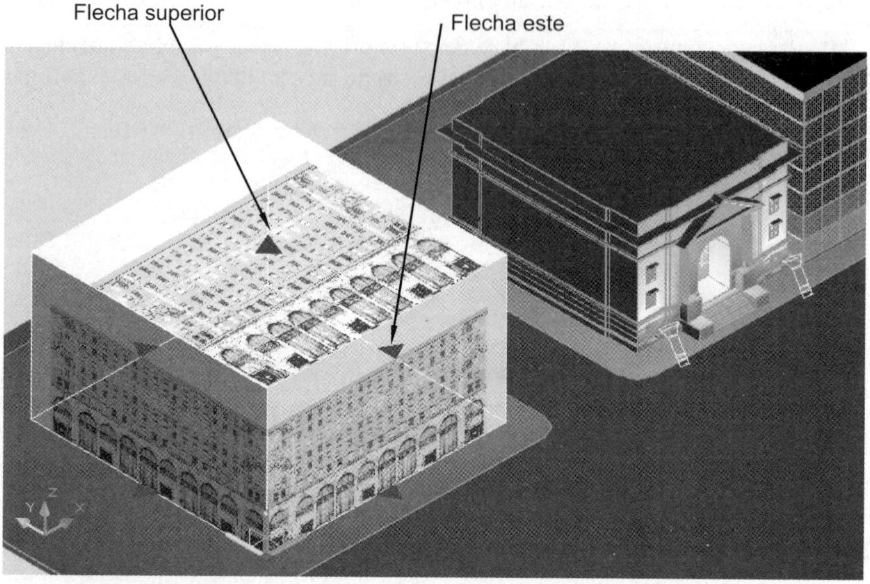

Figura 22.62. La asignación de material aparece como un prisma amarillo alrededor del prisma seleccionado.

3. Pase el cursor sobre la flecha en la parte superior del prisma (véase la figura 22.62) y, cuando se vuelva verde, haga clic en ella. Ahora, cuando mueva el cursor, la flecha le seguirá, y la imagen se expandirá o contraerá.

4. Estreche la imagen hacia arriba hasta que el espacio blanco en la parte superior del edificio haya desaparecido y la imagen del edificio llene la parte superior del prisma. Cuando esté satisfecho, haga clic con el ratón.

5. Ahora pase el cursor por la flecha que señala al este (consulte la figura 22.62) y, cuando se vuelva verde, haga clic en ella.

6. Arrastre la flecha a la derecha hasta que el espacio blanco de la imagen haya desaparecido y la imagen del edificio llene el prisma.

7. Repita los pasos 5 y 6 para la parte norte. Su prisma tendría el aspecto de la figura 22.63.

8. Pulse **Intro** para salir del comando **Materialmap**.

Acaba de añadir el mapa gizmo al prisma y, después, lo ajustó para que el material se fijara al prisma. Si tiene que hacer más ajustes al gizmo, haga clic en la herramienta **Mapa de textura cuadrada** de nuevo y en el objeto que necesita ajustar.

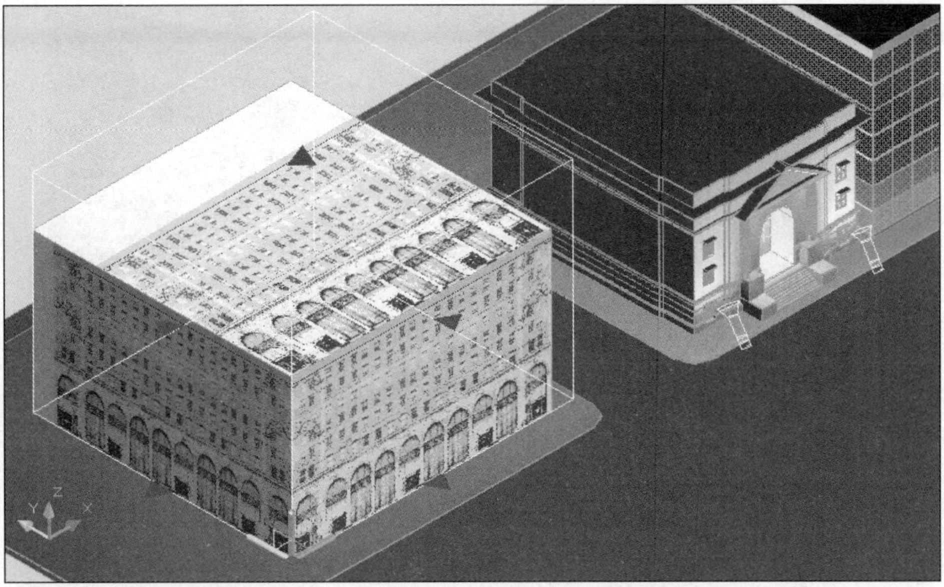

Figura 22.63. El prisma despues de ajustarse al mapa.

Ahora observe la versión renderizada. En primer lugar, desactive el foco y la luz puntual y active de nuevo el sol para volver al parámetro diurno.

1. Haga clic en la herramienta **Luces en modelo** en el panel Luces de la ficha Visualizar.
2. Seleccione los dos focos y la luz puntual del cuadro de lista de la paleta Luces en modelo.
3. Haga clic con el botón derecho del ratón y seleccione Propiedades.
4. Seleccione DES en el parámetro Estado ACT/DES de la paleta Propiedades.
5. Cierre la paleta Propiedades y la paleta Luces en modelo.
6. Haga clic en la herramienta **Estado de Sol** () en el panel Dom para devolver el sol.

Ha establecido la iluminación de un renderizado diurno. Observe que puede seleccionar varias luces para desactivarlas de forma simultánea. A continuación, renderice su vista.

1. Seleccione My 3D View en la lista desplegable Vista en el panel Vista de la ficha Inicio.
2. Haga clic en la herramienta **Render** () en el panel Render de la ficha Salida. El edificio aparecerá a la izquierda de la pantalla (véase imagen de la figura 22.64).

El edificio está demasiado oscuro en la sombra. Puede iluminarlo aumentando el parámetro Autoiluminación de la paleta Materiales.

1. Abra la paleta Materiales haciendo clic en la herramienta **Materiales** () en el panel Materiales de la ficha Visualizar.

Figura 22.64. El renderizado con el nuevo edificio.

2. Asegúrese de que el material Building1 está seleccionado y, a continuación, mueva el control deslizante Autoiluminación a la derecha. Conforme lo haga, verá un valor numérico en el cursor. Establezca este valor en 24 o 25.
3. Vuelva a renderizar la vista. En esta ocasión, comenzará a mostrarse el edificio del siguiente bloque más claramente.

Otra opción es utilizar un programa de dibujo para ajustar la imagen de mapa de bits antes de utilizarla en AutoCAD. AutoCAD intenta colocar el mapa de bits correctamente en una superficie, de manera que el mapa de bits esté limpio y no aparezca espacio en blanco adicional alrededor de los bordes, podrá colocarlo normalmente en un objeto sin tener que realizar ningún ajuste distinto del de su orientación. Creé a propósito los espacios de la imagen para que pueda practicar con la función Materialmap.

NOTA: Cuando creó un material, tuvo un primer contacto breve con la lista desplegable Plantilla de la paleta Materiales. Los parámetros de estas plantillas dependen del tipo de material que está intentando modelar.

Otras opciones de asignación de materiales

Es posible que haya observado distintas opciones de asignaciones de materiales en el ejercicio anterior. Utilizó la opción Cuadrada porque suponía un ajuste natural para el prisma que creó. Sin embargo, se ofrecen otras opciones para una superficie plana, un cilindro y una esfera. La figura 22.65 muestra cómo se pueden aplicar estas opciones a las formas para las que están diseñadas.

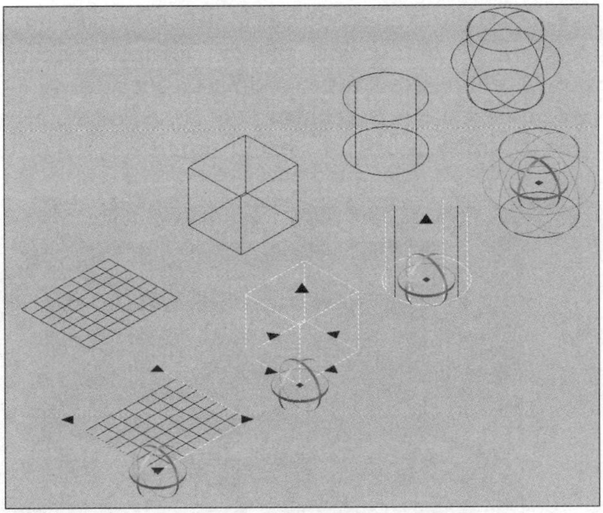

Figura 22.65. Las asignaciones de material de esferas, cilindros, prismas y figuras planas.

No tiene que aplicar la asignación para la forma que describen. Más adelante verá cómo puede aplicar una asignación plana a un prisma. Puede aplicar una asignación de cilindro a un prisma fino para lograr un efecto interesante. También se puede aplicar un mapa esférico a un cubo (véase la figura 22.66).

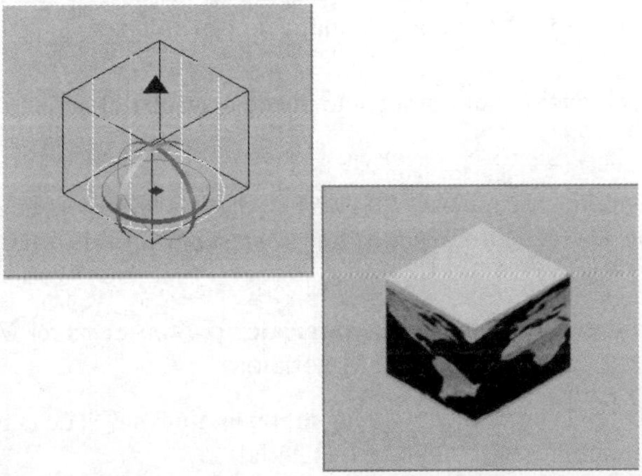

Figura 22.66. Asignaciones de material aplicadas a distintas formas.

Especificar el tamaño de un mapa de bits

La función Mapa de textura le proporciona un método rápido e intuitivo de establecer la ubicación de una asignación de material en un objeto. Existen otros métodos para controlar el aspecto de un material en un objeto. Si dispone de un patrón de superficie que se repite en la superficie como, por ejemplo, un patrón de mosaico, puede establecer la frecuencia y el tamaño del patrón. Por ejemplo, puede disponer de un patrón de ladrillo que se repita en un área de 3,60 metros cuadrados y desea que ese patrón se reproduzca con precisión en la superficie.

Imagine que necesita aplicar un patrón de ladrillos a un muro que tiene una superficie de 2,40 metros de ancho por 1,20 metros de alto. Los bloques son la unidad de albañilería de cemento de 36 por 24 centímetros y tiene una imagen que muestra 4 filas de bloques de dos bloques de ancho como se muestra en la figura 22.67. Éste es el archivo `CMU.Split-Face.Running.jpg` de la carpeta `Textures` que se instala con AutoCAD 2009.

Figura 22.67. La imagen de mapa de bits de un conjunto de bloques.

El siguiente ejercicio le muestra cómo puede controlar el tamaño de las asignaciones de material.

1. Abra el archivo de muestra `CMUwall.dwg` de la carpeta de muestras. Este archivo contiene un recuadro sencillo que representa un muro de 2,40 metros por 1,20 metros.
2. Haga clic en la herramienta **Materiales** ( ) en el panel Materiales de la ficha Visualizar para abrir la paleta Materiales.
3. Haga clic en la herramienta **Crear material nuevo** ( ) de la barra de herramientas y asigne el nombre **CMU** al nuevo material.
4. Haga clic en el botón **Sel. imagen** (Sel. imagen) del grupo Textura difusa y, a continuación, localice y seleccione el archivo `CMU.Split-Face.Running.jpg` de la carpeta `Textures` de AutoCAD. Normalmente puede encontrarlo en `C:\Documents and Settings\All users\Application Data\Autodesk\AutoCAD 2009\R17.2\enu\`. También puede utilizar `CMU.Split-Face.Running.jpg` en la carpeta de proyectos de muestra de este capítulo.
5. Haga clic en la herramienta **Aplicar material a objetos** ( ) de la barra de herramientas de la paleta Materiales y, a continuación, haga clic en el objeto de pared y pulse **Intro**. La pared mostrará el material que acaba de crear como se muestra en el panel de la izquierda de la figura 22.68.

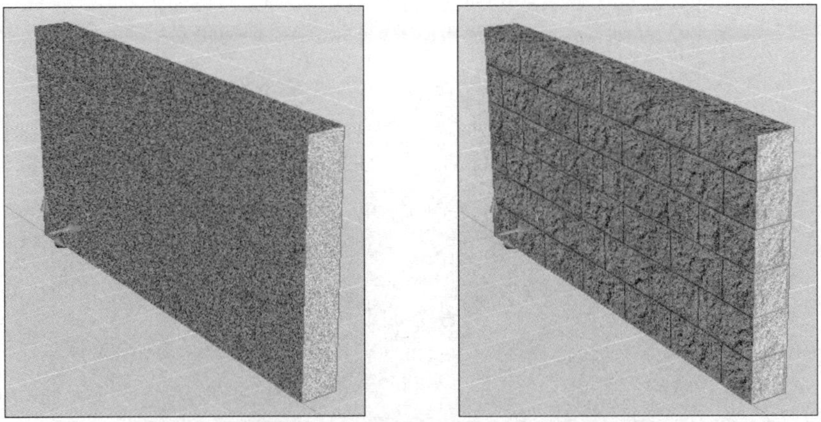

Figura 22.68. La pared con el material aplicado.

La pared tiene una textura, pero no es lo que cabría esperar. Verá los resultados de un material con los parámetros predeterminados. Tendrá que ajustar las opciones de mapa de bits para que la textura aparezca a la escala adecuada en el objeto de pared.

1. En la paleta Materiales, deslícese hasta panel Escala y mosaico de materiales.
2. En el panel Escala y mosaico de materiales, seleccione Pulgadas en la lista desplegable Unidades de escala (véase la figura 22.69).

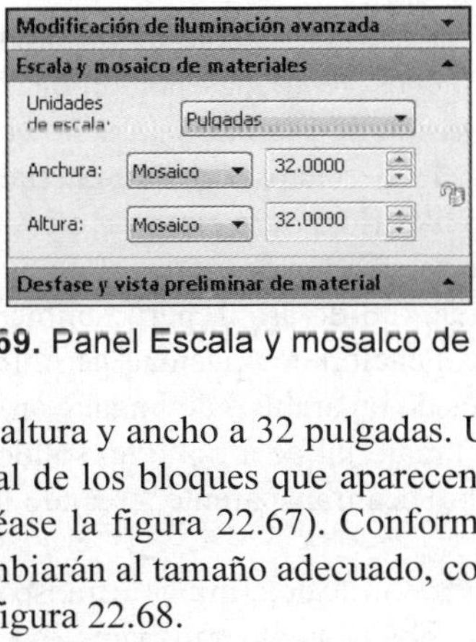

Figura 22.69. Panel Escala y mosaico de materiales.

3. Cambie los valores de altura y ancho a 32 pulgadas. Utilizará 32 pulgadas porque es la altura y el ancho real de los bloques que aparecen en la imagen de mapa de bits utilizada por CMU (véase la figura 22.67). Conforme introduzca estos valores, las paredes del bloque cambiarán al tamaño adecuado, como se muestra en la imagen de la parte derecha de la figura 22.68.
4. Cierre la paleta Materiales y, a continuación, cierre y guarde el archivo `CMUWall.dwg`.

Ahora imagine que desea que los bloques tengan una altura de 1,20 metros en lugar de una altura de 2,40 metros. Puede volver al cuadro de diálogo Ajustar mapa de bits y cambiar el parámetro Altura a 16 o a la mitad de la altura especificada originalmente. La pared del bloque cambia para mostrar un bloque con una altura de 1,20 metros, como se muestra en la figura 22.70. Puede utilizar muchos otros parámetros del cuadro de diálogo Ajustar mapa de bits para ajustar el aspecto de un material sobre un objeto. Ha utilizado los principales parámetros en estos ejercicios.

Figura 22.70. Cambie el parámetro Altura del cuadro de diálogo Ajustar mapa de bits y también cambiará la pared.

Simular árboles y personas con asignaciones de opacidad

Nada mejor que incluir un paisaje y gente en un modelo para recrear una sensación de actividad y escala. Las imágenes generadas por ordenador necesitan apoyos en forma de paisajes para mitigar la impresión de frialdad y falta de vida que transmiten.

En el siguiente conjunto de ejercicios, creará material de árboles y lo aplicará al sólido 3D para simular un árbol. Al hacerlo, podrá explorar otras funciones de la paleta Materiales. Utilizará la misma opción de asignación de texturas "Textura difusa" que ha estado utilizando hasta ahora para crear un material de árbol, pero también añadirá algo llamado una "asignación de opacidad". Una asignación de opacidad permite controlar la transparencia de una asignación de textura a través de un archivo de imagen en blanco y negro. Por ejemplo, en el árbol que creará, aplicará un material de árbol a un sólido rectangular 3D sencillo. Deseará que el área alrededor del árbol sea transparente, creando la ilusión de un contorno en forma de árbol complejo.

La asignación de opacidad permite determinar la transparencia a través de áreas en blanco y negro de una imagen. Las áreas blancas son transparentes y las áreas negras son opacas. Puede utilizar sombras de grises para variar la transparencia. La figura 22.71 muestra un ejemplo del funcionamiento de la asignación de opacidad.

Para iniciar el dibujo de su árbol, cree un nuevo material en la paleta Materiales:

1. Abra la paleta Materiales haciendo clic en la herramienta **Materiales** (icono) en el panel Materiales de la ficha Visualizar.
2. Haga clic en la herramienta **Crear material nuevo** (icono) en la barra de herramientas de la paleta Materiales.
3. Asigne el nombre Tree1 al nuevo material.

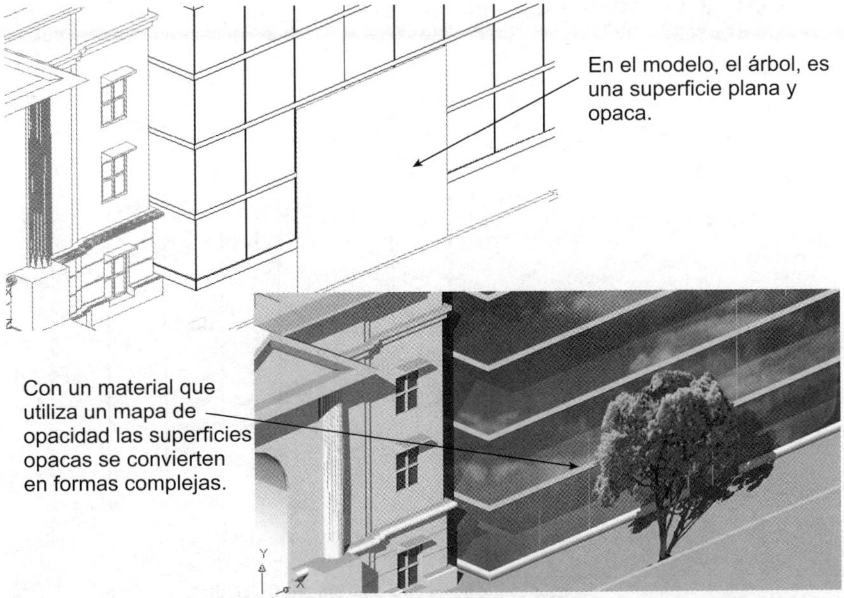

Figura 22.71. Un material que utiliza una asignación de opacidad se puede aplicar a un sólido 3D para crear la ilusión de un contorno complejo como el de un árbol.

A continuación, añada una asignación de textura de un árbol.

1. En el grupo Mapa difuso del panel Mapas - Tree 1, haga clic en el botón **Sel. imagen**.
2. Utilice el cuadro de diálogo Seleccionar archivo de imagen para examinar la carpeta de proyectos de este capítulo y abra el archivo `CamphorAM.tif`.
3. En el panel Escala y mosaico de materiales, seleccione Pies en la lista desplegable Unidades de escala y cambie los valores Altura y Anchura a 30,0000.

Por último, añada una asignación de opacidad al árbol. El proceso es básicamente el mismo que la adición de una asignación de textura.

1. En el grupo Opacidad del panel Mapas - Tree 1, haga clic en el botón **Sel. imagen**.
2. Utilice el cuadro de diálogo Seleccionar archivo de imagen para examinar la carpeta de proyectos de este capítulo y abra el archivo `CamphorAM.tif`.
3. En el panel Escala y mosaico de materiales, seleccione Pies en la lista desplegable Unidades de escala y cambie los valores Altura y Anchura a 30,0000.

La imagen de muestra en la parte superior de la paleta Materiales muestra el árbol. Si mira con cuidado, puede ver que el árbol sólo incluye su contorno. Las zonas fuera del árbol aparecen transparentes.

Cree un objeto que represente un árbol en el dibujo y, a continuación, aplique el material Tree1 al objeto.

1. Ajuste su vista para que se parezca a la de la figura 22.72.

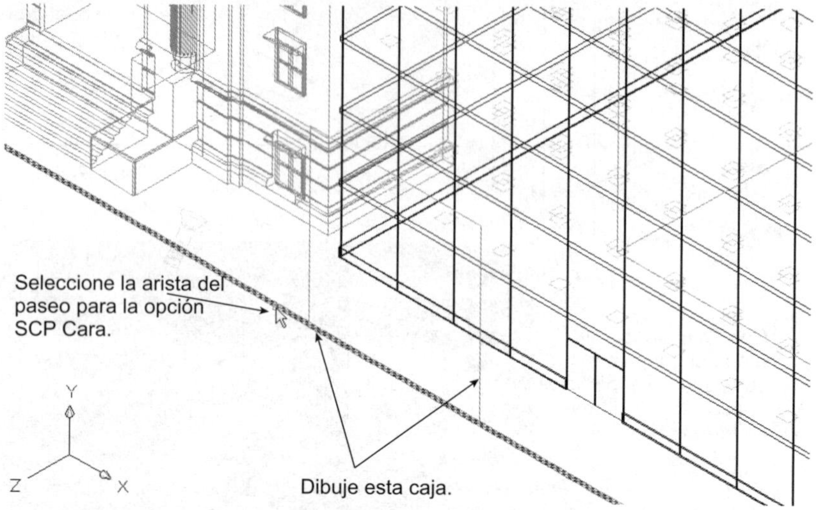

Figura 22.72. Adición de un árbol.

2. Configure un SCP vertical al plano del suelo. Haga clic en **Cara** en el panel SCP expandido de la ficha Vista, haga clic en la ubicación que se muestra en la figura 22.73 y, a continuación, pulse **Intro** para aceptar el nuevo SCP.
3. Haga clic en la herramienta **Superficie plana** en el panel Modelado 3D de la ficha Inicio (véase la figura 22.73).

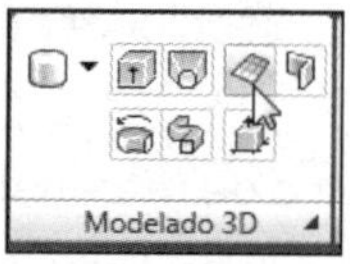

Figura 22.73. Herramienta Superficie plana.

4. Dibuje una superficie plana que sea 30' por 30' para que coincida con la configuración de unidades de la Escala y mosaico de materiales de Tree1.
5. Abra la paleta Materiales y, a después, seleccione el material Tree1 del panel de muestras de la parte superior y haga clic en la herramienta **Aplicar material a objetos**.
6. Seleccione la superficie que acaba de crear y pulse **Intro**.
7. Seleccione My 3D View en la lista desplegable Vista en el panel Vista de la ficha Inicio y, a continuación, haga clic en el panel Render de la ficha Salida para ver los resultados de su trabajo (consulte la figura 22.74).

El proceso de adición de personas es el mismo. Se crea un material que incluye una asignación de textura y una asignación de opacidad y, a continuación, se aplica el material en un prisma plano. Asegúrese de que activa la opción Ajustar a objeto del cuadro de diálogo Ajustar mapa de bits para la asignación de textura y de opacidad. La figura 22.75 muestra un renderizado que incluye algunos árboles y personas adicionales.

Figura 22.74. El árbol añadido a su renderizado.

Figura 22.75. Un renderizado con más árboles y personas.

Opciones de renderizado

Dispone de bastantes parámetros para controlar la calidad de los renderizados. Observe las herramientas disponibles en el panel Render de la ficha Salida en la figura 22.76.

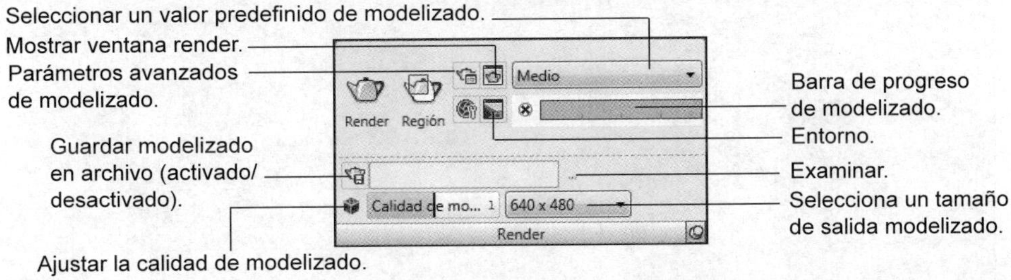

Figura 22.76. El panel Render expandido.

La opción Guardar modelizado en archivo permite establecer un archivo en el que se guardarán los renderizados. Si activa esta opción, cada vez que renderice su modelo, el renderizado se guardará automáticamente en el archivo designado. La opción Tamaño de salida le permite establecer la resolución vertical y horizontal del renderizado en píxeles. La configuración predeterminada es de 640x480. Puede elegir de un conjunto de tamaños predeterminados estándar o de un conjunto de tamaños personalizados. La opción Entorno permite añadir un efecto de niebla a su renderizado (véase la figura 22.77). Haga clic en esta opción para abrir el cuadro de diálogo Entorno de modelizado. Este cuadro de diálogo ofrece un conjunto de opciones para controlar cómo aparecerá la niebla en el renderizado. Por ejemplo, Activar niebla permite activar o desactivar el efecto de niebla. Color permite seleccionar un color para la niebla. Puede experimentar con el cuadro de diálogo Entorno de modelizado por su cuenta: cuando haga clic en un nombre de opción en la columna de la izquierda, verá una descripción de la opción en la parte inferior del cuadro de diálogo.

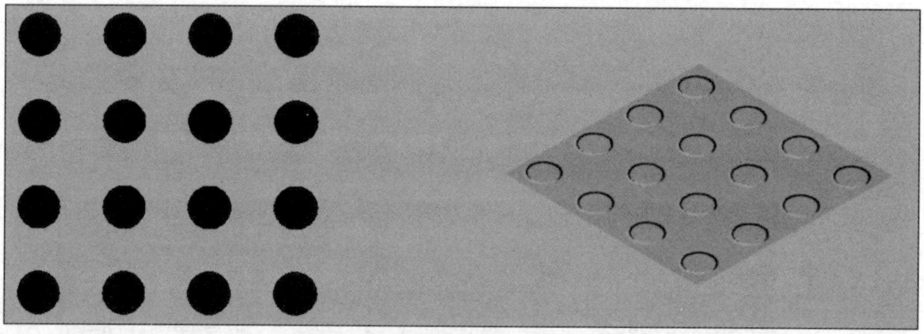

Figura 22.77. La opción Entorno de modelizado permite añadir niebla a un renderizado.

¿Qué es un relieve virtual?

Puede que haya observado el grupo Relieve virtual justo debajo de Opacidad en el panel Mapas - Global de la paleta Materiales. La opción Relieve virtual permite añadir otra imagen para añadir textura a la superficie. Por ejemplo, puede incluir una serie de líneas paralelas a un material para simular una superficie ondulada (véase la figura 22.78).

Figura 22.78. Opción Relieve virtual.

> Puede ajustar la profundidad del relieve utilizando el control deslizante Relieve virtual del grupo Relieve virtual. Mueva el control deslizante a la derecha para obtener un relieve "más profundo".

Seleccionar un valor predefinido de modelizado es una lista desplegable que ofrece un conjunto de opciones que puede utilizar para seleccionar la calidad del renderizado. El valor predeterminado es Medio, que es el parámetro que ha estado utilizando. Este valor ofrece un renderizado de calidad decente sin ocupar mucho tiempo. Cuando desee crear un renderizado final de alta calidad, puede seleccionar Presentación en esta lista. El renderizado tardará un poco más, pero se dará más detalle al renderizado.

Haciendo clic en **Parámetros avanzados de modelizado** se abre la paleta Parámetros avanzados de modelizado. Estos parámetros son para usuarios avanzados y la mayoría de usuarios no tendrán que trabajar con ellos. Render es, de hecho, un conjunto predeterminado de Parámetros avanzados de modelizado. Puede realizar ajustes a estos parámetros si es necesario.

El control deslizante Límite de muestreo controla el nivel al que AutoCAD muestrea cada píxel del renderizado. Mueva el control deslizante a la izquierda y el renderizado parecerá pixelado como si fuera una imagen de baja resolución. Muévalo a la derecha y el renderizado se hará más nítido y más delicado.

La herramienta **Ajustar exposición** abre el cuadro de diálogo Ajustar exposición modelizada. Observe que se debe establecer un sistema de variables llamado Lightingunits a 1 ó 2 antes de que funcione esta opción. El cuadro de diálogo Ajustar exposición modelizada le permite configurar el Brillo, Contraste y Tonos medios de la exposición que utiliza la luz fotométrica. Veremos cómo funciona más tarde en este capítulo.

Comprobar y grabar renderizados en la ventana Render

Todos sus renderizados aparecen en la ventana Render, que dispone de algunas opciones que querrá conocer. En la parte inferior de la ventana, verá una lista de todos los renderizados que realizó en la sesión actual de AutoCAD. Si ha realizado varios renderizados, puede volver a un renderizado anterior haciendo clic en la lista. Haga clic con el botón derecho del ratón en la lista para visualizar una lista de opciones que puede aplicar a un elemento seleccionado. En la tabla 22.2 se describen estas opciones.

Tabla 22.2. Las opciones que aparecen haciendo clic con el botón derecho del ratón para los nombres de archivo de imagen de la ventana Render.

Opción	Función
Volver a modelizar	Vuelve a renderizar la imagen seleccionada.
Guardar	Guarda la imagen seleccionada en un archivo. AutoCAD ofrece una elección de monocromo, escala de grises de 8 bits, color de 8 bits y color de 24 bits. Puede guardar su imagen como un archivo BMP, PCX, TGA, TIFF JPEG o PNG.

Opción	Función
Guardar copia	Si ya ha guardado un archivo una vez, esta opción permite guardarlo de nuevo con un nombre distinto.
Convertir parámetros de modelizado en actuales	Si ya ha renderizado varias vistas y desea volver al parámetro de un renderizado anterior, seleccione la vista cuyos parámetros desea restaurar y seleccione esta opción.
Eliminar de la lista	Elimina el renderizado seleccionado de la lista.
Suprimir archivo de salida	Si ya ha guardado una vista renderizada como un archivo, esta opción permite eliminar el archivo.

Quizás las más importantes de estas opciones son Guardar y Guardar copia. Permiten mantener copias de su vista renderizada como imágenes de mapa de bits.

Si desea comprobar un detalle del renderizado, puede utilizar el menú Herr. para acercar o alejar la imagen. Cuando acerque la imagen, aparecerán las barras de desplazamiento vertical y horizontal para permitirle encuadrar sobre la imagen.

A la derecha de la ventana hay una lista de estadísticas del renderizado. Puede realizar ajustes a muchos de estos parámetros a través de variables de sistema y la paleta Parámetros avanzados de modelizado.

Añadir cámaras para obtener un mejor control de la vista

Ha visto cómo puede guardar y volver a las vistas en este capítulo. Las vistas pueden ahorrar tiempo, especialmente si dispone de distintas vistas que guarda y vuelve a ellas. Las vistas también guardarán estilos visuales y fondos. Normalmente, configurará una vista utilizando las herramientas que aprendió hasta ahora, pero otra herramienta puede proporcionarle el nivel adicional de control que requiere en circunstancias especiales: la herramienta **Cámara**.

Utilizar la herramienta Modelizar región recortada para una comprobación rápida

En algunas ocasiones, puede que desee comprobar una parte de su dibujo para ver si se renderizará correctamente sin tener que realizar un renderizado completo. Para ello, puede utilizar la herramienta **Región** en el panel Render que se muestra en la figura 22.79.

Figura 22.79. Herramienta Región.

Haga clic en la herramienta **Región** y, a continuación, coloque una ventana de selección alrededor del área que desee comprobar. AutoCAD renderizará sólo el área seleccionada directamente en el área de dibujo. Seleccione Ver>Redibujar vista, o escriba `redibt` en la línea de comando y pulse **Intro** para limpiar la pantalla de la región renderizada.

Lo que no es obvio es que sus vistas también están representadas como cámaras. Ahora no puede ver las cámaras porque hay un parámetro llamado Glifos de cámara desactivado. Realice el siguiente ejercicio para visualizar My 3D View como una cámara.

1. Vuelva a la vista SE Isometric Wireframe utilizando la lista desplegable Vista en el panel Vista de la ficha Inicio.
2. Ajuste su vista de manera que se parezca a la figura 22.81.

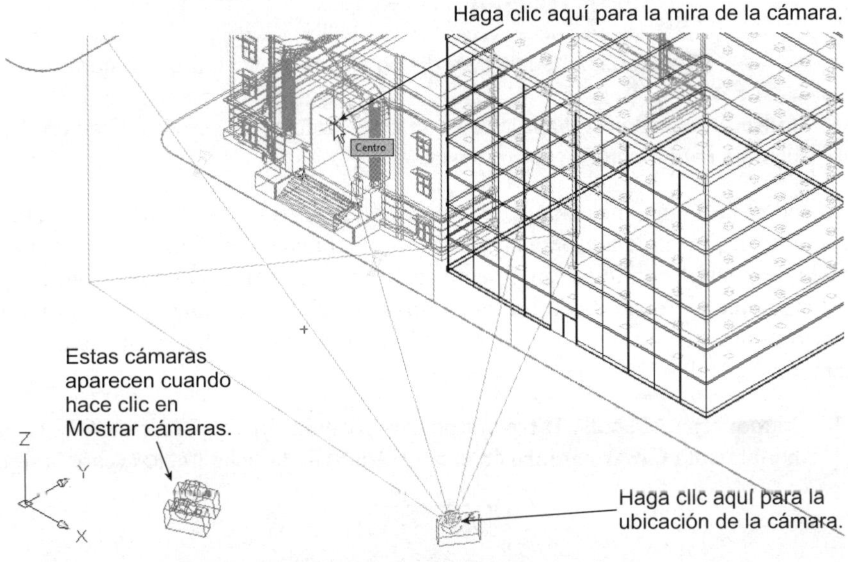

Figura 22.81. Adición de una nueva cámara.

3. Haga clic en la herramienta **Visualización de cámara** en el panel Vista expandido de la ficha Inicio (véase la figura 22.80). Verá dos cámaras en la parte inferior del dibujo.

Figura 22.80. Herramienta Visualización de cámara.

4. Haga clic en una de las cámaras. Aparecerá una ventana que le muestra lo que la cámara ve (véase la figura 22.82).

Figura 22.82. Cuadro de diálogo Vista preliminar de cámara.

5. Pulse la tecla **Esc** y haga clic en la otra cámara. La previsualización de la cámara cambia para mostrarle la otra vista.

Cuando selecciona una cámara, no sólo verá la previsualización de cámara, también verá un conjunto de pinzamientos para la cámara. Podrá trabajar con algunos de estos pinzamientos un poco después. A continuación, intente crear una vista utilizando la herramienta **Cámara**.

El siguiente ejercicio mostrará un ejemplo de adición de una cámara al modelo de fachada. No sólo añadirá una cámara, sino que aplicará una de las opciones disponibles para la cámara:

1. Introduzca `SCP`, pulse **Intro**, introduzca `U` y pulse **Intro**, para ir al **SCU**. Haga clic en la herramienta **Crear cámara** en el panel Vista de la ficha Inicio (véase la figura 22.83).

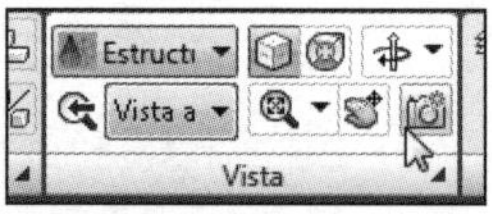

Figura 22.83. Herramienta Crear cámara.

Verá la secuencia de comandos

```
Parámetros actuales de cámara: altura=0 distancia focal=50 mm
Precise ubicación de cámara:
```

2. Haga clic en el punto que se muestra en la figura 22.81 para establecer la ubicación de la cámara.

3. En la línea de comandos `Precise ubicación de mira`, utilice Centro de Referencia a objetos y seleccione el centro del arco. Verá el listado

```
Indique una opción [?/Nombre/Ubicación/Altura/Mira/distancia Focal/
Delimitador/Vista/Salir]<Salir>:
```

4. Para establecer la altura de la cámara al nivel de los ojos deberá introducir `A` y pulsar **Intro** para la opción Altura.

5. En la línea `Precise altura de cámara<0">`, introduzca `5'` y pulse **Intro**. La secuencia de comandos vuelve a aparecer para permitirle introducir más opciones.

6. Pulse **Intro** para completar la inserción de la cámara. La cámara aparece en la ubicación seleccionada en el paso 2.

Anteriormente pudo establecer la altura de la cámara independientemente de la ubicación seleccionada en el paso 2 utilizando una de las opciones de la secuencia de comandos. La tabla 22.3 le muestra una descripción de las otras opciones disponibles.

Tabla 22.3. Las opciones del comando Cámara.

Opción	Función
?	Muestra una lista de cámaras en el dibujo actual.
Nombre	Permite proporcionar un nombre a su cámara (no puede contener espacios).
Ubicación	Permite cambiar la ubicación de la cámara.
Altura	Permite especificar la altura de la cámara.
Mira	Permite seleccionar una ubicación de destino.
distancia Focal	Permite especificar una distancia focal de lente en mm.
Delimitador	Permite incluir un plano de recorte frontal y posterior.
Vista	Permite acceder a la vista de la cámara.
Salir	Sale del comando.

TRUCO: AutoCAD le proporciona una cámara predeterminada Camera1. Puede renombrarla en cualquier momento en la paleta Propiedades o en el cuadro de diálogo Administrador de vistas.

Realizar ajustes en su cámara

Ahora que tiene la cámara en su lugar, puede ver el aspecto de la vista. Puede utilizar la lista desplegable Navegar 3D para visualizar la vista desde su nueva cámara o puede hacer clic en la cámara para abrir la ventana Vista preliminar de cámara. Antes que nada, realice algunos ajustes en su cámara.

1. Haga clic en la cámara que acaba de crear. El cuadro de diálogo Vista preliminar de cámara muestra un ejemplo de la vista desde su cámara (véase la figura 22.84). También verá el destino y el marco de la vista de cámara.

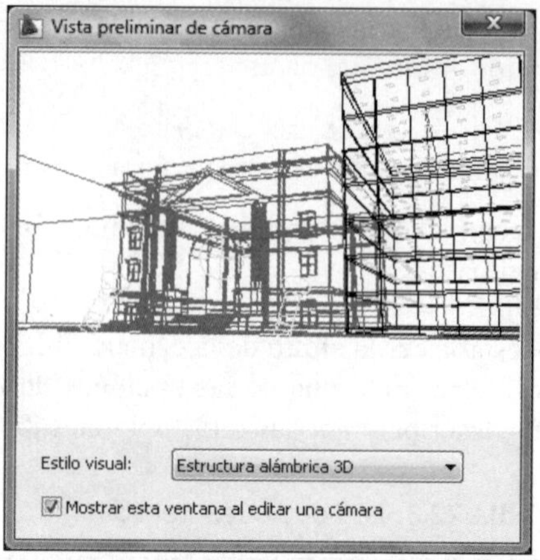

Figura 22.84. El cuadro de diálogo Vista preliminar de cámara.

2. Haga clic en el pinzamiento de cámara y mueva la cámara alrededor. Podrá ver los cambios que realice en tiempo real en el cuadro de diálogo Vista preliminar de cámara.
3. Ajuste la ubicación de la cámara a su ubicación original para que su previsualización se parezca a la de la figura 22.84.

Ahora active los planos de recorte para ver cómo funcionan.

1. Con la cámara todavía seleccionada, haga clic con el botón derecho del ratón y seleccione Propiedades.
2. En la parte inferior de la paleta Propiedades, haga clic en la opción Delimitador y seleccione Frontal y posterior activados (véase la figura 22.85).

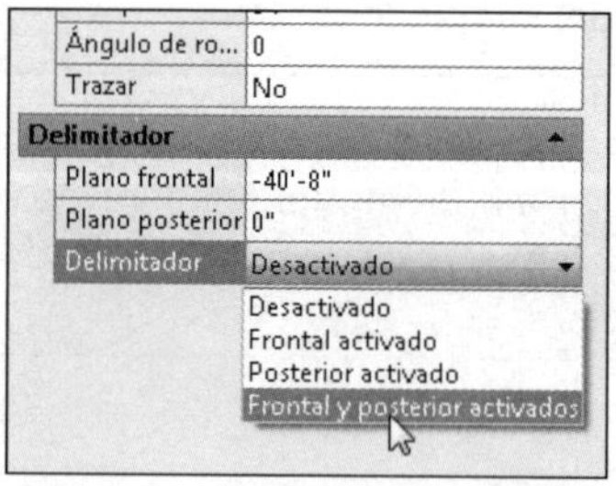

Figura 22.85. Frontal y posterior activados.

La vista de muestra cambia.

3. Cambie el valor de Plano frontal a 20' y al valor de Plano posterior a -20'. La Vista preliminar de cámara muestra ahora la vista sólo de la entrada.

Los planos de recorte ocultan objetos detrás o delante de la ubicación de destino. Como acaba de ver, puede indicar la distancia del plano de recorte desde el destino en la paleta Propiedades. También puede realizar ajustes al plano de recorte directamente en el dibujo utilizando los pinzamientos de la cámara.

1. Pase el cursor sobre el pinzamiento que se muestra en la figura 22.86 para poder ver la etiqueta que describe el pinzamiento.

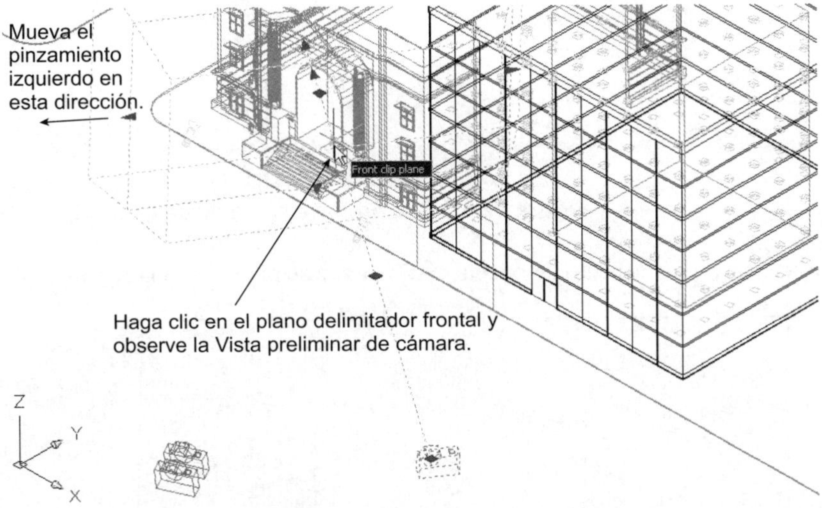

Figura 22.86. Selección de los pinzamientos de la cámara.

2. Haga clic en el pinzamiento, arrástrelo hacia delante y hacia atrás, y observe la previsualización de cámara. Podrá ver cómo el plano de recorte oculta más o menos el fondo conforme mueva el pinzamiento.
3. Haga clic en la ubicación original del pinzamiento (el rojo) para mantenerla a 20'.

Puede ajustar el pinzamiento posterior de la misma forma, así que puede obtener información directa sobre la cantidad de su vista que está siendo cortada.

A continuación, realice ajustes a uno de los otros pinzamientos.

1. Haga clic en el pinzamiento Distancia focal de la parte izquierda, como se muestra en la figura 22.86 y, a continuación, arrástrelo a la izquierda. Produce el efecto de una distancia focal menor. Cuanta menor sea la longitud de la lente, mayor vista podrá abarcar la cámara. Sin embargo, a partir de un determinado punto, la vista comienza a distorsionarse.
2. Haga clic en un punto a la izquierda, como se muestra en la figura 22.86 para fijar la vista a una longitud de lente inferior. Verá cómo el valor de Distancia focal cambia en la paleta Propiedades.
3. En la paleta Propiedades, cambie el valor de Distancia focal de nuevo al valor predeterminado de 50.

Como puede ver en la paleta Propiedades de la cámara, dispone de varios controles que afectan a la vista. De hecho, dado que las cámaras y las vistas creadas por el usuario son básicamente iguales, las propiedades que verá para las cámaras serán las mismas que las que vería para las vistas en el Administrador de vistas (abra la lista desplegable Navegar 3D y seleccione Administrar vistas en la parte inferior de la lista). Obviamente, las opciones que presentamos se aplican también a otras vistas.

Ahora veremos los resultados de su trabajo: Seleccione Cámara1 en la lista desplegable Vista en el panel Vista de la ficha Inicio. Puede ver la vista de la cámara que acaba de configurar. Haga clic en **Saliente de arista** en el panel Efectos de arista de la ficha Visualizar (véase la figura 22.87).

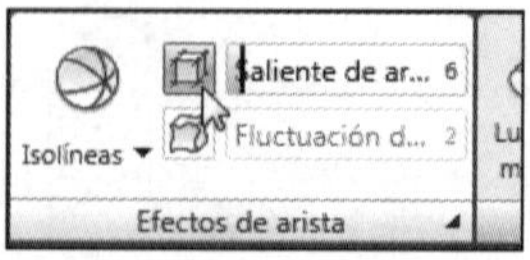

Figura 22.87. Opción Saliente de arista.

Su vista tiene un aspecto de boceto como el que se muestra en la figura 22.88.

Figura 22.88. Vista con aspecto de boceto.

Crear una animación

Otra función que se relaciona con la cámara es la animación de trayectoria de movimiento. Se trata de una función que le permite crear una animación de su diseño. Dichas animaciones pueden resultar de gran ayuda para que los demás comprendan sus ideas más claramente.

1. Seleccione SE Isometric Wireframe en la lista desplegable Vista en el panel Vista de la ficha Inicio y, a continuación, ajuste su vista para que resulte similar a la figura 22.89.
2. Dibuje la polilínea que se muestra en la figura 22.89 y, a continuación, mueva la polilínea en el eje Z para que se encuentre al nivel de 5'.
3. Haga clic en la herramienta **Trayectoria de movimiento de animación** () en el panel Animaciones de la ficha Herramientas. Aparecerá el cuadro de diálogo Animación de trayectoria de movimiento (véase la figura 22.90).

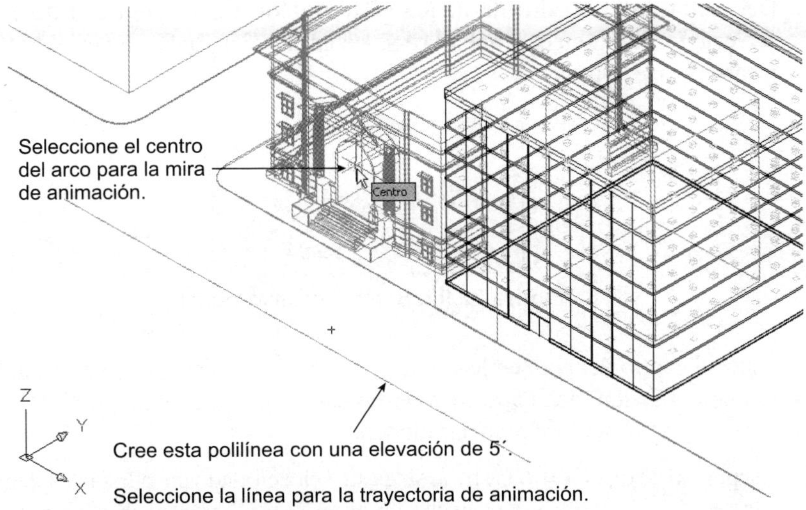

Figura 22.89. Dibuje la polilínea de la trayectoria de movimiento.

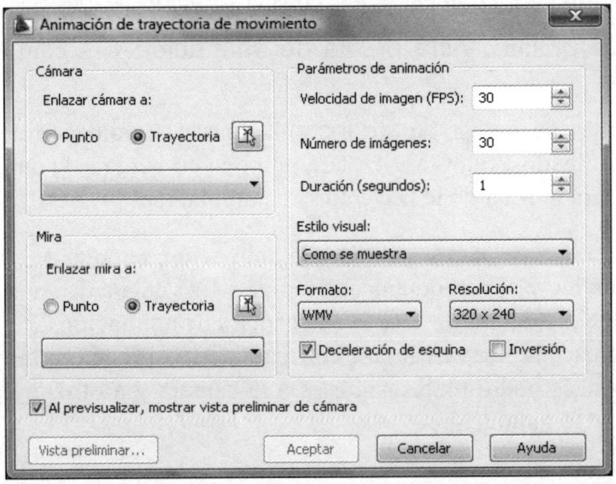

Figura 22.90. Cuadro de diálogo Animación de trayectoria de movimiento.

4. En el grupo Cámara, seleccione la opción Trayectoria y, a continuación, haga clic en el botón **Seleccionar trayectoria** (véase la figura 22.91).

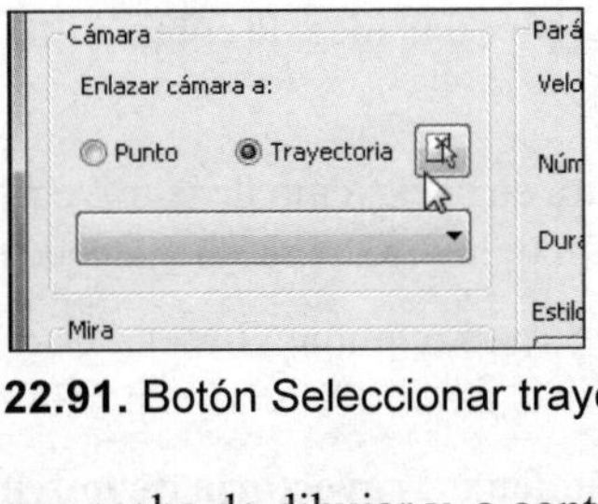

Figura 22.91. Botón Seleccionar trayectoria.

5. Seleccione la polilínea que acaba de dibujar y, a continuación, haga clic en **Aceptar** para aceptar el nombre de trayectoria predeterminado.

6. De vuelta en el cuadro de diálogo Animación de trayectoria de movimiento, seleccione Punto en el grupo Mira y, a continuación, haga clic en el botón **Designar punto** (véase la figura 22.92).

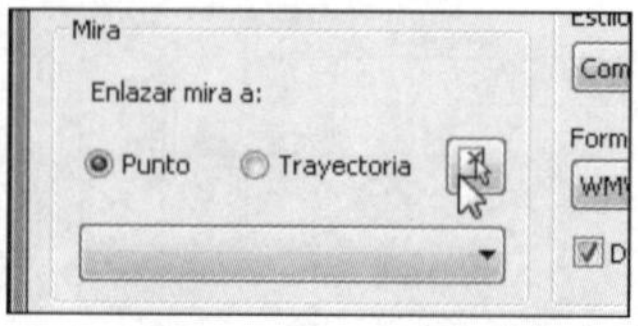

Figura 22.92. Botón Designar punto.

7. Tome el centro del arco en la entrada del edificio como se muestra en la figura 22.89 y, a continuación, haga clic en **Aceptar** en el cuadro de diálogo Nombre de punto para aceptar el nombre predeterminado.
8. Asegúrese de que Como se muestra está seleccionado en la lista desplegable Estilos visuales y, a continuación, haga clic en el botón **Vista preliminar**. Aparecerá una ventana de previsualización y verá una muestra de su animación. La animación es algo rápida, pero podrá realizar ajustes posteriormente.
9. Cierre la ventana Vista previa de animación y, a continuación, haga clic en **Aceptar**.
10. En el cuadro de diálogo Guardar como, guarde su animación con el nombre de archivo predeterminado. AutoCAD tardará un poco en generar la animación y después verá una cámara al final de la trayectoria de animación.

Se le pidió que continuara y guardara la animación, aunque se encontraba en un estado bastante esquemático y se reproducía con rapidez. La ventaja de guardar la animación inmediatamente es que dispondrá de acceso a la cámara de animación.

AutoCAD crea una nueva cámara con parámetros predeterminados cuando se crea la animación. Entonces podrá realizar ajustes a la cámara y a otros parámetros de animación para perfeccionar su animación.

Perfeccionar la animación

Una vez creada y guardada la animación, no importa lo básica que sea, podrá editar los parámetros de cámara para esa animación, así como la velocidad, la resolución y el estilo visual de la animación. Para tener una idea de cómo editar una animación, realice el siguiente ejercicio:

1. Haga clic en la cámara en el extremo de la trayectoria de animación y, a continuación, haga clic con el botón derecho del ratón y seleccione Propiedades.
2. En la paleta Propiedades, cambie el parámetro Distancia focal a 35 para obtener un campo de visión más amplio. Cierre la paleta Propiedades.
3. Haga clic en la herramienta **Trayectoria de movimiento de animación** () en el panel Animaciones de la ficha Herramientas.

4. Cambie el parámetro Duración a 8 segundos.
5. Cambie el estilo visual a Oculto 3D.
6. Haga clic en **Aceptar** y vuelva a guardar la animación. Puede guardarla con un nombre distinto si lo desea, de manera que disponga de un registro de la animación original.

En esta ocasión, AutoCAD tardará más tiempo en procesar la animación dado que ha aumentado la duración. Cuando termine, localice su archivo de animación utilizando Explorador de Windows y haga doble clic para ver los resultados.

Como vio en el paso 5, puede utilizar cualquier estilo visual incluido en el dibujo. Incluso puede crear una versión totalmente renderizada de la animación, pero tenga en cuenta que, cuanto más compleja es la animación, más tiempo tardará AutoCAD en procesarla.

También puede modificar la trayectoria de la polilínea añadiendo más segmentos o cambiando la ubicación de los vértices de la trayectoria.

Ha visto cómo funcionan algunas de las opciones del cuadro de diálogo Animación de trayectoria de movimiento. Si piensa que esta herramienta le puede resultar útil, deseará experimentar con algunos de los otros parámetros. En la tabla 22.4 se describen estas opciones.

Tabla 22.4. Las opciones de Animación de trayectoria de movimiento, Cámara y Mira.

Opción	Función
Opciones de Cámara y Mira	
Punto/Trayectoria o el destino	Selecciona entre un punto y una trayectoria para la cámara.
Seleccionar trayectoria/ Designar punto	Cierra temporalmente el cuadro de diálogo para permitirle seleccionar una trayectoria o un punto.
Lista de menú desplegable	Permite seleccionar un punto o una trayectoria que ya se haya seleccionado.
Opciones de Parámetros de animación	
Velocidad de imagen (FPS)	Establece la velocidad de marco en fotogramas por segundo. 16 es el valor mínimo que puede tener una animación. La velocidad de la televisión normalmente ronda los 30.
Número de imágenes	Establece el número total de imágenes de la animación. Cuanto menor sea el número, más rápida será la animación. Este parámetro depende de los parámetros Duración y Velocidad de imagen.
Duración (segundos)	Establece la duración de la animación. 10 segundos es la duración típica.
Estilo visual	Establece el estilo visual para la animación. También puede seleccionar Modelizado para obtener una animación totalmente renderizada.
Formato	Permite seleccionar un formato de archivo de animación. Si planifica utilizar la aplicación Windows Movie Maker para editar la animación, utilice WMV. Otras opciones son AVI (Windows), MOV (QuickTime) y MPG (Mpeg 1 ó 2).

Opción	Función
Resolución	Establece la resolución de la animación. 320 x 240 es la habitual para el vídeo de un ordenador y el VCD. 640 x 480 es habitual para calidad DVD.
Otras opciones	
Deceleración de esquina	Decelera automáticamente el movimiento de la animación en las esquinas para que la transición se haga sin sobresaltos.
Inversión	Invierte la animación.
Al previsualizar, mostrar vista preliminar de cámara	Muestra la previsualización en una ventana. En caso contrario, el movimiento de la cámara se muestra por toda la trayectoria de animación.
Vista preliminar	Muestra una previsualización de su animación.

Imprimir renderizados

Cuando considere que el modelo está bien, puede imprimir una copia directamente desde AutoCAD. La ficha Presentación (Layout) permite reunir varias presentaciones con planos de planta y de alzado 2D en una única hoja. También puede colocar varios renderizados en una única hoja. Siga los pasos que se enumeran a continuación para configurar una ficha de presentación para renderizar el modelo 3D en una vista renderizada y en una vista de línea oculta.

1. Haga clic en la herramienta **Layout1** (▣) en la barra de estado.
2. Haga clic en el borde de la ventana gráfica para exponer sus pinzamientos y utilice uno de ellos para reducir la ventana gráfica a una octava parte de la presentación del espacio Papel. Mantenga las proporciones de altura y anchura de la ventana gráfica lo más próximas posible al original.
3. Haga doble clic dentro de la ventana gráfica y, a continuación, introduzca `vista` y pulse **Intro** para abrir el cuadro de diálogo Administrador de vistas.
4. Seleccione My 3D View de la lista Vista y haga clic en **Definir actual**. Haga clic en **Aceptar** para salir del cuadro de diálogo Administrador de vistas.
5. Active **Estado de Sol** (▣) en el panel Dom.
6. Haga doble clic fuera de la ventana gráfica y copie la ventana gráfica abajo para que disponga de una idéntica justo debajo de la original (véase la figura 22.93).

Ya podemos configurar la ventana gráfica para modelizar las vistas de formas específicas. Por ejemplo, puede establecer una ventana gráfica para que se genere como una vista completamente modelizada y otra ventana gráfica para que lo haga como vista de líneas ocultas:

1. Haga clic en el borde de la ventana gráfica superior y, a continuación, haga clic con el botón derecho del ratón y seleccione Trazado sombreado>Modelizado.
2. Haga clic en el borde de la ventana gráfica inferior. A continuación, haga clic con el botón derecho del ratón y seleccione Trazado sombreado>Oculto.

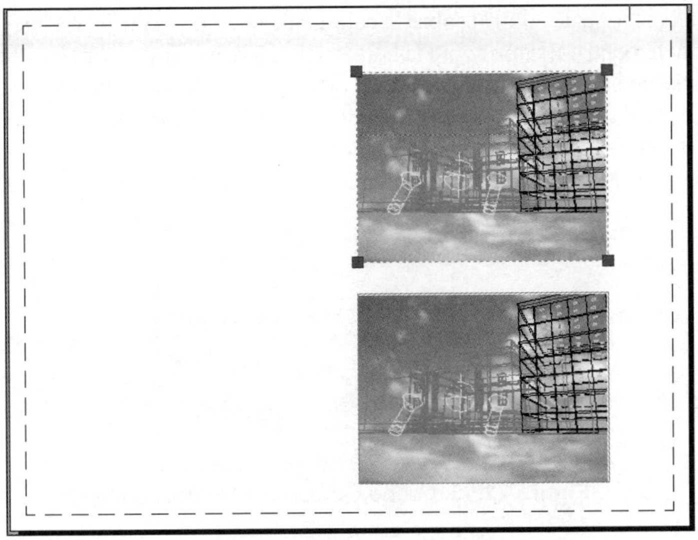

Figura 22.93. Dos vistas idénticas.

3. Haga clic en **Trazar** (🖨) en la Barra de herramientas de acceso rápido.
4. Seleccione un nombre de impresora para el grupo Impresora/Trazador y haga clic en Vista previa. Trascurrido un instante verá aparecer una vista preliminar del trazado con una vista totalmente renderizada en la ventana gráfica superior y una vista de líneas ocultas en la ventana gráfica inferior (véase la figura 22.94).

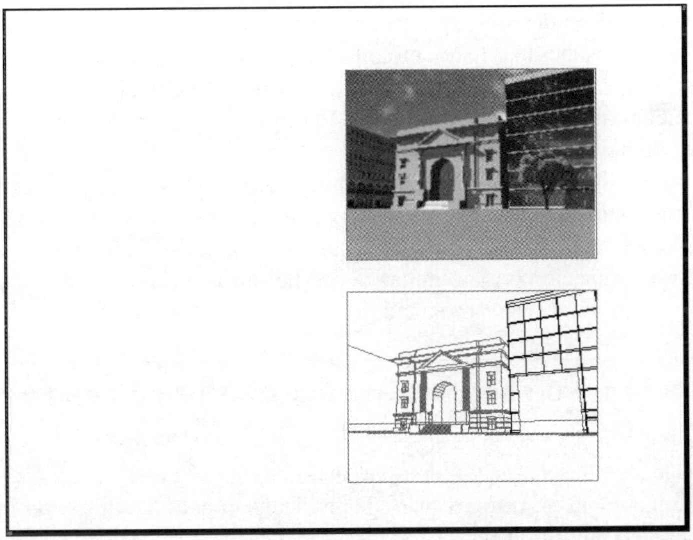

Figura 22.94. Vista totalmente renderizada y vista de líneas ocultas.

Puede seguir agregando otras ventanas gráficas para incluir planos de planta y de alzado si lo necesita. O puede agregar vistas isométricas con rótulos que destaquen funciones del dibujo.

También dispone de control sobre la calidad de la ventana gráfica renderizada. Si hace clic con el botón derecho del ratón sobre la herramienta **Vista rápida de presentaciones** en la barra de estado y selecciona Administrador de configuraciones de página, se abrirá el cuadro de diálogo del mismo nombre. Haga clic en el botón **Modificar** para abrir el cuadro de diálogo Configuración de página. Puede utilizar el grupo Opciones de ventana sombreada para escoger entre varios parámetros de calidad de ventana gráfica (véase la figura 22.95).

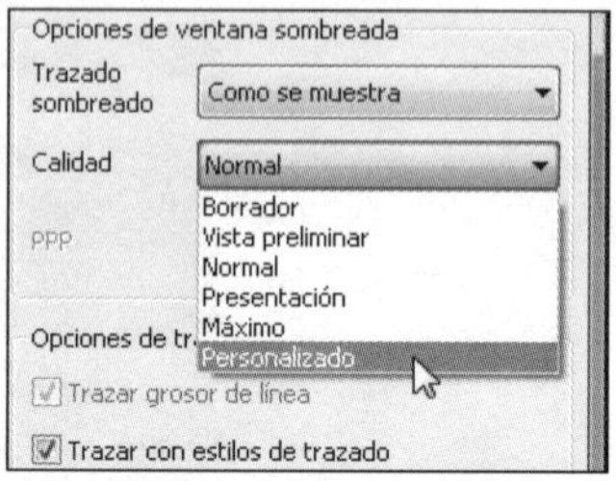

Figura 22.95. Grupo Opciones ventana sombreada.

Las opciones son: Borrador, Vista preliminar, Normal, Presentación, Máximo, Personalizado. Estas opciones se describen en un capítulo anterior, por lo que no nos detendremos a analizarlas. Simplemente, recuerde que debe sacar el máximo partido a la salida renderizada por impresora.

Simular luz natural

La mayoría del renderizado que ha creado hasta el momento se basa en métodos de iluminación bastante sencillos. Estos métodos le pueden proporcionar un renderizado decente en un espacio de tiempo relativamente corto y, probablemente, hará el 90 por 100 del trabajo de renderización utilizando estos métodos. Pero puede querer ver cómo queda su modelo en condiciones de luz más realistas.

AutoCAD le ofrece herramientas de iluminación avanzadas que pueden añadir un realismo impresionante a sus renderizados. Estas herramientas simulan la forma en la que se comporta el sol en la vida real teniendo en cuenta los efectos de luz reflejándose en las superficies cercanas. En esta sección, verá algunas de las herramientas de AutoCAD que le darán a sus renderizados un nivel de realismo añadido.

Obtener una presentación de borrador con estilos visuales

Este capítulo se ha centrado en obtener un renderizado realista de su modelo pero, con frecuencia, deseará mostrar su modelo en una vista menos realista. Esto sucederá especialmente en las primeras fases de un diseño cuando no desee dar la impresión de que ha creado un diseño final.

En un capítulo anterior, vio cómo podía crear un estilo visual personalizado. Puede que observe que, para la mayoría de sus trabajos, un estilo visual personalizado es todo lo que necesita para transmitir sus ideas. Puede trazar estilos visuales desde la ficha Modelo o desde la ficha Layout. Si selecciona una ficha de presentación para trazar un estilo visual, seleccione el borde de la ventana gráfica, haga clic con el botón derecho del ratón y seleccione la opción Trazado sombreado. Verá un menú en cascada que contiene una lista de los estilos visuales disponibles. Seleccione el estilo visual que desea utilizar para su trazado. Además, si necesita obtener una versión de mapa de bits de su archivo de trazado para utilizarla en Photoshop u otro programa de edición de imágenes, puede añadir un trazador de rasterizado a AutoCAD. Utilice el Asistente para añadir un trazador como se describe en un capítulo anterior y, cuando llegue a la parte en que le pide el modelo de trazador, seleccione Formatos de archivos raster y continúe con el asistente. Una vez instalado el trazador de rasterizado, puede seleccionarlo como dispositivo de trazado en el cuadro de diálogo Trazar o en el cuadro de diálogo Configuración de página. El trazador de rasterizado producirá un archivo de imagen de mapa de bits.

Renderizado de vistas interiores

Si está más interesado en el renderizado de vistas arquitectónicas interiores, deseará obtener información sobre los parámetros de renderización avanzada disponibles en AutoCAD 2009. Dos grupos de parámetros son particularmente importantes de entender al renderizar vistas interiores. La figura 22.96 es un renderizado de un modelo simple que utiliza técnicas de materiales descritas en este capítulo. También incluye una fuente de luz solar. Como puede ver, el renderizado es bastante oscuro y resulta poco interesante.

Figura 22.96. Un renderizado interior que utiliza sólo la luz solar.

La figura 22.97 es el mismo modelo renderizado utilizando dos funciones de renderizado avanzado: Iluminación global y Final Gathering. Iluminación global es una función que simula la forma en que la luz se refleja en los objetos de una escena. Cuando activa esta opción, AutoCAD calcula el reflejo de la luz en distintas superficies del modelo y aplica la luz reflejada a los objetos vecinos. Por ejemplo, el matiz naranja del suelo se refleja en las paredes. La función Final Gathering tiene el efecto de perfeccionar el renderizado mediante el incremento de la cantidad de detalle que produce Iluminación global.

Figura 22.97. El mismo interior renderizado con Iluminación global y Final Gathering.

> **TRUCO:** Ayuda añadir una vista de fondo que simule una vista a través de la ventana. Una vez renderizada su vista utilizando Iluminación global, vuelva a la imagen utilizada para el fondo y ajuste su brillo para que coincida con el brillo del renderizado.

Puede activar y editar estas dos funciones utilizando la herramienta **Parámetros avanzados de modelizado** en el panel Render de la ficha Salida. Esta herramienta abre la paleta Parámetros avanzados de modelizado, que se muestra en la figura 22.98.

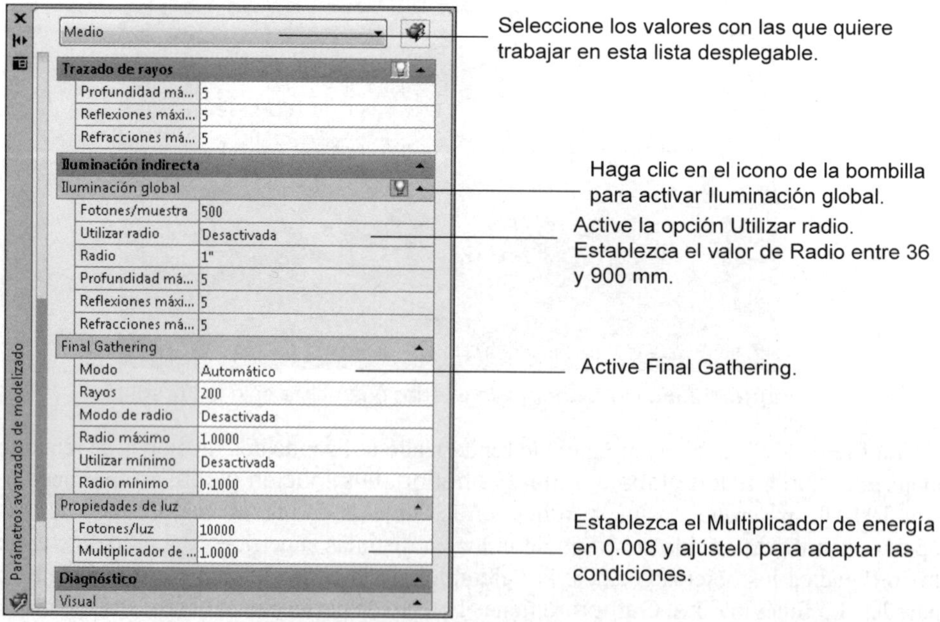

Figura 22.98. La paleta Parámetros avanzados de modelizado.

Seleccione los valores preestablecidos de Render que desee utilizar en la lista desplegable Seleccionar valor predefinido de modelizado situada en la parte superior. A continuación, podrá activar la función Iluminación global haciendo clic en el icono de la bombilla de la barra de título Iluminación global (consulte la figura 22.98). Para activar la función Final Gathering, haga clic en el icono de la bombilla de la barra de título Final Gathering.

Sin embargo, el mero hecho de activar estas funciones no le proporcionará grandes resultados de forma inmediata. Tendrá que realizar unos minuciosos ajustes en la configuración. En primer lugar, deberá configurar sus unidades de dibujo utilizando el cuadro de diálogo Unidades de dibujo (haga clic en **Unidades** en el panel Ayudas al dibujo de la ficha Herramientas). Una vez hecho esto, deberá ser fiel al estilo de esa unidad. Si selecciona Pies y pulgadas II, por ejemplo, no deseará cambiarlo a Decimal.

Una vez establecidas sus unidades, active el parámetro Utilizar radio del grupo Iluminación global (consulte la figura 22.98) y, a continuación, establezca el radio en 900 mm. Si este valor es demasiado pequeño, el renderizado parecerá borroso.

A continuación, desplácese hacia abajo al grupo Propiedades de luz y cambie el parámetro Multiplicador de energía a un valor próximo a 0,008.

Una vez que haya realizado estas configuraciones, podrá renderizar su vista interior y ver los resultados. Si la luz directa es demasiado brillante, puede reducir el factor de intensidad del sol haciendo clic en la herramienta **Propiedades de sol** en el panel Dom de la ficha Visualizar y ajustando el factor de intensidad en la paleta Propiedades de sol. Si el interior aparece demasiado oscuro o demasiado claro, ajuste el valor del parámetro Multiplicador de energía en el grupo Propiedades de luz de la paleta Parámetros avanzados de modelizado.

Puede ajustar el ángulo del sol configurando la fecha y la hora en la paleta Propiedades de sol. Para realizar renderizados de estudio rápido, puede desactivar Final Gathering y aumentar el valor de Radio de Iluminación global a 2.000 mm. También puede reducir el parámetro Fotones/Muestra de Iluminación global y el parámetro Fotones/Luz de Propiedades de luz al realizar su renderizado de estudio rápido. Probablemente acabará realizando varios renderizados antes de conseguir el que desee.

Aunque no es perfecto, Iluminación global puede mejorar enormemente sus vistas de interior. Puede ahorrar tiempo obteniendo un renderizado similar al que desea y utilizando a continuación un programa de edición de imágenes para perfeccionar la imagen.

TRUCO: Si desea ver cómo se configuró el archivo de la figura 22.97, podrá encontrarlo en el archivo `22-setting.dwg` de la carpeta de proyectos de este capítulo. Utilice la vista guardada Scene1 cuando renderice el modelo.

Sus propios valores predefinidos de renderizado

Si desea crear sus propios valores predefinidos de renderizado personalizados para disponer de los predeterminados, siga estos pasos:

1. En la paleta Parámetros avanzados de modelizado (consulte la figura 22.98), seleccione Administrar valores predefinidos de modelizado en la lista desplegable de la parte superior de la paleta. Se abrirá el cuadro de diálogo Administrador de valores predefinidos de modelizado, que muestra la figura 22.99.

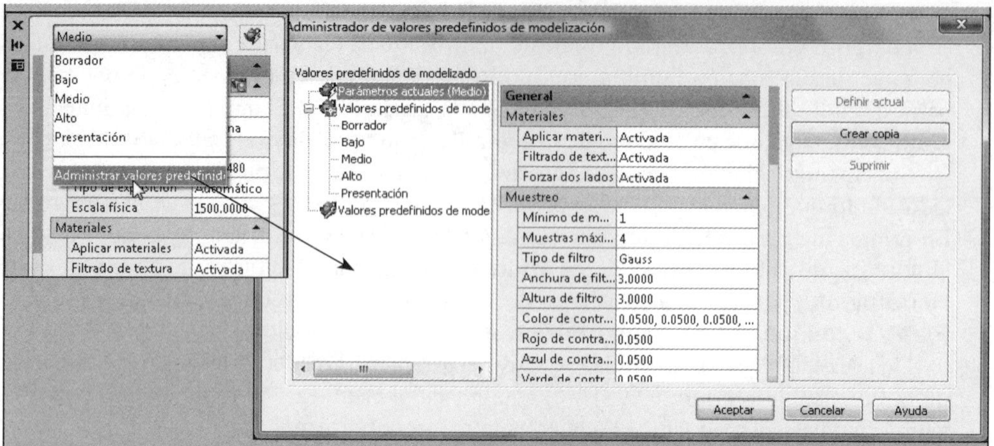

Figura 22.99. Cuadro de diálogo Administrador de valores predefinidos de modelizado.

2. Seleccione un valor predefinido que desee establecer como su prototipo de la lista de la izquierda y, a continuación, haga clic en el botón **Crear copia** a la derecha.
3. En el cuadro de diálogo Copiar valor predefinido de modelizado, introduzca un nombre para sus valores predefinidos y una descripción si lo desea. Haga clic en **Aceptar**.
4. Verá su copia en la parte inferior de la lista de la derecha en Valores predefinidos de modelizado personalizados.

También puede editar los valores predefinidos de renderización en el Administrador de valores predefinidos de modelizado utilizando la configuración en la columna central. Una vez creado un conjunto de valores predefinidos de renderización personalizados, podrá seleccionarlos de la lista desplegable en el panel Render de la ficha Salida.

Utilizar la simulación del sol y el cielo

Igual que la vista interior que vimos en la sección anterior, puede configurar AutoCAD para simular efectos de iluminación realistas en vistas exteriores. Anteriormente en este capítulo, añadió una luz distante para aproximar los reflejos de la luz al suelo. La función Simulación de sol y cielo de AutoCAD ofrece una interpretación más exacta de la luz reflejada que tiene en cuenta la luz reflejándose en los edificios y superficies vecinas. Para ver cómo funciona esta característica, intente realizar el siguiente ejercicio:

1. Abra el archivo `Facade with landscape.dwg`. Éste es el mismo archivo en el que ha estado trabajando en este capítulo, pero creado con una versión anterior de AutoCAD.
2. En la línea de comando, escriba `Lightingunits` y pulse **Intro**.
3. En la línea `Indique nuevo valor para LIGHTINGUNITS <0>`, introduzca `2`.

ADVERTENCIA: Si tiene un dibujo que utiliza luces distantes, verá un mensaje de advertencia preguntándole si desea desactivar las luces distantes. Déjelas habilitadas en el dibujo `Facade.dwg` para este ejercicio.

Cambiando la configuración de Lightingunits, activa la función Iluminación fotométrica de AutoCAD. La función Iluminación fotométrica le proporciona un control más preciso sobre la intensidad de las luces que añade al modelo. La variable del sistema Lightingunits se puede establecer en 0 (desactivada), 1 (unidades internacionales) o 2 (unidades americanas). También activa la función Simulación de sol y cielo.

El siguiente ejercicio muestra cómo funciona la Simulación de sol y cielo:

1. Haga clic en el desplegable Cielo en el panel Dom de la ficha Visualizar, y seleccione la opción Fondo de cielo con iluminación (véase la figura 22.100).

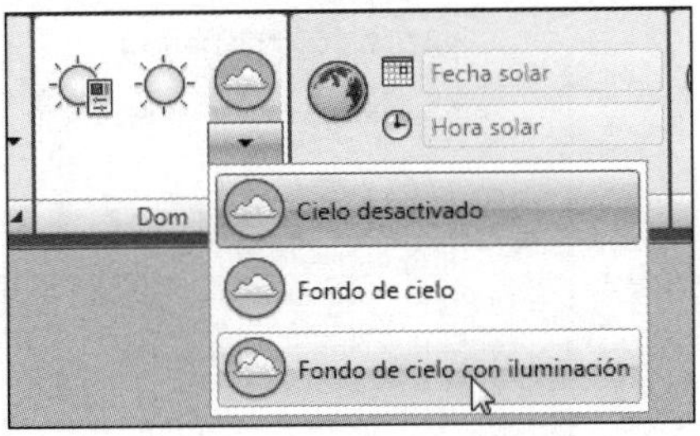

Figura 22.100. Opción Fondo de cielo con iluminación.

2. El fondo de su vista principal cambia. Este fondo de cielo reemplaza la imagen de mapa de bits del cielo.
3. Haga clic en la herramienta **Render** (Render). Después de un par de minutos, tiene un renderizado terminado. Su modelo se renderiza utilizando la configuración de Sol actual. Las sombras del edificio del centro son más realistas y muestran más detalle del edificio (véase la figura 22.101).

Figura 22.101. Renderizado con la función Iluminación y fondo de cielo activa.

Puede perfeccionar su imagen ajustando el brillo y el contraste. Para hacerlo, utilice el cuadro de diálogo Ajustar exposición modelizada:

1. Escriba `Renderexposure` y pulse **Intro** en la línea de comandos.
2. Aparece el cuadro de diálogo Ajustar exposición modelizada y genera un renderizado miniatura (véase la figura 22.102).

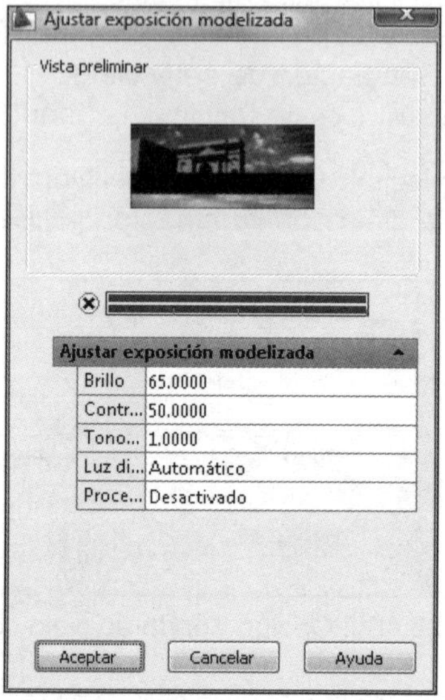

Figura 22.102. Cuadro de diálogo Ajustar exposición modelizada.

3. Haga clic en el cuadro de entrada Brillo. Aparecen un par de flechas a la derecha.
4. Haga clic y arrastre las flechas hacia arriba. El valor del cuadro de entrada cambia y la imagen tiene más brillo. Ajuste el valor Brillo a 65 utilizando el movimiento hacer clic y arrastrar sobre las flechas.
5. Haga clic en el cuadro de entrada Contraste y, a continuación, haga clic y arrastre las flechas del cuadro de entrada para ajustar el valor hasta llegar a 80.
6. Haga clic en **Aceptar**, y renderice la vista de nuevo.

Esta vez, el renderizado es más brillante y tiene más contraste. Si lo prefiere, puede configurar los parámetros de Brillo, Contraste y Tonos medios en el panel Luces expandido de la ficha Visualizar (véase la figura 22.103).

La función Simulación de sol y cielo hace que AutoCAD pase más tiempo renderizando una vista, así que debería utilizarla sólo cuando necesite realmente los efectos de iluminación que ofrece. Como mencionamos anteriormente, cuando la variable del sistema Lightingunits se establece en 1 o 2, la función Iluminación fotométrica está activada. Iluminación fotométrica ofrece una configuración adicional para el sol en la paleta Propiedades de Sol. Por ejemplo, puede establecer la apariencia del disco del sol, el horizonte y el color del suelo por medio de la paleta Propiedades de Sol. Puede abrir esta paleta haciendo clic en la herramienta **Propiedades de Sol** en el panel Dom (véase la figura 22.104).

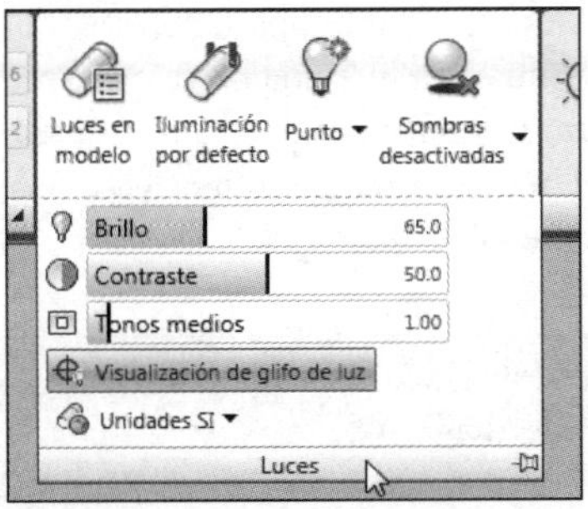

Figura 22.103. Panel Luces expandido.

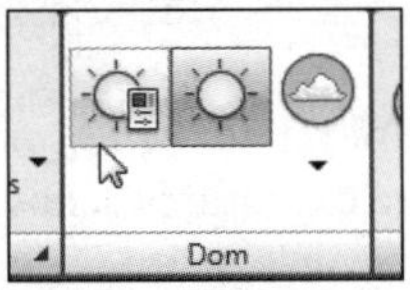

Figura 22.104. Herramienta Editar el Sol.

Con la iluminación fotométrica activada, también verá las configuraciones adicionales en la paleta Propiedades para otros tipos de luces. Tiene un control más preciso sobre la intensidad de la iluminación por medio del panel Propiedades fotométricas (véase la figura 22.105).

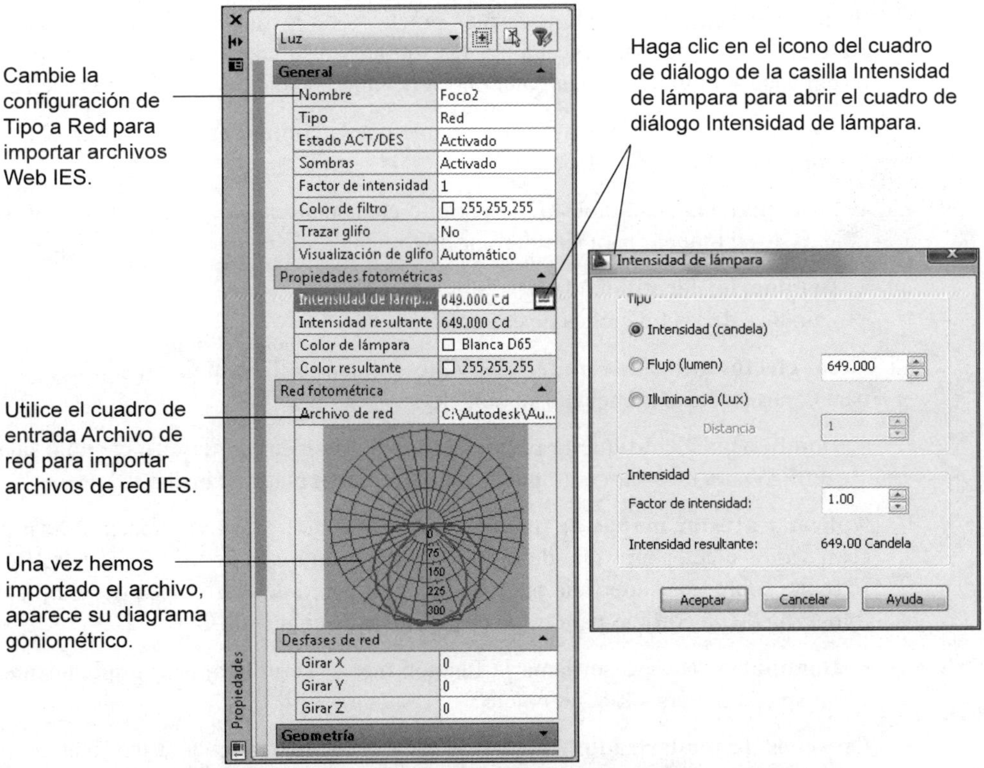

Figura 22.105. La iluminación fotométrica ofrece opciones adicionales para las luces en la paleta Propiedades.

Si cambia la configuración de Tipo del panel General a Red, puede importar archivos de red IES que controlan la forma en la que una parte esparce su luz. Una vez tiene seleccionado el archivo de red, su diagrama goniométrico se despliega en la paleta Propiedades, como vemos en la figura 22.105. Un diagrama goniométrico es un gráfico que muestra la distribución de la intensidad de la luz de una forma de luz.

NOTA: AutoCAD ofrece algunos ejemplos de archivos de red IES en la carpeta `C:\Documents and Settings\All users\Application Data\Autodesk\AutoCAD 2009\R17.2\enu\WebFiles`. Para utilizar estos archivos, necesitará añadir esta ubicación a la configuración Ruta de búsqueda de archivo de soporte en la ficha Archivos del cuadro de diálogo Opciones.

Esto nos lleva al final del capítulo. Sólo hemos arañado la superficie de las habilidades de renderización de AutoCAD. Querrá explorar muchas más funciones una vez haya tomado nota de los fundamentos. Para descubrir más sobre la función Iluminación fotométrica, busque en Fotométrico y Cielo en el índice de la ventana de ayuda de AutoCAD.

En resumen

- **Simular el sol:** Uno de los usos más prácticos de la función de renderización de AutoCAD es simular la ubicación y las sombras resultantes del Sol. Puede generar estudios de sombras para cualquier época del año en cualquier lugar de la Tierra.
  - **Dominarlo:** Nombre tres elementos que pueda configurar para colocar el Sol en relación con su modelo.
- **Utilizar materiales:** AutoCAD le permite crear materiales que puede aplicar a los objetos de su modelo para simular una apariencia realista.
  - **Dominarlo:** Identifique la paleta que se utiliza para crear materiales y describa algunas de las funciones de esa paleta.
- **Crear efectos utilizando materiales y luces:** Puede utilizar materiales y luces juntos para controlar la apariencia de su modelo.
  - **Dominarlo:** Identifique la parte del modelo de ejemplo de este capítulo que se utilizó para mostrar cómo puede parecer que un material brilla.
- **Aplicar y ajustar mapas de textura:** Los mapas de textura se pueden utilizar para crear varios efectos en su modelo. Puede utilizar un mapa de textura de ladrillo que se repite sobre una superficie para simular una pared de ladrillo o, puede utilizar la fotografía de un edificio para transformar una caja en un edificio.
  - **Dominarlo:** ¿Cómo se llama la función que le permite ajustar gráficamente un mapa de textura sobre un objeto?
- **Opciones de renderizado:** Además de ajustar los materiales y la iluminación para controlar el aspecto de su renderizado, puede realizar otros ajustes a su renderizado por medio del panel y la ventana Render.

- **Dominarlo:** Nombre algunas de las opciones del menú desplegable que aparece haciendo clic en el botón derecho del ratón para los archivos de imágenes en la ventana Render.

- **Añadir cámaras para un mejor control de la vista:** Cuando crea una vista, en realidad está creando una cámara. Las cámaras son objetos que le permiten controlar la orientación y el objetivo de la vista para una vista entre otras cosas.
  - **Dominarlo:** Nombre algunas de las opciones que puede configurar para controlar una cámara.

- **Imprimir imágenes renderizadas:** Puede guardar sus vistas renderizadas como archivos de mapas de bits utilizando la ventana Render. Si lo prefiere, puede hacer que AutoCAD incluya un renderizado en una presentación. Puede incluir diferentes renderizados del mismo archivo en una sola presentación.
  - **Dominarlo:** Proporciona una descripción general del proceso para establecer una ventana gráfica renderizada en una presentación.

- **Simular luz natural:** Cuando quiera lograr una interpretación más precisa de los efectos de iluminación sobre su modelo, puede utilizar algunas de las funciones avanzadas de renderización que simulan la luz natural.
  - **Dominarlo:** Nombre los dos grupos de configuraciones que tiene que utilizar para renderizar con exactitud una vista interior.

265
1980
2460 - дно
520-укл.
R250

23 Edición y visualización de sólidos 3D

En los anteriores capítulos en los que se trataba el renderizado en tres dimensiones, dedicó algo de tiempo a familiarizarse con las características de modelado de AutoCAD 3D. En este capítulo se centrará en los sólidos 3D y en cómo se crean y editan. También aprenderá a utilizar algunas herramientas de visualización especiales para mostrar su sólido 3D de diferentes formas. Creará una pieza mecánica ficticia para descubrir algunos de los métodos para dar forma a sólidos 3D. También tendrá la oportunidad de ver cómo puede convertir su modelo 3D en un modelo mecánico estándar 2D. Además, aprenderá acerca de las herramientas de edición de sólidos 3D que aparecen en el panel de la Cinta de opciones Editar sólidos.

En este capítulo se analizan los siguientes aspectos:

- El renderizado sólido.
- Crear formas sólidas.
- Crear sólidos complejos.
- Editar sólidos.
- Aerodinamizar el proceso de dibujo 2D.
- Visualizar sólidos.

El renderizado sólido

El renderizado sólido es una forma de definición de objetos tridimensionales en forma de sólidos. Cuando se genera un modelo 3D con ayuda del renderizado sólido, se empieza con las formas básicas del modelo, esto es, con cubos, conos o cilindros. Estos sólidos básicos se denominan primitivas. Por ejemplo, para crear un modelo de un tubo, en primer lugar hay que diseñar dos cilindros sólidos, uno de menor diámetro que otro. A continuación, se alinean los dos cilindros de forma concéntrica y AutoCAD resta el de menor tamaño del más grande. El cilindro mayor se transforma en un tubo cuyo diámetro interior es el del cilindro inferior, como se puede ver en la figura 23.1. En AutoCAD puede utilizar distintas primitivas en el proceso de modelizado de sólidos (véase la figura 23.2).

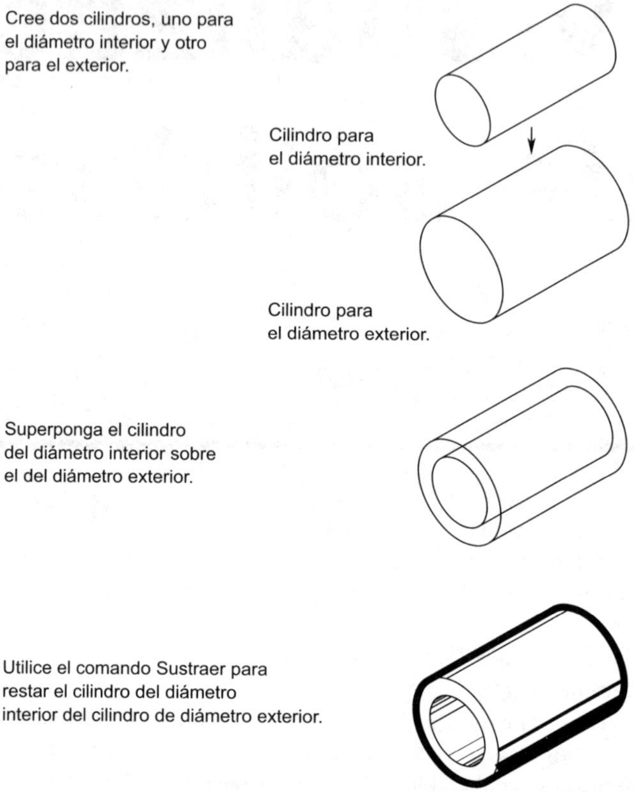

Figura 23.1. Creación de un tubo con ayuda del modelizado sólido.

Estas formas (prisma rectangular, cuña, cono, cilindro, esfera, pirámide, polisólido y toroide) se pueden combinar de cuatro formas para obtener formas secundarias. Las tres primeras, que se muestran en la figura 23.3 y que utilizan un cubo y un cilindro como ejemplo, se denominan "operaciones booleanas" (el nombre procede del matemático del siglo XIX George Boole).

Éstos son los tres tipos de operaciones booleanas:

- **Intersección:** Utiliza solamente la región de intersección de los dos objetos para definir una forma sólida.
- **Sustracción:** Utiliza un objeto para cortar la forma en el otro.
- **Unión:** Une dos primitivas para que actúen como un solo objeto.

Una cuarta opción, interferencia, le permite definir con exactitud el punto en el que coinciden dos o más sólidos en el espacio, similar a los resultados de la unión. La principal diferencia entre la unión y la interferencia es que esta última le permite conservar las formas sólidas originales, mientras que la unión las elimina, generando exclusivamente una forma combinada. Con la interferencia, puede mostrar la forma del espacio coincidente o crear un sólido basado en la forma del espacio coincidente.

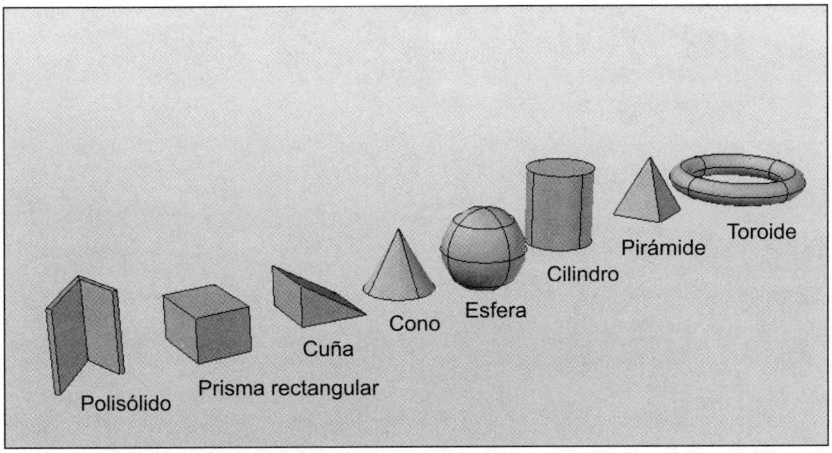

Figura 23.2. Sólidos primitivos.

Las primitivas unidas se denominan sólidos compuestos. También puede unir primitivas entre sí, sólidos compuestos con primitivas y sólidos compuestos con otros sólidos compuestos. A continuación, veremos cómo aplicar todos estos conceptos para crear modelos en AutoCAD.

Crear formas sólidas

En el siguiente apartado, dibujaremos un objeto como el que aparece en la figura 23.21. A lo largo del proceso de creación, nos detendremos en el diseño de modelos sólidos a partir de primitivas y en cómo definir las relaciones entre los elementos.

Las primitivas son las piezas básicas del modelizado de sólidos. En un primer momento, puede parecer escaso disponer solamente de ocho opciones con las que trabajar. Sin embargo, se puede conseguir una amplia variedad de formas simplemente con unos cuantos objetos en dos dimensiones. En primer lugar diseñaremos el volumen básico del soporte de metal.

Primero, prepare su dibujo para el ejercicio:

1. Abra el archivo `Bracket.dwg`. Este archivo contiene algunos objetos que utilizará en la primera mitad del capítulo para construir una forma 3D sólida.
2. Si no está en el espacio de trabajo Modelado 3D, selecciónelo con la herramienta **Cambio de espacio de trabajo ().**

Combinar primitivas

En esta sección, combinará los dos prismas rectangulares. En primer lugar, será necesario ubicar el prisma nuevo y, seguidamente, combinar los dos prismas para formar un único sólido:

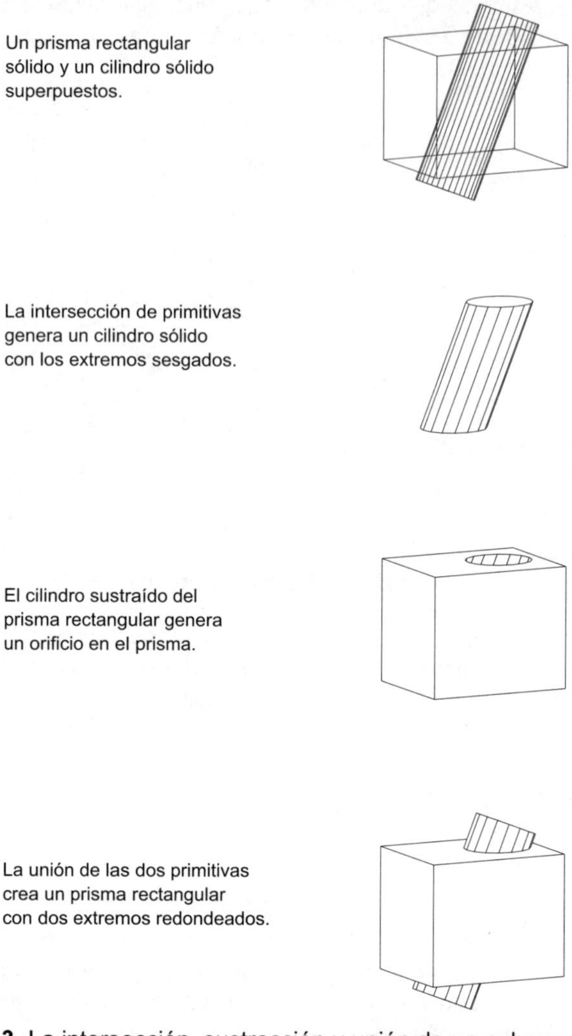

Figura 23.3. La intersección, sustracción y unión de un cubo y un cilindro.

1. Haga clic en **Desplazar** ( ), seleccione el prisma de menor tamaño y pulse **Intro**.
2. En la línea de comando `Precise punto base o [Desplazamiento]:`, utilice el modo de referencia a objetos Punto medio y seleccione el centro de la arista delantera del prisma pequeño, como se puede apreciar en la imagen superior de la figura 23.4.
3. En la línea de comando `Precise segundo punto o <usar primer punto como desplazamiento>:`, seleccione el punto medio de la arista inferior del prisma de mayor tamaño (consulte la imagen inferior de la figura 23.4).
4. Haga clic en la herramienta **Unión** ( ) en el panel Editar sólidos de la ficha Inicio, o escriba `unión` en la línea de comandos y pulse **Intro**.
5. En la línea de comando `Designe objetos:`, seleccione los dos prismas y pulse **Intro**. El dibujo deberá parecerse al de la figura 23.5.

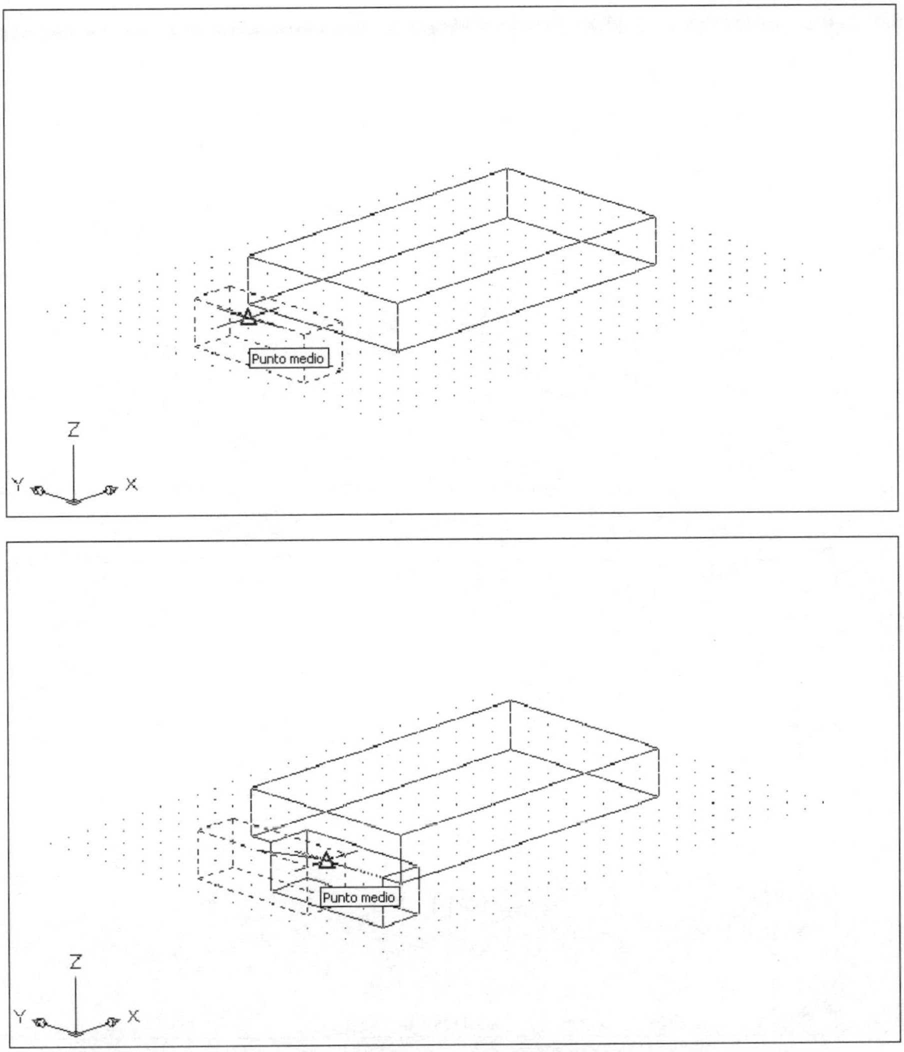

Figura 23.4. Desplazamiento del prisma rectangular de menor tamaño.

Como puede comprobar en la figura 23.5, la forma se ha unido para conformar un solo objeto, que funciona como tal al seleccionarlo. Hemos creado un sólido compuesto a partir de dos primitivas de prisma rectangular.

En el siguiente ejercicio, realizaremos unos orificios en el soporte y aprenderemos a crear formas negativas para cortar partes de un sólido:

1. Active la capa Cylinder. Aparecen dos cilindros sólidos en el modelo, como vemos en la figura 23.6. Estos cilindros tienen una altura de 1,5 unidades.
2. Haga clic en la herramienta **Diferencia** ( ) en el desplegable de la herramienta **Unión** en el panel Editar sólidos o escriba `Dif` y pulse **Intro** en la línea de comandos.
3. En la línea de comando `Designe sólidos y regiones de las que sustraer... Designe objetos:`, seleccione el sólido compuesto y pulse **Intro**.

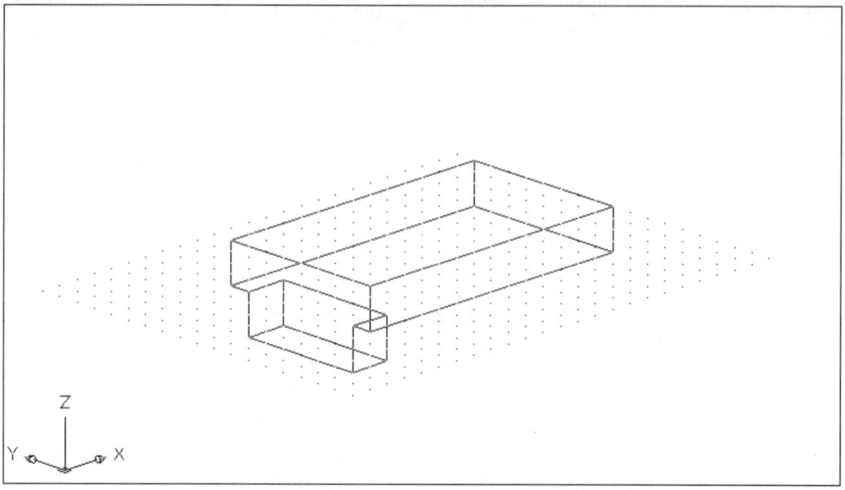

Figura 23.5. Unión de los dos prismas.

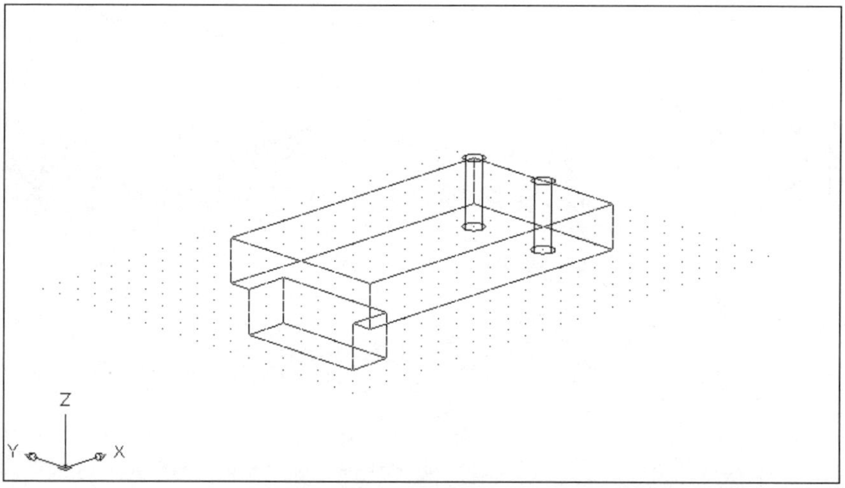

Figura 23.6. Aparecen los cilindros cuando se activa la capa Cylinder.

4. En la línea de comando `Designe sólidos y regiones a sustraer... Designe objetos:`, seleccione los dos cilindros y pulse **Intro**. Los dos cilindros son sustraídos de la forma.

5. Para ver el sólido, seleccione Oculto 3D en el desplegable Estilo visual del panel Vista. Aparecerá una vista de línea oculta del sólido, como en la figura 23.7.

Como ha aprendido en capítulos anteriores, resulta complicado descifrar las vistas de estructuras de alambre, como la del paso 3. Hasta que se utiliza el estilo visual Oculto 3D o el comando **Ocultar** (paso 5), no apreciamos que los cilindros sustraídos son, de hecho, orificios. Este comando le permite realizar el seguimiento de lo que sucede en un modelo sólido. También en el paso 4, los cilindros cambian de forma para adaptarse a la profundidad de la pieza. Los cilindros tienen una altura de 1,5 unidades, no de una sola unidad, que es el grosor de la pieza. Al haber trazado los cilindros a mayor tamaño, podemos ver que en el momento de la diferencia AutoCAD ignora la parte de los cilindros que no afectan a la pieza. Siempre se descartan las partes de una primitiva que no se utilizan en la operación de diferencia.

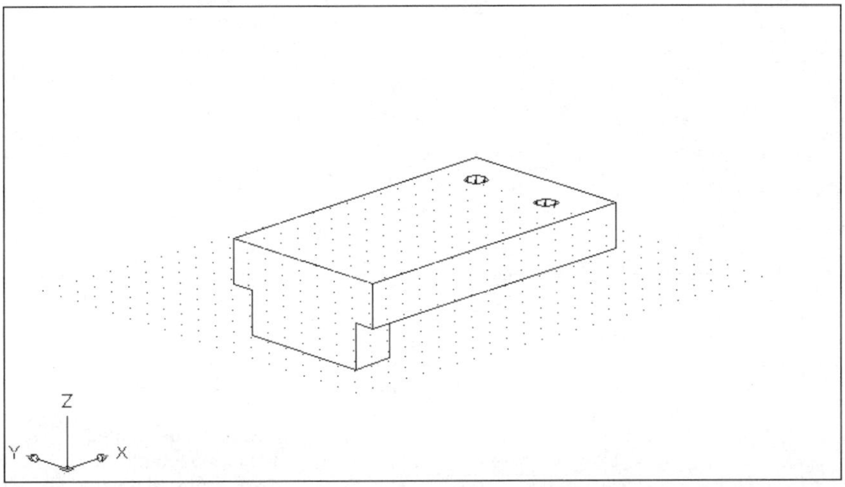

Figura 23.7. La pieza hasta el momento, después de haber eliminado las líneas ocultas.

Uso de operaciones de sólidos 3D en dibujos 2D

Muchas de las propiedades descritas en este capítulo se pueden aplicar a dibujos en dos dimensiones con ayuda del objeto región de AutoCAD. Las regiones son objetos 2D a los que se puede aplicar operaciones booleanas.

La figura 23.8 muestra cómo podemos convertir rápidamente un conjunto de formas creadas mediante polilíneas cerradas en un dibujo de una llave utilizando regiones. Las formas en la parte superior de la figura se convierten primero en regiones utilizando la herramienta **Región** del panel de control Dibujo 2D. A continuación, las formas se alinearán como se muestra en la imagen central de la figura 23.8. Finalmente, los círculos y el rectángulo se unen mediante el comando **Unión** (seleccione Modificar>Editar sólidos>Unión en el Explorador de menús). A continuación, sustraiga las formas hexagonales del objeto global (seleccionando Modificar>Editar sólidos>Diferencia). Puede emplear el archivo de ejemplo `Region.dwg` del CD-ROM adjunto si desea experimentar.

Puede utilizar regiones para generar superficies complejas con agujeros o pliegues poco usuales (véase la figura 23.9). Tenga en cuenta lo siguiente:

- Las regiones son como superficies, cuando se eliminan líneas ocultas, los objetos situados detrás de las regiones se ocultan.
- Las regiones se pueden descomponer para modificarlas, algo que los sólidos no permiten. Sin embargo, al descomponer una región, ésta pierde su calidad de superficie, y los objetos no se ocultan detrás de su superficie.
- Puede hacer **Control-clic** en el borde de una región para editar su forma.

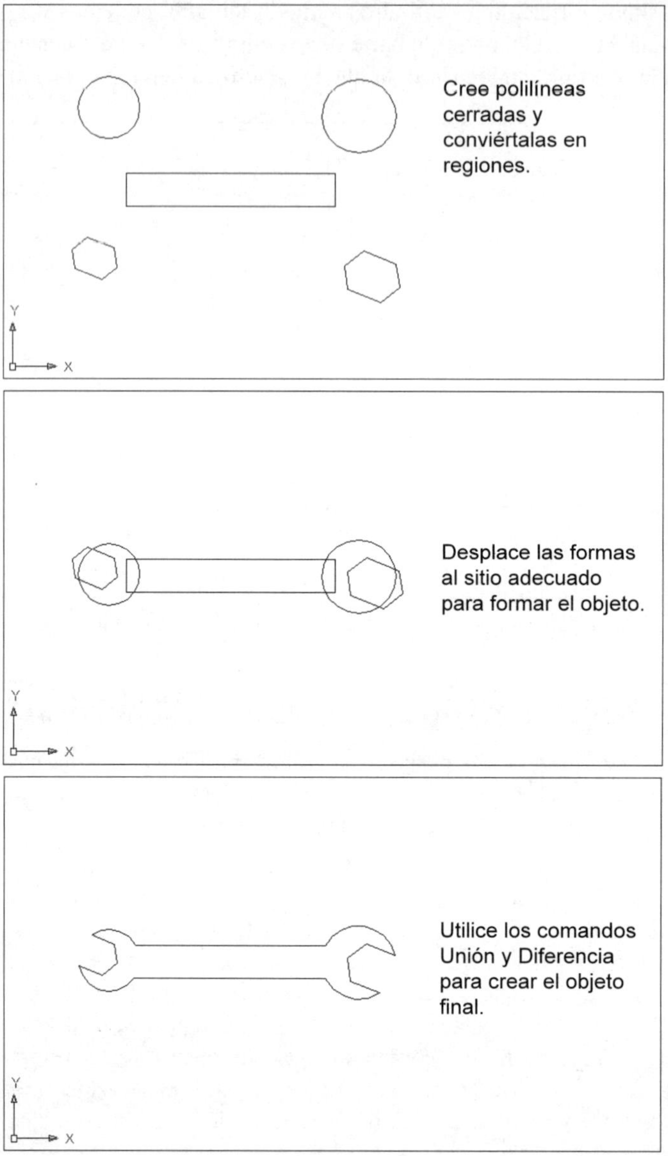

Figura 23.8. Utilización de regiones en el archivo Region.dwg.

Crear sólidos complejos

Como hemos visto anteriormente, se puede transformar una polilínea en sólido con ayuda de la herramienta **Extrusión** del panel Modelado 3D. Esta técnica le permite crear formas de mayor complejidad que las primitivas predeterminadas. Aparte de la extrusión sencilla utilizada previamente, se pueden extrusionar formas en trazados curvos o se puede inclinar una extrusión.

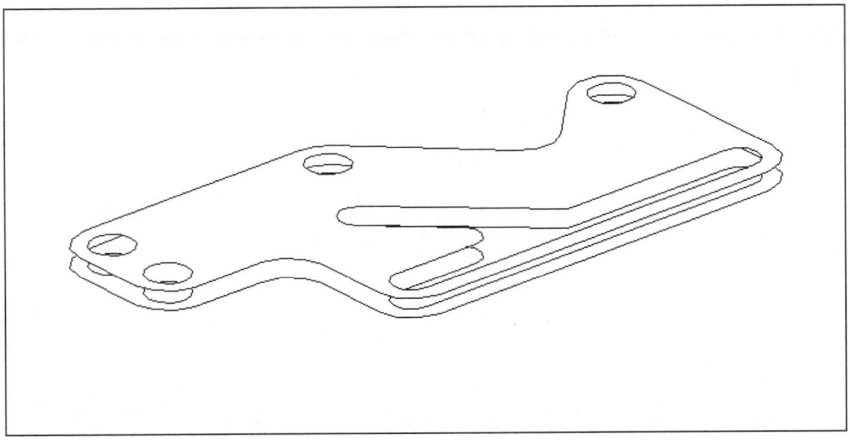

Figura 23.9. Se puede utilizar una región para crear superficies 2D complejas que posteriormente pueden servir para modelar superficies tridimensionales.

Inclinar una extrusión

Veamos cómo se inclina una extrusión para crear, de forma sencilla, sólidos complejos:

1. Active la capa Taper. Aparece una polilínea rectangular. Este rectángulo tiene las esquinas redondeadas a un radio de 0,5 por el comando **Empalme**.
2. Haga clic en la herramienta **Extrusión** () en el panel Modelado 3D de la ficha Inicio o escriba `Ext` en la línea de comandos y pulse la tecla **Intro**.
3. En la línea de comando `Designe objetos para extruir:`, seleccione la polilínea que acaba de crear y pulse **Intro**.
4. En la línea de comando `Precise altura de extrusión o [Dirección/Trayectoria/ángulo Inclinación]<3.0000>:`, escriba `i` y pulse **Intro**.
5. En la línea `Precise ángulo de inclinación para extrusión <0>:`, escriba `4` para conseguir una inclinación de 4º.
6. En la línea de comandos `Precise altura de extrusión o [Dirección/Trayectoria/ángulo Inclinación]<1.0000>:` introduzca `3` y pulse **Intro**. La polilínea extruida debe parecerse a la mostrada en la figura 23.10.
7. Ahora debemos combinar la parte recién creada con el sólido original. Haga clic en la herramienta **Unión** en el panel Editar sólidos de la ficha Inicio.
8. Seleccione la parte extruida y el rectángulo sólido que se encuentra por debajo. Pulse **Intro** para completar su selección.

TRUCO: En el paso 5, puede indicar una inclinación para la extrusión. Especifique una inclinación en términos de grados desde el eje Z o introduzca un valor negativo para inclinar la extrusión hacia afuera. O pulse **Intro** para aceptar el valor predeterminado de 0º y extrusionar la polilínea sin inclinación.

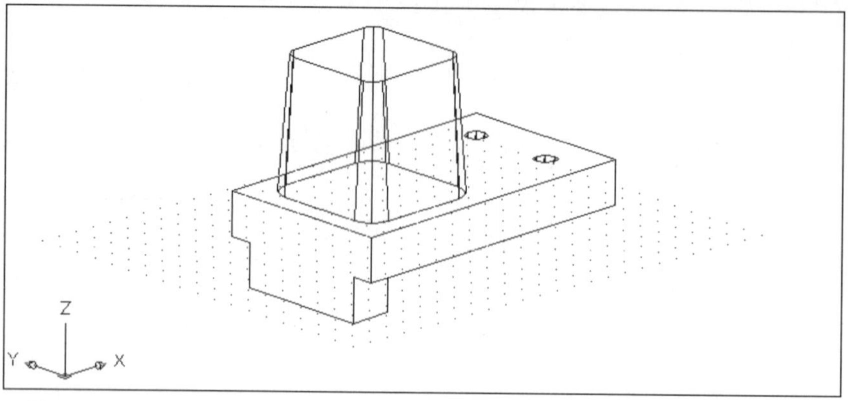

Figura 23.10. La polilínea después de haber utilizado la opción Extrusión.

Qué son las isolíneas

Puede que se haya fijado en el mensaje:

`Densidad de la estructura alámbrica actual: ISOLINES=4`

Este mensaje indica el parámetro actual asignado a la variable de sistema `Isolines`, que controla la forma en la que se muestran los objetos curvados, como los cilindros y los orificios. El valor 4 hace que un cilindro se represente mediante cuatro líneas con un círculo en cada una (como puede observar en los orificios creados para el modelo de la pieza creada en el ejercicio anterior). Puede modificar el parámetro Isolines introduciendo `Isolines` y pulsando **Intro** en la línea de comando. A continuación, se introduce un valor para el número de líneas que se deben utilizar para representar superficies. Este parámetro también se controla mediante la opción Líneas de contorno por superficie de la ficha Visual del cuadro de diálogo Opciones.

Extrusión de curvas

Como comprobará en el siguiente ejercicio, el comando **Extrusión** se puede aplicar a prácticamente la totalidad de formas polilíneas que sigan un trazado definido por una polilínea, un arco o una polilínea 3D. Ya hemos creado los componentes necesarios para llevar a cabo la extrusión. A continuación, completaremos nuestra figura.

1. Active la capa Path. Esta capa contiene el círculo en el que llevará a cabo la extrusión y el trayecto, que se parece a una S, como muestra la figura 23.11.
2. Haga clic en el botón **Barrer** () en el panel Modelado 3D de la ficha Inicio, seleccione el círculo y pulse **Intro**.
3. En la línea de comando `Designe trayectoria de barrido o [Alineación/pUnto base/Escala/Torsión] :`, seleccione la polilínea curva. AutoCAD generará un "tubo" sólido a lo largo de la curva. Probablemente no tenga forma de tubo, ya que el programa dibuja sólidos extruidos como éste por medio de cuatro líneas que marcan el contorno.

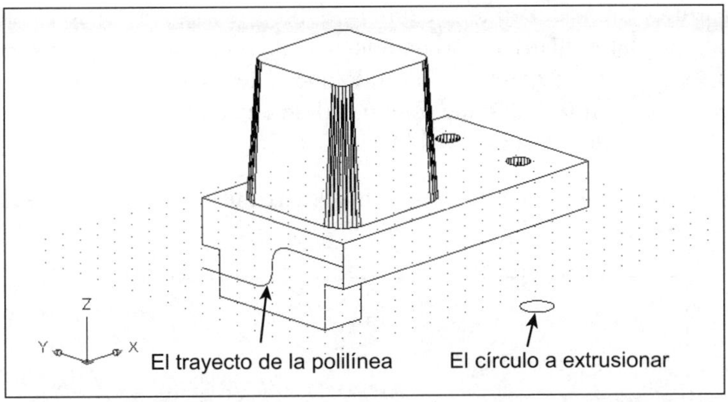

Figura 23.11. La vista Línea oculta le muestra cómo se debe configurar un dibujo para crear una extrusión curva.

4. Haga clic en la herramienta **Diferencia** () en el panel Editar sólidos de la ficha Inicio o escriba `diferencia` en la línea de comandos y pulse **Intro**, luego, seleccione el sólido compuesto.
5. Pulse **Intro** en la línea de comando `Designe objetos:`, seleccione el sólido curvado y pulse de nuevo **Intro**. El sólido en forma de curva se sustraerá del sólido cuadrado, como se aprecia en la figura 23.12.

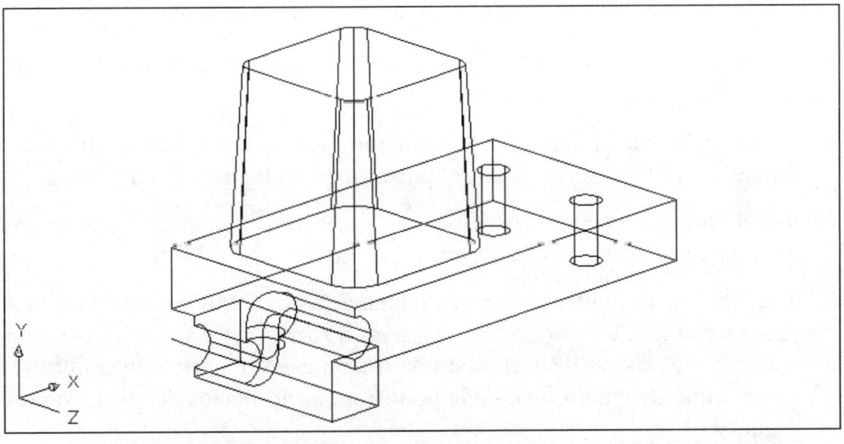

Figura 23.12. El sólido después de haber sustraído la curva.

En este ejercicio hemos utilizado una polilínea curvada para la línea de la extrusión, pero puede utilizar cualquier tipo de polilíneas 2D o 3D así como líneas y arcos en su lugar.

Revolución de polilíneas

Cuando el objetivo es diseñar un objeto circular, el comando **Revolución** en el panel Modelado 3D le permite crear este tipo de sólidos y objetos que se mueven por un trazado circular. Piense en la acción Revolución como similar a un torno que le permite tallar una forma a partir de un objeto en un eje giratorio. En este caso, el objeto es una polilínea y, en lugar de tallarlo, define el perfil y, a continuación, revolucione el perfil alrededor de un eje. En el siguiente ejercicio, dibujaremos un sólido que generará una ranura en el sólido inclinado. Ya ha creado una polilínea 2D que es el perfil de una ranura. Utilizará un simple "copiar y pegar" para traer la polilínea al dibujo del soporte:

1. Aumente el zoom en la parte superior del prisma inclinado para que la vista se parezca a la de la figura 23.13.

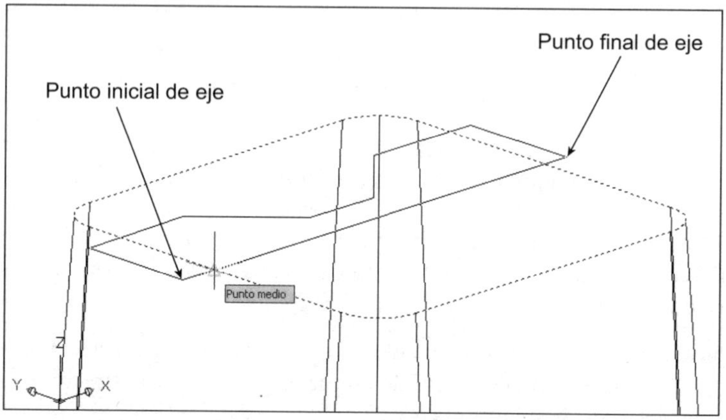

Figura 23.13. Vista aumentada de la parte superior del prisma inclinado y la polilínea pegada.

2. Active la capa Revolve. Esta capa contiene una polilínea cerrada que utilizará para crear una forma cilíndrica.
3. Haga clic con la herramienta **Revolución** () en el panel Modelado 3D de la ficha Inicio o escriba `Revolucion` y pulse **Intro** en la línea de comandos.
4. En la línea de comando `Designe objetos para revolución:`, seleccione la polilínea que acabamos de crear y pulse **Intro**.
5. Cuando vea la siguiente línea de comando: `Precise punto inicial de eje de revolución o defina eje mediante [Objeto/Abscisas/oRdenadas]:`, debe utilizar el modo de referencia a objetos Punto final y seleccionar el principio del punto final de la polilínea que acabamos de crear, como vimos en la figura 23.13.
6. En la línea de comando `Precise punto final del eje:`, active el modo Orto (pulse **F8**). Debe seleccionar un punto situado a la izquierda de la pantalla de forma que la banda elástica sea paralela al eje X.
7. En la línea de comando `Precise ángulo de revolución o [ángulo Inicial] <360>:`, pulse **Intro** para girar la polilínea a 360º. La forma que se genera aparecerá en pantalla (véase la figura 23.14).

Acabamos de crear un sólido revolucionado que se sustraerá del prisma inclinado para formar una ranura en la pieza. Antes de sustraerlo, es necesario modificar ligeramente la orientación del sólido:

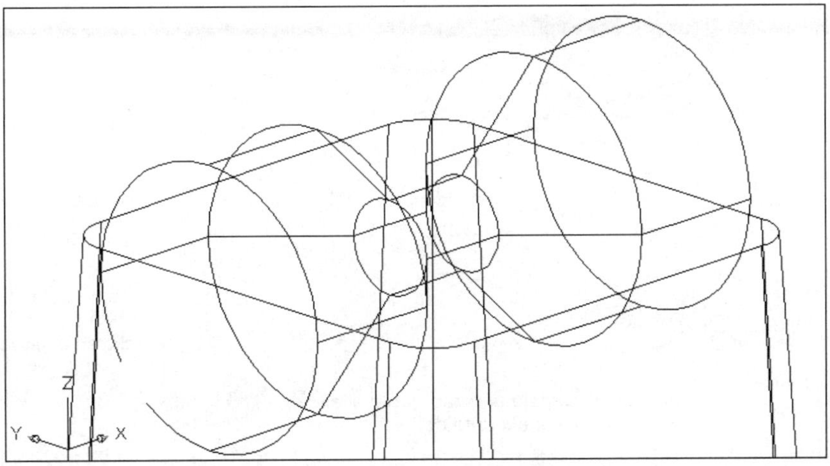

Figura 23.14. La polilínea después de haber utilizado la herramienta Revolución.

1. Haga clic en la herramienta **Giro 3D** ( ) en el panel Modificar, o seleccione Modificar> Operación en 3D>Giro 3D en el Explorador de menús. Verá la línea de comandos:

```
Ángulo actual positivo en SCP: ANGDIR=En sentido horario inverso
Designe objetos:
```

2. Seleccione el sólido revolucionado y pulse **Intro**.
3. En la línea de comando `Precise punto base:`, utilice el modo de referencia a objetos Punto medio y seleccione la arista del lateral derecho de la cara superior (consulte la figura 23.15).
4. En la línea de comando `Precise un eje de rotación:` sitúe el cursor en la herramienta de pinzamiento de rotación verde y, cuando vea que una línea verde aparece a lo largo del eje Y, haga clic con el ratón.
5. En la línea de comando `Precise punto inicial de ángulo:` sitúe el cursor en la dirección del eje X y haga clic con el ratón.
6. Aparecerá la línea `Precise punto final del ángulo:`. Escriba `-5` y pulse **Intro** para establecer una rotación de -5º . El sólido girará 5º sobre el eje Y.
7. Haga clic en la herramienta **Diferencia** en el panel Editar sólidos o escriba `diferencia` en la línea de comandos y pulse **Intro**, seleccione el prisma inclinado y pulse **Intro**.
8. En la línea de comando `Designe objetos:`, seleccione el sólido revolucionado y pulse **Intro** dos veces. El dibujo debería parecerse al de la figura 23.16.

Editar sólidos

Las formas sólidas básicas resultan sencillas de crear. Sin embargo, el retoque de dichas formas requiere el uso de herramientas especiales. En esta sección aprenderemos a utilizar las herramientas de edición en 2D y otras nuevas, que nos permitirán modificar sólidos. También analizaremos la herramienta **Corte**, que sirve para cortar un sólido en dos.

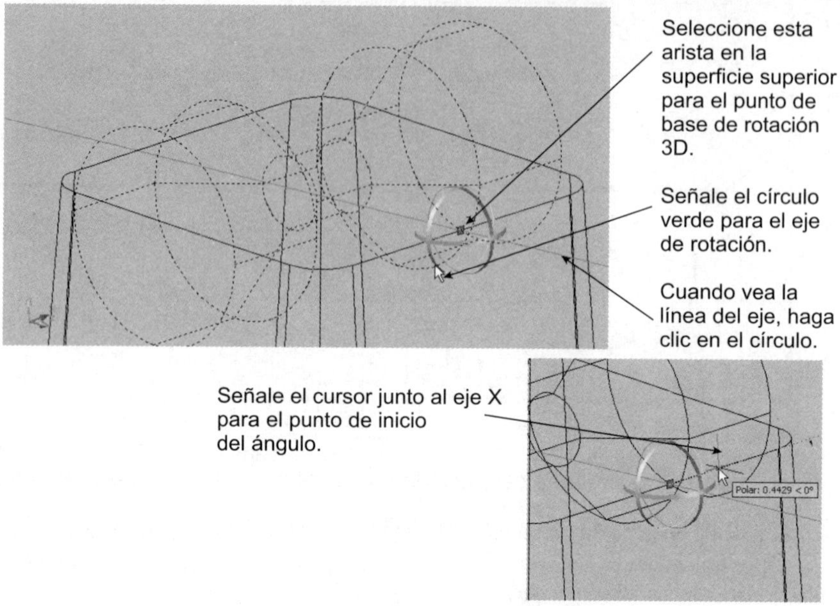

Figura 23.15. Selección de los puntos que nos permitirán girar el sólido revolucionado en el espacio 3D.

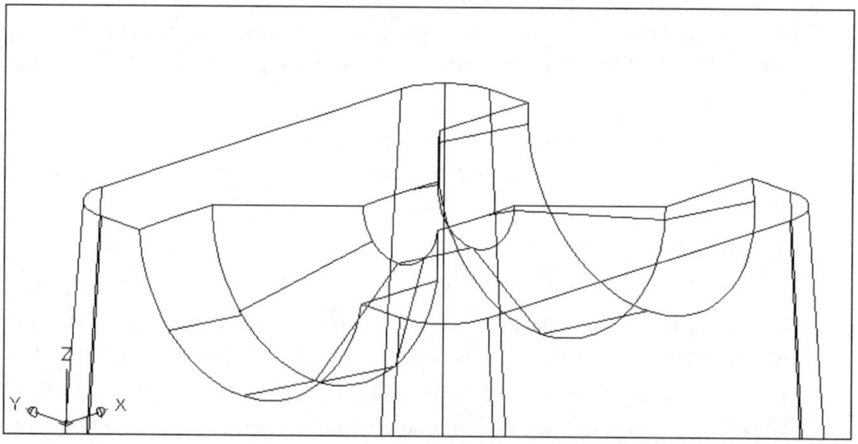

Figura 23.16. El sólido compuesto.

Dividir un sólido en dos

Una de las herramientas de edición de sólidos más utilizadas es la herramienta **Corte**, que, como su nombre indica, le permite cortar un sólido en dos mitades. Lo podemos comprobar en el siguiente ejercicio:

1. Acerque la imagen a la vista anterior.
2. Haga clic en la herramienta **Corte** () en el panel expandido Editar sólidos de la ficha Inicio o escriba `Corte` y pulse **Intro**.

3. En la línea de comando `Designe objetos para cortar:`, seleccione la parte con la que hemos estado trabajando y pulse **Intro**.

TRUCO: En el paso 3, puede seleccionar varios sólidos. El comando **Corte** los dividirá todos a través del plano indicado en los pasos 4 y 5.

4. En la línea de comando:

`Precise punto inicial de plano cortante u [Objeto plano/Superficie/ejeZ/ Vista/XY/YZ/ZX/3puntos]:`

escriba `XY` y pulse **Intro**. Esto le permitirá definir un plano de corte paralelo al plano XY.

5. En la línea de comando `Precise un punto en el plano XY <0,0,0>:`, escriba `0,0,.5`, y pulse **Intro**. De esta forma se coloca el plano cortante 0,5 unidades en la coordenada Z. También puede utilizar el modo de referencia a objetos Punto medio y seleccionar una arista vertical de la base rectangular del sólido.

TRUCO: Si quiere borrar una cara del sólido cortado puede indicar la cara que desea mantener haciendo clic en ella en el paso 6 en lugar de escribir `A` en la línea de comandos.

6. Escriba `A` y pulse **Intro** en la línea de comando `Precise un punto en el lado deseado o [mantener Ambos lados]:` para mantener los dos lados del sólido. AutoCAD dividirá la figura horizontalmente media unidad por encima de la base (véase la figura 23.17).

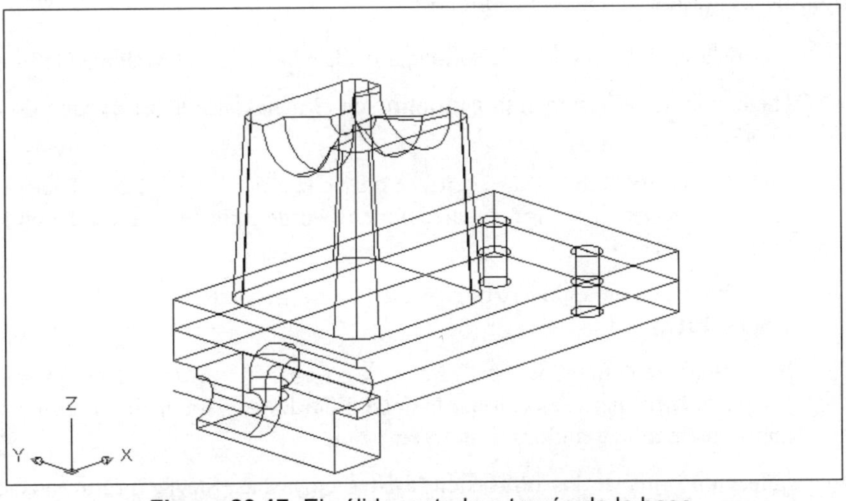

Figura 23.17. El sólido cortado a través de la base.

En el paso 4, vimos varias opciones para el comando **Corte**. Puede tomar nota de esas opciones para futuras consultas. La tabla 23.1 proporciona una lista de opciones y su propósito.

Tabla 23.1. Opciones del comando Corte.

Opción	Propósito
`Objeto plano`	Le permite seleccionar un objeto para definir el plano cortante.
`Superficie`	Le permite seleccionar un objeto de superficie para definir la forma del corte.
`EjeZ`	Le permite definir dos puntos para determinar el eje Z del plano cortante. Estos dos puntos serán perpendiculares al plano cortante.
`Vista`	Genera un plano cortante perpendicular a la vista actual. Debe introducir la coordenada por la que va a pasar el plano, habitualmente un punto del objeto.
`XY/YZ/ZX`	Seleccione una de las tres para determinar el plano cortante en función de los ejes X, Y y Z. Se le pide que seleccione un punto a través del que pasará el plano cortante.
`3 puntos`	La opción predeterminada. Le permite seleccionar tres puntos que definan el plano cortante. Se suelen designar puntos del sólido.

Redondear esquinas con la herramienta Empalme

La pieza de soporte que estamos creando presenta esquinas pronunciadas, que podemos redondear para conferirle un aspecto más real. Para ello, podemos utilizar las herramientas **Empalme** y **Chaflán** del panel Modificar.

1. Ajuste la vista del modelo de forma parecida a la imagen ilustrada en la figura 23.18.
2. Haga clic en la herramienta **Empalme** en el panel Modificar expandido de la ficha Inicio.
3. En la línea de comando `Designe el primer objeto o [Polilínea/RAdio/Recortar/múLtiple]:`, seleccione el borde indicado en la imagen superior de la figura 23.18.
4. En la línea de comando `Indique radio de empalme <0.4000>:`, indique `.2` y pulse **Intro**.
5. En la línea de comando `Designe una arista o [Cadena/Radio]:`, escriba `C` y pulse **Intro** para seleccionar la opción Cadena. Esta opción permite seleccionar una serie de aristas sólidas para su empalme.
6. Seleccione una de las otras siete aristas en la base de la figura ahusada y pulse **Intro**.

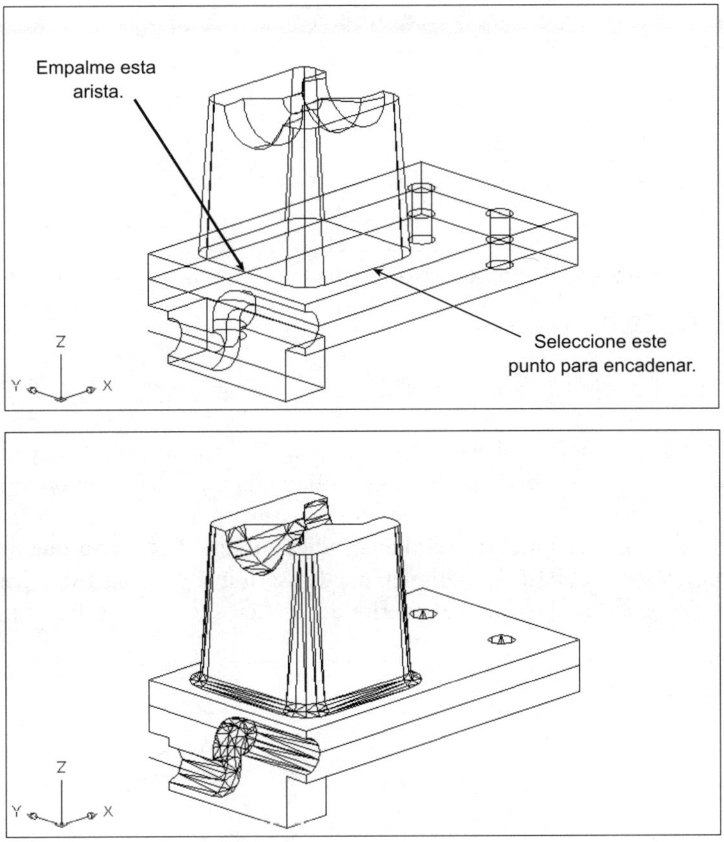

Figura 23.18. Empalme de sólidos.

7. Seleccione Ver>Ocultar en el Explorador de menús o escriba `oculta` y pulse **Intro** para obtener una mejor vista del modelo, como se ilustra en la imagen inferior de la figura 23.18.

Como se ha visto en el paso 5, **Empalme** funciona de una forma ligeramente diferente al utilizarla sobre sólidos. La opción Cadena permite seleccionar un conjunto de aristas y no solamente objetos adyacentes.

Redondear esquinas con la herramienta Chaflán

A continuación, vamos a redondear una esquina. Para practicar con el comando **Chaflán**, agregaremos un borde de ajuste al orificio cilíndrico creado en el primer sólido.

1. Escriba `Regen` y pulse **Intro** en la línea de comando para volver a la vista de estructura alámbrica del modelo.
2. Haga clic en la herramienta **Chaflán** () en el panel Modificar expandido (haga clic en el desplegable Empalme si no puede ver **Chaflán**) o escriba `Ch` y pulse **Intro** (véase la figura 23.19).

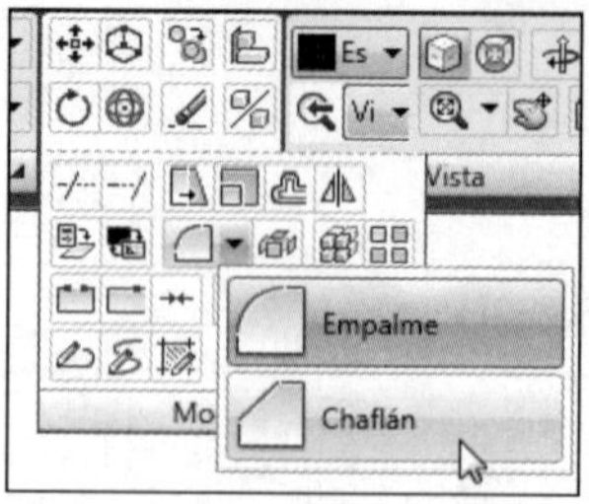

Figura 23.19. Herramientas Empalme y Chaflán en el desplegable.

3. En la línea de comandos:

```
Designe la primera línea o [desHacer/Polilínea/Distancia/ángUlo/Recortar/
Método/múLtiple]:
```

seleccione el borde del orificio, como se ilustra en la figura 23.20. Como observará, se selecciona la superficie superior del sólido y la línea de comando muestra el mensaje `Indique opción de selección de superficie [Siguiente/Aceptar] <Aceptar>:`. La parte resaltada indica la superficie base que se utilizará como referencia en el paso 5. (También puede escribir `S` y pulsar **Intro** para seleccionar la otra superficie adyacente, el interior del orificio, como superficie base.)

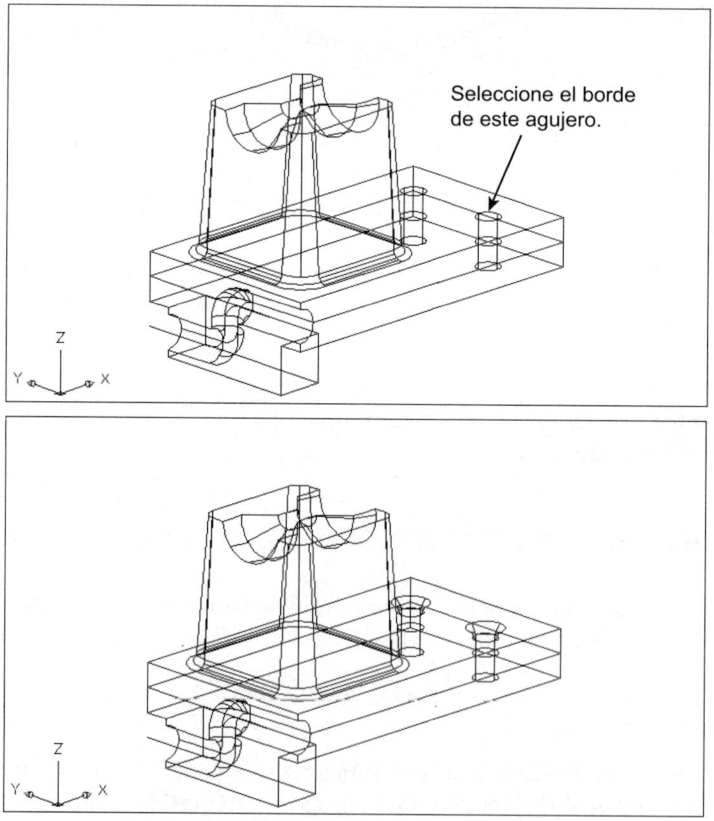

Figura 23.20. Seleccionar la arista para el chaflán.

4. Pulse **Intro** para aceptar la cara actual resaltada.
5. En la línea de comando `Precise superficie de base distancia de chaflán <0.1250>:`, escriba `.125` y pulse **Intro**. Este valor indica que queremos que el chaflán tenga un ancho de 0,125 sobre la superficie resaltada.
6. En la línea de comando `Precise otra superficie distancia de chaflán <0.2000>:`, escriba `.2` y pulse **Intro**.
7. En la línea de comando `Designe una arista o [Bucle]:`, haga clic en los bordes de ambos orificios y pulse **Intro**. Cuando el comando haya completado su trabajo, el resultado se parecerá a la imagen ilustrada en la figura 23.21.

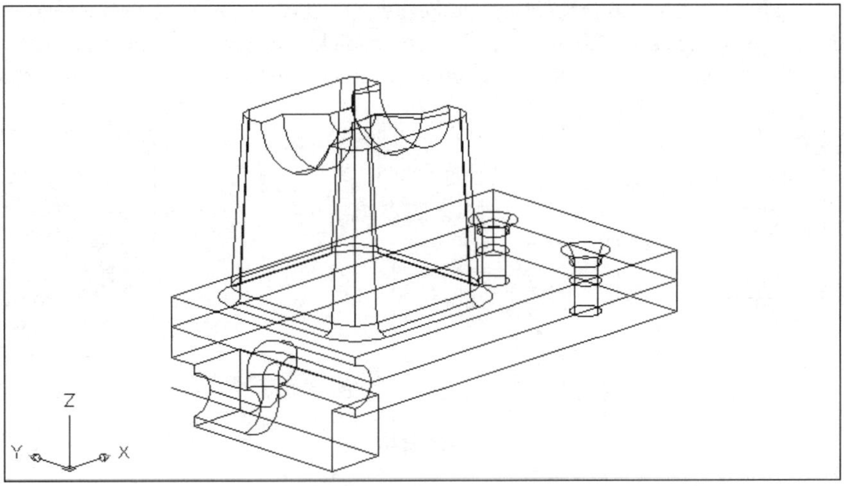

Figura 23.21. El borde achaflanado.

8. Tras revisar el trabajo realizado, guarde el archivo `Bracket.dwg`.

TRUCO: La opción Bucle del paso 7 permite redondear la circunferencia completa de un objeto. En el ejercicio no necesitamos utilizarla, porque el borde forma un círculo. La opción Bucle se utiliza cuando tenemos un borde rectangular o de otro tipo poligonal que deseemos redondear.

Herramientas para editar sólidos

Hemos modificado el soporte con las herramientas estándar de edición de AutoCAD. Existe una serie de herramientas específicas para la modificación de sólidos. Anteriormente hemos utilizado las herramientas **Unión** y **Diferencia**, que se encuentran en el panel Editar sólidos. En el siguiente apartado analizaremos algunas de las otras herramientas de ese panel.

No tiene que realizar los ejercicios descritos en esta sección, pero si los revisa, le mostrarán lo que está disponible. Cuando se sienta más cómodo trabajando en 3D, puede que desee volver y experimentar con el archivo llamado `soliedit.dwg` que se muestra en las figuras de esta sección.

ADVERTENCIA: Muchas de las funciones comentadas en esta sección sólo trabajarán en una vista de proyección paralela. Puede cambiar a una vista de proyección paralela mediante la selección del estilo visual Estructura alámbrica 2D o haciendo clic en la herramienta **Proyección paralela** del panel de control Navegar 3D.

Las herramientas en el panel Editar sólidos

Muchas de las herramientas del panel Editar sólidos están en desplegables. Esto hace que sea un poco difícil describir su ubicación porque la herramienta predeterminada cambia en función de la última herramienta del desplegable seleccionada.

Para ayudarle a encontrar fácilmente las herramientas descritas en estos apartados. Puede ver los desplegables en su posición abierta con cada herramienta nombrada en la figura 23.22. Puede utilizar esta figura como referencia cuando esté listo para utilizar una herramienta.

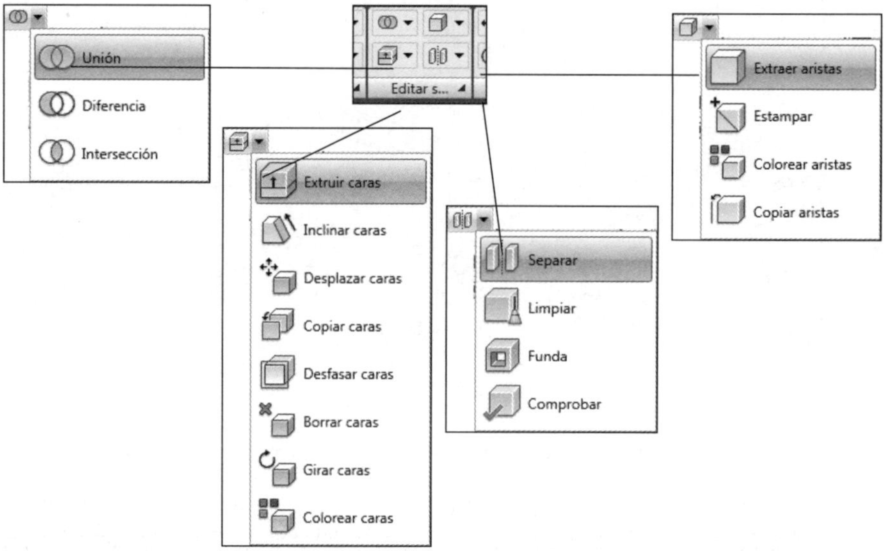

Figura 23.22. El panel Editar sólidos de la ficha Inicio y sus desplegables.

Desplazar una superficie

Podemos mover cualquier superficie plana de un sólido 3D utilizando la herramienta **Desplazar caras** ( ) en el desplegable Caras del panel Editar sólidos. Cuando haga clic en esta herramienta, el programa le pedirá que seleccione las caras con las que desea trabajar. Dado que realmente sólo podrá seleccionar la arista que marca la unión entre dos caras, deberá seleccionar dicha arista y utilizar la opción Eliminar para eliminar una de las dos caras seleccionadas (véase la figura 23.23). Una vez que haya realizado su selección, pulse la tecla **Intro** para especificar la distancia del desplazamiento. Después de seleccionar la superficie que desea mover, la herramienta **Desplazar caras** funcionará exactamente igual que el comando **Desplazar**, selecciona un punto base y un desplazamiento. Observe cómo el lateral curvado del modelo amplía su curvatura para ajustarse a la nueva ubicación de la superficie. Esto nos indica que AutoCAD intenta mantener la geometría del modelo cuando realizamos cambios en sus caras.

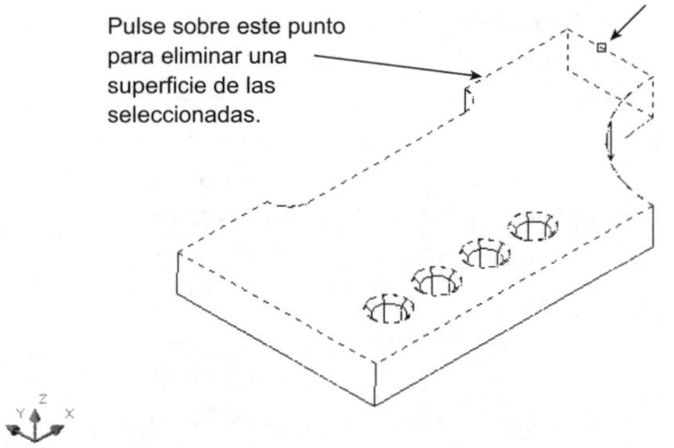

Figura 23.23. Para seleccionar la superficie vertical de la derecha del modelo, haga clic en la arista y utilice la opción Eliminar para eliminar la superficie superior de la selección.

Desplazar caras también permite mover objetos completos, tales como la totalidad de un modelo. Si observa la figura 23.24, observará que uno de los agujeros se ha desplazado dejando de estar en línea con los otros tres. Esto se consigue seleccionando el contorno y el agujero con la herramienta **Desplazar caras**.

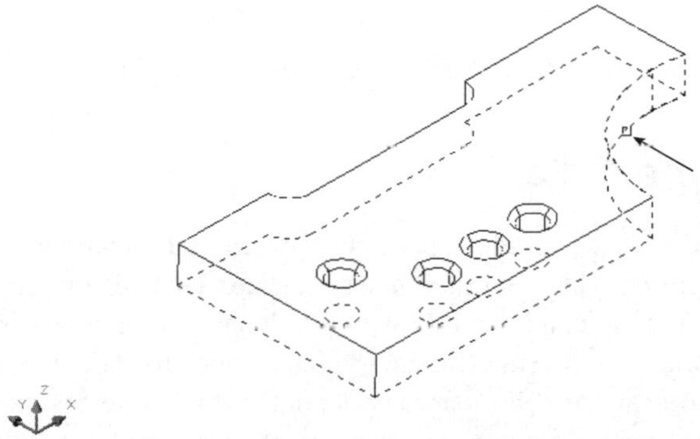

Figura 23.24. Selección de la superficie que se va a desfasar.

TRUCO: Si un parámetro History de sólido está configurado como registro, puede hacer **Control-clic** sobre su superficie para mostrar el pinzamiento de la superficie. Luego, puede utilizar el pinzamiento en el centro de la superficie para desplazarla.

Desfasar una superficie

Supongamos que hay que reducir el radio del arco que aparece en la esquina derecha de nuestro modelo y que, simultáneamente, queremos agrandar el objeto en la misma cantidad en la que reduzcamos el radio. Para llevar a cabo esta operación es necesario utilizar la herramienta

Desfasar caras (). Esta herramienta realiza una función similar al comando **Desfase** que ya hemos estudiado anteriormente en este libro. La diferencia es que la herramienta **Desfasar caras** en el desplegable Caras del panel Editar sólidos afecta a sólidos en 3D.

Cuando haga clic en la herramienta **Desfasar caras** en el desplegable Caras del panel Editar sólidos, el programa le pedirá que seleccione una cara. Al igual que sucede con la herramienta **Desplazar**, debe seleccionar una arista que seleccionará dos caras. Si sólo desea desfasar una cara, deberá emplear la opción Eliminar para eliminar una de las caras. En la figura 23.24 se ha seleccionado una arista. La figura 23.25 muestra el efecto de la herramienta **Desfasar caras** cuando se desfasan ambas superficies.

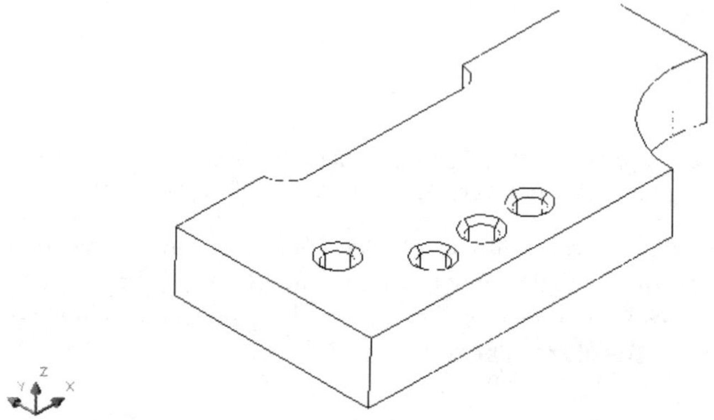

Figura 23.25. El modelo después de desplazar la superficie curvada y la superficie inferior.

Eliminar una superficie

Ahora supongamos que hemos decidido eliminar la parte curvada del modelo. Puede utilizar la herramienta **Borrar caras** () para eliminar una superficie. Una vez más, el programa nos pedirá que seleccionemos las caras con las que deseamos trabajar. Normalmente, sólo querremos eliminar una única cara, como en la superficie curvada de nuestro modelo de ejemplo. Así pues, utilice la opción Eliminar para eliminar la cara contigua a la que desea borrar antes de dar por finalizada la selección de objetos. Cuando se intenta eliminar una superficie, no debe olvidar que el resto de superficies del modelo la deben recuperar. Por ejemplo, no se puede borrar la superficie superior de un cubo y esperar que se transforme en una pirámide, ya que los laterales tendrían que cambiar de orientación, algo no permitido en una operación como ésta. Sin embargo, sí se puede eliminar la parte superior de un prisma rectangular con lados inclinados. En este caso, los lados convergen para formar una pirámide.

Girar una superficie

Todas las superficies de nuestro modelo son paralelas o perpendiculares entre sí. Imaginemos que dos de las caras deben formar un ángulo. Se puede cambiar el ángulo de una superficie con ayuda de la herramienta **Girar caras** (). Como en las herramientas de edición de sólidos anteriores, esta herramienta le pedirá que seleccione las caras con las que desea trabajar. Luego, deberá especificar un eje de rotación. Puede tanto seleccionar un punto como utilizar el valor predeterminado o seleccionar dos puntos para definir un eje de rotación, tal como se muestra en la figura 23.26. Una vez determinado el eje, podremos especificar un ángulo de rotación. La figura 23.27 muestra el resultado de rotar las dos superficies frontales un ángulo de 4º.

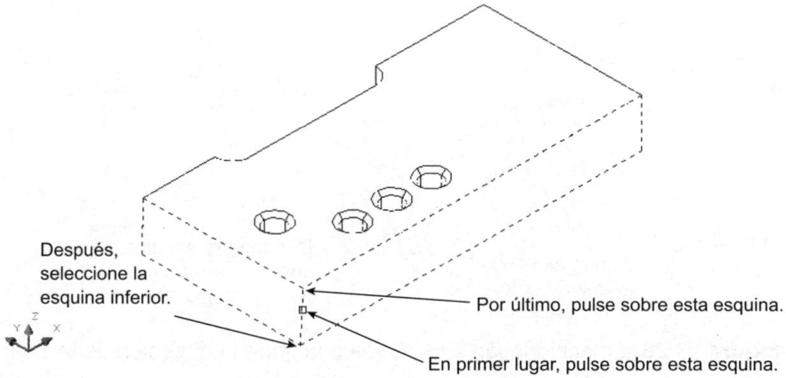

Figura 23.26. Definición del eje de rotación.

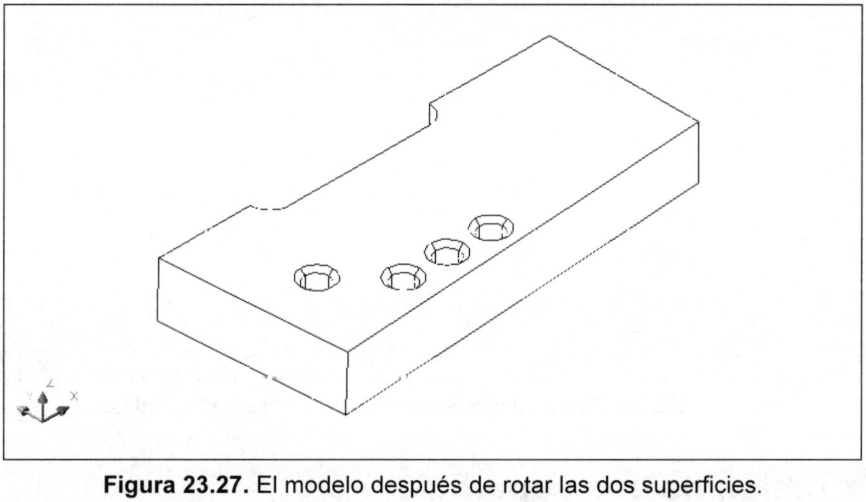

Figura 23.27. El modelo después de rotar las dos superficies.

Inclinar una superficie

En uno de los ejercicios anteriores, vimos cómo crear un nuevo sólido inclinado con ayuda del comando **Extrusión**. Sin embargo, para inclinar un sólido ya existente, debe seguir los pasos que se incluyen a continuación: La herramienta **Inclinar caras** ( ) en el desplegable Caras del panel Editar sólidos le pedirá que seleccione las superficies con las que desea trabajar. Puede seleccionar dichas caras de la misma forma que hemos descrito previamente para las restantes herramientas, empleando la opción Eliminar o Añadir para seleccionar diferentes caras (consulte la figura 23.28). Pulse la tecla **Intro** cuando haya finalizado su selección y, a continuación, indique el eje para la inclinación. En el modelo de ejemplo de la figura 23.28, seleccione dos esquinas definiendo un eje vertical. Finalmente, introduzca el ángulo de inclinación. La figura 23.29 muestra el modelo inclinado un ángulo de 4º.

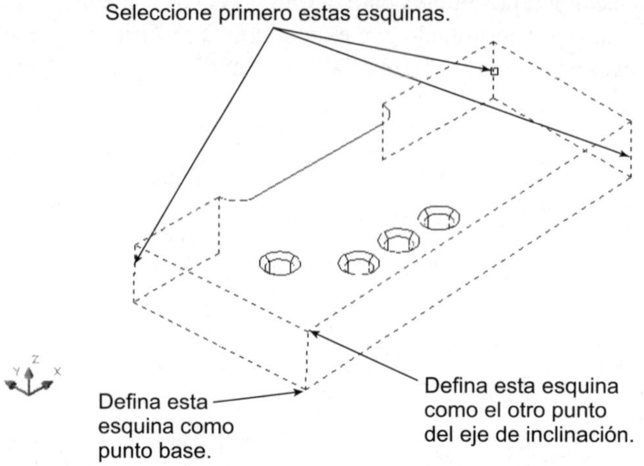

Figura 23.28. Seleccione las superficies e indique la dirección de la inclinación.

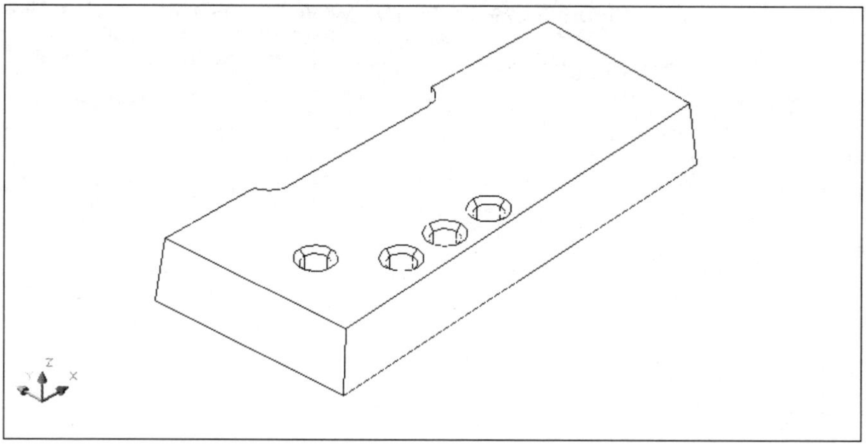

Figura 23.29. El modelo después de inclinar los lados.

Extrusión de una superficie

Anteriormente, utilizamos la herramienta **Extrusión** para crear dos de los sólidos del soporte. Esta herramienta exige una polilínea cerrada para poder llevar a cabo su operación. Como alternativa, en el panel Editar sólidos se incluye la herramienta **Extruir caras** (), que extruye una superficie de un sólido existente.

Cuando hace clic en la herramienta **Extruir caras** del desplegable Caras en el panel Editar sólidos, el programa le mostrará el mensaje `Designe caras o [desHacer/Eliminar]:` en la línea de comandos. Seleccione una arista o un conjunto de aristas o utilice la opción Eliminar para definir las caras con las que desea trabajar. Pulse la tecla **Intro** cuando haya completado su selección y, a continuación, especifique la altura y el ángulo de inclinación. La figura 23.30 muestra el modelo de ejemplo con la cara frontal extruida e inclinada un ángulo de 45°. Si así lo necesita, puede extruir varias superficies al mismo tiempo seleccionando todas ellas a la vez.

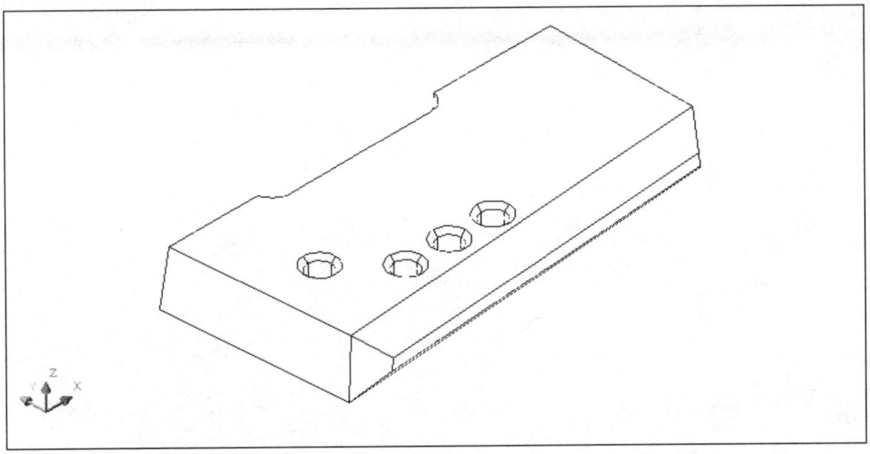

Figura 23.30. El modelo con una superficie extruida e inclinada.

Aparte de estas características, la herramienta **Extruir caras** funciona de manera similar al comando **Extrusión**.

Convertir un sólido en una funda

En algunos casos, es conveniente que el modelo 3D sea hueco y no un cuerpo sólido. La herramienta **Funda** ( ) le permite modificar un sólido de esta forma, como podemos comprobar a continuación: Cuando haga clic en la herramienta **Funda** en el desplegable Separar/Limpiar/Funda/Comprobar en el panel Editar sólidos, el programa le pedirá que seleccione un sólido 3D. A continuación, le pedirá que seleccione las caras que desea eliminar. Llegados a este punto, podrá seleccionar una arista del sólido para indicar la superficie que desea eliminar. La superficie seleccionada será completamente eliminada del modelo, quedando expuesto el interior del objeto. Por ejemplo, si selecciona la arista frontal del modelo de ejemplo que se muestra en la figura 23.31, se eliminarán las superficies frontal y superior, revelando el interior del sólido tal como se muestra en la figura 23.32. Después de seleccionar las superficies a eliminar podrá definir el grosor de la funda.

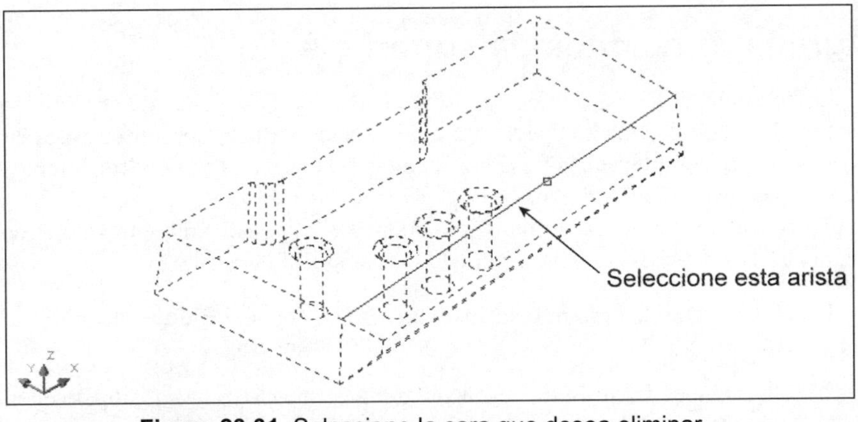

Figura 23.31. Seleccione la cara que desea eliminar.

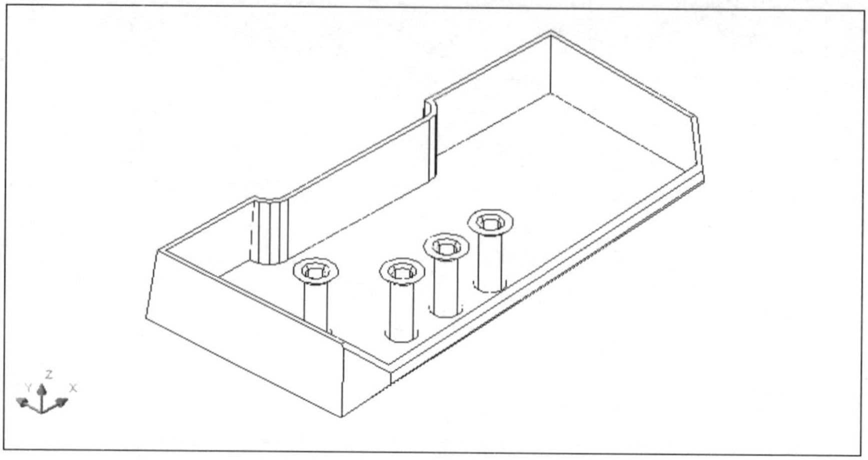

Figura 23.32. El modelo sólido después de emplear la herramienta Funda.

El grosor de la funda se agrega a la superficie exterior del sólido, por lo que si construye un sólido con la intención de crear una funda, debería tener este hecho en cuenta.

Copiar caras y aristas

En ocasiones será necesario crear una copia de una superficie de un sólido para analizar su área o generar otra parte que coincida con dicha superficie. La herramienta **Copiar caras** ( ) le permite obtener una copia de cualquiera de las superficies de un modelo. La copia que se obtiene es un objeto denominado región. Este tipo de objetos se explica más adelante en este capítulo.

Las copias de una superficie son opacas y pueden ocultar objetos detrás de ellas cuando se utiliza una eliminación de línea oculta (seleccione Ver>Ocultar en el Explorador de menús).

Otra herramienta de similar comportamiento es **Copiar aristas** ( ). En lugar de seleccionar las superficies como en la herramienta **Copiar caras**, es necesario indicar las aristas que se quieren copiar. Como resultado, se obtiene una serie de líneas que representan las aristas del modelo. Es una herramienta muy útil para transformar un sólido en un conjunto de caras tridimensionales, y le permite crear un marco al que posteriormente puede añadir las caras tridimensionales.

Agregar funciones de superficie

La herramienta **Estampar** nos permite añadir una función a una superficie plana. Una función de superficie añadida puede ser coloreada o extruida a posteriori. Esta característica es un poco más compleja que otras herramientas del panel Editar sólidos. Intente el siguiente ejercicio para ver cómo funciona.

Comenzaremos por insertar un objeto que sea el origen de un estampado. A continuación estamparemos el perfil del objeto sobre el modelo sólido principal.

1. Haga clic en la herramienta **Insertar** ( ) en el panel Bloque de la ficha Bloques y referencias para abrir el cuadro de diálogo Insertar.

2. Haga clic en **Examinar**, busque el archivo `Imprint.dwg`, situado en la carpeta de ejemplos y selecciónelo.

3. En el cuadro de diálogo Insertar, asegúrese de activar la opción Descomponer y desactive la opción Precisar en pantalla del grupo Punto de inserción.
4. Haga clic en **Aceptar**. El bloque aparecerá en mitad del sólido.
5. Haga clic en la herramienta **Estampar** ( ) en el desplegable Aristas en el panel Editar sólidos de la ficha Inicio.
6. Haga clic en el modelo sólido principal.
7. Haga clic en el sólido insertado.
8. En la línea de comando Suprimir el objeto origen [Sí/No] <N>:, escriba S y pulse **Intro**.

Como resultado, tenemos un contorno de la inserción entre dos sólidos estampados en la superficie del modelo. Para destacar el estampado, siga los pasos que se detallan a continuación para cambiar su color.

1. Haga clic en la herramienta **Colorear caras** ( ) en el desplegable Caras del panel Editar sólidos.
2. Haga clic en el estampado del ejercicio anterior. El estampado y toda la parte superior de la superficie se resaltarán.
3. En la línea de comando Designe caras o [desHacer/Eliminar]:, escriba E y pulse **Intro**. A continuación haga clic en el borde exterior de la superficie superior para eliminarla del conjunto de selección.
4. Pulse **Intro** para abrir el cuadro de diálogo Seleccionar color.
5. Haga clic en la muestra de color rojo situada en la parte superior del cuadro de diálogo y pulse **Intro**. Como resultado, el estampado se volverá rojo.
6. Pulse **Intro** dos veces para salir del comando.
7. Para ver el efecto completo de la herramienta **Colorear caras**, seleccione el estilo visual Realista o Conceptual en el desplegable Estilo Visual en el panel Vista. También puede encontrar los estilos visuales en el menú Ver>Estilos visuales.

Si desea eliminar un estampado de una superficie, utilice la herramienta **Limpiar** ( ) del desplegable Separar/Limpiar/Funda/Comprobar en el panel Editar sólidos. Haga clic en dicha herramienta y, a continuación, sobre el estampado que desee eliminar.

Utilizar la línea de comando para editar sólidos

Las herramientas para la edición de sólidos son en realidad opciones de un comando de AutoCAD llamado **Editsolido**. Si prefiere utilizar el teclado, a continuación se recogen varias sugerencias sobre el uso del comando **Editsolido**. Al introducir Editsolido y pulsar **Intro** en la línea de comandos, aparecerá el siguiente mensaje:

```
Indique una opción de edición de sólidos [Cara/Arista/cUerpo/desHacer/Salir]
<Salir>:
```

Podemos seleccionar las opciones `Cara`, `Arista` o `Cuerpo` para editar varias partes de un sólido. La opción `Cara` devuelve la siguiente línea de comandos:

```
Indique una opción de edición de caras [eXtruir/Desplazar/Girar/dEsfasar/
Inclinar/sUprimir/Copiar/cOlor/desHacer/Salir] <Salir>:
```

Las opciones de esta línea de comando producen los mismos resultados que sus contrapartidas en el panel Editar sólidos.

La opción `Arista` devuelve la siguiente línea de comandos:

```
Indique una opción de edición de aristas [Copiar/cOlor/desHacer/Salir] <Salir>:
```

La opción `Copiar` permite copiar una superficie y la opción `Color` permite agregar un color a la superficie.

La opción `Cuerpo` devuelve la siguiente línea de comandos:

```
Indique una opción de edición de cuerpo [sEñal/seParar sólidos/Funda/Limpiar/
Comprobar/desHacer/Salir] <Salir>:
```

Estas opciones también realizan las mismas funciones que sus contrapartidas en el panel Editar sólidos. Al trabajar con este comando, puede utilizar la opción `Deshacer` para deshacer la última opción del comando **Editsolido** utilizada sin salir del comando.

Separar un sólido dividido

Al editar sólidos, puede darse el caso de que acabemos con dos formas sólidas diferentes creadas a partir de un único sólido, como se ilustra en la figura 23.33. Aunque los dos sólidos aparecen separados, actúan como un solo objeto. Para estas situaciones, AutoCAD dispone de la herramienta **Separar** ( ) incluida en el desplegable Separar/Limpiar/Funda/Comprobar en el panel Editar sólidos. Para utilizarla, basta con hacer clic en la herramienta **Separar** y seleccionar el sólido que se ha dividido en dos formas.

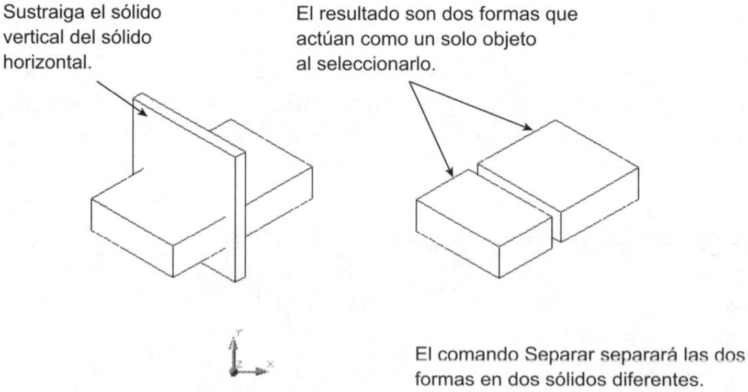

Figura 23.33. Cuando se sustrae el sólido en posición vertical del sólido en posición horizontal, el resultado son dos formas separadas, que se comportan como si se tratara de un solo objeto.

A través de una serie de ejemplos sencillos, hemos visto el funcionamiento de las herramientas de edición de sólidos. En cualquier caso, no tiene por qué limitarse a utilizar las herramientas vistas de la forma indicada, ya que no podemos anticipar todas las situaciones posibles al crear modelos sólidos. El objetivo de estos ejemplos es servir como introducción al uso de las herramientas de edición de sólidos, por lo que le aconsejamos que experimente con ellas. Siempre puede utilizar la opción Deshacer para volver a un punto anterior en caso de no obtener los resultados esperados.

TRUCO: La figura 23.33 se incluye entre las figuras de ejemplo con el nombre `Separate example.dwg` del CD-ROM adjunto. Puede probar a utilizar la herramienta **Separar** sobre este archivo para experimentar.

Con esto se da por terminado el análisis del panel Editar sólidos. A continuación mostraremos cómo utilizar modelos sólidos 3D para generar dibujos en 2D rápidamente.

Localización de las propiedades de un sólido

Todo el esfuerzo necesario para crear un modelo sólido no se limita a conseguir una imagen atractiva. Una vez dibujado y construido un modelo, se puede obtener información sobre sus propiedades físicas.

Se puede conocer el volumen, el momento de inercia y otras propiedades físicas de un modelo por medio del comando **Propfis**. Estas propiedades se pueden guardar en un archivo para, de esta forma, modificar el modelo sin miedo a perder ninguna de sus propiedades originales.

Para conocer las propiedades globales de un sólido, haga clic en la herramienta **Propiedades físicas y de región** en el panel Consultar de la ficha Herramientas o escriba `Propfis` en la línea de comandos y pulse la tecla **Intro**. Después, siga las indicaciones del programa.

Aerodinamizar el proceso de dibujo 2D

La utilización de sólidos para modelizar una parte, como los objetos utilizados en los anteriores ejercicios, puede parecer un poco extravagante. Sin embargo, el modelizado tridimensional ofrece numerosas ventajas, incluso si la parte solamente se va a dibujar en dos dimensiones, como puede ser el caso de una página de un manual de instrucciones.

Los ejercicios que pondremos en práctica en los siguientes apartados nos muestran cómo generar un típico dibujo mecánico a partir de un modelo 3D utilizando el espacio Papel y el panel Editar sólidos. También analizaremos las técnicas necesarias para realizar acotaciones e incluir líneas ocultas.

TRUCO: Si su campo es la arquitectura y ha diseñado un modelo 3D de un edificio con ayuda de sólidos, puede utilizar las herramientas que describimos a continuación para generar dibujos en 2D a partir del modelo sólido tridimensional.

Dibujar una vista estándar superior, frontal y lateral derecha

Uno de los tipos más comunes de dibujos mecánicos son las proyecciones ortogonales. Este estilo de dibujo muestra las vistas superior, frontal y desde el lado derecho de un objeto. En ocasiones, también se agrega una imagen 3D para mayor claridad. Este tipo de dibujo se puede generar en unos minutos utilizando la herramienta **Geometría plana** descrita en un capítulo anterior. Con **Geometría plana**, puede generar las vistas de proyección ortogonal estándar superior, delantera o derecha, que puede mejorar con cotas, sombreado y otras funciones de dibujo 2D. Siga estos pasos:

1. Abra la lista desplegable Vista actual en el panel Vista de la ficha Inicio, y luego haga clic en una vista de proyección ortogonal de la lista como Superior, Izquierda o Derecha (véase la figura 23.34).

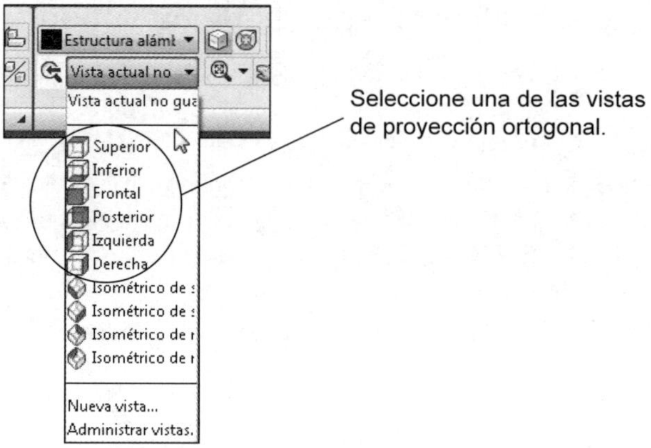

Figura 23.34. La lista desplegable Vista actual.

2. Haga clic en la herramienta **Geometría plana** () en el panel Editar sólidos.
3. En el cuadro de diálogo Aplanar geometría, seleccione las opciones que quiere y haga clic en **Crear** (véase la figura 23.35). Consulte la tabla 20.1 en el capítulo 20 para las opciones de Geometría plana.

Si selecciona Insertar como bloque nuevo en el cuadro de diálogo Aplanar geometría, se le pedirá que seleccione un punto de inserción para insertar el bloque que está en la vista ortogonal 2D de su modelo. De forma predeterminada, la vista se coloca en el mismo lugar que su vista actual, como muestra la figura 23.36. Una vez creadas todas las vistas, puede moverlas a una localización diferente en su dibujo para que pueda crear un grupo de vistas de presentación para sus vistas ortogonales 2D, como vemos en la figura 23.37. También puede colocar los bloques de vista ortogonal en una capa separada y, después, para cada una de las vistas de la presentación, inutilizar la capa del modelo 3D y desplegar solamente las vistas 2D. Si su modelo cambia y tiene que actualizar las vistas ortogonales, puede repetir los pasos enumerados aquí. Pero en lugar de seleccionar Insertar como bloque nuevo en el cuadro de diálogo **Aplanar geometría**, seleccione **Reemplazar bloque existente** para actualizar los bloques de la vista ortogonal original. Si quiere, puede incluir una vista isométrica para ayudarle a transmitir su diseño con más claridad.

Figura 23.35. El cuadro de diálogo Aplanar geometría.

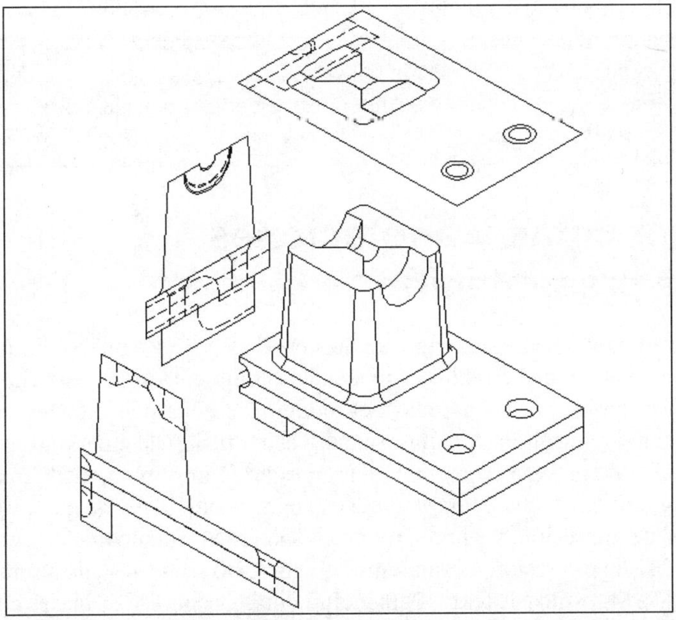

Figura 23.36. Vistas ortogonales 2D en relación con el modelo en 3D.

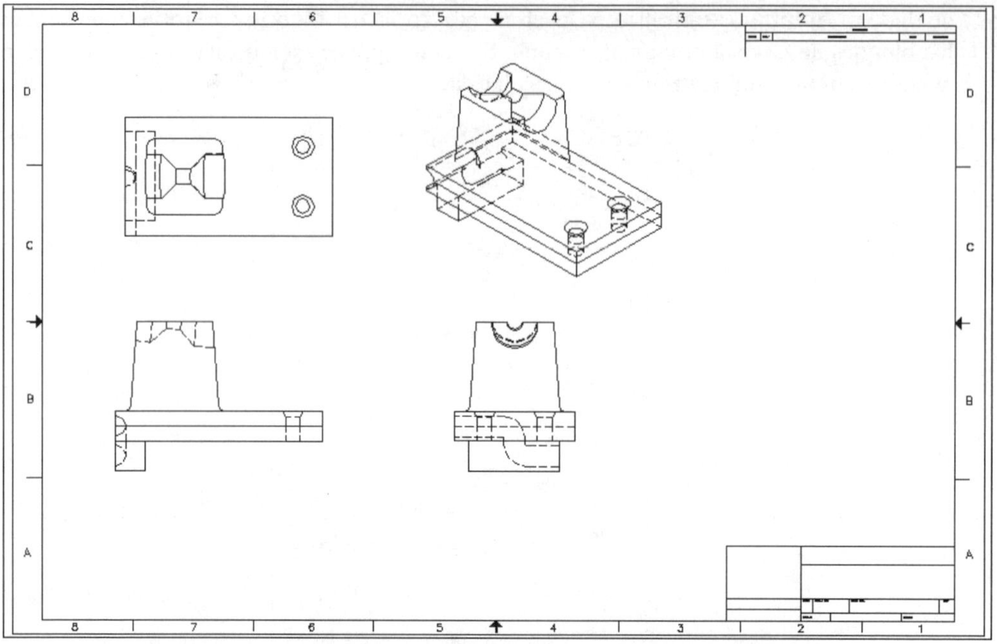

Figura 23.37. Puede utilizar una presentación para ordenar un grupo de vistas creadas por Geometría plana. Se pueden añadir cotas, notas y un bloque de título para completar la presentación.

TRUCO: Para establecer una ventana gráfica y mostrar una vista, como la vista superior o derecha de un modelo 3D, seleccione una vista de la lista desplegable Vista actual en el panel Vista de la ficha Inicio y después haga clic en la ventana gráfica cuya vista quiere establecer. Para configurar la escala de la ventana gráfica, haga clic en el contorno de la ventana y seleccione una escala de la lista desplegable Escala de ventana en la barra de estado. Si quiere refrescar la memoria sobre presentaciones en general, consulte capítulos anteriores.

Agregar cotas y anotaciones en una presentación

Aunque no conviene agregar acotaciones en el espacio Papel en dibujos arquitecturales, podría ser una buena idea en dibujos mecánicos como el visto en este capítulo. Al mantener las cotas y las anotaciones separadas del modelo, se evita que estos elementos molesten al trabajar en el modelo sólido. Además, se evita la confusión de tener que escalar las funciones de texto y cotas de manera correcta para lograr que se impriman en el tamaño correcto.

Si configuramos el área de trabajo del espacio Papel de forma que resulte equivalente al tamaño final de impresión, siempre podremos asignar el tamaño que deseemos a las cotas y al texto en la fase de impresión. Si queremos que el texto tenga 1/4" de altura, asignaremos una altura de 1/4" a los estilos de texto. Para incluir cotas, asegúrese de que se encuentra en la vista Presentación y utilice los comandos de cota de manera habitual. Ahora bien, tendrá que estar atento y comprobar que la función de acotación asociativa está activada. Para ello, seleccione Herr.>Opciones en el Explorador de menús para abrir el cuadro de diálogo Opciones y haga clic en la ficha Preferencias de usuario. En el grupo Acotación asociativa, haga clic en la opción Convertir nuevas cotas en asociativas para activarla. Con la función de acotación asociativa activada, las cotas de la ficha Presentación mostrarán las dimensiones reales del objeto que se acota, sea cual sea la escala de la imagen en la ventana gráfica.

Si no ha activado la función de acotación asociativa y tiene las ventanas gráficas configuradas a una escala diferente de 1 es a 1, dispondrá de otra opción. Puede configurar la opción Formato de unidades en el cuadro de diálogo Modificar estilo de cota. En el siguiente ejercicio le mostramos cómo hacerlo.

1. Seleccione la herramienta **Modelo** () en la barra de estado, y haga clic en la herramienta **Estilo de cota** () en el panel Cotas de la ficha Anotar para abrir el cuadro de diálogo Administrador de estilos de cotas.
2. Seleccione el estilo que desee utilizar y haga clic en **Modificar** para abrir el cuadro de diálogo Modificar estilo de cota.
3. Haga clic en la ficha Unidades principales.
4. En el cuadro de entrada Factor de escala del grupo Escala de medida, introduzca el valor por el que desee multiplicar las cotas del espacio Papel. Por ejemplo, si las vistas del espacio Papel están escaladas a la mitad del tamaño del modelo, introduzca **2** en el cuadro para multiplicar los valores de las cotas por dos.

TRUCO: Para asegurarse de que el valor que necesita en el paso 4 es correcto, determine qué factor de escala necesita para el dibujo en el espacio Papel para obtener el tamaño real, es decir, el valor que necesita introducir.

5. Haga clic en la casilla Aplicar sólo a cotas de presentación para que las cotas se escalen únicamente al agregar las cotas al espacio Papel. Las cotas agregadas al espacio Modelo no se verán afectadas.
6. Haga clic en **Aceptar** para cerrar el cuadro de diálogo Modificar estilos de cotas y haga clic en **Cerrar** para cerrar el cuadro de diálogo Administrador de estilos de cotas.

Para obtener el dibujo final es necesario completar una gran cantidad de pasos, pero si comparamos esta tarea con la labor de dibujar estas vistas a mano, el ahorro de tiempo es indudable. Además, como veremos en una sección posterior, el resultado supera al de un boceto 2D. Con lo que hemos creado, el resto de los ajustes resultarán muy sencillos de aplicar.

Aplicar Estilos visuales a una ventana gráfica

En un capítulo anterior vimos cómo podemos ver los modelos 3D como estilos visuales en el espacio Modelo. Un estilo visual aporta realismo a la representación de los modelos 3D y permite mostrar más detalles, especialmente en superficies redondeadas. Los estilos visuales se pueden ver e imprimir en la ficha Presentación. Para ello, se selecciona una ventana gráfica y se activa el estilo visual que se desea aplicar. En el siguiente ejercicio se recoge un ejemplo de cómo hacerlo.

1. Haga clic en la herramienta **Vista rápida de presentaciones** (▣) en la barra de estado, y seleccione la vista preliminar ANSI D title block, situada en la parte inferior de la ventana de AutoCAD.
2. Haga doble clic dentro de la ventana gráfica con la vista isométrica del modelo para activar el espacio Modelo flotante.
3. Seleccione Conceptual de la lista desplegable Seleccione un estilo visual en el panel Estilos visuales de la ficha Visualizar, o en el panel Vista de la ficha Inicio (véase la figura 23.38).

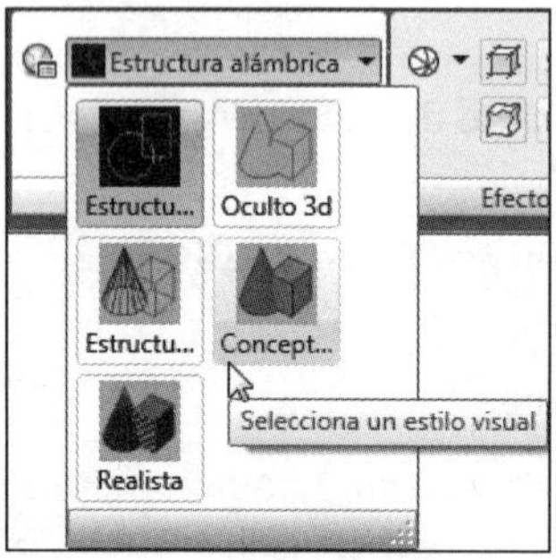

Figura 23.38. El panel Estilos visuales de la ficha Visualizar y el panel Vista de la ficha Inicio.

NOTA: La vista puede aparecer un poco oscura debido al color negro aplicado al objeto. Puede cambiar este color por uno más claro, como cián o azul, para mejorar el aspecto del dibujo.

4. Haga doble clic fuera de la ventana gráfica isométrica para volver al espacio Papel.

Hemos cambiado el estilo gráfico de una de las ventanas gráficas sin que ello afecte a otras ventanas gráficas. Esta nueva vista puede ayudar a visualizar los modelos 3D con mayor claridad.

También conviene saber cómo controlar la salida impresa de una vista con sombra. Para ello utilice el menú contextual que se indica en la siguiente secuencia de pasos.

1. Haga clic en el borde de la ventana gráfica de la vista isométrica para seleccionarla.
2. Haga clic con el botón derecho del ratón para abrir el menú contextual y seleccione la opción Trazado sombreado para mostrar un conjunto de opciones de impresión de sombras (véase la figura 23.39).
3. Examine tranquilamente las opciones del menú y haga clic en Como se muestra.

La opción Como se muestra imprime la ventana gráfica tal y como aparece en la ventana de AutoCAD. Esta opción se utiliza para imprimir la vista con el estilo visual actual. La opción Estructura alámbrica imprime la ventana gráfica como si se tratara de una vista de estructura alámbrica. La opción Oculto imprime la ventana gráfica como una vista lineal oculta similar a la vista que se ve al utilizar el comando Ocultar. Debajo de la opción Oculto 3d en el menú contextual, hay una lista de los estilos visuales disponibles. En la parte inferior del menú está la opción Modelizado que imprime la vista utilizando la herramienta **Render** de AutoCAD, descrita en un capítulo anterior. Puede utilizarla para imprimir representaciones de rayos de trazo de los modelos 3D.

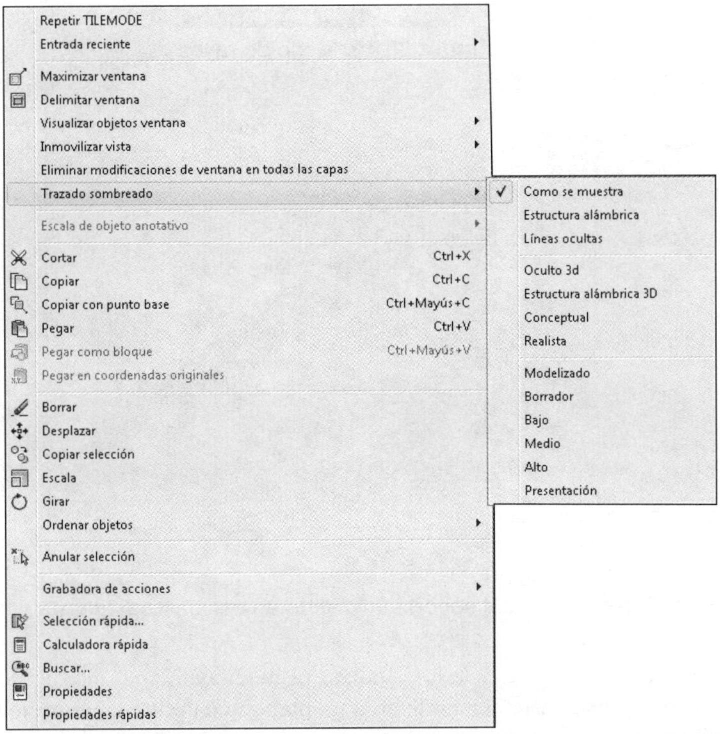

Figura 23.39. Opción Trazado sombreado.

Recuerde estas opciones del menú contextual al trabajar en sus dibujos y al imprimir. Pueden resultar de ayuda para comunicar ideas, aunque también pueden pasar inadvertidas entre la gran cantidad de herramientas que ofrece AutoCAD.

Visualizar sólidos

Si está diseñando un objeto complejo, en algunas ocasiones ayuda ser capaz de verlo de formas que no podría obtener en el mundo real. AutoCAD ofrece dos herramientas de visualización que pueden ayudar a otros a comprender sus ideas de diseño.

Si desea mostrar el funcionamiento interno de una parte o de un ensamblaje, puede utilizar el Modo de rayos X, que se puede encontrar en el panel Estilos Visuales de la ficha Visualizar (véase la figura 23.40). La figura 23.41 muestra una vista isométrica del soporte utilizando el estilo visual Realista y el modo de rayos X activado. Puede ver los elementos internos como si el objeto fuera semitransparente. El modo de rayos X funciona con cualquier estilo visual aunque funciona mejor con un estilo que muestre algunas de las funciones de superficie tales como los estilos visuales Conceptual o Realista.

Figura 23.40. Modo de rayos X.

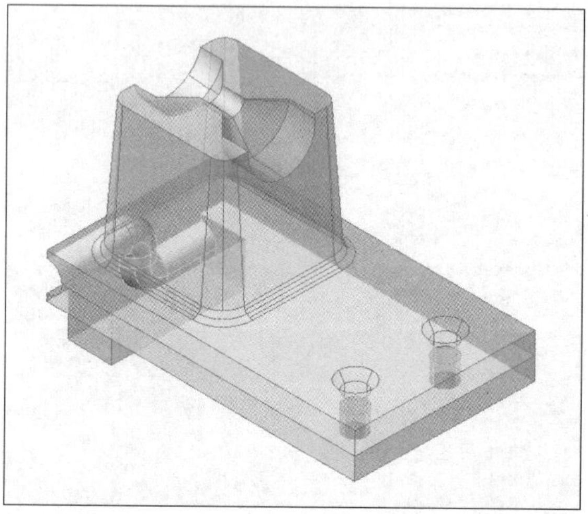

Figura 23.41. Presentación del soporte utilizando un estilo visual realista y el modo rayos X.

Otra herramienta que le ayuda a visualizar el funcionamiento interno de un diseño es el comando **sectionplane**. Este comando crea un plano que define la ubicación de una sección transversal. Un plano de sección también hace algo más que mostrar una sección transversal. Realice el siguiente ejercicio para ver cómo funciona.

1. Vaya al archivo `Bracket.dwg` si no es ya el archivo actual.
2. Haga clic en la herramienta **Modelo** ( ) en la barra de estado y, a continuación, cambie el color de la capa 0 a un gris claro de manera que pueda ver el soporte más claramente al utilizar el estilo visual Realista.
3. Seleccione Realista ( ) en el desplegable Estilos visuales en el panel Estilos visuales de la ficha Visualizar.
4. Asegúrese de que las herramientas **Referencia a objetos** y **Rastreo de referencia a objetos** están desactivadas en la barra de estado. Esto le permitirá señalar superficies en el modelo mientras utiliza el comando **sectionplane**.
5. Introduzca `sectionplane` y pulse **Intro** en la línea de comandos. Verá la secuencia de comandos:

```
Designe una cara o cualquier punto para ubicar la línea de sección o [Dibujar sección/Ortogonal]:
```

6. Haga clic en el plano frontal del soporte, como se muestra en la figura 23.42. Aparecerá un plano en la superficie.

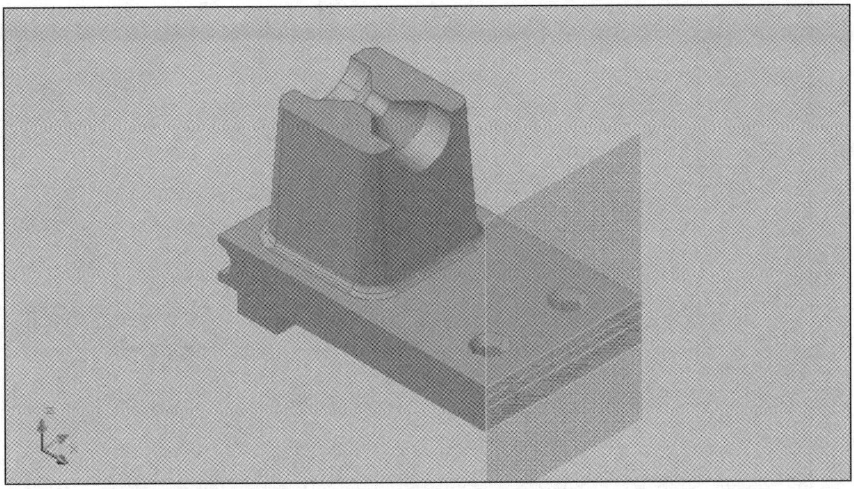

Figura 23.42. Adición del plano de superficie a su soporte.

Puede mover la sección del objeto de plano por el sólido para proporcionarle una vista en tiempo real de la sección que atraviesa. Para ello, tendrá que activar la función Sección automática. Para comprobar si la opción Sección automática está activada, realice los siguientes pasos:

1. Haga clic en el plano de sección y, a continuación, haga clic con el botón derecho del ratón. Si ve una marca de verificación en la opción Activar sección automática, sabrá que está activada. Si no ve la marca de verificación, seleccione Activar sección automática para activarla.
2. Haga clic en el pinzamiento triangular del centro del plano de sección, como se muestra en la figura 23.43.

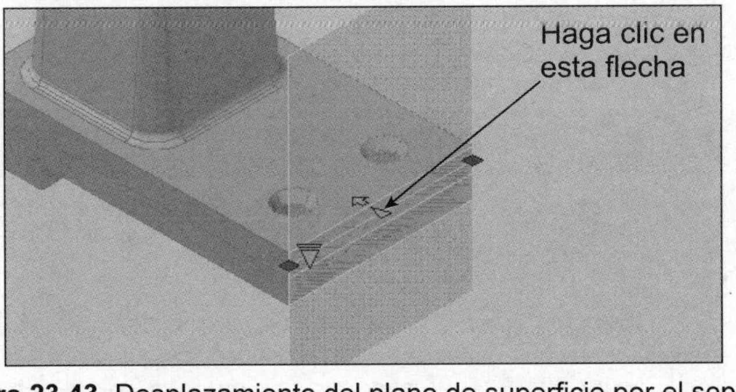

Figura 23.43. Desplazamiento del plano de superficie por el soporte.

3. Mueva el ratón lentamente hacia la parte posterior del soporte. Conforme lo haga, verá que el soporte se hace invisible en segundo plano mientras que permanece sólido en el fondo. También verá la sección del soporte en la ubicación del cursor (véase la figura 23.43).
4. Cuando su vista sea similar a la de la figura 23.44, haga clic con el ratón.

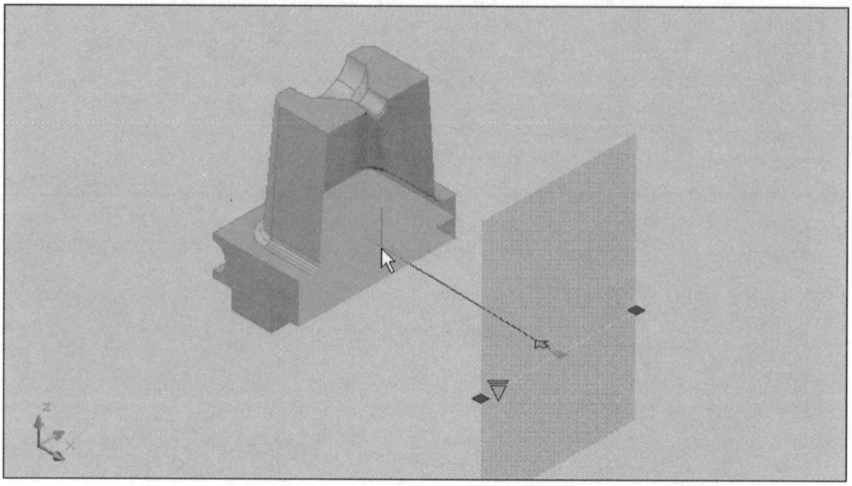

Figura 23.44. El plano de superficie fijado en una ubicación.

Ahora verá sólo la parte del soporte tras el plano de sección más la sección transversal del plano, como se muestra en la figura 23.44. Puede hacer que en el plano de sección se muestre la parte frontal como una imagen transparente realizando los siguientes pasos:

1. Con el plano de sección seleccionado (aún debe ver sus pinzamientos azules), haga clic con el botón derecho del ratón y seleccione Mostrar geometría descartada. Tras un momento, aparecerá la parte frontal del soporte (véase la figura 23.45).

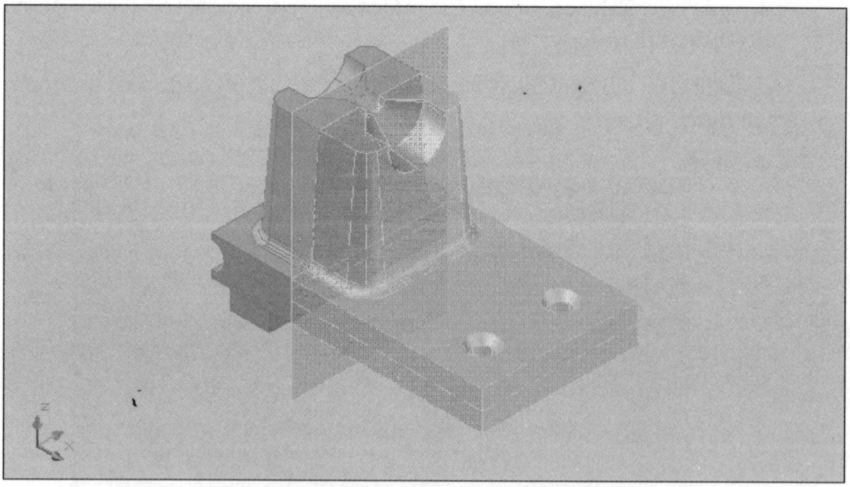

Figura 23.45. Todo el soporte se muestra con la opción activada Mostrar geometría descartada.

2. Pulse la tecla **Esc** para eliminar el plano de sección de la selección actual. Puede ver todo el soporte, incluido la geometría en el plano de sección.

Puede mantener activado el parámetro Mostrar geometría descartada cuando trabaje en sus vistas de sección o desactivarlo para acelerar el proceso.

También puede añadir una pequeña modificación en el plano de sección para crear un corte de sección más compleja. A continuación se muestran los pasos a realizar.

1. Haga clic en el plano de sección y, a continuación, haga clic con el botón derecho del ratón y seleccione Añadir recodo a sección.
2. En la línea de comandos `Precise un punto de la línea de sección para añadir al recodo:`, haga clic en el pinzamiento de flecha situado en el centro del plano de la sección, el mismo que utilizó para mover el plano de sección. Tras un momento, aparecerá un recodo en el plano de sección.
3. Para ver el plano de sección de forma más nítida, pulse **Esc** y, a continuación, haga clic en el plano de sección (véase la figura 23.46).

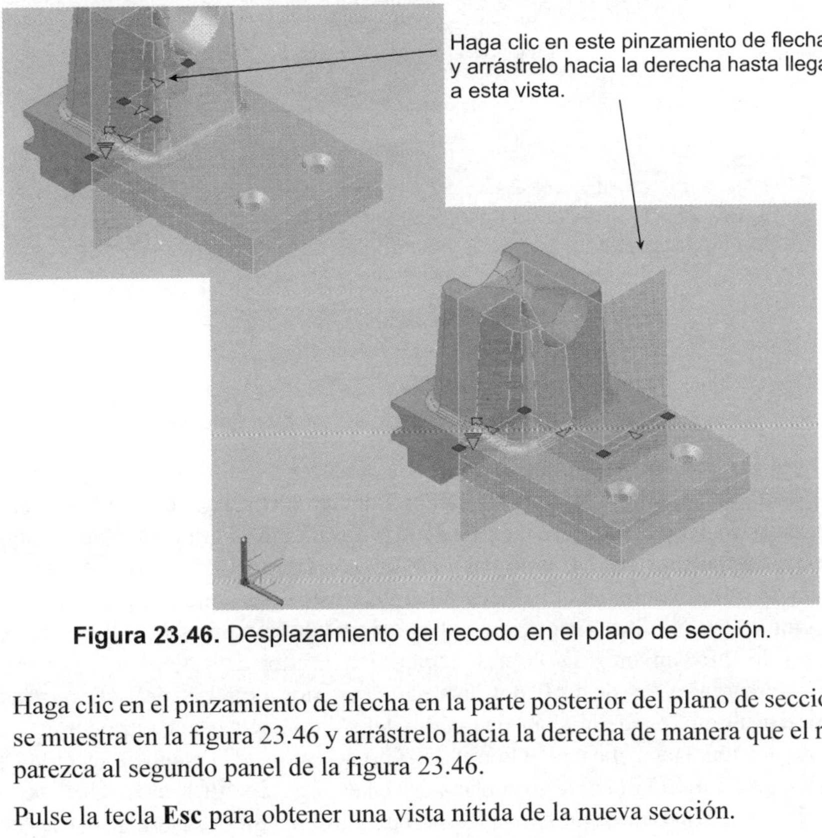

Figura 23.46. Desplazamiento del recodo en el plano de sección.

4. Haga clic en el pinzamiento de flecha en la parte posterior del plano de sección, como se muestra en la figura 23.46 y arrástrelo hacia la derecha de manera que el recodo se parezca al segundo panel de la figura 23.46.
5. Pulse la tecla **Esc** para obtener una vista nítida de la nueva sección.

Como puede ver en este ejemplo, puede ajustar la sección utilizando los pinzamientos de flecha. Puede hacer clic en el pinzamiento de flecha central o en los pinzamientos de punto final para añadir un recodo. Puede que también haya observado otras dos flechas en el plano de sección. La flecha junto al pinzamiento de flecha central invierte la cara que aparece sólida, por lo que si necesita obtener una vista de la cara opuesta, podrá invertir el corte con esta flecha (véase la figura 23.47). Cuando haga clic en la otra flecha hacia abajo, verá tres opciones para la visualización del límite de sección: Plano de sección, Contorno de sección y Volumen de sección (véase la figura 23.48).

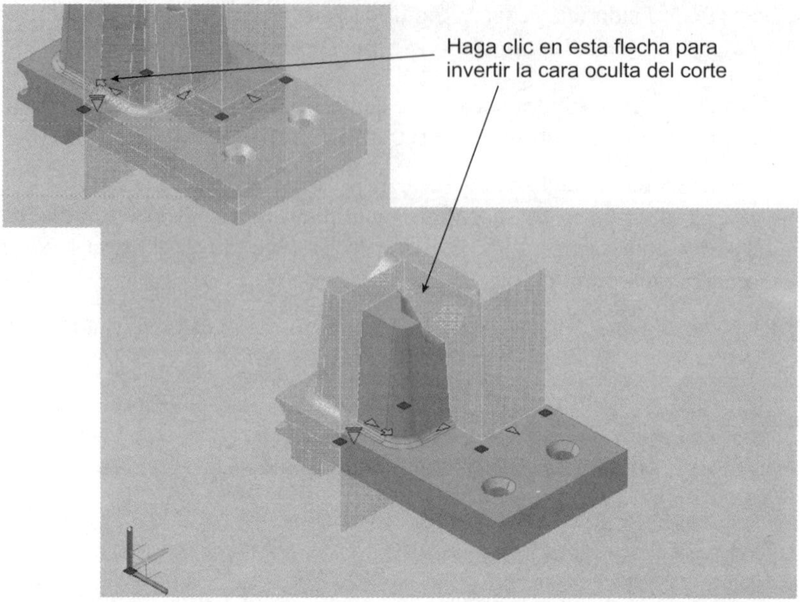

Figura 23.47. Una flecha invierte el lado de la sección que aparece sólido. La otra flecha presenta opciones adicionales para la visualización de la sección.

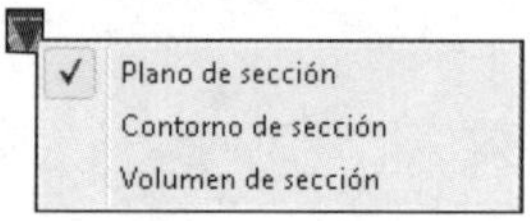

Figura 23.48. Opción Plano de sección seleccionada.

Al utilizar estos otros parámetros, puede comenzar a incluir secciones en los laterales y partes posterior, superior o inferior del sólido. Por ejemplo, si hace clic en la opción Contorno de sección, aparecerá otra línea de límite con pinzamientos. Para verlo claramente, es posible que tenga que pulsar **Esc** y, a continuación, vuelva a seleccionar el Plano de sección (véase la figura 23.49). A continuación, puede manipular estos pinzamientos para mostrar los cortes de sección en esos límites. La opción Volumen de sección muestra el límite de un volumen junto con los pinzamientos en la parte superior e inferior del volumen. Estos pinzamientos permiten crear un plano de corte desde la parte superior o inferior del sólido (véase la figura 23.50). Por último, puede obtener una copia del sólido que se encuentra detrás o delante del plano de sección. Haga clic con el botón derecho del ratón en el plano de sección y seleccione Generar sección 2D/3D para abrir el cuadro de diálogo Generar elevación/sección. Haga clic en el botón **Mostrar detalles** a la izquierda para expandir el cuadro de diálogo y visualizar más opciones (véase la figura 23.51). Si selecciona Elevación/sección 2D, se insertará una imagen 2D del plano de sección en el dibujo de una manera similar a la inserción del bloque. Se le pedirá un punto de inserción, una escala X e Y, y un ángulo de rotación.

TRUCO: Si su aplicación es arquitectónica, puede utilizar un plano de sección y la opción Elevación/sección 2D para obtener un dibujo de elevación precisa. En lugar de colocar el plano de sección dentro del sólido, muévalo fuera del modelo de sólido y utilice la opción del menú de acceso directo Elevación/sección 2D.

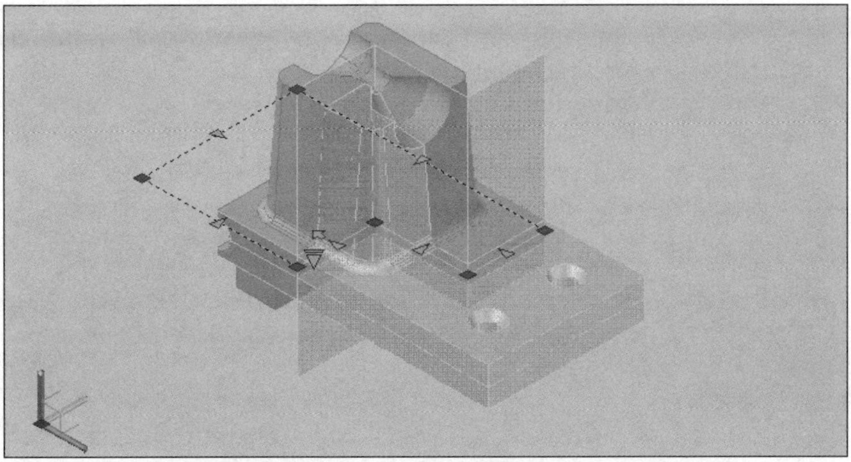

Figura 23.49. Volver a seleccionar Plano de sección.

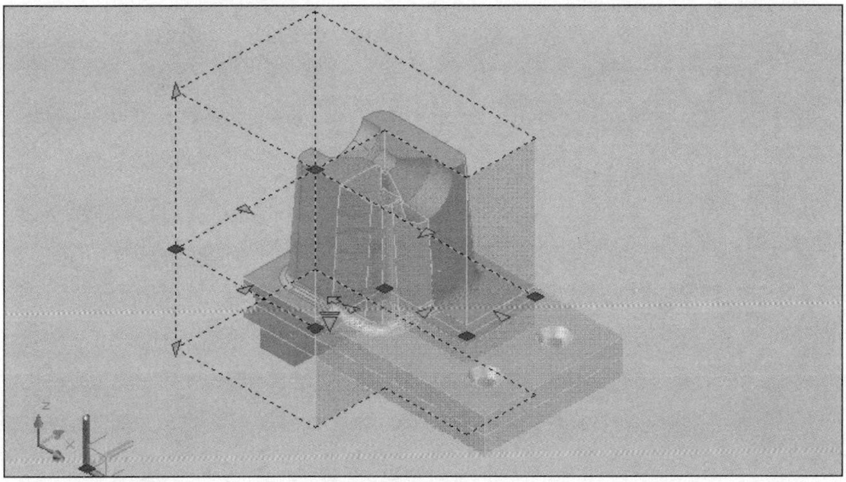

Figura 23.50. Los límites aparecen al utilizar la opción Volumen de sección.

La opción Sección 3D creará una copia de la parte del sólido que está limitado por el plano o los planos de sección, como se muestra en la figura 23.52. Puede acceder a parámetros más detallados para Elevación/sección 2D, Sección 3D y Parámetros de sección automática haciendo clic en el botón **Parámetros de sección** en la parte inferior del cuadro de diálogo Generar elevación/sección. Este botón abre el cuadro de diálogo Parámetros de sección, que muestra la configuración de la función de sección (véase la figura 23.53). Si crea un conjunto de vistas ortogonales en una presentación, el trabajo que realice para hallar una sección se refleja también en las vistas de la presentación (véase la figura 23.54).

Aprovechar las ventajas de la estereolitografía

Un análisis de renderizado de sólidos no estaría completo si no se mencionara la estereolitografía. Se trata de una de las maravillas tecnológicas más interesantes que han aparecido como producto derivado del renderizado 3D por ordenador. La estereolitografía es un proceso que genera reproducciones en resina de los modelos de sólidos 3D creados por ordenador. Esta tecnología ofrece al diseñador técnico un método rápido de crear prototipos directamente a partir de dibujos de AutoCAD. El proceso requiere un equipo especial capaz de leer los archivos de ordenador en un formato concreto.

AutoCAD incorpora esta tecnología a través del comando **Salvastl**. Este comando genera un archivo `.stl` que se puede utilizar con aparatos de estereolitografía (STL) para generar un modelo. En primer lugar, debe crear un modelo sólido 3D en AutoCAD. Tras ello, recurrir al cuadro de diálogo Exportar datos para exportar su dibujo en formato STL. Seleccione Archivo>Exportar en el Explorador de menús, y asegúrese de que en la lista desplegable Archivos de tipo se encuentra seleccionada la opción Litografía (*.stl) antes de hacer clic en el botón **Guardar**.

Los sólidos 3D de AutoCAD se convierten en un conjunto de mallas con caras triangulares en el archivo `.stl`. Puede utilizar el parámetro Suavidad de objeto modelizado en la ficha Visual del cuadro de diálogo Opciones para controlar el ajuste de estas mallas.

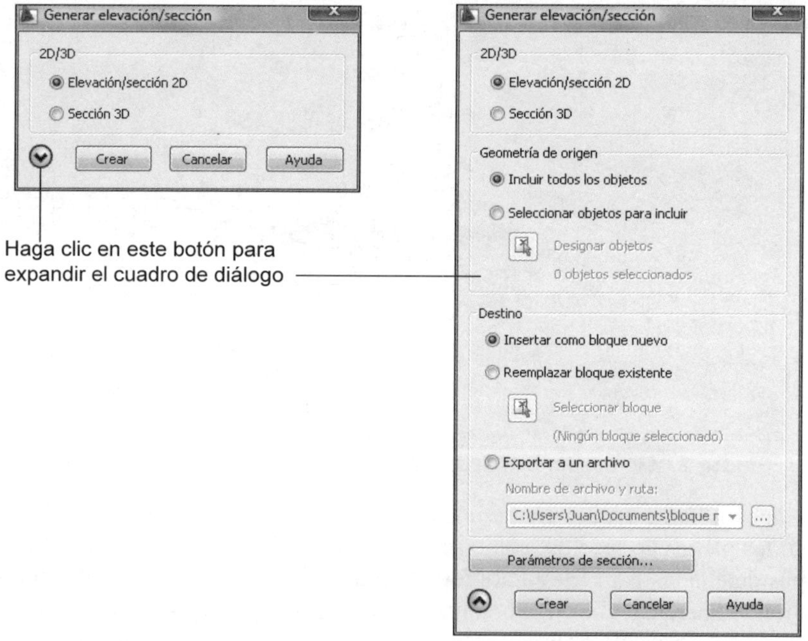

Figura 23.51. Cuadro de diálogo Generar elevación/sección.

En resumen

- **El renderizado sólido:** El renderizado sólido le permite construir modelos en 3D creando y combinando formas en 3D llamadas sólidos. Hay varias formas sólidas integradas, llamadas primitivas. También puede crear otras utilizando la herramienta **Extrusión**.

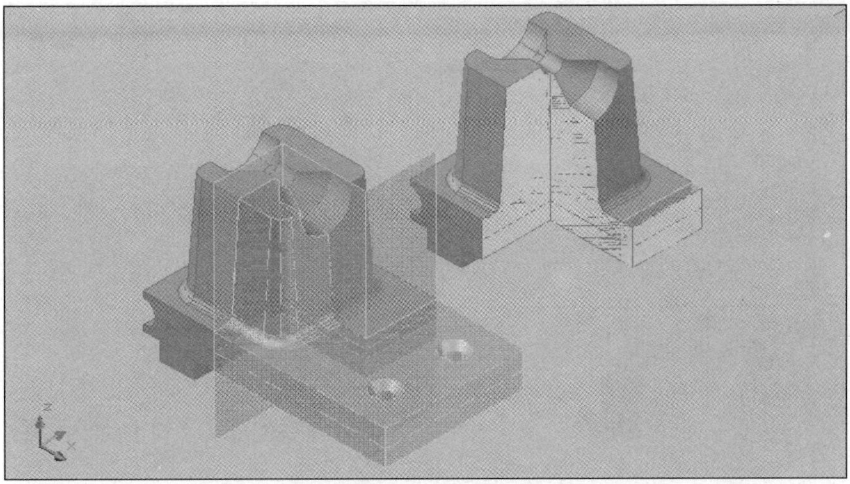

Figura 23.52. Una copia del sólido limitado por el plano de sección se crea utilizando la opción Sección 3D del cuadro de diálogo Generar elevación/sección.

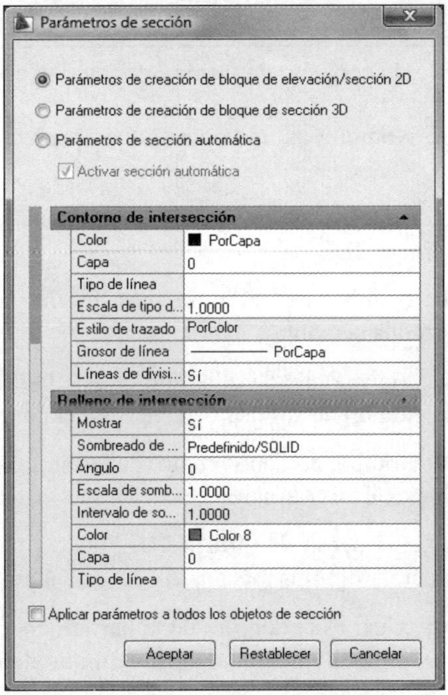

Figura 23.53. Cuadro de diálogo Parámetros de sección.

- **Dominarlo:** Nombre algunas de las primitivas sólidas integradas disponibles en AutoCAD.

- **Crear formas sólidas:** Puede utilizar operaciones booleanas para esculpir sólidos 3D en la forma que quiera. Se pueden combinar dos sólidos para formar uno más complejo o puede eliminar un sólido de otro.

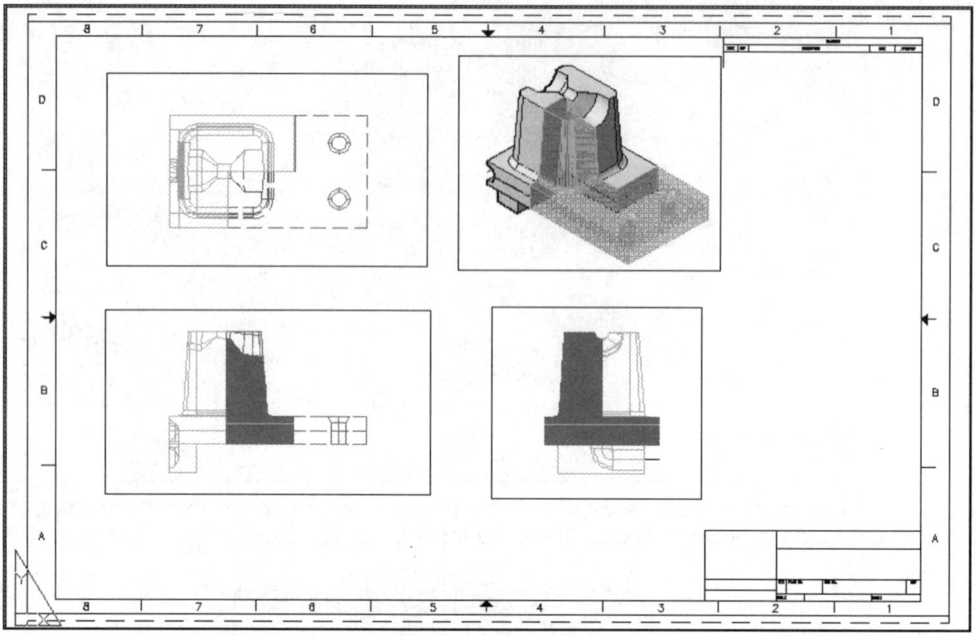

Figura 23.54. Un conjunto de vistas ortogonales en una presentación.

- **Dominarlo:** Nombre las tres operaciones booleanas que puede utilizar con los sólidos.

- **Crear sólidos complejos:** Además de las primitivas, puede crear sus propias formas basadas en polilíneas 2D.

  - **Dominarlo:** Nombre tres herramientas que le permiten convertir polilíneas y círculos cerrados en sólidos 3D.

- **Editar sólidos:** Una vez creado el sólido, puede hacer cambios en él utilizando las herramientas de edición de sólidos ofrecidas en el panel Editar sólidos.

  - **Dominarlo:** Nombre al menos cuatro de las herramientas encontradas en la barra de herramientas Editar sólidos.

- **Aerodinamizar el proceso de dibujo 2D:** Puede crear vistas 3D ortogonales de su modelo 3D para crear dibujos mecánicos 2D estándar.

  - **Dominarlo:** ¿Cuál es el nombre de la herramienta del panel Editar sólidos que le permite crear un dibujo 2D a partir de un modelo 3D?

- **Visualizar sólidos:** Además de ver su modelo 3D en varias orientaciones diferentes, puede verlo como si fuera transparente o estuviera cortado en dos.

  - **Dominarlo:** ¿Cuál es el nombre del comando que le permite crear una vista cortada de su modelo 3D?

Parte V

Personalización e integración

265
1980
R250

24 Uso de las herramientas Express Tools

Puede utilizar varias funciones de AutoCAD para mejorar su productividad. Sin embargo, aunque obtenga estas ayudas para mejorar su eficacia, siempre puede automatizarlas en determinadas situaciones. En este capítulo, mostraremos algunos métodos para adaptar AutoCAD a sus necesidades particulares por medio de la personalización de las herramientas. Le mostraremos varias maneras de mejorar el uso de AutoCAD con utilidades añadidas. También aprenderá a crear barras de herramientas y paneles personalizados, y descubrirá cómo puede crear tipos de línea y patrones de sombreado personalizados.

En primer lugar, se iniciará en la personalización mediante las herramientas Express Tools de AutoCAD que se proporcionan en el CD de distribución de AutoCAD. También se iniciará en AutoLISP, el lenguaje de macros de AutoCAD.

El capítulo incluye los siguientes temas:

- Uso de mejoras directamente desde el origen.
- Puesta en funcionamiento de AutoLISP.

> **ADVERTENCIA:** Antes de seguir adelante, asegúrese de que está en el espacio de trabajo Dibujo 2D y anotación. Haga clic en la herramienta **Cambio de espacio de trabajo** en la barra de estado y seleccione Dibujo 2D y anotación.

Uso de mejoras directamente desde el origen

Si ha seguido el tutorial de este libro, ya habrá utilizado unos cuantos programas añadidos que se incluyen con AutoCAD, quizás sin saber que no formaban parte del programa de AutoCAD principal. En esta sección, le mostraremos las herramientas Express Tools de AutoCAD: un conjunto de herramientas de AutoLISP, ARX y VBA que exhiben estos potentes entornos de personalización. Lo mejor de las herramientas Express Tools es que no tiene que conocer nada sobre programación para poder beneficiarse de ellas.

Existen tantas herramientas Express que no podemos proporcionar instrucciones paso a paso para cada una de ellas. En su lugar, ofreceremos información detallada de las herramientas más complicadas y proporcionaremos descripciones más cortas del resto.

Abrir las barras de herramientas Express

Aunque disponga del menú Express Tools en el Explorador de menús de AutoCAD, también puede querer utilizar las barras de herramientas **Express** (véase la figura 24.1).

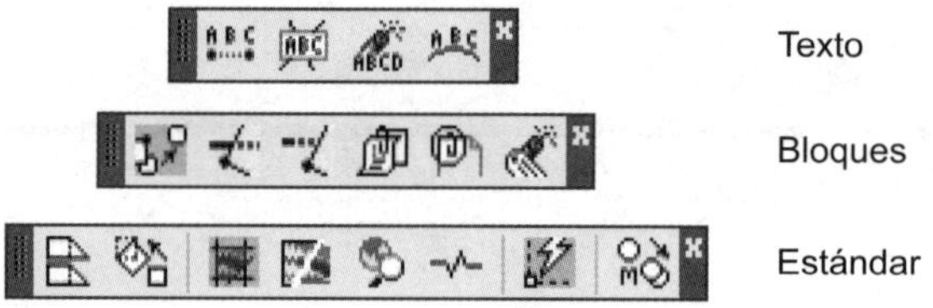

Figura 24.1. Las barras de herramientas Express.

Realice los siguientes pasos para abrirla:

1. Haga clic con el botón derecho del ratón sobre la barra de herramientas de acceso rápido y seleccione Barras de herramientas>Express>ET:Text.
2. Haga clic con el botón derecho del ratón sobre la barra de herramientas de acceso rápido y seleccione Barras de herramientas>Express>ET:Blocks.
3. Haga clic con el botón derecho del ratón sobre la barra de herramientas de acceso rápido y seleccione Barras de herramientas>Express>ET:Standard.

Puede cerrar las barras de herramientas Express y volver a abrirlas después repitiendo estos pasos.

Cargar las herramientas Express Tools

Si instaló AutoCAD utilizando la opción Instalación típica, puede que no tenga instaladas las herramientas Express Tools de AutoCAD. Afortunadamente, puede instalar estas utilidades de forma independiente sin tener que volver a instalar todo el programa.

Seleccione Inicio>Panel de control, en el Panel de control haga clic sobre Programas y características. Seleccione Autocad 2009, haga clic con el botón derecho del ratón y seleccione Desinstalar o cambiar. Aparecerá el asistente de instalación de AutoCAD. Busque Express Tools en el listado de funciones a instalar, márquelas y haga clic en **Siguiente**. Siga las instrucciones de instalación desde aquí. Una vez instaladas las herramientas Express, aparecerán la próxima vez que abra AutoCAD.

Herramientas para la edición de texto

Parece que nunca nos cansamos de descubrir funciones de edición de texto. Incluso en el dominio de los procesadores de texto, veremos numerosas herramientas para la configuración de fuentes, párrafos, fichas y tablas. Algunos programas incluso comprueban la gramática. Aunque no estemos intentando escribir una gran novela en AutoCAD, estamos interesados en que nuestro texto se coloque en la ubicación adecuada, con el tamaño adecuado y con cierto estilo. A menudo, esto implica el uso de una combinación de herramientas de edición gráfica y de texto. A continuación se describen algunas herramientas adicionales que le ayudarán a resolver otras tareas de edición que, de otra forma, resultarían difíciles.

Fondos opacos de texto

Un problema al que se enfrentan con frecuencia los usuarios de AutoCAD es la obtención de texto que se lea con claridad cuando se coloque sobre un patrón de sombreado u otro gráfico. El comando **Sombreado** sombreará alrededor del texto existente, dejando un espacio claro tras él. Pero, ¿qué ocurre en aquellas situaciones en las que debe añadir texto una vez creado un patrón de sombreado? ¿O en esas instancias en las que necesita texto opaco que está colocado sobre un objeto sin sombrear como, por ejemplo, indicadores de dimensión o imágenes rasterizadas? La herramienta **Text Mask** resuelve este problema haciendo opaca el área detrás del texto con un objeto de opacidad especial llamado Imagen ráster.

TRUCO: El comando de AutoCAD **textom** ofrece una opción de fondo opaco que realiza una función similar a la herramienta **Text Mask**. Al editar texto con la barra de herramientas Formato de texto, seleccione el texto, haga clic con el botón derecho del ratón y seleccione Fondo opaco. También puede activar Fondo de texto mediante la paleta Propiedades de un objeto textom. Si desea eliminar los efectos de la herramienta **Text Mask** de Express, seleccione Express>Text>Unmask Text en el Explorador de menús. Esta opción le pide que seleccione un objeto. Seleccione el texto al que ha aplicado la opacidad y pulse **Intro** para eliminar el fondo opaco.

Adición de documentos de texto enlazados

Uno de los aspectos más frustrantes y que consume mucho tiempo en el borrador es la edición de notas largas. Las especificaciones y las notas generales cambian con frecuencia en el transcurso de un proyecto, por lo que las notas de edición pueden suponer una gran parte de lo que hará en AutoCAD. A menudo, las notas están escritas por otra persona, quizá un editor de especificaciones que no trabaja directamente con los dibujos.

Para facilitar la edición de notas, AutoCAD proporciona el objeto Remote Text. Este objeto especial está enlazado a un documento de texto externo. Los objetos Remote Text actualizarán automáticamente sus contenidos cuando los documentos de origen cambien.

El uso de Remote Text es bastante sencillo. Seleccione Express>Text>Remote Text en el Explorador de menús, o introduzca `Rtext` y pulse **Intro** en la línea de comandos. Pulse **Intro** dos veces cuando vea el comando `Enter an option[Style/Height/Rotation/File/Diesel] <File>:` y, a continuación, localice y seleccione un archivo de texto para importarlo.

Herramientas Express Blocks

En todo momento, deseará utilizar objetos en un bloque para reducirlos o extenderlos, o quizás desee copiar parte de un bloque a otra área de su dibujo. En estas situaciones, podrá utilizar las siguientes herramientas. Son bastante fáciles de utilizar, por lo que las descripciones de esta sección deberán ser suficientes para comenzar.

Encontrará estas herramientas en la barra de herramientas Express Blocks:

- **Copy Nested Objects:** Permite copiar objetos individuales en un bloque. Puede seleccionar objetos sólo de forma individual, clic a clic.
- **Trim To Nested Objects:** Permite recortar objetos en un bloque. Esta herramienta funciona como el comando **Recortar** estándar con la excepción de que deberá seleccionar los objetos de arista cortante de forma individual.
- **Extend To Nested Objects:** Alarga hasta los objetos en un bloque. Esta herramienta funciona también como un homólogo estándar con la excepción de que deberá seleccionar los objetos de borde de límite que desee alargar de forma individual.
- **List Xref/Block Properties:** Muestra la información básica sobre una referencia externa o un bloque.
- **Extended Clip:** En capítulos anteriores, aprendió a limitar la presentación de una referencia externa a un área rectilínea en forma de L. **Extended Clip** añade la capacidad de utilizar arcos, círculos y polilíneas para "delimitar" la vista de una referencia externa.
- **Explode Attributes To Text:** Divide los bloques que contienen atributos de manera que los valores de atributos se conviertan en texto plano de una sola línea.

Además de las herramientas de la barra de herramientas Express Blocks, puede acceder a las siguientes herramientas seleccionando Express>Blocks en el Explorador de menús:

- **Convert Shape To Block:** Convierte un objeto de forma en un bloque. A continuación, podrá dividir el bloque en los objetos que lo componen, como resulte necesario.
- **Export Attribute Information:** Ofrece un método rápido de extracción de información de atributos desde un bloque a un archivo de texto sencillo. Se le pedirá que seleccione un nombre y una ubicación de archivo y, a continuación, seleccione los atributos que desee exportar. El archivo de texto adquirirá el formato de un archivo delimitado por tabulaciones. A continuación, podrá editar el archivo de texto exportado y utilizar la herramienta **Import Attribute Information** (que se describe a continuación) para actualizar el dibujo con las modificaciones que realizó en el archivo de texto.

- **Import Attribute Information:** Permite importar cambios a la información de atributo que se ha exportado utilizando la herramienta **Export Attribute Information**.
- **Convert Block To Xref:** Permite reemplazar referencias de bloque en su dibujo con referencias externas. Por ejemplo, puede reemplazar los bloques de bañera del plano del apartamento de tutoriales anteriores con una referencia externa o una bañera distinta. Cuando seleccione esta opción, se abrirá el cuadro de diálogo BLOCKTOXREF (véase la figura 24.2). Desde aquí, podrá seleccionar el bloque que desee reemplazar. A continuación, se le pedirá que seleccione un archivo que será la referencia externa de sustitución.

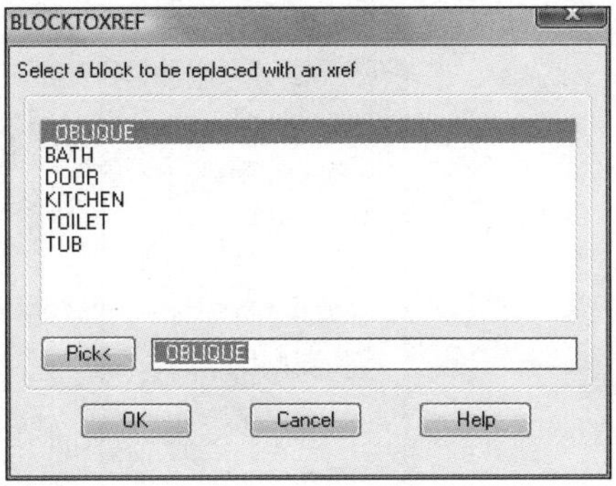

Figura 24.2. Cuadro de diálogo BLOCKTOXREF.

- **Replace Block With Another Block:** Reemplaza un conjunto de referencias de bloque por otro. Por ejemplo, puede reemplazar el bloque de la bañera en el plano del apartamento por el bloque de la puerta, convirtiendo todas las bañeras en puertas. Esta herramienta funciona de forma similar a la herramienta **Convert Block To Xref**.

Herramientas de Express Standard

La barra de herramientas Express Standard parece ser la respuesta a los deseos de la mayoría de usuarios de AutoCAD. Como con la mayoría de herramientas Express descritas hasta ahora, estas herramientas han estado presentes para la comunidad de usuarios de AutoCAD como utilidades de AutoLISP. **Multiple Object Stretch** permite utilizar la opción de selección de Polígono de captura para seleccionar puntos finales y vértices para su estiramiento. La herramienta **Move/Copy/Rotate** combina estas tres funciones en un único comando. **Break Line Symbol** añade el salto de línea estándar a su dibujo. La herramienta **Super Hatch** ofrece un método sencillo de creación de patrones de sombreado personalizados. **Super Hatch** es bastante compleja por lo que la próxima sección describe en detalle cómo se puede utilizar.

Crear patrones de sombreado personalizados con Super Hatch

Puede acceder a varios patrones de sombreado desde el cuadro de diálogo Sombreado y degradado de AutoCAD pero, a menudo, ninguno de esos patrones satisfará sus necesidades. En estos casos es donde la herramienta **Super Hatch** resulta útil. Con **Super Hatch**, puede crear virtualmente cualquier patrón. Puede utilizar objetos de su dibujo como base para un patrón de sombreado o puede importar imágenes de mapa de bits y utilizarlas para formar un patrón de sombreado como, por ejemplo un fondo de pantalla en mosaico en el fondo de Escritorio de Windows. El siguiente ejercicio le muestra cómo utilizar **Super Hatch**:

1. Abra el archivo `superhatch.dwg`. Verá un bloque de una flecha en la parte izquierda de la pantalla y un área rectangular a la derecha. En este ejercicio, convertirá una flecha en un patrón de sombreado.
2. Haga clic en la herramienta **Super Hatch** (▣) para abrir el cuadro de diálogo SuperHatch (véase la figura 24.3).

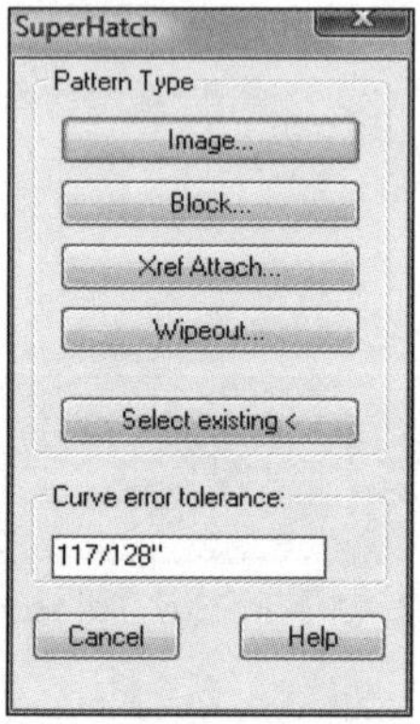

Figura 24.3. Cuadro de diálogo SuperHatch.

3. Haga clic en el botón **Select Existing** para cerrar el cuadro de diálogo SuperHatch.
4. Haga clic en la flecha. Aparecerá resaltada y un rectángulo magenta rodeará la flecha (véase la figura 24.4). En este momento, puede indicar el área que desee repetir en su patrón. El valor predeterminado es la extensión del elemento seleccionado, como se indica mediante el rectángulo magenta.

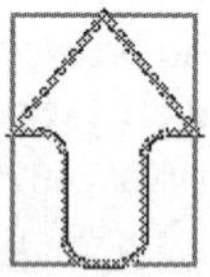

Figura 24.4. Rectángulo rodeando la flecha.

5. Haga clic en los dos puntos que se muestran en la figura 24.5 para indicar el área que desee repetir. El rectángulo cambiará para reflejar la nueva área. Puede repetir la selección del área tantas veces como necesite hasta que obtenga exactamente el área que desee.
6. Pulse **Intro** para pasar al siguiente paso.
7. Haga clic en la parte interior del rectángulo para indicar el área que desee sombrear. Si dispone de varias áreas de sombreado, puede seguir seleccionándolas en este paso.

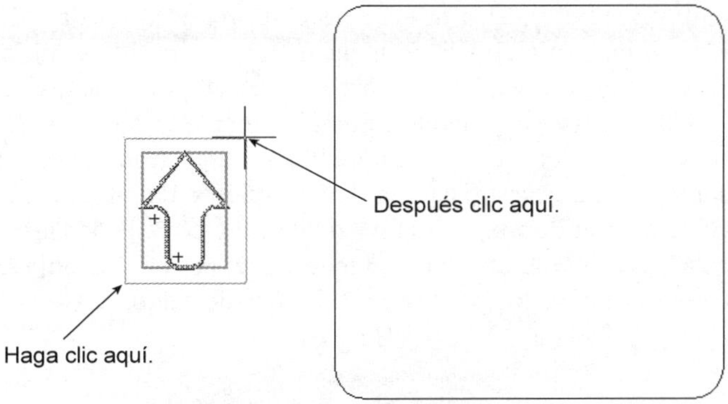

Figura 24.5. Selección del área que se va a repetir.

8. Pulse **Intro** para finalizar su selección de áreas sombreadas. La flecha aparecerá repetida como un patrón dentro del rectángulo, tal como se muestra en la figura 24.6.

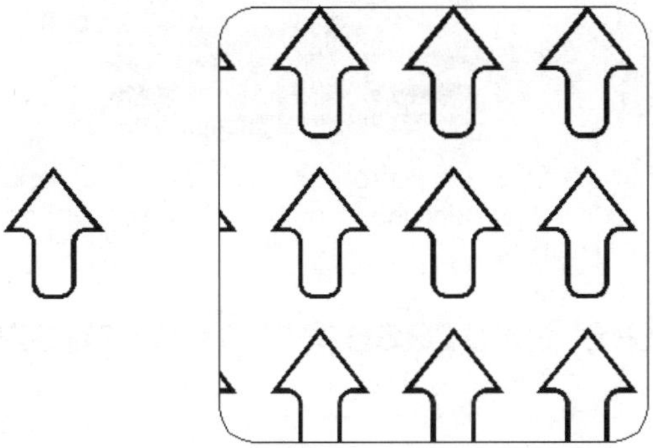

Figura 24.6. El patrón de sombreado personalizado.

El objeto seleccionado utilizando la opción Select Existing en el cuadro de diálogo SuperHatch deberá ser un bloque. Podrá modificar ese bloque utilizando las técnicas descritas en un capítulo anterior y los cambios aparecerán en el patrón de sombreado, como se muestra en la figura 24.7.

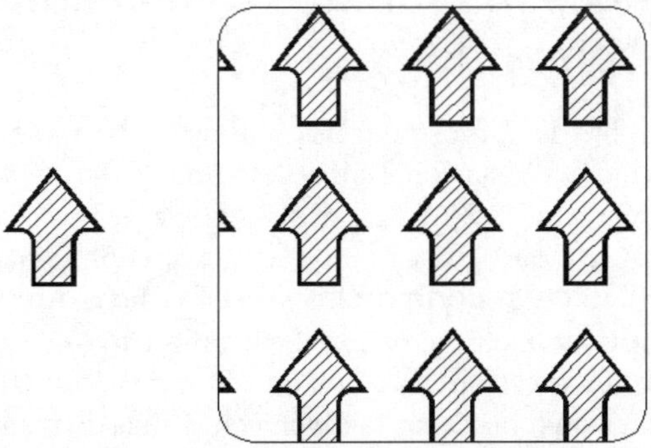

Figura 24.7. El patrón de sombreado personalizado una vez modificado el bloque de flecha para incluir el patrón de sombreado diagonal.

Como puede ver en el cuadro de diálogo SuperHatch, puede incorporar referencias externas, bloques e incluso archivos de imagen en su patrón de sombreado personalizado. Cada una de estas opciones le pide que inserte el objeto antes de convertirlo en un patrón de sombreado. Utilice el método de inserción usual para el tipo de objeto seleccionado. Por ejemplo, si selecciona la opción Block, se le pedirá un punto de inserción, los factores de escala X e Y y un ángulo de rotación. En el caso de los archivos de imagen, verá el mismo cuadro de diálogo que ve cuando inserta un archivo de imagen, ofreciendo las opciones de punto de inserción, escala y rotación. La figura 24.8 muestra un patrón de sombreado de muestra con un archivo de imagen utilizado en lugar de un bloque de AutoCAD.

Figura 24.8. Un patrón de sombreado personalizado utilizando una imagen de mapa de bits.

Herramientas Express en el Explorador de menús

La mayoría de las herramientas Express Tools comentadas hasta ahora están disponibles como opciones en el Explorador de menús de AutoCAD en el menú Express. Existen algunas opciones adicionales en el menú Express que no verá en ninguna de las barras de herramientas. No querrá perderse estas herramientas adicionales. Pueden mejorar enormemente su productividad en cualquier tipo de proyecto.

Control de accesos rápidos con el editor de alias de comando

A través de este libro, le he mostrado las teclas de acceso rápido del teclado a los comandos de AutoCAD. En Windows Vista, todos los accesos rápidos se almacenan en un archivo llamado `Acad.pgp` en la carpeta `C:\Users\Nombre de usuario\AppData\Roaming\Autodesk\AutoCAD 2009\R17.2\esp\Support` (compruebe la opción Ruta de búsqueda de archivo de soporte de trabajo en la ficha Archivos del cuadro de diálogo Opciones para encontrar la ubicación exacta de los archivos de asistencia en su sistema). En el pasado, tuvo que editar este archivo con un editor de textos para modificar estas teclas de acceso rápido del teclado (conocidas también como alias de comandos). Pero, para simplificarnos el trabajo, Autodesk ofrece el editor de alias de comandos, que automatiza el proceso de edición, adición o eliminación de alias de comandos desde AutoCAD.

Además, el editor de alias de comandos permite almacenar sus propias definiciones de alias en un archivo. Después, podrá volver a llamar a su archivo para cargar sus propios alias de comandos. A continuación mostramos el funcionamiento del editor de alias de comandos:

1. Seleccione Express>Tools>Command Alias Editor en el Explorador de menús para abrir el cuadro de diálogo AutoCAD Alias Editor (véase la figura 24.9).

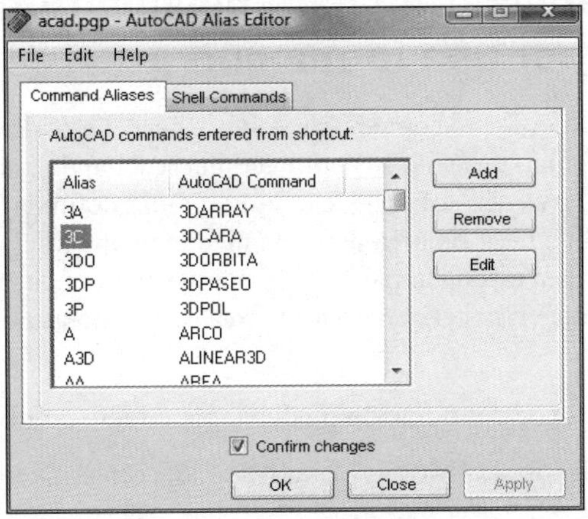

Figura 24.9. Cuadro de diálogo AutoCAD Alias Editor.

2. Como puede ver en las opciones de botón, puede añadir, eliminar o editar un alias. Haga clic en el botón **Add** para abrir el cuadro de diálogo New Command Alias. En este cuadro de diálogo, introduzca el alias deseado en el cuadro de entrada Alias y, a continuación, seleccione el comando en el cuadro de lista AutoCAD Command. También puede introducir un nombre de macro o comando como, por ejemplo `Wipeout`, en el cuadro de entrada. Cuando haga clic en la opción Edit en el cuadro de diálogo AutoCAD Alias Editor, podrá ver un cuadro de diálogo idéntico a éste con los cuadros de entrada ya rellenos.

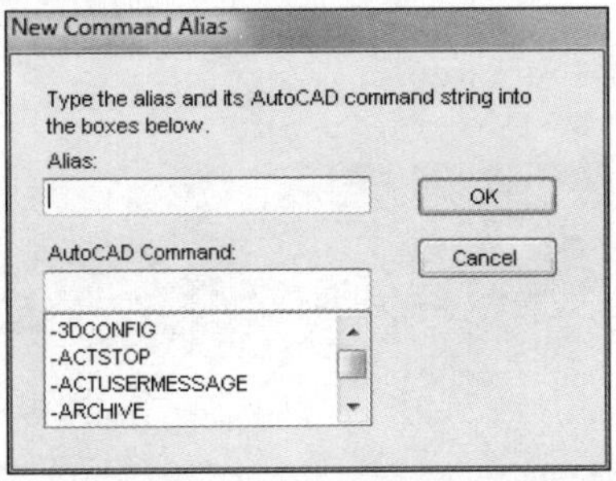

Figura 24.10. Cuadro de diálogo New Command Alias.

3. Una vez creado o editado un alias, haga clic en **OK** para volver al cuadro de diálogo AutoCAD Alias Editor.
4. Haga clic en **OK** para salir del cuadro de diálogo. Verá un mensaje de advertencia que le indica que está a punto de sobrescribir el archivo `Acad.pgp`.
5. Haga clic en **Sí** para actualizar el archivo `Acad.pgp`.

Si es un usuario veterano de AutoCAD, es posible que esté acostumbrado a su propio conjunto de alias de comandos. En tal caso, puede que desee crear su propio archivo `.pgp` que contenga sólo sus alias personalizados. A continuación, siempre que utilice AutoCAD, abra el editor de alias de AutoCAD, seleccione File>Import y cargue su archivo `.pgp` personal. A partir de ese momento, los alias de su archivo se incluirán con los del archivo `Acad.pgp` estándar.

Utilizar Extended Clip para delimitar una imagen rasterizada por una forma curva

En un capítulo anterior, vio cómo podía delimitar secciones de una referencia externa o una imagen rasterizada por lo que sólo se podrá ver una sección de estos objetos. Una limitación a la opción Raster Clip es que sólo puede delimitar áreas definidas mediante líneas rectas. Por ejemplo, no puede delimitar un área definida mediante un círculo o una elipse.

Extended Clip está diseñado para aquellas instancias en las que necesita delimitar obligatoriamente una imagen rasterizada por un área curva. Los siguientes pasos le muestran su funcionamiento:

1. Cree un límite de delimitación mediante un círculo o una polilínea curvos.
2. Seleccione Express>Modify>Extended Clip en el Explorador de menús.
3. Haga clic en el límite.
4. Haga clic en la referencia externa, el bloque o la imagen que desee delimitar.
5. Pulse **Intro** en la línea de comandos `Enter maximum allowable error distance for resolution of arc segments <7/16''>:`. La referencia externa, el bloque o la imagen se ceñirán al límite seleccionado.
6. Puede borrar el límite creado en el paso 1 o conservarlo para futuras referencias.

Extended Clip no limita realmente al límite creado sino que, en su lugar, aproxima ese límite mediante la creación de un límite de delimitación verdadero con una serie de segmentos de línea muy cortos. De hecho, el comando del paso 5 permite especificar la distancia máxima permitida entre los segmentos de línea rectas que genera y la curva del límite creado (véase la figura 24.11).

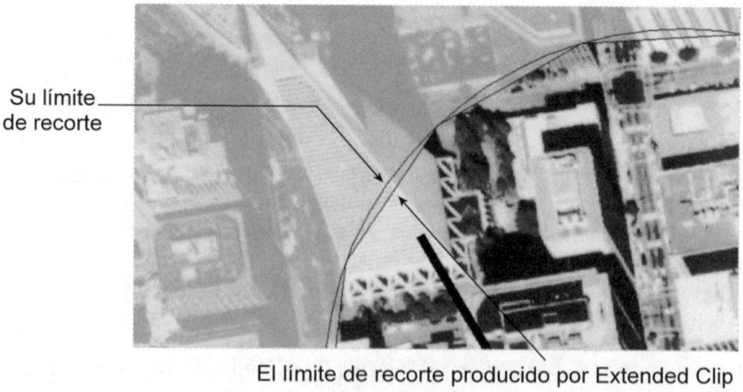

Figura 24.11. Extended Clip permite establecer la distancia máxima de su límite de delimitación y el que se genera.

Una vez creado un límite utilizando Extended Clip, puede editar las propiedades del límite mediante la selección de Modificar>Delimitar>RefX para referencias externas y bloques o mediante la selección Modificar>Delimitar>Imagen para imágenes rasterizadas desde el Explorador de menús.

Utilizar Make Linetype para crear un tipo de línea personalizado

Los tipos de líneas proporcionados por AutoCAD resultan adecuados en la mayoría de los casos. Pero, si busca ese tipo de línea perfecto, puede utilizar la herramienta **Make Linetype** para crear su propio tipo de línea. A continuación le mostramos cómo funciona:

1. Abra el archivo de muestra `customltype_completed.dwg` de la carpeta del tema 24 del CD-ROM adjunto. El dibujo de muestra se compone de líneas sencillas sin polilíneas, arcos ni círculos. Cuando crea su propio prototipo de tipo de línea, asegúrese de que las líneas están todas alineadas. Dibuje una única línea y divídala para formar los segmentos del tipo de línea (véase la figura 24.12). Asegúrese también de que está dibujado conforme al tamaño de trazado real.

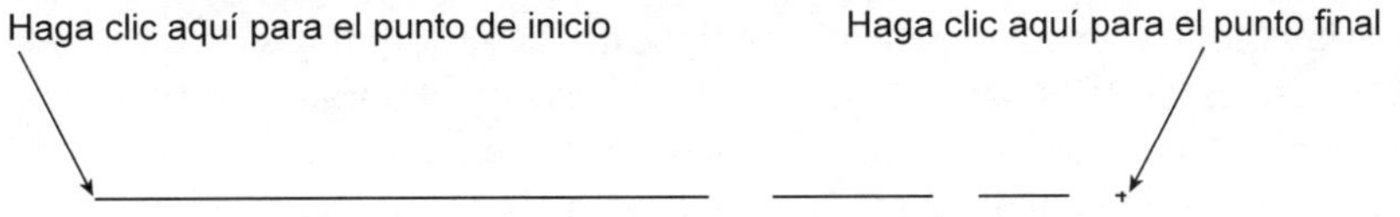

Figura 24.12. Creación de un tipo de línea personalizado con Make Linetype.

2. Seleccione Express>Tools>Make Linetype en el Explorador de menús para abrir el cuadro de diálogo MKLTYPE. Éste es el cuadro de diálogo de archivo típico que le permite crear un nuevo archivo de tipo de línea.
3. Introduzca `myltype` para el nombre de archivo, seleccione una ubicación para el archivo y, a continuación, haga clic en **Guardar**.
4. En la línea de comandos `Enter linetype name:`, introduzca `MyLinetype` o cualquier nombre que desee utilizar para describir el tipo de línea. El nombre debe componerse de una única palabra.
5. En la línea de comandos `At the Enter linetype description:`, introduzca una descripción para su tipo de línea. Puede ser la frase que mejor la describa.
6. En la línea de comandos `Specify starting point for line definition:`, coloque un punto final del tipo de línea de muestra.
7. En la línea de comandos `Specify ending point for line definition:`, seleccione un punto tras el extremo opuesto del tipo de línea de muestra. Seleccione un punto tras el punto final de la muestra para indicar el espacio entre el final del primer segmento del tipo de línea y el comienzo de la sección repetitiva.
8. En la línea de comandos `Select objects:`, seleccione las líneas de tipo de línea de muestra. Cuando haya acabado, pulse **Intro**. Ahora dispondrá de un tipo de línea personalizado.

Si envía su archivo a otra persona, tendrá que asegurarse de incluir sus archivos de tipo de línea con el archivo de dibujo. En caso contrario, cualquier elemento dibujado utilizando su tipo de línea personalizado aparecerá como una línea continua y el destinatario obtendrá un mensaje de error que indica que AutoCAD no puede encontrar un recurso de tipo de línea.

La herramienta **Make Linetype** crea un archivo de tipo de línea única para cada tipo de línea que cree. El archivo de tipo de línea es un archivo de texto ASCII sencillo. Si acaba realizando varios tipos de líneas, puede combinar sus archivos de tipo de línea en un archivo utilizando un editor de texto sencillo como, por ejemplo, Bloc de notas de Windows. No utilice WordPad ni Word porque estos programas introducirán códigos especiales en el archivo de tipo de línea.

Crear formas personalizadas como alternativa a los bloques

Las formas son tipos especiales de objetos de AutoCAD que son similares a los bloques. Se trata normalmente de símbolos sencillos compuestos de líneas y de arcos. Las formas ocupan menos memoria y se pueden mostrar de forma más rápida, pero son mucho menos flexibles que los bloques y no son muy precisas. No puede utilizar referencias a objetos para hacer referencia a partes específicas de una forma, ni puede descomponer formas. Funcionan bien como símbolos o como componentes en tipos de líneas complejos.

Las formas siempre han sido difíciles de crear. En el pasado, no podía crear una forma dibujándola. Tuvo que crear algo llamado una definición de forma utilizando un código especial. Una definición de forma es sólo un archivo ASCII que contiene una descripción de la geometría de la forma. La creación de dicho archivo fue un proceso tedioso y anticuado que interesó a pocos usuarios.

Con la introducción de los tipos de líneas complejos en versiones recientes de AutoCAD, el interés en las formas se reavivó. Para facilitar la creación de formas a los usuarios, AutoCAD 2008 proporciona una herramienta que creará un archivo de definición de forma basado en un dibujo de línea. Realice este sencillo ejercicio para aprender a crear y utilizar una forma:

1. Abra el archivo de muestra `makeshape.dwg` de la carpeta del capítulo 24 de los archivos del proyecto de muestra. Este archivo contiene un dibujo simple de una flecha hacia arriba. Contiene líneas y arcos.

2. Seleccione Express>Tools>Make Shape en el Explorador de menús para abrir el cuadro de diálogo MKSHAPE. Se trata de un cuadro de diálogo de archivo típico que le permite especificar un nombre y una ubicación para su archivo de definición de forma.

3. En el cuadro de entrada File Name, introduzca **Arrow**. A continuación, localice la carpeta `Mis documentos` y coloque ahí su nuevo archivo.

4. Haga clic en **Aceptar** para crear su archivo.

5. En la línea de comandos `Enter the name of the shape:`, introduzca `Arrow` y pulse **Intro**.

6. En la línea de comandos `Enter resolution <128>:`, introduzca `512` y pulse **Intro**. Las formas se definen con una matriz cuadrada de puntos. Todos los puntos finales de las líneas y los arcos deben estar en un punto dentro de esa matriz. En esta

línea de comandos, puede definir la densidad de esa matriz. Una mayor densidad le proporcionará una forma con mejor aspecto, pero no deseará dejarse llevar por esta configuración.

7. En la línea de comandos `Specify insertion base point:`, seleccione la punta de la flecha, como se muestra en la figura 24.13. Éste será el punto de inserción de su forma, que es similar al punto de inserción de un bloque.

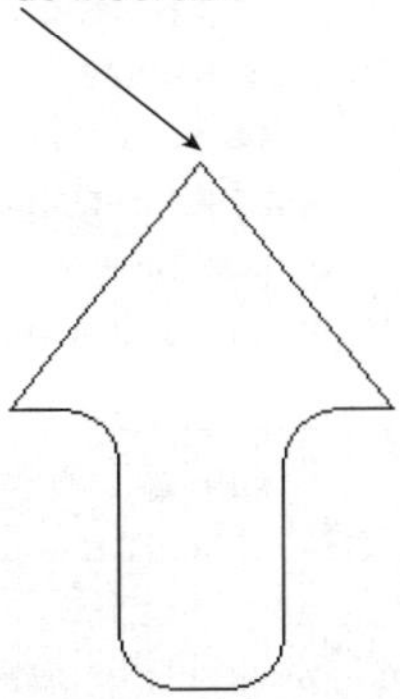

Figura 24.13. Creación de una forma a partir de un dibujo existente.

8. En la línea de comandos `Select objects:`, seleccione toda la flecha y, a continuación, pulse **Intro**.

9. Una serie de mensajes le indican lo que está haciendo AutoCAD. El último mensaje le indicará si AutoCAD consiguió crear el archivo de forma correctamente y le indicará la ubicación y el nombre del nuevo archivo de forma:

```
Compilation successful. Output file C:\Documents and Settings\Nombre
de usuario\Mis Documentos\Arrow.shx contains 309 bytes.Shape "ARROW"
created.
```

Utilice el comando **FORMA** para colocar formas en su dibujo.

Para ver cómo aparecerá su forma, realice los siguientes pasos. A continuación, aprenderá a cargar e insertar una forma:

1. En la línea de comandos, introduzca `Carga` y pulse **Intro** para abrir el cuadro de diálogo Seleccione archivo de forma. Se trata de un cuadro de diálogo de archivo típico.

2. En la carpeta `Mis Documentos`, localice el archivo `Arrow.shx` y haga clic en **Abrir** para cargarlo.

3. Ahora introduzca `Forma` y pulse **Intro**.

4. En la línea de comandos `Indique nombre de forma [?]:`, introduzca `Arrow` y pulse **Intro**. Ahora verá cómo la flecha sigue a su cursor conforme se mueve por el área de dibujo.

> **NOTA:** Si ha olvidado el nombre de una forma que está cargando, puede introducir un signo de interrogación (`?`) para ver una lista de formas disponibles.

5. En la línea de comandos `Precise punto de inserción:`, haga clic a la derecha de la flecha original.

6. En la línea de comandos `Precise altura:`, pulse **Intro** para aceptar el valor predeterminado de 1.

7. En la línea de comandos `Precise ángulo de rotación:`, introduzca `45` y pulse **Intro**. La flecha aparecerá en un ángulo de 45º.

Una forma actúa como un bloque en muchos casos, pero no puede hacer referencia a ninguno de sus puntos. También resulta menos precisa que un bloque en su representación, aunque para algunas aplicaciones esto no sea una preocupación importante. Por último, no puede utilizar formas complejas tales como *splines* u objetos 3D para su forma. Sólo puede utilizar líneas y arcos. Sin embargo, las formas pueden resultar útiles en su aplicación. Como mencionamos anteriormente, puede incluir formas en definiciones de tipo de línea.

TRUCO: También puede utilizar una herramienta que convierte formas en bloques de AutoCAD. Seleccione Express>Blocks>Convert Shape To Block en el Explorador de menús y, a continuación, seleccione una forma. Una línea de comando le pedirá un nombre para el bloque. Puede aceptar el nombre predeterminado, que es el mismo nombre que la forma que está convirtiendo.

Utilizar las herramientas de selección Express

Con frecuencia, parece que no hay suficientes herramientas de selección disponibles en AutoCAD. En uno de los primeros capítulos del libro, conoció los distintos métodos que puede utilizar para seleccionar grupos de objetos para crear un conjunto de selección, que es un conjunto de objetos seleccionados para una operación como, por ejemplo, mover o copiar. Las herramientas Express ofrecen otros métodos de selección de objetos distintos.

La herramienta **Get Selection Set** configura un conjunto de selección basado en capas o en tipos de objetos. Cuando seleccione Express>Selection Tools>Get Selection Set en el Explorador de menús, se le pedirá que seleccione un objeto cuya capa contenga todos los objetos que desee seleccionar. Puede pulsar **Intro** para crear un conjunto de selección de todos los objetos del dibujo. A continuación, se le pedirá que seleccione un objeto del tipo deseado. Si pulsa **Intro** en el primer comando y, a continuación, selecciona una línea en el segundo comando, todas las líneas del dibujo se incluirán en el nuevo conjunto de selección. En la pantalla no observará ningún cambio, pero la próxima vez que utilice un comando que le pida que seleccione objetos, podrá introducir `L` y pulsar **Intro** para seleccionar las líneas.

La otra herramienta de selección es **Fast Select**. Cuando seleccione Express>Selection Tools>Fast Select en el Explorador de menús, se le pedirá que seleccione un objeto. Una vez que lo haga, se seleccionará el objeto que seleccione más cualquier objeto que lo toque quedará seleccionado.

Utilizar Dimstyle Export y Dimstyle Import

La mayoría de usuarios de AutoCAD tienen que configurar sus estilos de acotación sólo una vez y, a continuación, realizar alteraciones menores en la escala del dibujo. Puede configurar sus estilos de acotación en un archivo de plantilla y, a continuación, utilizar esta plantilla cada vez que cree nuevos dibujos. De esta forma, sus estilos de acotación ya se habrán configurado de la forma deseada. Pero, a menudo, recibirá archivos creados por otro usuario que puede que no tenga las mismas ideas sobre estilos de acotación. Por lo general, esto implicaría que tendría que volver a crear sus parámetros favoritos en un nuevo estilo de acotación. Ahora, con las herramientas Express Tools **Dimstyle Export** y **Dimstyle Import**, puede exportar e importar estilos de acotación cuando desee, ahorrándole el esfuerzo de volverlos a crear.

Adición de datos a objetos

Es menos probable que utilice tanto este conjunto de opciones como otras que hemos revisado hasta ahora, por lo que he incluido una breve descripción de ellas sin entrar en mucho detalle. Son bastante fáciles de utilizar y no deberá tener ningún problema al probarlas. Para acceder a ambas herramientas, seleccione Express>Tools:

- Attach Xdata: Permite adjuntar datos extendidos a objetos. Por lo general, los datos extendidos se utilizan sólo en las aplicaciones AutoLISP o ARX. Se le pedirá que seleccione el objeto que recibirá los datos y, a continuación, se le pedirá que introduzca un nombre de aplicación que sirva como una etiqueta que le indique al resto a quién pertenecen los datos. A continuación, seleccione un tipo de datos. Una vez hecho esto, podrá introducir sus datos.
- List Object Xdata: Muestra los datos extendidos añadidos a un objeto.

Utilizar File tools

AutoCAD siempre ha utilizado en gran medida los archivos externos en su funcionamiento. Todos los elementos, desde fuentes a teclas de acceso rápido del teclado, dependen de archivos externos. Las herramientas Express File (seleccione Express>File tools) ofrecen opciones para simplificar algunas operaciones relacionadas con el archivo. Algunas herramientas pueden resultarle útiles en su trabajo diario como, por ejemplo, **Save All Drawings** y **Close All Drawings**. Otras, como **Edit Image**, podrían resultar útiles cuando necesite editar una imagen. A continuación, le mostramos una lista de estas herramientas:

- **Move Backup Files**: Permite especificar una ubicación para los archivos `.bak` de AutoCAD para la sesión de dibujo actual.
- **Convert PLT To DWG**: Convierte archivos de trazado HPGL en archivos de dibujo. En primer lugar, deberá configurar AutoCAD o Windows para utilizar un trazador HPGL y, a continuación, especificar ese trazador HPGL en el cuadro de diálogo Trazar o Administrador de configuraciones de página. También deberá indicar que desea trazar en un archivo cuando cree el trazado (seleccione la casilla de verificación Trazar en archivo en el grupo Impresora/trazador del cuadro de diálogo Trazar).
- **Edit Image**: Ofrece un método rápido para abrir y editar un archivo de imagen que se haya insertado en un dibujo de AutoCAD. Seleccione Express>File tools>Edit Image y, a continuación, seleccione la imagen que desee editar. Se abrirá el cuadro de diálogo File, mostrando el archivo en un cuadro de lista. Haga clic en **Abrir** y el programa asociado al tipo de archivo de imagen abrirá el archivo de imagen.

- **Redefine Path**: Permite volver a definir la ruta a los archivos externos que se referencia desde el dibujo actual. Incluye las referencias externas, las imágenes, las formas, los estilos y texto. Puede eliminar una ruta de un archivo referenciado utilizando la opción de asterisco (`*`) cuando vea la línea de comandos `Enter old directory (use '*' for all), or ? <options>:`. Cuando vea la línea de comandos `Replace "*" with:`, pulse **Intro**. Si elimina la ruta de esta forma, AutoCAD utilizará la ruta de búsqueda de archivos de asistencia especificada en la ficha Archivos del cuadro de diálogo Opciones. Podrá especificar el tipo de archivo externo que desee redefinir pulsando **Intro** en el primer comando. Esto abrirá el cuadro de diálogo REDIRMODE. Este cuadro de diálogo contiene una lista de casillas de verificación sencilla de los tipos de archivos de asistencia cuya ruta desee redefinir.
- **Update Drawing Property Data**: El dibujo de datos patentados puede ser una función práctica de AutoCAD, pero su uso requiere algo de disciplina. La cantidad de datos que deberá introducir puede resultar algo desalentadora. La herramienta **Update Drawing Property Data Express** ofrece un método que le permite añadir rápidamente datos patentados de dibujo mediante plantillas de datos patentadas. Los datos patentados de dibujo a menudo son idénticos para un conjunto de dibujos, por lo que puede crear una plantilla y aplicarla a dibujos similares en un conjunto con la herramienta **Update Drawing Property Data**. Para crear una plantilla de datos patentados de dibujo, seleccione Express>File Tools>Update Drawing Property Data en el Explorador de menús. En la línea de comandos `Enter an option [Active template/Edit template/List/Remove/Update] <Update>:`, introduzca `E` y pulse **Intro** para abrir el cuadro de diálogo Edit Populate Template (véase la figura 24.14). Complete los datos y haga clic en **Aceptar**. A continuación, seleccione File>Save As. Utilice la opción Update de la línea de comandos `Update Drawing Property Data` para aplicar la plantilla a un dibujo o a un conjunto de dibujos en una carpeta.

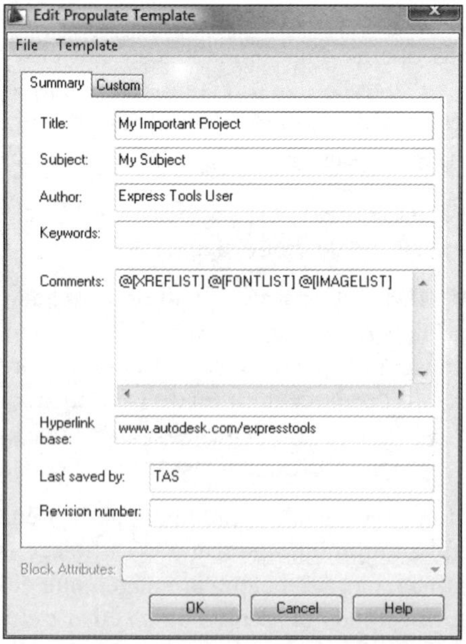

Figura 24.14. Cuadro de diálogo Edit Populate Template.

- **Save All Drawings**: Guarda todos los archivos abiertos actualmente. Los archivos siguen abiertos para una edición adicional.
- **Close All Drawings**: Cierre todos los dibujos abiertos actualmente. AutoCAD seguirá abierto.
- **Quick Exit**: Cierra todos los dibujos abiertos actualmente y sale de AutoCAD. Se le preguntará si desea guardar los cambios en cada archivo antes de cerrar.
- **Revert To Original**: Hace que un dibujo vuelva a su último estado guardado. Para ello, cierra el archivo sin guardar ningún cambio (desde la última vez que se guardó) y, a continuación, vuelve a abrir el archivo.

Utilizar Web Tools

AutoCAD le permite añadir enlaces URL a objetos. Se trata de una magnífica función que puede ayudarle a vincular dibujos a otros tipos de datos. Las herramientas Express Web (seleccione Express>Web Tools en el Explorador de menús) añaden algunas mejoras a las funciones de enlace URL de AutoCAD:

- **Show URLs**: Muestra el enlace URL adjunto a un objeto de AutoCAD.
- **Change URLs**: Permite editar con rapidez una dirección URL existente de un objeto. Seguirá teniendo que seleccionar Insert>Hyperlink para adjuntar una nueva dirección URL a un objeto.
- **Find And Replace URLs**: Reemplaza un conjunto de direcciones URL existentes con una dirección URL especificada por el usuario.

Herramientas Layout Express

AutoCAD incluye algunas herramientas Express Tools que facilitarán en gran medida el trabajo con presentaciones. Éstas, que se encuentran en el menú Express>Layout Tools, tratan algunas de las operaciones más comunes que encontrará al trabajar con presentaciones.

Alinear objetos de espacio Modelo con objetos de Presentación

Si en alguna ocasión ha intentado alinear un objeto en una presentación con objetos de una ventana gráfica de espacio Modelo, sabrá lo difícil que puede llegar a ser. A menudo, esta situación se produce cuando acerca la vista o encuadra involuntariamente una ventana gráfica espacio Modelo, y los objetos dibujados en espacio Papel (tales como notaciones dimensionales o líneas de salto) se desalinean con respecto a la vista subyacente.

La herramienta **Align Space** permite alinear objetos rápidamente en una ventana gráfica espacio Modelo con respecto a los objetos de presentación en espacio Papel. **Align Space** puede incluso rotar una vista de ventana gráfica para alinear objetos que se encuentran en ángulo. Para conocer de primera mano su funcionamiento, realice el siguiente ejercicio. Alineará una vista de planta de un conjunto de puntos de vigilancia de datos con una flecha hacia el norte en espacio Papel.

1. Abra el archivo de muestra alignspace.dwg.
2. Seleccione Express>Layout Tools>Align Space en el Explorador de menús. Observe que la ventana gráfica se activa automáticamente.
3. En la línea de comando FIRST alignment point in MODEL space:, haga clic en el punto final superior de la flecha hacia el norte de la ventana (véase figura 24.15).

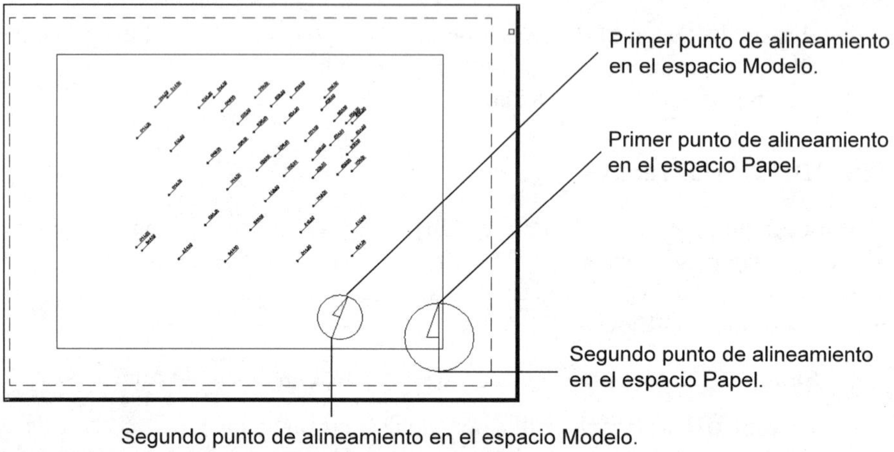

Figura 24.15. Seleccione estos puntos para alinear la flecha hacia el norte de espacio Modelo con una flecha hacia el norte de espacio Papel.

4. En la línea de comando SECOND point in MODEL space or <Return> for none:, haga clic en el punto final del extremo inferior de la flecha hacia el norte, como se muestra en la figura 24.15.
5. En la línea de comandos FIRST alignment point in PAPER space:, observe que AutoCAD cambia automáticamente a espacio Papel para permitirle realizar el siguiente paso. Haga clic en el punto final superior de la flecha hacia el norte de presentación de espacio Papel.
6. En la línea de comandos SECOND alignment point in PAPER space:, haga clic en el extremo inferior de la flecha espacio Papel. Las dos flechas se alinearán y verá un mensaje que le indica la escala de la ventana gráfica.

Puede ver que las dos flechas hacia el norte están alineadas en escala y dirección. El objeto con respecto al que está realizando la alineación en espacio Papel tampoco tiene que encontrarse dentro del área de la ventana gráfica. Si lo prefiere, puede alinear un único punto sin cambiar la escala ni la rotación de la ventana gráfica pulsando **Intro** en el paso 4, en el que verá la línea de comandos SECOND point in MODEL space or <Return> for none:.

Alinear varias ventanas gráficas en una única ventana gráfica

La herramienta **Align Space** permite alinear un objeto de espacio Modelo con respecto a un objeto de espacio Papel, pero ¿qué ocurre si desea alinear dos vistas de espacio Modelo? Por ejemplo, suponga que desea superponer dos ventanas gráficas de la misma vista, con una ventana gráfica que muestra gráficos mientras que la otra muestra sólo los símbolos de señal y alimentación de una pequeña área del plano. La herramienta **Synchronize Viewports** permite hacer eso. Alinea una o varias ventanas gráficas con respecto a una "maestra". La herramienta **Synchronize Viewports** alinea las coordenadas de una ventana gráfica con respecto a las coordenadas y la escala de otra, de manera que las vistas se correspondan como las piezas de un rompecabezas. Para hacerse una idea más precisa de lo que esto significa, realice el siguiente ejercicio. Suponga que tiene un plano ampliado que muestra una sección de un edificio. Deseará incluir las líneas de rejilla en su plano, pero no tener que incluir otras secciones del plano o redibujar las rejillas. **Synchronize Viewports** puede facilitarle el trabajo en este proyecto:

1. Abra el archivo `synchronize.dwg` y, a continuación, seleccione Express>Layout Tools>Synchronize Viewports en el Explorador de menús.
2. En la línea de comandos `Select objects:`, haga clic en el borde de la ventana gráfica en la esquina inferior derecha.
3. En la línea de comandos `Select viewports to be aligned to master viewport Select objects:`, haga clic en las otras dos ventanas gráficas y pulse **Intro**. Las dos ventanas gráficas cambiarán para mostrar las áreas adyacentes de la primera ventana gráfica.

Las tres vistas de la presentación se combinan para mostrar una vista de plano contiguo en lugar de tres vistas aleatorias (véase la figura 24.16).

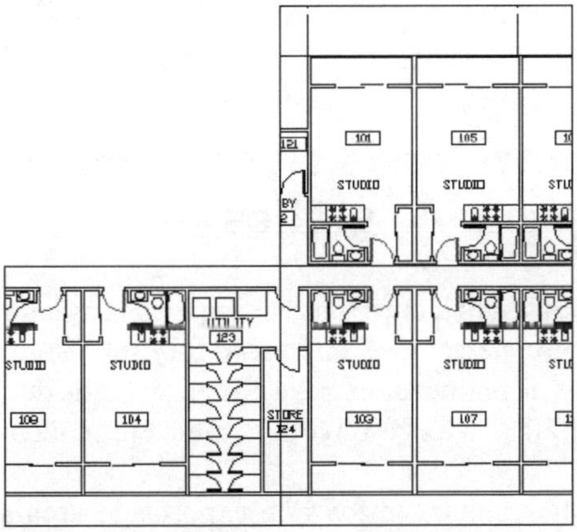

Figura 24.16. Sincronización de tres ventanas gráficas.

Podrá utilizar **Synchronize Viewports** de esta forma para unir partes de un plano de suelo en una forma no rectangular.

Para terminar de añadir las líneas de rejilla, realice los siguientes pasos:

1. Haga doble clic en la ventana gráfica superior y, a continuación, haga clic en la herramienta **Encuadre en tiempo real** en la barra de herramientas Normal.
2. Mantenga pulsada la tecla **Mayús** y haga clic y arrastre la vista hacia abajo para traer a la vista las líneas de rejilla. A continuación, mantenga pulsada la tecla **Mayús** y haga clic y arrastre, y mantenga la acción de panorámica en una dirección vertical. Arrastre hacia abajo hasta que vea sólo las rejillas y las dimensiones.

3. Pulse **Esc** para salir de la herramienta **Encuadre**. A continuación, haga doble clic en la ventana gráfica de la izquierda y utilice la herramienta **Encuadre** y mantenga pulsada la tecla **Mayús** y haga clic para arrastrar la vista hacia la derecha. Siga ampliando la vista hasta que aparezcan las líneas de rejilla, tal y como se muestra en la figura 24.17.

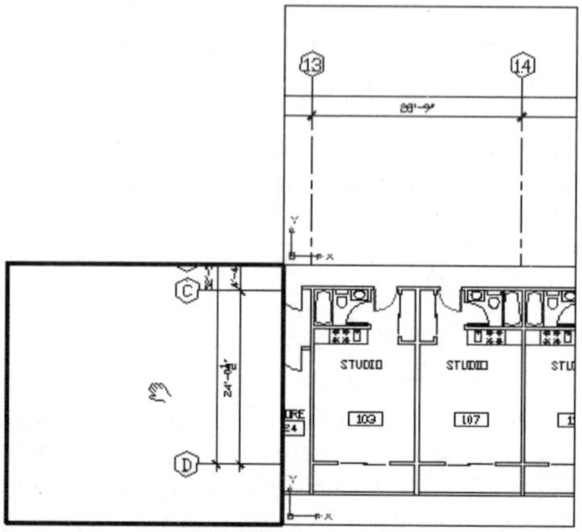

Figura 24.17. Encuadre para ver las líneas de rejilla.

Si alguna vez ha intentado realizar esta operación sin la ayuda de la herramienta **Synchronize Viewports**, sabrá lo práctica que puede resultar esta herramienta.

Buscar presentaciones en combinación y escalas de ventana gráfica

La categoría Layout Tools incluye dos herramientas bastante más sencillas: **List Viewport Scale** y **Merge Layout**. Seleccione Express>Layout Tools>List Viewport Scale en el Explorador de menús y, a continuación, haga clic en un borde de ventana gráfica para visualizar la escala de ventana gráfica. **Merge Layout** combina los contenidos de una presentación con los de otra.

Esta herramienta le resultará útil si está exportando archivos a versiones anteriores de AutoCAD, en el que sólo es posible una presentación. Al seleccionar Express>Layout Tools>Merge Layouts en el Explorador de menús, se abrirá el cuadro de diálogo LAYOUTMERGE. Este cuadro de diálogo es una lista simple que muestra las presentaciones en el dibujo actual.

Puede seleccionar la presentación que desea combinar con la presentación actual. Una vez realizada su selección y tras hacer clic en **Aceptar**, otro cuadro de diálogo aparecerá con aspecto idéntico al primer cuadro de diálogo LAYOUTMERGE. En esta ocasión, seleccionará la presentación de destino para las presentaciones combinadas.

Las herramientas Express Layout incluyen esto. Al igual que muchas de las otras herramientas Express Tools, puede que utilice estas herramientas más que la mayoría del resto de comandos estándar de AutoCAD, por lo que le recomendamos que las tenga en cuenta cuando trabaje en la presentación de su siguiente conjunto de dibujos.

Puesta en funcionamiento de AutoLISP

La mayoría de paquetes de sofisticadas herramientas de dibujo asistido por ordenador ofrecen un lenguaje de programación o una macro que ayuda a los usuarios a personalizar sus sistemas. AutoCAD dispone de AutoLISP, que es una versión condensada del popular lenguaje de inteligencia artificial LISP.

No permita que AutoLISP le desanime. En muchos sentidos, un programa de AutoLISP es tan sólo un conjunto de comandos de AutoCAD que le ayudan a crear sus propias funciones. La única diferencia es que tendrá que seguir un conjunto distinto de normas al utilizar AutoLISP. Pero no es tan inusual. Después de todo, también tuvo que aprender algunas normas básicas acerca del uso de los comandos de AutoCAD, por ejemplo, cómo ejecutar comandos y cómo utilizar opciones de comandos.

Si la idea de utilizar AutoLISP es algo intimidador, tenga en cuenta que no es estrictamente necesario poseer excelentes conocimientos informáticos para utilizar esta herramienta. En esta sección, verá cómo hacer que AutoLISP le ayude en sus tareas de edición diarias, sin tener que conocer el lenguaje de programación al completo.

Carga y ejecución de un programa de AutoLISP

Muchos de los usuarios de AutoCAD han descubierto la utilidad de AutoLISP a través de las miles de utilidades gratuitas de AutoLISP que están disponibles desde los servicios en línea y los sitios Web. De hecho, es bastante habitual para los usuarios mantener una "caja de herramientas" de sus utilidades favoritas en un disco. Pero, antes de utilizar estas utilidades, tendrá que saber cómo cargarlas en AutoCAD. En el siguiente ejercicio, cargará y utilizará una utilidad de AutoLISP:

1. Ejecute AutoCAD y abra el archivo `24-unit.dwg`.
2. Haga clic en la herramienta **Cargar aplicación** (

) en el panel Aplicaciones de la ficha Herramientas para abrir el cuadro de diálogo Cargar/Descargar aplicaciones (véase la figura 24.18).
3. Localice y seleccione el archivo `GETAREA.LSP`.
4. Haga clic en el botón **Cargar**. El mensaje `GETAREA.LSP correctamente cargado(s)` aparecerá en el cuadro de mensaje situado en la parte inferior del cuadro de diálogo. Si se desplaza hacia abajo por la lista de la ficha Aplicaciones cargadas, también verá `Getarea.lsp` en la lista, lo que le indica que está cargado.
5. Haga clic en **Cerrar** para cerrar el cuadro de diálogo Cargar/Descargar aplicaciones.
6. Ahora introduzca `getarea` y pulse **Intro**.
7. En la línea de comandos `Pick point inside area to be calculated:`, haga clic dentro del plano del apartamento.
8. En la línea de comandos `Select location for area note:`, seleccione un punto justo por encima de la puerta del balcón. Aparecerá una etiqueta, que muestra el área de la habitación en pies cuadrados.

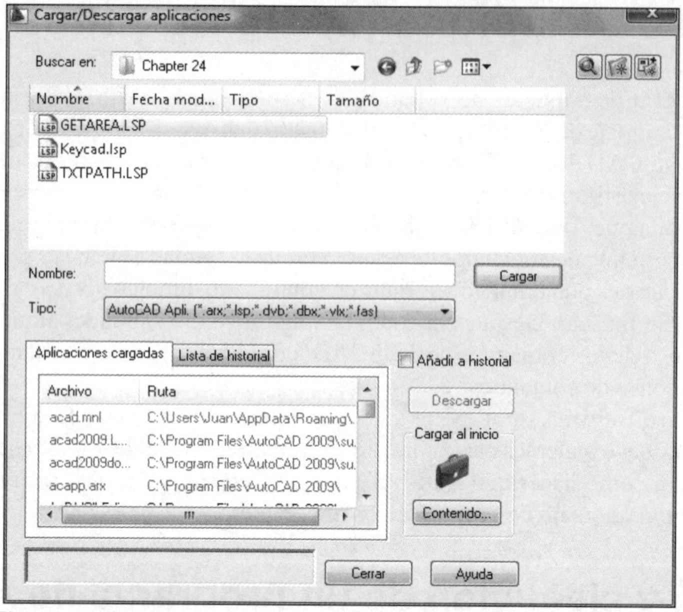

Figura 24.18. Cuadro de diálogo Cargar/descargar aplicaciones.

Acaba de cargar y utilizar una utilidad de AutoLISP. Como vio en el cuadro de diálogo Cargar/Descargar aplicaciones, puede cargar y probar otras utilidades. A continuación, podrá examinar más de cerca el cuadro de diálogo Cargar/Descargar aplicaciones.

TRUCO: Las funciones de algunas de las utilidades de AutoLISP más populares se han convertido en parte del programa principal de AutoCAD. Las herramientas tales como **Igualar propiedades** y **Fijar como actual la capa del objeto** han formado parte de las utilidades de AutoLISP desde las primeras versiones de AutoCAD.

Gestión de su biblioteca VBA y AutoLISP

El cuadro de diálogo Cargar/Descargar aplicaciones le ofrece una mayor flexibilidad en la gestión de sus utilidades de AutoLISP favoritas. También puede gestionar sus aplicaciones ARX y VBA. Como vio en el ejercicio anterior, podrá buscar y seleccionar fácilmente utilidades mediante este cuadro de diálogo. Si utiliza con frecuencia una aplicación personalizada, puede incluirla en la ficha Lista de historial del cuadro de diálogo Cargar/Descargar aplicaciones, como verá en los siguientes pasos:

1. Haga clic en la herramienta **Cargar aplicación** en el panel Aplicaciones de la ficha Herramientas para abrir el cuadro de diálogo Cargar/Descargar aplicaciones.
2. Seleccione la casilla de verificación Añadir a historial.
3. Haga clic en la ficha Lista de historial.
4. Vuelva a seleccionar `GETAREA.LSP` en la lista de aplicaciones situada en la parte superior del cuadro de diálogo.

5. Haga clic en **Cargar**. `GETAREA.LSP` aparecerá en la ficha Lista de historial, que se muestra en la figura 24.19.

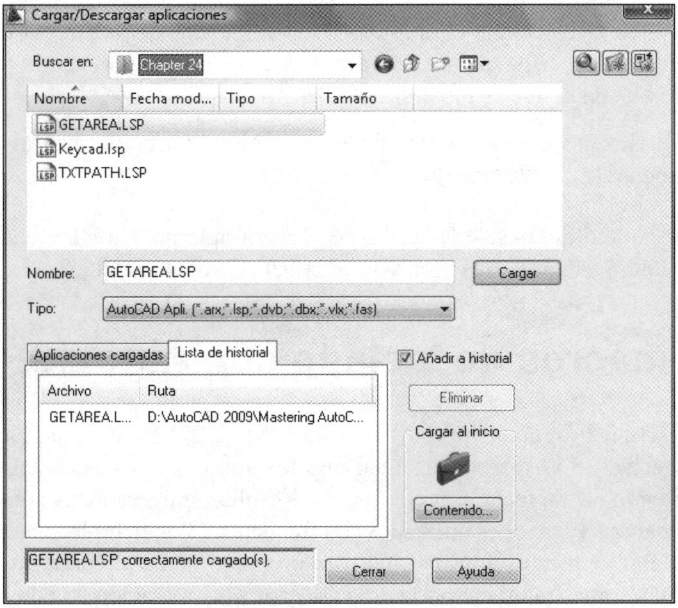

Figura 24.19. Lista de historial.

6. Haga clic en **Cerrar** para cerrar Cargar/Descargar aplicaciones.

Ahora, cuando salga de AutoCAD, el cuadro de diálogo retendrá el nombre de la utilidad `Getarea.lsp` en la ficha Lista de historial. Cuando desee cargar `GETAREA.LSP` en una sesión futura, no tendrá que buscarlo. Podrá resaltarlo en la ficha Lista de historial y, a continuación, cargarlo desde ahí. Podrá añadir tantos elementos como desee en su ficha Lista de historial o eliminar elementos resaltándolos y haciendo clic en el botón **Eliminar**. La ficha Lista de historial funciona con todos los tipos de aplicaciones compatibles con AutoCAD.

Carga automática de programas de AutoLISP

Cuando comience a crear una biblioteca de aplicaciones VBA y AutoLISP, puede que tenga que utilizar algunas de ellas continuamente. Puede configurar AutoCAD para cargar automáticamente sus aplicaciones favoritas. Para ello, utilice Cargar al inicio en el cuadro de diálogo Cargar/descargar aplicaciones:

1. Seleccione Herr.>Cargar aplicación en el Explorador de menús para abrir el cuadro de diálogo Cargar/Descargar aplicaciones.

2. Haga clic en el botón **Contenido** o en el icono del maletín del grupo Cargar al inicio para abrir el cuadro de diálogo Cargar al inicio. Este cuadro de diálogo contiene un cuadro de lista que muestra todas las aplicaciones que se vayan a ejecutar cada vez que se inicie AutoCAD. Añada las aplicaciones con el botón **Añadir** en la parte inferior. Si hay aplicaciones en la lista, puede utilizar el botón **Eliminar** para eliminarlas.

3. Haga clic en el botón **Añadir** para abrir el cuadro de diálogo Añadir archivo a Cargar al inicio. Éste es el cuadro de diálogo de archivo típico que permite buscar y seleccionar un archivo.
4. Localice y seleccione el archivo `GETAREA.LSP` de la carpeta del capítulo 24 y, a continuación, haga clic en **Añadir**. Volverá a aparecer el cuadro de diálogo Cargar al inicio, en el que se mostrará `GETAREA.LSP`.
5. Haga clic en **Cerrar** y, a continuación, vuelva a hacer clic en **Cerrar** en el cuadro de diálogo Cargar/descargar aplicaciones.

A partir de ahora, `GETAREA.LSP` se cargará automáticamente cada vez que ejecute AutoCAD. Podrá añadir varios archivos en la lista Cargar al inicio.

Crear macros de teclado con AutoLISP

Puede escribir programas propios de AutoLISP sencillos que creen lo que se denomina macros de teclado. Las macros, al igual que los archivos de secuencias de comandos, son cadenas de entradas de teclado predefinidas. Resultan muy valiosas como teclas de acceso rápido a comandos y opciones utilizados con frecuencia. Por ejemplo, a menudo puede utilizar el comando **Partir** para dividir un objeto en un punto único al editar un dibujo concreto. A continuación se muestra un método para convertir esta operación en una macro:

1. Cierre el archivo `24-unit.dwg` sin guardarlo y, a continuación, ábralo de nuevo e introduzca el siguiente texto en la línea de comandos. Asegúrese de introducir la línea exactamente como se muestra aquí. Si comete un error al introducir esta línea, podrá utilizar el cursor en forma de I o las teclas de flecha para ir a la ubicación de su error para arreglarlo.

```
(defun C:breakat () (command "parte" pause "f" pause "@"))Intro
```

2. A continuación, introduzca `partiren` y pulse **Intro** en la línea de comandos. Se ejecutará el comando **Partir** y se le pedirá que seleccione un objeto.
3. Haga clic en la pared en la parte derecha del apartamento.
4. En la línea de comandos `Precise primer punto de ruptura:`, haga clic en un punto de la pared en el que desee crear una división y asegúrese de que el modo de referencia a objetos está desactivado.
5. Para ver el resultado de la división, vuelva a hacer clic en la pared. Verá que se ha dividido en dos líneas, como se muestra en la figura 24.20.

Acaba de escribir y ejecutar su primera macro de AutoLISP. Examinemos más de cerca este programa sencillo (véase la figura 24.21). Comienza con un paréntesis de apertura, como todos los programas de AutoLISP, seguido por la palabra `defun`. `Defun` es una función de AutoLISP que le permite crear comandos, está seguida del nombre que desee proporcionar al comando (`Partiren`, en este caso). El nombre del comando está precedido de `C:`, lo que indica a `defun` que haga accesible este comando desde la línea de comandos. Si `C:` se omitiera, tendría que ejecutar `Partiren` utilizando paréntesis, como en `(Partiren)`.

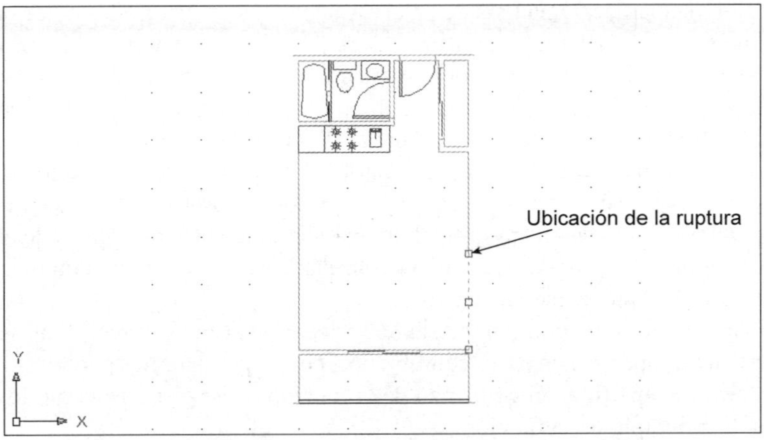

Figura 24.20. Con los pinzamientos expuestos, puede ver que la pared se divide en dos líneas.

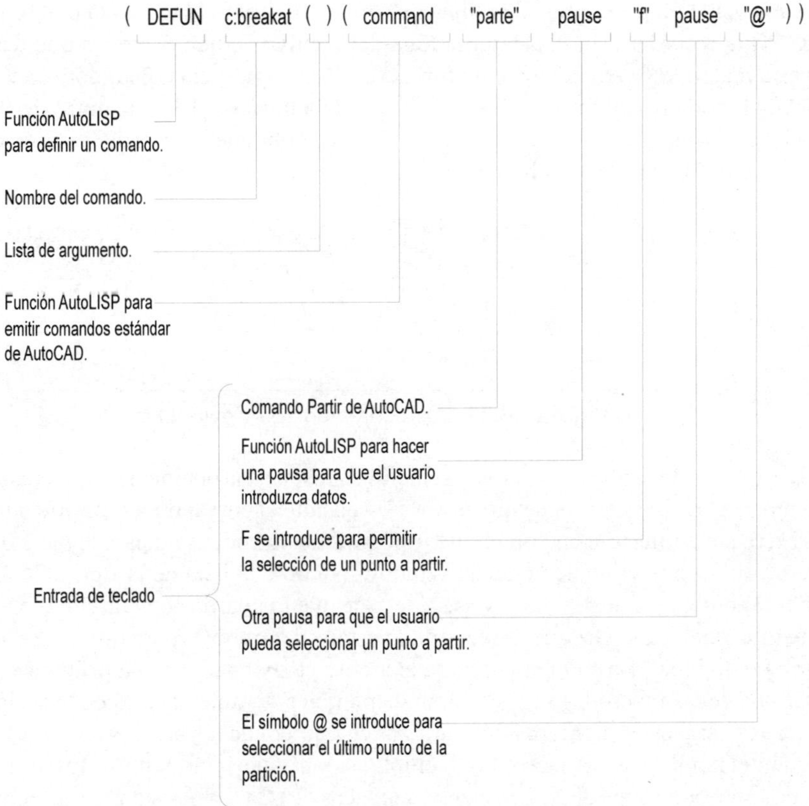

Figura 24.21. División de la macro Partiren.

Después del nombre del comando hay un conjunto de paréntesis de apertura y cierre. Este conjunto encierra lo que se denomina la "lista de argumentos". Los detalles no son importantes, sólo debe tener en cuenta que estos paréntesis deben seguir al nombre de comando.

Por último, aparecerá una lista de palabras, incluidas en otro conjunto de paréntesis. Esta lista comienza con la palabra `command`. `Command` es una función de AutoLISP que indica a AutoLISP que lo que sigue se deberá introducir como una entrada de teclado normal. Sólo un elemento de la macro `Partiren`, la palabra `pause`, no forma parte de la serie de entrada del teclado. `Pause` es una función de AutoLISP que indica a AutoLISP que se detenga para la introducción. En esta macro concreta, AutoLISP se detiene para seleccionar un objeto que dividir y la ubicación de la división. La mayoría de los elementos de la macro se incluyen entre paréntesis. La entrada de teclado literal deberá incluirse entre paréntesis de esta forma. Por otra parte, la función `pause` no requiere comillas porque se trata de una función adecuada, una que AutoLISP puede reconocer.

El programa termina con paréntesis de cierre. Todos los paréntesis en un programa de AutoLISP deben aparecer en pares equilibrados, por lo que estos dos paréntesis finales cierran los paréntesis de apertura del comienzo de la función `command`, así como los paréntesis de apertura del principio de la función `defun`.

Almacenar macros de AutoLISP como archivos

Cuando cree un programa en la línea de comandos, como hizo con la macro `Partiren`, AutoCAD la recordará sólo hasta que salga del archivo actual. A menos que desee volver a crear esta macro la próxima vez que utilice AutoCAD, guárdela copiándola en un archivo de texto ASCII con una extensión `.lsp` utilizando la aplicación Bloc de notas de Windows. La figura 24.22 muestra el archivo `Keycad.lsp`, que contiene la macro `Partiren` guardada, junto con otras macros que utilizo a menudo.

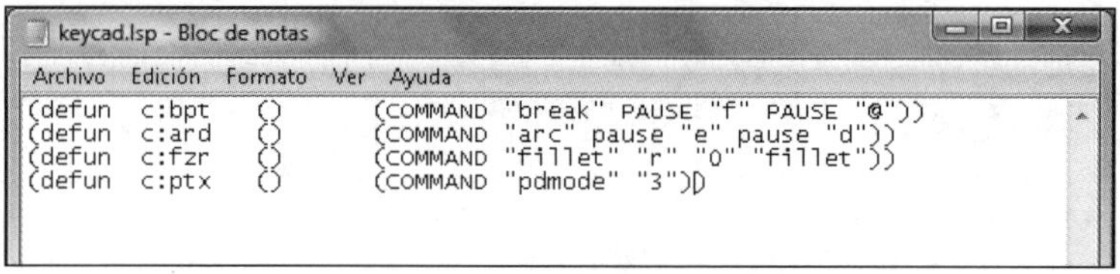
keycad.lsp - Bloc de notas

Archivo Edición Formato Ver Ayuda

```
(defun  c:bpt   ()      (COMMAND "break" PAUSE "f" PAUSE "@"))
(defun  c:ard   ()      (COMMAND "arc" pause "e" pause "d"))
(defun  c:fzr   ()      (COMMAND "fillet" "r" "0" "fillet"))
(defun  c:ptx   ()      (COMMAND "pdmode" "3"))
```

Figura 24.22. Los contenidos de Keycad.lsp.

El resto de macros son comandos que incluyen respuestas opcionales. Por ejemplo, el tercer elemento, `defun c:frz`, hace que AutoCAD ejecute el comando **Empalme**, introduzca `R` y pulse **Intro** para utilizar la opción Radio y, por último, introduzca `0` para el radio del empalme. Utilice la aplicación Bloc de notas de Windows y copie la lista de la figura 24.22. Asigne al archivo el nombre `Keycad.lsp` y asegúrese de que lo guarda como archivo ASCII. A partir de este momento, cada vez que desee utilizar estas macros, no tendrá que cargarlos uno a uno de forma individual. En su lugar, cargará el archivo `Keycad.lsp` la primera vez que desee utilizar una de las macros, y todas estarán disponibles durante el resto de la sesión.

Una vez cargado el archivo, podrá utilizar cualquiera de las macros incluidas con tan sólo introducir el nombre de la macro. Por ejemplo, si introduce `ptx` y pulsa **Intro**, establecerá el estilo de punto con forma de X. Las macros cargadas de esta forma estarán disponibles hasta que salga de AutoCAD. Por supuesto, puede hacer que estas macros se carguen automáticamente cada vez que ejecute AutoCAD mediante la inclusión del archivo `Keycad.lsp` en Cargar al inicio del cuadro de diálogo Cargar/descargar aplicaciones. De esta forma, no tendrá que acordarse de cargarlo para poder utilizar las macros. Ahora que dispone de experiencia con AutoLISP, estos ejemplos le animarán a experimentar más con esta potente herramienta.

Grabar y reproducir acciones

Si AutoLISP es un poco intimidatorio, pero necesita una manera de automatizar determinadas tareas. La grabadora de acciones es una herramienta que le va a interesar. La grabadora de acciones le permite grabar una serie de acciones en AutoCAD y almacenarlas como macros de acción. Puede reproducir las macros de acción en cualquier momento. Esto le ahorrará mucho tiempo cuando esté ejecutando tareas repetitivas, algo que suele ocurrir en AutoCAD.

Hay todo un panel dedicado a la Grabadora de acciones en la ficha Herramientas (véase la figura 24.23).

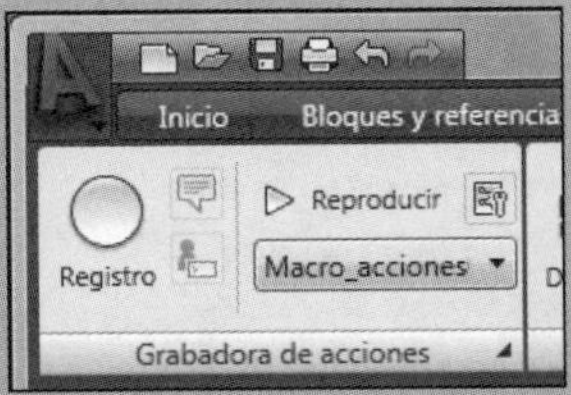

Figura 24.23. El panel Grabadora de acciones.

Para utilizar la grabadora de acciones, haga clic en el botón **Registro**. Se convierte en el botón **Detener**, y aparece un punto rojo al lado del cursor para recordarle que está grabando sus acciones. También aparecerá el Árbol de acciones debajo de la grabadora (véase la figura 24.24).

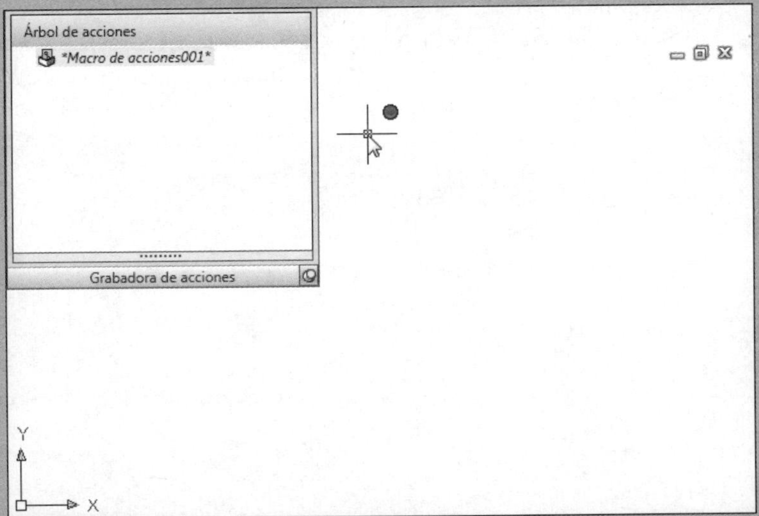

Figura 24.24. El árbol de acciones y el cursor cuando la grabadora está en marcha.

Trabaje como haría normalmente en AutoCAD. Mientras trabaja, sus acciones aparecen en el Árbol de acciones. Cuando haya completado la secuencia que desea grabar, haga clic sobre el botón **Detener**. Aparecerá el cuadro de diálogo Macro de acciones, que le permite dar un nombre y una descripción a las acciones grabadas (véase la figura 24.25).

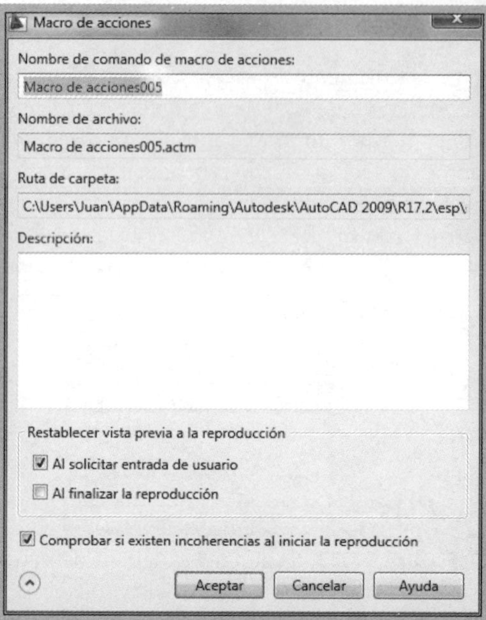

Figura 24.25. El cuadro de diálogo Macro de acciones.

Después de cerrar el cuadro de diálogo Macro de acciones, puede reproducir las acciones grabadas en cualquier momento. Desde el panel Grabadora de acciones, seleccione el nombre de la macro en la lista desplegable Macro de acciones disponible y haga clic en **Reproducir**. El Árbol de acciones se habilita para incluir interactividad en su macro. Puede hacer clic con el botón derecho del ratón sobre una acción individual en el Árbol de acciones para modificar su comportamiento y permitir la introducción de datos del usuario. Puede ser que la modificación más común que desee sea permitir varias selecciones, o cambiar la entrada de coordenadas y las selecciones de punto. Para ello, haga clic con el botón derecho del ratón sobre una acción y seleccione Solicitar entrada de usuario (véase la figura 24.26).

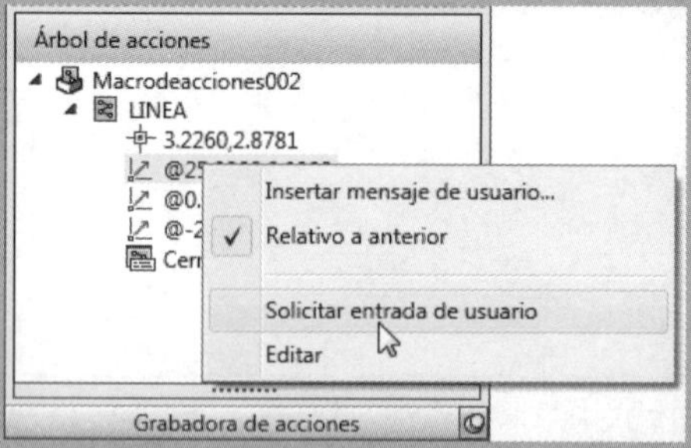

Figura 24.26. La modificación en el árbol de acciones.

Después de seleccionar esta opción, se le pedirá una entrada cuando esta acción en particular llegue al punto seleccionado. También puede utilizar la opción Insertar mensaje de usuario para que aparezca un mensaje mientras la macro se está ejecutando. Los mensajes pueden ayudar a los usuarios que no estén familiarizados con la macro.

En resumen

- **Uso de mejoras directamente desde el origen:** Las herramientas Express han estado presentes en versiones anteriores y se crearon originariamente para mostrar lo que se podía hacer con la personalización. Muchos usuarios se han basado en algunas de estas herramientas.
    - **Dominarlo:** ¿Cuál de las herramientas descritas en este capítulo es una antigua barra de herramientas Express que se convirtió en parte del programa principal?
- **Puesta en funcionamiento de AutoLISP:** AutoLISP es un lenguaje macro que le ofrece la posibilidad de crear sus propios comandos.
    - **Dominarlo:** Identifique la extensión de los archivos para programas AutoLISP.

265
1980
R250

25 AutoLISP

En el capítulo anterior comenzó a trabajar con AutoLISP, el lenguaje de macros y de programación de AutoCAD. Como ya explicamos puede beneficiarse de esta potente herramienta sin necesidad de tener conocimientos sobre su funcionamiento interno. En este capítulo, aprenderemos a tomar el control de AutoLISP para llevar a cabo todas las tareas que necesitamos realizar con nuestro propio entorno de AutoCAD. Aprenderemos a almacenar piezas de información tales como texto y coordenadas puntuales, a crear pequeñas macros y a optimizar el funcionamiento de AutoLISP en nuestro ordenador.

Unas palabras de advertencia antes de empezar este capítulo: esté preparado para dedicar gran cantidad de tiempo a su ordenador. No tanto porque sea difícil programar en AutoLISP sino porque provoca adicción. No pretendemos decir que el aprendizaje de AutoLISP sea tan sencillo como su utilización pero, en realidad, no es una tarea tan ardua como el lector podría pensar. Una vez que haya creado su primer programa, quedará enganchado.

En este capítulo se tratarán, entre otros, los siguientes aspectos:

- Comprender el intérprete de AutoLISP.
- Utilizar argumentos y expresiones.
- Crear un programa sencillo.
- Seleccionar objetos con AutoLISP.
- Controlar el flujo de un programa AutoLISP.
- Conversiones de tipos de datos.
- Almacenar programas como archivos.
- Conseguir más ayuda con AutoLISP.

El intérprete de AutoLISP

Podemos acceder a AutoLISP a través de su intérprete, que es algo parecido a una calculadora portátil. Cuando introducimos información en la línea de comandos, el intérprete la evalúa y devuelve una respuesta. Evaluar significa ejecutar las instrucciones que describimos con la información que proporcionamos al programa. Podría decirse que evaluar significa "encontrar el valor de". La información que proporcionamos al intérprete es como una fórmula que, en AutoLISP, se conoce con el término de expresión.

Examinemos el intérprete de AutoLISP con mayor detalle.

1. Inicie AutoCAD y abra un nuevo archivo de nombre `Temp25a.dwg`. Utilizaremos este archivo sólo para experimentar con AutoLISP, así que no se preocupe por guardarlo.
2. En la línea de comandos, escriba `(+ 2 2)` y pulse la tecla **Intro**. La respuesta, 4, aparecerá en la línea de comandos. AutoLISP ha evaluado la fórmula `(+ 2 2)` y devuelve como respuesta el valor 4.

Introduciendo información de esta forma, podemos realizar cálculos o, incluso, escribir pequeños programas sobre la marcha. El signo más que hemos utilizado en el paso 2 representa una función (una instrucción que le dice al intérprete de AutoLISP lo que debe hacer). De alguna forma, es como un comando de AutoCAD. Un ejemplo sencillo de este tipo de funciones es la función matemática de suma, representada mediante el signo más (+). AutoLISP dispone de numerosas funciones incorporadas y nos permite crear muchas más por nuestra cuenta.

Definir variables con Setq

Otra de las habilidades del intérprete similares a las de una calculadora es su capacidad para recordar valores. Probablemente haya visto alguna vez una calculadora con algún tipo de memoria. Esta capacidad permite almacenar el valor de una ecuación para su uso posterior. De forma similar, el intérprete de AutoLISP nos permite almacenar valores utilizando variables.

Una variable es como un contenedor que almacena un valor. Dicho valor puede cambiar varias veces a lo largo del transcurso de un programa. Asignamos valores a una variable empleando la función `Setq`. Por ejemplo, veamos cómo asignar el valor `1,618` a la variable `nAureo`. Este valor, conocido como "número áureo" o "proporción áurea", es la relación de un área rectangular entre su altura y su anchura. Además de disponer de algunas propiedades matemáticas interesantes, el número áureo representa una relación matemática que se observa frecuentemente en la naturaleza.

1. En la línea de comandos escriba `(setq nAureo 1,618)` y pulse la tecla **Intro**. El valor 1,618 aparecerá debajo de la línea que acaba de introducir. Ahora, la variable `nAureo` ha tomado el valor 1,618. Comprobémoslo para asegurarnos.
2. Escriba `!nAureo` en la línea de comandos y pulse la tecla **Intro**. Como cabría esperar, el valor 1,618 aparecerá en la línea de comandos.

El símbolo de admiración (`!`) actúa como un carácter especial que extrae el valor de una variable AutoLISP en la línea de comandos. A partir de ahora hasta que cierre el dibujo, cada vez que queramos acceder al valor de `nAureo`, podremos hacerlo precediendo el nombre de la variable con un símbolo de admiración.

Además de emplear fórmulas matemáticas como respuestas a las líneas de comando, también podemos utilizar valores almacenados como variables. Veamos cómo podemos emplear la variable `nAureo` como radio de un círculo.

1. Haga clic en el botón **Círculo** de la barra de herramientas Dibujo.
2. En la línea de comandos `Precise punto central para círculo:`, haga clic en el área de dibujo para definir el punto central del círculo.
3. En la línea de comandos `Precise radio de círculo o [Diámetro] :`, escriba `!nAureo` y pulse la tecla **Intro**. Se dibujará un círculo de radio 1,618 unidades. Puede comprobarlo gracias a la paleta Propiedades (véase la figura 25.1).

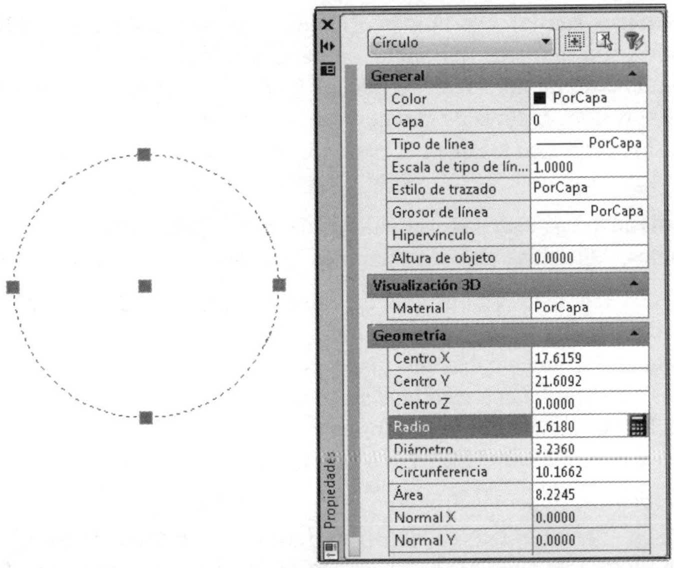

Figura 25.1. El círculo creado utilizando el valor de nAureo como radio.

Pero los números no son la única cosa que podemos almacenar utilizando `Setq`. Veamos toda la variedad de tipos de datos que puede representar una variable.

Tipos de datos

> **ADVERTENCIA:** Comprender los distintos tipos de datos y sus diferencias es importante porque pueden ser fuente de confusión si no se utilizan con cuidado. Recuerde que no es posible mezclar tipos de datos en la mayoría de las operaciones y que tanto comillas como paréntesis se deben utilizar por parejas, empleando un símbolo de apertura y otro de cierre.

Las variables se dividen en varias categorías denominadas tipos de datos. Catalogar datos por tipos le permite a AutoLISP determinar de forma precisa cómo debe evaluar la información y hacer así que sus programas se ejecuten con mayor rapidez. Nuestros ordenadores tienen varias formas de almacenar los distintos tipos de datos, de forma que el empleo de tipos de datos ayuda a AutoLISP a comunicarse con el ordenador de forma más eficaz. Además, los tipos de datos facilitan nuestros esfuerzos de programación, haciéndonos pensar que los datos tienen ciertas características. En las siguientes secciones describiremos cada uno de los tipos de datos disponibles.

- **Enteros:** Los enteros son números enteros. Cuando una expresión matemática contiene solamente números enteros, sólo se puede devolver un número entero. Por ejemplo, la expresión `(/ 2 3)` significa dos dividido entre tres (la barra inclinada inicial es el símbolo de la función de división). Esta expresión devolverá el valor `0`, ya que la respuesta es menor que uno. Los enteros son los números que mejor se ajustan para operaciones de recuento y numeración. Los números 1, -12 y 144 son números enteros.
- **Números reales:** Los números reales a los que nos referimos habitualmente como reales, son números que incluyen parte decimal. Cuando una expresión matemática contiene un número real, se devuelve como resultado un número real. Por ejemplo, la expresión `(/ 2.0 3)` devuelve el valor `0,66667`. Los números reales se utilizan en situaciones en las que necesitamos precisión. Ejemplos de números reales son 0.1, 3,14159 o -2,2.
- **Cadenas:** Las cadenas son valores de texto. Siempre van encerrados entre comillas dobles. Aquí tiene algunos ejemplos de cadenas: "1", "Jorge" o "Precise un valor".
- **Listas:** Las listas son grupos de valores encerrados entre paréntesis. Las listas proporcionan una forma adecuada para almacenar conjuntos enteros de valores en una variable. Realmente, hay dos clases de listas: las que están pensadas para ser evaluadas y las que se utilizan para almacenar datos. En sentido estricto, los programas AutoLISP son listas, ya que van encerrados entre paréntesis. Éstos son algunos ejemplos de listas: (6.0 1.0 0.0), (A B C D) y (setq nAureo 1.618).
- **Elementos:** Podemos diferenciar dos tipos básicos de elementos en AutoLISP: átomos y listas. Ya hemos descrito las listas. Un átomo es un elemento que no puede dividirse. Los átomos se dividen en dos categorías: números y símbolos. Un número puede ser un número real o un entero. Por otra parte, un símbolo es un nombre que se asigna a una variable, como `punto1` o `dx2`. Como puede ver, un símbolo puede utilizar un número como parte de su nombre. Sin embargo, dicho nombre siempre debe comenzar con una letra. Piense en los símbolos como nombres asignados a variables o funciones como medio para identificar su contenido.

Utilizar argumentos y expresiones

En el ejercicio anterior hemos utilizado la función `Setq` para almacenar variables. La forma en que hemos utilizado `Setq` es la forma habitual en la que se emplean todas las funciones.

Las funciones actúan como argumentos que realizan una tarea. Un argumento puede ser un símbolo, un número o una lista. Un ejemplo sencillo de función que afecta a varios números es la suma de 0,618 y 2. En AutoLISP, esta función se escribirá de la siguiente manera:

```
(+ 0,618 2)
```

y devolverá el valor 2,618.

NOTA: Una expresión es realmente una lista que contiene una función y los argumentos de dicha función.

Esta fórmula (la función seguida de sus argumentos) se conoce con el nombre de expresión. Empieza con un paréntesis abierto, continúa con el nombre de la función, los argumentos y finaliza con un paréntesis cerrado.

Los argumentos pueden ser también expresiones, lo cual significa que podemos anidar expresiones. Por ejemplo, así es como asignaríamos el valor devuelto por la expresión `0,618 + 2` a la variable `nAureo`:

```
(setq nAureo (+ 0,618 2))
```

Esto se denomina expresión anidada. Siempre que existen expresiones anidadas, se evalúa en primer lugar la expresión más interna, continuando por las siguientes expresiones en el orden de profundidad. En este ejemplo, la expresión de la suma se evaluará en primer lugar. En el siguiente nivel, `setq` asigna el resultado de la expresión (+ 0,168 2) a la variable `nAureo`.

Los argumentos de las funciones también pueden ser variables. Por ejemplo, suponga que utiliza la función `Setq` para asignar el valor `25,4` a una variable llamada `Moltura`. A continuación, podría hallar el resultado de dividir `Moltura` entre `nAureo` de la siguiente forma:

1. Escriba `(setq Moltura 25,4)` en la línea de comandos y pulse la tecla **Intro** para crear la nueva variable `Moltura`.
2. A continuación, escriba `(/ Moltura nAureo)` y pulse la tecla **Intro**. (Como hemos mencionado anteriormente, la barra inclinada representa el símbolo de la función de división.) Esta operación devolverá el resultado 15,698393. También podríamos asignar este valor a una nueva variable.
3. Escriba `(setq B (/ Moltura nAureo))` y pulse la tecla **Intro** para crear la nueva variable `B`. Ahora, dispone de tres variables: `nAureo`, `Moltura` y `B`, que tienen valores asignados que podemos recuperar en cualquier momento, tanto dentro de un comando de AutoCAD (escribiendo el nombre de la variable precedido por el símbolo !) como en forma de argumento dentro de una expresión.

Vigilar paréntesis y comillas

No olvide cerrar todos los conjuntos de paréntesis abiertos cuando utilice expresiones anidadas. Tenga el mismo cuidado para acordarse de introducir la comilla de cierre cuando desee representar un texto en forma de cadena. Por ejemplo, si vemos en la línea de comandos de AutoCAD un paréntesis o conjunto de paréntesis seguido de un símbolo >

```
(_>
```

sabremos que nos encontramos ante una expresión AutoLISP incompleta. Éste es el indicador de comandos de AutoLISP. El número de paréntesis en el indicador de comandos indica el número de paréntesis que faltan en nuestra expresión. Si aparece este indicador, debemos escribir tantos paréntesis cerrados como indique el programa. AutoCAD no puede evaluar correctamente un programa AutoLISP con un número equivocado de paréntesis o comillas.

Utilizar variables de texto en AutoLISP

Hasta ahora hemos utilizado ejemplos que manipulaban solamente números, pero también podemos manipular texto de forma similar. Podemos asignar una cadena de texto a una variable para utilizarla posteriormente para introducir valores en comandos que requieran una entrada de texto. Para definir una variable de texto, debemos encerrar el texto entre comillas, como en el siguiente ejemplo:

```
(setq texto1 "Éste es el aspecto de una cadena de texto en AutoLISP")
```

Este ejemplo muestra la forma de asignar una cadena de texto a la variable `texto1`.

También es posible concatenar o unir varias cadenas de texto para formar nuevas cadenas. Éste es un ejemplo de cómo concatenar dos fragmentos de texto:

```
(setq text2 (strcat "Ésta es la primera parte y " "ésta es la segunda"))
```

Aquí, hemos utilizado la función `strcat` de AutoLISP para unir las dos cadenas. El resultado es:

```
"Ésta es la primera parte y ésta es la segunda"
```

Sin embargo, no podemos evaluar de forma conjunta valores numéricos y cadenas. Ésta puede parecer una regla muy sencilla pero, si no ponemos cuidado, puede causarnos confusión. Por ejemplo, es posible asignar el número 1 a una variable en forma de cadena de texto escribiendo `(setq blabla "1")`. Después, podríamos intentar accidentalmente sumar esta variable de cadena a un número entero o un número real, lo que haría que AutoCAD generase un error. Las funciones `Setq` y las funciones de suma y división son solamente tres de las posibles funciones disponibles en AutoLISP. El intérprete dispone de todas las funciones matemáticas comunes junto con otras que se utilizan para comprobar y manipular variables. La tabla 25.1 muestra algunas de las funciones matemáticas más comunes.

Tabla 25.1. Funciones matemáticas disponibles en AutoLISP.

Funciones que aceptan varios argumentos **Operación**	**Ejemplo**
Suma	`(+ número número )`
Resta	`(- número número )`
Multiplicación	`(* número número )`
División	`(/ número número )`
Encuentra el número más grande de una lista	`(Max número número )`
Encuentra el número más pequeño de una lista	`(Min número número )`
Encuentra el resto de una división	`(Rem número número)`
Funciones que aceptan un único argumento **Operación**	**Ejemplo**
Suma la unidad a un número	`(1+ número)`
Resta la unidad de un número	`(1- número)`

Funciones que aceptan un único argumento Operación	Ejemplo
Calcula el valor absoluto de un número	`(Abs número)`
Arcotangente del ángulo	`(Atan ángulo en radianes)`
Coseno del ángulo	`(Cos ángulo en radianes)`
e elevado a la n-ésima potencia	`(Exp n)`
Un número elevado a la n-ésima potencia	`(Expt número n)`
Calcula el máximo común denominador	`(Gcd entero entero)`
Calcula el logaritmo natural de un número	`(Log número)`
Seno de un ángulo	`(Sin ángulo en radianes)`
Calcula la raíz cuadrada de un número	`(Sqrt número)`

Almacenar puntos como variables

Al igual que sucede con los valores numéricos, podemos también almacenar y recuperar las coordenadas de un punto. Pero dado que realmente las coordenadas son conjuntos de dos o tres valores numéricos, tenemos que manejarlas de forma diferente. AutoLISP nos ofrece la función `Getpoint` para trabajar con puntos. Intente el siguiente ejercicio para ver cómo funciona:

1. En la línea de comandos, escriba `(getpoint)` y pulse la tecla **Intro**. La línea de comandos se quedará momentáneamente en blanco.
2. Haga clic en un punto del área de dibujo cercano al centro de la pantalla. En el indicador de comandos, podrá ver las coordenadas del punto que acaba de seleccionar.

En este ejemplo, `Getpoint` detiene AutoCAD y espera a que el usuario seleccione un punto. Una vez hecho, devuelve la coordenada de dicho punto en forma de lista. Esta lista muestra las coordenadas de los ejes X, Y y Z encerradas entre paréntesis.

Utilizando la función `Setq`, es posible almacenar las coordenadas obtenidas mediante la función `Getpoint`. Intente el siguiente ejercicio:

1. Escriba `(setq punto1 (getpoint))` en la línea de comandos y pulse la tecla **Intro**.
2. Haga clic en un punto en el área de dibujo.
3. Escriba `!punto1` en la línea de comandos y pulse la tecla **Intro**.

En este ejemplo, hemos almacenado una lista de coordenadas en una variable llamada `punto1`. Luego hemos recuperado el contenido de la variable utilizando el símbolo `!`. Observe que el valor de la coordenada se muestra en forma de lista con los valores de las coordenadas X, Y y Z expresados como números reales separados por espacios, en lugar de separarlos mediante comas siguiendo la forma en que solemos utilizarlos.

Crear un programa sencillo

Hasta ahora, hemos aprendido a utilizar AutoLISP para realizar algunas operaciones matemáticas sencillas y almacenar valores en variables. Ciertamente, AutoLISP ya nos ofrece un enorme valor añadido con estas simples funciones, pero todavía podemos hacerlo mucho mejor. En esta sección veremos cómo combinar tres de las capacidades de AutoLISP (funciones matemáticas, variables y listas) para escribir un programa sencillo que dibuje un rectángulo.

1. Pulse la tecla **F2** para abrir la ventana de texto de AutoCAD.
2. En la línea de comandos escriba `(defun c:rec ()` y pulse la tecla **Intro**. El programa le responderá con un indicador de comandos como éste:

   ```
   (_>
   ```

   Éste es el indicador de comandos de AutoLISP. Nos indica, entre otras cosas, que estamos dentro del intérprete de AutoLISP. Mientras veamos este indicador, podremos escribir instrucciones en AutoLISP. Saldremos automáticamente del intérprete cuando hayamos terminado de escribir el programa. Se considera que un programa está completo cuando escribimos el último paréntesis y, por lo tanto, quedan emparejados todos los paréntesis del programa.
3. Ahora, con mucho cuidado, vaya introduciendo las líneas que se indican a continuación (después de cada línea, pulse la tecla **Intro**). Si comete un error al escribir, utilice las teclas del cursor para ir a la ubicación del error y reescriba la línea. Cada vez que escriba una línea y pulse la tecla **Intro**, verá cómo aparece de nuevo el indicador del intérprete de AutoLISP. Una vez que haya introducido el paréntesis final, no podrá volver atrás para corregir una línea

> **TRUCO:** AutoLISP no distingue entre mayúsculas y minúsculas. No importa si escribe sus entradas en minúsculas o mayúsculas. Ambas combinaciones funcionan exactamente igual. La única ocasión en la que tendrá que tener cuidado con la combinación de mayúsculas y minúsculas es cuando utilice tipos de datos de cadena.

```
(setq Pt1 (getpoint "Precise primer punto de esquina:" ))
(setq Pt3 (getpoint "Precise esquina opuesta:" ))
(setq Pt2 (list (nth 0 Pt3) (nth 1 Pt1)))
(setq Pt4 (list (nth 0 Pt1) (nth 1 Pt3)))
(command "Pline" Pt1 Pt2 Pt3 Pt4 "C")

)
```

Una vez que haya escrito el último paréntesis, volverá a la línea de comandos estándar de AutoCAD.

4. Compruebe las líneas que ha introducido con la lista del paso 3 y asegúrese de introducir todo correctamente. Si detecta algún error, vuelva a empezar desde el principio.

> **TRUCO:** Puede utilizar programas AutoLISP de forma transparente siempre que el programa no contenga comandos incrustados de AutoCAD.

Cuando haya terminado, aparecerá en pantalla el mensaje `C:REC`. Esto nos confirma que el programa de dibujo de rectángulos se ha almacenado correctamente en la memoria. Veámoslo en acción.

1. Escriba `Rec` en la línea de comandos y pulse la tecla **Intro**.
2. En la línea de comandos `Precise primer punto de esquina:`, haga clic en un punto en la coordenada 1,1.
3. En la línea de comandos `Precise esquina opuesta:`, haga clic en un punto en la coordenada 6,4. Aparecerá un rectángulo entre los dos puntos que ha seleccionado (véase la figura 25.2).

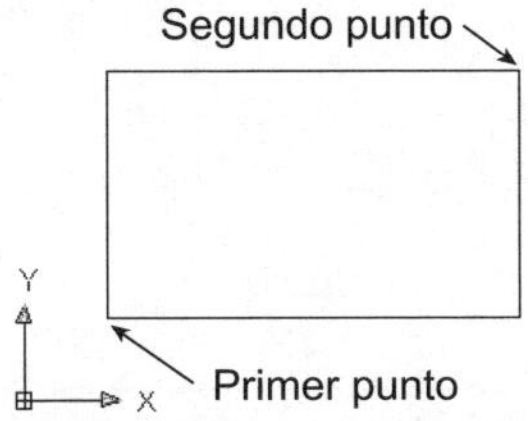

Figura 25.2. Empleo del programa de creación de rectángulos.

Diseccionar el programa de creación de rectángulos

El programa de dibujo de rectángulos incorpora todos los conceptos que hemos aprendido hasta el momento. Veamos exactamente cómo trabaja. En primer lugar, busca las coordenadas de las dos esquinas de un rectángulo, que obtiene pidiéndoselas al usuario. A continuación, extrae las distintas partes de estas coordenadas para deducir las coordenadas de las otras dos esquinas del rectángulo. Una vez conocidas las cuatro coordenadas, el programa está capacitado para dibujar las líneas que las conectan. La figura 25.3 ilustra el proceso. Ahora, veamos el programa con mayor detalle.

Obtener una entrada del usuario

En el ejercicio anterior hemos empezado con la línea `(defun c:rec ()`. La función `defun` nos permite generar comandos. El nombre que sigue a la función `defun` es el nombre del comando tal como lo introduciremos a través del teclado. La parte `c:` le dice a AutoLISP que haga que el programa actúe como un comando. Si omitimos `c:`, tendremos que escribir `(rec)` para acceder al programa. El conjunto de paréntesis vacíos está destinado a albergar una lista de argumentos, de lo cual hablaremos más adelante. En la siguiente línea, la variable `Pt1` se asigna a un valor que representa un punto que hemos introducido utilizando el cursor. `Getpoint` es la función de AutoLISP que detiene la ejecución del programa y nos permite seleccionar un punto utilizando el cursor o escribir una coordenada. Una vez introducido el punto, `Getpoint` devuelve su coordenada en forma de lista. Inmediatamente después de la función `Getpoint` hay una línea que nos muestra el siguiente mensaje:

```
"Precise primer punto de esquina:"
```

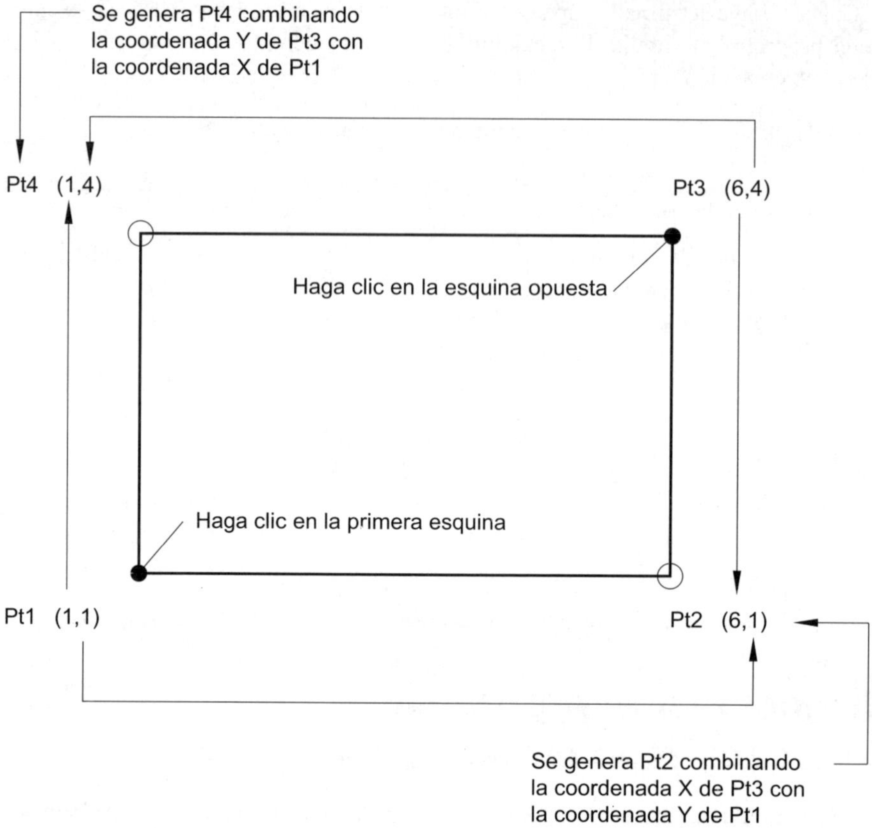

Figura 25.3. El programa dibuja un rectángulo solicitando las coordenadas de los puntos que definen dos de las esquinas del rectángulo y recombinando las coordenadas de estos dos puntos para localizar los puntos correspondientes a las otras dos esquinas del rectángulo.

La función `Getpoint` permite incluir un mensaje en forma de texto. La primera vez que usamos la función en este capítulo, dejamos este mensaje en blanco. En lugar de dejar este parámetro en blanco, podemos utilizar una cadena de texto como argumento para mostrar un mensaje que describa la acción que debemos realizar. La tercera línea es similar a la segunda. Utiliza la función `Getpoint` para obtener la ubicación de otro punto y lo asigna a la variable `Pt3`:

```
(setq Pt3 (getpoint "Precise esquina opuesta:" ))
```

Una vez que AutoLISP dispone de las dos esquinas del rectángulo, tiene toda la información que necesita para ubicar las otras dos esquinas.

Desglosar listas

Lo siguiente que debe hacer el programa es desglosar los componentes `Pt1` y `Pt3` para extraer sus coordenadas X e Y y reensamblarlas para obtener las coordenadas de las otras esquinas del rectángulo. Combinando la coordenada X de `Pt3` con la coordenada Y de `Pt1`, obtendremos la coordenada de la esquina inferior derecha del rectángulo (véase la figura 25.3). Para hacerlo, utilizaremos dos nuevas funciones: `Nth` y `List`.

Nth extrae un elemento individual de una lista. Dado que las coordenadas son listas, podemos utilizar Nth para extraer los componentes X, Y o Z de una lista de coordenadas. En la cuarta línea del programa podemos ver:

```
(nth 0 Pt3)
```

Aquí, el valor cero que sigue inmediatamente a la función Nth indica que la función debe devolver el elemento número 0 de la coordenada almacenada en la variable Pt3. La función Nth empieza a contar en 0 en lugar de en 1, ya que el primer elemento de Pt3 es considerado el elemento número 0. Éste es el componente X de la coordenada almacenada en Pt3.

Para ver cómo funciona Nth, intente el siguiente ejercicio:

1. Escriba !punto1 en la línea de comandos y pulse la tecla **Intro**. Verá la lista de coordenadas que creó anteriormente utilizando la función Getpoint.
2. Escriba (nth 0 punto1) en la línea de comandos y pulse la tecla **Intro**. Obtendrá el primer elemento de la coordenada que representa punto1.

Inmediatamente después de la primera expresión Nth hay otra función Nth similar a la anterior:

```
(nth 1 Pt1)
```

Aquí, Nth extrae el elemento número 1 (el segundo elemento) de la coordenada almacenada en la variable Pt1. Éste es el componente y de la coordenada almacenada como Pt1. Si lo desea, pruebe el ejercicio anterior nuevamente escribiendo ahora (nth 1 punto1) y vea el resultado que obtiene.

Combinar elementos en una lista

AutoLISP ha extraído el componente X de Pt3 y el componente Y de Pt1. Ahora, debemos unirlos para crear una nueva lista. Aquí es donde entra en acción la función List. La expresión de esta función es la siguiente:

```
(list (nth 0 Pt3) (nth 1 Pt1))
```

Sabemos que la primera expresión Nth extrae el componente X y la segunda el componente Y. Así pues, podríamos simplificar la expresión de la siguiente forma:

```
(list X Y)
```

Donde X es el valor derivado de la primera expresión Nth e Y el valor derivado de la segunda. La función List simplemente recombina sus argumentos en otra lista. En este caso, otra lista de coordenadas.

Finalmente, la función externa de la expresión utiliza Setq para crear una nueva variable llamada Pt2, que es la nueva lista de coordenadas derivada de la función List. La siguiente es una versión esquematizada de la cuarta línea del programa de creación de rectángulos, expresada de forma que pueda ver más claramente su cometido:

```
(setq pt2 (list X Y))
```

Pt2 es una lista de coordenadas derivada de combinar el componente X de Pt3 y el componente Y de Pt1.

Intente el siguiente ejercicio para ver cómo trabaja la función `List`:

1. En la línea de comandos, escriba `(list 5 6)` y pulse la tecla **Intro**. En la línea de comandos aparecerá el texto `(5 6)`.
2. Escriba `(list (nth 0 punto1) (nth 1 punto1))` y pulse **Intro**. Podrá ver las coordenadas X e Y de `punto1` en una lista, excluyendo la coordenada Z.

La quinta línea es similar a la cuarta. Crea una nueva lista de coordenadas utilizando el valor X de `Pt1` y el valor Y de `Pt2`:

```
(setq Pt4 (list (nth 0 Pt1) (nth 1 Pt3)))
```

La última línea le dice a AutoCAD que dibuje una polilínea alrededor de los cuatro puntos para generar un rectángulo:

```
(command "Pline" Pt1 Pt2 Pt3 Pt4 "c")
```

La función `Command` ejecuta el comando `Pline` e introduce las variables `Pt1` a `Pt4`. Finalmente, con el parámetro `c` se cierra la polilínea. Observe que dentro de esta expresión, las entradas que habitualmente se introducen desde el teclado tales como `"Pline"` o `"C"` están encerradas entre comillas.

Obtener otro tipo de entradas del usuario

En el programa para dibujar rectángulos hemos permitido que el usuario seleccione algunos puntos en el área de dibujo empleando la función `Getpoint`. Pero existen otras funciones que nos permiten detener el programa a la espera de recibir instrucciones del usuario y decirle al usuario qué hacer. Casi todas estas funciones empiezan con el prefijo `Get`. La tabla 25.2 muestra una lista de las funciones `Get`. Éstas aceptan valores individuales o, en el caso de puntos, una lista de dos valores. En `Getstring`, los valores de cadena distinguen entre mayúsculas y minúsculas. Esto significa que si introducimos una letra en minúsculas en la respuesta de `Getstring`, se almacenará en minúsculas y las mayúsculas se guardarán como mayúsculas. Podemos también escribir números como respuestas de la función `Getstring`, pero se guardarán como cadenas que no podremos emplear en operaciones matemáticas. Además, AutoLISP añadirá automáticamente un par de comillas dobles a los valores que devuelva, por lo que no tendremos que preocuparnos por escribirlas nosotros mismos.

Tabla 25.2. Funciones que detienen el programa para permitir una entrada.

Función	Descripción
`Getint`	Permite la entrada de valores enteros.
`Getreal`	Permite la entrada de valores reales.
`Getstring`	Permite la entrada de cadenas o valores de texto.
`Getkword`	Permite filtrar entradas de cadena mediante una lista de palabras clave.
`Getangle`	Permite la entrada desde el teclado o el ratón de ángulos basados en puntos de brújula estándar de AutoCAD (devuelve valores en radianes).

Función	Descripción
Getorient	Permite la entrada desde el teclado o el ratón de ángulos basados en la configuración del comando Unidades (devuelve valores en radianes).
Getdist	Permite la entrada desde el teclado o el ratón de distancias (siempre devuelve valores como números reales, independientemente del formato de unidades que utilicemos).
Getpoint	Permite la entrada desde el teclado o el ratón de valores de puntos (devuelve valores como una lista de coordenadas).
Getcorner	Permite la selección de un punto utilizando una ventana.
Initget	Permite la definición de un conjunto de palabras clave para la función Getword. Las palabras clave son cadenas, como por ejemplo (initget "Sí No").

NOTA: La función Getcorner requiere un valor de punto base como primer argumento. Este punto base define la primera esquina de la ventana. Una vez definido este valor, aparecerá una ventana que permitirá la selección de la esquina opuesta.

Igual que sucede con Getpoint, todas estas funciones Get nos permiten crear un indicador de comandos acompañado de un mensaje, encerrando el texto que deseemos utilizar entre comillas, como en la expresión:

```
(getpoint "Precise el siguiente punto:" )
```

Esta expresión muestra la línea de comandos Precise el siguiente punto:, mientras AutoCAD espera la entrada del usuario.

Las funciones Getangle, Getorient, Getdist, Getcorner y Getpoint permiten al usuario especificar un punto para medir un ángulo, distancia o punto, como en la expresión (getangle Pt1 "Precise el siguiente punto:") en la que se ha definido previamente la variable Pt1 para albergar un punto. Tal como se ilustra en la figura 25.4, aparecerá una línea elástica a partir de la coordenada definida por Pt1.

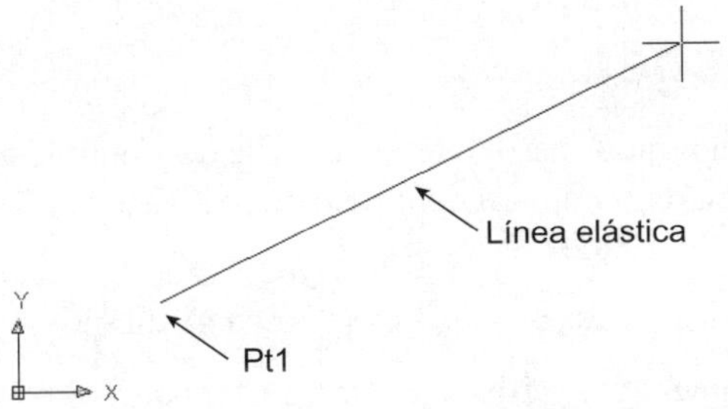

Figura 25.4. Empleo de la función Getangle.

Una vez seleccionado el punto, el ángulo definido por Pt1 y el nuevo punto seleccionado se devolverá como valor en radianes. También podemos introducir una coordenada relativa desde el teclado en el sistema de unidades que estemos utilizando actualmente en nuestro dibujo. Getangle y Getdist le pedirán que especifique dos puntos si no proporcionamos el punto base inicial. Getcorner siempre requiere un punto como argumento y genera una ventana en lugar de una línea elástica (véase la figura 25.5).

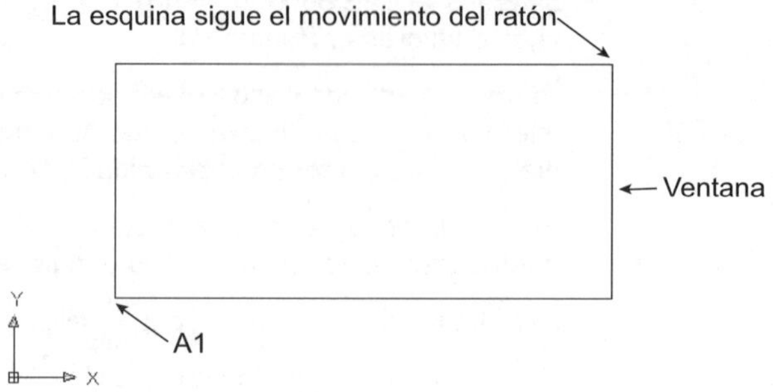

Figura 25.5. Empleo de la función Getcorner.

Seleccionar objetos con AutoLISP

Podemos crear fácilmente una expresión AutoLISP que nos permita seleccionar un objeto individual y realizar alguna operación con él. Aquí tiene un ejemplo de una macro que rota un objeto 90 grados:

```
(defun c:r90 () (command "rotate" pause "" pause "90") )
```

En este ejemplo, la palabra clave pause permite realizar una selección. Las comillas dobles que la siguen hacen la función de pulsar la tecla **Intro** y la otra pausa permite seleccionar un punto de rotación. Finalmente, se suministra el valor 90 para decirle al comando **Rotate** (Girar) que deseamos rotar nuestra selección un ángulo de 90º. Si cargamos esta macro en AutoCAD y la ejecutamos, el programa nos pedirá que seleccionemos un objeto. A continuación, nos pedirá que seleccionemos un punto como centro de rotación. No se nos permitirá continuar seleccionando otros objetos de la forma en que hacemos con la mayoría de los comandos de AutoCAD. Pero, ¿qué pasa si queremos que la macro nos permita realizar varias selecciones en lugar de una sola? En este momento casi tenemos los conocimientos necesarios para crear un programa que lo haga. Lo único que nos falta es la función Ssget.

La función Ssget

Hasta ahora, hemos aprendido a asignar números, texto y coordenadas a variables. Ssget es una función que asigna un conjunto de objetos a una variable, como se demuestra en el siguiente ejercicio:

1. Dibuje unas cuantas líneas aleatorias en el área de dibujo.
2. En la línea de comandos escriba (setq ss1 (ssget)) y pulse la tecla **Intro**.
3. En la línea de comandos Designe objetos:, seleccione las líneas que acaba de crear utilizando cualquiera de los métodos de selección que conoce. Observe que puede seleccionar varios objetos como en cualquier otro proceso de selección estándar de AutoCAD.

4. Cuando haya terminado de seleccionar objetos pulse la tecla **Intro**. Aparecerá en pantalla el mensaje `<Selection set: n>`, donde `n` es un valor alfanumérico que identifica al conjunto de selección.
5. Inicie el comando **Desplazar** y, en el indicador de selección de objetos, escriba `!ss1` y pulse la tecla **Intro**. Las líneas que seleccionó anteriormente quedarán nuevamente seleccionadas.
6. Pulse la tecla **Intro** y seleccione dos puntos para dar por finalizado el comando **Desplazar**.

En este ejercicio, hemos almacenado un conjunto de elementos seleccionados en la variable `Ss1`. Podemos recuperar este conjunto de selección en cualquier momento en la línea de comandos utilizando el símbolo `!`, como lo hacemos con otras variables.

Utilizar Ssget en una expresión

También podemos utilizar la variable `Ss1` en una expresión AutoLISP. Por ejemplo, la macro R90 en el siguiente ejercicio nos permite seleccionar varios objetos para rotarlos 90º.

1. Escriba `(defun c:r90 (/ ss1)` en la línea de comandos y pulse la tecla **Intro**. Aparecerá el indicador de comandos de AutoLISP.
2. Para completar la macro escriba `(setq ss1 (ssget))(command "rotate" ss1 "" pause "90"))`, y pulse la tecla **Intro**.
3. Escriba `r90` en la línea de comandos y pulse la tecla **Intro** para iniciar la macro.
4. En la línea de comandos `Designe objetos:`, seleccione algunas de las líneas que dibujó anteriormente.
5. Pulse la tecla **Intro** para confirmar su selección y haga clic en un punto cerca del centro de la pantalla. Las líneas seleccionadas girarán 90º.

La función `defun` le indica a AutoLISP que vamos a definir un comando llamado `r90`. Después del nombre de la macro, aparece una lista, que se conoce como lista de argumentos. Hablaremos de las listas de argumentos un poco más adelante en este capítulo. Después de la lista de argumentos, nos encontramos la expresión `(setq ss1 (ssget))` que utilizamos en el ejercicio anterior. Aquí es donde la nueva macro se detiene para pedirnos que seleccionemos un conjunto de objetos para aplicarles después el comando **Rotate** (Girar). La siguiente expresión utiliza la función `Command`. Esta función incluye una entrada de línea de comando estándar de AutoCAD dentro de un programa AutoLISP. En este caso, la entrada empieza ejecutando el comando **Rotate** (Girar) y, a continuación, aplica dicho comando a la selección de objetos almacenada en `Ss1`. Seguidamente, las dos comillas `""` representan una pulsación de la tecla **Intro**. La función `pause` deja que el usuario seleccione un punto base para la rotación. Finalmente, el valor `90` se aplica al comando de rotación. La expresión completa cuando la introducimos desde la línea de comandos tendría el siguiente aspecto (después de cada línea, salvo en la cuarta línea donde debe seleccionar un punto, pulse la tecla **Intro**):

```
Command: Rotate
Select objects: !Ss1
Select objects:
Specify base point: (pausa para selección)
Specify rotation angle or [Copy/Reference] <0>: 90
```

En esta macro, la función `Ssget` añade flexibilidad permitiendo al usuario que seleccione tantos objetos como quiera. (Podríamos utilizar la función `Pause` en lugar de la variable `Ss1`, pero con `Pause` no podríamos anticipar si el usuario desea utilizar una ventana de selección, hacer clic en varios puntos o utilizar un conjunto de selección anterior.)

Controlar el consumo de memoria con variables locales

Los conjuntos de selección son grandes consumidores de memoria en AutoLISP. Si creamos varios, acabaremos por agotar las reservas de memoria de AutoLISP. Para limitar la memoria que utilizan los conjuntos de selección, podemos convertirlos en variables locales. Las variables locales son variables que existen solamente mientras el programa ejecuta sus instrucciones. Una vez que el programa finaliza, las variables locales se eliminan.

El vehículo para hacer que una variable se convierta en local es la lista de argumentos. Volvamos a examinar los paréntesis vacíos que seguían al nombre del programa para generar rectángulos que estudiamos anteriormente:

```
(defun c:rec ()...)
```

Si incluimos una lista de variables entre estos paréntesis, dichas variables se convertirán en locales. En la nueva macro `r90` que acabamos de examinar, la variable `Ss1` que almacena el conjunto de selección es una variable local:

```
(defun c:r90 (/ ss1)...)
```

ADVERTENCIA: El espacio después de la barra inclinada / en la lista de argumentos es muy importante. Sin él, la macro no funcionará correctamente.

La lista de argumentos empieza con una barra inclinada, un espacio y, después, viene la lista de variables. Una vez que el programa `r90` haya terminado su trabajo, recuperaremos la memoria asignada a la variable `Ss1`.

En ocasiones, querremos que una variable esté disponible en todo momento para todos los programas AutoLISP. Tales variables se conocen como variables globales. Podemos emplear variables globales para almacenar información en la sesión de trabajo actual. Incluso podríamos almacenar algunas variables de selección como variables globales. Sin embargo, para mantener controlado el consumo de memoria, utilice las variables globales con moderación.

Controlar el flujo de un programa AutoLISP

Una tarea típica de cualquier programa es ejecutar una función u otra dependiendo de alguna condición. Este tipo de operación a menudo se conoce con el nombre de sentencia condicional. Si se cumple la condición, se ejecuta la sentencia `A` y si no, se ejecuta la sentencia `B`. AutoLISP ofrece una función llamada `If` para facilitar este tipo de operaciones.

Empleo de la función If

TRUCO: Un uso común para las sentencias `if-then-else` es dirigir el flujo de un programa en respuesta a una contestación del usuario de tipo Sí/No. Si el usuario responde Sí a una pregunta del tipo `¿Desea continuar?`, la respuesta se puede utilizar en una sentencia `if-then-else` para que el programa realice una determinada función, tal como borrar objetos o dibujar un rectángulo.

La función `If` requiere dos argumentos. El primero debe ser un valor que devuelva `True` (verdadero) o `False` (falso). En el caso de AutoLISP, `T` para verdadero o `nil` para falso. Es como si dijéramos: "Si es verdadero ejecutamos la sentencia A", donde "verdadero" es el primer argumento y "A" el segundo. De forma opcional, podemos suministrar un tercer argumento cuya acción se llevará a cabo si el valor devuelto es `nil`. ("Si es verdadero ejecutamos la sentencia A y si es falso la B.") Aquí tiene un ejemplo de una expresión `If`:

```
(if Exst (+ a b) (* a b))
```

Aquí, el valor de la variable `Exst` determina cuál de las siguientes expresiones se evaluará. Si `Exst` tiene algún valor, devolverá `T` para indicar que la expresión es verdadera. Es decir, cuando AutoLISP evalúe `Exst`, el valor devuelto será `T`. A continuación, la expresión evaluará el segundo argumento, `(+ a b)` que es en sí una expresión. Si `Exst` no tiene ningún valor o es `nil`, la expresión evaluará el tercer argumento, `(* a b)`.

Varias funciones especiales de AutoLISP comprueban variables en busca de condiciones específicas. Por ejemplo, podemos comprobar un número para ver si es igual, menor o mayor que otro número, como en la siguiente expresión:

```
(if (= A B) (+ A B) (* A B))
```

En esta expresión, si `A` es igual a `B`, se evalúa el segundo argumento.

```
(if (> A B) (+ A B) (* A B))
```

En esta expresión, si `A` es mayor que `B`, se evalúa el segundo argumento.

Las funciones que comprueban si un valor es `T` o `nil` se denominan predicados y operadores lógicos. La tabla 25.3 muestra una lista de estas funciones.

Tabla 25.3. Lista de predicados y operadores lógicos.

Función	Devuelve T (verdadero) si...
<	Un valor numérico es menor que otro.
>	Un valor numérico es mayor que otro.
<=	Un valor numérico es menor o igual que otro.
>=	Un valor numérico es mayor o igual que otro.
=	Dos valores numéricos o cadenas son iguales.
/=	Dos valores numéricos o cadenas no son iguales.
eq	Dos valores son exactamente el mismo.

Función	Devuelve T (verdadero) si...
`equal`	Dos valores son el mismo (aproximadamente).
`atom`	Un símbolo representa un átomo (como oposición de una lista).
`listp`	Un símbolo representa una lista.
`minusp`	Un valor numérico es negativo.
`numberp`	Un símbolo es un número, real o entero.
`zerop`	Un símbolo se evalúa como cero.
`and`	Todas las expresiones o átomos devuelven valores distintos de `nil`.
`not`	Un símbolo es `nil`.
`nul`	Una lista es `nil`.
`or`	Una de varias expresiones o átomos devuelve un valor distinto de `nil`.

Veamos cómo las sentencias condicionales, los predicados y los operadores lógicos trabajan en conjunto. Suponga que quiere escribir un programa que bien multiplique dos números o simplemente los sume. Queremos que el programa le pregunte al usuario qué acción tomar dependiendo de cuál de los dos valores sea más grande. Siga estos pasos:

1. Escriba el siguiente programa en la línea de comandos, igual que hizo con el programa para dibujar rectángulos (después de cada línea, pulse la tecla **Intro**).

```
(defun c:mul-suma ()
(setq A (getreal "Escriba el primer número: " ))
(setq B (getreal "Escriba el segundo número: " ))
(if (< A B) (+ a b) (* a b))
)
```

2. Ahora, ejecute el programa escribiendo `Mul-suma` en la línea de comandos y pulsando la tecla **Intro**.
3. En la línea de comandos `Escriba el primer número:`, escriba `3` y pulse la tecla **Intro**.
4. En la línea de comandos `Escriba el segundo número:`, escriba `4` y pulse la tecla **Intro**. El programa devolverá como resultado `7.0`.
5. Intente ejecutar el programa nuevamente pero, esta vez, escriba `4` en la primera línea de comandos y `3` en la segunda. Esta vez, el programa devolverá el valor `12.0`.

En este programa, las primeras dos expresiones `Setq` piden al usuario que introduzca dos números. La sentencia condicional que sigue, `(< A B)` comprueba si el primer número introducido es menor que el segundo. Si es así, la función predicado devuelve `T` para denotar que la expresión es verdadera y, por lo tanto, se ejecuta la expresión `(+ a b)`. Si la expresión devuelve `nil` (falso), se evalúa la expresión `(* a b)`.

A menudo nos encontraremos con que necesitamos realizar no sólo uno, sino varios pasos dependiendo del resultado de alguna condición. Aquí tiene una expresión más compleja que evalúa varias expresiones de una vez:

```
(if (= A B) (progn (* A B) (+ A B) (- A B) ))
```

En este ejemplo, la función `Progn` le dice a la función `If` que deben evaluarse varias expresiones si `(= A B)` es verdadero.

Repetir una expresión

En ocasiones, necesitaremos que nuestro programa evalúe repetidamente un conjunto de expresiones hasta que se cumpla una determinada condición. Si está familiarizado con otros lenguajes de programación como BASIC o Fortran, sabrá que esta función la realiza un bucle.

Podemos repetir varios pasos en un programa AutoLISP utilizando la función `While` junto con predicados y operadores lógicos. Como en el caso de la función `If`, el primer argumento de `While` debe ser una expresión que devuelva `T` o `nil`. Dentro de una función `While` podemos tener tantos argumentos como queramos, siempre que el primero de ellos sea una función de predicado.

```
(while prueba (expresión 1) (expresión 2) (expresión 3) ...)
```

La función `While` no es la única que permite repetir un conjunto de instrucciones. La función `Repeat` hace también que un conjunto de instrucciones se ejecute varias veces pero, a diferencia de `While`, `Repeat` requiere un valor entero como primer argumento, como en el siguiente ejemplo:

```
(Repeat 14 (expresión 1) (expresión 2) (expresión 3) ...)
```

En este ejemplo, `Repeat` evaluará cada expresión 14 veces.

Una tercera función, `Foreach`, evalúa una expresión para cada elemento de una lista. Los argumentos de `Foreach` son en primer lugar una variable, luego una lista cuyos elementos hay que evaluar y luego la expresión que se utiliza para evaluar cada elemento de la lista.

```
(foreach var1 ( lista1 ) (expresión var1))
```

`Foreach` es un poco más difícil de comprender al principio, ya que implica una variable, una lista y una expresión, todas ellas trabajando en conjunto.

Otras funciones incorporadas

TRUCO: En muchos de los ejemplos de esta sección veremos valores numéricos o listas de argumentos. Como en todas las funciones AutoLISP, podemos utilizar variables como argumentos, siempre que el valor de la variable sea del tipo de datos adecuado.

Llegados a este punto, ya hemos visto varios programas de gran utilidad que hemos creado solamente con unas cuantas funciones de AutoLISP. Aunque no podemos ofrecerle un tutorial completo del funcionamiento de todas las funciones disponibles en AutoLISP, en esta última sección le mostraremos unas cuantas más. Dista mucho de tratarse de una lista completa, pero debería ser suficiente para orientarle en su trabajo con AutoLISP. Experimente con las funciones a su gusto pero no olvide que AutoLISP puede resultar adictivo.

Operaciones geométricas

Estas funciones son muy útiles para manipular datos geométricos. (Y no olvide las funciones `Get` de la tabla 25.2.)

> **TRUCO:** Observe que en algunos ejemplos un apóstrofo precede a una lista. Este apóstrofo le dice a AutoLISP que no evalúe la lista, sino que la trate como un depósito de datos.

- `Angle`: Calcula el ángulo entre dos puntos y devuelve un valor en radianes. Por ejemplo, `(angle '(6.0 4.0 0.0) '(6.0 5.0 0.0))`, devuelve `1.57`. Este ejemplo utiliza dos listas de coordenadas como argumentos pero también se pueden utilizar variables de puntos.
- `Distance`: Calcula la distancia entre dos puntos. El valor que devuelve la función está en las unidades base. Al igual que `Angle`, `Distance` requiere dos coordenadas como argumentos. La expresión `(distance '(6.0 4.0 0.0) '(6.0 5.0 0.0))` devuelve `1.0`.
- `Polar`: Devuelve un punto en forma de lista de coordenadas basada en la ubicación de un punto, un ángulo y una distancia. La expresión `(polar '(1.0 1.0 0.0) 1.5708 1.0)` devuelve `(0.999996 2.0 0.0)`. El primer argumento es una lista de coordenadas. El segundo es un ángulo en radianes. El tercero es una distancia en las unidades base. El punto debe ser una lista de coordenadas.
- `Inters`: Devuelve el punto de intersección de dos vectores, cada uno descrito mediante dos puntos. Los puntos deben especificarse en este orden: los primeros dos puntos definen el primer vector y los segundos el segundo vector. La expresión

  ```
  (inters
  '(1.0 4.0 0.0)'(8.0 4.0 0.0)'(5.0 2.0 0.0)'(5.0 9.0 0.0)
  )
  ```

  devuelve `(5.0 4.0 0.0)`. Si el punto de intersección no se encuentra en ninguno de los dos vectores, podemos seguir obteniendo un punto proporcionando un quinto argumento distinto de `nil`.

Operaciones con cadenas

Estas funciones permiten manipular cadenas. Aunque no podemos suministrar cadenas a la entrada del comando de texto directamente, podemos emplear la función `Command` con variables de cadena para introducir texto, como en el siguiente ejemplo:

```
(Setq nota "Esto es una prueba.")
(command "TEXTOM" (getpoint) "2.0" "0" nota)
```

En este ejemplo, asignamos en primer lugar a `nota` un valor de cadena. A continuación, empleamos la función `Command` para ejecutar el comando de texto y colocar el texto en el dibujo. Observe que la función (getpoint) se incluye para obtener la ubicación de un punto.

Otras dos funciones, `Substr` y `Strcat`, le permiten manipular el texto.

- `Substr`: Devuelve un fragmento de una cadena, denominado subcadena, empezando por la ubicación especificada. La expresión `(substr "cadena" 3 4)` devuelve `dena`. El primer argumento es la cadena que contiene la subcadena que deseamos extraer. El segundo argumento, `3`, le dice a `Substr` dónde empieza la nueva cadena. Este valor debe ser un entero. El tercer argumento, `4`, es opcional y le dice a `Substr` cuál es la longitud de la nueva cadena. La longitud debe ser también un entero.
- `Strcat`: Combina varias cadenas y devuelve el resultado como cadena. La expresión `(strcat cadena1 cadena2 etc.)` devuelve `cadena1 cadena2 etc`. En este ejemplo, `etc.` representa que podemos tener tantas cadenas como queramos.

Conversiones de tipos de datos

> **TRUCO:** Las funciones `Angtos` y `Rtos` son especialmente útiles para convertir radianes en cualquier tipo de formato de ángulo estándar disponible en AutoCAD. Por ejemplo, utilizando `Angtos` podemos convertir `0.785398` radianes en `45d0'0"` o `N45d0'0"E`. Utilizando `Rtos`, podemos convertir el valor de distancia `42` en `42.00` o `3'-6"` (tres pies y seis pulgadas). Fíjese en que `Angtos` y `Rtos` también pueden convertir valores numéricos en cadenas.

Mientras utilice AutoLISP, a menudo se encontrará con que necesita convertir valores de un tipo de datos a otro. Por ejemplo, dado que la mayoría de los ángulos en AutoLISP se deben representar en radianes, puede necesitar convertirlos a grados antes de utilizarlos en sus comandos. Puede hacerlo empleando la función `Angtos`. Esta función convierte un número real que representa un ángulo en radianes en una cadena en el formato de grados que deseemos. El siguiente ejemplo convierte un ángulo de 1,57 radianes en grados topográficos con una precisión de cuatro posiciones decimales:

```
(angtos 1.57 4 4)
```

Esta expresión devuelve `N 0d2'44"E`. El primer argumento es el ángulo en radianes. El segundo es un código que le dice a AutoLISP el formato al que debe convertir el ángulo. El tercer argumento le dice a AutoLISP la precisión que deseamos para el resultado (este argumento es opcional). Los códigos de conversión para `Angtos` son los siguientes:

- 0 = grados sexagesimales.
- 1 = grados/minutos/segundos.
- 2 = grados centesimales.
- 3 = radianes.
- 4 = unidades topográficas.

Ahora que ya hemos visto un ejemplo de lo que la función de conversión de tipos de datos `Angtos` puede hacer, demos un breve repaso a otras funciones similares:

- `Atof` y `Atoi`: `Atof` convierte una cadena en un número real. La expresión `(atof "33.334")` devuelve `33.334`. `Atoi` convierte una cadena en un entero. La expresión `(atoi "33.334")` devuelve `33`.
- `Itoa` y `Rtos`: `Itoa` convierte un entero en una cadena. El argumento debe ser un entero. La expresión `(itoa 24)` devuelve `24`. `Rtos` convierte un número real en una cadena. Como en el caso de `Angtos`, debemos especificar un código de formato y un valor de precisión. La expresión `(rtos 32.3 4 2)` devuelve `"2'-8 1/4 \""`.

NOTA: Es posible que observe la barra diagonal invertida (\) tras el valor `1/4` en el valor devuelto. Se trata de un símbolo de AutoLISP que indica que el siguiente símbolo (") forma parte de la cadena de texto y no son las comillas de cierre que indican el final de la cadena.

El primer argumento es el valor que queremos convertir. El segundo es el código de conversión. El tercero es el valor de la precisión. Los códigos son los siguientes:

  - 1 = científico.
  - 2 = decimal.
  - 3 = ingeniería.
  - 4 = arquitectura.
  - 5 = fraccionario.

- `Fix` y `Float`: `Fix` convierte un número real en un número entero. La expresión `(fix 3.3334)` devuelve `3`. `Float` convierte un número entero en un número real. La expresión `(float 3)` devuelve `3.0`.

Almacenar programas como archivos

Cuando salgamos de AutoCAD, el programa para crear rectángulos se desvanecerá. Pero igual que somos capaces de guardar otro tipo de elementos, podemos crear un archivo de texto en un disco que contenga el programa para generar rectángulos. De esta forma, tendremos un fácil acceso a él cada vez que queramos.

Para guardar sus programas abra un editor de texto y escríbalos desde el teclado como hizo con el programa para generar rectángulos, incluyendo la primera línea que contiene la función `defun`. Asegúrese de almacenar el archivo con la extensión `.LSP`. Puede recuperar sus programas ejecutando el comando Herr.>Cargar aplicación, lo cual abrirá el cuadro de diálogo Cargar/Descargar aplicaciones. Si así lo prefiere, puede utilizar el método manual para cargar programas AutoLISP. Esto implica emplear la función `Load` de AutoLISP. Como en el caso de otras funciones, deberá encerrarla entre paréntesis. Por ejemplo, para cargar el programa `GETAREA.LSP` que se incluye en la carpeta correspondiente al capítulo 24 en el CD-ROM que acompaña a este libro, podríamos escribir lo siguiente:

```
(Load "getarea")
```

Probablemente `Load` sea una de las funciones más sencillas de AutoLISP, dado que requiere solamente un argumento: el nombre del archivo AutoLISP que deseamos cargar. Observe que no es necesario incluir la extensión `.LSP`.

Si el archivo AutoLISP reside en una carpeta distinta de la ubicación actual, necesitará incluir la dirección completa junto con el nombre de archivo, como en el siguiente ejemplo:

```
(Load "C:/AutoCAD2009/Projects/Chapter 24/getarea")
```

La utilización del símbolo / para representar carpetas en lugar del símbolo común de DOS \ se debe a que la barra invertida tiene un significado especial en AutoLISP en el tratamiento de valores de cadena. Este símbolo le dice a AutoLISP que lo que sigue es un carácter especial. Si intenta utilizar \ en el ejemplo anterior, obtendrá un mensaje de error.

Como habrá podido adivinar, la función `Load` puede formar parte de un programa AutoLISP. También se puede incluir como parte de un menú para cargar programas específicos cuando se seleccione el elemento de menú correspondiente.

Conseguir más ayuda con AutoLISP

Espero que se sienta seducido por la idea de realizar algo de programación por su cuenta y de aprender más sobre AutoLISP. Para obtener información más detallada, consulte la ventana de ayuda de AutoCAD:

1. Seleccione Ayuda>Recursos adicionales>Ayuda del desarrollador. Aparecerá la ventana de ayuda del desarrollador de AutoCAD 2009.
2. En el panel de la izquierda, expanda la lista de referencias de AutoLISP. Verá una lista alfabética de las funciones de AutoLISP, algunas de las cuales se comentaron en este capítulo.

Cuando trabaje con el material de AutoLISP en la ventana de ayuda de AutoCAD, también verá referencias a Visual LISP. Se trata de un entorno de programación autocontenido para AutoLISP similar al editor de Visual Basic. Visual LISP es una herramienta excelente si desea utilizar ampliamente AutoLISP en su trabajo. Una vez que comprenda los aspectos básicos de AutoLISP, es posible que desee explorar Visual LISP con el tutorial del sistema de ayuda de AutoCAD. Para utilizarlo, seleccione Ayuda>Recursos adicionales>Ayuda del desarrollador. En la ventana Ayuda de AutoCAD 2009: Documentación del desarrollador, examine la sección Aprendizaje de AutoLISP.

En resumen

- **Comprender el intérprete de AutoLISP:** Una de las formas más sencillas para comenzar a utilizar AutoLISP es introducir una expresión AutoLISP directamente en una línea de comando.
  - **Dominarlo:** Proporcione una fórmula AutoLISP que realice una sencilla función matemática.

- **Utilizar argumentos y expresiones:** AutoLISP necesita dos elementos, un argumento y una expresión para hacer cualquier trabajo.
  - **Dominarlo:** ¿Cuál es la función en la siguiente expresión AutoLISP?

    ```
    (+ 45 33)
    ```

- **Crear un programa sencillo:** Puede introducir un sencillo programa directamente en AutoCAD por medio de la línea de comando.
  - **Dominarlo:** Nombre una función que detenga un programa AutoLISP por la entrada de un usuario.
- **Seleccionar objetos con AutoLISP:** AutoLISP ofrece una expresión que le permite seleccionar objetos y después realizar algunas operaciones en un grupo de objetos.
  - **Dominarlo:** ¿Qué función le permite seleccionar objetos y qué función de AutoLISP utiliza para almacenar su selección?
- **Controlar el flujo de un programa AutoLISP:** Puede configurar un programa AutoLISP para examinar las condiciones y realizar diferentes operaciones dependiendo del resultado.
  - **Dominarlo:** Nombre algunas funciones que examinan una condición.
- **Conversiones de tipos de datos:** Las funciones de AutoLISP están diseñadas para trabajar con sus propios tipos de datos. Por ejemplo, las funciones matemáticas sólo funcionan con números y las operaciones en cadena sólo funcionan con texto. Si necesita utilizar el resultado de una función matemática en texto, puede convertir el número en texto.
  - **Dominarlo:** ¿Cuál es el nombre de la función que convierte un ángulo en radianes en texto?
- **Almacenar programas como archivos:** Puede guardar su programa AutoLISP en un editor de texto como Windows Notepad y, más tarde, recuperar el programa en cualquier momento para su uso.
  - **Dominarlo:** ¿Cuál es la extensión de archivo para programas AutoLISP?

26 Personalizar barras de herramientas, menús, tipos de líneas y patrones de sombreado

AutoCAD ofrece un alto grado de flexibilidad y personalización, lo que permite ajustar el aspecto visual y operativo del software a nuestras necesidades. En este capítulo veremos cómo personalizar AutoCAD para que resulte sencillo integrarlo en el entorno de su grupo de trabajo y oficina. La primera parte de este capítulo muestra cómo adaptar AutoCAD para ajustarlo a sus necesidades particulares. Aprenderá a personalizar AutoCAD mediante la modificación de sus menús y a crear macros personalizadas para aquellos comandos que utilice con frecuencia en su grupo de trabajo.

Examinaremos algunos de los aspectos generales que surgen al utilizar AutoCAD en una oficina. En este análisis puede que encuentre la solución a problemas surgidos al utilizar AutoCAD en un entorno de trabajo concreto. También se analizará el tema de la gestión de proyectos de AutoCAD. En este capítulo se analizarán los siguientes aspectos:

- Utilizar espacios de trabajo.
- Personalizar la interfaz de usuario.

- Crear macros para herramientas y menús.
- Hacer una pausa a la espera de la entrada de un usuario.
- Abrir un cuadro de texto expandido para la opción Macro.
- Editar atajos de teclado.
- Guardar, cargar y descargar personalizaciones.
- Comprender el lenguaje de macro Diesel.
- Crear tipos de línea personalizados.
- Crear patrones de sombreado.

Utilizar espacios de trabajo

Una vez que se sienta cómodo trabajando con AutoCAD, puede que encuentre de su gusto cierta disposición de paneles de la Cinta de opciones, barras de herramientas y paletas o que haya varios conjuntos de barras de herramientas que necesite utilizar dependiendo del tipo de trabajo que esté realizando.

Ya ha trabajado con los dos innovadores espacios de trabajo que ofrece AutoCAD: Modelado 3D y Dibujo 2D y anotación. También puede configurar sus propios ajustes de paneles y barras de herramientas personalizados y, a continuación, guardar dichos ajustes para poder recuperarlos posteriormente utilizando la función Espacio de trabajo. Examinemos ahora más de cerca la forma de personalizar esta herramienta.

La herramienta **Espacio de trabajo** y su menú aparecen en la figura 26.1. Al principio de este libro, analizamos cómo utilizar esta herramienta para guardar su presentación de ventana de AutoCAD. Puede guardar varias disposiciones de paneles, barras de herramientas y paletas y recuperarlas fácilmente seleccionándolas en la herramienta **Cambio de espacio de trabajo**.

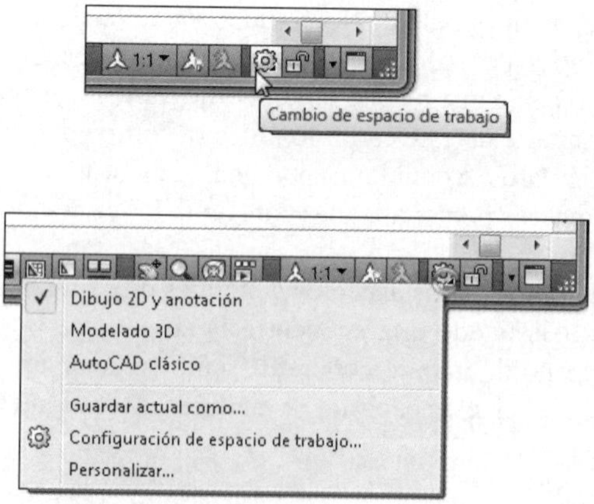

Figura 26.1. La herramienta Espacios de trabajo.

Haga clic en la herramienta **Cambio de espacio de trabajo** en la barra de estado y seleccione Configuración de espacio de trabajo para abrir el cuadro de diálogo Parámetros de espacio de trabajo (véase la figura 26.2). También puede seleccionar Herr.>Espacio de trabajo>Configuración de espacio de trabajo.

Figura 26.2. Cuadro de diálogo Parámetros de espacio de trabajo.

Dediquemos algo de tiempo para examinar este cuadro de diálogo en detalle. La opción Guardar actual como en la herramienta **Cambio de espacio de trabajo** le permite guardar su configuración de ventana de AutoCAD.

Con el cuadro de diálogo Parámetros de espacio de trabajo abierto, podemos ver Dibujo 2D y anotación, Modelado 3D y AutoCAD Clásico. Desde aquí, controlaremos el comportamiento de estas configuraciones.

La casilla de verificación situada junto al nombre de cada configuración permite controlar si deseamos que aparezca o no en el menú de la herramienta **Cambio de espacio de trabajo**. Por ejemplo, si eliminamos la marca de la casilla de verificación de la configuración AutoCAD Clásico, sólo podremos ver Modelado 3D y AutoCAD Clásico en el menú de la herramienta **Cambio de espacio de trabajo**.

La lista desplegable Mi espacio de trabajo nos permite seleccionar cuál es el espacio de trabajo que se activará cuando hagamos clic en la herramienta **Mi espacio de trabajo** en la herramienta **Cambio de espacio de trabajo**. Puede utilizar esta opción para acceder rápidamente a la configuración de espacio de trabajo que utilice con mayor frecuencia.

Las opciones del grupo Al cambiar de espacio de trabajo situado en el borde inferior del cuadro de diálogo nos permiten determinar si se guardan o no automáticamente los cambios en los espacios de trabajo. Por ejemplo, si selecciona la opción Guardar automáticamente cambios del espacio de trabajo, la próxima vez que cambiemos a un espacio de trabajo diferente, AutoCAD guardará cualquier cambio que hayamos realizado en el espacio de trabajo actual.

La herramienta **Cambio de espacio de trabajo** es la función de personalización más sencilla que podemos encontrar en AutoCAD y puede ser una buena forma de ayudarnos a mantenernos organizados. Pero los espacios de trabajo realmente son sólo la punta del iceberg cuando hablamos de personalización. En la siguiente sección, profundizaremos en la característica de personalización de la interfaz de usuario del programa para ver cómo podemos personalizar directamente los menús, paneles y barras de herramientas de AutoCAD directamente.

ADVERTENCIA: Los ejercicios de este capítulo asumen que está en el espacio de trabajo Dibujo 2D y anotación.

Personalizar la interfaz de usuario

De fábrica, AutoCAD ofrece una disposición genérica de los paneles de la Cinta de opciones, herramientas y paletas que resulta adecuada para la mayoría de las aplicaciones. Pero, cuanto más utilice AutoCAD, más se dará cuenta de que su tendencia es utilizar herramientas que se encuentran desperdigadas por varios paneles de la Cinta de opciones. Probablemente piense que su trabajo sería mucho más fácil si pudiera crear un conjunto personalizado de paneles y menús para agrupar dichas herramientas. Si se encuentra en el punto de crear sus propias macros personalizadas, también podría querer una forma de poder acceder fácilmente a ellas.

La interfaz de usuario personalizada (abreviada como CUI) es un punto de encuentro que le proporcionará prácticamente un control total sobre los menús, paneles y barras de herramientas de AutoCAD. Con esta característica podrá moldear la interfaz de AutoCAD a su antojo. El punto de entrada principal de la interfaz de usuario personalizada es el cuadro de diálogo Personalizar interfaz de usuario.

En las siguientes secciones profundizaremos en este concepto mostrándole cómo añadir una herramienta al panel de la Cinta de opciones Dibujo. También tendrá la oportunidad de ver cómo se crea una barra de herramientas totalmente nueva con herramientas personalizadas.

Recorrido rápido por los conceptos de personalización

La forma más directa de adaptar AutoCAD a nuestra forma de trabajar es personalizar la Cinta de opciones. AutoCAD ofrece a los nuevos usuarios un camino fácil para personalizar el entorno a través del cuadro de diálogo Personalizar interfaz de usuario. Desde este cuadro de diálogo podrá crear nuevos paneles en la Cinta de opciones, barras de herramientas, herramientas personalizadas e, incluso, crear nuevos iconos. También puede crear atajos de teclado.

Para empezar a caminar, intente añadir una herramienta al panel Dibujo.

1. Si aún está abierto, cierre el cuadro de diálogo Configuración de espacio de trabajo.
2. Haga clic con el botón derecho del ratón sobre cualquiera de los paneles de la Cinta de opciones y seleccione Personalizar para abrir el cuadro de diálogo Personalizar interfaz de usuario que se ilustra en la figura 26.3. Puede observar tres grupos de opciones en este cuadro de diálogo: Personalizaciones en Todos los archivos CUI, Lista de comandos y Propiedades.
3. En el grupo Personalizaciones en Todos los archivos CUI, expanda la lista Grupos de la cinta de opciones y expanda la opción Dibujo-2D que aparece justo debajo. Verá un conjunto de opciones Fila 1, Fila 2 y así sucesivamente.
4. Haga clic en Dibujo-2D. En el grupo Vista preliminar de panel aparece el panel Dibujo de la Cinta de opciones (véase la figura 26.4).

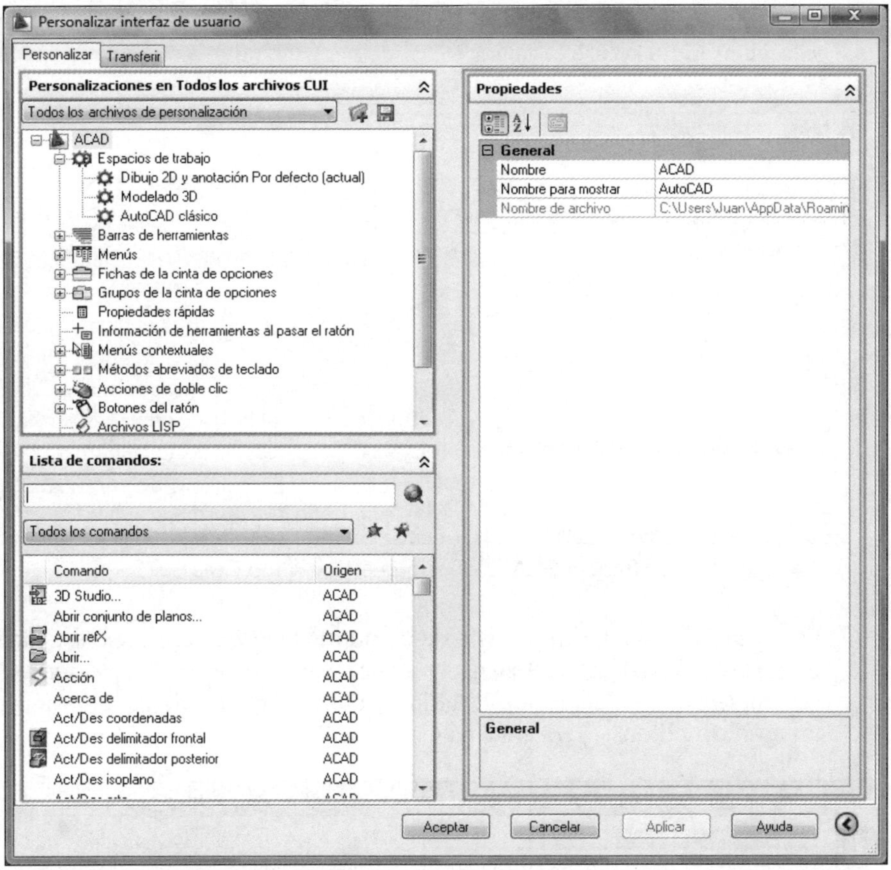

Figura 26.3. Cuadro de diálogo Personalizar interfaz de usuario.

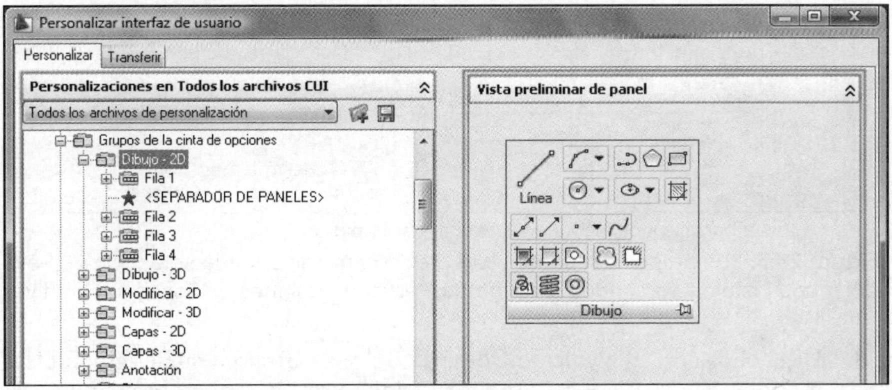

Figura 26.4. El panel Dibujo de la Cinta de opciones.

5. Expanda el elemento Fila 4 de la lista Dibujo-2D. Verá los nombres de las tres herramientas que aparecen en la parte inferior del panel Dibujo. Estas herramientas son **Polilínea 3D**, **Hélice** y **Arandela**.

6. En el grupo Lista de comandos, en la lista desplegable Filtro de lista de comandos seleccione Cota (véase la figura 26.5).

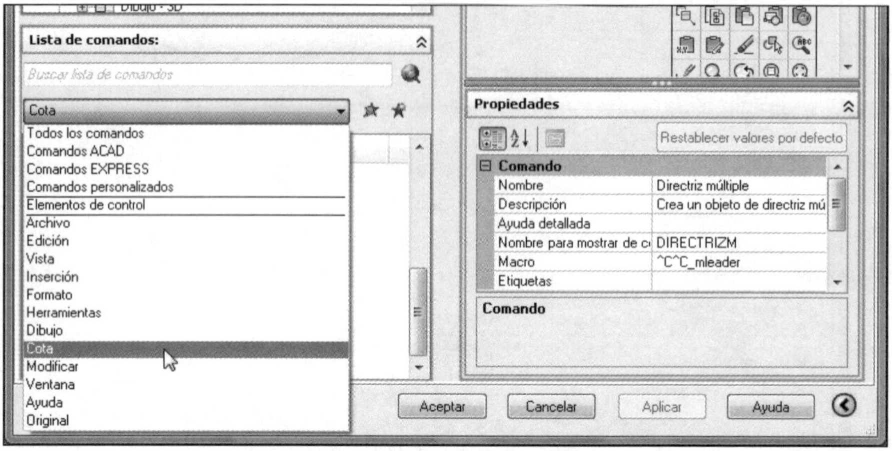

Figura 26.5. Seleccione el comando Cota.

7. En el panel inferior del grupo Lista de comandos, busque y seleccione Cota. Lineal. Éste es el comando **Cota lineal**. Al seleccionarlo, el grupo Propiedades muestra las propiedades del comando. El grupo Vista previa cambia para mostrar el grupo Imagen de botón, y verá el icono **Cota lineal** (véase la figura 26.6).

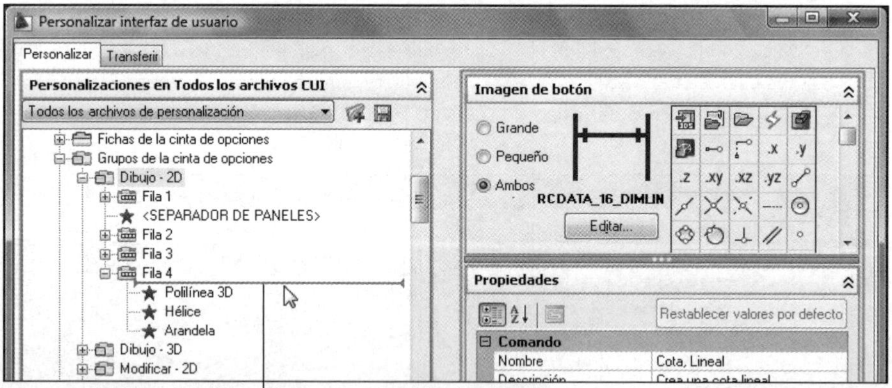

La barra le indica dónde se colocará el comando

Figura 26.6. Los grupos del panel Vista previa cambian cuando selecciona un elemento del grupo Lista de comandos o del grupo Personalizaciones en Todos los archivos CUI.

8. Haga clic sobre el elemento Cota. Lineal y arrástrelo desde el grupo Lista de comandos hacia el grupo Personalizaciones en Todos los archivos CUI, pero no suelte todavía el botón del ratón. A medida que arrastre el comando sobre los nombres de las herramientas en la lista Personalizar en todos los archivos CUI, verá cómo el programa le indica mediante una línea horizontal dónde se colocará el nuevo elemento (véase la figura 26.6). Si se coloca sobre una opción verá que aparece una flecha al lado de la opción. La flecha también indica dónde se colocará el comando arrastrado.

Esta lista puede desplazarse hacia arriba o hacia abajo automáticamente, dependiendo de dónde coloque la barra. Le permite colocar la barra en una zona de la lista que aún no se visualiza.

9. Coloque la barra justo encima de Polilínea 3D, y suelte el botón del ratón. El comando **Cota Lineal** aparecerá sobre el comando **Polilínea 3D** en la lista (véase la figura 26.7), y verá su icono en el panel Vista preliminar.

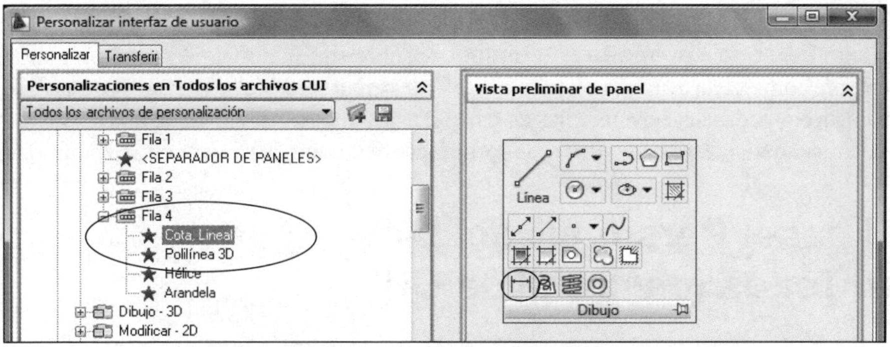

Figura 26.7. Después de colocar el comando Cota. Lineal.

10. Haga clic en el botón **Aceptar**. Podrá apreciar una cierta actividad del disco y, en unos instantes, la herramienta **Cota Lineal** aparecerá en el panel Dibujo expandido a la izquierda de la herramienta **Polilínea 3D** (véase la figura 26.8).

Figura 26.8. La herramienta está en su lugar.

Acabamos de añadir un comando al panel Dibujo. Podemos seguir estos mismos pasos para añadir cualquier comando a cualquier panel de la Cinta de opciones, barra de herramientas o barra de menú. Ahora, suponga que ha cambiado de idea y decide eliminar la herramienta **Cota Lineal** del panel Dibujo: Así es cómo se hace:

1. Haga clic con el botón derecho del ratón sobre el panel Dibujo y seleccione Personalizar en el menú contextual.

2. En el grupo Personalizaciones en Todos los archivos CUI del cuadro de diálogo Personalizar interfaz de usuario, expanda la lista Grupos de la Cinta de opciones y continúe expandiendo la lista como hizo anteriormente para llegar al comando **Cota Lineal** que añadió antes.

3. Haga clic con el botón derecho del ratón en el comando **Cota Lineal** y seleccione Eliminar en el menú contextual. Se elimina el comando **Cota Lineal** de la lista.
4. Haga clic en **Aceptar** para cerrar el cuadro de diálogo.

Hemos eliminado la herramienta **Cota. Lineal** del panel Dibujo. Como acaba de ver, añadir herramientas a un panel es sólo cuestión de hacer clic y arrastrar el elemento adecuado de una lista a otra. Para eliminar una herramienta, haga clic con el botón derecho del ratón sobre ella y seleccione Eliminar.

Antes de ir más allá puede que quiera conocer algunos detalles más sobre el cuadro de diálogo Personalizar interfaz de usuario y sobre su funcionamiento. Hemos descrito brevemente cómo cada grupo muestra los diferentes elementos de la interfaz de AutoCAD, desde una lista con todas las herramientas de panel hasta el icono individual de una herramienta dada. Echemos un vistazo a cada grupo de forma independiente para ver cómo están organizados.

El panel Personalizaciones en Todos los archivos CUI

En el ejercicio anterior, cuando colocó el comando **Cota Lineal** en el panel Dibujo, vio aparecer una flecha al pasar sobre una opción. La flecha indicaba la ubicación donde se podía colocar el comando al soltar el botón del ratón. Si la flecha apunta a un comando, el nuevo comando se colocará después del elemento indicado por la flecha. Si el elemento es un icono de carpeta, el nuevo comando se colocará dentro de esta carpeta

Puede ver elementos llamados carpetas subpanel. Permiten mezclar herramientas sueltas filas como la herramienta **Línea** y las dos filas que aparecen en la parte superior del panel Dibujo. Por último, el elemento <SEPARADOR DE PANELES> de la lista indica la división entre la parte principal del panel y el panel expandido. En la figura 26.9 puede ver cómo la lista en el grupo Personalizaciones en Todos los archivos CUI está relacionada con los componente del panel Cinta de opciones.

Observe que la herramienta **Línea** ocupa las dos líneas superiores del panel Dibujo. Esto se hace colocando el comando **Línea** en el mismo nivel que las dos filas superiores. Las dos filas superiores aparecen como subpaneles. Los desplegables en el panel de la Cinta de opciones tienen el mismo aspecto que cualquier otra lista desplegable en el grupo Personalizaciones en Todos los archivos CUI (véase la figura 26.10). Si expande la lista desplegable, verá las herramientas que aparecen en los desplegables del panel Dibujo (véase la figura 26.11). Puede añadir nuevos paneles, filas, subpaneles y desplegables haciendo clic con el botón derecho del ratón sobre un elemento de la lista y seleccionando la opción adecuada en el menú contextual (véase la figura 26.12). Si comprende la estructura de estas listas, verá que es bastante fácil personalizar los paneles de la Cinta de opciones a su gusto.

Visión general

Cuando abrió por primera vez el cuadro de diálogo Personalizar interfaz de usuario haciendo clic con el botón derecho del ratón sobre la Cinta de opciones, pudo ver un listado de los elementos de la interfaz de AutoCAD en el grupo Personalizaciones en Todos los archivos CUI. Cada uno de los elementos de la interfaz de la lista se puede expandir para conseguir los comandos individuales para ese elemento. Si expande, por ejemplo, la lista Barras de herramientas, tendrá disponibles todas las barras de herramientas de AutoCAD. Expanda una barra de herramientas y se desplegarán todos los comandos de esa barra de herramientas. Como vimos anteriormente, puede expandir la lista Grupos de la Cinta de opciones para acceder a los paneles de la Cinta de opciones. La tabla 26.1 ilustra los principales elementos que contiene la lista Personalizaciones en Todos los archivos CUI con una breve explicación de sus contenidos.

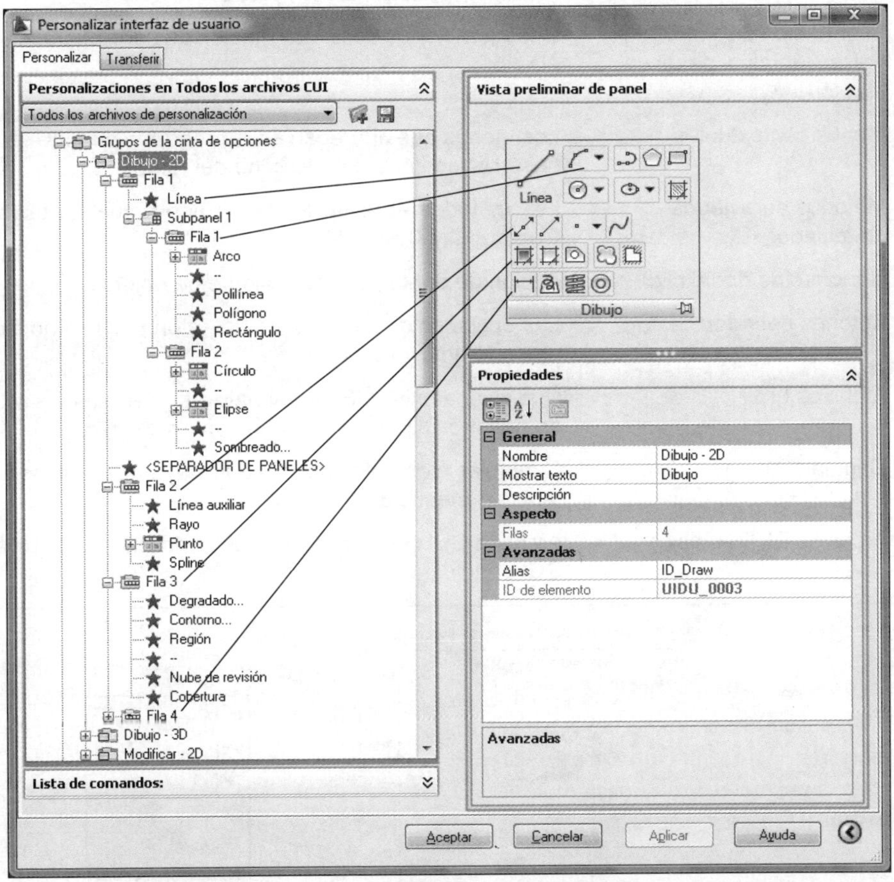

Figura 26.9. La lista Personalizaciones en Todos los archivos CUI comparada con el panel de la Cinta de opciones.

Tabla 26.1. Encabezados principales en la lista de la sección Personalizaciones en Todos los archivos CUI.

Elemento	Qué contiene
Espacios de trabajo	Todos los espacios de trabajo disponibles actualmente.
Barras de herramientas	Las barras de herramientas actuales.
Menús	Los menús actuales de la barra de menús de la aplicación.

Elemento	Qué contiene
Fichas de la Cinta de opciones	Las fichas actuales de la Cinta de opciones.
Grupos de la Cinta de opciones	Los grupos actuales de la Cinta de opciones.
Propiedades rápidas	Opciones en la paleta Propiedades rápidas.
Información de herramientas al pasar el ratón	Configuraciones de la información de herramientas al pasar el ratón.
Menús contextuales	Los menús que aparecen en el programa cuando el usuario hace clic con el botón derecho del ratón.
Métodos abreviados de teclado	Los métodos abreviados de teclado actuales, tales como **Control-C** y **Control-V**.
Acciones de doble clic	Acción de doble clic dependiente de objetos.
Botones del ratón	Las opciones de los botones del ratón tales como **Control-clic** o **Mayús-clic**.
Archivos LISP	Cualquier archivo LISP personalizado que estemos utilizando en nuestro CUI.
Original	Cualquier elemento original que hayamos utilizado, como tablas o menús de pantalla.
Archivos CUI parciales	Archivos CUI personalizados que se han incluido en el archivo CUI principal.

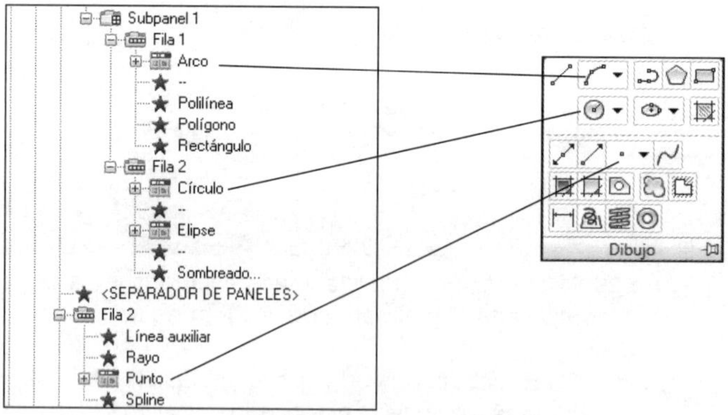

Figura 26.10. Otra comparación.

Podemos personalizar todas estas configuraciones. Por ejemplo, si queremos crear nuevos métodos abreviados de teclado, expandiremos la opción Métodos abreviados de teclado en la lista y añadiremos nuevos atajos o editaremos los ya existentes. Haga clic con el botón derecho del ratón sobre un elemento para añadir o eliminar opciones. Si hace clic para seleccionar un elemento, sus propiedades aparecerán en el grupo Propiedades, donde podrá modificar la función del elemento. Al igual que cuando añadimos el comando **Cota Lineal** al panel Dibujo, podemos hacer clic y arrastrar cualquier comando sobre uno de los menús disponibles bajo el elemento Menús de la lista.

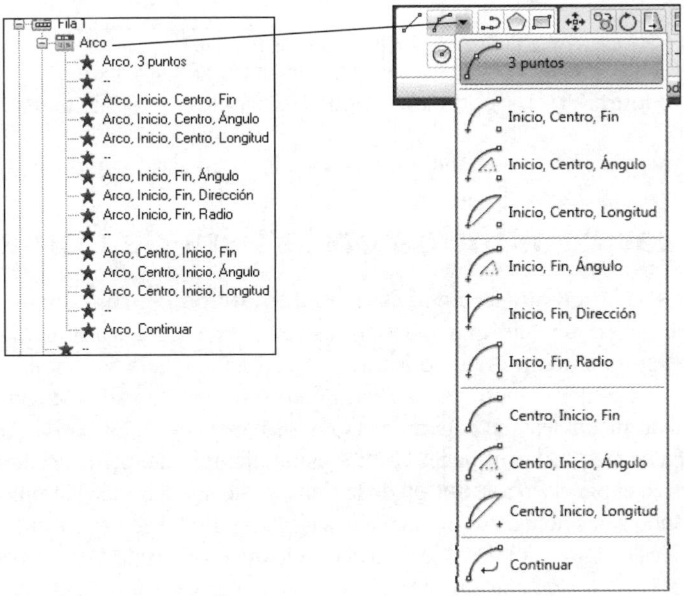

Figura 26.11. Las herramientas en el panel Personalizaciones en Todos los archivos CUI aparecen en el desplegable adecuado.

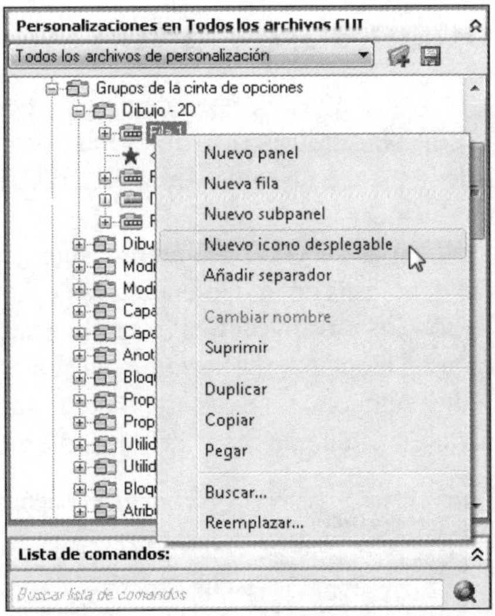

Figura 26.12. Creación de nuevos contenedores con el menú contextual.

También podemos ver otras opciones en la barra de título de la sección Personalizaciones en Todos los archivos CUI. Estas opciones, que se muestran en la figura 26.13, nos proporcionan el control sobre los componentes que se visualizan en este grupo. También puede cargar y guardar sus archivos CUI desde aquí.

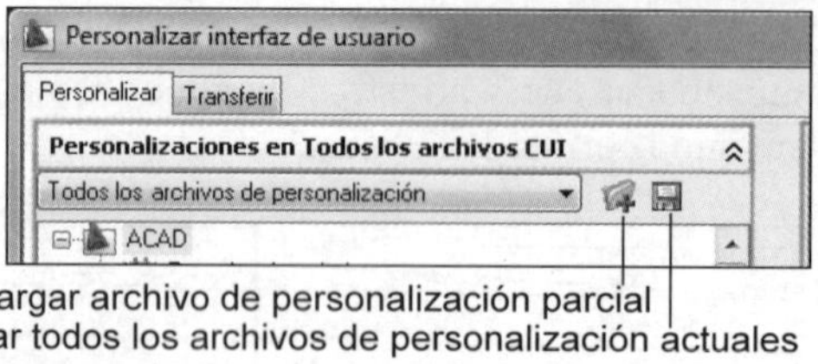

Figura 26.13. Cuadro de diálogo Personalizar interfaz de usuarios.

Aprenderá más sobre estas opciones más adelante en este capítulo.

Localizar comandos en la lista de comandos

Ya hemos visto que la sección Lista de comandos contiene todos los comandos de AutoCAD. También sabemos que podemos hacer clic en ellos y arrastrarlos sobre las opciones del grupo Personalizaciones en Todos los archivos CUI. Esta lista también contiene macros predefinidas, los iconos que utilizan las herramientas y algo llamado elementos de control, que son las listas desplegables que podemos ver en los paneles y en las barras de herramientas. La lista desplegable Capas en el panel Capas es un ejemplo de elemento de control. Las listas desplegables en el panel Propiedades de la ficha Inicio son también ejemplos de elementos de control. Cuando seleccionamos un elemento en la sección Lista de comandos, podemos ver sus propiedades en la sección Propiedades o su icono en el grupo Imagen de botón o ambos. La excepción son los elementos de control, que no tienen características que se puedan editar.

Vista preliminar/Imagen de botón/Métodos abreviados

Ya hemos visto cómo obtener una vista previa de un panel de la Cinta de opciones seleccionándolo en el grupo Personalizaciones en Todos los archivos CUI. Si hacemos clic en una barra de herramientas de la lista, podremos ver la sección Vista preliminar de barra de herramientas, que ilustra el aspecto de la barra de herramientas. Estas vistas preliminares no se pueden editar y su función es servir como mera referencia. Si hace clic en una herramienta (o elemento como se denomina en la nomenclatura de AutoCAD) dentro de la sección Personalizaciones en Todos los archivos CUI, verá la sección Imagen de botón. Este grupo nos permite seleccionar un icono para la herramienta haciendo clic en una lista de iconos (véase la figura 26.14) o editar un icono ya existente o crear uno enteramente nuevo. Tendrá la oportunidad de profundizar en este tema más adelante en este capítulo.

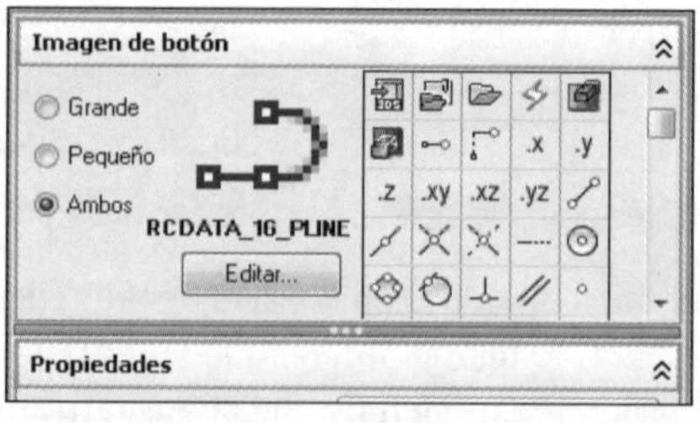

Figura 26.14. El grupo Imagen de botón.

La sección Métodos abreviados de teclado que está en el grupo Personalizaciones en Todos los archivos CUI, muestra el grupo Métodos abreviados, que lista todos los métodos abreviados de teclado existentes.

Entrar en el núcleo de la personalización mediante el grupo Propiedades

Finalmente, cuando estemos preparados para dedicarnos a labores serias de personalización, trabajaremos con el grupo Propiedades. Verá el grupo Propiedades en la mitad inferior en la parte derecha del cuadro de diálogo Personalizar interfaz de usuario cuando selecciona un comando de la parte izquierda del cuadro de diálogo.

Este grupo está configurado de forma similar a la paleta Propiedades y funciona de la misma manera. En el lateral izquierdo vemos una lista de opciones y a la derecha de cada opción nos encontramos con una descripción o un cuadro de texto donde podemos realizar cambios (véase la figura 26.15).

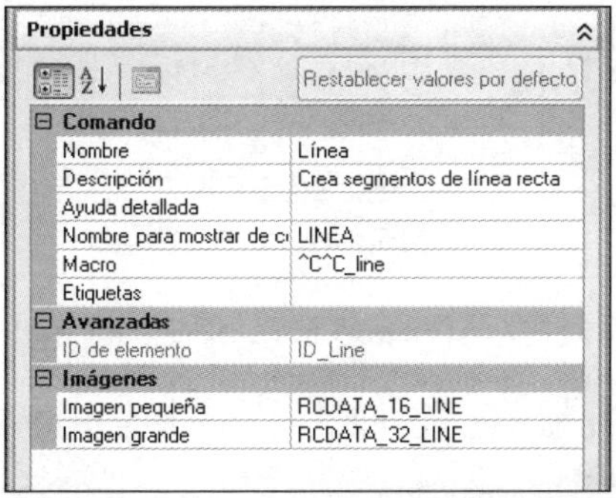

Figura 26.15. El grupo Propiedades con las propiedades de la herramienta Línea.

Si va al grupo Personalizaciones en Todos los archivos CUI y selecciona la herramienta **Línea** de la barra de herramientas Dibujo en la sección, podrá ver sus propiedades en el grupo Propiedades, tal como se muestra en la figura 26.15. Tendrá que cerrar el grupo Imagen de botón para conseguir una vista completa del grupo Propiedades. Puede cerrar cualquier grupo haciendo clic en la flecha doble en el lado derecho de la barra del título del grupo.

En la categoría General, verá una línea dedicada al nombre de la herramienta. También aparece la descripción que se muestra en la barra de estado cuando muestra la información de la herramienta. Aquí es donde puede cambiar esta descripción para que aparezca de la forma que desee en la barra de estado.

En la categoría Macro, veremos el comando real que se ejecuta en la línea de comandos cuando seleccionamos la herramienta. El símbolo ^C^C que precede a la entrada real del comando es el equivalente a pulsar dos veces la tecla **Esc**. La categoría Avanzadas ofrece información relativa al identificador de la herramienta en particular. Finalmente, la categoría Imágenes muestra el nombre de los archivos de imagen que se utilizan para el icono de la herramienta. Podemos ver dos iconos: uno para la versión grande y otro para la versión pequeña de la herramienta. Tendrá oportunidad de ver cómo funciona el grupo Propiedades más adelante en este capítulo. A continuación, veremos cómo crear nuestra propia barra de herramientas personalizada.

Crear barras de herramientas y menús personalizados

Anteriormente hemos mencionado que podemos recopilar las herramientas que utilizamos con mayor frecuencia en un panel de la Cinta de opciones o una barra de herramientas personalizada. Ahora que ya hemos tenido la oportunidad de familiarizarnos con el cuadro de diálogo Personalizar interfaz de usuario, podemos intentar el siguiente ejercicio para crear nuestro propio panel de la Cinta de opciones.

1. Si no tiene abierto el cuadro de diálogo Personalizar interfaz de usuario, haga clic con el botón derecho del ratón sobre la Cinta de opciones y seleccione Personalizar comandos.
2. En el grupo Personalizaciones en Todos los archivos CUI, haga clic en el botón derecho del ratón sobre Grupos de la Cinta de opciones y seleccione Nuevo Panel. La lista se expande y ve el nuevo panel llamado Panel1 en la parte inferior de la lista Grupos de la Cinta de opciones (véase la figura 26.16).

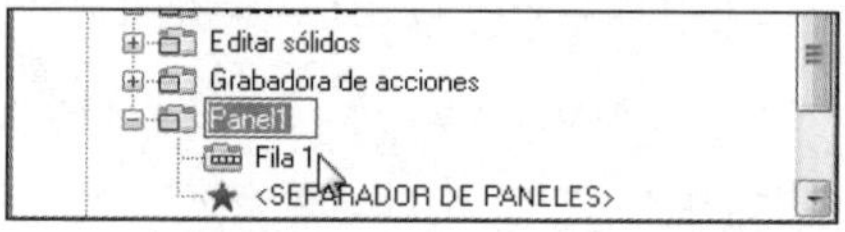

Figura 26.16. Panel1.

3. Reemplace Panel1 escribiendo **Mi panel** para darle un nombre distinto. A medida que vaya escribiendo, el nombre cambiará. Si decide cambiarlo más adelante, haga clic con el botón derecho del ratón sobre su entrada en la lista y ejecute el comando **Cambiar nombre**.

> **TRUCO:** Podemos crear menús personalizados en el Explorador de menús de la misma forma que creamos barras de herramientas personalizadas. La única diferencia es que haremos clic con el botón derecho del ratón sobre el elemento Menús en el paso 1. Una vez hecho, podemos realizar las mismas operaciones que describiremos en el resto de la sección para añadir comandos a nuestro menú personalizado.

Ahora ya tiene un panel de la Cinta de opciones personalizado. Seguramente querrá empezar a llenarlo con algunos comandos. Ya ha visto cómo funciona el procedimiento, pero revisémoslo intentando añadir unos cuantos comandos.

1. En el grupo Lista de comandos, localice la herramienta **Línea**.
2. Haga clic y arrastre el comando hacia el nuevo panel hasta que vea una punta de flecha apuntando al elemento Fila 1 de Mi panel, que se muestra en la figura 26.17.
3. Suelte el botón del ratón. La herramienta **Línea** aparece debajo de Fila 1.
4. Repita los pasos 2 y 3 para agregar más comandos a su panel.

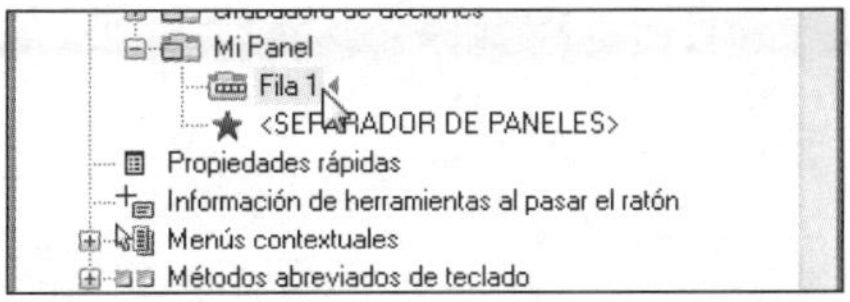

Figura 26.17. La Fila 1 en Mi panel.

5. Para añadir otra fila, haga clic con el botón derecho del ratón sobre Mi panel y seleccione Nueva fila. Puede añadir más herramientas a la segunda fila.

Puede añadir más filas a su panel, pero después de la primera fila, las adicionales se colocarán debajo del <SEPARADOR DE PANELES>, es decir, en la parte expandida del panel.

> **TRUCO:** Puede eliminar cualquier herramienta del panel personalizado haciendo clic con el botón derecho del ratón sobre la herramienta y seleccionando Eliminar en el grupo Personalizaciones en Todos los archivos CUI del cuadro de diálogo Personalizar interfaz de usuario. Con este método también puede eliminar todo el panel. Tenga cuidado de no eliminar ningún panel que desee conservar.

Personalizar las herramientas del panel de la Cinta de opciones

Ahora, empecemos con una personalización más seria. Suponga que quiere crear un botón totalmente nuevo con sus propias funciones. Por ejemplo, podría querer crear un conjunto de botones para insertar sus símbolos favoritos. O, quizás, crear un panel de la Cinta de opciones que contenga un conjunto de herramientas para abrir alguna otra barra de herramientas que normalmente mantiene oculta.

Crear una herramienta personalizada

Siga estos pasos para crear una herramienta personalizada:

1. Abra el cuadro de diálogo Personalizar interfaz de usuario, expanda la lista Grupos de la Cinta de opciones, después, la lista Mi panel.
2. En la barra de título de la sección Lista de comandos, haga clic en el botón **Crear un comando nuevo**. Aparece un comando nuevo llamado Comando1 en la parte superior de la lista de comandos (véase la figura 26.18).
3. Haga clic con el botón derecho del ratón en el elemento Comando1, seleccione Cambiar nombre en el menú contextual, y cambie el nombre por **Door** (puerta).
4. En el grupo Propiedades, escriba en Descripción **Insert a 36 inch door** (insertar puerta de 36 pulgadas).
5. En el cuadro de texto Macro, escriba lo siguiente:

```
^C^C-insert door;\36;;
```

Figura 26.18. Botón Nuevo comando.

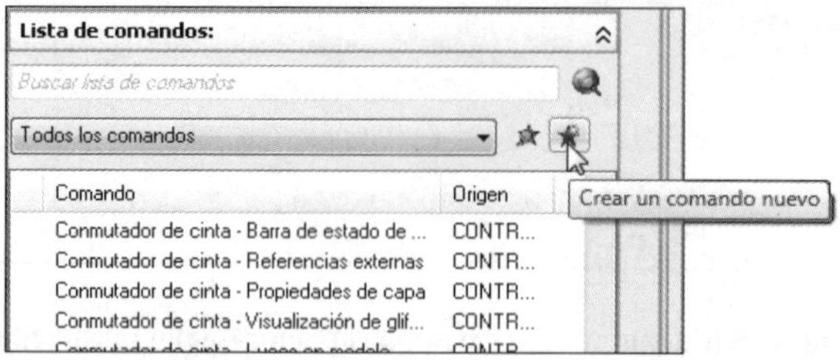

6. Haga clic y arrastre el elemento Door desde la sección Lista de comandos hasta Mi panel en la sección Personalizaciones en Todos los archivos CUI. Si mira en el grupo Vista preliminar de panel, verá la herramienta **Door** que acaba de añadir en blanco. Esto aparece cuando no hay un icono asignado a la herramienta.

La serie de pulsaciones de teclado que hemos introducido en el cuadro de texto Macro en el paso 5 son las mismas que necesitamos para insertar una puerta desde la línea de comandos añadiendo unos cuantos caracteres especiales. El signo menos delante del comando **Insert** le dice a AutoCAD que ignore el cuadro de diálogo Insertar y que utilice la versión de línea de comandos de dicho comando. Los símbolos de punto y coma son equivalentes a pulsaciones de la tecla **Intro** y la barra inclinada (\) es un código de macro especial que le dice a AutoCAD que detenga la ejecución de la macro a la espera de una contestación del usuario. En este caso, la pausa nos permite seleccionar el punto de inserción de la puerta. El grupo Propiedades debería tener un aspecto similar al que ilustra la figura 26.19.

Figura 26.19. El grupo Propiedades de la nueva herramienta

personalizada para insertar el bloque de la puerta.

Ha creado su panel, pero no aparecerá en ningún sitio de la interfaz de AutoCAD hasta que lo añada a un grupo de Fichas de la cinta de opciones. Se hace de la siguiente manera:

1. Bajo el listado Mi panel en la sección Personalizaciones en Todos los archivos CUI, haga clic en el comando **Door** que acaba de crear, haga clic con el botón derecho del ratón y seleccione Copiar.

2. En la sección Personalizaciones en Todos los archivos CUI, suba hasta la parte superior de la lista y expanda la opción Fichas de la cinta de opciones.

3. Haga clic con el botón derecho del ratón sobre Inicio - 2D, justo debajo de Fichas de la cinta de opciones, y seleccione Pegar en el menú contextual. Su panel Mi panel aparecerá en la parte inferior de la lista Inicio - 2D y los verá aparecer en la Cinta de opciones de la ficha Inicio.

4. Haga clic en **Aceptar** en el cuadro de diálogo Personalizar interfaz de usuario para cerrarlo.

A continuación, verifique la nueva herramienta personalizada para comprobar que funciona.

1. Coloque el puntero del ratón sobre la herramienta personalizada en el panel Mi panel. Verá **Door** (véase la figura 26.20).

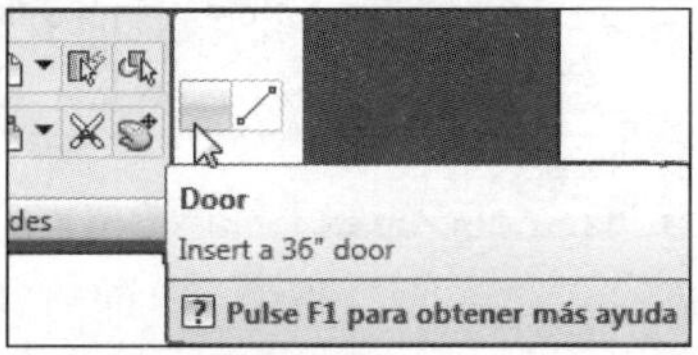

Figura 26.20. La herramienta Door en el panel Mi panel.

2. Haga clic en la herramienta **Door**. Aparece una puerta en el área de dibujo junto al puntero del ratón. Su tamaño podría ser excesivamente pequeño, ya que se inserta con un tamaño predeterminado de 1 unidad.

ADVERTENCIA: El dibujo de la puerta debe estar disponible en la carpeta de búsqueda predeterminada de AutoCAD antes de insertar la puerta. Para facilitar su acceso, puede copiar el archivo `Door.dwg` de la carpeta de proyectos del capítulo 4 a la carpeta `Mis documentos`.

3. Haga clic en cualquier punto para colocar la puerta, y un nuevo clic para definir su rotación. La puerta aparecerá en el dibujo.

En este ejemplo hemos creado una herramienta personalizada que inserta el bloque de una puerta. Más adelante tendremos la oportunidad de aprender más sobre la creación de macros para menús y herramientas. A continuación, veremos cómo añadir un icono personalizado a nuestra herramienta.

Crear un icono personalizado

Ya tenemos todas las partes esenciales del botón. Sólo nos queda crear un icono personalizado que asociar al botón **Door**.

1. Abra el cuadro de diálogo Personalizar interfaz de usuario.
2. Expanda las listas Grupos de la Cinta de opciones y Mi Panel.
3. Expanda la lista Fila1 y seleccione Door.

4. Haga clic en cualquier imagen de icono de la sección Imagen de botón. Aparece el icono en el grupo Vista preliminar de panel, reemplazando el cuadro en blanco para su herramienta **Door**.

5. En el grupo Imagen de botón, haga clic en el botón **Editar** para abrir el cuadro de diálogo Editor de botones. El Editor de botones es como un sencillo programa de dibujo. En la parte superior se incluyen herramientas para dibujar líneas, círculos y puntos, así como una goma. En el lateral derecho se puede apreciar una barra de herramientas de colores, que permite seleccionar colores para el icono. En la parte superior izquierda, se muestra una vista preliminar del botón.

> **TRUCO:** Si lo prefiere, puede utilizar cualquiera de los iconos predefinidos del cuadro inferior. Para ello, basta con hacer clic en el icono deseado y hacer clic en el botón **Aplicar**.

6. Antes de hacer nada, haga clic en el botón **Borrar** y, a continuación, sobre el botón **Guardar como**.

7. En el cuadro de diálogo Crear un archivo, asigne al icono el nombre **Door** y haga clic en el botón **Guardar**. Ahora, dispone de un icono personalizado en blanco llamado `Door.bmp`.

8. Dibuje el icono de una puerta como se ilustra en la figura 26.21. No se preocupe si el aspecto no es perfecto, ya que siempre puede dar marcha atrás y arreglarlo.

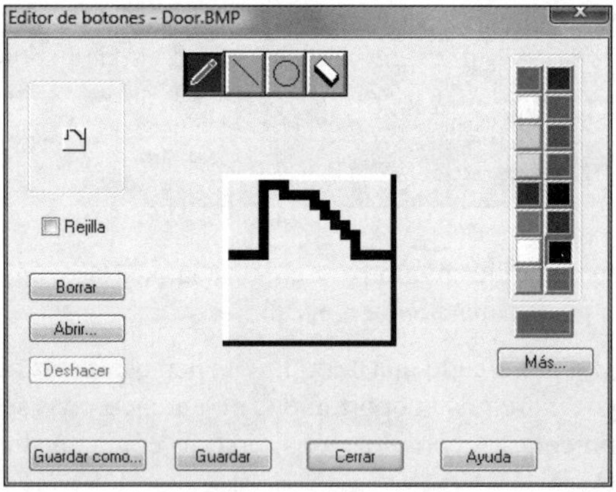

Figura 26.21. Cuadro de diálogo Editor de botones.

9. Haga clic en el botón **Guardar** y, a continuación, sobre **Cerrar**.

10. En el grupo Imagen de botón, desplácese hacia abajo en la lista de iconos hasta el final y localice y seleccione el icono de la puerta que acaba de crear. Si no realiza este paso, el icono no aparecerá con la herramienta.

11. Haga clic en el botón **Aceptar** para cerrar el cuadro de diálogo Personalizar interfaz de usuario. Ahora, podrá ver el icono personalizado junto al nombre de la herramienta **Door**.

El Editor de botones se comporta como una herramienta de edición de imágenes simplificada y es bastante sencilla de utilizar. La única parte que puede resultar confusa es que tiene que borrar la imagen y guardar la nueva imagen con un nombre nuevo.

Puede agregar más botones a la barra de herramientas para construir un panel de símbolos. Y, claro está, no tiene por qué limitarse a una biblioteca de símbolos. Puede incorporar sus macros favoritas o incluso rutinas de AutoLISP que vaya acumulando al trabajar con AutoCAD. Las posibilidades son innumerables.

Crear macros en herramientas y menús

Combinar comandos existentes con nuevos paneles o barras de herramientas puede ser muy útil, pero podemos obtener aún más beneficios de la interfaz de usuario personalizada creando nuestras propias macros. Las macros son conjuntos predefinidos de respuestas a comandos que pueden ayudarnos a automatizar los procesos que utilizamos con mayor frecuencia.

Anteriormente, vimos cómo podíamos incluir una macro en una herramienta para insertar una puerta. Añadimos un conjunto de instrucciones en el cuadro de texto Macro del grupo Propiedades para insertar la puerta en el dibujo y escalarla. También vimos cómo utilizar el comando **Línea** (**Line**) como parte de una herramienta (véase la figura 26.22).

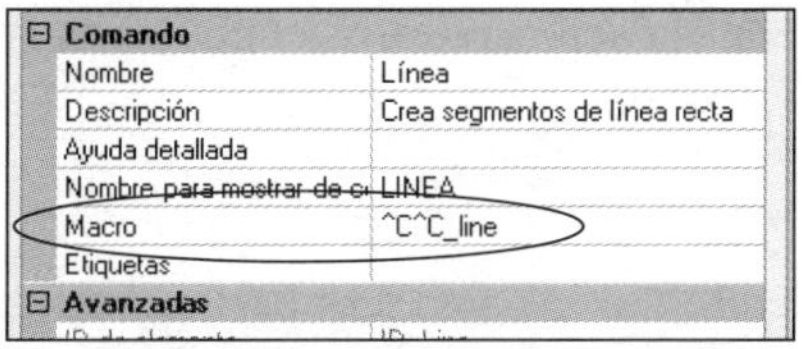

Figura 26.22. Cuadro de texto Macro.

Veamos más de cerca cómo se construyen las macros. Empecemos por examinar la herramienta **Línea** y ver cuál es su formato.

El cuadro de texto Macro de la herramienta **Línea** empieza con dos elementos `^C`, que son equivalentes a pulsar la tecla **Esc** dos veces. Esto cancela cualquier comando que pueda estar actualmente operativo. El comando **Line** sigue a continuación, igual que si lo hubiéramos introducido directamente desde el teclado. Las dos operaciones de cancelación se utilizan en el caso de que se esté ejecutando algún comando con dos niveles, como la edición de un vértice o la edición de una polilínea (Modificar>Objeto>Polilínea en el Explorador de menús).

El guión bajo (_) antepuesto al comando **Line** indica a AutoCAD que debe utilizar la versión en inglés del comando. Esta función permite a los programadores de versiones no inglesas de AutoCAD utilizar nombres de comando en inglés. Observe que no se incluyen espacios entre el segundo `^C` y el comando **Line**. Los espacios equivalen a pulsar **Intro**. Si colocáramos un espacio entre estos dos elementos, se ejecutaría un retorno del carro entre la última secuencia de caracteres `^C` y el comando **Line**, lo que alteraría la secuencia de comandos. Otra forma de indicar **Intro** consiste en utilizar un punto y coma, como en el siguiente ejemplo:

```
^C^C_LINE;;
```

TRUCO: Si la macro de menú contiene varias instancias de **Intro**, el uso de puntos y comas en lugar de espacios podría facilitar su lectura.

En esta opción de menú de ejemplo, se ejecuta el comando **Line** y, a continuación, se agrega un retorno del carro adicional. El efecto de seleccionar esta opción es una línea que continúa desde la última línea introducida dentro del dibujo. Los dos signos de punto y coma situados tras el comando **Line** indican a AutoCAD que inicie el comando **Línea** y que aplique dos retornos del carro (**Intro**). Realmente, el primer retorno de carro inicia el comando **Línea** y, el segundo, le dice a AutoCAD que empiece a dibujar una línea desde el punto final de la última línea introducida. (AutoCAD aplica automáticamente un solo retorno del carro al final de una línea de menú. Sin embargo, en este caso, como queremos aplicar dos, debemos representarlos como punto y coma.)

Hacer una pausa a la espera de la entrada de un usuario

Otro símbolo utilizado en el cuadro de texto Macro es la barra invertida (\), que actúa como pausa a la espera de la entrada de datos de los usuarios. Por ejemplo, la macro de muestra que aparece a continuación iniciará el comando **Arco**, que se detendrá para que introduzcamos valores:

```
^c^c_arc \_f \_d
```

El espacio colocado entre `^c^c_arc` y la barra invertida (\) representa la pulsación de la barra espaciadora. La barra invertida indica una pausa para permitir la selección del inicio del punto final del arco. Tras seleccionar un punto, la secuencia `_f` representa la selección de la opción Punto final del comando **Arco**. La segunda barra invertida permite seleccionar otro punto. Por último, la secuencia `_d` representa la selección de la opción Dirección (véase la figura 26.23).

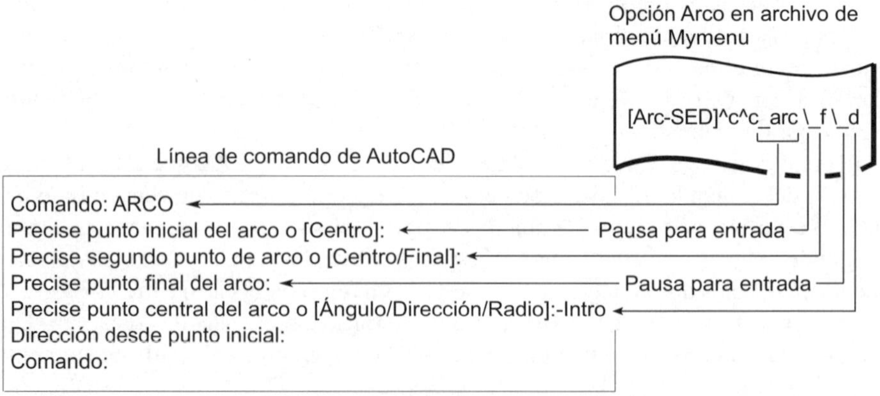

Figura 26.23. La secuencia de ejecución del comando Arco.

Abrir un cuadro de texto expandido para la opción Macro

A medida que vaya avanzando en sus conocimientos sobre la creación de macros, se dará cuenta que el espacio disponible en el cuadro de texto Macro es demasiado pequeño para sus necesidades. Afortunadamente, puede abrir un cuadro de texto ampliado en el que escribir macros más largas. Por ejemplo, suponga que desea incluir la siguiente macro en una herramienta:

```
(defun c:breakat ()
(command "break" pause "f" pause "@")
)
breakat
```

Este ejemplo, muestra la macro `Breakat` de AutoLISP. Todos los elementos de este segmento se introducen como si se hubieran escrito directamente desde el teclado en la línea de comandos. Puede que encuentre un poco complicado intentar escribir esta macro en el cuadro de texto disponible para la opción Macro en el grupo Propiedades del cuadro de diálogo Personalizar interfaz de usuario pero, si hace clic en el cuadro de texto Macro, aparecerá el botón **Examinar** en el extremo derecho del mismo (véase la figura 26.24).

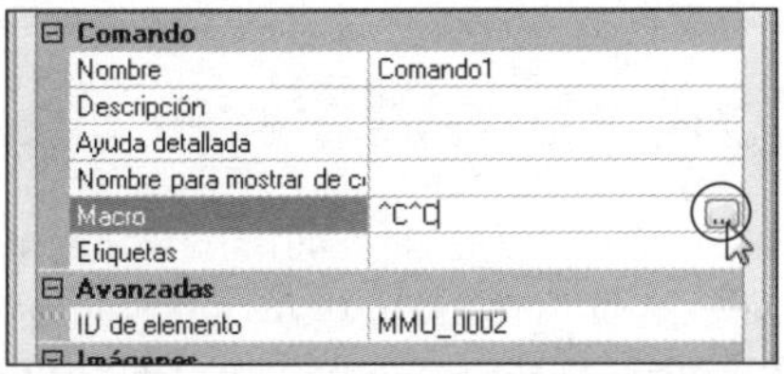

Figura 26.24. Cuadro de texto Macro.

Haga clic en dicho botón para abrir el cuadro de diálogo Editor de cadenas largas (véase la figura 26.25).

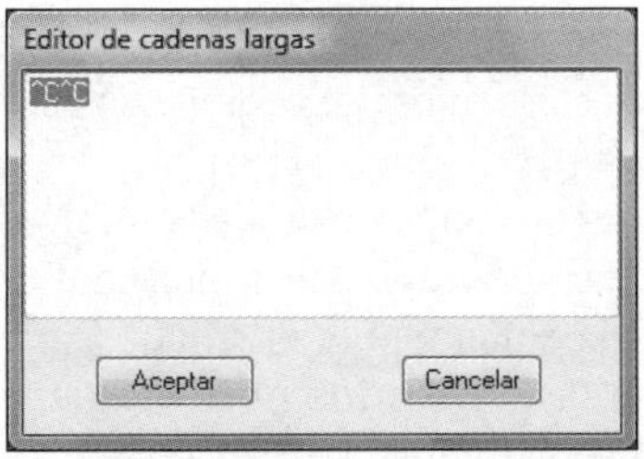

Figura 26.25. Cuadro de diálogo Editor de cadenas largas.

Puede escribir aquí la macro y verla claramente. El siguiente listado muestra la forma en que deberíamos escribirla:

```
^c^c(defun c:breakat ()+
(command "break" pause "f" pause "@")+
);breakat
```

Empezamos por el habitual `^c^c` para cancelar cualquier comando actual. El signo más al final de las líneas 1 y 2 le dice a AutoCAD que la macro continúa en la siguiente línea y que ignore el salto de línea que hemos introducido en el editor. Este salto es para ayudarnos a facilitar la lectura de la macro que estamos escribiendo.

TRUCO: Es aconsejable dividir los programas de AutoLISP en líneas más pequeñas para que resulten más sencillas de leer y de entender.

Cargar macros de AutoLISP

Al ir avanzando en el uso de AutoCAD, puede que desee utilizar sus propias macros de AutoLISP para que se carguen dentro de la interfaz personalizada. Para ello, puede combinar todas las macros de AutoLISP en un solo archivo. Asigne a este archivo el mismo nombre que a su archivo de menú, pero con la extensión `.mnl`. Este archivo se cargará automáticamente junto al menú. Por ejemplo, imagine que tiene un archivo llamado `Mymenu.mnl` con la macro de AutoLISP Breakat. Al cargar `Mymenu.cui` se cargará automáticamente el archivo `Mymenu.mnl` y le brindará acceso a la macro `Breakat`. Se trata de un buen método para administrar y organizar cualquier código de programa de AutoLISP que desee incluir en un menú.

Editar métodos abreviados de teclado

Otra área de personalización que puede resultarnos muy útil es la de métodos abreviados de teclado. Probablemente, ya conozca combinaciones de teclas estándar en Windows tales como **Control-C** y **Control-V** que corresponden a las funciones de copia y pegado. En AutoCAD, **Mayús-Control-A** sirve para activar y desactivar grupos y **Control-1** abre la paleta Propiedades.

Podemos editar cualquier método abreviado de teclado ya existente o crear uno nuevo abriendo la lista del mismo nombre en la sección Personalizaciones en Todos los archivos CUI del cuadro de diálogo Personalizar interfaz de usuario. Si expande esta lista, verá dos opciones: Métodos abreviados y Teclas de modificación temporal. Cada una de ellas, contiene a su vez sus propios elementos. Seleccione un elemento para mostrar sus propiedades en la sección Propiedades.

Puede hacer clic y arrastrar un comando desde la sección Lista de comandos hasta el grupo Métodos abreviados y editar sus propiedades para configurar las teclas de método abreviado que desea utilizar para dicho comando. Por ejemplo, si arrastra el comando **Órbita 3D** desde la Lista de comandos a la lista Métodos abreviados y lo selecciona en esta última lista, verá sus propiedades en el grupo Propiedades (véase la figura 26.26). Haga clic en el cuadro de texto Tecla(s) en el grupo Propiedades y, a continuación, sobre el botón **Examinar** que aparece en el extremo derecho para abrir el cuadro de diálogo Métodos abreviados (véase la figura 26.27). Haga clic en el cuadro de texto Pulse la nueva tecla de método abreviado y pulse la combinación de teclas que desee utilizar para este comando. Por ejemplo, si pulsa **Mayús-Control-Z**, dicha secuencia aparecerá en el cuadro de texto. Si el método abreviado que escoja ya está asignado a otro comando, verá un mensaje informándole de tal circunstancia justo debajo del cuadro de texto. Haga clic sobre el botón **Aceptar** cuando haya terminado.

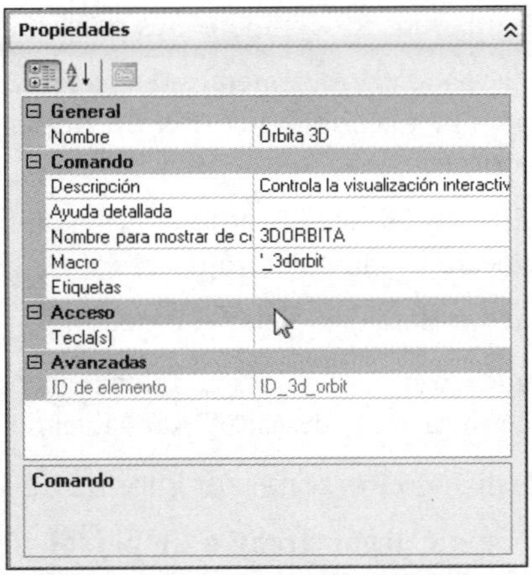

Figura 26.26. Sección Propiedades.

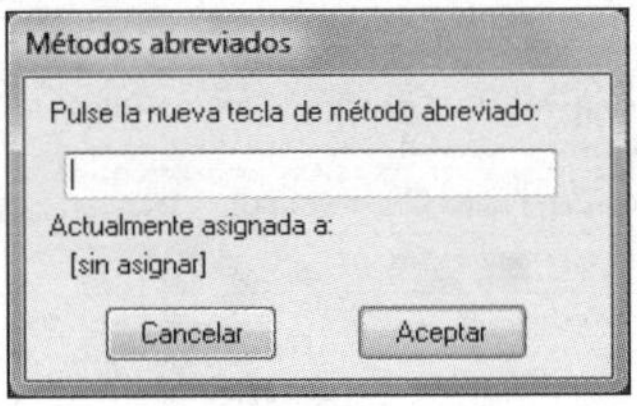

Figura 26.27. Cuadro de diálogo Métodos abreviados.

Guardar, cargar y descargar personalizaciones

Puede que quiera guardar los menús, los paneles y las barras de herramientas personalizados que ha creado desde el cuadro de diálogo Personalizar interfaz de usuario para poderlos trasladar a otros ordenadores y cargarlos para poder utilizarlos.

Para guardar su trabajo de personalización, necesitará utilizar la ficha Transferir del cuadro de diálogo Personalizar interfaz de usuario. Así es cómo funciona.

1. Abra el cuadro de diálogo Personalizar interfaz de usuario.
2. Haga clic en la fecha Transferir. Esta ficha contiene dos paneles: el de la izquierda muestra el grupo de opciones Personalizaciones en CUI principal y, a la derecha, un panel similar llamado Personalizaciones en nuevo archivo CUI.
3. En el panel de la izquierda, localice el componente personalizado que desea transferir, como un menú, un panel de la Cinta de opciones o una barra de herramientas.
4. Haga clic y arrastre el componente a la ubicación correspondiente en la lista del panel derecho. En otras palabras, haga clic y arrastre su panel personalizado desde la lista Grupos de la cinta de opciones del panel izquierdo a la misma sección en el panel derecho.

5. Repita el paso 4 para todos los componentes personalizados que haya creado.
6. Cuando haya copiado todos los elementos del panel izquierdo al derecho, abra la lista desplegable del panel Personalizaciones en nuevo archivo CUI y seleccione la opción Guardar como.
7. En el cuadro de diálogo Guardar como, escriba un nombre para su archivo de personalización y seleccione una ubicación para él.
8. Haga clic en **Guardar** para completar el proceso.

El archivo de personalización se guardará con la extensión `.cui`. Una vez almacenado, podrá cargarlo en cualquier otra copia de AutoCAD haciendo lo siguiente:

1. Abra el cuadro de diálogo Personalizar interfaz de usuario.
2. Haga clic en el botón **Cargar archivo de personalización parcial** en la barra de título del grupo Personalizar en Todos los archivos CUI del cuadro de diálogo Personalizar interfaz de usuario (véase la figura 26.28).

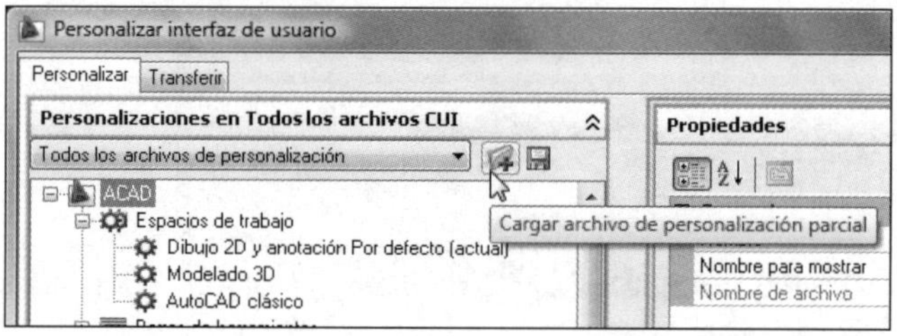

Figura 26.28. Cuadro de diálogo Personalizar interfaz de usuario.

3. En el cuadro de diálogo Abrir, localice su archivo `.cui` y haga clic en el botón **Abrir**.
4. De vuelta al cuadro de diálogo Personalizar interfaz de usuario, haga clic en el botón **Aceptar**.
5. Si su archivo `.cui` contiene menús, escriba `_Workspace` en la línea de comandos y pulse tres veces la tecla **Intro**. O bien, seleccione un espacio de trabajo en la herramienta **Cambio de espacio de trabajo** en la barra de estado. Si contiene barras de herramientas, haga clic con el botón derecho del ratón en cualquier espacio en blanco cerca de cualquier barra de herramientas anclada del entorno y seleccione el nombre del archivo CUI y la barra de herramientas.

Como método alternativo a utilizar el cuadro de diálogo Personalizar interfaz de usuario, puede emplear el comando `CUIload`. Escriba `_Cuiload` en la línea de comandos y pulse la tecla **Intro** para abrir el cuadro de diálogo Cargar/descargar personalizaciones. Haga clic en el botón **Examinar** para localizar y seleccionar su archivo CUI. Una vez hecho esto, el nombre del archivo aparecerá en el cuadro de texto Nombre de archivo. Ahora, puede hacer clic en el botón **Cargar** para importarlo en su sesión de AutoCAD.

Finalmente, si quiere descargar un archivo CUI, haga lo siguiente:

1. Abra el cuadro de diálogo Personalizar interfaz de usuario.
2. Desplácese hacia el final de la lista en el grupo Personalizaciones en Todos los archivos CUI y expanda el contenido del elemento Archivos CUI parciales.

3. Haga clic con el botón derecho del ratón sobre el nombre del archivo CUI parcial que desee descargar y ejecute el comando Descargar archivo CUI en el menú contextual.

4. Cierre el cuadro de diálogo haciendo clic en el botón **Aceptar**.

El lenguaje de macros Diesel

Diesel es uno de los muchos lenguajes de macro que admite AutoCAD, y puede utilizarlo para realizar algunas operaciones sencillas y automatizar algunos menús. Como en el caso de AutoLISP, Diesel utiliza paréntesis para encerrar el código de programa.

En la siguiente sección exploraremos las diferentes formas de utilizar el lenguaje de macros Diesel. Una de ellas es directamente desde la línea de comandos, que nos permite observar la forma de dar formato a las macros Diesel y de verlas en acción. Luego, las veremos formando parte de un menú para comprobar el estado actual de AutoCAD. En la tercera parte, veremos cómo utilizar Diesel dentro de una etiqueta de menú para controlar lo que se muestra en el menú, y finalmente, aprenderemos a utilizar Diesel con objetos de Campo para controlar el texto de nuestros dibujos.

Utilizar Diesel directamente desde la línea de comandos

Podemos utilizar Diesel en la línea de comando de AutoCAD utilizando un comando llamado **Modemacro**. Este comando envía información a la barra de estado. Se puede utilizar Diesel con el comando **Modemacro** para realizar tareas sencillas.

Pruebe a realizar el siguiente ejercicio para experimentar con Diesel.

1. Escriba `Modemacro` en la línea de comandos y pulse **Intro**.

2. En la línea de comando `Indique nuevo valor para MODEMACRO, o . para ninguno <" ">:`, escriba `$(/,25,2)` y pulse **Intro**. Verá aparecer la respuesta a la ecuación en la parte inferior izquierda de la barra de estado (véase la figura 26.29).

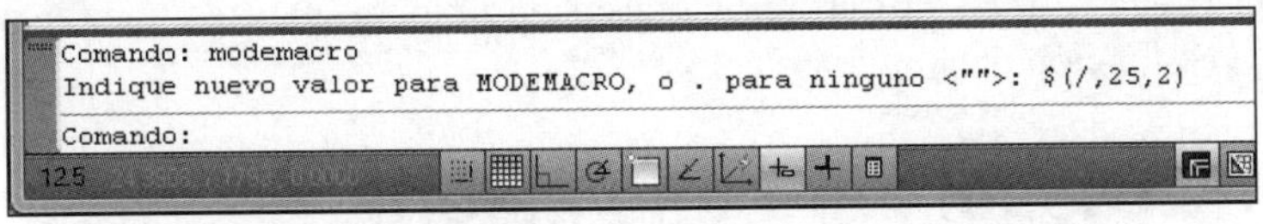

Figura 26.29. Respuesta a la ecuación en la parte inferior.

3. Para vaciar la barra de estado, escriba `Modemacro` y pulse **Intro** dos veces.

A la ecuación introducida en el paso 2 se la conoce como expresión. La estructura de las expresiones de Diesel es similar a la de AutoLISP. El signo del dólar indica a AutoCAD que la información va seguida por una expresión de Diesel. Una expresión de Diesel debe incluir un operador de algún tipo, seguido por elementos sobre los que operar. Un operador es una instrucción que debe aplicar alguna acción específica, como sumar dos números o dividir un número por otro. Entre los posibles ejemplos de operadores matemáticos se incluyen el signo más (+) para sumar y la barra inclinada (/) para la división. El operador se conoce a menudo como función, y los elementos sobre los que operar se conocen como argumentos de la función o simplemente como argumentos. Por lo tanto, en la expresión `(/,25,2)`, la barra inclinada es la función, y `25` y `2` son los argumentos. Todas las expresiones Diesel, independientemente de su tamaño, siguen esta estructura y se encierran entre paréntesis.

Los paréntesis son elementos importantes de una expresión. Todos los paréntesis deben estar equilibrados, es decir, que para cada paréntesis abierto debe haber uno de cierre.

Puede hacer otras cosas con Diesel además de realizar cálculos. La función `Getvar` es una función de AutoLISP que se puede utilizar para obtener el prefijo y el nombre del dibujo. En el siguiente ejercicio se muestra cómo utiliza Diesel la función `Getvar`.

1. Escriba `Modemacro` de nuevo y pulse **Intro**.
2. Escriba `$(getvar,dwgprefix)` y pulse **Intro**. La ubicación del dibujo actual puede aparecer en la barra de estado.
3. Pulse **Intro** para volver a ejecutar el comando **Modemacro**, y escriba `$(getvar,dwgname)` y pulse **Intro**. Como resultado, el nombre del dibujo aparecerá en la barra de estado.

En este ejemplo, la función `Getvar` extrae el nombre y el prefijo del dibujo y lo muestra en la barra de estado. Puede utilizar esta función para extraer cualquier variable del sistema que desee. Si está realizando los ejercicios de este libro, sabrá que prácticamente todos los parámetros de AutoCAD se pueden controlar también mediante variables del sistema. (La ventana de ayuda de AutoCAD contiene una lista de todas las variables de sistema.) Se trata, por tanto, de una gran herramienta para crear menús personalizados, ya que la función `Getvar` permite "sondear" a AutoCAD para determinar su estado. Por ejemplo, puede descubrir qué comando se está utilizando en un momento dado. En el siguiente ejercicio le mostramos su funcionamiento:

1. Haga clic en la herramienta **Línea** en el panel Dibujo.
2. Escriba `'Modemacro` y pulse **Intro**. El apóstrofo colocado delante del comando **Modemacro** permite utilizarlo en otro comando.
3. Escriba `$(getvar,cmdnames)` y pulse **Intro**. La palabra `LINE` aparecerá en la barra de estado, indicando que el comando actual es el comando **Línea**.

Diesel puede resultar útil en un menú cuando quiera que una opción realice una tarea específica en función del comando activo.

Uso de Diesel para una macro de un menú personalizado

Hasta el momento hemos experimentado con Diesel a través del comando **Modemacro**. Para utilizar Diesel en una macro de menú es necesario utilizar un formato ligeramente diferente. Seguirá siendo necesario utilizar el signo dólar delante de la expresión, pero no se utilizará el comando `Modemacro` para acceder a Diesel. En su lugar utilizaremos `$M=` como abreviatura para dicho comando.

A continuación se incluye una expresión de Diesel que se puede utilizar en una macro de menú:

```
^C^C_Blipmode $M=$(-,1,$(getvar,Blipmode))
```

Esta opción de menú activa y desactiva el comando **Blipmode** dependiendo del estado actual. `Blipmode` es una función que muestra las selecciones de puntos en el área de dibujo en forma de pequeñas cruces. Estas cruces no se imprimen, y se pueden eliminar de la pantalla si se redibuja la imagen. Esta función resulta útil para realizar el seguimiento de la selección de puntos.

En este ejemplo, se ejecuta el comando **Blipmode** y, a continuación, `$M=` indica a AutoCAD que detrás viene una expresión de Diesel. La expresión `$(-,1,$(getvar,Blipmode))` devuelve 1 o 0, que se aplica al comando **Blipmode** para activar y desactivar el comando. Esta expresión muestra que se pueden anidar expresiones. Las expresiones anidadas de manera más profunda se evalúan en primer lugar, por lo que AutoCAD evalúa `$(getvar,blipmode)` en primer lugar. Esta secuencia devuelve 1 o 0, en función de si el comando **Blipmode** está activado o desactivado. A continuación, AutoCAD evalúa el siguiente nivel de la expresión `$(-,1,getvar_result)` en la que `getvar_result` puede ser 1 o 0. Si fuera 1, la expresión se parecería a `$(-,1,1)`, que devuelve 0. Si `getvar_result` es 0, la expresión se parecería a `$(-,1,0)`, que devuelve 1. En cualquier caso, el resultado final será la asignación al comando **Blipmode** de un valor opuesto al parámetro actual de **Blipmode**.

Uso de Diesel como rótulo de opción de menú

En el ejemplo anterior vimos cómo se puede utilizar Diesel en una macro de menú para leer el estado de un comando y, a continuación, devolver un valor numérico para modificar el estado. También podemos utilizar Diesel como parte del nombre de la opción de menú de forma que el texto que muestre dependa de determinadas condiciones. La siguiente expresión muestra cómo escribir un nombre de opción de menú para mostrar el estado actual de `Blipmode`. Incluye código de Diesel como rótulo de opción de menú:

```
$(eval,Blipmode = $(getvar,blipmode))
```

> **TRUCO:** Cuando se utiliza Diesel como nombre de menú, no es necesario utilizar la secuencia `$M=`.

Por regla general, sólo se tiene un nombre de menú, pero aquí vemos algunas instrucciones de Diesel. Estas instrucciones indican a AutoCAD que muestre el mensaje `Blipmode = 1` o `Blipmode = 0` en el menú según cuál sea el parámetro actual asignado a `Blipmode`. Debería colocar este código en el grupo Propiedades para el comando personalizado **Blipmode** en el cuadro de diálogo Personalizar Interfaz de usuario. Tiene que colocarlo en el cuadro de entrada Nombre del grupo Pantalla (véase la figura 26.30).

A continuación se explica su funcionamiento. Vemos la expresión `$(getvar,blipmode)` ya conocida, en esta ocasión incluida dentro de una expresión diferente. Sabemos que `$(getvar,blipmode)` devuelve 1 o 0 en función de que **Blipmode** esté activado o desactivado. La expresión externa `$(eval,Blipmode = getvar_result)` muestra `Blipmode =` y, a continuación, la combina con `getvar_result` que, como hemos visto, será 1 o 0. La función `eval` evalúa cualquier secuencia de texto colocada a continuación y devuelve sus contenidos. El resultado final es la aparición de `Blipmode = 1` o `Blipmode = 0` en el menú, según el estado del comando **Blipmode**. Éste es el aspecto de la opción en el menú (véase la figura 26.31).

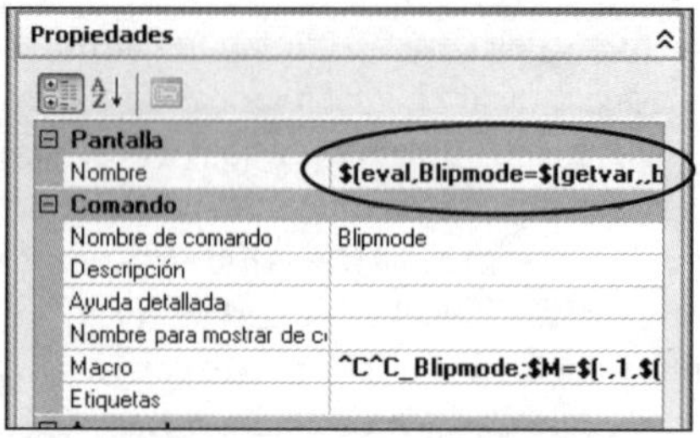

Figura 26.30. El código en el cuadro de entrada Nombre del grupo Pantalla.

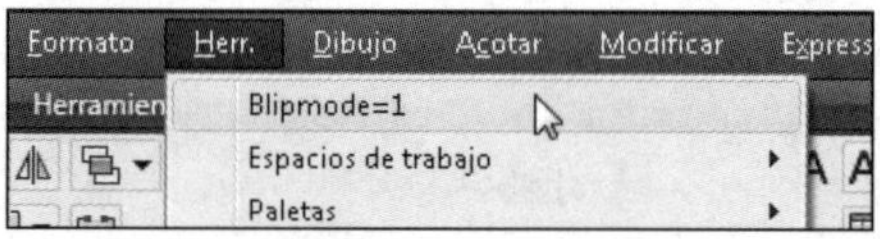

Figura 26.31. La opción Blipmode en el menú Herramientas.

Podemos mejorar su aspecto si configuramos el rótulo de opción de menú para que muestre `Blipmode On` o `Blipmode Off` utilizando la función Diesel `If`. A continuación se incluye el mismo listado de menú con código de Diesel adicional para obtener dicho resultado:

```
$(eval,Blipmode = $(if,$(getvar,blipmode),Off,On))
```

En este ejemplo, la expresión `$(getvar,blipmode)` se expande para incluir la función `If`. La función `If` lee los resultados de `$(getvar,blipmode)` y devuelve el valor `Off` u `On` en función de si `$(getvar,blipmode)` devuelve 0 o 1. A continuación se incluye una versión más sencilla de la expresión:

```
$(if, getvar_result, Off, On)
```

Si `getvar_result` devuelve 1, la función `If` devuelve la primera de las dos opciones incluidas tras `getvar_result`, que es `Off`. Si `getvar_result` devuelve 0, la función `If` devuelve `On`. La segunda opción es opcional. La opción Blipmode aparece en el menú con este aspecto (véase la figura 26.32).

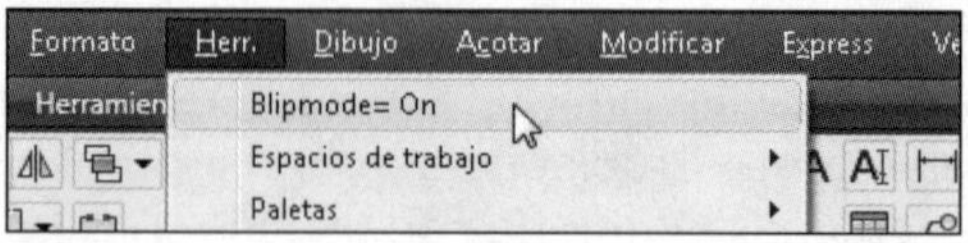

Figura 26.32. La opción Blipmode en el menú Herramientas.

Tan sólo hemos visto una pequeña parte de las posibilidades que ofrece Diesel. Para obtener una descripción más detallada del funcionamiento de este lenguaje, utilice la tecla de función **F1** para abrir el cuadro de diálogo Ayuda de AutoCAD 2009. Haga clic en la ficha Contenido, expanda el contenido de la lista Manual de personalización y haga clic en la opción DIESEL.

En la tabla 26.2 se incluyen algunas de las funciones de uso más corriente de Diesel. Si desea obtener un listado más completo de funciones, consulte el cuadro de temas de ayuda de AutoCAD.

Tabla 26.2. Un ejemplo de funciones de Diesel. Compruebe el cuadro de diálogo Ayuda de AutoCAD para una lista más detallada.

Código	Función	Ejemplo	Resultado	Comentarios
`+`	`Sumar`	`$(+,202,144)`	346	
`-`	`Restar`	`$(-,202,144)`	58	
`*`	`Multiplicar`	`$(*,202,144)`	29088	
`/`	`Dividir`	`$(/,202,144)`	1.4028	
`=`	`Igual a`	`$(=,202,144)`	0	Si el número es igual, se devuelve 1.
`<`	`Menor que`	`$(<,202,144)`	0	Si el número es menor que el segundo, se devuelve 1.
`>`	`Mayor que`	`$(>,202,144)`	1	Si el primer número es menor que el segundo, se devuelve 0.
`!`	`Distinto a`	`$(!,202,144)`	1	Si los números son iguales, se devuelve 0.
`<=`	`Menor o igual que`	`$(+,202,144)`	0	Si el primer número es inferior o igual al segundo, se devuelve 1.
`>=`	`Mayor o igual que`	`$(+,202,144)`	1	Si el primer número es inferior al segundo, se devuelve 0.
`eq`	`Cadena igual`	`$(eq,Yes, No)`	0	Si ambas cadenas son iguales, se devuelve 1.
`eval`	`Evaluar texto`	`$(eval, Here I Am)`	Here I Am	Devuelve el texto que que sigue.
`getvar`	`Valor de una variable del sistema`		Escala de tipo de línea actual.	
`if`	`If/Then`	`$(if,1, "Yes","No")`	Yes	Se devuelve el segundo argumento si el primero es 1. De lo contrario, se devuelve el tercer argumento. Este argumento es opcional.

Uso de Diesel y campos para generar textos

El uso de las expresiones Diesel en la barra de estado o en un menú resulta especialmente interesante cuando necesitamos recopilar información o cuando queremos crear una interfaz más interactiva. Pero, ¿qué ocurre cuando necesitamos que los resultados de una expresión

Diesel formen parte de nuestro dibujo? Éstos son los casos en que nos ayudan los objetos de campo. Por ejemplo, imagine que quiere crear una nota que contenga la escala del plano en términos de la escala de cota y, además, necesita que la escala de la nota se actualice automáticamente cada vez que haya que modificar la cota. En estos casos es posible agregar un campo y asociarlo a una expresión Diesel que muestre la escala de cota en función de la escala del dibujo. Siga los pasos que se detallan a continuación para ver cómo se hace:

1. En el panel Anotación, haga clic en la herramienta **Texto de líneas múltiples** (A) y determine dos puntos para especificar la localización del texto. Se abre la ficha Texto de líneas múltiples y aparece el editor de texto.
2. Haga clic con el botón derecho del ratón en el editor de texto y seleccione Insertar campo para abrir el cuadro de diálogo Campo.
3. En la lista desplegable Categoría de campo, seleccione Otro. A continuación, en la lista Nombres de campo, seleccione Expresión Diesel.
4. Escriba el siguiente texto en el campo Expresión Diesel de la derecha. Si necesita ampliar el cuadro de texto, hágalo haciendo clic en el extremo derecho y arrastrándolo hasta el punto que quiera.

```
$(eval Dimension Scale: 1/)$(/,$(getvar, dimscale),12)$(eval, inch = 1
foot)
```

5. Haga clic en el botón **Aceptar** en el cuadro de diálogo Campo, y luego haga clic en **Cerrar el editor de texto** en la ficha Texto de líneas múltiples. El siguiente texto aparece ahora en el dibujo:

```
Dimension Scale: 1/0.08333333 inch = 1 foot
```

Quizá no encuentre mucho sentido en un principio al texto resultante, no hasta que cambie la escala de cota a un valor que represente una escala diferente de 1:1. Así es cómo se hace:

1. En la línea de comandos, escriba `Dimscale` y pulse **Intro**.
2. En `Indique nuevo valor para DIMSCALE <1.0000>:`, escriba `96`, que es el valor de un dibujo de escala 1/8".
3. Seleccione Ver>Regenerar en el Explorador de menús o escriba `Regen` en la línea de comando y pulse **Intro**. El texto cambia para leer:

```
Dimension Scale: 1/8 inch = 1 foot
```

En este ejemplo se han utilizado varias operaciones Diesel. El principio de la expresión aplica `eval` para decir a AutoCAD que muestre una cadena de texto:

```
$(eval Dimension Scale: 1/)
```

La siguiente parte le dice a AutoCAD que coja el valor actual de la variable del sistema `Dimscale` y la divida entre 12:

```
$(/,$(getvar, dimscale), 12)
```

Observe que se trata de una expresión anidada: `$(getvar,dimscale)` obtiene el valor de la variable del sistema `Dimscale`, la divide entre 12 y, para terminar, añade la parte final de texto:

```
$(eval, inch = 1 foot)
```

Una vez que está completa, aparecerá el texto que muestra la escala de cota y, como se trata de un objeto de texto de AutoCAD, el texto forma parte del dibujo.

Crear tipos de líneas personalizadas

A medida que vayan creciendo las necesidades de sus dibujos, los tipos de línea estándar no resultarán adecuados para nuestras aplicaciones. Afortunadamente, podemos crear tipos de línea personalizados, como explicamos en esta sección.

En concreto, analizaremos con detenimiento el proceso de creación de tipos de línea. También aprenderemos a crear tipos de línea complejos que no se puedan crear con la herramienta **Express Make Linetype**.

Visualizar los tipos de línea disponibles

Aunque AutoCAD incluye los tipos de líneas más habituales (consulte la figura 26.33), los guiones y los puntos puede que no estén intercalados a la distancia deseada o que desee utilizar un tipo de línea completamente diferente.

> **TRUCO:** AutoCAD almacena los tipos de línea en un archivo llamado `Acad.lin`, que tiene formato ASCII. Al crear un nuevo tipo de línea, lo que en realidad estamos haciendo es agregar información a este archivo. Si creamos un nuevo archivo que contenga nuestras propias definiciones de línea, también tendrá la extensión `.lin`. Puede editar los tipos de línea como se describen aquí o puede editarlos directamente en estos archivos.

Para crear un tipo de línea personalizado se utiliza el comando **Tipolin**. En primer lugar vamos a ver lo práctico que resulta este comando enumerando los tipos de líneas disponibles.

1. Abra un nuevo archivo de AutoCAD.
2. En la línea de comando escriba `-Tipolin` y pulse **Intro**. (No olvide el signo menos al principio.)
3. En la línea de comando `Indique una opción [?/cRear/Cargar/Definir]:`, introduzca `?` y pulse **Intro**.
4. En el cuadro de diálogo, busque el archivo `acad.lin` en la lista de archivos de tipo de línea disponibles y haga doble clic sobre él. Aparecerá la lista que muestra los tipos de línea disponibles en el archivo `Acad.lin` junto con una sencilla descripción de cada línea.

```
     Nombre                Descripción
---------------- --------------------
"MORSE_G"           doble trazo medio, punto __ __ . __ __ . __ __
"MORSE_G2"          trazo corto, punto (.5x) __.__.__.__.__.__.__._
"MORSE_2"           doble trazo largo, punto (2x) ____  ____  .  __
"CENTRO"            trazo medio, trazo corto ____ _ ____ _ ____ _ _
"CENTRO2"           trazo medio, trazo corto (.5x) ___ _ ___ _ ___

"CENTROX2"          trazo largo, trazo corto (2x) ________  __  ___
"TRAZO_Y_PUNTO"     trazo medio, punto __ . __ . __ . __ . __ . __
"TRAZO_Y_PUNTO2"     trazo corto, punto (.5x) _._._._._._._._._._.
"TRAZO_Y_PUNTOX2"     trazo largo, punto (2x) ____  .  ____  .  ____
"TRAZOS"            trazos medios __ __ __ __ __ __ __ __ __ __ __

"TRAZOS2"           trazos cortos (.5x) _ _ _ _ _ _ _ _ _ _ _ _ _ _
"TRAZOSX2"          trazos medios (2x) ____  ____  ____  ____  ____
"MORSE_D"           trazo medio, doble punto ____ . . ____ . . ____
"MORSE_D2"          trazo corto, doble punto (.5x) __..__..__..__..
"MORSE_DX2"         trazo largo, doble punto (2x) ________  .  .  _

"PUNTOS"            puntos . . . . . . . . . . . . . . . . . . . .
"PUNTOS2"           puntos (.5x) ..................................
"PUNTOSX2"          puntos (2x) .   .   .   .   .   .   .   .   .
"LÍNEAS_OCULTAS"     trazos medios __ __ __ __ __ __ __ __ __ __ __
"LÍNEAS_OCULTAS2"     trazos cortos (.5x) _ _ _ _ _ _ _ _ _ _ _ _ _ _ _

"LÍNEAS_OCULTASX2"    trazos largos (2x) ____ ____ ____ ____ ____ ____
"VALS"              trazo largo, doble trazo medio ______ __ __
"VALS2"             trazo largo, doble trazo corto (.5x) ___ _ _ __
"VALSX2"            trazos en disminución (2x) ____________    ____
"ACAD_ISO02W100"      ISO trazo __ __ __ __ __ __ __ __ __ __ __ __

"ACAD_ISO03W100"      ISO trazo, espacio __    __    __    __    __
"ACAD_ISO04W100"      ISO trazo largo, punto ____ . ____ . ____ . __
"ACAD_ISO05W100"      ISO trazo largo, doble punto ____ .. ____ .. _
"ACAD_ISO06W100"      ISO trazo largo, triple punto ____ ... ____ ..
"ACAD_ISO07W100"      ISO punto . . . . . . . . . . . . . . . . . .

"ACAD_ISO08W100"      ISO trazo largo, trazo corto ____ __ ____ __ _
"ACAD_ISO09W100"      ISO trazo largo, doble trazo corto ____ __ __
"ACAD_ISO10W100"      ISO trazo, punto __ . __ . __ . __ . __ . __ .
"ACAD_ISO11W100"      ISO doble trazo, punto __ __ . __ __ . __ __ .
"ACAD_ISO12W100"      ISO trazo, doble punto __ . . __ . . __ . . __

"ACAD_ISO13W100"      ISO doble trazo, doble punto __ __ . . __ __ .
"ACAD_ISO14W100"      ISO trazo, triple punto __ . . . __ . . . __ .
"ACAD_ISO15W100"      ISO doble trazo, triple punto __ __ . . . __ _
"LÍMITE1"           Límite1 ----0-----0----0-----0----0-----0--
"LÍMITE2"           Límite2 ----[]-----[]----[]-----[]----[]---

"VÍAS"              Vías -|-|-|-|-|-|-|-|-|-|-|-|-|-|-|-|-|-|-|-|-|
"AISLAMIENTO"       Aislamiento SSSSSSSSSSSSSSSSSSSSSSSSSSSSSSSSSS
```

Figura 26.33. Las líneas de esta lista de tipos estándar de línea se generan con el uso del guión bajo y el punto, y no son más que una representación aproximada de las líneas en sí.

5. Verá un mensaje en la parte inferior que indica `Pulse INTRO para continuar:`. Hágalo hasta que vea la línea de comandos.

Crear un nuevo tipo de línea

A continuación vamos a intentar crear un nuevo tipo de línea.

1. En la línea de comando `Indique una opción [?/cRear/Cargar/Definir]:`, escriba `R` y pulse **Intro**.
2. En la línea `Indique nombre de tipo de línea que se va a crear:`, introduzca `Custom` y pulse **Intro** como nombre del nuevo tipo de línea.
3. Aparecerá el cuadro de diálogo Crear o añadir archivo de tipo de línea. Deberá introducir el nombre del archivo de tipo de línea que desea crear o agregar. Si selecciona el archivo de tipo de línea predeterminado, el nuevo tipo de línea se añadirá al archivo `Acad.lin`. Si escoge crear un nuevo archivo de tipo de línea, AutoCAD abrirá un archivo que contendrá el tipo de línea creado y añadirá la extensión `.lin` al nombre de archivo que haya suministrado.

4. Vamos a suponer que quiere iniciar un nuevo archivo de tipo de línea. Introduzca `Newline` y pulse **Intro** en el cuadro de entrada Nombre de archivo.

TRUCO: Si acepta el archivo de tipo de línea predeterminado, `acad`, la línea de comando del paso 5 será `Espere, se está comprobando si el tipo de línea ya está definido...`, con el objeto de comprobar que no se sobrescribe un tipo de línea que se desea conservar.

5. En la línea Texto de descripción, introduzca un texto para describir el tipo de línea. Puede utilizar cualquier carácter del teclado como parte de la descripción, pero el tipo de línea en sí sólo puede componerse de una serie de líneas, puntos y espacios en blanco. Para este ejercicio, escriba lo siguiente:

   `Custom - My own center line ______________ _ _____________`

   y pulse **Intro**. Utilice el guión bajo para simular la apariencia de la línea.

6. En el símbolo de comando `Indique patrón de tipo de línea (en la siguiente línea):`, escriba los siguientes números, conocidos como código de tipo de línea (tras la `A` que aparece automáticamente):

   `1.0,-.125,.25,-.125`

   y pulse **Intro**.

ADVERTENCIA: Si utiliza la opción Definir del comando **-Tipolin** para definir un nuevo tipo de línea, obtendrá dicho tipo de línea independientemente de la capa en la que se encuentre.

7. En la línea de comando `Nueva definición de tipo de línea guardada en archivo. Indique una opción [?/cRear/Cargar/Definir]:`, pulse **Intro** para salir del comando **-Tipolin**.

Recuerde que una vez creado el tipo de línea debe cargarlo para poder utilizarlo.

TRUCO: También puede abrir el archivo `Acad.lin` u otro archivo de extensión `.lin` en el Bloc de notas de Windows y agregar un texto descriptivo y código de tipo de línea directamente al final del archivo.

El código de tipo de línea

En el paso 6 del ejercicio anterior, introdujimos una serie de números separados por comas. Se trata del código de tipo de línea que representa la longitud de los componentes que componen un tipo de línea. A continuación se describen los distintos elementos del código de tipo línea:

- El primer valor `1.0` a continuación de una `a` es la longitud de la primera parte de la línea. (La `a` con la que se inicia la definición del tipo de línea es un código que se aplica a todos los tipos de línea.)
- La primera secuencia `-.125` se corresponde a la parte en blanco o discontinua de la línea. El signo menos indica a AutoCAD que la línea no debe dibujarse en la longitud especificada, 0,125 unidades en este ejemplo.
- El siguiente valor positivo es `0.25`, que indica a AutoCAD que dibuje un segmento lineal de 0,25 unidades de longitud tras la sección en blanco de la línea.
- El último valor negativo, `-.125`, indica a AutoCAD que deje de dibujar la línea durante 0,125 unidades.

Esta serie de números representa el segmento que se repite para formar la línea (véase la figura 26.34). También puede crear un tipo de línea complejo que se parezca a la línea dividida de forma aleatoria, como la ilustrada en la figura 26.35.

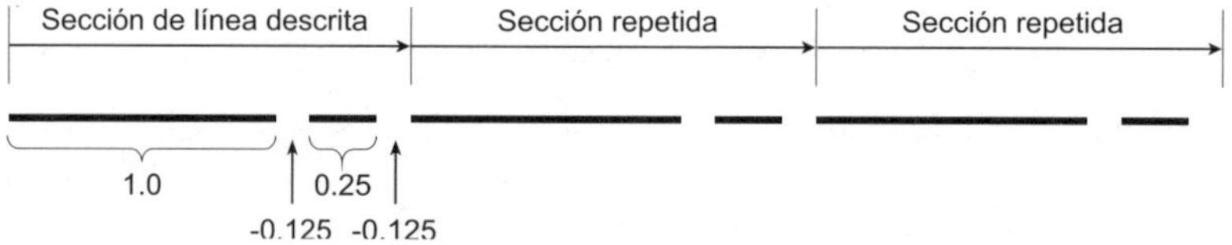

Figura 26.34. Descripción del tipo de línea con línea trazada.

Figura 26.35. Línea discontinua de forma aleatoria.

Puede que se esté preguntando para qué sirve la `a` que se indica al comienzo del código de tipo de línea. Un tipo de línea se compone de una serie de segmentos de línea y de puntos. La `a`, que genera AutoCAD automáticamente, es un código que obliga al tipo de línea a comenzar y terminar en un segmento de línea en lugar de en un espacio en blanco en las series de líneas. A veces AutoCAD estira el último segmento de línea para aplicar este estado, como se ilustra en la figura 26.36.

Figura 26.36. AutoCAD estira el comienzo y el final de la línea como resulte necesario.

> **TRUCO:** Los valores que se introducen para las longitudes de los segmentos de línea se multiplican por el factor `Ltscale`, así que compruebe siempre que utiliza valores reales de impresión.

Como se mencionó al comienzo de esta sección, también puede crear tipos de líneas fuera de AutoCAD utilizando un procesador de textos o un editor de textos como el Bloc de notas de Windows. El archivo `acad.lin` estándar contiene la inclusión del código utilizado por AutoCAD para determinar las longitudes de los segmentos de línea.

Por regla general, para utilizar un tipo de línea creado es necesario cargarlo bien por medio del cuadro de diálogo Capa o el del cuadro de diálogo Tipo de línea (seleccione Formato>Capa o Formato>Tipo de línea en el Explorador de menús). Si utiliza tipos de línea propios de manera frecuente, es probable que quiera crear un botón de macro para que esté disponible como una opción de un menú.

Crear tipos de línea complejos

Los tipos de línea complejos incorporan texto o gráficos especiales. Por ejemplo, si desea mostrar una conducción de gas en un plano de obra, por regla general se muestra una línea con la palabra GAS introducida cada cierto espacio, como se ilustra en la figura 26.37. Los límites se suelen representar mediante X, círculos o cuadrados intermitentes.

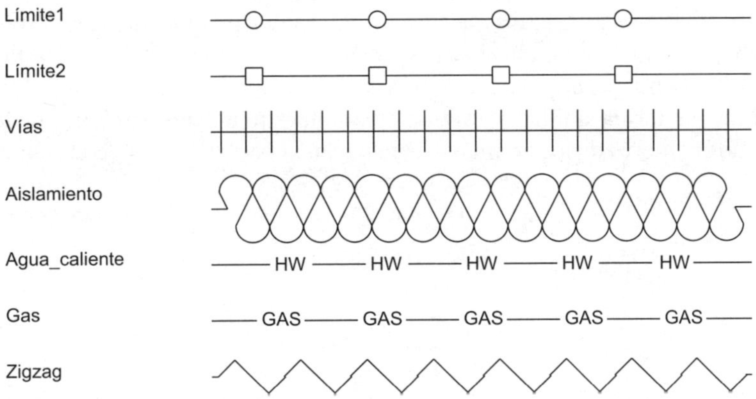

Figura 26.37. Ejemplos de tipos de líneas complejos.

Para los gráficos que necesiten tipos de líneas compuestos, utilice cualquiera de los símbolos incluidos en los archivos de fuente de AutoCAD. Basta con que cree un estilo de texto con las fuentes de símbolos y que especifique el símbolo apropiado con ayuda de la letra correspondiente en la descripción del tipo de línea.

Para crear un tipo de línea que incluya texto, utilice el mismo código de tipo de línea descrito anteriormente con la inclusión de la información de archivo de fuente necesaria entre corchetes. Por ejemplo, suponga que desea crear el tipo de línea para representar las conducciones de gas mencionadas anteriormente con la letra G. Para ello, tenemos que agregar la siguiente secuencia al archivo `Acad.lin`:

```
*Gas_line, -- G -- G -- G --
a,1.0,-0.25, ["G", standard, S=.2, R=0, X=-.1, Y=-.1], -0.25
```

La primera línea sirve como descripción para cualquiera que necesite examinar este código de tipo de línea. La siguiente es el código en sí. Observe que el código no debería contener espacios. Los hemos utilizado aquí para mayor claridad.

La información incluida en los corchetes describe las características del texto. El texto que deseamos que aparezca en la línea se encierra entre comillas. A continuación se incluye el estilo de texto, la escala, el ángulo de rotación, el desplazamiento de X y el desplazamiento de Y.

ADVERTENCIA: El comando **-Tipolin** no se puede utilizar para definir tipos de líneas complejos. En su lugar, debe abrir el archivo `Acad.lin` utilizando un editor de textos, como el Bloc de notas de Windows y agregar la información de tipo de línea al final del archivo. Asegúrese de no duplicar el nombre del tipo de línea existente.

Puede sustituir `A` por el ángulo de rotación (el valor `R`), como en el siguiente ejemplo:

```
a,1.0,-0.25, ["G", standard, S=.2 A=0, X=-.1, Y=-.1], -0.25
```

Como resultado, el texto se mantendrá en el mismo ángulo, independientemente de la dirección de la línea. Observe que en este ejemplo los valores X e Y son `-.1`. Esta secuencia centra las G en la línea. El valor de escala `.2` obliga al texto a tener 2 unidades de altura, por lo que `-.1` será la mitad de altura.

Además de las fuentes, también se pueden especificar las formas para las definiciones de tipos de línea. En lugar de letras, las formas muestran símbolos. Las formas no se almacenan como dibujos, sino como archivos de definición, de forma similar a los archivos de fuentes de texto. De hecho, los archivos de forma tienen la extensión `.shx` como archivos de texto y se definen de forma similar. La figura 26.38 muestra algunos símbolos de los archivos de formas. Los nombres de los archivos aparecen en la parte superior de las columnas.

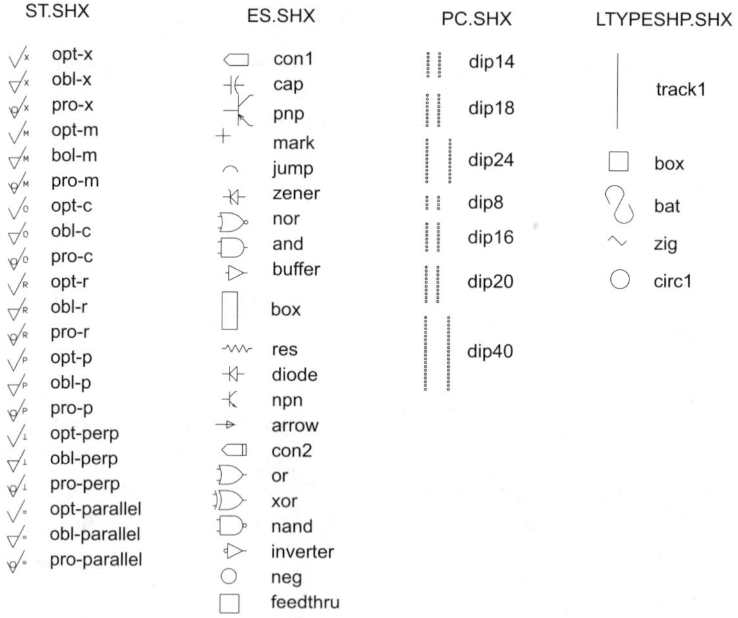

Figura 26.38. Ejemplos de formas.

Para utilizar una forma en un código de tipo de línea, se utiliza el mismo formato que en el texto mostrado anteriormente. Sin embargo, en lugar de utilizar una letra y un nombre de estilo, utilizamos el nombre de la forma y el nombre del archivo, como en el siguiente ejemplo:

```
*Capline, ====
a,1.0,-0.25,[CAP,ES.SHX,S=.5,R=0,X=-.1,Y=-.1],-0.25
```

En este ejemplo se utiliza el símbolo `CAP` del archivo de formas `Es.shx`. El símbolo se escala a 0,5 unidades con una rotación de 0 y un desplazamiento de la X y de la Y de -0.1.

A continuación se incluye otro ejemplo de uso de la forma de flecha:

```
*Arrowline, ----|-----|-----|
a,1.0,-0.25,[ARROW,ES.SHX,S=.5,R=90,X=-.1,Y=-.1],-0.25
```

Como en el caso del ejemplo `Capline`, el símbolo `ARROW` de este ejemplo se escala a 0,5 unidades con una rotación de 0 y un desplazamiento de la X y de la Y de -0,1. En la imagen 26.39 se ilustra el aspecto que muestra el tipo de línea Arrowline aplicada a una curva *spline*.

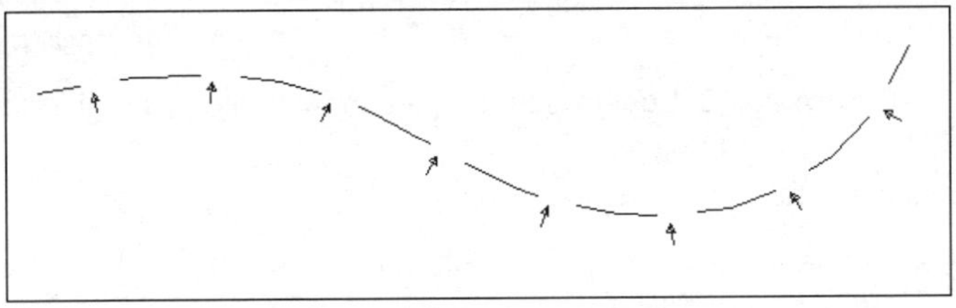

Figura 26.39. Línea Arrowline aplicada a una curva spline.

En este ejemplo, la opción de generación `Tipol` se activa para polilínea. Fíjese en que se utiliza la flecha del archivo de ejemplo `ES.SHX` para la flecha de este tipo de línea.

Crear patrones de sombreado

AutoCAD incorpora varios patrones de sombreado predefinidos entre los que elegir, pero también puede crear el suyo. Esta sección demuestra los elementos básicos de la definición de patrón. A diferencia de los tipos de línea, los patrones de sombreado no se pueden crear desde el interior de un archivo de AutoCAD. Las definiciones de patrones se incluyen en un archivo externo llamado `Acad.pat`. Puede abrir y editar este archivo con un editor de texto que procese archivos ASCII, como el Bloc de notas de Windows. A continuación se incluye una definición de patrón de sombreado procedente de dicho archivo:

```
*square,Small aligned squares
0, 0,0, 0,.125, .125,-.125
90, 0,0, 0,.125, .125,-.125
```

Puede ver algunas similitudes entre las descripciones de patrones y las descripciones de tipos de línea. Ambas comienzan con una línea de texto descriptivo y, a continuación, incluyen valores numéricos que definen el patrón. Sin embargo, los números de las descripciones de patrón tienen un significado diferente. Este ejemplo muestra dos líneas de información. Cada línea representa una línea en el patrón. La primera línea determina el componente de línea horizontal del patrón y la segunda representa el componente vertical (véase la imagen de la derecha en la figura 26.40). Un patrón se compone de grupos de líneas. Un grupo de líneas es como un tipo de línea dispuesta a una distancia específica para que el área quede sombreada. Un grupo de líneas se define por una línea de código, de forma parecida a la definición de los tipos de línea. Cada una de estas líneas se duplica de una forma que hace que las líneas aparezcan como cuadros al combinarse, como se ilustra en la figura 26.40.

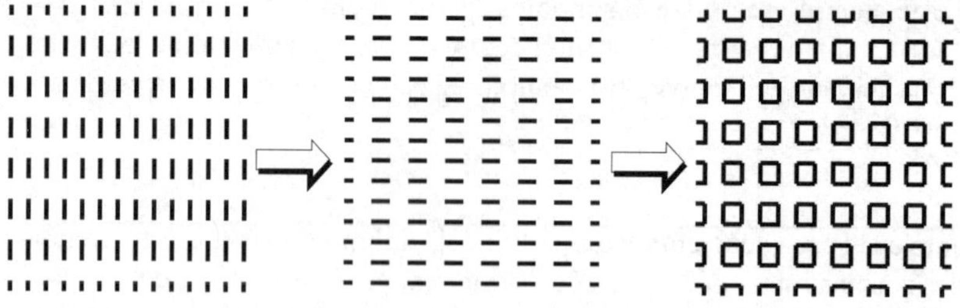

Figura 26.40. Los grupos de línea individuales y combinados.

Examine la primera línea de esta definición:

```
0, 0,0, 0,.125, .125,-.125
```

Este ejemplo muestra una serie de números separados por comas que representa un grupo de líneas. En realidad contiene cuatro conjuntos de información, separados por espacios en blanco.

- El primer componente es el `0`, situado al comienzo. El valor indica el ángulo del grupo de líneas como viene determinado por la orientación de la línea. En este caso, es `0` para una línea horizontal que va de izquierda a derecha.
- El siguiente componente es el origen del grupo de la línea, `0,0`. Esto no significa que la línea comience en el origen del dibujo (consulte la figura 26.41). Proporciona un punto de referencia para determinar la ubicación del otro grupo de líneas implicado en la generación del patrón.
- El siguiente componente es `0,.125`. Este componente determina la distancia de la disposición en matriz de las líneas y su dirección, como se ilustra en la figura 26.42. Este valor es como una coordenada relativa que indique las distancias X e Y para la matriz rectangular. No se basa en las coordenadas de dibujo, sino en el sistema de coordenadas relativo a la orientación de la línea. Para una línea orientada a un ángulo de 0º, el código `0,.125` indica una dirección vertical de manera precisa. Para una línea orientada con un ángulo de 45º, el código `0,.125` representa una dirección de 135º. En este ejemplo, la duplicación tiene lugar a 90º en relación con el grupo de línea, porque el valor X es `0`. La figura 26.43 ilustra este punto.
- El último componente es la descripción del patrón de línea. Este valor equivale al valor dado al crear un tipo de línea. Los valores positivos son segmentos de línea y los valores negativos son segmentos en blanco. Esta parte de la definición de grupos de líneas funciona exactamente igual que en las definiciones de tipos de línea vistas en la sección anterior.

Este sistema de patrones definidos puede parecer un tanto restrictivo, pero se pueden hacer muchas cosas con él. AutoCAD incorpora 69 patrones, y no es más que una pequeña muestra de su potencial.

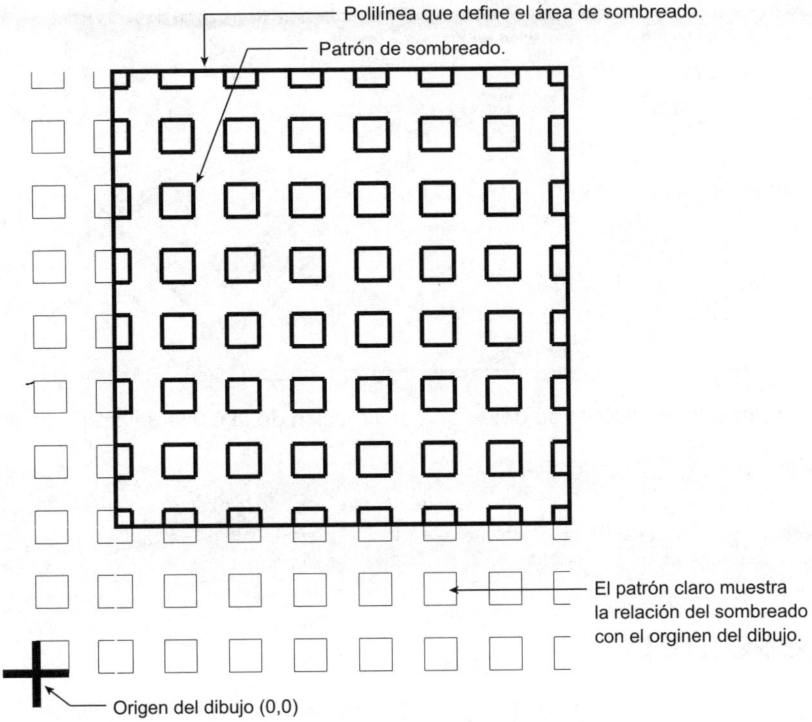

Figura 26.41. El origen del patrón.

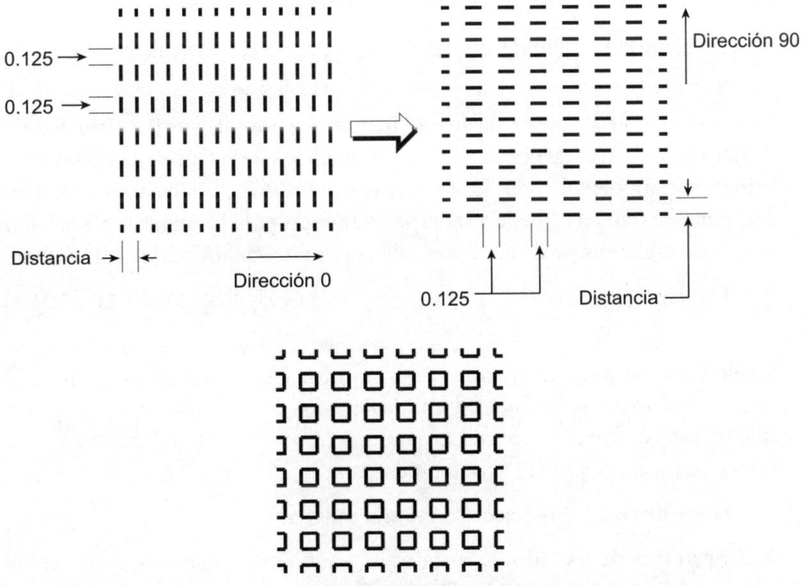

Figura 26.42. La distancia y la dirección de la duplicación.

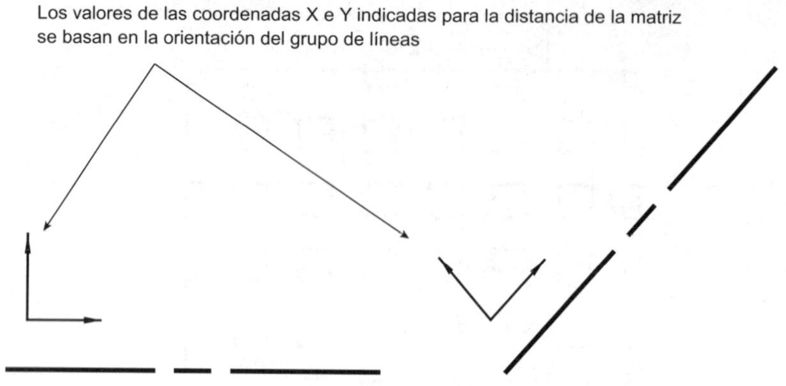

Figura 26.43. Cómo se determina la dirección de la copia del grupo de líneas.

TRUCO: Si desea incluir líneas gruesas en sus patrones de sombreado, necesitará "crear" grosores de líneas con varias definiciones de tipo de línea.

En resumen

- **Utilizar espacios de trabajo:** Normalmente, con AutoCAD, descubre que tiene diferentes grupos de paneles o barras de herramientas abiertos para realizar tareas concretas. Puede tener un grupo de paneles de la Cinta de opciones para modificar texto y cotas, mientras que otro grupo es más útil para el diseño. Los espacios de trabajo son una buena forma de organizar los diferentes modos de edición.
    - **Dominarlo:** ¿Dónde encuentra la opción Personalizar para los espacios de trabajo?
- **Personalizar la interfaz de usuario:** Además de utilizar los espacios de trabajo para organizar las barras de herramientas y los paneles de la Cinta de opciones, también puede utilizarlo para personalizar la interfaz de AutoCAD para hacer que se ajuste a la forma que tiene de trabajar. Puede añadir herramientas para los paneles de la Cinta de opciones o incluso crear sus propias herramientas para operaciones que realiza habitualmente.
    - **Dominarlo:** ¿Qué despliega el grupo Personalizaciones en Todos los archivos CUI?
- **Crear macros para herramientas y menús:** Una macro es un grupo de instrucciones que realiza operaciones más complejas que los comandos sencillos. Generalmente, una macro está construida sobre comandos con respuestas adicionales predeterminadas para ayudar a acelerar la salida de datos.
    - **Dominarlo:** ¿Qué hace `^C` en una macro?
- **Editar atajos de teclado:** Los atajos de telado pueden ayudar a aumentar la velocidad cuando dibuja en AutoCAD. Pueden reducir varios clics de ratón a un simple atajo de teclado. AutoCAD le permite crear atajos de teclado personalizados para sus comandos favoritos.

- **Dominarlo:** ¿Cuál es el atajo de teclado para Copiar?

- **Guardar, cargar y descargar personalizaciones:** Para mantener su personalización organizada, puede guardar las nuevas barras de herramientas, menús y cintas de opciones como archivos que puede cargar cuando se soliciten. Cuando guarda sus elementos personalizados como archivos, puede moverlos a otros ordenadores.
  - **Dominarlo:** Identifique la ficha que contiene el grupo que utiliza para guardar los elementos personalizados.
- **Comprender el lenguaje de macro Diesel:** Si es innovador, puede querer intentar crear macros más complejas. El lenguaje de macros Diesel es una sencilla introducción a la personalización de macros en AutoCAD y es más útil controlando el comportamiento en las opciones de menú.
  - **Dominarlo:** ¿Qué hace la expresión `$(getvar,blipmode)`?
- **Crear tipos de línea personalizados:** AutoCAD le ofrece numerosos tipos de líneas no continuas y puede encontrarlas adecuadas para la mayoría de sus trabajos. Pero de vez en cuando, puede necesitar un tipo de línea específico que no está disponible. Crear tipos de línea personalizados es fácil, una vez entienda el proceso.
  - **Dominarlo:** ¿Cuál es el propósito de un valor negativo en un código de un tipo de línea?
- **Crear de patrones de sombreado:** Igual que los tipos de línea, los patrones de sombreado proporcionados por AutoCAD probablemente cubrirán la mayoría de sus necesidades. Pero de vez en cuando, necesitará crear un patrón específico.
  - **Dominarlo:** ¿En qué se parecen un código de patrón de sombreado y un código de tipo de línea?

265
1980
2460 - дно
520-укл.
R250

Apéndice Contenido del CD-ROM

Estructura del CD-ROM

El CD-ROM que acompaña a este libro contiene una serie de carpetas con diferentes aplicaciones, utilidades, bibliotecas de símbolos y archivos de ejemplo que le ayudarán a explorar, disfrutar y optimizar su trabajo con AutoCAD 2009.

Aunque este CD-ROM contiene una gran cantidad de aplicaciones y recursos útiles que puede cargar y ejecutar en cualquier momento, le recomendamos que antes de utilizarlos se familiarice con AutoCAD 2009. Muchas de estas utilidades funcionan desde la línea de comando de AutoCAD o como opciones incluidas en menús desplegables, y ofrecen solicitudes de línea de comando de forma muy parecida a como lo hacen la mayor parte de los demás comandos de AutoCAD. El resto de las utilidades son aplicaciones independientes.

Además, se incluyen archivos de dibujo de todos los ejercicios de este libro presentados de manera independiente, por lo que no hay necesidad de realizar el conjunto entero de ejercicios. También puede utilizar los archivos de ejemplo para repetir los ejercicios o para explorar cómo se organizan o agrupan los archivos.

El CD-ROM se encuentra organizado según la estructura de carpetas que se resume a continuación:

3D Autolisp Utilities

AutoCAD ofrece numerosas herramientas para crear y editar modelos en 3D, pero encontrará que para determinados objetos estas herramientas no son suficientes. El autor ha creado algunas "utilidades" de Autolisp que él mismo encontró muy útiles en su trabajo con modelos 3D. Si en su trabajo utiliza modelos 3D, le serán de gran ayuda.

Clip Art Drawing Libraries

Algunos de los accesorios más populares de AutoCAD son las librerías. El autor ha incluido en el CD su propio juego con *Clip Art Drawing Libraries* para que pueda usarlos en sus propios proyectos. La librería incluye un extenso juego de mobiliario de cocina, menaje, árboles y personas en 3D.

On-Screen AEC

Se trata de un complemento para arquitectura que le proporcionará una librería de símbolos básicos para el dibujo de planos de planta.

Projects

En esta carpeta encontrará los dibujos y proyectos utilizados a lo largo del libro. Si sigue los ejercicios capítulo a capítulo, podrá crear estas figuras por sí mismo. Si desea hacer los ejercicios sin seguir la secuencia establecida en el libro, utilice los archivos que se incluyen en esta carpeta cuando los necesite.

Utilidades

Esta carpeta contiene las utilidades Adobe Reader 9 en castellano y la herramienta de compresión WinZip 10 en castellano, herramientas que serán de gran utilidad para el lector.

Índice alfabético

B

C

D

E

F

G

H

I

J

K

L

M

N

O

P

Q

R

S

V

W

Z